McGraw Hill

교문사

Richard A. Brealey, Stewart C. Myers,
Alan J. Marcus 지음
김도성 감수
권경민, 백강, 설윤, 이진호, 최형석 옮김

10판

FUNDA
MENTALS
OF CORPO
RATE
FINANCE

BREALEY, MYERS, MARCUS

기본
재무관리

교문사

Courtesy of Richard A. Brealey

Richard A. Brealey

London Business School의 재무 교수

유럽재무학회(European Finance Association)의 전임 회장이자 미국재무학회(American Finance Association)의 전임 이사이다. 그는 British Academy의 펠로우이며 영국 은행(Bank of England) 총재의 특별 고문과 여러 금융기관의 이사를 역임했다. 본 교재의 자매 교재인 《Principles of Corporate Finance(McGraw-Hill Education)》의 저자 (Myers 교수와 Franklin Allen 교수와 함께)이기도 하다.

Courtesy of Stewart C. Myers

Stewart C. Myers

MIT의 **Sloan School of Management**의 **Gordon Y Billard** 재무 석좌교수

미국재무학회(American Finance Association)의 전임 회장이고 전미경제연구소(National Bureau of Economic Research)의 연구원이다. 그의 연구는 자금조달 결정, 가치 평가법, 자본비용, 그리고 정부 기업규제의 재무적 측면에 중점을 두고 있다. 그는 The Brattle Group, Inc.의 이사이며 재무 컨설턴트로 활발히 활동하고 있다. 또한 본 교재의 자매 교재인 《Principles of Corporate Finance(McGraw-Hill Education)》의 저자이 기도 하다(Brealey 교수와 Franklin Allen 교수와 함께).

Courtesy of Alan J. Marcus

Alan J. Marcus

Boston College의 **Carroll School of Management**의 **Mario Gabelli** 재무 석좌교수

주요 연구관심사는 파생상품과 증권시장이다. 그는 McGraw-Hill Education의 《Investments》 교재와 《Essentials of Investments》 교재의 공동 저자(Zvi Bodie와 Alex Kane과 함께)이다. 그는 전미경제연구소(National Bureau of Economic Research)의 연구위원으로 일했다. 또한 Freddie Mac에서 2년을 보냈으며, 그곳에서 모기지 가격결 정 및 신용위험모형 개발을 도왔다. 그는 현재 CFA Institute의 Research Foundation Advisory Board에서 일하고 있다.

본 교재는 기업 재무에 대한 것입니다. 본 교재는 기업이 실물자산에 어떻게 투자를 하고, 투자비용을 지불하기 위해 어떻게 자금을 조달하는지, 그리고 그러한 실물자산이 궁극적으로 기업의 가치에 어떻게 영향을 미치는지에 초점을 맞춥니다. 또한 금융시장의 주요 참여자, 경제에서 금융기관의 역할, 그리고 투자자들에 의한 증권거래와 가치평가 방법에 대해 논의하는 등 금융환경에 대한 광범위한 개요를 제공합니다. 본 교재는 기업과 개인이 직면할 가능성이 높은 대부분의 중요한 재무적 문제에 대해 체계적으로 생각할 수 있는 틀을 제공합니다.

재무관리는 중요하고 흥미로우며 또한 도전적입니다. 재무관리는 중요합니다. 왜냐하면 오늘의 자본 투자 결정이 기업의 10년, 20년 또는 그 이상 앞으로 있을 사업을 결정할 수 있기 때문입니다. 말할 필요도 없이 기업의 성공 또는 실패는 대부분 필요한 자본을 찾는 능력에 달려 있습니다.

재무는 여러 가지 이유로 흥미롭습니다. 재무적 결정은 종종 막대한 돈을 필요로 합니다. 대규모 프로젝트의 투자 또는 인수에는 수십억 달러가 소요됩니다. 또 다채로운 영웅들과 불쾌한 악당들이 산재하는 금융 커뮤니티는 국제적이고 빠르게 움직입니다.

재무는 도전적입니다. 재무적 결정은 거의 항상 존재하며 기업이 운영되는 금융시장은 급변하고 있습니다. 좋은 관리자는 일상적인 문제에 대처할 수 있지만 최고의 관리자만 변화에 대응할 수 있습니다. 새로운 문제를 처리하려면 경험 법칙 이상의 것이 필요합니다. 기업과 금융시장이 왜 그처럼 행동하는지, 그리고 언제 일반적인 관행이 모범 관행이 아닐 수 있는지를 이해해야 합니다. 일단 재무적 결정을 내릴 수 있는 일관된 프레임워크를 가지고 있다면, 복잡한 문제를 보다 쉽게 관리할 수 있게 됩니다.

본 교재는 그 프레임워크를 제공합니다. 본 교재는 재무 백과사전이 아닙니다. 대신 재무관리의 기본 원칙을 설정하고 재무관리자가 직면한 주요 의사결정에 그 원칙들을 적용하는 데 초점을 맞춥니다. 재무관리자가 서로 다른 시점에 수익을 내거나 리스크 정도가 다른 투자안 중에서 선택할 수 있는 방법을 설명합니다. 또한 금융시장의 주요 특징을 설명하고 기업이 왜 특정 자금조달원천을 선호하는지 그 이유에 대해 논의합니다.

우리는 현대적 재무의 핵심 개념을 중심으로 본 교재를 구성합니다. 적절하게 설명된 이러한 개념은 주제를 단순화합니다. 이것은 또한 실용적입니다. 재무관리 도구는 일관된 개념적 프레임워크로 제공될 때보다 쉽게 파악하고 효과적으로 사용할 수 있습니다. 본 교재는 그 프레임워크를 제공합니다.

현대적 재무관리는 '로켓 과학'이 아닙니다. 단어, 그래프 및 수치 예를 통해 명확하게 할 수 있는 아이디어의 집합입니다. 이러한 아이디어들은 훌륭한 재무관리자가 투자 및 자금조달 결정을 내리는 데 사용하는 도구들의 배경에 있는 근거를 제공합니다.

우리는 초급학생들에게 재무관리를 명확하고 유용하며 흥미롭도록 하기 위해 본 교재를 저술했습니다. 현대적 재무와 좋은 재무적 관행이 함께 한다는 것을 금융 초보자조차도 알 수 있도록 본 교재를 시작했습니다.

Fundamentals and Principles of Corporate Finance(본 교재와 자매 교재)

본 교재는 자매 교재라 할 수 있는《Principles of Corporate Finance》에서 일부 파생되었습니다. 두 교재의 정신은 비슷합니다. 두 교재 모두 현대적 재무를 적용하여 학생들에게 재무적 의사결정의 실무적 능력을 제공하고자 합니다. 그러나 두 교재 사이에는 상당한 차이도 존재합니다.

첫째, 우리는 본 교재에서 화폐의 시간가치의 원칙과 메커니즘에 대해 훨씬 더 자세한 논의를 제공합니다. 이 논의 자료는 본 교재의 대부분의 기초가 되며 우리는 이 핵심 개념에 대해 광범위한 실습을 제공하는 장문의 챕터를 사용합니다.

둘째, 우리는 본 교재에서 훨씬 더 많은 수치 예시를 사용합니다. 각 장에서는 독자가 자료에 익숙해지고 편안해 지도록 돕기 위해 몇몇의 자세한 수치 예제를 제공합니다.

셋째, 우리는 대부분의 주제에 대한 처리를 간소화했습니다. 자매 교재인《Principles》에는 34개의 챕터가 있는 반면, 본 교재《Fundamentals》에는 25개의 챕터만 있습니다. 본 교재의 상대적인 간결성은 일부 주제에 대해 포괄적인 설명을 하도록 하지만 우리는 이 점이 초급 독자들에게는 장점이 될 수 있다고 생각합니다.

넷째, 우리는 배경 지식을 거의 가정하지 않습니다. 대부분의 독자가 회계 기초과목을 수강했겠지만 우리는 챕터 3에서 재무 관리자에게 중요한 회계 개념에 대해 설명합니다.

자매 교재《Principles》는 격식을 차리지 않는 편안한 글쓰기 스타일로 알려져 있으며, 우리는 본 교재 Fundamentals에서도 이 전통을 이어갑니다. 또한, 가능한 한 적은 수학적 표기법을 사용합니다. 방정식을 제시할 때도 우리는 일반적으로 기호가 아닌 단어로 씁니다. 이 접근법에는 두 가지 장점이 있습니다. 이는 독자로 하여금 겁을 덜 먹게 하며 공식보다는 기본 개념에 주의를 집중하게 합니다.

Organizational Design(구조적 디자인)

본 교재는 8개 부분으로 구성됩니다.

파트 1(소개)에서는 필수적인 백그라운드 자료를 제공합니다. 첫 번째 챕터에서는 기업이 어떻게 구성되어 있는지, 재무관리자의 역할 및 재무관리자가 활용하는 금융시장에 대해 논의합니다. 우리는 어떻게 이질적인 다수의 목표를 가지고 있는 주주들이 모두 관리자가 그들 투자의 가치를 증가시키는 조치를 취하는 것을 원하는 데 동의할 수 있는지 설명하고 자본의 기회비용 개념과 투자 제안을 평가할 때 기업이 해야 하는 절충을 소개합니다. 또한 관리자와 주주의 이해가 일치하도록 도울 수 있는 몇 가지 메커니즘을 설명합니다. 물론 주주 가치를 높이는 작업이 부패하고 부도덕한 행동을 정당화하는 것은 아닙니다. 따라서 우리는 관리자가 직면한 윤리적 문제에 대해 논의합니다.

챕터 2에서는 금융기관과 금융시장의 기능을 조사하고 설명합니다. 본 챕터에서는 2007~2009년의 금융위기도 검토합니다. 금융위기 기간 동안의 사건들은 금융기관과 금융시장이 왜 그리고 어떻게 중요한지를 명확하게 보여줍니다.

대기업은 팀 노력이기 때문에 기업은 플레이어들이 진행 상황을 모니터링할 수 있도록 재무제표를 작성합니다. 챕터 3에서는 이러한 재무제표에 대한 간략한 개요를 제공하고 시장가치와 장부가치 사이와 현금흐름과 이익 사이의 두 가지 중요한 차이점을 소개합니다. 이 챕터에서는 회계 실무의 몇 가지 단점에 대해서도 설명합니다. 이 챕터는 연방세에 대한 요약으로 마무리됩니다.

챕터 4는 재무제표분석에 대한 개요를 제공합니다. 이 주제에 대한 대부분의 소개와는 달리, 우리의 논의는 가치평가에 대한 고려와 재무비율이 어떻게 경영진이 기업에 가치를 더 했는지에 대한 통찰력을 제공할 수 있는지에 집중하고자 하였습니다.

파트 2(가치)는 가치평가에 관한 것입니다. 챕터 5에서는 화폐의 시간가치에 대한 개념을 소개하고, 대부분의 독자들이 금융의 빅리그보다 자신의 재무적 문제에 더 친숙할 것이기 때문에 먼저 몇 가지 개인적인 재무적 결정을 살펴봄으로써 우리의 토론에 동기를 부여합니다. 우리는 장기의 현금흐름을 평가하는 방법을 보여주고 영구연금과 연금의 가치평가를 다룹니다. 또, 인플레이션, 실질수익률과 명목수익률의 차이에 대한 짧은 결론 섹션을 포함합니다.

챕터 6과 7은 채권과 주식의 기본적인 특징을 소개하고 학생들에게 챕터 5의 아이디어를 채권과 주식의 가치평가에 적용해 볼 수 있는 기회를 제공합니다. 우리는 채권수익률이 주어진 경우 채권의 가치를 찾는 방법을 보여주고 이자율이 변함에 따라 채권가격이 어떻게 변동하는지 보여줍니다. 주가를 결정하는 요소와 투자자가 기대하는 수익률을 추론하기 위해 주식가치평가 공식을 사용하는 방법을 살펴봅니다. 마지막으로, 투자기회가 주가에 어떻게 반영되는지, 그리고 애널리스트가 주가−수익 배수에 집중하는 이유를 살펴봅니다. 챕터 7에서는 시장 효율성의 개념도 소개합니다. 이 개념은 주식의 가치평가를 해석하는 데 매우 중요합니다. 또한 기업이 증권을 발행하거나 배당금 또는 자본구조에 관한 결정을 내릴 때 발생하는 이슈들을 앞으로 다루는데 프레임워크를 제공합니다.

파트 2의 나머지 챕터들은 기업의 투자결정과 관련됩니다. 챕터 8에서는 순현재가치(NPV)의 개념을 소개하고 단순 투자 프로젝트의 NPV를 계산하는 방법을 보여줍니다. 그런 다음 대안 프로젝트 간의 선택, 기계 교체 결정 및 투자시기 결정을 포함하는 더 복잡한 투자안들을 고려합니다. 또한 투자 매력도를 측정할 수 있는 내부수익률(IRR), 수익성지수, 그리고 회수기간과 같은 다른 척도를 살펴봅니다. 자본이 부족할 때 수익성지수를 사용하여 투자 프로젝트를 선택하는 방법을 보여줍니다.

NPV 계산의 첫번째 단계는 무엇을 할인할 것인가를 결정하는 것입니다. 따라서 챕터 9에서는 자본예산분석의 현실적인 예제를 통해 관리자가 운전자본에 대한 투자를 어떻게 인식해야 하는지, 세금 및 감가상각이 현금흐름에 어떻게 영향을 미치는지를 보여줍니다.

우리는 기업이 어떻게 투자 프로세스를 구성하고 모든 사람이 공동의 목표를 향해 일할 수 있도록 하는지를 살펴보면서 챕터 10을 시작합니다. 그런 다음 관리자가 추정치에 대한 주요 가정들을 확인하는데 도움이 되는 민감도 분석, 시나리오 분석, 그리고 손익분기점 분석과 같은 다양한 기법을 살펴봅니다. 우리는 회계적 손익분기점과 NPV 손익분기점의 차이점을 설명합니다. 관리자가 행운을 활용하고 불운의 결과를 완화할 수 있도록 미래의 유연성을 프로젝트에 구축하는 방법을 설명하며 이 챕터를 마무리합니다.

파트 3(리스크)은 자본비용과 관련이 있습니다. 챕터 11은 과거 채권과 주식수익률에 대한 조사를 시작으로 개별 주식의 특이위험과 시장위험을 구분합니다. 챕터 12는 시장위험을 측정하는 방법을 보여주고 위험과 기대수익률 사이의 관계를 논의합니다. 챕터 13에서는 가중평균자본비용을 소개하고 이를 추정하는 방법에 대해 실제적인 설명을 제공합니다.

파트 4(자금조달)는 자금조달결정에 대한 논의를 시작합니다. 챕터 14에서는 기업이 발행하는 증권과 그 증권들의 자금조달 원천으로서의 상대적 중요성에 대한 개요를 제공합니다. 챕터 15에서 우리는 기업이 증권을 발행하는 방법을 살펴보고, 벤처캐피탈을 통해 먼저 자금조달을 하고 기업공개(IPO)를 통해 자금조달을 하는 등 부채 또는 자기자본을 통한 기업의 지속적인 자금조달을 살펴봅니다.

파트 5(부채와 지급정책)는 두 가지 전통적인 장기 자금조달 결정에 초점을 둡니다. 챕터 16에서는 기업이 얼마를 차입해야 하는지를 살펴보고 기업이 부채를 갚을 수 없을 때 발생하는 파산절차를 요약합니다. 챕터 17에서는 기업이 배당과 지급정책을 어떻게 수립하는지 살펴봅니다. 각각의 경우 우리는 잘 작동하고 있는 시장에서는 결정이 중요하지 않다는 Modigliani와 Miller(MM)의 관찰로 시작합니다. 하지만 재무관리자가 실무에서 실제로 이러한 결정들을 실행하는 이유를 독자들이 이해하도록 돕기 위해 이 초기 관찰을 사용합니다.

파트 6(재무분석과 계획)은 챕터 18의 장기 재무계획으로 시작합니다. 여기서 재무관리자가 투자와 자금조달결정이 종합적으로 기업 전체에 미치는 영향을 고려하는 방법을 살펴봅니다. 내부 성장과 지속가능 성장의 측정치가 어떻게 기업의 계획된 성장이 자금조달계획과 일관성이 있는지를 관리자가 확인하는데 도움이 되는지 보여줍니다. 챕터 19는 단기 재무계획에 대한 소개입니다. 이는 관리자가 기업이 내년 청구서를 지불하기에 충분한 현금을 확보하는 방법을 보여줍니다. 챕터 20은 운전자본관리를 다룹니다. 신용관리의 기본적인 단계, 재고관리의 원칙, 그리고 기업이 지불을 효율적으로 처리하고 가능한 한 빨리 현금을 투입하는 방법을 설명합니다. 또한 기업이 어떻게 일시적인 잉여현금을 투자하고 일시적인 현금 부족을 상쇄하기 위해 어떻게 차입할 수 있는지 설명합니다. 챕터 20은 개념적으로 간단하지만 많은 양의 기관 자료가 포함되어 있습니다.

파트 7(특별 주제)에서는 몇몇의 중요하지만 다소 고급주제인 합병(챕터 21), 국제재무관리(챕터 22), 옵션(챕터 23), 그리고 위험관리(챕터 24)에 대해 다룹니다. 이러한 주제 중 일부는 이전 챕터에서 다루었습니다. 예를 들어, 챕터 10에서 기업이 자본투자 프로젝트에 유연성을 구축하는 방법을 보여줄 때 옵션에 대한 아이디어를 소개합니다. 그러나 챕터 23은 이 자료를 일반화하고 기초적 수준에서 어떻게 옵션의 가치가 결정되는지를 설명하며 재무관리자가 왜 옵션에 대해 관심을 가져야 하는지 그 이유에 대한 몇 가지 예를 제공합니다. 국제재무 또한 챕터 22에 국한되지 않습니다. 국제적인 저자 그룹이 저술한 책에서 기대할 수 있듯이 다른 국가와 다른 금융시스템에 대한 사례가 교재 전반에 흩어져 있습니다. 그러나 챕터 22는 기업이 다른 통화에 직면할 때 발생하는 특정한 문제들을 다룹니다.

파트 8(결론)에는 본문에서 다룬 가장 중요한 아이디어를 검토하는 결론에 해당하는 챕터 25가 포함되어 있습니다. 본문에서 답을 얻지 못했거나 재무에서 여전히 퍼즐로 생각되는 몇 가지 흥미로운 질문을 소개합니다. 따라서, 마지막 챕터는 미래 재무과목에 대한 소개이자 그 과목에 대한 결론입니다.

Routes through the Book(책의 주제를 다루는 경로)

기업재무 과목을 구성하는 효과적인 방법은 강사의 수만큼 많습니다. 이러한 이유로 우리는 주제들이 서로 다른 시퀀스로 소개될 수 있도록 텍스트를 모듈화했습니다.

우리는 재무 계획에 뛰어들기 전에 가치평가의 원칙에 대해 논의하기를 선호합니다. 그럼에도 불구하고, 많은 강사들이 전형적인 회계 선수과목으로부터 좀 더 부드러운 전환을 제공하기 위해 챕터 4(기업 성과의 측정)에서 챕터 18(장기 재무계획)로 바로 이동하는 것을 선호한다는 것을 알고 있습니다. 우리는 파트 6(재무분석과 계획)이 파트 1을 쉽게 따를 수 있도록 했습니다.

마찬가지로, 우리는 학생들이 가치평가와 자금조달의 원칙에 익숙해진 후에 운전자본에 대해 논의하고 싶습니다. 하지만 많은 강사들은 또한 이 순서를 바꾸는 것을 선호합니다. 챕터 20을 순서에 따라 다루지 않을 때 어려움이 없어야만 합니다.

우리가 파트 2에서 프로젝트 평가에 대해 논의할 때 자본의 기회비용이 프로젝트의 위험에 달려 있음을 강조합니다. 그러나 우리는 위험을 측정하는 방법이나 수익과 위험이 어떻게 연관되는지에 대해 파트 3까지 논의하지 않습니다. 이 순서는 쉽게 조정할 수 있습니다. 예를 들어, 위험과 수익에 대한 챕터들은 프로젝트 평가에 관한 자료의 전후 또는 중간에 소개될 수 있습니다.

Changes in the Tenth Edition(10판에서의 변화)

본 교재의 이전 버전들을 사용하는 사용자는 자료나 주제의 순서에서 극적인 변화를 찾지 못할 것입니다. 그러나 전체적으로 우리는 교재를 더 최신 상태로 만들고 읽기 쉽게 만들었습니다. 여기 우리가 실행한 몇 가지 변화가 있습니다.

Beyond the Page(페이지 너머) The Beyond the Page 디지털 확장과 애플리케이션(digital extensions and applications)은 추가적인 예제, 일화, 스프레드 시트 프로그램, 그리고 일부 주제에 대한 보다 철저한 설명을 제공합니다. 이 자료는 웹에서 매우 쉽게 접근할 수 있습니다. 본 개정판에서는 자료들을 업데이트하고 많은 추가적인 애플리케이션을 추가했으며 접근하기 쉽게 만들었습니다. 예를 들어 책의 e-버전을 클릭하면 애플리케이션들을 원활하게 사용할 수 있지만 관련 페이지 여백에 제공된 단축 URL을 사용하여 교재의 기존 하드카피에서도 쉽게 접근할 수 있습니다.

Improve the Flow(흐름의 개선) 본 교재를 수정하는데 있어서 많은 노력이 교재의 흐름을 개선하는데 들어갔습니다. 이는 종종 단어를 변경하거나 다이어그램을 다시 그리는 것을 의미하지만 우리는 좀 더 실질적인 변경을 수행했습니다. 한 가지 예는 챕터 9에서의 할인된 현금흐름 분석에 대한 논의입니다. 연결성이 없는 일련의 예를 제시하는 대신, 하나의 통합 애플리케이션에서 현금흐름 분석의 여러 가지 측면을 설명합니다. 자료는 거의 변하지 않았지만 흐름이 훨씬 개선되었다고 생각합니다.

Updating(업데이팅) 본 개정판에서의 중요한 업데이트는 최근 세금개혁 법안의 시사점을 중심으로 이루어졌습니다. 2017년의 감세 및 일자리 법(Tax Cuts and Jobs Act)은 감가상각 및 투자소득에 대한 세금 처리뿐만 아니라 기업 및 개인 세율에 상당한 변화를 가져왔습니다. 이러한 모든 변화는 잠재적으로 기업의 자본예산 및 자금조달 결정에 영향을 미칩니다. 물론, 우리는 새로운 개정판마다 모든 통계를 가능한 최신 상태가 되도록 합니다. 예를 들어, 이전 버전 이후로 증권수익률에 대한 2년간의 추가 데이터가 가용해졌습니다. 이는 챕터 11에 주식, 채권 및 단기증권(bills)의 장기수익률에 대한 그림에 나와 있습니다. EVA의 측정치, 증권 소유에 대한 데이터, 배당금 지불 및 자사주매입 등은 데이터를 최신화한 다른 사례 중 일부에 불과합니다.

New Illustrative Boxes(새로운 설명 상자) 본문에는 실제 사례를 설명하는 여러 개의 상자가 포함되어 있습니다. 이 중 많은 상자가 새로운 것입니다. 예를 들어 예측시장이 2016년 대선에 대해 말해야만 했는지 설명하는 챕터 2의 상자를 보십시오. 또는 2012년 JOBS Act가 스타트업 기업에 투자하기를 원하는 소액 투자자로부터 최대 5천만 달러를 모금하기 위해 크라우드 펀딩을 활용하려는 기업을 위해 어떻게 그 길을 열어주었는지 보여주는 챕터 15의 상자를 보십시오.

More Worked Examples(더 많은 개발된 예제) 우리는 본문에 더 많은 개발된 예제를 추가했으며, 대부분은 실제 회사에서 가져온 것입니다.

Specific Chapter Changes in the Tenth Edition(10판에서 특정 챕터의 변경사항)

다음은 챕터에 추가된 몇 가지 사항입니다.

챕터 1에는 주요기업에 의한 실제 자본지출결정의 업데이트된 시의 적절한 예제가 포함되어 있습니다.

챕터 2는 가장 최근의 대통령선거에 있어서의 예측 시장에 대한 논의를 포함합니다.

챕터 3에는 세법의 최근 변경사항에 대한 업데이트된 토론이 포함됩니다.

챕터 6에는 웹에서 어떻게 채권 정보를 찾는지를 보여주는 새로운 Finance in Practice(실무 재무) 상자가 포함되어 있습니다.

챕터 7은 효율적 시장에 대한 새로운 증거와 시장이상현상에 대한 문헌을 제공합니다.

챕터 9는 하나의 통합되고 확장된 예제를 통해 현금흐름 분석을 보여줍니다. 또한 가속 상각과 즉각적인 비용화가 자본투자의 가치에 미치는 영향에 대한 몇 가지 예제를 제공하고 논의합니다.

챕터 14는 다양한 기업부채에 대한 확장된 논의와 함께 현금의 대안적인 원천에 대해 더 많은 커버리지를 포함합니다.

챕터 16에서는 더 낮은 새로운 법인세율에서의 이자비용의 세금절감효과의 현재가치를 재고합니다.

챕터 20은 운전자본의 구성요소와 현금주기의 결정요인을 소개합니다. 그 다음 단기 부채를 포함한 각 구성요소를 간략하게 살펴봅니다. 이는 운전자본 투자와 관련된 미국의 최근 동향에 대한 최신 토의를 제공합니다.

챕터 21에서는 기업통제와 관련된 시장에 대해 다룸에 있어 다양한 업데이트를 제공합니다. 예를 들어 GE의 회사 주요 부문 매각, 최근의 활동주의 투자자 이니셔티브, 최근 세법 개정에 따른 세금전도(tax inversion) 전략 등이 포함됩니다.

Assurance of Learning(학습보증)

학습보증은 많은 인증 표준의 중요한 요소입니다. Fundamentals of Corporate Finance, 10판은 학습보장 이니셔티브를 지원하도록 특별히 설계되었습니다. 본 교재의 각 챕터는 번호가 매겨진 학습목표 목록으로 시작하며, 이는 챕터 끝의 연습문제에서도 언급됩니다. 또한 모든 테스트뱅크 문제는 난이도, 주제 영역, Bloom's Taxonomy 레벨, AACSB 기술영역 외에도 학습목표 중 하나와 연결됩니다. McGraw-Hill의 온라인 과제 솔루션인 Connect와 McGraw-Hill의 사용이 용이한 테스트뱅크 소프트웨어인 EZ Test는 목표가 되는 학습보증 분석 및 평가를 위한 엔진을 제공하여 이상에서 언급한 범주와 기타 다른 범주 별로 테스트뱅크를 검색할 수 있습니다.

AACSB 성명(AACSB Statement)

McGraw-Hill Education은 AACSB International의 자랑스러운 기업회원입니다. AACSB 인증의 중요성과 가치를 이해하여 Fundamentals of Corporate Finance의 10판은 테스트뱅크에서 선택한 문제를 AACSB 표준에서 찾은 일반지식 및 기술 가이드라인에 연결함으로써 경영인증을 위하여 AACSB 표준에 자세히 나타나 있는 커리큘럼 가이드라인을 인식하고자 하였습니다.

　Fundamentals of Corporate Finance의 10판에 포함된 설명은 본 교재의 사용자를 위한 지침으로만 제공됩니다. AACSB는 개별 학교, 학교의 미션, 그리고 교수진의 감독 범위내에 콘텐츠 커버리지와 평가를 남겨둡니다. Fundamentals of Corporate Finance의 10판과 강의 패키지는 특정한 AACSB 자격 또는 평가에 대해 어떠한 주장도 하지 않지만, 테스트뱅크 내에서 6가지 일반지식 및 기술 영역에 따라 선택된 질문에 레이블을 지정했습니다.

《Fundamentals of Corporate Finance》는 1995년 초판이 나온 후 우리나라를 포함한 많은 나라에서 기업재무 기초과목의 교재로 널리 활용되어 왔다. 저자들은 이 책 외에도 좀 더 수준이 높은 고급 교재인 《Principles of Corporate Finance》의 저자이기도 하다. 《Principles of Corporate Finance》은 1981년에 초판이 출간되었고 그 이후 오랜 기간 동안 기업재무 교재로 널리 인정을 받아왔다. 《Fundamentals of Corporate Finance》이 기업재무의 기초과목을 위한 교재로 《Principles of Corporate Finance》에서 파생되어 나왔다고 본다면, 이 책 또한 그 평판과 전통을 함께 이어가는 훌륭한 기업재무 교재로 인정받고 있다고 하겠다.

이 책은 독자 입장에서 다양한 장점을 가지고 있다. 그 중에서 가장 대표적인 것은 저자들의 사려 깊은 글쓰기 스타일이라고 할 수 있다. 경영학의 많은 필수과목 중 기업재무는 다수의 학생들이 가장 어렵다고 호소하는 과목이다. 이에 저자들은 격식에 얽매이지 않는 글쓰기 스타일을 통해 재무의 초보자라도 쉽게 이해할 수 있도록 재무의 어려운 개념들을 쉽고 명확하게 설명하고 있다. 역자들이 이 책을 한국어로 번역하면서 저자들의 가독성이 높은 편안한 글쓰기 스타일을 한국어 교재에서도 계속 이어갈 수 있도록 특별히 노력을 하였다.

또 다른 중요한 장점은 숫자보다는 개념에 더 초점을 맞추었다는 점이다. 저자들은 수식조차도 수학적 기호를 활용하기보다는 말로 제시할 정도로 개념을 중시하고 있다. 계산 문제의 경우 숫자와 수식만 제대로 적용한다면 정확한 답을 계산하는 것은 크게 어렵지 않다. 그렇다면 재무의 중요한 개념을 명확하게 이해하는 것이 재무적 지식을 올바르게 습득하는 데 가장 중요하고, 현실에서 재무적 지식을 실제로 적용하는 능력을 키우기 위해 반드시 선행되어야 한다고 할 수 있다.

이상의 독자 입장에서의 두 가지 장점에 추가하여 이 책을 활용하는 강사 입장에서의 중요한 장점이 있다. 이는 저자들이 텍스트를 모듈화함으로써 강사들이 주제들을 각자가 원하는 순서로 소개하는 것이 더욱 용이하다는 점이다. 본 역자는 가치평가에 대한 논의 이전에 위험과 수익에 대해 미리 논의하는 것을 선호하는데, 본 교재는 위험과 수익에 대한 챕터가 가치평가에 대한 챕터 이후에 소개되어 있지만 큰 무리없이 그 순서를 바꾸어 진행해도 무방하게 구성이 되었다는 점이 큰 장점이라 하겠다.

하나의 통합된 예제, 다수의 실무 사례들, 재무계산기 활용의 예, 엑셀을 활용하는 예제, 그리고 자가진단 문제들과 수준별로 잘 정리된 연습문제 등 재무분석의 실제적 이해를 돕는 다양한 방법들이 제시되어 있다는 점은 본 교재의 또 다른 장점이라 할 수 있다. 앞에서 한번 언급했듯이 이 책은 재무적 개념들이 직관과 상식 수준에서 이해할 수 있도록 쉽고 편안하게 설명되어 있다. 역자들도 저자들의 이러한 편안한 글쓰기 스타일을 벤치마크하여 재무적 개념을 한국어로 잘 설명하는 데 많은 노력을 기울였지만, 본 교재를 개선하기 위한 독자들의 많은 피드백을 기대한다.

본 교재의 출간을 위해 애써 주신 교문사에 감사드리고 진경민 과장께도 깊은 감사의 말씀을 전한다.

차례

Part 2 가치

Part 3 · 위험

Part 4 · 융자

Part 5 부채 및 지급정책

Part 6 재무 분석 및 계획

PART 7, 8은 교문사 홈페이지(www.gyomoon.com) 자료실에 수록되어 있습니다.

Part 7   특별 주제   WEB

Part 8   결론   WEB

1

기업의 목표와 지배구조

학습목표

1-1 재무관리자가 수행하는 투자 및 자금조달결정의 예를 알 수 있다.

1-2 실물자산과 금융자산을 구별할 수 있다.

1-3 주식회사로서 기업의 장점과 단점을 알 수 있다.

1-4 최고재무책임자(CFO), 트레져러(treasurer), 컨트롤러(controller)의 책임에 대해 이해할 수 있다.

1-5 시장가치 극대화가 기업의 재무 목표로서 타당한 이유를 설명할 수 있다.

1-6 대리인문제의 이해와 대리인문제 완화수단으로서 기업지배구조를 이해할 수 있다.

1-7 시장가치 극대화가 비윤리적인 행동을 정당화하지 않는 이유를 알 수 있다.

페덱스(FedEx)는 대기업으로 성장하기 위해 적절한 투자 및 자금조달결정을 내려야 했다. @Duy Phuong Nguyen/Alamy

사업을 계속하기 위해, 기업은 거의 무한하게 다양한 자산을 필요로 한다. 즉 기업은 설비와 장비, 사무건물 및 차량과 같은 유형자산이나 브랜드와 특허 같은 무형자산이 필요하다. 기업은 이러한 자산을 조달하기 위해 차입, 이익의 재투자, 또는 기업의 주주들에게 추가로 주식을 판매한다.

따라서 재무관리자는 어떤 투자를 해야 할지, 이러한 투자에 대해 어떻게 지불해야 할지와 같은 질문에 직면하게 된다. 투자결정에는 자금이 소요되고, 자금조달결정은 투자를 위한 자금을 마련하는 것이다.

이번 장은 미국 및 외국의 주요기업들의 예를 통해 최근 투자 및 자금조달의사결정에 대해 살펴보는 것으로 시작한다. 이어 기업이란 무엇인가를 살펴보고, 기업의 최고위 재무관리자의 역할에 대해 설명한 후, 일반적으로 가치의 극대화 또는 최소한의 부가가치로 표현되는 기업의 재무목표에 대해 살펴본다. 재무관리자는 회사가 주주보다 더 높은 수익을 내기 위해 투자할 수 있을 때마다 가치를 추가한다.

그러나 경영자도 인간이어서, 언제 어디서나 가치를 극대화하는 데 완벽할 수 없다. 우리는 대기업에서 발생하는 이해상충과 기업지배구조가 경영자와 주주의 이해를 조정하는 데 어떻게 도움이 되는지 고려할 것이다.

경영자에게 가치 극대화를 요구하면 기업도 훌륭한 시민(Good Citizen)이 될 수 있을까? 경영자는 비윤리적이거나 불법적인 금융사기를 시도하려는 유혹을 받지는 않을까? 그들은 때때로 현혹될 수도 있지만, 현명한 경영자라면 그러한 속임수가 단지 부정직하지 않다는 것을 알고 있다. 그들은 항상 가치를 높이지는 않는다. 재무관리자에게 더 어려운 문제는 윤리적 재무행위와 비윤리적 재무행위 사이의 경계를 긋기 어려운 회색 영역에 있다.

마지막으로, 이 책의 나머지 부분을 살펴보고 흥미있는 재무 역사의 단편을 뒤돌아본다.

1.1 투자결정과 자금조달결정

프레드 스미스(Fred Smith)는 오늘날 페덱스(FedEx)의 설립자로 잘 알려져 있지만, 1965년에는 예일대 2학년 학생이었다. 그는 경제학 학기말 과제에서, 물류 시스템이 속도와 신뢰성에 대한 점증하는 수요에 부응하지 못한다고 주장하였다.[1] 이후 그는 항공수송기의 부품 및 유지관리에 고군분투하는 양아버지 회사에 합류하면서, 예비 부품을 신속하게 배송하는 데 따르는 어려움을 직접 경험하게 되었다. 그는 두 지점을 연결하는 배송 시스템보다는 많은 지점을 보다 효율적으로 연결할 수 있는 중앙 허브를 가진 통합 항공 및 지상 배송 시스템의 필요성을 느끼고, 1971년 27세의 나이에 페더럴 익스프레스(Federal Express)를 설립하였다.

많은 신생 기업과 마찬가지로 페더럴 익스프레스는 실패를 거듭하였다. 스미스와 그의 가족은 수백만 달러의 유산을 받았지만, 그 정도로는 충분하지 않았다. 이 신생 기업은 노후한 다소 팔콘(Dassault Falcon) 제트기를 매입하여 수리한 후, 중앙 허브 시설을 건설하고 조종사, 배달 및 사무실 직원을 고용하여 훈련시켰다. 초기의 자금조달은 은행의 단기대출에 의존하였는데, 회사의 취약한 재무상태 탓에 은행은 비행기를 담보로 제공할 것과 스미스가 개인적으로 이 대출에 보증할 것을 요구하였다.

1973년 4월, 이 회사는 멤피스를 허브로 하여 미국 25개 도시를 연결하는 14대의 제트기를 운항하였는데, 그때까지 회사는 $2,500만을 지출했으며 매주 제트 연료 대금을 지불할 충분한 자금이 없어 사실상 파산 상태에 이르렀다. 절망 상태에서 $2,370만의 은행 대출을 받았지만, 이 대출은 제너럴 다이내믹스(General Dynamics : GD)의 보증을 받아야 했고, 그 대가로 GD는 이 회사를 매입할 수 있는 옵션을 취득하였다(오늘날 GD는 이 옵션을 행사하지 않은 것을 후회하고 있을 것이다.).

그 해 11월, 회사는 벤처캐피탈로부터 $2,450만을 조달하여 어느 정도 재무 안정성을 달성하였다. 벤처캐피탈은 부분 지분 참여 형태로 자금을 제공하면서 신생 기업에 조언을 제공하는 투자회사이다. 최종적으로 벤처캐피탈은 페더럴 익스프레스에 약 $9,000만을 투자하였다.

1977년, 화물운송업에서 민간 기업이 우체국과 처음으로 경쟁할 수 있게 된 이후 페더럴 익스프레스는 영업을 확대하였다. 회사는 팔콘 제트기의 7배 수송능력을 가진 보잉 727 7대를 인수하였는데, 새로운 투자 비용을 조달하기 위해 페더럴 익스프레스는 기업공개(Initial Public Offering, IPO)로 일반 대중에게 주식을 매각하여 약 $1,900만을 조달하였다. 새 주주는 매입한 주식 수에 비례하여 회사의 부분 소유자가 되었다.

이 시점부터 성공은 또 다른 성공을 불러, 회사는 항공 인프라와 지원 인프라를 확장하기 위해 많은 투자를 통해 자동화 운송 시스템과 바코드 추적 시스템을 도입하였다. 1994년에는 온라인 화물 추적을 위한 웹사이트 fedex.com을 개시하였고, 캐나다, 프랑스, 필리핀, 중국뿐만 아니라 미국 전역에 여러 개의 새로운 허브를 개설하였다. 2007년 페덱스(오늘날의 사명)는 항공기 수 기준으로 최대의 항공사가 되었다. 페덱스는 또한 다른 회사에 투자하여 2016년 TNT 익스프레스(TNT Express)를 $44억에 인수하였다. 2017년까지 페덱스는 직원 40만 명, 연매출 $600억, 주식시장 가치 $670억을 기록했다. 회사의 이름은 동사로 쓰이게 되었는데, 하루 이내에 화물을 수송하는 것을 "화물을 페덱스한다(FedEx a package)."라고 한다.

돌이켜봐도, 페덱스의 성공이 절대 확실한 것은 아니었다. 프레드 스미스의 아이디어는 영감을 주었지만, 이를 실행하는 것은 복잡하고 어려웠다. 페덱스는 적절한 투자결정(good investment decision)을 내려야 했다. 초기에 이러한 결정이 자금 부족으로 제한

---

1) 스미스가 이 과제에서 C학점을 받았다는 이야기가 있는데, 정작 그는 그가 받은 학점을 정확히 기억하지 못한다.

되었다. 예를 들어, 신생 기업의 열악한 재무상황에서는 중고 팔콘 제트기가 유일한 대안이었던 것이다. 처음에는 몇 개의 주요 도시에만 서비스를 제공할 수 있었고, 회사가 성장함에 따라 투자결정이 더욱 복잡해졌다. 어떤 종류의 비행기를 구매해야 하나? 유럽과 아시아 노선은 언제 확장해야 하나? 몇 개의 허브를 운영해야 하나? 증가하는 화물량과 지리적 활동 범위를 유지하기 위해 어떤 컴퓨터 및 추적 시스템이 필요한가? 서비스 범위를 확대함에 따라 어떤 회사를 인수해야 하나?

페덱스는 또한 적절한 자금조달결정(good financing decision)을 내려야 했다. 예를 들어, 투자에 필요한 자금을 어떻게 조달해야 하나? 초기에 이러한 선택은 가족 돈과 은행 대출로 제한되었다. 회사가 성장함에 따라 선택의 폭이 넓어져, 벤처캐피탈로부터 자금을 유치할 수 있었지만 이는 새로운 의문을 낳았다. 벤처캐피탈로부터 얼마나 많은 현금을 조달해야 할까? 이 대가로 벤처캐피탈이 요구하는 회사의 지분은 얼마일까? 기업공개 또한 비슷한 질문을 던진다. 회사는 얼마에 얼마나 많은 주식을 팔아야 할까? 회사가 성장함에 따라 은행에서 돈을 빌리고 공개적으로 거래되는 채권을 투자자에게 판매함으로써 더 많은 자금을 조달하게 되었지만, 매 시점 조달할 금액과 대출 형태 및 조건을 결정해야만 했다.

요컨대, 페덱스는 재무의사결정에 능숙해야 했다. 잠재적인 경쟁자들보다 먼저 출발했지만 잘못된 재무의사결정을 내렸다면 회사는 침몰했을 것이다. 회사의 역사는 서로 다르지만, 페덱스와 마찬가지로 모든 성공적인 회사는 적절한 투자결정과 자금조달결정을 내려야 한다. 또한 페덱스와 마찬가지로 이 같은 결정은 평범하고 분명한 것에서부터 어렵고 복잡하며 전략적으로 중요한 것까지 매우 다양하다.

논의를 확대해보자. 표 1.1은 10개 기업에 대한 최근 투자결정 및 자금조달결정의 예이다. 5개는 미국 기업이고 5개는 외국 기업인데, 이들 모두 우리에게 친숙한 매우 큰 공개기업이다. 여러분은 월마트(Walmart)에서 쇼핑하고 페이스북(Facebook)에 사진을 게시하거나 페라리 구입을 꿈꿔봤을 것이다.

지금 이 결정들을 살펴보라. 여러분은 이 결정들이 현명하거나 그렇지 않다면 적어도 명백한 잘못이 없다는 데 동의할 것이다. 그러나 여러분이 재무활동을 처음 접한다면 이 회사들이 왜 이러한 결정을 했는지 이해하기 어려울 수 있다.

표 1.1 주요 공개기업의 최근 투자결정 및 자금조달결정 예

기업	최근 투자결정	최근 자금조달결정
Delta Air Lines (미국)	에어버스 A321 항공기 100대 주문	5년 만기 채권 $10억 발행
ExxnMobile (미국)	가이아나에서 대규모 해양석유탐사개발을 진행하기로 발표	운영경비에 필요한 현금 $85억 재투자
Facebook (미국)	영국계 VR 음향기업인 투빅이어 인수	샌프란시스코에 대규모 신사옥 리스
Fiat Chrysler (이탈리아)	피아트 고급모델 부문 분사	은행대출 $18억 상환
GlaxoSmithKline (영국)	신약 연구개발에 $36억 지출	추가적인 유로화 단기 부채 발행
Lenovo (중국)	인도에 PC와 스마트폰 생산을 위한 신규생산설비 구축 계획 발표	달러채권 $5억, 우선주 $8.5억 발행
LVMH* (프랑스)	고급 향수 브랜드 메종프랑시스커정 인수	채권발행을 통해 인수자금 일부 조달
Procter & Gamble (미국)	광고비로 $70억 지출	주식 $46억 재매입, 배당 $72억 지불
Toshiba (일본)	파산한 미국의 핵 관련 산업을 $46억에 매각하는 데 동의	보통주 $46억 발행
Walmart (미국)	3년 내 칠레에 $8억 투자 계획 발표	채권 일부를 재매입 조건으로 발행하기로 발표

*LVMH(Moët Hennessy Louis Vuitton)은 향수와 화장품, 포도주와 주류, 가죽 제품, 시계, 기타 사치품을 판매한다.

투자(자본예산)결정

표 1.1과 같은 투자결정을 **자본예산 또는 자본지출**(capital expenditure, **CAPEX**) 결정이라고 한다. 엑손모빌의 석유설비나 레노버의 신규 공장과 같은 투자는 유형자산(물리적 형체가 있는 자산)을 포함하고, R&D, 광고 및 컴퓨터 소프트웨어 디자인과 같은 무형자산도 포함된다. 예를 들어, 주요 제약 제조업체는 매년 신약의 연구개발에 수십억 달러를 투자한다.

　때때로 투자는 매우 장기적인 결과를 초래할 수 있다. 예를 들어, 원자력규제위원회(Nuclear Regulatory Commission)에 의해 초기 40년간 운영 허가를 받은 많은 미국의 원자력 발전소는 현재 20년 동안 허가를 재발급받고 있으며, 전체적으로 80년 동안 효율적으로 운영될 수 있다. 다른 투자는 몇 개월 만에 갚을 수 있다. 예를 들어, 크리스마스 휴가가 다가오면서 월마트는 창고와 소매점을 비축하기 위해 약 $500억을 지출하는데, 다음 달 상품이 판매되면 이러한 재고에 대한 투자를 회수한다.

　기업의 세계는 경쟁이 매우 치열하여 신제품이나 서비스를 계속 출시할 수 있어야만 번창할 수 있다. 어떤 경우에는 그에 따르는 비용과 위험이 놀라울 만큼 크다. 예를 들어 호주의 고르곤(Gorgon) 천연가스전 개발 비용은 $400억이 넘는 것으로 추산되었다. 이 비용이 여러 주요 에너지 기업들과 공유되는 것은 놀라운 일이 아니다. 그러나 기업이 매일 수십억 달러를 투자한다고 생각하는 것은 금물이다. 트럭, 공작 기계 또는 컴퓨터 시스템 구매와 같은 대부분의 투자결정은 더 작은 규모이다. 기업은 매년 수천 건을 투자한다. 이러한 소액 지출의 누적 금액이 표 1.1과 같이 가끔은 막대할 수 있다.

　모든 투자가 성공하는 것은 아니다. 2011년 10월 HP(Hewlett-Packard)는 영국 소프트웨어 회사인 오토노미(Autonomy)를 인수하기 위해 $110억을 지불했다. 하지만 불과 13개월 후 HP는 이 투자 가치를 $88억로 낮게 기록하면서, 오토노미의 부정한 회계로 인해 인수가 잘못되었다고 주장하였다. 그럼에도 불구하고, 오토노미 인수는 HP에게 재앙적인 투자였고, HP의 CEO는 즉시 해고되었다.

　금융에 있어 공짜 보증은 없다. 그러나 투자 분석 도구를 익히고 이를 똑똑하게 적용하면 상황을 유리하게 만들 수도 있다. 이러한 도구에 대해서는 이 책의 뒷부분에서 자세히 설명한다.

자금조달결정

재무관리자의 두 번째 주요 책임은 기업이 투자 및 운영을 위해 필요로 하는 자금을 마련하는 것이다. 이것이 바로 **자금조달결정**이다. 기업은 자금이 필요할 때, 주식시장을 통해 투자자로부터 미래 이익의 일부를 대신하여 현금을 조달하거나 투자자의 현금과 고정이율 상환을 약속할 수 있다. 전자의 경우 투자자는 주식을 받고 기업의 소유자인 주주가 된다. 이 경우 투자자를 자기자본 투자자(equity investor)라고 하며 이들은 자기자금조달에 기여한다. 후자의 경우 투자자는 대출 기관, 즉 부채 투자자(debt investor)로서 언젠가 상환받아야 한다. 부채와 자기자금조달 사이의 선택을 자본구조결정(capital structure decision)이라고 한다. 여기서 "자본(capital)"은 회사의 장기 자금조달원천을 의미하며, 장기로 자본을 조달하는 기업은 "자본을 조달한다."라고 한다.

　투자결정과 자금조달결정 사이의 본질적인 차이점에 주목할 필요가 있다. 기업이 투자할 때, 기업은 그 기업의 제품이나 서비스를 생산하는 데 사용되는 **실물자산**(real asset)을 인수한다. 그 기업은 투자자에게 **금융자산**(financial asset)을 발행함으로써 실물자산 인수에 필요한 투자자금을 조달한다. 주식은 금융자산으로서, 해당 기업의 실물자산과 그 자산으로부터 발생하는 수입에 대한 청구권을 갖는다. 은행 대출도 금융자산으로서, 은행은 대출 원금과 이자를 상환받을 권리를 갖는다. 기업이 은행에 상환해야 할 충분한 수입을 창출하지 못한다면 은행은 해당 기업에 파산과 실물자산에 대한 청구권을 강제할 수 있다. 공개시장에서 투자자가 구입하거나 거래할 수 있는 금융자산을 유가증권(security)이라고 한다. 표 1.1의 공개기업이 발행한 주식의 지분은 모두 유가증권이다. 표 1.1에서 델타항공의 5년 만기 채권은 유가증권이다. 그러나 JP모건(JPMorgan)에서 델타항공으로의 은행 대출은 은행이 일반투자자에게 그 대출을 재판매하지 않는 한 유가증권이라고 하지 않는다.

기업은 거의 무한하게 다양한 금융자산을 발행할 수 있다. 차입을 결정했다면, 투자자에게 부채를 발행하거나 은행에서 차입할 수 있다. 1년 또는 20년 동안 빌릴 수도 있는데, 만약 20년 동안 차입하면 부채를 조기에 상환할 권리가 있다. 유로화로 상환을 약속하고 파리에서 차입하거나 뉴욕에서 달러를 빌릴 수도 있다(표 1.1에서 글락소스미스클라인은 유로화 차입을 결정했지만, 대신 미국 달러나 영국 파운드로 빌릴 수도 있었다.).

어떤 면에서 자금조달결정은 투자결정보다 그 중요성이 덜하다. 재무관리자들은 "가치가 주로 재무상태표의 투자 측면에서 비롯된다."고 말한다. 또한, 가장 성공적인 기업은 때로는 단순한 자금조달전략을 갖고 있다. 마이크로소프트(Microsoft：MS)를 예로 들어 보자. MS는 세계에서 가장 가치있는 기업이다. 2018년 중반, MS는 주가 $94, 발행주식수 7.71억 주로서 시장가치, 즉 시가총액은 7.7억 주×$94=$7,250억을 기록하였다. 이 시장가치는 어디에서 왔을까? 그것은 MS의 제품, 브랜드와 전세계 고객 기반, R&D, 수익성 있는 미래 투자를 만들어내는 능력에 기인한다. 정교한 자금조달결정에서 나온 것은 아니라는 것이다. MS의 자금조달전략은 매우 간단하다. 그것은 거의 모든 투자를 영업현금흐름(operating cash flow)를 유지하고 재투자함으로써 결정하는 것이다.

자금조달결정은 좋은 투자결정과 비교하여 많은 가치를 부가하지는 않지만 나쁜 뉴스로 인해 어리석게 되거나 그 뉴스에 매몰되면 가치를 파괴할 수 있다. 예를 들어, 2007년 투자 회사 컨소시엄이 거대 에너지기업 TXT를 인수했을 때 $400억의 추가 부채가 발생했다. 이것은 어리석은 결정은 아니지만 치명적이었다. 그 컨소시엄은 셰일가스의 생산 확대와 그로 인한 천연가스 및 전기 가격의 급격한 하락을 예측하지 못했고, 2014년 4월 파산에 이르렀다(Energy Future Holdings로 명칭 변경).

1.1 셀프테스트

다음은 자본예산인가 자금조달결정인가?(힌트: 한 경우에는 답이 "둘 다"이다.)

a. 인텔(Intel)은 새로운 마이크로프로세서를 개발하기 위해 $70억을 지출하기로 결정한다.
b. BMW는 도이치뱅크(Deutche Bank)에서 €3.5억을 차입한다.
c. 로얄더치쉘(Royal Dutch Shell)은 호주의 생산기지에서 천연가스를 육상으로 운송하는 파이프라인을 구축한다.
d. 에이본(Avon)은 유럽 시장에서 새로운 화장품을 출시하기 위해 €2억을 지출한다.
e. 화이자(Pfizer)는 소규모 생명공학기업을 인수하기 위해 신주를 발행한다.

여기서는 재무관리자의 책임을 두 가지 의사결정으로 강조했다.

투자결정 ＝ 실물자산 취득
자금조달결정 ＝ 금융자산 판매

그러나 이것은 재무관리자가 사업의 원활한 운영에 필수적인 다른 많은 일상 활동에도 참여하기 때문에 지나치게 단순화된 것이다. 예를 들어, 기업이 상품이나 서비스를 신용으로 판매한 경우 고객이 제때에 상환하도록 해야 한다. 국제적으로 운영되는 기업은 끊임없이 한 통화에서 다른 통화로 환전해야 한다. 그리고 재무관리자는 기업이 운영되는 동안 위험을 꾸준히 주시하여 기업이 위험에 빠지지 않는지 확인해야 한다.

1.2   셀프테스트

다음 중 어느 것이 금융자산이며 실물자산은 무엇인가?

a. 특허
b. 웰스파고(Wells Fargo)은행이 발행한 주식
c. 제철공장의 용광로
d. 새로 지은 집의 대금을 지불하기 위해 받은 주택담보대출
e. 성공적인 광고 이후 페덱스가 화물을 신속하고 안정적으로 배달한다는 잠재 고객의 믿음
f. 처남에게 받은 차용증

1.2 주식회사란 무엇인가?

지금까지 "주식회사"를 언급해왔다. 그러나 너무 많이 또는 너무 빨리 진행하기 전에, 몇 가지 기본적인 정의를 제공할 필요가 있다.

주식회사(corporation)는 독립된 영구적인 법적 실체이다. 새로운 주시회사를 설립하기로 결정했다고 하자.[2] 먼저 변호사와 영업 목적, 자금조달 및 운영, 소유관계를 정한 정관(articles of incorporation)을 준비해야 한다. 정관은 영업하는 주(state)의 법을 준수하여 작성해야 한다. 여러 목적으로 주식회사는 해당 주의 주민으로 간주된다. 예를 들어, 계약을 체결하고, 돈을 빌리거나 빌려주며, 소송의 주체나 대상이 될 수 있다. 또한 자신의 세금도 납부해야 한다(그러나 투표는 할 수 없다!).

주식회사의 주인은 주주(shareholder 또는 stockholder)라고 한다.[3] 주주는 사업의 실물자산(공장, 유정, 상점 등)을 직접 소유하지 않는 대신, 금융자산(주식)을 통해 간접 소유권을 갖는다.

주식회사는 법적으로 주주와 구별된다. 따라서 주주는 **유한책임**(limited liability)을 질 뿐, 주식회사의 부채에 대해서는 개인적으로 책임이 없다. 2008년 미국의 금융회사 리만브라더스(Lehman Brothers)가 파산했을 당시, 어느 누구도 리만브라더스의 주주에게 막대한 부채를 충당하기 위해 더 많은 돈을 투자하라고 요구하지 않았다. 주주는 투자한 돈을 전부 잃었지만, 더 이상의 책임을 질 필요는 없었다.

주식회사
주주가 소유하는 독립된 법적 실체로 조직된 사업체.

유한책임
주식회사의 소유주는 해당 주식회사에 대해 개인적으로 책임지지 않는다.

예제   1.1 ▶   사업 조직

여러분이 건물을 매입하여 식당을 운영한다고 가정하자. 여러분은 건물과 주방기구, 식당 가구 및 기타 다양한 자산에 투자했다. 주식회사의 형태가 아니라면, 여러분은 해당 자산을 개인적으로 소유하는 것이고, 회사는 개인회사(sole proprietor)이다. 여러분이 사업을 시작하기 위해 은행에서 돈을 빌렸다면 이 부채에 대한 책임은 본인에게 있다. 사업에 실패하여 은행에 돈을 상환할 수 없다면, 은행은 다른 자산, 예를 들어 자동차나 집을 팔아 돈을 갚으라고 요구할 수 있다. 그러나 여러분이 식당사업을 주식회사로 만들어 은행으로부터 차입한다면, 여러분의 다른 자산은 식당의 부채로부터 보호받게 된다. 물론, 식당이 주식회사라면 은행은 여러분의 다른 자산에 대해 상환청구권을 갖지 못하기 때문에 대출해주는 데 좀 더 신중할 것이다.[4]

사업을 주식회사 형태로 조직한다는 것이 실물자산(건물, 주방기구 등)의 직접 소유권을 금융자산(새로운 법인의

---

2) 미국에서 주식회사는 "Corporation", "Incorporation" 또는 "Inc."로 표현하고, 영국에서는 "Public Limited Corporation"을 줄여 "plc"로 표현한다. 프랑스의 주식회사는 "Societe Anonyme"를 줄여 "SA"로, 독일에서는 "Gesellschaft mit beschrankter Haftung"을 줄여 "GmbH" 또는 "Aktiengesellschaft"를 줄여 "AG"로 표현한다.

3) "shareholder"와 "stockholder"는 동일한 의미로서, 이 책에서는 이를 혼용하여 표기한다.

4) 은행은 식당 주식회사에 대출을 실행할 때 여러분의 개인자산을 담보로 요구할 수도 있다. 그러나 이는 여러분의 동의 하에 이루어져야 하고, 은행은 여러분의 사업이 개인회사인지 물어볼 필요는 없다.

주식)을 통한 간접 소유권으로 교환하는 것임을 주목하라. ■

주식회사가 처음 설립될 때 그 회사 주식은 소규모 투자자, 즉 회사의 관리자나 후원자가 개인적으로 소유할 수도 있다. 이 경우 주식은 공개적으로 거래되지 않고, 이 때 회사는 폐쇄적으로 소유된다(closely held)고 말한다. 기업이 성장하여 추가 자본을 조달하기 위해 새로운 주식을 발행하면, 그 주식은 뉴욕증권거래소(New York Stock Exchenge, NYSE)와 같은 공개시장에서 거래된다. 그러한 회사를 공개회사(public company)라고 한다. 미국에서 잘 알려진 대부분의 회사는 주식의 소유가 분산되어 있는 공개회사이다. 다른 국가에서는 대형 주식회사가 개인 소유로 유지되는 것이 더 일반적이며 많은 공개회사가 소수의 투자자에 의해 통제되기도 한다.

대형 공개기업은 수많은 주주를 갖고 있고, 이들은 함께 기업을 소유한다. 100주를 가진 개인은 투표권 100개를 가지며, 회사의 수입이나 가치 일부분을 받을 수 있다. 반면, 수백만 주를 소유한 연기금이나 보험회사는 투표권도 수백만 개를 가지며, 기업의 성과에 대해서도 그만큼 큰 지분을 갖는다.

주주들은 회사를 직접 경영하거나 관리할 수 없는 대신, 이사회(board of directors)를 선임하여 최고경영자를 임명하고 이들의 성과를 모니터링한다. 소유와 경영의 분리(separation of ownership and control)는 주식회사에 영속성을 부여한다. 경영자가 해고되더라도 주식회사는 존속한다. 오늘날 주주는 주식회사의 영업을 방해하지 않고 새로운 투자자에게 지분을 매각할 수 있다. 주식회사는 원칙적으로 영원히 존재할 수 있으며 실제로도 여러 세대에 걸쳐 살아남는 회사도 있다. 가장 오래된 주식회사 중 하나인 허드슨 베이 컴퍼니(Hudson's Bay Company)는 1670년 설립되어 캐나다 북부와 영국 간 모피 무역을 통해 수익을 창출했다. 이 회사는 여전히 캐나다의 주요 소매 체인 중 하나로 건재하고 있다.

소유와 경영의 분리도 단점은 있다. 경영자나 이사가 주주의 이익보다는 자신의 이익을 위해 행동할 가능성이 있기 때문이다. 이러한 문제에 대해서는 뒤에서 자세히 다룰 것이다.

주식회사 형태로 기업을 유지하는 데에는 다른 단점도 있다. 그 중 하나는 주식회사의 법적 기구를 관리하는 데 드는 시간과 비용이다. 이러한 비용은 특히 소규모 사업에는 부담일 수밖에 없다.

미국에서 주식회사는 세제상 중요한 단점이 있다. 주식회사도 독립된 법적 실체이므로 주식회사에도 별도의 세금이 부과된다. 그래서 주식회사는 회사 이익에 대해 세금을 납부하고 주주들은 회사로부터 배당을 받거나 주식을 팔아 얻는 이익에 대해 다시 세금을 내야 한다. 반면, 주식회사가 아닌 기업이 벌어들인 이익은 개인소득으로 한 번만 과세된다.[5]

다른 형태의 기업 조직

기업이 표 1.1의 기업과 같이 다국적 기업일 필요는 없다. 사업의 어려움을 경험해보고 싶다면 지역 배관업체나 이발소를 법인으로 조직할 수 있다. 그러나 대부분의 기업은 보다 큰 기업이거나 성장하고자 하는 기업이다. 소규모 부부경영(mom-and-pop) 기업은 일반적으로 개인사업체로 조직된다.

중기업은 어떠한가? 개인기업으로는 너무 크게 성장하였지만, 주식회사로 재조직하기를 원하지 않는 개인기업은 어떠한가? 예를 들어 여러분이 몇몇 친구나 사업파트너와 함

---

5) 이러한 관점에서 미국 세제는 다소 이례적이다. 같은 이익에 대해 두 번 과세하는 것을 피하기 위해 많은 다른 나라들은 주식
   회사가 이미 납부한 세금에 대해 주주에게 적어도 부분적으로는 세금을 공제한다.

께 사업자금이나 전문성을 모으고 싶다면, 합명회사(partnership)를 구성하여 의사결정이 어떻게 이루어지고 이익은 어떻게 나눌 것인지 합작계약을 체결할 수 있다. 개인기업처럼 합명회사 투자자는 무한책임을 질 수도 있다. 사업이 어려움을 겪게 되면 각 동업자는 기업의 모든 부채에 대해 책임을 질 수도 있다.

합명회사는 세금 혜택이 있다. 주식회사와 달리 합명회사는 법인세를 내지 않는다. 동업자는 자기 몫의 이익에 대해서만 개인소득세를 납부한다.

어떤 기업은 주식회사의 유한책임 이점과 합명회사의 세금 이점을 결합한 혼합형 조직 형태를 갖는다. 합자회사(limited partnership)에서 출자자는 무한책임 출자자와 유한책임 출자자로 구분되는데, 무한책임 출자자는 기업을 경영하며 회사의 부채에 대해 개인적으로 무한책임을 지고, 유한책임 출자자는 자신이 출자한 금액에 대해서만 책임을 지며 경영에는 참여하지 않는다.

미국의 많은 주에서는 모든 출자자가 유한책임을 갖는 유한책임 조합(limited liability partnership, *LLP*) 또는 유한책임 회사(limited liability company, *LLC*)를 허용한다. 또 다른 변형된 조직으로 전문직업인 회사(professional corporation, *PC*)가 있는데, 이러한 형태의 기업은 보통 의사나 변호사, 회계사들이 많이 이용한다. 이 경우 기업은 유한책임을 지지만, 소속 전문가는 여전히 개인적으로, 예를 들어 과실에 대한 소송의 대상이 될 수 있다.

모건스탠리(Morgan Stanley)나 골드만삭스(Goldman Sachs)와 같은 대부분의 대형 투자은행은 합명회사로 출발하였다. 그러나 나중에 이 회사들은 합명회사로 계속하기에는 자금 소요가 너무 커져서 주식회사로 재조직하였다. 소유권이 널리 분산되고 소유와 경영의 분리가 필요할 때에는 합명회사 형태의 조직은 더 이상 적합하지 않다.

1.3 재무관리자는 어떤 사람인가?

최고재무책임자(CFO)
모든 재무 관련 기능을 감독하고, 전반적인 재무전략을 수립한다.

트레져러
회사의 자금조달, 현금관리, 은행이나 다른 금융기관과의 관계 형성 등의 업무를 담당한다.

컨트롤러
자본예산, 회계관리 및 세무 등의 업무를 담당한다.

재무관리자는 어떤 직업일까? 이 간단한 질문은 여러 방법으로 답할 수 있다. 먼저 재무관리자의 직책으로 시작할 수 있다. 대부분의 큰 기업에는 **최고재무책임자**(chief financial officer, **CFO**)가 있으며, 이들은 모든 재무부서 직원의 업무를 지휘한다. 그림 1.1에서 볼 수 있듯이 CFO는 재무정책 및 계획에 깊이 관여하며, 최고경영자(chief executive officer, CEO) 및 기타 최고경영진과 밀접한 관계에 있다. CFO는 회사의 재정 관련 가장 중요한 대외 창구로서, 기업 수익의 결과 및 예측을 투자자와 미디어에 설명한다. CFO 아래에는 일반적으로 **트레져러**(treasurer)와 **컨트롤러**(controller)가 있다. 트레져러는 회사의 현금관리, 자금조달, 은행이나 회사의 지분을 보유한 투자자들과 좋은 관계를 유지하는 업무 등을 담당한다. 컨트롤러는 재무제표를 준비하고 기업 내부의 예산이나 회계 관리, 세무 등을 담당한다. 따라서 트레져러의 주요 기능은 자본을 조달하고 이

그림 1.1 대기업의 재무관리자

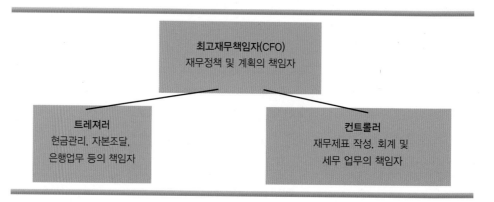

최고재무책임자(CFO)
재무정책 및 계획의 책임자

트레져러
현금관리, 자본조달,
은행업무 등의 책임자

컨트롤러
재무제표 작성, 회계 및
세무 업무의 책임자

를 유지하는 것이고, 컨트롤러는 자금이 효율적으로 사용될 수 있도록 관리하는 데 있다.

1.3 셀프테스트

프리츠(Fritz)와 프리다(Frieda)는 10년 전 경영대학원을 함께 다녔다. 그들은 신규로 재무관리자를 구하는 중기업에 방금 함께 고용되었다. 프리츠는 금융시장과 금융회사를 강조하는 재무학을 전공했고, 프리다는 회계를 전공하여 5년 전 공인회계사(CPA)가 되었다. 트레져러와 컨트롤러에 누가 더 적합한지 간단히 설명하라.

대기업에서 재무관리자는 자본예산 과정을 조직하고 감독할 책임을 진다. 그러나 주요 자본투자 프로젝트는 제품 개발, 생산 및 마케팅 계획과 밀접하게 관련되어 각 분야의 책임자들도 필연적으로 프로젝트 계획 및 분석에 관여하게 된다. 만약 회사 안에 경영계획을 전문으로 하는 조직이 있다면 이들도 자연스럽게 자본예산 과정에 참여하게 된다. 이러한 이유로 재무관리자는 투자결정 또는 자금조달결정을 담당하는 사람이라고 하고, 종종 그러한 결정을 내리는 모든 관리자에게 이 용어를 통칭하여 사용한다.

이제 직책과는 다른 이야기를 하자. 재무관리자의 필수적인 역할은 무엇일까? 그림 1.2는 이에 대한 한 가지 답을 준다. 그림은 투자자로부터 기업으로, 그리고 다시 투자자로 이어지는 현금흐름을 추적한 것이다. 이 흐름은 투자자로부터 현금을 조달하는 것부터 시작한다(1). 현금은 은행이나 금융시장의 투자자에게 판매된 유가증권에서 비롯될 수 있다. 현금은 기업에 필요한 실물자산(투자 프로젝트)에 대한 지출에 사용된다(2). 나중에 사업이 진행되면서 실물자산은 현금 유입을 발생시킨다(3). 그 현금은 재투자되거나 (4a), 처음 현금을 제공한 투자자에게 되돌아간다(4b). 물론, 화살표 4a와 4b의 선택은 화살표 1에서 현금을 조달했을 때 이루어진 약속에 의해 정해진다. 예를 들어, 회사가 화살표 1에서 은행으로부터 돈을 빌리면 화살표 4b에서 이 돈에 이자를 더해야 한다.

표 1.1에서도 4a 및 4b의 예를 볼 수 있다. 엑손모빌은 수입을 재투자하여 투자 자금을 조달했다(4a). P&G는 주식을 다시 매입하여 주주들에게 현금을 돌려주기로 결정했다(4b). 대신 화살표 4b에서 추가 현금배당을 선택할 수도 있다.

재무관리자가 회사와 외부 투자자 사이에서 어떤 위치에 있는지 주목하라. 한편으로 재무관리자는 기업운영에 관여하여 좋은 투자결정을 내리도록 돕고, 다른 한편으로 금융회사나 기타 투자자를 상대하기도 하고 뉴욕증권거래소와 같은 금융시장을 상대한다. 금융회사와 금융시장에 대해서는 다음 장에서 자세히 살펴볼 것이다.

그림 1.2 투자자와 기업운영 사이의 현금흐름 (1) 투자자에게 금융자산을 판매하여 현금 조달, (2) 기업운영을 위해 실물자산에 현금 투자, (3) 기업운영을 통해 현금 발생, (4a) 현금 재투자, (4b) 투자자에게 현금 반환

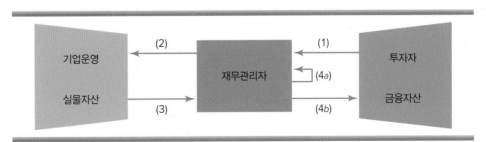

1.4 기업의 목표

경영자가 시장가치를 극대화하기를 원하는 주주

소기업의 경우 주주와 경영자가 같을 수도 있다. 그러나 대기업의 경우 소유와 경영이 분리되어야 한다. 예를 들어 월마트에는 10만 명이 넘는 주주가 있다. 이 주주들이 경영에 적극적으로 참여할 수 있는 방법은 없다. 마치 마을 회의에서 뉴욕시를 운영하는 것과 같다. 권한을 위임해야 하는 이유이다.

주주들이 각자 취향, 부, 투자기간, 투자기회 및 위험허용정도가 서로 다른 경우 의사결정을 어떻게 효과적으로 위임할 수 있을까? 위임은 주주들이 공통의 목표를 가질 경우에만 작동할 수 있다. 다행히도 거의 모든 주주가 동의할 수 있는 자연스러운 재무 목표가 있는데, 이는 주주들 투자액의 현재 시장가치(market value)를 극대화하는 것이다.

이러한 간단하고 궁극적인 목표는 주주들이 제대로 기능하는 금융시장과 금융회사에 접근할 수 있을 때 의미가 있다. 이러한 접근성은, 하나의 업무만을 다루는 기업의 재무 담당자 입장을 떠나, 시장가치를 높이기 위해 자신의 저축과 소비 계획을 관리할 수 있는 유연성을 제공한다. 예를 들어, 기업의 주주 명부에는 일반적으로 위험회피 투자자나 위험허용 투자자 모두가 포함된다. 여러분이 위험회피 성향을 갖고 있다면, "물론입니다, 가치를 극대화하세요. 하지만 너무 많은 고위험 프로젝트는 건드리지 마세요."라고 말할 것이다. 대신 이렇게 말할 수도 있다. "위험 프로젝트의 예상 수익이 위험을 상쇄하고도 충분하다면 위험 프로젝트도 좋습니다. 내 위험성향을 넘어선다면, 나는 좀 더 안전하게 투자포트폴리오를 조정할 거예요." 예를 들어, 위험회피 성향의 주주는 미국 국채 등 안전 자산에 자신의 포트폴리오를 더욱 많이 이전할 수 있다. 주주는 또한 위험 회사의 주식을 팔고 더 안전한 주식을 살 수도 있다. 위험 투자가 시장가치를 높인다면, 주주는 위험 투자를 거절했을 때보다 더 유리하다.

예제 1.2 ▶   가치 극대화

패스트 트랙 와이어리스(Fast-Track Wireless) 주식은 $20에 거래된다. 이 회사는 지금 막, 고위험이지만 혁명적인 WhyFi 기술 투자에 "회사의 명운을 걸기로" 발표했다. 투자자들은 실패 위험을 주목하면서도 그 기술의 성공 가능성에 보다 많이 감동받는다. 이들은 매우 높은 미래 이익이 주가를 높일 것이라고 결론짓는다. 주가는 $23까지 오른다.

캐스퍼 밀케토스트(Caspar Milquetoast)는 사려 깊지만 소심한 주주로서, 주가의 하락 위험에 주목하고 변화의 시점이라고 결정한다. 그는 그 주식을 더 위험허용 투자자에게 $20이 아닌 주당 $23에 매각한다. 따라서 그는 프로젝트의 위험을 부담하지 않고 WhyFi 프로젝트에 의해 추가된 이익을 취한다. 이러한 위험은 위험에 더욱 내성이 있거나 낙관적인 다른 투자자에게 이전된다.

제대로 작동하는 주식시장에는, 상승 잠재력이 충분히 매력적인 경우 하락 위험을 감당할 준비가 된 투자자가 항상 존재한다. 우리는 패스트 트랙 와이어리스 주식이 주당 $23를 기꺼이 지불하려는 투자자들에게 매력적이기 때문에 상승 잠재력이 충분하다는 것을 알고 있다. ■

이와 같은 원칙은 다음 셀프테스트와 같이 기업의 현금흐름에 대한 타이밍에 적용된다.

1.4   셀프테스트

론다 핫스퍼(Rhonda Hotspur)와 레지 핫스퍼(Reggie Hotspur)는 자녀들의 대학 학비 마련을 위해 열심히 저축하고 있다. 현재 이들의 소비 수준으로는 많은 돈이 필요하지 않지만 2028년에는 학비가 크게 들 것이다. 이들은 현재 적당한 현금 배당을 주는 주식에 투자하지 않아야 하는가? (힌트: 현재 소비에 그 배당금을 지출해야 할까?) 간단히 설명하라.

때로는 경영자가 기업의 재무 목표가 다른 데 있는 것처럼 말하기도 한다. 예를 들어, 경영자가 자신이 할 일은 이익극대화라고 말할 수도 있다. 이 말도 합리적으로 들린다. 결국 주주들은 회사가 수익 내는 것을 원하지 않는다는 것인가? 그러나 말 그대로 이익 극대화는 기업의 목표로 적절하지 않다. 여기에는 다음의 두 가지 이유가 있다.

1. 이익을 극대화한다면 어느 해의 이익을 말하는가? 기업은 유지보수 또는 직원교육을 위한 지출을 줄임으로써 현재의 이익을 증가시킬 수 있다. 그러나 이 지출이 낭비하는 것이 아니라면 지출 삭감이 가치를 증가시키지 않는다. 장기적으로 손해라면, 주주들은 단기 이익이 높더라도 환영하지 않을 것이다.
2. 회사는 올해 배당을 줄여 재투자함으로써 미래의 수익을 증가시킬 수 있다. 회사가 추가 투자에 대해 매우 낮은 수익률을 얻는다면 이는 주주들에게 최선이 아니다.

가치를 극대화(또는 적어도 유지)하는 것은 기업의 장기 생존을 위해 필수적이다. 예를 들어, 경영자가 가치를 생각하지 못하고 제품의 시장점유율을 높이는 것이 유일한 목표라고 결정한다고 해보자. 그래서 경영자는 지속적인 손실이 이어지더라도 새로운 고객을 유치하기 위해 적극적으로 가격을 인하한다. 손실이 증가함에 따라 회사는 돈을 빌리는 것이 점점 더 어려워지고 조만간 기존 빚을 갚을 수 없게 된다. 주주들조차 새로운 주식 투자가 이전 투자와 같다는 것을 알게 된다면 새로운 주식을 통한 조달도 불가능하다.

이 회사의 경영자는 아마도 경영 과실에 대한 책임을 져야 할 것이다. 예를 들어, 쉽게 돈 벌 기회를 엿보던 외부 투자자들이 현 주주로부터 회사 주식을 매수하고 경영자를 내쫓은 다음 새로운 경영진이 시장가치를 높여 이익을 얻을 수 있다.

가치를 파괴하는 목표를 추구하는 경영자는 종종 조기에 물러난다. 이는 기업의 자연스러운 재무 목표가 시장가치를 극대화하는 것이라는 또 다른 이유이다.

투자 상충관계(trade-off) 좋다! 이제 기업의 목표를 시장가치를 극대화하거나 적어도 시장가치를 추가하는 것이라고 하자. 그러나 왜 어떤 투자는 시장가치를 높이고, 어떤 투자는 가치를 낮추는가? 이에 대한 답은 기업의 투자결정에 대한 기본적인 상충관계를 설명하는 그림 1.3에 나와 있다. 기업은 제안된 투자 프로젝트(실물자산의 취득)를 갖는다. 프로젝트 자금을 조달하기에 충분한 현금이 있다 해보자. 재무관리자가 이 프로젝트를 진행할지 결정하려고 한다. 투자하지 않기로 결정하면 회사는 추가 배당금과 같이 현금을 주주에게 지불할 수 있다(그림 1.3의 투자 및 배당은 그림 1.2의 (2) 및 (4*b*)이다.).

재무관리자가 회사 소유자, 즉 주주의 이해를 바탕으로 행동하면, 이들 주주는 재무관리자가 무엇을 하기를 원할까? 답은 투자 프로젝트에 대한 수익률과 주주가 금융시장에 투자하여 얻을 수 있는 수익률에 달려 있다. 투자 프로젝트가 제공하는 수익률이 주주가 스스로 투자하여 얻을 수 있는 수익률보다 높으면 주주는 투자 프로젝트를 지지한다. 투

그림 1.3 기업은 현금을 유지하여 재투자하거나 투자자에게 반환한다 (화살표는 가능한 현금흐름 또는 현금 이전을 표현한다.). 현금이 재투자될 때 그 기회비용은 주주들이 금융자산에 투자하여 얻을 수 있는 기대수익률(expected rate of return)과 같다.

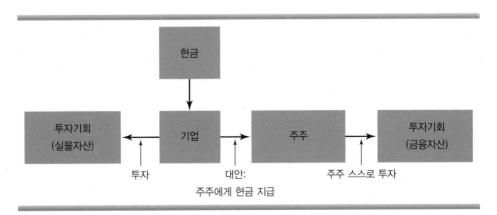

자 프로젝트가 주주 스스로 달성할 수 있는 것보다 낮은 수익을 제공하는 경우 주주는 프로젝트 대신 현금을 가질 수 있도록 할 것이다.

그림 1.3은 델타항공의 신형 항공기 투자결정에 적용될 수 있다. 회사가 에어버스 A321 5대 이상을 추가 구매하기 위한 현금을 보유하고 있다고 하자. 구매를 진행하거나, 투자를 취소하고 대신 주주를 위한 현금 지불을 선택할 수 있다. 현금을 지불하면 주주는 자신을 위해 투자할 수 있다.

델타항공의 신형 항공기 투자가 주식시장만큼 위험하여 주식시장에서 10%의 기대수익률이 예상된다고 해보자. 신형 항공기가 20%의 월등한 수익률을 제공한다면 주주들은 회사가 현금을 활용해 신형 항공기에 투자하도록 할 것이다. 신형 항공기가 5%의 수익만 제공한다면 주주들은 새로운 투자안 대신 현금을 갖는 것이 낫다. 이 경우 재무관리자는 투자안을 중단해야 한다.

기업의 투자안이 주주들이 주식시장(또는 다른 금융시장)을 통해 스스로 얻을 수 있는 수익률보다 높은 수익률을 제공한다면 주주들은 그 투자에 환호하고 기업의 시장가치는 증가할 것이다. 그러나 회사가 그보다 낮은 수익률을 달성할 경우, 주주들은 야유하고 시장가치는 하락하며, 주주들은 결국 다른 투자처를 찾아나설 것이다.

이 예에서, 델타항공의 신규 투자안에서 허용되는 최소수익률은 10%이다. 이 최소수익률을 기준수익률(hurdle rate) 또는 **기회자본비용**(opportunity cost of capital)이라고 한다. 이는 금융시장에서 주주들이 이용할 수 있는 대체 투자 기회에 의존하기 때문이다. 기업이 새로운 투자안에 현금을 투자할 때마다 주주는 현금을 투자할 기회를 잃는다. 기업은 기회자본비용보다 더 많이 벌 수 있는 투자안을 통해 가치를 높인다.

투자안의 수익률과 기회자본비용을 비교한 그림 1.3은 일반 원칙을 보여준다. 기업은 주주가 스스로 할 수 있는 투자와 비교하여 시장가치를 증가시키는 투자안에 현금을 직접 투자해야 한다.[6]

기회자본비용은 제안된 투자안의 위험에 달려 있다. 왜 그럴까? 이는 주주가 단지 위험회피 성향을 갖기 때문만은 아니다. 이는 주주들이 자신의 투자에서 수익과 위험을 절충하기 때문이다. 미국 정부 채권과 같이 가장 안전한 투자는 낮은 수익률을 제공한다. 주식시장과 같이 높은 수익률을 제공하는 투자안은 더 위험하고 때로는 고통스러울 만큼 큰 손실을 가져다준다(예를 들어, 2008년 미국 주식시장은 38% 하락했다.). 다른 투자안도 여전히 위험하다. 예를 들어, 하이테크산업 주식은 일반적인 주식보다 높은 수익률을 제공하지만 변동성이 더 크다.

경영자는 기업의 투자안에 대한 기회자본비용을 측정하기 위해 금융시장을 예의주시한다. 그들은 안전한 부채에 대한 현재 이자율을 통해 안전한 투자를 위한 기회자본비용을 살펴볼 수 있다. 위험 투자를 위해서는 기회자본비용을 추정해야 한다. 이는 11장에서 다룰 것이다.

기회자본비용
금융시장에서 주주가 이용할 수 있는 투자기회의 자본투자에 허용되는 최소한의 수익률.

---

6) 여기서는 델타항공의 새로운 투자안에 가능한 미래 수익률을 5% 또는 20%로 이야기했다. 8장에서 다루는 미래 수익률은 계산하기도, 해석하기도 어렵다. 하지만 일반 원칙은 항상 유지된다. 8장과 9장에서는 투자안의 순현가(net present value, NPV)를 계산함으로써 일반 원칙이 어떻게 적용되는지 살펴볼 것이다.

1.5 셀프테스트

크리오제닉 컨셉트(Cryogenic Concepts)는 추가적인 원료(대부분 팔라듐) 투자에 $10만을 투자하면서 생산량을 늘려 내년 $11.2만을 추가로 벌어야만 한다. 이를 통해 투자에 12%를 더한 수익을 달성할 수 있다. 팔라듐은 상품시장(commodity market)에서 거래되는데, CFO는 팔라듐 투자의 과거 수익률을 연구하여 귀금속 투자는 15%의 수익을 기대할 수 있을 것으로 믿고 있다. 기회자본비용은 얼마인가? 이 회사의 투자안은 좋은 아이디어인가? 그렇다면(그렇지 않다면) 이유는 무엇인가?

1.5 대리인문제, 경영진 보상 및 기업지배구조

개인기업은 재무 관리에서 있어 갈등이 없다. 개인기업은 소유자와 경영자가 같아, 좋은 의사결정을 통한 보상과 의사결정을 나쁘게 하거나 느슨하게 할 때 받는 노력이나 고통을 동일하게 받는다. 이들의 개인적인 부는 사업경영의 가치에 달려 있다.

그러나 대부분의 대기업에서 소유자는 대부분 외부에 있으므로 경영자는 주주 가치를 극대화하기보다는 자신의 이익을 위해 행동하려는 유혹을 받을 수 있다. 예를 들어, 가치를 극대화하는 것보다 직업적인 안전을 더 많이 걱정하여, 가치 있지만 위험한 투자안을 피할 수 있다. 또, 지나치게 공격적인 투자안을 수행하거나 과신에 따라 다른 회사를 인수하기도 한다.

이러한 가치 파괴 행동에 대한 유혹은 경영자가 주주가 아닌 주주의 대리인이기 때문에 발생하는데, 이러한 행동을 **대리인문제**(agency problem)라고 한다. 대리인문제에서 가치의 손실 또는 이러한 문제를 완화하기 위해 발생한 비용을 **대리인비용**(agency cost)이라고 한다.

대리인문제는 때때로 터무니없는 행동으로 이어진다. 타이코(Tyco)의 전 CEO인 데니스 코즐롭스키(Dennis Kozlowski)는 아내의 생일을 위해 $200만을 쏟아붓고서 그 비용의 절반을 회사에 청구한 적이 있다. 홀링거 인터내셔널(Holinger International)의 전 사장인 콘래드 블랙(Conrad Black)은 회사 소유 제트기로 아내와 함께 보라보라(Bora Bora)를 여행했다. 물론 이는 극단적인 예다. 일반적인 기업경영에서 발생하는 대리인문제는 종종 미묘하고 평범하다. 그러나 대리인문제는 경영자가 자신의 돈이 아닌 돈을 쓰는 것에 대해 조금 덜 어려워할 때 발생한다.

기업의 가치를 여러 부류의 청구권자에게 나누어줘야 하는 파이라고 생각해보자. 여기서 청구권자에는 주주 및 채권자뿐만 아니라 경영자와 종업원도 포함된다. 정부 또한 판매 및 이익에 세금을 부과하기 때문에 청구권자이다. 각각 회사에 일정 정도 지분을 갖는 청구권자를 **이해관계자**(stakeholder)라고 한다. 대리인문제는 이해관계자들의 이해가 일치하지 않을 때 발생한다.

대리인문제
경영자는 주주의 대리인으로서, 주주의 가치를 극대화하기보다 자신의 이익을 극대화하기 위해 행동하려는 유혹을 받는다.

대리인비용
대리인문제로부터 발생한 손실 또는 대리인문제를 완화하기 위한 비용.

이해관계자
해당 주식회사에 대해 재무적인 이해관계를 갖고 있는 사람.

1.6 셀프테스트

대리인문제와 대리인비용이 무엇인가? 대리인비용을 초래하는 경영자의 의사결정 두세 가지 예를 들어보시오.

대리인문제는 실제 세 가지 방식으로 통제된다. 첫째, 기업은 낭비적인 지출을 방지하고 부주의한 투자를 막기 위해 내부 통제 및 의사결정과정을 마련해야 한다. 이어지는 8장, 9장, 10장에서는 규정화되고 가치를 극대화하는 자본 투자결정 절차에 대해 보다 자세히 다룬다. 둘째, 기업은 경영자와 주주의 이해에 부합하는 보상체계를 마련해야 한다. 셋째, 기업지배구조 시스템으로 기업이 통제되어야 한다. 여기서는 보상 및 기업지배구조를 다룰 것이다.

경영진 보상

최고경영진의 보상 계획은 거의 항상 회사의 재무 성과와 관련된다. 여기에는 일반적으로 고정 기본급과 재무 성과로서 수입과 기타 측정치에 연관된 연간 상여가 포함된다. 상급 경영자일수록 전체 급여의 일부로서 기본급이 더 적다. 보상은 모두 현금이 아니라 일부는 주식으로 주기도 한다.[7] 또 많은 기업들은 보상에 스톡옵션을 포함한다. 23장에서 다루는 스톡옵션은 특히 주가를 극대화하기 위한 강력한 인센티브를 제공한다.

소수의 최고경영자에 대한 보상의 상향 가능성은 엄청나다. 예를 들어, 기업용 소프트웨어 분야 거대 기업인 오라클(Oracle)의 CEO인 래리 엘리슨(Larry Ellison)은 2017년 총 $2,100만의 보상을 받았다. 이 중 $1만이 기본급이고 나머지는 주식과 옵션이다. 오라클의 주가가 2017년 수준에서 떨어지면 옵션은 가치가 없지만, 주가가 상승하면 보상받을 수 있다. 또한 오라클의 설립자인 엘리슨은 $600억의 주식을 보유하고 있다. 어느 누구도 엘리슨에게 다른 보상시스템으로 일하라고 말하기가 얼마나 어려운지 확실히 말할 수는 없지만 한 가지 분명한 것은, 그가 오라클 시장가치의 가장 큰 개인 이해관계자임에는 틀림없다.

잘 설계된 보상 체계는 경영자가 주주의 부를 극대화하도록 장려함으로써 대리인문제를 완화한다. 그러나 일부는 잘 설계되지 않아, 가치가 파괴되더라도 경영자에게 보상을 주기도 한다. 예를 들어 로버트 나델리(Robert Nardelli)의 6년 임기 동안 홈 디포(Home Depot)의 주가는 20% 하락한 반면, 경쟁사 로위(Lowe)의 주가는 거의 두 배가 되었다. 나델리는 2007년 1월에 해고될 당시 $2.12억의 전별금을 받았는데, 말할 필요도 없이 많은 주주들이 분통을 터뜨렸다.

2010년 도드−프랭크(Dodd-Frank) 금융개혁법은 미국 주주들에게 1년 또는 3년 간격으로 구속력이 없는 "지불" 투표를 통해 경영진 보상에 대한 의견을 표명할 권리를 부여했다(영국 회사의 주주도 비슷한 권리를 갖고 있다.). 대부분의 투표에서는 보상 정책을 승인하지만 때때로 주주들이 거부하기도 한다. 2015년 자동차부품업체 보그워너(BorgWarner)의 주주들은 CEO의 인센티브 보상을 $240만까지 삭감했다. 다른 CEO들은 자신의 보상이 다음에 주목받지는 않을까 걱정해야 했다.

기업지배구조

금융시장과 금융회사는 가치를 증가시키기 위해 투자할 수 있는 기업에 직접 자본을 조달한다. 그러나 투자자가 보호되고 기업 내의 대리인문제가 없거나 최소한 허용 가능한 경우에만 투자자에서 기업으로 자본이 이전된다. 따라서 적절한 시기에 적절한 회사에 자금이 유입될 수 있도록 **기업지배구조**(corporate governance) 시스템이 필요하다. "기업지배구조"는 주주 및 기타 투자자를 보호하는 법률, 규정, 기구 및 기업 실무이다. 스캔들이 발생하면 기업지배구조가 무너졌다고 말한다. 기업이 주주에게 가치를 제공하기 위해 경쟁할 때, 우리는 기업지배구조가 제대로 작동하고 있다고 안심한다.

훌륭한 기업지배구조는 잘 설계된 경영보상시스템에 일부 의존하는데, 그밖에 다른 요소는 다음과 같다.

법적 요구 사항   좋은 지배구조는 내부자에 의한 자기거래로부터 투자자를 보호하는 법

---

7) 경영자는 그 회사에 계속 머물거나 특정 성과목표를 달성할 경우에만 이 주식을 유지할 수 있다.

률 및 규정을 요구한다. CEO와 재무관리자는 주주에 대한 신탁 의무가 있다. 즉, 이들은 주주의 이익을 위해 공정하고 책임있게 행동해야 한다. 그렇지 않으면, 타이코의 데니스 코즐롭스키나 홀링거의 콘래스 블랙처럼 감옥에 갈지도 모른다.

이사회 이사회는 CEO 및 CFO를 포함한 최고경영자를 임명하고 중요한 재무의사결정을 승인해야 한다. 예를 들어, 이사회만이 배당 또는 공개 유가증권 발행을 승인할 법적 권한이 있다. 이사회는 최고경영진의 보상 체계 및 인센티브를 승인한다. 이사회는 보통 중소 규모의 투자에 대한 의사결정을 위임하지만 대규모 투자를 승인할 권한은 거의 위임하지 않는다.

이사회는 주주에 의해 선출되며 주주의 이익을 대변한다. 이사회는 최고경영진의 수동적 지지자로 묘사되었지만, 그 균형은 독립적이어야 한다. 2002년 사베인-옥슬리(Sarbanes-Oxley) 법(SOX)은 더욱 많은 이사가 독립적일 것을 요구하고 있는데, 즉 이사회는 경영에 종속되지 않아야 한다는 것이다. 오늘날 이사의 대다수는 독립적이다. 이사회는 CEO가 참석하지 않는 임원 회의를 가져야 한다. SOX는 기업의 회계절차나 결과에 대해 CEO와 CFO가 별도로 서명하도록 강제하고 있다.

행동주의 주주(activist shareholder) 연기금을 포함한 기관 주주들이 경영을 감시하고 변화를 추진하도록 더욱 적극적으로 참여하게 되었다. 그 결과 GE, 포드(Ford), CSX, AIG 및 웰스파고의 CEO를 포함하여 많은 CEO들이 제약받게 되었다. 전통적으로 경영에 친숙한 미국 이외 지역의 이사회도 낮은 성과를 대체하여, 캐세이 퍼시픽(Cathay Pacific), 티센크루프(Thyssenkrup), 라파게홀침(LafargeHolcim), 도시바(Toshiba), 막스 앤 스펜서(Marks and Spencer), 도이치뱅크 등의 외국 기업에서 CEO가 해고되기도 하였다.

미국 기업에는 일반적으로 수천명의 개인 주주가 있지만, 종종 5%, 10% 또는 그 이상의 주식을 소유한 투자자도 있다. 이들을 과점주주(blockholder)라고 하는데, 부유한 개인 또는 가족(설립자의 자손), 다른 회사, 연기금 또는 재단 등이 있다.[8] 5% 과점주주의 요구에 CFO는 응해야 한다.

불만족스러운 주주들은 또한 주식을 매각하거나 다른 투자처로 이동함으로써 "월스트리트 워크(Wall Street Walk)"를 취할 수 있다. 월스트리트 워크는 강력한 메시지를 보낼 수 있다. 충분히 많은 주주가 움직이면 주가가 급락하여 최고경영자의 보상과 평판이 손상된다.

인수(takeover) 월스트리트 워크는 인수를 위한 문을 연다. 주가가 더 떨어질수록 다른 회사가 대부분의 주식을 인수하는 것이 더 쉬워진다. 이전 경영진은 거리에 나앉게 된다. 인수에 대해서는 21장에서 자세히 다룰 것이다.

투자자를 위한 정보 외부투자자가 최신의 자세한 정보를 얻지 못한다면 기업지배구조는 작동할 수 없다. 기업이 투명하게 경영되어 투자자가 진정한 수익성과 전망을 볼 수 있다면 주가 하락에 대한 문제는 바로 발견될 것이다. 보안 분석가, 채권 등급 기관, 은행 및 기타 대출 기관으로부터 차용자의 진행 상황을 계속 주시하고 있다.

미국 증권거래위원회(Securities and Exchange Commission, SEC)는 공개회사의 회계 및 보고 기준을 설정한다. 3장 회계와 재무에서 자세히 살펴볼 것이다.

---

8) 대주주가 없는 경우 지분을 대량 보유하는 것이 효율적인 통제수단을 제공할 수 있다. 예를 들어, 오라클의 지분율 25%를 보유한 래리 엘리슨은 극단적인 재앙을 막으면서 자기가 원하는 대로 회사를 경영할 수 있다.

1.6 가치 극대화의 윤리

주주는 경영자가 주식의 시장가치를 극대화하기를 원한다. 그러나 이는 아마 다음과 같은 질문을 제기할 수 있다. 주주 가치에 중점을 둔다는 것은 경영자가 과부와 고아를 거칠게 다루는 탐욕스러운 용병처럼 행동해야 한다는 것을 의미하는가?

이 책의 대부분은 가치를 높이는 금융정책에 관한 것이다. 이 정책 중 어느 것도 과부와 고아를 재촉하지 않는다. 대부분의 경우, 잘하는 것(가치를 극대화하는 것)과 선하게 하는 것 사이의 갈등은 거의 없다. 잘하는 것의 첫 단계는 여러분의 고객이 좋게 하는 것이다. 다음은 아담 스미스(Adam Smith)가 1776년 한 말을 인용한 것이다.

우리가 저녁 식사로 기대하는 것은 푸줏간과 양조업자, 제과업자의 선의에서 나온 것이 아니라, 그들 자신의 이익을 위한 행동에서 나온 것이다. 우리는 그들의 인간성이 아니라 그들의 자기애(self-love)를, 우리의 필요가 아니라 그들의 이익을 이야기하는 것이다.[9]

수익성 좋은 기업은 만족하는 고객과 충성스런 종업원과 함께 한다. 불만족스러운 고객과 불만 가득한 종업원을 가진 기업이라면 아마도 이익 감소와 낮은 주가로 이어질 것이다.[10]

물론 윤리적인 문제는 삶의 다른 방식과 마찬가지로 기업에도 발생한다. 이해관계가 첨예할 때, 경영자는 종종 모서리를 자르려고 한다. 법과 규정은 경영자가 부정한 행동을 하지 못하도록 한다. 그러나 명문화된 규칙과 법률 또한 많은 도움이 될 수 있다. 기업에는 다른 일상 업무와 마찬가지로 명문화되지 않은 행동규범도 있다. 이는 좋은 경영자가 회사의 명성 또한 회사의 좋은 자산 중 하나라는 것을 알고서 공정하게 사업을 유지하는 것이 단순히 좋은 기업 관행이라는 것을 알기 때문에 강제된다. 따라서 금융 거래는 악수를 통해 마무리되고, 양측은 상황이 악화되면 나중에 다른 사람이 다시 회복하지 않을 것임을 알고 있다.

어떤 일이 평판을 손상시키는 경우 비용이 엄청날 수 있다. 폭스바겐(Volkswagen, VW)이 최근 사례이다. 폭스바겐은 디젤 자동차의 오염을 줄이는 비밀스런 소프트웨어를 설치했지만, 자동차 테스트를 마쳤을 때만 작동했고, 일반 주행에서는 지금까지의 법적 최대값을 초과할 정도로 오염이 훨씬 높았다. 2015년 소프트웨어 스캔들의 발견으로 갯벌의 파도가 발생했다. VW의 주가는 35% 떨어졌고 CEO는 해고되었으며, VW 디젤 차량은 팔리지 않은 채 자동차 딜러 주차장에 쌓여 있다. 이 스캔들로 VW은 미국에서만 $200억 이상의 벌금과 보상금을 지불하게 될 것이다.

평판은 금융에서 특히 중요하다. 슈퍼마켓에서 잘 알려진 브랜드를 사면, 사는 것을 확신할 수 있다. 그러나 금융 거래에서 상대방은 종종 더 많은 정보를 가지고 있으며 구매하는 제품의 품질을 확신하기가 쉽지 않다. 따라서 정직한 금융회사는 고객과의 장기적인 관계를 구축하고 공정 거래 및 재무적 무결성을 위한 평판을 확립하려고 한다.

물론, 특히 호황을 누리는 시장에는 개인 투자자를 노리는 허풍선이와 사기꾼이 항상 있다. 이것은 바로 "썰물이 되어서야 비로소 벌거벗은 채 수영한 사람이 누구인지 알게 된다."는 것이다.[11] 2008년에야 썰물이 나가서 사기가 드러났다. 악명 높은 금융가 버나드

9) Adam Smith, *An Inquiry into the Nature and Causes of the Wealth of Nations* (New York: Random House, 1937; 초판은 1776년 발행), p.14.

10) 주주가치무결성((shareholders value integrity). 종업원에게 신뢰받아 좋은 직장이라고 여겨지는 기업은 투자자들에게 높이 평가받고 보다 좋은 성과를 달성하는 경향이 있다. A. Edmans, "Does the Stock Market Fully Value Intangibles? Employee Satisfaction and Equity Prices," *Journal of Financial Economics* 101, no. 3(September 2011), pp.621-640; and L. Guiso, P. Sapienza, and L. Zingales, "The Value of Corporate Culture," *Journal of Financial Economics* 117, no. 1(July 2015), pp.60-76.

11) 이는 워런 버핏(Warren Buffet)이 버크셔 해서웨이(Berkshire Hathaway)의 주주들에게 보낸 연간 서신(March 2008)에서 인용했다.

공매(short-selling)

숏(매도) 포지션을 취하는 투자자들은 유가증권 가격이 하락하는 것에 투자한다. 일반적으로 이들은 유가증권을 빌려 현금으로 팔고 나서, 싼 가격으로 다시 살 수 있기를 기다리는 거래를 한다*.

2007년 헤지펀드 매니저인 존 폴슨(John Paulson)은 막대한 자금을 MBS(Mortgage-backed securities)에 매도포지션으로 투자하여 $10억의 수익을 달성했다**. 폴슨의 거래는 비윤리적이었을까? 어떤 사람들은 MBS의 붕괴로 발생한 불행에서 이익을 얻었을 뿐 아니라 그의 매도거래가 시장 붕괴를 유발했다고 생각한다. 공매도 거래자가 일반적이지 않다는 것은 사실이다. 예를 들어, 1929년 시장 붕괴 이후 한 논평가는 공매도를 "큰 지진과 화재로 인해 부서진 집과 부상당한 사람과 죽은 사람을 강탈하기 위해 생겨난" 귀신과 비교했다.

주식시장에서 공매도는 스테로이드 주사를 맞은 월스트리트 워크이다. 공매도 거래자는 주가 하락 시 더 싼 가격에 주식을 되살 수 있기를 희망하며, 자신이 보유한 주식 모두를 매도하지 않고 더 많은 주식을 빌려서 매도한다. 실적이 저조한 회사는 자연스럽게 공매도 거래자의 목표물이 되며, 그 회사의 현직 경영자는 자연스럽게 불만이 쌓일 수밖에 없다. 가끔 정부가 이들의 불만에 귀 기울이기도 하는데, 예를 들어, 2008년 미국 정부는 금융주 주가 하락을 막기 위해 일시적으로 이들 주식의 공매도를 금지했다.

그러나 공매도 지지자들은 고가라고 생각되는 주식을 매도하는 것이 가격이 저렴한 것처럼 보이는 주식을 매수하는 것과 같이 합법적이라고 주장한다. 제대로 작동하는 시장의 목표는 항상 더 높은 가격이 아니라 정확한 주가를 제시하는 것이다. 실제 나쁜 소식을 전하고 실적이 저조한 기업에 압력을 가하고 기업지배구조가 제대로 작동하도록 돕는 경우, 공매도를 막아야 하는 이유는 무엇일까?

기업 사냥꾼(corporate raider)

영화 "귀여운 여인(Pretty Woman)"에서 리처드 기어(Richard Gere)는 기업 자산 수탈자(asset stripper)인 에드워드 루이스(Edward Lewis) 역을 맡았다. 그는 기업 인수 후 부문별로 기업을 해체하여 총 비용보다 더 많은 금액으로 각 부분을 매각한다. 영화 "월스트리트(Wall Street)"에서 고든 게코(Gordon Gekko)는 파산한 항공사인 블루 스타(Blue Star)를 인수하여 부문별로 매각한다. 실제 기업 사냥꾼은 에드워드 루이스나 고든 게코만큼 무자비하지는 않지만, 자산을 수익성 있게 분할하고 재배치할 수 있는 회사를 목표로 한다.

이로 인해 일부 사람들은 기업 매수자가 큰돈을 벌 목적으로 엄

청난 부채 부담을 안긴 채 기존 회사를 조각내려고 한다고 불평한다. 독일의 한 정치인은 "기업에 떨어지는 메뚜기떼가 할 수 있는 모든 것을 먹어 치우고 나서 떠나는 것"에 비유했다.

그러나 종종 이러한 급습이 주주 가치를 향상시킬 수 있다. 예를 들어 2012년과 2013년, 릴레이셔널 인베스터(Relational Investors)는 팀켄(Timken Co.)을 철강 사업 부문과 산업용 베어링 사업 부문으로 분할하게 할 목적으로 캘리포니아주 교원퇴직연금(California State Teachers' Retirement System, CSTRS)과 함께 팀을 꾸렸다. 이들은 팀켄의 관련성 낮은 부문의 사업 조합이 산만하고 비효율적이라고 생각했다. 팀켄 경영진은 분할이 "주주의 장기 가치를 박탈하고, 모두 금융 공학을 활용한 단기 이익의 환상만 낳으려는 시도"라고 대응했다. 그러나 팀켄의 주가는 사업부문 분할 전망에 상승하고, 릴레이셔널의 제안에 주주들 53%가 결집했다. 결국 2014년 팀켄은 새로운 기업, 팀켄 스틸(Timken Steel)을 분할했다.

이 예에서 윤리적인 기준을 어떻게 그려야 할까? 릴레이셔널 인베스터는 "기업 사냥꾼(raider, 나쁘게 들린다.)"인가? 또는 "투자활동가(activist), 좋게 들린다.)"인가? 사업 포트폴리오를 해체하는 것은 어려운 구조조정과 일자리 손실을 초래할 수 있다. 일부 이해관계자도 마찬가지다. 그러나 사업을 보다 효율적으로 관리하면 주주와 전체 경제가 향상될 수 있다.

세금 회피(tax avoidance)

2012년 스타벅스(Starbucks)가 영국에서 영업을 시작한 14년 동안 세금을 거의 납부하지 않았다는 것이 밝혀졌다. 대중의 분노는 스타벅스의 불매 운동으로 이어졌으며, 스타벅스는 법적으로 지불해야 하는 것보다 약 $1,600만 더 많은 세금을 자발적으로 납부할 것이라고 약속하기로 했다. 몇 달 후, 미국 테크놀로지 기업의 세금 회피에 관해 조사한 미 상원위원회는 애플(Apple)이 미국에서 수십억달러의 세금을 피하기 위해 "매우 의심스러운" 해외 웹을 사용했다고 보고했다.

스타벅스나 애플 같은 다국적 기업은 "더치 샌드위치", "더블 아이리시", "체크-더-박스"와 같은 이국적인 이름을 가진 법적 기술을 사용하여 세금을 줄일 수 있다. 그러나 그 폭로에 대한 공개적인 울분으로 많은 사람들은, 법적이더라도 이러한 기술이 비윤리적이라고 생각하게 되었다. 이것들이 비윤리적이라면 다소 어색한 질문을 남긴다. 기업은 어떤 세금이 윤리적인지 윤리적이지 않은지 어떻게 결정하는가? 회사가 법적으로 지불해야 하는 것보다 더 많은 세금을 자발적으로 지불하는 경우 주주의 이익에 따라 행동할 수 있는가?

---

* 여기서는 공매의 기술적인 부분을 섭렵할 필요는 없다. 하지만 공매도 투자자는 주가가 천정부지로 상승할 때에도 해당 주식을 되사야 한다는 데 주목하자. 격언처럼, "자신의 것이 아닌 것을 판 사람은 그것을 되사거나 감옥에 갈 것이다."

** 폴슨의 거래 이야기는 G. Zuckerman, The Greatest Trade Ever(New York: Broadway Business, 2009)에 실렸다. 이 거래는 공매도를 넘어 여러 이유로 논쟁거리가 되었다.

메이도프(Bernard Madoff)가 운영한 폰지(Ponzi) 사기가 대표적이다.[12]

개인과 기관은 메이도프와 함께 약 $200억을 투자했는데, 그들의 투자가 $650억로 증

12) 폰지 사기는 찰스 폰지(Charles Ponzi)의 이름을 딴 것이다. 그는 1920년 투자회사를 설립하여 투자자에게 믿기 힘든 고수익을 약속하였다. 그는 곧바로 뉴잉글랜드 지역에서 투자금을 모금하여 불과 3시간 만에 $100만을 유치하였다. 유치한 투자금액 중 약 $30만을 투자하고, 나머지는 원래 투자자의 배당에 사용하면서 고수익과 빠른 수익달성은 환상임이 드러났다. 몇 개월 만에 이 상품은 부도났으며 폰지는 5년형을 받고 수감되었다.

가했다고 알려졌다. 하지만 그 수치는 완전히 허수인 것으로 판명되었다(메이도프가 이 돈으로 무엇을 했는지는 알 수 없지만, 대부분의 돈이 엄청난 투자 성과를 믿고 투자한 초기 투자자에게 돌아갔을 것이라는 것은 확실하다.). 돌이켜보면, 투자자들은 메이도프나 재무자문업자를 믿지 말았어야 했다.

메이도프의 폰지 사기는 일생에 한 번 있을까 말까한 사기였다(라고 희망한다. 폰지 사기는 자주 등장하는데, 메이도프 사기의 경우 그 규모나 투자기간을 어림잡을 수조차 없다.). 그것은 놀랍게도 비윤리적이고 불법적인데, 끝내는 눈물로 귀결된다. 말할 것도 없이, 그것은 투자자의 가치를 증가시키기 위해 고안된 것은 아니다.

1.7 셀프테스트

소유자의 개인적 윤리에 대해 전혀 모른다면, 어떤 기업을 더 신뢰할 수 있을까?

a. 해리(Harry)의 철물점은 50년 동안 유지되었다. 지금은 성인이 된 해리의 손자가 그 사업을 인수하여 운영할 계획이다. 성공적인 철물점은 장기적인 충성 고객에 달려 있다.
b. 피트(Pete)의 피자 가게는 이제 막 영업을 시작했다. 길가 작은 상점을 임대하고 은행 대출로 재고를 조달했다. 피트는 사업을 위해 자신의 돈을 거의 투자하지 않았다. 피자 가게는 일반적으로 고객 충성도에 좌우되지 않는다.

윤리적인 행동이 무엇인지 아는 것이 항상 쉬운 것만은 아니다. 많이 어중간할 때가 항상 있는 것이다. 위 글상자에 금융에서 발생할 수 있는 세 가지 윤리적 논쟁을 포함하였다. 여러분은 이러한 주제에서 어디에 위치하는지, 여러분의 윤리적 기준을 어디에 두어야 하는지 생각할 기회가 되길 바란다.

1.7 재무 관련 직업

미국에서는 백만 명이 넘는 사람들이 금융서비스산업에 종사하며, 다른 많은 사람들이 기업의 재무관리자로 일한다. 우리는 이들이 온종일 무슨 일을 하는지 알 수 없지만, 재무와 관련된 다양한 직업을 설명할 수는 있다. 다음 글상자에는 최근 졸업생들의 경험담이 요약되어 있다.[13]

앞서 우리는 기업이 두 가지 주요 재무의사결정, 즉 투자결정과 자금조달결정에 직면한다고 설명했다. 따라서 여러분이 새로 채용된 재무분석가라면, 주요 신규 투자안을 분석하고, 은행 대출을 협상하거나 설비나 장비의 임대 계약을 통해 돈을 마련하는데 도움을 줄 수 있어야 한다. 재무분석가는 수금을 관리하거나 회사의 현금 투자를 관리하거나 고객이 대금을 지불하려는지 확인하는 등 단기 자금조달업무를 담당한다. 재무분석가는 또한 위험의 모니터링과 통제에도 관여한다. 예를 들어, 설비나 장비를 위한 보험을 준비하거나 옵션, 선물, 그밖에 위험을 관리하기 위한 이색적인 도구들을 매매하는 데 도움을 줄 수도 있다.

회사의 재무 부서에서 일하는 대신 금융회사에서 일할 수도 있다. 가장 큰 고용자는 은행이다. 은행은 예금을 모아서 기업과 개인에게 이를 대출한다. 은행에 근무한다면, 개인과 중소기업이 현금을 예치하거나 대출을 받기 위해 오는 지점에서 일을 시작할 것이다. 본사에서 일하면서 대기업에 대한 $5억 대출을 분석하는 데 도움을 줄 수도 있다.

은행은 돈을 빌려주는 것 외에도 많은 업무를 수행하는데, 이는 다른 금융회사의 업무보다 훨씬 다양하다. 예를 들어, 대형 은행의 현금관리 부서에서 일하는 경우 기업들이

---

13) 이러한 직업들이 허구이기는 하지만, 저자들의 몇몇 제자들의 실제 경험담에 근거한다.

수잔 웹(Susan Webb), 뮤추얼펀드 그룹의 리서치 애널리스트

생화학을 전공한 후 뮤추얼펀드 그룹의 리서치 부서에서 일하였다. 내 전공 때문에 선임 제약업 애널리스트와 일하게 되었다. 나는 월스트리트 저널을 읽고 증권회사에서 보내온 분석보고서를 검토하는 것으로 하루를 시작한다. 때때로 우리는 이익 예측을 수정해야 하고 증권거래를 협의하기 위해 포트폴리오 관리자를 만난다. 나머지 일과는 기업을 분석하고 매출액과 이익을 예측하는 것이다. 나는 종종 다른 증권회사의 제약업 애널리스트와 만난다. 우리는 정기적으로 회사 경영자를 방문한다. 저녁에는 공인재무분석가(chartered financial analyst, CFA) 시험을 준비하는데, 대학에서 금융을 공부하지 않아 상당히 어렵다. 나중에는 리서치 업무에서 포트폴리오 관리자로 옮기고 싶다.

리처드 그래들리(Richard Gradley), 대형 에너지 기업의 프로젝트 금융 담당자

대학을 졸업한 후 대형 에너지 회사의 재무 부서에서 일하게 되었다. 첫해에는 자본투자안의 제안서 분석을 도왔다. 그 후 프로젝트 금융 부서로 옮겼다. 이 부서는 세계 곳곳의 독립적인 전력 투자안을 분석하는 일을 한다. 최근 동남아시아에 새로운 대형 발전소를 건설하고 운영하는 회사를 설립하는 제안서를 분석해왔다. 우리는 이 회사가 생존 가능한가를 보여주는 투자안의 스프레드시트 모형을 만들었다. 우리는 은행에서 투자에 필요한 자금을 조달하기 위해 건설업자와 운영자, 납품업자 등과 계약을 제대로 했는가를 확인해야 했다.

알버트 로드리게즈(Albert Rodriguez), 대형 뉴욕 은행의 유럽 시장 그룹

대학에서 금융을 전공한 후 은행에서 일하게 되었다. 첫 6개월은 은행의 여러 부서를 돌아다니며 훈련 프로그램을 이수하였다. 2010년 그리스 위기 직전에 유럽 시장 부서에 배정되었다. 당시는 채무불이행 가능성에 대한 우려로 인해 그리스 정부 부채에 대한 이자율이 독일 정부 부채에 비해 4% 이상 높을 때였다. 이자율은 곧 훨씬 높아졌다! 그리스가 유로화를 포기해야 하는지, 이것이 우리 사업에 어떤 영향을 미칠지 알아내기 위한 수많은 업무를 수행했다. 내 일은 주로 경제를 분석하고 은행 산업을 전망하는 것과 관련된다. 해외에서 일할 기회가 많은데, 마드리드나 다른 유럽 지사에서 근무해보고 싶다.

쉐리 솔레라(Sherry Solera), 지역 은행의 지점장

대학에서 기본 금융 수업은 이수하였지만, 은행에 특화된 것은 없었다. 여기서는 금전출납원으로 시작했다. 이 은행의 훈련 프로그램과 지역 대학의 야간 과정을 통해 은행 업무를 배울 수 있었다. 작년에 지점장으로 승진하였다. 나는 지점 영업을 감독하고 다양한 문제를 갖고 있는 고객들을 돕는다. 또한 기업 대출 신청의 신용 분석에 많은 시간을 할애한다. 나는 위험한 기업에 대출을 하지 않으면서 지점의 기업 고객을 늘리고 싶다.

임금, 세금 및 납품업자에게 지불하는 많은 돈을 전자적으로 이체하는 일을 돕는다. 은행은 또한 외환을 사고팔기 때문에 외환거래실의 컴퓨터 화면 앞에서 일할 수도 있다. 또 다른 매력적인 은행 업무는 파생상품 부서에서 옵션, 선물 등을 사고팔아 위험을 관리할 수 있도록 돕는 것이다. 이는 수학자와 컴퓨터 광의 몫이다.

골드만삭스나 모건스탠리 같은 투자은행은 회사가 투자자에게 유가증권을 판매하도록 돕는다. 또한 기업의 인수합병을 지원하는 대기업 기업재무부서도 있다. 기업이 유가증권을 발행하거나 다른 회사를 인수하려고 할 때 많은 돈이 위험에 처해 있으며 회사는 발빠르게 움직여야 할 수도 있다. 따라서 투자은행 업무는 장시간 고되게 일해야 하지만 그만큼 보수가 많다.

보험 산업은 또 다른 큰 고용자이다. 보험 산업의 많은 일이 사람의 생명과 재산에 대한 보험증권을 설계하고 판매하는 것과 관련된다. 하지만 기업도 주요 고객이다. 따라서 보험회사나 대형 보험중개회사에서 일하는 경우 미국의 보잉787이나 인도네시아의 석유시추와 관련된 보험계약을 주선할 수도 있다.

생명보험회사는 기업과 상업용 부동산 투자자의 주요 대출자이다(생명보험회사는 보험 계약자로부터 받은 보험료를 중장기로 대출한다. 반면에 은행은 단기 자금대출에 특화되어 있다.). 따라서 새로운 쇼핑센터 건설을 위한 $5,000만 융자를 협상하거나 생산시설을 확장하기 위해 융자를 얻고자 하는 가족 소유 제조기업의 신용도를 조사할 수도 있다.

"돈을 관리하는", 즉 어떤 회사의 주식에 투자할 것인가 또는 미국 재무성에서 발행한 채권(부채 증권)과 같이 안전한 증권과 주식 투자 간의 균형을 어떻게 맞출 것인가를 판단하는 금융 관련 업종도 있다. 예를 들어, 뮤추얼펀드는 개인으로부터 돈을 모으고 주식 또는 채권 포트폴리오에 투자한다. 뮤추얼펀드의 재무분석가는 이들 증권의 전망을 분석하고 투자관리자와 협력하여 어떤 종목을 사고팔아야 하는지 결정한다. 다른 많은 금융회사에도 투자관리 부서가 있다. 예를 들어, 보험회사의 투자 부서에서 재무분석가로 일할 수 있다(보험회사도 증권에 투자한다.). 또는 퇴직연금, 대학기금이나 자선단체의 자금을 관리하는 은행의 신탁 부서에서 재무분석가가 될 수도 있다.

주식 중개회사는 투자관리회사 및 개인이 증권에 투자하는 것을 돕는다. 그들은 판매 직원과 거래를 담당하는 딜러를 고용하고, 또 재무분석가를 고용하여 증권을 분석하고 고객이 어떤 종목을 사거나 팔아야 할지 결정하도록 도와준다.

많은 대형 상업은행과 마찬가지로 투자은행과 주식 중개회사의 본사는 뉴욕에 있다. 보험회사와 투자관리회사의 본사는 여러 곳에 흩어져 있다. 예를 들어, 가장 큰 보험회사 중 일부는 코네티컷주 하트포드에 본사를 두고 있으며 많은 투자관리회사는 보스턴에 본사를 두고 있다. 물론 일부 미국 금융회사는 미국 이외의 지역에서 많은 사업을 영위하고 있다. 금융은 글로벌 비즈니스이다. 따라서 해외 지점에서 일하거나 런던, 도쿄, 홍콩 또는 싱가포르와 같은 다른 주요 금융센터로 출장을 갈 수도 있다.

1.8 이 책의 나머지 부분 미리보기

이 책은 투자결정과 자금조달결정, 마지막으로 투자와 자금조달에 대한 이해가 필요한 다양한 계획(planning) 관련 문제를 다룬다. 그러나 먼저 재무관리를 처음 접하는 독자에게 도움을 주는 세 장을 소개한다. 2장은 금융시장과 금융회사에 대해 살펴본다. 3장은 회계의 기본 개념을 검토하고, 4장은 재무제표 분석 기법을 살펴본다.

우리는 재무관리자의 주요 업무가 기업의 주주를 위해 가치를 증가시키는 투자결정이나 자금조달결정이 이루어지도록 하는 것이라고 말해왔다. 그러나 이는 다음과 같은 질문을 통해 4장 이후 우리에게 소개될 것이다.

- **미래 현금흐름의 가치를 어떻게 계산하는가?** 오늘 받은 $1의 가치는 10년 또는 20년 후 받기로 약속한 $1의 가치보다 크다. 따라서 신규 투자안이 기업 가치에 미치는 영향을 측정할 때, 재무관리자는 현금흐름의 시점을 인식해야 한다. 5~10장에서 미래 현금흐름을 창출하는 투자안의 현재가치를 계산하는 방법을 살펴본다. 우리는 채권과 주식의 현재가치를 계산하는 것으로 시작해서 자본 투자안으로 인한 현금흐름의 가치를 평가하는 방법을 살펴본다. 현재가치는 거의 모든 장에 등장하는 기업재무의 핵심 개념이다.
- **위험은 어떻게 측정하나?** 5~10장까지는 위험 문제를 크게 무시한다. 그러나 위험한 현금흐름은 안전한 것보다 가치가 크지 않다. 11~13장에서 위험을 측정하는 방법과 현재가치에 미치는 영향을 살펴본다.
- **자금조달의 원천은 무엇인가?** 이는 대체로 주주가 투자하거나 재투자한 현금에서 비롯된다. 그러나 특별한 경우 자금조달은 복잡해질 수 있다. 14장에서는 자금조달 원천에 대해 살펴본다. 15~17장은 기업이 투자자에게 유가증권을 판매하는 방법, 부채와 자본의 선택, 주주들에게 현금을 지불하기로 하는 결정에 대해 살펴본다.
- **기업의 재무의사결정이 기업 전체에 가치를 증가시키는지 어떻게 알 수 있나?** 이 질문에는 두 부분이 있다. 첫 번째는 회사가 미래 성장 전략에 자금을 조달할 수 있도록 하는 것과 관련된다. 이는 장기 계획의 역할이다. 두 번째는 회사가 현금, 재고 및 고객으로부터의 돈과 같은 단기 자산을 관리하고 자금을 조달할 합리적인 계획을 갖도록 하는 것과 관련된다. 18~20장에서 장단기 계획을 다룬다.
- **재무관리자의 또 다른 책임은 무엇인가?** 모든 재무관리자의 책임은 투자결정 또는 자금조달결정으로 간단하게 구분할 수 있다. 21~24장에서는 이와 관련한 4가지 주제

를 검토한다. 먼저 인수합병을 살펴본 후 국제재무관리를 살펴본다. 국내 사업에서 발생하는 모든 금융관련 문제는 해외에서도 발생한다. 국제 재무관리자는 여러 통화, 외국 세금 시스템, 외국 기관 및 정부가 부과하는 특별 규정 등으로 인해 발생하는 추가적인 문제에 직면한다. 마지막으로, 위험관리, 선물 및 옵션을 포함한 특수한 유가증권에 대해 살펴본다. 경영자는 이를 통해 리스크를 회피하거나 줄일 수 있다.

이는 처음 공부하기에는 충분한 내용이지만, 이번 장에서 살펴보았듯이, 이 책을 공부하면서 다음의 특정 주제를 거듭 접하게 될 것이다.

1. 기업재무는 가치를 증가시키는 것에 대한 것이다.
2. 기회자본비용은 투자를 위한 기준이 된다.
3. 안전한 현금은 위험한 것보다 가치가 있다.
4. 현명한 투자결정은 현명한 자금조달결정보다 더 많은 가치를 창출한다.
5. 좋은 기업지배구조가 중요하다.

1.9 재무 역사의 단편

이제 다소 가볍게 들어보자. 이 책에서 우리는 오늘날 재무의사결정이 어떻게 이루어지는지 설명하고 있다. 그러나 금융시장에도 흥미로운 역사가 있다. 아래의 글상자는 박테리아가 복리 형태의 수식으로 번식하는 선사시대부터 최근까지 역사의 단편을 담고 있다. 각각의 일화에 해당하는 주제를 다루는 장을 표시하였다.

날짜 미상 복리. 박테리아가 세포분열로 번식을 시작하다. 그들은 복리의 힘을 보여준다(5장).

기원전 1800년 이자율. 바빌론의 함무라비 법전은 대출에 대해 최고 이자율을 정하였다. 차입자는 보통 재산을 담보로 하였고 때로는 배우자를 담보로 하였다. 그러나 이 경우 채권자는 3년 내에 온전한 상태로 배우자를 되돌려 줄 의무가 있었다(6장).

기원전 1000년 옵션. 최초로 기록된 옵션 중 하나는 아리스토텔레스에 의해서이다. 철학자 탈레스는 별을 보고 올리브가 풍년이 들 것이라는 것을 알았다. 그래서 약간의 돈으로 올리브 압착기를 사용하는 권리(option)를 샀다. 추수철이 되자 탈레스는 압착기를 빌려주면서 큰 이익을 보았다. 오늘날 재무관리자는 다양한 자산을 사고파는 옵션을 평가할 수 있어야 한다(23장).

15세기 국제 은행. 현대적 의미의 국제 은행은 플로렌스의 은행에 그 기원을 둔다. 메디치 제국의 유럽 전체 은행망은 단지 8개 사무소에 57명으로 구성되었을 뿐이다. 반면에 오늘날 런던에 본사를 둔 HSBC는 71개국에 26만 명 이상의 종업원을 두고 있다(14장).

1650년 선물(Futures). 선물시장은 기업들이 상품가격의 변동에 대해 방어할 수 있도록 해준다. 일본의 도쿠가와 시대에 영주는 미곡의 형태로 소작료를 받았다. 그러나 그들은 종종 미래의 미곡 수입을 미리 거래하고자 하였다. 미곡 선물은 아직도 거래되고 있으며 이제 기업들은 돈육에서 주가지수에 이르는 다양한 품목에 대해 선물을 거래한다(24장).

17세기 주식회사(joint stock corporation). 오랫동안 투자자들은 한 기업의 공동 소유자로서 함께 결합하여 유지되었지만, 많은 수의 주주가 있는 현대적 의미의 주식회사는 영국의 동인도회사(약 1599년)와 같은 무역회사에서 그 뿌리가 시작되었다(15장).

17세기 화폐. 미국은 새로운 형태의 화폐를 개발하는 데 선두에 서 있었다. 초기 이주민들은 자주 조가비염주(wampum)라고 하는 조개껍데기를 화폐로 사용하였다. 예를 들어, 피터 스튀비샌트(Peter Stuyvesant)는 조가비염주로 돈을 조달했고, 이는 매사추세츠에서 법정 통화였다. 불행히도 모험심 많은 이주민이 평범한 하얀 조가비염주를 약간 염색만 하면 상대적으로 더 가치있는 검은 조가비로 변환할 수 있다는 것을 알게 되었다. 이것은 악화가 양화를 쫓아낸다는 그레샴(Gresham)의 법칙을 확인해준다. 1690년 미국에서 매사추세츠만 식민청(Massachusetts Bay Colony)이 (거의 전 세계적으로) 처음 종이화폐를 발행하였다. 다른 식민지도 곧 화폐를 인쇄하기 위해 인쇄기를 설치하였다. 1862년 의회는 법정통화인 종이화폐를 발행하는 데 동의하였다. 이 화폐는 녹색잉크로 인쇄되었는데 곧 'greenbacks'라고 알려졌다(19장, 20장).

1720년 신주 투기. 때때로 투자자들은 투기적인 신주 발행에 유혹을 받는다. 영국의 사우스 씨 버블(South Sea Bubble) 기간에 한 회사는 영구 동력을 개발하기 시작했다. 다른 야심찬 사람은 "커다란 이점이 있다고는 하지만 그것이 무엇인지 모르는" 회사를 발표했다. 5시간 내에 그는 2천 파운드를 조달하였고 6시간 후 영국을 떠나버렸다. 거의 2세기가 지난 후의 여러분은 이들 천진난만하거나 바보 같은 투자자들이 왜 그랬을까 의아했을 것이다. 단, 여러분이 2008~2009년의 금융위기를 접하기 전까지 말이다(2장).

1792년 뉴욕증권거래소 설립. 뉴욕증권거래소(NYSE)는 1792년 설립되었다. 이때 증권 중개인들은 플라타너스 나무 아래에서 만나 정해진 수수료를 받고 서로 주식을 거래하기로 협정을 맺었다. 오늘날 NYSE는 세계에서 가장 큰 증권거래소이며 하루에 평균 10억 주 이상 거래한다(7장).

1929년 주식시장 붕괴. 보통주는 위험한 투자이다. 1929년 9월 미국에서 주가는 역사상 최고치에 도달하였고, 경제학자 어빙 피셔(Irving Fisher)는 "영구히 최고치"에 있을 것으로 예상하였다. 약 3년 후 주가는 거의 90% 하락하였다. 1929년 9월 가격으로 다시 회복하기까지는 25년이 걸렸다. 80년 후, 역사는 반복되었다. 2007년 7월 주가가 정점에 도달한 이후 20개월 동안 54% 하락했다(11장).

1960년대 유로달러 시장. 1950년대 소련은 미국에서 보유하고 있던 달러를 파리에 있는 러시아 소유 은행으로 옮겼다. 이 은행은 텔렉스 주소로 유명한 유로은행(Eurobank)이었다. 이후 미국 이외 지역에서 보유하고 있는 달러화는 유로달러라고 불리었다. 1960년대 미국의 세금과 규제 때문에 미국보다 유럽에서 달러를 빌리고 빌려주는 것이 훨씬 더 싸게 되었다. 이에 따라 유로달러라는 거대한 시장이 생기게 되었다(14장).

1971년 기업 파산. 모든 세대에서 투자자들은 주요 기업의 파산에 충격을 받고 놀란다. 1971년 미국 산업의 한 기둥인 펜 센트럴 철도(Penn Central Railroad)가 갑자기 파산했다. 당시 이것은 역사상 가장 큰 기업 파산이었다. 2008년 투자은행 리먼브라더스는 펜 센트럴의 기록을 갈아치웠다(16장).

1972년 금융선물. 금융선물은 기업이 이자율과 환율 등의 변동에 대해 자신을 보호할 수 있도록 한다. 이는 스털링(영국 통화)이 과대평가되었다는 자신의 생각에도 불구하고 이익을 달성할 수 없다는 경제학자 밀턴 프리드만(Milton Friedman)의 말에서 유래했다고 한다. 시카고상업거래소(Chicago Mercantile Exchange)는 처음으로 금융선물 시장을 개설하였다. 오늘날 선물거래소는 연간 60억 계약의 금융선물을 거래한다(24장).

1986년 자본투자결정. 사기업에 의해 수행된 가장 큰 투자안은 영불해협의 터널 건설로서, 1994년 완성될 때까지 총 $150억이 들었다(8장, 9장).

1988년 합병. 1980년대에는 나비스코(RJR Nabisco)의 $250억 합병으로 정점을 이룬 합병의 물결이 있었다. 6주의 기간 동안 이 회사의 경영권을 확보하기 위해 세 그룹이 싸웠다. 경쟁자 중 하나가 말하기를, "우리는 진흙땅을 가로질러 진격하였으며 어떤 것에도 멈추지 않고 포로를 잡지도 않았다." 합병은 역사상 가장 컸고 은행과 컨설턴트에게 수수료로 거의 $10억을 지급하였다(21장).

1993년 물가상승(inflation). 재무관리자는 이자율과 투자의 수익성에 대한 물가상승의 영향을 알아야 한다. 미국에서 물가상승은 상대적으로 크지 않았다. 그러나 일부 국가에서는 높은 물가상승으로 고통을 받았다. 2차 세계대전 이후 헝가리 정부는 1,000조 펜고(pengo)에 해당하는 은행어음을 발행하였다. 1993년 10월 유고슬라비아의 물가는 거의 2,000% 올랐고, $1가 1억 5백만 디나르에 교환되었다. 2018년 후반 베네수엘라의 물가상승은 연간 1백만% 이상을 기록 중이다(5장).

1780년과 1997년 물가상승 연계 부채. 1780년 매사추세츠 주는 혁명전쟁 군인에게 급속히 가치가 떨어지는 화폐 대신 이자부 채권을 지급하였다. 이 채권의 이자와 원금은 물가상승률에 연계되었다. 217년이 지난 후 미국 재무성은 10년 만기 물가상승 연계 채권(Treasury Inflation Protected Securities, TIPS)을 발행하였다. 영국과 이스라엘을 포함한 많은 나라들은 미국보다 앞서 이 채권을 발행하였다(6장).

1993년 위험 통제하기. 종업원이 위험을 세밀히 감시하지 못하면 기업은 심각한 어려움에 처할 수 있다. 이것이 220년 된 영국 은행 베어링스(Bearings)의 운명이었다. 1993년 싱가포르 사무소의 트레이더인 닉 리슨(Nick Leeson)은 일본 주식시장에 승인받지 않은 투자를 하여 발생시킨 $13억(£8.69억)의 손실을 감췄다가 발각되었다. 이 손실로 베어링스는 파산하였고 리슨은 6년형을 받아 감옥에 가게 되었다. 2008년 모건스탠리의 망나니 트레이더는 승인되지 않은 거래로 $90억을 잃어 신기록을 세웠다(24장).

1999년 유로화. 대기업은 여러 통화를 사용하여 사업을 수행한다. 1999년 새로운 통화가 나타났다. 11개 유럽 국가들이 자국의 통화 대신 유로화를 채택했다. 이후 8개국이 추가로 참여하였다. 이것이 여러 나라가 공통된 통화를 사용하기로 합의한 첫 번째는 아니다. 1865년 프랑스와 벨기에, 스위스, 이탈리아가 라틴 통화 연합(Latin Monetary Union)을 구성하였고, 다음 해 그리스와 루마니아가 동참하였다. 유럽 통화 연합(European Monetary Union, EMU)의 구성국들은 유로가 이전의 공통 통화 실험보다 더 지속적인 성공이 되기를 희망하고 있다. 2018년 유로화는 그리스 정부 채권의 부도 위기로 인해 가장 위태롭다(23장).

2002년 금융 스캔들. 이 해에는 그동안 끊임없이 제기되던 재무와 회계 관련 추문들이 정점에 도달하였다. 엔론(그리고 이 회사의 회계법인인 아서 앤더슨(Arthur Andersen)과 월드컴(World-Com), 그리고 이탈리아 식품업체인 파르말라트(Parmalat) 등이 그 결과 파산하였다. 의회는 기업과 경영자의 책임을 증가시키는 사베인스－옥슬리 법(SOX)을 통과시켰다(1, 14장).

2007년~2009년 서브프라임 모기지. 서브프라임 모기지(Sub-prime Mortgage)는 신용도가 낮은 주택 소유자에게 제공한 주택 대출이다. 10년 동안 주택 가격이 상승하기만 했기 때문에 채권자는 이들 주택 대출의 위험에 대해 안심하였고 이에 대출 기준을 점차 완화하였다. 주택 가격이 정체되고 이자율이 상승한 2007년 이들 중 많은 대출이 악성으로 변했다. 리먼브라더스와 같은 몇몇 대형 은행은 파산했고, 와코비아(Wacovia)와 메릴린치(Merrill Lynch)는 정부 지원금으로 구제되었다(2, 24장).

2011년 정부 채권의 부도. 2010년까지 그리스 정부는 $4,600억의 부채를 축적했다. 다른 유로존 정부와 국제통화기금(IMF)이 그리스를 지원했지만 역부족이었다. 2011년 그리스 정부는 $1,000억의 부채를 부도처리했는데 이는 역사상 가장 큰 정부의 채무불이행 사례이다. 투자자들은 빚이 많은 다른 유로존 국가들에 신경써야 했다(2장).

2016년 브렉시트(Brexit). 영국이 유럽연합(EU)에서 탈퇴하기로 결정하면서, 수십년에 걸친 유럽 경제의 통합 노력이 후퇴되었다. 2018년 현재 세부 조건에 대한 협상이 진행 중이다.

요약 SUMMARY

재무관리자가 하는 두 가지 중요한 의사결정은 무엇인가?
(학습목표 1-1)

재무관리는 (1) 투자결정 또는 **자본예산의사결정**과 (2) **자금조달결정**으로 나눌 수 있다. 기업은 (1) 얼마를 실물자산에 투자할 것인가와 (2) 투자에 필요한 자금을 어떻게 조달할 것인가를 결정해야 한다.

"실물자산"이란 무엇인가?
(학습목표 1-2)

실물자산은 기업의 상품이나 서비스를 생산 또는 판매하는 데 사용되는 모든 자산을 포함한다. 실물자산은 유형(예를 들어 공장과 설비)이거나 또는 무형(예를 들어 특허 또는 상표권)이다. 반면, **금융자산**은 실물자산에 의해 발생하는 수익에 대한 (주식이나 채권과 같은) 청구권이다.

주식회사 조직의 장단점은 무엇인가? (학습목표 1-3)

주식회사는 독립된 영구적인 법적 실체이다. 이로써 소유와 경영을 분리할 수 있으며, 소유권이 변경되더라도 방해받지 않고 영업을 계속할 수 있다. 주식회사의 소유자는 유한 책임을 진다. 한편 주식회사는 이익에 대해 법인으로서 세금을 납부하고 주주는 배당을 받거나 주식을 팔아 이익이 발생할 때 또 다시 세금을 납부하기 때문에 이중과세의 대상이 된다.

주요 재무관리자는 누구인가?
(학습목표 1-4)

거의 모든 관리자는 어느 정도 투자결정에 관여한다. 그러나 **트레져러**(treasurer), **컨트롤러**(controller), CFO 등 일부 관리자는 재무관리자로 특화된다. 경리담장자는 자금을 조달하고 은행과 이 회사 증권을 보유한 투자자와 관계를 유지하는 데 가장 직접적으로 책임이 있다. 컨트롤러는 재무제표를 준비하고 예산을 관리하는 데 책임이 있다. 대기업에서 트레져러와 컨트롤러를 감독하는 CFO는 재무정책을 입안하고 기업 계획을 세우는 데 관여한다.

기업이 주주의 부를 극대화하는 것이 타당한 이유는 무엇인가? (학습목표 1-5)

기업가치의 극대화는 기업이 지닌 매우 당연한 재무 목표이다. 주주는 제대로 작동하는 금융시장에서 원하는 대로 증가한 부를 투자하거나 소비할 수 있다.

투자결정에서 근본적인 상충관계는 무엇인가? (학습목표 1-5)

기업은 실물자산에 투자하거나 현금을 자기 자산을 위해 투자할 수 있는 주주에게 돌려줄 수 있다. 주주 스스로 투자하여 얻을 수 있는 수익을 기회자본비용이라고 한다. 기업은 기회자본비용보다 투자수익률이 더 높아야 주주를 위한 가치를 창출할 수 있다.

주식회사는 어떻게 경영자와 주주의 이해를 일치시키는가? (학습목표 1-6)

경영자와 주주 간의 이해상충은 대리인문제와 대리인비용을 야기한다. 이러한 문제는 재무적 통제, 정교하게 설계된 경영진 보상체계, 효율적인 기업지배구조를 통해 지속적으로 점검된다.

기업가치의 극대화는 윤리적인가? (학습목표 1-7)

주주는 가능한 한 가장 높은 주가를 원하지 않는다. 그들은 가장 정직한 가격을 원한다. 그러나 기업가치 극대화와 윤리적인 행동 사이에는 갈등이 없어야 한다. 기업가치를 극대화하는 확실한 방법은 고객이 만족하는 제품과 서비스로부터 시작한다. 고객, 직원 및 기타 이해관계자와 좋은 평판을 유지하는 것은 기업의 장기적인 수익성과 가치에 매우 중요하다.

연습문제 QUESTIONS AND PROBLEMS

1. 용어 확인. 다음 설명과 가장 일치하는 용어를 괄호 안에서 선택하시오. (학습목표 1-1, 1-7)
- a. 연구개발비용 (자금조달결정 / 투자결정)
- b. 은행 대출 (실물자산 / 금융자산)
- c. 증권거래소 상장 (사적회사 / 공개주식회사)
- d. 유한책임 (합명법인 / 주식회사)
- e. 은행과의 관계에 대한 책임 (트레져러 / 컨트롤러)
- f. 대리인비용 (경영자와 주주 사이의 이해상충으로 인해 발생하는 비용 / 감사와 변호사와 같이 기업의 대리인에 지불되는 비용)

2. 재무의사결정. 다음 중 투자결정은 무엇이고 자금조달결정은 무엇인가? (학습목표 1-1)
- a. 연휴 시작 전 재고를 확보해야 하나?
- b. 재고를 확보하기 위해 은행 대출이 필요한가?
- c. 재고관리를 위한 새로운 소프트웨어 패키지를 개발해야 하나?
- d. 새로운 자동 재고관리시스템을 도입하면 우리의 버드립(Birdlip) 창고를 매각할 수 있다.
- e. 새로운 재고시스템을 통해 비용을 절감함으로써 배당금을 늘릴 수 있다.
- f. 저축을 사용하여 장기부채 일부를 상환할 수도 있다.

3. 재무의사결정. 자본예산결정과 자본구조결정의 차이점은 무엇일까? (학습목표 1-1)

4. 실물자산과 금융자산. 다음 중 실물자산은 무엇일까? (학습목표 1-2)
- a. 주식 한 주
- b. 개인적인 차용증서
- c. 상표권

   d. 트럭 한 대

   e. 미개발 토지

   f. 회사의 수표 발행계좌 잔고

   g. 숙련되고 열심히 일하는 영업 인력

   h. 은행의 대출 계약

5. **실물 및 금융자산.** 다음의 빈 칸에 적절한 용어를 채우시오. (학습목표 1-2)

   기업은 통상 _____(a)_____ 자산을 구입한다. 여기에는 _____(b)_____ 와(과) 같은 유형자산과 _____(c)_____ 와(과) 같은 무형자산이 모두 포함된다. 이러한 자산에 비용을 지불하기 위해 _____(d)_____ 와(과) 같은 _____(e)_____ 자산을 판매한다. 구매할 자산에 대한 결정은 일반적으로 _____(f)_____ 또는 _____(g)_____ 결정이라고 한다. 자금을 확보하는 방법에 대한 결정은 보통 _____(h)_____ 결정이라고 한다.

6. **주식회사.** 각 설명에 가장 적합한 기업 유형을 선택하시오. (학습목표 1-3)

   a. 소규모 투자자 그룹이 소유하는 기업 (개인 주식회사 / 공개 주식회사)

   b. 소득세를 납부하지 않는 기업 (개인 주식회사 / 합명회사)

   c. 유한책인 기업 (개인기업 / 공개 주식회사)

   d. 주주가 소유하는 기업 (합명회사 / 공개 주식회사)

7. **주식회사.** 주식회사 소득에 이중과세가 적용된다는 것은 무엇을 의미하나? (학습목표 1-3)

8. **주식회사.** 다음 중 주식회사에 항상 적용되는 것은 무엇인가? (학습목표 1-3)

   a. 무한책임

   b. 제한된 수명

   c. 경영에 영향을 미치지 않고 소유권을 양도할 수 있다.

   d. 소유권에 영향을 주지 않으면서 경영자를 해고할 수 있다.

9. **주식회사.** 유한책임이란 무엇이며 누가 혜택을 받는가? (학습목표 1-3)

10. **주식회사.** 다음 중 대형 주식회사에 대한 올바른 설명은 무엇인가? (학습목표 1-3)

   a. 경영자는 더 이상 자신의 이익을 위해 행동할 동기가 없다.

   b. 경영자가 해고되더라도 회사는 생존한다.

   c. 주주는 사업을 중단시키지 않으면서 보유 자산을 매각할 수 있다.

   d. 주식회사는 개인기업과 달리 세금을 내지 않는다. 대신, 주주는 배당금에 과세된다.

11. **주식회사.** 유한책임은 항상 회사와 주주에게 유리한가? (힌트: 유한책임이 회사의 자금조달 접근성을 줄이는가?) (학습목표 1-3)

12. **재무관리자.** 다음 중 트레져러를 더 정확하게 설명하는 것은 무엇인가? (학습목표 1-4)

   a. 자본 지출이 잘못 되지 않았는지 감시

   b. 기업의 여유현금 투자에 대한 책임

   c. 보통주 발행에 대한 책임

   d. 세무에 대한 책임

13. **재무관리자.** CFO의 책임과 트레져러 및 컨트롤러의 책임의 차이점을 설명하시오. (학습목표 1-4)

14. **기업의 목표.** 단기 이익은 증가하지만 동시에 주가와 기업의 시장가치를 감소시키는 행동에 대한 몇 가지 예를 들어보시오. (학습목표 1-5)

15. **자본비용.**   재무관리자가 기회자본비용을 언급하는 이유는 무엇인가? 안전한 투자를 위한 기회자본비용을 어떻게 찾을 수 있는가? (학습목표 1-5)

16. **기업의 목표.**   여러분은 대기업이 장기 성과를 희생하면서 단기 성과에 집중한다는 비판을 들었을 것이다. 주가 극대화를 위해 노력하는 회사가 단순히 이익을 극대화하는 회사보다 단기 결과에 대해 지나치게 강조해서는 안 되는 이유를 설명하시오. (학습목표 1-5)

17. **기업의 목표.**   프리츠(Fritz)는 위험회피 성향으로, 상대적으로 낮지만 안전한 투자 수익에 만족한다. 프리다(Frieda)는 위험을 감수하고 투자하여 매우 높은 수익률을 추구한다. 그러나 두 주주 모두 매력적인 수익률을 제공하는 고위험 자본 투자를 좋아할 것이다. 왜 그럴까? "매력적인"이란 말은 무엇을 의미하는가? (학습목표 1-5)

18. **기업의 목표.**   기업의 목표는 현재 시장가치를 극대화하는 것이다. 다음 행동이 해당 목표와 일치할 수 있는가? (학습목표 1-5)
    a. 퇴직 직원의 연금에 생계비 조정항목을 추가
    b. 배당 지출을 줄이고 재투자하기로 결정
    c. 경영진을 위해 회사 소유 제트기를 구입
    d. 외딴 정글에서 성공 확률이 20%에 불과한 석유 시추공사 진행

19. **기업의 목표.**   다음 글의 빈 칸에 적절한 용어를 채우시오. (학습목표 1-5)
    주주는 경영자가 투자의 (_____)를 극대화하기를 원합니다. 기업은 상충관계에 직면해 있다. 현금을 (_____)에 투자하거나 현금을 (_____)의 형태로 (_____)에 돌려주고 (_____)에 투자할 수 있다. 주주들은 (_____)가 (_____)인 경우에만 회사가 (_____)에 투자할 수 있기를 원한다. 따라서 주주 스스로 수익을 얻을 수 있는 수익은 회사의 (_____)이다.

20. **기업의 목표.**   다음이 기업의 목표로 적절하지 않은 이유를 설명하시오. (학습목표 1-5)
    a. 시장점유율 증가
    b. 비용 최소화
    c. 다른 경쟁사들보다 낮은 가격
    d. 이익 확대

21. **기업의 목표.**   재무관리자는 주주를 대신하여 다음과 같은 업무를 수행한다.
    a. 실물자산에 투자하여 주주를 최대한 부유하게 하는 것
    b. 주주가 특정 시점에 소비할 수 있도록 기업의 투자 계획을 수정하는 것
    c. 주주의 위험 선호도와 일치하도록 고위험 또는 저위험 자산을 선택하는 것
    d. 주주의 수표 계좌에 대한 조언
    그러나 잘 기능하는 자본시장에서 주주는 이러한 목표 중 하나만 선택해야 한다면, 어느 것을 선택할 것인가? (학습목표 1-5)

22. **자본비용.**   브리티시 퀸스(British Quince)는 평균적인 위험 투자안을 통해 9.5%의 수익률을 제공한다. 이는 이 회사의 정상 수익률을 하회하지만 회사 이사진 중 하나는 회사가 7%의 이자율로 차입할 수 있다고 지적하면서, "간단하다. 은행으로부터 7%의 이자율로 현금을 차입하면 우리의 자본비용은 7%가 된다. 그 투자안이 자본비용보다 높기 때문에 우리는 투자해야 한다"고 주장한다. 여러분은 어떻게 답하겠는가? (학습목표 1-5)

23. **자본비용.**   운이 좋아 여러분 회사가 10년동안 수익률 6%를 보장하는 투자 기회를 발견하였다. 여러분은 이 투자에 대한 기회자본비용을 어떻게 결정하겠는가? (학습목표 1-5)

24. 자본비용. 폴류션 버스터 주식회사(Pollution Busters Inc.)는 개당 $10만에 탄소포집기 10개의 추가 구입을 고려하고 있다. 탄소포집기는 1년 동안 사용할 수 있으며, 포집된 탄소는 정부에 팔 수 있다. (학습목표 1-5)

   a. 정부가 탄소 가격을 보장한다고 가정하자. 그 가격은 1년 후 $11.5만로 확실하다. 투자에 대한 기회자본비용을 어떻게 결정하겠는가?

   b. 대신 포집된 탄소가 런던 탄소거래소에서 판매된다고 가정하자. 탄소 가격은 매우 변동적이지만 이 회사의 CFO는 해당 투자에서 평균 수익률이 약 20%로서 합리적인 예측이라고 생각한다. 이 경우 기회자본비용은 얼마인가?

   c. (더이상의 위험이 없는 경우) 탄소 가격에 의존하기는 하지만 투자에 대한 기대수익률이 여전히 15%라면, 추가 탄소포집기 구매가 여전히 회사에 매력적인 투자인가?

25. 기업의 목표. 흔히들 기업은 주주 가치를 극대화하는 과정에서 이익을 추구하는 대신, 종업원, 고객 및 지역 사회와 같은 모든 이해관계자의 복지를 극대화해야 한다고 한다. 이 목표는 주주 가치 극대화와 어느 정도 상충되는가? 여러분은 그러한 목표가 실현가능하거나 바람직하다고 생각하는가? (학습목표 1-5)

26. 대리인문제. 많은 기업들이 다른 기업의 인수 대상이 되지 않기 위해 많은 장치들을 고안했다. 이러한 인수 방어수단은 대리인문제에 어떤 영향을 미치는가? 인수 대상이 된 기업의 경영자는 자신의 이해보다는 기업의 이해를 위해 행동하는가? (학습목표 1-6)

27. 대리인문제. 때때로 변호사는 조건부 계약으로 일을 수행한다. 그들은 정해진 수수료를 받기보다는 재판에서 확정될 고객 재산의 일정 비율을 수수료로 받는다. 고객들은 왜 이러한 계약을 선호하는가? 이러한 계약이 대리인문제를 완화시키는지를 설명하시오. (학습목표 1-6)

28. 대리인문제. 우리가 인용한 "시대별로 본 금융"의 일화 중 하나가 1993년 베어링스의 파산이다. 이 은행의 한 트레이더가 $13억을 잃었다. 일반적으로 트레이더들은 그들이 수행한 거래의 이익에 따라 보상을 받는다. 이러한 관행이 대리인문제에 일조하는가? (학습목표 1-6)

29. 대리인문제. 기업의 주식이 널리 분산되어 있다면, 개인 주주들은 경영자의 성과를 감시하거나 저조한 성과를 대체하려는 데 시간을 할애하지 않을 수 있다. 왜 그런지 설명하시오. 여러분은 기업에 큰돈을 대출하는 은행은 이와 다른 입장이라고 생각하는가? (학습목표 1-6)

30. 대리인문제. A 기업은 경영자에게 고정급을 지급한다. B 기업은 주식의 성과에 연계하여 보상을 지급한다. 어느 회사의 보상체계가 경영자와 주주 사이의 이해상충을 완화하는 데 더 효율적인가? (학습목표 1-6)

31. 기업지배구조. 명료하고 포괄적인 재무제표는 효율적인 기업지배구조를 어떻게 촉진하는가? (학습목표 1-6)

32. 기업지배구조. 일부 논평가는 미국의 기업지배구조 시스템이 "망가져서" 이를 개혁해야 한다고 주장한다. 여러분은 어떻게 생각하는가? 여러분은 기업지배구조에 있어 시스템적인 실패나 "독이 든 사과"를 목격한 바 있는가? (학습목표 1-6)

33. 대리인문제. 다음 중 경영자와 주주의 이익에 가장 잘 부합하는 형태의 보상은 어느 것인가? (학습목표 1-6)

   a. 고정급

   b. 회사 이익과 연계된 급여

   c. 회사의 주식 형태로 일부 지급되는 급여

34. 대리인비용. 대리인비용은 무엇인가? 대리인비용을 완화하는 방법을 나열하시오. (학습목표 1-6)

35. 평판.   여러분이 황폐한 고속도로를 운전할 때 갑자기 햄버거가 먹고 싶다. 다행히도 바로 앞에 두 개의 햄버거 가게가 있는데, 하나는 잘 알려진 상표이고 다른 하나는 "조(Joe)"라는 사람이 소유 하는 것으로 보인다. 어떤 가게가 나쁜 고기를 사용할 유인이 더 크겠는가? 왜 그런가? (학습목표 1-7)

36. 윤리.   일본, 독일과 같은 국가에서 주식회사는 한 은행과 장기적으로 밀접한 관계를 맺으며 자금 조달이 필요한 액수의 많은 부분을 이 은행에 의존한다. 반면 미국 기업들은 가장 좋은 조건을 찾 으려고 여기저기 금융회사를 탐색한다. 여러분은 주식회사 입장에서 볼 때 이 같은 관행이 윤리적 인 행위를 장려할 것 같은가? (학습목표 1-7)

37. 윤리.   "잘하는 것"과 "선하게 하는 것"에 모순이 있는가? 다시 말해, 기업가치를 증가시키는 정책 (잘하는 것)이 반드시 사회적으로 책임 있는 정책(선하게 하는 것)과 일치하는가? 일치하지 않는 다면 정부의 규제나 법을 통해 기업이 선한 행동을 하도록 할 수 있는 방법은 무엇인가? 예를 들 어 공해물질에 부과하는 세금이나 수수료가 회사의 오염행위 결정에 어떤 영향을 미치는가? 정부 가 사익을 공익과 일치하도록 하기 위해 사용하는 "유인"의 또 다른 예를 제시하시오. (학습목표 1-7)

38. 윤리.   "금융 실무: 금융에서 윤리적 분쟁"의 내용을 읽고, 무엇이 윤리적인 문제에 포함될 수 있다 고 생각하는가? (학습목표 1-7)

셀프테스트 해답 SOLUTIONS TO SELF-TEST QUESTIONS

1.1   a. 마이크로프로세서의 개발은 자본예산의사결정이다. $70억을 투자하여 실물자 산인 마이크로프로세서 생산시설을 구매할 것이다.
b. 은행 대출은 자금조달결정이다. 이는 BMW가 투자에 필요한 자금을 어떻게 조 달하는가이다.
c. 자본예산
d. 자본예산. 마케팅 활동은 무형이지만 실물자산을 만들어낸다.
e. 둘 다. 인수는 투자결정이다. 주식을 발행하는 것은 자금조달결정이다.

1.2   a. 실물자산. 실물자산은 무형자산일 수 있다.
b. 금융
c. 실물
d. 금융
e. 실물
f. 금융

1.3   프리츠는 트레져러에, 프리다는 컨트롤러에 적합하다. 트레져러는 금융시장에서 자 금을 조달하며 금융회사에 대한 지식이 필요하다. 컨트롤러는 회계학에 대한 지식 이 필요하다.

1.4   핫스퍼 부부가 먼 미래의 학비를 위해 투자하기를 원하더라도 고배당 주식을 피할 이유는 없다. 그들의 우려는 주식의 위험과 기대 수익에 관한 것이어야 한다. 특정 주식이 꽤 괜찮은 현금 배당을 지불한다면 항상 해당 주식이나 다른 주식의 배당 을 재투자할 수 있다. 예상되는 학비 청구서를 계획할 때 현금배당은 현재 투자 수 입을 미래의 수요로 재조정하는 것에 영향을 미치지 않는다.

1.5   투자자들은 팔라듐에 대한 다른 투자에서 15%의 수익을 합리적으로 기대할 수 있으므로 회사는 이를 제안된 투자에 대한 기회자본비용으로 사용해야 한다. 투자안이 회계적인 이익을 창출할 것으로 예상되지만, 예상 수익은 12%에 불과하다. 따라서 회사는 투자안을 철회해야 한다. 그 투자안의 기대수익률은 동등한 위험 투자안이 제공하는 예상 수익률 15% 미만이기 때문이다.

1.6   대리인문제는 경영자와 주주가 다른 목표를 가질 때 발생한다. 경영자는 과도한 투자와 성장으로 크게 성장할 수도 있다. 경영자는 과도하게 위험을 회피하거나 과도한 급여나 조건을 취하려고 할 수 있다.

1.7   해리의 가게는 피트의 가게보다 훨씬 큰 평판을 갖고 있다. 이 가게는 오랜 기간에 걸쳐 영업해 왔다. 소유주들은 고객의 충성도를 확립하기 위해 오랜 시간을 보냈다. 반면, 피트의 가게는 이제 막 설립되었다. 그는 가게에 자신의 자금이 묶여 있지 않아 실패하더라도 잃을 게 거의 없다. 덧붙여 사업의 생리는 작은 고객 충성도에 기인한다. 해리의 가게가 훨씬 더 신뢰할 수 있다.

2 금융시장과 금융회사

학습목표

2-1 금융시장과 금융기관이 저축을 기업 투자로 연결하는 구조를 설명할 수 있다.

2-2 은행, 보험회사, 뮤추얼펀드 및 연기금의 기본 구조를 이해할 수 있다.

2-3 금융시장과 금융기관의 기능을 알 수 있다.

2-4 2007~2009년의 금융위기와 그에 따른 유로존 위기의 주요 사건에 대해 알 수 있다.

주식 발행이 필요한 기업의 재무관리자는 주식시장이 어떻게 작동하는지 잘 알아야 한다. 은행에서 돈을 차입하고 싶다면 은행과 다른 금융기관이 어떻게 작동하는지 이해해야 한다. 기업이 공장 확장이나 신제품 출시와 같은 자본투자를 고려하는 경우 재무관리자는 기업이 외부투자자로부터 조달한 자본비용에 대해 명확하게 알아야 한다. 1장에서 지적한 바와 같이, 기업의 기회자본비용은 주주들이 금융시장에 투자함으로써 기대하는 수익률이다. 따라서 재무관리자는 현명한 투자결정을 내리기 위해 금융시장에서 가격이 어떻게 결정되는지 이해해야 한다.

금융시장과 금융기관은 기업의 금융환경이다. 여러분이 재무관리 공부를 시작하기 위해 이 환경에 대한 모든 것을 이해할 필요는 없다. 그러나 이를 전반적으로 살펴보는 것은 앞으로 공부하는 데에 도움이 될 것이다. 예를 들어, 6장 채권 만기수익률, 9장 자본투자의 순현재가치, 13장 기업의 가중평균자본비용 등을 계산해야 하는 이유를 이해하는 것이 도움이 될 것이다.

이번 장에서는 세 가지를 다룬다. 먼저 금융시장과 금융기관을 살펴본다. 여기에는 주식과 채권시장, 은행, 보험회사, 뮤추얼펀드 및 연기금 등이 포함된다. 둘째, 금융시장과 금융기관이 기업과 경제를 위해 어떠한 기능과 역할을 담당하는지 설명한다. 셋째, 2007∼2009년의 금융위기와 그에 따른 유로존 위기에 대해 논의할 것이다. 금융시장이 제대로 작동하지 않을 때 발생하는 상황을 이해하는 것은 금융시장과 금융기관이 왜, 그리고 어떻게 중요한지를 이해하는 데 중요하다.

뉴욕증권거래소를 방문하기 전에 이 장을 읽어라.   @Ingram Publishing

2.1 금융시장과 금융기관의 중요성

앞선 장에서는 기업이 생존하고 성장하기 위해 재무활동을 잘해야 하는 이유를 설명했다. 모든 기업은 중요한 투자결정 및 자본조달결정에 직면한다. 물론 이러한 결정은 진공 상태에서가 아니라, 반드시 금융시장과 금융기관이라는 두 가지 금융환경에서 이루어진다.

기업은 성장에 필요한 자금을 조달하기 위해 금융시장과 금융기관에 의존해야 한다. 현금이 충분하고, 즉시 자금을 조달할 필요가 없는 경우에는 은행에 예치하거나 증권에 투자해야 한다. 애플 컴퓨터(Apple Computer Inc.)를 예로 살펴보자.

표 2.1은 애플이 1976년 캘리포니아 차고에서 창업한 이래 2018년 현금이 풍부한 상태에 이르기까지의 주요 연혁과 자본조달 원천의 예를 보여준다. 애플 주식의 초기 투자액은 $25만이었다. 또 애플은 즉시 지급을 요구하지 않은 부품 공급업체로부터 단기 자금을 조달받을 수 있었다. 애플은 부품을 구해 컴퓨터를 조립 및 판매한 후 공급업체에게 매입채무를 갚았다(매입채무는 19장에서 살펴본다.).

이후 애플이 성장함에 따라 몇 번에 걸쳐 개인 벤처캐피탈에게 주식을 팔아 자금을 조달할 수 있었다(벤처캐피탈에 대해서는 15장에서 살펴본다.). 1980년 12월 드디어 기업공개(initial public offering, IPO)를 통해 일반 투자자에게 주식을 매각하여 $9,100만을 조달하였고, 1981년 5월 한 번의 추가 주식 발행이 있었다.[1]

표 2.1 애플 컴퓨터의 자본조달결정 예

1976년 4월: 애플컴퓨터 창립	애플의 초대 회장인 마이크 마큘라(Mike Makkula)가 애플 주식에 $25만 투자
1976년: 처음으로 컴퓨터 200대 판매	부품 공급업체들이 애플에 30일의 지급 유예를 허용(매입채무를 이용한 자본조달)
1978~79	벤처캐피탈로부터 $350만 조달
1980년 12월: IPO	일반 투자자에게 주식을 매각하여 수수료와 비용을 제하고 $9,100만 조달
1981년 5월	주당 $31.25에 260만 주 추가 발행
1987년 4월	처음으로 주당 $0.12 배당
1990년대 초	다양한 주식 재매입 프로그램 시행
1994년	6.5%의 이자율로 $3억의 부채 조달
1996~97년: 애플은 1996년 2분기 $7.4억 손실, 1997년에 종업원 2,700명 해고	1996년 2월 배당을 중지, 1996년 6월 개인투자자(private investor)에게서 $6.61억의 부채를 조달. 이 부채는 애플의 전략 계획을 실행하여 "회사를 수익성 있게 만들기"에 "충분한 유동성"을 제공
1997년 9월: 파워 컴퓨팅(Power Computing Corp.)의 자산을 매입	매입 대금은 애플 주식 1억 주로 지급
2004년: 아이맥(iMac), 아이팟(iPod) 및 다른 제품들의 호조로 재무건전성 및 수익성 제고	1994년 발행한 장기부채 $3억 상환함으로써 발행된 장기부채가 더 이상 없게 됨
2005~13년	이익이 급속히 증가, 시장성 증권에 투자. 그 금액이 2013년 6월까지 $1,470억에 달함
2012~13년	향후 3년 동안 주주에게 $1억 배당 계획 발표, 또한 $170억 차입 기록
2013~15년	Capital Return Program으로 현금을 주주들에게 배당으로 환원하거나 자사주매입. 2017년까지 총 $2억 계획
2015년	달러표시채권 $145억 발행, 유로채권 €48억 발행. 그밖에 영국 파운드화, 스위스 프랑, 일본 엔화 채권 발행
2017년 12월	시가총액 $8,510억으로서 주주들의 누적투자금액 $1,400억을 훨씬 상회. 누적투자금액에는 이익잉여금 총 $1,050억 포함

---

[1] 1981년에 추가로 공모된 주식 중 많은 수가 애플 종업원들에게 우선 배정되었다. 종업원들은 애플 주식 보유분 중 일부를 현금으로 바꾸고 분산투자할 수 있게 되었지만, 애플에는 추가로 자금이 유입되지 않았다.

애플은 기업공개 이후 다양한 원천을 통해 자금을 조달할 수 있었을 뿐만 아니라 주식을 추가 발행함으로써 기업인수에 필요한 자금을 확보할 수 있었다. 표 2.1에서 몇 가지 예를 찾을 수 있다.

1987년 애플은 주주들에게 현금배당을 지급하기 시작했으며 1990년대 초 자사주매입을 통해 투자자들에게 현금을 분배했다. 그러나 애플은 1996년과 1997년에 큰 타격을 입고 정기 배당을 하지 않았다. 회사는 손실을 보전하고 복구에 필요한 자금을 조달하기 위해 사적 투자자 그룹으로부터 $6.61억을 빌려야 했다. 그러나 애플은 이 어려움을 1998년 아이맥(iMac), 2001년 아이팟(iPod)의 출시와 함께 종료할 수 있었다. 이익이 급증하여 그 이익을 다시 영업활동에 재투자함으로써 성장에 필요한 자금을 조달할 수 있었다.

21세기에 애플의 이익은 급격히 증가하였다. 2012년 애플은 현금배당을 재개하고 대규모의 자사주매입 프로그램을 시작했다. 2012년 9월부터 2017년 12월까지 주주들에게 $2.2억의 현금을 분배했는데도 현금은 막대하여, 2018년 2월까지 $285억의 현금 및 유가증권을 보유했다.

애플은 매킨토시(Macintosh) 컴퓨터, 아이폰(iPhone) 및 아이패드(iPad)를 포함한 제품 혁신으로 잘 알려져 있다. 애플의 자본조달이 특별한 것은 아니다. 사실 이 회사의 자본조달 관련 이야기는 다른 많은 성공한 기업들과 크게 다르지 않다. 그러나 자본조달을 할 수 있었던 것 자체가 애플의 성장과 수익성에는 필수적이었다. 애플이 초보적인 금융시스템을 가진 나라에서 영업했다면 매킨토시 컴퓨터, 아이폰, 또는 아이패드가 세상에 나올 수 있었을까? 전혀 아닐 것이다. 성장하는 경제는 잘 기능하는 금융시스템을 필요로 한다.

현재 금융시스템은 기업의 연혁과 성장률 그리고 영업의 성격에 따라 다양한 형태의 자본조달 방법을 제공한다. 애플은 초기 몇 년 동안 벤처캐피탈에 의존했으며 나중에 가서야 공개 주식시장에서 주식을 발행했다. 회사가 성장함에 따라 표 2.1에 제시된 예를 포함하여 다른 형태의 자본조달방법으로 전환하였다. 물론 표 2.1은 현대 기업들이 이용할 수 있는 모든 자본조달방법을 나열한 것은 아니다. 여러 가지 다른 방법과 주기적으로 개발되는 새로운 방법에 대해서는 이 책의 뒷부분에서 설명하게 될 것이다. 다음의 글상자에는 최근의 금융 혁신으로써 소액대출기금(micro-lending fund)을 소개한다. 이는 빈곤한 나라에서 사업을 하고자 하는 사람들에게 소액의 자본을 대출해주는 방식이다.

2.2 기업으로 저축의 유입

기업이 실물자산에 투자하는 돈은 궁극적으로 투자자의 저축에서 비롯된다. 그러나 저축과 기업 투자 사이에는 많은 정류장이 있을 수 있다. 이 길은 금융시장, 금융중개기관 또는 둘 다를 거쳐 갈 수 있다.

초창기 애플과 같이 작은 비상장기업의 간단한 예로 시작해보자. 그림 2.1의 화살표는 단순한 환경에서 주주의 투자가 기업으로 유입되는 두 가지 경로를 보여준다. 하나는 기업이 신주를 매각할 경우이고, 다른 하나는 이익을 기업에 재투자할 경우이다. 재투자란 기존 주주들에 의한 추가적인 투자를 의미한다. 재투자된 현금은 이들 주주에게 지급되어 개인적인 소비에 사용될 수 있다. 주주들이 배당받지 않아 소비하지 못함으로써 기업은 이를 재투자할 수 있게 된 것이다. **내부 유보되어 기업 활동에 재투자된 기업 이익은 기업이 주주를 위해 저축하여 투자한 돈이다.**

물론 이러한 소규모 기업에는 다른 자본조달 수단도 있다. 예를 들어 은행에서 차입할 수 있다. 은행은 예금을 유치하여 자금을 조달한다. 이 경우 투자자의 저축이 은행을 통바히드 후즈두르(Vahid Hujdur)는 자신만의 사업을 운영하길 꿈꾸고 있다. 그는 자기 돈 $200과 대출 $1,500을 받아 사라예보의 오래된 지역에서 장소를 빌려 버려진 공업용 재봉틀을 수선해 파는 일로 시작해서, 이제는 10명의 종업원을 고용하여 산업용 기계를 제작, 설치 및 수선하는 일을 하고 있다. 그는 최초의 대출을 지역은행에서 받지 않았다. 왜냐하면 그들은 "구할 수 없는 담보를 요구했기" 때문이다. 대신 그는 개도국에서 가난한 사람들에게 소액을 빌려줘서 작은 사업을 시작할 수 있도록 도와주는 소액대출(microfinance, micro-loan)에 특화된 지역 금융기관인 LOKmicro에서 자금을 조달하였다.

소액대출 금융기관은 소액대출기금(microfinance fund)을 매개로 개인과 기관투자자들로부터 자금을 조달한다. 이 기금은 투자자들을 끌어들이고 기금을 할당받아, 지역의 대출자들을 심사하고 이들의 경영을 지원하며 투자자들의 계좌를 관리한다.

소액대출을 받은 차입자는 상대적으로 높은 이자를 지급한다. 소액을 대출하고 관리하는 비용이 많이 들고 이러한 대출이 약세 통화를 갖는 국가에서 이루어지기 때문이다. 그러나 대출에 대한 기본 이자율은 약 4%에 불과하다. 스타벅스 부사장이며 소액대출기금에 $10만을 투자한 데이더 와그너(Deidre Wagner)는 "(차입자의 경우 자신이) 계속해서 상환할 수 있다는 데 높은 자부심을 느낀다."고 하면서, "어떤 경우에는 한 사람이 연체될 때, 마을의 다른 사람들이 그 부족액을 보전해주는 일도 있다."고 한 바 있다. 투자자와 차입자 모두 소액대출이 상환되어야 이것이 새로운 대출로 순환되어 더 많은 차입자에게 경제적인 기회를 준다는 것을 알고 있다.

출처: Eric Uhlfelder, "Micro Loans, Solid Returns," *Businessweek*, May 9, 2005, pp.100-102.를 수정함.

해 기업으로 유입된다.

이제 2018년 애플과 같은 대형 공개기업을 예로 들어보자. 무엇이 다른가? 한 가지는 규모이다. 애플의 연간 매출은 $239억이었고, 재무상태표의 총자산은 $407억이었다. 애플의 사업영역 또한 확대되었다. 애플은 수많은 제품을 만들어 전 세계에서 영업하고 있다. 이러한 규모와 범위로 인해 애플은 다양한 경로로 투자자의 저축을 끌어올 수 있다. 애플이 규모가 크고 수익성이 높은 공개기업이기 때문에 그렇게 할 수 있는 것이다.

그림 2.2는 저축이 대형 공개기업으로 유입되어 가는 과정을 보여준다. 그림 2.1과 비교할 때 두 가지 중요한 차이가 있다. 첫째, 공개기업은 전 세계 투자자로부터 자금을 끌어올 수 있다. 둘째, 저축은 금융시장과 금융중개기관 또는 둘 다를 통해 흘러간다. 예를 들어, 뱅크오브아메리카(Bank of America)가 신주를 발행하여 $9억을 조달한다고 가정하자. 이 과정에서 이탈리아의 한 투자자가 주당 $30에 신주 2,000주를 매입하고, 뱅크오브아메리카는 이 $6만과 나머지 $3억을 애플에 빌려준다고 하자. 이탈리아 투자자의 저축은 금융시장(주식시장)을 통해 금융중개기관(뱅크오브아메리카)으로 유입된 후, 궁극적으로 애플로 흘러간다.

물론 이탈리아 투자자의 $6만이 "다빈치(L. DaVinci)로부터"라고 쓰인 봉투에 넣어져 애플로 유입되는 것은 아니다. 뱅크오브아메리카가 발행한 주식을 매입한 모든 투자자의 투자는 분리되지 않고 함께 합쳐진다. 다빈치는 뱅크오브아메리카의 애플에 대한 대출에 국한되는 것이 아니라, 이 은행의 모든 자산에 대한 일정 지분을 소유하게 된다. 그럼에도 불구하고 투자자의 저축은 금융시장과 은행을 통해 애플의 투자자금으로 흘러간다.

그림 2.1 저축이 사적기업의 투자로 유입되는 경로, 투자자는 주식을 추가로 사는 데 자신의 저축을 사용한다. 기업이 투자자를 위해 기업 이익을 재투자할 때도 투자자 입장에서 보면 저축을 사용하는 것과 같다.

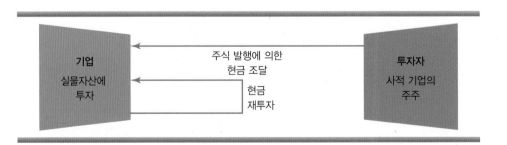

그림 2.2 저축이 대형 공개기업의 투자로 유입되는 경로, 전 세계 투자자의 저축이 금융시장이나 금융중개기관을 통해서 유입된다. 또한 기업은 주주를 위해 재투자한다.

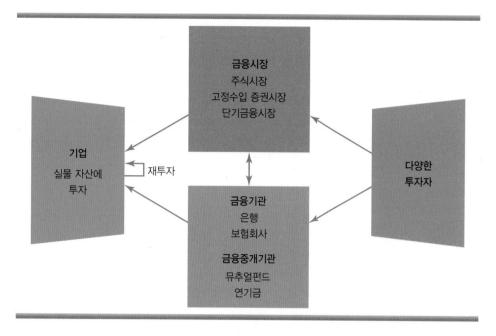

주식시장

금융시장
증권이 발행되고 거래되는 시장.

금융시장(financial market)은 증권이 발행되고 거래되는 시장이다. 증권이란 주식처럼 시장에서 거래되는 금융자산을 의미한다. 기업에는 아마도 주식시장이 가장 중요한 금융시장일 것이다.

기업이 성장함에 따라 외부 자금에 대한 수요는 크게 확대된다. 어떤 시점에서 기업은 뉴욕증권거래소(New York Stock Exchange, NYSE)나 나스닥(NASDAQ)과 같이 조직화된 거래소에서 주식을 발행하여 "기업을 공개하기(go public)"로 결정할 것이다. 이처럼 처음 주식을 공개 발행하는 것을 기업공개(initial public offering, IPO)라고 한다. IPO의 매입자는 기업이 실물자산에 투자할 자본조달을 돕는 것이다. 그 결과 매입자는 해당 기업을 부분적으로 소유하게 되고 이 기업의 미래 성공이나 실패를 함께 나누게 된다(1999년과 2000년의 인터넷 기업공개(IPO)에 투자한 대부분의 투자자는 여전히 낙담하고 있지만, 또 다른 많은 IPO는 상당한 수익을 내기도 하였다. 만약 우리가 1980년에 애플의 IPO에서 주식을 샀더라면...). 물론 IPO가 해당 기업의 주식을 발행하는 마지막 기회는 아니다. 예를 들어, 뱅크오브아메리카는 1930년대에 기업을 공개하였지만, 내일 주식이 새롭게 발행될 수도 있다.

발행시장
기업의 새로운 증권이 판매되는 시장.

신주 발행은 기업이 보유할 현금과 일반 투자자가 보유할 주식 수를 증가시킨다. 이러한 신주는 **발행시장**(primary market)에서 판매된다. 금융시장은 기업이 새롭게 자금을 조달하는 것을 도울 뿐만 아니라, 투자자들이 서로 증권을 거래하는 것을 돕는다. 예를 들어 스미스(Smith)는 자신이 보유한 애플 주식을 팔아 현금화하기도 하고, 이와 동시에 존스(Jones)는 여유자금을 애플에 투자할 수도 있다. 그 결과 애플 주식의 소유권은 스미스로부터 존스에게 단순히 이전되어 기업 자체에는 아무런 영향을 주지 않는다. 기존 증권을 사고파는 것을 유통거래(secondary transaction)라 하며, 이는 **유통시장**(secondary market)에서 이루어진다.

유통시장
기존에 발행된 증권이 투자자에 의해 거래되는 시장.

스미스와 존스가 개인적으로 현금이 필요할 때 유통시장에서 주식을 판매할 수 없다면 애플이 새로운 자본을 조달하고 장기 투자안에 투자하는 것이 달갑지 않을 것이다.

주주는 기업의 자기자본(지분, common equity)을 소유하게 되기 때문에 주식시장을 보통 지분시장(equity market)이라고 한다. 여러분은 재무관리자가 자본구조결정을 "부채와 자기자본 조달 간의 선택"이라고 말하는 것을 듣게 될 것이다.

이제 재무관리자가 세계 무대에서 활동해야 하고 따라서 세계 주식시장에 익숙해질 필요가 있음을 강조할 차례가 되었다. 예를 들어, 애플 주식은 NASDAQ과 독일의 도이치뵈르제(Deutsche Börse)에서 거래된다. 중국통신(China Telecom), 도이치뱅크(Deutsche Bank), 페라리(Ferrari), 노바티스(Novartis), 브라질의 페트로브라스(Petrobras), 소니(Sony), 유니레버(Unilever), 맨체스터 유나이티드(Manchester United) 축구단 및 기타 500개 이상의 해외 기업이 NYSE에 주식을 상장하였다. 7장에서 주식의 거래와 가격결정에 대해 살펴볼 것이다.

다른 금융시장

주식뿐만 아니라 채권과 같은 부채 증권도 금융시장에서 거래된다. 1994년 애플은 일반 투자자에게 채권을 발행하였다(표 2.1 참고). 1장의 표 1.1에는 델타항공과 레노버의 채권 발행 예도 있다.

몇몇 회사채가 NYSE와 다른 거래소에서 거래되고는 있지만, 대부분의 회사채는 은행과 채권 딜러들의 네트워크를 통해 장외(over the counter)에서 거래된다. 국채 또한 장외에서 거래된다.

채권은 주식보다 좀 더 복잡한 증권이다. 주식은 기업에 대한 비례적 소유권을 나타내며, 정해진 만기도 없다. 반면, 채권과 다른 부채 증권은 만기, 발행자가 제공하는 담보 및 보호의 정도, 이자 지급의 액수와 시기 등에서 다를 수 있다. 어떤 채권은 이자를 미래 이자율 수준에 "연동(floating)"하여 지급한다. 많은 채권이 만기 이전에 발행 회사에 의해 "수의상환(call, 재매입되어 청산)"될 수 있다. 어떤 채권은 다른 증권으로 전환될 수 있는데 대개 발행 회사의 주식으로 전환된다. 이를 구별하는 방법을 지금 다 알 필요는 없다. 그냥 채권 또는 **고정수입증권시장**(fixed-income market)은 복잡하고 도전할 만한 곳이라는 것만 알면 된다. 기업은 부채와 자기자본과 같이 자본조달방법만을 선택하지는 않는다. 부채의 형태도 고려해야 한다. 6장에서 부채 증권의 거래와 가격결정을 살펴볼 것이다.

장기부채와 주식이 거래되는 시장을 **자본시장**(capital market)이라고 한다. 기업의 자본(capital)은 장기로 조달된 자금이다. 단기 증권은 **단기금융시장**(money market)에서 거래된다. 여기서 "단기"는 1년 미만을 의미한다. 예를 들어 크고 믿을만한 기업은 기껏해야 270일의 만기를 갖는 부채인 상업어음(commercial paper)을 발행하여 단기 자금을 조달한다. 상업어음은 단기금융시장에서 발행된다.

고정수입증권시장
부채 증권이 거래되는 시장.

자본시장
장기 자본조달이 이루어지는 시장.

단기금융시장
단기(1년 미만) 자본조달이 이루어지는 시장.

2.1 셀프테스트

다음 차이를 이해하는가? 각 경우를 간단히 설명하시오.

a. 발행시장과 유통시장
b. 자본시장과 단기금융시장
c. 주식시장과 고정수입증권시장

재무관리자는 정기적으로 여러 금융시장을 경험하게 된다. 여기 세 가지 예가 있으며, 이 예가 논의되는 장을 괄호 안에 표시하였다.

- **외환시장**(foreign-exchange market, 22장). 국제적으로 거래하는 기업은 달러를 다른 통화로 또는 다른 통화에서 달러로 환전할 수 있어야 한다. 외환거래는 초대형 국제은행들의 네트워크를 통해 장외에서 이루어진다.

투자자들은 주식시장을 통해 자신이 좋아하는 주식에 내기할 수 있었다. 이제는 예측 시장(prediction market)을 통해 거의 모든 것에 내기할 수 있게 되었다. 이 시장은 뉴욕시 강설량, 조류 독감 발생 및 주요 지진 발생과 같은 다양한 문제에 대해 거래참여자들의 집단적 예측을 보여준다.

예측 시장은 아이오와 전자 시장(Iowa Electronic Markets)이나 프레딕트잇(Predictit)과 같은 많은 온라인 거래소에서 행해진다. 대통령 선거를 예로 들어보자. 예측 시장에서 여러분은 특정 후보가 당선될 것이라고 내기할 수 있다. 이기면, 여러분은 $1로 그 계약을 살 수 있거나 그렇지 않으면 꽝이다. 승리 확률이 55%라고 하면 여러분은 이 계약에 대해 최대 $0.55를 지급할 준비가 된 것이다. 그 후보에 대해 상대적으로 비관적인 사람은 여러분에게 그 계약을 팔아 기쁠 것이다. 그 후보가 낙선한다면 이익을 볼 수 있기 때문이다.

많은 참가자들이 사고파는 경우 계약의 시장가격은 대중(또는 적어도 시장에 참여한 사람들)의 집단적 지혜로 나타난다. 그러나 대중들이 천리안일 수는 없다.

그림의 패널 a는 오바마와 롬니의 당선에 대한 2012년까지의 계약 가격을 보여준다. 이 기간 가격은 오바마의 당선 가능성을 보였으며, 그 예측은 맞았다.

물론, 완벽히 예측하는 개인은 없으며, 참가자들이 공통된 편견을 가지고 있거나 동일한 정보에 집중할 때 예측 시장이 저조한 성과를 낸 것이 특별하지도 않다. 그것이 2016년 대통령 선거에서 일어났다. 패널 b는 선거기간 동안 도널드 트럼프가 당선될 것이라고 예측한 사람은 아무도 없었음을 보여준다.

그럼에도 불구하고, 예측 시장은 아이디어를 효율적으로 모을 수 있기 때문에 일부 사업영역에서는 내부 예측 시장을 활용하여 종업원의 의견을 조사하기도 한다. 예를 들어 구글(Google)은 제품 출시 날짜, Gmail 사용자 수 및 기타 전략적 질문을 예측하기 위해 내부 시장을 운영하고 있다.*

---

* B. Cowgill and E. Zitzewitz, "Corporate Prediction Market: Evidence from Google, Ford and Firm X," Review of Economic Studies 82, no. 4 (October 2015), 1309-41.

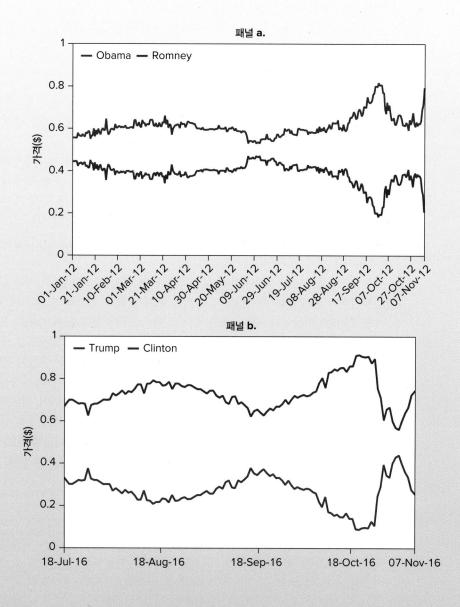

- **상품시장(commodities market, 24장).** 수많은 상품이 시카고상품거래소(Chicago Mercantile Exchange, CME) 또는 인터컨티넨탈익스체인지(Intercontinental Exchange)와 같이 조직화된 거래소에서 거래된다. 옥수수, 밀, 면화, 석유, 천연가스, 구리, 은, 백금 등을 매매할 수 있다.

- **옵션(option) 및 다른 파생상품(derivatives) 시장(23, 24장).** 파생상품은 그 성과가 다른 증권이나 상품의 가격에 따라 달라지는 증권이다. 예를 들어, 미래 정해진 날짜에 정해진 가격으로 IBM 주식을 살 수 있는 옵션을 살 수 있다. 옵션의 성과는 해당일 IBM 주가에 따라 달라진다. 상품은 선물계약(futures contract)이라고 하는 다른 종류의 파생증권으로도 거래할 수 있다.

상품시장과 파생상품시장은 자본을 조달하는 곳이 아니라 기업이 여러 가지 경영위험에 노출되는 정도를 재무관리자가 조절할 수 있는 시장이다. 예를 들어 전기발전회사는 상품시장의 거래를 통해 천연가스 또는 석유의 장래 가격을 "확정해 둘" 수 있으며, 이렇게 함으로써 원자재 가격의 급격한 상승 위험을 제거할 수 있다.

투자자는 불확실성이 존재할 때 해당 위험을 없애거나 아니면 아예 위험을 이용해 투기하는 거래에 관심을 둘 수 있는데, 이러한 수요에 맞춰 시장이 생겨난다. 최근 하나의 사건에 대해 도박사들이 내기를 할 수 있는 몇 개의 새로운 시장이 만들어졌다. 위 글상자에는 이러한 시장에서 가격이 미래에 대한 사람들의 예상을 어떻게 반영할 수 있는지 논의한다.

금융중개기관

금융중개기관

투자자로부터 자금을 조달하고 개인, 기업 또는 다른 조직에 자금을 제공하는 조직.

금융중개기관(financial intermediary)은 투자자로부터 자금을 조달하여 개인, 회사 또는 다른 조직에 자금을 제공하는 조직이다. 기업에게 금융중개기관은 중요한 자금조달 원천이다.

금융중개기관이 제조기업과 다른 이유는 무엇일까? 첫째, 자금을 조달하는 데에는 예금을 수취하거나 보험계약을 파는 등 다양한 방법이 있다. 둘째, 금융자산, 예를 들어 주식, 채권 또는 기업이나 개인의 대출에 투자함으로써 자금을 조달할 수도 있다. 반면 제조기업의 주요 투자는 공장, 장비, 또는 기타 실물자산에 국한된다.

여기서는 두 가지 중요한 금융중개기관인 **뮤추얼펀드(mutual fund)**와 연기금(pension fund)에 대해 살펴본다.

뮤추얼펀드

여러 투자자의 저축을 모아 증권 포트폴리오에 투자하는 투자회사.

뮤추얼펀드는 투자자에게 주식을 발행하여 자금을 조달한 후 이를 증권 포트폴리오에 투자한다. 투자자는 뮤추얼펀드 주식을 원하는 대로 사고팔 수 있으며, 초기 투자액은 보통 $3,000 이하이다. 예를 들어 뱅가드 익스플로러 펀드(Vanguard's Explorer Fund)는 2018년 초 현재 약 $136억의 시장가치를 갖는 550여 개 주식으로 구성된 포트폴리오를 보유하고 있다. 이 펀드의 투자자는 펀드 주식을 추가로 사들여 펀드 포트폴리오의 지분을 증가시키고, 그에 따라 이 포트폴리오의 향후 배당과 가격상승에서 더 많은 몫을 얻을 수 있다.[2] 또한 자신의 투자로부터 현금을 회수하려면 이 펀드에 자신의 펀드 주식을 되팔 수도 있다.[3]

뮤추얼펀드의 장점은 명확하다. 여러분이 아주 부자가 아니라면, 550여 개의 주식으로 구성된 포트폴리오를 사서 직접 효율적으로 관리할 수 없다. **뮤추얼펀드는 투자자에게 적**

---

[2] 뮤추얼펀드는 기업이 아니라 투자회사이다. 따라서 이들은 세금을 내지 않으며 배당과 주가상승으로부터 생기는 모든 수익을 펀드의 주주들에게 돌려준다. 주주는 이 수입에 대한 개인소득세를 낸다.

[3] 대부분의 뮤추얼펀드처럼 익스플로러도 개방형(open-end) 펀드이다. 즉 언제든지 신규 투자자가 나타나면 새로운 펀드 주식을 발행하고 기존의 펀드 주주들이 현금으로 회수하려고 하면 이들의 주식을 사들인다. 매입과 판매 가격은 매입이나 상환일의 펀드 순자산가치(NAV)에 따라 다르다. 폐쇄형(closed-end) 펀드는 정해진 수의 주식을 거래소에 상장하여 거래한다. 폐쇄형 펀드에 투자하기를 원한다면 펀드의 다른 주주로부터 주식을 사야만 한다.

은 비용으로 분산투자할 수 있도록 하고, 전문가가 이를 관리해준다. 대부분의 투자자에게
는 주식과 채권으로 분산투자된 포트폴리오를 구성하는 것보다는 뮤추얼펀드를 사는 것이
훨씬 더 효율적이다.

뮤추얼펀드 관리자는 "시장보다 더 벌기(beat the market)" 위해, 즉 평균보다 더 나은
수익을 올리는 주식을 발견하여 시장보다 더 나은 수익을 올리기 위해 최선을 다한다.
이들이 지속적으로 더 나은 수익을 올리는 주식을 발견할 수 있는가는 또 다른 문제이
다. 이에 대해서는 7장에서 살펴본다.

펀드관리자는 그들의 서비스에 대한 대가로 관리수수료를 받는다. 물론 펀드를 운영하
는 데에도 비용이 소요된다. 익스플로러는 수수료와 비용으로 매해 포트폴리오 가치의
약 0.3%를 수취하는데, 이는 타당해 보인다. 하지만 일반적인 뮤추얼펀드는 익스플로러
보다 더 많은 비용을 부과함에 주의해야 한다. 경우에 따라 수수료와 비용이 연간 최대
1% 이상 되기도 하는데 이는 여러분의 투자수익에서 매우 큰 몫을 가져가는 것이다.

뮤추얼펀드는 저축이 기업투자로 흘러가는 길에 있는 하나의 정류장이다. 익스플로러
가 뱅크오브아메리카가 발행한 신주 일부를 매입한다고 가정하자. 아래 그림의 화살표는
저축이 투자로 흘러가는 것을 또 한 번 보여준다.

미국에는 약 8,000개 이상의 뮤추얼펀드가 있다. 사실 공개기업보다 더 많은 뮤추얼펀
드가 있다. 이 펀드들은 매우 다양한 투자 전략을 추구한다. 어떤 펀드는 배당성향이 높
은 안전한 주식에 전문적으로 투자하고, 또 어떤 펀드는 하이테크 성장 주식을 전문으로
한다. 어떤 펀드는 주식과 채권에 균형 있게(balanced) 나누어 투자한다. 특정 국가나
지역에 특화된 펀드도 있다. 예를 들어, 피델리티 인베스트먼트(Fidelity Investments)
뮤추얼펀드는 캐나다, 일본, 중국, 유럽 및 라틴 아메리카 등에 투자하는 펀드를 가지고
있다.

헤지펀드
복잡한 고위험 투자전략을 추구하는
개인 투자 펀드.

뮤추얼펀드처럼 **헤지펀드**(hedge fund)도 여러 투자자의 저축을 모아 그들 대신 투자
한다. 그러나 헤지펀드는 적어도 두 가지 면에서 뮤추얼펀드와 다르다. 첫째, 헤지펀드는
일반적으로 복잡한 고위험 투자 전략을 따르기 때문에 일반적으로 연기금, 기부금 펀드,
부유한 개인과 같은 지식이 풍부한 투자자만 이용할 수 있다. 헤지펀드에 $3,000나
$5,000을 송금하지 마라. 대부분의 헤지펀드는 "소매" 투자 사업을 하는 것이 아니기 때
문이다. 둘째, 헤지펀드는 성과에 따라 상당히 많은 돈을 보상으로 줘 가장 유능한 펀드
관리자를 유인하려고 한다.[4] 반면, 뮤추얼펀드는 통상 관리 자산에 대해 일정 비율의 수
수료를 부과한다.

헤지펀드는 다양한 투자 전략을 따른다. 일부는 과대평가된 주식 또는 시장을 확인하
고 공매하여 이익을 얻으려고 한다(여기서는 공매하는 방법을 다루지는 않겠다. 단지 공
매는 주가가 하락할 때 이익을 낸다는 것을 기억하기 바란다.[5]). "벌처펀드(Vulture
fund)"는 곤경에 처한 기업에 특화한다. 일부 헤지펀드는 합병 협상에 있는 기업에 투자
하거나, 일부 헤지펀드는 가격이 잘못 매겨진 전환사채를 찾기도 한다. 또 일부는 통화와
이자율에 투자한다. 헤지펀드는 뮤추얼펀드보다 적은 돈을 관리하지만 때로는 매우 큰
투자를 통해 시장에 큰 충격을 주기도 한다.

---

4) 때로는 이 보수가 정말 엄청나게 클 수도 있다. Forbes에 따르면 2017년 최고 성과를 낸 헤지펀드 관리자는 $15억의 성과보수
　를 받은 것으로 추정되었다.

5) 공매도 투자자는 다른 투자자에게서 증권을 빌려서 판다. 물론 이들은 조만간 해당 증권을 다시 사서 원소유자에게 돌려줘야
　한다. 공매도 투자자는 해당 증권을 판매한 가격보다 더 낮은 가격으로 살 수 있을 때만 이익을 얻을 수 있다.

연기금

종업원의 은퇴를 위해 고용주와 종업원이 각각 일정한 금액을 마련한 기금.

저축을 모아 투자하는 또 다른 방법이 있다. 종업원을 대신하여 해당 기업이나 다른 기관에 의해 운영되는 **연기금**(pension fund)을 살펴보자. 연금에는 여러 유형이 있다. 가장 일반적인 유형은 확정기여형 연금(defined contribution plan, DC형 연금)이 있다. 이 경우, 종업원의 매월 일정 금액이 연기금에 출연된다(예를 들어 고용주와 종업원이 각각 5%를 출연할 수 있다.). 모든 참여 종업원의 출연금이 모여 증권이나 뮤추얼펀드에 투자된다(보통 종업원들은 서로 다른 투자 전략을 갖는 다양한 기금 중 하나를 선택할 수 있다.). 각 종업원의 연기금 잔고는 출연이 계속되고 투자수익이 누적됨에 따라 해마다 증가한다. 은퇴할 나이가 되면 연기금에 있는 돈은 생활비로 사용할 수 있다.[6]

연기금은 장기 투자를 위해 고안되었다. 전문적으로 기금을 관리해주고 분산투자할 수 있도록 한다. 또한 연기금에는 중요한 세제 혜택이 있다. 출연금은 세금이 공제되며 연기금 내에서 투자수익은 현금으로 최종 인출될 때까지 세금이 부과되지 않는다.[7]

연기금은 중요한 저축 수단 중 하나이다. 2018년 6월 미국의 연기금이 보유한 총자산은 $22조를 넘었다.

2.2　셀프테스트

개인 투자자들은 채권이나 주식을 직접 사거나, 뮤추얼펀드나 확정기여형 연금에 투자할 수 있다. 두 번째 전략의 장점은 무엇인가?

금융기관

금융기관

은행, 보험회사 또는 이와 유사한 금융 중개기관.

은행과 보험회사는 **금융기관**(financial institution)이다.[8] 금융기관은 저축을 모으고 투자하는 것 이상의 역할을 하는 중개기관이다. 금융기관은 특별한 방법, 예를 들어 예금을 받거나 보험을 팔아 자금을 조달하고 추가적인 금융서비스를 제공한다. 뮤추얼펀드와 달리 이들은 증권에 투자할 뿐만 아니라 개인, 기업 또는 다른 기관에 직접 돈을 빌려준다.

상업은행(commercial bank)　미국에는 약 4,900개의 상업은행이 있다.[9] 상업은행에는 자산 규모가 $2.1조에 달하는 JP모건체이스(JPMorgan Chase)와 같은 거대 은행에서 자산이 $340만인 에미그런트 머천타일은행(Emigrant Merchantile Bank)과 같은 작은 은행까지 다양한 은행이 있다.

상업은행은 기업에게 돈을 빌려준다(대부분의 다른 나라와 달리, 미국은 일반적으로 은행이 회사 주식에 투자하는 것을 허용하지 않는다.). 지역 임산물 회사가 9개월 동안의 은행 대출 $250만을 협상한다고 가정하자. 저축의 흐름은 다음과 같다.

---

6) 반면, 확정급여형 연금(defined benefit plan, DB형 연금)에서는 고용주가 (공식에 의해 설정된) 종업원에게 은퇴 후 일정한 수당을 약속한다. 그리고 고용주는 연기금에 투자한다. 이 연기금의 누적 투자가치가 약속된 수당을 충당할 정도로 충분히 커야 한다. 그렇지 않으면 고용주는 더 많은 돈을 내야 한다. DB형은 점차 DC형으로 바뀌는 추세이다.

7) 종업원이 아니라 고용주가 투자한다는 것만을 제외하면 확정급여형 연금도 이와 동일한 이점을 갖는다. 그러나 확정급여형 연금에서는 투자 소득에 대한 세금을 이연시키는 이점이 고용주에게 돌아간다. 이러한 세금이연은 연금에 내는 출연금 비용을 감소시킨다.

8) 우리는 지금 금융중개기관과 금융기관을 너무 세밀하게 구별하고 있는지도 모른다. 뮤추얼펀드를 금융기관으로 간주할 수도 있다. 그러나 일반적으로 "금융기관"은 은행과 같이 좀 더 복잡한 중개기관을 의미한다.

9) 주로 기업으로부터 예금을 수취하여 기업에 대출하는 업무를 담당하는 은행을 상업은행이라고 한다. 주로 개인으로부터 예금을 수취하여 개인에게 대출하는 업무를 담당하는 은행을 저축은행(savings and savings & loans, S&Ls)이라고 한다. 대표적인 예가 주택구입자를 대상으로 하는 모기지대출이 있다.

은행은 기업과 예금자 모두에게 서비스를 제공하며, 이 서비스의 비용을 충당하기 위해 예금자에게 지급하는 것보다 높은 이자율을 차입자에게 부과한다.

투자은행(investment bank)   예금자와 다른 투자자로부터 자금을 조달하여 기업과 개인에게 돈을 빌려주는 상업은행에 대해 설명하였다. 투자은행은 이와 다르다. 투자은행은 일반적으로 예금을 받지 않고 기업에 대출도 하지 않는다.[10] 대신 자금을 조달하려는 기업에 자문하고 지원을 해준다. 예를 들어 투자은행은 주식을 발행하는 회사와 협상한 가격으로 발행 주식을 사서 이 주식을 투자자에게 다시 판매한다(이를 "주식 발행을 인수한다(underwrite)."라고 한다.). 이로써 발행기업은 신주에 대해 정해진 가격을 얻고, 투자은행은 이 주식을 수많은 투자자에게 분배할 책임을 진다. 주식발행에 대한 자세한 내용은 15장에서 다룰 것이다.

투자은행은 또한 경영권취득과 합병, 인수에 대해 자문한다. 그들은 또한 투자에 대해 자문하고 개인과 기관투자자를 위해 포트폴리오를 관리한다. 이들은 외환과 상품, 채권, 옵션과 파생상품을 거래하는 부서를 운영한다.

투자은행은 신생 기업이나 다른 벤처기업에 자신의 돈을 투자할 수 있다. 예를 들어, 호주 맥쿼리 은행은 세계 곳곳에서 공항, 유료 고속도로, 전기 송전과 발전 및 기타 인프라 투자안에 투자해오고 있다.

초대형 투자은행은 막강한 영향력을 행사한다. 여기에는 골드만삭스(Goldman Sachs), 모건스탠리(Morgan Stanley), 라자드(Lazard), 일본의 노무라(Nomura) 및 맥쿼리(Macquarie Bank)가 포함된다.[11] 또한 뱅크오브아메리카(Bank of America)와 씨티그룹(Citigroup)을 포함한 주요 상업은행에는 모두 투자은행업무 부서가 있다.[12]

보험회사(insurance company)   보험회사는 기업이 장기 자금을 조달하는 데 있어 은행보다 중요하다. 이들은 주식과 채권에 막대한 액수를 투자하며, 종종 기업에 직접 장기 대출을 하기도 한다.

어떤 회사가 9개월이 아닌 9년 동안 $250만의 대출이 필요하다고 하자. 이 회사는 투자자에게 채권을 직접 발행할 수도 있고 보험회사와 9년 만기 대출을 협상할 수도 있다.

대출할 수 있는 돈은 주로 보험판매에서 온다. 여러분이 집에 대해 화재보험을 든다고 하자. 이 경우 여러분은 보험회사에 현금을 지급하고 그 대가로 금융자산(보험증서)을 갖게 된다. 여러분은 이 금융자산에 대해 이자를 받지는 않지만, 화재가 발생했을 때 보험회사는 보험증서에서 정한 한도 내에서 손실을 보상할 의무가 있다. 이것이 이 투자에 대한 수익이다(물론 화재란 여러분으로서는 피하고 싶은 슬프고 위험한 사건이다. 그러나 일단 화재가 발생하면 보험에 가입하여 보험금을 타는 것이 보험에 들지 않을 때보다 훨씬 유리하다.).

보험회사는 다양한 종류의 보험을 판매한다. 대개 화재 발생 빈도는 "평균치에 가까워지므로", 회사가 보험가입자 전체에게 지는 의무는 예상 가능해진다. 물론 보험회사는 판매와 관리비를 충당하고, 보험가입자의 청구를 지급한 다음, 회사 주주들에게 이익을 남

---

10) 투자은행은 예금을 받지 않으며 인수나 다른 거래를 위한 일시적인 자본대여인 브릿지론(bridge loan)을 제외하고는 기업이나 개인에게 돈을 빌려주지 않는다. 투자은행을 가끔 상인은행(merchant bank)이라고도 한다.

11) 투자은행과 상업은행의 차이점은 이들이 법적으로 서로 다른 실체라는 것이다. 2008년 이후 골드만삭스와 모건스탠리는 은행업인가를 취득하여 FRB의 감독을 받고 있다. 그러나 이들은 소매예금과 대출을 취급하지는 않는다.

12) 뱅크오브아메리카는 가장 큰 투자은행 중 하나인 메릴린치(Merrill Lynch)를 갖고 있다. 모기지 관련 투자로 막대한 손실을 기록한 메릴린치는 2009년 뱅크오브아메리카에 매각되었다.

길 만큼을 보험료로 부과한다.

미국 기업의 총자본조달

그림 2.3은 채권이나 다른 부채 증권 투자자들을 보여준다. 뮤추얼펀드와 연기금, 보험회사, 은행과 같은 기관투자자의 중요성에 주목하라. 가계(개인투자자)는 10% 미만을 차지할 뿐이다. 그 외에 다른 부분은 외국인(미국 외에서 온 투자자) 및 기타를 나타낸다.

그림 2.4는 미국 기업이 발행한 주식의 보유 현황을 보여준다. 여기서 가계는 전체의

그림 2.3 2018년 6월 회사채 및 외국 채권 보유 현황. 총액은 $13조이다.

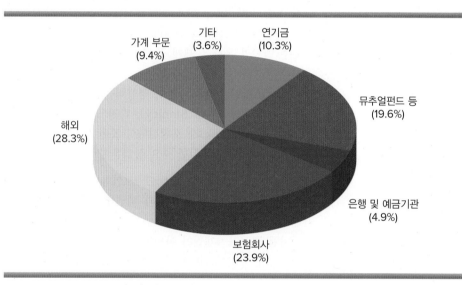

출처: Board of Governors of the Federal Reserve System, Division of Research and Statistics, *Flow of Funds Accounts*, Table L.213 (www.federalreserve.gov).

그림 2.4 2018년 6월 주식 보유 현황. 총액은 $46.8조이다.

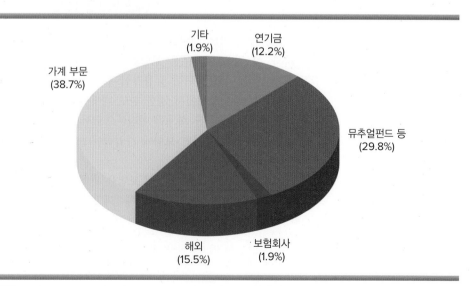

출처: Board of Governors of the Federal Reserve System, Division of Research and Statistics, *Flow of Funds Accounts*, Table L.223 (www.federalreserve.gov).

38.7%를 차지하여 중요한 투자자이다. 연기금, 보험회사 및 뮤추얼펀드는 총 43.9%를 차지한다. 미국의 은행은 일반적으로 다른 회사의 주식을 보유할 수 없다. 나머지 지역은 15.5%이다.

이들 그림에 나타난 전체 금액은 엄청나다. 그림 2.3에 나타난 부채는 $13조이고, 그림 2.4에 나타난 주식은 $46.8조이다($46,800,000,000,000).

14장에서 기업의 자본조달 행태를 보다 자세히 살펴볼 것이다.

2.3 금융시장과 금융중개기관의 기능

금융시장과 금융중개기관은 기업에 자본조달 수단을 제공한다. 이들은 저축을 실물투자로 연결한다. 이에 대해서는 앞서 2.1절과 2.2절에서 명확히 다루었다. 그러나 명확하게 설명하기 어려운 다른 기능들도 있다.

서로 다른 시점으로 현금을 이동시키기

개인은 자신의 비용을 시점 간에 이동시킬 필요가 있다. 어려울 때를 대비해 저축할 돈을 현재 가지고 있다면, (예를 들어) 이 돈을 은행의 예금 계좌에 넣어다가 나중에 이자와 함께 찾을 수 있다. 오늘 차를 살 돈이 없으면 은행에서 빌리고 나중에 갚을 수 있다. 현대 금융은 일종의 타임머신을 제공한다. 채권자가 돈을 미래 시점으로 이동시키면 차입자는 이를 현재로 되돌리는 셈이다. 이 경우 두 사람 모두 돈이 생기는 대로 소비해야 할 때보다 더 행복해진다. 물론 개인만 현금을 조달할 필요가 있는 것은 아니다. 좋은 투자기회가 있으나 내부 자금이 부족한 기업은 돈을 차입하거나 신주를 발행하여 자금을 조달한다. 많은 정부도 재정 적자가 나면 채권을 발행하여 현재 지출을 충당한다.

은퇴 후를 위해 저축하는 젊은 세대들은 3, 40년 동안 그들의 현재 수입을 연기금을 통해 미래로 이동시킬 수 있다. 그들은 심지어 생명보험에 가입하여 상속자에게 수입을 이전할 수도 있다.

원칙적으로는 여유현금을 가진 개인이나 기업이 신문에 광고를 내거나 인터넷을 통해 현금이 부족한 상대방을 찾을 수도 있다. 그러나 보통 금융시장과 금융중개기관을 이용하는 것이 비용이 적게 들고 편리하다. 적당한 상대방을 찾는 데에 드는 비용을 피하려는 것만은 아니다. 후속 조치가 필요하기 때문이다. 예를 들어 은행은 돈만 빌려주고 무관심한 것이 아니다. 그들은 채무자가 대출받은 돈을 원래 목적에 사용하는지, 그리고 채무자의 신용상태가 유지되는지를 계속해서 감시한다.

위험의 이전과 분산투자

금융시장과 금융중개기관은 투자자와 기업이 위험을 줄이고 재분배할 수 있도록 한다. 보험회사가 그 확실한 예이다. 여러분이 주택화재보험을 들면 화재나 도둑, 사고로부터 생기는 손실 위험의 많은 부분을 감소시킬 수 있다. 그러나 이 보험은 보험회사로서는 위험한 내기가 아니다. 보험회사는 수많은 보험을 판매하여 위험을 분산하고 손실이 전체적으로 평균화될 것으로 예상한다.[13] 보험회사는 집을 소유한 다른 많은 사람과 여러분의 위험을 나누도록 해준다.

투자자도 분산투자를 해야 한다. 예를 들어 여러 가지 주식으로 구성된 뮤추얼펀드에 투자할 수 있다. 또 잘 알려진 시장지수에 포함된 모든 주식에 투자하는 지수펀드(index fund)를 살 수도 있다. 예를 들어 뱅가드지수(Vanguard Index) 500 펀드는 스탠다드앤

---

13) 불행하게도 이 손실이 항상 평균치가 되는 것은 아니다. 허리케인이나 지진은 한꺼번에 많은 집에 손해를 끼칠 수 있다. 이 잠재적인 손실이 매우 커서 손해보험회사는 이런 큰 재난에 대비해서 재보험(reinsurance)에 가입한다.

푸어스 종합(Standard & Poor's Composite) 주식시장지수에 포함된 모든 주식으로 구성되어 있다("S&P 500"은 미국에서 가장 규모가 큰 주식들의 성과를 추적한다. 이것은 전문투자자들이 가장 많이 사용하는 지수이다.). 이 펀드를 산다면 여러분은 S&P 500 지수에 포함된 500개 기업의 고유한 위험에서 벗어날 수 있다. 이들 위험은 분산투자로 인해 서로 상쇄되기 때문이다. 물론 주식시장이 전반적으로 하락할 위험은 아직도 남아 있다. 사실 우리는 투자자들이 주로 시장위험(market risk)에 관심이 있고, 개별 기업의 고유한 위험에는 별 관심이 없다는 것을 11장에서 알게 될 것이다.

지수 뮤추얼펀드는 적은 비용으로 널리 분산된 포트폴리오에 투자하는 한 가지 방법이다. 다른 방법은 상장지수펀드(exchange-traded fund, ETF)이다. 이것은 단 한 번의 거래로 사거나 팔 수 있는 주식 포트폴리오이다. 이에 속하는 것으로, 스탠다드앤푸어스 예탁 증서(Standard & Poor's Depository Receipt：SPDR, "spider"라고 읽는다.)가 있는데 이는 스탠다드앤푸어스 종합 주식시장지수에 따르는 포트폴리오이다. 스파이더에 투자한 총액은 2018년 초 기준 $2,530억에 달한다.

ETF는 몇 가지 점에서 뮤추얼펀드보다 더 효율적이다. ETF를 사거나 팔려면 주식을 사거나 파는 것처럼 단순히 거래만 하면 된다.[14] 개방형 뮤추얼펀드에 투자하기 위해서는 새로 발행된 펀드 주식과 교환하여 해당 펀드에 돈을 보내야 한다. 여러분이 이 투자를 회수하려면 해당 펀드에 알려야 하고 이 펀드는 여러분이 가진 펀드 주식을 회수하고 여러분에게 수표를 보내거나 여러분 계좌에 입금한다. 또 많은 대형 ETF는 뮤추얼펀드보다 낮은 수수료를 부과한다. 스테이트 스트리트 글로벌 어드바이저(State Street Global Advisor)는 S&P 500 지수 스파이더 ETF를 관리하는 데 1년에 단지 0.0945%를 부과하고 있다. $10만을 투자한다면, 수수료는 0.000945×$100,000=$94.50이다.

금융시장은 위험을 공유하는 다른 수단을 제공한다. 예를 들어 밀을 생산하는 농부와 제분업자는 각각 추수 후에 밀 가격의 변동 위험에 노출되어 있다. 농부는 밀 가격이 낮아질까 걱정하고, 제분업자는 올라갈까 걱정한다. 제분업자가 농부와 장래 정해진 가격으로 밀을 사기로 합의한다면 둘 다 좀 더 편해질 수 있다. 물론 제분업자와 농부가 거래를 하러 모이려고 인터넷 만남 서비스를 이용해야 한다면 이는 매우 어려운 일이다. 다행히 만남 서비스 같은 것은 필요하지 않다. 상품시장에서 농부는 판매자로, 제분업자는 구매자로 각각 거래할 수 있기 때문이다.

유동성

유동성
시장가치에 도달할 때 해당 자산을 팔 수 있는 능력.

시장과 중개기관은 **유동성**(liquidity)을 제공한다. 이는 필요할 때 투자를 현금으로 되돌릴 수 있는 정도를 의미한다. 여러분이 2월 1일 저축은행에 $5,000을 맡겼다고 하자. 2월 한 달 동안 은행은 여러분의 저축과 다른 사람의 신규 저축을 이용하여 부동산개발업자에게 6개월 만기 건설자금을 대출한다. 3월 1일 여러분은 $5,000을 회수해야 한다. 은행은 이 돈을 여러분에게 돌려줄 수 있다. 은행은 수많은 예금자를 가지고 있을 뿐만 아니라 필요하다면 다른 자금조달 수단을 활용할 수 있어, 여러분이나 다른 고객들로부터 조달된 유동적인 예금으로 부동산개발업자에게 유동적이지 않은 대출을 할 수 있다. 여러분이 부동산개발업자에게 6개월 동안 직접 돈을 빌려준다면 1개월 후 그것을 회수하는 데 어려움이 발생할 수 있다.[15]

---

14) 이러한 점에서 ETF는 폐쇄형 뮤추얼펀드와 유사하다(각주 3을 참고하라.). 그러나 ETF 관리자는 우수한 종목을 선택하기 위해 노력할 필요가 없다. ETF는 지수나 고정 주식 바스켓에 따라 내려가기도 한다. ETF 발행자는 ETF 가격을 인수한 지수나 바스켓 가격을 추적하도록 한다.

15) 물론 은행은 모든 예금주에게 동시에 상환할 수 없다. 그렇게 하려면 은행은 부동산개발업자와 다른 차입자의 대출을 상환받아야만 한다. 이러한 대출은 유동적이지 않다. 은행이 예금주에게 지급할 수 있는 능력에 대한 의문은 인출사태를 불러오고, 각 예금주는 자기 돈을 먼저 찾으려고 하는, 대량인출사태(bank-run)의 유령을 초래한다. 미국에서 은행 예금은 연방예금보험공사(Federal Deposit Insurance Corporation)에 의해 계좌당 $25만까지 보증되므로 대량인출사태는 매우 드문 현상이다.

공개기업의 주식은 계속 거래되기 때문에 유동적이다. 뱅크오브아메리카에 $6만을 투자한 이탈리아 투자자는 짧은 시간 내에 그 돈을 회수할 수 있다(뱅크오브아메리카 주식의 정상적인 거래량과 비교했을 때 $6만의 매도 주문은 양동이에 물 한 방울 떨어뜨리는 것과 같다.). 뮤추얼펀드는 짧은 시간 내에 주식을 현금으로 회수할 수 있다. 뮤추얼펀드는 필요할 때 쉽게 팔 수 있는 유동성이 풍부한 증권에 투자하기 때문이다.

물론 유동성은 정도의 문제이긴 하지만, 주요 통화의 외환시장도 매우 유동적이다. 뱅크오브아메리카나 도이치뱅크는 환율에 거의 영향을 미치지 않고 눈 깜짝할 사이에 $2억 어치의 엔화나 유로화를 살 수 있다. 미국 국채도 매우 유동적이며, 세계 주요 증권거래소에서 거래되는 대기업의 주식도 미국 국채보다 단지 조금 덜 유동적일 뿐이다.

급할 때는 유동성이 가장 중요하다. 규모가 작고 거래량이 많지 않은 회사의 주식을 한꺼번에 $50만 판매하려 한다면, 아마 상당한 정도로 가격을 낮춰야 할 것이다. 갑작스럽게 많은 양의 매도 주문으로 다른 투자자들을 놀라게 하지 않는다면 기다렸다가 좀 더 좋은 조건으로 주식을 판매할 수 있을 것이다. 부동산을 판매할 때도 같은 문제가 발생한다. 집이나 콘도는 급히 팔려고 할 때 결코 유동적인 자산이 아니다. 한나절 만에 팔기로 한다면 적절한 값을 받지 못할 것이다.

지불 수단

물건을 살 때 항상 현금으로 지불해야 한다면 얼마나 불편하겠는가? 보잉(Boeing)이 돈을 갚기 위해 전국의 부품 공급업체에게 $100짜리 수표를 트럭으로 실어 보내야 한다면 얼마나 불편하겠는가? 당좌예금, 신용카드, 그리고 전신환은 개인이나 기업이 멀리 떨어진 곳까지 신속하고 안전하게 지불하거나 받도록 해준다. 은행은 확실한 지불서비스 제공자이다. 그러나 은행들만 있는 게 아니다. 예를 들어 여러분이 단기금융시장 뮤추얼펀드의 주식을 산다면 이 돈은 다른 투자자들의 돈과 합쳐져 안전한 단기증권을 사는 데 사용된다. 이제 여러분은 은행 예금에 대해서처럼 이 뮤추얼펀드 투자에 대해서도 수표를 발행할 수 있다.

금융시장에서 얻을 수 있는 정보

잘 기능하는 금융시장에서는 증권과 상품이 얼마나 가치가 있는지를 알 수 있다. 그리고 투자자들이 자신이 저축에 대해서 받을 수 있을 것으로 예상하는 수익률을 알거나 적어도 추정할 수 있다. 금융시장에서 얻을 수 있는 정보는 재무관리자의 업무에 필수적이다. 이 정보가 어떻게 사용될 수 있는지 세 가지 예를 통해 살펴보자.

상품가격 촉매를 이용한 변환기는 공해를 줄이려고 승용차나 트럭의 배기시스템에 사용된다. 촉매는 백금을 포함하며, 백금은 뉴욕상업거래소(New York Mercantile Exchange, NYME)에서 거래된다.

3월에 촉매변환기 제조업자가 10월 생산을 계획하고 있다. 10월에 백금을 사려면 이 회사는 온스당 얼마를 예산에 반영해야 할까? 대답은 아주 간단하다. 회사의 CFO는 NYME에서 백금의 시장가격을 보기만 하면 된다. 10월 인도물은 온스당 $943이다(이것은 백금의 10월 인도물의 2018년 4월 종가이다.). CFO가 원한다면 이 가격에 확정시킬 수 있다. 이러한 거래에 대한 자세한 내용은 24장에서 다룬다.

이자율 캐탈리틱 컨셉(Catalytic Concepts)의 CFO는 새롭게 $4억을 조달해야 한다. 그녀는 장기채권 발행을 고려하고 있다. 이 채권에 대한 이자율은 얼마일까? 이를 알기 위해 CFO는 금융시장에서 거래되고 있는 기존 채권의 이자율을 보면 된다.

그 결과가 표 2.2에 있다. 신용도가 낮을수록 이자율이 얼마만큼 상승하는지 주목하라. 가장 크고 가장 안전한 기업은 AAA("triple A")로 평가된다. 이는 3.5% 이자율로

표 2.2 장기회사채에 대한 이자율, 2018년 5월. 최고등급(AAA 및 AA) 발행자의 이자율이 가장 낮다. 신용 등급이 내려갈수록 이자율은 상승한다.

신용등급	이자율
AAA	3.5%
AA	3.5
A	3.8
BBB	4.3
BB	5.1
B	6.5

출처: ICE Bank of America Merrill Lynch indices

빌릴 수 있다. 신용도가 떨어지면 수익률이 상승하기 시작한다. 여전히 투자 등급으로 간주되는 BBB채권은 AAA보다 0.8% 더 많은 수익을 낸다. 다음 단계는 정크본드(junk bond)라고 한다. BB채권의 이자율은 5.1%로 상승한다. B등급은 좀 더 위험해서 투자자는 6.5%를 요구한다.

6장에서 채권등급 평가와 이자율에 대해 더 많은 것을 공부할 것이다. 그러나 여기서 여러분은 재무관리자가 고정수입증권 시장의 정보를 이용하여 부채로 새롭게 자금을 조달할 때 이자율을 어떻게 예측할 수 있는지 알 수 있다. 예를 들어 캐탈리틱 컨셉이 BBB등급 회사로 평가되고 이자율이 표 2.2와 같다면 새로운 부채에 의한 자금조달은 약 4.3%로 할 수 있다.

기업가치　2018년 3월에 캘러웨이 골프(Callaway Golf)의 가치는 얼마였을까? 알래스카 항공(Alaska Air), 염!브랜드(Yum! Brand), 캐터필러(Caterpillar) 또는 MS는 얼마였을까? 표 2.3은 각 회사의 시가총액을 보여준다. 그냥 단순히 주식시장에서 주당 가격에 발행주식수를 곱하면 된다. 투자자들은 캘러웨이 골프의 가치를 $15.5억, MS를 $703억으로 평가했다.

주가와 기업가치는 기업이 얼마나 잘하고 있는가, 즉 현재 성과와 미래 전망 모두에 대한 투자자들의 종합적인 평가를 요약한다. 따라서 주가 상승은 투자자가 경영자에게 긍정적인 신호를 보내는 것과 같다.[16] 최고경영자의 보상이 주가와 연계되는 이유가 바로 여기에 있다. 자기 회사의 주식을 보유하는 경영자는 회사의 시장가치를 증가시킬 유인이 있다. 즉 경영자와 주주의 이익을 일치시킴으로써 대리인비용을 감소시킨다.

이것이 기업을 공개하는 중요한 이점 중 하나이다. 비공개기업은 주가를 성과 측정치로 사용할 수 없다. 비공개기업도 역시 경영자에게 주식으로 보상할 수 있지만, 주식가치는 금융시장에서 평가될 수 없다.

자본비용　재무관리자는 기업의 투자안에 대한 **자본비용**(cost of capital)을 측정하기 위해, 또는 적어도 추정하기 위해 금융시장을 살펴본다. 자본비용은 투자안에서 허용되는

자본비용
자본투자에 허용되는 최소한의 수익률.

표 2.3 2018년 3월 캘러웨이 골프와 기타 회사의 시가총액 계산(주식과 시장가치의 단위가 백만이다. 괄호 안은 주식기호이다.)

	주식 수(백만 주)	×	주가	=	시가총액(백만 달러)
Callaway Golf (ELY)	94.6	×	$16.36	=	$1,548
Alaska Air Group (ALK)	123.4	×	$61.76	=	$7,621
Yum! Brands (YUM)	332.5	×	$85.13	=	$28,306
Caterpillar Tractor (CAT)	597.6	×	147.38	=	$88,074
Microsoft (MSFT)	7,690	×	91.39	=	$702,789

출처: Yahoo! Finance, finance.yahoo.com

---

16) 투자자의 가치평가가 항상 옳은 것은 아니다. 금융은 변동이 심하고 위험한 사업이다. 과거 투자자가 크게 잘못한 경우를 찾을 수 있다. 가장 최근에는 2000년 인터넷과 통신회사 주식이 총체적으로 과대평가되었다. 그러나 평균적으로 금융시장은 정보를 재빨리, 그리고 정확하게 모으고 평가해온 것으로 보인다. 이 주제에 대해서는 7장에서 다시 살펴본다.

최소한의 수익률이다. 자본비용보다 높은 수익률을 제공하는 투자안은 기업가치를 증가시킨다. 반면에 자본비용보다 낮은 수익률을 제공하는 투자안은 기업가치를 감소시키므로 선택해서는 안 된다.[17)]

따라서 기업이 안고 있는 투자안의 기준수익률은 실제로는 기업 외부에 있다. 금융시장에서 투자안의 기대수익률은 기회자본비용을 결정한다.

기회자본비용은 일반적으로 기업이 은행이나 보험회사에서 빌린 부채에 지급하는 이자율이 아니라는 것에 주의하라. 기업이 위험한 투자를 한다면 기회비용은 투자자가 금융시장에서 같은 정도의 위험을 갖는 투자에서 얻을 수 있는 기대수익률이다. 위험한 증권에 대한 기대수익률은 보통 기업 차입에 대한 이자율보다 상당히 높다.

1장에서 자본비용을 소개했지만, 이 단순한 주의가 고정관념을 수정하는 데 도움이 될 수 있다. 11장과 12장에서 자본비용을 자세히 다룰 것이다.

> ### 2.4 셀프테스트
>
> 이번 절에서 설명한 기능 중 금융시장을 필요로 하는 기능은 무엇인지 간단히 설명하시오.

2.4 2007∼2009년 금융위기

2007∼2009년의 금융위기는 많은 의문을 제기하지만, 그 중 하나의 질문에는 분명히 답할 수 있다. 그렇다, 금융시장과 금융기관이 중요하다는 것이다. 금융시장과 금융기관이 제대로 기능하지 못하면, 전 세계적인 불황을 유발하게 된다.

이 금융위기는 2000년 인터넷과 통신회사의 주식버블이 꺼진 이후 미국 연방준비제도이사회(미국의 중앙은행)와 여러 중앙은행들이 추구한 통화완화정책에 기인한다. 동시에, 미국 부채 증권에 투자한 아시아 국가 국제수지의 대규모 흑자가 금리인하와 신용완화에 기여하였다.

은행은 이 저렴한 돈을 활용하여 저소득층 대상 서브프라임 모기지 공급을 확대하였다. 많은 은행들이 초기에는 적은 금액으로 주택을 구입하더라도 나중에는 주택가격이 상승하여 높은 상환금액을 상쇄할 수 있다고 유혹하였다(즉, 일부 주택구매자는 주택대출상환이 도래하기 전에 주택을 매각하거나 재대출을 받을 정도로 주택가격이 오를 것이라는 데 베팅한 것이다.). 한 대출업자는 "닌자(NINJA)−수입, 직업, 자산이 없어도(No Income, No Job, and No Assets) 가능한 대출"이라고 광고하기도 했다. 대부분의 서브프라임 모기지는 주택저당증권(mortgage backed securities, MBS)으로 포장되어 재판매되었다. 그러나 많은 은행들은 위험을 가장 잘 감수할 수 있는 투자자에게 이를 판매하지 않고, 자신이 상당수를 보유하거나 다른 은행에 판매했다.

이러한 광범위한 주택담보대출 활용은 주택가격의 급격한 상승을 가져와, 2006년 6월말 기준으로 주택가격은 5년 만에 두 배가 되었다. 이때부터 주택가격은 하락하기 시작했고 주택소유자는 주택담보대출을 상환하지 못하기 시작했다. 1년 후, 대형 투자은행인 베어스턴스(Bear Stearns)는 헤지펀드 두 개에 묶여 있던 주택담보대출 투자로 막대한 손실을 기록했다고 발표했다. 2008년 봄, 미 연방준비제도이사회는 파산 직전인 베어스턴스를 JP모건체이스(JPMorgan Chase)가 인수하도록 했다.

---

17) 물론 기업은 예외적으로 다른 이유로 투자할 수 있다. 공장의 공해저감장치 투자를 생각해보자. 이 장치는 많은 현금수입을 주지는 않는다. 따라서 이 투자에 대한 수익률은 0보다 작을 수도 있다. 그러나 기업은 직접 이익을 내려는 것이 아니라, 법적이고 윤리적인 의무를 다하기 위해 계속해서 공해저감장치에 투자한다.

주택저당증권(MBS)은 금융시장이 어떻게 저축을 실물자산 투자에 대한 자본조달로 이어지게 하는지 보여주는 또 다른 예이다. 여기서 실물자산은 주택인데, 주택소유자는 주택담보대출로 자금을 일부 조달한다.

과거 1960년대 대부분의 주택담보대출은 예금을 수취하여 주택담보대출이나 다른 대출을 제공하는 지역은행, 저축은행, 저축대출은행(S&L)에서 취급했다. 저축의 흐름은 아래 그림의 패널 a와 같다.

전형적인 주택담보대출은 장기 대출로서 30년 만기의 고정이자율상품인데 반해, S&L의 부채(주로 예금계정)는 만기가 훨씬 짧아 평균적으로 1년 내지 2년이었다. 따라서 S&L은 "단기로 빌려, 장기로 갚는" 위험한 투자 전략을 구사한 것이다. 1970년대와 1980년대 금리가 상승하면서 예금계정에 대한 S&L의 이자 비용도 증가했지만, 이자 수입은 장기 고정금리 주택담보대출에 묶여 있어 손실은 커져만 갔고, 1980년대 S&L은 위기를 맞았다.*

MBS는 S&L이 단기로 빌려 장기로 갚아야 하는 위험을 줄이기 위해 고안되었다. 여전히 S&L로부터 주택담보대출을 받을 수 있지만, S&L은 이를 유지할 필요가 없다. S&L은 주택담보대출을 취급하지만, 이들은 이 주택담보대출을 MBS 발행자(즉 페니메이, Federal National Mortgage Association, FNMA)에게 되팔 것이다.** 발행자는 여러분의 주택담보대출과 다른 수백 또는 수천의 주택담보대출을 결합하여 그 포트폴리오를 바탕으로 MBS를 발행한다. 이

MBS는 장기 고정채무를 유지하고자 하는 보험회사 같은 투자자에게 판매된다. 이러한 주택담보대출 포트폴리오의 현금흐름은 투자자에게 전달된다.***

생명보험회사가 MBS를 구매했다고 가정하자. 그 저축의 경로는 패널 b와 같다.

MBS는 주택담보대출에 유동성을 부여한다. MBS는 은행, 보험회사, 뮤추얼펀드, 기부단체 등에서 활발히 거래된다.

2005년 이후 MBS시장은 폭발적으로 성장했고 훨씬 복잡해졌다. 발행자는 앞서 설명한 단순한 MBS의 경로에 만족하지 않고, 트랜치(tranches)라고 하는 복잡한 증권 패키지를 발행했다. 최상위 트랜치는 주택담보대출 포트폴리오의 최우선 상환권을 갖고 위험이 거의 없다. 채권평가기관은 상위 트랜치, 심지어 신용도가 낮은 주택소유자의 서브프라임 모기지로 구성된 MBS에도 가장 높은 AAA 신용등급을 부여했다. 2007~2009년 금융위기 당시 AAA 신용등급에 투자한 많은 투자자들은 상당한 손실을 볼 수밖에 없었다. 채권등급에 대해서는 6장에서 보다 자세히 살펴볼 것이다.

MBS시장은 건재하여, 여전히 주택담보대출 자금 조달의 주요 원천이 되고 있다. 2018년까지 주택담보대출 관련 증권의 총가치는 $9조가 넘었다. MBS는 자산담보부증권(asset-backed securities)의 일부에 지나지 않는다. ABS는 MBS와 비슷하게 작동하지만, 포트폴리오에 포함되는 자산의 형태가 자동차 대출, 기업대출, 상업용 부동산대출 등으로 다양하다.

---

* 저축대출은행(S&L) 위기에 대한 역사는 Edward J. Kane, The S&L Insurance Mess: How Did It Happen? (Washington, D.C.: Urban Institute Press, 1989)를 참고할 수 있다.

** 페니메이와 프래디맥(Federal Home Loan Mortgage Corp.)은 주택담보대출의 신용을 보강할 책임이 있는 정부후원기업(government-sponsored entities, GSE)이다. 이들 기업은 "일정한 형식의 대출"을 팔아, 이를 패키지로 묶어 MBS로 되판다. 일정한 형식을 갖추지 못한 대출, 예를 들어 대형 "점보" 주택담보대출은 씨티그룹이나 뱅크오브아메리카 같은 은행에서 패키지로 만든다.

*** 여러분이 매달 S&L에 상환금을 송금하면, S&L은 일정 금액의 서비스수수료를 떼고 여러분의 상환액을 MBS 발행자에게 보낸다. 이들도 소액의 수수료를 떼고 나면, 주택담보대출 포트폴리오의 순현금흐름이 MBS 투자자에게 간다.

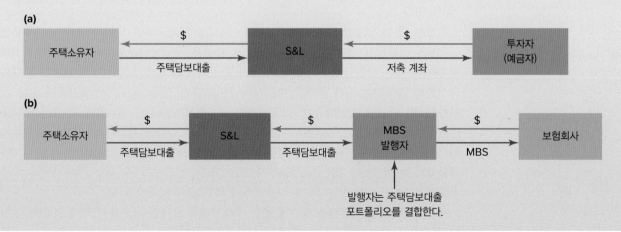

2008년 9월 금융위기가 정점에 달했을 때, 미국 정부는 그동안 서브프라임 MBS에 수백억 달러를 투자했던 전국적인 모기지 대행업체 두 곳, 페니메이(Fannie Mae)와 프레디맥(Freddie Mac)을 떠안아야만 했다. 며칠 후부터 금융시스템은 붕괴하기 시작했다. 메릴린치(Merrill Lynch)와 리먼브라더스(Lehman Brothers) 모두 파산 위험에 빠져 있었다. 9월 14일, 정부는 금융지원의 대가로 뱅크오브아메리카(Bank of America)가 메릴린치를 인수하도록 했다. 그러나 리먼브라더스는 어느 누구의 구제도 받지 못하고, 이튿날 파산 보호를 신청했다. 이틀 후, 정부는 대형 보험회사인 AIG에 $850억을 빌

려주었고, AIG는 이 자금으로 막대한 규모의 MBS과 여타 채권의 채무불이행을 막았다. 다음날 재무부는 "독성" MBS를 구제하기 위해 $7,000억을 지원하겠다고 발표했다.

리먼브라더스의 파산과 베어스턴스, 페니메이, 프레디맥, 메릴린치 및 AIG의 강제구제로 인해 투자자와 금융기관은 "다음은 누구 차례일지, 그 은행과 거래하거나 그 은행에 돈을 빌려주지는 않았는지" 궁금해했다. 많은 상황에서 신중하게 답변하더라도 대답은 "그렇다"였다. 일상적인 금융거래는 중지되거나 번거로운 조건으로 종료되었다.[18] 동시에 MBS와 그밖에 가치를 매기기 어려운 증권의 거래는 거의 이루어지지 못했고, 거래가 없으니 증권의 가치를 알 방법은 더욱 어려워졌다. 은행과 다른 금융기관이 증권을 거래하거나 서로 빌려주는 일을 꺼리게 되면서 신용공급과 사업 투자는 축소되었고, 미국 경제는 대공황 이후 최악의 어려움을 겪었다. 실업이 빠르게 증가하고 기업 도산은 3배 증가했다.

위기를 극복한 선진국은 거의 없다. 자국의 주택시장 붕괴로 큰 고통을 받았을 뿐만 아니라, 많은 외국 은행들이 미국 서브프라임 모기지에 막대한 금액을 투자했던 터라, 정부는 이들에게 막대한 구제금융을 지원해야 했다. 이미 많은 유럽 국가는 부채가 많은 상황이었는데, 은행에 대한 구제금융이 증가함에 따라 투자자들은 정부의 부채상환능력을 의심하기 시작했다. 결국 유럽에서는 은행 위기가 국채 위기와 얽히게 되었다.

그리스는 최악의 상태였는데 정부의 누적 부채가 €3,500억($4,600억)에 달했다. 그리스는 단일 통화인 유로화 회권국으로서, 통화를 통제할 수 없어 부채를 처리하기 위해 더 많은 유로화를 발행할 수 없었다. 결국 2011년 총 €1,000억의 채무불이행이 발생했다.

재무관리를 공부하는 학생으로서 여러분이 이러한 금융위기로부터 얻을 수 있는 세 가지 교훈이 있다. 첫째, 금융시장과 금융기관이 이번 장에서 설명된 기능을 수행하지 않을 때 경제에 미치는 안타까운 결과에 주목할 필요가 있다. 예를 들어, MBS시장을 포함하여 많은 시장에서 유동성이 갑자기 사라짐에 따라 위기가 증폭되었다. 그것은 비유동 자산의 잠재적 구매자가 스스로 가치 있는 것을 확실히 알 수 없다는 것을 의미한다. 따라서 금융시장의 정보 기능도 손상되었다.

둘째, 왜 베어스턴스, 리먼브라더스, 메릴린치와 그밖에 많은 금융기관들이 그렇게 힘없이 주저앉았을까? 그 이유 중 하나는 대부분 빌린 돈인 단기 자금으로 자주 자금을 조달했기 때문이다. 리먼브라더스와 같은 투자은행은 일반적으로 95% 이상의 부채와 5% 미만의 자기자본으로 자금을 조달했다. 따라서 자산 가치가 5% 하락하면 자기자본의 "완충제"가 사라지고 은행이 파산하게 될 수 있다. 위기 이후 규제 기관들은 은행들이 훨씬 더 많은 자본으로 자금을 조달할 것을 요구했다. 이 요구 사항은 주주에 대한 배당 지급에도 영향을 미쳤다. 규제 기관은 미국 은행의 자기자본비율이 낮을 경우 배당지급을 중단하게 하였다. 부재와 자기자본 조달, 배당정책에 대해서는 16장과 17장에서 보다 자세히 다룰 것이다.

셋째, 위기의 일부 원인은 1장에서 언급한 대리인문제로 거슬러 올라갈 수 있다. 주택담보대출 취급기업의 경영자는 아마도 큰 규모의 서브프라임 MBS를 홍보하고 판매하는 것이 비극을 불러올지 몰랐을 것이다. 그들은 자신들이 금융위기를 유발할 것이라고 생각하지 못했던 것이다. 그러나 게임이 끝나기 전 한몫 챙기려고 인센티브를 행사했다. 그들의 인센티브는 주주들과 공유되지 않았고, 그에 따라 기업의 가치는 점점 하락했다.

---

18) 옵션 ARM 대출(option ARM loan)로도 최소한의 주택담보대출 상환은 매월 발생하는 이자를 메꾸기에도 역부족이었다. 지급되지 못한 이자는 그 주택담보대출에 더해져, 주택소유자는 갚아야 할 상환금액이 더욱 증가하는 부담을 떠안아야 했다. 옵션 ARM(adjustable rate mortgage) 대출은 이자율이 고정되어 있지 않고 변하는 대출을 말하는데, 특별한 조건을 붙여 초기 이자부담을 낮출 수 있는 대출상품을 말한다(역주).

요약 SUMMARY

기업의 자본조달 원천은 무엇인가? (학습목표 2-1)

기본적인 자본조달 원천은 개인의 저축이다. 저축은 **금융시장**과 **금융중개기관**을 통해 기업으로 흘러들어간다. 금융중개기관에는 뮤추얼펀드, 연기금, 은행, 보험회사 등의 금융기관이 있다.

비금융기업에 현대 금융시장과 금융기관이 필요한 이유는 무엇인가? (학습목표 2-1)

기업은 혁신과 성장을 위해 자금을 조달해야 한다. 현대 금융시스템은 기업의 연혁과 사업 성격에 따라 서로 다른 자금조달 방법을 제공한다. 예를 들어 하이테크 신생기업은 벤처캐피탈을 통해 자금을 조달하고, 성숙한 기업은 채권시장에 더 의존한다.

기업이 기업활동을 통해 창출한 현금을 유지하거나 재투자하여 자금을 조달한다는 것은 무엇을 의미하나? (학습목표 2-1)

이 경우 기업은 주주를 대신하여 저축하고 있는 것으로 생각할 수 있다.

뮤추얼펀드와 연기금의 주요 장점은 무엇인가? (학습목표 2-2)

뮤추얼펀드나 연기금 투자자는 전문적으로 관리되는 포트폴리오를 다양화할 수 있도록 한다. 연기금은 연금 지급이 끝날 때까지 투자 수익이 비과세되므로, 추가적인 세금 혜택을 제공한다.

금융시장은 어떤 기능을 하는가? (학습목표 2-3)

금융시장은 저축이 기업 투자로 연결될 수 있도록 도와주고, 돈을 빌려야 할 사람과 빌려주는 사람 간의 연계를 돕는다. 이 시장은 유동성을 제공하고 투자자들에게 분산투자 기회를 제공한다. 금융시장의 거래에서 재무관리자는 많은 유익한 정보를 얻는다.

금융기관은 서로 다른 기능을 갖는가? (학습목표 2-3)

금융기관들은 금융시장과 유사한 기능을 다른 방법으로 수행한다. 이들은 저축을 기업 투자로 연결한다. 이들은 돈을 빌리는 사람과 빌려주는 사람 사이에 중개자로서의 기능을 수행한다. 또 은행은 예금자에게 유동성을 제공하고, 한 경제의 지불시스템에서 특별한 역할을 담당한다. 보험회사는 보험가입자에게 위험을 나눌 수 있도록 해준다.

금융시장과 금융기관이 더 이상 제대로 기능하지 않으면 어떻게 되는가? (학습목표 2-4)

2007~2009년 금융위기는 극적인 모습을 보였다. 미국의 서브프라임 모기지 대출이 크게 확대되면서 은행 시스템이 붕괴되었다. 정부는 은행과 다른 금융기관에 막대한 금액의 구제금융을 제공해야 했다. 신용시장이 침체되면서 국가는 깊은 불황을 겪었다. 아직까지 유럽의 많은 지역에서 2009년 금융위기는 끝나지 않았다. 정부가 부채 규모를 줄이고 은행 시스템을 강화하기 위해 노력하는 동안에도, 많은 국가에서 경제 활동이 급격히 위축되고 실업은 심각해졌다.

연습문제 QUESTIONS AND PROBLEMS

1. **기업의 자본조달.** 소규모 비공개기업은 자본투자에 필요한 자금을 어떻게 조달하는가? 자본조달 원천의 예를 두 세 가지 들어보시오. (학습목표 2-1)

2. **금융시장.** 주식 및 채권시장만이 유일한 금융시장은 아니다. 추가적인 두 세 가지 예를 들어보시오. (학습목표 2-1)

3. **금융시장과 금융기관.** 다음 글은 참인가? 거짓인가? (학습목표 2-1)
   a. 공개기업의 자본조달은 반드시 금융시장을 통해 이루어진다.

b. 비공개기업의 자본조달은 반드시 금융중개기관을 통해 이루어진다.

c. 거의 모든 외환 거래는 뉴욕과 런던의 FOREX 거래소에서 이루어진다.

d. 파생상품시장은 많은 기업의 주요한 자본조달 원천이다.

e. 기회자본비용은 실제 투자 기회를 수행하는 데 요구되는 자본 지출이다.

f. 자본비용은 은행이나 다른 금융기관으로부터 자금을 차입할 때 지불하는 이자율이다.

4. 기업의 자본조달. 금융시장과 금융중개기관은 저축이 투자자로부터 기업의 투자로 흘러가는 경로이다. 저축은 다양한 경로로 흘러가는데, 다음 경로의 각각에 대해 예를 들어 설명하시오. (학습목표 2-1)

a. 투자자로부터 금융중개기관으로, 금융시장으로, 그리고 기업으로

b. 투자자로부터 금융시장으로, 금융중개기관으로, 그리고 기업으로

c. 투자자로부터 금융시장으로, 금융중개기관으로, 다시 금융시장으로, 기업으로

5. 금융중개기관. 여러분은 $5,000를 갖고 있는 초보투자자이다. 합리적인 비용으로 잘 분산된 포트폴리오를 어떻게 만들 수 있는가? (학습목표 2-2)

6. 금융중개기관. 보험회사도 금융중개기관인가? 보험회사는 저축을 기업 투자로 어떻게 연결하는가? (학습목표 2-2)

7. 기업의 자본조달. 각 문장을 완성하기 위해 가장 적절한 용어를 선택하시오. (학습목표 2-2)

a. 가계는 (기업의 주식 / 회사채)를 더 많이 보유한다.

b. (연기금 / 은행)은 기업 주식의 주요 투자자이다.

c. (투자은행 / 상업은행)은 예금자로부터 돈을 모아 개인과 기업에 대출한다.

8. 금융시장. 다음 중 금융시장은 무엇인가? (학습목표 2-2)

a. 나스닥(NASDAQ)

b. 뱅가드 익스플로러 펀드(Vanguard Explorer Fund)

c. JP모건체이스(JPMorgan Chase)

c. 시카고 상업 거래소(Chicago Mercantile Exchange)

9. 금융중개기관. 다음 글은 참인가? 거짓인가? (학습목표 2-2)

a. ETF는 증권거래소에서 사고팔 수 있는 헤지펀드이다.

b. 헤지펀드는 소규모 투자자에게 저비용 분산투자 기회를 제공한다.

c. 보험 판매는 보험회사의 자본조달 원천이다.

d. 확정기여형 연금에서 연금 규모는 고용주와 종업원의 기여도에 따른 수익률에 따라 달라진다.

10. 유동성. 활발한 금융시장에서 거래되는 증권은 유동성이 있는 자산이다. 유동성이 개인 투자자와 뮤추얼펀드에 중요한 이유를 설명하시오. (학습목표 2-2)

11. 유동성. 은행 예금은 유동성이 있다. 여러분은 필요에 따라 돈을 찾을 수 있다. 은행은 어떻게 유동성을 제공하면서, 동시에 기업에 유동성이 없는 부채를 제공할 수 있는가? (학습목표 2-2)

12. 금융기관. 상업은행과 투자은행의 차이점을 요약하시오. (학습목표 2-2)

13. 뮤추얼펀드. 뮤추얼펀드는 왜 금융중개기관이라고 불리는가? 개인이 자신의 저축을 금융시장에 직접 투자하기보다는 뮤추얼펀드에 투자하는 것이 왜 합리적인가? (학습목표 2-2)

14. 금융시장의 기능. 가장 적절한 용어를 사용하여 아래 글의 빈칸을 채우시오. (학습목표 2-3)

금융시장과 ____(a)____ 는 ____(b)____ 를 ____(c)____ 과 연결한다. 또한 미래를 위해 ____(d)____ 를 원하는 개인의 자금을 지금 당장 지출할 현금이 필요한 사람들에게 전달

한다. 금융시장의 세 번째 기능은 개인과 기업이 위험을 조정할 수 있도록 하는 것이다. 예를 들어, 뱅가드 지수펀드와 같은 _____(e)_____, SPDR나 "스파이더"와 같은 _____(f)_____는 개인이 다수의 주식을 통해 위험을 분산할 수 있게 해준다. 금융시장은 위험을 분산하기 위한 다양한 메커니즘을 제공한다. 예를 들어, 밀 농부와 제빵사는 _____(g)_____를 사용하여 밀 가격에 대한 위험을 줄일 수 있다. 금융시장과 금융중개기관은 투자자가 필요할 때 투자를 현금으로 전환할 수 있도록 한다. 예를 들어, 공개기업의 _____(h)_____는 _____(i)_____에서 대량으로 거래되기 때문에 _____(j)_____이다. _____(k)_____는 수표 계정과 전자 이체를 제공하는 주요 지급결제서비스 제공업체이다. 마지막으로 금융시장은 정보를 제공한다. 예를 들어, 부채 발행을 고려 중인 기업의 _____(l)_____는 기존 _____(m)_____의 수익을 보고 지불해야 할 이자 금액을 측정할 수 있다.

15. 금융시장과 금융중개기관. 현대 금융시스템에서 금융시장과 금융중개기관의 주요 기능을 나열하시오. (학습목표 2-3)

16. 금융시장의 기능. 여러분이 산악 트레킹 중 6온스의 금괴를 발견하였다. 한 친구가 $2,500을 내겠다고 제안한다면, 이것이 공정한 가격인지 어떻게 확인하는가? (학습목표 2-3)

17. 금융시장의 기능. 재무관리자는 금융시장에서 어떤 종류의 유용한 정보를 얻을 수 있는가? 예를 들어 설명하시오. (학습목표 2-3)

18. 금융시장의 기능. 2.3절을 다시 살펴본 후, 다음 질문에 답하시오. (학습목표 2-3)

a. 염!브랜드(Yum! Brand) 주가가 $180으로 올랐다. 발행주식 수가 변하지 않는다면 이 회사의 시장가치는 얼마인가?

b. 신용평가기관은 캐탈리틱 컨셉(Catalytic Concepts)의 채권 등급을 A로 수정했다. 현재 이 회사는 채권에 대해 어느 정도의 이자율을 지급해야 하나?

c. 농부와 정육업자는 위험을 줄이기 위해 상품시장을 이용한다. 한 사람은 미래에 고정된 가격으로 생고기를 사는 데 동의하고 다른 한 사람은 팔려고 한다. 파는 사람은 누구인가?

19. 금융위기. 다음 글은 참인가? 거짓인가? (학습목표 2-4)

a. 금융위기의 주요 원인은 은행들이 옵션 및 선물시장에서 대량의 포지션을 취했기 때문이다.

b. 금융위기의 주요 원인은 과열된 상업용 부동산시장에 대한 은행 대출의 확대였다.

c. 많은 서브프라임 모기지가 MBS로 재판매될 목적으로 은행에 의해 패키지되었다.

d. 정부가 메릴린치와 리먼브라더스를 구제하지 않았다면 위기는 훨씬 더 심각했을 것이다.

e. 유로존의 위기는 다른 유로존 국가들과 IMF가 그리스의 채무불이행을 막기 위해 대규모 구제금융패키지를 제공함으로써 마무리되었다.

웹 연습 WEB EXERCISES

1.　finance.yahoo.com에 로그온한 후 표 2.3을 업데이트하시오. 주식기호를 사용하여 각 회사를 검색하시오. 통계(Statistics) 탭에서 전체 시가총액을 찾을 수 있다. 이들 회사의 시장가치는 어떻게 변했는가?

2. 뱅가드 그룹(Vanguard Group)과 피델리티 투자(Fidelity Investments) 웹사이트를 찾으시오. 이 사이트에서 3개 또는 4개의 펀드를 선택하고 투자목표, 위험, 과거 수익, 펀드수수료 등을 비교하시오. 각 펀드에 대한 안내서를 읽으시오. 여러분은 각 펀드에 누가 투자해야 하고 누가 투자하지 않아야 한다고 생각하는가?

3. 모닝스타(Morningstar)는 뮤추얼펀드의 성과 자료를 제공한다. 웹사이트에 로그온하여 어떤 펀드가 잘 또는 나쁘게 운영되었는가?

셀프테스트 해답 SOLUTIONS TO SELF-TEST QUESTIONS

2.1 a. 기업은 발행시장에서 증권을 판다. 이 증권은 나중에 유통시장에서 거래된다.
b. 자본시장은 장기자본 조달을 위한 시장이다. 단기금융시장은 단기자본 조달을 위한 시장이다.
c. 주식을 위한 시장과 채권 및 기타 부채 증권을 위한 시장

2.2 효율적인 분산투자와 전문적인 관리. 연기금은 이 연기금에서 최종 인출될 때까지 세금을 부과하지 않기 때문에 추가적인 이점을 제공한다.

2.3 뮤추얼펀드는 투자자의 저축을 모아 증권 포트폴리오에 투자한다. 은행이나 보험회사와 같은 금융기관은, 예를 들어 예금을 수취하거나 보험을 판매하는 등의 특별한 방식으로 자금을 모은다. 이들은 증권에 투자할 뿐만 아니라 기업에 직접 돈을 빌려준다. 이들은 다양한 금융서비스를 제공한다.

2.4 유동성, 분산투자된 증권 포트폴리오에 투자함으로써 위험 감소(예를 들어 뮤추얼펀드를 통한), 거래에 의해 제공되는 정보

3

회계와 재무

학습목표

3-1 재무상태표, 손익계산서 및 현금흐름표에 담긴 정보를 해석할 수 있다.

3-2 시장가치와 장부가치를 구별할 수 있다.

3-3 회계적 이익과 현금흐름이 다른 이유를 설명할 수 있다.

3-4 법인세와 개인소득세의 기본적 특징에 대해 이해할 수 있다.

1장에서 큰 기업은 하나의 팀이라는 것을 지적했다. 모든 참가 자는 – 주주와 채권자, 이사, 경영자, 관리자, 종업원들 – 기업의 성공에 일정한 몫을 가지고 있다. 따라서 모두가 회사의 진행 상황을 지켜볼 필요가 있다. 이러한 이유로 기업은 정기적으로 재무제표를 작성하고 이것이 "참되고 공평한 관점"을 나타내는가를 확인하기 위해 회사와는 독립적인 감사인에게 감사를 받는다.

19세기 중반까지 대부분 기업은 소유자가 경영하였다. 그리고 소유자의 개인적인 부채를 넘는 외부자금을 거의 필요로 하지 않았다. 기업이 작고 외부 주주가 거의 없을 때는 회계의 필요성이 적을 수 있다. 그러나 산업혁명과 대형 철도 및 운하 회사의 등장으로 주주와 은행가는 기업의 재무상태를 측정할 수 있는 정보를 요구하였다. 이것이 회계전문가 시대의 출발이었다.

우리는 여기서 회계 관행에 대해 아주 자세히 살펴보지는 않을 것이다. 그렇지만 이 책 전반에 걸쳐 재무회계 자료를 이야기할 것이기 때문에 이들의 중요한 특징을 간단히 복습하는 것이 유용할 것이다. 이번 장에서는 주요 재무제표, 즉 재무상태표와 손익계산서, 현금흐름표 등을 살펴본다. 또한 이익과 현금흐름, 장부가치와 시장가치의 중요한 차이 및 미국 연방정부 세제에 대해서도 살펴본다.

이번 장은 이 책에서 재무제표를 처음 살펴보는 곳으로, 주로 이미 공부한 회계학 강의를 간단하게 복습하는 데 그 의미가 있다. 이번 장에서 다루는 것이 우리가 재무제표를 접하게 되는 마지막 기회는 아니다. 예를 들어 다음 장에서 경영자가 회사의 성과를 분석하고 재무상태를 측정하기 위해 재무제표를 어떻게 사용하는지에 대해서도 살펴볼 것이다.

회계는 재무와 같지 않다. 그러나 이 둘은 밀접한 관계에 있다.
©g-stockstudio/Getty Images

3.1 재무상태표

공개기업은 분기마다 미국 증권거래위원회(SEC)에 재무제표를 제출할 의무가 있다. 이 분기보고서는 투자자에게 분기 동안의 회사 이익과 분기 말의 자산과 부채에 관한 정보를 제공한다. 또 한 해 동안의 성과에 대한 좀 더 자세한 정보를 제공하는 연간 재무제표도 제출해야 한다.

재무제표는 회사의 재무상태표와 손익계산서, 현금흐름표 등이 있다. 이들을 차례로 살펴보자.[1]

재무상태표
일정 시점에서 기업의 자산과 부채를 보여주는 재무제표.

기업은 영업에 사용되는 많은 자산을 사려면 현금을 조달해야 한다. 이 현금을 조달하는 과정에서 기업은 자금을 제공하는 사람들에게 의무를 지게 된다. **재무상태표**는 일정 시점에서 기업의 자산과 부채에 대한 정지사진을 보여준다. 조달된 자금을 사용한 내용을 나타내는 자산은 재무상태표의 왼쪽(차변)에 나타낸다. 그 현금이 어디에서 조달되었는지는 오른쪽(대변)에 나타낸다.

어떤 자산은 다른 자산보다 좀 더 쉽게 현금으로 전환될 수 있다. 이것을 유동성자산(liquidity asset)이라 한다. 회계사들은 유동성이 가장 좋은 자산을 목록의 가장 위에 기입한다. 그리고 밑으로 내려갈수록 보다 덜 유동적인 자산을 기입한다. 표 3.1을 예로 보라. 이것은 2017년 말 홈디포(Home Depot)의 연결재무상태표이다("연결(consolidated)"이라는 말은 홈디포와 홈디포가 보유한 다른 회사의 재무상태를 단순히 총합하여 보여준다는 것을 의미한다.).[2] 홈디포는 $35억 9,500만의 현금과 유가증권을 가지고 있다는 것을 알 수 있다. 또한 홈디포는 $19억 5,200만 어치의 상품을 팔았으나, 아직 수금되지 못하였다. 이 대금은 곧 만기가 되기 때문에 재무상태표는 미수금 또는 매출채권(accounts receivable, receivables)을 유동자산으로 보여준다. 다음 자산은 재고자산이다. 이것들은 (1) 회사가 납품업자에게 구입한 원자재, (2) 재고품, (3) 창고에서 선적을 기다리는 완성품 등으로 구성된다. 물론 적절한 범주로 분류되지 않은 항목들도 있다. 그러한 항목들은 기타 유동자산으로 분류된다.

여기까지 기입된 자산은 가까운 장래에 사용되거나 현금화될 것이다. 따라서 이들을 유동자산(current asset)이라고 한다. 재무상태표에서 다음에 나열되는 자산은 좀 더 수명이 긴 고정자산(fixed asset)이며, 건물, 장비, 차량과 같은 항목을 포함한다.

재무상태표는 홈디포의 유형자산의 총가치가 $414억 1,400만이라는 것을 보여주는데, 이는 이들 자산을 처음 구매했을 때의 가격이다. 그렇지만 이들 자산이 지금 그 정도 가치가 있을 것 같지는 않다. 회사가 2년 전에 운반용 차량을 샀다고 하자. 이 차량은 홈디포가 구매할 당시보다 지금 훨씬 가치가 없을 것이다. 원론적으로 회계사가 이 차량의 현재 가치를 별도로 추정하는 것이 가능할 것이다. 그렇지만 그것은 비용이 많이 들고 상당히 주관적이다. 회계사는 그 대신 자산가치의 감가상각(depreciation)을 추정할 때 어림셈에 의존한다. 그리고 그들은 거의 예외 없이 이 방법을 고수한다. 예를 들어 이 운반용 차량의 경우, 회계사는 감소한 가치를 반영하기 위해 매년 원가의 3분의 1을 상각한다고 하자. 홈디포가 2년 전에 이 차량을 $15,000에 샀다면 재무상태표는 누적된 감가상각이 2×$5,000=$10,000임을 보여준다. 감가상각을 뺀 가치는 단기 $5,000이다. 표 3.1은 고정자산에 대한 홈디포의 총 누적 감가상각이 $193억 3,900만이었다는 것을 보여준다. 그래서 이들 자산은 $414억 1,400만이지만, 재무상태표에 있는 순가치는 $414

---

[1] 추가로 기업은 자본변동표(statement of shareholders' equity)와 주석을 제공한다. 자본변동표는 이익의 얼마가 배당으로 지급되지 않고 기업 내 유보되었는지, 신주를 발행하여 얼마를 조달했는지, 또는 주식을 얼마만큼 재매입했는지를 보여준다. 주석은 중요한 회계정책의 요약 및 기타 설명을 포함한다. 이에 대해서 자세히 살펴보지는 않을 것이다.

[2] 홈디포의 2017 회계연도는 2018년 1월에 종료한다. 따라서 표 3.1은 이 날짜 기준 이 회사의 자산과 부채를 보여준다. 여기서는 공표된 재무제표에서 세부 사항 일부를 제거하고 단순화하였다.

표 3.1 홈디포의 재무상태표(백만 달러)

자산	회계 연도말 2017	회계 연도말 2016	부채와 자기자본	회계 연도말 2017	회계 연도말 2016
유동자산					
현금과 시장성 유가증권	3,595	2,538	유동부채		
매출채권	1,952	2,029	단기부채	2,761	1,252
재고자산	12,748	12,549	매입채무	7,244	7,000
기타 유동자산	638	608	기타 유동부채	6,189	5,881
총유동자산	18,933	17,724	총유동부채	16,194	14,133
고정자산			장기부채	24,267	22,349
유형 고정자산			기타 장기부채	2,614	2,151
유형자산	41,414	40,426			
감가상각 누계액	19,339	18,512	총부채	43,075	38,633
순 유형 고정자산	22,075	21,914			
			자기자본:		
무형 고정자산(영업권)	2,275	2,093	보통주와 자본잉여금	9,715	9,010
기타 고정자산	1,246	1,235	이익잉여금	39,935	35,517
			금고주	−48,196	−40,194
			총자기자본	1,454	4,333
총자산					
	44,529	42,966	부채와 자기자본	44,529	42,966

주: 합계에 반올림 오차가 있을 수 있다.
출처: 홈디포 연차보고서에서 추출

억 1,400만−$193억 3,900만＝$220억 7,500만이다.

홈디포는 유형자산 외에도 상표 가치와 숙련된 관리자, 그리고 잘 훈련된 노동력과 같은 가치 있는 무형자산을 가지고 있다. 회계사는 일반적으로 쉽게 확인하고 평가할 수 없다면 이러한 무형자산을 재무상태표에 기록하는 것을 꺼린다.

그러나 여기에 중요한 예외가 있다. 과거 홈디포가 다른 회사를 인수할 때 그 회사의 재무상태표에 나와 있는 가치보다도 더 많은 금액을 지급한 경우, 이 차이는 홈디포의 재무상태표에 "영업권(goodwill)"으로 표시된다. 홈디포의 무형자산 대부분은 영업권으로 구성되어 있다.

이제 홈디포 재무상태표의 대변을 살펴보자. 대변은 자산을 구매한 자금이 어디에서 조달되었는가를 보여준다. 회계사는 회사의 부채, 즉 회사가 갚아야 할 돈부터 시작한다. 가장 빨리 상환될 것 같은 부채가 맨 먼저 기입된다. 예를 들면 홈디포는 단기간에 상환해야 할 $27억 6,100만을 빌렸다. 또한 상품을 받았지만, 납품업자에게 아직 지급하지 않은 $72억 4,400만을 빚지고 있다. 이 지급되지 않은 부채를 매입채무(accounts payable; payables)라고 한다. 차입금과 매입채무는 홈디포가 1년 안에 지급해야 할 부채이다. 따라서 이것들을 유동부채(current liabilities)로 분류한다.

홈디포의 유동자산은 $189억 3,300만이고, 유동부채는 $161억 9,400만이다. 따라서 홈디포의 유동자산과 유동부채의 차이는 $189억 3,300만−161억 9,400만＝$27억 3,900만이다. 이 차이를 홈디포의 순유동자산(net current asset) 또는 순운전자본(net working capital)이라 한다. 이것은 기업의 잠재적인 현금 축적을 나타낸다.

회계사는 유동부채 아래에 기업의 장기부채, 즉 연말 이후에 만기가 도래하는 부채를 기입한다. 여러분은 은행이나 다른 투자자들이 홈디포에 $242억 6,700만의 장기대출을 하고 있다는 것을 볼 수 있다.

그림 3.1 재무상태표의 자산과 부채

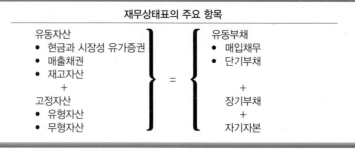

재무상태표의 주요 항목	
유동자산 • 현금과 시장성 유가증권 • 매출채권 • 재고자산 + 고정자산 • 유형자산 • 무형자산	유동부채 • 매입채무 • 단기부채 + 장기부채 + 자기자본

홈디포의 부채는 여러 이해관계자에 대한 재무적 의무를 나타낸다. 예를 들어 납품업자에게서 물건을 살 때 홈디포는 그것에 대해 지불할 의무를 갖는다. 홈디포가 은행에서 돈을 빌릴 때는 대출을 상환할 의무를 갖는다. 따라서 납품업자와 은행은 이 회사 자산에 대해 첫 번째 청구건을 갖는다. 부채를 상환하고 난 뒤에 남는 것은 주주에게 속한다. 이 수치를 주주의 자기자본(equity)이라 한다. 홈디포 주주의 자기자본 총가치는 $14억 5,400만에 달한다. 표 3.1은 홈디포의 자기자본이 세 부분으로 구성되어 있다는 것을 보여준다. 상대적으로 작은 부분인 $97억 1,500만은 주식을 투자자에게 매각하여 조달한 것이다. 훨씬 더 큰 금액인 $399억 3,500만은 홈디포가 이익을 유보하고 주주를 대신하여 재투자한 이익에서 온 것이다.[3] 마지막으로 금고주(treasury stock)는 큰 음(−)의 숫자 −$481억 9,600만이다. 이는 홈디포가 자사주를 되사는 데 사용한 금액을 나타낸다. 자사주를 되사는 돈은 회사에서 유출되며 자기자본을 감소시킨다.

그림 3.1은 재무상태표의 각 항목이 서로 어떻게 연결되는지 보여준다. 두 종류의 자산, 곧 사용되거나 현금화되는 유동자산과 유형과 무형의 장기 또는 "고정"자산이 있다. 또 두 종류의 부채, 단기에 만기가 도래하는 유동부채와 장기부채가 있다.

자산과 부채의 차이는 자기자본의 크기를 나타낸다. 이것은 기본적인 재무상태표 항등식이다. 때로는 주주를 기업의 "잔여 지분 청구권자"라 한다. 이것은 기업의 자산에서 부채를 빼고 남은 나머지가 주주의 지분이라는 것을 의미한다.

$$\text{자기자본} = \text{순자산} = \text{총자산} - \text{총부채} \tag{3.1}$$

3.1 셀프테스트

홈디포가 장기회사채를 발행하여 새로이 $5억을 차입했다고 가정하자. 홈디포는 이 금액 중 $1억을 은행에 예치하고 $4억을 신형 기계를 사는 데 사용한다. 재무상태표의 어떤 항목이 변화할 것인가? 자기자본은 변화하는가?

공통형 재무상태표
모든 항목을 총자산의 백분율로 표현한 재무상태표.

분석가들은 재무제표를 비교할 때 자주 **공통형 재무상태표**(common-size balance sheet)를 계산한다. 이는 모든 항목을 총자산의 백분율로 나타낸다. 표 3.2는 홈디포의 공통형 재무상태표이다. 재무관리자는 이 공통형 재무상태표를 보고 즉시 2017년 자산은 전년보다 약간 증가한 반면, 유동부채는 훨씬 큰 비율로 증가했고, 순운전자본은 감소했음을 알 수 있다. 우려스러운 상황은 아니지만, 재무관리자는 이러한 추세가 지속되는지 계속 확인해야 할 것이다.

---

3) 여기 때때로 혼동될 수 있는 부분이 있다. 여러분은 유보이익을 회사가 과거의 영업으로부터 쌓아 놓은 현금 더미라고 생각하기 쉽다. 그러나 유보이익과 현금잔고는 전혀 상관이 없다. 홈디포가 사내에 보유하는 이익은 새로운 장비나 트럭, 창고 등을 구입하는 데 사용되었을 것이다. 보통 아주 적은 부분만 은행에 예치될 것이다. 홈디포의 재무상태표는 유보이익으로 $399억 3천5백만을 나타내지만, 현금과 시장성 유가증권은 단지 $35억 9천5백만만 기대되어 있을 뿐이다.

표 3.2 홈디포의 공통형 재무상태표 (각 항목은 총자산의 %로 표시)

자산	회계 연도말		부채와 자기자본	회계 연도말	
	2017	2016		2017	2016
유동자산			유동부채		
현금과 시장성 유가증권	8.1%	5.9%	단기부채	6.2%	2.9%
매출채권	4.4%	4.7%	매입채무	16.3%	16.3%
재고자산	28.6%	29.2%	기타 유동부채	13.9%	13.7%
기타 유동자산	1.4%	1.4%	총유동부채	36.4%	32.9%
총유동자산	42.5%	41.3%			
			장기부채	54.5%	52.0%
고정자산			기타 장기부채	5.9%	5.0%
유형 고정자산					
유형자산	93.0%	94.1%	총부채	96.7%	89.9%
감가상각 누계액	43.4%	43.1%			
순 유형 고정자산	49.6%	51.0%	자기자본:		
			보통주와 자본잉여금	21.8%	21.0%
무형 고정자산(영업권)	5.1%	4.9%	이익잉여금	89.7%	82.7%
기타 고정자산	2.8%	2.9%	금고주	−108.2%	−93.5%
			총자기자본	3.3%	10.1%
총자산	100.0%	100.0%	부채와 자기자본	100.0%	100.0%

출처: 홈디포 연차보고서에서 추출

거의 모든 공개기업의 재무제표는 쉽게 얻을 수 있다. 대부분의 기업은 연차보고서를 웹사이트에서 볼 수 있도록 한다. 또 여러분은 Yahoo! Finance(http : //finance.yahoo. com) 또는 구글 파이낸스(finance.google.com)에서 대부분 기업의 주요 재무제표를 찾을 수 있다.

장부가치와 시장가치

이 책 전반에 걸쳐서 자주 재무상태표에 나타난 자산의 장부가치와 그것의 시장가치를 구별할 것이다.

재무상태표의 항목들은 보통 GAAP로 불리는 **일반적으로 인정된 회계원칙**(generally accepted accounting principles)에 따라 평가된다. 이에 따르면 재무상태표에 표시된 자산은 감가상각에 의해 조정된 과거의 취득 원가로 나타내야 한다. 따라서 **장부가치**(book value)는 가치의 "과거지향적인(backward-looking)" 측정치이다. 즉 기업의 현재 시장가치가 아니라 기업 자산의 과거 원가에 근거하고 있다. 예를 들어 홈디포가 2년 전 $3,000만을 들여 사무건물을 지었지만 요즘 시장에서는 이 건물이 $4,000만에 판매된다고 하자. 이 건물의 장부가치는 시장가치보다 작을 것이고, 재무상태표는 홈디포의 자산가치를 과소평가하게 된다.

또는 인텔이 $80,000만의 비용으로 특수 목적 컴퓨터칩을 생산하기 위해 개발한 특화된 공장을 생각해보자. 이 공장의 장부가치는 $80,000만에서 감가상각비를 차감한 것이다. 그렇지만 공장이 건설되고 얼마 되지 않아 새로운 칩의 등장으로 기존 설비가 낙후되어 버렸다고 가정해보자. 인텔의 새로운 공장의 시장가치는 50% 이상 떨어질 수도 있으며, 이 경우 시장가치는 장부가치보다 작을 것이다.

장부가치와 시장가치의 차이는 자산마다 다르다. 현금은 이 차이가 0이다. 그렇지만 회계사가 고정자산의 초기 원가로 시작해서 정해진 방법에 따라 감가상각을 한 고정자산에서는 매우 크게 나타날 수 있다. 감가상각의 목적은 자산의 처음 원가를 내용연수 동

일반적으로 인정된 회계원칙(GAAP) 미국에서 재무제표를 작성하는 방법.

장부가치 재무상태표에 따른 기업의 순가치.

안 배분하는 것이다. 그리고 자산의 감가상각에 대한 규칙은 실제 시장가치의 감소를 반영하지 않는다. 결과적으로 고정자산의 시장가치는 대개 장부가치보다 훨씬 크지만, 때로는 더 작을 수도 있다.

재무상태표 대변의 경우도 마찬가지다. 부채의 경우, 회계사는 지급하기로 약속했던 돈의 액수만을 기록한다. 단기부채에서 이 수치는 일반적으로 약속한 금액의 시장가치와 거의 같다. 예를 들어 은행에서 $100만을 빌린다면 회계사는 $100만의 장부상 부채를 보여준다. 파산하지 않는 한 이 $100만은 은행에 지급하기로 한 금액과 거의 같다. 그렇지만 이제 $100만이 몇 년 후에 상환 만기가 된다고 가정하자. 역시 회계사는 $100만의 부채를 보여줄 것이다. 그렇지만 이 부채가 얼마만큼 가치있는가는 이자율이 어떻게 변하는가에 달렸다. 부채를 조달하고 나서 이자율이 상승한다면 채권자는 이 부채가 $100만만큼 가치있다고 하지는 않을 것이다. 이자율이 하락한다면 그때는 $100만 이상 가치 있다고 할 것이다.[4] 따라서 장기부채의 시장가치는 장부가치보다도 크거나 작을 수 있다. **자산이나 부채의 시장가치는 일반적으로 장부가치와 같지 않다. 장부가치는 역사적, 즉 처음 가치에 근거하지만 시장가치는 자산이나 부채의 현재(current) 가치를 측정한다.**

장부가치와 시장가치의 차이는 자기자본에서 가장 클 것이다. 자기자본의 장부가치는 주주가 과거에 낸 돈에 회사가 내부유보하여 주주 대신에 재투자한 현금을 더한 것이다. 하지만 이것은 투자자들이 주식을 평가하는 시장가치와 거의 상관이 없다.

주식의 시장가치가 바닥까지 떨어진다면 주주에게 장부가치는 만족스럽다고 말하지 마라. 그들은 이를 듣고 싶어하지 않는다. 주주는 보유 주식의 시장가치에 관심이 있다. 주식을 팔 수 있는 가격은 장부가치가 아닌 시장가치이다. 주주를 행복하게 만들고 싶은 경영자라면 시장가치에 초점을 맞출 것이다.

시장가치 재무상태표
자산, 부채 및 자기자본의 장부가치 대신 시장가치를 보여주는 재무상태표.

종종 **시장가치 재무상태표**(market-value balance sheet)로 기업을 생각해보는 것이 유용하다. 전통적인 재무상태표처럼 시장가치 재무상태표도 회사의 자산을 나타낸다. 그렇지만 각 자산을 역사적 원가에서 감가상각비를 뺀 것이 아니라 현재 시장가치로 나타낸다. 마찬가지로 각 부채도 시장가치로 나타낸다. 자산과 부채의 시장가치 차이는 자기자본 청구권의 시장가치이다. 주가란 단순히 자기자본의 시장가치를 발행주식 수로 나눈 것이다.

예제	**3.1 ▶**	**시장가치와 장부가치 재무상태표**

주피터(Jupiter)는 자동차를 경쟁자보다 20% 더 효율적으로 생산할 수 있는 혁신적인 자동차 생산공정을 개발하였다. 주피터는 이 새로운 설비를 만드는 데 $100억을 투자하였다. 이 투자자금을 조달하기 위해 $40억을 빌리고 나머지는 신주를 발행하여 조달하였다. 현재 1억 주의 발행주식이 있다. 투자자들은 주피터의 전망을 매우 밝게 본다. 그들은 새로운 설비로부터 발생할 이익의 흐름에 비춰볼 때 $75의 주가가 적절하다고 믿고 있다.

이상이 주피터의 유일한 자산이라면, 이 설비를 만든 후 장부가치 재무상태표는 아래와 같다.

<table>
<tr><th colspan="4">주피터 자동차의 장부가치 재무상태(단위: 십억 달러)</th></tr>
<tr><th colspan="2">자산</th><th colspan="2">부채와 자기자본</th></tr>
<tr><td>자동차 공장</td><td>10</td><td>부채</td><td>4</td></tr>
<tr><td></td><td></td><td>자기자본</td><td>6</td></tr>
</table>

투자자들은 주피터의 자기자본 시장가치를 $75억(주당 $75 × 1억 주)로 평가하고 있다. 부채의 현재가치를 $40억으로 가정하자.[5] 만일 여러분이 주피터의 모든 주식과 부채를 소유한다면, 여러분의 투자 가치는 $75+$40 =$115억이다. 이 경우 여러분은 이 회사를 완전히 소유하여 회사에서 발생하는 모든 현금흐름을 갖

---

4) 6장에서 이자율 변화가 부채의 시장가치에 어떠한 영향을 미치는지 살펴볼 것이다.
5) 주피터는 이 투자에 필요한 자금을 조달하기 위해 $40억을 빌렸다. 그렇지만 도중에 이자율이 변한다면 부채 가치는 $40억보다 크거나 작을 수 있다.

게 된다. 여러분이 기업 전부를 $115억에 살 수 있기 때문에 주피터 자산의 총가치도 $115억이어야 한다. 달리 말하면, 자산의 시장가치는 부채의 시장가치에 자기자본의 시장가치를 합한 것과 같아야 한다.

이제 우리는 시장가치 재무상태표를 다음과 같이 나타낼 수 있다.

주피터 자동차의 시장가치 재무상태표(단위: 십억 달러)			
자산		**부채와 자기자본**	
자동차 공장	11.5	부채	4
		자기자본	7.5

주피터 공장의 시장가치가 이 공장을 건설하는 데 소요되는 비용보다도 $15억이 더 많다는 것에 주목하라. 이 차이는 공장에서 벌어들일 것으로 투자자들이 기대하는 우월한 이익에 기인한다. 따라서 회사의 장부에 나타난 재무상태표와는 대조적으로 시장가치 재무상태표는 미래지향적(forward-looking)이다. 이것은 자산이 제공할 것이라고 투자자가 기대하는 이익에 의존한다. ■

시장가치가 장부가치를 초과한다는 것이 놀라운가? 그렇지 않다. 기업은 자신의 투자안이 투자에 드는 비용보다 더 많은 가치를 창출한다고 믿기 때문에 이에 필요한 자금을 조달하는 것이 아주 매력적이라고 생각한다. 그렇지 않으면 왜 귀찮게 애를 쓰겠는가? 여러분은 주식이 기업의 장부상 가치보다도 더 높은 가격에 거래되는 것을 흔히 볼 수 있다.

3.2 셀프테스트

a. 자동차 공장이 $140억의 시장가치를 갖는다면 주피터의 주가는 얼마가 되겠는가?
b. 발행주식의 가치가 $80억이라면 자동차 공장의 가치를 얼마로 평가하겠는가?

3.2 손익계산서

손익계산서
1기간 동안 기업의 매출액, 비용 및 당기순이익을 보여주는 재무제표.

홈디포의 재무상태표는 일정 시점에서 이 회사의 정지사진을 닮았지만, **손익계산서**(income statement)는 동영상과 같다. 이것은 기업이 지난 1년 동안 얼마만큼 수익성이 있었는가를 보여준다.

표 3.3의 요약 손익계산서를 보라. 2017년 홈디포는 $1,009억 400만 어치의 상품을 팔았고, 제품을 생산하고 판매한 총비용은 ($665억 4,800만+$178억 8,400만=)$844

표 3.3 홈디포의 손익계산서(2017년)

	백만 달러	매출액 대비
순매출액	100,904	100.0%
매출원가	66,548	66.0%
판매비와 일반관리비	17,864	17.7%
감가상각	1,811	1.8%
이자와 세금 전 이익	14,681	14.5%
지급이자	983	1.0%
과세대상 이익	13,698	13.6%
세금	5,068	5.0%
순이익	8,630	8.6%
순이익의 배분		
배당	4,212	4.2%
유보이익에 추가	4,418	4.4%

출처: 홈디포의 연차보고서에서 추출

억 1,200만이었다. 가장 큰 비용 항목은 $665억 4,800만에 달하고, 제품을 생산하는 데 필요한 원자재, 인건비 등으로 구성되어 있다. 나머지 비용 대부분은 본사 사무실비, 광고비, 물류비와 같은 관리비용이었다.

홈디포는 이러한 현금성 비용 외에도 제품을 생산하는 데 사용된 공장과 장비의 가치를 상각하였다. 2017년의 감가상각비는 $18억 1,100만이었다. 따라서 홈디포의 이자 및 세금 전 총이익(total earning before interest and taxes : EBIT)은 다음과 같다.

$$
\begin{aligned}
EBIT &= 매출액 - 비용 - 감가상각비 \\
&= 100{,}904 - (66{,}548 + 17{,}864) - 1{,}811 \\
&= \$146억\ 8{,}100만
\end{aligned}
$$

손익계산서의 나머지 부분은 이러한 이익이 어디로 가는가를 보여준다. 앞에서 본 바와 같이 홈디포는 공장과 장비에 대한 투자금을 부분적으로 차입하여 조달하였다. 홈디포는 2017년에 이 차입금에 대한 이자로 $9억 8,300만을 지불하였다. 이익의 일부분은 세금 형태로 정부에게 갔다. 2017년에 이것은 $50억 6,800만이었다. 이자와 세금을 지급하고 난 나머지가 $86억 3,000만인데, 이것은 주주에게 귀속된다. 홈디포는 이 액수 중 $42억 1,200만을 배당으로 지급하고 나머지 $44억 1,800만을 사업에 재투자하였다. 재투자된 자금은 회사를 좀 더 가치있게 했을 것이다.

홈디포가 내부유보, 즉 재투자한 이익 $44억 1,800만는 재무상태표에서 유보이익의 증가로 나타난다. 표 3.1에서 유보이익은 $355억 1,700만에서 2017년 $339억 3,500만으로 증가하였다. 그러나 자기자본은 이 금액보다 적게 증가하였는데, 이는 홈디포가 이 기간에 주식을 재매입했기 때문이다.

공통형 재무상태표를 작성하는 것과 같이 때때로 **공통형 손익계산서**(common-size income statement)를 작성하는 것 또한 유용하다. 이 경우 모든 항목은 매출액에 대한 백분율로 나타낸다. 표 3.3의 마지막 열은 홈디포의 공통형 손익계산서이다. 예를 들어 매출원가는 매출액의 66.0%를 차지하고 판매비와 일반관리비는 17.7%에 달한다.

공통형 손익계산서
모든 항목을 매출액에 대한 백분율로 표현한 손익계산서.

이익과 현금흐름

홈디포의 이익과 회사가 창출한 현금흐름을 구별하는 것은 중요하다. 여기 이익과 현금흐름이 같지 않은 세 가지 이유가 있다.

1. **감가상각비.** 홈디포의 회계사는 손익계산서를 작성할 때 단순히 현금이 들어오고 나가는 것만 계산하지는 않는다. 회계사는 현금 지출을 두 범주로 나눈다. (임금과 같은) 수익적 지출(current expenditure)과 (새로운 기계를 사는 것과 같은) 자본적 지출(capital expenditure)이다. 수익적 지출은 당기 이익에서 발생한 연도에 즉시 차감된다. 그러나 기계는 구입된 해에 지출로 차감되지 않고 감가상각 형태의 연간 비용으로 계상된다. 따라서 기계의 원가는 예상 내용연수에 걸쳐서 배분된다.

   새로운 장비에 현금이 지불되었다 하더라도 회계사는 이익을 계산할 때 그 해에 지출을 차감하지 않는다. 그러나 그 뒤에 현금이 지불되지 않았더라도 이 전에 산 자산에 대해 감가상각비를 차감한다. 예를 들어 10년 동안 $10만의 투자에 대해서 연간 $1만씩 상각한다고 가정하자.[6] 자산이 처음 구입될 때 실제 현금이 지출되지만, 이 감가상각은 연간 비용으로 취급된다. 이러한 이유로 감가상각비는 비현금(noncash) 비용으로 분류된다.

   영업에서 발생한 현금흐름을 계산하려면 당기 이익에 (현금 지출이 아닌) 감가상각비를

---

6) 미국에서 기업은 보고용 회계와 세무용 회계를 작성한다. 최근 세법 개정으로 대부분의 투자가 감가상각되거나 즉시 "비용처리"할 수 있지만, 기업들은 통상 내용연수에 걸쳐 해당 비용을 분산하여 보고한다.

다시 더하면 (현금 지출인) 자본적 장비에 대한 새로운 지출을 **빼야** 한다.

2. **현금주의회계와 발생주의회계.** 제조업에서 다음 상황을 생각해보자. 1기에 이 회사가 $60를 들여 제품을 생산한다. 2기에 이 제품을 $100에 팔아, 3기에 수금한다. 다음 그림은 기업의 현금흐름을 보여준다. 1기에 $60의 현금유출이 있고, 이후 3기에 고객으로부터 $100의 현금유입이 발생한다.

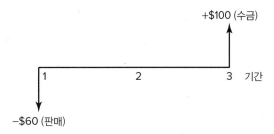

회사가 1기에 손실을 운영 중이거나(현금흐름이 음수이므로), 3기에 수익성이 매우 좋다고(현금흐름이 양수이므로) 잘못 판단할 수 있다. 따라서 손익계산서를 작성하기 위해 회계사는 판매가 이루어진 시점(이 예에서는 2기)을 보고 해당 판매와 관련된 모든 수익과 비용을 취합한다. 이 회사의 손익계산서는 다음과 같이 표현된다.

매출액	$100
매출원가	60
수익	$ 40

수익과 지출을 일치시키는 것을 발생주의회계(accrual accounting)라고 한다. 물론, 회계사는 현금지출과 수금의 실제 시점을 무시하지 않는다. 따라서 1기의 현금지출은 비용이 아니라 재고에 대한 투자로 여겨진다. 그 후, 2기에 상품이 재고에서 제거되어 판매될 때, 회계사는 재고 감소를 나타낸다.

손익계산서에서 판매된 제품 비용에서 현금유출로 이동하려면 재무상태표에 표시된 재고에 대한 투자를 삭감해야 한다.

기간:	1	2
매출원가 (손익계산서)	0	60
+ 재고자산 투자 (재무상태표)	60	−60
= 현금지출	60	0

또한 회계사는 판매대금이 들어오는 3기까지 기다려야 한다는 것을 무시하지 않는다. 2기에 판매가 이루어질 때 재무상태표의 매출채권 금액은 고객에게서 수금되지 않은 추가적인 $100을 보여주기 위해 조정된다. 3기에 고객이 대금을 지급하면 매출채권은 $100 감소하고 따라서 손익계산서의 판매를 현금유입으로 이동하려면 매출채권에 대한 투자를 차감해야 한다.

기간:	2	3
매출액 (손익계산서)	100	0
+ 매출채권 투자 (재무상태표)	100	−100
= 현금유입	0	+100

보다 자세한 내용은 9장에서 살펴볼 것이다. 그러나 지금까지를 요약하면 다음과 같다. 즉 현금유출은 손익계산서의 매출원가에 재고자산의 변화를 더한 것과 같고, 현금유입은 손익계산서의 매출액에서 미수금된 청구서의 변화를 뺀 것과 같다.

| 예제 | 3.2 ▶ | 이익과 현금흐름 |

한 제조기업이 2기에 어떤 제품을 생산하기 위해 $80을 지출한다고 가정하자. 이 제품은 3기에 $120에 판매된다. 그렇지만 4기까지 고객에게서 수금하지 못한다.

이러한 현금흐름은 다음과 같다.

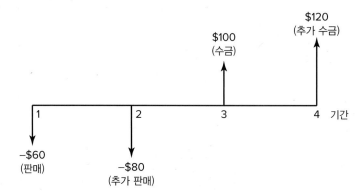

이러한 새로운 거래는 손익계산서와 재무상태표에 어떠한 영향을 미치는가? 손익계산서는 1기와 2기에 매출이 발생할 때 매출액과 매출원가를 일치시킨다. 손익계산서에 보여준 금액과 현금흐름의 차이는 재고자산에 대한 투자(나중에는 투자 취소)로 기록된다. 따라서 1기에 회계사는 전과 같이 $60만큼을 재고자산에 대한 투자로 나타낸다. 2기에 이 제품은 재고자산에서 나와 판매되지만, 이 회사는 $80의 제품을 추가로 생산한다. 따라서 재고의 순증가는 $20이다. 이 제품이 3기에 판매되면 재고자산은 $80 감소한다. 다음 표는 매기에 현금유출이 손익계산서의 매출원가에 재고자산 변화를 더한 것과 같다는 것을 보여준다.

기간:	1	2	3
매출원가 (손익계산서)	0	60	80
+ 재고자산 투자 (재무상태표)	60	−60+80=20	−80
= 현금지출	60	80	0

다음 표는 손익계산서의 매출채권과 현금유입의 차이에 대한 조정을 보여준다.

기간:	2	3	4
매출원가 (손익계산서)	100	120	0
+ 매출액 (손익계산서)	100	−100+120=20	−120
= 현금유입	0	+100	+120

손익계산서에서 회계사는 1기에 $100의 매출과 2기에 $120의 매출을 기록한다. 회사가 수금을 기다려야 한다는 것은 재무상태표의 매출채권에 대한 투자로 인식된다. 이 회사가 받은 현금은 손익계산서의 매출액에서 재무상태표의 매출채권 투자를 뺀 것과 같다. ■

| 3.3 | 셀프테스트 |

한 회사가 1기에 제품을 생산하기 위해 $200을 지출했다. 2기에 $150에 제품을 판매하지만 1기 후에 수금된다. 3기에 $150의 절반을 판매하고 이는 4기에 수금된다. 이 회사의 이익과 현금흐름을 1기부터 4기까지 계산하라.

3.3 현금흐름표

기업은 새로운 공장과 기계를 살 때 또는 은행에 이자를 지급하고 주주에게 배당을 줄 때 현금이 있어야 한다. 따라서 재무관리자는 현금이 들어오고 나가는 것을 계속하여 추적할 필요가 있다.

기업의 현금흐름이 순이익과 매우 다를 수 있다는 것을 보았다. 이러한 차이는 적어도 두 가지 이유로 발생한다.

1. 손익계산서는 자본적 지출을 자본재가 구입된 해의 비용으로 인식하지 않는다. 대신 이 비용을 매년 감가상각비 형태로 여러 기간에 걸쳐 배분한다.
2. 손익계산서는 발생주의회계방법을 사용한다. 이것은 현금이 들어오거나 나갈 때가 아니라 판매가 이루어질 때 수익과 비용을 인식한다는 것을 의미한다.

현금흐름표(statement of cash flow)는 기업의 투자와 재무활동뿐만 아니라 영업으로 인한 현금유입과 유출을 보여준다. 표 3.4는 홈디포의 현금흐름표이다. 이것은 세 부분으로 구성되어 있다. 첫 번째 부분은 영업활동으로 인한 현금흐름을 보여준다. 이것은 홈디포의 정상적인 영업활동으로부터 발생한 현금이다. 다음은 홈디포가 공장과 설비 또는 새로운 사업을 매입하는 데 투자한 현금이다. 마지막 부분은 부채나 신주의 발행과 같은 재무활동으로 인한 현금흐름이다. 각 부분을 차례로 살펴보자.

첫 번째 부분은 영업활동으로 인한 현금흐름이 순이익에서 시작하여 현금이 들어오거나 나가는 것을 포함하지 않는 손익계산서상의 각 항목에 수치를 조정한다. 손익계산서에서 감가상각비를 비용으로 취급하더라도 현금유출이 아니므로 감가상각비를 다시 더해주어야 한다. 마찬가지로 종업원에게 주식으로 보상을 줄 때 이는 비용으로 간주되지만, 회사의 주식으로 지급되는 것이므로 현금유출은 아니다.

유동자산(현금 이외의)의 증가는 순이익에서 차감해야 한다. 이는 현금을 소비하지만

현금흐름표
1기간 동안 기업의 현금 유출입을 보여주는 재무제표.

표 3.4 홈디포의 현금흐름표 (단위: 백만 달러)

영업활동으로 인한 현금흐름 :	
순이익	8,630
감가상각비	2,062
운전자본의 변동	
매출채권의 감소(증가)	139
재고자산의 감소(증가)	−84
기타 유동자산의 감소(증가)	−10
매입채무의 증가(감소)	352
기타 유동부채의 증가(감소)	669
총 운전자본의 감소(증가)	1,066
주식 관련 보상 비용	273
영업활동으로 인한 현금흐름	12,031
투자활동으로 인한 현금흐름 :	
자본 지출	−1,897
장기 자산 처분(취득)	47
기타 투자활동	−378
투자활동으로 인한 현금흐름	−2,228
재무활동으로 인한 현금흐름 :	
단기부채의 차입(상환)	850
장기부채의 발행(상환)	2,448
배당	−4,212
보통주 재매입	−7,745
기타	−211
재무활동으로 인한 현금흐름	−8,870
현금의 순증가(감소)	933

출처: 표 3.1, 3.3으로부터 계산

손익계산서 상에는 나타나지 않기 때문이다. 반대로 유동부채의 증가는 순이익에 더해져야 한다. 이는 현금을 발생시키기 때문이다. 예를 들어 1년 동안 재고자산에 $8,400만을 지출한 것을 알 수 있다. 또 납품업체에게 지불해야 할 $3억 5,200만의 지급은 이연되어 매입채무의 증가로 반영되었다. 이러한 조정 후에 홈디포의 영업활동은 현금보유에 $120억 3,100만만큼 기여하였다.

현금흐름표의 두 번째 부분은 투자활동에 대한 현금흐름을 보여주는데, 홈디포는 투자활동으로 $22억 2,800만을 순지출하였다.

세 번째 부분은 재무활동으로 인한 현금흐름을 보여준다. 홈디포는 단기와 장기부채로 $30억 이상의 현금을 조달했지만, 배당이나 보통주 재매입의 형태로 주주들에게 약 $120억을 지출했다.[7]

이러한 활동으로 홈디포는 $9억 3,300만의 현금과 단기투자자산을 보유하고 있다.

	백만 달러
영업활동으로 인한 현금흐름	$12,031
− 새로운 투자활동으로 인한 현금흐름	−2,228
+ 새로운 재무활동으로 인한 현금흐름	−8,870
= 현금흐름의 변화	$ 933

여러분을 헷갈리게 했던 문제가 있다. 현금흐름표에 따르면 홈디포는 고객으로부터 수금하지 않은 $1억 3,900만으로 현금을 조달했다. 그러나 표 3.1의 재무상태표에서는 단지 $7,700만($20억 2,900만−$19억 5,200만)의 매출채권을 나타낸다. 실제로 여러분이 재무상태표의 변화와 현금흐름표 상의 현금을 비교해보면 몇 개의 명백한 불일치를 발견할 수 있다. 예를 들어, 현금흐름표에서는 재고자산이 $8,400만 증가한 반면, 재무상태표에서는 $1억 9,900만 증가한 것으로 나타난다. 이러한 차이에 대해서는 여러 이유가 있을 수 있지만, 주된 이유는 홈디포가 그 해에 두 가지 중요한 사업의 인수를 수행했기 때문이다. 이러한 사업활동은 2017년 재무상태표에서 자산과 부채에 더해졌는데, 재무상태표의 이러한 변화가 현금의 원천이나 사용을 반드시 반영해야 하는 것은 아니다. 현금의 흐름을 이해하기 위해서는 그 기업의 현금흐름표를 살펴볼 필요가 있다.

3.4 셀프테스트

다음 활동이 기업의 현금잔고를 증가시키는가 아니면 감소시키는가?

a. 재고자산의 증가
b. 매입채무의 감소
c. 신주의 발행
d. 새로운 장비의 구매

잉여현금흐름

잉여현금흐름
기업이 신규 투자 또는 운전자본에 대한 추가 비용을 지불한 후 투자자에게 분배할 수 있는 현금흐름.

기업의 가치는 이 기업이 새로운 자본투자에 지출하고 난 후, 부채 및 주식 투자자 등 모든 투자자들을 위해 얼마나 많은 현금을 창출했는가에 좌우된다. 이를 기업의 **잉여현금흐름**(free cash flow)이라고 한다. 잉여현금흐름은 세 부분으로 구성된다. 첫째는 회사의 채권자에게 지급해야 할 이자이다. 둘째는 주주들에게 유용한 현금으로 이는 이 회사의

---

7) 여러분은 이 부분에서 이자지급을 고려해야 한다고 생각할 수 있다. 그러나 이자는 통상 영업활동으로 인한 현금흐름에 포함된다. 이자지급은 배당과 달리 재량적이지 않기 때문이다. 기업은 기간이 도래하면 이자를 지급해야만 한다. 따라서 이러한 지출은 재무의사결정에 관한 것이라기보다 영업활동의 지출로 취급한다.

영업현금흐름(operating cash flow)이다. 이 두 부분에서 새로운 투자를 위해 필요한 현금을 추출한다.

영업현금흐름의 계산은 회사의 당기순이익에서 출발하지만, 손익계산서 상 들어오거나 나가지 않은 항목을 조정한다. 여기에는 감가상각비(현금유출이 아님)를 다시 더하고, 운전자본의 변화를 조정하고, 손익계산서에 나타나지 않은 현금을 포함한다. 이러한 영업현금흐름이 모두 투자자에게 지불되기에 유용한 것은 아니다. 기업에게 일부 현금은 새로운 자본지출에 필요하기 때문이다. 따라서 잉여현금흐름은 다음과 같다.

잉여현금흐름 = 부채투자자에 대한 이자지급 + 주주들의 영업현금흐름 – 자본지출

예제 3.3 ▶ **홈디포의 잉여현금흐름**

2017년 홈디포의 잉여현금흐름을 계산하기 위해 이 회사의 손익계산서와 현금흐름표를 활용하자. 표 3.3 손익계산서에 따르면, 2017년 이 회사는 채권자에 대한 이자로 $9억 8,300만을 지급했다.

두 번째 단계는 주주를 위해 창출된 영업현금흐름을 계산하는 것이다. 이는 표 3.4의 현금흐름표로터 계산할 수 있는데, 여기서는 이를 반복하지는 않을 것이다. 표 3.4에서 2017년 홈디포의 영업현금흐름은 $120억 3,100만이다.

마지막으로 홈디포가 새로운 투자에 지출한 현금을 추출해야 한다. 표 3.4의 현금흐름표에서 이는 $22억 2,800만이다. 따라서 2017년 이 회사의 잉여현금흐름은 다음과 같이 계산된다.

잉여현금흐름 = 이자지급 + 영업현금흐름 – 자본지출
= $983 + $12,031 - $2,228 = $107억 8,600만

잉여현금흐름이 현금흐름표와 같이 현금을 더하는 과정과는 차이가 있음을 주의해야 한다. 첫째, 잉여현금을 계산할 때는 표 3.4의 마지막 항목인 "재무활동으로 인한 현금흐름"을 무시한다.[8] 이는 잉여현금흐름은 투자자를 위해 기업의 영업활동이 얼마나 많은 현금을 창출하는지 측정하는 것이기 때문이다. 그 가능한 금액은 기업이 재무활동에 의해 창출하는 금액과 혼동될 수 있다. 둘째, 잉여현금흐름을 계산할 때 이자지급액을 더한다. 이러한 지출은 투자자에게 분배되는 부분이기 때문이다.[9]

홈디포가 자기자본으로만 조달했다면 잉여현금흐름이 얼마일지 궁금해할 수도 있다. 이 경우, 모든 잉여현금흐름은 주주들 몫이다. 그러나 홈디포가 이자로 $9억 8,300만을 더 이상 지급하지 않는다면, 세전 이익은 그만큼 증가하고, 0.35 × $983 = $3억 4,400만을 세금으로 추가로 내야 한다.[10] 따라서 이 회사가 자기자본으로만 자본을 조달하였다면 잉여현금흐름은 10,786 - 344 = $104억 4,200만이었을 것이다. ■

3.4 회계 실무와 회계부정행위

공개기업의 경영자는 외부인들의 끊임없는 분석에 직면한다. 이 분석은 주로 이익에 초점이 맞춰진다. 예를 들어 증권분석가는 주당 이익을 예측하고 투자자는 이 회사가 예상치를 달성할 수 있을지에 주목한다. 예상치에 미달하면 그것이 1~2센트라도 투자자들은 크게 실망할 수 있다. 투자자들은 약간만 미달하여도 이 회사가 정말로 나쁜 상태라고 판단할 것이다.

경영자들은 이 같은 압력에 대해 불평을 늘어놓지만, 그들이 이에 대해 무엇을 할 수 있단 말인가? 그레이엄, 하비 그리고 라지고팔(Graham, Harvey, and Rajgopal)에 의하

---

8) 이러한 이유로, 영업활동으로 인한 현금흐름을 계산할 때, 유동부채에 포함되어 있는 부채인 단기부채의 변화를 무시했다. 우리는 단지 기업의 영업활동에 의해 발생하는 운전자본에 집중한다.

9) 다음과 같이 잉여현금흐름과 현금흐름표의 논리적인 관계를 생각할 수 있다.

현금의 증가(표 3.4)		$ 933
+ 재무활동에 사용된 현금(표 3.4)		8,870
+ 이자지급액		983
잉여현금흐름		$10,786

10) 2017년 미국의 법인세율은 35%였다. 그래서 홈디포가 지불하는 $1의 이자에 대하여 과세 대상 이익은 $1만큼 감소하고 세금은 $0.35 감소한다. 현재 법인세는 21%이다.

면, 불행히도 그 답은 "할 수 있다."이다. 그들은 약 400명의 상위 경영자들을 대상으로 설문을 조사하였다.[11] 경영자 대부분은 투자자에게 보고되는 가장 중요하고도 유익한 숫자가 회계이익이라고 대답하였다. 대부분의 경영자가 투자자들이 바라는 이익을 만들려고 회사의 영업과 투자를 조정한다고 인정하였다. 예를 들어 경영자의 80%는 이익 목표를 맞추려고 R&D와 광고, 유지비와 같은 재량적 소비를 줄일 준비가 되어 있었다.

물론 회계 방법을 조정할 수 있다면 경영자들은 회사 영업을 조정할 필요가 없을 수도 있다. 미국 회계 기준은 재무회계기준위원회(Financial Accounting Standards Board : FASB)와 FASB에 따른 일반적으로 인정된 회계원칙(GAPP)에 의해 정해진다. 그렇지만 기준과 원칙에는 어쩔 수 없이 재량의 여지가 있고, 성과에 대해 압력을 받는 경영자는 투자자를 만족시키려 재량의 여지를 이용하려는 경향을 보인다. 투자자들은 일부 기업이 회계 관행을 농락하여 이익을 부풀리려는 유혹을 받는다는 사실을 염려한다. 그들은 이런 회사들이 "질이 낮은" 이익을 갖고 있으며, 이들 기업 주식에 대해 상대적으로 낮은 가치를 부여한다.

다음은 기업이 불확실한 정보를 숨기려고 사용한 모호한 회계 규칙의 예이다.

- **매출 인식**: 위에서 본 바와 같이, 기업은 매출을 고객이 대금을 실제로 지불할 때가 아니라 상품을 판매할 때 기록한다. 그러나 매출이 언제 일어났는지가 항상 명확한 것은 아니다. 지금이 11월이고, 여러분 회사가 매출목표를 달성하지 못해 여러분은 연간 보너스를 못 받을까 걱정하고 있다. 여러분이 고객을 만나 팔리지 않은 물건을 반품하는 조건으로 12월의 주문 확대를 동의했다. 여러분 회사는 반품될 가능성이 높더라도 이러한 거래에 "매출"이라고 기장한다. 이는 불법에 가깝고 여러분은 큰 문제를 일으킨 것이다. 그러나 대신 여러분이 고객에게 새해에 제품가격이 상승할 것이기 때문에 12월에 추가 주문을 하라고 제안한다고 해보자. "채널스터핑(channel stuffing)"으로 알려진 이러한 관행은 다음 해 매출을 희생하여 올해의 매출을 확대시킨다.

  많은 기업에서 이익을 부풀리기 위해 채널스터핑을 활용한다고 생각되지만, 매우 노골적인 경우 SEC의 관심을 끌기에 충분하다. 예를 들어 2002년 대형 제약회사인 브리스톨 마이어스 스큅(Bristol Myers Squibb)은 도매상들이 초과 재고자산으로 수십억 달러 어치를 보유하고 있으며, 2002년 동안 이 회사의 이익이 2001년도 실적의 절반에 해당될 수 있다고 공시하였다. SEC 조사에 따라, 이 회사는 이러한 채널스터핑을 통해 부풀려진 매출과 이익에 대해 $1억 5,000만의 과징금을 부과받았다. 1장에서 우리는 영국계 기업 오토노미(Autonomy)에 대한 HP의 무리한 인수과정을 살펴보았다. HP는 오토노미에 $111억을 지불했지만, 1년 후 오토노미가 막대한 매출액을 부풀리기 위해 채널스터핑을 활용했다고 주장하면서 이 회사의 가치를 $88억으로 낮춰 잡았다.

- **쿠키항아리 적립금(cookie-jar reserves)**: 거래 주택담보대출 기업인 프레디맥(Freddie Mac)은, 적어도 2008년 서브프라임 모기지의 붕괴가 발생하기 전까지 이익 성장의 형태가 매우 안정적이고 예측 가능하여 월스트리트에서 "안정된 프레디(steady Freddie)"라는 별명을 얻었다. 2003년 안타깝게도 프레디가 부분적으로 충당금 계정(reserve account)을 오용하여 이 예상을 달성했다는 것이 발각되었다. 정상적이라면 충당금 계정은 고객이 주택담보대출을 갚지 못할 경우와 같이 자사의 이익을 감소시킬 수 있는 사태에 대비하기 위해 설정된다. 그러나 프레디는 평소에 충당

런던 소재 국제회계기준위원회(International Accounting Standards Board, IASB)에서 제정한 국제회계기준(International Financial Reporting Standards, IFRS)은 전 세계의 재무보고의 조화를 목표로 한다. 이는 유럽연합에 상장된 회사의 보고에 기초하고 있다. 또 호주, 캐나다, 브라질, 인도와 같은 100여개 국가가 이를 채택하거나 채택할 계획이며, 중국은 회계 기준을 IFRS에 맞게 큰 폭으로 수정했다.

몇 년 동안, SEC는 국제회계기준에 따라 미국 회계기준을 더욱 수정해왔다. 예를 들어, 2007년까지 미국의 증권거래소에서 거래되는 외국 기업들은 자신의 계정과목을 미국 GAAP와 어떻게 다른지 보여주어야 했다. 이는 매년 수백만 달러의 추가적인 비용이 소요되는 일로서, 많은 기업들의 상장폐지를 초래하였다. 이제 기업들은 국제회계기준에 따라 간단히 보고할 수 있다. 그 후 2008년 8월, SEC는 시가총액 약 $25억 이상의 다국적기업에 대해 IFRS를 활용

한 재무제표 보고를 허락하기로 하였다.

GAAP에서 IFRS로의 전환은 미국 회계사 업무에 많은 변화를 초래하였다. IFRS는 "원칙에 기반하는" 경향이 있다. 이는 따라야 할 직접적인 조항이 없다는 것을 의미한다. 대신 기업들은 IFRS에 명시된 일반 원칙에 비추어 자신들의 회계 실무를 방어할 준비가 되어 있어야만 한다. 이와 대조적으로, 미국의 GAAP는 감사인과 회계 그룹에 의한 수천 쪽에 걸친 규정된 지침과 해석을 수반한다. 예를 들어 160개가 넘는 권위 있는 문헌이 기업 매출의 기록 시기나 방법과 관련된다. 이로 인해 판단의 여지는 줄어들지만, 자세한 규칙은 빨리 구식이 되고 파렴치한 기업은 규정에 입각하지 않은 문헌을 고수하기 위해 거래를 구조화할 수도 있었다.

2014년 IFRS로 전환하려는 SEC의 계획이 무산되었다. SEC와 IASB가 계속해서 회계 규칙의 통합을 추진하고는 있지만, 미국에서 단일의 글로벌 기준에 합의할 것이라는 전망은 거의 사라졌다.

금을 "과다 적립"해놓고 어려운 시기에 이 충당금을 "방출"하여 이익을 증가시킬 수 있었던 것이다. 결국 이 회사의 안정적 성장은 주로 이익을 관리(조작)해서 얻은 결과였다.

- **부외(off-balance sheet) 자산과 부채**: 엔론(Enron)은 2001년 파산(미국 역사상 두 번째 큰 규모)하기 전 큰 규모의 부채를 쌓고 지분을 보유하고 있는 다른 회사의 부채를 보증하고 있었다. 회사의 공정한 전망을 제시하기 위해, 엔론은 이러한 잠재적인 부채를 재무상태표에 인식했어야 했다. 그러나 엔론은 서류상 기업(소위 특수목적법인, special-purpose entity)을 만들어 부채 보증 거래의 중간에 위치시킴으로써 이러한 부채를 재무상태표에서 제외하였다.

엔론의 붕괴는 달콤한 보상 체계를 갖는 부정직한 경영자가 얼마나 투자자들에게 진실을 숨기려고 유혹받는지 보여준다. 회사가 외부에 더욱 투명했다면, 즉 이들이 진정한 수익성과 전망치에 접근할 수 있었다면, 이는 주가 하락으로 곧바로 드러났을 것이다. 이로 인해 증권분석가, 채권평가기관, 대출 기관 및 투자자들은 기업을 더욱 면밀히 살펴볼 수밖에 없게 되었다.

투명한 기업은 문제가 발견되면 일반적으로 시정 조치를 유도한다. 그러나 투명하지 못한 문제기업의 최고 경영진은 주가를 유지하고 시장의 규율을 연기할 수도 있다. 시장규율은 엔론의 파산 직전 불과 한두 달 사이에 작동하였다.

엔론만이 금세기 초 회계 추문에 빠진 유일한 기업은 아니다. 글로벌 크로싱(Global Crossing), 퀘스트 커뮤니케이션(Qwest Communications), 월드컴(WorldCom) 같은 회사는 수십억 달러의 이익을 부풀렸다. 이탈리아 유제품회사인 파말라트(Parmalat)는 $55억 규모의 은행계좌를 위조했으며 프랑스 언론 및 엔터테인먼트 회사인 비방디(Vivendi)는 회계 사기로 피소된 후 거의 파산할 뻔했다. 이러한 스캔들에 대응하여 의회는 SOX로 널리 알려진 사베인스-옥슬리(Sarbanes-Oxley) 법을 통과시켰다. SOX의 주요 목표는 회계 투명성을 높이고 기업과 회계사가 이사, 대출 기관 및 주주에게 이들이 감시해야 하는 정보를 제공하도록 하는 것이다.

SOX는 공개기업의 회계감사를 감독하기 위한 회계감독위원회(Public Company Accounting Oversight Board, PCAOB)를 만들었다. 회계법인은 자신들이 감사하는 회사에 다른 서비스의 제공이 금지되고, 어느 개인도 5년 이상 한 회사의 감사를 맡을 수 없으며 이사회의 감사위원회는 기업 경영으로부터 독립적인 이사들로 구성되어야 한다. 또

한 SOX는 재무제표가 기업의 재무상태에 대한 공정한 관점을 제공하고 있으며, 기업이 재무보고에 대한 적절한 통제와 절차를 갖고 있다는 것을 경영진이 인증하도록 강제한다. 많은 경영자와 투자자는 SOX가 비용이 많이 들고, 상세하고 융통성 없는 규정 준수 부담을 가중하여 공개기업들이 개인기업으로 회귀한다고 압력을 가한다. 일부에서는 많은 수의 외국 기업이 뉴욕보다는 런던에서의 상장을 선택한다는 사실을 들어 SOX와 미국의 규제가 심하다고 비판한다.

또한 회계기준에서 "규정중심(rule-based)회계" 접근방법과 "원칙중심(principles-based)회계" 접근방법 간에 열띤 논쟁이 전개되고 있다. 미국은 규칙에 근거한 접근방법을 따른다. 이 방법은 예상 가능한 거의 모든 상황을 규제하는 수백쪽의 규칙을 갖는다. 반면에 유럽연합은 원칙중심회계 접근방법을 채택하고 있다. 국제회계기준(International Financial Reporting Standards)은 재무제표가 자산을 평가해야 하는 일반적인 접근법을 제시한다. 유럽과 미국은 수년 동안 그들의 접근방법을 조정하려고 노력해왔다. 미국에서는 많은 사람이 원칙에 근거한 기준이 주는 단순함을 위해 로비해왔다. 위의 글상자는 이러한 노력을 보여준다.

3.5 세금

세금은 자주 재무의사결정에 큰 영향을 미친다. 따라서 기업과 개인에게 세금이 어떻게 부과되는지 알 필요가 있다.

법인세

기업은 이익에 대해 세금을 낸다. 2017년 12월 통과된 미국 세금 감면과 고용(U.S. Tax Cuts and Jobs) 법은 법인세율을 35%에서 21%로 낮추었다. 따라서 기업이 벌어들이는 이익 $100에 대해 연방세금으로 $21을 매긴다.[12]

기업이 과세대상 이익을 계산할 때 비용을 차감할 수 있다. 이러한 비용은 감가상각비를 포함한다. 새로운 세법은 기업이 투자의 100%를 즉시 상각하기에 충분한 추가 상각(bonus depreciation)을 할 수 있도록 하고 있다.[13] 100%의 추가 상각으로 기업은 공장이나 장비 투자를 즉시 비용 처리할 수 있다. 그러나 추가적인 감가상각은 2023년부터 단계적으로 폐지되어 2027년 일몰된다.

기업은 과세대상 이익을 계산할 때 채권자에게 지급하는 이자를 차감할 수 있다. 그러나 주주에게 지급하는 배당은 차감할 수 없다. 따라서 배당은 세후 이익에서 지급된다. 표 3.5는 지급이자가 법인세를 감소시키는 예를 보여준다. 기업 A와 B의 EBIT은 모두 $1억이지만, 기업 A는 이자비용을 $4,000만을 사용하여 세전 이익이 더 적고 따라서 세

표 3.5 기업 A와 B는 모두 $1억의 이자 및 세금 전 이익(EBIT)을 갖는다. 그러나 A는 이익의 일부를 부채 이자로 지급한다. 이는 A의 법인세를 감소시킨다(단위: 백만 달러).

	기업 A	기업 B
EBIT	$100	$100
이자비용	40	0
세전 이익	$ 60	$100
법인세 (세전 이익의 21%)	12.6	21
당기순이익	$ 47.4	$ 79

---

12) 덧붙여, 노스캐롤라이나 3%에서 아이오와 12%까지 대부분의 주에서도 법인세를 부과한다. 단순화하기 위해 여기서는 이를 무시한다.

13) 기업이 세무 목적과 보고 목적의 분리 계정을 유지해야 한다고 해서 손익계산서에서 100%를 감가상각해야 하는 것은 아니다. 대신 기업은 통상 내용연수에 걸쳐 투자금액을 일정한 비율로 상각한다. 한 기업이 손익계산서에서 더 천천히 감가상각한다고 가정하면, 손익계산서 상 세금 변화는 실제 세금 지급액보다 자산의 내용연수의 초기에 더 크다. 이러한 차이는 재무상태표에 이연법인세 채무로 기록된다.

금을 더 적게 낸다.

세금에 대한 나쁜 소식은 $1의 추가 수익이 $1만큼 과세대상 이익을 증가시키고 결과적으로 $0.21의 추가 세금을 내야 한다는 것이다. 희소식은 $1의 추가 비용은 과세대상 이익을 $1 감소시키고 따라서 $0.21만큼 세금을 감소시킨다는 것이다. 예를 들어 회사가 돈을 빌리면 부채에 대해 지급하는 이자 $1당 세금을 $0.21 감소시킨다. 따라서 $1 이자는 세수 이익을 단지 $0.79까지만 감소시킨다.

> ### 3.5 셀프테스트
>
> 이제 기업 A가 $6,000만의 이자를 지급해야 한다고 가정할 때, 표 3.5의 값을 다시 계산하라. 세금은 어떻게 변하는가? 이자 비용이 단지 $4,000만인 표 3.5와 비교할 때, $2,000만의 추가 이자 지급은 순이익을 감소시키는가?

기업은 이익이 나면 이익의 21%를 국세청에 내야 한다. 그렇지만 그 역은 성립하지 않는다. 즉 손실이 났을 때 국세청이 손실의 21%에 해당하는 수표를 보내주는 것은 아니다. 대신 기업은 손실을 사용하여 미래 이익의 최대 80%를 상쇄할 수 있다. 예를 들어, 가글블래스터 제조업체가 2018년 $10만의 손실, 2019년과 2020년에 $10만의 이익을 기록했다고 하자. 2018년에는 세금이 없지만, 손실은 이월할 수 있다. 2019년에 손실의 $8만을 사용하여 소득을 상쇄하고 세금 $4,200($2만의 21%)를 냈다. 2020년에는 나머지 손실 $2만을 사용하여 세금으로 $16,800($8만의 21%)을 내면 된다.

개인소득세

표 3.6은 미국의 개인소득세율을 보여준다. 소득이 증가함에 따라 세율도 증가한다는 거에 주목하라. 최고 개인소득세율은 최고 법인세율보다 더 높다는 것도 주목하라.

한계세율
$1의 추가 소득에 대해 내는 세금.

표 3.6에 나와 있는 세율은 **한계세율**(marginal tax rate)이다. 한계세율은 개인이 $1의 추가 소득에 대해 내는 세금이다. 예를 들어 개인 납세자의 수익이 $9,525 미만일 때는 벌어들인 $1당 $0.10의 세금을 낸다. 그러나 수입이 $9,525를 초과하면 $38,700의 수입까지 추가 $1의 수입에 대해 $0.12의 세금을 낸다. 총 소득이 $5만인 경우, 세금이 처음 $9,525에 대해서는 10%이고, 다음 $29,175($38,700−$9,525)에 대해서는 12%이며, 나머지 $11,300에 대해서는 22%이다.

$$세금 = (0.10 \times \$9,525) + (0.12 \times \$29,175) + (0.22 \times \$11,300) = \$6,939.50$$

평균세율
총세금을 총수입으로 나눈 값.

평균세율(average rate)은 단순히 총세금을 총수입으로 나눈 것이다. 이 예에서 평균세율은 $6,939.50/$5만=0.139 또는 13.9%이다. 평균세율은 한계세율보다 낮다. 이것은 처음 $38,700에 대해 좀 더 낮은 세율이 적용되기 때문이다.

표 3.6 2018년 개인소득세율

과세 소득(달러)		세율(%)
단일납세자	**부부합산 공동납세자**	
$0~$9,525	$0~$19,050	10
$9,526~$38,700	$19,051~$77,400	12
$38,701~$82,500	$77,401~$165,000	22
$82,501~$157,500	$165,001~$315,000	24
$157,501~$200,000	$315,001~$400,000	32
$200,001~$500,000	$400,001~$600,000	35
$500,001 이상	$600,001 이상	37

표 3.7 2018년 다양한 과세 소득에 대한 투자 소득세율*

과세 소득(달러)		
단일납세자	부부합산 공동납세자	세율
0~38,600	0~77,200	0.0%
38,601~425,800	77,201~479,000	15.0%
425,801 이상	479,001 이상	20.0%

*이는 최소 1년 동안 유지한 자산에 대한 자본이득과 배당에 적용된다. 이러한 명목세율에 덧붙여 총소득 $20만(단일납세자) ~ $25만(부부합산 공동납세자) 기업에 대해서는 순투자소득에 대해 3.8%의 부가세율이 적용된다.

3.6 셀프테스트

과세 소득 $8만인 단일납세자에 대한 평균세율과 한계세율은 얼마인가? 공동 과세 소득이 $8만인 경우, 부부합산 공동납세자의 평균세율과 한계세율은 얼마인가?

표 3.6의 세율은 "통상 소득", 주로 급여 또는 임금으로 얻은 소득에 적용된다. 이자 수입도 통상 소득으로 취급된다.

미국 정부는 배당이나 자본이득과 같은 투자 수입에도 과세한다. 미국에서 배당소득의 처리는 보통 기업 이익에 대해 "이중 과세"한다고 한다. 기업이 벌어들이는 모든 수입은 법인세율로 과세한다. 이후 기업이 세후 이익으로 배당을 지급하면, 주주들은 지분에 따라 개인소득세를 낸다. 원래 소득에 대해서는 법인세로 먼저 과세하고, 배당소득에 대해 다시 과세하는 것이다. 이자지급은 기업의 과세 수입을 감소시키는 기업활동에 대한 비용으로 취급되어 법인세를 적용받지 않는다.

자본이득 또한 과세되지만, 그 이득이 실현될 때에만 과세된다. 여러분이 바이오테크닉스(Bio-Technics) 주식을 주당 $0.10에 샀는데, 현재 이것의 시장가격이 주당 $1로 올랐다고 가정하자. 여러분이 계속해서 주식을 보유하는 한 이득에 대해 세금이 부과되지는 않는다. 그렇지만, 만약 지금 판다면 $0.90의 자본이득에 대해 과세한다.

표 3.7은 투자 소득에 대한 세율을 보여준다. 많은 고소득 투자자들은 자신들의 투자 소득에 3.8%의 노인의료보험(Medicare) 부가세율이 적용되는데, 이들 투자자의 실질소득세율은 23.8%이다.

재무관리자들은 개인소득세의 세금 처리에 대해 신중해야 한다. 이는 조세 정책이 개인들이 기꺼이 회사의 주식이나 채권에 지불하는 가격에 영향을 미치기 때문이다. 이 주제에 대해서는 이 책의 5부에서 자세히 살펴볼 것이다.

표 3.6과 표 3.7의 세율은 개인에게 적용된다. 그러나 금융기관은 기업 증권의 주요 투자자이다. 이들 금융기관은 종종 특별한 세금 조항을 적용받는다. 예를 들어 연기금은 이자나 배당 소득 또는 자본이득에 대해 세금을 내지 않는다.

요약 SUMMARY

재무상태표, 손익계산서 및 현금흐름표에는 어떤 정보가 담겨 있는가? (학습목표 3-1)

투자자와 기업의 다른 이해관계자가 기업의 운영 상태를 알려면 정기적인 재무정보가 필요하다. 회계사들은 이러한 정보를 재무상태표와 손익계산서, 현금흐름표에 요약한다. 재무상태표는 기업의 자산과 부채에 대한 정지사진을 제공한다. 자산은 빠르게 현금으로 바뀔 수 있는 유동자산과, 공장과 기계와 같은 고정자산으로 구성된다. 부채는 1년 안에 만기가 도래하는 유동부채와 장기부채로 구성된다. 자산과 부채의 차이는 자기자본의 크기를 나타낸다.

손익계산서는 한 해 동안 기업의 수익성을 측정한다. 이것은 수익과 비용의 차이를 보여준다.

현금흐름표는 한 해 동안 현금의 원천과 사용을 측정한다. 현금잔고의 변동은 원천과 사용의 차이를 나타낸다.

시장가치와 장부가치의 차이는 무엇인가? (학습목표 3-2)

자산과 부채의 재무상태표에서 보여주는 장부가치와 시장가치를 구별하는 것은 중요하다. 장부가치는 자산의 원래 원가에 근거한 역사적 측정치이다. 예를 들어 재무상태표 상의 자산은 역사적 원가에서 감가상각 충당금을 뺀 것이다. 마찬가지로 자기자본은 주주가 과거에 납입했거나 회사가 주주 대신 재투자한 현금을 측정한다. 반면에 시장가치는 자산 또는 부채의 현재 가격이다.

회계적 이익은 현금흐름과 어떻게 다른가? (학습목표 3-3)

이익은 현금흐름과 같지 않다. 여기에는 두 가지 이유가 있다. (1) 고정자산에 대한 투자는 이익에서 즉각 차감되지 않고 장비의 기대 수명 동안 배분된다. 그리고 (2) 회계사는 고객이 실제로 현금을 지불할 때가 아니라 매출이 일어날 때 수익으로 기록한다. 또한 제조원가가 이전에 발생했다 할지라도 역시 매출이 일어날 때 이를 차감한다.

법인소득과 개인소득에 대한 과세의 본질적인 특징은 무엇인가? (학습목표 3-4)

대기업 이익의 한계세율은 21%이다. 과세대상 이익을 계산할 때 감가상각비와 지급이자를 차감한다. 그러나 주주에게 지급하는 배당금은 차감할 수 없다.

또한 개인소득도 과세한다. 이 소득은 개인의 투자에 대한 배당과 이자를 포함한다. 자본이득도 과세하지만 투자가 매각되어 자본이득이 실현될 때 과세한다.

식 목록 LISTING OF EQUATIONS

3.1 자기자본 = 순자산 = 총자산 − 총부채

연습문제 QUESTIONS AND PROBLEMS

1. **재무제표.** 이 장의 앞부분에서, 우리는 재무상태표가 특정 시점에 기업의 정지사진을 제공하고 손익계산서는 동영상을 보여준다고 특징지었다. 이것은 무엇을 의미하는가? 현금흐름표는 정지사진과 동영상 중 어느 쪽에 유사한가? (학습목표 3-1)

2. **재무상태표.** 재무상태표 항목은 일반적으로 유동성이 감소하는 순서대로 나열한다. 아래의 각 용어를 다음 재무상태표의 적절한 위치에 배치하시오. (학습목표 3-1)

매입채무	총유동자산
순고정자산	매출채권
단기부채	총유동부채
현금과 시장성 증권	재고자산
자기자본	장기부채

자산	부채와 자본
a.	f.
b.	g.
c.	h.
d.	i.
e.	j.
총자산	총 부채와 자본

3. **재무상태표.** 다음 자료에서 Sophie's Sofa의 재무상태표를 작성하시오. 자기자본은 얼마인가? (학습목표 3-1)

현금 = $10,000

소파의 재고자산 = $200,000

가게와 부동산 = $100,000

매출채권 = $22,000

매입채무 = $17,000

장기부채 = $170,000

4. **손익계산서.** 어떤 회사의 손익계산서가 다음 항목을 포함하고 있다. 회사의 평균세율은 20%이다. (학습목표 3-1)

매출원가	$8,000
법인세	$2,000
관리비	$3,000
지급이자	$1,000
감가상각비	$1,000

a. 이 회사의 순이익은 얼마인가?

b. 이 회사의 매출액은 얼마여야 하는가?

c. EBIT은 얼마인가?

5. **재무상태표/손익계산서.** Brandex Inc.의 2018년 말 재무상태표는 $1,100,000의 납입자본금을, 그리고 $3,400,000의 이익잉여금을 보여준다. 다음 해에 이익잉여금이 $3,700,000이 되었다. 2019년 이 회사의 순이익은 $900,000이었다. 이 기간에 주식 재매입은 없었다. 2019년 이 회사는 얼마의 배당을 지급하였는가? (학습목표 3-1)

6. **재무제표.** South Sea Baubles는 다음의 (불완전한) 재무상태표와 손익계산서를 갖는다. (학습목표 3-1, 3-4)

연도말 재무상태표(백만 달러)					
자산	2018	2019	부채와 자본	2018	2019
유동자산	$ 90	$140	유동부채	$ 50	$ 60
순고정자산	800	900	장기부채	600	750

손익계산서, 2019(백만 달러)	
매출액	$1,950
매출원가	1,030
감가상각비	350
이자비용	240

a. 2018년 자기자본은 얼마인가?

b. 2019년 자기자본은 얼마인가?

c. 2018년 순운전자본은 얼마인가?

d. 2019년 순운전자본은 얼마인가?

e. 2019년에 지급한 세금은 얼마인가? 세율은 21%이다.

f. 2019년 동안 영업활동에 의한 현금흐름은 얼마인가? 표 3.4를 활용하여 순운전자본의 변화에 주의하라.

g. 2019년 동안 순고정자산은 $8억에서 $9억으로 증가하였다. 2019년 동안 고정자산에 대한 총투자는 얼마인가?

h. 이 회사가 그 해에 $3,500만의 매입채무를 감소시켰다면, 기타 유동부채는 어떻게 되겠는가?

7. 재무제표. 다음은 Newble Oil Corp.의 2018년과 2019년의 (불완전한) 재무상태표이다. (학습목표 3-1)

연도말 재무상태표(백만 달러)					
자산	**2018**	**2019**	**부채와 자본**	**2018**	**2019**
유동자산	$310	$420	유동부채	$210	$240
순고정자산	1,200	1,420	장기부채	830	920

a. 2018년 말 자기자본은 얼마인가?

b. 2019년 말 자기자본은 얼마인가?

c. 2019년에 배당을 $100 지급하고 추가적인 주식 발행은 없었다면, 그 해에 당기순이익은 어떻게 되겠는가?

d. 2019년 동안 $300의 고정자산을 구입한 경우, 손익계산서 상 감가상각비는 어떻게 되겠는가?

e. 2018년과 2019년 사이에 순운전자본 변화는 얼마인가?

f. 새로운 장기부채 $200을 발행한다면, 그 해에 얼마나 많은 부채를 갚아야 하는가?

8. 재무제표. Henry Josstick은 이제 막 회계 과정을 시작했으며, Omega Corp에 대한 다음 재무상태표와 손익계산서를 준비했다. 불행히도 개별 항목에 대한 값은 정확하지만 어떤 항목이 재무상태표와 손익계산서로 가야 하는지, 그것이 자산인지 부채인지 혼란스럽다. 빈칸을 채워 그를 도와주시오.

재무상태표			
매입채무	$ 35	재고자산	$50
감가상각비	120	매출채권	35
총 유동자산	_____	총 유동부채	_____
장기부채	$ 350	이자	$25
고정자산	520	총부채	_____
순고정자산	_____	자기자본	$90
총자산	_____	총부채와 자기자본	_____

손익 계산서	
순매출액	$700
매출원가	580
판매, 일반 및 관리 비용	38
EBIT	_____
상환해야 할 부채	$ 25

현금	15
과세 소득	____
연방 및 기타 세금	$ 15
감가 상각	12
순이익	____

다음 항목에 대한 올바른 값은 얼마인가? (학습목표 3-1)

a. 유동자산

b. 순고정자산

c. 총자산

d. 유동부채

e. 총부채

f. 총부채와 자기자본

e. EBIT

h. 과세 소득

i. 당기순이익

9. **시장가치와 장부가치.** Alchemy Products Inc.의 설립자는 납을 금으로 바꾸는 방법을 발견하여 이 신기술을 특허받았다. 그리고 회사를 설립하여 생산 공장을 짓는 데 $20만을 투자하였다. 그는 이 특허를 $5천만에 팔 수 있다고 믿는다. (학습목표 3-2)

a. 회사의 장부가치는 얼마인가?

b. 회사의 시장가치는 얼마인가?

c. 이 새로운 회사에 200만 주의 주식이 있다면 주당 장부가격은 얼마인가?

d. 주당 가격은 얼마인가?

10. **시장가치와 장부가치.** 다음 각 사건이 장부가치 대비 시장가치의 비율을 증가시키는지 감소시키는 지 진술하시오. (학습목표 3-2)

a. Big Oil은 Costaguana에서 새로운 대형 유전을 발견했다고 공시한다.

b. Big Autos는 감가상각비를 증가시킨다.

c. Big Stores가 자산을 구매한 이후 인플레이션이 급격히 증가했다.

11. **시장가치와 장부가치.** (학습목표 3-2)

a. 2018년 초, 많은 은행(예: Bank of America 또는 Citigroup) 주식의 시장가치는 주당 장부가치보다 거의 크지 않았다. 이러한 추이를 어떻게 해석하겠는가?

b. 당시 애플의 주당 시장가치는 장부가치의 6배 이상이었다. 이것은 (a)의 해석과 일치하나?

12. **이익과 현금흐름.** 회계적 이익이 일반적으로 기업의 현금유입과 다른 이유를 설명하시오. (학습목표 3-3)

13. **현금흐름.** 다음은 기업의 현금 잔고를 증가시키나 감소시키나? (학습목표 3-3)

a. 재고자산으로부터 일부 상품을 판매

b. 일부 기계장비를 은행에 판매하여 20년 동안 임대

c. 기존 주주들로부터 100만 주의 주식을 재매입

14. **이익과 현금흐름.** Butterfly Tracrors는 작년에 $1,400만 어치의 매출을 기록했다. 매출원가는 $800만, 감가상각비는 $200만, 발행 부채에 대한 지급이자는 $100만이었으며, 이 회사에 적용되는 법인세는 21%이다. (학습목표 3-3)

a. 이 회사의 당기순이익은 얼마인가?

b. 이 회사의 현금흐름은 얼마인가?

c. 감가상각비가 $100만 증가하면 순이익과 현금흐름은 어떻게 되는가?

d. 감가상각비의 변화가 회사의 주가에 긍정적 또는 부정적인 영향을 줄 것으로 기대하는 가?

e. 감가상각비가 $100만, 이자비용이 $200만이었다면, 당기순이익에는 어떤 영향을 미치 는가?

f. 감가상각비가 $100만, 이자비용이 $200만이었다면, 현금흐름에는 어떤 영향을 미치는 가?

15. 운전자본. QuickGrow는 시장이 확대되어 매출이 매년 25%씩 증가하고 있다. 순운전자본이 증 가하거나 감소할 것으로 예상하는가? (학습목표 3-3)

16. 손익계산서. Sheryl's Shipping은 작년에 $10,000 어치를 팔았다. 매출원가는 $6,500, 판매 와 일반관리비는 $1,000, 이자비용은 $500, 감가상각비는 $1,000이었다. 이 회사의 법인세율은 21%이다. (학습목표 3-3)

a. 이자 및 세금 전 이익(EBIT)은 얼마인가?

b. 순이익은 얼마인가?

c. 영업활동으로 인한 현금흐름은 얼마인가?

17. 이익과 현금흐름. 신생기업은 일반적으로 몇 년 동안 음(−)의 현금흐름을 갖는다. (학습목표 3-3)

a. 이것은 그들이 실패하고 있다는 것을 의미하는가?

b. 이들 기업의 회계적 이익 또한 음(−)의 값이다. 이러한 추이를 어떻게 해석하겠는가? 회계 규칙에서 단점은 있는가?

18. 이익과 현금흐름. 순이익이 적자가 날 때도 영업활동으로 인한 현금흐름이 0보다 클 수 있는가? 순이익이 0보다 클 때 영업 현금흐름이 0보다 작을 수 있는가? 예를 들어보시오. (학습목표 3-3)

19. 이익과 현금흐름. 작년 한 해 동안 Theta의 매출채권은 $10,000, 매입채무는 $5,000 증가했으 며, 재고자산은 $2,000 감소했다. 이러한 변화가 수익과 현금흐름의 차이에 미치는 전체 영향은 무엇인가? (학습목표 3-3)

20. 이익과 현금흐름. Candy Canes Inc.는 4월에 설탕과 후추를 사는 데 $10만을 지출한다. 사탕 을 생산하여 5월에 유통업자에게 $15만에 판매하고, 대금은 6월에 받는다. 4월과 6월의 매출이 0 일 때, 다음 표를 작성하시오. (학습목표 3-3)

	매출액	당기순이익	현금흐름
4월	a.	b.	c.
5월	d.	e.	f.
6월	g.	h.	i.

21. 이익과 현금흐름. Ponzi Products는 이번 분기에 개당 $10의 총현금유출이 있는 행운의 편지 키트(kit) 100개를 생산했다. 다음 분기에 이 회사는 $11의 가격으로 50 키트를 판매하고 2분기 후에 $12의 가격으로 나머지 50 키트를 판매할 것이다. 고객으로부터 수금하는 데는 한 분기가 걸린다. (분기 중 빠르고 늦은 것은 고려하지 않는다). (학습목표 3-3)

a. 다음 분기 Ponzi의 순이익은 얼마인가?

b. 이번 분기에 회사의 현금흐름은 얼마인가?

c. 3분기에 회사의 현금흐름은 얼마인가?

d. 다음 분기 Ponzi의 순운전자본은 얼마인가?

22. **이익과 현금흐름.**   Value Added Inc.는 1월 초 암퇘지 털을 $100만 어치 구입했는데, 즉시 지불하지 않고 3월에 지급하기로 하였다. 이를 이용하여 실크 지갑을 만들어 2월 $200만에 판매하고, 그 대금은 4월에 받는다. (학습목표 3-3)

    a. 2월 이 회사의 당기순이익은 얼마인가?

    b. 3월 이 회사의 당기순이익은 얼마인가?

    c. 1월에 운전자본에 대한 순 신규투자는 얼마인가?

    d. 4월 운전자본에 대한 순 신규투자는 얼마인가?

    e. 1월 이 회사의 현금흐름은 얼마인가?

    f. 2월 이 회사의 현금흐름은 얼마인가?

    g. 3월 현금흐름은 얼마인가?

    h. 4월 현금흐름은 얼마인가?

23. **잉여현금흐름.**   잉여현금흐름은 채권자와 주주에게 분배할 수 있는 현금을 측정한다. 홈디포의 잉여현금흐름을 계산하는 3.3절을 보고, 이러한 현금이 투자자에게 어떻게 분배되는지 보이시오. 얼마나 많은 현금 준비금을 쌓아야 하는가? (학습목표 3-3)

24. **잉여현금흐름.**   다음 표는 2019년 Quick Burger Corporation의 간략한 손익계산서와 재무상태표이다.

Quick Burger Copr.의 손익계산서, 2019(백만 달러)	
순매출액	$27,567
비용	17,569
감가상각비	1,402
Earnings before interest and taxes (EBIT)	$8,596
이자	517
세전 이익	8,079
법인세	2,614
당기순이익	$5,465

자산	2019	2018	부채와 자본	2019	2018
유동자산			**유동부채**		
현금과 시장성 유가증권	$ 2,336	$ 2,336	단기부채	–	$ 367
매출채권	1,375	1,335	매입채무	$ 3,403	3,143
재고자산	122	117	총유동부채	$ 3,403	$ 3,509
기타 유동자산	1,089	616			
총유동자산	$ 4,922	$ 4,403			
고정자산			장기부채	$13,633	$12,134
유형자산	$24,677	$22,835	기타 장기부채	3,057	2,957
무형자산	2,804	2,653	총부채	$20,093	$18,600
기타 장기자산	2,983	3,099	총자기자본	15,294	14,390
총자산	$35,387	$32,990	총부채와 자기자본	$35,387	$32,990

2019년 Quick Burger의 자본지출은 $3,049였다. (학습목표 3-3)

    a. 2019년 이 회사의 잉여현금흐름은 얼마인가?

    b. Quick Burger가 주식만으로 자금을 조달했다면 얼마나 많은 세금을 더 지불했어야 하나? (세율은 21%로 가정)

    c. 이 회사가 모두 자기자본만으로 자금을 조달했다면 이 회사의 잉여현금흐름은 어떻게

되겠는가?

25. 세율. 표 3.6을 사용하여 다음에 답하시오. (학습목표 3-4)

a. 소득이 $90,000인 부부의 한계세율은 얼마인가?

b. 소득이 $90,000인 부부의 평균세율은 얼마인가?

c. 소득이 $90,000인 미혼 납세자의 한계세율은 얼마인가?

d. 소득이 $90,000인 미혼 납세자의 평균세율은 얼마인가?

26. 세율. 표 3.6을 사용하여 다음 소득을 갖는 단일납세자의 한계세율과 평균세율을 계산하시오. (학습목표 3-4)

a. $20,000

b. $50,000

c. $300,000

d. $3,000,000

27. 세금. 한 결혼한 부부가 2018년에 $95,000을 벌었다. 이들은 세금으로 얼마를 지불했는가? (학습목표 3-4)

a. 그들의 한계세금 구간은 얼마인가?

b. 그들의 평균세금 구간은 얼마인가?

28. 세율. 소득 수준이 $100,000인 기업의 한계세율과 평균세율은 얼마인가? (학습목표 3-4)

29. 세율. 여러분이 세무회사를 주식회사로 설립해, 급여로 $80,000을 받았다. 그 해 이 회사의 과세소득(여러분의 급여를 제한 후)은 $30,000이었다. 여러분은 미혼인 납세자로 개인소득세를 지불한다고 가정하시오. (학습목표 3-4)

a. 개인소득세와 법인세를 모두 포함하여 얼마나 많은 세금을 연방정부에 지불해야 하나? 표 3.6에 제시된 세율을 사용하시오.

b. 급여를 $50,000으로 삭감하여 회사의 과세소득을 $60,000으로 하는 경우, 총 세금은 얼마나 감소하나?

c. 어떤 배분이 총 세금을 최소화하는가? 힌트: 한계세율과 소득이 높은 한계세금 구간에서 낮은 한계세금 구간으로 이동시킬 능력에 대해 생각하시오.

30. 세율. 개인의 한계소득세율을 보여주는 표 3.6으로 돌아가시오. Excel 표를 만들어 $1만에서 $1천만 사이의 소득 수준에 대한 세금을 계산하시오. (학습목표 3-4)

a. 각 소득에서 단일납세자의 평균세율을 계산하시오. 소득에 대한 평균세율을 그래프로 그리시오.

b. 소득이 매우 커짐에 따라 평균과 최고 한계세율의 차이는 어떻게 되는가?

아래 표는 31~38번에 사용할 Fincorp Inc.의 자료를 제시하고 있다. 재무상태표 항목은 2018년과 2019년 말의 값이고, 손익계산서 항목은 2018년과 2019년 동안 수익과 비용에 해당한다. 모든 단위는 천 달러이다.

	2018	2019
매출액	$4,000	$4,100
매출원가	1,600	1,700
감가상각비	500	520
재고자산	300	350
일반관리비	500	550
이자	150	150
법인세	400	420
매입채무	300	350
매출채권*	400	450
순고정자산	5,000	5,800
장기부채	2,000	2,400
단기부채†	1,000	600
배당	410	410
현금과 시장성 유가증권	800	300

*세금은 당해연도 세금의무가 발생한 전체 세금이다.
† 순고정자산은 당해자산이 설치된 이후 누적감가상각된 순고정자산이다.

31. **재무상태표.** 2018년과 2019년 Fincorp의 재무상태표를 작성하시오. 자기자본은 얼마인가? (학습목표 3-1)

32. **운전자본.** 이 해에 순운전자본은 어떻게 변하는가? (학습목표 3-1)

33. **손익계산서.** 2018년과 2019년에 Fincorp의 손익계산서를 작성하시오. 2019년에 재투자 된 이익은 얼마인가? (학습목표 3-1)

34. **주당이익.** Fincorp의 주식이 50만 주라고 하자. 2019년 주당이익은 얼마인가? (학습목표 3-1)

35. **재무상태표.** 2019년 감가상각비와 2018년과 2019년의 순고정자산을 살펴보시오. 2019년에 Fincorp의 공장과 설비에 대한 총투자는 얼마인가? (학습목표 3-1)

36. **장부가치와 시장가치.** 이제 2019년 Fincorp의 시장가치($천)가 $6,000이고, 장기부채의 가치가 단기 $2,400이라고 가정하자. 추가로 투자자들 사이에는 과거 Fincorp. 종업원들의 기술개발 투자가 $2,900의 가치가 있다는 인식이 있다. 물론 이 투자는 재무상태표에 나타나지 않는다. Fincorp. 주식의 주당 가격은 얼마가 되는가? (학습목표 3-2)

37. **이익과 현금흐름.** 2019년 Fincorp의 현금흐름표를 작성하시오. (학습목표 3-3)

38. **세율.** 이 회사의 매년 평균세금 구간은 무엇인가? (학습목표 3-4)

웹 연습 WEB EXERCISES

1. finance.yahoo.com에서 Microsoft(MSFT) 및 Ford(F)를 찾아 각 기업의 재무제표를 검토하시오. 어느 회사가 더 많은 부채를 조달하였는가? 총자산의 백분율로 현금비율이 높은 회사는 무엇인가? 총자산에 대한 EBIT 비율이 높은 회사는 어디

인가? 자기자본에 대한 이익이 높은 곳은 어디인가?

2. 이제 Intel(INTC)과 Microsoft(MSFT)와 같이 수익성이 높은 두 기술회사와 American Electric Power(AEP)와 Duke Energy(DUK) 같은 전기 유틸리티 기업을 선택하시오. 자기자본의 장부가치 대비 시장가치 비율이 높은 회사는 어느 것입니까? 당신은 이것이 타당하다고 생각하는가? 이익의 더욱 많은 부분을 주주들에게 배당금으로 지불하는 회사는 어디인가? 이것은 타당한가?

3. 대형 비금융회사의 웹사이트에 로그온하여 최신 재무제표를 찾아, 표 3.1, 3.3, 3.4 와 같이 단순화된 재무상태표, 손익계산서, 현금흐름표를 작성하시오. 일부 회사의 재무제표는 매우 복잡할 수 있으므로, 비교적 단순한 사업을 찾으시오. 또한, 가능한 한 이 표에서와 같은 제목을 사용하고, 일부 항목은 "기타 유동자산", "기타 비용" 등으로 묶으시오. 먼저 재무상태표를 보시오. 고객의 매입채무는 얼마인가? 회사가 1년 이내에 갚아야 하는 부채는 무엇인가? 이 회사의 고정자산은 원래 얼마인가? 이제 손익계산서를 보시오. 이 회사의 이자 및 세금 전 이익(EBIT)은 얼마인가? 마지막으로 현금흐름표로 돌아가시오. 운전자본의 변화가 현금에 추가되었는가 아니면 사용되었는가?

4. 개인에 대한 세율은 자주 변경된다. 웹사이트에서 연방세금구간을 검색하면 최신 정보가 포함된 많은 사이트를 찾을 수 있다. $70,000의 과세소득구간을 갖는 미혼의 한계세율과 평균세율은 얼마인가?

셀프테스트 해답 SOLUTIONS TO SELF-TEST QUESTIONS

3.1 현금과 현금등가물이 $1억 증가할 것이다. 자산과 공장, 장비는 $4억 증가할 것이다. 장기부채는 $5억 증가할 것이다. 자기자본은 증가하지 않을 것이다. 자산과 부채는 같이 증가하여 자기자본은 변화하지 않을 것이다.

3.2 a. 자동차공장이 $140억 가치가 있다면, 회사의 자기자본은 140−40=$100억의 가치가 있을 것이다. 발행주가 1억 주라면 각 주식은 $100의 가치가 있을 것이다.

b. 발행주식이 $80억의 가치가 있다면, 시장이 자동차공장을 80+40=$120억으로 평가한다고 추정할 수 있다.

3.3 이익은 판매가 일어날 때인 2기와 3기에 인식된다. 이 두 기간에서 이익은 $150−$100=$50이다. 현금흐름은 다음과 같다.

	기간 :	1	2	3	4
1.	매출액	$ 0	$150	$150	$ 0
2.	매출채권의 변화	0	150	0	−150
3.	매출원가	0	100	100	0
4.	재고자산의 변화	200	−100	−100	0
5.	순현금흐름[=(1)−(2)−(3)−(4)]	−$200	$ 0	+$150	+$150

2기에서 제품의 절반이 $150에 판매되나 현금은 들어오지 않는다. 따라서 $150 전부가 매출채권의 증가로 나타난다. 생산원가 $200의 절반이 인식되고 같은 액수가 재고자산에서 차감된다. 3기에는 나머지 제품을 $150에 팔고, 전기 판매로부터

$150을 수금한다. 따라서 매출채권에는 변화가 없다. 순현금흐름은 2기에 발생한 매출에서 이 기간에 회수된 $150이다. 4기의 현금흐름은 다시 3기의 판매로부터 매출채권이 수금되면서 $150이다.

3.4 a. 재고자산의 증가는 현금을 사용한 것이다. 따라서 순 현금잔고를 감소시킨다.
b. 매입채무의 감소는 현금을 사용한 것이다. 따라서 순 현금잔고를 감소시킨다.
c. 신주의 발행은 현금 원천이다.
d. 새로운 장비의 구입은 현금을 사용한 것이다. 따라서 순 현금잔고를 감소시킨다.

3.5

	기업 A	기업 B
EBIT	100	100
이자비용	60	0
세전 이익	40	100
법인세 (세전 이익의 21%)	8.4	21
당기순이익	31.6	79

주: 백만 달러

기업 A의 세금은 $1,260만에서(부채가 $4,000만이었다.) $840만으로 감소한다. 세금의 감소는 추가 지급이자 $2,000만의 21%이다. 순이익은 추가 지급이자만큼 떨어지지 않는다. 대신 이자비용에서 세금의 감소분을 뺀 만큼, 즉 2,000만−420만 =$1,580만만큼 감소한다.

3.6 과세소득이 $80,000인 단일납세자의 경우, 총 납부세금은 다음과 같다.

$$(0.10 \times \$9,525) + (0.12 \times \$29,175) + (0.22 \times \$41,300) = \$13,539.50$$

한계세율은 22%이지만 평균세율은 13,539.50/80,000=0.169 또는 16.9%에 불과하다.

과세소득이 $80,000인 공동납세자의 경우 총 납부세금은 다음과 같다.

$$(0.10 \times \$19,050) + (0.12 \times \$58,350) + (0.22 \times \$2,600) = \$9,479$$

한계세율은 22%이며 평균세율은 9,479/80,000=0.118 또는 11.8%이다.

CHAPTER

4

기업의 성과 측정

학습목표

4-1 공개기업의 시장가치와 시장 부가가치를 계산하고 해석할 수 있다.

4-2 경제적 부가가치(EVA), 자기자본이익률, 총자산이익률, 자본이익률 등 기업 성과를 측정하는 주요 지표를 계산하고 해석할 수 있다.

4-3 기업의 효율성과 레버리지, 유동성 지표를 계산하고 해석할 수 있다.

4-4 효율성과 이익폭이 수익성에 미치는 영향을 설명할 수 있다.

4-5 기업의 재무 상황을 주요 경쟁사 및 자사의 이전 연도와 비교하는 방법을 안다.

경영자가 업무를 얼마나 잘 수행하는지를 판단해야 할 때 몇몇 주요 재무비율로 시작하는 것이 유용하다. ©*Wavebreakmedia Ltd UC4/Alamy*

1장에서 주주지분의 현재 시장가치를 극대화한다는 기업재무의 기본 목표를 설명하였다. 공개기업의 가치는 금융시장에서 투자자에 의해 결정된다. 즉, 주주지분의 가치는 주당 시장가격에 발행주식수를 곱한 것과 같다. 물론 시장가치의 변화는 경영자의 통제를 벗어난 특정 사건을 일부 반영한다. 그럼에도 불구하고 우수한 경영자는 좋은 투자결정과 자본조달결정을 통해 기업가치를 증가시키려고 노력한다.

경영자가 가치를 높이는 일을 잘 수행하고 있는지 또는 개선의 여지는 어디에 있는지 어떻게 판단할 수 있을까? 우리는 부가가치를 측정해야 한다. 그리고 기업의 부가가치가 어디에서 비롯되는지 측정해야 한다. 예를 들어 부가가치는 수익성에 의존하므로, 수익성을 측정해야 한다. 수익성은 이익률과 활용되는 자산의 효율성에 따라 달라진다. 이번 장에서는 수익성과 효율성의 기본 측정법에 대해 살펴볼 것이다.

가치는 또한 건전한 자본조달에 의존한다. 기업의 자본조달이 무모하게 이루어질 경우 가치는 파괴될 수 있다. 기업이 적절한 유동성을 유지하지 못해 현금 조달에 어려움을 겪을 경우에도 가치는 파괴된다. 따라서 여기서는 재무관리자와 투자자가 부채 정책과 유동성을 평가하기 위해 사용하는 측정치를 살펴볼 것이다.

이러한 재무 측정치는 주로 기업의 손익계산서와 재무상태표로부터 측정하는 재무비율들이다. 따라서 회계 정보의 한계를 염두하고 주의를 기울여야 한다.

여러분은 아마도 순식간에 기업의 회계계정을 분해하고 재무비율 몇 개를 계산하여, 기업의 미래를 그럴듯하게 제시할 수 있는 달인에 대한 이야기를 들었을 것이다. 그들은 자주 입에 오르내리지만, 실제 아무도 본 사람이 없는 미지의 설인과 같다. 재무비율은 마법사의 수정구슬(마법의 구슬)을 대신하는 것이 아니다. 이것은 단지 많은 양의 재무자료를 요약하고 기업의 성과를 비교하는 데 편리한 방법일 뿐이다. 재무비율은 여러분이 올바르게 질문하는 것을 돕지만, 질문에 명확한 해답을 주지는 않는다.

4.1 재무비율과 주주 가치의 관계

재무비율의 장점은 일반적으로 계산하기 쉽다. 그리고 단점은 그것이 너무 많다는 것이다. 설상가상으로, 종종 재무비율은 먼저 암기한 후 나중에 이해해야 하는 기다란 목록으로 표시된다.

재무비율의 단점은, 재무비율이 측정하는 것은 무엇이고, 주주들을 위한 부가가치의 궁극적인 목표와 어떻게 연결되는지 미리 살펴봄으로써 완화할 수 있다.

주주 가치는 올바른 투자결정에 달려 있다. 재무관리자는 다음과 같은 몇 가지 질문을 통해 투자결정을 평가한다. 자본비용과 비교하여 투자안은 얼마나 수익성이 있는가? 수익성은 어떻게 측정되어야 하는가? 수익성은 무엇에 따라 달라지는가? (우리는 그것이 자산효율성과 매출액수익비율에 따라 달라질 수 있음을 살펴볼 것이다.)

주주 가치는 또한 올바른 자본조달결정에 의존한다. 다시 한번, 다음과 같은 질문이 있을 수 있다. 가능한 자본조달은 충분한가? 자본조달이 여의치 않을 경우 기업은 성장할 수 없다. 자본조달 전략은 건전한가? 재무관리자는 위험하게 높은 부채비율로 기업의 자산이나 사업을 위험에 빠뜨려서는 안된다. 기업은 충분한 유동성(즉시 팔 수 있는 현금이나 자산의 완충제)을 갖고 있는가? 기업은 예상치 못한 대금지불에 대응할 수 있어야 한다.

그림 4.1은 이러한 질문들을 좀 더 자세히 요약하고 있다. 왼쪽 상자는 투자에 관한 것이고, 오른쪽 상자는 자본조달에 대한 것이다. 각 상자에 질문이 있으며, 그 아래에 재무관리자가 그 질문에 답할 수 있는 재무비율과 기타 측정치를 제시하고 있다. 예를 들어, 그림 4.1의 왼쪽 아래에 있는 상자는 자산의 효율적인 활용에 관한 질문이다. 자산효율성을 측정하는 세 가지 재무비율에는 자산회전율, 재고자산회전율, 매출채권회전율 등이 있다.

오른쪽 아래에 있는 두 개의 상자는 재무레버리지(부채조달금액)가 건전한지, 기업이 향후 충분한 유동성을 가지는지에 대한 질문이다. 재무레버리지를 추적하는 비율에는 자기자본 대비 부채비율, 이자보상비율과 같은 부채비율이 있다. 유동성 비율에는 유동비율, 당좌비율, 현금비율 등이 있다.

그림 4.1 재무비율의 구성. 그림은 일반적인 재무비율 및 기타 측정치와 주주 가치의 관계를 보여준다.

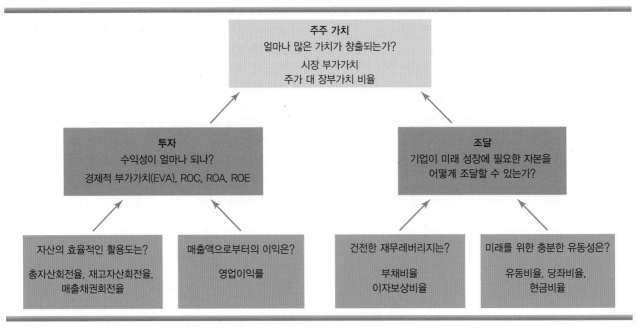

이제 그림 4.1의 비율들을 계산하고 해석하는 방법을 설명하려고 한다. 여러분은 몇몇 주요 재무비율이 위치하고 주주 가치 목표와의 관계를 보여주는 구성도로서 그 수치를 읽을 수 있다.

그림의 맨 위에서 시작한다. 첫 번째 과제는 가치를 측정하는 것이다. 아래에 시가총액, 시장 부가가치, 주가 대 장부가치 비율에 대해 설명한다.

4.2 시장가치와 시장 부가가치의 측정

기초 재무관리 수업을 시작한 지 20년이 지났다. 여러분은 경력을 잘 유지하고 있고 홈디포에 대해 기억하고 있다. 아마도 여러분은 $2,500만의 새로운 투자자금을 홈디포 주식에 배분할 것인가를 결정하려고 하는 뮤추얼펀드 관리자일 수 있고, 주식 매각을 고려하는 홈디포의 대주주나 홈디포의 신용등급에 관심이 있는 채권자일 수도 있다. 여러분은 홈디포의 컨트롤러나 CFO이거나, 경쟁사의 재무관리자일 수도 있다. 어쨌든 여러분은 홈디포의 가치와 재무적 성과를 이해하고자 한다. 어떻게 시작해야 하는가?

2017년 홈디포의 보통주는 주당 $190.21로 마감했다. 발행주식수는 11억 7천만 주가 있었다. 따라서 홈디포의 **시가총액**(market capitalization, 또는 market cap)은 $2,200억을 조금 넘는 $190.21 × 1,170(백만 주) = $2,225억 4,600만이었다. 이는 물론 큰 숫자이기는 하지만, 홈디포는 대기업이다. 홈디포의 주주들은 수년에 걸쳐 회사에 수십억씩 투자하였다. 따라서 여러분은 홈디포의 시장가치를 홈디포 자기자본의 장부가치와 비교하기로 할 것이다. 장부가치는 주주들의 누적 투자액을 측정한다.

홈디포의 손익계산서와 재무상태표를 보자. 표 4.1과 4.2는 이를 다시 보여주고 있다.[1] 2017년 말에 홈디포 자기자본의 장부가치는 $14억 5,400만이었다. 따라서 주식의 시장가치와 주주가 투자한 금액의 차이인 홈디포의 **시장 부가가치**(market value added)는 $222,546 − $1,454 = $2,210억 9,200만이었다. 다시 말해, 홈디포 주주들은 약 $14.5억을 납입하여 약 $2,225.5억 가치의 주식을 보유하게 된 것이다. 그들은 시장 부가가치로 약 $2,211억을 축적하였다.

우리는 손익계산서와 재무상태표에서 홈디포가 불과 1년만에 주주들이 제공한 순자본금액보다 더 많이 벌어들인 것을 알 수 있다. 이는 훌륭한 성과로 보일 수 있다. 그러나 회사가 주식시장의 투자자로부터 자신의 주식을 재매입하면, 자기자본의 장부가치가 감

시가총액
자기자본의 총 시장가치로서, 주가와 발행주식수의 곱과 같다.

시장 부가가치
시가총액에서 자기자본의 장부가치를 뺀 값.

표 4.1 2017년 홈디포의 손익계산서

	백만 달러	매출액 대비 %
순매출액	100,904	100.0%
매출원가	66,548	66.0%
판매비와 일반관리비	17,864	17.7%
감가상각	1,811	1.8%
이자와 세금 전 이익(EBIT)	14,681	14.5%
지급이자	983	1.0%
과세대상 이익	13,698	13.6%
세금	5,068	5.0%
순이익	8,630	8.6%
순이익의 배분		
배당	4,212	4.2%
유보이익에 추가	4,418	4.4%

1) 편의상 재무제표는 3장의 것을 그대로 제시한다. 이 재무제표는 3월까지 발행되지 않았지만, 여기서는 여러분이 2018년 1월 28일, 이미 홈디포의 2017년 마감 재무제표를 실제로 가진 것으로 가정한다.

표 4.2 홈디포의 재무상태표 (백만 달러)

자산	회계 연도말		부채와 자기자본	회계 연도말	
	2017	2016		2017	2016
유동자산			유동부채		
현금과 시장성 유가증권	3,595	2,538			
매출채권	1,952	2,029	만기부채	2,761	1,252
재고자산	12,748	12,549	매입채무	7,244	7,000
기타 유동자산	638	608	기타 유동부채	6,189	5,881
총유동자산	18,933	17,724	총유동부채	16,194	14,133
고정자산			장기부채	24,267	22,349
유형 고정자산			기타 장기부채	2,614	2,151
유형자산	41,414	40,426			
감가상각 누계액	19,339	18,512	총부채	43,075	38,633
순 유형 고정자산	22,075	21,914			
			자기자본:		
무형 고정자산(영업권)	2,275	2,093	보통주와 자본잉여금	9,715	9,010
기타 고정자산	1,246	1,235	이익잉여금	39,935	35,517
			금고주	−48,196	−40,194
			총자기자본	1,454	4,333
총자산	44,529	42,966	부채와 자기자본	44,529	42,966

주: 합계에 반올림 오차가 있을 수 있다.

소한다는 것을 기억하라. 성장함에 따라 홈디포는 꾸준히 더 많은 부채를 발행했으며, 그만큼 더 많은 주식을 재매입하였다. 따라서 현재 이 기업의 시장가치는 발행주식의 장부가치보다 몇 배에 달한다. 이 예는 주식의 시장가치가 장부가치보다 회사의 이익에 대해 훨씬 더 크게 관련되어 있다는 것을 상기시킨다.

컨설팅회사인 EVA Dimensions는 미국 기업으로 구성된 대표본에 대해 시장 부가가치를 계산하였다. 표 4.3은 EVA의 표본 목록에 있는 몇 개 기업을 보여준다. 이들 기업은 가장 크고 적어도 성공적인 기업들을 포함한다. 애플(Apple)은 선두이다. 이 회사는 주주들에게 $7,822억의 부를 창출하였다. 뱅크오브아메리카(Bank of America)는 거의 꼴찌에 가깝다. 이 회사 주식의 시장가치는 주주가 투자한 금액보다 $659억 작다.

표 4.3의 최상위기업은 대기업이다. 이들 경영자는 관리할 자산이 매우 많다. 따라서 재무관리자와 재무분석가는 주주가 투자한 1달러당 얼마의 가치가 부가되었는가를 계산하려고 한다. 이를 위해 그들은 주가 대 장부가치의

표 4.3 2017년 9월 기업 성과에 대한 주식시장 지표. 시장 부가가치 순으로 표시(백만 달러)

주식	시장 부가가치	주가 대 장부가치 비율
Apple	782,164	7.15
Microsoft	461,134	5.84
Johnson & Johnson	277,722	3.38
Walmart	209,010	3.41
Coca-Cola	202,102	8.59
Freeport	−5,781	0.85
CBS	−16,858	0.65
AIG	−30,134	0.64
Conoco	−53,141	0.47
Bank of America	−65,878	0.80

주: 통계치를 제공해준 EVA에 감사한다.

주가 대 장부가치 비율
자기자본의 시장가치와 자기자본의 장부가치의 비율.

비율을 계산한다. 예를 들어 2018년 초(2017년 말) 홈디포의 주가 대 장부가치 비율(market-to-book ratio)은[2]

$$\text{주가 대 장부가치 비율} = \frac{\text{자기자본의 시장가치}}{\text{자기자본의 장부가치}} = \frac{\$225.5}{1.454} = 153.0$$

즉, 홈디포는 주주의 투자액을 153배 증가시켰다.

표 4.3은 2017년 주가 대 장부가치 비율을 보여준다. 코카콜라(Coca-Cola)는 마이크로소프트(Microsoft)보다 훨씬 큰 주가 대 장부가치 비율을 갖는다는 데 주목하라. 그러나 MS의 규모가 크기 때문에 시장 부가가치는 MS가 크다.

4.1 셀프테스트

노퉁 커틀러리(Notung Cutlery Corp.)의 주가는 $75로 2018년을 마감하였다. 노퉁은 발행주식이 1,450만 주이며, 자기자본의 장부가는 $6억 1,000만이었다. 노퉁의 시장가치와 시장 부가가치, 주가 대 장부가치 비율을 계산하시오.

표 4.3에 제시된 시장가치에 대한 성과측정치는 두 가지 단점이 있다. 첫째, 주식의 시장가치는 미래 성과에 대한 투자자의 기대를 반영한다. 물론 투자자는 당기 이익과 투자에 주의를 기울인다. 그럼에도 불구하고 시장가치를 이용한 지표는 당기 성과에 대한 오차가 있는 측정치이다. 둘째, 여러분은 사적기업의 시장가치를 알 수가 없다. 또한 대기업의 일부인 사업부문이나 공장의 시장가치도 관찰할 수 없다. 비록 여러분이 홈디포가 전체 기업으로서 좋은 성과를 보였는지에 대해 시장가치를 활용할 수 있다 하더라도, 목재부문이나 주택수리부문의 성과를 파악하는 데 시장가치를 활용할 수는 없다. 이를 위해서는 수익성에 대한 회계적 측정치가 필요한데, 우선 경제적 부가가치(EVA)부터 시작해 보자.

4.3 경제적 부가가치(EVA)와 회계적 이익률

손익계산서를 작성할 때 회계사는 매출액에서 영업 및 기타 비용을 공제하는 것으로 시작한다. 그러나 한 가지 중요한 비용, 즉 회사가 주주에게서 조달한 자본비용은 이 비용에 포함되지 않는다. 따라서 이 회사가 실제로 창출한 가치를 보려면 자기자본비용을 포함한 모든 비용을 공제하고 나서 이익이 발생했는지를 측정해야 한다.

1장과 2장에서 자본비용은 자본투자에 대해 받아들일 수 있는 최소한의 수익률이었다는 점을 기억하라. 이것은 금융시장에서 주주에게 주어진 투자 기회의 기대수익률과 같기 때문에 기회자본비용이다. 기업은 자기자본비용, 즉 주주가 스스로 투자하여 벌 수 있는 것 이상으로 이익을 낼 수 있을 때만 주주에게 가치를 창출하는 것이다.

경제적 부가가치
당기순이익에서 활용된 모든 자본비용을 차감한 이익으로서, 잔여이익이라고도 한다.

자본비용을 포함하여 모든 비용을 공제한 이익을 기업의 **경제적 부가가치**(economic value added) 또는 EVA라고 한다. 이 용어 "EVA"는 컨설팅회사 스턴 스튜어트(Stern Stewart & Co.)에 의해 개발되었다. 이 회사는 이 개념을 발전시키고 홍보하는 데 많은 일을 하였다. 경제적 부가가치는 잔여이익(residual income)이라고도 한다.

EVA를 계산할 때, 기업의 투자자가 공헌한 모든 장기자본을 고려하는 것이 일반적이다. 이는 자기자본 뿐만 아니라 채권과 기타 장기부채를 포함하는 것을 의미한다. 보통 총시가총액(total capitalization)이라고 하는 총 장기자본은 장기부채와 자기자본의 합

---

2) 주가 대 장부가치 비율은 주가를 주당 장부가치로 나누어 계산할 수도 있다.

이다.

2017년 들어 홈디포의 총시가총액은 $266억 8,200만이었는데, 이 중 장기부채가 $223억 4,900만, 자기자본이 $43억 3,300만이었다(표 4.2에서 2016년 말 항목을 참고). 이는 홈디포의 부채와 자기자본 투자자의 누적투자금액이다. 홈디포의 자본비용은 약 8.2%였다.[3] 따라서 8.2%와 총시가총액을 곱하여 자본비용을 금액으로 변환할 수 있다. 즉 0.082×$26,682백만=$2,188백만이다. 부채와 자기자본 투자자들을 만족시키기 위해, 홈디포는 $21억 8,800만의 총수입을 달성해야 한다.

이제 이 수치와 부채와 자기자본 투자자를 위해 홈디포가 실제 창출한 수입을 비교할 수 있다. 2017년 부채 투자자들은 이자수입으로 $9억 8,300만을 받았다. 2017년 홈디포의 세율 35%를 반영하면, 세후로는 (1−0.35)×$9억 8,300만=$6억 3,900만이다.[4] 주주들의 당기순이익은 $86억 3,000만이었다. 따라서 홈디포의 세후 이자비용과 당기순이익은 총 639+8,630=$92억 6,900만이었다. 이 값에서 자본비용 금액을 차감하면, 이 회사는 투자자가 요구하는 것보다 많은 9,269−2,188=$70억 8,100만을 벌어들인 셈이다. 이것이 홈디포의 EVA, 또는 잔여이익이다.

$$EVA = 세후\ 이자비용 + 당기순이익 - (자본비용 \times 총시가총액)$$
$$= 639 + 8,630 - 2,188 = \$70억\ 8,100만$$

홈디포의 당기순이익과 세후 이자비용은 세후 영업이익(operating income)이다. 이는 홈디포가 부채를 조달하지 않아 세금 차감비용으로서 이자비용이 소요되지 않을 경우 벌어들인 것이다. 세후 영업이익은 이 기업이 모두 자기자본으로 조달하였을 때 벌어들인 것이다. 이 경우 (세후) 이자비용이 없어 모든 영업이익이 주주들에게 돌아가게 된다.

따라서 EVA는 다음과 같다.

$$EVA = 세후\ 영업이익 - (자본비용 \times 총시가총액)$$
$$= 9,269 - 2,188 = \$7억\ 8,100만$$

물론 홈디포와 그 경쟁업체는 부채 자본조달을 활용한다. 그러나 영업이익에 중점을 두면 EVA는 이자의 감세효과에 영향을 받지 않기 때문에 훨씬 유용하다.

표 4.4는 앞서 사용한 대기업 표본에 대한 EVA 추정치를 보여준다. 애플이 또다시 수위에 있다. 애플은 자본비용을 충당하기 위해 필요한 것보다 많은 $376억을 벌었다. 이와는 대조적으로, 뱅크오브아메리카는 뒤처져 있다. 회계적 수익은 $183억 7,000만이었지만, 이는 자본비용을 차감하기 전에 계산된 값이다. 자본비용을 공제한 후 이 회사는 $24억의 EVA 손실을 보았다.

표 4.4에서 10개 기업에 대한 자본비용이 어떻게 다른지 주목하라. 이러한 차이는 영업위험의 차이에 기인한다. 월마트(Walmart)와 같이 비교적 안전한 기업의 자본비용이 낮은 경향이 있고, 애플이나 마이크로소프트 같이 비교적 위험한 기업의 자본비용은 높다.

EVA, 즉 잔여이익은 기업의 성과를 측정하는 데 있어 회계적 이익보다 더 우수한 측정치이다. 회계적 이익은 자기자본비용을 제외한 모든 비용을 공제하고 계산한다. 반면에 EVA는 기업이 가치를 증가시키기 전에 기회자본비용을 충당해야 한다는 것을 인정하고 계산된다.

---

3) 이는 세후 가중평균자본비용(weighted-average cost of capital, WACC)이다. 어떤 기업의 WACC는 그 기업의 위험에 따라 다르다. WACC는 기회자본비용과 거의 같지만, 부채의 자본비용은 세후로 계산된다. 보다 자세한 내용은 13장에서 살펴볼 것이다.

4) 2017년 법인세율은 35%였다. 지금은 21%이다. 왜 세후 이자를 반영할까? 3장에서 기업이 이자를 지급하면 과세수입이 감소한다는 것을 살펴보았다. 이러한 효과를 감세효과(tax shield)라고 하는데, 이는 부채 자본조달의 금액에 따라 달라진다. 그러나 여기서는 영업의 결과에만 집중한다. 일반적인 기업이라면 보고된 수입에서 이자의 감세효과를 차감하고 세후 이자지급액을 알 수 있다. 이러한 감세효과를 무시하면 기업의 수입이 발행부채가 없어 주주들이 (세후) 이자를 받는 것처럼 계산한다. 일관성을 유지하기 위해 자본비용은 세후 WACC로 정의한다. 여기에 대해서는 13장과 16장에서 보다 자세히 다룰 것이다.

표 4.4 2017년 9월 EVA와 ROC. EVA 순으로 표시(백만 달러)

	1. 세후 이자+당기순이익	2. 자본비용 (WACC), %	3. 총 장기자본	4. EVA= 1−(2×3)	5. 자본이익률 (ROC), %(1÷3)	6. 초과 수익, %(5−2)
Apple	$52,051	7.1%	$203,569	$37,638	25.6%	18.5%
Microsoft	20,626	7.1%	61,619	16,270	33.5%	26.4%
Johnson & Johnson	17,599	5.7%	112,367	11,160	15.7%	9.9%
Walmart	14,891	2.8%	206,206	9,076	7.2%	4.4%
Coca-Cola	8,713	5.8%	44,678	6,144	19.5%	13.8%
CBS	1,863	6.1%	55,820	−1,559	3.3%	−2.8%
Freeport	1,710	7.1%	52,991	−2,068	3.2%	−3.9%
Bank of America	18,370	6.7%	310,587	−2,439	5.9%	−0.8%
AIG	457	6.4%	90,107	−5,300	0.5%	−5.9%
Conoco	−1,494	6.7%	102,820	−8,373	−1.5%	−8.2%

자료: 이 통계를 제공해 준 데 대해 EVA 디멘전스에 감사한다.

EVA는 영업관리자에게 자본비용을 인식할 수 있게 한다. 여기에는 사용한 자산에서 적어도 자본비용만큼은 벌어야 한다는 분명한 목표가 있다. EVA로 성과를 평가할 경우 관리자는 충분히 사용되지 않는 자산을 확실히 처분하게 된다. 따라서 이제는 점점 더 많은 기업이 EVA를 계산하고 이를 경영자 보상에 연계하고 있다.

4.2 셀프테스트

로만 할러데이스(Roman Holidays Inc.)는 연초 총시가총액 $1억 8,800만으로 $3억을 벌었고, 자기자본비는 11.5%였다. EVA는 얼마인가?

회계적 이익률

EVA는 기업이 자본비용을 공제하고 나서 얼마를 벌었는가를 측정한다. 다른 조건이 같다면, 관리자는 운용할 자산이 많을수록 더 큰 EVA를 창출할 기회가 많아진다. 작은 부서의 관리자는 매우 유능하더라도 부서의 자산이 거의 없다면 EVA 순위에서는 높지 않을 것이다. 따라서 관리자를 비교할 때 자산 $1당 이익을 측정하는 것이 도움이 될 수 있다. 여기에는 자본이익률(return on capital : ROC), 자기자본이익률(return on equity : ROE), 총자산이익률(returen on assets : ROA)이 있다. 이들은 회계 정보를 이용하므로 장부가치 이익률이라고 한다.

자본이익률(return on capital : ROC) 자본이익률은 세후 영업이익을 총시가총액으로 나눈 값과 같다. 2017년 홈디포의 세후 영업이익은 $92억 6,900만이었다. 그해 총시가총액(장기부채와 자기자본의 합)은 $266억 8,200만이었다. 따라서 **자본이익률, ROC**는 다음과 같다.[5]

자본이익률(ROC)
세후 영업 이익과 장기자본의 비율.

$$ROC = \frac{세후\ 영업이익}{연초\ 총시가총액} = \frac{9,269}{26,682} = 0.347\ 또는\ 34.7\%$$

---

5) 홈디포의 ROC 분자는 당기순이익에 세후 이자비용을 다시 더한 세후 영업이익이다. 많지는 않지만 재무분석가들은 종종 이 자비용이 세금 공제 후 값이라는 것을 잊고서 영업이익 계산 시 세전 이자비용을 사용한다. 이는 서로 다른 부채 자본조달기업의 ROC 비교를 복잡하게 만든다. 이는 서로 다른 세후 WACC를 갖는 기업 사이의 ROC 비교에서도 마찬가지다. WACC에 대해서는 13장에서 보다 자세히 다룰 것이다.

앞서 언급한 바와 같이, 홈디포의 자본비용은 약 8.2%였다. 이것은 투자자들이 홈디포와 유사한 위험을 갖는 기업이나 증권에 투자했을 경우 2017년 초에 벌 것이라고 기대한 수익이다. 따라서 2017년 이 회사는 투자자들이 요구하는 것보다 많은 34.7−8.2=26.5%를 벌었다.

ROC를 계산할 때, 흐름(floow) 개념의 측정치(한해 동안의 이익)를 스냅사진(snapshot)의 측정치(연초 자본)와 비교하였다. 따라서 그 해 동안 기업의 추가적인 자본조달은 무시하였다. 추가적인 자본조달이 그해 기업의 영업이익에 중요한 영향을 미쳤다면, 그해 연초와 연말의 총시가총액 평균값을 활용해야 한다. 홈디포의 경우, 이 회사는 2017년 장기부채가 증가하였지만 주식 일부를 재매입하여, 실제 연말 자본은 연초에 비해 작았다. 따라서 평균 시가총액으로 영업이익을 나눌 경우, 2017년 홈디포의 ROC는 다소 증가한다.

$$\text{ROC} = \frac{\text{세후 영업이익}}{\text{평균 시가총액}} = \frac{9,269}{(25,721+26,682)/2} = 0.354 \text{ 또는 } 35.4\%$$

어느 것이 나을까? 일반화하기는 어렵지만, 여러분이 재무비율을 계산하기 위해 연초 값보다 평균을 사용하는 것을 더 선호하는 경우를 알고 싶다면 추가적인 토론이 필요하다.[6]

표 4.4의 마지막 열은 잘 알려진 기업 표본의 ROC를 보여준다. 코카콜라의 ROC는 19.5%로 자본비용보다 13%p 높다. 코카콜라의 ROC는 월마트보다 크지만, EVA는 작다. 이는 코카콜라가 월마트보다 좀 더 위험하여 자본비용이 더 크고, 월마트보다 훨씬 작은 금액이 투자되었기 때문이다.

표 4.4에서 음(−)의 EVA를 갖는 기업은 모두 자본비용보다 낮은 ROC를 갖고 있다. ROC와 자본비용 사이의 간극은 금액이 아닌 백분율로 표시되는 EVA와 동일하다.

총자산이익률(ROA)
세후 영업이익과 총자산의 비율.

총자산이익률(return on assets : ROA)   ROA는 총자산의 일부로서 세후 영업이익을 측정한다. 총자산(총부채와 자기자본의 합과 같다.)은 총시가총액보다 크다. 총시가총액은 유동부채를 포함하지 않기 때문이다. 홈디포의 경우 ROA는 다음과 같다.

$$\text{ROA} = \frac{\text{세후 영업이익}}{\text{연초 총자산}} = \frac{9,269}{42,966} = 0.216 \text{ 또는 } 21.6\%$$

총자산 평균을 사용하면 ROA가 다소 낮아진다.

$$\text{ROA} = \frac{\text{세후 영업이익}}{\text{평균 총자산}} = \frac{9,269}{(44,529+42,966)/2} = 0.212 \text{ 또는 } 21.2\%$$

ROA와 ROC 모두 당기순이익에 세후 이자를 더한 세후 영업이익을 사용한다. 여기서 다시 질문하자. 자기자본으로만 자본을 조달한 기업의 경우 그 기업은 얼마나 수익성이 있는가? 이러한 조건부 계산은 서로 다른 자본구조를 갖는 기업의 수익성을 비교할 때 유용하다. 하지만 이자의 감세효과는 종종 무시되고 영업이익은 세전 이자를 사용하여 계산된다. 어떤 재무분석가는 이자지급 금액을 무시하고, 주주 몫의 당기순이익을 총자산으로 나누어 ROA를 측정한다. 이러한 계산법은 정말로 바보같다(기분 상하게 할 생각은 없다.). 이는 기업의 자산이 부채 투자자를 위해 기업이 창출하는 이익을 무시한다.

---

6) 엄격히 말해 옳은 방법은 아니지만, 때로는 연말의 저량 측정치를 사용하는 것이 편리하다.

┃ **4.3** ┃ 셀프테스트

세후 영업이익과 주주 몫의 당기순이익의 차이는 무엇인가? 세후 영업이익은 어떻게 계산되는가? 이것이 EVA, ROC, ROA를 계산하는 데 왜 유용한가?

자기자본이익률(ROE)
당기순이익과 자기자본의 비율.

자기자본이익률(return on equity : ROE) ROE는 주주들이 투자한 금액당 주주의 이익으로 측정한다. 홈디포는 2017년 $86억 3,000만의 당기순이익을 달성하였고 연초 자기자본은 $43억 3,300만이었다. 따라서 홈디포의 ROE는 다음과 같다.

$$\text{ROE} = \frac{당기순이익}{자기자본} = \frac{8,630}{4,333} = 1.992 \text{ 또는 } 199.2\%$$

자기자본 평균을 사용하면 ROE가 훨씬 커진다.

$$\text{ROE} = \frac{당기순이익}{평균\ 자기자본} = \frac{8,630}{(1,454+4,333)/2} = 2.983 \text{ 또는 } 298.3\%$$

이것은 ROE가 엄청나게 큰 가치인 것으로 보인다. 홈디포가 지속적인 주식 재매입을 통해 자기자본의 장부가치를 낮은 수준으로 유지하고 있었다는 것을 상기하라. 남아 있는 자기자본의 장부가치 백분율로서 ROE는 매우 크다. 하지만 홈디포가 새로운 투자를 통해 200%를 벌어들일 것이라고 확실히 기대할 수는 없다.

┃ **4.4** ┃ 셀프테스트

ROE, ROC, ROA의 차이점을 설명하시오.

EVA와 회계적 이익률의 문제점

이익률과 경제적 부가가치는 성과 지표로서 매력적이다. 시장가치를 기준으로 하는 지표와는 달리, 이들 지표는 당기 성과를 보여주고, 현재의 주식 시장가격에 반영되는 미래 사건에 대한 기대에 의해 영향을 받지 않는다. 또한 이들 지표는 전체 기업에 대해 또는 특정 공장이나 사업부문에 대해서도 계산할 수 있다. 그러나 EVA와 회계적 이익률은 모두 자산의 장부가치(재무상태표)에 기초하고 있다는 점을 기억하라. 부채와 자기자본도 장부가치이다. 이전 장에서 언급한 바와 같이 회계사는 재무상태표에 모든 자산을 나타내지 않으며, 이번 장에서 하는 계산도 회계자료를 액면 그대로 사용한다. 예를 들어 홈디포가 브랜드 이름을 공고히 하려고 마케팅에 많은 금액을 투자한 사실을 무시하였다. 이같은 브랜드 이름은 중요한 자산이기는 하지만 그 가치는 재무상태표에 나타나지 않는다. 이것이 재무상태표에 나타난다면 자산과 자본, 자기자본의 장부가치가 증가할 것이고 홈디포는 위의 계산과 같이 그렇게 높은 이익률을 기록하지 못했을 것이다.

표 4.3과 4.4의 수치를 추정할 때, EVA 디멘전스는 회계 자료를 많이 조정하였다. 그러나 모든 자산의 가치를 포함하거나 그들이 얼마나 빨리 상각될 것인가를 판단하는 것은 불가능하다. 예를 들어 MS가 실제로 33.5%의 ROC를 얻었는가? MS가 수행한 운영체제나 기타 소프트웨어에 대한 다년간의 투자는 재무상태표에 드러나지 않고, 또 이를 정확히 측정할 수 없기 때문에 그렇다고 말하기는 어렵다.

재무상태표는 자산의 현재 시장가치를 보여주지 않는다는 것을 기억하라. 회사 장부상의 자산은 처음(역사적) 원가에서 감가상각을 뺀 금액이다. 오래된 자산은 현재의 시장

조건과 가격 면에서 볼 때 크게 저평가되어 있을 것이다. 따라서 총자산이익률이 높다는 것은 기업이 과거에 수익성 있는 투자를 하여 그동안 성과가 좋았다는 것을 나타내는 것이지, 오늘 여러분이 같은 자산을 보고된 장부가치로 살 수 있다는 것을 의미하지는 않는다. 역으로 총자산이익률이 낮다는 것은 과거 나쁜 투자결정을 하였다는 것을 의미하지만, 자산이 오늘 다른 투자에 더 잘 활용될 수 있다는 것을 항상 의미하는 것도 아니다.

4.4 효율성 측정

기업이 주주에게 얼마의 가치를 증가시켰는가, 또 기업이 활용한 자본의 비용을 차감하고 얼마의 이익을 벌었는지를 계산하는 것으로 홈디포의 분석을 시작하였다. 우리는 자기자본이익률, 자본이익률, 총자산이익률을 살펴보았는데, 이들 지표는 모두 매우 높았다. 다음으로 해야 하는 일은 홈디포가 성공적인 이유를 좀 더 깊이 이해할 수 있도록 조사하는 것이다. 한 가지 방법은 여러 형태의 자산에 대한 효율성을 측정하는 것이다.

총자산회전율(asset turnover ratio) 총자산회전율 또는 매출액 대 총자산 비율(sales-to-asset ratio)은 총자산 $1당 얼마의 매출이 발생하였는가를 보여준다. 따라서 이 지표는 기업이 자산을 얼마나 잘 활용하였는가를 측정한다. 홈디포는 자산 $1당 $2.35의 매출액을 창출하였다.

$$\text{총자산회전율} = \frac{\text{매출액}}{\text{연초 총자산}} = \frac{100{,}904}{42{,}966} = 2.35$$

일부 수익성 비율처럼 매출액 대 총자산 비율은 유량(일년 동안 매출액)을 저량(특정일의 자산)과 비교한다. 따라서 재무관리자와 재무분석가는 이 비율을 1년 동안 보유한 평균 자산에 같은 기간에 발생한 매출액의 비율로 계산하곤 한다. 이 경우,

$$\text{총자산회전율} = \frac{\text{매출액}}{\text{평균 총자산}} = \frac{100{,}904}{(44{,}529 + 42{,}966)/2} = 2.31$$

총자산회전율은 기업이 전체 자산을 얼마나 효율적으로 활용하는가를 측정한다. 또한 특정 형태의 자산이 얼마나 효율적인가에 관심이 있을 수 있다. 아래 몇 가지 예가 있다.

재고자산회전율(inventory turnover ratio) 효율적인 기업은 원재료와 완성품에 필요 이상의 자본을 묶어 놓지 않는다. 그들은 상대적으로 적은 수준의 원재료와 완성품을 보유하고 이 재고자산을 빠르게 회전시킨다.

재무상태표는 완성품이 최종적으로 판매된 금액 대신 재고자산의 원가를 보여준다. 따라서 평균 재고자산을 매출액보다 매출원가와 비교하는 것이 더 일반적이다. 홈디포의 경우,

$$\text{재고자산회전율} = \frac{\text{매출원가}}{\text{연초 재고자산}} = \frac{66{,}548}{12{,}549} = 5.3$$

이 지표를 표현하는 다른 방법으로는 재고자산이 며칠 동안의 판매량을 뒷받침할 수 있는가를 살펴보는 것이다. 이는 재고자산 금액을 일일 매출원가로 나눈 것과 같다.

$$\text{평균재고보유기간} = \frac{\text{연초 재고자산}}{\text{일일 매출원가}} = \frac{12{,}549}{66{,}548/365} = 68.8\text{일}$$

홈디포는 평균 69일동안 영업을 유지하기에 충분한 재고가 있다고 할 수 있다.

20장에서는 최근 얼마나 많은 기업이 재고자산회전율을 높이려고 노력해 왔는가를 살

퍼볼 것이다. 도요타(Toyata)는 이 부분의 선구자이다. 이 회사의 저스트-인-타임 (just-in-time) 재고자산시스템은 자동차 부품이 정확히 필요한 때 배달되도록 한다. 이제 도요타는 겨우 1개월치의 부품과 완성품 차를 재고로 보유하며 재고자산을 1년에 약 11회 회전시킨다.

매출채권회전율(receivables turnover)   매출채권은 아직 회수되지 못한 매출이다. 매출채 권회전율은 회사의 매출을 매출채권의 배수로 측정한다. 홈디포의 경우,

$$매출채권회전율 = \frac{매출액}{연초\ 매출채권} = \frac{100,904}{2,029} = 49.7$$

고객이 빨리 지급하면 매출채권은 상대적으로 매출액의 작은 부분을 차지하고 매출채 권회전율은 높을 것이다. 따라서 상대적으로 이 비율이 높다는 것은 회사의 신용 부서가 늦게 지불하는 고객을 재빨리 추적하는 데 있어 효율적임을 의미한다. 그러나 때로는 높은 매출채권회전율은 이 회사의 신용정책이 심하게 제약적이어서 빨리 지급할 것이라고 믿을 수 있는 고객에게만 신용을 준다는 것을 의미할 수도 있다.[7]

신용영업의 효율성을 측정하는 다른 방법은 고객이 청구서를 지급하는 평균 기간을 계산하는 것이다. 기업이 매출채권을 빠르게 회전하면 할수록 회수기간은 짧아진다. 홈디포의 고객은 약 7.3일만에 지불한다.

$$평균회수기간 = \frac{연초\ 매출채권}{일평균\ 매출액} = \frac{2,029}{100,904/365} = 7.3일$$

4.5   셀프테스트

평균회수기간은 홈디포가 외상을 회수하는데 걸리는 일수를 측정한다. 그러나 홈디포 또한 자신의 매입채무 지급을 지연시키기도 한다. 표 4.1과 4.2의 정보를 이용하여 홈디포가 외상을 갚는 데 걸리는 일수를 계산하시오(재고일수와 같이, 지불 지연은 매출원가와 같은 직접비용을 사용하여 계산되어야 한다. 판매비와 일반관리비와 같은 간접비는 포함하지 않는다.)

매출채권회전율과 재고자산회전율은 특정 영역의 비효율성을 조명하는 데 도움이 된다. 그러나 이들 지표만이 도움이 되는 측정치는 아니다. 예를 들어, 소매 체인은 경쟁사와 단위 면적당 매출액 비교에 사용할 수도 있다. 제강업체는 생산되는 철 1톤당 비용을 계산할 수도 있다. 항공사는 탑승객-마일당 매출액을, 로펌은 파트너 1인당 수입을 비교해볼 수도 있다. 조금만 생각하고 상식에 비춰보면 회사의 효율성에 대해 통찰력을 줄 것 같은 여러 지표를 생각해 낼 수 있다.

4.5   자산 수익률 분석: 듀퐁(Du Pont)시스템

홈디포 자산 $1가 $2.35의 매출을 창출하는 것을 보았다. 그러나 홈디포의 성공은 매출을 창출하기 위해 사용한 자산의 효율성뿐만 아니라 그 매출에 얼마나 수익성이 있는가에도 달려 있다. 이는 홈디포의 이익률로 측정할 수 있다.

이익률(profit margin)   이익률은 매출액 중 이익이 차지하는 비율로 측정하며, 다음과 같이 정의된다.

---

7) 가능하면 신용판매만을 보는 것이 타당하다. 그렇지 않으면 높은 매출채권회전율은 단순히 매출액의 작은 부분이 신용으로 이루어진다는 것을 의미할 수도 있다. 예를 들어 소매 고객이 홈디포에서 현금으로 물건을 구입할 경우, 신용부서의 특정 정책으로 이 거래의 회수기간은 0이 될 것이다.

$$\text{이익률} = \frac{\text{당기순이익}}{\text{매출액}} = \frac{8,630}{100,904} = 0.086 \text{ 또는 } 8.6\%$$

이 정의는 오해를 유발할 수 있다. 기업이 일부 자본을 부채로 조달했을 때 매출이 발생시킨 수입의 일부는 채권자에게 이자로 지급해야 한다. 따라서 이 회사의 영업으로부터 발생한 이익은 채권자와 주주에게 나누어 지급된다. 우리는 이 회사가 부채를 사용하고 이익 일부를 이자로 지급하기 때문에 수익성이 낮다고 말하기를 원하지 않는다. 따라서 이익률을 계산할 때 부채이자를 순이익에 더해주는 것이 타당하다. 다시 세후 영업이익과 **영업이익률**(operating profit margin)을 살펴보아야 한다.

영업이익률
세후 영업이익과 매출액의 비율.

$$\text{영업이익률} = \frac{\text{세후 영업이익}}{\text{매출액}}$$

$$= \frac{8,630 + (1 - 0.35) \times 983}{100,904} = 0.0919 \text{ 또는 } 9.19\%$$

듀퐁시스템

앞에서 홈디포가 자산에서 21.6%의 이익을 벌어들인다고 계산하였다. 다음 식은 이 이익률이 홈디포가 자산에서 창출한 매출액(총자산회전율)과 매출액 $1당 벌어들인 이익(영업이익률), 두 요인에 달려 있다는 것을 보여준다.

$$\text{총자산이익률} = \frac{\text{세후 영업이익}}{\text{총자산}} \tag{4.1}$$

$$= \underset{\underset{\text{총자산회전율}}{\uparrow}}{\frac{\text{매출액}}{\text{총자산}}} \times \underset{\underset{\text{영업이익률}}{\uparrow}}{\frac{\text{세후 영업이익}}{\text{매출액}}}$$

듀퐁공식
ROA는 총자산회전율과 영업이익률의 곱과 같다.

ROA를 총자산회전율과 영업이익률의 곱으로 분해하는 것을 **듀퐁공식**(Du Pont formula)이라고 하는데, 이 절차를 대중화시킨 화학회사의 이름을 딴 것이다. 홈디포의 경우, 이 식은 다음과 같다.

$$\text{ROA} = \text{총자산회전율} \times \text{영업이익률} = 2.35 \times 0.0919 = 0.216$$

듀퐁공식은 회사 전략을 고려할 때 유용한 방식이다. 예를 들어, 한 소매상은 이익률을 작게 하고 높은 회전율 전략("월마트 전략")을 추구하거나, 회전율이 낮더라도 큰 이익률("블루밍데일(Bloomingdales) 전략")을 추구할 수 있다. 여러분은 당연히 큰 이익률과 높은 회전율을 좋아할 것이다. 그러나 인생은 그렇게 쉽지 않다. 높은 가격과 큰 이익률 전략은 보통 자산 $1당 적은 매출을 낳는다. 따라서 기업은 이들 목표 간에 상충관계를 갖게 된다. 듀퐁공식은 기업이 어떤 전략을 추구해야 하는가를 생각하는 데 도움이 될 수 있다.

모든 기업은 그들 자산에서 더 큰 수익을 얻고 싶어한다. 그러나 그렇게 할 수 있는 능력은 경쟁에 의해 제한된다. 듀퐁공식은 기업이 직면한 제약을 확인하는 데 도움이 된다. 패스트푸드 체인은 높은 회전율을 갖지만 작은 이익률로 운영된다. 고급 호텔은 상대적으로 낮은 회전율을 갖지만 큰 이익률로 이것을 보상받는 경향이 있다.

예제 **4.1** ▶   **회전율과 이익률**

기업은 자주 납품업자를 합병하여 이익률을 개선하려고 한다. 그 아이디어는 그 자신뿐만 아니라 납품업자의 이익도 함께 얻고자 하는 것이다. 그러나 불행하게도 기업은 자신이 합병기업을 운영하는 데 어떤 특별한 기술을 갖고 있지 않다면 이익률에서 얻게 되는 이득이 총자산회전율의 감소에 의해 상쇄된다는 것을 알게 될 것이다.

그러나 이러한 이익이 모두 증분 현금흐름일까? 분명히 그렇지 않다. 위에서 제시한 이른바 "투자할 때"와 "투자하지 않을 때"의 비교 원칙에 따르면, 아이폰 11에 투자하지 않을 때 발생하는 현금흐름도 고려해야 한다. 애플이 아이폰11을 출시한다면 아이폰10에 대한 수요는 감소할 것이다. 따라서 증분 현금흐름은 다음과 같다.

이를 설명하는 데 숫자를 사용한 예가 도움이 될 것이다. 표 4.5는 애드미럴 모터스(Admiral Motors)와 그 부품 납품업자인 다이아나(Diana Corporation)의 매출액과 이익, 그리고 자산을 보여준다. 둘 다 자산에 대해 10% 이익률을 얻는다. 애드미럴은 작은 영업이익률(20%, 다이아나는 25%)을 갖지만 다이아나의 산출물은 모두 애드미럴로 가기 때문에 애드미럴의 경영자는 두 회사를 합병하는 것이 더 나을 것이라고 생각한다. 그렇게 하면 합병기업은 자동차 부품과 완성차 모두에서 이익률을 얻게 될 것이기 때문이다.

표 4.5의 아래 행은 합병 후 결과를 보여준다. 합병기업은 결합 이익을 얻는다. 다이아나가 생산한 모든 부품이 회사 내에서 사용되기 때문에 총매출은 $2천만으로 유지된다. 더 높은 수익성과 변하지 않는 매출로 이익률은 커진다. 불행히도 총자산회전율은 합병에 의해 감소한다. 합병기업은 더 많은 자산으로 운영되기 때문이다. 이것은 정확히 이익률이 커진 이점을 상쇄한다. 왜냐하면 총자산이익률은 변하지 않기 때문이다. ■

그림 4.2는 회전율과 이익률의 상충관계를 보여준다. 높은 평균 회전율을 갖는 산업이 낮은 평균 이익률을 갖는 경향이 있음을 알 수 있다. 대조적으로 높은 이익률은 전형적으로 낮은 회전율과 관련된다. 고전적인 예가 전기 또는 수도 유틸리티인데, 이들 산업은 엄청난 자본을 필요로 하기 때문에 총자산회전율이 낮을 수밖에 없다. 그러나 이들 산업은 추가 산출물당 한계비용이 극단적으로 낮아 높은 수익을 달성하고 있다. 그림에서 두 개의 곡선은 ROA가 각각 3%, 10%일 때의 이익률과 회전율의 조합을 나타낸 것이다. 이익률과 회전율이 산업에서 넓게 분포하고는 있지만, 그 변화는 상쇄되는 경향이 있다. 그래서 대부분 산업의 ROA는 3%에서 10% 사이에 분포한다.

4.6 셀프테스트

듀퐁공식(식 4.1)은 높은 총자산회전율을 갖는 기업이 일반적으로 높은 ROA를 갖는다는 것을 의미하는 것같다. 이것이 그렇지 않은 이유는 무엇인가?

표 4.5 납품업체나 고객을 합병하는 것은 일반적으로 이익률을 증가시키지만, 이는 총자산회전율의 감소에 의해 상쇄된다.

	매출액	수익	총자산	총자산 회전율	이익률	ROA
Admiral Motors	$20	$4	$40	0.50	20%	10%
Diana Corp.	8	2	20	0.40	25	10
Diana Motors(합병회사)	20	6	60	0.33	30	10

4.6 재무레버리지 측정

그림 4.1에서 지적한 것처럼, 주주 가치는 올바른 투자결정과 수익성 있는 운영뿐만 아니라 건전한 자본조달결정에 달려 있다. 먼저 재무레버리지 측정치를 살펴본 후, 유동성 측정치를 살펴본다.

기업이 돈을 빌릴 때는 일련의 이자를 지급하고 만기에 빌린 금액을 상환할 것을 약속한다. 이익이 많아진다 하더라도 채권자는 단지 정해진 이자만을 계속해서 받는다. 따라서 모든 이익은 주주에게 돌아간다. 물론 이익이 하락하면 그 반대가 된다. 이 경우 주주는 모든 고통을 부담한다. 몹시 어려운 시기가 되면, 부채가 매우 많은 회사는 부채를 상환할 능력이 없을 수도 있다. 이 회사는 파산하게 되고 주주는 투자액을 대부분 또는 전

그림 4.2 45개 산업에 대한 영업이
익률과 총자산회전율

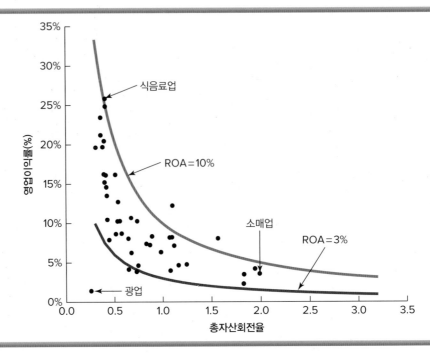

자료: U.S. Census Bureau, Quarterly Report for Manufacturing and Trade Corporations, Third Quarter 2017.

부 잃게 된다.

좋은 시기에는 부채가 주주에게 귀속되는 이익을 증가시키고 나쁜 시기에는 이익을 감소시키기 때문에 부채가 재무레버리지(financial leverage)를 야기한다고 한다. 레버리지비율은 회사가 얼마만큼 재무레버리지를 부담하는가를 측정한다. CFO는 채권자가 자기회사의 부채를 계속해서 보유하게 하려고 레버리지비율에 매우 주의를 기울인다.

부채비율(debt ratio)   재무레버리지는 보통 총 장기자본(즉 총시가총액)에 대한 장기부채의 비율로 측정된다. 여기서 "장기부채"는 채권 또는 다른 차입금뿐만 아니라 장기 리스도 포함해야 한다.[8] 홈디포의 경우 다음과 같다.

$$ \text{장기부채비율} = \frac{\text{장기부채}}{\text{장기부채} + \text{자기자본}} = \frac{24,267}{24,267 + 1,454} = 0.94 \text{ 또는 } 94\% $$

이는 장기자본 $1당 $0.94가 부채라는 것을 의미한다.

레버리지는 "부채−자기자본 비율"로도 측정된다. 홈디포의 경우 다음과 같다.

$$ \text{장기부채} - \text{자기자본 비율} = \frac{\text{장기부채}}{\text{자기자본}} = \frac{24,267}{1,454} = 16.69 $$

레버리지가 높은 기업들은 이 두 비율의 차이가 크다. 자본의 3분의 2를 부채로, 3분의 1을 자기자본으로 조달하여 홈디포보다 훨씬 낮은 레버리지를 갖는 기업(적어도 장부가치에 기초했을 때)의 경우, 장기부채비율은 67%이고 부채−자기자본 비율은 2이다.

미국 제조기업의 평균 장기부채비율은 약 33%로서, 홈디포보다 훨씬 낮다. 일부 기업은 의도적으로 높은 부채 수준에서 영업을 수행한다. 예를 들어, 21장에서 살펴볼 차입매수(leveraged buyout: LBO)로 인수되는 기업은 보통 많은 금액의 부채를 발행한다. 1990년대 LBO가 처음으로 대중화되었을 때 이 회사들의 평균 부채비율은 약 90%였다. 그 후 이들 중 많은 수가 성장하여 채권자에게 빌린 자금 전액을 상환하였으나, 운이 좋

---

8) 금융리스는 회사가 정기적으로 임대료를 지급할 것을 약속하는 장기 임대계약이다. 이 계약은 대출에 대해 지급할 의무가 있
는 것과 같다.

지 않았던 기업도 꽤 되었다.

부채비율에 시장가치보다 장부(즉 회계)가치가 사용된다는 점에 주의하라.[9] 원칙적으로 채권자는 회사의 시장가치에 더 관심이 있다. 시장가치가 회사 자산과 이들 자산이 창출하는 현금흐름의 실제 가치를 반영하기 때문이다. 이 회사의 시장가치가 부채를 초과한다면 채권자는 그들이 투자한 자금을 회수할 수 있다. 따라서 여러분은 부채와 자기자본의 총시장가치를 사용하여 부채비율을 계산해야 한다고 예상할 것이다. 그렇지만 장부가치 부채비율이 거의 전 세계적으로 사용된다.

시장가치가 아니라 장부가치 레버리지 비율을 사용하는 것이 중요한가? 아마도 그렇지 않다. 궁극적으로 기업의 시장가치는 연구개발과 광고, 직원 훈련 등에 의해 발생하는 무형자산의 가치를 포함한다. 이러한 자산은 쉽게 판매될 수 없고 회사가 어려움에 봉착한다면 이 자산의 가치는 함께 사라져버릴 것이다. 따라서 은행이 차입자에게 최대 부채비율 이내로 유지하라고 요구할 때, 보통 이 부채비율을 장부가치로 정의하고 재무상태표에 나타나지 않는 무형자산은 무시한다.

또한 이러한 레버리지 관련 지표의 경우 단기부채를 무시한다는 것에 주목하라. 단기부채가 일시적이거나 비슷한 현금을 보유하고 있다면, 이는 타당하다. 그러나 기업이 정기적으로 단기 차입에 의존한다면 부채의 정의를 모든 부채를 포함하는 것으로 확대하는 것이 좋을 것이다. 이러한 경우 다음과 같다.

$$총부채비율 = \frac{총부채}{총자산} = \frac{43,075}{44,529} = 0.97 \text{ 또는 } 97\%$$

위 계산과 같이 홈디포는 자금의 97%를 장기와 단기를 포함하는 부채로 조달하고, 3%를 자기자본으로 조달한다.[10] 이는 자기자본에 대한 총부채비율이 43,075/1,454＝29.6이라고도 표현할 수 있다.

경영자는 때때로 회사의 부채비율을 느슨하게 언급한다. 우리는 이 부채비율이 몇 가지 다른 방식으로 측정될 수 있음을 보았다. 하지만 이들 방식이 어떻게 정의되어야 한다는 법칙은 없으므로 주의해야 한다. 어떻게 계산되었는지를 모르면서 재무비율을 사용하지 마라.

이자보상비율(times interest earned ratio) 재무레버리지의 또 다른 지표는 이자 부담이 이익으로 충당될 수 있는 정도이다. 은행은 이익이 이자 지급액을 여유 있게 초과하는 기업에 대출하는 것을 선호한다. 이자보상비율은 이자 비용에 대한 이자 및 세금 전 이익(EBIT)의 비율로 계산된다. 홈디포의 경우 다음과 같다.

$$이자보상비율 = \frac{EBIT}{이자비용} = \frac{14,681}{983} = 14.9$$

홈디포는 보수적으로 자본을 조달하기 때문에 이자보상비율이 매우 높다. 때때로 채권자는 2에서 3 정도의 낮은 이자보상비율에도 만족한다.

정기적인 이자 지급은 회사의 채무불이행을 피하기 위해 반드시 넘어야 하는 장애물이다. 이자보상비율은 장애물과 선수 사이에 얼마나 여유가 있는가를 측정한다. 그러나 이 비율은 이야기의 일부분일 뿐이다. 예를 들어 이자보상비율은 만기에 도달했을 때 홈디포가 해당 부채를 상환하기에 충분한 현금을 창출하고 있는지를 말해주지는 않는다.

현금보상비율(cash coverage ratio) 3장에서 설명하였듯이, 감가상각비는 현금 지출항목

---

9) 리스 자산의 경우 회계사는 리스 계약의 현재가치를 추정한다. 장기부채의 경우 회계사는 단순히 액면가만을 제시하는데, 이는 시장가치와 매우 다를 수 있다.

10) 이 경우 부채 97%는 매입채무와 기타 유동부채와 같은 다른 채무를 포함한다.

이 아니다. 기업의 이익을 계산할 때 감가상각비는 현금으로 지출되지 않더라도 차감된다. EBIT에 감가상각비를 다시 더해 영업현금흐름을 계산한다고 하자. 현금보상비율을 계산해보자.[11] 홈디포의 경우 다음과 같다.

$$현금보상비율 = \frac{EBIT + 감가상각비}{이자비용} = \frac{14,681 + 1,811}{983} = 16.8$$

4.7 셀프테스트

한 회사가 액면가 $1,000만의 기존 부채를 상환하고 더 낮은 이자율로 $1,000만의 새로운 부채를 발행한다. 장기부채비율은 어떻게 되겠는가? 이자보상비율과 현금보상비율은 어떻게 되겠는가?

레버리지와 자기자본이익률

기업이 차입으로 자금을 조달할 때 채권자에게 이자를 지급해야 한다. 이는 순이익을 감소시킨다. 한편 기업이 주식을 발행하는 대신 차입을 하게 되면 더 적은 수의 주주들이 나머지 이익을 나누어 지급받게 된다. 어느 효과가 더 지배적인가? 자기자본이익률(ROE)을 네 부분으로 분해한 듀퐁공식의 확장형이 이 문제를 푸는 데 도움이 된다.

$$\text{ROE} = \frac{당기순이익}{자기자본} = \underset{\substack{\uparrow \\ 레버리지 \\ 비율}}{\frac{총자산}{자기자본}} \times \underset{\substack{\uparrow \\ 총자산 \\ 회전율}}{\frac{매출}{총자산}} \times \underset{\substack{\uparrow \\ 영업 \\ 이익률}}{\frac{세후 영업이익}{매출}} \times \underset{\substack{\uparrow \\ 부채 \\ 부담}}{\frac{당기순이익}{세후 영업이익}} \quad (4.2)$$

가운데 두 항의 곱은 총자산이익률이라는 것을 주목하라. 이 지표는 회사의 생산과 마케팅 기술에 달렸으며 회사의 자본조달 방법에 영향을 받지 않는다.[12] 그러나 첫째와 넷째 항은 부채−자기자본 조합에 달려 있다. 첫째 항, (자산/자기자본)은 레버리지 비율이라고 하는데, {(자기자본+부채)/자기자본}으로 나타낼 수 있다. 이것은 (1+총부채 대 자기자본비율)과 같다. 마지막 항은 "부채부담(debt burden)"이라 하는데 이자비용이 이익을 감소시키는 비율을 측정한다.

회사가 완전히 자기자본으로 조달되었다고 하자. 이 경우 첫째와 넷째 항은 1이다. 자기자본이익률은 총자산이익률과 같다. 회사가 부채를 사용하면 부채비율은 1보다 크다. (자산은 자기자본보다 더 많다.). 그리고 부채부담은 1보다 작다(이익 일부가 이자로 지급된다.). 따라서 레버리지는 자기자본이익률을 증가시킬 수도 있고 감소시킬 수도 있다. 사실 16장에서 회사의 총자산이익률이 부채 이자율보다 높을 때 레버리지가 ROE를 증가시키는 것을 볼 것이다. 홈디포의 자본이익률이 부채에 대해 지급하는 이자율을 초과하므로 자기자본이익률은 자본이익률보다 크다.

---

11) 무형자산의 감가상각을 감모상각(amortization)이라고 하고 이것도 또한 EBIT에 다시 더해준다. 이는 EBIT + 감가상각비(depreciation) + 감모상각비(amortization) = EBITDA이다. EBITDA 보상비율이 일반적이다. 여러분은 또한 여기에 포함된 기본적인 비율 외에 다양한 비율을 접하게 될 것이다.

12) 다시 세후 영업이익을 사용한다. 이는 당기순이익에 세후 이자비용을 더한 것이다.

4.7 유동성 측정

유동성
시장가치에 도달할 때 해당 자산을 팔 수 있는 능력.

여러분이 고객에게 신용을 확대하거나 단기 은행 대출을 해주려 한다면 레버리지 외에도 많은 것에 관심이 있을 것이다. 이 중에서도 해당 회사가 여러분에게 상환할 현금을 확보할 능력이 있는가를 알고 싶어할 것이다. 이것은 신용분석가 및 은행가가 **유동성**(liquidity) 관련 지표들을 보려는 이유이다. 유동자산은 빨리 그리고 적은 비용으로 현금으로 변환될 수 있다.

예를 들어, 여러분이 예상치 못한 큰 액수의 청구서를 받았을 때 무엇을 할 것인가를 생각해보라. 여러분은 은행에 돈을 갖고 있거나 쉽게 판매될 수 있는 어떤 투자안을 갖고 있을 수 있다. 그러나 여러분은 매우 오래된 스웨터를 현금화하기는 쉽지 않다는 것을 알 것이다. 마찬가지로 회사도 여러 가지 다른 유동성을 갖는 자산을 갖고 있다. 예를 들어, 매출채권과 완성품 재고는 일반적으로 유동성이 매우 높다. 재고자산이 판매되고 고객이 외상을 갚으면서 기업에 돈이 유입된다. 그러나 부동산은 유동성이 매우 낮다. 따라서 구매자를 찾고 공정한 가격을 협상하고 단기에 거래를 마무리하기가 어려울 수 있다.

경영자가 유동자산에 초점을 맞추는 또 다른 이유가 있다. 유동자산의 장부가치(재무상태표)는 일반적으로 신뢰할 수 있다는 것이다. 촉매분해기(catalytic cracker) 장부가치의 진정한 가치를 잘 알수는 없지만, 적어도 은행에 있는 현금이 얼마나 가치 있는가는 잘 알 수 있다.

유동성 비율 또한 일부 바람직하지 못한 특성이 있다. 단기 자산과 부채는 쉽게 변하기 때문에 유동성 관련 지표들은 쉽게 구식이 된다. 여러분은 촉매분해기의 가치가 얼마인지 알기 어렵지만, 그것이 하룻밤 사이에 사라지지는 않을 것이라고 확신할 수 있다. 은행에 있는 현금은 단 몇 초 만에 사라질 수도 있다.

또한 유동적인 자산이 비유동적으로 되는 좋지 못한 경우가 있다. 이것은 2008년 서브프라임 모기지 사태 동안 발생했다. 일부 금융기관은 구조화투자회사(structured investment vehicles, SIV)라고 하는 펀드를 설립하였다. SIV는 주택저당에 의해 뒷받침되는 단기부채를 발행하였다. 모기지의 채무불이행률이 상승하기 시작하면서 이 채권 시장의 유동성이 고갈되었고 딜러들은 가격을 고시하기를 매우 꺼리게 되었다.

은행가와 다른 단기 채권자들은 유동성 자산이 많은 기업을 선호한다. 그들은 상환만기가 되었을 때 이들 기업이 현금을 보유할 수 있다는 것을 안다. 그러나 유동성이 많다는 것이 항상 좋은 것만은 아니다. 예를 들어 효율적인 기업은 은행에 잉여현금을 남기지 않는다. 그들은 고객이 외상대금 지급을 연기하는 것을 허용하지 않고 원재료와 완성품을 창고 바닥에 쌓아놓지도 않는다. 다시 말하면 높은 유동성은 자본을 느슨하게 비효율적으로 사용한다는 것을 의미할 수도 있다. 여기서 EVA가 도움이 된다. 이것은 필요 이상으로 유동자산을 보유하고자 하는 경영자에게 불리하기 때문이다.

순운전자본 대 총자산 비율(net working capital to total assets ratio) 유동자산에는 현금과 시장성 유가증권, 재고자산, 매출채권 등이 있다. 유동자산은 매우 유동적이다. 유동자산과 유동부채의 차이를 순운전자본(net working capital)이라고 한다. 이것은 회사의 잠재적인 보유 현금을 대략적으로 측정한 것이다. 유동자산은 보통 유동부채를 초과하기 때문에 순운전자본은 대개 0보다 크다. 홈디포의 경우 다음과 같다.

$$순운전자본 = 18,933 - 16,194 = \$2,739백만$$

홈디포의 순운전자본은 총자산의 6.1%였다.

$$\frac{순운전자본}{총자산} = \frac{2,739}{44,429} = 0.061\ 또는\ 6.1\%$$

유동비율(current ratio)   유동비율은 유동부채에 대한 유동자산의 비율이다.

$$유동비율 = \frac{유동자산}{유동부채} = \frac{18,933}{16,194} = 1.17$$

홈디포는 유동부채 \$1당 유동자산 \$1.17을 가지고 있다.

유동비율의 변화는 오해를 일으킬 수 있다. 예를 들어, 회사가 은행에서 돈을 많이 빌리고 이것을 시장성 유가증권에 투자한다고 하자. 유동부채와 유동자산이 모두 증가한다. 따라서 다른 것이 변하지 않는다면 순운전자본은 영향을 받지 않고 유동비율은 변화한다. 이런 이유로 유동비율을 계산할 때 단기부채에 대해 순 단기투자액을 사용하는 것이 더 선호된다.

당좌비율(quick ratio) **또는 산성 비율**(acid-test ratio)   어떤 자산은 다른 자산보다 더 현금에 가깝다. 문제가 발생하면 재고자산은 점포정리 세일가격 이상으로 판매되지 않을 수 있다(보통 생산원가 이상으로 완성품 재고를 판매할 수 없어서 문제가 발생한다.). 따라서 경영자는 자주 유동부채에 대해 재고자산과 기타 유동자산 중 유동성이 작은 자산을 제외한 유동자산을 비교한다. 즉, 현금과 시장성 유가증권, 고객이 아직 지불하지 않는 매출채권에 초점을 맞춘다. 당좌비율은 다음과 같다.

$$당좌비율 = \frac{현금 + 시장성\ 유가증권 + 매출채권}{유동부채} = \frac{3,595 + 1,952}{16,194} = 0.34$$

현금비율(cash ratio)   한 회사의 가장 유동성 있는 자산은 현금과 시장성 유가증권이다. 이 때문에 재무분석가는 현금비율을 살펴본다.

$$현금비율 = \frac{현금 + 시장성\ 유가증권}{유동부채} = \frac{3,595}{16,194} = 0.22$$

회사가 짧은 시간에 자금을 융통할 수 있다면 현금비율이 낮은 것은 중요하지 않을 수 있다. 실제로 은행에서 빌렸는지, 아니면 회사가 원할 때마다 빌릴 수 있는 신용한도를 가졌는지는 아무도 상관하지 않는다. 표준적인 유동성 관련 지표들은 회사의 "잠재적인 차입능력"을 고려하지 않는다.

4.9   셀프테스트

a. 한 기업이 \$120만의 유동자산과 \$100만의 유동부채를 가지고 있다. 이 회사가 매입채무 중 일부를 갚으려고 \$550만의 현금을 사용한다면 유동비율은 어떻게 되겠는가? 순운전자본은 어떻게 되겠는가?

b. 한 회사가 추가로 재고자산을 사려고 보유 현금을 사용한다. 유동비율은 어떻게 되겠는가? 당좌비율은 어떻게 되겠는가?

4.8 재무비율의 해석

홈디포의 성과와 재무상태를 측정하는 요약 측정치를 어떻게 계산하는지 살펴보았다. 표 4.6은 이를 요약하고 있다.

이 지표들을 계산했으면 이들이 높은지 아니면 낮은지 판단하는 방법이 필요하다. 일부는 자연스러운 기준이 있다. 예를 들어 한 기업이 음(−)의 부가가치를 갖거나 자본비용보다 작은 자본이익률을 갖는다면 이 회사는 주주에게 부를 창출하지 못하는 것이다.

다른 지표들은 어떠한가? 총자산회전율 또는 이익률에 대해서는 적절한 기준이 없다. 만약 있다면 분명히 산업마다 다를 것이다. 한 기업의 성과를 측정할 때, 경영자들은 일반적으로 재무비율이 시간이 지남에 따라 어떻게 변하는지를 우선 살펴본다. 그리고 나서 이러한 측정치와 동일 산업에 속한 기업들의 측정치를 비교한다.

먼저 2017년 홈디포의 성과를 전년도와 비교한다. 예를 들어 그림 4.3은 1996년 이후 홈디포의 ROA 추이를 그림으로 나타낸 것이다. 우리는 ROA=총자산회전율×영업이익률이라는 것을 알고 있다. 그림은 1999년부터 이 회사가 자산을 통해 매출을 창출하는 능력이 감소하고 있음을 보여준다. 같은 기간 이러한 효과는 이익률의 증가를 상쇄하였다. 2008년 부동산시장의 침체로 이익률이 급격한 하락을 초래했을 때, 홈디포의 ROA는 훨씬 더 가파르게 감소하였다. 그 다음 해인 2009년 새로운 경영진에 의해 반전되었

표 4.6 홈디포의 재무비율 요약

성과 지표		
시장 부가가치(백만 달러)	자기자본의 시장가치−자기자본의 장부가치	$221,092
주가 대 장부가치 비율	자기자본의 시장가치÷자기자본의 장부가치	153.0
수익성 지표		
총자산이익률 (ROA)	세후 영업이익 / 총자산	21.6%
자본이익률 (ROC)	세후 영업이익 / (장기부채+자기자본)	34.7%
자기자본이익률 (ROE)	당기순이익 / 자기자본	199.2%
EVA (백만 달러)	세후 영업이익−(자본비용×자본)	$7,081
효율성 지표		
총자산회전율	매출액 / 연초 총자산	2.35
매출채권회전율	매출액 / 연초 매출채권	49.7
평균회수기간 (일)	연초 매출채권 / 일일 매출액	7.3
재고자산회전율	매출원가 / 연초 재고자산	5.3
재고자산일수	연초 재고자산 / 일일 매출원가	68.8
이익률	당기순이익 / 매출액	8.6%
영업이익률	세후 영업이익 / 매출액	9.2%
레버리지 지표		
장기부채비율	장기부채 / (장기부채+자기자본)	0.94
장기부채 대 자기자본 비율	장기부채 / 자기자본	16.69
총부채비율	총부채 / 총자산	0.97
이익보상비율	EBIT / 이자비용	14.9
현금보상비율	(EBIT+감가상각비) / 이자비용	16.8
유동성 지표		
순운전자본 대 총자산 비율	순운전자본 / 총자산	0.06
유동비율	유동자산 / 유동부채	1.17
당좌비율	(현금+시장성 유가증권+매출채권) / 유동부채	0.34
현금비율	(현금+시장성 유가증권) / 유동부채	0.22

그림 4.3 홈디포의 재무비율 추이

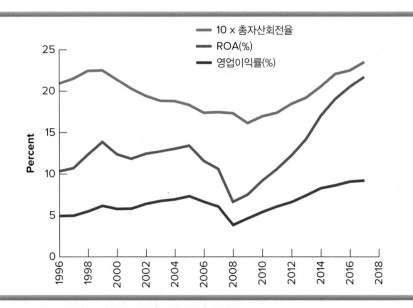

표 4.7 2017년 홈디포와 로위의 주요 재무 측정치

	Home Depot	Lowe's
성과 지표		
시장 부가가치(백만 달러)	$221,092	$62,677
주가 대 장부가치 비율	153.0	17.7
수익성 지표		
총자산이익률 (ROA)	21.6%	11.2%
자본이익률 (ROC)	34.7%	18.5%
자기자본이익률 (ROE)	199.2%	53.6%
EVA (백만 달러)	$7,081	$1,929
효율성 지표		
총자산회전율	2.35	1.99
매출채권회전율	49.7	116.7
평균회수기간 (일)	7.3	3.1
재고자산회전율	5.3	4.3
재고자산일수	68.8	84.4
이익률	8.6%	5.0%
영업이익률	9.2%	5.6%
레버리지 지표		
장기부채비율	0.94	0.73
장기부채 대 자기자본 비율	16.69	2.65
총부채비율	0.97	0.73
이익보상비율	14.9	10.4
현금보상비율	16.8	12.7
유동성 지표		
순운전자본 대 총자산 비율	0.06	0.02
유동비율	1.17	1.06
당좌비율	0.34	0.09
현금비율	0.22	0.06

는데, 이 회사는 총자산회전율과 이익률 모두 증가시켰다.

경영자는 또한 스스로에게 기업 성과를 경쟁업체와 어떻게 비교하는지 질문해야 한다. 표 4.7은 홈디포와 로위(Lowe's)의 주요 성과 측정치를 보여준다. 홈디포의 ROA는 더 높은데, 이는 총자산회전율이 높고 영업이익률이 더 낮기 때문이다. 홈디포의 부채비율은

표 4.8 주요 산업별 재무비율

	ROA, %	ROE, %	총자산 회전율	매출채권 회전율	재고자산 회전율	영업 이익률, %	장기부채 비율	이자보상 비율	유동비율	당좌비율
전체 제조업	6.54	13.82	0.64	9.17	8.34	10.16	0.38	3.75	1.25	0.64
식음료	7.54	15.32	0.86	12.64	10.05	8.82	0.40	5.00	1.50	0.67
소매	7.55	19.04	2.06	38.11	10.17	3.67	0.46	5.48	1.27	0.54
컨설트	4.13	8.96	0.72	6.09	92.09	5.78	0.34	2.59	0.88	0.63
화학	5.54	11.79	0.40	6.74	7.81	13.97	0.45	2.73	1.08	0.52
제약	4.67	9.43	0.32	6.16	7.36	14.68	0.50	2.74	1.06	0.54
기계	6.48	13.97	0.70	8.06	6.27	9.28	0.32	4.07	1.26	0.59
전기	1.67	2.33	0.54	7.19	5.84	3.08	0.35	3.97	1.23	0.63
자동차	4.64	11.02	1.18	14.31	13.43	3.92	0.27	4.90	1.02	0.54
컴퓨터와 전자	7.80	15.47	0.39	8.27	10.64	20.00	0.37	2.86	1.22	0.77

출처: U.S. Census Bureau, Quarterly Financial Report for Manufacturing, Mining, Trade, and Selected Service Industries, second quarter 2018.

높지만 수익성이 좋아 이자를 갚을 능력이 더 낫다. 홈디포는 재고자산을 빠르게 회전한다. 그러나 긴 회수기간은 청구서 회수가 덜 효율적이라는 것을 보여준다. 이는 실제 환영에 가깝다. 로위는 매출채권을 다른 사람에게 판매하여 재무상태표의 매출채권을 낮은 수준으로 유지한다. 여기서 교훈은 무엇일까? 비율은 전략마다 다를 수 있고 사업을 강화하거나 문제를 일으킬 수도 있다. 그러나 여러분은 수치의 의미를 완전히 이해하기 위해 보다 더 면밀히 살펴야 할 것이다.

홈디포와 로위는 가까운 경쟁자이므로 이들의 재무비율을 서로 비교하는 것은 타당하다. 그러나 모든 재무비율이 산업 일반으로 해석되어서는 안된다. 예를 들어 여러분은 청량음료업자가 보석상과 같은 이익률을 갖거나 금융기관과 같은 레버리지를 가질 것이라고 예상하지 않을 것이다. 표 4.8은 산업별 몇몇 재무비율을 보여준다.

산업에 따라 크게 변하는 것에 주목하라. 이러한 차이, 특히 수익성 지표의 차이는 우연히 발생한 것일 수도 있다. 2017년에는 일부 산업에만 해가 비쳤다. 그러나 이 차이는 또한 보다 근본적인 산업 요인을 반영하기도 한다. 예를 들어 컴퓨터 기업은 자산을 느리게 회전하지만 매출에 대해 높은 이익률을 갖는다. 대조적으로 소매기업은 자산이 빠르게 회전한다. 그러나 경쟁 때문에 소매기업의 영업이익률은 상대적으로 낮다. 이러한 순효과로 두 산업의 ROA는 거의 비슷하다.

이제 재무비율을 해석하는 방법을 알고 있게 되었으니, 여러분은 다른 미국 회사의 여러 비율을 비교할 수 있을 것이다.

4.10 셀프테스트

동일 산업 내에서도 사업 유형에는 상당한 차이가 있을 수 있으며 이는 재무비율에 나타난다. 2017년도 두 기업에 대한 자산, 매출액, 수익 자료가 있다. 각 기업의 총자산회전율, 영업이익률, ROA를 계산하시오. 각 경우에 수치는 매출액 대비 백분율로 표현하시오. 한 기업은 월마트이고, 다른 하나는 티파니(Tiffany)이다. 각각 어디인지 설명하시오.

	기업 A	기업 B
매출액	100	100
자산	40.9	131.1
당기순이익+세후 이자	4.25	19.41

4.9 재무비율의 역할

두 경영자가 회사의 상태를 논의한다면 이들은 항상 재무비율을 언급할 것이다. 두 대화에 참여해보자.

대화 1   CEO가 큰 소리로 말하고 있었다. "이 확장에 필요한 돈을 어떻게 조달할 것입니까? 우리가 필요한 $3,000만을 은행이 기꺼이 대출해주겠습니까?"

재무관리자가 대답하였다. "그 점에 대해 살펴보고 있었습니다. 현재 우리 회사의 부채비율은 30%입니다. 우리가 투자안에 필요한 비용을 전부 빌린다면, 이 비율은 약 45%가 될 것입니다. 지난번 마지막으로 은행에서 돈을 빌릴 때 부채비율이 50% 이상이 되지 않게 하겠다고 동의했습니다. 따라서 이 투자안을 위해 은행 대출을 받는다면 회사가 비상사태에 빠질 경우 탈출구를 갖지 못하게 될 것입니다. 현재 우리 채권은 신용평가기관에 의해 "투자등급"을 받고 있습니다. 그들 또한 채권을 평가할 때 우리 회사의 레버리지를 살펴볼 것입니다. 여기 기업들이 부채를 많이 썼을 때 해당 기업의 채권이 낮은 등급을 받는다는 것을 보여주는 표(표 4.9)가 있습니다. 우리 부채비율이 45%로 증가한다면 신용평가기관이 우리 채권의 등급을 낮출 것인기에 대해서는 확실히 알 수 없지만, 그럴 가능성은 있습니다. 이러한 일이 발생한다면 기존 채권자들은 매우 언짢아할 것이며, 이는 신규 차입 비용을 증가시킬 것입니다."

"이자보상비율에 대해서도 생각할 필요가 있습니다. 이 지표는 이제 여유가 얼마 남지 않기 시작했습니다. 현재 이자보상비율은 3배 정도입니다. 그런데 $3,000만 전부를 대출로 조달한다면 이자보상비율은 약 2배로 하락할 것입니다. 새로운 투자가 추가 수익을 낼 것이라고 확실히 예상되기는 하지만, 실현되기까지는 몇 년이 걸릴 수도 있습니다. 반면에 예상치 못한 경기후퇴기를 맞는다면 우리 회사는 현금이 부족할 것입니다."

"주식발행이 가능한가에 대해 생각해야만 한다는 말처럼 들리는군요." CEO는 말을 맺었다.

대화 2   이 CEO는 회사 골프대회에서 포장부문 관리자에게 굴욕적인 패배를 당하고 나서 기분이 좋지 않았다. "우리 회사 주식이 어제 다시 하락했군요. 이제 주가는 장부가치보다 낮으며 겨우 이익의 6배에 불과합니다. 나는 회사를 위해 정말 열심히 일하고 있습니다. 당신은 우리 주주가 내게 고마움을 더 많이 표시해야 한다고 생각하지 않습니까?" 라고 그는 으르렁거렸다.

"저는 우리 주주들의 우려를 조금은 이해할 수 있다고 생각합니다."라고 재무관리자는 대답한다. "총자산이익률을 봅시다. 이 지표는 겨우 6%이고 자본비용보다도 많이 낮습

표 4.9 비금융 북미기업의 신용등급별 재무비율의 중앙값

신용등급	영업이익률(%)[a]	EBITA[b] / 총자산	장기부채비율(%)[c]	현금보상비율[d]
Aaa	25.4	12.3	35.1	17.2
Aa	17.4	10.2	31.0	15.2
A	14.9	10.8	40.7	13.1
Baa	12.0	8.7	46.4	8.1
Ba	11.5	8.5	55.7	5.1
B	9.0	6.7	65.8	2.9
C	4.6	4.1		1.6

주: a. 영업이익/순매출
   b. EBITA는 이자, 세금, 감모상각 전 이익
   c. 장기부채 / 총자본의 장부가치
   d. EBITA / 이자비용 (EBITA는 이자, 세금, 감모상각 전 이익)
출처: Moody's Investor Service, "Moody's Financial Metrics Key Ratios by Rating and Industry for Global Non - Financial Corporates: December 2016".

니다. 우리가 이익을 내고 있다는 것은 확실합니다. 그렇지만 이익이 투자자가 제공하는 돈의 비용을 충당하지 못하고 있습니다. 실제로 우리 회사의 경제적 부가가치는 마이너스입니다. 물론 이러한 사실이 반드시 이 자산을 다른 데에 더 잘 활용할 수 있다는 것을 의미하지는 않습니다만, 우리는 분명히 사업부문 중 어느 부문을 매각하거나 자산을 재배치해야 하는가에 대해 신중히 검토해야만 합니다."

"어떤 면에서 보면 지금 우리 회사는 좋은 상태에 있기도 합니다. 단기부채가 거의 없고 유동자산은 유동부채의 3배나 됩니다. 그러나 이는 종합적으로 보면 좋은 소식이 아닙니다. 왜냐하면 이는 필요 이상으로 많은 운전자본을 가지고 있다는 것을 의미하기 때문입니다. 주요 경쟁자를 살펴보았는데, 그들은 재고를 1년에 12번 회전하지만 우리는 단지 8번 회전하고 있습니다. 또한 그들은 평균 45일만에 고객으로부터 대금을 회수하지만 우리는 67일이나 걸립니다. 우리가 이들 두 지표에서 경쟁자들의 성과를 따라잡는다면 주주에게 $3억을 지급할 수 있을 것입니다."

"그 문제에 대해서는 내일 좀 더 이야기합시다."라고 CEO가 말했다. "대신, 우리 회사 재고수준과 회수 정책에 대해 생산관리자와 신용관리자에게 할 말이 있습니다. 재무관리자는 우리가 포장부문을 매각해야 하는지를 함께 생각해주세요! 나는 그 부문의 관리자에게 항상 우려를 금치 못했어요. 그는 백스윙을 연습하는 데는 시간을 아끼지 않으면서 자신이 맡은 부문의 총자산이익률에 대해서는 전혀 신경을 쓰지 않고 있어요."

요약 SUMMARY

공개기업에서 주주의 가치가 증가하는지를 어떻게 측정하는가?
(학습목표 4-1)

공개기업은 상대적으로 쉽다. 주가에 발행주식수를 곱한 총시장가치로부터 시작하라. 총시장가치와 자기자본의 장부가치 간의 차이는 기업이 행한 투자와 영업활동으로부터 발생한 시장 부가가치를 측정한다. 자기자본의 장부가치는 주주에 의한 누적 투자액이다. 주가 대 장부가치 비율은 부가가치를 표현하는 또 다른 방법이다.

비공개기업의 경우 주가를 알 수 없기 때문에 재무관리자와 재무분석가는 공개기업과는 다른 성과 지표를 사용해야 한다.

재무성과를 측정하는데 어떤 지표를 사용하는가?(학습목표 4-2)

재무관리자와 재무분석가는 자기자본이익률(ROE)을 살펴본다. 그들은 주주가 스스로 투자한 것보다 기업이 더 많이 벌어들이고 있는지를 파악하려고 이 수익성 지표와 자기자본비용을 비교한다. 또한 자본이익률(ROC)과 총자산이익률(ROA)도 살펴본다. 다른 방법으로는 회사가 모든 비용을 차감하고 얼마를 벌었는가를 보려고 이익에서 자본비용을 차감하는 것이다. 이 지표를 경제적 부가가치(EVA) 또는 잔여이익이라고 한다. EVA는 잘 사용되지 않는 자산을 보유하지 않는 관리자에게 유리하기 때문에 공장과 사업부문 관리자에게 유용한 기준이다.

수익성, 효율성, 레버리지 및 유동성과 관련된 표준적인 지표는 무엇인가? (학습목표 4-3)

재무관리자와 재무분석가는 재무제표에 담긴 매우 많은 정보를 압축해야 한다. 관리자는 회사의 재무 성과와 영업 효율성, 재무 건전성을 요약하기 위해 단지 몇 개의 비율만을 사용한다. 표 4.6을 다시 보자. 이 표는 가장 중요한 비율을 요약하고 있다. 이들 비율이 때때로 다른 이름으로 표시되거나 다르게 계산될 수도 있다는 점도 기억하라.

수익성 비율은 투자 이익률을 측정한다. 레버리지 비율은 회사가 얼마를 빌렸고, 얼마의 이자를 지급할 의무가 있는가를 측정한다. 효율성 비율은 회사가 자산을 얼마나 효율적으로 사용하는가를 측정한다. 유동성 비율은 회사가 현금을 얼마나 쉽게 확보할 수 있는가를 측정한다. 재무비율은 재무적 논의나 계약에서 반복해서 나타난다. 예를 들어, 은행과 채권자는 보통 차입자의 부채비율이나 이자보상비율에 제한을 둔다.

총자산이익률과 자기자본이익률의 결정요인은 무엇인가?
(학습목표 4-4)

듀퐁시스템은 회사의 총자산이익률과 자기자본이익률을 설명하기 위해 재무비율을 연결한다. 총자산이익률은 총자산회전율과 영업이익률의 곱이다. 자기자본이익률은 부채비율과 총자산회전율, 영업이익률, 부채부담의 곱이다.

재무재표 분석의 단점은 무엇인가? (학습목표 4-4)

재무비율 분석을 기계적으로 사용한다면 이는 별로 유용하지 않다. 재무비율은 해답을 제시하는 것이 아니라 올바른 질문을 하게 도와준다. 게다가 회계자료가 반드시 시장가치를 적절히 반영하지는 않는다. 그리고 드물기는 하지만, 부도덕한 경영자가 재무제표에서 좋은 소식을 꾸며내고 나쁜 소식을 감출 경우 회계는 투명하지 않게 된다. 이러한 비율로부터 회사의 재무상태를 평가하기 위한 기준이 필요하다. 이를 위해서는 이전 연도의 재무비율과 비교하거나 같은 업종의 다른 기업의 재무비율과 비교하는 것이 일반적인 방법이다.

식 목록 LISTING OF EQUATIONS

$$4.1 \quad 총자산이익률 = \frac{세후\ 영업이익}{총자산}$$

$$= \underbrace{\frac{매출액}{총자산}}_{총자산회전율} \times \underbrace{\frac{세후\ 영업이익}{매출액}}_{영업이익률}$$

$$4.2 \quad ROE = \frac{당기순이익}{자기자본} = \underbrace{\frac{총자산}{자기자본}}_{\substack{레버리지\\비율}} \times \underbrace{\frac{매출}{총자산}}_{\substack{총자산\\회전율}} \times \underbrace{\frac{세후\ 영업이익}{매출}}_{\substack{영업\\이익률}} \times \underbrace{\frac{당기순이익}{세후\ 영업이익}}_{\substack{부채\\부담}}$$

연습문제 QUESTIONS AND PROBLEMS

1. 시장 부가가치. Locust Farming의 간단한 재무상태표는 다음과 같다.

유동자산	$42,524	유동부채	$29,755
장기자산	46,832	장기부채	27,752
		기타 부채	14,317
		자기자본	17,532
합계	$89,356	합계	$89,356

Locust의 발행주식수는 657(백만)주이며 주가는 $830이다. (학습목표 4-1)

a. 시장 부가가치를 계산하시오.

b. 시장 대 장부가치 비율을 계산하시오.

   c. 이 회사는 자기자본의 백분율(즉 주주가 기여한 순자본의 백분율)로서 주주를 위해 얼마나 많은 가치를 창출했는가?

2. **시장 부가가치.** Home Depot의 주가가 10% 하락했다고 가정하자. (학습목표 4-1)

   a. 회사의 시장 부가가치는 증가하겠는가? 감소하겠는가?

   b. 이러한 변화는 회사의 경영성과를 여러분의 평가에 어떤 영향을 미치는가?

   c. 같은 해에 전체 주식시장은 홈디포보다 큰 폭인 20% 하락했다고 하자. 여러분은 이러한 변화로 이 기업의 성과 평가를 재고하겠는가?

   d. 기업의 경영평가와 시장 부가가치를 비교하는 것에 개선할 점이 있다고 생각하는가?

3. **성과 측정.** 다음은 Watervan Corporation의 재무제표이다.

손익계산서(백만 달러)	
순매출액	$881
매출원가	741
감가상각비	31
Earnings before interest and taxes (EBIT)	109
이자비용	12
세전 이익	97
법인세	20
당기순이익	77

재무상태표(백만 달러)		
	연말	**연초**
자산		
유동자산	$369	$312
장기자산	258	222
총자산	$627	$534
부채와 자기자본		
유동부채	$194	$157
장기부채	108	121
자기자본	325	256
총부채와 자기자본	$627	$534

이 회사의 자본비용은 8.5%이다. (학습목표 4-2)

   a. Watervan의 EVA를 계산하시오.

   b. ROC는 얼마인가? (연초 기준)

   c. ROE는 얼마인가? (연초 기준)

   d. 이 회사는 주주를 위해 가치를 창출하고 있는가?

4. **성과 측정.** 자본비용이 10%일 때 4.3절에서 홈디포의 경제적 부가가치를 다시 계산하시오. (학습목표 4-2)

5. **경제적 부가가치.** ROC가 양수(+)이고 자본비용보다 클 때마다 EVA는 양수이다. 왜 그런지 설명하시오. (학습목표 4-2)

6. **자본이익률.** Microlimp은 한 해 동안 새로운 자본조달이 없었지만, 많은 수익을 달성하여 이를 재투자하였다. 이 회사의 ROC 계산 시 연초와 연말 자본의 평균을 사용하는 것이 타당하겠는가, 연초의 자본을 사용하는 것이 타당하겠는가? Microlimp이 연초에 큰 부채를 발행했다면 여러분의 답은 변하는가? 간단한 예를 들어 답하시오. (학습목표 4-2)

7. **재무비율.** 2017년 Phone Corporation의 간략한 재무제표는 다음과 같다.

손익계산서(백만 달러)	
순매출액	$13,193
매출원가	4,060
기타 비용	4,049
감가상각비	2,518
Earnings before interest and taxes (EBIT)	$ 2,566
이자비용	685
세전 이익	$ 1,881
법인세(35%)	658
당기순이익	$ 1,223
배당	856

재무상태표(백만 달러)	연말	연초
자산		
현금과 시장성 유가증권	$ 89	$ 158
매출채권	2,382	2,490
재고자산	187	238
기타 유동자산	867	932
총유동자산	$ 3,525	$ 3,818
유형자산	19,973	19,915
기타 장기자산	4,216	3,770
총자산	$27,714	$27,503
부채와 자기자본		
매입채무	$ 2,564	$ 3,040
단기부채	1,419	1,573
기타 유동부채	811	787
총유동부채	$ 4,794	$ 5,400
장기부채	7,018	6,833
기타 장기부채	6,178	6,149
자기자본	9,724	9,121
총부채와 자기자본	$27,714	$27,503

각 절에 나열된 방법으로 Phone Corporation의 다음 재무비율을 계산하시오. (학습목표 4-3)

a. ROE(평균 기준)

b. ROA(평균 기준)

c. ROC(평균 기준)

d. 평균재고일수(연초 기준)

e. 재고자산회전율(연초 기준)

f. 평균회수기간(연초 기준)

g. 영업이익률

h. 장기부채비율(연말 기준)

i. 총부채비율(연말 기준)

j. 이자보상비율

k. 현금보상비율

l. 유동비율(연말 기준)

m. 당좌비율(연말 기준)

8. 재무비율. Geomorph Trading의 단순화된 재무상태표를 참고하시오. (학습목표 4-3)

유동자산	$100	유동부채	$ 60
장기자산	500	장기부채	280
		기타 부채	70
		자기자본	190
	$600		$600

   a. 부채 대 자기자본 비율은 얼마인가?

   b. 총 장기부채 대 총 장기자본 비율은 얼마인가?

   c. 순운전자본은 얼마인가?

   d. 유동비율은 얼마인가?

9. 매출채권. Chik's Chickens의 매출채권은 $6,333이다. 올해 매출액은 $9,800이었다. 평균 회수 기간은 얼마인가? (학습목표 4-3)

10. 재고자산. Salad Daze는 $400 상당의 농산물 재고를 유지한다. 1년 동안 농산물의 총 청구액은 $73,000이었다. 이 회사가 고객에게 양상추를 서비스하기까지 평균적으로 얼마나 오래 걸렸는가? (학습목표 4-3)

11. 이자보상비율. 지난해 TVG의 매출액은 $300만, 매출원가는 $250만, 감가상각비는 $20만이었다. 이 회사는 이자율 8%로 $100만의 부채를 한 차례 발행했다. 이 회사의 이자보상비율은 얼마인가? (학습목표 4-3)

12. 레버리지비율. Lever Age는 액면가 $1,000만의 부채 $1,000만에 대해 8%의 이자를 지불하고 있다. 이 회사의 EBIT은 $100만이다. (학습목표 4-3)

   a. 이자보상비율은 얼마인가?

   b. 감가상각비가 $20만이라면, 현금보상비율은 얼마인가?

13. 재무비율. 일반적으로 인정되는 재무비율에 대한 정의는 없지만, 다음 비율 중 일부는 전혀 의미가 없다. 정의가 올바르지 않은 경우 올바른 것을 대체하시오. (학습목표 4-3)

   a. 부채 대 자기자본 비율 = 장기부채 / (장기부채 + 자기자본)

   b. 자기자본이익률 = 당기순이익 / 평균 자기자본

   c. 영업이익률 = 세후 영업이익 / 매출액

   d. 재고자산회전율 = 총매출액 / 평균 재고자산

   e. 유동비율 = 유동부채 / 유동자산

   f. 평균회수기간 = 매출액 / (평균매출채권 / 365)

   g. 당좌비율 = (현금 + 시장성 유가증권 + 매출채권) / 유동부채

14. 총자산회전율. 각 경우에 자산회전율이 더 높은 기업을 고르시오. (힌트: 각 기업의 사업모델의 생리를 고려하시오. 예를 들어 그 기업이 더 많은(적은) 자본을 필요로 하겠는가? 그 기업이 매출(이익률)을 높이기 위해 노력하겠는가? (학습목표 4-3)

   a. 경제컨설팅그룹 / 홈디포

   b. 카탈로그 쇼핑네트워크 / 구찌

   c. 전기 유틸리티 기업 / 스탠다드 수퍼마켓

15. 재고자산회전율. (학습목표 4-3)

   a. $10만 수준의 재고자산을 갖는 기업은 30일의 매출을 보인다면, 연간 매출원가는 얼마인가?

   b. 재고자산회전율은 얼마인가?

16. 레버리지.   어떤 기업이 0.4의 장기부채-자기자본비율을 갖고 있다. 자기자본이 $100만이다. 유동자산은 $20만, 유동비율은 2이다. 유동부채에는 매입채무만 있다. 총부채비율은 얼마인가? (학습목표 4-3)

17. 레버리지비율.   어떤 기업의 부채 대 자기자본 비율이 0.5, 시가 대 장부가치 비율은 2이다. 자기자본의 시장가치 대 장부가치의 비율은 얼마인가? (학습목표 4-3)

18. 유동성비율.   어떤 기업이 재고자산을 구매하기 위해 현금으로 $100만을 사용한다. (학습목표 4-3)

    a. 유동비율은 증가하겠는가? 감소하겠는가?

    b. 당좌비율은 증가하겠는가? 감소하겠는가?

19. 유동비율.   다음 사건은 어떤 기업의 유동비율을 증가시키겠는가? 감소시키겠는가? (학습목표 4-3)

    a. 재고자산의 판매

    b. 은행 대출을 받아 납품업체의 대금 지불

    c. 언제든지 납품업체의 대금을 지불할 수 있는 대출을 받기 위해 은행 신용한도 조정

    d. 고객의 연체된 대금 회수

    e. 추가적인 재고자산 구입을 위해 현금 사용

20. 재무비율.   다음은 참인가 거짓인가? (학습목표 4-3)

    a. 어떤 기업의 부채-자기자본 비율은 항상 1보다 작다.

    b. 당좌비율은 항상 유동비율보다 작다.

    c. 수익성이 있는 기업의 경우, 자기자본이익률은 총자산이익률보다 항상 작다.

21. 재무비율 해석하기.   다음 중 해당 재무비율이 더 큰 기업은 어느 것인지 기술하시오. (힌트 각 기업 사업모델의 생리를 고려하시오. 예를 들어 그 기업이 많은(작은) 자본을 필요로 하겠는가? 그 기업이 높은 매출(이익률)을 위해 노력하겠는가? 상품을 현금(신용)으로 판매하나?) (학습목표 4-3)

    a. 부채-자기자본 비율: 해운회사 / 컴퓨터 소프트웨어 회사

    b. 자산 대비 매출 비율: 펄프 및 종이 제조업자 / 제지공장

    c. 평균회수기간: 지역 전력회사 / Z마트 할인 아울렛

22. 재무비율.   여러분이 보는 것처럼, 어떤 사람이 Transylvania Railroad의 재무상태표와 손익계산서의 일부 항목에 잉크를 엎질렀다. 여러분은 다음 정보를 사용하여 빠진 항목을 찾을 수 있는가? (학습목표 4-3)

장기부채비율	0.4
이자보상비율	8.0
유동비율	1.4
당좌비율	1.0
현금비율	0.2
재고자산회전율	5.0
평균회수기간	73일

손익계산서(백만 달러)	
순매출액	___
매출원가	___
판매와 일반관리비	10
감가상각비	20
Earnings before interest and taxes (EBIT)	___
이자비용	___
세전 이익	___
법인세(35%)	___
당기순이익	___

재무상태표(백만 달러)	올해	작년
자산		
현금과 시장성 유가증권	___	20
매출채권	___	34
재고자산	___	26
총유동자산	___	80
유형자산	___	25
총자산	___	105
부채와 자기자본		
매입채무	25	20
단기부채	30	35
총유동부채	___	55
장기부채	___	20
자기자본	___	30
총부채와 자기자본	115	105

a. 총자산

b. 총유동부채

c. 총유동자산

d. 현금과 시장성 유가증권

e. 매출채권

f. 재고자산

g. 고정자산

h. 장기부채

i. 자기자본

j. 순매출액

k. 매출원가

l. EBIT

m. 이자비용

n. 세전 이익

o. 법인세

p. 당기순이익

23. 재무비율 해석하기. (학습목표 4-3)

a. 표 4.8을 보고, 이 표의 산업별 표준에 대해 영업이익률과 총자산회전율의 산포도

(scatter diagram)를 그리시오. 두 변수 간의 관계가 어떠한가? 이는 타당한가?

　　b. 이제 현금비율과 당좌비율의 산포도를 그리시오. 이 두 유동성 비율은 같이 움직이는 경향이 있는가? 이 두 비율 중 하나를 알면 다른 것을 계산하는 실익이 없다고 결론을 내일 것인가?

24. 듀퐁 분석. 작년 일렉트릭 오토(Electric Autos)는 $1억의 매출을 달성했으며, 작년 초 자산은 $1억 5천만이었다. 작년 초 ROA가 15%라면, 영업이익률은 얼마인가? (학습목표 4-4)

25. 듀퐁 분석. Torrid Romance Publishers의 총 매출채권은 $3,000이며 이는 20일의 매출을 나타낸다. 평균 총자산은 $75,000이다. 이 회사의 영업이익률은 5%이다. 이 회사의 ROA와 총자산회전율을 구하시오. (학습목표 4-4)

26. 듀퐁 분석. Keller Cosmetics는 5%의 영업이익률과 3의 자산회전율을 유지한다. (학습목표 4-4)

　　a. ROA는 얼마인가?

　　b. 부채−자기자본 비율이 1이고, 이자비용과 세금이 각각 $8,000이며, EBIT는 $20,000이다. ROE는 얼마인가?

27. 재무비율 해석하기. CFA Corp.은 산업 평균보다 낮은 부채−자기자본 비율을 가지고 있다. 그러나 현금보상비율도 또한 산업 평균보다 낮다. 이 외관상 모순을 어떻게 설명하겠는가? (학습목표 4-4)

28. 재무비율 사용하기. 이번 장에서 논의된 재무비율의 각 범주에 대해 누가 이러한 비율을 검토할 것인지에 대해 예를 들고 그 이유를 설명하시오. (학습목표 4-5)

웹 연습 WEB EXERCISES

1. finance.yahoo.com에 로그온하여 Home Depot의 최신 재무제표를 찾으시오. 이번 장에서 제시한 재무제표의 주요 변경 사항은 무엇인가? 여러분이 홈디포의 채권자라면, 이러한 변화에 대해 여러분은 더(덜) 행복하겠는가?

셀프테스트 해답 SOLUTIONS TO SELF−TEST QUESTIONS

4.1 시가총액은 $75 × 14.5백만 주=$10억 8,750만이다. 시장 부가가치는 $1,087.5−$610=$4억 7,750만이다. 주가 대 장부가치 비율은 1,087.5/610=1.78이다. 주당 장부가치는 $610/14.5백만 주=$42.07이고, 주가 대 장부가치 비율은 $75/$42.07=1.78이다.

4.2 자기자본비용은 0.115 × $18,800만=$2,162만이다. EVA는 $30−$21.62=$838만이다.

4.3 세후 영업이익은 이자비용 지출 전에 계산된다. 당기순이익은 이자비용 지출 후 계산된다. 재무관리자는 일반적으로 당기순이익으로 시작하므로 세후 영업이익을 얻기 위해 세후 이자를 더해준다. 세후 영업이익은 기업의 투자와 영업활동에 대한

수익성을 측정한다. 제대로 계산되면, 자본조달의 영향을 받지 않는다.

4.4 ROE는 순이익을 장부가치 자기자본으로 나눈 자기자본이익률을 측정한다. ROC 와 ROA는 주주에게 돌아가는 순이익뿐만 아니라 이자비용까지 포함하여 모든 투 자자에게 돌아가는 수익을 측정한다. ROC는 장기부채와 자기자본에 대한 수익을 측정한다. ROA는 총자산에 대한 수익을 측정한다.

4.5 평균 일별 비용은 66,548/365=$18,230만이다. 연초 매입채무는 $700,000만이 다. 따라서 평균지급지연일수는 7,000/182.3=38.4일이다.

4.6 빠른 총자산회전율을 갖는 산업은 경쟁 때문에 가격이 하락하게 되고 이익률을 줄 인다.

4.7 신구 부채의 액면가가 같아서 장부가치를 이용하는 장기부채비율은 변하지 않는 다. 그러나 이자비용이 줄어 이자보상비율과 현금보상비율은 증가한다.

4.8 a. 이 회사는 평균 이상의 회전율로 평균 이하의 이익률을 보상해야 한다. ROA는 영업이익률×회전율이라는 것을 기억하라.

b. ROA가 산업 평균과 같지만, ROE가 산업 평균보다 크다면 이 회사는 평균 이 상의 레버리지를 가지고 있다. ROA가 차입이자율을 넘는 한 레버리지는 ROE 를 증가시킬 것이다.

4.9 a. 유동비율은 1.2/1.0=1.2로 시작한다. 이 거래는 유동자산을 $70만로, 유동부 채를 $50만로 줄인다. 유동비율은 0.7/0.5=1.4로 증가한다. 순운전자본은 영향 을 받지 않는다. 유동자산과 유동부채는 같은 금액만큼 하락한다.

b. 유동비율은 영향을 받지 않는다. 이 회사는 단순히 하나의 유동자산(현금)을 다 른 유동자산(재고자산)으로 바꾸기 때문이다. 그러나 당좌비율은 재고자산이 가장 유동적인 자산에 포함되지 않기 때문에 하락한다.

4.10

	기업 A	기업 B
1. 총자산회전율	2.45	0.76
2. 영업이익률 (%)	4.25	19.41
3. ROA (%) (=1×2)	10.4	14.8

기업 A는 Walmart이다. 이 회사는 자산에서 많은 양의 매출을 창출하지만, 이익률은 상대적으로 낮다. 그 반대는 Tiffany(기업 B)이다. 두 회사는 총자산회전율과 이익률이 크게 다르지만 총자산이익률의 차이는 훨씬 작다.

미니 케이스

Burchetts Green은 은행 교육과정을 마쳤다. 그리고 기업 대출 부서에서 첫 업무를 시작하는 데 만족했다. 그날 아침 일찍 회장은 Hobby Horse Company Inc.(HH)의 재무제표 한 세트를 그에게 건네주었다. 회장이 말하길, "Hobby Horse는 우리 은행에서 9월말 만기가 되는 $4,500만을 차입하고 있는데, 상환을 연기해달라고 요구할 것 같군요. 이 회사는 최근에 힘든 상황에 놓여 있는

것으로 보입니다. 나는 Furze Platt에게 오늘 오후 거기에 가서 상황이 어떤지 보라고 했는데, 당신도 그녀와 함께 가는 것이 좋겠군요. 가기 전에 이 재무제표를 보고 무엇이 문제인지 생각해보세요. 당신이 교육과정에서 배웠던 것들을 활용할 기회입니다." Green은 HH 사정을 잘 알고 있었다. 이 회사는 1990년에 설립되어 공예와 취미를 위한 재료를 파는 할인점 체인으로 성장하였다. 그러나

작년 크리스마스에 맞추어 새로 개장한 많은 가게가 이 회사에 손실을 안겨 주었다. 경영자는 모든 신규 공사를 중지시켰고 기존 가게 중 15개를 매각하기로 결정하였다. Green은 HH의 6년 간 요약 재무상태표와 손익계산서(표 4.10)를 검토하기 시작하였다. 그리고 최근 상황(표 4.11

과 4.12)에 대해 좀 더 자세히 검토하였다.

HH의 어떤 부분이 문제가 있는 것으로 보이는가? 재무비율들이 Platt과 Green이 해결해야 할 필요가 있는 질문을 제시해주는가?

표 4.10 Hobby Horse Company, Inc.의 재무 요약. 회계연도는 3월 31일에 끝난다.

	2019	2018	2017	2016	2015	2014
순매출액	3,351	3,314	2,845	2,796	2,493	2,160
EBIT	−9	312	256	243	212	156
이자	37	63	65	58	48	46
세금	3	60	46	43	39	34
순이익	−49	189	145	142	125	76
주당 이익	−0.15	0.55	0.44	0.42	0.37	0.25
유동자산	669	469	491	435	392	423
순고정자산	923	780	753	680	610	536
총자산	1,592	1,249	1,244	1,115	1,002	959
유동부채	680	365	348	302	276	320
장기부채	236	159	297	311	319	315
자기자본	676	725	599	502	407	324
점포 수	240	221	211	184	170	157
종업원 수	13,057	11,835	9,810	9,790	9,075	7,825

표 4.11 Hobby Horse Company, Inc.의 2019년 3월 31일 회계연도의 손익계산서

손익계산서(백만 달러)		
순매출액		$3,351
매출원가		1,990
판매와 일반관리비		1,211
감가상각비		159
Earnings before interest and taxes (EBIT)	−$	9
순이자비용		37
과세 이익	−$	46
법인세		3
당기순이익	−$	49
당기순이익의 배분		
유보이익	−$	49
배당		0

표 **4.12** Hobby Horse Company, Inc.의 연결재무상태표

재무상태표(백만 달러)		
자산	**2019. 3. 31**	**2018. 3. 31**
유동자산		
현금과 시장성 유가증권	$ 14	$ 72
매출채권	176	194
재고자산	479	203
총유동자산	$ 669	$ 469
고정자산		
유형자산	$1,077	$ 910
감가상각 누계액	154	130
순고정자산	$ 923	$ 780
총자산	$1,592	$1,249
부채와 자기자본	**2019. 3. 31**	**2018. 3. 31**
유동부채		
만기부채	$ 484	$ 222
매입채무	94	58
기타 유동부채	102	85
총유동부채	$ 680	$ 365
장기부채	$ 236	$ 159
자기자본		
보통주와 납입자본금	$ 155	$ 155
유보이익	521	570
총자기자본	$ 676	$ 725
총부채와 자기자본	$1,592	$1,249

주: 열의 합은 반올림 오차가 있음

5

화폐의 시간가치

학습목표

5-1 정해진 이자율로 투자한 돈의 미래가치를 계산할 수 있다.

5-2 미래 현금의 현재가치를 계산할 수 있다.

5-3 일련의 현금흐름에 대한 현재가치와 미래가치를 계산할 수 있다.

5-4 월간과 연간 이자율의 관계와 같이 서로 다른 기간의 이자율을 비교할 수 있다.

5-5 실질 현금흐름과 명목 현금흐름, 실질이자율과 명목이자율의 차이를 이해할 수 있다.

시간은 화폐의 가치에 영향을 미친다. ©David Zalubowski/AP Images

기업은 많은 것에 투자한다. 그 대상의 일부는 공장과 기계, 사무실과 같이 만질 수 있는 유형자산(tangible asset)이고, 다른 일부는 특허와 상표권 같은 무형자산(intangible asset)이다. 기업은 나중에 더 많은 수입이 있을 것으로 예상하여 지금 각 자산에 돈을 지출하는 것이다.

개인 또한 투자를 한다. 예를 들어 여러분이 대학 교육을 받는데 연간 $3만이 든다고 하자. 이것은 나중에 더 많은 연봉의 형태로 보상을 받을 것이라고 예상하고 한 투자이다. 여러분은 지금 씨를 뿌리고 나중에 추수할 것을 기대한 것이다.

회사는 자본을 조달하여 투자하고 이 과정에서 부채를 갖게 된다. 예를 들면, 기업은 은행에서 돈을 빌리고 나중에 이자와 함께 상환할 것을 약속한다. 여러분도 돈을 빌려 대학 교육에 투자한다면 나중에 받게 될 더 많은 연봉에서 상환할 것을 계획해야 할 것이다.

이러한 모든 재무의사결정에는 서로 다른 시점에서 발생하는 현금흐름을 비교해야 한다. 미래 받게 될 연봉이 현재 대학 등록금에 대한 지출을 정당화할 만큼 충분할 것인가? 여러분이 지금 학자금을 빌린다면 나중에 은행에 얼마를 상환해야 하는가?

이번 장에서는 먼저 현재 돈의 가치와 미래 돈의 가치 간의 관계를 이해한다. 이를 위해 정해진 이자율로 투자된 돈이 시간에 따라 얼마만큼 커지는가를 살펴본다. 다음으로 미래에 정해진 액수를 만들려면 오늘 얼마를 투자해야 하는가를 알아보고, 일련의 현금흐름의 가치를 계산하는 몇 가지 간단한 방법을 설명한다. 마지막으로 물가상승이 이러한 재무의사결정에 어떠한 영향을 미치는지 살펴본다.

이들 계산에서 복잡한 것은 없다. 그렇지만 이를 몸에 익히려면, 이번 장을 자세히 읽고 (풍부하게 제공된) 예제를 주의 깊게 풀어보면서, 셀프테스트에도 도전해보아야 한다. 우리는 여러분에게 나중에 더 많은 성과를 얻으려면 지금 투자하라고 요구하고 있다. 그 성과 중 하나는 여러분이 스프레드시트나 재무계산기를 사용하여 현금흐름의 가치를 평가할 때 그 화면 뒤에서 일어나는 일들을 이해하는 것이다. 이번 장 뒷부분에 스프레드시트나 재무계산기 사용법을 보여준다.

단순화하기 위해, 이번 장의 거의 모든 예는 달러로 표시되어 있지만, 그 개념이나 계산법은 유로화, 엔화, 투그릭화(tugrik), 드람즈(drams)화에서도 동일하다.[1]

---

1) 투그릭화는 몽골 통화이고, 드람즈화는 아르메니아 통화이다.

5.1 미래가치와 복리이자율

여러분은 지금 은행에 $100을 예금하고 있고, 은행은 현재 예금에 대해 연 6%의 이자를 지급하고 있다고 가정하다. 여러분은 1년 후 이 계좌에서 $6의 이자를 벌 것이다.

$$이자 = 이자율 \times 초기\ 투자액 = 0.06 \times \$100 = \$6$$

여러분은 연초에 $100에 시작하여 $6의 이자를 받게 되므로, 투자 가치는 연말에 $106가 된다.

$$1년\ 후\ 투자\ 가치 = \$100 + \$6 = \$106$$

투자된 $100이 (1+0.06)=1.06 만큼 증가하였다는 것에 주목하라. 일반적으로 이떤 이자율 r에 대해 1년 후 투자액의 가치는 초기 투자액에 $(1+r)$을 곱한 것이다.

$$1년\ 후\ 가치 = 초기\ 투자액 \times (1 + r)$$
$$= \$100 \times (1.06) = \$106$$

여러분이 이 돈을 두 번째 해에도 은행에 예금해 두면 어떻게 될까? 이제 여러분의 잔고 $106는 계속해서 6%의 이자를 얻을 것이다. 따라서

$$연도\ 2의\ 이자 = 0.06 \times \$106 = \$6.36$$

여러분은 두 번째 해를 $106로 시작하고, 이에 대해 $6.36의 이자를 벌게 된다. 따라서 연말에 여러분 계좌의 가치는 $106+$6.36=$112.36로 증가한다.

첫 해 $100 투자는 1.06의 승수만큼 커져 $106가 되었고, 둘째 해에는 다시 $106가 1.06의 승수로 증가하여 $112.36가 되었다. 따라서 $100의 원금은 1.06의 승수에 의해 두 번 증가하게 된다.

$$2년\ 후의\ 투자\ 가치 = \$100 \times 1.06 \times 1.06$$
$$= \$100 \times (1.06)^2 = \$112.36$$

여러분이 세 번째 해에도 계속 은행 예금에 투자한다면 3년 동안 매년 1.06을 곱하게 된다. 세 번째 해 말에 여러분의 투자 가치는 총 $100×$(1.06)^3=$119.10가 된다. 이 액수가 여러분을 백만장자로 만들기에 충분하지는 않겠지만, 백만장자라도 처음에는 이렇게 시작해야만 한다.

여러분이 t년 동안 $100을 투자한다면 그 액수는 $100×$(1.06)^t$로 커질 것이다. 이자율이 r이고 투자기간이 t년이면 투자의 **미래가치**(future value)는 다음과 같다.

미래가치
이자를 얻은 후 원금이 증가하는 가치.

$$\$100의\ 미래가치(FV) = \$100 \times (1 + r)^t \qquad (5.1)$$

이 예에서 첫해의 이자 소득은 $6($100의 6%)이며, 둘째 해에는 $6.36($106의 6%)였다는 것에 주목하라. 둘째 해의 소득은 원금 $100와 이전 해에 번 이자 $6, 둘 다에 이자를 벌기 때문에 더 크다. 이자가 이자를 버는 것을 복리(compounding) 또는 **복리이자**(compound interest)라고 한다. 반면, 원금에 대해서만 이자를 계산하는 것을 **단리**(simple interest)라고 한다. 단리로 하면 투자 가치는 연간 0.06×$100=$6씩 증가한다.

복리 이자
이자에 붙는 이자.

단리
원금에만 붙는 이자. 이자에 이자가 붙는 것이 아니다.

표 5.1과 그림 5.1은 복리 이자의 구조를 보여준다. 표 5.1은 저축 잔고가 전년도 이자만큼 증가하여 매년 계좌가 더 많은 잔고로 시작한다는 것을 보여준다. 또한 결과적으로 이자 소득도 더 커진다.

이자율이 높으면 높을수록 저축은 더 빨리 증가하는 것이 분명하다. 그림 5.2는 (복리) 이자율이 단지 몇 %만 높아지더라도 저축계좌의 미래 잔고는 아주 크게 영향을 받는다는 것을 보여준다. 예를 들어, 10%로 투자된 $100는 10년 후 $100×$(1.10)^{10}=$259.37

로 증가한다. 그러나 만약 5%로 투자된다면 $100 \times (1.05)^{10} = 162.89에 불과할 것이다.

미래가치는 거의 모든 계산기를 사용하여 쉽게 계산할 수 있다. 여러분이 인내심이 있다면 $(1+r)$ (우리 예에서는 1.06)을 1년에 한 번씩 곱할 수 있다. 좀 더 간단한 방법은 계산기에서 지수 키(y^x 키)를 사용하는 것이다. 예를 들어, $(1.06)^{10}$을 계산하려면 1.06을 누르고, y^x 키를 누르고, 10을 누른다. 그리고 =을 누르면 답은 1.7908이 된다(직접 시도해보라!).

계산기가 없다면 표 5.2와 같은 미래가치표를 이용하면 된다. 6%로 10년 동안 투자할 때 미래가치를 찾아보자. 먼저 10년에 해당하는 행을 찾는다. 그리고 6% 이자율에 해당

표 5.1. 저축이 어떻게 커지는가? 6% 복리이자율로 $100 투자의 미래가치

연도	연초 잔고	기간 중 이자수익	연말 잔고
1	$100.00	0.06 × $100.00 = $6.00	$106.00
2	$106.00	0.06 × $106.00 = $6.36	$112.36
3	$112.36	0.06 × $112.36 = $6.74	$119.10
4	$119.10	0.06 × $119.10 = $7.15	$126.25
5	$126.25	0.06 × $126.25 = $7.57	$133.82

그림 5.1 표 5.1의 자료를 그린 것. 6% 복리이자율로 $100 투자의 미래가치를 보여준다.

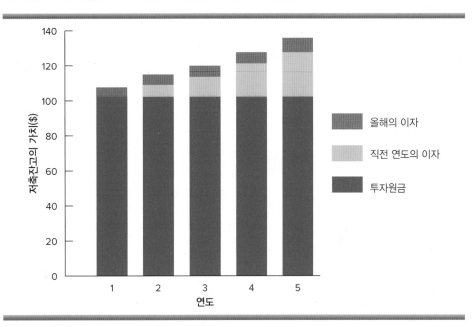

그림 5.2 여러 복리이자율에서 $100 투자는 어떻게 증가하는가?

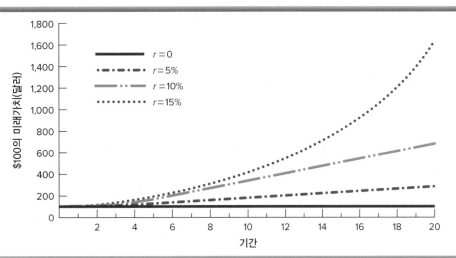

표 5.2 미래가치표의 예. 여러 복리 이자율에서 $1 투자가 어떻게 증가하는지를 보여준다.

연도	연간 이자율					
	5%	6%	7%	8%	9%	10%
1	1.0500	1.0600	1.0700	1.0800	1.0900	1.1000
2	1.1025	1.1236	1.1449	1.1664	1.1881	1.2100
3	1.1576	1.1910	1.2250	1.2597	1.2950	1.3310
4	1.2155	1.2625	1.3108	1.3605	1.4116	1.4641
5	1.2763	1.3382	1.4026	1.4693	1.5386	1.6105
10	1.6289	1.7908	1.9672	2.1589	2.3674	2.5937
20	2.6533	3.2071	3.8697	4.6610	5.6044	6.7275
30	4.3219	5.7435	7.6123	10.0627	13.2677	17.4494

하는 열을 찾을 때까지 행을 따라간다. 이 값은 6%로 10년간 $1를 투자했을 때 $1.7908가 된다는 것을 보여준다.

다른 예를 한 번 더 해보자. $1를 10%로 20년 동안 투자하고 돈을 찾지 않는다면 마지막에는 얼마가 될까? 대답은 $6.7275여야 한다.

표 5.2는 투자 기간과 이자율 일부에 대해 미래가치를 제시하고 있다. 책 끝 부분의 표 A.1은 표 5.2를 확장해 놓은 것으로, 더 오랜 기간과 더 다양한 이자율에 대해서 $1 투자의 미래가치를 보여준다.

미래가치표는 장황하지만, 표 5.2가 제시하는 것처럼 정해진 이자율과 투자 기간에 대해서만 미래가치를 보여준다. 예를 들어 7.835%의 이자율을 사용하여 미래가치를 계산하려고 한다면, 계산기에서 지수 키를 사용하는 것이 미래가치표를 이용하는 것보다 더 빠르고 더 쉽다. 세 번째 대안은 재무계산기 또는 스프레드시트를 이용하는 것이다.

예제   5.1 ▶   맨해튼 섬

거의 모든 사람이 즐겨 인용하는, 복리 이자의 위력을 보여주는 예는 피터 미누이트(Peter Minuit)가 1626년 $24로 맨해튼 섬을 산 것이다. 오늘날 뉴욕 부동산 가격을 기준으로 하면 미누이트는 횡재를 한 것처럼 보인다. 그러나 실제로 그런가? $24가 393년(1626~2019) 동안 연간 8% 이자율로 투자되었다면 미래가치는 다음과 같다.

$$\$24 \times (1.08)^{393} = \$327,904,327,346,904$$
$$= \$328조$$

아마도 이 거래는 보이는 것만큼 좋은 것 같지는 않다. 맨해튼의 오늘날 땅값 총액은 $328조의 일부에 불과하다.

재미로 한 것이지만, 이 분석은 실제로는 다소 오해를 불러일으킬 수도 있다. 먼저 우리가 미래가치를 계산하기 위해 사용한 8% 이자율은 역사적 기준으로 봐서 매우 높다. 역사적 경험으로 좀 더 타당한 3.5%의 이자율로 계산하면 $24의 미래가치는 극적으로 낮아진다. $24 × (1.035)393 = $17,855,364에 불과하다! 둘째 우리는 미누이트와 그 후손들의 수입을 과소평가하고 있다. 이 섬의 토지가 창출한 지난 3~400년 동안의 지대 수입을 무시하고 있다.

이 모든 것을 고려하면 우리가 1626년경에 있었다 하더라도 이 섬에 대해 기꺼이 $24를 지급할 것이다. ■

복리의 위력은 돈에만 한정되지 않는다. 임산업자는 나무의 성장률을 복리로 예측하기도 하고 인구학자는 인구의 증가율을 복리로 예측하기도 한다. 한 사회평론가는 미국에서 전체 변호사 숫자가 전체 인구보다 더 높은 복리 비율로 증가하고 있다는 것을 발견하였다(1980년대 3.6% vs. 9%). 이에 따라 약 200년 후에는 인구보다 변호사 숫자가 더 많을 것이라고 계산하기도 하였다. 이 모든 경우에 있어 원리는 동일하다. 복리성장은 가치가 매 기간 (1+성장률)로 증가한다는 것을 의미한다. t기간 후 가치는 초기 가치×(1+성장률)^{t}과 같다. 돈이 복리로 투자되었을 때 성장률은 이자율이다.

> ### 5.1 셀프테스트
>
> 피터 미누이트가 첫 번째 뉴욕 부동산 재벌이 되지 않았다고 가정해보자. 대신에 그가 $24를 뉴암스테르담 저축은행에 5%의 이자율로 투자하였다고 가정하자. 5년 후 그의 계좌 잔고는 얼마가 되겠는가? 또 50년 후 는 어떻게 되겠는가?

> ### 5.2 셀프테스트
>
> 1973년 인텔 설립자 중 한 명인 고든 무어(Gordon Moore)는 1개의 실리콘 칩에 들어갈 수 있는 트랜지스터의 숫자가 18개월마다 2배가 될 것으로 예측하였다. 이것은 연간 59%(즉 $1.59^{1.5}=2.0$)에 해당한다. 첫 번째 마이크로프로세서는 1971년에 만들어졌는데, 2,250개의 트랜지스터를 가지고 있었다. 2016년까지 인텔 칩은 45년 전 트랜지스터 숫자의 320만 배인 72억 개의 트랜지스터를 가지게 되었다. 연산능력의 연간 복리성장률은 얼마인가? 무어의 법칙이 예상하는 것과 비교하라.

5.2 현재가치

돈을 투자해서 이자를 벌 수 있다. 여러분이 오늘의 $10만과 연말의 $10만 가운데 선택해야 한다면 당연히 오늘의 $10만을 선택하여 이자를 얻으려고 할 것이다. 재무관리자가 오늘 가진 돈이 시간가치를 갖는다고 말할 때나, 또는 "오늘 $1는 내일 $1보다 더 가치가 있다."와 같이 가장 기본적인 재무원칙을 인용할 때는 모두 똑같은 이야기를 하는 것이다.

$100을 1년 동안 6%로 투자하면 $100×1.06=$106의 미래가치가 된다는 것을 보았다. 이것을 달리 생각해보자. 연말에 $106를 만들려면 지금 얼마를 투자해야 하는가? 이것은 $106의 **현재가치**(present value : PV)는 얼마인가?.

현재가치
미래 현금흐름의 오늘 가치.

미래가치를 계산하기 위해 오늘 투자액에 1+이자율 0.06, 즉 1.06을 곱하였다. 현재가치를 계산하려면 단순히 이 과정을 역으로 하면 된다. 즉 미래가치를 1.06으로 나눈다.

$$\text{현재가치, PV} = \frac{\text{미래가치}}{1.06} = \frac{\$106}{1.06} = \$100$$

지금부터 2년 후 받게 되는 $112.36의 현재가치는 얼마인가? 다시 말해, 2년 후 $112.36를 만들려면 현재 얼마를 투자해야 하는가? 그 답은 분명히 $100이다. 앞서 우리는 $6 이자율에 $100이 $112.36가 된다는 것을 이미 계산해봤기 때문이다.

$$\$100 \times (1.06)^2 = \$112.36$$

그러나 답을 모르거나 잊었다면 미래가치를 $(1.06)^2$로 나누면 된다.

$$\text{현재가치, PV} = \frac{\$112.36}{(1.06)^2} = \$100$$

일반적으로 t기 후 미래 현금흐름의 현재가치는 다음과 같다.

$$\text{현재가치} = \frac{t\text{기 후 미래가치}}{(1+r)^t} \tag{5.2}$$

현재가치를 계산하기 위해 우리는 미래가치를 이자율 r로 할인(discount)하였다. 따라서

할인 현금흐름
미래 현금흐름을 할인함으로써 현재가치를 계산하는 방법.

할인율
미래 현금흐름의 현재가치를 계산하는 데 사용되는 이자율.

이 계산을 **할인 현금흐름**(discounted cash flow : DCF) 계산이라 한다. 이자율 r은 **할인율**(discount rate)이라 한다.

우리는 이번 장에서 다소 복잡한 할인 현금흐름을 계산할 것이다. 이 계산은 모두 현재가치와 할인율, 그리고 하나 또는 그 이상의 미래 현금흐름을 포함한다. 만약 DCF 문제가 여러분을 혼란스럽고 힘들게 한다면, 잠깐 멈춰서 이러한 측정치 중 여러분이 아는 것을, 그리고 계산할 필요가 있는 것을 적어보아라.

예제 5.2 ▶

미래 구입을 위한 저축

내년에 새 컴퓨터를 구입하기 위해 $3,000이 필요하다고 가정하자. 올해 이자율이 8%이다 이 컴퓨터를 사려면 지금 얼마를 저축해야 하는가? 1년 말의 $3,000을 8% 이자율로 현재가치를 계산하면 된다. 가장 비슷한 금액은 다음과 같다.

$$PV = \frac{\$3,000}{1.08} = \$2,778$$

$2,778를 1년 동안 8%로 투자하면 컴퓨터를 사기에 충분하다는 것을 주목하라.

$$미래가치 = \$2,778 \times 1.08 = \$3,000$$

지불하기까지 시간이 더 남았다면 오늘 더 적게 투자해도 된다. 예를 들어, 컴퓨터 사는 것을 2년 후까지 연기할 수 있다고 하자. 이 경우 $3,000을 $(1.08)^2$로 나누어 미래 지불액의 현재가치를 계산한다.

$$PV = \frac{\$3,000}{(1.08)^2} = \$2,572$$

따라서 1년 후 $3,000을 지불하기 위해서는 오늘 $2,778를 투자해야 하고, 2년 후 같은 $3,000을 지불하기 위해서는 오늘 단지 $2,572만 투자하면 된다. ■

이제 여러분은 현재가치와 미래가치를 계산하는 방법을 안다. 이자율 r로 t년 동안 투자하면 미래에 얼마가 될 것인가를 계산하기 위해 초기 투자액에 $(1+r)^t$를 곱한다. 미래 현금흐름의 현재가치를 알려면 이 과정을 역으로 하면 된다. 즉 $(1+r)^t$로 나눈다.

현재가치는 항상 복리로 계산된다. 그림 5.2의 우상향 곡선은 복리로 투자된 $1의 미래가치를 보여준다. 그리고 현재가치를 계산하려면 미래에서 현재로 선을 따라 되돌아오면 된다. 따라서 다른 것이 일정하다면 미래 현금흐름이 멀수록 이 돈의 현재가치는 감소한다. 더 먼 장래에 받게 될 돈은 그 오늘 가치가 더 작다.

그림 5.3에서 감소하는 곡선은 미래에 받게 될 $100의 오늘 현재가치를 보여준다. 이

그림 5.3. 미래 현금흐름 $100의 현재가치. 돈을 오래 기다려 받을수록 현재가치는 적어진다.

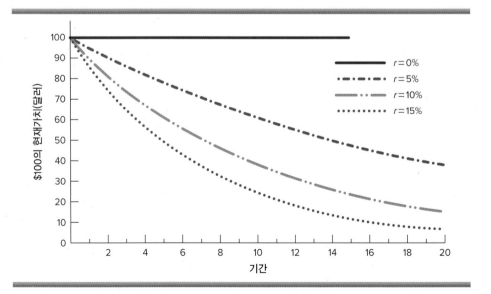

표 5.3 현재가치표의 예. 미래 받을 $1의 현재가치를 보여준다.

연도	연간 이자율					
	5%	6%	7%	8%	9%	10%
1	0.9524	0.9434	0.9346	0.9259	0.9174	0.9091
2	0.9070	0.8900	0.8734	0.8573	0.8417	0.8264
3	0.8638	0.8396	0.8163	0.7938	0.7722	0.7513
4	0.8227	0.7921	0.7629	0.7350	0.7084	0.6830
5	0.7835	0.7473	0.7130	0.6806	0.6499	0.6209
10	0.6139	0.5584	0.5083	0.4632	0.4224	0.3855
20	0.3769	0.3118	0.2584	0.2145	0.1784	0.1486
30	0.2314	0.1741	0.1314	0.0994	0.0754	0.0573

자율의 매우 작은 변동이 먼 장래의 현금흐름 가치에 매우 큰 영향을 준다는 것에 주목하라. 5%의 이자율일 때 20년 후 $100의 현재가치는 $37.69이다. 이자율이 10%로 증가한다면 미래 현금흐름의 현재가치는 약 60%가 준 $14.86로 감소한다.

현재가치 식을 때로는 다르게 나타내기도 한다. 미래 현금흐름을 $(1+r)^t$로 나누는 대신 그 돈에 $1/(1+r)^t$를 곱해도 결과는 마찬가지다.

$$PV = \frac{\text{미래 지불금액}}{(1+r)^t} = \text{미래 지불금액} \times \frac{1}{(1+r)^t}$$

할인요소
$1 미래 지불에 대한 현재가치.

여기서 $1/(1+r)^t$를 **할인요소**(discount factor)라 한다. 이것은 1년 후에 받게 되는 $1의 현재가치를 나타낸다. 예를 들어 8% 이자율의 2년 후 할인요소는 $1/1.08^2 = 0.8573$이다. 그래서 2년 후 구입할 컴퓨터에 현재 지불해야 하는 가치는 $3,000 × 0.8573 = $2,572와 같이 표현할 수 있다.

할인요소를 아는 가장 간단한 방법은 계산기나 스프레드시트를 이용하는 것이다. 그렇지만 할인요소표를 사용하는 것이 때로는 더 편리할 수도 있다. 예를 들어 표 5.3은 몇몇 기간과 이자율에 대한 할인요소를 보여준다. 이 책 끝에 있는 표 A.2는 더 많은 기간과 이자율에 대한 할인요소를 보여준다.

$3,000의 컴퓨터를 사려면 얼마를 저축해야 하는가에 대한 계산을 표 5.3을 이용하여 확인하라. 이자율이 8%라면 1년 후에 $1의 현재가치는 $0.9259이다. 따라서 $3,000의 현재가치는 (근사값으로) 예제 5.2에서 구한 값과 같다.

$$PV = \$3,000 \times \frac{1}{1.08} = \$3,000 \times 0.9259 = \$2,778$$

컴퓨터 구매가 2년 후로 연기된다면 어떻게 될까? 표 5.3에서 2년째 말에 $1의 현재가치는 0.8573이다. 따라서 $3,000의 현재가치는 다음의 식과 같이 예제 5.2에서 구한 값과 같다.

$$PV = \$3,000 \times \frac{1}{(1.08)^2} = \$3,000 \times 0.8573 = \$2,572$$

스트립
미래 특정한 시점에 단일 현금흐름을 지불하기로 약속하고 발행한 미국 재무부 증권.

표 5.3에서 행을 따라 움직이거나 더 높은 이자율로 갈 때 현재가치가 감소한다는 것을 주목하라. 또한 열을 따라 내려갈수록, 즉 할인기간이 길어질수록 현재가치는 감소한다. (왜 이것이 타당한가?)

예제 **5.3 ▶** **미국 정부에 대한 10년 만기 대출**

스트립(strip)은 미국 정부가 미래 특정시점에 $1,000을 지불하기로 약속하고 발행한 증권이다. 2018년 1월 투자자들은 10년 만기 스트립에 2.55%의 이자율을 요구하였다. 그렇다면 그들은 얼마를 지불할 준비가 되었는가? 답은 쉽다!. 스트립은 10년 만기이므로, 우리는 $1,000의 미래 지불금액에 10년 할인요소를 곱함으로써 현재가치를 계산할 수 있다.

$$PV = \$1,000 \times \frac{1}{(1.0255)^{10}}$$
$$= \$1,000 \times 0.7774 = \$777.40 \blacksquare$$

5.3   셀프테스트

대신 5년 후 $1,000을 지불하겠다고 약속한 미국 정부의 스트립을 구입했을 수도 있다. 만약 5년 이자율이 2.35%라면, 투자자들은 이 스트립에 대해 얼마를 지불할 준비가 되었겠는가?

예제   5.4 ▶   **무이자 신용판매의 가치를 계산하기**

캥거루 오토(Kangaroo Autos)는 $20,000의 차를 무이자로 신용판매하고 있다. 여러분은 $8,000을 지급하고, 2년 후 나머지를 지불한다. 옆에 있는 터틀 모터스(Turtle Motors)는 무이자 신용판매를 하지 않지만, 정가에서 $1,000을 할인해준다. 이자율이 10%라면 어느 회사가 더 나은 가격을 제시하고 있는가?

그림 5.4 시간선을 그려 보는 것이 캥거루 오토에 내는 지급금의 현재가치를 계산하는 데 도움이 된다.

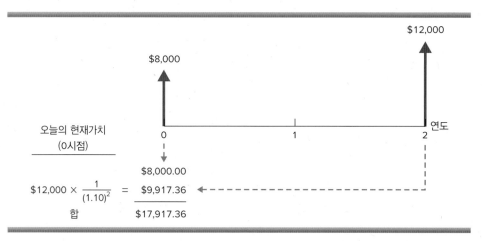

캥거루를 통해 사면 총액 기준으로는 더 많은 액수를 지불해야 한다. 그렇지만 총액 중 일부 금액은 2년 후에 지불하기 때문에 이 기간 동안 이 돈을 은행에 맡길 수 있고 거기에서 이자를 벌어들일 수 있다. 두 제안을 비교하려면 캥거루에 지불하는 금액의 현재가치를 계산할 필요가 있다. 그림 5.4의 시간선은 캥거루에 지불하는 현금액수를 보여준다. 첫 번째 지불 $8,000은 오늘 발생한다. 두 번째 지불 $12,000는 2년 후에 발생한다. 현재가치를 구하려면 2년 할인요소를 곱해야 한다. 따라서 캥거루에게 지불하는 금액의 총현재가치는 다음과 같다.

$$PV = \$8,000 + \$12,000 \times \frac{1}{(1.10)^2}$$
$$= \$8,000 + \$9,917.36 = \$17,917.36$$

이제 여러분이 $17,917.36에서 시작한다고 해보자. 여러분은 캥거루 오토에 $8,000을 지금 지불하고 잔액 $9,917.36를 투자한다. 10% 이자율로 이 돈은 2년 후 $9,917.36 \times (1.10)^2 = \$12,000까지 증가한다. 이 금액은 자동차 잔금을 지불하기에 충분하다. $17,917.36의 총비용은 터틀 모터스의 $19,000보다 더 나은 가격이다. ■

이상의 계산은 다른 형태의 현금흐름을 비교할 때 현재가치를 사용하는 것이 얼마나 중요한가를 보여준다. 다른 시점에서 발생하는 현금흐름을 같은 시점으로 할인하지 않고서는 결코 서로 비교할 수 없다. 현재가치를 계산함으로써 여러분은 미래 청구서를 지불하기 위해 오늘 얼마를 저축해야 하는지를 알 수 있다.

현재가치와 미래가치를 계산하는 것은 상당한 양의 지루한 수식을 수반할 수 있다. 다행히도, 재무계산기와 스프레드시트는 현재가치와 미래가치 식을 이미 포함하고 있다. 이것이 여러분의 수고를 한결 덜어줄 수 있다. 5.4절에서 우리는 이것을 어떻게 사용하는지 살펴볼 것이다.

이자율 찾기

예제 5.3의 미국 정부 스트립 예에서 공정한 시장가격을 계산하기 위해 현재 이자율을 사용하였다. 그러나 때로는 가격을 알고 그에 따른 이자율을 계산해야 하기도 한다.

예를 들어 여러분의 재무자문가가 여러분에게 예제 5.3의 스트립을 구입하는 데 $777.40의 비용이 든다고 했다고 하자. 따라서 우리는 다음의 식을 안다.

$$PV = \frac{1}{\$1{,}000 \times (1+r)^{10}} = \$777.40$$

이자율, r은 얼마인가?

이 질문에 답하기 위해 방정식을 재정렬하고 계산기를 사용할 수 있다.

$$\$777.40 \times (1+r)^{10} = \$1{,}000$$
$$(1+r)^{10} = \frac{\$1{,}000}{\$777.40} = 1.2863$$
$$1+r = 1.2863^{1/10} = 1.0255$$
$$r = 0.0255,\ 2.55\%$$

예제 5.5 ▶   돈을 두 배로 만들기

여러분의 돈을 두 배로 늘려 주겠다고 약속하는 투자자문사의 이야기를 자주 들어봤는가? 이것은 정말로 놀라운 일인가? 이는 여러분의 돈이 두 배가 되는 데 얼마나 오래 걸리는가에 달려 있다. 인내심이 충분하다면 여러분의 돈은 매우 낮은 이자율을 받는다 하더라도 언젠가는 두 배가 될 것이다. 투자자문사가 8년 만에 두 배가 될 것을 약속했다고 하자. 암묵적으로 몇 %의 이자율을 약속하고 있는가?

투자자문사는 오늘 투자된 $1당 $2의 미래가치를 약속하고 있다. 따라서 다음과 같이 미래가치에 대해 풀어서 이자율을 구하면 된다.

$$미래가치(FV) = PV \times (1+r)^t$$
$$\$2 = \$1 \times (1+r)^8$$
$$1+r = 2^{1/8} = 1.0905$$
$$r = 0.0905,\ 또는\ 9.05\% \ \blacksquare$$

5.3   여러 기간의 현금흐름

지금까지는 하나의 현금흐름과 관련된 문제를 살펴보았다. 이것은 분명히 한계가 있다. 현실 세계에서 대부분의 투자는 여러 기간에 걸쳐 많은 현금흐름을 포함한다. 많은 현금흐름이 있을 때 이를 "일련의 현금흐름(stream of cash flow)"이라고 한다.

여러 기간 현금흐름의 미래가치

2년 후에 구입하려는 컴퓨터 예로 돌아가자. (예제 5.2를 보아라.) 이제 이 컴퓨터를 위해 은행에 뭉칫돈을 맡겨놓는 대신 매년 얼마씩 돈을 저축하기로 계획했다고 하자. 지금 은행에 $1,200을 맡기고 1년 후 $1,400을 추가로 맡길 수 있다. 8%의 이자를 받는다면 2년 후 컴퓨터를 사는 데 얼마를 소비할 수 있는가?

그림 5.5 시간선을 그리는 것이 저축의 미래가치를 계산하는 데 도움이 된다.

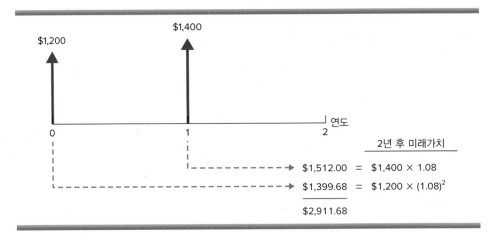

그림 5.5의 시간선은 저축이 어떻게 증가하는가를 보여준다. 이 저축 계획에는 두 현금흐름이 있다. 첫 번째 현금흐름은 2년 동안 이자를 벌기 때문에 $1,200 \times (1.08)^2$ = $1,399.68로 증가할 것이다. 그렇지만 두 번째 저축은 1년 후에 하는 것이므로 단지 1년 동안만 투자되고 $1,400 \times (1.08)$ = $1,512로 증가할 것이다. 결국 2년 후 총저축은 이 두 금액의 합인 $2,911.68이 된다.

| 예제 | **5.6** ▶ | **좀 더 저축하기** |

컴퓨터 구입이 추가로 1년 더 연기될 수 있고 2년째 말에 세 번째로 $1,000을 저축할 수 있다고 하자. 지금부터 3년 후 소비할 수 있는 금액은 얼마인가?

그림 5.6. 일련의 현금흐름의 미래가치를 구하려면 각 현금흐름의 미래가치를 계산하고 이를 다시 더하기만 하면 된다.

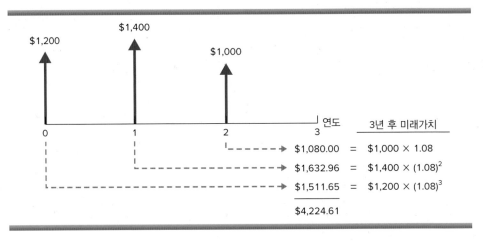

다시 그림 5.6의 시간선을 활용하여 저축을 그려보자. 이용할 수 있는 총현금은 세 저금의 미래가치를 합한 금액이다. 3년을 저축할 때 처음 두 저금은 초과되는 1년 동안 복리 이자를 벌어들인다.

$$\$1,200 \times (1.08)^3 = \$1,511.65$$
$$\$1,200 \times (1.08)^2 = \ 1,632.96$$
$$\$1,200 \times (1.08) = \underline{\ 1,080.00}$$
$$총\ 미래가치 = \$4,224.61 ■$$

이 예는 여러 기간 현금흐름을 포함한 문제가 단순히 하나의(1기간) 현금흐름 분석을 **확장한 것이라는 것을 보여준다. 일련의 현금흐름의 어떤 미래 시점의 가치를 알려면 각 현금흐름이 그 미래 시점에서 얼마나 가치 있는가를 계산하여 이 미래가치들을 합하면 된다.**
아래에서 보는 바와 같이, 이와 비슷한 더하기 원칙이 현재가치 계산에도 적용된다.

여러 기간 현금흐름의 현재가치

어떤 미래 현금흐름의 현재가치를 계산하는 것은 그 현금흐름이 오늘 얼마나 가치가 있는지를 묻는 것이다. 하나 이상의 미래 현금흐름이 있다면 이는 단순히 각각의 미래 현금흐름이 오늘 얼마의 가치가 있는가를 계산하여 이 현재가치를 더하면 된다.

예제	**5.7 ▶**	**현금 구입과 할부**

자동차 딜러가 여러분에게 신차에 대해 $15,500을 지불하든가, 아니면 오늘 $8,000을 지불하고 2년 동안 매년 $4,000을 지불하는 할부를 하든가 중에서 하나를 선택하도록 했다고 하자. 어느 것이 더 나은 거래인가? 이번 장을 읽기 전에는 두 대안의 총지급액을 비교했을 수도 있다. 즉 $15,500 vs. 할부로 $16,000. 그러나 이제 여러분은 이 비교가 잘못되었다는 것을 알고 있다. 화폐의 시간가치를 무시하고 있기 때문이다. 예를 들어, $4,000의 마지막 할부금은 지금 지불하는 $4,000보다 비용이 덜 든다. 이 마지막 할부금의 실제 비용은 $4,000의 현재가치에 해당한다.

그림 5.7 일련의 현금흐름의 현재가치를 구하려면 각 현금흐름의 현재가치를 계산하고 이를 다시 더하면 된다.

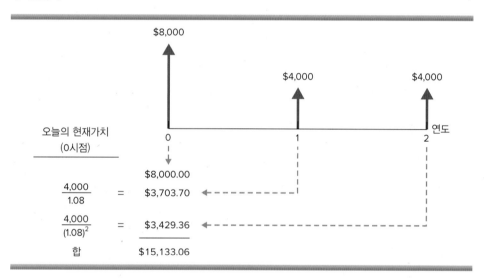

안전한 투자에 대해 벌어들일 수 있는 이자율이 8%라고 하자. 여러분이 할부를 선택하다면 그림 5.7의 시간선이 보여주는 것처럼 할부 계획의 세 현금흐름의 현재가치는 다음과 같다.

현재가치		
즉시 지급	$8,000	= $ 8,000.00
두 번째 지급	$4,000/1.08	= 3,703.70
세 번째 지급	$4,000/(1.08)^2	= 3,429.36
총 현재가치		= $15,133.06

할부금의 현재가치가 $15,500보다 작으니까 할부 구입이 사실 더 싼 대안이다.

할부 계획의 현재가치는 세 할부금을 충당하기 위해 현재 투자해야 하는 금액이다. 확인해보자.

여기 각 할부금을 지불함에 따라 은행 잔고가 어떻게 변하는지가 제시되어 있다.

연도	기초 잔고	− 지급금액	= 남은 잔고	+ 이자 수입	= 연말 잔고
0	$15,133.06	$8,000	$7,133.06	$570.64	$7,703.70
1	7,703.70	4,000	3,703.70	296.30	4,000.00
2	4,000.00	4,000	0	0	0

현재가치 $15,133.06의 은행예금으로 시작한다면 처음 $8,000을 지불하고 $7,133.06이 남는다. 1년 후 예금 계좌는 $7,133.06 × 0.08 = $570.64의 이자를 받아 $7,703.70이 된다. 같은 방법으로 $4,000의 두 번째 지불을 하면 $3,703.70이 남는다. 이 금액에 다시 이자가 붙어 잔고는 $4,000으로 증가하여, 마지막 할부금을 지불하기에 충분해진다. ∎

예제 5.7에서는 이러한 일반적인 원칙을 보여준다. 일련의 미래 현금흐름의 현재가치는 각각의 현금흐름을 발생시키기 위해 오늘 투자해야 하는 금액이다.

5.4   셀프테스트

부자인 숙모 프레데리카(Frederica)는 부동산세를 피하려고 여러분에게 지금부터 4년 동안 매년 $10,000을 주려고 한다. 숙모가 당신에게 주는 돈의 현재가치는 얼마인가? 이자율은 7%이다. 여러분이 매 현금흐름을 7%로 투자한다면 지금부터 4년 후 얼마를 받게 되는가?

5.4   계산의 번거로움 줄이기 1

우리는 현재가치 계산법을 이해하는 것이 중요하기 때문에 여러 현재가치 문제를 직접 풀어보았다. 그러나 이런 식으로 계산하는 것은 힘들 수 있다. 따라서 재무관리자는 일반적으로 재무계산기나 컴퓨터 스프레드시트를 사용하여 계산의 지루함을 없앤다. 여기서는 이러한 계산기와 스프레드시트를 사용하여 지금까지 발생한 미래가치와 현재가치 문제를 해결하는 방법을 보여준다. 이번 장 후반부에서는 지불이 발생하는 문제를 해결하는 데 도움이 될 수 있는 방법을 살펴볼 것이다.

재무계산기 소개로 시작하여 스프레드시트를 살펴본다.

재무계산기를 사용한 간단한 화폐의 시간가치 문제 풀이

기본적인 재무계산기는 화폐의 시간가치를 포함한 일반적인 문제에 대한 입력에 해당하는 5개의 키를 사용한다.

각 키는 다음을 나타낸다.

- n: 기간 수. (시간의 길이 또는 기간 수를 나타내기 위해 t를 사용)
- I: 이자율(10진수가 아닌, 백분율). 예를 들어, 이자율이 8 %인 경우 0.08이 아닌 8을 입력. 일부 계산기에서 이 키는 I/YR, I/Y 또는 그냥 i로 표시(여기서는 r을 사용)
- PV: 현재가치
- FV: 미래가치
- PMT: 반복적으로 발생하는 지불금액, 즉 미래가치 FV가 계산될 날짜 이전의 중간 지불금액. 반복 지불이 없는 예부터 시작할 것이다. 그러면 이 키를 0으로 설정하면 된다.

이 중 4개가 주어지면 계산기는 나머지 하나를 계산한다. 예제 5.1과 5.2를 사용하여 설명할 수 있다. 예제 5.1에서는 393년 동안 8%에 투자한 경우 피터 미누이트의 $24달러 투자의 미래가치를 계산했다. 입력 내용은 다음과 같다.

	n	i	PV	PMT	FV
입력	393	8	24	0	

예를 들어, 기간 수를 입력하려면 393을 입력한 다음 n 키를 누른다. 마찬가지로 이자율 8과 현재가치 24를 입력한다. 반복되는 현금흐름은 없으므로 PMT에 대해 0값을 입

력해야 한다. 이 4개의 입력값이 주어지면 미래가치가 계산된다. 일부 계산기에서는 FV를 눌러 이를 수행 할 수 있다. 다른 경우에는 먼저 CPT 또는 COMP라고 표시된 계산 키를 누른 다음 FV를 눌러야 한다. 여러분의 계산기에는 −$327.90조가 표시되어야 한다. 음(−)의 부호를 제외하면 이것이 $24의 미래가치이다. 직접 시도해 보자.

음(−)의 부호가 나타나는 이유는 무엇일까? 대부분의 계산기는 현금흐름을 유입(양수로 표시) 또는 유출(음수)로 처리한다. 예를 들어, 오늘 $100을 이자율 12%로 빌리면, $100을 지금 받는다(양(+)의 현금흐름). 그러나 1년 안에 음(−)의 현금흐름인 $112를 갚아야 한다. 따라서 계산기는 FV를 음수로 표시한다. 다음 시간선은 이러한 과정을 보여준다. 최종 음의 현금흐름 $112는 부채를 청산하기 위해 지불해야 하는 금액이다.

돈을 빌리는 대신, 미래의 수익을 위해 오늘 $100을 투자한다면, PV에 음수(−)를 입력해야 한다(먼저 100을 누른 다음 +/− 키를 눌러 값을 음수로 변경하고 PV의 해당 값을 입력). 이 경우 FV는 양수로 표시되는데, 이는 투자가 실현되면 현금 유입을 얻을 수 있음을 나타낸다.

예제 5.2에서는 간단한 저축 문제를 살펴보았다. 우리는 2년 안에 $3,000을 모으기 위해 오늘 저축해야 할 금액을 알아야 한다. 입력 내용은 다음과 같다.

	n	i	PV	PMT	FV
입력	2	8		0	3000

이제 PV를 계산하자. 여러분은 답으로 −$2,572.02를 얻어야 한다. 2년 안에 $3,000의 현금 유입을 얻기 위해 오늘 현금 유출 $2,572.02이 발생하므로 답은 음수로 표시된다.

스프레드시트를 사용한 간단한 화폐의 시간가치 문제 풀이

재무계산기를 사용하는 대신에 활용가능한 대안은 스프레드시트를 사용하는 것이다. 스프레드시트는 고르지 않은 현금흐름 문제에서 특히 유리하다. 이러한 문제는 빨리 지루해지고, "오타"로 인한 오류가 발생하기 쉽다.

재무계산기와 마찬가지로 스프레드시트는 화폐의 시간가치 문제에서 5개의 변수를 연결하는 방정식(기간 수, 기간 당 이자율, 현재가치, 미래가치, 지불금액)을 해결하는 내장 함수를 제공한다. 아직까지는 지불금액을 무시한다. 나중에 우리는 지불금액을 다루는 방법을 살펴볼 것이다.

1기간의 현금흐름 먼저 마이크로소프트 Excel과 같은 스프레드시트를 사용하여 예제 5.1과 5.2의 단일 현금흐름 문제를 해결하는 방법을 보여준다.

이러한 단일 현금흐름 문제에 대한 두 가지 Excel 함수는 다음과 같다.

$$미래가치 = FV(rate, nper, pmt, PV)$$
$$현재가치 = PV(rate, nper, pmt, FV)$$

여러분이 알 수 있듯이, 각각의 스프레드시트 함수는 재무계산기와 마찬가지로 4개의 입력값을 필요로 한다. 그런 다음 스프레드시트는 다섯 번째 변수를 해답으로 제공한다. 또한 대부분의 계산기와 마찬가지로 스프레드시트 함수는 현금유입을 양수로, 현금유출

스프레드시트 5.1 스프레드시트를 이용하여 $24의 미래가치 구하기

	A	B	C
1	**스프레드시트를 이용하여 $24의 미래가치 구하기**		
2	**입력**		
3	이자율	0.08	
4	기간	393	
5	지급액	0	
6	현재가치 (PV)	−24	
7			<u>셀 B8의 식</u>
8	미래가치	$327,904,327,346,904	= FV(B3,B4,B5,B6)
9			
10	셀 B6에서 현재가치를 음수로 입력하는 것에 주의하라.		
11	구매가격은 현금유출이기 때문이다. 셀 B3의 이자율은		
12	백분율이 아니라 십진수이다		
13			
14			

스프레드시트 5.2 재무함수의 내림 메뉴 사용

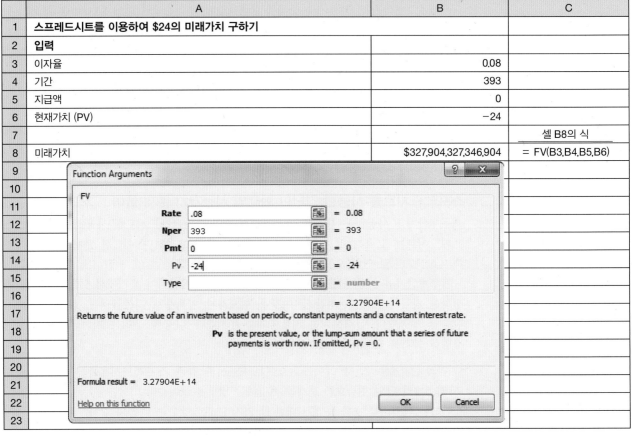

	A	B	C
1	**스프레드시트를 이용하여 $24의 미래가치 구하기**		
2	**입력**		
3	이자율	0.08	
4	기간	393	
5	지급액	0	
6	현재가치 (PV)	−24	
7			<u>셀 B8의 식</u>
8	미래가치	$327,904,327,346,904	= FV(B3,B4,B5,B6)

출처: Microsoft Excel

을 음수로 해석한다. 그러나 재무계산기와 달리 대부분의 스프레드시트에서는 이자율을 정수가 아닌 10진수로 입력해야 한다(예: 6%가 아닌 0.06). 또한 수식 앞에 =를 사용하여 이러한 수식이 미리 정의된 수식이라는 것을 Excel에 알린다.

스프레드시트 5.1은 맨해튼 섬 인수에 사용한 $24의 미래가치 풀이를 보여준다(예제

5.1). 이자율은 셀 B3에 10진수로 입력된다. 기간 수는 393(셀 B4)이다. 셀 B5에서 지불금액은 0으로 입력한다. 현재가치는 구입금액으로서 −24를 입력한다(셀 B6), 따라서 셀 B8에 미래가치는 양수의 현금흐름이다.[2]

　　물론, 셀 B8과 같은 Excel 함수를 암기하는 것이 모든 사람에게 쉽게 적용되지 않을 수 있다. (우리는 우리가 여전히 그것을 활용하고 있다는 것을 인정한다.). 그러나 좋지 못한 습관을 쉽게 치유하는 방법이 있다. 여러분은 엑셀의 내장 함수에서, 즉 함수 탭으로부터 적절한 함수를 내려, 필요한 입력값을 입력하기만 하면 된다. 이는 스프레드시트 5.2에서 보여준다. 함수 탭으로 이동하여 재무함수를 클릭한 다음 FV를 선택하라. 스프레드시트 5.2와 같이 "함수 인수"가 표시된 화면이 나타난다. 함수 상자의 왼쪽 아래에 함수 사용 방법에 대한 예제가 있는 도움말 기능이 있다.

　　이제 예제 5.2를 스프레드시트로 풀어보자. Excel 함수에=PV(rate, nper, pmt, FV)=PV(0.08, 2, 0, 3000)를 입력하거나 재무함수의 내림 메뉴에서 PV함수를 선택하고 아래 대화 상자에 표시된 대로 입력값을 입력할 수 있다. 어느 쪽이든, 여러분은 −$2,572의 답을 얻어야 한다. (스프레드시트 입력 시 숫자 3,000에서 쉼표는 입력하면 안 된다. Excel은 쉼표 앞뒤의 숫자를 서로 다른 값으로 인식한다는 것에 주의하라.)

엑셀의 내림 메뉴를 사용하여 현재가치 구하기. 예제 5.2의 해답을 보여준다.

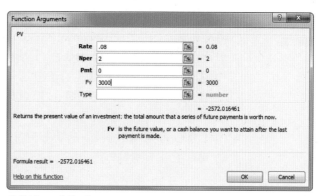

출처: Microsoft Excel

스프레드시트 5.3 스프레드시트를 이용한 다기간 현금흐름의 현재가치 풀이

	A	B	C	D	E
1	스프레드시트를 이용한 다기간 현금흐름의 현재가치 풀이				
2					
3	기간	현금흐름	현재가치	C열의 식	C열의 다른 식
4	0	8000	$8,000.00	=PV($B$10, A4, 0, −B4)	=B4/(1+$B$10)^A4
5	1	4000	$3,703.70	=PV($B$10, A5, 0, −B5)	=B5/(1+$B$10)^A5
6	2	4000	$3,429.36	=PV($B$10, A6, 0, −B6)	=B6/(1+$B$10)^A6
7					
8	합		$15,133.06	=SUM(C4:C6)	=SUM(C4:C6)
9					
10	할인율 :	0.08			
11					
12	A열은 각 지급액까지의 기간이다.				
13	셀 C4에서 현재가치를 계산한 후 이를 C5와 C6에 복사할 수 있다.				
14	다른 이자율을 적용하려면 셀 B10에 반영하면 된다.				

---

[2] 화면에 보이기에 어려울 만큼 숫자가 너무 커서, 스프레드시트는 그 해답을 3.27904E+14로 나타낸다. 이는 3.27904×10^{14}를 의미한다.

여러 기간의 현금흐름   스프레드시트를 사용하여 다기간 현금흐름을 평가하는 것은 1기간 현금흐름을 평가하는 것과 다르지 않다. 각 현금흐름의 현재가치를 찾아서 더하면 된다. 스프레드시트 5.3은 예제 5.7의 풀이를 보여준다.

A열에는 현금흐름별 기간을 나열한다. 이 값은 C열의 함수에서 기간 수(nper)로 사용된다. 미래 각 기간의 현금흐름 값은 PV함수에서 음수로 입력한다. 따라서 현재가치(C열)는 양수가 된다. E열은 PV 함수의 다른 방법을 보여준다. 이는 현재가치를 직접 계산한 것이다. 이를 통해 우리가 무엇을 하고 있는지 알 수 있다.

5.5 일정한 현금흐름: 영구연금과 연금

우리는 자주 일련의 같은 액수의 현금흐름을 평가할 필요가 있다. 예를 들어 주택담보대출은 보통 집 소유자가 부채의 만기까지 매월 같은 금액을 지불해야 한다. 30년 만기의 경우 360개의 같은 금액을 매월 지불해야 한다. 4년 만기 자동차 대출은 48개의 같은 금액을 매월 지불해야 한다. 일정한 간격의 일정한 현금흐름의 형태를 **연금**(annuity)이라 한다. 또한 지불 흐름이 무한히 계속되면 이것을 **영구연금**(perpetuity)이라 한다.

영구연금의 가치를 구하는 방법

과거에 영국 정부는 콘솔(consol)이라고 하는 채권을 발행하여 차입하였다. 콘솔은 영구연금이다. 다른 말로 영국 정부는 이 부채를 상환하는 대신 이 채권을 가진 투자자에게 (영원히) 정해진 액수를 매년 지급한다.

이러한 증권은 어떻게 평가하는가? 여러분이 $100을 10%의 이자율로 투자할 수 있다고 하자. 매년 0.10×$100=$10의 이자를 벌어들이고, 잔고를 줄이지 않고도 투자 계좌에서 매년 이 금액을 찾을 수 있다. 다시 말해, $100 투자는 연간 $10의 영구연금을 주는 것과 같다. 일반적으로

$$\text{영구연금으로부터 현금흐름} = \text{이자율} \times \text{현재가치}$$
$$C = r \times \text{PV}$$

이 관계식을 영구연금의 현재가치를 유도하기 위해 재배열할 수 있다. 이자율 r과 현금흐름 C가 주어지면,

$$\text{영구연금의 PV} = \frac{C}{r} = \frac{\text{현금지급금액}}{\text{이자율}} \tag{5.3}$$

어떤 훌륭한 사람이 여러분 대학교 재무관리학과에 기금을 주고 싶다고 하자. 이자율이 10%이고, 목표액은 매년 $100,000을 영원히 주는 것이라면 지금 투자해야 하는 금액은

$$\text{영구현금의 현재가치} = \frac{C}{r} = \frac{\$100,000}{0.10} = \$1,000,000$$

이다. 영구연금 공식에 대해서는 두 가지를 조심해야 한다. 첫째, 얼핏 보아서는 이 식을 하나의 현금흐름의 현재가치와 쉽게 혼동할 수 있다. 1년 말의 $1은 $1/(1+r)$의 현재가치를 갖는다. 반면, 영구연금은 $1/r$의 가치를 갖는다. 10%의 이자율에서 영구연금은 단일 현금흐금보다 11배 더 가치가 있다.

둘째, 영구연금 공식은 지금부터 1기가 시작되는 규칙적인 일련의 현금흐름의 가치를 알려준다. 따라서 $1백만의 기금은 대학에 앞으로 연간 $100,000을 제공한다. 기부자가 대학에 현재 $100,000을 추가로 기부하고 싶다면 그는 $110만을 떼어 놓아야 한다.

때로는 몇 년 동안 지불을 시작하지 않는 영구연금의 가치를 계산할 필요가 있다. 예

를 들어 어느 자선가가 4년 후부터 매년 $100,000을 기부하기로 했다고 하자. 3년도에 보면, 이 기부액은 첫해 말부터 시작되는 보통 영구연금이 된다. 따라서 영구연금 공식에 의하면, 3년 후 이 기금은 $100,000/$r$의 가치를 갖는다. 그러나 이 기금은 지금 그만큼의 가치가 없다. 오늘의 가치를 구하려면 3년 할인요소를 곱해야 한다. 따라서 "지연된 (delayed)" 영구연금은 다음의 가치가 있다.

$$\$100,000 \times \frac{1}{r} \times \frac{1}{(1+r)^3} = \$1,000,000 \times \frac{1}{(0.10)^3} = \$751.315$$

5.5　셀프테스트

영국 정부의 영구채권은 연간 £4를 영원히 지급한다. 그리고 £48에 판매되고 있다. 이자율은 얼마인가?

연금의 가치를 구하는 방법

캥거루 오토로 돌아가보자. 대부분의 할부는 일정한 현금흐름을 요구한다. 자, 이제 캥거루가 앞으로 3년 동안 연말에 $8,000을 내는 "쉬운 계획"을 제시한다고 하자.

　캥거루 할부의 할부금은 3년 연금이다. 그림 5.8은 이 현금흐름의 시간선을 보여주며, 이자율을 10%로 가정하고 각 연도의 미래 현금흐름의 현재가치를 계산한다. 이 할부의 총현재가치가 $19,894.82임을 알 수 있다.

　각 현금흐름의 현재가치를 계산하고 이를 더해서 연금의 가치를 계산할 수 있다. 그러나 보통 이자율이 r이라면 t년 동안 매년 C를 지급하는 연금의 현재가치는 아래 공식을 사용하는 것이 더 빠르다.

$$t년\ 연금의\ 현재가치 = C\left[\frac{1}{r} - \frac{1}{r(1+r)^t}\right] \tag{5.4}$$

대괄호 안의 식은 기간 1부터 시작하여 매년 $1씩 t년 만기 연금의 현재가치를 보여준다. 이것을 보통 t년 **연금계수**(annuity factor)라고 한다. 따라서 연금의 가치를 계산하는 다른 방법은 다음과 같다.

연금계수
기간당 $1 연금의 현재가치.

$$t년\ 연금의\ 현재가치 = 연금액 \times 연금계수$$

이 식을 이용하여 캥거루 할부의 현재가치를 계산할 수 있다. 연간 연금액(C)은 $8,000이고 이자율($r$)은 10%, 연수($t$)는 3이다. 따라서

그림 5.8. 각 현금흐름의 가치를 구해 연금의 가치를 계산할 수 있다. 그러나 보통 연금 공식을 사용하는 것이 더 빠르다.

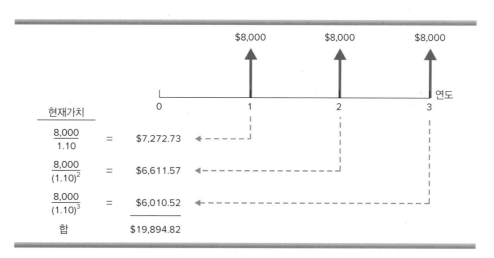

$$현재가치 = C\left[\frac{1}{r} - \frac{1}{r(1+r)^t}\right]$$

$$= 8,000\left[\frac{1}{0.10} - \frac{1}{0.10(1.10)^3}\right]$$

$$= \$19,894.82$$

이것은 현금흐름을 각각 계산한 답과 정확히 같다. 기간 수가 작으면 두 방법은 큰 차이가 없다. 그러나 장기 연금을 평가한다면 공식을 사용하는 것이 훨씬 쉽다.

연금 공식이 어떻게 구해졌는가 궁금하면 그림 5.9를 보아라. 이 그림은 세 투자의 현금흐름과 가치를 보여준다.

행 1 첫 번째 행에서 보여준 투자는 첫해 말에 시작하여 $1 현금흐름을 영원히 준다. 이미 이 영구연금이 $1/r$의 현재가치를 갖는다는 것을 보았다.

행 2 이제 그림 5.9의 두 번째 행이 보여준 투자를 보자. 이것도 또한 $1를 지불하는 영구연금을 보여준다. 그렇지만 이 연금은 4년도까지 시작되지 않았다. 이 현금흐름은 방금 평가했던 연금이 지연된 것과 같다. 3년도에서 이 투자는 첫해에 현금흐름이 시작하는 보통 영구연금이 된다. 따라서 3년도에 1/r의 가치를 갖는다. 이 금액의 오늘 가치를 구하려면 이 값에 3년 할인요소를 곱하면 된다. 따라서

$$PV = \frac{1}{r} \times \frac{1}{(1+r)^3} = \frac{1}{r(1+r)^3}$$

행 3 마지막으로 그림 5.9의 세 번째 행의 투자를 보자. 이것은 3년 동안 매년 $1를 일정하게 지불한다. 다른 말로 하면 이것은 3년 만기 연금이다. 여기서 행 2와 3의 투자를 합하면 행 1의 투자와 정확하게 같은 현금흐름을 갖는다는 것을 볼 수 있다. 따라서 연금(행 3)의 가치는 행 1의 영구연금의 가치에서 행 2의 지연된 영구연금의 가치를 뺀 것과 같아야 한다.

$$3년 \ \$1 \ 연금의 \ 현재가치 = \frac{1}{r} - \frac{1}{r(1+r)^3}$$

공식을 기억하는 것은 다른 사람의 생일을 기억하는 것만큼이나 어렵다. 그렇지만 연금이 즉각적인 영구연금과 지연된 영구연금의 차이와 같다는 것을 기억한다면 이런 어려움을 겪을 필요가 없다.

연금계수를 계산하기 위해 계산기나 스프레드시트를 사용하거나(이는 곧 살펴볼 것이다.) 연금계수표를 사용할 수 있다. 표 5.4는 간략한 연금계수표이다(이 책 마지막에 확장된 표 A.3이 있다.). 10% 이자율에서 3년 연금계수를 찾아보아라.

표 5.4와 1기간 현금흐름의 현재가치를 보여주는 표 5.3을 비교하라. 각 표에서 할인율이 커질수록 현재가치는 낮아진다. 그러나 표 5.3에서와 달리, 표 5.4에서는 보다 긴 기간의 영구연금이 더 많은 연금금액을 지불하는 것을 반영하여 아래로 갈수록, 즉 기간이 길어질수록 현재가치가 증가한다.

그림 5.9 연금의 가치는 두 영구연금 가치의 차이와 같다.

	현금흐름						현재가치
연도:	**1**	**2**	**3**	**4**	**5**	**6** . . .	
1. 영구연금 A	$1	$1	$1	$1	$1	$1 . . .	$\frac{1}{r}$
2. 영구연금 B				$1	$1	$1 . . .	$\frac{1}{r(1+r)^3}$
3. 3년 연금	$1	$1	$1				$\frac{1}{r} - \frac{1}{r(1+r)^3}$

표 5.4 t년 동안 매년 $1씩 받을 때 현재가치를 보여주는 연금계수표의 예

연도	이자율					
	5%	6%	7%	8%	9%	10%
1	0.9524	0.9434	0.9346	0.9259	0.9174	0.9091
2	1.8594	1.8334	1.8080	1.7833	1.7591	1.7355
3	2.7232	2.6730	2.6243	2.5771	2.5313	2.4869
4	3.5460	3.4651	3.3872	3.3121	3.2397	3.1699
5	4.3295	4.2124	4.1002	3.9927	3.8897	3.7908
10	7.7217	7.3601	7.0236	6.7101	6.4177	6.1446
20	12.4622	11.4699	10.5940	9.8181	9.1285	8.5136
30	15.3725	13.7648	12.4090	11.2578	10.2737	9.4269

5.6 셀프테스트

이자율이 8%라면 4년 할인요소는 얼마인지, 4년 연금계수는 얼마인지, 이 두 숫자 간에 어떤 관계가 있는지 설명하시오.

예제 **5.8▶** **복권에서 큰돈에 당첨되기**

2017년 8월, 매사추세츠 주의 한 여성은 파워볼(Powerball) 복권을 구입하여 $7억 7,800만이 당첨되었다. 그녀는 원치 않는 축하세례와 자선단체와 친척, 그리고 새롭게 친한 척하는 수많은 친구로부터 돈 요청을 받았으리라 생각한다. 이에 대해, 그녀는 이 상금이 실제로는 $7억 7,800만의 가치가 없다는 것을 지적할 수도 있다. 이 금액은 30년간 매년 약 $2,300만씩 지급될 것이다. 첫 번째 당첨금 지급이 첫해 말에 이루어진다면 이 당첨금의 현재가치는 얼마인가? 그 때 이자율은 약 2.7%였다.

이 복권 당첨금 지급금의 현재가치는 단순히 매년 지급금의 현재가치를 합하면 된다. 그러나 이 지급금을 이같이 분리하여 평가하는 것보다는 30년 만기 연금으로 취급하는 것이 훨씬 쉽다. 이 연금을 평가하려면 $2,300만에 단순히 30년 연금계수를 곱하면 된다.

$$PV = 23 \times 30 - \text{연간 연금계수}$$
$$= 23 \times \left[\frac{1}{r} - \frac{1}{r(1+r)^{30}} \right]$$

이자율 2.7%의 연금계수는

$$\left[\frac{1}{0.027} - \frac{1}{0.027(1.027)^{30}} \right] = 20.3829$$

현금 지급금의 현재가치는 20.3829×23=$468.8백만인데, 이것은 광고된 금액보다 훨씬 작다. 그렇지만 여전히 상당한 금액이다.

일반적으로 복권 운영자는 당첨자가 동등한 금액을 한꺼번에 가져갈 수 있도록 허용해준다. 이 예에서 당첨자는 30년간에 걸쳐 $7억 5,870만을 받거나, 일시불로 $4억 6,880만을 가져갈 수 있다. 두 방법은 같은 현재가치를 갖는다.[3] ■

예제 **5.9▶** **$900억으로 얼마나 많은 사치와 향락을 살 수 있는가?**

빌 게이츠(Bill Gates)는 세계 최고의 부자로 유명하다. 2018년 그는 약 $900억로 추정되는 재산을 가졌다. 그는 재산의 대부분을 Bill and Melinda Gates Foundation에 기부했다. 대신, 그가 자신의 재산 전체를 사치와 향락에 써버리기로 결정했다고 가정하자. 사치와 향락에 30년 동안 $900억을 써버리면 해마다 얼마를 쓸 수 있을까? 그는 6%의 이자율로 이 자금을 투자할 수 있다고 가정하자.

30년 만기 6%의 연금계수는 13.7648이다. 빌 게이츠의 지출 현금흐름의 현재가치는 그의 전 재산과 같다.

---

3) 복권의 수익은 여기에 기술한 것보다 훨씬 복잡하다. 첫해 지급되는 금액은 $2,300만보다 다소 작다. 그러나 매년 증가하여 $4억 6,880만의 현재가치와 같아진다.

$$현재가치＝연간\ 지출 \times 연금계수$$
$$\$90,000,000,000＝연간\ 지출 \times 13.7648$$
$$연간\ 지출＝6,538,000,000\ 또는\ 약\ \$65억$$

빌 게이츠에 대한 경고: 여기서 물가상승은 고려하지 않았다. 따라서 사치와 향락을 사는 데 드는 비용은 증가할 것이고, 30년 후에는 $65억으로 오늘 살 수 있는 만큼을 살 수 없을 것이다. 물론 그 이후에는 더 많이 살 수 없을 것이다. ∎

5.8 셀프테스트

여러분이 70세에 은퇴한다고 가정하자. 은퇴 후 20년을 더 살 것이며 이 기간에 매년 $55,000을 소비할 것으로 예상한다. 이 소비계획을 뒷받침하기 위해 70세까지 얼마의 돈을 저축해야 하는가? 7% 이자율을 가정한다.

예제 **5.10** ▶   **주택담보대출**

때로는 주어진 현재가치와 가치가 같은 일련의 미래 현금흐름을 알 필요가 있다. 예를 들어 주택구입자는 보통 주택 가격의 많은 부분을 대출 기관으로부터 빌린다. 가장 보편적인 차입계약은 매달 같은 액수를 상환하는 30년 만기 부채이다. 집이 $125,000이고, 한 구매자가 구입가격의 20%를 지불하고, 즉 $25,000을 현금으로 지불하고 나머지 $100,000을 저축은행과 같은 주택담보대출 기관으로부터 빌렸다고 하자. 매달 적절한 상환액은 얼마인가?

차입자는 앞으로 30년에 걸쳐(360개월) 매달 할부금을 내어 부채를 상환한다. 저축은행은 이 월부금이 $100,000의 현재가치를 갖도록 책정해야 한다. 따라서 다음 식이 성립한다.

$$현재가치＝모기지\ 지불 \times 360개월\ 연금\ 계수$$
$$＝\$100,000$$
$$모기지\ 지불＝\frac{\$100,000}{360개월\ 연금\ 계수}$$

이자율이 월 1%라고 가정하자. 그러면

$$모기지\ 지불＝\frac{\$100,000}{\left[\dfrac{1}{0.01}-\dfrac{1}{0.01(1.01)^{30}}\right]}＝\frac{\$100,000}{97.218}＝\$1,028.61 \quad ∎$$

예제 5.10의 주택담보대출은 원리금균등상환대출(amortizing loan)의 한 예이다. "상각(amortizing)"은 월부금의 일부는 부채의 이자를 지급하는 데 쓰이고 일부는 부채의 원금을 상환하는 데 쓰인다는 것을 의미한다. 표 5.5에서 1연도에는 단지 $78.45의 이자를 내면 된다. 따라서 $315.47−$78.45＝$237.02가 상각에 쓰일 수 있다. 두 번째 해의 상각은 첫 번째 해보다 더 많다. 부채의 금액이 감소했으므로 할부금 중 더 적은 금액이 이자로 쓰이기 때문이다. 이 과정은 상각이 부채 잔액을 0으로 줄이는 마지막 해까지 계속된다.

부채는 점차 상환되기 때문에 할부금 중 이자로 쓰이는 부분은 시간이 지남에 따라 줄어든다. 그렇지만 원금을 상각하는 데 사용되는 부분은 점차 증가한다. 그림 5.10은

표 5.5. 원리금균등상환대출의 예. 만약 10%의 이자율로 $1,000을 빌리면 대출금 상환을 위해서는 앞으로 4년 동안 연간 대출상환금 $315.47를 내야 한다.

연도	연초 잔액	잔액에 대한 연말 이자	연말 총지급금	대출 상각액	연말 잔액
1	$1,000.00	$100.00	$315.47	$215.47	$784.53
2	784.53	78.45	315.47	237.02	547.51
3	547.51	54.75	315.47	260.72	286.79
4	286.79	28.68	315.47	286.79	0

그림 5.10 주택담보 원리금균등상
환대출. 이 그림은 주택담보대출 할
부금이 이자와 원금 상각으로 나누
어지는 것을 보여준다. 그림에는 매
년 월부금을 합하여 주택담보대출에
대한 연간 지급금을 보여준다.

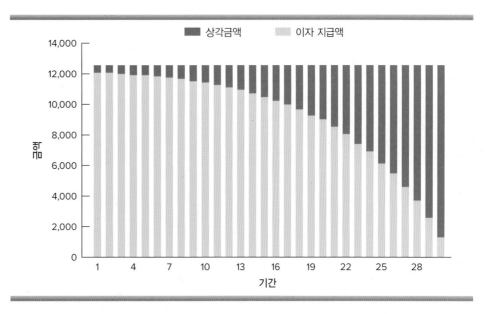

예제 5.10의 주택담보대출의 상각을 보여준다. 초기에는 거의 모든 할부금이 이자로 충당된다. 15년 후에도 월부금의 대부분이 이자로 충당된다.

5.8 셀프테스트

월 1%의 이자율로 15년 만기 $100,000 주택담보대출을 얻는다면 월부금은 얼마가 될까? 첫 번째 월부금의 얼마가 이자이며, 얼마가 원금의 상각인가?

연금의 미래가치

다시 저축으로 돌아가자. 이번에는 여러분이 차를 사려고 매년 말에 $3,000을 저축하고 있다. 이 저축에서 연간 8% 이자를 받는다면 저축은 4년 후에 얼마가 될까? 그림 5.11의 시간선을 이용하여 이 문제에 답할 수 있다. 첫해의 저축은 3년 동안 이자를 받는다. 두 번째는 2년 동안, 세 번째는 1년 동안 이자를 받는다. 그리고 4년도의 마지막 저축은 이자를 받지 않는다. 네 현금흐름의 미래가치의 합은 다음과 같다.

$$(\$3,000 \times 1.08^3) + (\$3,000 \times 1.08^2) + (\$3,000 \times 1.08) + \$3,000 = \$13,518$$

그림 5.11 4년 동안 매년 $3,000
의 보통 연금 미래가치를 계산하기
(이자율=8%)

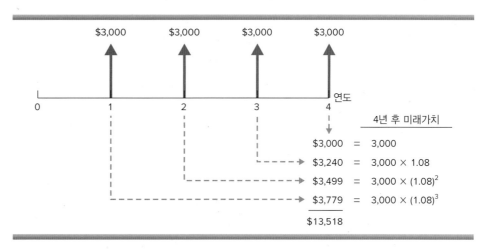

그러나 잠깐 기다려라. 여기서 우리는 일정한 현금흐름, 즉 연금을 보고 있다. 우리는 연금의 현재가치를 계산하는 간편한 공식이 있다는 것을 알고 있다. 따라서 일정한 현금흐름의 미래가치를 계산하는 비슷한 공식도 있어야만 한다.

먼저 저축의 흐름이 오늘 얼마의 가치가 있는가를 생각하라. 여러분은 앞으로 4년 동안 매년 $3,000을 저축하고 있다. 이 4년 연금의 현재가치는 다음과 같다.

$$PV = \$3,000 \times 4연간\ 연금\ 계수$$
$$= \$3,000 \times \left[\frac{1}{0.08} - \frac{1}{0.08(1.08)^4} \right] = \$9,936$$

이제 여러분이 오늘 $9,936를 투자한다면 4년 후 얼마를 갖게 되는가를 생각하라. 간단하다! $(1.08)^4$를 곱하면 된다.

$$4년도\ 말의\ 가치 = \$9,936 \times 1.08^4 = \$13,518$$

우리는 먼저 연금의 현재가치를 계산하고 여기에 $(1+r)^t$을 곱하여 연금의 미래가치를 계산하였다. 따라서 t년 동안 매년 $1 현금흐름의 미래가치에 대한 일반식은 다음과 같다.

$$미래가치(FV)\ 연간\ \$1의\ 연금 = 연간\ \$1의\ 연금\ 현재가치 \times (1+r)^t \qquad (5.5)$$
$$= \left[\frac{1}{r} - \frac{1}{r(1+r)^t} \right] \times (1+r)^t$$
$$= \frac{(1+r)^t - 1}{r}$$

위 예와 같이 4년 간 현금흐름의 미래가치를 찾고자 한다면 (그림 5.12에서 한 것처럼) 각 현금흐름의 미래가치를 따로 계산하는 것과 연금 공식을 사용하는 것 모두 계산 속도가 비슷할 것이다. 그러나 10 또는 20개의 현금흐름을 계산해야 한다면 당연히 공식을 사용하는 것이 빠르다.

표 5.6 또는 이 책 끝에 있는 표 A.4에서 연금의 미래가치를 구할 수 있다. $t=4$에 해당하는 행과 $r=8\%$에 해당하는 열에서 매년 $1 연금의 미래가치는 $4.5061이다. 따라서 $3,000 연금의 미래가치는 $3,000 \times 4.5061 = \$13,518$이다. 실제로는 계산기나 스프레드시트를 사용하여 이를 찾기도 한다.

표 5.6 t년 동안 매년 $1씩 투자할 때 미래가치를 보여주는 표의 예

연도	이자율					
	5%	6%	7%	8%	9%	10%
1	1.0000	1.0000	1.0000	1.0000	1.0000	1.0000
2	2.0500	2.0600	2.0700	2.0800	2.0900	2.1000
3	3.1525	3.1836	3.2149	3.2464	3.2781	3.3100
4	4.3101	4.3746	4.4399	4.5061	4.5731	4.6410
5	5.5256	5.6371	5.7507	5.8666	5.9847	6.1051
10	12.5779	13.1808	13.8164	14.4866	15.1929	15.9374
20	33.0660	36.7856	40.9955	45.7620	51.1601	57.2750
30	66.4388	79.0582	94.4608	113.2832	136.3075	164.4940

예제	**5.11 ▶**	**노후를 위한 저축**

겨우 50년 정도면 여러분은 은퇴할 것이다. (그렇다, 여러분이 은퇴할 때쯤에는 은퇴 나이가 약 70세 정도 될 것이다. 길다는 것이 축복만은 아니다.) 아직 저축을 시작하지 않았는가? 여러분이 원하는 생활수준을 뒷받침하기 위해 정년까지 $50만을 모을 필요가 있다고 하자. 이같은 미래 목표를 달성하기 위해 현재와 정년 사이에 매년 얼마를 저축해야 하는가? 연 이자율이 10%라고 하자. 여러분은 다음 그림에서 $50만의 미래가치를 제공하기 위해 얼마의 연금이 있어야 하는지를 구해야 한다.

1~50년 동안 저축액(현금유출액)의 총합은 $50만이다.

매년 $1를 저축하면 돈은 누적되어 다음과 같이 된다.

$$\text{연간 \$1의 연금 미래가치(FV)} = \frac{(1+r)^t - 1}{r} = \frac{(1.10)^{50} - 1}{0.10}$$
$$= \$1,163.91$$

우리는 $C \times 1,163.91 = \$500,000$이 되도록 C를 선택해야 한다. 따라서 $C = \$500,000/1,163.91 = \$429.59$이다. 이는 매우 좋은 소식인 것처럼 보인다. 연간 $429.59의 저축이 극도로 절약을 요구하는 것 같지는 않기 때문이다. 그렇지만 아직 축하하기에는 이르다. 이것은 물가상승의 영향을 고려하면 더 나빠질 것이다. ■

선불연금

연금 공식은 첫 번째 현금흐름이 1기말에 발생한다고 가정한다는 것을 기억하자. 연금의 현재가치는 그 1기에 시작하는 일련의 현금흐름의 가치이다. 이와 비슷하게 연금의 미래가치는 첫 번째 현금흐름이 1기말에 발생한다고 가정한다.

그러나 많은 경우 현금흐름이 즉시 시작될 수도 있다. 예를 들어, 캥거루 오토(Kangaroo Autos)가 여러분에게 자동차를 신용으로 판매할 때, 자동차 판매 시점에 첫 번째 지불을 요구할 수 있다(그림 5.8 참조). 즉시 시작하는 일정한 현금흐름을 **선불연금**(annuity due)이라 한다.

선불연금
즉시 시작하는 일정한 현금흐름.

그림 5.12는 보통 연금과 선불연금의 현금흐름을 보여준다. 이를 비교하면 선불연금의 세 각각의 현금흐름이 보통 연금의 해당 현금흐름보다 한 기간 일찍 발생한다는 것을 알 수 있다. 따라서 각각의 현금흐름은 한 기간 덜 할인되고, 그것의 현재가치는 $(1+r)$만큼 증가한다.

$$\text{선불연금의 현재가치} = \text{보통 연금의 현재가치} \times (1+r) \qquad (5.6)$$

그림 5.12는 캥거루 오토가 할부금을 1년 앞당겨 시행할 때 그 가치가 (보통 연금의) $19,894.82에서 $21,884.30로 증가하는 것을 보여준다. $21,884.30 = $19,894.82 × 1.10 이다.

선불연금의 미래가치도 계산하고 싶어질 것이다. 첫 번째 현금흐름이 즉시 발생한다면, 일련의 현금흐름의 미래가치는 각 현금흐름은 1년의 이자수입이 추가로 발생하므로 더 커진다. 예를 들어, 10%의 이자율에서 선불연금의 미래가치는 보통 연금의 미래가치보다 정확하게 10%만큼 크다. 보다 일반적으로 표현하면 다음과 같다.

$$\text{선불연금의 미래가치} = \text{보통 연금의 미래가치} \times (1+r) \qquad (5.7)$$

그림 5.12 패널 a의 보통 연금의 현금흐름은 연도 1에 시작한다. 패널 b의 선불연금은 첫 번째 현금흐름은 즉시 시작한다. 따라서 선불연금은 더 가치가 있다.

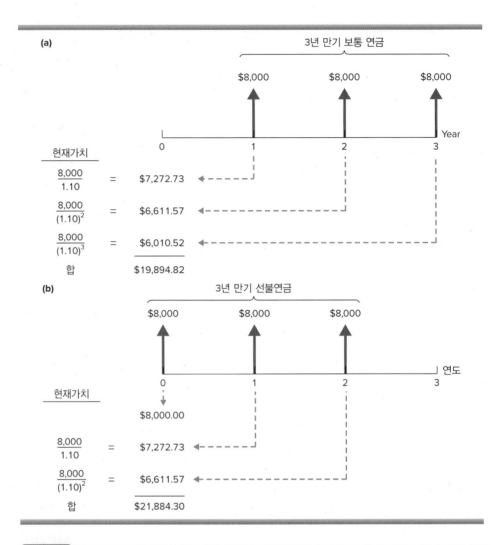

5.9 셀프테스트

예제 5.11에서 10% 이자율로 50년 동안 매년 $429.59를 투자하면 $50만의 저축 목표를 달성할 수 있다는 것을 보았다. 돈을 연말이 아닌 연초에 투자한다면 얼마를 저축해야 하는가?

5.6 계산의 번거로움 줄이기 2

5.4절에서는 재무관리자가 재무계산기 또는 스프레드시트를 사용하여 현재가치 문제를 해결하는 방법을 살펴보았다. 거기서 우리는 연금을 받지 않았으며 반복되는 현금흐름이 없다고 가정했다. 우리는 단순히 현재가치(PV)와 미래가치(FV)에 관심을 가졌다. 그러나 연금을 평가해야 할 때는 현재가치, 미래가치, 정기적인 연금 지불금액(PMT)에 관심이 있다. 다음은 재무계산기와 스프레드시트를 사용하여 연금을 평가하는 방법에 대한 몇 가지 예이다.

재무계산기를 이용한 연금 문제 풀이

우리는 앞에서 캥거루 오토(Kangaroo Autos) 예를 살펴보았다. 향후 3년 동안 매년 말에 $8,000의 지불을 요구했다. 이자율이 10%인 경우 이러한 지출의 현재가치는 얼마인가?

재무계산기에서 답을 찾으려면 다음 숫자를 입력해야 한다.

	n	i	PV	PMT	FV
입력	3	110		−8000	0

PMT가 더 이상 0으로 설정되지 않는다는 것에 주의하라. 대신 정기적인 연금 지불금액에 (−8000)을 입력한다. PMT는 음수로 입력되어야 하다는 것에도 주의하라. 즉 여러분은 캥거루 오토에 매년 $8,000을 지불하고 있다. 추가적인 지출은 없으므로, FV는 0으로 설정된다. (예를 들어, 3년도에 $5,000을 추가로 지불해야 하는 경우 미래가치, FV에는 −5000을 입력해야 한다.) 이제 PV를 계산하면, 답은 19,894.82이다.

이제 재무계산기를 사용하여 예제 5.10을 해결해보자. 저축은행은 현재가치, PV가 $100,000이 되도록 주택담보대출에 대한 월부금을 설정해야 했다. 360회의 월부금이 발생하고 이자율은 매월 1%였다. 정기적인 월부금을 구하려면 다음의 자료를 입력해야 한다.

	n	i	PV	PMT	FV
입력	360	1	100000		0

PV는 양수로 입력해야 함을 주의하라. 은행이 돈을 빌려줄 때에는 현금이 유입된다. PMT 키를 누르면 그 답은 −1,028.61이고, 이는 현금유출이기 때문이다.

주택담보대출을 첫 번째 월부금이 즉시 발생하는 선불연금이라고 하면, 여러분은 계산기의 "시작(begin)" 키를 눌러 선불연금 문제를 해결할 수 있다. 계산기는 자동적으로 그 현금흐름을 매기 초에 현금흐름이 발생하는 선불연금으로 해석할 것이다. 보통 연금으로 되돌아가려면 "시작(begin)" 키를 한 번 더 누르면 된다.

스프레드시트를 이용한 연금 문제 풀이

스프레드시트로 연금 문제를 해결하려면 1기간의 현금흐름 문제를 해결하는 데 사용한 것과 동일한 기능이 필요하다. 그러나 연금으로 반복 지불(PMT)은 더 이상 0이 아니다.

캥거루 오토 예를 다시 생각해보자. 향후 3년 동안 매년 말마다 $8,000을 지불해야 했다. 우리는 이러한 지출의 현재가치를 10%의 이자율로 계산해야 한다. 다음 스프레드시트는 그 답을 보여준다.

	A	B	C
1	**스프레드시트를 이용한 현금의 현재가치 풀이**		
2			
3	이자율 (i)	0.1	
4	기간 수 (nper)	3	
5	기간당 지급액 (pmt)	8000	
6			
7			셀 B8의 식
8	현재가치 (PV)	$19,894.82	= FV(B3,B4,−B5,0)
9			
10	이자율은 백분율이 아니라 십진수이다.		

5.7 실효연간이자율

이번 장에서 지금까지 여러분은 아마도 공식에 압도당한다고 느낄 것이다. 하지만 아직 두 가지 과제가 더 남아있다. 힘들다고 느껴진다면, 지금이 잠시 휴식을 취하고 커피 한 잔의 여유를 갖기 좋을 때일지도 모른다.

지금까지 이번 장에서는 일련의 연간 현금흐름의 가치를 평가하기 위해 주로 연간 이자율을 사용했다. 그러나 이자율은 일, 월, 년 또는 어떤 적절한 기간에 대해서 표시될 수 있다. 이자율은 다른 기간, 예를 들어 월간 또는 연간으로 표시될 때 어떻게 비교해야 하는가?

여러분의 신용카드를 생각해보자. 미지불 잔고에 대해서 월 1% 이자를 내야 한다고 하자. 여러분이 갚지 않은 돈의 결제를 1년 뒤에 한다면 얼마를 내야 하는가?

이자율이 년이 아닌 월로 표시되었다고 지불을 미루지 마라. 중요한 것은 이자율과 기간 수 간에 일관성을 유지해야 한다는 것이다. 이자율이 월 몇 %로 표시된다면 미래가치 계산에서 기간 수를 개월 수로 정의해야 한다. 따라서 신용카드 회사에서 12개월 동안 월 1%로 $100을 빌린다면 $100 \times (1.01)^{12} = $112.68을 상환해야 한다. 여러분의 부채는 1년 후 $112.68로 증가한다. 그러므로 월 1% 이자율은 12.68%의 **실효연간이자율**(effective annual interest rate) 또는 연간 복리이자율(annually compounded rate)과 동등하다고 말할 수 있다.

실효연간이자율
복리를 사용하여 연율화한 이자율.

일반적으로 실효연간이자율은 돈이 복리로 커지는 비율로 정의된다. 따라서 신용카드의 경우 다음과 같이 쓸 수 있다.

$$1 + 실효연간이자율 = (1 + 월간\ 이자율)^{12}$$

이자율을 비교할 때 실효연간이자율을 사용하는 것이 가장 좋다. 이것은 보통 공통된 기간(1년)에 대해 지불하거나 받은 이자를 비교하며, 이 기간 동안 복리로 계산한다. 단기 이자율은 때때로 기간당 이자율에 1년 동안의 기간 수를 곱하여 연율화된다(annualize). 사실 미국에서 공정대출법(truth-in-lending law)은 이러한 방식으로 연율화된 이자율을 요구한다. 이러한 이자율을 이른바 **연간 단순이자율**(annual percentage rate : APR)이라 한다.[4] 여러분의 신용카드 부채에 대한 이자율은 매달 1%였다. 1년에 12개월이 있으므로 이 부채에 대한 APR은 12×1%=12%이다.[5]

연간 단순이자율
단리를 사용하여 연율화한 이자율.

신용카드 회사가 12%의 APR을 고시한다면 어떻게 실효연간이자율을 구할 수 있는가? 그 답은 간단하다.

1단계: 실제로 부과되는 기간의 이자율을 알고 싶다면 고시된 APR을, 1년 중 복리계산 기간 수로 나눈다. 위 예에서 이자율은 매달 계산되었다. 따라서 APR을 12로 나누어 월간 이자율을 구한다.

$$월간\ 이자율 = \frac{APR}{12} = \frac{12\%}{12} = 1\%$$

2단계: 이제 연간 복리이자율을 계산하다.

$$1 + 실효연간이자율 = (1 + 월간\ 이자율)^{12} = (1 + .01)^{12} = 1.1268$$

실효연간이자율은 0.1268 또는 12.68%이다.

일반적으로 APR이 주어지고 1년에 복리계산 기간이 m번 있을 때 $1는 1년 후 $1 \times$

---

4) 공정대출법은 신용카드 대출, 자동차 대출, 주택개량 대출, 그리고 소기업에 대한 일부 대출에 적용된다. 일반적으로 금융업계에서는 APR을 사용하거나 제시하지 않는다.

5) APR을 계산하는 것에 대한 규정은 나라마다 다르다. 예를 들어 EU 기업들은 대부분의 대출에 대한 실효연간이자율을 제시해야 한다.

표 5.7. 아래의 모든 투자는 6%의 ARP을 갖는다. 그러나 이자율이 복리계산되는 횟수가 많을수록 실효연간이자율은 커진다.

복리기간	1년당 기간 수(m)	기간당 이자율	투자 자금의 성장 승수	실효연간 이자율
1년	1	6%	1.06	6.0000%
반년	2	3	$1.03^2 = 1.0609$	6.0900
분기	4	1.5	$1.015^4 = 1.061364$	6.1364
월	12	0.5	$1.005^{12} = 1.061678$	6.1678
주	52	0.11538	$1.0011538^{52} = 1.061800$	6.1800
일	365	0.01644	$1.0001644^{365} = 1.061831$	6.1831
연속			$e^{0.06} = 1.061837$	6.1837

$(1+APR/m)^m$으로 증가한다. 실효연간이자율은 $(1+APR/m)^m - 1$이다. 예를 들어, 월간 이자율이 1%인 신용카드 부채는 APR이 12%이며 실효연간이자율은 $(1.01)^{12} - 1 = 0.1268$, 즉 12.68%이다. 요약하면 실효연간이자율은 투자된 자금이 1년 동안 증가하는 비율이다. 이것은 단위 기간당 이자율을 1년 동안 단위 기간의 수로 복리계산한 것이다.

예제　5.12 ▶　은행계좌에 대한 실효이자율

1960년대와 1970년대에 미 연방정부는 저축계좌에 대해 은행이 지불할 수 있는 이자율(APR)을 제한하였다. 은행은 예금주를 구하기 어려웠고 이들은 규정 내에서 지불할 수 있는 실효이자율을 증가시킬 방법을 찾았다. 이들의 방법은 같은 APR을 유지하면서 좀 더 자주 예금 이자를 계산하는 것이었다. 이자를 좀 더 짧은 기간에 복리로 계산함에 따라, 이자가 이자를 벌 수 있는 시간이 짧아졌다. 따라서 실효연간복리이자율은 증가하였다. 표 5.7은 은행이 지급할 수 있었던 최대 APR을 6%(실제로는 이것보다 약간 작았다. 그렇지만 6%는 예를 들기에 적절한 반올림된 숫자이다.)로 가정했을 때 이 계산을 보여준다.

표 5.7에서 은행은 단순히 좀 더 자주 이자율을 계산함으로써 실효이자율을 증가시킬 수 있었다는 것을 볼 수 있다.

최종 단계는 정해진 기간이 아니라 연속적인 흐름으로 이자가 지급된다고 가정하는 것이다. 1년 동안의 연속복리(continuous compounding)로 $1는 e^{APR}로 커진다. 여기서 $e = 2.718$(자연대수의 밑수)이다. 따라서 6%의 연속복리로 $1를 예금한다면 연말에는 $(2.718)^{0.06} = \$1.061837$가 된다. 이것은 일별 복리보다 많지만 거의 차이는 없다. ∎

5.10　셀프테스트

분기별 상환해야 하는 자동차 대출이 8%의 APR을 갖는다. 실효연간이자율은 얼마인가?

5.8　물가상승과 화폐의 시간가치

은행이 예금계좌에 대해 6% 이자를 지급한다면 $1,000 예금당 $60의 이자 지급을 약속하는 것이다. 그러나 지급하는 돈의 액수를 정하기는 하지만, 그 돈으로 얼마만큼을 살 수 있는가에 대해서는 어떠한 보장도 하지 않는다. 만약 투자의 가치는 6% 증가하는데 상품과 서비스 가격이 10% 상승한다면 이 예금투자는 실제 구매할 수 있는 상품으로 보면 손실을 입는 것이다.

실질 현금흐름과 명목 현금흐름

상품과 서비스의 가격은 계속 변한다. 컴퓨터는 점점 더 싸지지만 교과서는 점점 더 비싸진다(미안합니다.). 일반적인 가격 수준의 상승을 **물가상승률**(inflation)이라 한다. 물가상승률이 매년 5%라면, 1년 전에 $1인 상품은 올해 $1.05가 된다. 일반적으로 가격

물가상승률
상품이나 서비스 가격 수준이 상승하는 비율.

표 5.8 소비자물가지수(CPI)는 물가상승으로 전형적인 가계의 구매비용이 얼마나 증가했는지를 보여준다.

	CPI	1950년 이후 백분율 변화
1950	25.0	
1960	29.8	+ 19.2%
1970	39.8	+ 59.2
1980	86.3	+245.2
1990	133.8	+435.2
2000	174.0	+596.0
2010	219.2	+776.8
2017	246.5	+886.0

수준의 상승은 화폐의 구매력 감소를 의미한다. 지난해 $1로 빵 한 덩어리를 살 수 있었다면 올해 같은 돈으로는 빵의 일부분만을 살 수 있다.

경제학자들은 몇 가지 다른 가격지수를 이용하여, 일반적인 가격 수준을 추적한다. 이들 중 가장 잘 알려진 것이 소비자물가지수(Consumer Price Index : CPI)이다. 이것은 전형적인 가계가 구매한다고 생각되는 특정한 상품과 서비스의 패키지를 사는 데 드는 금액을 측정한다.[6] 따라서 한 해에서 다음해로 CPI 백분율의 증감을 통해 물가상승률을 측정한다.

표 5.8은 어떤 해의 CPI를 보여준다. 지수의 기준이 되는 기간은 1982~1984년이다. 따라서 이 지수는 매해 가격 수준을 이 3년 동안의 평균 가격 수준에 대한 백분율로 나타낸다. 예를 들어, 1950년에 이 지수는 25.0이었다. 이는 1982~1984년에 $100으로 살 수 있는 상품과 서비스를 1950년에는 평균적으로 $25로 같은 양을 살 수 있었다는 것을 의미한다. 2017년말까지 이 지수는 246.5로 상승하였다. 다시 말해 2017년의 가격은 1950년의 가격 수준의 9.86배(246.5/25.0=9.86)였다.[7]

좀 더 긴 기간에 걸쳐 연간 물가상승률을 보는 것은 흥미롭다. 그림 5.13은 이를 보여주고 있다. 물가상승이 최고인 해는 1918년으로 20% 상승하였지만, 물가가 매우 급하게 하락한 해도 몇 해 있었다는 것을 볼 수 있다.

우리가 이 책을 쓰고 있는 2018년, 물가상승은 안정적으로 보인다. 미국의 물가상승률은 0에 가깝고 일부 국가에서는 가격이 하락하거나 심지어 디플레이션(deflation)을 경험하고 있다. 일부 경제학자들은 이를 근거로 물가상승이 끝났다고 주장하기도 하지만

그림 5.13 1900년~2017년 동안 미국의 연간 물가상승률

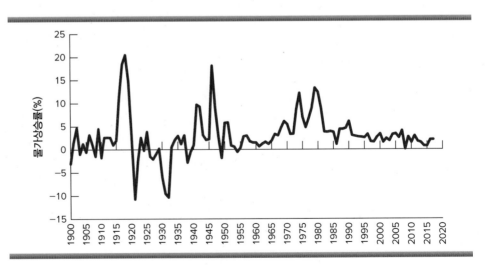

---

6) 서비스 "묶음"을 어떻게 사는지에 대해서는 묻지 마라.

7) 노동통계국이 기준 기간을 1982년~1984년으로 선택한 것은 자의적이다. 예를 들면 노동통계국이 기준 기간으로 1950년 12월을 정할 수도 있다. 이 경우 이 지수는 1950년에 100이 되고, 2017년에는 986.0이 된다.

다른 학자들은 이에 대해 확신하지 못하고 있다.

예제	**5.13** ▶	**휘발유 가격**

2017년 말에 휘발유 1갤런을 약 $2.50에 구입하는 운전자들은, 그 가격이 1갤런에 $1.08에 불과하였던 1980년을 그리워할지 모른다. 그러나 이 기간 동안 실제 휘발유 가격은 얼마나 변했을까? 확인해보자.

2017년 소비물가지수는 1980년의 약 2.87배였다. 물가상승 수준으로 휘발유 가격이 상승한다면 2017년 휘발유 1갤런의 가격은 $2.87 \times \$1.08 = \$3.10$이 될 것이다. 이는 1980년대 수준으로 계산된 것이 아니라, 2017년의 가격 수준으로 계산된 값이다. 따라서 실제 휘발유 가격은 37년 동안 하락했다. ■

5.11	**셀프테스트**

현재 런던으로 전화하는 데 $5가 든다고 하자. 전화요금의 실질가격이 미래에도 변하지 않고 물가상승률이 (과거 30년 동안의 대략 평균인) 5%라면 50년 후 런던으로 전화하는 데 얼마나 들겠는가? 만약 물가상승률이 10%라면 얼마인가?

경제학자들은 때로 경상화폐(**current money**) 또는 명목화폐(**norminal money**)와 불변화폐(**constant money**) 또는 실질화폐(**real money**)에 대해 이야기한다. 경상 또는 명목화폐는 그날의 화폐 금액을 이야기한다. 불변 또는 실질화폐는 구매력의 크기를 말한다.

어떤 비용이 명목상 금액이 정해져 있어 실질 금액은 감소한다. 여러분이 1990년에 30년 만기 주택담보대출을 받았다고 하자. 월부금은 $800였다. 2017년에도 이것은 $800이다. 그렇지만 물가상승률은 이 기간에 1.84배 증가하였다(246.5/133.8=1.84).

1990년 실질화폐로 표현된 2017년의 월부금의 크기는 얼마인가? 답은 $800/1.84, 즉 매달 $434이다. 주택담보대출의 상환에 대한 실제 부담은 1990년보다 2017년에 훨씬 작다.

5.12	**셀프테스트**

1950년 한 가정이 그들의 전형적인 구매에 주당 $250를 소비한다면 1980년에는 그러한 구매에 얼마가 들겠는가? 1980년에 급여가 연간 $30,000라면, 1950년 화폐로 이 급여의 실질가치는 얼마가 되겠는가?

물가상승과 이자율

어떤 사람이 이자율을 말할 때 여러분은 그것이 실질이자율이 아니라 명목이자율이라는 것을 확실히 알 수 있다. 이는 장래 물가상승을 보상하지 않고 지불할 실제 금액을 말한다.

명목이자율
투자한 금액이 증가하는 비율.

여러분이 6%의 명목이자율로 $1,000을 은행에 저축한다면 연말에는 $1,060를 갖게 된다. 그러나 이것은 여러분의 생활이 6% 더 나아진다는 것을 의미하지는 않는다. 이 해 동안 물가상승률 또한 6%라면 전년도 $1,000였던 상품은 이제 $1,000×1.06=$1,060이다. 이 경우 여러분은 얻은 게 아무것도 없다.

$$\text{투자의 진정한 미래가치} = \frac{\$1,000 \times (1 + \text{명목이자율})}{(1 + \text{인플레이션율})}$$

$$= \frac{\$1,000 \times 1.06}{1.06} = \$1,000$$

실질이자율
투자의 구매력이 증가하는 비율.

이 예에서 명목이자율은 6%이지만 **실질이자율**은 0이다.

실질이자율은 다음과 같이 계산된다.

$$1 + 실질이자율 = \frac{1 + 명목이자율}{1 + 물가상승률} \tag{5.8}$$

위 예에서 명목이자율과 물가상승률은 둘 다 6%였다. 따라서 다음과 같이 실질이자율을 계산할 수 있다.

$$1 + 실질이자율 = \frac{1.06}{1.06} = 1$$

$$실질이자율 = 0$$

명목이자율이 6%이고, 물가상승률이 2%에 불과하다면 어떻게 될까? 이 경우 실질이자율은 1.06/1.02−1=0.039, 즉 3.9%이다. 오늘 빵 한 덩이 값이 $1라면 $1,000으로는 1,000덩이를 살 수 있다고 하자. 6%의 명목이자율로 $1,000을 투자한다면 연말에는 $1,060를 얻게 된다. 그러나 그동안 빵 가격이 $1.02로 상승한다면, 그 돈으로는 1,060/1.02=1,039 덩이를 살 수 있다. 이 때 실질이자율은 3.9%이다.

5.13 셀프테스트

a. 8% 이자율로 돈을 투자한다고 하자. 물가상승률이 0이라면 실질이자율은 얼마인가? 물가상승률이 5%라면 얼마가 되는가?

b. (a) 투자에 대해 3%의 실질이자율을 요구한다고 하자. 물가상승률이 0이라면, 얼마의 명목이자율을 벌어야 하는가? 만약 물가상승률이 5%라면 얼마여야 하는가?

여기 유용한 근사식이 있다. 실질이자율은 근사적으로 명목이자율과 물가상승률의 차이와 같다.[8]

$$실질이자율 \approx 명목이자율 - 물가상승률 \tag{5.9}$$

위 예에서 명목이자율은 6%이고, 물가상승률은 2%, 그리고 실질이자율은 3.9%였다. 이를 4%로 반올림하면 이 근사식은 같은 답을 준다.

$$실질이자율 \approx 명목이자율 - 물가상승률$$

$$\approx 6 - 2 = 4\%$$

이 근사식은 물가상승률과 실질이자율이 작을 때 잘 맞는다. 이들 값이 클 때는 근사식을 사용하지 않고 제대로 된 식을 써야 한다.

예제 5.13 ▶ 실질이자율과 명목이자율

2018년 초 미국에서 신용등급이 높은 장기 회사채의 수익률은 약 2.87%였다. 만약 내년의 물가상승률이 약 1%일 것으로 예상된다면 실질수익률은 다음과 같다.

$$1 + 실질이자율 = \frac{1 + 명목이자율}{1 + 물가상승률} = \frac{1.0287}{1.01} 1.0185$$

$$실질이자율 = 0.0185, 또는 1.85\%$$

근사식을 사용하면 2.87−1.0=1.87%로 위와 비슷한 값을 갖는다. 그렇지만 근사식은 물가상승률이 매달 100%를 훨씬 넘었던 (편지 한통을 부치려면 1백만 마르크가 필요했던 시기인) 1922년~1923년 독일의 높은 물가상승 시기에는 적용할 수 없다. ■

---

8) 스퀴글(≈)은 "근사적으로 같은"을 의미한다.

실질 현금흐름의 평가

다시 미래 현금흐름을 평가하는 방법에 대해서 생각해보자. 이 장의 앞부분에서 여러분은 명목이자율로 할인하여 명목화폐의 현금흐름을 평가하는 것을 배웠다. 예를 들어 명목이자율이 10%라고 하자. 연말에 $100을 얻으려면 지금 얼마를 투자해야 하는가? 쉽다. 10%로 할인하여 $100의 현재가치를 계산하면 된다.

$$PV = \frac{\$100}{1.10} = \$90.91$$

실질 현금흐름을 실질이자율로 할인해도 정확히 같은 결과를 얻는다. 예를 들어 내년 물가상승률이 7%로 예상된다고 하자. 따라서 $100의 실질가치는 $100 / 1.07=$93.46에 불과하다. 1년이 지난 후에 $100는 오늘 가치로 $93.46만큼의 상품을 구매할 수 있다. 또한 7%의 물가상승률일 때 실질이자율은 단지 약 3%이다. 이것을 다음 식에서 정확히 계산할 수 있다.

$$1 + 실질이자율 = \frac{1+명목이자율}{1+물가상승률} = \frac{1.10}{1.07} = 1.028$$

$$실질이자율 = 0.028, \text{또는 } 2.8\%$$

이제 2.8% 실질이자율로 $93.46의 실질 현금흐름을 할인하면 전과 같이 $90.91의 현재가치를 갖는다.

$$PV = \frac{\$93.46}{1.028} = \$90.91$$

두 방법에서 항상 같은 결과가 나와야 한다.

기억하라. 명목화폐의 현금흐름은 반드시 명목이자율로 할인해야만 한다. 반면, 실질 현금흐름은 실질이자율로 할인해야 한다.

명목 현금흐름과 실질할인율(또는 실질이자율과 명목 현금흐름)을 혼합하여 사용하는 것은 용서할 수 없는 죄이다. 하지만 놀랍게도 많은 사람이 이 죄를 범하는 것을 발견할 수 있다.

5.14 셀프테스트

여러분은 친척에게 $5,000을 받을 게 있는데, 그는 이것을 1년 후에 되돌려 주려고 한다. 명목이자율은 8%이고 물가상승률은 5%이다. 친척의 차용증서(IOU)의 현재가치는 얼마인가? (a) 명목 금액을 명목이자율로 할인하여, 그리고 (b) 실질 금액을 실질이자율로 할인하여 같은 답을 얻을 수 있다는 것을 보이시오.

예제 5.15 ▶ 물가상승이 빌 게이츠에게 미친 영향

예제 5.9에서 이자율이 9%일 때 빌 게이츠는 그가 원한다면 $900억의 부를 30년 동안 사치와 향락을 위해, 매년 지급하는 $65억의 연금으로 바꿀 수 있음을 보였다. 불행히도 사치품과 유흥비는 휘발유와 식품과 마찬가지로 가격이 상승한다. 그가 2048년에도 2018년과 같은 사치품을 원한다면 2018년에 덜 소비하고 물가상승에 따라 지출을 증가시켜야만 할 것이다. 그가 2018년에 얼마를 소비해야 하는가? 장기 물가상승률은 3%로 가정한다.

빌 게이츠는 30년 만기 실질연금을 계산해야 한다. 실질이자율은 3%보다 약간 작다.

$$1+실질이자율 = \frac{1+명목이자율}{1+물가상승률}$$
$$= \frac{1.06}{1.03} = 1.029$$

따라서 실질이자율은 2.9%이다. 30년 연금계수는 2.9%에서 19.8562이다. 따라서 연간 소비 (2018년 기준)는 다음과 같다.

$$\$90,000,000,000 = \text{연간 실질 소비} \times 19.8562$$
$$\text{연간 실질 소비} = \$4,533,000,000$$

빌 게이츠는 1년 후 사치와 유흥에 이 금액을 소비할 수 있고, 앞으로 (물가상승과 같이) 3%씩 더 소비할 수 있다. 이것은 물가상승을 무시했을 때 계산한 값의 약 70%에 불과하다. 재벌이라 할지라도 인생에는 실망스러운 일들이 많이 있는 법이다. ■

5.15 셀프테스트

여러분은 $300만의 많지 않은 재산을 가지고 60세가 되었고 조기 퇴직을 고려하고 있다. 앞으로 30년 동안 매년 얼마를 소비할 수 있는가? 소비는 실질가치 기준으로 안정적이라고 가정한다. 명목이자율이 10%이고, 물가상승률은 5%이다.

실질인가, 명목인가?

명목가치로 계산된 어떠한 현재가치도 실질가치로 계산할 수 있다. 또는 그 반대로도 할 수 있다. 대부분의 재무분석가는 명목 금액으로 예측하고, 명목이자율로 할인한다. 그러나 실질 현금흐름을 다루는 것이 더 쉬운 경우도 있다. 빌 게이츠의 예에서는 실질 지출이 정해져 있다. 이 경우 실질 금액을 사용하기가 더 쉽다. 한편 현금흐름이 명목 금액으로 정해져 있다면 (예를 들어 부채의 할부금) 명목 금액으로 계산하는 것이 더 쉽다.

요약 SUMMARY

정해진 이자율로 돈을 투자한다면 투자의 미래가치는 얼마가 될 것인가? (학습목표 5-1)

r의 이자율을 벌어들이는 $1의 투자는 매기간 $(1+r)$만큼 가치가 증가한다. t기간 후에 투자의 가치는 $(1+r)^t$로 증가한다. 이는 복리로 $1 투자의 미래가치이다.

미래에 받게 될 현금흐름의 현재 가치는 얼마인가? (학습목표 5-2)

미래 현금흐름의 현재가치는 여러분이 미래 현금흐름을 맞추기 위해 오늘 투자해야 하는 금액이다. 현재가치를 계산하기 위해 현금흐름을 $(1+r)^t$로 나누거나 할인요소 $1/(1+r)^t$를 곱한다. 할인요소는 t기간 후 받게 될 $1의 오늘 가치를 측정한다.

일련의 현금흐름의 현재가치와 미래가치를 어떻게 계산할 수 있는가? (학습목표 5-3)

영원히 계속되는 일정한 현금흐름을 영구연금이라고 한다. 정해진 기간 동안 계속되는 일정한 현금흐름은 연금이다. 일련의 현금흐름의 현재가치는 단순히 개별 현금흐름의 현재가치를 합한 것이다. 마찬가지로 연금의 미래가치는 개별 현금흐름의 미래가치를 합한 것이다. 공식은 연금과 영구연금 계산을 쉽게 할 수 있게 해준다.

다른 기간, 예를 들어 월간 또는 연간으로 표시된 이자율을 어떻게 비교해야 하는가? (학습목표 5-4)

짧은 기간에 대한 이자율은 흔히 단위 기간 이자율에 1년 동안 기간 수를 곱하여 연율로 나타낸다. 이러한 연간 단순이자율(APR)은 복리계산의 효과를 반영하지 않는다. 즉 이것은 단리를 가정하여 연율화되었다. 실효연간이자율은 복리로 계산하여 연율화한 것이다. 이것은 기간 이자율을 1년 동안 기간 수로 복리계산한 것과 같다.

실질과 명목 현금흐름, 그리고 실질과 명목이자율 간의 차이는 무엇인가? (학습목표 5-5)

$1는 $1이다. 그러나 $1로 살 수 있는 상품의 양은 물가상승에 의해 줄어든다. 물가가 두 배가 되면 $1의 실질가치는 절반이 된다. 재무관리자와 경제학자들은 미래 현금흐름을 실질가치로, 즉 일정한 구매력의 가치로 나타내는 것이 자주 도움이 된다는 것을 알고 있다.

명목이자율과 실질이자율−투자의 실질가치가 증가하는 비율을 구별하는 데 주의하라. 명목 현금흐름(현재 화폐로 측정된 현금흐름)은 명목이자율로 할인하라. 실질 현금흐름(불변가치로 측정된 현금흐름)은 실질이자율로 할인하라. 절대 명목과 실질을 혼합하지 마라.

식 목록 LISTING OF EQUATIONS

5.1 $100의 미래가치(FV) = $100 × (1+r)^t$

5.2   현재가치 $= \dfrac{t\text{기 후 미래가치}}{(1+r)^t}$

5.3   영구연금의 $PV = \dfrac{C}{r} = \dfrac{\text{현금지급금액}}{\text{이자율}}$

5.4 t년 연금의 현재가치 $= C\left[\dfrac{1}{r} - \dfrac{1}{r(1+r)^t}\right]$

5.5   미래가치(FV) 연간 $1의 연금 = 연간 $1의 연금 현재가치 $× (1+r)^t$

$$= \left[\dfrac{1}{r} - \dfrac{1}{r(1+r)^t}\right] × (1+r)^t$$

$$= \dfrac{(1+r)^t - 1}{r}$$

5.6   선불연금의 현재가치 $=$ 보통 연금의 현재가치 $× (1+r)$

5.7   선불연금의 미래가치 $=$ 보통 연금의 미래가치 $× (1+r)$

5.8 $1 + \text{실질이자율} = \dfrac{1+\text{명목이자율}}{1+\text{물가상승률}}$

5.9   실질이자율 $\approx$ 명목이자율 − 물가상승률

연습문제 QUESTIONS AND PROBLEMS

1. 복리.   Old Time Saving Bank는 저축예금계좌에 대해 4%의 이자를 준다. 여러분이 이 은행에 $1,000을 예치하면, (학습목표 5-1)
   a. 첫째 해에 얼마의 이자를 받을 수 있는가?
   b. 둘째 해에 얼마의 이자를 받을 수 있는가?
   c. 10년째에는 얼마의 이자를 받을 수 있는가?

2. 복리.   New Savings Bank는 예금에 대해 4%의 이자를 준다. 은행에 $1,000을 예치하면, 돈이 두 배가 되기까지 25년보다 많이(적게) 걸리는가? 계산기나 이자율표 없이 답을 구할 수 있어야 한다. (학습목표 5-1)

3. 복리.   주식시장의 투자 가치가 1900년 이후 5%의 평균 복리로 증가했다. 현재는 2019년이다. (학

습목표 5-1)

   a. 증조부가 1900년에 $1,000을 투자했다면 오늘 그 투자 가치는 얼마인가?

   b. 1900년의 투자가 $100만로 증가했다면 1900년에 얼마가 투자되었는가?

4. 미래가치. 다음 이자율과 기간의 조합으로 $100 현금흐름의 미래가치를 계산하시오. (학습목표 5-1)

   a. $r=8\%$, $t=10$년

   b. $r=8\%$, $t=20$년

   c. $r=4\%$, $t=10$년

   d. $r=4\%$, $t=20$년

5. 미래가치. 은행계좌에 $1,000을 예치한다. (학습목표 5-1)

   a. 은행이 4%의 단리를 지불하면 10년 후 얼마나 축적되는가?

   b. 은행이 4%의 복리를 지불하면 10년 후 얼마나 축적되는가?

6. 미래가치. 은행계좌에서 연간 6%의 수입을 올릴 수 있다면, $100이 $200으로 두 배 증가하는 데 얼마나 걸리겠는가? (학습목표 5-1)

7. 미래가치. 1880년에 5명의 원주민 추적자들이 악명 높은 무법자 Ned Kelley를 잡는 데 호주달러로 $100을 약속했다. 1993년 두 명의 추적자 손녀들은 이 보상이 지급되지 않았다고 주장했다. 빅토리아 총리는 이것이 사실이라면 정부는 $100을 기꺼이 지불할 것이라고 말했다. 그러나 손녀들은 또한 복리에 대한 권리가 있다고 주장했다. (학습목표 5-1)

   a. 이자율이 4%인 경우 각 손녀에게 얼마의 권리가 있는가?

   b. 이자율이 8%인 경우 각각 얼마나 받을 수 있는가?

8. 미래가치. 다음 이자율로 $400이 $1,000이 되기까지 얼마나 걸리는가? (학습목표 5-1)

   a. 4%

   b. 8%

   c. 16%

9. 미래가치. 여러분은 오늘 $1,000을 투자하고 10년 후 $2,000을 받을 것으로 예상된다. (학습목표 5-1)

   a. 이자율이 6%인 경우 이 거래는 좋은 거래인가?

   b. 이자율이 10%이면 어떤가?

10. 미래가치. 여러분의 부자 삼촌이 여러분이 태어났을 때 $1,000의 은행계좌를 개설했다. 첫 8년 동안의 이자율은 6%였다. 그 이후로 이자율은 4%에 불과했다. 지금 여러분이 21살이고 현금이 필요하다면, 여러분의 계좌에는 얼마가 있겠는가? (학습목표 5-1)

11. 현재가치. 여러분은 오늘 $300만에 자산을 구매하고 5년 안에 $400만에 팔 수 있다. (여러분은 이 자산으로부터 임대소득을 얻을 수 없다.) (학습목표 5-2)

   a. 이자율이 8%인 경우 매각가격의 현재가치는 얼마인가?

   b. 이 자산 투자는 매력적인가?

   c. 이 자산에 대해 연간 $20만의 임대료를 받을 수 있다면 (b)에 대한 답은 변하는가? 임대료는 매년 말 지불된다.

12. 현재가치. 다음의 할인율과 기간 조합에 대해 $100 현금흐름의 현재가치를 계산하시오. (학습목표 5-2)

   a. $r=8\%$, $t=10$년

   b. $r=8\%$, $t=20$년

    c. r=4%, t=10년

    d. r=4%, t=20년

13. 현재가치. 여러분은 5년 안에 $700이 필요하다. 5%의 이자를 얻을 수 있다면, 이 목표를 달성하기 위해 오늘 얼마를 투자해야 하나? (학습목표 5-2)

14. 현재가치. 이자율이 6%인 경우 다음 일련의 현금흐름의 현재가치는 얼마인가? (학습목표 5-2)

연도	현금흐름
1	$200
2	400
3	300

15. 이자율 계산하기. 다음의 현재가치와 미래가치 조합에 내재된 이자율을 구하시오. (학습목표 5-2)

현재가치	연도	미래가치
$400	11	$684
183	4	249
300	7	300

16. 이자율 계산하기. 연간 이자율을 구하시오. (학습목표 5-2)

현재가치	미래가치	기간
$100	$115.76	3년
200	262.16	4
100	110.41	5

17. 이자율 계산하기. 10년 만기 $1,000의 미국 재무부 스트립이 오늘 $422.41에 팔리고 있다. 이 스트립의 이자율은 얼마인가? (학습목표 5-2)

18. 현재가치. 한 공장의 가격은 $400,000이다. 1년째에 $120,000, 2년째에 $180,000, 3년째에 $300,000의 현금유입이 발생할 것으로 예상된다. 할인율은 12%이다. (학습목표 5-2)

    a. 이 공장의 가치는 얼마인가?

    c. 이 공장은 좋은 투자인가?

19. 현재가치. 2년 할인요소는 0.92이다. 2년 후에 받게 될 $1의 현재가치는 얼마인가? $2,000의 현재가치는 얼마인가? (학습목표 5-2)

20. 연금. 한 유명한 쿼터백이 5년 동안 매년 $300만을 받는 $1,500만 계약에 서명했다. 덜 유명한 리시버는 지금 $400만을 받고 5년 동안 매년 $200만을 받는 $1,400만 5년 계약에 서명했다. 이자율은 10%이다. 누가 더 많이 받는가? (학습목표 5-3)

21. 연금. 금리가 5%인 경우 10년 동안 연간 $1,000을 받겠는가, 15년 동안 연간 $800을 받겠는가? 이자율이 20%라면 어떻겠는가? (학습목표 5-3)

22. 영구연금. 한 지역 은행이 다음과 같이 광고한다. "10년 동안 1년에 $100을 지급합니다. 이후 연간 $100을 영원히 여러분(여러분의 상속자)에게 지급합니다." 이자율이 6%라면 이는 좋은 거래인가? (학습목표 5-3)

23. 영구연금. 오늘 여러분이 은행에 $2,500을 입금하면 그 은행은 평생 동안 여러분에게 연간 $100을 지급한다. 여러분이 영원히 살 계획이라면 은행이 지급하는 이자율은 얼마인가? (학습목표 5-3)

24. 영구연금.   어떤 자산이 1년에 $10,000을 영원히 지급한다. 그 가치가 $125,000라면 할인율은 얼마인가? (학습목표 5-3)

25. 영구연금.   영국 정부의 4% 영구채권은 매년 £4의 이자를 지급한다. 또다른 채권은 2.5% 영구 채권으로서 매년 £2.50을 영구히 지급한다. (학습목표 5-3)

   a. 장기 이자율이 6%인 경우 4% 영구채권의 가치는 얼마인가?

   b. 2.5% 영구채권의 가치는 얼마인가?

26. 연금.   (학습목표 5-3)

   a. 할인율이 6%인 경우 3년 동안 매년 $100을 지급하는 연금의 현재가치는 얼마인가?

   b. 첫 지급금액을 1년 대신 2년 동안 기다려야 하는 경우 (a) 연금의 현재가치는 얼마인가?

27. 연금.   Professor's Annuity Corp.는 은퇴하는 교수들에게 평생 연금을 지급한다. 65세에 $80,000을 지불하면 퇴직한 교수는 사망할 때까지 한 달에 $600을 지급한다. (학습목표 5-3)

   a. 한 교수의 기대여명이 20년이라면, 이 연금의 매월 이자율은 얼마인가?

   b. 실효연간이자율은 얼마인가?

   c. 월 이자율이 0.5%인 경우 이 회사가 퇴직 교수에게 지급할 수 있는 월별 연금 지급금 은 얼마인가?

28. 연금.   신차를 구입하기 위해 초기에 $2,000만을 지불하면 매월 최대 $400을 지불할 수 있 다. (학습목표 5-3)

   a. 자동차 대출에 대한 APR이 12%이고 48개월에 걸쳐 자금을 조달하는 경우 자동차에 대해 지불할 수 있는 최대 가격은 얼마인가?

   b. 60개월 이상 자금을 조달하면 얼마를 감당할 수 있나?

29. 연금.   다음 조건에 따라 $24,000에 광고하는 자동차를 구입할 수 있다. (a) $24,000을 지불하고 제조업체로부터 $2,000을 되돌려받는다. (b) 총 $24,000에 대해 4년 동안 무이자로 매월 $500을 지불한다. 월 이자율이 1%라면 어느 것이 더 좋은 거래인가? (학습목표 5-3)

30. 연금.   콘도를 사기 위해 $10만을 빌렸다. 향후 30년 동안 매월 $804.62를 상환할 것이다. (학습 목표 5-4)

   a. 대출에 대한 매월 이자율은 얼마인가?

   b. APR은 얼마인가?

   c. 해당 대출에 대한 실효연간이자율은 얼마인가?

   d. 대출 기관이 대출에 대해 몇 %의 이자율을 제시하겠는가?

31. 연금의 미래가치.   지금 은행에 매월 0.5%의 이자로 $20,000을 예치하고 있다. 주택을 구입하기 위해 $30,000이 필요하다. 매월 $100을 추가로 저축할 수 있다. $30,000을 모으기 위해 얼마나 오래 걸리겠는가? (학습목표 5-3)

32. 실질연금.   한 은퇴자가 30년 은퇴기간 동안 실질가치로 일정하게 소비하기를 원한다. 그가 $45 만의 저축에 대해 얻는 이자율과 물가상승률이 같다면 그는 여생 동안 실질가치로 매년 얼마를 소 비할 수 있는가? (학습목표 5-3)

33. 지연된 연금.   10년 동안 $10,000을 받는다고 하자. 첫 번째 지급은 지금부터 4년 후에 시작한다. 이자율이 5%라면 이 일련의 지급금의 현재가치는 얼마인가? (학습목표 5-3)

34. 선불연금.   한 조경회사가 6년 동안 연간 $8,000(연말지급)에 트럭을 한 대 리스할 수 있다. 대신 $40,000에 이 트럭을 살 수도 있다. 이 트럭은 6년 후 가치가 전혀 없게 된다. 이 회사가 가지고 있는 돈에 대해 7% 이자율을 벌 수 있다. (학습목표 5-3)

    a. 리스 비용의 현재가치는 얼마인가?

    b. 사는 것과 리스하는 것 중 어느 것이 더 저렴한가?

    c. 리스 지불이 선불연금이어서 첫 번째 지불이 즉시 발생한다면, 리스의 현재가치는 얼마인가?

    d. 그렇다면 사는 것과 리스하는 것 중 어느 것이 더 저렴한가?

35. 선불연금. 선불연금은 첫 번째 지불이 첫 기말이 아니라 즉시 이루어진다는 것을 제외하면 보통 연금과 같다는 것을 기억하라. (학습목표 5-3)

    a. 왜 선불연금의 현재가치는 보통 연금의 현재가치에 $(1+r)$을 곱한 것과 같은가?

    b. 왜 선불연금의 미래가치는 보통 연금의 미래가치에 $(1+r)$을 곱한 것과 같은가?

36. 선불연금. 한 가게에 두 가지 지불방법을 제안한다. 할부로는 지금 25%를 지급하고 앞으로 3년 동안 연말에 구매가격의 25%를 지불한다. 청구서 전액을 즉시 지불한다면 구매가격에서 10% 할인을 받을 수 있다. (학습목표 5-3)

    a. 5% 이자율로 자금을 빌리거나 빌려줄 수 있다면 어떤 것이 더 나은 거래인가?

    b. 연말까지 지불이 시작되지 않는 4년 할부 방법이라면 여러분의 답은 어떻게 변하겠는가?

37. 선불연금. (학습목표 5-3)

    a. 여러분이 12%의 이자율로 $1,000을 빌려서 5년 동안 같은 액수로 부채를 상환하기로 한다면 얼마를 지불해야 하는가?

    b. 첫 번째 할부금을 첫해 말이 아니라 즉시 지불해야 한다면 얼마가 되겠는가?

38. 선불연금. 여러분이 방금 당첨된 $4,000만의 복권은 실제로는 20년 동안 매년 $200만을 지급한다. 할인율은 8%이다. (학습목표 5-3)

    a. 1년 후 첫 번째 지급이 있다면 이 당첨금의 현재가치는 얼마인가?

    b. 첫 번째 지급이 즉시 발생한다면 현재가치는 얼마인가?

39. 원리금균등상환대출. 여러분은 APR이 6%이고, 월부금으로 상환하는 30년 만기 $100,000 주택담보대출을 받았다. 12년 후 집을 팔고 대출금을 상환하기로 한다. 이 대출의 원금 잔고는 얼마인가? (학습목표 5-3)

40. 원리금균등상환대출. 4년 만기 원리금균등상환대출을 생각해보자. 여러분은 처음에 $1,000을 빌리고 4년 동안 매년 말에 같은 액수를 상환한다. (학습목표 5-3)

    a. 이자율이 8%라면 연간 상환액은 얼마인가?

    b. 다음 표를 채우시오. 이는 매 할부금의 얼마가 이자이고, 얼마가 원금 상환액(즉 상각)인지를 보여준다. 그리고 각 날짜에 대해 부채 원금의 잔액이 얼마인지를 보여준다.

기간	대출잔고($)	잔고에 따른 연말 이자($)	연말 상환액($)	원금 상각($)
0	1,000			
1	——	——	——	——
2	——	——	——	——
3	——	——	——	——
4	0	0		

41. 퇴직저축. 한 부부는 50년 후 퇴직할 것이다. 이들은 퇴직 후 매년 약 $3만을 소비할 계획이다. 이 계획은 약 25년 계속되어야 한다. 그들은 퇴직저축에서 8% 이자를 벌어들일 수 있다고 믿는다. (학습목표 5-3)

    a. 그들이 매년 일정액을 저축한다면 얼마를 저축해야 하는가? 첫 번째 불입은 1년 후에

발생한다고 가정한다.

b. 이 부부가 20년 후 자녀의 대학교육에 $6만을 지출해야 할 필요가 있다는 것을 안다면 (a)의 답은 어떻게 변하겠는가?

42. 퇴직저축. 여러분이 은퇴하여 안락하게 살려면 40년 후 은퇴하는 시점까지 $50만을 저축할 필요가 있다고 하자. 연간 이자율이 6%라면 은퇴 목표를 달성하기 위해 매년 얼마를 저축해야 하는가? (학습목표 5-3)

43. 퇴직저축. 여러분이 은퇴하여 안락하게 살려면 40년 후 은퇴하는 시점까지 $50만을 저축할 필요가 있다고 하자. 또한 여러분이 10년 후 $10만을 상속받는다. 연간 이자율이 6%라면 은퇴 목표를 달성하기 위해 매년 얼마를 저축해야 하는가? (학습목표 5-3)

44. 퇴직저축. 여러분은 40년 후 은퇴하면 20년 동안 매년 $4만을 소비할 것이라고 믿고 있다. 이자율이 연간 6%라면 퇴직 목표를 달성하기 위해 매년 얼마를 저축해야 하는가? (학습목표 5-3)

45. 퇴직저축. 퇴직을 준비하는 한 부부는 8%의 이자를 주는 저축에 매년 $3,000을 저축하기로 하였다. 또한 5년 후 그들은 투자할 수 있는 $10,000을 선물로 받을 것이다. (학습목표 5-3)

a. 그들은 지금부터 30년 후 얼마나 많은 돈을 모을 수 있을 것인가?

b. 그들 목표가 $80만의 저축으로 은퇴하는 것이라면 매년 얼마를 추가로 저축해야 하는가?

46. 영구연금과 실효이자율. 3개월마다 $100을 영원히 지급하는 영구연금의 가치는 얼마인가? APR로 고시되는 이자율은 6%이다. (학습목표 5-3)

47. 원리금균등상환대출과 물가상승. 여러분이 콘도를 사려고 20년 만기 $100,000 주택담보대출을 받는다고 하자. 이자율은 6%이다. 문제를 간단히 하기 위해 여러분은 매년 말 연간으로 대출금을 상환한다고 하자. (학습목표 5-3)

a. 연간 상환액은 얼마인가?

b. 표 5.5와 비슷한 주택담보대출 상각표를 엑셀로 만들어라. 이 표에서 여러분은 매년 이자지급금과 대출상각액, 원금 잔고를 계산하였다. (스프레드시트 사용자가 이자율을 입력하고 변화시킬 수 있게 하라.)

c. 처음 상환액의 얼마가 이자인가?

d. 초기 상환액의 얼마가 상각액인가?

e. 대출의 얼마가 (대출 기간의 절반인) 10년 이후에 상환되는가? 답이 50%가 아닌 이유는 무엇인가?

f. 물가상승률이 2%라면 첫 (연말) 상환액의 실질가치는 얼마인가?

g. 물가상승률이 2%라면 마지막 (연말) 상환액의 실질가치는 얼마인가?

h. 이제 물가상승률이 8%이고 실질이자율은 변하지 않는다고 가정하자. 새로운 명목이자율은 얼마인가?

i. 상각표를 다시 계산하라. 이같이 높은 물가상승률 시나리오에서 첫 번째 (연말) 상환액의 실질가치는 얼마인가?

j. 이 같이 높은 물가상승률 시나리오에서 마지막 상환액의 실질가치는 얼마인가?

48. 점수가 있는 주택담보대출. 주택담보대출은 일반적으로 "점수(point)"를 포함한다. 이것은 대출자가 부과하는 수수료이다. 부과된 1점은 차입자가 수수료로 대출액의 1%를 지불해야 한다는 것을 의미한다. 예를 들어 대출금이 $100,000이고, 2점이 부과된다면 부채 상환액은 $100,000 부채에 대해 계산되지만, 차입자가 받는 순 금액은 $98,000이다. 360개월 동안 부채를 상환한다고 가정하면 이러한 대출에 대한 실효연간이자율은 얼마인가? 이자율은 월 1%라고 가정한다. (학습목표 5-4)

49. 실효이자율. 한 가게는 구매자가 오늘 현금을 지불한다면 구매 가격의 3%를 할인해준다. 그렇지만 1개월 이내에 이 금액을 전부 지불해야만 한다. 고객이 지불을 한 달 늦추는 데 따른 암묵적인 차입비용은 얼마인가? (학습목표 5-4)

50. 실효이자율. 여러분은 $4,248.68를 빌리고 매달 $200씩 지불하여 빚을 상환하기로 약속하였다. 이자율이 APR로 12%라면 이 빚을 상환하는 데 얼마나 걸리는가? 이 부채에 대한 실효연간이자율은 얼마인가? (학습목표 5-4)

51. 실효이자율. 여러분은 APR로 표시된 6% 연간 이자율로 $1,000을 투자한다. 이자율은 매달 복리로 계산된다. 1년 후 여러분은 얼마를 받게 되는가? 1.5년 후에는 얼마를 받게 되는가? (학습목표 5-4)

52. 실효이자율. 은행이 연속 복리로 6%의 이자를 지급한다면 실효연간이자율은 얼마인가? (학습목표 5-4)

53. 실효이자율. 선이자 대출(discount interest loan)에서는 이자를 먼저 지불한다. 예를 들어 $10,000의 1년 대출로 이자율이 10%라면 차입자는 $0.10 \times \$10,000 = \$1,000$을 즉시 "지불해야 한다". 따라서 $9,000만을 받고 1년 후 $10,000을 상환한다. (학습목표 5-4)
a. 이 대출의 실효이자율은 얼마인가?
b. 할인율이 20%라면 1년 대출의 실효연간이자율은 얼마인가?

54. 실효이자율. 때때로 은행은 "추가 이자"의 형태로 이자율을 고시한다. 이럴 때 1년 만기 대출이 20% 이자율로 고시되면 $1,000을 빌렸을 때 $1,200을 상환한다. 그렇지만 매달 $100을 갚아 이 금액을 상환한다. (학습목표 5-4)
a. 이 대출에 대한 실제 APR은 얼마인가?
b. 이 대출에 대한 실효연간이자율은 얼마인가?

55. 실효이자율. 여러분은 은행에서 $1,000을 빌리고 한 해 동안 12번 $90의 할부금으로 이 부채를 상환하기로 하였다. 그러나 은행은 여러분이 부채를 사용할 수 있게 된 데에 따른 수수료 $20를 따로 부과하며, 부채의 최초 할부금에서 공제한다. 이 수수료의 영향을 고려하면 부채의 실효연간이자율은 얼마인가? (학습목표 5-4)

56. 실효이자율. First National Bank는 반년 복리로 6.2%의 이자를 지급한다. Second National Bank는 월간 복리로 6%의 이자를 지급한다. 어느 은행이 더 높은 실효연간이자율을 주는가? (학습목표 5-4)

57. 대출이자. 48개월 동안 매달 $240를 상환해야 하는 $8,000 자동차 대출을 받았다. (학습목표 5-4)
a. 이 대출에 대한 매월 할부금은 얼마인가?
b. 이 대출에 대한 실효연간이자율은 얼마인가?
c. 할부금이 4년 동안 매년 말에 상환된다고 가정하자. 월 할부금과 동일한 현재가치를 갖는 연 할부금은 얼마인가?

58. 연속복리. 8년 간 연속복리 10%로 투자하면 $100는 얼마가 되겠는가? 8%로 10년 동안 투자하면 어떻게 되겠는가? (학습목표 5-4)

59. 실효이자율. 아래 각 경우에 해당하는 실효연간이자율을 구하시오. (학습목표 5-4)

APR	복리 기간
12%	1개월
8	3
10	6

60. 실효이자율. 아래 각 경우에 해당하는 APR을 구하시오. (학습목표 5-4)

실효연간이자율	복리 기간
10.00%	1개월
6.09	6
8.24	3

61. 실효이자율. Lenny Loanshark는 대출에 대해 매주 "1점"을 부과한다(즉 매주 1%). 그는 소비자에게 얼마의 APR을 보고해야 하는가? 1년이 정확히 52주라고 가정한다. 실효연간이자율은 얼마인가? (학습목표 5-4)

62. 실효이자율. 여러분이 연간 8.6%(APR) 반년 복리로 빌리거나 연간 8.4%(APR) 월 복리로 빌릴 수 있다고 하자. 어느 것이 더 나은 거래인가? (학습목표 5-4)

63. 실효이자율. 48개월 동안 매월 $240를 상환해야 하는 $8,000 자동차 대출을 받는 경우, 이 대출의 APR은 얼마인가? 이 대출에 대한 실효연간이자율은 얼마인가? (학습목표 5-4)

64. 실질 대 명목 영구연금. 이자율이 연간 6%라면 여러분 돈이 4배가 되는 데 얼마나 걸리겠는가? 물가상승률이 4%라면 이 기간에 여러분 돈의 구매력은 얼마나 변하겠는가? (학습목표 5-5)

65. 물가상승. 2017년 10월 사과 1파운드에 $1.320이고, 오렌지는 $1.590이다. 3년 전 사과 가격은 파운드당 $1.360이었고, 오렌지는 $1.51였다. (학습목표 5-5)

　a. 사과 가격의 연 복리 성장률은 얼마인가?

　b. 오렌지 가격의 연 복리 성장률은 얼마인가?

　c. 앞으로도 같은 성장률이 지속된다면 2030년 사과 가격은 얼마인가?

　d. 이 경우 오렌지의 가격은 얼마인가?

66. 실질화폐와 명목화폐. 1950년 한 엔지니어가 연간 $6,000 수입을 올렸다. 현재 그는 연간 $60,000을 벌고 있다. 그러한 평균적으로 2017년의 상품가격은 1950년에 비해 높아졌다. 2017년의 실질 소득은 1950년 기준으로 얼마인가? 표 5.8의 자료를 사용하라. (학습목표 5-5)

67. 실질화폐와 명목화폐. 한 컨설팅 회사는 올해 $100,000의 현금흐름이 발생한다. 그리고 미래 현금흐름은 물가수준의 상승과 보조를 맞출 것이다. 현재 이자율이 6%이고 약 2%의 물가상승률이 예상된다. (학습목표 5-5)

　a. 연도 1에서 5까지 현금흐름의 현재가치는 얼마인가?

　b. 현금흐름이 성장하지 않는다고 예상한다면 (a)에 대한 답은 어떻게 변하겠는가?

68. 실질이자율과 명목이자율. 한 투자자가 3% 실질이자율을 얻으려면 물가상승률이 (a) 0, (b) 4%, (c) 6% 일 때 얼마의 명목이자율을 벌어야 하는가? (학습목표 5-5)

69. 실질이자율과 명목이자율. 투자자가 은행예금에 대해 6% 이자율을 받고 연간 물가상승률이 (a) 0, (b) 3%, (c) 6% 일 때 얼마의 실질이자율을 얻는가? (학습목표 5-5)

70. 실질연금과 명목연금. 희소식: 50년 후 은퇴할 때 여러분은 거의 확실하게 백만장자가 될 것이다. 나쁜 소식: 여러분 생애 동안 물가상승률은 평균 약 3%가 될 것이다. (학습목표 5-5)

　a. 여러분이 은퇴할 때 보유할 $100만을 오늘의 화폐로 측정한 실질가치는 얼마인가?

　b. 은퇴할 때 실질이자율이 2%이고 연금이 20년 동안 지속되어야 한다면 (오늘 가격으로 측정한) 얼마의 실질연금이 $100만을 만들어 주는가?

71. 물가상승. 국제통화기금(International Monetary Fund)에 따르면 2017년 아르헨티나의 물가상승률은 월간 약 1.9%였다. 연간 물가상승률은 얼마인가? (학습목표 5-5)

72. 실질연금과 명목연금.   여러분은 30년 후 은퇴할 계획이며 그 후 15년 동안 매년 $3만을 줄 수 있을 만큼 충분한 저축을 하고 싶다. (학습목표 5-5)

   a. 이자율이 10%라면 은퇴할 때까지 얼마를 만들어야 하나?

   b. 퇴직연금을 조달하기 위해 퇴직까지 매년 얼마를 저축해야 하는가?

   c. 이제 연간 물가상승률이 4%라는 것을 기억한다고 하자. 빵 한 덩이가 오늘 $1라면 은퇴할 때에는 얼마의 비용이 드는가?

   d. 여러분은 은퇴 후 실질가치로 매년 $3만을 소비하고 싶다. 그리고 그때까지 매년 동일한 실질금액을 예금하고 싶다. 은퇴할 때까지 얼마의 실질금액을 만들어야 하는가?

   e. 소비 목표를 달성하는 데 필요한 퇴직 전 연간 실질 저축을 계산하시오.

   f. 첫 해에 저축해야 하는 금액의 명목상 가치는 얼마인가? (이 저축이 매년 말에 이루어진다고 가정한다.)

   g. 30년째에는 저축해야 할 금액의 명목상 가치는 얼마인가?

73. 퇴직과 물가상승.   한 부부는 50년 후 은퇴할 것이다. 이들은 은퇴 후 매년 약 $3만을 소비할 계획이고 이 계획은 약 25년 간 계속되어야 한다. 그들은 퇴직 저축에서 8% 이자를 벌어들일 수 있다고 믿는다. 향후 75년 간 물가상승률은 평균 5%로 예상된다. (학습목표 5-5)

   a. 이 부부가 저축해야 하는 연간 실질 저축은 얼마인가?

   b. 그들은 첫해에 명목가격으로 얼마를 저축해야 하는가?

   c. 그들은 마지막 해에 명목가격으로 얼마를 저축해야 하는가?

   d. 은퇴 첫해에 명목 지출은 얼마인가?

   e. 은퇴 마지막 해 명목 지출은 얼마인가?

74. 실질 현금흐름과 명목 현금흐름.   (학습목표 5-5)

   a. 여러분은 방금 대학을 졸업했고 평생 예산에 대해 숙고하고 있다. 여러분은 일반적으로 생계비가 연평균 $50,000라고 생각한다. 앞으로 8년 동안 아파트를 연간 $16,000에 임대하고 그 뒤에는 $250,000 정도 하는 집을 사려고 한다. 추가로 10년마다 한 번씩 새차를 사야 하는데 약 $30,000씩 든다. 앞으로 25년간 대학까지 지불해야 하는 자녀 양육비로 $150,000을 저축해야 한다. 30년 후까지는 또 다른 자녀를 위해 그만큼을 저축해야 한다. 50년 후 은퇴하면 사회보장 혜택에 추가로 연간 약 $35,000의 은퇴 후 소비를 약 20년 동안 지탱할 충분한 저축을 해야 한다. 이자율은 연간 5%이다. 이 평생 소비 계획을 뒷받침하기 위해 얼마의 평균 월급을 받아야 하는가?

   b. 아차! 여러분은 자신의 일생 동안 물가상승률이 연평균 약 3%가 될 것이라는 것을 방금 알았다. 이제 계산을 다시 해야 한다. 대충 계산하여 모든 관련 가격과 임금은 물가상승률 정도로 증가한다고 가정하는 것이 타당할 것이다. 필요한 월급의 새로운 추정치(오늘 돈으로)는 얼마인가?

75. 실질이자율과 명목이자율.   3년 후 저축채권에서 $100을 받는다. 명목이자율은 8%이다. (학습목표 5-5)

   a. 채권으로부터 받는 돈의 현재가치는 얼마인가?

   b. 앞으로 몇 년 동안 물가상승률이 3%로 예상된다면 이 $100의 실질가치는 오늘 가치로 얼마인가?

   c. 실질이자율은 얼마인가?

   d. [(b)에서] 채권의 실질 지불금을 [(c)에서] 실질이자율로 할인한 값은 (a)에서 푼 것과 동일한 현재가치가 됨을 보여라.

76. 화폐의 시간가치. 다음 십자말풀이를 하시오. (마지막 답은 가장 가까운 값으로 반올림하고, 중간 계산은 반올림하지 마시오.)

가로

1. 한 부유한 삼촌이 향후 25년마다 $3,160를 지불하기로 약속했다. 이 돈을 4.9%로 투자하면 25년 후 얼마인가?

5. Hepsibah Sloop는 20년 전 매트리스 아래에 $10,000을 두었다. 그 이후 물가상승률은 평균 1%였다. 실질가치는 얼마인가?

9. 20년 연금의 현재가치는 $42,419,233이다. 이자율이 15%라면 연간 현금흐름은 얼마인가?

10. 한 국채는 20년 후 $100만 달러를 지급한다. 이자율이 4%라면 현재가치는 얼마인가?

11. 어떤 투자안이 20년 동안 매년 $800,000의 안전한 현금흐름을 줄 것으로 예상된다. 할인율이 4%라면 이 투자안의 현재가치는 얼마인가?

12. 오늘 $10만을 투자한다면 이자율이 10%일 때 9년말 가치는 얼마인가?

15. 10년 선물연금의 현재가치는 $1,244,353이다. 이자율이 15%라면 연간 지불액은 얼마인가?

18. Dustinbourne 그라인더에 대한 투자는 향후 7년 동안 $700만, $800만, $900만, $1,000만, $900만, $800만, $700만의 현금흐름을 창출할 것으로 예상된다. 할인율이 5%라면 이 투자안의 현재가치는 얼마인가?

20. 20년 동안 11.7%로 $95,525를 투자한다. 같은 기간 물가상승률은 연간 4%이다. 해당 기간 말 이 저축의 실질가치는 얼마인가?

22. 7년 동안 5%로 $100만을 투자한 후, 추가로 7년 동안 8%로 투자한다. 이 기간 말 얼마를 벌게 되는가?

23. 할인요소는 0.8이며 현금흐름의 현재가치는 $2,703이다. 이 현금흐름은 얼마인가?

24. 지연된 연금은 8년 말부터 매년 $129,987를 4번 지급한다. 이자율이 12%라면 현재가치는 얼마인가?

세로

2. 당첨된 복권은 즉시 시작하여 연간 $30,000의 30회 지급을 약속한다. 이자율이 5.8%

라면 이러한 지급의 현재가치는 얼마인가?

3. 콘솔에 대한 투자는 매년 $250만의 이자 지급을 약속한다. 이자율이 3.3%이면 이 투자의 가치는 얼마인가?

4. 할인요소는 0.9이다. $63,269의 현재가치는 얼마인가?

6. 은행에 10년 동안 매년 $50을 지불하면 11년부터 매년 $100을 지급받는다. 이자율이 4.2%라면 이 제안의 가치는 얼마인가?

7. 명목이자율은 13%이고 물가상승률은 4%이다. 오늘 $100,000을 투자한다면 20년 후 투자의 실질가치는 얼마인가?

8. 이자율이 3.8%라면, 30년째 $2,125,000의 지불액은 얼마인가?

13. 이자율이 9%라면, 11년 후 $2,000만 투자의 미래가치는 얼마인가?

14. Henry Hub는 25년 후 퇴직하여 그 후 20년 동안 소비할 계획이다(예: 26~45년). 그는 호화롭게 살고 있으며, 은퇴 후 매년 $256,880을 지출할 것으로 예상된다. 실질이자율이 3%라면, Henry가 소비 지출 목표를 달성하기 위해 은퇴할 때까지 매년 얼마를 저축해야 하는가?

16. 한 공장에서 다음의 현금흐름이 발생할 것으로 예상된다. 즉 1년도 $6,516, 2년도 $7,000, 3년도 $11,400, 4년도 이후 계속해서 $12,000이다. 자본비용이 6%라면, 이 공장의 현재가치는 얼마인가

17. 이자율이 11%인 경우, 7년 후 $189,956의 미래가치는 얼마인가?

19. Natasha Petrov는 $78,780을 저축했다. 그녀가 4%의 이자율로 전액을 은행에 투자한다면, 4년 후 얼마를 갖게 될까?

21. 1년에서 5년까지 매년 $1,000을 저축할 계획이다. 이자율이 8%라면 5년 말까지 얼마나 저축할 수 있는가??

웹 연습 WEB EXERCISES

1. 예제 5.10에서는 주택담보대출 상환방법에 대해 설명했다. www.bankrate.com의 개인 금융 페이지에 로그온하여 주택담보대출 상환계산기를 찾으시오. 20년 주택담보대출이 $100,000이고 이자율(APR)이 12%라고 가정하자. 매월 상환금액은 얼마인가? 연금 공식을 사용하여 동일한 대답을 얻었는지 확인하시오. 이제 첫 번째 달의 상환금액이 주택담보대출 규모를 얼마나 감소시켰는지 살펴보시오. 10년 후에는 얼마나 많은 상환금액이 대출상각에 기여하는가? 즉, 121번째 상환액은 얼마인가? 숫자가 변하는 이유를 설명할 수 있는가? 이자율이 두 배가 되면 대출 상환금액이 두 배가 될 것으로 예상되는가? 여러분이 옳은지 확인하시오.

2. 노동통계국 웹사이트 www.bls.gov/cpi/home.htm에서 소비자물가지수(CPI) 자료를 찾을 수 있다. 과거 자료표는 지수 값 또는 지수의 변화(즉 물가상승률)로 표시된다. 1913년 이후 연간 물가상승률을 표로 만들어 보시오. 미국이 디플레이션(즉 가격 하락)을 경험한 것은 언제인가? 최근의 물가상승률을 찾으시오. 이제 www.bloomberg.com에 로그온하고 첫 페이지에서 단기 이자율(예: 2년 금리)을 찾으시오. 최근 물가상승률을 사용하여 실질이자율을 계산하시오. 1920년 대학 졸업 후 연간 $2,000의 수입을 가졌던 Herbert Protheroe 사례를 살펴보자. 무엇이 현재와 동일한가?

셀프테스트 해답 SOLUTIONS TO SELF-TEST QUESTIONS

5.1 5년 후 가치는 $24 \times (1.05)^5 = \$30.63$이 된다. 50년 후에는 $24 \times (1.05)^{50} = \$275.22$이다.

5.2 g를 1971년부터 2016년까지 45년 동안 트랜지스터의 연간 성장률이라고 하자.

$$2{,}250 \times (1+g)^{45} = 7{,}200{,}000{,}000$$
$$(1+g)^{45} = 3{,}200{,}000$$
$$1+g = 3{,}200{,}000{,}000^{1/45} = 1.395$$

따라서 실제 성장률은 $g = 0.395$, 또는 39.5%이고, Moore의 예상만큼 높지는 않다. 그렇다고 그렇게 낮은 것도 아니다.

5.3 $1,000에 5년 할인요소를 곱하라.

$$PV = \$1{,}000 \times \frac{1}{(1.0235)^3} = \$890.35$$

5.4

연도	현재가치
1	$10{,}000/(1.07) = \$9{,}345.79$
2	$10{,}000/(1.07)^2 = 8{,}734.39$
3	$10{,}000/(1.07)^3 = 8{,}162.98$
4	$10{,}000/(1.07)^4 = 7{,}628.95$
	$33{,}872.11$

연도	현재가치
1	$10{,}000 \times (1.07)^3 = \$12{,}250.43$
2	$10{,}000 \times (1.07)^2 = 11{,}449$
3	$10{,}000 \times (1.07) = 10{,}700$
4	$10{,}000 = 10{,}000$
	$44{,}399.43$

5.5 그 비율은 4/48 = 0.0833, 약 8.3%이다.

5.6 4년 할인요소는 $1/(1.08)^4 = 0.7350$이다. 4년 연금계수는 $[1/0.08 - 1/(0.08 \times 1.08^4)] = 3.3121$이다. 이것은 다음해 시작하는 $1 영구연금의 현재가치와 5년 후에 시작하는 $1 영구연금의 현재가치의 차이이다.

$$PV(\text{내년에 시작하는 영구연금}) = \frac{1}{0.08} = 12.50$$

$$-PV(\text{5년째에 시작하는 영구연금}) = \frac{1}{0.08} \times \frac{1}{(1.08)^4} = 9.1879$$

$$= PV(\text{4년 만기연금}) = 12.50 - 9.1879 = 3.3121$$

이것이 연금계수와 같다.

5.7 여러분은 이자율 7%에서 $55,000, 20년 만기 연금의 현재가치가 필요하다.

$$\text{현재가치} = \text{연간 소비} \times \text{연금계수}$$

연금계수는 $[1/0.07 - 1/(0.07 \times 1.07^{20})] = 10.5940$이다. 따라서 $55,000 ×

10.594=$582,670이 필요하다.

5.8 15년은 180개월이다. 따라서,

$$모기지\ 결제 = \frac{100,000}{180개월\ 연금\ 요소}$$

$$= \frac{100,000}{83.32}$$

$$= \$1,200.17/개월$$

할부금의 $1,000는 이자이고, 나머지 $200.17는 원금의 상환이다.

5.9 우리는 선불연금의 미래가치가 보통 연금 미래가치×(1 + r)와 같다는 것을 알고 있다. 따라서 50번째 투자 이후 즉시, 즉 50년 말 시점에 바로 첫 번째가 되고, 여러분의 은퇴 저축은 10% 많은 $550,000이 된다.

5.10 분기 이자율은 8/4=2%이다. 실효연간이자율은 $(1.02)^4 -=0.0824$, 또는 8.24%이다.

5.11 비용은 매년 5%씩 증가하여 $5 × (1.05)^{50}=$57.34의 가치로 증가한다. 이자율이 10%라면, 이 비용은 $5 × (1.10)^{50}=$586.95가 된다.

5.12 1980년의 CPI는 1950년 수준의 3.452배이다(표 5.8를 보라.). 따라서 1950년 $250이었던 상품이 1980년에는 $250 ×3.452=$863이 된다. 1980년 $30,000 급여의 가치는 1950년 실질가격으로 표현했을 때 $30,000 ×(1/3.452)=$8,691이다.

5.13 a. 물가상승률이 없다면 실질과 명목이자율은 8%로 같다. 5% 물가상승률에서 실질이자율은 $(1.08/1.05)-1=0.02857$로 3%보다 약간 작다.

b. 여러분이 3% 실질이자율을 원한다면, 물가상승률이 0이면 3% 명목이자율이면 되고, 물가상승률이 5%라면 8.15%가 필요하다. $1.03 ×1.05=1.0815$라는 데 주의하라.

5.14 현재가치는

$$PV = \frac{\$5,000}{1.08} = \$4,629.63$$

이고, 실질이자율은 2.857%이다(셀프테스트 5.13a를 보라.). 실질 현금흐름은 $5,000/1.05=$4,761.90이다. 그러므로,

$$PV = \frac{\$4,761.90}{1.02857} = \$4,629.63$$

이다.

5.15 실질연금을 계산하라. 실질이자율은 $1.10/1.05-1=0.0476$이다. 우리는 4.8%로 반올림한다. 실질연금은

$$Annual\ payment = \frac{\$3,000,000}{30\text{-}year\ annuity\ factor}$$

$$= \frac{\$3,000,000}{\dfrac{1}{0.048} - \dfrac{1}{0.048(1.048)^{30}}} = \frac{\$3,000,000}{15.7292} = \$190.728$$

이다. 여러분은 매년 불변가격 구매력으로 이 금액을 소비할 수 있다. 달러당 구매력은 연간 5%씩 감소한다. 따라서 여러분은 두 번째 해에는 $190,728 × 1.05 = $200,264, 세 번째 해에는 $190,728 × 1.05^2 = $210,278 등처럼 명목가격으로 더 많은 금액을 소비해야 한다.

미니 케이스

Maine Turnpike의 운전자들에게 잘 알려진 Old Alfred Road는 70번째 생일을 맞았고 은퇴하려고 한다. Road는 재무에 대해 공식적인 교육을 받지 못했지만, 돈을 저축하고 조심스럽게 투자했다. Road는 담보대출이 상환된 집을 가지고 있고, 이사 가기를 원하지 않는다. 그는 홀아비이고, 집과 나머지 재산은 딸에게 남기고 싶어 한다.

그는 그동안 $180,000을 모아 보수적으로 투자하고 있다. 이 투자금액에서 9% 이자를 얻고 있다. Road는 또한 5% 이자율을 얻고 있는 $12,000의 저축계좌를 하나 더 가지고 있다. 그는 예상 외의 비용이나 긴급사태에 대비하여 이 저축계좌는 손대지 않기를 원한다.

Road의 기본적인 생활비는 매월 약 $1,500이다. 그는 여행과 취미생활에 $500을 소비하려고 한다. 이 계획된 생활수준을 유지하기 위하여 자신의 투자 포트폴리오에 의존해야 한다. 포트폴리오의 이자는 연간 $16,200($180,000의 9%), 즉 매달 $1,350이다.

Road는 또한 남은 생애 동안 사회보장비로 매달 $750를 받을 것이다. 이 사회보장비는 물가상승과 연계되어 있다. 즉 이것은 소비자물가지수 변동에 비례하여 자동으로 증가한다.

Road의 주된 관심은 물가상승이다. 물가상승률은 최근 3% 미만이었다. 그러나 역사적 기준으로 보면 3%는 비정상적으로 낮은 것이다. 그의 사회보장비는 물가상승에 따라 증가할 것이다. 그러나 그의 투자 포트폴리오에 대한 이자는 그렇지 않다.

여러분은 Road에게 어떤 조언을 하겠는가? 그는 투자 포트폴리오로부터 받는 모든 이자를 안전하게 소비할 수 있을까? 포트폴리오의 실질가치가 변하지 않기를 원한다면 그는 이 포트폴리오에서 연도 말에 얼마를 찾을 수 있겠는가?

Road가 20년을 더 살고, 이 기간에 자신의 투자 포트폴리오 전부를 소비한다고 가정하자. 그는 또한 이 기간에 물가상승에 따라 소비액을 증가시키고 싶어 한다. 즉 그는 실질가치 기준으로 월간 소비를 일정하게 유지하고 싶어 한다. 그는 매달 얼마를 소비할 수 있겠는가? 투자 포트폴리오는 9% 수익률을 제공하고 물가상승률은 4%일 것으로 가정한다.

6

채권의
가치평가

학습목표

6-1 채권의 액면이자율, 경상수익률, 만기수익률을 구별할 수 있다.

6-2 만기수익률이 주어졌을 때 채권의 시장가격, 채권가격이 주어졌을 때 만기 수익률을 산출할 수 있고 채권가격과 만기수익률 간에 역의 관계임을 설명할 수 있다.

6-3 채권이 이자율위험을 나타내는 이유를 설명할 수 있다.

6-4 투자자가 만기일 대비 채권수익률 도표에 관심을 갖는 이유를 이해한다.

6-5 투자자들이 채권등급에 관심을 기울이고 낮은 등급의 채권에 대해 높은 이자율을 요구하는 이유를 이해한다.

과거 채권 보유자들은 철도회사에서 발행한 이 채권과 같이 아름답게 장식된 증서를 받았다. 요즘의 채권 소유권은 단순히 전자 데이터베이스에 기록된다.
© CPC Collection/Alamy

기업이 외부로부터 자금을 조달할 필요가 있을 때 기업은 돈을 빌릴 수 있다. 만일 기업이 1개월, 한 분기, 또는 1년만 돈이 필요하다면, 아마도 기업은 은행으로부터 돈을 빌릴 것이다. 하지만 기업이 장기 투자를 위해 돈이 필요하다면 개인 또는 기관 투자자들이 보유하는 부채증권인 채권을 발행할 것이다.

기업만이 채권을 발행하는 것은 아니다. 주 정부와 지방 정부도 채권을 매각하여 자금을 조달한다. 미국 재무성도 채권을 매각하여 자금을 조달한다. 대부분의 투자자는 미국 재무성이 발행한 채권의 채무불이행 위험을 무시할 만한 수준으로 여길 것이다. 따라서 정부가 발행한 채권(국채)은 기업이 발행한 채권(회사채)에 비해 낮은 이자율을 제공한다. 그럼에도 불구하고 정부가 발행한 채권의 이자율은 모든 이자율의 기준을 제시한다. 국채의 이자율이 낮아지거나 높아지면 회사채 이자율도 다소간 비례하여 변동한다. 그러므로 본 장의 첫 번째 파트에서는 미국 재무성 채권에 초점을 맞추고 채무불이행 문제에 대해서는 비켜갈 것이다.

경제지의 채권 파트를 어떻게 해석하는지를 보여주고 채권딜러가 만기수익률 호가를 낼 때 무엇을 의미하는지 설명할 것이다. 단기 이자율이 대부분 장기 이자율보다 낮은 (그러나 가끔은 높은) 이유에 대해 살펴보고 장기채권의 가격이 이자율 변동에 가장 민감하게 반응하는 이유에 대해서도 살펴본다. 인플레이션이 수정된 실질이자율과 명목이자율을 구분하고 미래의 인플레이션이 어떻게 이자율에 영향을 미치는지를 설명한다.

본 장의 마지막 부분에서는 채무불이행 가능성이 존재하는 회사채를 다룬다. 채권등급평가가 어떻게 채무불이행 위험에 대해 지침을 제공하는지, 낮은 등급의 채권이 어떻게 더 높은 수익률을 약정하는지에 대해서 살펴본다. 회사채의 형태는 매우 다양하다. 본 장에서는 회사채를 구분하는 일반적인 방법에 대해 소개하고 14장에서 보다 자세히 살펴볼 것이다.

6.1 재무비율과 주주 가치의 관계

채권
발행자가 보유자에게 특정 금액을 지불해야 하는 증권.

정부와 기업은 투자자에게 **채권**(bond)을 팔아서 돈을 빌린다. 채권시장의 규모는 거대하다. 2018년 초에 투자자들은 $14조가 넘는 미국 국채를 채권시장에서 보유하고 있다. 기업들도 채권을 판매하여 엄청난 양의 자금을 조달한다. 예를 들어, CVS는 2018년에 한 번의 채권발행으로 $400억를 빌렸다. 이러한 채권이 거래되는 시장은 매우 복잡하고 활발하다. 채권거래자는 아주 작은 가격차이에도 빈번하게 많은 양의 채권을 거래한다.

채권은 때때로 다른 이름으로도 불린다. 예를 들어, 발행 시에 만기가 2년에서 10년 사이인 미 재무성 채권은 노트(notes)라고 한다. 어떤 회사채는 노트 또는 무담보채권(debentures)이라고 불리는데, 본 장에서는 단순히 채권으로 통칭한다.

채권을 발행할 때 정부나 기업은 일련의 이자를 지급하고 만기에 부채를 상환할 것을 약속한다. 그러나 모든 채권이 이와 같을 것으로 생각해서는 안 된다. 예를 들어, 대부분의 채권은 정해진 이자를 지급하지만 어떤 경우에는 단기 이자율이 변함에 따라 이자지급금이 상하로 변하기도 한다. 또한 채권은 서로 다른 만기를 가지기도 한다. 기업이 단지 몇 년 동안만 자금을 빌리기도 하지만, 만기가 100년 이상인 채권을 발행하여 자금을 빌리는 경우도 있다.

채권의 특성

채권의 액면가
채권의 만기에 지불되는 금액. 원금(principal) 또는 액면가치(par value)라 한다.

채권의 액면이자
채권의 보유자에게 지급되는 이자금액.

몇 년 전에 미국 정부는 2021년에 만기가 도래하는 2.25%의 액면이자율이 경매를 통해 결정되는 전형적인 방법으로 국채를 발행하였다. 이 **채권의 액면가**(face value)는 $1,000이다. 액면가는 원금(principal) 또는 액면 가치(par value)라고 불리기도 한다. 채권이 만기될 때까지 채권 보유자는 액면가의 2.25%인 이자 $22.50를 매년 지급받는다. 이 2.25% 이자를 **채권의 액면이자**(coupon)라 한다. (과거 대부분의 채권은 쿠폰이 붙어 있어서 투자자가 이를 떼어 채권 발행자에게 우편으로 보내 이자 지급을 청구하였다.) 2021년에 2.25% 액면이자율 채권(이표채)이 만기가 되면 정부는 채권의 액면가 $1,000를 마지막 액면이자와 함께 지급해야 한다.

매 순간 300 종목 이상의 국채가 거래되고, 이들 채권을 사고팔 수 있는 가격은 경제신문과 웹페이지에 매일 제시된다. 월스트리트 저널(Wall Street Journal)의 웹페이지에서 인용한 표 6.1은 극히 일부의 국채에 대한 가격을 보여준다. 2021년 2월에 만기가 되는 2.25% 채권의 자료는 특별히 두껍게 강조하여 표시하였다.

2.25% 채권을 사려면 투자자는 매도호가(asked price) 99.5938의 가격을 지급해야 한다. 이것은 채권 액면가의 99.5938%를 의미하므로 각 채권은 $995.938에 살 수 있다. 이미 이 채권을 보유하고 있는 투자자는 매수호가(bid price) 99.5781의 가격에 이 채권을 팔 수 있다. 중고차 딜러가 매입한 가격보다 높은 가격으로 매도하여 이윤을 얻는 것처럼 채권 딜러도 매도호가와 매수호가 사이에 가격차이(spread)를 부과하여 이윤을 얻는다. 이 2.25% 채권의 가격차이는 겨우 채권가치의 0.0157%에 불과하다. 중고차 딜러도 비슷한 가격차이를 부과하면 얼마나 좋을까?

이 표의 마지막 열은 매도호가 만기수익률(asked yield to maturity)을 보여준다. 이것은 투자자가 매도호가에 채권을 사서 2021년 만기까지 보유할 때 연평균 채권수익률을 나타낸다. 2.25% 액면이자율 국채는 2.391% 만기수익률을 제공한다. 이 수치가 어떻게 계산되었는지 간단히 설명할 것이다.

셀프테스트

표 6.1에 따르면 2025년 만기가 되는 7.625% 액면이자율 국채를 사기 위해 투자자는 얼마의 가격을 지불해야 하는가? 만약 국채의 가격이 $1,106.25이라면, 이 가격은 어떻게 표시(quote)될까? 2048년 만기인 3% 액면이자율 국채를 매도하는 투자자는 얼마를 받게 될까?

표 6.1 2018년 2월 채권가격 호가 예시

단기	액면이자율	매수호가	매도호가	매도호가 증감	매도호가 만기수익률(%)
2020/2/15	1.375	98.3281	98.3438	-0.0078	2.228
2021/2/15	2.25	99.5781	99.5938	0.0313	2.391
2025/2/15	7.625	130.6719	130.6875	0.1094	2.770
2029/2/15	5.25	121.8516	121.9141	0.2344	2.908
2036/2/15	4.5	120.9063	120.9688	0.5313	2.986
2041/2/15	4.75	127.2422	127.3047	0.6641	3.084
2048/2/15	3	97.2656	97.2969	0.7266	3.140

출처: Wall Street *Journal Online*, 2018년 2월 15일, www.wsj.com.

그림 6.1 2021년 만기인 2.25% 액면이자율 채권의 현금흐름

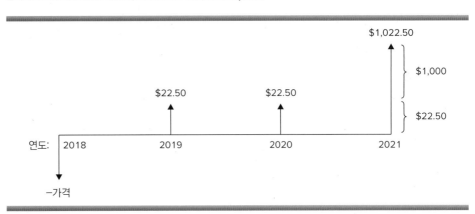

주식시장에서는 국채를 살 수 없다. 대신에 국채는 채권 딜러의 네트워크를 통해 거래되며 채권 딜러는 자신이 사려거나 팔려는 가격을 고시한다. 예를 들어, 2018년에 당신이 "2.25s of 2021"을 사기로 했다고 하자. 이는 2021년 만기가 되는 2.25% 액면이자 채권이다.[1] 당신은 중개인에게 연락할 것이고 중개인은 모니터에서 현재 가격을 확인할 것이다. 당신이 이 가격에 만족한다면 그 중개인은 채권 딜러에게 연락하여 거래를 성사시키게 된다.

당신이 만기까지 채권을 보유할 계획이라면 그림 6.1에 나와 있는 현금흐름을 받을 수 있다. 처음 2년 동안의 현금흐름은 2.25% 액면이자와 같다. 그 후 채권이 2021년 만기가 될 때 마지막 액면이자와 채권 액면가 $1,000를 합한 금액을 받게 된다.

셀프테스트

표 6.1에서 2029년 만기가 되는 5.25% 액면이자 국채를 찾아라.

a. 이 채권을 사는데 얼마가 드는가?
b. 당신이 이미 이 채권을 가지고 있다면, 채권 딜러는 이에 대해 당신에게 얼마를 지급할 것인가?
c. 이 채권의 연간 이자금액은 얼마인가?
d. 이 채권의 만기수익률은 얼마인가?

---

1) 2.25 뒤에 붙는 's'는 단순히 복수를 의미하는데 이것은 채권 트레이더들이 특정 액면의 채권을 칭하는 일반적인 방법이다.

6.2 이자율과 채권가격

그림 6.1은 투자자가 2.25% 국채로부터 받게 되는 현금흐름을 보여준다. 채권의 가치는 이들 현금흐름의 현재가치이다. 이 가치를 알려면 각각의 미래 현금흐름을 현재 이자율로 할인해야 한다.

2.25s가 2021년에 만기가 되는 유일한 국채는 아니다. 같은 시기에 만기가 되는 거의 동일한 어떤 채권이 2.4%에 약간 못 미치는 이자율을 제공한다고 가정하자. 만약 2.25s 가 이 채권의 수익률보다 낮은 수익률을 준다면 아무도 2.25s를 보유하려 하지 않을 것이다. 마찬가지로 2.25s가 이 채권의 수익률보다 높은 수익률을 준다면 모든 투자자는 이 채권을 팔고 2.25s를 사려고 할 것이다. 다시 말해, 투자자가 주의를 기울인다면 2.25s 는 다른 유사한 국채와 같은 수익률을 제공해야 한다. 이것은 우리가 1장에서 논의한 바와 같이 채권에 투자하는 자금의 기회비용으로 이해할 수 있다. 이것은 투자자가 2.25s 대신에 다른 유사한 증권에 투자하여 얻을 수 있는 수익률이다.

이제 2021년 만기인 2.25s의 현금흐름을 2.4%에 약간 못 미치는 2.391%로 할인하여 채권의 가치를 계산할 수 있다.

$$\text{PV} = \frac{\$22.50}{(1+r)} + \frac{\$22.50}{(1+r)^2} + \frac{\$1,022.50}{(1+r)^3}$$
$$= \frac{\$22.50}{(1.02391)} + \frac{\$22.50}{(1.02391)^2} + \frac{\$1,022.50}{(1.02391)^3} = \$995.96$$

채권가격은 일반적으로 액면가의 백분율로 나타낸다. 따라서 2.25% 국채는 액면가의 99.596%의 가치가 있다고 말할 수 있다.[2]

이 채권이 실은 두 개의 투자안의 묶음과 같다는 것을 눈치챘는가? 3년 동안 매년 $22.50의 일정한 이자금액을 지급하는 투자안과 액면가 $1,000를 최종상환하는 투자안으로 구성할 수 있다. 그러므로 이 채권의 가격은 이자금액들의 가치를 평가하기 위해 연금 공식을 사용하고 액면가인 마지막 지급금의 현재가치를 더하면 된다.

$$채권가격 = \text{PV}(액면이자) + \text{PV}(액면가) \tag{6.1}$$
$$= (액면이자 \times 연금계수) + (액면가 \times 할인계수)$$
$$= \$22.50 \times \left[\frac{1}{0.02391} - \frac{1}{0.02391(1.02391)^3} \right] + \$1,000 \times \frac{1}{(1.02391)^3}$$
$$= \$64.396 + \$931.568 = \$995.96$$

만기가 많이 남아 있는 채권을 평가하려면 보통 이자지급금을 연금으로 평가하고 나중에 마지막 지급금의 현재가치를 더하는 이 방법이 가장 쉽다.

6.3 셀프테스트

9% 액면 이자율을 가지는 6년 만기 채권의 현재가치를 계산하라. 이자율은 12%이다.

재무계산기나 스프레드시트(spreadsheet)를 사용하여 채권가격을 쉽게 구할 수 있다. 채권이 투자자에게 반복적인 현금흐름(액면 이자금액)과 추가로 한 번의 현금흐름(액면

---

2) 이러한 방식으로 계산한 채권의 가치는 경제지에 고시된 매도호가와 약간 다른 경우가 종종 있다. 예를 들어, 표 6.1에서는 이 채권의 실제 가격이 $995.94라고 고시되어 있다. 이는 소수점 셋째자리까지 표시되는 이자율의 반올림 오차로 인한 것이다. 또한, 채권의 실제 액면이자는 1년에 한 번 $22.50씩 지급되는 것이 아니라 6개월마다 $11.25씩 지급된다. 다음 예시에서 반년마다 지급되는 액면이자를 다루는 방법을 살펴본다.

가)을 모두 제공함을 이해하는 것이 비결이다. 2.25% 채권의 경우에 만기까지의 기간은 3년이고 연간 지급금액은 $22.50, 액면가는 $1,000이다. 이자율은 2.391%이다. 그러므로 재무계산기에 입력해야 하는 값들은 아래와 같다.

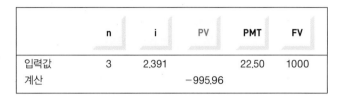

	n	i	PV	PMT	FV
입력값	3	2.391		22.50	1000
계산			−995.96		

이제 PV를 계산을 실행하면 계산기로부터 정답 −995.96을 얻게 된다. 여기서 음(−)의 부호는 이 채권을 사기 위해 필요한 현금유출의 방향을 의미한다.

엑셀(Excel)을 사용하여 채권가격을 계산하는 방법은 본 장 후반부에 나오는 글상자(box)를 참조하기 바란다.

예제	**6.1** ▶	**채권가격과 반년마다 이자 지급**

지금까지는 국채의 가치를 계산할 때 이자 지급이 매년 발생한다고 가정하였다. 이러한 형태는 유럽 여러 국가의 채권에 해당하는 것이지만 미국에서는 대부분의 채권이 반년마다 이자를 지급한다. 따라서 미국에서 채권이 2.25% 액면이자율을 갖는다고 하면, 일반적으로 6개월마다 $22.50/2=$11.25를 지급한다고 생각할 수 있다. 마찬가지로 미국 투자자들이 채권이자율을 언급할 때는 보통 반년 복리 이자율을 의미한다. 따라서 2.391%로 고시된 이자율은 실제로는 6개월 이자율이 2.391/2=1.1955%라는 것을 의미한다.[3] 그림 6.2에는 국채에 대한 실제 현금흐름이 제시되어 있다. 좀 더 정확히 채권의 가치를 계산하기 위해서는 다음과 같이 1년의 반년 이자 지급금을 반년 이자율로 할인해야 한다.

$$PV = \frac{\$11.25}{(1.011955)} + \frac{\$11.25}{(1.011955)^2} + \frac{\$11.25}{(1.011955)^3} + \frac{\$11.25}{(1.011955)^4}$$
$$+ \frac{\$11.25}{(1.011955)^5} + \frac{\$1,011.25}{(1.011955)^6}$$
$$= \$995.94$$

그림 6.2 2021년에 만기되는 2.25% 액면이자율 채권의 현금흐름. 채권은 반년마다 이자를 지급한다. 즉 매년 $11.25를 두 번씩 지급한다.

따라서, 이자 지급이 반년마다 발생한다는 사실을 인정하면 2.25s의 가치는 99.594%임을 알 수 있는데, 이는

---

3) 비록 채권투자자들이 APR이란 용어를 일반적으로 사용하지는 않지만, 채권의 반년 복리 이자율 2.391%는 이 채권의 APR이다. 이 채권의 실효이자율을 구하기 위해서 5.7절에서 보았던 식을 사용할 수 있다.

$$\text{Effective annual rate} = (1 + APR/m)^m - 1$$

여기서 m은 연간 이자 지급 횟수이다. 위에서 다룬 국채의 경우는 다음과 같다.

$$\text{실효연이자율} = (1 + 0.02391/2)^2 - 1 = 1.0119552 - 1 = 0.02405 \text{ or } 2.405\%$$

이자율이 낮은 경우에 연 복리 이자율과 APR과의 차이는 미미하지만, 이자율이 큰 경우에는 차이가 벌어진다.

표 6.1에 나오는 이 채권의 가격과 정확히 일치한다. 여전히 반년 지급과 연간 지급을 적용하여 산출한 채권 가치의 차이는 매우 작다. 반년 이자 지급은 단순히 산술적인 처리로 볼 수 있으므로 본 장에서는 대부분 단순화하여 연간 이자 지급을 가정한다. ∎

채권가격은 이자율에 따라 어떻게 변하는가?

그림 6.3은 1900～2018년 동안 10년 만기 국채의 이자율을 그린 것이다. 이자율이 얼마나 변동하였는지 주목하라. 예를 들어, 연방준비은행이 인플레이션을 통제하기 위해 긴축통화정책을 펼친 시기인 1979년 이후 이자율이 급증하였다. 2년 만에 10년 만기 국채 이자율은 10%에서 14%로 상승하였다. 이와 반대로 2015년에는 장기국채 금리가 단지 1.9%에 불과했다.

이자율이 변함에 따라 채권가격도 변한다. 예를 들어, 투자자들이 3년 만기 국채에 대해 2.25% 이자율을 요구한다고 가정하자. 2021년 만기인 2.25s의 국채 가격은 얼마가 되겠는가? r=0.0225의 할인율로 PV 계산을 반복하면 된다.

$$PV \text{ at } 2.25\% = \frac{\$22.50}{(1.0225)} + \frac{\$22.50}{(1.0225)^2} + \frac{\$1,022.50}{(1.0225)^3} = \$1,000.00$$

따라서 이자율이 액면이자율(우리 예에서는 2.25%)과 같을 때, 채권은 액면가로 팔린다.

우리는 처음에 국채를 2.391% 이자율로 평가하였다. 이것은 액면이자율보다 높다. 이 경우에 채권가격은 액면가보다 낮았다. 그리고 액면이자율과 같은 이자율을 사용하여 채권을 평가하게 되면 채권가격이 액면가와 같다는 것을 알았다. 아마도 여러분은 채권의 액면이자율보다 낮은 이자율로 현금흐름을 할인하면, 채권은 액면가보다 가치가 높다는 것을 이미 짐작했을 것이다. 다음 예는 이를 확인해 준다.

그림 6.3 10년 만기 미국 국채 이자율

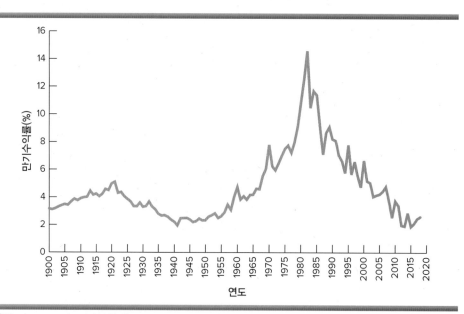

출처: www.econ.yale.edu/~shiller/data.htm.

예제	**6.2 ▶**	**이자율과 채권가격**

투자자는 이자율이 2.25%일 때 3년 만기 2.25% 액면이자율 국채에 대해 $1,000를 지불할 것이다. 이자율이 (가령) 10%로 액면이자율보다 높다고 하자. 이제 채권가치는 얼마인가? 간단히 구할 수 있다. $r = 0.10$로 처음 계산을 반복하면 된다.

$$\text{PV at } 10\% = \frac{\$22.50}{(1.10)} + \frac{\$22.50}{(1.10)^2} + \frac{\$1,022.50}{(1.10)^3} = \$807.27$$

이 채권은 액면가의 80.727%로 팔린다. ■

이러한 이자율과 채권가격의 관계는 일반적인 결과이다. 시장이자율이 액면이자율보다 높을 때 채권은 액면가보다 낮은 가격에 팔린다. 시장이자율이 액면이자율보다 낮을 때 채권은 액면가보다 높은 가격에 팔린다.

이자율이 상승한다고 가정하자. 채권 투자자들은 이 소식을 듣자마자 불만스러울 것이다. 왜 그럴까? 그들은 더 높은 이자율을 좋아하지 않는가? 당신이 이에 대해 확실히 답을 할 수 없다면 그림 6.4를 보라. 이 그림은 2.25% 국채의 현재가치를 여러 이자율에 대해 보여준다. 예를 들어, 수익률이 2.391%에서 10%로 치솟는다고 상상해 보자. 우리 채권의 가치는 $807.27에 불과할 것이고, 이는 채권 보유자에게 19% 정도의 손실을 발생시킨다. 반대로 채권 보유자는 시장이자율이 떨어지면 환호할 것이다. 이 또한 그림 6.4에서 확인할 수 있다. 예를 들어, 이자율이 0%로 떨어진다면 2.25% 채권의 가치는 $1,067.50으로 상승할 것이다. 이것은 아마 2.25s를 보유하고 있는 투자자가 바라는 최대의 수익에 해당할 것이다.

그림 6.4는 이자율과 채권가격 간의 근본적인 관계를 보여준다. **이자율이 상승하면 채권 보유자가 받게 되는 지급금의 현재가치가 하락하여 채권가격은 내려간다. 반대로 이자율이 하락하면 지급금의 현재가치는 증가하고 가격은 더 높아진다.**

주의할 점! 사람들은 때때로 채권이자인 지급금을 이자율, 즉 투자자가 요구하는 수익률과 혼동한다. 위 예제의 국채에 대한 $22.50 이자 지급금은 채권이 발행될 때 정해진다. **액면이자율**(coupon rate) 2.25%는 채권의 액면가($1,000)의 백분율로 이자 지급금($22.50)을 나타내며, 따라서 이미 결정되어 있다. 그러나 이자율은 날마다 변한다. 이러한 변화는 이자 지급금의 현재가치에 영향을 주지만 이자 지급금 그 자체에는 영향을 주지 않는다.

액면이자율
액면가의 백분율로 나타 연간 액면이자금액.

그림 6.4 이자율이 상승할 때 채권의 가치는 2.25% 떨어진다.

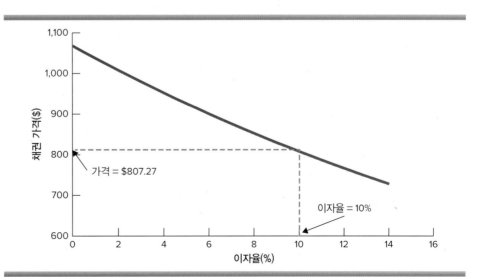

그림 6.5 이자율의 함수로 나타낸 채권가격. 장기채권의 가격은 단기채권보다 이자율 변동에 더 민감하다.

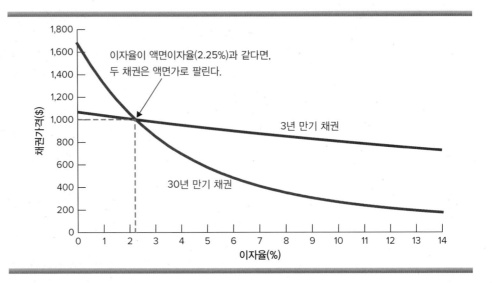

이자율 위험

이자율 위험
이자율 변동에 따른 채권가격의 불확실성.

우리는 이자율이 변함에 따라 채권의 가격이 변동하는 것을 보았다. 다시 말해 채권은 **이자율 위험**(interest rate risk)에 노출되어 있다. 채권 투자자들은 시장이자율이 하락하여 채권가격이 상승하기를 바란다. 하지만 운이 없어 시장이자율이 상승한다면 그들의 투자 가치는 하락하게 된다.

이자율 변동은 단기 현금흐름에는 미미한 영향을 미치지만 장기 현금흐름에는 훨씬 큰 영향을 미친다. 그러므로 모든 이자율 변동은 단기채권보다 장기채권의 가격에 더 큰 영향을 미친다. 그림 6.5의 두 곡선을 비교해 보라. 파란색 선은 3년 만기 2.25% 이표채의 가격이 이자율 수준에 따라 어떻게 변하는가를 보여준다. 초록색 선은 30년 만기 2.25% 이표채 가격의 변화를 보여준다. 30년 만기 채권이 3년 만기 채권보다 이자율 변동에 더욱 민감하게 변하는 것을 볼 수 있다. 이것은 놀라운 일이 아니다. 3년 만기 채권을 사고 나서 이자율이 상승한다면 나쁜 거래에 발목 잡힌 꼴이 된다. 즉 당신이 기다렸다면 더 높은 이자율로 돈을 빌려줄 수도 있었을 것이다. 하지만 이 융자가 3년이 아니라 30년 동안 계속된다면 얼마나 더 나빠질지 생각해 보라. 부채의 만기가 길수록, 이자율이 낮은 것으로 밝혀짐에 따라 잃게 되는 수입은 점점 많아진다. 이것은 장기채권의 가격이 더 많이 감소하는 것으로 나타난다. 물론 그림 6.5에서 볼 수 있는 것처럼 이러한 효과와는 역으로 나타나기도 한다. 즉 이자율이 하락하면 장기채권의 가격은 더 크게 상승한다.

6.4 셀프테스트

시장이자율이 하룻밤 사이에 4%에서 2%로 하락했다고 가정하자. 이자율이 하락하기 전과 후의 3년 만기 2.25% 채권과 30년 만기 2.25% 채권의 현재가치를 구하여라. 액면이자는 1년에 한 번씩 지급되는 것으로 가정하라. 여러분의 답이 그림 6.5와 일치하는지 확인하라. 재무계산기나 스프레드시트를 이용하라. 채권가격을 산출할 때 엑셀을 사용하는 방법에 관해서는 본 장 후반부의 글상자에 제시되어 있다.

6.3 만기수익률

당신이 지금 3년 만기 10% 채권을 구매하려 한다고 가정하자. 투자상담사가 채권가격을 알려주면, 이 채권이 제공하는 수익률을 어떻게 계산할 것인가?

가격이 액면가와 같은 채권은 쉽게 답을 얻을 수 있다. 이 경우의 수익률은 액면이자율과 같다. 당신의 투자에 대한 현금흐름을 아래와 같이 설정해봄으로써 이를 확인할 수 있다.

투자액	연간 지급된 현금:			수익률
	1	2	3	
$1,000	$100	$100	$1,100	10%

매년 투자액에 대해 10%($100/$1,000)를 벌어들인다는 것에 주목하라. 마지막 해에는 처음 투자액인 $1,000를 추가로 회수한다. 그러므로 당신의 총수익은 10%로 액면이자율과 같다.

이제 3년 만기 채권의 가격이 $1,200라고 가정하자. 그러면 현금흐름은 다음과 같다.

투자액	연간 지급된 현금:			수익률
	1	2	3	
$1,200	$100	$100	$1,100	?

경상수익률
연간 이자금액을 채권가격으로 나눈 값.

당신은 $1,200를 지불하고 연간 $100의 수익을 얻는다는 것을 주목하라. 초기 지출에 대한 당신 수입의 비율은 $100/$1,200=0.083, 즉 8.3%이다. 이것을 채권의 **경상수익률**(current yield)이라고 한다.

그러나 총수익률은 이자 수입과 자본 이득 또는 손실 모두에 달려 있다. 8.3%의 경상수익률은 이 채권가격이 내려가야 한다는 것을 깨달을 때까지만 매력적으로 들릴 것이다. 오늘 채권가격은 $1,200이지만 지금부터 3년 후에 만기가 되면 이 채권은 액면가, 즉 $1,000에 팔릴 것이다. $200의 가격하락(즉 자본손실)은 확실하다. 따라서 앞으로 3년 동안 총수익률은 8.3% 경상수익률보다 반드시 작다.

이를 일반화해 보자. 액면가보다 가격이 높은 채권은 할증(premium)되어 팔린다고 한다. 할증 채권을 산 투자자는 채권의 만기 동안 반드시 자본손실을 보게 된다. 따라서 이러한 채권의 수익률은 항상 채권의 경상수익률보다 작다. 액면가보다 가격이 낮은 채권은 할인(discount)되어 팔린다고 한다. 할인 채권의 투자자는 채권의 만기 동안 반드시 자본이득을 보게 된다. 이러한 채권에 대한 수익률은 경상수익률보다 크다. 경상수익률은 현재 수입에만 초점을 맞추고 앞으로 가격의 상승이나 하락을 무시하기 때문에 채권의 총수익률을 측정하지 않는다. 경상수익률은 할증 채권의 수익률은 과대평가하고 할인 채권의 수익률은 과소평가한다.

만기수익률
채권에서 얻은 모든 현금흐름의 현재가치가 채권가격과 일치되는 할인율.

우리는 이자 지급금과 채권의 만기 동안 채권가치의 변동을 함께 고려하는 수익률 측정치가 필요하다. 이와 같은 표준적인 측정치를 **만기수익률**(yield to maturity)이라고 한다. 만기수익률은 다음 질문에 대한 대답이다. "어떤 이자율일 때 채권가격이 올바르게 결정되었다고 할 수 있는가?" **만기수익률은 채권 지급금의 현재가치를 채권가격과 같게 하는 할인율로 정의된다.**

3년 만기 채권을 액면가로 살 수 있다면 만기수익률은 액면이자율 10%이다. 10%로 현금흐름을 할인할 때 채권의 현재가치가 액면가 $1,000와 같아진다는 것으로 이를 확인할 수 있다.

$$\text{PV at } 10\% = \frac{\$100}{(1.10)} + \frac{\$100}{(1.10)^2} + \frac{\$1,100}{(1.10)^3} = \$1,000.00$$

하지만 3년 만기 채권의 가격이 $1,200라면 어떻게 될까? 이 경우 만기수익률은 겨우 2.94%이다. 이 할인율에서 채권의 현재가치는 실제 시장가격 $1,200와 같다.

$$\text{PV at } 2.94\% = \frac{\$100}{(1.0294)} + \frac{\$100}{(1.0294)^2} + \frac{\$1,100}{(1.0294)^3} = \$1,200$$

만기수익률은 액면 이자수익과 자본이득을 모두 포함하는 채권의 총수익률을 측정한다. 오늘 채권을 구매하여 만기까지 보유한다면 수익률은 만기수익률과 일치할 것이다. 채권투자자들은 종종 채권의 수익률에 대해 막연하게 말하기도 하는데 경상수익률이 아니라 명확히 만기수익률에 대해 얘기하는 것이 안전하다.

만기수익률 계산하기

2.25% 국채의 가격을 구하기 위해서 우리는 채권의 현금흐름을 이자율 r로 할인하였다. 만약 r=2.391%라면 채권의 가치는 $995.96이다.

$$Price = \frac{\$22.50}{(1+r)} + \frac{\$22.50}{(1+r)^2} + \frac{\$1,022.50}{(1+r)^3}$$

$$= \frac{\$22.50}{(1.02391)} + \frac{\$22.50}{(1.02391)^2} + \frac{\$1,022.50}{(1.02391)^3} = \$995.96$$

이 문제를 다른 방식으로 표현할 수도 있다. "만약 어떤 채권의 가격이 $995.96라면, 이 채권의 만기수익률은 얼마인가?"

수익률을 계산하려면 현금흐름의 현재가치와 채권가격을 일치시키는 할인율 r을 구해야 한다. 이에 관한 일반적인 방법은 시행착오(trial and error)가 유일하다. 어떤 이자율을 추측하고 이를 사용하여 현금흐름의 현재가치를 산출한다. 만약 현재가치가 채권가격보다 크다면 당신이 추측한 할인율은 너무 낮다는 의미이므로 (할인율이 높으면 현재가치가 낮아질 것이기 때문에) 더 높은 이자율을 적용하여 다시 시도한다. 반대로, 만약 현재가치가 채권가격보다 낮다면 할인율을 낮춰야 한다. 물론 이것을 손으로 계산한다면 너무나 지루한 과정일 것이다. 다행이도 재무계산기나 스프레드시트 프로그램은 유사한 시행착오 과정을 적용하여 채권의 만기수익률을 빠르게 구할 수 있다. 다음에 나오는 글상자에 자세한 예제가 제시되어 있다.

6.5 셀프테스트

액면이자율이 14%인 4년 만기 채권의 가격이 $1,200이다. 액면이자가 1년에 한 번씩 지급된다면 이 채권의 만기수익률은 얼마인가? 액면이자가 6개월에 한 번씩 지급된다면 이 채권의 만기수익률은 얼마인가? 이 문제의 답을 구하기 위해서는 재무계산기나 스프레드시트가 필요할 것이다.

6.4 채권수익률

만기수익률은 채권가격과 채권으로부터 약속된 모든 미래 현금흐름의 현재가치를 같게 하는 할인율로 정의된다. 이것은 오늘 채권을 사서 만기까지 보유할 때 벌어들이는 수익률을 나타낸다. 그러나 이자율이 변동함에 따라 중간에 벌게 되는 수익률은 만기수익률과 매우 다를 수 있다. 이자율이 특정한 주, 월 또는 연도에 상승한다면 채권가격은 하락하고 그 기간의 수익률은 만기수익률보다 낮을 것이다. 반대로 이자율이 하락한다면 채권가격은 상승하고 수익률도 증가한다. 다음의 예제에서 이러한 관계를 보다 명확히 볼 수 있다.

예제 6.3 ▶ 투자수익률(rate of return)과 만기수익률

2038년 2월이 만기인 4.375% 액면이자율 미국 국채가 2008년 5월 15일에 $90억의 가격으로 팔렸다. 이 채권은 액면가의 96.38%의 가격으로 발행되었고 만기수익률은 4.60%였다. 이것은 발행가격에 구매하여 만

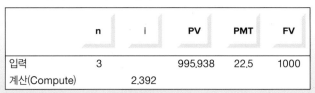
재무계산기를 사용하여 2.25% 재무부 채권의 만기수익률을 계산할 수 있다. 입력변수는 다음과 같다.

	n	i	PV	PMT	FV
입력	3		995.938	22.5	1000
계산(Compute)		2.392			

이제 계산(compute) 버튼과 i 버튼을 누르면 정답 2.392%를 얻을 것이다. 이 값은 표 6.1에 보고된 값보다 약간 높다.

이제 이 계산을 액면이자가 반년마다 지급되는 경우에 다시 반복

해 보자. 이자금액이 $22.50씩 3회 지급되는 대신에 $11.25씩 6회 지급된다. 따라서 6개월 수익률을 다음과 같이 구할 수 있다.

	n	i	PV	PMT	FV
입력	6		995.938	11.25	1000
계산(Compute)		1.19556			

물론, 여기서 구해진 수익률은 6개월 수익률이며 연간 수익률이 아니다. 채권 딜러들은 일반적으로 이 6개월 수익률을 2배하여 연간 수익률을 구한다. 따라서 만기수익률은 1.19556×2.391%와 같이 표시될 것이다. 이 값은 표 6.1에 보고된 값과 일치한다.

기까지 보유하는 모든 투자자가 얻는 수익률이다. 채권을 발행하고 1개월 후에 금융위기가 발생하였다. $6,910억의 자산을 가지고 있던 리먼브라더스(Lehman Brothers)가 파산신청했고 정부는 Fanie Mae, Freddie Mac, AIG, 그리고 다수의 은행을 구하기 위해 돈을 쏟아부었다. 투자자들이 안전한 국채를 사기 위해 달려들면서 국채 가격이 치솟았다. 12월 중순이 되자 2038년 만기인 4.375s의 가격은 액면가의 138.05%에 달했고 만기수익률은 2.5%까지 떨어졌다. 운이 좋게 이 채권을 발행가에 샀던 사람은 $416.70(=$1,380.50-$963.80)의 자본 이득을 얻었을 것이다. 덧붙여서 이 채권은 8월 15일에 첫 번째 액면이자 $21.875를 지급했는데 이는 액면가 $1,000의 액면이자율 4.375%에 대한 6개월치 금액이다. 따라서 이 행운의 투자자의 7개월 **투자수익률**은 45.5%가 된다.

투자수익률
투자된 $1에서 얻는 단위기간 동안의 모든 수익.

$$투자수익률 = \frac{이자\ 수입 + 가격\ 변화}{투자액} \tag{6.2}$$

$$= \frac{\$21.875 + \$416.70}{\$963.80} = 0.455 = 45.5\%$$

갑자기 국채가 이전처럼 그렇게 지루해 보이지 않게 되었다. ∎

6.6 셀프테스트

10년 만기 8% 액면이자율 채권의 만기수익률이 4%일 때 $1,324.44의 가격으로 이 채권을 구매하였다고 가정하자. (액면이자는 1년에 한 번씩 지급된다.) 1년 후에 액면이자 $80를 받았지만 만기수익률이 6%로 상승하였다. 1년 동안 이 채권의 투자수익률이 만기수익률 4%보다 낮다는 것을 확인하라.

만기수익률과 특정 기간 동안의 투자수익률 간에는 서로 어떤 관계가 있는 것일까? 그렇다. 만약 채권의 만기수익률이 이 기간 동안 변하지 않는다면 시간이 지남에 따라 채권가격은 변할 것이고 채권투자에 대한 총수익률은 만기수익률과 일치하게 된다. 이자율이 오르면 투자수익률은 만기수익률보다 낮게 될 것이고 이자율이 내리면 투자수익률은 만기수익률보다 크게 될 것이다.

6.7 셀프테스트

2년 만기 8% 액면이자율 채권의 만기수익률이 6%일 때 $1,036.67의 가격으로 이 채권을 구매하였다고 가정하자. 그해 말 만기수익률은 여전히 6%이다. 당신이 이 채권을 만기까지 보유한다면 각 연도의 투자수익률 또한 6%라는 것을 보여라.

엑셀과 대부분의 다른 스프레드시트 프로그램은 채권의 가치와 만기수익률을 계산하는 내장함수를 제공한다. 이 함수들은 일반적으로 채권을 매수한 날(결제일, settlement date)과 만기일을 함께 입력해야 한다. 채권가치에 대한 엑셀 함수는 아래와 같다.

PRICE(결제일, 만기일, 연간 액면이자율, 만기수익률, 마지막 지급금, 연간 이자 지급 횟수)

(만약 이 공식을 외우지 못하겠다면, 엑셀의 [함수 마법사] 탭으로 가서 [재무] 범주 중에서 PRICE 함수를 선택한다는 것을 기억하자. 이렇게 하면 필요한 입력변수에 관한 창이 뜰 것이다.) 예제에서의 2.25% 액면 채권에 대하여 아래와 같이 스프레드시트에 해당하는 값을 입력할 수 있다. 또는 엑셀에 다음 함수를 직접 입력할 수도 있다.

= PRICE(DATE(2018,2,15), DATE(2021,2,15), 0.0225, 0.02391, 100, 1)

결제일과 만기일에 대해 사용하는 엑셀의 DATE 함수는 DATE(연, 월, 일)의 형식을 사용한다.

액면이자율과 만기수익률은 백분율이 아니라 소수점으로 표현된다는 데 주의하라. 대부분 마지막 지급액은 100(즉 액면가의 100%)이며, 그 결과 계산된 가격은 액면가의 백분율로 표현된다. 그러나 때로는 마지막 지급액이 액면가보다 할증 또는 할인된 금액을 지급하는 채권을 경험할 수도 있다. 수의상환채권(callable bond)이 이러한 형태의 채권이라 할 수 있는데 수의상환채권을 발행한 기업은 만기 전에 할증된 금액으로 해당 채권을 상환할 수 있는 권리를 가지게 된다.

채권의 가치는 연간 이자 지급을 가정하면 액면가의 99.596%, 즉

	A	B	C	D	E	F
1		액면이자율 2.25%		액면이자율 2.25%		액면이자율 6%
2		1년마다 지급하는 채권		반년마다 지급하는 채권		1년마다 지급하는 채권
3		2021년 2월 만기	B열에 입력하는 공식	2021년 2월 만기		30년 만기
4						
5	결제일	2018/02/15	=DATE(2018,2,15)	2018/02/15		2018/02/15
6	만기일	2021/02/15	=DATE(2021,2,15)	2021/02/15		2021/02/15
7	연간 액면이자율	0.0225		0.0225		0.06
8	만기수익률	0.02391		0.02391		0.07
9	만기에 지급되는 금액 (액면가의 %)	100		100		100
10	연간 이자 지급 횟수	1		2		1
11						
12						
13	채권가격(액면가의 %)	99.596	=PRICE(B5,B6,B7,B8,B9,B10)	99.594		87.591

그림 6.6의 붉은 실선은 채권의 만기수익률이 현재 4%이고 앞으로도 계속해서 4%로 유지된다고 가정했을 때 30년 만기 6% 국채의 가격을 시간에 따라 나타낸 것이다. 가격은 만기일까지 점차 감소하여 만기일에는 마침내 액면가에 도달한다. 각 기간에 총수익률을 4%로 줄이기에 충분할 만큼만 이자 수입을 상쇄하면서 가격이 감소한다. 그림 6.6의 점선은 액면가보다 낮은 가격에 판매되는 2% 액면이자율 채권의 가격을 시간에 따라 나타낸 것이다. 이 경우 액면 이자수입은 경쟁적인 투자수익률보다 적다. 따라서 채권은 액면가보다 낮게 팔린다. 그러나 채권가격은 점차 증가하여 액면가에 접근하고 매년 총수익률이 시장이자율과 같아지도록 가격이 상승한다.

6.5 수익률 곡선

채권을 산다는 것은 매번 지급되는 이자금액과 마지막 액면가 상환을 한데 묶어놓은 금융상품을 사는 것과 같다. 그러나 때때로 상품을 묶음으로 사는 것이 불편할 때가 있다. 예를 들어, 정기적인 수입은 필요하지 않고 단지 마지막에 목돈을 상환하는 상품을 사고 싶을 수도 있다. 이것은 문제가 되지 않는다. 미국 재무성은 국채를 일련의 미니 채권으로 쪼개기도 하는데, 이들 미니 채권은 한 번만 현금을 지급한다. 이렇게 단 한 번만 지급하는 채권을 스트립(strip)이라 한다.

$995.96이다. 만약 반년마다 이자 지급을 가정한다면, 단순히 셀 B10의 값을 2로 바꾸면 된다. 그러면 예제 6.1에서와 같이 채권가치는 액면가의 99.594%로 변한다.

이 예제에서 첫 번째 이자는 정확히 한 기간(1년 또는 반년) 후에 지급된다고 가정하였다. 다시 말해, 결제일은 정확히 매기 초이다. 그러나 기간 중에 매입이 일어날 경우 PRICE 함수는 필요한 조정을 실행한다.

이제 당신이 7% 만기수익률에 판매되고 있으며, (연간 이자를 지급하는) 6% 액면이자율을 갖는 30년 만기 채권의 가격을 구하고자 한다고 가정하자. 당신은 특정한 결제일이나 만기일에 대한 정보를 가지고 있지 않다. 이 경우에도 당신은 채권의 가치를 산출하기 위해 여전히 PRICE 함수를 사용할 수 있다. 편의상 01/01/2000과 같이 임의로 결제일을 선택하고 만기일을 이날로부터 30년 후로 놓는다. 위에 제시되어 있는 스프레드시트의 열 F에 적절한 입력값이 나와 있다. 산출된 가격은 셀 F13에 액면가의 87.591%로 나타난다.

또한 엑셀은 아래와 같이 만기수익률 함수를 제공한다.

=YIELD(결제일, 만기일, 연간 액면이자율, 채권가격, 액면가의 백분율로 표시된 마지막 지급금, 연간 이자 지급 횟수)

예를 들어, 위에 나오는 2.25% 채권의 만기수익률을 구하기 위해서 이자가 연간 지급된다면 아래에 제시된 스프레드시트의 열 B를 이용한다. 만약 이자가 6개월마다 지급된다면 매년 지급되는 횟수를 2로 변경한다. (셀 D8을 확인하자.) 그러면 수익률은 약간 변화할 것이다.

	A	B	C	D	E
1		1년마다 지급		1/2년마다 지급	
2					
3	결제일	2018/02/15		2018/02/15	
4	만기일	2021/02/15		2021/02/15	
5	연간 액면이자율	0.0225		0.0225	
6	채권가격(표 6.1 참조)	99.5938		99.5938	
7	만기에 지급되는 금액(액면가의 %)	100		100	
8	연간 이자 지급 횟수	1		2	
9					
10	**만기수익률(소수점 표시)**	0.02392		0.02391	
11					
12					
13		여기에 입력되는 수식=YIELD(B3,B4,B5,B6,B7,B8)			
14					

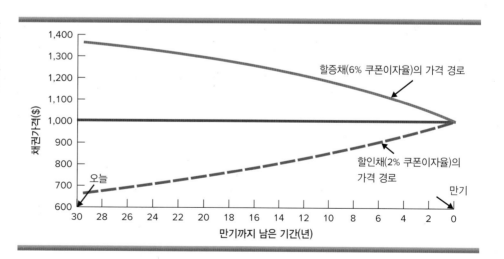

그림 6.6 만기수익률이 변하지 않는다고 가정할 때 채권가격은 만기가 가까워짐에 따라 어떻게 변하는가? 할증채와 할인채 모두 만기가 가까워짐에 따라 가격은 액면가에 접근한다.

스트립의 가격은 경제신문이나 웹페이지에 정기적으로 게시된다. 예를 들어, 2021년 2월에 $1,000을 지급하는 스트립을 2018년 2월에 사는 데에 $931.87이 든다. 이 3년 만기 미니 채권의 수익률은 2.38%였다. 달리 표현하면 $931.87 × 1.0238^3 = $1,000이다.

채권 투자자는 수익률과 만기의 관계를 종종 그림으로 나타내기도 하는데, 이것을

수익률 곡선
만기수익률과 만기까지의 시간 사이의 관계를 나타낸 그림.

수익률 곡선(yield curve)이라 한다. 재무성 스트립을 이용하여 수익률 곡선을 편리하게 측정할 수 있다. 예를 들어, 그림 6.7을 보면 2018년 2월에 1년 만기 스트립은 단지 1.92%의 수익률을 제공하지만 20년 이상 만기를 가지는 스트립은 3% 이상의 수익률을 제공한다. 이 경우 수익률 곡선은 우상향하였다.[4] 장기채권이 가끔씩 더 낮은 수익률을 제공하기도 하지만 일반적으로 수익률 곡선은 우상향한다.

그러나 이는 다음과 같은 의문을 생기게 한다. 장기채권이 더 높은 수익률을 제공한다면, 왜 모든 사람이 장기채권을 사지 않을까? 수익률이 낮은 단기 국채에 돈을 투자하는 (어리석은) 투자자는 누구일까?

수익률 곡선이 우상향하는 경우에도 투자자들은 다음의 두 가지 합리적인 이유로 장기채권에 투자하지 않는다. 첫째, 장기채권의 가격은 단기채권보다 더 많이 변동한다. 그림 6.5는 장기채권의 가격이 이자율 변동에 더욱 민감하다는 것을 보여준다. 이자율이 급격하게 증가하면 장기채권의 가격은 20~30%까지도 쉽게 감소할 수 있다. 투자자가 이러한 가격 변동을 좋아하지 않는다면 장기채권에서 훨씬 더 높은 만기수익률을 얻지 못하는 한 당연히 단기채권에 투자할 것이다.

둘째, 단기 투자자는 이자율이 오르면 이익을 얻을 수 있다. 1년 만기 채권을 보유하고 있다고 가정하자. 지금부터 1년 후에 채권이 만기가 되었을 때, 수입금을 재투자하여 그 시점에 채권시장이 제공하는 수익률을 얻을 수 있다. 이자율이 높아져서 1년 만기 채권에서 얻은 첫해의 상대적으로 낮았던 수익률을 상쇄할 수도 있다. 따라서 미래 이자율이 상승할 것이라고 예상될 때 수익률 곡선은 우상향하게 된다.

6.8 셀프테스트

1년 만기 국채의 수익률은 5%이고 2년 만기 국채의 수익률은 6%이다. 당신은 1년 후 1년 만기 채권의 수익률이 8%일 것으로 매우 확신하고 있다. 당신은 오늘 2년 만기 국채를 사겠는가? 이보다 더 좋은 투자전략이 있음을 설명하라.

그림 6.7 재무성 스트립은 한 번만 지급하는 채권이다. 2017년 12월 재무성 스트립의 수익률은 투자자가 장기채권에서 더 높은 수익률을 얻는 다는 것을 보여준다.

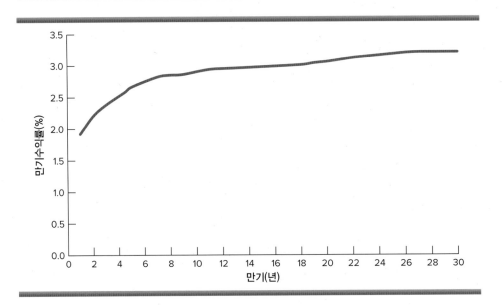

4) 이표채는 스트립의 묶음과 같다. 따라서 투자자는 종종 이러한 묶음의 수익률을 이용하여 수익률 곡선을 그리기도 한다. 예를 들어, 표 6.1에 제시된 채권 표본의 수익률을 만기에 따라 그릴 수 있다.

명목이자율과 실질이자율

5장에서 명목이자율과 실질이자율의 차이를 살펴보았다. 지금까지 논의해온 국채의 현금흐름은 명목상으로 고정되어 있다. 투자자는 매년 이미 정해진 이자금액을 받을 것으로 확신하지만 이 돈으로 얼마만큼 구매할 수 있을지 알지 못한다. 국채의 실질이자율은 물가상승률에 따라 달라진다. 예를 들어, 명목이자율이 8%이고 물가상승률이 4%라면 실질이자율은 다음과 같이 계산된다.

$$1 + \text{실질이자율} = \frac{1 + \text{명목이자율}}{1 + \text{물가상승률}} = \frac{1.08}{1.04} = 1.0385$$

$$\text{실질이자율} = 0.0385 = 3.85\%$$

물가상승률이 불확실하기 때문에 국채의 실질이자율도 불확실하다.

지급금이 물가상승률과 연계된 물가지수연계채권(indexed bond)을 매입하면 실질이자율을 확정할 수 있다. 물가지수연계채권은 오랫동안 여러 나라에서 이용되었지만, 미국에서는 미 재무성 물가연동채권(Treasury Inflation-Protected Securities; TIPS)이라는 이름으로 물가지수연계채권을 발행하기 시작한 1997년까지 거의 알려지지 않았다.[5] TIPS에 대한 실질 현금흐름은 결정되어 있지만, 명목 현금흐름(이자와 원금)은 소비자 물가지수가 증가함에 따라 증가한다. 예를 들어, 미국 재무성이 3%, 2년 만기 TIPS를 발행한다고 하자. 2년 만기 TIPS에 대한 실질 현금흐름은 다음과 같다.

	연도 1	연도 2
실질 현금흐름	$30	$1,030

TIPS에 대한 명목 현금흐름은 물가상승률에 달려있다. 예를 들어, 물가상승률이 연도 1에 5%이고 연도 2에 4%라고 가정하자. 그렇다면 명목 현금흐름은 다음과 같다.

	연도 1	연도 2
명목 현금흐름	$30 × 1.05 = $31.50	$1,030 × 1.05 × 1.04 = $1,124.76

이 현금흐름은 채권 보유자에게 3%의 실질이자율을 제공하기에 충분하다.

이 책을 쓸 때는 2018년 후반 10년 만기 TIPS의 수익률이 약 1.1%였다. 이 수익률은 실질수익률이다. 이것은 여러분이 투자에서 얻는 돈으로 살 수 있는 여분의 상품의 양을 말한다. TIPS의 실질수익률 1.1%는 10년 만기 국채에 대한 당시의 명목수익률 3.2%보다 2.1% 더 낮다. 연간 물가상승률이 2.1%보다 높게 실현된다면 여러분은 TIPS를 보유하여 더 높은 수익률을 얻을 것이다. 반대로 물가상승률이 2.1%보다 낮다면 더 낮은 수익률을 얻을 것이다.

그림 6.8은 2003년 이후 미국의 실질이자율과 명목이자율을 보여주고 있다. 이 기간 두 이자율은 거의 함께 움직였고 물가상승은 상당히 완만했다. 그러다보니 명목이자율의 변동을 가져오는 주된 원인은 실질이자율의 변동이었다. 2012년과 2013년에 실질이자율이 음(−)의 값이었던 것에 주의하자. 이것은 이 채권의 투자로 얻어지는 수익으로 구매할 수 있는 상품의 가치가 매년 점점 줄어든다는 것을 의미한다.

2003년 이후로 물가상승에 대한 전망은 양호하였다. 그러나 물가상승이 높을 것으로 예상될 때 투자자들은 화폐의 구매력 감소에 대한 보상으로 더 높은 명목이자율을 요구한다. 예를 들어, 투자자가 물가상승에 대한 전망을 1% 상향조정하였다고 가정하자. 만

---

5) 물가지수연계채권이 1997년 이전에 미국에서 전혀 알려지지 않은 것은 아니다. 예를 들어, 1780년에 미국 혁명군은 "5 부셸의 옥수수와 68과 4/7파운드의 쇠고기, 10파운드의 양모, 16파운드의 구두창 가죽"의 가치를 갖는 물가지수연계채권으로 급여를 받았다.

그림 6.8 파란색 선은 미국 정부가 발행한 7년 만기 물가지수연계채권의 실질수익률을 나타낸다. 빨간색 선은 미국 정부가 발행한 7년 만기 명목채권의 수익률을 나타낸다.

약 그들이 동일한 실질이자율을 투자로부터 요구한다면 높아진 물가상승 전망을 보상하기 위하여 명목이자율 또한 1% 상승해야 한다. 따라서, 변동이 심하고 높은 물가상승 기간에는 실질이자율보다 명목이자율의 변동이 클 것으로 예상된다. 예를 들어, 1980년에 미국 물가상승률이 14%보다 높게 치솟았다. 이에 따라 미국 국채 금리가 15%까지 상승하였지만, 실질이자율은 상대적으로 양호한 수준인 약 1%에 머물렀다.

6.9   셀프테스트

그림 6.8에서 2008년 후반에 일반적인 명목채권의 수익률이 TIPS의 수익률보다 낮음에 주목하라. 이것은 그 당시 예상되는 물가상승에 대해 무엇을 의미하는가? 2008년 후반의 경제상황은 어떠하였는가?

6.6   회사채와 채무불이행 위험

지금까지 우리는 미국 국채에 초점을 맞추어 논의하였다. 그러나 연방 정부가 유일한 채권발행자는 아니다. 주 정부와 지방 정부도 채권을 판매하여 자금을 차입한다.[6] 기업도 마찬가지다. 많은 외국 정부와 기업들도 미국에서 자금을 차입한다. 동시에 미국 기업들도 외국에서 채권을 발행하여 달러 또는 외국 돈을 차입할 수 있다. 예를 들어, 런던에서 달러 표시 채권을 발행하여 전 세계 투자자들에게 판매할 수 있다.

투자자들은 보통 미국 재무성이 발행한 채권을 완전히 안전한 것으로 간주한다. 그들은 미국 정부가 항상 빚을 갚는데 필요한 돈을 인쇄할 수 있다는 것을 안다. 그러나 외국 정부가 달러를 빌릴 때 투자자들은 향후 위기상황에서 외국 정부가 부채를 상환할 충분한 달러를 마련하지 못할 수도 있다고 우려한다. 이러한 우려는 채권가격과 만기수익률에 나타난다. 예를 들어, 2001년 아르헨티나 정부는 $950억의 달러 표시 대출금에 대해 채무불이행을 선언했다. 채무불이행에 대한 전망이 확실해지면서 아르헨티나 채권의 가

---

6) 지방자치단체 채권(municipal bond)에는 특별한 세제 혜택이 주어진다. 주 정부와 지방 정부가 발행한 채권의 이자금액에 대해서는 연방 소득세가 면제된다. 결과적으로 투자자는 이 채권을 더 낮은 수익률에도 받아들일 수 있다.

격은 폭락하고 약속된 수익률이 미국 국채 수익률보다 40% 이상 높아졌다.[7]

정부와 달리 기업은 자기 돈을 찍어낼 수 없고, 채무불이행의 망령도 늘 그늘에 숨어 있다. 따라서 채권자에게 약속한 지급액은 최선의 경우를 반영하고 있다. 회사는 약속된 현금흐름보다 더 많이 지불하지는 않을 것이지만, 어려운 시기에는 더 적게 지불할 수도 있다.

채권 발행자가 의무를 불이행할 수 있는 위험을 **채무불이행 위험**(default risk, 또는 **신용위험**(credit risk))이라고 한다. 기업들은 더 높은 이자율을 약속함으로써 이러한 채무불이행 위험을 보상할 필요가 있다. 회사채의 약속된 수익률과 액면 이자금액과 만기가 같은 미국 재무성 채권의 수익률의 차이를 **채무불이행 프리미엄**(default premium)이라고 한다. 회사가 어려움에 빠질 가능성이 클수록 투자자가 요구하는 채무불이행 프리미엄은 높아진다.

대부분 회사채의 안전성은 무디스(Moody's)나 스탠다드앤푸어스(Standard & Poor's), 또는 다른 채권평가 회사들이 제공하는 채권등급으로 판단할 수 있다. 표 6.2는 채권등급을 높은 순서부터 나타내고 있다. 예를 들어, 무디스의 가장 높은 등급을 받은 채권을 Aaa(또는 "triple A") 채권이라 한다. 그 다음에 Aa("double A"), A, Baa 채권 등의 순서이다. Baa 이상 평가된 채권을 **투자등급**(investment grade)이라고 하고, Ba 이하 등급의 채권을 투기등급, 고수익 또는 **정크본드**(junk bond)라고 한다.

표 6.2는 무디스의 채권등급에 따라 채무불이행 가능성이 어떻게 달라지는지를 보여준다. 높은 등급의 채권이 채무불이행 되는 경우는 드물다는 것을 알 수 있다. 1983년 이래 미국 1,000개의 AAA 등급 회사채 중 발행 후 10년 이내에 채무를 이행하지 못한 경우는 단지 하나였다. 하지만, 투자등급 채권이 강등되거나 채무불이행 되면 그 충격은 상당할 수 있다. 예를 들어, 2001년 5월 월드컴(WorldCom)은 $118억의 투자등급을 받은 채권을 발행하여 판매하였다. 그러나 월드컴은 1년도 채 안 되어 파산 신청을 했고, 채권 보유자들은 투자액의 80% 이상을 잃었다. 낮은 등급 채권의 경우, 채무불이행은 꽤 다반사이다. 예를 들어, 발행할 때 무디스로부터 CCC 이하 등급을 받은 채권은 거의 50%가 10년 내에 채무를 이행하지 못하였다.[8]

채무불이행 위험
채권 발행자가 채권에 관한 지급의무를 불이행할 수 있는 위험. 신용위험이라고도 한다.

신용위험
채무불이행 위험 참조.

채무불이행 프리미엄
투자자가 신용위험을 부담하는데에 대한 대가로 요구하는 채권의 추가적인 수익률.

투자등급
Moody's 기준 Baa 이상 또는 S&P나 Fitch 기준 BBB 이상 등급을 받은 채권.

정크본드
Baa 또는 BBB 미만의 등급을 받은 채권.

표 6.2 Mooy's와 Standard & Poor's의 채권등급 요점. 가장 높은 등급 채권은 AAA, 다음은 AA 등으로 평가된다.

Moody's	Standard & Poor's	발행 후 10년 이내에 채무불이행 되는 비율	안전도
투자등급 채권			
Aaa	AAA	0.1%	가장 높은 등급: 이자와 원금을 상환할 능력이 가장 확실함
Aa	AA	0.7	이자와 원금을 상환할 가능성이 매우 큼
A	A	2.2	상환할 가능성이 큼. 그러나 환경 변화에 다소 취약함
Baa	BBB	3.5	상환할 능력이 적당히 있음. 경제적 상황 변화에 좀 더 취약함
투기등급 채권			
Ba	BB	15.7	상환 능력에 상당한 불확실성이 있음
B	B	35.5	일련의 기간에 이자와 원금 지급이 의심스러움
Caa Ca	CCC CC	48.9	이미 채무불이행 상태이거나 채무불이행이 임박함
C	C	—	이자나 원금의 상환 전망이 거의 없음

7) 지방자치단체들 또한 자신들의 돈을 인쇄할 수 없으며, 그들 역시 채무불이행을 선언하기 쉽다. 2013년 $185억의 채무를 상환하지 못한 디트로이트 시가 일부 채권에 대한 상환을 중단하고서야 투자자들이 이를 깨닫게 되었다. 2017년 $700억 이상의 미지불 채무를 지고 있는 푸에르토리코도 마찬가지로 필요한 지불을 하지 못했다.

8) 출처: Moody's Investor Service, "Annual Default Study: Corporate Default and Recovery Rates, 1920,2017."

표 6.3은 회사채 표본에 대한 2018년 3월 만기까지의 가격과 수익률을 보여준다. 예상대로 회사채는 미국 국채보다 더 높은 수익률을 제공한다. 안전성이 떨어지면서 일반적으로 수익률 차이가 높아지는 것을 알 수 있다.

투자자들도 쉽게 사고 팔 수 있는 유동성이 큰 채권을 선호한다. 그러다보니 거래량이 많은 채권이 유동성이 낮은 채권보다 더 높이 평가되고 더 낮은 수익률을 제공하게 된다. 이는 많은 회사채 시장이 사실상 말라붙고 투자자들은 보유 채권을 매각하는 것이 거의 불가능하다는 것을 알게 된 2007~2009년의 금융위기 동안에 중요해졌다.

그림 6.9는 1953년 이후 회사채와 국채 사이의 수익률 차이(spread)를 보여준다. 불확실한 기간에는 수익률 차이가 증가한다. 예를 들어, 2008년 말에 경제에 대한 우려가 심화되면서, Baa 채권의 약속된 수익률은 국채 수익률보다 6% 이상 높게 형성되었다. 이처럼 낮은 등급의 채권이 더 높은 수익률을 약속하는 것에 유혹될 수도 있다. 그러나 이 채권들이 항상 그 약속을 지키는 것은 아니라는 것을 기억하라.

투자자는 금융산업규제청(FINRA) 홈페이지에서 등급 등 대부분의 회사채에 대한 상당한 정보를 확인할 수 있다. 자세한 내용은 아래의 글상자를 참조하기 바란다.

표 6.3 2018년 3월 기준 선순위 회사채 표본의 가격과 수익률

발행회사명	티커	액면이자율(%)	만기	등급	만기수익률(%)
Microsoft	MSFT	2.40	2022	AAA	2.89
Walmart	WMT	6.75	2023	AA	2.92
Bristol Myers	BMY	6.80	2023	A	3.43
Corning	GLW	7.73	2024	BBB	4.00
Southwestern Energy	SWN	4.10	2022	BB	4.80
AMD	AMD	7.00	2024	B	5.28

출처: FINRA.

그림 6.9 회사채와 10년 만기 국채의 수익률 스프레드

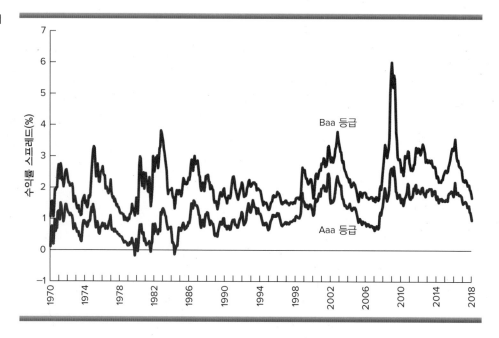

예제 **6.4 ▶** **약속된 만기수익률과 기대 만기수익률**

배드 베트(Bad Bet Inc.)는 액면가 $1,000의 10%가 연간 지급되는 채권을 몇 년 전에 발행했다. 이 채권은 6년 후에 만기가 된다. 그러나 이 회사는 현재 파산 절차를 밟고 있다. 이 회사는 이자 지급을 멈췄고 채권은 겨우 $200에 거래되고 있다. 약속된 현금흐름에 의하면 이 채권의 만기수익률은 63.9%이다. (계산기로 PV=−200,

FV=1,000, PMT=100, n=6을 입력하고 i를 계산하라.) 그러나 이 계산은 회사가 이자를 다시 지급하기 시작하고 파산에서 벗어난다는 매우 현실성 없는 가능성에 근거하고 있다. 아마도 가장 현실성 있는 결과는 3년간 소송 후에 채권자들이 달러당 27센트를 받는다는 것이다. 즉 채권자들이 $1,000 액면가를 갖는 채권에 대해 $270를 받는 것이라 할 수 있다. 물론 소송기간 중에는 이자를 지급받지 못한다. 이 경우 채권에 대한 기대수익률은 10.5%이다. (계산기로 PV=−200, FV=270, PMT=0, n=4를 입력하고 i를 계산하라.) 채무불이행이 실제 발생할 가능성이 있을 때, 약속된 수익률은 기대수익률과 큰 차이가 날 수 있다. ∎

파산위험으로부터의 보호

기업 부채는 신뢰할 수도 있고 어지러운 줄타기 곡예사처럼 위험할 수 있다. 부채는 기업의 자산 가치와 위험에 달려 있다. 채권 보유자들은 채무불이행 위험을 제거할 수는 없지만, 채무불이행 위험을 최소화하기 위한 조치를 취할 수 있다. 이러한 몇 가지 유형이 다음에 소개되어 있다.

우선변제권(Seniority) 일부 부채는 후순위화된다. 채무불이행이 발생할 경우, 후순위 채권자는 회사의 일반 채권자들 뒤에 줄을 서게 된다. 후순위 채권자는 요구할 수 있는 권리가 뒤로 밀리기 때문에 모든 선순위채권자가 만족한 후에만 지급된다. 따라서 위험을 제한하고자 하는 투자자들은 선순위 채권을 보유할 것이다.

어떤 기업에 돈을 빌려줄 때 채무협정에 달리 명시되지 않는 한 선순위 청구를 한다고 가정할 수 있다. 그러나 회사가 다른 채권자의 보호를 위해 자산 일부를 따로 떼어 놓았을 수도 있기 때문에, 이것이 항상 당신의 청구권이 가장 우선되는 것은 아니다. 다음의 유형을 생각해 보자.

보증(Security) 당신이 집을 사기 위해 돈을 빌릴 때, 대출자는 그 집을 저당 잡힐 것이다. 저당물은 대출의 담보 역할을 한다. 만약 당신이 대출금을 갚지 못한다면, 대출자는 당신의 집을 압류할 수 있다.

담보부 채권
채무불이행의 경우에 특정자산에 대한 최우선권리를 주장할 수 있는 채권

기업이 대출을 받을 때 일부 자산을 보증으로 제공할 수도 있다. 이 자산들은 담보(collateral)로 불리며, 부채는 **담보된다**(be secured)고 한다. 채무불이행 시 담보 대출자는 담보물에 대한 첫 번째 청구권이 있지만 회사의 나머지 자산에 대해서는 다른 대출자와 동일한 청구권이 있다.

보호약정(Protective Covenants) 투자자들이 회사에 돈을 빌려줄 때, 그들은 돌려받지 못할 수도 있다는 것을 알고는 있다. 하지만 그들은 회사가 그 돈을 잘 사용하고 불합리한 위험을 감수하지 않을 것으로 기대하고 있다. 이를 보장하기 위해 채권자들은 보통 자신들로부터 돈을 빌리는 회사에 여러 조건, 즉 **보호약정**을 부과한다. 정직한 회사는 이러한 조건들을 기꺼이 받아들이려고 한다. 왜냐하면 이러한 약정이 보다 합리적인 이자율로 그 회사가 차입할 수 있도록 허용한다는 것을 알기 때문이다.

보호약정
채권자를 불합리한 위험으로부터 보호하기 위해 대출자에게 부과되는 조건.

알맞게 차입하는 기업은 빚이 많은 기업보다 어려움에 빠질 가능성이 적다. 그래서 채권자들은 보통 회사가 발행할 수 있는 여분의 부채의 양을 제한한다. 채권자들도 문제가 발생하면 다른 사람들이 청구를 위한 줄에서 자신들을 앞지르는 것을 막기 위해 혈안이 되어 있다. 그래서 그들은 그 회사가 그들보다 선순위인 새로운 부채를 발행하거나 다른 대출자들을 위해 자산을 담보로 제공하는 것을 허용하지 않을 수도 있다.

회사는 많은, 심지어 수십 개의 채권을 대중에게 팔 수도 있다. 예를 들어, 현재 서로 다른 만기일자와 액면이자율을 가지는 25개 정도의 페덱스(FedEx) 채권이 발행되어 있다. 채권이 너무 많아서 모든 채권이 매일 거래되는 것은 아니기 때문에 가격 정보는 기껏해야 불규칙적으로 얻을 수 있다. 게다가 대부분의 채권은 공공거래소에서 거래되지 않는다. 대신에 그들은 채권 딜러들을 연결하는 전자 네트워크를 통해 거래한다. 개인투자자들이 특정 채권에 대한 현재의 정보를 찾는 것은 상당히 어려울 수 있다.

금융산업규제청(FINRA)은 채권 등 유가증권의 시장을 만드는 브로커와 증권사를 총괄하는 이른바 자율규제 조직이다. 그것의 목표 중 하나는 투명성을 강화하는 것이다. 이를 위해, 금융산업규제청의 웹사이트를 통해 개인이 채권에 관한 최신 정보를 훨씬 더 쉽게 얻도록 도와주고 있다.

finra-markets.morningstar.com/BondCenter에 들어가서 좌측의 Bonds 탭을 클릭하고 Search탭을 클릭한 다음에 회사 기호(Ticker Symbol)를 하나 입력한다. 예를 들어 FedEx의 기호는 FDX이다. 요청서를 제출하면 FedEx에서 발행한 모든 채권 목록이 주어진다. 어떤 결 합이든 클릭하면 아래 글상자 안에 있는 것과 같은 페이지를 찾을 수 있을 것이다. 그 페이지에는 채권의 쿠폰, 수익률, 발행 규모, 그리고 가장 최근의 거래 가격과 날짜에 대한 정보가 들어 있다.

Bond detail for FedEx

Last Updated: 02/28/2018

Bond Detail

Lookup Symbol: FDX.GD GO

FEDERAL EXPRESS CORP

+ ADD TO WATCHLIST

Coupon Rate	Maturity Date
7.600%	**07/01/2097**

Symbol	CUSIP	Next Call Date	Callable
FDX.GD	313309AP1	—	—

Last Trade Price	Last Trade Yield	Last Trade Date	US Treasury Yield
$143.69	5.262%	02/22/2018	

Trade History

Price/Yield Chart

Price Chart Yield Chart

04/16/2003 - 02/22/2018 Zoom: 5D 1M 3M YTD 1Y 3Y 5Y 10Y Max

— Price

Classification Elements

Bond Type	US Corporate Debentures
Debt Type	Senior Unsecured Note
Industry Group	Industrial
Industry Sub Group	Transportation
Sub-Product Asset	CORP
Sub-Product Asset Type	Corporate Bond
State	—
Use of Proceeds	—
Security Code	—

Special Characteristics

Medium Term Note	N

Issue Elements

Offering Date	07/07/1997
Dated Date	07/01/1997
First Coupon Date	01/01/1998
Original Offering*	$250,000.00
Amount Outstanding*	$250,000.00
Series	—
Issue Description	—
Project Name	—
Payment Frequency	Semi-Annual
Day Count	30/360
Form	Book Entry
Depository/Registration	Depository Trust Company
Security Level	Senior
Collateral Pledge	—

Credit and Rating Elements

Moody's® Rating	Baa2 (03/15/2016)
Standard & Poor's Rating	BBB (07/09/1997)
TRACE Grade	Investment Grade
Default	—
Bankruptcy	N
Insurance	—
Mortgage Insurer	—
Pre-Refunded/Escrowed	—

출처: http://finra-markets.morningstar.com/BondCenter, February 28, 2018.

6.10 셀프테스트

1987년 식품과 담배를 생산하는 거대기업인 RJR 나비스코는 $50억의 A등급 부채를 가지고 있었다. 그 해에 RJR은 인수되었고 $190억의 부채를 발행하여 자본을 되사는데 사용되었다. 부채비율이 치솟았고, 부채는 BB 등급으로 하향 조정되었다. 앞서 발행된 채권의 보유자들은 분노했고, RJR이 기존 채권 보유자들의 희생으로 주요 자금조달 변경을 하지 않겠다는 묵시적 의무를 위반했다며 소송을 제기했다. 왜 이 채권 보유자들은 그들이 새로운 채권발행에 의해 피해를 입었다고 믿었을까? 만약 당신이 원래 채권 보유자 중 한 명이었다면 어떤 유형의 명시적인 제한을 원했을까?

모든 회사채가 플레인 바닐라 채권은 아니다

금융에서 플레인 바닐라(plain vanilla)는 단순하고 표준적이며 공통적인 것을 의미한다. 이 장에서는 플레인 바닐라 채권에 대해서만 다루었다. 14장에서는 채권을 비롯하여 플레인 바닐라가 아닌 형태로 돈을 빌리는 방법을 소개하고 아래에 몇 가지 예를 제시한다.

- **무이표채(Zero-coupon bond)**: 만기 때 원금을 상환하지만 도중에 액면이자 지급이 없다. (무이표 국고채는 이자지급 쿠폰을 채권에서 떼어 별도로 판매되기 때문에 스트립(strip)이라고 부른다.)
- **변동금리채(Floating-rate bond)**: 고정금리가 아니라 단기금리에 따라 변동하는 이자금액을 지급한다.
- **전환사채(Convertible bond)**: 발행법인 보통주의 지정된 수량의 주식과 교환할 수 있다.

요약 SUMMARY

채권의 액면이자율과 경상수익률, 만기수익률 간의 차이는 무엇인가? (학습목표 6-1)

채권은 정부나 기업의 장기부채이다. 채권을 보유하면 만기까지 매년 정해진 이자를 받는다. 이 지급금을 이자라 한다. **액면이자율**은 채권 액면가의 비율로 나타낸 연간이자 지급금이다. 만기에는 채권의 액면가가 상환된다. 미국에서 대부분의 채권은 액면가가 $1,000이다. **경상수익률**은 채권의 가격에 대한 비율로 나타낸 연간이자 지급금이다. **만기수익률**은 채권을 사서 만기까지 보유할 때의 평균수익률을 측정하며, 이자 수입뿐만 아니라 채권가격과 액면가 간의 차이를 설명한다.

만기수익률이 주어졌을 때 채권의 시장가격을 어떻게 구하는가? 그리고 채권가격이 주어졌을 때 채권의 만기수익률은 어떻게 구하는가? 왜 채권가격과 만기수익률은 역으로 변하는가?
(학습목표 6-2)

채권은 지급이자와 마지막 상환액을, 비슷한 채권의 만기수익률로 할인하여 평가된다. 채권의 만기수익률로 할인된 채권 지급금은 채권가격과 같다. 또한 채권가격에서 시작하여 채권이 제공하는 이자율이 얼마인가 구할 수 있다. 채권 지급금의 현재가치를 채권가격과 같게 하는 이자율을 만기수익률이라 한다. 할인율이 높아지면 현재가치가 작아지므로 가격과 만기수익률은 역으로 변한다.

왜 채권은 이자율 위험을 갖는가? (학습목표 6-3)

채권가격은 시장이자율이 떨어질 때 상승하고, 시장이자율이 올라갈 때 하락하는 **이자율 위험**에 노출되어 있다. 장기채권은 단기채권보다 더 큰 이자율 위험을 갖는다.

수익률 곡선은 무엇이고 투자자들은 왜 그것에 관심을 기울이는가? (학습목표 6-4)

수익률 곡선은 채권의 만기수익률과 만기 사이의 관계를 나타낸다. 장기채 만기수익률은 보통 단기채 만기수익률보다 높다. 이러한 높은 수익률은 장기채권의 가격이 금리 변동에 더 민감하다는 사실을 보유자에게 보상한다. 투자자들은 또한 금리가 오를 것으로 예상할 때 단기채권에 대해 더 낮은 이자율을 받아들일 준비가 되어 있을 수 있다.

왜 투자자들은 채권등급 평가에 관심이 있고 낮은 등급을 받은 채권에 대해 더 높은 이자율을 요구하는가? (학습목표 6-5)

투자자는 차입자가 곤란에 처하거나 채무불이행의 가능성이 크면 더 높은 수익률을 약속하라고 요구한다. **신용위험**은 채권의 약속된 만기수익률이 기대수익률보다 높다는 것을 의미한다. 투자자가 신용위험을 부담하는 대가로 요구하는 추가 수익률을 **채무불이행 프리미엄**이라 한다. 채권등급은 채권의 신용위험을 측정한다.

식 목록 LISTING OF EQUATIONS

6.1   채권가격 = PV(액면이자) + PV(액면가)

            = (액면이자 × 연금계수) + (액면가 × 할인계수)

6.2   투자수익률 = $\dfrac{\text{이자 수입} + \text{가격 변화}}{\text{투자액}}$

연습문제 QUESTIONS AND PROBLEMS

1. **경제신문의 금융섹션.** 표 6.1로 돌아가시오. (학습목표 6-1)
   a. 액면이자율 4.75%, 2041년 만기인 채권의 경상수익률은 얼마인가? 이 채권의 만기수익률은 얼마인가?
   b. "채권가격이 액면가보다 클 때 경상수익률은 언제나 만기수익률 보다 작다."는 참인가 아니면 거짓인가?

2. **채권수익률.** 액면가 $1,000이고 매년 $60의 이자를 지급하는 30년 만기 국채가 발행되었다. 국채가 발행된 직후 시장이자율이 상승한다면 채권의 다음 항목은 어떻게 되는가? (학습목표 6-1)
   a. 액면이자율
   b. 가격
   c. 만기수익률
   d. 경상수익률

3. **채권수익률.** 액면가 $1,000이고 액면이자율이 8%인 채권이 $970에 판매되고 있다면, 채권의 만기수익률은 8%보다 큰가 아니면 작은가? (학습목표 6-1)

4. **채권수익률.** $1,000의 액면가를 갖는 채권이 6%의 경상수익률과 8%의 액면이자율을 갖는다. (학습목표 6-1)
   a. 쿠폰이자가 1년마다 지급된다면 채권의 가격은 얼마인가?
   b. 이 채권의 만기수익률은 8%보다 큰가 아니면 작은가?

5. **채권가격 평가.** General Power의 채권은 8%의 액면이자율과 만기까지 9년의 기간이 남아있으며 만기수익률 7%로 거래되고 있다. (학습목표 6-1, 6-2)
   a. 매년 채권보유자가 지급받게 되는 이자금액은 얼마인가?
   b. 이 채권의 가격은 얼마인가?
   c. 만약 만기수익률이 6%로 하락한다면 채권가격은 어떻게 변하는가?

d. 만약 만기수익률이 6%로 하락한다면 경상수익률은 만기수익률 보다 작게 되는가, 아니면 크게 되는가?

6. **채권수익률.** 만기가 8년이고 액면이자율이 8%인 채권이 $1,100에 팔린다. (학습목표 6-1, 6-2)

a. 경상수익률은 얼마인가?

b. 이자가 1년에 한번씩 지급된다면 만기수익률은 얼마인가?

c. 이자가 6개월에 한번씩 지급된다면 만기수익률은 얼마인가?

7. **채권가격과 수익률.** 채권 A의 액면이자율은 8%이고, 채권 B의 액면이자율은 12%이다. 두 채권 모두 1년에 한번씩 이자가 지급되고 만기는 10년이다. 두 채권 모두 만기수익률 10%로 거래되고 있다. (학습목표 6-2)

a. 내년의 만기수익률이 10%로 유지된다면 두 채권의 보유기간 수익률은 얼마인가?

b. 이 기간 동안 액면이자율이 높은 채권이 더 높은 수익률을 제공하는가?

8. **채권가격.** Circular File의 6년 만기 채권의 액면가는 $1,000이고 1년에 한번씩 $80의 이자를 지급하며 $950에 거래된다. (학습목표 6-2)

a. 이 채권의 액면이자율은 얼마인가?

b. 이 채권의 만기수익률은 얼마인가?

c. Circular가 6년 만기의 새로운 채권을 액면가에 거래되도록 발행하고 싶다면 액면이자율을 얼마로 설정해야 하는가?

9. **액면이자율.** 기존에 발행된 General Matter의 채권은 10%의 액면이자율을 가지며, 9.25%의 만기수익률로 판매되고 있다. 이 회사는 일반 대중에게 채권을 액면가로 추가 발행하고 싶어 한다. 액면가로 판매되려면 신규 채권의 액면이자율은 얼마여야 하는가? (학습목표 6-2)

10. **채권가격 평가.** 만기가 30년이고 액면가가 $1,000인 채권이 이자를 연간 지급하고, 8% 액면이자율을 갖는다. 채권이 다음과 같이 팔린다면 만기수익률은 얼마인가? (학습목표 6-2)

a. $900

b. $1,000

c. $1,100

11. **채권가격 평가.** 만기가 30년이고 액면가가 $1,000인 채권이 이자를 6개월에 한번씩 지급하고, 8% 액면이자율을 갖는다. 채권이 다음과 같이 팔린다면 만기수익률은 얼마인가? (학습목표 6-2)

a. $900

b. $1,000

c. $1,100

12. **채권가격 평가.** 다음 무액면이자 채권에 대한 표의 빈칸을 채워라. 각 채권의 액면가는 $1,000이다. (학습목표 6-2)

채권	가격	만기(년)	만기수익률
A	$300	30	—
B	300	—	8%
C	—	10	10

a. 채권 A의 만기수익률은 얼마인가? (십진수가 아니라 퍼센트로 답하시오.)

b. 채권 B의 매도호가는 얼마인가?

c. 채권 C의 가격은 얼마인가?

13. **영구채(consol bond).** Perpetual Life Corp.은 $60의 이자를 지급하는 영구채를 발행하였다.

(영구채는 이자를 영원히 지급하며 결코 만기가 되지 않는다. 이것은 영구연금이다.) (학습목표 6-2)

    a. 채권이 발행될 때 채권에 대한 요구수익률이 6%였다면 그것은 대중에게 얼마의 가격으로 판매되었는가?

    b. 만약 오늘 요구수익률이 10%라면 채권은 얼마에 팔리겠는가?

14. 채권가격 평가. Sure Tea Co.는 연간 9% 액면이자율을 갖는 채권을 발행하였는데 지금은 10%의 만기수익률과 9.8375%의 경상수익률로 판매되고 있다. 이 채권의 남은 만기는 얼마인가? (학습목표 6-2)

15. 채권가격 평가. Maxcorp의 채권은 $1,065.15에 팔리고 있으며, 채권 만기는 9년이고 만기수익률은 7%이다. 액면이자율은 얼마인가? (이자가 1년에 한번씩 지급됨을 가정하시오.) (학습목표 6-2)

16. 채권수익률. 당신은 액면이자율 8%인 1년 만기 채권을 $980에 매입하였다. 1년 후에 채권가격이 $1,200가 되었다. (이자가 1년에 한번씩 지급됨을 가정하시오.) (학습목표 6-2)

    a. 이 채권의 새로운 만기수익률은 얼마인가?

    b. 지난 1년간의 투자수익률은 얼마인가?

17. 채권수익률. 액면이자율 9%, 10년 만기 채권이 $1,100에 거래된다. 이자는 1년에 한번씩 지급된다. (학습목표 6-2, 6-3)

    a. 지금부터 1년 후 9% 만기수익률을 갖는다면 채권가격은 얼마겠는가?

    b. 이 채권의 투자수익률은 얼마겠는가?

    c. 이해의 물가상승률이 3%라면 실질수익률은 얼마인가?

18. 채권수익률. 당신은 액면이자율 8%, 20년 만기 채권을 만기수익률 9%로 매입하였다. (이자는 6개월에 한번씩 지급됨을 가정하라.) 6개월 후에 만기수익률이 10%가 되었다. 지난 6개월 동안의 수익률은 얼마인가? (학습목표 6-3)

19. 이자율 위험. 8%의 액면이자율을 갖고 또 모두 액면가에 판매되고 있는 세 종류의 채권을 생각해보자. 이자는 모두 1년에 한번씩 지급된다. 단기채권은 만기가 4년이고 중기채권은 8년, 장기채권은 30년이다. (학습목표 6-3)

    a. 만기수익률이 9%로 증가하면 단기채권의 가격은 어떻게 되는가?

    b. 만기수익률이 9%로 증가하면 중기채권의 가격은 어떻게 되는가?

    c. 만기수익률이 9%로 증가하면 장기채권의 가격은 어떻게 되는가?

    d. 만기수익률이 7%로 하락하면 단기채권의 가격은 어떻게 되는가?

    e. 만기수익률이 7%로 하락하면 중기채권의 가격은 어떻게 되는가?

    f. 만기수익률이 7%로 하락하면 장기채권의 가격은 어떻게 되는가?

    g. (a), (b), (c)의 결과를 비교하면 장기채권의 가격이 단기채권보다 이자율 상승에 더 영향을 받는다고 할 수 있는가?

    h. (d), (e), (f)의 결과를 비교하면 장기채권의 가격이 단기채권보다 이자율 하락에 더 영향을 받는다고 할 수 있는가?

20. 수익률. 액면가 $1,000이고 만기 2년인 채권이 1년에 한번씩 $80의 이자를 지급하며 액면가에 거래되고 있다. 1년 후 만기수익률이 다음과 같을 때 보유기간 수익률은 얼마인가? (학습목표 6-3)

    a. 6%?

    b. 8%?

c. 10%?

21. **수익률.** 액면이자율 4%이고 만기 30년인 채권이 1년에 한번씩 이자를 지급하며 만기수익률 7%에 거래되고 있다. 만기수익률이 8%가 되면 1년 전에 이 채권을 $627.7에 매입한 투자자의 보유기간 수익률은 얼마인가? (학습목표 6-3)

22. **실질수익률.** 액면이자율 7%이고 만기 1년인 채권이 1년에 한번씩 이자를 지급한다. 당신이 이 채권을 액면가에 매입한 경우, 물가상승률이 다음과 같을 때 실질수익률은 얼마인가? (학습목표 6-3)

    a. 4%?

    b. 6%?

    c. 8%?

23. **실질수익률.** 당신은 만기 1년이고 (실질)액면이자율 4%인 TIPS (물가상승에 연동된) 채권을 매입하였다. 이 채권은 1년에 한번씩 이자를 지급한다. 당신이 이 채권을 액면가에 매입하였고 물가상승률은 8%이다. (학습목표 6-3)

    a. 1년 후 당신이 받게 되는 현금흐름은 얼마인가?

    b. 1년 동안 이자율이 변동되지 않는다고 가정할 때 당신의 명목수익률은 얼마인가?

    c. 1년 동안 당신의 실질수익률은 얼마인가?

24. **실질수익률.** 당신은 만기 2년이고 (실질)액면이자율 4%인 TIPS(물가연동채권)를 매입하였다. 이 채권은 1년에 한번씩 이자를 지급한다. 당신이 이 채권을 액면가에 매입하였고 매년 물가상승률은 8%이다. (학습목표 6-3)

    a. 1년 말에 당신이 받게 되는 현금흐름은 얼마인가?

    b. 2년 말에 당신이 받게 되는 현금흐름은 얼마인가?

    c. 2년 동안 당신의 실질수익률은 얼마인가?

25. **이자율 위험.** 1년에 한번씩 이자를 지급하는 두 종류의 채권이 있다. 채권 A의 만기는 3년이고 액면이자율은 5%이다. 채권 B의 만기는 10년이고 액면이자율은 5%이다. 두 채권 모두 액면가로 거래되고 있다. 시장이자율이 10%로 증가하였을 때 다음 물음에 답하시오. (학습목표 6-3)

    a. 3년 만기 채권의 새로운 가격은 얼마인가?

    b. 10년 만기 채권의 새로운 가격은 얼마인가?

    c. 단기채권 또는 장기채권이 이자율변화에 더 민감하다고 결론 내릴 수 있는가?

26. **이자율 위험.** 이자율이 8%에서 9%로 증가한다고 가정하자. 매년 8% 이자를 지급하는 30년 만기 채권과 30년 만기 무이표채 중 어떤 채권의 가격이 더 큰 비율로 하락하겠는가? (학습목표 6-3)

27. **이자율 위험.** 위 문제로부터 무이표채가 이표채와 같은 만기를 가졌다 할지라도 더 큰 이자율 위험을 갖는 이유를 직관적으로 설명할 수 있겠는가? (학습목표 6-3)

28. **이자율 위험.** 두 종류의 30년 만기 채권을 생각해보자. 채권 A는 액면이자율이 4%이고 채권 B는 12%이다. 두 채권은 이자를 반년마다 지급한다. (학습목표 6-3)

    a. 만기수익률이 2%에서 15%까지 1% 간격으로 변할 때 이 채권 각각의 가격을 나타내는 엑셀 스프레드시트를 만들어라. 열 A에는 만기수익률을(2%에서 15%까지) 기입한다. 열 B와 C에서는 각 이자율당 두 채권의 가격을(엑셀의 채권가격 함수를 이용하여) 계산한다.

    b. 현재 채권 A의 만기수익률이 8%라고 가정하자. 만약 만기수익률이 열 A에 있는 값으로 변할 때 채권가격의 증가율(%) 또는 감소율(%)을 계산하라. 이 값들을 열 D에 입력하라.

   c. 채권 B에 대해서도 (b)의 작업을 반복하고 채권가격의 증가율(%) 또는 감소율(%)을 열 E에 입력하라.

   d. 열 D와 E의 값을 만기수익률의 함수로 그려보라. 어느 채권의 가격이 이자율 변화에 비례적으로 더 민감한가? 즉, 어떤 채권이 이자율 위험이 더 큰가?

   e. (d)에서 얻은 결과를 설명하라. (힌트: 높은 이자율을 지급하는 채권이 낮은 이자율을 지급하는 채권보다 "평균" 또는 "유효" 만기가 더 낮다고 말할 수 있는가?)

29. 수익률 곡선. 투자자들이 금리가 급격히 하락할 것으로 예상한다고 가정해 보자. 당신은 단기채권이 장기채권보다 더 높거나 더 낮은 수익률을 제공할 것으로 예상하는가? (학습목표 6-4)

30. 수익률 곡선. 다음 표는 국채 스트립의 가격을 보여준다. 각 스트립은 만기에 한 번 현금을 지급한다. (학습목표 6-4)

만기까지의 기간	가격(액면가의 %)
1	96.852%
2	93.351
3	89.544
4	85.480

   a. 1년 이자율은 얼마인가?

   b. 2년 이자율은 얼마인가?

   c. 3년 이자율은 얼마인가?

   d. 4년 이자율은 얼마인가?

   e. 수익률 곡선은 우상향, 우하향, 또는 평탄한가?

   f. 이러한 모양이 일반적인 수익률 곡선인가?

31. 수익률 곡선. 그림 6.7에서 국채 스트립에 대한 수익률 곡선 그림을 보고, 만기가 다른 채권이 서로 다른 만기수익률로 거래될 수 있다는 점을 지적하였다. 원칙적으로 일련의 현금흐름을 평가할 때 각 현금흐름은 특정 만기에 적절한 수익률로 할인되어야 한다. (무액면이자) 국채 스트립의 수익률 곡선이 다음과 같다고 가정하자. (학습목표 6-4)

만기까지의 기간	만기수익률
1	4.0%
2	5.0
3~5	5.5
6~10	6.0

당신은 연간 이자를 지급하며 액면이자율 10%를 갖는 10년 만기 채권을 평가하고 싶어 한다.

   a. 위 수익률 표를 이용하여 채권의 연간 현금흐름을 각각 평가하는 엑셀 스프레드시트를 만들어라. 채권가격을 구하도록 채권의 10개 현금흐름의 현재가치를 더하라.

   b. 이 채권의 만기수익률은 얼마인가?

   c. 10년 만기 10% 액면이자율 채권의 만기수익률을 10년 만기 무이표 채권이나 국채 스트립과 비교하라. 어느 것이 더 높은가? 이 수익률 곡선에서 왜 이 결과가 타당한가?

32. 신용 위험. (학습목표 6-5)

   a. 몇 년 전, Castles in the Sand Inc.는 7%의 만기수익률로 액면가 채권을 발행했다. 채권의 만기가 8년 남은 지금, 회사는 어려운 시기에 직면했고 채권의 만기수익률은 15%까지 증가했다. 지금 채권의 가격은 얼마인가? (반년 마다 이자를 지급하는 것으로 가정하라.)

b. 투자자들이 Castles가 약속한 액면이자를 잘 지급할 수 있지만 채권이 만기되고 원금이 만기되면 회사가 파산할 것이라고 믿는다고 가정하자. 투자자들은 만기가 되면 액면가의 80%만 받을 것으로 예상된다. 만약 그들이 오늘 그 채권을 산다면, 그들이 기대하는 만기수익률은 얼마인가?

33. 신용 위험. Casino Royale이 1년 후에 만기가 돌아오는 채권을 발행했다고 가정해보자. 현재 이 채권의 만기수익률은 20%이다. 그러나 카지노가 채무불이행될 가능성은 50%이며 이러한 경우에 채권 보유자들은 아무것도 받지 못할 것이다. 그 채권의 예상 수익률은 얼마인가? (학습목표 6-5)

34. 신용 위험. 채권 A는 10년 만기 미국 국채이고 채권 B는 10년 만기 회사채이다. 다음 설명은 참인가 거짓인가? (학습목표 6-5)
a. 당신이 채권 A를 만기까지 보유한다면, 당신의 수익률은 만기수익률과 같을 것이다.
b. 당신이 채권 B를 만기까지 보유한다면, 당신의 수익률은 만기수익률 이하일 것이다.
c. 당신이 채권 A를 5년 동안 보유하고 매도한다면, 당신의 수익률은 만기수익률보다 클 수도 있다.

35. 신용 위험. 채권의 신용등급은 채권의 위험에 대한 지침을 제공한다. 현재 Aa 등급인 장기채권은 7.5% 만기수익률을 제공한다. A 등급 채권은 7.8% 수익률로 판매된다. 7.6% 액면이자율을 갖는 10년 만기 채권이 Moody's에 의해 Aa에서 A 등급으로 낮아진다고 가정하자. (학습목표 6-5)
a. 신용등급이 낮아지기 전에 이 채권은 액면가보다 높게 또는 낮게 거래되었는가?
b. 신용등급이 낮아진 후에 이 채권은 액면가보다 높게 또는 낮게 거래되는가?

36. 신용 위험. Sludge Corporation은 두 개의 채권을 이미 발행하였는데, 각각의 액면가는 $200만이다. 채권 A는 선순위 채권이고 채권 B는 후순위 채권이다. Sludge는 심각한 수요 침체를 겪었고, 현재 회사의 자산은 $300만에 불과하다. 회사가 채무불이행할 경우, 채권 B의 보유자가 회수할 수 있는 금액은 얼마로 기대되는가? (학습목표 6-5)

37. 신용 위험. Slush Corporation은 각각 액면가가 $200만인 두 개의 채권을 이미 발행하였다. 채권 A는 회사 본사 건물에 담보되어 있고, 채권 B는 담보되어 있지 않다. Slush는 심각한 수요 침체를 겪었다. 회사의 본사 건물은 $100만의 가치가 있지만, 현재 회사의 나머지 자산은 단지 $200만의 가치가 있다. 회사가 채무불이행할 경우, 채권 B의 보유자가 회수할 수 있는 금액은 얼마로 기대되는가? (학습목표 6-5)

웹 연습문제 WEB EXERCISES

1. www.investopedia.com에 로그온하여 채권가격을 계산하기 위한 간단한 계산기를 찾으시오. (Investing 링크를 클릭한 다음 Calculators에 대한 다른 링크를 찾는다.) 수익률 변화가 장기채권 가격에 더 큰 영향을 미치는지 아니면 단기채권가격에 더 큰 영향을 미치는지 점검하시오.

2. 그림 6.7에 수익률 곡선을 그릴 때 국채 스트립의 가격을 사용했다. 월스트리트 저널 사이트(www.wsj.com)에 로그온하고 Markets, Market Data 및 Rates를 클릭하면 현재 스트립 가격을 확인할 수 있다. 다양한 만기에 대응하여 스트립의 만기수익률을 그래프로 그리시오. 현재 만기에 따라 수익률은 증가하거나 감소하는가? 왜 그런지 설명하시오. 당신은 또한 월스트리트 저널 사이트를 사용하여 국채의 수익률과 TIPS의 수익률을 비교할 수 있다. 인플레이션이 매년 3%가 될 것이라고

확신한다고 가정하자. 어떤 채권이 더 나은 선택인가?

3. 그림 6.9에서, 우리는 더 큰 신용 위험을 가진 채권이 어떻게 만기까지 더 높은 수익률을 약속했는지를 보여주었다. 이 수익률의 차이(spread)는 경제 전망이 특히 불확실할 때 더 커진다. Federal Reserve Economic Database (FRED) at the St. Louis Fed 웹사이트(fred.stlouisfed.org)에 접속하면 낮은 등급 채권들이 얼마나 많은 추가 수익률을 제공하는지를 확인할 수 있다. 회사채를 검색하고 Aaa 채권과 Baa 채권의 수익률을 비교하시오. 금융위기가 한창일 때인 2008년 11월의 스프레드와 비교해 볼 때 수익률의 현재 스프레드는 어떠한가?

셀프테스트 해답 SOLUTIONS TO SELF-TEST QUESTIONS

6.1 7.625s의 매도호가(팔자가격)는 130.6875이다. 따라서 채권의 가격은 $1,306.875가 될 것이다. $1,106.25에 판매되는 채권은 110.625로 호가될 것이다. 만기 2048년, 쿠폰이자율 3%인 채권의 매수호가(사자가격)는 97.2656이다. 따라서 당신은 $972.656를 받게 될 것이다.

6.2 a. 매도호가(팔자가격)는 액면가의 121.9141% 또는 $1,219.141이다.
b. 매수호가(사자가격)는 액면가의 121.8516% 또는 $1,218.516이다.
c. 연간 이자는 액면가의 5.25%, 즉 $52.50이다.
d. 매도호가(팔자가격)에 따른 만기수익률은 2.908%이다.

6.3 이자는 $1,000의 9%, 즉 연간 $90이다. 먼저 이자의 6년 연금가치를 계산한다.

$$PV = \$90 \times (6년 \ 연금계수)$$
$$= \$90 \times \left[\frac{1}{0.12} - \frac{1}{(0.12)(1.12)^6}\right]$$
$$= \$90 \times 4.1114 = \$370.03$$

그리고 마지막 지급금을 계산하여 합산한다.

$$PV = \frac{\$1,000}{(1.12)^6} = \$506.63$$

$$채권의 \ PV = \$370.03 + \$506.63 = \$876.66$$

재무계산기를 이용하는 경우 다음 정보를 입력한다: $n=6$; $i=12$; PMT=90; FV=1000. 그 다음에 PV를 계산(compute)한다.

6.4 4% 이자율일 때 3년 만기 채권이 $951.44에 판매된다. 이자율이 2%로 떨어진다면 채권가격은 $1,007.21로 5.9% 증가한다. 이자율이 4%일 때 30년 만기 채권은 $697.39에 팔린다. 그러나 이자율이 2%일 때 가격은 $1,055.99로 증가한다. 51.4%의 더 큰 비율로 증가한다.

6.5 연간 이자 지급을 가정할 때 만기수익률은 약 8%이다. 왜냐하면 채권 현금수입의 현재 가치는 8%로 할인할 때 $1,199로 거의 정확히 $1,200이기 때문이다.

$$PV = PV(액면이자) + PV(마지막 \ 지급금)$$
$$= (액면이자 \times 연금계수) + (마지막 \ 지급금 \times 할인계수)$$

$$= \$140 \times \left[\frac{1}{0.08} - \frac{1}{(0.08)(1.08)^2} \right] + \$1,000 \times \frac{1}{(1.08)^4}$$

$$= \$463.70 + \$735.03 = \$1,199$$

여기 다음 값들을 입력하여 계산기로 좀 더 정확한 답을 얻을 수 있다.

	연간 지급	반년 지급
n	4	8
PV	−1200	−1200
FV	1000	1000
PMT	140	70

(연간 지급) 만기수익률=7.9%를 구하도록 i를 계산하라. (반년 지급) 만기수익률은 6개월마다 4.026%이다. 이것은 경제신문에 연간 8.05% 수익률로 보고된다.

6.6 만기수익률 4%, 쿠폰이자율 8%인 10년 만기 채권은 $1,324.44에 팔린다. 연말에 채권은 만기가 9년밖에 남지 않았고 투자자들은 6%의 금리를 요구한다. 따라서, 채권 가치는 $1,136.03이 된다(계산기에 $n=9$; $i=6$; PMT=8; FV=1000;을 입력하고 compute PV). 따라서 쿠폰 지급액은 $80이지만 자본 손실은 1,324.44−1,136.03=$188.41이다. 따라서 총 수익률은 (80−188.41)/1,324.44=−0.082 또는 −8.2%이다. 한 해 동안 금리가 올랐기 때문에, 당신의 수익률은 만기수익률보다 낮았다.

6.7 연말에 채권은 만기가 1년밖에 남지 않을 것이다. 따라서 가격은 $1,080/1,06=$1,018.87이 될 것이다. 따라서 쿠폰 지급액은 $80이며 자본 손실은 $1,036.67−$1,018.87=$17.80이다. 연간 총 수익률은 (80−17.80)/1,036.67=0.060 또는 6.0%이다. 채권이 만기가 되면 액면가 $1,000를 받게 된다. 그래서 마지막 해에 당신은 $80의 쿠폰이자 지급을 받고 $18.87의 자본손실을 입게 된다. 올해 총 수익률은 (80−18.87)/1,018.87=0.060 또는 6.0%이다. 만기까지의 수익률이 변경되지 않으면 수익률은 만기수익률과 같다.

6.8 2년 만기 채권에 투자하면 당신은 $1,000 \times (1.06)^2=$1,123.60을 갖는다. 1년 이자율에 대한 당신의 예상이 맞는다면 1년 만기 채권 투자는 2년째 말까지 $1,000 \times 1.05 \times 1.08=$1,134.00가 된다. 1년 만기 채권에 투자하는 것이 더 낫다.

6.9 명목수익률과 실질수익률의 차이는 인플레이션 기대치에 대한 대략적인 지침이다. 그 차이는 2008년 말에 마이너스로 돌아섰고, 일반적으로 물가는 하락할 것으로 예상되었거나, 이와 동등하게 인플레이션이 마이너스가 될 것이라는 것을 의미했다. 이것은 금융위기로 인한 이른바 "대침체(Great Recession)"의 시작이었다. 이와 같은 심각한 경기 침체에서는 인플레이션 압력이 사라질 수 있고, 물가는 실제로 하락하기 쉽다.

6.10 추가 부채로 인해 그 회사는 채권자들에게 약속한 대금을 상환하지 못할 가능성이 더 높다. 만약 새로운 부채가 이미 발행된 부채보다 후순위로 밀리지 않는다면, 원래 채권 보유자들은 그들의 채권이 채무불이행 위험에 더 취약할 때 손실을 입는다. 회사가 발행할 수 있는 새로운 부채의 양을 제한하는 보호서약은 이러한 문제를 막았을 것이다. RJR 채권 보유자들의 문제를 목격한 투자자들은 일반적으로 나중의 채권 발행에 대한 계약사항을 요구했다.

7 주식의 가치평가

학습목표

7-1 인터넷이나 신문 경제면의 주식 시세표를 이해할 수 있다.

7-2 미래 배당에 대한 예측이 제공될 때 주식의 현재가치를 계산하고 성장 가능성이 주가와 주가−수익비율에 어떻게 반영되는지를 알 수 있다.

7-3 가치 산출 모형을 전체 사업에 적용할 수 있다.

7-4 투자전문가들이 말하는 "월가에 공짜 점심은 없다."는 내용을 이해할 수 있다.

주가 차트. 과거의 주가 변동을 보면 매료될 수 있지만, 무엇이 그 가격을 결정하는가? © *woraput chawalitphon/Getty Images*

기업은 투자를 위하여 차입하거나 투자자에게 보통주를 신주 발행하여 투자자에게 매각하여 현금을 조달할 수 있다. 기업이 차입하면, 즉 채권을 발행하면 채권자에게 상환해야 할 의무가 발생한다. 주식을 발행하면 정해진 의무는 없지만 새로운 주주들은 기업의 부분 소유주가 된다. 이 경우 구 주주와 신 주주는 모두 보유한 주식 수에 따라 기업의 재산을 공유하게 된다. 본 장에서는 보통주, 주식시장, 그리고 주식평가의 원칙들을 처음으로 살펴볼 것이다.

먼저, 주식을 어떻게 사고파는지를 살펴보자. 다음으로 주식가격을 결정하는 요인과 투자자들이 개별 주식과 전체 사업의 가치를 산출하는데 주식가치 평가 공식이 어떻게 적용되는지를 살펴본다. 그리고 기업의 투자 기회가 주가에 어떻게 반영되고 주식시장 애널리스트들이 회사의 P/E 비율, 즉 주가수익비율에 왜 많은 관심을 보이는지를 살펴본다.

주식이 어떻게 평가되는지에 도대체 왜 관심을 가져야 하는가? 만일 어떤 회사의 주식가치를 알고 싶다면 인터넷이나 월스트리트 저널

(The Wall Street Journal)에서 주가를 찾아보면 충분한데 말이다. 그러나 적어도 다음 두 가지 이유로 무엇이 주가를 결정하는지를 알 필요가 있다. 첫째, 거래소에서 거래되지 않는 기업의 보통주를 평가해야 할 수도 있다. 예를 들어, 당신이 기업공개를 통해 주식을 상장시키려는 어떤 성공적인 기업의 설립자라고 가정하자. 이 경우 해당 주식이 얼마에 팔릴 것인가에 대해 계산할 필요가 있다.

둘째, 자본예산 결정을 잘하기 위해서 기업은 시장에서 기업의 가치가 어떻게 평가받는지를 이해해야 한다. 주주의 부를 증가시키는 투자안은 매력적이다. 그러나 주식이 어떻게 평가되는지를 알지 못하면 이를 판단할 수 없다.

주식이 어떻게 평가되는지를 알고 싶은 세 번째 이유가 있을 수 있다. 즉, 이 평가방법을 알면 당신이 월가에서 크게 성공할 수 있을 거라 생각하는 것이 바로 그것이다. 이는 매우 유쾌한 생각이지만, 투자 전문가라 할지라도 경쟁에서 앞서 나가고 시장보다 우월한 초과수익을 지속적으로 얻는 것이 얼마나 어려운지 곧 알게 될 것이다.

PART 2

가치

215

7.1 주식과 주식시장

1장에서 페덱스(FedEx)가 어떻게 설립되었고, 어떻게 성장하여 번성해왔는가를 살펴보았다. 이러한 성장을 지탱하기 위하여 페덱스는 자금이 필요했다. 처음에는 자금을 주로 차입을 통해 마련했지만, 1978년 페덱스는 처음으로 **보통주**를 일반 대중에게 팔았다. 이러한 **신규 주식공모**(initial public offering : IPO)를 통해 주식을 매입한 투자자들은 기업의 부분 소유자가 되고 기업의 향후 성공과 실패를 주주로서 공유하게 되었다.[1]

기업은 IPO를 통해 처음으로 주식을 대중 투자자에게 판매하여 자금을 조달하지만 대부분 추가적인 주식 공모가 이어진다. 1978년 이후 페덱스는 추가적인 주식 발행을 통해 더 많은 자금을 조달하였다. 기업이 판매하는 이러한 형태의 주식 판매를 **직접발행**(primary offering)이라 하고 **발행시장**(primary market)에서 이루어진다.

주식을 소유하는 것은 위험한 일이다. 예를 들어, 2017년 초에 제너럴 일렉트릭의 주식을 사는 불행이 있었다면 연말까지는 거의 절반의 돈을 잃었을 것이다. 따라서 투자자가 특정 회사와 영원히 함께 하고 다시 팔 수 없다면 왜 주식 매입을 꺼리는지 이해할 수 있다. 그래서 큰 기업들은 보통 투자자들이 자기들끼리 주식을 거래할 수 있도록 보통주를 증권거래소에 상장시킨다. 거래소는 어떻게 보면 중고 주식시장이지만, **유통시장**(secondary market)이라고 표현하는 것이 더 적절하다.

미국의 주요 주식시장은 뉴욕증권거래소(NYSE)와 나스닥(NASDAQ)[2]이다. 추가로 ECN이라 불리는 다수의 컴퓨터 통신망이 존재하여 거래자들을 서로 연결해준다. 이 모든 시장은 증권거래 산업을 놓고 활발히 경쟁하며, 자신이 더 우수한 거래시장임을 활발히 홍보한다. 이들 시장에서 이루어지는 거래량은 엄청나다. 예를 들어, NYSE에서만 거래량 기준 15억 주 이상, 시장가치 기준 $600억 이상이 매일 거래된다.

물론 다른 많은 나라에도 주식거래소가 존재한다. 그 중 일부는 겨우 8종목만 거래되는 몰디브(Maldives) 거래소처럼 규모가 매우 작다. 반면, 런던, 도쿄, 프랑크푸르트, 범유럽거래소인 유로넥스트와 같은 거래소는 수천 개 회사의 주식을 거래한다.

오랫동안 페덱스 주식을 보유하고 있는 존스 여사가 더 이상 이 주식을 보유하기를 원하지 않는다고 하자. 그녀는 이 회사 주식을 더 많이 보유하고 싶어하는 브라운 씨에게 거래소를 통해 주식을 팔 수 있다. 이 거래는 단순히 기업의 (부분)소유권을 한 투자자에게서 다른 투자자로 이전하는 것이다. 이 거래에서 새로 발행된 주식은 없으며, 페덱스는 보통 이러한 거래가 일어났는지 상관하지도 않고 심지어 알지도 못한다.[3]

존스 여사와 브라운 씨는 페덱스 주식을 스스로 사거나 팔지 않는다. 대신 그들은 각각 거래소에서 거래할 권리를 가진 중개회사(brokerage firm)에 자신을 위해 거래해 달라고 위탁해야 한다. 얼마 전까지만 해도 이러한 거래는 직접 협상하는 것까지 포함하였다. 이 경우 중개인(broker)은 주식 딜러와 수용 가능한 가격에 합의해야 하거나 심지어 페덱스의 스페셜리스트(specialist)가 거래를 주관하는 거래소의 입회장에 주문을 전달해야만 했다. 그러나 오늘날 대부분의 거래는 컴퓨터를 통해 자동으로 이루어진다. 이런 현상은 NYSE와 같이 매우 전통적인 거래소에서도 동일하게 발생하고 있다.

존스 여사와 브라운 씨가 페덱스 주식을 사거나 팔기로 할 때 중개인에게 매매하고자 하는 가격을 지정해야 한다. 빨리 팔기를 원하는 존스 여사는 중개인에게 가능한 최선의

<aside>
보통주
주식회사의 의결권이 있는 주식.

신규 주식공모
일반 대중에게 최초로 주식을 판매하여 주식시장에 상장시킨다.

직접발행
회사가 주식을 직접 판매한다.

발행시장
회사가 증권을 새로 발행하여 판매하는 시장.

유통시장
기존에 발행된 증권이 투자자들 사이에서 거래되는 시장.
</aside>

---

1) "지분(shares)"과 "주식(stock)" 그리고 "보통주(common stock)" 등 세 용어는 같은 뜻으로 사용한다. 또한 "지분소유자(shareholders)"와 "주주(stockholders)"도 같은 뜻으로 사용한다.
2) 이것은 원래 National Association of Security Dealers Automated Quotation System의 약어였으나 지금은 단순히 나스닥 시장으로 불린다.
3) 나중에 페덱스는 배당 수표를 누구에게 보내야 할지 알아야 한다. 그러나 이러한 정보는 그러한 지급이 준비될 때만 필요하다. 어떤 경우, 예를 들어, 한 대주주가 지분을 많이 보유하려고 할 때는 페덱스도 이러한 주식 거래에 신경을 쓴다. 그러나 이는 예외적이다.

그림 7.1 BATS 거래소의 2018년 3월 22일자 페덱스 거래장 일부

FedEx Corporation (FDX) - NYSE			
Top of Order Book, 1:04 PM EST			
Bid		**Ask**	
Price	Size	Price	Size
239.81	100	240.06	100
239.80	400	240.16	100
239.70	100	241.02	100
239.33	100	241.14	100
230.03	100	241.23	500

출처: BATS, acceld from markets.cboe.com/us/equities/overview.

가격에 주식을 팔라는 시장가 주문(market order)을 낼 수도 있다. 한편 브라운 씨는 중개인에게 페덱스 주식 매입을 원하는 가격 한도(지정가 주문, limit order)를 제시할 수도 있다. 이 주문이 즉시 체결될 수 없다면 체결될 때까지 거래소의 주문장(limit order book)에 기록된다.

그림 7.1은 가장 큰 전자거래소 중 하나인 BATS 거래소의 페덱스 주문장의 일부이다. 왼쪽의 매수호가(Bid)는 투자자가 사기를 원하는 가격(과 주식수)이다. 매도호가(Ask) 열은 팔려는 주문을 보여준다. 가격은 가장 좋은 것에서 나쁜 순으로 배열되어 있다. 따라서 가장 높은 매수주문과 가장 낮은 매도주문이 목록의 가장 위에 있다. 중개인은 존스 여사의 100주를 파는 시장가 주문을 컴퓨터를 통해 BATS 거래소에 입력한다. 여기서 이 주문은 그 순간 최선의 매수 주문가격인 주당 $239.81에 자동으로 체결된다. 마찬가지로 시장가 매수 주문은 당시 최선의 매도 가격인 $240.06에 자동으로 체결된다. 이 순간 매수매도 가격차이(bid-ask spread)는 주당 25센트이다.

주식시장 시세 읽기

페덱스 주식을 살 생각이라면 페덱스의 현재 주가를 알아야 한다. 최근까지는 아마 이러한 주가 정보를 월스트리트 저널이나 신문 경제면에서 찾았을 것이다. 그러나 신문들은 개별 증권에 대한 정보를 점점 적게 싣고 있어, 오늘날 대부분의 투자자은 이러한 정보를 인터넷에서 얻는다. 예를 들어, finance.yahoo.com에 가서 호가검색(Quote Lookup) 란에 페덱스 주식 기호(ticker)인 FDX를 입력하면, 그림 7.2에 보이는 것처럼 최근 거래 자료를 볼 수 있다.[4]

2018년 3월 22일 종가는 $239.98였고 이는 전일 종가보다 $9.04 하락한 가격이다. 당일 주식이 거래된 가격의 범위뿐만 아니라 이전 52주 동안의 가격 범위도 제공된다. 지난 3개월 동안 평균 1일 거래량은 1,866,076주였다. 이와 비교하면 1:02p.m.까지 2,359,358주가 거래된 것으로 보아 이날의 거래량은 매우 크다고 할 수 있다. 페덱스의 시가총액(market cap)은 발행주식의 총시장가치로서 $643억 2천만이다. 대형주 또는 소형주라는 용어를 거래자들이 종종 사용하는 것을 듣게 되는데, 이는 기업을 규모에 따라 구분하는 편리한 방법이다.

페덱스는 지난해 주당 $10.86를 벌었다. (괄호 안의 약자 "TTM"은 이전 12개월(trailing 12months)을 나타낸다.) 주당 이익에 대한 주가 비율을 주가수익비율(price-earnings multiple) 또는 **P/E 비율**이라 하는데, 페덱스의 경우 239.98/10.86=22.1이다. 이 P/E 비율은 주식시장 애널리스트의 중요한 도구로, 이에 대해서는 본 장의 후반부에서

P/E 비율
주당 순이익 대비 주가 비율.

---

4) http://moneycentral.msn.com/investor/home.asp 또는 The Wall Street Journal의 온라인판인 www.wsj.comdms(여기서 Market Data and Tools 탭을 찾아라)은 거래자료를 구할 수 있는 또 다른 좋은 원천이다.

그림 7.2 페덱스의 주식 거래자료

FedEx Corporation (FDX)   ☆ Add to watchlist
NYSE - Nasdaq Real Time Price. Currency in USD

239.98 −9.04 (−3.63%)
As of 1:02PM EDT. Market open.

Summary	Chart	Conversations	Statistics	Profile	Final

Prev Close:	249.02	Market Cap:		64.318B
Open:	246.00	Beta:		1.57
Bid:	239.98 × 100	PE Ratio (TTM):		22.11
Ask:	240.10 × 100	EPS (TTM):		10.86
Day's Range:	236.00–246.00	Earnings Date:		Mar 19, 2018–Mar 23, 2018
52wk Range:	182.89–274.66	Forward Dividend & Yield:		2.00 (0.80%)
Volume:	2,359,358	Ex-Dividend Date:		N/A
Avg. Volume:	1,866,076	1y Target Est:		284.69

출처: Yahoo! Finance, March 22, 2018.

더 자세히 다룰 것이다.

배당수익률(dividend yield)은 주식에 투자한 $100당 배당 수입으로 얼마를 받았는가를 말해준다. 페덱스는 주당 $2.00의 연간 배당을 지급하였으므로 배당수익률은 $2.00/$249.02＝0.0080 또는 0.80%이다. 따라서 주식에 투자된 $100당 연간 $0.80의 배당을 받는다. 물론 이것이 투자의 총수익률은 아니다. 왜냐하면 당신은 주가 또한 상승하기를 바라기 때문이다. 주식의 배당수익률은 채권의 경상수익률과 비슷하다. 둘 다 장래 자본이득이나 손실을 무시한다.

페덱스 주식을 살 수 있는 가격은 투자자들이 회사의 전망치를 바꾸면서 하루하루 시시각각 변한다. 그림 7.3은 2018년 몇 개월 동안의 페덱스 주가 추이를 보여준다. 2월 초순에는 불과 1주일 만에 가격이 10% 하락했다. 왜 투자자들이 각 주식에 대해 기꺼이 지불하려고 했던 가격이 그렇게 갑자기 변했을까? 그리고, 왜 그들은 그 달에 페덱스의 주당 $240만 지불하고 마이크로소프트의 주당 $90만 지불하려고 했을까? 이런 질문에 답하려면 무엇이 가치를 결정하는지 살펴보아야 한다.

그림 7.3 페덱스의 역사적 주가

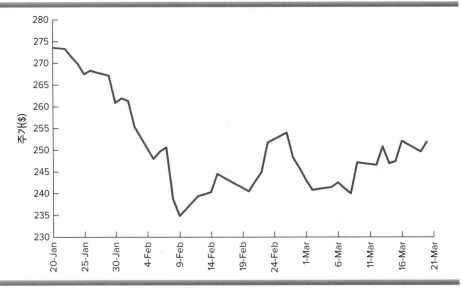

출처: Yahoo! Finance, downloaded March 22, 2018.

7.2 시장가치, 장부가치, 청산가치

페덱스 주식의 가치를 알아내는 것은 단순한 문제로 여겨질 수도 있다. 분기마다 기업은 자산과 부채의 가치를 보여주는 재무상태표를 발표한다. 표 7.1에 나오는 단순화한 재무상태표는 2017년 5월 페덱스의 모든 자산(공장과 기계, 원재료 재고, 은행예금 등)의 장부가치가 $485억 5천만이라는 것을 보여준다. 페덱스의 부채(은행에서 차입한 금액, 지급기일이 된 세금 등)는 $324억 8천만에 달해 자산과 부채 가치의 차이는 $160억 7천만이었다. 이것이 이 회사 자기자본(equity)의 **장부가치**(book value)이다.[5)]

장부가치
회사의 재무상태표에 보고된 가치.

장부가치는 페덱스가 주주에게서 조달한 모든 돈에 그동안 주주를 위해 내부 유보한 모든 이익을 합산한 것이다.

장부가치는 장부에 기록된 확실한 숫자이다. 하지만 주가가 장부금액과 같은가? 2018년 3월 페덱스 주식은 약 $240에 팔리고 있었지만, 표 7.2에서 볼 수 있듯이 주당 장부가치는 $63.68에 불과했다. 그래서 그 주식은 장부가치의 약 3.8배의 가치가 있었다. 이것과 표 7.2에 나타난 다른 사례들은 우리에게 주식시장의 투자자들은 주당 장부금액으로만 사고팔지 않는다는 것을 말해준다.

회계사들은 시장가치를 추정하려고도 하지 않는다. 기업의 대차대조표에 보고된 자산의 가치는 원래(또는 "역사적") 원가에서 감가상각충당금을 차감한 금액과 동일하다. 그러나 그것이 그 회사가 오늘 그 자산을 얼마에 팔 수 있는가에 대한 좋은 지침은 아닐 것이다.

청산가치
회사의 자산을 매각하고 채권자에게 상환한 후 남는 돈.

주가가 주당 **청산가치**(liquidation value)와 같을 수도 있다. 청산가치란 회사가 중고시장에서 자산을 모두 매각하고 모든 부채를 상환할 경우 조달할 수 있는 주당 금액이다. 하지만 이것 역시 아니다. 성공한 기업은 청산가치 이상의 가치가 있어야 한다. 결국 그것이 애당초 그 모든 자산을 하나로 결합하는 궁극적인 목적이다.

표 7.1 2017년 5월 30일자 페덱스의 요약 재무상태표(단위: 백만 달러)

자산		부채와 자기자본	
유동자산	12,628	유동부채	7,918
공장, 장비, 기타 자산	35,924	비유동부채	24,561
		자기자본	16,073
총 자산	48,552	부채와 자기자본 총계	48,552

주: Shares of stock outstanding = 252.4 million. Book value of equity (per share) : $16,073/252.4 = $63.68.

표 7.2 시장가치와 장부가치 (2018년 3월)

	티커 (Ticker)	주가	주당 장부가치	주가 대 장부가치 비율
FedEx	FDX	240.00	63.68	3.8
Johnson & Johnson	JNJ	138.83	22.41	6.2
Campbell Soup	CPB	47.76	6.47	7.4
PepsiCo	PEP	119.93	7.78	15.4
Walmart	WMT	98.75	25.67	3.8
Microsoft	MSFT	85.14	10.17	8.4
Amazon	AMZN	1,169.47	57.24	20.4
DowDuPont	DWDP	67.43	43.22	1.6
American Electric Power	AEP	72.86	37.29	2.0
US Steel	X	40.24	18.91	2.1

출처: Yahoo! Finance, finance.yahoo.com.

---

5) "자기자본(equity)"은 주식을 나타내는 또 다른 용어이다. 따라서 주주를 종종 자기자본 투자자(equity investor)라고도 한다.

기업의 실제 가치와 장부 또는 청산가치와의 차이는 계속기업 가치(going·concern value) 때문이라 할 수 있는데, 이는 다음 세 가지 요인을 의미한다.

1. **추가 수익력(Extra earning power)**. 회사는 자산의 적절한 수익률보다 더 많이 벌어들일 수 있는 능력을 갖출 수 있다. 이 경우 이러한 자산의 가치는 장부가치 또는 중고시장에서의 가치보다 클 것이다.

2. **무형자산(Intangible assets)**. 회계사들이 재무상태표에 넣지 않은 많은 자산이 있다. 이러한 자산 중 어떤 것은 그 가치가 매우 크다. 건강제품과 의약품을 제조하는 존슨앤존슨(Johnson & Johnson)의 경우를 보자. 표 7.2에서 본 바와 같이 이 회사 주식은 주당 장부가치의 6.2배로 팔리고 있다. 이 모든 추가 가치는 어디에서 오는 것일까? 대부분 이 회사가 개발하여 특허를 얻어 판매하는 약품에 의해 발생한 현금흐름에서 온다. 이러한 약품은 연간 $100억 이상을 투자한 연구개발(R&D) 프로그램의 결실이다. 그러나 미국 회계사들은 R&D를 투자로 인식하지 않으며, 회사 재무상태표에도 넣지 않는다. 그렇지만 전문기술과 경험, 지식은 매우 중요한 자산이며, 따라서 이들 가치는 주가에 반영된다.

3. **미래 투자의 가치(Value of future investments)**. 회사가 향후 수익성이 높은 투자 기회를 가질 것이라 믿으면 투자자들은 오늘 이 회사 주식에 더 많은 돈을 내서라도 매입하려고 할 것이다. 인터넷 경매사인 이베이(eBay)가 1998년 투자자에게 처음으로 주식을 매각했을 때 자기자본의 장부가치는 약 $1억이었다. 그렇지만 주식을 발행한 바로 다음날 투자자들은 이를 $60억 이상으로 평가하였다. 이 같은 차이는 한편으로는 인터넷을 통해 다양한 상품을 거래하는 플랫폼이라는 이베이만의 독특한 무형자산을 반영한다. 그렇지만 이는 또한 투자자들이 이베이가 성장 기업(growth company)이라고 판단했다는 것을 의미한다. 다시 말해, 투자자들은 이베이가 보유하고 있는 노하우와 기업브랜드를 바탕으로 온라인 거래와 지불방식을 매우 편리하게 해줄 수 있으며 국제적으로도 크게 성장해나갈 것이라는 데에 돈을 걸었다는 것이다. 2018년까지 이베이는 영업이익 $20억 이상, 시가총액 $420억을 기록했다.

시장가격은 장부가치나 청산가치와 같지 않다. 시장가치는 장부가치나 청산가치와 달리 회사를 계속기업(going concern)으로 간주한다.

주식이 실제로 장부가치 또는 청산가치로 팔리지 않는다는 것은 놀라운 일이 아니다. 투자자들은 현재와 미래의 수익력을 근거로 주식을 매수한다. 두 가지 중요한 특성이 회사가 창출할 수 있는 이익의 크기를 결정한다. 첫 번째 특성은 회사가 현재 보유한 유형 및 무형자산에 의해 발생할 수 있는 이익이고, 두 번째 특성은 장래 이익을 증기시킬 수 있는 수익성 있는 투자안에 이 회사가 투자할 기회이다.

| 예제 | **7.1 ▶** | **아마존(Amazon)과 컨솔리데이티드 에디슨(Consolidated Edison)** |

아마존은 성장 기업이다. 최근인 2014년에만 하더라도 이 회사는 실제로 $2억 4천1백만 손실을 기록했다. 그러나 2018년 3월 투자자들은 아마존의 보통주에 약 $7천 6백억을 지불할 준비가 되어 있었다. 이 주식의 가치는 그 회사의 위상, 높이 평가되는 유통 시스템, 그리고 미래 수익을 증가시킬 새로운 관련 상품들의 약속 등으로부터 나왔다. 아마존의 시장가치가 무형자산과 신규투자의 예상 수익성에 크게 의존했기 때문에 성장 기업이었다.

이를 뉴욕시 지역에 전기를 공급하는 컨솔리데이티드 에디슨(Con Ed)과 비교해 보자. 콘에드는 성장 기업이 아니다. 이 회사의 시장은 제한되어 있고 시설용량 또한 매우 천천히 확장되고 있다. 더 중요한 것은 이 회사는 규제를 받는 전력 사업이어서 현재와 미래 투자에 대한 수익은 제한되어 있다. 콘에드의 가치는 기존 자산에서 발생하는 일련의 수입에 의해 창출된다. 따라서 2018년 아마존 주식이 장부가치의 27배에 거래될 때, 콘에드 주식은 장부가치의 약 1.5배로 거래되었다. 지급금을 반년 이자율로 할인해야 한다. ■

투자자들은 아마존을 성장주로, 콘에드는 소득주로 부른다. 알파벳(구글의 모기업)과 같은 몇몇 주식은 수입과 성장을 동시에 제공한다. 알파벳은 구글 검색엔진과 같은 현재의 제품에서 많은 돈을 번다. 이러한 수익은 그 주식을 투자자들에게 매력적으로 만드는 것의 일부분이다. 또 투자자들은 미래 수익을 높일 새로운 벤처에 수익성 있게 투자하는 회사의 능력에 대해 기꺼이 지불할 용의가 있다.

요약해 보면 다음과 같다.

- **장부가치**(Book value)는 회사가 자산에 대해 지불한 것에서 감가상각비를 차감한 금액으로 기록된다. 이것은 기업의 진정한 가치를 반영하지 못한다.
- **청산가치**(Liquidation value)는 회사가 자산을 팔아 부채를 상환하고 남는 금액이다. 이것은 성공적인 계속기업의 가치를 반영하지 못한다.
- **시장가치**(Market value)는 투자자들이 회사 주식에 대해 기꺼이 지불하려고 하는 금액이다. 이것은 현재 자산이 갖는 수익력과 미래 투자의 기대 수익성에 달려 있다.

그렇다면 이제 이어지는 다음 질문은 무엇이 시장가치를 결정하는가라고 할 수 있다.

7.1   셀프테스트

1970년대 컴퓨터 산업은 급속히 성장하였다. 1980년대 새로운 많은 경쟁자가 시장에 진입하였고 컴퓨터 가격은 하락하였다. 그 이후로 컴퓨터 제조업체들은 이윤을 줄이고 치열한 경쟁에서 어려움을 겪었다. 이 산업의 시장가치 대차대조표는 시간이 지나면서 어떻게 변화해 왔는가? 이미 설치된 자산의 비중은 더 중요해졌는가 아니면 덜 중요해졌는가? 이러한 변화가 컴퓨터 산업만의 고유한 특성이라고 생각하는가?

7.3   보통주 가치평가

비교물에 의한 평가

애널리스트들이 어떤 기업의 가치를 평가할 때, 그들은 종종 유사한 기업 샘플을 찾는 것으로 시작한다. 그런 다음 이들 기업의 투자자들이 자산이나 이익 $1에 대하여 얼마를 지불할 준비가 되어 있는지 조사한다. 이것을 흔히 비교물에 의한 평가(valuation by comparables)라고 한다. 예를 들어 표 7.3을 보자. 일부 잘 알려진 기업에 대해, 첫 번째 열은 장부금액에 대한 자본의 시장가치의 비율을 보여준다. 각각의 경우에 시장가치는 장부가치보다 더 높다는 것에 주목하라.

두 번째 열은 경쟁 회사의 시장가치(주가) 대 장부가치 비율을 보여준다. 예를 들어, 표의 두 번째 줄을 보면 월마트가 경쟁하는 전형적인 대형 소매업체의 주가가 그것의 장부가치의 4.0배에 팔린다는 것을 알 수 있다. 만약 당신이 월마트 주식에 대한 시장가치를 알지 못한다면, 당신은 월마트 주식의 주가가 장부가치의 4.0배에도 팔릴 것이라고 추정할 수 있을 것이다. 이 경우 월마트의 시장가치에 대한 당신의 추정치는 다소 높았을 것이다.

다른 방법은 다른 소매업체 주식의 투자자들이 $1의 이익에 대해 보통 얼마를 지급하려고 하는가를 보는 것이다. 표 7.3의 마지막 열은 2018년 소매업체 주식의 대표적인 주가수익비율(P/E)이 19.6이었음을 보여준다. 월마트가 비슷한 주가수익비율로 거래되어야 한다고 가정했다면, 2018년 3월의 실제 가격인 $88.18보다 다소 높은 $102가 적정한 가치라고 판단했을 것이다.

주가 대 장부가치 비율과 주가수익비율은 보통주의 가치를 판단하는 가장 인기 있는

표 7.3 표본 기업과 경쟁 기업들의 주가 대 장부가치 비율과 주가수익 비율 (2018년 3월)

	주가 대 장부가치 비율		P/E 비율	
	회사	산업	회사*	산업
FedEx	3.8	7.3	14.4	22.6
Johnson & Johnson	6.2	4.9	14.9	23.9
Campbell Soup	7.4	2.9	13.4	27.0
PepsiCo	15.4	10.0	17.6	27.3
Walmart	3.8	4.0	16.9	19.6
Microsoft	8.4	6.6	23.7	60.8
Amazon	20.4	9.4	97.2	46.6
DowDuPont	1.6	3.5	13.7	13.5
American Electric Power	2.0	1.9	15.9	21.0
US Steel	2.1	2.3	8.2	27.8

* 주가를 다음 해의 이익으로 나눈 값

경험법칙(rule of thumb)이지만, 애널리스트들은 때때로 다른 비율들을 보기도 한다. 예를 들어, 신생 기업은 종종 이익을 내지 못한다. 그래서 주가수익비율을 계산하기보다는 이들 기업의 주가—매출비율을 활용한다. 1990년대 말에 닷컴 기업이 급속히 성장하였지만 큰 손실을 봤을 때, 이들은 자주 가입자 수나 웹사이트 방문 수를 기준으로 비율을 계산하곤 하였다.

현명하게 적용된다면 경험법칙이라고 잘못된 것은 없다. 예를 들어, 2018년 미국전력(American Electric Power)과 월마트(Walmart)에서는 비교물에 의한 평가가 상당히 효과적이었음을 알 수 있다. 그러나 표 7.3에 나타난 모든 기업의 경우에 그러한 것은 아니다. 예를 들어, 만약 당신이 순진하게 아마존 주식들이 비교 가능한 인터넷 소매업체 주식들과 비슷한 비율로 팔릴 것이라고 가정했다면, 당신의 가정은 큰 차이로 틀렸다. 시장 대 장부의 비율과 주가수익비율 모두 같은 업종에 종사하는 기업의 경우에도 주식마다 상당히 다를 수 있다. 왜 이런지를 이해하기 위해서는 더 깊이 파고들어 주식의 시장가치를 결정하는 것이 무엇인지 살펴봐야 한다.

가격과 내재가치

앞 장에서 채권의 가치는 이자 지급금의 현재가치에 마지막 액면가 지급금의 현재가치를 더하여 산출한다는 것을 알았다. 주식도 비슷한 방식으로 생각할 수 있다. 투자자들은 이자 지급금을 받는 대신 배당금을 받을 수 있고, 채권 액면가를 받는 대신 주식을 팔 때 주가를 받게 된다.

예를 들어, 오늘 블루스카이(Blue Skies Inc.)의 주식을 매입하여 1년 후에 매각할 계획인 투자자를 생각해 보자. 1년 후의 예상 주가 P_1, 1주당 예상 배당금 DIV_1, 주식의 기대현금흐름에 대한 할인율을 r이라고 하자.[6]

할인율은 주식의 위험을 반영한다는 것을 기억하자. 위험이 더 큰 회사들은 더 높은 할인율을 가질 것이다. 이제 투자자가 블루스카이에서 받을 현금흐름의 현재가치는

$$V_0 = \frac{DIV_1 + P_1}{1 + r} \tag{7.1}$$

내재가치
주식 또는 기타 유가증권에서 얻는 미래 현금 지급의 현재가치.

이다. V_0를 이 주식의 **내재가치**(intrinsic value)라고 부른다. 내재가치는 투자자가 이 주식에서 기대하는 현금흐름의 현재가치이다.

한 예로, 투자자가 다음해 현금배당으로 $3를 기대하고 1년 후 이 주식이 $81에 팔릴 것으로 기대한다고 하자. 할인율이 12%라면 내재가치는 $75이다.

---

6) 상황을 단순하게 하기 위하여 배당은 연말에 지급된다고 가정한다.

$$V_0 = \frac{3+81}{1.12} = \$75$$

내재가치를 주식의 "공정한(fair)" 가격이라고 생각할 수 있다. 투자자가 주식을 $75에 산다면 이들의 기대수익률은 정확히 할인율 12%와 같다. 다시 말해 투자자에게 기회비용을 보상하는 수준의 투자수익률을 얻을 것으로 기대할 수 있다.

이를 확인하기 위해 다음 해 기대수익률은 기대 배당에 기대 자본이득, $P_1 - P_0$을 더해 연초 가격 P_0로 나눈 것임을 주목하라. 투자자가 내재가치로 주식을 사면 $P_0 = \$75$이고 기대수익률은 12%이다.

$$\text{기대수익률} = \frac{\text{DIV}_1 + P_1 - P_0}{P_0} = \frac{3+81-75}{75} = 0.12, \text{ 또는 } 12\%$$

이 기대 수익은 두 부분, 즉 배당과 자본이득으로 발생한다.

$$\text{기대수익률} = \text{예상 배당수익률} + \text{예상 자본이득률}$$
$$= \frac{\text{DIV}_1}{P_0} + \frac{P_1 - P_0}{P_0}$$
$$= \frac{3}{75} + \frac{81-75}{75}$$
$$= 0.04 + 0.08 = 0.12, \text{ 또는 } 12\%$$

물론, 블루스카이사의 실제수익률은 투자자들의 예상보다 크거나 작을 수 있다. 예를 들어 2018년 정보기술주는 평균수익률이 35%를 넘는 최고 실적 부문 중 하나였다. 이는 연초 투자자들이 예상했던 것보다 거의 확실히 좋았다. 반대로 에너지 서비스 업체들의 주가는 실제로 다소 하락했다. 연초에 어떤 투자자도 손실을 예상하고 이 주식을 매입하지 않았을 것이다. 실제 결과와 예상 결과를 혼동해서는 안 된다.

모든 투자자의 꿈은 할인된 가격, 즉 내재가치보다 낮은 가격으로 주식을 사는 것이다. 그러나 경쟁적인 시장에서 내재가치가 아닌 가격은 오랫동안 유지될 수 없다. 그 이유를 알기 위해 블루스카이의 현재 가격이 $75보다 높다고 상상해 보자. 이 경우 블루스카이 주식의 기대수익률은 같은 위험을 갖는 다른 증권의 기대수익률보다 낮아질 것이다. (이를 확인하라!) 투자자는 블루스카이 주식을 팔고 다른 증권으로 대체할 것이다. 이 과정에서 블루스카이 주가는 하락할 것이다. 만약 P_0가 $75보다 낮다면 블루스카이 주식은 같은 위험을 갖는 증권보다 높은 기대수익률을 제공하게 된다. (이 또한 확인하라!) 이 경우 모든 사람이 사려고 하기 때문에 주가는 $75까지 상승하게 된다. 주가가 올바로 결정될 때(즉 주가가 현재가치와 같을 때) 블루스카이 주식에 대한 기대수익률은 투자자가 주식을 보유하는데 대해 요구하는 수익률이다. **제대로 기능하는 시장에서 같은 위험을 갖는 모든 증권은 같은 기대수익률을 제공하도록 가격이 결정된다.** 이것은 경쟁시장에서의 가격이 가지는 근본적인 특성으로 상식에 속한다.

식 7.1은 어떠한 할인율 r에서도 적용되는 내재가치의 정의이다. 이제 r은 이 같은 정의를 넘어서 위험 수준이 주어졌을 때 모든 증권에 적용되는 기대수익률이라고 정할 수 있다. 주가가 올바르게 결정된다면 기대수익률은 위험 수준이 같은 다른 주식의 기대수익률과 같고 주가는 내재가치와 같은 것이다.

$$P_0 = \frac{\text{DIV}_1 + P_1}{1+r}$$

따라서 오늘 주가는 배당 지급금의 현재가치와 미래 가격의 현재가치를 합한 것과 같을 것이다. 그러나 이제 한 단계 더 나아가야 한다. 미래 주가 P_1을 어떻게 추정할 수 있을까?

> ### 7.2   셀프테스트
>
> 안드로스코긴 코퍼(Androscoggin Copper)는 내년 배당금을 주당 $5로 증가시키려고 한다. 내년 예상 주가는 $105이다. 위험 수준이 같은 다른 회사 주식은 기대수익률이 10%이다. 안드로스코긴 보통주는 얼마에 팔려야 하는가?

물론 많은 기업들이 지금 당장은 현금배당을 하지 않고 있다. 젊고 성장하는 회사의 투자자들은 회사가 성숙하여 주주들에게 현금배당 지급을 시작하기 전에 10년 또는 그 이상을 기다려야 할지도 모른다. 만약 우리가 바로 다음 기의 배당 DIV_1을 0으로 가정한다면 P_0에 대한 위의 공식을 적용할 수 있다. 이 경우 가치는 후속 배당금에 따라 달라진다. 하지만 우선 지금 배당금을 지불하고 있는 성숙한 기업부터 시작해 본 후에 성장기업에 대해서는 나중에 이야기하도록 하자.

배당할인 모형

오늘의 주가 P_0는 내년의 배당 DIV_1과 예상 주가 P_1에 의해 결정된다. 당신이 미래 배당금을 예측해왔다고 가정하자. 내년 주가 P_1은 어떻게 예상하는가? 위의 주가 방정식을 한 기간 앞당기고 그것을 기간 1에 적용함으로써 이 질문에 대답할 수 있다. 그 다음 방정식은 P_1이 2년 후의 배당 DIV_2와 가격 P_2에 따라 결정된다고 할 수 있다. 2년 후의 가격 P_2는 3년 후의 배당 DIV_3와 가격 P_3에 따라 달라지는데, P_3은 또 DIV_4에 따라 달라진다 … 이 논리가 어디까지 확장되는지 아마 상상할 수 있을 것이다.

미래 주가를 언급하지 않고, 주식의 내재가치(그리고 주가)는 이 회사가 주주에게 지급하는 모든 미래 예상 배당의 현재가치를 통해 나타낼 수 있다. 이것이 다음의 **배당할인 모형**(dividend discount model)이다.

배당할인 모형
현재의 주가가 예상되는 모든 미래 배당금의 현재가치와 동일하다고 주장하는 할인된 현금흐름 모형.

$$P_0 = 현재가치(DIV_1, DIV_2, DIV_3, DIV_t, \cdots)$$
$$= \frac{DIV_1}{1+r} + \frac{DIV_2}{(1+r)^2} + \frac{DIV_3}{(1+r)^3} + \cdots + \frac{DIV_t}{(1+r)^t} + \cdots$$

얼마나 먼 미래까지 예상할 수 있는가? 원칙적으로는 기업은 잠재적으로 영속한다고 가정하기 때문에 40, 60 또는 100년 이상 예상할 수도 있다. 하지만 먼 미래의 배당은 의미 있는 현재가치를 갖지 않는다. 예를 들어 30년 후에 받게 되는 $1의 현재가치는 10% 할인율을 사용할 때 단지 $0.057에 불과하다. 이미 설립된 회사 가치의 대부분은 사람이 활동하는 수명기간 내에 지급되는 배당에서 온다.

그렇다면 1기간 공식인 $P_0 = (DIV_1 + P_1)/(1+r)$로부터 배당할인 모형을 어떻게 얻을 수 있을까? 투자기간이 점차 길어질 때 어떻게 되는지를 살펴보도록 하자.

투자기간이 서로 다른 투자자들을 생각해보자. 각 투자자는 그가 받을 것이라고 예상하는 배당의 현재가치에 투자기간 말 주식의 예상 매도가격의 현재가치를 더하여 주식을 평가한다. 그러나 채권과 달리 주식에 대한 마지막 투자기간은 정해져 있지 않다. 주식에는 "만기"가 없다. 게다가 배당과 마지막 매도가격은 단지 추정될 수 있을 뿐이다. 그러나 일반적인 평가방법은 동일하다. 1기간 투자자에게 평가공식은 다음과 같다.

$$P_0 = \frac{DIV_1 + P_1}{1+r}$$

2년 투자자에게 주식은 다음과 같이 평가된다.

$$P_0 = \frac{\text{DIV}_1}{1+r} + \frac{\text{DIV}_2 + P_2}{(1+r)^2}$$

그리고 3년 투자자는 다음 식을 사용할 것이다.

$$P_0 = \frac{\text{DIV}_1}{1+r} + \frac{\text{DIV}_2 + P_2}{(1+r)^2} + \frac{\text{DIV}_3 + P_3}{(1+r)^3}$$

사실 우리는 원하는 만큼 먼 미래까지도 예측할 수는 있다. 투자기간 마지막 날을 H라고 하자. 그러면 주식 평가공식은 다음과 같다.

$$P_0 = \frac{\text{DIV}_1 + P_1}{1+r} + \frac{\text{DIV}_2}{(1+r)^2} + \cdots + \frac{\text{DIV}_H + P_H}{(1+r)^H} \tag{7.2}$$

이를 말로 표현하면, 주식의 가치는 투자자의 투자기간 동안 회사가 지급하는 배당의 현재가치에 투자기간 말 예상 주가의 현재가치를 더한 것이다.

이것이 서로 다른 투자기간을 갖는 투자자들이 주식가치에 대해 서로 다른 결론에 도달한다는 것을 의미하는가? 아니다! 투자기간에 관계없이 주식가치는 같을 것이다. 왜냐하면 투자기간 말의 주가는 그날 이후 받는 예상 배당에 의해 결정되기 때문이다. 그러므로 투자자들이 회사의 전망에 대해 동의한다면, 그들은 현재가치가 같다는 것에 대해서도 동의할 것이다. 이것을 다음의 예제를 통해 확인해 보자.

예제 7.2 ▶ 블루스카이 주식의 가치평가

블루스카이의 경우를 살펴보자. 이 회사는 안정적으로 성장하고 있으며 투자자는 주가와 배당이 연 8%로 성장할 것으로 예상한다. 3명의 투자자 A, B, C가 있다. 투자자 A는 블루스카이 주식을 1년 동안 보유할 계획이고, B는 2년 동안, C는 3년 동안 보유할 계획이다. 다음 결과를 비교하라.

투자자	연도 1	연도 2	연도 3
A	$\text{DIV}_1 = 3$ $P_1 = 81$		
B	$\text{DIV}_1 = 3$	$\text{DIV}_2 = 3.24$ $P_2 = 87.48$	
C	$\text{DIV}_1 = 3$	$\text{DIV}_2 = 3.24$	$\text{DIV} = 3.50$ $P_3 = 94.48$

블루스카이의 배당과 주가가 8%씩 안정적인 성장이 예상된다고 가정한 것을 기억해 보자. 다시 말해 $\text{DIV}_2 = \$3 \times 1.08 = \$3.24$, $\text{DIV}_3 = \$3.24 \times 1.08 = \$3.50$이다.

$$\text{PV} = \frac{\text{DIV}_1 + P_1}{1+r} = \frac{\$3 + \$81}{1.12} = \$75$$

또 투자자 B의 2년 투자기간에 대해서는

$$\begin{aligned}
\text{PV} &= \frac{\text{DIV}_1}{1+r} + \frac{\text{DIV}_2 + P_2}{(1+r)^2} \\
&= \frac{\$3}{1.12} + \frac{\$3.24 + \$87.48}{(1.12)^2} \\
&= \$2.68 + \$72.32 = \$75
\end{aligned}$$

그리고 투자자 C의 3년 투자기간에 대해서는

$$\begin{aligned}
\text{PV} &= \frac{\text{DIV}_1}{1+r} + \frac{\text{DIV}_2}{(1+r)^2} + \frac{\text{DIV}_3 + P_3}{(1+r)^3} \\
&= \frac{\$3}{1.12} + \frac{\$3.24}{(1.12)^2} + \frac{\$3.50 + \$94.48}{(1.12)^3} \\
&= \$2.68 + \$2.58 + \$69.74 = \$75
\end{aligned}$$

모두 블루스카이 주식이 주당 $75의 가차가 있다는 데 동의하게 된다. 이것은 다음과 같은 기본 원칙을 보여주고 있다. 즉, 보통주 가치는 투자기간 동안 받는 배당의 현재가치에 투자기간 말 예상 주가에 대한 현재가치를 합한 것과 같다. 여기에 덧붙여, 당신이 투자기간을 변동시킬 때 주식의 현재가치가 변해서는 안 된다. 이 원칙은 1, 3, 10, 20 그리고 10년 이상의 투자기간에 대해서도 성립한다. ■

7.3 셀프테스트

셀프테스트 7.2를 보라. 안드로스코긴 코퍼의 배당과 주가가 매년 5%씩 일정하게 성장한다고 가정하자. 3년 투자기간을 사용하여 안드로스코긴 주식의 현재가치를 배당할인 모형으로 계산해 보라. 셀프테스트 7.2와 동일한 답을 얻어야 한다.

표 7.4를 보라. 이 표는 배당이 일정하게 8% 복리로 증가할 것으로 가정할 때 블루스카이의 예를 다양한 투자기간을 이용하여 보여주고 있다. 예상 가격 또한 같은 8%로 증가한다. 표의 각 행에는 각기 다른 투자기간에 대해 현개가치의 계산이 제시되어 있다. 총현재가치는 투자기간에 따라 달라지지 않는다는 점에 주목하라. 그림 7.4는 같은 자료를 그림으로 나타낸 것이다. 각 막대는 투자기간까지 배당의 현재가치와 투자기간 말 주가의 현재가치를 보여준다. 투자기간이 길어질수록 배당흐름이 현재가치의 더 많은 부분을 설명한다. 그러나 배당과 마지막 주가의 총현재가치는 항상 $75이다.

투자기간이 무한히 길어지면 투자기간 말 마지막 주가에 대해서는 생각할 필요가 없다. 왜냐하면 현재가치를 거의 갖지 않기 때문이다. 따라서 간단히 말하면 주가는 다음과 같다.

표 7.4 투자기간에 따른 블루스카이 주식의 가치

투자기간(년)	PV(배당)	+	PV(투자기간 말 주가)	=	주당 가치
1	$ 2.68		$72.32		$75
2	5.26		69.74		75
3	7.75		67.25		75
10	22.87		52.13		75
20	38.76		36.24		75
30	49.81		25.19		75
50	62.83		12.17		75
100	73.02		1.98		75

그림 7.4 투자기간에 따른 블루스카이 주식의 가치

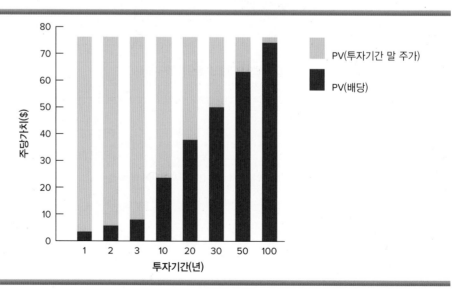

$$주가 = PV(모든 \ 미래 \ 주당 \ 배당금)$$

이것이 배당할인 모형이다.

7.4 배당할인 모형의 단순화

배당할인 모형은 앞으로의 매년 배당예측을 요구하는데, 이는 잠재적으로 무한한 수명을 가진 주식들에게는 다소 문제가 된다. 모형이 실용화되려면 몇 가지 간단한 가정이 필요하다. 가장 기본적인 것부터 시작해서 가장 일반적인 것으로 끝나는 세 가지 경우를 살펴보겠다.

Case 1: 성장 없는(무성장) 배당할인 모형

이익을 모두 주주에게 지급하는 회사를 생각해 보자. 이러한 회사는 재투자하지 않기 때문에 성장하지 않는다.[7] 주주들은 당장 지급하는 많은 배당을 즐길 수 있지만, 장래에 더 많은 배당을 기대할 수는 없다. 이 회사 주식은 같은 현금흐름을 영원히 지급하게 된다. $DIV_1 = DIV_2 = \cdots = DIV_t = \cdots$

배당할인 모형을 적용하면 이와 같은 무성장 주식은 일정하게 지급되는 영구 배당흐름의 현재가치로 팔려야 한다. 5장에서 영구연금의 가치를 계산하는 방법에 대해 배웠다. 연간 현금흐름을 할인율로 나누면 된다. 할인율은 위험 수준이 같은 다른 주식에 대해 투자자가 요구하는 수익률이다.

$$무성장기업의 \ 주가 = P_0 = \frac{DIV_1}{r}$$

이러한 회사는 모든 이익을 배당으로 지급하기 때문에 배당과 이익은 같고, 주식가치는 다음 식에 의해서도 계산할 수 있다.

$$무성장기업의 \ 주가 = P_0 = \frac{EPS_1}{r}$$

여기서 EPS_1은 다음해 주당 이익을 나타낸다. 따라서 어떤 사람들은 대충 "주가는 미래 이익의 현재가치이다."라고 말하며 이 공식을 이용하여 계산한다. 하지만 이것은 무성장기업에만 해당하는 특별한 경우임에 주의하라.

7.4 셀프테스트

문샤인 인더스트리(Moonshine Industries)는 지난 20년 동안 매주 1배럴(barrel)을 생산해오고 있지만 어떤 법적인 제약 때문에 성장할 수는 없었다. 이 회사는 매년 주당 \$25를 벌어들였고 이를 모두 주주에게 지급하고 있다. 주주들은 위험수준이 같은 연간 20%의 평균 수익률을 제공하는 다른 사업에 투자할 수 있다. 문샤인 인더스트리의 한 주는 얼마의 가치가 있는가? 이 회사는 영원히 계속될 수 있다고 가정한다.

Case 2: 고정성장 배당할인 모형

여기 실제로 쓰임새가 많은 다른 단순화 가정이 있다. 미래 예상 배당이 일정한 비율로 증가한다고 가정해보자. 배당이 일정한 비율로 증가한다면 무수히 많은 수의 배당을 예측하는 대신에 단지 다음 기간의 배당과 배당성장률을 예측하기만 하면 된다.

어떤 회사가 내년에 배당 DIV_1을 지급하고, 그 이후로 배당은 매년 일정하게 g씩 성장

---

7) 이 회사는 신주를 발행하여 자금을 조달하지 않는다고 가정한다.

한다고 가정하자. 즉, 2년차 배당은 $DIV_1 \times (1+g)$, 3년차 배당은 $DIV_1 \times (1+g)^2$와 같다. 이러한 주식의 현재가치는 다음과 같다.

$$P_0 = \frac{DIV_1}{1+r} + \frac{DIV_1(1+g)}{(1+r)^2} + \frac{DIV_1(1+g)^2}{(1+r)^3} + \frac{DIV_1(1+g)^3}{(1+r)^4} + \cdots$$

위 식의 항은 무한히 많지만 배당성장률 g가 할인율 r보다 작기만 하면 각 항은 이전 항보다 비례적으로 더 작게 된다. 먼 미래 배당의 현재가치는 거의 0에 가까워 이러한 항 전부의 합은, 무한히 많은 수의 배당이 지급됨에도 불구하고 유한한 값을 가지게 된다. 이 합은 다음과 같다.

$$P_0 = \frac{DIV_1}{r-g} \tag{7.3}$$

고정성장 배당할인 모형
예상 배당금이 일정한 비율로 성장할 것을 가정한 배당할인 모형의 형태.

이 식을 **고정성장 배당할인 모형**(constant-growth dividend discount model)이라 한다. 또는 이 식을 유명하게 만든 마이런 고든(Myron Gordon)의 이름을 따서 고든 성장 모형이라고 한다.[8]

Case 1에서 다루었던 무성장 배당할인 모형의 공식은 배당이 성장하지 않는다(즉 $g=0$)고 가정하면 고정성장 배당할인 모형의 특별한 경우라고 볼 수 있다. 이 경우 배당 흐름은 단순히 영구연금이 되고 가치평가 공식은 단순히 $P_0 = DIV_1/r$가 된다. 이는 정확히 셀프테스트 7.4에서 무성장 주식인 문샤인을 평가하기 위해 사용한 공식이다.

이 절에서 우리의 과제는 고정성장 모형을 사용하여 보통주의 가치인 P_0을 추정하는 방법을 보여주는 것이다. 그러나 때때로 경영자들에게 고정성장 공식을 다음과 같이 재배열하는 것이 유용하다.

$$P_0 = \frac{DIV_1}{P_0} + g = 배당수익률 + 배당성장률 \tag{7.4}$$

따라서 주식의 배당수익률과 기대성장률을 알면 기대수익률을 추론할 수 있다. 우리는 13장에서 경영자들이 자기자본의 원가를 어떻게 추정하는지 살펴볼 때 고정성장 모형을 이 공식으로 재배열하여 다룰 것이다.

예제	**7.3** ▶	고정성장 모형을 적용한 아쿠아 아메리카 주식의 가치평가

아쿠아 아메리카(Aqua America, ticker 기호 WTR)는 메인주에서 텍사스까지 14개 주(州)의 일부분을 서비스하는 수자원 회사이다. 2018년 초 이 회사 주식은 주당 $38.65에 팔렸다. 1억7천8백만 주가 발행되었기 때문에, 투자자들은 1억7천8백만×$38.65=$69억의 주식에 총 가치를 매기고 있었다. 이 가치평가에 대해 설명할 수 있을까?

2018년 아쿠아 아메리카는 눈에 띄게 일관된 성장을 기록했다. 지난 20년 동안 각각 배당금을 꾸준히 늘렸으며(그림 7.5 참조), 한 번의 사소한 점프를 제외하고 수익도 꾸준히 성장했다. 따라서 고정성장 모형은 아쿠아 아메리카의 주식을 평가하는 데 있어 제격인 것으로 보인다.

2018년 투자자들은 다음 해에 아쿠아 아메리카가 배당금 $8.86($DIV_1 = \$86$)를 지급할 것으로 예상했다. 미래 배당금의 예상 증가율(g)은 연간 약 4.75%(이 숫자가 어떻게 결정되었는지는 잠시 후에 설명됨)이었다. 투자자들이 아쿠아 아메리카 주식으로부터 7.0%의 수익을 요구한다면, 고정성장 모형은 현재 주식 가치(P_0)가 시장가격과 거의 동일한 $38.22로 예측한다.

$$P_0 = \frac{DIV_1}{r-g} = \frac{\$86}{0.070 - 0.0475} = \$38.22 \quad ■$$

---

8) 첫 번째 배당이 첫 기말에 발생한다고 가정하며 1기간을 할인하는 것에 주의하라. 이 주식이 배당 DIV_0을 이미 지급했다면 다음해 배당은 방금 지급한 배당에 $(1+g)$를 곱한 것이다. 따라서 평가공식을 쓰는 다른 방법은 다음과 같다.

$$P_0 = \frac{DIV_1}{r-g} = \frac{DIV_0 + (1+g)}{r-g}$$

그림 7.5 꾸준히 증가하고 있는 아쿠아 아메리카의 배당

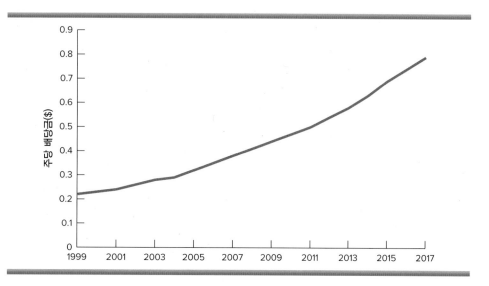

지속가능성장률
회사가 투자수익률(ROE)과 부채비율을 유지하면서 순이익의 일정한 부분을 계속 재투자하는 경우에 달성하는 성장률.

아쿠아 아메리카의 성장률 추정   고정성장 모델은 영구연금 공식을 일반화하여 배당의 지속적인 성장을 가능하게 한다. 그런데 그 성장률을 어떻게 추정할 것인가? 성숙한 기업은 주로 수익을 재투자해 성장한다. 그들이 얼마나 빠르게 성장하느냐는 사업에 재투자된 수익의 비율과 그 새로운 투자에 의해 창출되는 이익 모두에 달려 있다. 기업의 **지속가능성장률**(sustainable growth rate)은 기업이 장기부채비율을 일정하게 유지하면서 수익을 재투자해 성장할 수 있는 비율이다.

아쿠아 아메리카는 2018년 초 주당 장부금액이 $11.10이다. 이 장부가치에 대하여 12.5%의 수익을 창출한다고 가정하자.[9] 그러면 2018년 주당순이익은 다음과 같은 것이다.

$$EPS = 주당\ 장부가치 \times ROE$$
$$= \$1.10 \times 0.125 = \$1.3875$$

배당성향
순이익 중에서 배당금으로 지급된 비율.

내부유보율
순이익 중에서 재투자를 위해 내부유보된 비율.

향후 몇 년 동안 이 회사는 62%의 **배당성향**(배당금으로 지급할 이익의 비율)을 유지할 것으로 예상되기 때문에 내년 배당금은 0.62×1.3875=$0.86이 될 것이다. **내부유보율**(회사에 재투자한 이익의 비율)은 1−0.62=0.38이다. 따라서 첫 해에 아쿠아 아메리카는 0.38×$1.3875=주당 $0.527를 새로운 공장과 장비에 투입할 것이다. 주당 장부금액은 $11.10+$0.527=$11.627로 $0.527달러 오를 것이다. 재투자된 수익에 의해 생성된 자기자본의 성장률은 아래와 같다.

$$주식\ 장부가치의\ 성장률 = \frac{재투자된\ 이익}{기초\ 자기\ 자본} = \frac{\$0.527}{\$11.10} = 0.475\ 또는\ 4.75\%$$

성장률이 내부유보율과 자기자본이익률(ROE)에 따라 어떻게 결정되는지 살펴보기 위하여 이 공식을 다음과 같이 재배열할 수 있다.

$$성장률 = \frac{재투자된\ 이익}{기초\ 자기\ 자본} = \frac{재투자된\ 이익}{당기순\ 이익} \times \frac{당기순\ 이익}{기초\ 자기\ 자본}$$
$$= 내부유보율 \times ROE = 0.38 \times 0.125 = 0.0475\ 또는\ 4.75\%$$

이것이 자기자본 장부가치의 증가율이다. 그렇다면 배당금과 이익은? ROE가 일정하다면 주당순이익은 자본에 직접 비례하여 증가하기 때문에(즉, EPS=ROE×자기자본 장부가치) 이익도 4.75%로 증가할 것이다. 그리고 배당성향이 일정하다면 배당금은 이익의 고정비율이 될 것이기 때문에 그 비율대로도 성장할 것이다. 따라서 ROE와 내부유보율

---

9) 이익과 배당의 추세는 Value Line Investment Survey (January 12, 2018)로부터 얻은 자료를 활용하여 예측하였다.

이 안정되면 지속가능성장률로 자기자본 장부가치, 이익, 배당금 등이 모두 늘어난다. 따라서 지속가능성장률은 고정성장 배당할인 모형에서 g에 대한 당연한 선택이다. 이것이 예제 7.3에서 아쿠아 아메리카에 사용한 값이다.

기업이 일정한 자기자본이익률을 올리고 일정 비율의 이익을 내부유보시킨다면, 기업의 성장률 g는 다음과 같다.

$$g = \text{지속가능성장률} = \text{자기자본 이익률(ROE)} \times \text{내부유보율} \qquad (7.5)$$

지속가능성장률은 기업의 장기부채비율이 일정하기 때문에 부채와 총자본도 지속가능성장률로 증가한다고 가정한다. 아쿠아 아메리카는 점점 더 많은 부채를 빌림으로써 더 빠른 속도로 자산을 증가시킬 수 있었지만, 더 높은 부채 비율을 수반하는 그러한 전략은 지속 가능하지 않을 것이다.

경고! 아쿠아 아메리카의 지속가능성장률은 보통 수준이며, 향후에도 5%에 가까운 성장세를 이어갈 수 있을 것으로 보인다. 그러나 때때로 당신은 지속가능한 성장을 위한 공식인 ROE × 내부유보율(payback)이 20% 혹은 그 이상의 말도 안되는 값을 성장률로 산출된다는 것을 발견할 것이다. 어느 기업도 이런 성장률을 영원히 유지할 것이라고 기대할 수는 없었다. 결국 경제 전체의 (실제) 성장률은 2.5% 안팎에 불과하다. 만약 기업이나 산업이 20%로 무한정 성장한다면, 결국 전체 경제에서 벗어나 은하계를 점령하는 방향으로 나아갈 것이다!

다른 조건이 모두 일정할 때, 고정성장 공식은 배당증가율 g가 높을 때 주가가 더 높아질 것임을 시사한다. 그러나 이 공식은 성장률이 지속가능하고 할인율보다 낮아야 유효하다. 투자자의 요구수익률보다 높은 비율로 영구배당성장을 예측한다면 다음과 같은 두 가지 문제가 발생한다.

1. 고정성장 배당할인 모형 공식은 무한히 커져서 엉터리 답을 제공한다. (예를 들어 예제 7.3의 아쿠아 아메리카의 성장률을 10%로 가정하는 경우 이 회사 주식의 가치는 얼마가 되겠는가?)
2. 먼 미래의 배당이 무한히 큰 현재가치를 갖기 때문에 이러한 예상이 잘못되었다는 것을 알 수 있다. 예상배당이 할인율보다 높은 비율로 증가하면 연속된 배당의 현재가치는 제한 없이 성장하게 된다. (아쿠아 아메리카의 사례를 다시 한 번 생각해 보자. $DIV_1 = \$0.86$, $r = 0.07$, $g = 0.10$을 적용하여 100년 이후의 배당의 현재가치를 계산해 보자.)

고정성장 배당할인 모형은 일시적인 급속한 성장이 있는 경우를 다룰 수 없다. 아래 Case 3에서는 이러한 경우에 어떻게 대처하는지를 설명할 것이다.

예제   **7.4** ▶   **횡재한 아쿠아 아메리카**

물 사용량의 변화로 아쿠아 아메리카는 배당을 줄이지 않고도 연간 5%의 예상 미래 성장을 달성할 수 있다고 가정해보자. 그렇게 되면 기대수익률인 r이 오를까?

이것은 회사 주주들에게 좋은 소식이다. 주가는 다음과 같이 폭등할 것이다.

$$P_0 = \frac{DIV_1}{r-g} = \frac{\$0.86}{0.07-0.05} = \$43.00$$

아쿠아 아메리카의 희소식이 오늘 더 높은 주가에 반영되고 있다. 그러나 좋은 소식은 미래에 더 높은 기대수익률을 의미하지는 않는다. 위험에 변동이 없다는 사실과 일관되게 이 가격에서 아쿠아의 예상 수익률은 7%로 변동이 없다. ■

7.5 셀프테스트

안드로스코긴 코퍼는 앞으로 영원히 매년 5%씩 성장할 수 있다. 이 회사 주식은 $100에 팔리고 있으며 다음 해 배당은 $5이다. 카라바셋 마이닝(Carrabasset Mining)의 보통주에 투자할 때 기대수익률은 얼마인가? 카라바셋과 안드로스코긴 주식의 위험은 같다.

아쿠아 아메리카 주식 가치의 원천 우리는 종종 투자자들이 성장주(growth stock)와 소득주(income stock)에 대해 말하는 것을 듣는다. 주로 시세차익을 기대하며 성장주를 사들이고, 내년 배당보다는 향후 실적 성장에 관심이 많다. 반면에, 투자자들은 주로 현금 배당을 위해 소득주를 산다. 이러한 구별이 이치에 맞는 것인지, 그리고 아쿠아 아메리카 주식 가치의 원천에 대해 우리가 무엇을 배울 수 있는지 알아보자.

아쿠아 아메리카는 2018년에 $0.86($DIV_1=0.86$)의 배당을 지급할 것으로 예상되고 이러한 배당은 꾸준하게 연간 4.75%씩 성장($g=0.0475$)할 것으로 예상된다. 만약 투자자들의 요구수익률이 7.0%($r=0.070$)라면 아쿠아 아메리카의 주가는 다음과 같다.

$$P_0 = \frac{DIV_1}{r-g} + \frac{\$0.86}{0.070-0.0475} = \$38.22$$

만약 아쿠아 아메리카가 이익의 일부를 새로운 공장과 장비에 다시 투입하지 않았다면 어떻게 되었을까? 이 경우 아쿠아는 주당 $1.3875의 이익 전부를 배당으로 지급하지만, 더 이상의 이익과 배당 증가는 포기하게 된다.

$$g=지속가능성장률=ROE \times 내부유보율=0.125 \times 0=0$$

아쿠아 아메리카가 예상 수익을 모두 지불하고 성장을 포기한다고 가정할 때 아쿠아 아메리카 주식의 가치를 다음과 같이 다시 계산할 수 있다.

$$P_0 = \frac{DIV_1}{r-g} = \frac{EPS_1}{r} = \frac{\$1.3875}{0.070} = \$19.82$$

따라서 아쿠아 아메리카가 이익금 중 어느 것도 재투자하지 않으면 주가는 $38.22가 아니라 $19.82에 불과하다. $19.82는 기존의 자산으로부터 얻는 이익의 가치를 나타낸다. 나머지 주가($38.22-$19.82=$18.40)는 아쿠아 아메리카가 예상하는 미래 투자의 순 현재가치다.

이익의 38%를 재투자한다는 방침을 지켰지만 신규투자에 대한 예상수익률이 요구수익률과 동일한 7.0%에 그쳤다면 어떻게 되겠는가? 이 경우 지속가능성장률도 더 낮아질 것이다.

$$g=지속가능성장률=ROE \times 내부유보율$$
$$=0.07 \times 0.38 = 0.0266 \text{ 또는 } 2.66\%$$

이 새로운 수치를 가치평가 공식에 적용하면, 아쿠아 아메리카 주식의 가치는 $19.82로 산출되는데, 이것은 전혀 성장하지 않기로 가정한 경우의 가치와 다르지 않다.

$$P_0 = \frac{DIV_1}{r-g} = \frac{0.86}{0.070-0.0266} = \$19.82$$

새로운 투자에 다시 이익을 재투자하면 이익과 배당 성장이 나타날 수 있지만, 이렇게 재투자된 돈이 요구수익률만 얻을 것으로 기대된다면 현재의 주가에 아무런 상승효과는 없다. 만약 투자자가 재투자된 이익이 더 높은 수익률을 얻을 것이라고 믿는다면 이익을 재투자하는 것은 현재 주식의 가치를 상승시킬 것이다.

다시 말해, 만약 아쿠아 아메리카가 이익 중 어떤 것도 재투자하지 않는다면, 이 회사의 주식 가치는 단지 기존 자산에서 나오는 이익의 흐름에서 도출될 것이다. 즉, 이 회사의 주식 가격은 $19.82가 될 것이다. 만약 아쿠아 아메리카가 매년 재투자를 했지만 투자자의 요구수익률만 얻었더라면, 이러한 재투자는 현재 주식의 가치에 조금도 추가하지 못할 것이고, 따라서 주식 가격은 여전히 $19.82가 될 것이다. 이 경우 배당금과 수익 모두 성장할 것으로 예상되지만 이 성장으로 기업가치에 기여하는 바가 없다. 기업의 실적과 주당순이익의 증가를 동일시하지 않도록 주의해야 한다.

다행히 투자자들은 아쿠아 아메리카가 신규 투자수익률이 요구수익률 7.0%를 다소 웃도는 12.5%를 얻을 수 있는 기회가 있다고 보고 있다. 이는 투자자들이 주식에 대해 지불할 준비가 되어 있는 $38.22달러에도 반영된다. 아쿠아 아메리카 주식의 총 가치는 현재 보유 자산가치와 **성장기회의 현재가치**와 동일하다.

성장기회의 현재가치(PVGO)
기업의 미래 투자의 순현재가치.

기존 보유 자산의 가치	$19.82
+ 성장기회의 현재가치(PVGO)	18.40
= 아쿠아 아메리카 주식의 총 가치	$38.22

진정한 "성장주"는 미래 투자의 순현재가치가 주식가격의 상당한 부분을 차지하는 주식이다.

아쿠아 아메리카의 투자 전망은 주가수익비율에 반영되어 있다. 주가가 $38.22, 예상 이익이 $1.3875달러이므로 P/E비율은 $38.22/$1.3875=27.5이다. 성장 기회가 없다면 주가는 $19.82, P/E는 $19.82/$1.3875=14.3이 될 것이다. 따라서 P/E 비율은 아쿠아 아메리카의 전망과 성장기회의 수익성을 보여주는 지표다.

그렇다면 어떤 회사의 주식이 높은 P/E에서 거래된다면 그 회사의 재무 관리자가 축하해야 한다는 것을 의미하는가? 답은 대개 그렇다. 높은 P/E는 투자자들이 그 회사가 좋은 성장 기회를 가지고 있다고 생각한다는 것을 암시한다. 그러나 기업들이 높은 P/E 비율을 가질 수 있는 것은 가격이 높기 때문이 아니라 일시적으로 수익이 침체되기 때문이기도 하다. 특정 기간에 아무것도 벌지 못하는 기업은 무한대의 P/E를 갖게 될 것이다.

7.6 셀프테스트

아쿠아 아메리카의 경영진은 수익성이 좋은 신규 사업에 돈을 투자하는 대신 5%의 기대 자기자본이익률로 투자하고 있는데, 이는 투자자들이 비슷한 위험수준의 증권으로부터 얻을 수 있는 7%의 수익률에 못 미치는 것이다.

a. 이러한 상황에서 내부유보율이 여전히 38%일 때, 배당과 수익의 지속가능성장률은 얼마인가?
b. 투자기회의 새로운 가치는 얼마인가? 수익률과 배당의 성장률이 양(+)의 값을 가짐에도 불구하고 이 투자기회의 새로운 가치가 음(−)의 값을 가지는 이유를 설명하라.
c. 만약 당신이 기업 사냥꾼이라면, 아쿠아 아메리카가 인수합병 시도에 좋은 후보가 될 것인가?

Case 3: 불규칙성장 배당할인 모형

수도회사와 전력회사는 꾸준한 성장률을 보이는 경향이 있고, 따라서 지속적인 성장 모델을 적용할 수 있는 자연스러운 후보들이다. 그러나 많은 회사들이 안정적으로 자리 잡기 전에 몇 년 동안 급속하거나 불규칙한 속도로 성장한다.

이런 경우에는 고정성장 배당할인 모형을 적용할 수 없다. 그러나 다음과 같이 3단계를 따르는 다른 접근 방법이 존재한다.

1단계: 투자기간 말(연도 H)을 회사의 성장이 안정적으로 될 것이라고 예상되는 미래 시점으로 설정한다. 그리고 지금부터 투자기간 말까지 배당의 현재가치를 계산한다.

2단계: 그 투자기간 말 시점의 주가를 예측하고 이것 또한 현재가치로 할인한다. 투자기간 말 시점의 주가는 그 이후에 발생하는 배당은 안정적으로 성장할 것이기 때문에 고정성장 배당할인 모형을 적용하여 예측할 수 있다.

3단계: 마지막으로 배당의 현재가치와 미래 주가의 현재가치를 합한다.

이를 공식으로 표현하면 다음과 같다.

$$P_0 = \underbrace{\frac{\mathrm{DIV}_1}{1+r} + \frac{\mathrm{DIV}_2}{(1+r)^2} + \cdots + \frac{\mathrm{DIV}_H}{(1+r)^H}}_{\text{연도 1부터 투자기간 말까지 배당의 PV}} + \underbrace{\frac{P_H}{(1+r)^H}}_{\text{투자기간 말 주가의 PV}}$$

예제 7.5 ▶ 월마트 주식의 가치평가

2018년 초 월마트(Walmart) 주식 가격은 $100 미만이었다(표 7.2 참조). 월마트는 다음 해에 주당 약 $5.14를 벌 것으로 예상되었고, 이익의 약 43%를 배당금으로 지불할 것으로 예상되었다. 어떻게 배당할인 모델을 사용하여 월마트의 내재가치를 추정할 수 있는지 살펴보자.

2018년 투자자들은 월마트에 대한 전망을 낙관했고 향후 5년간 수익이 연 6.5% 보다 약간 낮은 수준으로 증가할 것으로 예측했다.[10] 이 성장률은 월마트 주식에 요구되는 수익률인 r보다 거의 확실히 높으며 이러한 성장이 무한정 지속될 수 있다고 가정할 수 없다. 따라서 우리는 주식의 가치를 평가하기 위해 단순한 고정성장 배당할인 모형을 사용할 수 없다. 대신 우리는 이 문제를 세 단계로 나눌 것이다.

1단계: 첫 번째 할 일은 향후 5년간 월마트 배당금을 가치평가하는 것이다. 배당금이 이익 증가와 보조를 맞추어 성장하면 예상 이익과 배당금은 다음과 같다.

연도	1	2	3	4	5
이익	5.14	5.48	5.83	6.21	6.61
배당(이익의 43%)	2.21	2.36	2.51	2.67	2.85

2018년에 투자자들의 월마트 주식에 대한 요구수익률은 5.6%이었다.[11] 따라서 향후 5년간 추정된 배당의 현재가치는 다음과 같다.

$$\text{연도 1에서 5까지 배당의 PV} = \frac{\$2.21}{1.056} + \frac{\$2.36}{(1.056)^2} + \frac{\$2.51}{(1.056)^3} + \frac{\$2.67}{(1.056)^4} + \frac{\$2.85}{(1.056)^5}$$
$$= \$10.66$$

2단계: 더 까다로운 부분은 5년차 시점에서 월마트 주식의 가격을 추정하는 것이다. 가장 가능성이 높은 시나리오는 5년 후 성장은 점차 지속가능한 성장률로 자리 잡겠지만, 상황을 단순하게 만들기 위해 6년 후에는 성장률이 즉시 연 3%로 떨어지는 것으로 가정하자. 따라서, 6년 후의 배당은 $2.94이고 5년차 시점에서 주가의 기댓값은 $113.08이다.

$$\mathrm{DIV}_6 = 1.03 \times \mathrm{DIV}_5 = 1.03 \times \$2.85 = \$2.94$$
$$P_5 = \frac{\mathrm{DIV}_5}{r-g} = \frac{\$2.94}{0.056 - 0.03} = \$113.08$$

3단계: 오늘 월마트의 주식 가치는 투자기간 말까지의 예상 배당금의 현재가치와 투자기간 말 시점 주가의 현재가치와 동일하다는 것을 기억하라. 따라서,

$$P_0 = \mathrm{PV}(\text{연도 1-5의 배당}) + \mathrm{PV}(\text{연도 5의 주가})$$
$$= \$10.66 + \frac{\$113.08}{1.056^5} = \$96.77 \blacksquare$$

---

10) 애널리스트들의 일반적인 예측은 Zack's, First Call, IBES 등에 의해 수집되며, moneycentral.com 또는 finance.yahoo.com.와 같은 웹사이트를 통해서 이용할 수 있다.

11) 지금은 이 값을 온전히 하나의 가정으로 받아들일 수 있다. 12장에서는 이러한 요구수익률을 어떻게 예측하는지에 관해서 다룰 것이다. 월마트의 요구수익률 5.6%는 표 12.2로부터 얻어진다.

리얼리티 체크 월마트 가치에 대한 추정치는 합리적인 것으로 보이고 실제 시장가격과 거의 일치한다. 그러나 투자기간 말 주가의 추정치가 주식가치의 매우 많은 부분을 설명한다는 것을 알고 불안해질 것인가? 물론 그러할 것이다. 5차 연도 이후의 성장에 대한 가정을 아주 조금만 변경하더라도 이 투자기간 말 가격에 대한 추정치는 10%, 20%, 또는 30%까지 변화할 수 있다. 즉, 현금흐름 할인방식의 가치평가는 기술적으로 완벽하더라도 실질적으로 틀리기 쉽다.

월마트의 경우 실제 시장가격이 어느 정도였는지는 알 수 있지만, 처음으로 기업공개(IPO)하는 회사의 가치를 평가하거나 블루스카이스의 연결기(concatenator) 사업부문 매입을 고려하기 위해 배당할인 모형을 이용하려 한다고 가정하자. 이런 경우 호사롭게 월스트리트 저널에서 시장가격을 찾아보는 것은 불가능하다. 30%의 가치평가 오류는 상당한 액수에 해당할 수 있다. 그러므로 현명한 매니저들은 시장이, 비슷한 사업에 대해 지불하려고 하는 금액을 비교해봄으로써 그들의 가치 추정치가 대략적으로 적절한지를 확인한다. 예를 들어, 투자기간 말 월마트의 규모와 위험 그리고 성장 전망에 대한 예상치와 대략 비슷한 값을 갖는 성숙한 상장기업을 오늘 찾을 수 있다고 가정하자. 표 7.3을 다시 보면 월마트가 속한 산업의 주식은 일반적으로 최근 이익의 19.6배에 팔린다는 것을 알 수 있다. 그렇다면 당신은 합리적으로 월마트의 5년차 가치가 그 해의 당기이익 예상액의 약 19.6배, 즉 $19.6 \times 6.61 = \$129.56$가 될 것이라고 추측할 수 있을 것이다. 이는 배당할인 모형의 2단계에서 얻었던 투자기간 말 가치 $113.08보다 다소 높은 것이다.

향후 5년간 월마트는 총 주당 $29.27를 벌 것으로 예상된다(위 예제 1단계에서 이익과 배당금에 대한 가정을 참조하라). 만약 월마트가 계속해서 이러한 이익의 57%를 내부유보한다면, 5년 말까지 주당 장부금액은 $25.67에서 $25.67+\$0.57\times\$29.27 = \$42.35$로 증가할 것이다. 만약 월마트의 주가 대 장부가 비율이 5년 후에도 여전히 3.8이라면, 투자기간 말의 가치는 아래와 같이 우리가 앞에서 추정했던 값보다 훨씬 크게 된다.

$$투자기간\ 말\ 추정가치 = 3.8 \times \$42.35 = \$160.93$$

위의 마지막 두 계산에서 허점을 찾기는 쉽다. 예를 들어 장부금액은 종종 회사 자산의 진정한 가치를 측정하기에 빈약한 척도다. 급격한 인플레이션이 있을 때 실제 자산가치에 크게 뒤쳐질 수 있고, 중요한 무형자산을 완전히 놓치는 경우가 많다. 이익 또한 인플레이션과 임의로 선택할 수 있는 여러 회계처리 방법에 의해 편향될 수 있다. 마지막으로, 비교 대상으로 사용할 유사한 회사 표본을 발견했는지도 알 수 없다. 그러나 할인된 현금흐름의 목적은 시장가치를 추정하는 것이며 투자자들이 주식이나 사업에 대해 얼마나 지불할 것인지를 추정하는 것이라는 점을 기억하라. 그들이 비슷한 회사에 실제로 얼마를 지불하는지 관찰할 수 있다면, 이는 가치 있는 판단 근거임에 분명하다. 이를 어떻게 사용할 지 생각해 보아라. 이를 사용하는 한 가지 방법은 주가수익비율 또는 주가 대 장부가치 비율에 기반한 비교 대상별 평가를 통해 얻을 수 있다. 경험에서 비롯된 가치평가 규칙이더라도 잘만 사용된다면 때때로 복잡한 현금흐름 할인 계산 결과보다 나을 수 있다.

주식의 가치를 평가하는 것은 항상 원칙보다 실제가 더 어렵다. 현금흐름을 예측하고 적절한 할인율을 정하기 위해서는 기술과 판단이 필요하다. 페이스북이나 트위터 등 젊은 기업의 경우 이미 가동중인 자산보다는 성장기회에서 가치가 크게 나오는 경우가 많다. 이 회사들은 보통 현금배당을 하지 않으며 현재의 성장률은 장기적으로 지속할 수 없다. 이 경우에도 배당할인 모형은 여전히 논리적으로 작동한다. 우리는 회사가 성숙하고 지급이 시작되는 먼 날짜까지 배당을 $0로 투영할 수 있다. 그러나 멀리 떨어져 있는 페이스북의 가치는 얼마인가? 이는 2012년 5월 이 회사의 높은 기대를 모으고 있는 기업공개(IPO)가 다가오면서 투자자들이 마주한 질문이었다. 기업공개 이전 몇 개월 동안의 가치 추정치는 $500억에서 $1,250억까지 다양했다. 이 추정치의 차이는 성장 전망의 차이에 의한 것이다.

2011년 페이스북의 매출은 88%, 순이익은 65% 성장했다. 그러한 성장은 인상적이었지만 이전 몇 년보다는 급격히 떨어진 것이다. 예를 들어 2009년부터 2010년까지 매출은 약 150% 증가했다. IPO 이후 몇 년 동안 합리적인 성장 전망은 무엇이었는가?

첨단 기술 회사에 어떤 미래 기회가 주어질지 추측하기가 어렵기로 악명 높다. 구체적인 성장 예측을 시도하기보다는 페이스북을 비슷한 사업모델을 가진 경쟁기업과 비교하며 비교대상별 평가를 활용하는 투자자가 많았다.

페이스북이 2011년 신고한 수익은 $10억 안팎이었다. 심지어 기업공개 가치를 낮게 평가한 $500억 수준에서도, 이는 구글과 같은 성공적인 인터넷 회사들을 훨씬 능가하는 50배의 P/E 비율을 의미할 것이다. 평가 추정 범위의 최대값(예를 들어 $1,000억)을 적용하면 투자자들은 그 해 구글의 수익이 페이스북의 10배였음에도 불구하고 당시 페이스북을 구글 가치의 절반 정도로 평가하게 될 것이다. 그러나 낙관론자들은 페이스북이 광고 수익에서 구글보다 훨씬 더 높은 성장을 할 수 있다고 주장했는데, 이것은 더 높은 수익 배수(P/E)를 정당화할 것이다. 분명히, 성장 기회를 예측하고 비교하는 데 어려움이 있는 점을 고려할 때 비교물에 의한 평가는 까다로웠다.

결국 투자자들은 지나치게 낙관적이었다. 페이스북이 기업공개(IPO) 당일 주식의 종가는 주당 $38로 전체 시가총액이 $1,000억을 조금 넘었음을 시사했다. 그러나 주가는 거의 즉시 하락해 2012년 9월까지 $18를 밑돌았다. 그 가격은 다시 약 1년 동안 $38에 도달하지 못했다.

이것이 페이스북의 IPO가 실패했다는 것을 의미하는가? 기업공개(IPO) 당일에 주가가 급등하는 'IPO 팝'을 탐내는 기업도 있지만, 왜 IPO 팝이 관심사인지 알 수 없다. IPO 팝은 투자자들이 주식에 대해 더 많은 돈을 지불할 의향이 있었거나, 다시 말해, IPO가 저가로 책정되어 있고 발행 회사가 "테이블 위에 돈을 남겨두었다."는 것을 의미한다. 반면 페이스북은 IPO로부터 모든 것을 받은 것으로 보인다.

배당금을 예측하는 것은 말처럼 쉽지 않다. 이러한 경우, 주식의 가치를 현재 가동중인 자산가치와 성장 기회의 현재가치인 PVGO의 합으로 생각하는 것이 더 도움이 된다. 다음의 사례에서 볼 수 있듯이, 이러한 경우 가치에 대한 의견 불일치의 여지가 충분하다.

7.7 셀프테스트

추가 분석 시 5년 후 월마트의 이익과 배당금이 매년 2.5%씩 지속적으로 증가할 것이라고 가정해보자. 이것이 0년도의 월마트 주식 가치에 대한 당신의 추정치에 어떤 영향을 미치는가?

7.5 현금흐름할인(DCF) 모형에 의한 사업부문의 가치평가

투자자들은 보통주를 사거나 판다. 기업들은 종종 전체 사업부문을 사거나 팔기도 한다. 예를 들어 2012년 교과서 출판사 맥그로힐(McGraw-Hill)은 교육부문을 사모펀드인 아폴로 글로벌 매니지먼트(Apollo Global Management)에 $25억에 매각했다. 그 사업부문은 상장되지 않았기 때문에 비교할만한 주가도 없었다. 거래하기 전에 아폴로는 현금흐름을 할인하여 그 사업부문의 가치를 평가하기 위해 최선을 다하고 있었다는 것은 분명하다. 마찬가지로 사업에 가장 적합한 비교대상 상장기업을 찾아내고 이러한 다른 기업과 유사한 P/E 및 P/B 비율로 거래될 경우 가치가 얼마나 되는지 확인하려고 노력했다는 것을 알 수 있다.

이러한 경우 **현금흐름할인**(Discounted Cash Flow, DCF) 모형이 어떻게 작동하는지 이해하는 데 도움이 되는 예가 하나 더 있다. 주당 배당금을 예상하든지 사업의 총 잉여현금흐름(Free Cash Flow, FCF)을 예측하든지 간에 모두 적용된다. 현재의 가치는 항상 기회자본비용으로 할인되는 미래 현금흐름과 동일하다.

연결기(concatenator) 사업부문의 가치평가

블루스카이는 연결기 제조공장의 매각을 검토하고 있다. 따라서 이 사업부문의 가치가 얼마인지를 알아내는 것이 블루스카이에 있어서는 중요한 문제이다.

표 7.5는 연결기 사업부문의 **잉여현금흐름**(Free Cash Flow, FCF)에 대한 예측을 제공한다. 잉여현금흐름이란 기업이 성장에 필요한 모든 투자를 지불한 후 투자자에게 지급할 수 있는 현금의 양을 말한다. 여러 사례에서 보게 될 것처럼, 빠르게 성장하는 기업들은 0 또는 음(−)의 잉여현금흐름을 가질 수 있다. 연결기 사업부문의 성장은 연간 12%의 빠른 속도로 시작하여, 장기적으로는 두 단계로 나누어 중간 6%의 비율로 떨어진다. 성장률은 추가적으로 얼마만큼의 투자가 더 필요한지를 결정하고, 자본수익률은 그 사업부문으로부터 발생하는 수익을 결정한다.

표 7.5의 네 번째 행인 잉여현금흐름은 기업의 이익에서 신규 투자 지출을 뺀 것과 같다. 모회사가 이 기간에 $300만 이상을 벌고 있는데도 잉여현금흐름은 처음 3년 동안 $0이다.

초기에 잉여현금흐름이 $0인 것은 나쁜 신호인가? 아니다. 잉여현금흐름은 사업이 빠르게 성장하고 있기 때문에 $0인 것이지 수익성이 없어서가 아니다. 빠른 성장은 좋은 소식이지 나쁜 소식은 아니다. 왜냐하면 그 사업부문이 자본비용인 10%보다 2% 높은 12%의 수익을 올리고 있기 때문이다.

사업부문의 가치는 일반적으로 평가기간(H)에 발생하는 잉여현금흐름의 할인된 가치와 더불어 평가기간 말의 사업부문 가치 예상액의 현재가치로 계산된다. 즉,

$$PV = \underbrace{\frac{FCF_1}{1+r} + \frac{FCF_2}{(1+r)^2} + \cdots + \frac{FCF_H}{(1+r)^H}}_{PV(\text{잉여현금흐름})} + \underbrace{\frac{PV_H}{(1+r)^H}}_{PV(\text{평가기간 말의 가치})}$$

물론 연결기 사업부문은 평가기간 이후에도 계속되겠지만 평가기간을 무한대까지 잉여현금흐름을 매년 예측하는 것은 현실적이지 않다. PV_H는 기간 $H+1$, $H+2$ 등에서 발생하는 사업부문 잉여현금흐름의 할인된 가치를 나타낸다.

가치평가 기간은 종종 임의로 선택된다. 때때로 사장은 모두에게 10년을 적용하라고 지시한다. 왜냐하면 그것은 대략적인 숫자이기 때문이다. 우리는 6년을 적용할 것이다. 왜냐하면 7년 후에는 연결기 사업의 성장이 장기적 추세로 정착할 것 같기 때문이다.

평가기간 말의 가치(horizon value) 추정을 위한 몇 가지 일반적인 공식이나 경험 법칙이 있다. 우리는 일정하게 성장하는 현금흐름할인(DCF) 공식을 사용할 것이다. 이를

잉여현금흐름(FCF)
회사가 신규 투자 또는 운용 자본 추가에 대한 비용을 지불한 후 투자자에게 분배할 수 있는 현금흐름.

표 7.5 연결기 사업부문에 대한 잉여현금흐름 예측(단위: 백만 달러)
투자가 모든 순익을 흡수하기 때문에 처음 3년 동안 잉여현금흐름은 $0이다. 잉여현금흐름은 3년 이후 성장이 둔화되면서 양(+)의 값으로 전환된다.

	연도									
	1	2	3	4	5	6	7	8	9	10
자산가치	10.00	11.20	12.54	14.05	15.31	16.69	18.19	19.29	20.44	21.67
이익	1.20	1.34	1.51	1.69	1.84	2.00	2.18	2.31	2.45	2.60
순투자금액	1.20	1.34	1.51	1.26	1.38	1.50	1.09	1.16	1.23	1.30
잉여현금흐름(FCF)	0.00	0.00	0.00	0.42	0.46	0.50	1.09	1.16	1.23	1.30
자기자본이익률(ROE)	0.12	0.12	0.12	0.12	0.12	0.12	0.12	0.12	0.12	0.12
자산성장률	0.12	0.12	0.12	0.09	0.09	0.09	0.06	0.06	0.06	0.06
이익성장률		0.12	0.12	0.12	0.09	0.09	0.09	0.06	0.06	0.06

주) 1. 기초 자산가치는 $1,000만이고, 자산은 12%에서 시작하여 9%로 성장하다가 마지막으로는 영구적으로 6%로 성장한다. 수익성(ROE)은 12%로 일정하게 가정한다.
2. 잉여현금흐름은 순투자를 뺀 이익과 같다. 순투자는 총자본 지출에서 감가상각을 뺀 것과 같다. 우리는 기존 자산을 대체하기 위한 투자는 감가상각으로 충당되며 순투자는 성장에 할애한다고 가정한다. 이익도 감가상각 이후에 산출된다.

위해서는 표 7.5부터 7년 동안 잉여현금흐름, 6%로 예상되는 장기 성장률, 그리고 유능한 컨설턴트가 알려준 10%의 할인율 정보가 필요하다.

$$평가기간\ 말의\ 가치(즉\ 6연도\ 시점의\ 현재가치) = PV_H = \frac{1.09}{0.10-0.06} = \$2,730만$$

$$평가기간\ 말의\ 가치의\ 현재가치(오늘,\ 즉\ 0\ 시점까지\ 할인된) = \frac{\$2,730만}{(1.10)^6}$$

$$= \$1,540만$$

표 7.5에서 제공되는 예측을 적용하면, 처음 6년간 잉여현금흐름의 현재가치는 $0.9백만이다. 따라서 연결기 사업부문의 현재가치는 다음과 같다.

$$PV(사업부문) = PV(잉여현금흐름) + PV(평가기간\ 말의\ 가치)$$
$$= 0.9 + 15.4 = \$1,630만$$

자사주 매입과 배당할인 모형

우리는 연결기 사업부문이 블루스카이 사업부문이지 독립된 법인이 아니라고 추정했다. 그러나 그것이 100만주의 주식이 발행된 별도 법인이었다고 가정하자. 이 기업의 주당 가격은 어떻게 계산할까? 단순하게는 사업부문의 현재가치를 계산하여 100만 단위로 나누어 구할 수 있다. 즉, 만약 그 사업이 $1,630만의 가치가 있다고 결정한다면, 주당 가격은 $16.30이다.

이러한 연결기 사업체가 다른 자산이나 영업이 없는 상장기업이었다면 잉여현금흐름을 배당금으로 지급할 수 있었다. 주당 배당금은 표 7.5에 표시된 잉여현금흐름을 100만주로 나눈 값(1~3년은 $0, 4년 주당 $0.42, 5년 주당 $0.46 등)이다.

배당만이 기업들이 주식 투자자들에게 현금을 돌려줄 수 있는 유일한 방법은 아니다. 기업들은 또한 자사주를 시장에서 매입할 수 있다. 자사주 매입으로 회사는 발행된 주식의 소량을 주주로부터 되사준다. 어떤 해에는 자사주 매입이 배당금을 초과할 수도 있다. 자사주 매입은 주주들에게 현금을 분배하기를 원하지만 비공식적으로라도 주주들이 미래에 그러한 분배를 정기적으로 받기를 기대해야 한다는 신호를 원하지 않는 기업들에게 매력적인 선택이다. 이와는 대조적으로 투자자들은 배당을 대부분의 상황에서 기업이 유지하거나 심지어 증가시키려고 하는 반복적인 현금 분배로 해석한다. 우리는 17장에서 좀 더 세부적으로 자사주 매입에 대해 논의할 것이다.

배당할인 모형을 사용할 때, 우리는 자사주 매입은 배당금처럼 작용한다는 것을 인식해야 한다. 예를 들어, 만약 기업이 각 주주들의 모든 주식의 1%를 되사준다면, 그러한 조치는 주가의 1%에 해당하는 배당금을 지급하는 것과 매우 유사하다.

자사주 매입은 배당할인 모형을 무효화하지 않는다. 주식의 가치는 여전히 보유자가 받을 배당금의 현재가치다. 그러나 자사주 매입은 발행된 주식의 수가 변함에 따라 "주당" 기준으로 배당을 예측하기 어려울 수 있어서 이 모형의 실행을 복잡하게 만든다. 이것은 장부기장을 어렵게 하거나 지속가능성장율의 정확한 산출을 어렵게 할 수 있다. 따라서 다음과 같이 제안한다. 자사주 매입이 중요한 경우에는 연결기 사업부문 사례에서도 그랬듯이 보통 주식 배당금 보다는 회사의 총 잉여현금흐름을 평가하는 것이 더 간단하다. 잉여현금흐름이란 기업이 성장에 필요한 모든 투자를 지불한 후 분배할 수 있는 현금을 말한다.

당신이 그 회사의 모든 주식을 소유하고 있다고 상상해보라. 잉여현금흐름은 당신이 회사의 단일 주주로서 받을 수 있는 것이다. 중요한 것은 그것은 배당금과 자사주 매입 사이의 구분에 의존하지 않을 것이다. 결국 단독 주주로서 배당을 받거나 주식 일부를 회사에 되팔아 잉여현금흐름을 얻든 상관하지 않을 것이다. 잉여현금흐름에 배당할인 모형을 적용해 기업 전체를 평가하면 기업의 가치를 현재 발행 주식 수로 나눈 뒤 주가를 찾을 수 있다.

7.6 월가에 공짜 점심은 없다

기업들은 전체 사업을 가치 있게 평가하기 위해 비교 기업과 배당할인 모형에 의존한다. 주식시장의 투자자들은 저평가된 주식을 찾는 데 정기적으로 비교 기업을 사용한다. 예를 들어 카보글루틴 신약으로 인한 잠재적 이익에도 불구하고 카파제약(Kappa Pharmaceuticals)이 오미크론(Omicron)이나 업실론(Upsilon)보다 낮은 P/E로 판매되고 있어 투자자가 저평가됐다고 판단할 수 있다. 주요 투자운용사들도 배당할인 모형을 활용해 보통주의 가치를 추정해 주식 시세와 비교한다. 각각의 경우에, 투자자는 일단 다른 사람들이 주식의 가치가 저평가되어 있다는 것을 깨달으면, 주가가 치솟아 많은 이익을 얻을 것이라고 믿고 있다.

투자자들이 저평가된 종목을 찾는 것이 얼마나 어려운 일인지 잠시 살펴보겠다. 그러기 전에 증권의 발행이나 매입에 더 신경을 쓰는 기업 재무관리자가 투자자들이 '시장을 이길 수 있느냐'에 신경을 써야 하는 이유를 설명해야 한다. 그 이유는 전문 투자자들조차 저평가된 주식을 지속적으로 찾을 수 없다면, 기업 재무관리자들은 일반적으로 시장 가격이 내재가치의 좋은 추정치를 제공한다고 가정해야 하기 때문이다. 기업의 환율정책을 설정하거나 부채발행 여부를 결정할 때도 재무관리자에게 유사한 메시지가 적용된다. 통화나 채권이 잘못 평가되는 시점을 파악할 수 없다면 금융관리자는 '시장을 이기려는 위험한 시도'를 하기보다는 시장가격을 신뢰해야 한다.

먼저 아마추어 투자자들의 실적을 간단히 살펴보자. 브래드 바버(Brad Barber)와 테란스 오딘(Terrance Odean)[12]은 1991년부터 1996년까지 6만6000가구 이상의 일반 주식투자를 조사하였다. 위험의 차이를 통제한 후 표본 투자자의 성과는 평균적으로 시장 실적 보다 거래비용을 고려하지 않으면 약 1.8%, 거래비용을 고려하면 약 3.7% 저조한 것으로 나타났다.

아마추어가 시장을 이기지 못하는 것이 놀랄 일은 아닐지 몰라도 프로 투자자는 어떤가? 아마도 아마추어들이 거래비용을 고려하기 전에 이미 패한다면, 전문 투자자들은 반드시 이익을 얻어야 한다. 그림 7.6은 이 문제에 대한 몇 가지 증거를 제공한다. 지난 30년간 뮤추얼 펀드의 주식 평균 실적을 보여준다. 몇 년 동안은 이러한 뮤추얼 펀드가 시장을 이기고 있었지만, 실제로는 1970년 이후 47년 중 28년 동안은 오히려 그 반대였음을 알 수 있다. 이들 펀드는 연간 평균 약 1%의 저조한 실적을 보였다. 프로선수들이 아마추어들의 희생으로 벌어들인 이득이 거래비용으로 사라진 것 이상인 것 같다.

물론 일부 펀드매니저가 남들보다 똑똑하지 못하고 우수한 수익률을 올릴 수 있다면 놀라울 것이다. 안타깝게도, 똑똑한 매니저들을 발견하는 것은 어려워 보인다. 예를 들어 1년 후 상위 사분위 펀드는 이듬해에도 상위 사분위 안에 들 가능성이 평균과 다르지 않다. 한 시기 상위권 매니저들은 다음 시기에는 평균적으로 체면을 구길 가능성이 있는 것으로 보인다.

이렇듯 실망스러운 증거가 많아짐에 따라 많은 투자자들은 시장보다 우월한 투자수익률 찾기를 포기했다. 대신 그들은 단순히 인덱스펀드나 전체 주식시장을 추적하는 ETF를 사기 시작했다. 인덱스펀드와 ETF는 2장에서 설명했다. 이 상품들은 매우 적은 관리

---

12) B.M. Barber and T. Odean, "Trading Is Hazardous to Your Wealth: The Stock Market Investment Performance of Individual Investors," *Journal of Finance 55* (2000), pp. 773–806

그림 7.6 Wilshire 5000 시장지수와 뮤추얼 펀드의 주식 연간 수익률(1971~2017). 47년 중 28년에서 시장지수가 평균 뮤추얼 펀드보다 높은 수익률을 제공하였다.

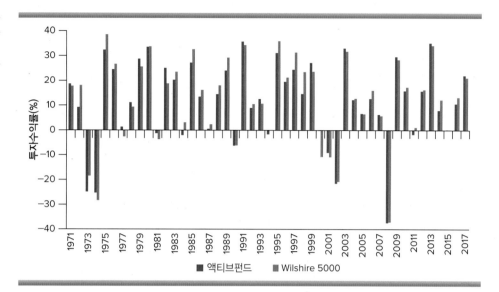

비용으로 최대의 분산투자를 제공한다는 사실을 기억하라. "시장을 이기려고" 하지만 지속적으로 그렇게 하지 못하는 매니저에게 왜 많은 수수료를 지급해야 하는가? 이제 기업의 퇴직연금기금들은 미국 주식 투자의 1/4 이상을 인덱스펀드에 투자하고 있다.

랜덤워크와 효율적 시장

시장보다 우월한 초과수익을 얻는 것이 왜 그렇게 어려운가? 당신이 보통주로 구성된 포트폴리오를 관리한다고 가정하자. 당신은 금융 및 무역 언론, 회사의 재무 계정, 대통령의 연차 연설 및 기타 뉴스 항목을 연구하여 각 회사의 사업 전망을 측정하려고 한다. 회사 프레젠테이션에 참석하여 특정 산업에 특화된 애널리스트들과 대화하며 정보를 얻는다. 당신의 목표는 기대 이상의 수익을 제공할 저평가된 주식들을 발굴하는 것이다. 하지만 만약 수많은 재능 있고 근면한 애널리스트들이 저평가된 주식을 찾으려 한다면 어떻게 될까? 헐값으로 보이는 주식을 적발하면 다른 사람들도 그렇게 할 것이라는 게 도리에 맞고, 가격을 끌어올리는 매수 바람이 불 것이다. 이 구매 압력은 처음의 싸게 살 기회를 없앨 것이다.

몇 가지 새로운 정보가 제공된다고 가정해 보자. 예를 들어, 카파(Kappa)가 신약에 대한 FDA 승인을 얻었다고 발표한다. 당신은 서둘러서 카파 주식을 사려고 하지만 이미 너무 늦었을 가능성이 있다. 새로운 정보는 일반적으로 몇 초 또는 몇 분 만에 주가에 반영된다. 예를 들어, 케이블 TV 뉴스 제공업체 CNBC는 매일 증권 분석가들의 의견을 요약하고 개별 주식에 대한 정보를 제공하는 '모닝 & 미드데이 전화통화(Morning and Midday Call)'를 선보인다. 2000년 한 해 동안 이들 통화에서 논의된 322개 종목을 대상으로 한 연구에서는 긍정적인 보도가 처음 언급된 후 몇 초 후에 시작하여 약 1분 동안 지속되는 상당한 가격 영향을 초래한다는 것을 발견했다. 투자자들은 신고 후 약 15초 이내에 매수할 수 있어야만 거래비용을 차감한 후 작은 이익을 얻을 수 있었다.[13]

이러한 경쟁에서 나오는 가격은 모든 시장 참여자들의 정보와 견해를 반영할 가능성이 높다. 이 경우, 경쟁자보다 더 나은 정보를 보유하는 것만으로는 충분하지 않다. 초과수익을 얻으려면, 당신은 그들 모두를 합친 것보다 더 나은 정보를 보유해야 한다. 이것은

---

13) 부정적인 보고서에 대한 가격 반응은 공매도 비용이 더 많이 든 탓인지 15분 동안 지속되며 더 점진적이었다. J. A. Busse and T. C. Green, "Market Efficiency in Real Time," *Journal of Financial Economics 65* (2002), pp. 415-437.

터무니없는 주문이다.

주가가 공정하게 책정되면 기존의 모든 정보를 반영하고 새로운 정보에만 대응하게 된다. 그러나 새로운 정보라는 것은 개념적으로 당연히 예상치 못한 것이다. 따라서 이에 따른 주가변동은 충격일 수밖에 없고, 이전의 주가변동에서도 예측할 수 없다. 그래서 주식 가치가 공정하게 평가된 시장에서, 그들의 가격은 무작위로 움직일 것이다. 전날 상승하든 하락하든 관계없이, 주가는 높거나 낮은 수익률을 같은 확률로 제공하면서 무작위로 움직이는 것처럼 보인다. 다른 말로 하면 주가는 랜덤워크(random walk)를 따른다.

"랜덤워크"가 의미하는 바를 잘 모르겠다면 다음 예를 참고해보라. 당신이 어떤 게임에 참가하려고 $100를 투자한다. 매주 말 동전을 던져 앞면이 나오면 당신은 투자액의 3%를 얻고, 뒷면이 나오면 2.5%를 잃는다. 따라서 첫 번째 주말에 당신의 수입은 $103이거나 $97.50이다. 두 번째 주말에 동전을 다시 던진다. 이러한 게임으로부터 얻을 수 있는 결과는 다음과 같다.

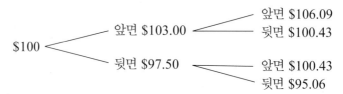

당신이 내기에 건 가치의 연속적인 변화는 독립적이고 공정한 동전 던지기에 의해 결정되기 때문에 이 과정은 랜덤워크이다. 즉, 주초의 가치나 이전 주들에서 앞면과 뒷면이 나왔던 패턴과 관계없이 매주 돈을 벌게 되는 확률은 동일하다. 주가가 랜덤워크를 따른다면 어떤 연, 월, 일 동안 주가가 상승 또는 하락할 확률은 이전 주가의 움직임과는 전혀 관계가 없다. 이러한 경우, 앞면과 뒷면이 나온 것에 대한 일련의 기록이 다음번 동전 던지기에 대해 어떤 정보도 주지 않는 것처럼, 주가의 역사적인 경로는 미래에 대한 어떤 유용한 정보도 주지 않는다.

주가가 랜덤워크에 가까운 어떤 것을 따른다는 관념은 수없이 확인되었다. 예를 들어 그림 7.7a를 보라. 수평축은 뉴욕 종합지수(New York Composite Index)의 1주(5영업일) 수익률을, 수직축은 그다음 주 수익률을 나타낸다. 차트의 각 지점은 40년의 기간에 걸쳐 다른 주(week)를 나타낸다. 만약 1주일의 시장 상승이 다음 주에 이어지는 경향이 있다면, 차트의 포인트는 우상향하는 직선을 따라 그려질 것이다. 그러나 그러한 경향은 없었다는 것을 알 수 있다. 그림에서 점들은 차트에 무작위로 흩어져 있다. 통계학자들은 때때로 이러한 변화들 사이의 관계를 상관계수로 측정한다. 위의 예에서 주간 시장 수익률과 다음 주 수익률의 상관관계는 −0.022이다. 다시 말해 실질적으로 0이다. 월별(20영업일) 수익률에 대한 그림 7.7b도 이와 비슷한 모습을 보여준다. 지수의 이번 달 월별 변화가 다음 달 변화에 대해 거의 아무런 실마리도 제공하지 않는다는 것을 알 수 있다. 월간 시장 수익률과 다음 달 수익률의 상관관계는 −0.004이다. 이는 새로운 정보가 주가에 급속도로 반영되는 시장에서 우리가 예상할 수 있는 것과 거의 정확히 일치한다.

주식이 랜덤워크를 따르는 것처럼 보이는 것이 놀라운가? 그렇다면 주가의 변화가 몇 달 동안 지속할 것으로 예상된다고 상상해보라. 그림 7.8은 그러한 예측을 할 수 있는 사이클의 가상적인 예를 제공한다. 시장에서 지수가 1,600일 때 상승이 시작되었고 다음 달 1,800이 될 때까지 상승이 계속될 것이라고 기대되는 것을 볼 수 있다. 투자자가 이러한 노다지를 알게 되었을 때 어떤 일이 발생할까? 현재 수준에서 주식이 아주 싸기 때문에 투자자는 이 주식을 사려고 몰려들 것이고, 이로 인해 주가는 상승할 것이다. 투자자들은 주식 가격이 적정하게 결정되어서야 매수를 멈출 것이다. 따라서 사이클이 분명해 보이자마자 투자자들은 거래를 통해 즉각 그것을 제거하는 것이다.

그림 7.7a 각 점은 40년 동안 2주 연속 뉴욕 종합지수의 수익률을 보여준다. 동그라미를 친 점은 다음 주에 주당 수익률이 +3.1%로 그 다음 주에 +5.2%로 나타난다. 산포도는 연속 주간의 수익률 사이에 유의미한 관계가 없음을 보여준다.

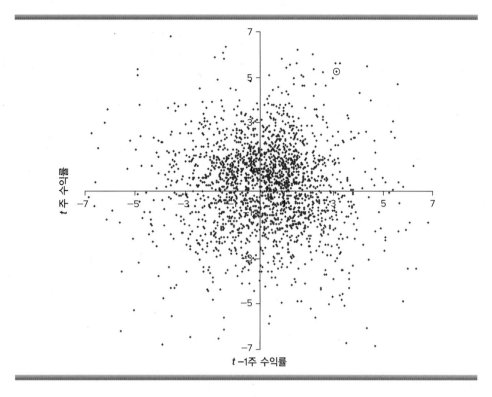

그림 7.7b 이 산포도는 연속적인 월간 시장 수익률 사이에 어떠한 관계도 없다는 것을 보여준다.

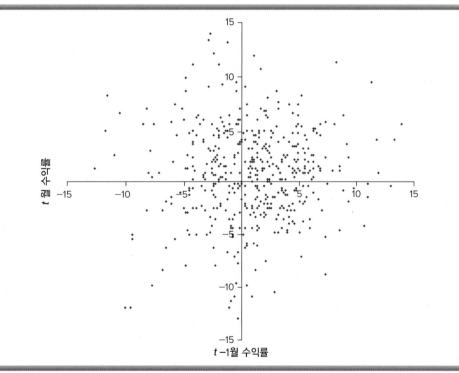

효율적인 시장
가격에 이용할 수 있는 모든 정보가 반영된 시장.

경제학자들은 종종 주식시장을 **효율적인 시장**이라고 부른다. 이것은 잘못 평가된 주식을 찾기 위한 경쟁이 치열하다는 것을 의미한다. 그래서 새로운 정보가 나오면 투자자들은 그것을 이용하기 위해 달려들어 어떠한 이익 기회도 없어진다. 결과적으로, 주식 가격의 새로운 변동은 이전의 변동과는 무관하다. 전문 투자자들이 월가에는 공짜 점심이 없다고 말할 때 이와 같은 생각을 표현하는 것이다. 저평가된 종목을 탐지하고 시장을 일

그림 7.8 사이클은 투자자가 인식하자마자 스스로 파괴된다. 주가는 즉시 미래 기대 주가의 현재가치로 점프한다.

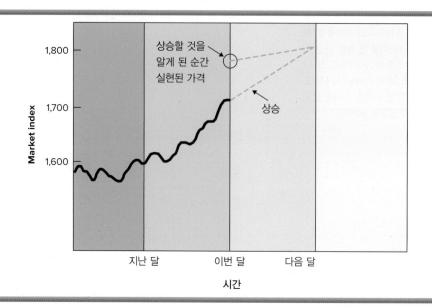

관되게 이기기는 매우 어렵다. 물론 투자자가 선견지명이 완벽하고 실수하지 않는다는 뜻은 아니다. 주식시장에서 벌어지는 주가의 큰 변동성은 투자자들이 매일 놀라운 소식을 나중에 듣게 되고, 훌륭한 수익 기회가 모든 나무에 매달려 있었다는 것을 오직 사후 판단으로만 알게 됨을 시사한다.

7.8 셀프테스트

주가가 랜덤워크를 따른다면 다음 사항은 옳은가 틀린가?

a. 연속적인 주가는 서로 관계가 없다.
b. 연속적인 주가 변화는 서로 관계가 없다.
c. 주가는 정상적인 장기 주가를 기준으로 위아래로 변동한다.
d. 주가의 과거 자료는 투자자가 미래 수익률을 예측하는 데 사용될 수 없다.

7.7 시장 이례현상과 행동재무학

시장의 이례현상

거의 예외 없이, 초기 연구자들은 효율적 시장 가설이 현실을 너무나도 잘 설명하고 있다는 결론을 내렸다. 그들은 세 가지 버전의 가설을 시험했다. 약형 효율성(weak-form efficiency)은 주가가 무작위적인 행보를 따르기 때문에 과거 가격 변동에 대한 연구만으로는 초과수익을 낼 수 없다는 것이다. 그림 7.7은 가격 변동이 한 기간에서 다음 기간까지 본질적으로 독립적이라는 것을 보여주는 것으로, 약형 가설을 지지하는 증거이다. 준강형 효율성(semistrong-form efficiency) 가설에 따르면 공공연하게 이용 가능한 정보가 주가에 이미 반영되기 때문에 다른 투자자도 이용할 수 있는 정보의 연구에 의해 초과수익을 얻는 것이 불가능하다. 연구자들은 CNBC '모닝 & 미드데이 전화통화'의 예와 같이 가격이 얼마나 빠르게 다양한 유형의 뉴스를 반영하는지 살펴봄으로써 이 가설을 시험해 보았다. 강형 효율성(strong-form efficiency) 가설은 보유할 수 있는 어떠한 정보와 기술을 가진 어떠한 투자 집단도 지속적으로 초과수익을 얻을 수 없다는 것을 의미한다. 그림 7.6은 전문 펀드매니저라도 일반적으로 시장을 능가하지 않는다는 것을

그림 7.9 장부가액 대 시장가치의 비율이 낮은 주식에 대한 $1 투자의 누적 가치 차이 (1926=$0)

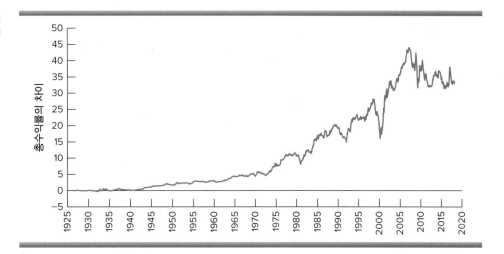

보여 주는 것으로, 시장이 강형 효율적이라는 증거를 제공한다.

그러나 결국 증거의 균열이 나타나기 시작했고 곧 금융 저널에는 투자자들이 이용하지 못한 이상 징후나 이익 기회의 예들로 가득 찼다. 이러한 사례의 일부는 매우 단기적인 주식 수익률에 대한 것이다. 단 몇 초 동안 지속될지도 모르는 이례현상으로 돈을 벌 기회를 잡으려면, 한쪽 눈은 컴퓨터 화면을 보고 다른 쪽 눈은 연간 보너스를 보는 초단타 매매자(high-frequency trader)가 되어야 한다. 만약 당신이 기업의 재무관리자라면 이러한 패턴들이 호기심을 자극할 수 있지만, 어떤 프로젝트에 투자하고 어떻게 자금을 조달해야 하는지에 대한 재정적인 결정을 바꾸지는 않을 것이다. 기업 경영자들은 몇 개월 또는 몇 년 동안 지속될 수 있는 가격오류 가능성에 더 신경을 써야 한다.

경제학자들은 이러한 장기간의 이례현상을 많이 발견했다. 여기 몇 가지 예가 있다.

모멘텀 요인 우리는 앞서 주가가 랜덤워크에 가까운 것을 따른다고 말했다. 그것은 사실이지만, 몇몇 예외는 있는 것 같다. 예를 들어, 장기간에 걸쳐 주식시장의 수익률을 살펴본 연구자들은 약 6개월에서 9개월 동안 가격상승이 지속되었다가 다시 회복되는 경향을 발견했다. 다음 논문을 참조하라.[14] 투자자들은 이러한 수익률의 지속성을 모멘텀으로 언급한다.

장부가-시장가 요인 이제 가치주와 성장주 수익률 간의 누적차이를 보여주는 그림 7.9를 보라. 가치주는 장부가액 대비 장부가액 비율이 높은 종목으로 정의된다. 성장주는 장부가액 대비 시장가격 비율이 낮은 종목이다.[15] 가치주가 성장주보다 높은 수익률을 제공했다는 점에 주목한다. 1926년에서 2017년 사이에 두 종목의 연평균 수익률 차이는 4.9%로 나타났다.

이런 패턴이 효율적 시장이론의 또 다른 예외인가? 단지 장부가 대비 시장가격이 낮은 주식에 투자하는 것만으로 수십 년 동안 투자자들에게 예외적인 수익을 얻을 수 있는 기회를 준 예외인가? 아마도 그럴 수 있다. 그러나 가치주가 우리가 아직 파악하지 못했거나 어떻게 측정해야 하는지 모르는 추가적인 리스크를 가지고 있다는 점도 있을 수 있다. 만약 그렇다면 투자자들은 이러한 위험에 대한 보상으로 더 높은 수익을 요구했을 것이다.

모멘텀 요인과 같은 시장 이례현상은 개별 종목의 가격이 적정선을 벗어날 수 있음을

---

14) N. Jegadeesh, "Evidence of Predictable Behavior of Stock Returns," *Journal of Finance* 45, (1990), pp. 881,898; and T. J. Moskowitz, Y. H. Ooi, and L. H. Pedersen, "Time Series Momentum," *Journal of Financial Economics* 104, no. 2 (2012), pp. 228,250.

15) 이러한 주식들은 높은 기대 성장률이 장부금액 대비 높은 가격을 정당화할 수 있기 때문에 성장주라고 불린다.

시사한다. 그러나 전체적인 가격이 더 이상 펀더멘털에 의해 정당화될 수 없는 경우도 있는가? 잠시 뒤 증거를 살펴보겠지만 우선 보통주의 가치를 평가하고 그 가격이 비합리적인지 판단하기가 얼마나 어려운지 주목해야 한다.

예를 들어 2017년 12월에 스탠다드앤푸어스(S&P) 종합지수를 구성하는 주식들이 공정하게 평가되었는지 여부를 확인하고자 한다고 상상해 보자. 첫 번째로, 당신은 우리가 앞서 소개한 지속적인 성장 공식을 사용할지도 모른다. 2018년 지수 내 기업들이 지급한 연간 배당금은 약 $4,600억이었다. 이러한 배당금은 4.0%의 꾸준한 성장률을 보일 것으로 예상되었고 투자자들은 6.0%의 수익을 요구했다고 가정해보자. 그러면 고정성장 공식이 $23조의 보통주 가치를 부여하는데, 이는 2017년 12월의 실제 가치인 $2조보다 약간 적은 것이다.

$$PV = \frac{DIV_1}{r-g} + \frac{\$4,600억}{0.06-0.04} = \$23조$$

하지만 이 수치들에 대해 얼마나 확신할 수 있을까? 아마도 배당성장률은 연 3.5%에 불과했다. 그렇게 되면 보통주 가치에 대한 당신의 추정치는 $18.4조로 떨어질 것이다.

$$PV = \frac{DIV_1}{r-g} + \frac{\$4,600억}{0.06-0.035} = \$18.4조$$

즉, 예상 배당성장률에서 0.5%p만 줄이면 보통주 가치가 20% 정도 줄어든다는 얘기다. 심지어 사소한 가격 변동에 대한 가격 민감도는 보통주를 처음부터 가치평가하는 것이 언제나 매우 부정확할 것이라는 것을 말해준다. 이 결론은 두 가지 중요한 결과를 가지고 있다.

첫째로, 투자자들은 어제의 가격과 비교해서 혹은 오늘의 비교할 만한 다른 주식의 가격과 비교해서 보통주의 가격을 매기는 것이 더 쉽다는 것을 알게 된다. 즉, 그들은 일반적으로 어제의 가격을 옳다고 여기며, 오늘의 정보를 근거로 상향 조정하거나 하향 조정한다. 정보가 순조롭게 도착한다면, 시간이 지날수록 투자자들은 오늘날의 가격 수준이 정확하다고 점점 더 확신하게 된다. 그러나 투자자들이 어제의 가격 벤치마크에 대한 신뢰를 잃으면, 새로운 벤치마크가 안정되기 전에 거래 혼란과 가격 변동성의 시기가 있을 수 있다.

둘째, 시장효율성 테스트의 대부분은 상대적 가격과 관련이 있으며, 이익을 쉽게 얻을 수 있는지 여부에 초점을 맞추고 있다. 어느 누구도 어떠한 정밀도로 주식의 진정한 가치를 측정할 수 없기 때문에 주식의 가치가 제대로 평가되는지 테스트하는 것은 거의 불가능하다.

거품과 시장효율성

시장 수준이 펀더멘털과 일치하거나 또는 일치하지 않는다는 것을 증명하기는 불가능할 수 있다. 그러나 이따금씩 투자자들은 투기 광풍에 휘말리는 것 같고, 그러면 자산가격은 이익과 배당 전망으로(적어도 사후적으로 판단해 보면) 쉽게 정당화될 수 없는 수준에 도달한다. 투자자들은 그러한 경우를 거품이라고 부른다.

일본 주식시장의 거품이 좋은 예다. 1985년과 1989년 사이에 일본 닛케이 지수는 대략 4배 증가했다. 그러나 1990년에는 금리가 오르고 주가가 하락하기 시작했다. 10월까지 닛케이평균주가는 정점의 약 절반으로 하락했고, 2009년 3월까지는 19년 전의 최고치보다 80% 하락했다.

일본 주가의 호황은 부동산 가격의 훨씬 더 큰 폭등과 맞먹었다. 예를 들어 지엠바와 슈워츠(1992)[16]는 주변의 땅값으로 평가한 도쿄의 황제궁이 위치한 수백 에이커의 땅은 캐나다 또는 캘리포니아의 모든 땅만큼의 가치가 있었다고 기록하고 있다. 그러나 그 후 부동산 거품도 터졌다. 2005년까지 일본 6대 도시의 땅값은 정점의 13%로 폭락했다.

미국의 닷컴 거품은 거의 극적이었다. 기술주 중심의 나스닥 지수는 1995년 초보다 580% 상승하여 2000년 3월 종국적으로 최고가를 기록했다. 그러나 그 후, 시작과 동시에 호황은 끝났고, 2002년 10월까지 그 지수는 최고치에서 78% 하락했다.

이러한 에피소드를 돌이켜보면, 예상 미래현금흐름이 최초 가격 상승을 정당화하기에 충분할 수 있었다는 것을 믿기는 어려워 보인다. 만약 그렇다면 효율적 시장이론에 대해 두 가지 중요한 예외가 존재하는 것이다.

하지만 가격이 항상 제멋대로고 변덕스럽다는 결론에 뛰어드는 것은 조심해야 한다. 첫째, 대부분의 거품은 터지고 나서야 명백해진다. 당시 가격 상승에 대한 그럴듯한 설명이 종종 있는 것 같다. 예를 들어 닷컴 붐에서, 많은 당시의 관측자들은 기술 진보에 의해 추진되는 새롭고 더 수익성 있는 경제의 전망에 의해 정당화된 주가 상승을 합리화했다.

행동재무학

왜 가격은 근본적인 가치에서 벗어날까? 일부 학자들은 이 질문에 대한 해답이 행동심리학에 있다고 믿는다. 사람들이 언제나 100% 합리적인 것은 아니다. 이는 세 가지 광범위한 영역에서 나타난다 — 위험에 대한 태도, 확률을 평가하는 방법, 그리고 경제에 대한 그들의 감정.

1. **위험에 대한 태도.** 심리학자들의 관찰에 의하면, 사람들은 위험한 결정을 내릴 때 작은 것이라도 손실을 보는 것을 매우 싫어한다. 손실을 본 사람들은 자신의 행동을 후회하고 왜 그렇게 바보 같았는지를 자책하기 쉽다. 이 불쾌한 가능성을 피하려고 사람들은 손실을 볼 수 있는 행동들을 피하려는 경향이 있다.

   손실의 고통은 이것이 전에 입은 손해에 이어서 발생하는가에 영향을 받는 것처럼 보인다. 투자자들은 일단 손실을 보면 추가적인 손실을 무릅쓰지 않으려고 더욱 조심하게 된다. 이와는 반대로, 도박사들이 이기고 있을 때 기꺼이 큰 내기를 하려 한다고 알려진 것처럼, 투자자들은 그들이 상당한 이득을 얻고 나서는 시장 하락의 위험을 기꺼이 무릅쓰려고 할 것이다. 따라서 이로 인해 작은 손실을 보더라도 그들은 그 해에 적어도 (합해서) 이익을 얻었다는 것으로 위안을 삼는 것이다.

   여러분은 이러한 행동들이 어떻게 주식 가격을 거품으로까지 이끌어 갈 수 있는지를 볼 수 있다. 예를 들어 닷컴 버블 때 호황을 누렸던 기술기업의 초기 투자자들은 큰 승리자들이었다. 그들은 손실의 위험에 대해 더 이상 염려하지 않았을 지도 모른다. 그들은 이 회사들에 대한 주의를 기울이지 않고 더 많은 돈을 갖다 부어 주가가 근본적인 가치보다 훨씬 높게 상승하도록 했는지도 모른다. 마침내 최후의 날이 되어서야 비로소 이들 투자자들은 주가가 근본 가치를 얼마나 초과하여 상승했었는지 깨닫게 되었다.

2. **확률에 대한 믿음.** 대부분의 투자자는 확률이론에 대한 박사학위를 갖고 있지 않다. 그리고 불확실한 결과의 확률을 평가할 때 공통적인 실수를 범한다. 심리학자들에 의하면 개인들은 미래 결과를 판단할 때 보통 최근에 무엇이 일어났는가를 되돌아보고 이것이 장래에도 발생할 거라고 가정한다. 최근 경험을 미래로 투영하고 좀 더 먼 과거로부터 배운 교훈을 잊어버리려는 유혹이 있다. 예를 들어, 최근 사건에 너무 많은 가중치를 둔 투자자의 경우 매우 높은 성장률이 영원히 지속할 수 없음에도 불구하고

---

16) 참조 W. T. Ziemba and S. L. Schwartz, *Invest Japan* (Chicago: Probus Publishing, 1992), p. 109.

최근 크게 성장한 회사들이 계속해서 빠르게 성장할 것 같다고 판단할 수도 있다.

두 번째 공통된 편의(bias)는 과도한 자신감의 오류이다. 우리는 대부분 자신이 평균 이상의 운전자라고 믿으며, 대부분의 투자자는 그들이 평균 이상의 종목 발굴자라고 생각한다. 우리는 서로 거래하는 두 투기자가 같은 거래에서 둘 다 돈을 벌 수 없다는 것을 알고 있다. 이득을 본 사람이 있다면 손해를 본 사람도 있어야 한다. 그러나 투자자들은 상대방이 어수룩한 봉이라고 확신하기 때문에 거래를 계속할 것이다.

이러한 행동이 어떻게 닷컴 붐을 강화시켰는지 알 수 있다. 강세 시장이 진전됨에 따라 미래에 대한 낙관주의는 강화되고 주식에 대한 수요 또한 촉진된다. 투자자가 그들의 주식으로부터 이익을 많이 보면 볼수록 자신들의 관점에 대해 더욱더 자신감을 느끼게 되고, 다음 달 좋지 않을 수 있는 위험을 기꺼이 부담하려고 한다.

3. **심리.** 효율적 시장은 모든 가능한 이익 기회를 노리며 절대적으로 합리적인 투자자들을 떠올리게 한다. 그러나 진짜 투자자는 사람이고, 사람은 감정의 대상이다. 심리(Sentiment)는 경제에 대한 낙천주의나 비관주의로 해석될 수 있다. 대규모 투자자들의 심리가 겹겹이 엇갈릴 경우 주식이나 채권 같은 증권 가격에 상당한 영향을 미칠 수 있다.

주식시장 거품이 생길 수 있는 또 다른 이유로 이러한 심리가 제시된다. 심리가 개선되면 주가 상승으로 이어질 수 있다. 투자자들은 최근 실적을 미래로 추론하고 지금이 구매하기 좋은 시기라고 결정함으로써 그 상승폭은 저절로 살아날 수 있다.

이제 당신의 헤리 아저씨나 헤티 아주머니가 "비합리성의 소용돌이"에 빠져들 수 있다는 것을 어렵지 않게 믿을 수 있다.[17] 그러나 왜 고집이 센 전문투자자들조차 그토록 비싼 가격으로부터 빠져나와 주가를 공정한 가치로 내려가도록 하지 않는가? 아마도 그들은 그 붐이 끝날 때를 예측하기가 너무 어려워서 또는 다른 전문투자자들이 이익을 쌓아놓을 때 공격적으로 현금화하면 그들의 일자리가 위험에 처할 것이라고 느꼈을 수도 있다. 이러한 경우에 전문투자자의 주식 매도는 시장을 휩쓰는 낙관주의의 흐름을 막을 수 있을 만큼 크지 않다.

시장에 나타나는 수수께끼 중 일부를 해결하고 닷컴 호황과 같은 사건을 설명하는 데 행동재무학자들이 어느 정도 도움이 될 수 있는지를 말하기에는 너무 이르다. 그러나 한 가지는 명백한 것 같다. 통계학자들이 사후에 이례현상을 지적하고 심리학자들이 이에 대한 설명을 제공하는 것은 상대적으로 쉽다. 그러나 저평가 혹은 고평가된 증권을 찾아서 투자해야 하는 칼날 같은 현실에 서 있는 투자 매니저들의 입장에서 보면 이는 너무 어렵다. 이것이 바로 효율적 시장이론이 전하는 기본적인 메시지이다. 기업의 재무관리자들에게는 다음과 같은 분명한 교훈이 있다. 확률상 유리하다는 점을 확실하게 하는 장점이 없는 한 시장가격을 신뢰하라.

---

17) The term "irrational exuberance" was coined by Alan Greenspan, former chairman of the Federal Reserve Board, to describe the dot-com boom. It was also the title of a book by Robert Shiller that examined the boom. See R. Shiller, *Irrational Exuberance* (New York City: Broadway Books, 2001).

요약 SUMMARY

주식 거래 보고서에 포함된 정보는 무엇이며, 다른 회사에 대한 주가 정보를 어떻게 사용하면 특정 기업의 가치를 평가하는데 도움이 되는가? (학습목표 7-1)

대형 회사들은 보통 주식거래소에서 그들의 주식을 거래할 수 있도록 상장시킨다. 주식목록은 주식의 가격, 가격 변화, 거래량, 배당수익률, **주가−이익비율(P/E)**을 보고한다. 주식을 평가하기 위해, 재무 애널리스트들은 종종 유사한 회사를 식별하고 이들 회사의 투자자들이 수익이나 장부 자산 $1당 얼마를 지불할 준비가 되어 있는지를 살펴보는 것으로 분석을 시작한다.

미래 배당금 및 미래 주가 전망에 따라 주식의 현재가치를 어떻게 산정할 수 있으며, 기업의 성장 기회가 주가 및 주가−이익비율에 어떻게 나타날 수 있는가? (학습목표 7-2)

일반적으로 주주는 (1) 현금배당과 (2) 자본 이득 또는 손실을 받을 것으로 기대한다. 그들이 다음 해 동안 기대하는 수익률은 주당 기대 배당 DIV_1을 예상되는 가격 상승 P_1-P_0와 합한 후 이를 연초 주가 P_0로 나눈 값으로 정의된다.

회사가 채권자에게 약속한 정해진 지급이자와 달리 주주에게 지급되는 배당은 회사의 성공 여부에 달려있다. 이것이 보통주가 부채보다 위험한 이유이다. 또한 투자자가 어떤 주식에 대해 기대하는 수익률은 그들이 위험 수준이 동일한 모든 주식에 대해 요구하는 수익률이다.

주식의 현재가치는 미래 어느 시점까지의 주당 예상 배당금과 예상되는 주가를 더한 현금흐름을 투자자가 요구하는 수익률로 할인한 값이다. 만약 이 시점이 매우 멀다면, 우리는 단순히 주가가 모든 미래 주당 배당금의 현재가치와 같다고 말할 수 있다. 이것이 **배당할인 모형**이다.

배당이 일정 비율 g로 영원히 성장할 것으로 기대된다면, 이 주식의 가치는 $P_0=DIV_1/(r-g)$이다. 이것이 **고정성장 배당할인 모형**이다. 때로는 향후 몇 년간 예상 배당금을 할인한 후 이 기간 말에 예상 가격을 할인하는 것이 보다 실현 가능성이 크다. 예상 가격은 종종 고정성장 모형을 사용하여 추정한다.

주식가치를 두 부분의 합—기존 자산의 가치와 **성장기회의 현재가치**, 즉 기업이 높은 수익률로 투자할 수 있는 미래 기회의 현재가치로 생각할 수 있다. 주가−이익비율(P/E)은 기업의 성장기회에 대한 시장의 평가를 반영한다.

이러한 주식 평가 공식들을 어떻게 사용하여 전체 사업의 가치를 유추할 수 있을까? (학습목표 7-3)

유사한 평가 방법을 사용하여 전체 사업의 가치를 추정할 수 있다. 이 경우 기업이 제공하는 잉여현금흐름을 예측하고 할인할 필요가 있다. 이것은 사업에 다시 투입되지 않고 배당금 지급이나 주식 재매입에 사용될 수 있는 현금흐름이다.

투자자들 간의 경쟁으로 어떻게 효율적 시장이 형성되는가? (학습목표 7-4)

투자자들 간의 경쟁은 새로운 정보를 빠르게 반영하는 시장, 즉 투자자들이 지속적으로 우월한 수익을 내기 어려운 효율적인 시장을 만들어 내는 경향이 있을 것이다. 물론 우리는 모두 시장을 이기고 싶어 하지만 시장이 효율적이라면 합리적으로 우리가 기대할 수 있는 것은 화폐의 시간가치 및 우리가 부담하는 위험을 보상하는 데 충분한 정도의 평균적인 수익률 뿐이다.

시장효율성에 대한 증거는 많다. 그리고 숙련된 전문투자자가 지속적으로 우월한 수익을 올리기 어렵다는 것은 거의 의심의 여지가 없다. 그럼에도 불구하고 시장이 효율적이지 않은 것처럼 보이는 어떤 수수께끼 현상들이 남아 있다. 일군의 재무경제학자들은 이러한 명백한 이례현상들을 투자자의 행동적 결점 탓으로 돌린다.

식 목록 LISTING OF EQUATIONS

7.1 $V_0 = \dfrac{DIV_1 + P_1}{1 + r}$

7.2 $P_0 = \dfrac{DIV_1 + P_1}{1 + r} + \dfrac{DIV_2}{(1 + r)^2} + \cdots + \dfrac{DIV_H + P_H}{(1 + r)^H}$

7.3 $P_0 = \dfrac{DIV_1}{r - g}$ (고정성장 배당할인 모형)

7.4 $P_0 = \dfrac{DIV_1}{P_0} + g =$ 배당수익률 + 배당성장률

7.5 $g =$ 지속가능성장률 = 자기자본 이익률(ROE) × 내부유보율

연습문제 QUESTIONS AND PROBLEMS

1. 주식시장.   참 또는 거짓? (학습목표 7-1)
   a. 매수호가(사자가격)는 매도호가(팔자가격) 보다 언제나 높다.
   b. 주식을 즉시 팔려는 투자자는 지정가 주문(limit order)을 입력해야 한다.
   c. 대형 투자자에 의한 주식 매각을 보통 "신주발행(Primary offering)"이라고 부른다.
   d. 전자 통신 네트워크(ECN)는 뉴욕 증권거래소의 자동 티커(ticker) 테이프를 가리킨다.

2. 주식호가.   야후 파이낸스(finance.yahoo.com)에 접속하여 IBM의 거래 호가 정보를 얻으시오. (학습목표 7-1)
   a. 마지막 주가와 시가총액은 얼마인가?
   b. 매수매도 호가차이(bid-ask spread)는 얼마인가?
   c. IBM의 배당금과 배당수익률은 얼마인가?
   d. IBM의 주가수익비율(P/E ratio)은 얼마인가?

3. 주식호가.   다음은 Mesquite Foods의 주문대장이다. (학습목표 7-1)

매수호가(Bid)		매도호가(Ask)	
가격	수량	가격	수량
103	100	103.5	200
102.5	200	103.8	200
101	400	104	300
99.8	300	104.5	400

   a. Georgina Slobberg는 100주를 팔기 위해 시장가 주문(market order)을 제출한다. 그녀는 얼마의 가격을 받을 것인가?
   b. Norman Philbarra는 400주를 매입하기 위해 시장가 주문(market order)을 제출한다. 그가 지불할 최대 가격은 얼마인가?
   c. Carlos Ramirez는 105로 지정가 매수주문(limit bid order)을 제출한다. 즉시 실행되는가?

4. 주가수익비율. Favidita Candy의 주식은 올해 주당 $2.40의 이익을 낼 것으로 예상된다. P/E 비율은 18이다. 이 주식의 주가는 얼마인가? (학습목표 7-1)

5. 배당수익률. BMM Industries는 분기당 $2의 배당금을 지불한다. 그 주식의 배당수익률은 4.8%로 보고되고 있다. 주가는 얼마인가? (학습목표 7-1)

6. 경쟁기업과 비교하여 가치평가. 야후 파이낸스 또는 다른 온라인 소스를 사용하여 American Electric Power(티커 기호 AEP)의 P/E 및 P/B 비율을 찾아보라! 다음 잠재적 경쟁상대에 대해 동일한 재무비율을 계산하시오: Duke Energy (DUK), First Energy Corporation (FE), PG&E Corporation (PCG), CenterPoint Energy (CNP), Southern Company (SO) 등. 이러한 전기 회사의 재무비율은 서로 유사한 값을 가지는가? 아니면 다양하게 분산되어 있는가? 만약 당신이 AEP의 주가를 몰랐다면, 그 비교대상들이 예상치를 산출하는데 도움이 되는가? (학습목표 7-2)

7. 경쟁기업과 비교하여 가치평가. 경쟁기업과 비교하여 평가하는 것은 표 7.3의 일부 기업에게는 다른 기업보다 훨씬 더 효과적이었다. ED, DUK, ES 및 FE와 같은 4개의 전기 유틸리티 기업과 IUTU, MSFT, ADBE 및 ORC와 같은 4개의 컴퓨터 소프트웨어 회사를 선택하시오. 각 기업의 P/E 및 시장가 대비 장부가 비율을 야후 파이낸스에서 모두 수집하시오. 경쟁기업과 비교하여 평가하는 것이 어떤 산업에 더 효과적일 것인가? (학습목표 7-2)

8. 배당할인 모형. 투자자들이 배당과 주가가 매년 6%씩 증가하고 투자자들의 요구수익률은 동일하게 12%라고 가정할 때 보유기간 1년, 2년, 3년, 그리고 10년에 대하여 표 7.4를 다시 구성하시오. (학습목표 7-2)

a. Dritter는 이 주식에 얼마의 가치를 부여할 것인가?

b. 표 7.4에 10년의 투자기간을 가지는 투자자 Zehnte에 대해서 행을 추가하시오.

9. 배당할인 모형. Amazon.com은 지금까지 배당을 지급하지 않았다. 그러나 2018년 3월 주식의 시장가치는 $7,600억를 넘어섰다. 이는 배당할인 모형이 틀렸다는 증거인가? (학습목표 7-2)

10. 배당할인 모형. 실제로 많은 투자자가 자본이득을 얻고자 주식을 1~2년 동안만 보유하려고 하는데, 가격이 모든 미래 배당의 현재가치와 같다고 어떻게 말할 수 있는가? 설명하라. (학습목표 7-2)

11. 배당할인 모형. 참 또는 거짓? (학습목표 7-2)

a. 투자자들은 다른 곳에서 얻을 수 있는 것보다 더 높은 수익을 줄 경우에만 주식에 투자할 것이다. 그러므로, 만약 어떤 주식의 가격이 공정하게 결정되었다면, 그것의 예상 수익률은 자기자본의 비용보다 더 클 것이다.

b. 영구히 일정한 배당금을 지급해야 하는 주식은 $P_0 = DIV_1/r$의 가치가 있다. 수익을 올리기 위해 재투자할 수 있는 회사는 그 가치가 더 클 것이다.

c. 배당할인 모형은 현재 배당금을 지불하지 않은 주식에도 여전히 논리적으로 정확하다.

12. 배당할인 모형. Integrated Potato Chips는 방금 주당 $1의 배당금을 지불했다. 당신은 배당금이 매년 4%의 비율로 꾸준히 증가할 것으로 예상한다. (학습목표 7-2)

a. 향후 3년간 매년 배당금 예상액을 구하시오.

b. 이 주식의 할인율이 12%일 때 주가는 얼마인가?

c. 3년 후 주가는 얼마로 예상되는가?

d. 당신은 이 주식은 오늘 매수하여 3년 후에 매도하려고 한다. 1년, 2년, 3년의 예상 현금흐름을 구하시오.

e. (d)에서 구한 현금흐름의 현재가치는 얼마인가? (b)의 결과와 비교하시오.

13. **우선주.** Preferred Products는 연간 $8의 배당을 영원히 지급하는 우선주를 발행하였다. (학습목표 7-2)

    a. 할인율이 12%라면 이 우선주는 얼마에 팔려야 하는가?

    b. 지금부터 1년 후 이 주식은 얼마에 팔려야 하는가?

    c. 배당수익률, 자본이득률, 주식의 기대수익률은 얼마인가?

14. **고정성장 배당할인 모형.** Arts and Crafts, Inc.는 1년 동안 주당 $5의 배당을 지급할 것이다. 이 주식은 주당 $50에 거래되고 있다. 동일 산업에 속한 기업들은 14%의 기대수익률을 제공하고 있다. 이 회사 배당의 기대 성장률은 얼마여야 하는가? (학습목표 7-2)

15. **고정성장 배당할인 모형.** 어떤 주식이 $40에 거래되고 있다. 다음 배당은 주당 $4일 것이다. 재투자된 자금에서 벌어들이는 수익률은 15%이고 회사는 이익의 40%를 재투자한다면, 할인율은 얼마여야 하는가? (학습목표 7-2)

16. **고정성장 배당할인 모형.** Gentleman Gym은 주당 $3의 연간 배당을 방금 지급하였다. 그리고 배당이 영원히 매년 5%씩 증가할 것이라고 널리 기대되고 있다. (학습목표 7-2)

    a. 이 주식은 얼마에 팔려야 하는가? 할인율은 15%이다.

    b. 할인율이 단지 12%라면 여러분의 답은 어떻게 변하는가? 이 답은 왜 변하는가?

17. **고정성장 배당할인 모형.** Eastern Electric은 현재 주당 약 $1.64의 배당을 지불하고 주당 $27에 판매된다. (학습목표 7-2)

    a. 투자자가 배당성장률이 연간 3%라고 믿는다면, 이 주식에 대해 벌어들일 것으로 기대하는 수익률은 얼마인가?

    b. 투자자의 요구수익률이 10%라면 그들이 기대하는 기업의 성장률은 얼마인가?

    c. 유지 가능한 성장률이 5%이고 내부유보율이 0.4라면 새로운 투자에 대해 기업이 벌어들이는 수익률은 얼마여야 하는가?

18. **고정성장 배당할인 모형.** 여러분은 Non-stick Gum Factory가 다음해 보통주에 $2의 배당을 지급할 것이라고 믿고 있다. 배당은 연간 6%의 비율로 영원히 성장할 것으로 기대한다. 여러분이 투자에서 12% 수익률을 요구한다면 여러분은 이 주식에 얼마를 지급하려 하겠는가? (학습목표 7-2)

19. **고정성장 배당할인 모형.** Horse and Buggy Inc.는 사양산업에 속한다. 매출, 이익 그리고 배당이 모두 매년 10% 비율로 감소하고 있다. (학습목표 7-2)

    a. $r = 15\%$이고 $DIV_1 = \$3$라면 주식가치는 얼마인가?

    b. 내년 주가는 얼마로 예상할 수 있는가?

    c. 주식에 대한 기대수익률은 얼마인가?

    d. 당신은 "나쁜 주식"과 "나쁜 회사"를 구별할 수 있는가? 사양산업이란 사실이 이 주식이 나쁜 주식이라는 것을 의미하는가?

20. **고정성장 배당할인 모형.** Metatrend의 주식은 올해 주당 $6의 이익을 창출할 것이다. 이 주식에 대한 할인율은 15%이고 재투자된 이익의 수익률 또한 15%이다. (학습목표 7-2)

    a. 이 회사가 이익 중 다음 비율을 재투자한다면 배당과 주가 성장률은 얼마인가?

      (i) 0%   (ii) 40%   (iii) 60%

    b. 이제 재투자된 이익의 수익률이 20%라고 가정하고 (a) 부분을 다시 계산하라. 각각의 재투자율에 대해 성장기회의 현재가치는 얼마인가?

    c. (a)와 (b) 부분에 대한 답을 고려할 때, 당신은 성장 중인 회사와 성장기회를 가진 회사 간의 차이를 어떻게 간단히 이야기할 수 있겠는가?

21. 고정성장 배당할인 모형. 여기 두 주식에 대한 자료가 있다. 둘 다 할인율은 15%이다. (학습목표 7-2)

	주식 A	주식 B
자기자본이익률	15%	10%
주당 이익	$2.00	$1.50
주당 배당	$1.00	$1.00

    a. 각 기업의 배당성향은 얼마인가?

    b. 각 기업의 기대 배당성장률은 얼마인가?

    c. 각 기업의 적정한 주가는 얼마인가?

22. 고정성장 배당할인 모형. Fincorp은 주당 $2.40의 연말 배당을 지급한다. 이 배당은 영원히 4%씩 성장할 것으로 기대된다. 할인율은 12%이다. (학습목표 7-2)

    a. 이 주식은 얼마에 팔리는가?

    b. 이익이 주당 $3.10라면 성장기회의 암묵적인 가치는 얼마인가?

23. 배당할인 모형. 다음 세 주식을 생각해 보자.

    a. 주식 A는 주당 $10의 배당을 영원히 지급할 것으로 예상된다.

    b. 주식 B는 내년에 주당 $5의 배당을 지급하고, 이후 배당은 매년 4%씩 성장할 것으로 예상된다.

    c. 주식 C는 내년에 주당 $5의 배당을 지급하고, 이후 배당은 향후 5년간(즉 2년부터 6년까지) 매년 20%씩 증가하다가 그 이후로는 증가율이 0%로 예상된다.

만약 각 주식의 할인율이 10%라면 어떤 주식이 가장 가치가 있는가? 만약 할인율이 7%라면 어떻게 되는가? (학습목표 7-2)

24. 투자수익률. Steady As She Goes, Inc.는 주당 $3의 연말 배당을 지급한다. 투자자는 이 배당이 4% 비율로 영원히 성장할 것으로 예상한다. (학습목표 7-2)

    a. 현재 주식이 주당 $30에 팔리고 있다면 이 주식에 대한 기대수익률은 얼마인가?

    b. 주식에 대한 기대수익률이 16.5%라면 주가는 얼마인가?

25. 배당성장. Grandiose Growth는 20% 배당성장률을 보이고 있다. 할인율이 10%이다. 연말 배당은 주당 $2가 될 것이다. (학습목표 7-2)

    a. 연도 1에 지급되는 배당의 현재가치는 얼마인가? 연도 2는? 연도 3은?

    b. 이 성장률이 영원히 계속될 것이라고 합리적으로 기대할 수 있는가?

26. 사업 평가. Start-Up Industries는 주식을 팔아 $2억를 조달한 신생 기업이다. 경영자는 자기자본에 대해 24% 수익률을 얻을 계획이다. 이것은 위험 수준이 비슷한 프로젝트에 대해서 얻을 수 있는 15% 수익률보다 크다. 모든 이익의 절반이 재투자된다. (학습목표 7-3)

    a. Start-Up의 장부가치에 대한 시장가치 비율은 얼마가 되겠는가?

    b. 이 회사가 투자에 대해 단지 10% 수익률만 얻을 수 있다면 이 비율은 어떻게 변하겠는가?

27. 일정하지 않은 성장. 어떤 주식이 앞으로 3년간 $1.00, $1.25, $1.50의 배당을 각각 지급할 것이고, 3년째 말에는 $20에 판매될 것으로 기대되고 있다. (학습목표 7-2)

    a. 이 주식에 대한 할인율이 10%라면 주가는 얼마인가?

    b. 연도 1의 배당수익률은 얼마인가?

    c. 연도 2가 시작하는 시점의 배당수익률은 얼마인가?

28. 일정하지 않은 성장. Planned Obsolescence는 3년 동안 유행할 상품을 가지고 있다. 3년 후 이 회사는 폐업하고 자산을 청산할 것이다. 그 결과 예상 배당은 $DIV_1 = \$2$, $DIV_2 = \$2.50$, $DIV_3 = \$180$이다. 할인율이 12%라면 주가는 얼마인가? (학습목표 7-2)

29. 일정하지 않은 성장. Tattletale News Corp.은 매년 20% 비율로 성장하고 있다. 그리고 이익과 배당의 이러한 성장률이 앞으로 3년간 지속할 것이라고 예상한다. (학습목표 7-2)

   a. 마지막으로 지급된 배당이 $2였다면 다음 배당은 얼마가 되겠는가?

   b. 할인율이 15%이고 3년 후부터 안정적 성장률이 4%라면 오늘 주가는 얼마가 되어야 하는가?

30. 일정하지 않은 성장. 이전 문제의 Tattletale News를 다시 생각해 보자. (학습목표 7-2)

   a. 1년 후 예상 주가는 얼마인가?

   b. 기대수익률이 할인율과 같다는 것을 보여라.

31. 일정하지 않은 성장. Pheonix Industries는 놀라운 회복을 이끌어 냈다. 4년 전 이 회사는 거의 파산 직전이었다. 오늘 이 회사는 지금부터 1년 후 주당 $1를 배당할 것이라고 발표하였다. 위기 이후 첫 번째 배당이다. 애널리스트들은 배당이 앞으로 2년 동안 매년 $1씩 증가할 것으로 예상한다. 3년 후 (배당이 $3일 때) 배당성장률은 좀 더 낮은 장기 성장률인 6%로 안정될 것으로 예상한다. 이 회사 투자자들이 이 주식에 대해 14% 수익을 얻을 것으로 기대한다면 주가는 얼마가 되어야 하는가? (학습목표 7-2)

32. 일정하지 않은 성장. 한 회사가 1년 후 주당 $2의 배당을 지급한다. 2년 후 배당은 주당 $4가 될 것이고 이후 배당은 매년 5%씩 성장할 것으로 예상한다. 이 주식에 대한 기대수익률이 12%이다. (학습목표 7-2)

   a. 현재 주가는 얼마인가?

   b. 1년 후 이 주식의 기대 가격은 얼마인가?

   c. 기대수익률 12%는 배당수익률에 자본이득률을 더한 것과 같다는 것을 보여라.

33. 일정하지 않은 성장. Better Mousetraps는 개선된 상품을 가지고 나왔다. 그리고 시장이 확대되고 있다. 그 결과 이 회사는 4년 동안 매년 20%의 성장을 예상한다. 그때까지 다른 기업들은 모방 기술을 갖게 될 것이고 경쟁은 이익폭을 축소해서 유지 가능한 성장률은 5%로 떨어질 것이다. 가장 최근 연간 배당은 $DIV_0 =$ 주당 $1였다. (학습목표 7-2)

   a. DIV_1과 DIV_2, DIV_3, 그리고 DIV_4의 기댓값은 얼마인가?

   b. 지금부터 4년 후 기대 주가는 얼마인가? 할인율은 10%이다.

   c. 오늘 주가는 얼마인가?

   d. 배당수익률 DIV_1/P_0를 구하라.

   e. 다음해 주가 P_1은 얼마가 되겠는가?

   f. 지금 주식을 사서 1년 후 파는 투자자의 기대수익률은 얼마인가?

34. 일정하지 않은 성장. (학습목표 7-2)

   a. 이전 문제로 돌아가서 유지 가능한 성장률을 6%에서 9%까지 0.5%씩 증가시키면서 Better Mousetraps의 가치를 계산하라.

   b. 가정한 마지막 성장률 g가 1% 증가할 때 기업 가치의 백분율 변화를 계산하라.

   c. g값의 변화에 대한 내재가치의 민감도는 어떻게 되는가? 가정한 유지 가능한 성장률이 할인율에 접근하기 시작할 때 배당성장 모형의 신뢰성에 대해 어떻게 결론 내리겠는가?

35. 사업 평가. 표 7.5의 새로운 버전을 작성하시오. 경쟁으로 인해 6년차에는 수익성이 11.5%, 7년

차에는 11%, 8년차에는 10.5%, 9년차 및 모든 후반기에 수익성이 저하된다고 가정한다. 연결기 (concatenator) 사업의 가치는 얼마인가? (학습목표 7-3)

36. P/E 비율. No-Growth Industries는 이익을 전부 배당으로 지급한다. 이 회사는 일 년 후 주당 $4를 다음 배당으로 지급할 것이다. 할인율은 12%이다. (학습목표 7-2)

   a. 이 회사의 P/E 비율은 얼마인가?

   b. 할인율이 10%라면 P/E 비율은 얼마인가?

37. P/E 비율. Castles in the Sand는 투자에 대해 20% 수익을 발생시키고 0.30의 내부유보율을 유지하고 있다. 올해 이 회사 이익은 주당 $4가 될 것이다. 투자자는 이 주식에 대해 12% 수익률을 기대한다. (학습목표 7-2)

   a. 이 회사의 주가와 P/E 비율을 구하라.

   b. 내부유보율이 0.20으로 감소한다면 P/E 비율은 어떻게 될까? 그 이유는 무엇인가?

   c. 내부유보율이 0이 된다면 이익주가비율 E/P는 주식에 대한 기대수익률과 같다는 것을 보여라.

38. P/E 비율. Web Cites Research는 새로운 투자안에 대해 20% 수익률을 예상한다. 경영자는 모든 이익의 30%를 내부유보할 계획이다. 올해 이익은 주당 $3가 될 것이고 투자자들은 Web Cites와 같은 위험을 갖는 주식에 대해 12% 수익률을 기대한다. (학습목표 7-2)

   a. 유지 가능한 성장률은 얼마인가?

   b. 주가는 얼마인가?

   c. 성장기회의 현재가치는 얼마인가?

   d. P/E 비율은 얼마인가?

   e. 이 회사가 이익을 모두 배당으로 지급한다면 주가와 P/E 비율은 얼마나 되겠는가?

   f. 성장기회와 P/E 비율 간의 관계에 대해 어떤 결론을 내리겠는가?

39. P/E 비율. Rance Electric의 주식 투자자들은 8%의 수익률을 요구한다. 회사가 새로운 투자로부터 단순히 자본비용을 벌어들인다면, 주식의 P/E는 얼마인가? (학습목표 7-2)

40. 성장 기회. Stormy Weather는 매력적인 투자기회가 없다. 이 회사의 자기자본이익률은 할인율 10%와 같다. 올해 기대이익은 주당 $4이다. 다음 빈칸을 채우시오. (학습목표 7-2)

내부유보율	성장률	주가	P/E 비율
0	a.	b.	c.
0.4	d.	e.	f.
0.8	g.	h.	i.

41. 성장 기회. Trend-Line Inc.는 매년 6% 비율로 성장해오고 있다. 그리고 영원히 그렇게 계속될 것으로 예상한다. 다음 배당은 주당 $5로 예상한다. (학습목표 7-2)

   a. 시장이 Trend-Line에 대해 10% 수익률을 예상한다면 이 주식은 얼마에 팔려야 하는가?

   b. 내년 Trend-Line의 주당 이익이 $8라면 Trend-Line 가치의 어느 정도가 기존 자산으로 말미암은 것인가?

   c. 내년 Trend-Line의 주당 이익이 $8라면 Trend-Line 가치의 어느 정도가 성장기회로 말미암은 것인가?

42. 효율적 시장. 만약 다음 진술들 중 하나라도 '참'이라면 어느 것인가? (학습목표 7-4)

   a. 연이은 주가는 난수(random numbers)를 따른다.

b. 연이은 주가는 일정한 주기(regular cycles)를 가진다.

c. 연이은 주가는 난수(random number) 만큼 차이가 난다.

43. 효율적 시장의 형태. 빈칸에 '강형', '준강형', '약형' 중에서 한 단어를 각각 채워 넣어라. (학습목표 7-4)

효율적 시장이론에는 세 가지 형태가 있다. 주가변화에 어떤 패턴이 없다는 것을 발견한 검정은 이 이론의 ____(a)____ 에 대한 증거를 제공한다. 이 이론의 ____(b)____ 에 대한 증거는 시장이 새로운 정보에 얼마나 신속하게 반응하는가를 살펴본 검증에 의해 제공된다. 그리고 이 이론의 ____(c)____ 에 대한 증거는 전문적으로 관리되는 포트폴리오의 성과를 살펴본 검증에 의해 제공된다.

44. 정보와 효율적 시장. "증권시장을 효율적으로 만드는 것은 정보를 얻기 위한 경쟁이다." 이 말이 맞는가? 설명하라. (학습목표 7-4)

45. 행동재무학. 어떤 재무학자는 시장 비효율성의 명백한 사례를 설명하기 위해 잘 증명된 투자자의 행동 편의(bias)를 인용한다. 이러한 편의를 두 개만 설명하라. (학습목표 7-4)

46. 효율적-시장이론 해석. 다음 이야기에 대해 당신은 무엇이라 하겠는가? (학습목표 7-4)

a. "효율적 시장, 말도 안 돼! 나는 미친 짓을 하는 많은 투자자를 알고 있어."

b. "효율적 시장? 허튼소리! 나는 주식시장에서 돈을 많이 번 사람을 적어도 열 명 이상 알고 있어."

c. "효율적 시장이론의 문제는 이것이 투자자의 심리를 무시하고 있다는 것이다."

47. 실물 투자와 금융 투자. 기업은 상품시장에서 양(+)의 NPV를 갖는 투자안을 찾을 수 있지만, 금융시장에서 투자안은 왜 거의 항상 0의 NPV를 갖는가? (학습목표 7-4)

48. 투자성과. 우리는 매달 월스트리트 저널에서 놀라운 수익률을 기록한 종목 발굴자에 대한 기사를 읽는다. 이 예가 금융시장이 효율적이지 않다는 것을 의미하는가? (학습목표 7-4)

49. 효율적 시장의 의미. Good Fortunes, Inc.의 회장은 기자회견에서 우리 회사는 30년 동안 배당이 증가한 역사를 가지고 있다고 말한다. Good Fortunes는 이 업종에서 잘나가는 회사 중의 하나로 널리 인식되고 있다. 이것이 이 회사 주식이 좋은 물건이라는 의미인가? 설명하시오. (학습목표 7-4)

50. 효율적 시장의 의미. "장기 이자율이 역사상 최고치를 기록하고 있다. 따라서 대부분 회사는 보통주로 자금을 조달하거나 상대적으로 덜 비싼 단기 은행부채로 자금을 조달하는 것이 더 싸다는 것을 알고 있다." 토론하시오. (학습목표 7-4)

51. 기대와 효율적 시장. Geothermal Corp.은 방금 자사의 이익이 20% 증가했다는 좋은 뉴스를 발표하였다. 대부분의 투자자는 25%의 증가를 예상하였다. 이 발표 이후 Geothermal의 주가가 올라가겠는가? 떨어지겠는가? (학습목표 7-4)

52. 행동재무학. 참 또는 거짓? (학습목표 7-4)

a. 대부분의 경영자는 과잉된 자신감(overconfident)을 가지고 있다.

b. 심리학자들은 일단 사람들이 손실을 입게 되면, 더 많은 손실을 입힐 가능성에 대해 더 안심한다는 것을 발견했다.

c. 심리학자들은 사람들이 예측을 할 때 최근의 사건에 너무 많은 비중을 두는 경향이 있다는 것을 관찰했다.

d. 행동 편견은 손쉬운 차익거래 기회를 열어준다.

웹 연습문제 WEB EXERCISES

1. www.investopedia.com에 로그온하여 채권 가격을 계산하기 위한 간단한 계산기를 찾으시오. (Investing 링크를 클릭한 다음 Calculators에 대한 다른 링크를 찾는다.) 수익률 변화가 장기채권 가격에 더 큰 영향을 미치는지 아니면 단기채권 가격에 더 큰 영향을 미치는지 점검하시오.

2. 그림 6.7에 수익률 곡선을 그릴 때 국채 스트립의 가격을 사용했다. 월스트리트 저널 사이트(www.wsj.com)에 로그온하고 Markets, Market Data 및 Rates를 클릭하면 현재 스트립 가격을 확인할 수 있다. 다양한 만기에 대응하여 스트립의 만기 수익률을 그래프로 그리시오. 현재 만기에 따라 수익률은 증가하거나 감소하는가? 왜 그런지 설명하시오. 당신은 또한 월스트리트 저널 사이트를 사용하여 국채의 수익률과 TIPS의 수익률을 비교할 수 있다. 인플레이션이 매년 3%가 될 것이라고 확신한다고 가정하자. 어떤 채권이 더 나은 선택인가?

3. 그림 6.9에서, 우리는 더 큰 신용 위험을 가진 채권이 어떻게 만기까지 더 높은 수익률을 약속했는지를 보여주었다. 이 수익률의 차이(spread)는 경제 전망이 특히 불확실할 때 더 커진다. Federal Reserve Economic Database (FRED) at the St. Louis Fed 사이트(fred.stlouisfed.org)에 접속하면 낮은 등급 채권들이 얼마나 많은 추가 수익률을 제공하는지를 확인할 수 있다. 회사채를 검색하고 Aaa 채권과 Baa 채권의 수익률을 비교하시오. 금융위기가 한창일 때인 2008년 11월의 스프레드와 비교해 볼 때 수익률의 현재 스프레드는 어떠한가?

셀프테스트 해답 SOLUTIONS TO SELF-TEST QUESTIONS

7.1 예상되는 산업 수익성은 하락해왔다. 따라서 미래 투자기회의 가치는 기존 자산의 가치와 비교하여 상대적으로 하락하였다. 경쟁이 심화되고 수익성 있는 새로운 투자기회가 줄어듦에 따라 이는 모든 성장산업에서 조만간 발생하게 된다.

7.2 $$P_0 = \frac{DIV_1 + P_1}{1 + r} = \frac{(\$5 + \$105)}{1.10} = \$100$$

7.3 배당과 주가가 5%로 성장하기 때문에

$$DIV_2 = \$5 \times 1.05 = \$5.25, \; DIV_3 = \$5 \times (1.05)^2 = \$5.51$$
$$P_3 = \$100 \times (1.05)^3 = \$115.76$$
$$P_0 = \frac{DIV_1}{1+r} + \frac{DIV_2}{(1+r)^2} + \frac{DIV_3 + P_3}{(1+r)^3}$$
$$= \frac{\$5.00}{1.10} + \frac{\$5.25}{(1.10)^2} + \frac{\$5.25 + \$115.76}{(1.10)^3} = \$100$$

7.4 $$P_0 = \frac{DIV}{r} = \frac{\$25}{0.20} = \$125$$

7.5 두 회사의 위험 수준이 같다. 따라서 우리는 두 주식에 대한 기대수익률을 얻기 위

해 Androscoggin에 대한 자료를 사용할 수 있다.

$$r = \frac{DIV_1}{P_0} + g = \frac{\$5}{\$100} + 0.5 = 0.10 \text{ 또는 } 10\%$$

7.6 a. 유지 가능한 성장률은

$$g = \text{자기자본이익률} \times \text{내부유보율}$$
$$= 0.05 \times 0.38 = 0.019 \text{ 또는 } 1.9\%$$

이다.

b. 먼저 회사를 평가한다. 62% 배당성향일 때 $DIV_1 = \$0.86$이다. 이전과 같이 일정 성장 배당할인 모형을 사용하여

$$P_0 = \frac{\$0.86}{0.07 - 0.019} = \$16.86$$

이다. 이것은 이 회사의 성장이 없을 때의 가치 \$19.82보다 주당 \$2.96 작다. 이 예에서 Aqua America는 매력적이지 않은 수익률을 갖는 투자안에 투자하여 \$2.96의 잠재적인 손실을 본다.

c. 물론 그렇다. 기업 사냥꾼은 회사를 매입하여 투자자가 요구하는 7% 수익률보다 낮은 수익을 제공하는 모든 투자를 중지시킴으로써, 주당 \$2.96의 수익을 발생시킬 수 있다. 이것은 기업 사냥꾼이 주식을 \$16.86에 살 수 있다고 가정한다.

7.7 우리는 연도 1부터 연도 5까지 배당의 현재가치를 \$10.66로 계산하였다. 또한 연도 5 이후의 성장률이 낮아지면 연도 5에서의 주가도 낮아질 것이다. 예를 들어 성장률 2.5%를 가정하면 연도 6의 배당을 다음과 같이 예상할 수 있다.

$$DIV_6 = 1.025 \times DIV_5 = 1.025 \times \$2.85 = \$2.92$$

연도 5의 가격은

$$P_5 = \frac{DIV_6}{(r-g)} = \frac{\$2.92}{(0.056 - 0.025)} = \$94.19$$

따라서 현재가치는

$$P_0 = PV(\text{연도 1부터 연도 5까지 배당}) + PV(P5)$$
$$= \$10.66 + \frac{\$94.19}{(1.056)^5} = \$82.39$$

7.8 a. 거짓. 연속적인 주가의 수준은 서로 연관되어 있다. 오늘 주가가 \$100라면 내일 주가에 대한 최상의 예상은 \$100이다.

b. 참. 주가의 변화는 연관되어 있지 않다. 오늘 주가가 상승하는지 하락하는지는 내일 주가가 상승하는지 하락하는지와 상관이 없다.

c. 거짓. "정상" 가격과 같은 것은 없다. 만약 있다면 당신은 정상 가격보다 낮게 거래되는 주식을 사서 쉽게 이익을 볼 수 있다. (이것은 정상 수준을 향해 재반등하는 경향이 있을 것이다.) 그리고 정상 가격보다 높게 거래되는 주식을 판다. 랜덤워크에서 주가는 상승하거나 하락할 확률이 같다.

d. 참. 랜덤워크에서 주가는 과거 역사에 관계없이 성과가 더 좋거나 나쁠 가능성이 같다.

미니 케이스

Prairie Home Stores의 CEO인 Terence Breezeway는 은퇴하면 어떨까 생각하였다. Prairie Home의 설립자인 그의 삼촌 Jacob Breezeway가 그에게 회사 경영을 맡아달라고 요청한 이래 오늘까지 거의 20년이 되었다. 이제 오래된 Lazy Beta 목장에서 말을 타고 낚시하는 데 더 많은 시간을 소비할 때이다.

Breezeway의 리더십으로 Prairie Home은 느리지만 꾸준하게 성장해왔고 안정적인 수익이 있었다. (표 7.6은 지난 5년 동안 이익과 배당, 그리고 자산의 장부가치를 보여준다.) 이 회사의 슈퍼마켓 대부분은 현대화되었고 상표는 널리 알려졌다.

Breezeway는 Prairie Home이 더 빨리 성장했더라면 하고 바라기도 했지만, 지금까지의 성과도 자랑스러워했다. 그는 인접 국가들에 새로운 가게를 설립할 몇 번의 기회를 놓쳤다. Prairie Home은 아직 가족 회사다. 회사의

보통주는 Jacob Breezeway의 15명 손자와 조카들이 소유하고 있었다. 이들 중 대부분은 규칙적으로 지급되는 많은 배당에 의존하게 되었다. 높은 배당성향[18]을 보임에 따라 재투자를 할 수 있는 이익이 줄어들었고 따라서 성장이 제한되었다.

Breezeway는 Prairie Home을 상장할 시기가 왔다고 믿었다. 회사 주식이 공개된 시장에서 거래된다면, 소비하기 위해 더 많은 현금이 필요한 (또는 그냥 원하는) Breezeway 후손들은 그들 지분의 일부를 처분할 수 있을 것이다. 사업에 좀 더 관심이 있는 다른 후손들은 그들 지분을 보유하고 미래에 높은 이익과 주가로 보상받을 수 있을 것이다.

그러나 Prairie Home이 공개된다면 주식을 얼마에 매각해야 하는가? Breezeway는 주식이 Breezeway 가족 구성원들이나 회사 자체에 의해서 너무 낮은 가격으로

표 7.6 Prairie Home Stores의 재무자료 2019~2023년(단위: 백만)

	2019	2020	2021	2022	2023
연초 장부가치	$62.7	$66.1	$69.0	$73.9	$76.5
이익	9.7	9.5	11.8	11.0	11.2
배당	6.3	6.6	6.9	7.4	7.7
유보이익	3.4	2.9	4.9	2.6	3.5
연말 장부가	66.1	69.0	73.9	76.5	80.0

주: 1. Prairie Home Stores는 400,000주의 보통주를 갖고 있다.
　　2. 이 회사의 정책은 연초 장부가치의 10%에 해당하는 현금배당을 지급하는 것이다.

표 7.7 Prairie Home Stores의 재무 예상, 2024~2029년(단위: 백만)

	2024	2025	2026	2027	2028	2029
급속한 성장 시나리오						
연초 장부가치	$80	$ 92.0	$105.8	$121.7	$139.9	$146.9
이익	12	13.8	15.9	18.3	21.0	22.0
배당	0	0	0	0	14.0	14.7
유보이익	12	13.8	15.9	18.3	7.0	7.4
연말 장부가치	92	105.8	121.7	139.9	146.9	154.3
고정 성장 시나리오						
연초 장부가치	$80	$84.0	$88.2	$92.6	$ 97.2	$102.1
이익	12	12.6	13.2	13.9	14.6	15.3
배당	8	8.4	8.8	9.3	9.7	10.2
유보이익	4	4.2	4.4	4.6	4.9	5.1
연말 장부가치	84	88.2	92.6	97.2	102.1	107.2

주: 1. 두 패널은 연초 장부가치의 15%에 해당하는 이익을 가정한다. 이 수익성 비율은 일정하다.
　　2. 위쪽 패널은 2024년부터 2027년까지 모든 이익이 재투자된다고 가정하되, 2028년부터는 이익의 2/3가 배당으로 지급되고 1/3이 재투자된다.
　　3. 아래쪽 패널은 모든 해에 이익의 2/3가 배당으로 지급된다고 가정한다.
　　4. 열은 반올림 오차 때문에 합이 같지 않을 수 있다.

---

[18] 이 회사는 전통적으로 기초 장부가치의 10%에 해당하는 현금배당을 지급하였다 표 7.6을 보라.

매각될 것을 염려하였다. 한 친척은 현재 주당 장부가치인 $200의 개인적인 제안을 받아들이려고 하였다. 그러나 Breezeway는 이에 개입하여 팔려고 하는 사람을 기다리도록 설득하였다.

Prairie Home의 가치는 단지 현재의 장부가치나 이익이 아니라 미래 전망에 달렸으며, 이것은 매우 좋았다. (표 7.7의 위 패널에 보여지는) 한 재무 전망은 2030년까지 100% 이상으로 이익이 성장할 것을 예상하였다. 불행히도 이 계획은 2024년부터 2027년까지 Prairie Home의 이익을 모두 재투자해야 한다. 그 이후 회사는 정상적인 배당 지급과 성장률을 재개할 수 있을 것이라 한다. Breezeway는 이 계획이 실현 가능하다고 믿었다.

그는 다음 세대를 위해 CEO 자리에서 물러나기로 하였다. 그러나 은퇴하기 전에 그는 Prairie Home Stores를 "상장"하라고 건의할 것인가를 결정해야만 했다. 그리고 이 결정 이전에 회사가 얼마의 가치가 있는가를 알아야만 했다.

다음날 아침 그는 생각에 잠겨 말을 타고 일하러 갔다. 그는 왼쪽 마구간에 말을 두고 Mike Gordon의 살롱까지 먼지 나는 길을 천천히 걸어갔다. 여기서 회사의 CFO인 Francine Firewater는 아침 식사로 스테이크와 완두콩 요리를 먹고 있었다. 그는 Firewater에게, 회사가 상장되어 주식이 거래된다고 가정하고 Prairie Home 주주를 위해 회사의 가치를 평가하는 공식보고서를 준비하라고 요청했다.

Firewater는 즉각 두 가지 질문을 하였다, 첫 번째는 투자와 성장에 대해 무엇을 가정해야 하는가였다. Breezeway는 두 가지 가치평가 방법을 제안하였다. 하나는 (표 7.7의 위 패널에 나온 것처럼) 좀 더 빠른 성장을, 그리고 다른 하나는 (표 7.7의 아래 패널에 보여주는 것처럼) 과거의 성장을 지속하는 것이었다.

두 번째는 얼마의 수익률을 사용하는가였다. Breezeway는 Prairie Home의 장부가치 주주지분에 대한 보통의 수익률인 15%가 타당하게 생각된다고 말했다. 그러나 그는 그녀에게 Prairie Home Stores와 비슷한 유형을 가진 시골 슈퍼마켓 체인의 투자자들이 평균적으로 약 11%의 수익을 기대한다는 것을 보여주는 Journal of Finance의 논문을 참고하라고 하였다.

8

순현재가치 및 다른 투자안 평가기준

학습목표

8-1 투자안의 순현재가치를 산출할 수 있다.

8-2 투자안의 내부수익률을 산출하고 내부수익률 기준 사용 시 주의사항을 알 수 있다.

8-3 수익성지수를 산출하고 자금이 제한적일 때 수익성지수를 활용하여 프로젝트를 선택할 수 있다.

8-4 회수기간 기준을 이해하고 이 방법이 언제나 주주의 부를 극대화하는 것은 아님을 설명할 수 있다.

8-5 상호배타적 투자안을 포함하는 다음 세 가지 유형의 문제를 분석하기 위하여 순현재가치 기준을 사용할 수 있다. (a) 투자지출 연기 시점의 결정 문제, (b) 수명이 다른 투자안 중 선택 문제, (c) 장비 대체 시기의 결정 문제

첨단 기술 사업에는 막대한 투자가 필요한 경우가 많다. 기업들은 어떤 투자안이 추구할 가치가 있는지 어떻게 결정하는가?
©Shutterstock/science photo

자본 예산(capital budgeting)이라고도 하는 투자결정은 기업 성공의 핵심이다. 우리는 이미 자본투자안이 때로는 상당한 현금이 필요할 수 있고, 또 매우 장기간에 걸쳐 기업 성공에 영향을 미칠 수 있다는 것을 알고 있다. 오늘 구입한 자산은 앞으로 여러 해 동안 사업에 영향을 미칠 것이다.

어떤 투자안의 경우, "상당한"이란 표현은 그 막대한 자금의 크기를 제대로 표현조차 하지 못한 것이다. 다음 예를 보자.

● 버라이즌(Verizon)은 광섬유망을 설치하는데 $230억을 사용했다.
● 새로운 처방약 하나를 시장에 출시하는 비용이 $26억으로 추산된다.
● 서부 오스트레일리아의 고르곤 천연가스 프로젝트의 최종 비용은 $540억으로 예측된다.
● 제너럴모터스(GM)의 쉐보레 볼트(Chevrolet Volt) 연구개발비는 약 $12억이었다.
● 가장 최근에 개봉한 스타워즈 영화(솔로)의 예상 제작비는 $2억 5천만이 넘었다.
● 보잉 787 드림라이너 여객기의 개발비는 $300억이 넘었다.

이러한 대형 자본투자안들 중 많은 경우에 무형자산에 큰돈을 투자해야 했다는 것에 주목하라. 예를 들어, 신약개발비는 거의 모두 연구와 시험에 소요되며, 전기자동차 개발비 중 많은 부분도 그렇다. 현금이 유형자산 또는 무형자산에 지출되는지와 관계없이 향후 더 많은 현금을 창출시킬 것이라는 희망으로 지출된 비용을 자본투자안(capital investment project)이라고 할 수 있다.

기업의 주주는 가난하기보다는 부자가 되기를 원한다. 그러므로 그들은 기업이 들인 비용보다 더 가치 있는 모든 투자안에 투자하기를 원한다. 투자안의 가치와 비용의 차이를 순현재가치(net present value)라 한다. 양의 순현재가치를 갖는 투자안에 투자함으로써 기업은 주주의 부를 증대시키는데 도움을 주는 것이다.

본 장은 간단한 투자안의 순현재가치를 어떻게 계산하는가를 보는 것부터 시작한다. 그러고 나서 기업이 투자안을 평가할 때 종종 사용하는 세 가지 다른 기준들도 함께 살펴본다. 때때로 기업은 투자안이 제공하는 기대수익률과 그들의 주주가 자본시장에서 위험 수준이 같은 다른 투자안으로부터 벌어들일 수 있는 수익률을 비교하기도 한다. 기업은 주주들이 스스로 벌어들일 수 있는 것보다 더 높은 수익을 제공하는 투자안만 받아들인다. 이 수익률 기준은 일반적으로 순현재가치 기준을 이용할 때와 동일한 선택을 이끌지만, 우리가 보게 될 것처럼 특히 투자 대안 중에서 하나만 선택해야 할 때 일부 결함(pitfall)을 나타낸다. 수익률 기준의 핵심 결함에 대해 살펴본다.

투자안 가치의 또 다른 척도는 투자된 $1당 순현재가치인 수익성지수(profitability index)이다. 이것은 기업이 양(+)의 순현재가치를 가지는 모든 투자안을 선택할 만큼 충분한 돈을 가지고 있지 않을 때 유용한 도구가 될 수 있다.

세 번째 기준인 회수기간 기준은 기업들이 보다 복잡한 투자안들과 아주 단순한 투자안을 분리하기 위해 사용할 수 있는 단순한 경험법칙이다. 그러나 우리는 이 기준이 투자안의 실행 가능성에 대한 신뢰할 수 없는 지침이며 경쟁 투자안 중 하나를 선택하는 데 사용될 때 훨씬 더 신뢰할 수 없다는 것을 알게 될 것이다. 그렇기 때문에 이 기준에는 비교적 적은 시간을 쓸 것이다.

우리는 몇 가지 간단한 교섭의 여지가 없는 양자택일의 상황을 살펴보면서 본 장을 시작한다. 그러나 실제로는 투자안을 고립적으로 고려하는 경우가 거의 없다. 보통 몇 가지 대안이 있는데, 그 중 하나만 선택할 수 있다. 예를 들어, 새 공장을 건설할지 여부를 고려하고 있다고 가정하자. 당신은 10만 평방피트의 공장을 지어야 하는가, 아니면 15만 평방피트의 공장을 지어야 하는가? 20년 동안 사용하도록 디자인해야 하나, 아니면 30년 동안 사용하도록 디자인해야 하나? 오늘 지어야 하나, 아니면 1년을 기다려야 하나? 본 장 후반부에서는 이러한 선택을 하는 방법을 설명한다.

8.1 순현재가치

6장과 7장에서는 채권과 주식의 가치가 투자자에게 제공될 것으로 예상되는 현금흐름의 현재가치를 합산함으로써 채권과 주식의 가치를 평가하는 방법을 배웠다. 이제 우리는 투자 프로젝트에 대해서도 똑같이 할 것이다.

당신이 부동산 사업에 종사하고 있으며 사무용 건물을 신축할 것을 고려하고 있다고 가정하자. 토지비용은 $5만이 들 것이고 건설비용은 추가로 $30만이 들 것이다. 당신은 사무실 공간이 부족할 것으로 예상하며 지금부터 1년 후 이 건물을 $40만에 팔 수 있다고 예측한다. 즉, 당신은 지금 $35만을 투자하여 연말에 $40만을 얻을 것으로 예상하고 있다. 따라서 예상되는 현금흐름은 다음과 같은 간단한 시간선으로 요약될 수 있다.

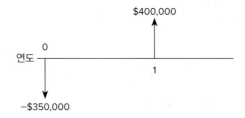

수입 $40만의 현재가치가 $35만 투자액보다 크다면 당신은 여기에 투자해야 한다.

잠시 $40만 수입이 확실한 것이라고 가정하자. 사무용 건물이 지금부터 1년 후 $40만을 벌어들이는 유일한 방법은 아니다. 이 투자안 대신에 1년 만기 미국 국채에 투자할 수도 있다. 국채가 7% 이자를 제공한다고 가정하자. 연말에 $40만을 받으려면 국채에 얼마를 투자해야 하는가? 이는 매우 쉽다. 다음과 같이 $373,832을 투자하면 된다.

$$\$400,000 \times \frac{1}{1.07} = \$400,000 \times 0.9346 = \$373,832$$

당신이 토지를 매입하고 건축비를 지출하자마자 이 투자안을 청산하기로 했다고 가정하자. 이를 얼마에 팔 수 있을까? 이 자산은 1년 후 $40만의 가치가 있기 때문에 투자자들은 지금 많아야 $373,832를 지불하려고 할 것이다. 이는 국채에 투자하여 $40만을 벌어들이는 데 드는 비용이다. 물론 당신은 자산을 항상 더 싸게 팔 수도 있다. 그러나 시장에서 받을 수 있는 것보다 왜 싸게 팔아야 하는가?

따라서 이자율이 7%일 때, 이 사무용 건물에서 얻는 $40만 수입의 현재가치는 $373,832이다. 현재가치 $373,832는 사는 사람과 파는 사람을 모두 만족시키는 유일한 가격이다. 일반적으로 현재가치란 실현 가능한 유일한 가격이며, 이 자산의 현재가치는 시장가격 또는 시장가치이다.

기회자본비용
자본시장에 투자하는 대신에 어떤 프로젝트에 투자함으로써 포기하는 기대수익률.

순현재가치
투자안에서 얻는 현금흐름의 현재가치에서 투자금액을 뺀 값.

현재가치를 계산할 때 기대하는 미래 현금흐름을 비슷한 다른 투자안이 제공하는 수익률로 할인하였다. 이 할인율(위 예의 경우 7%)을 **기회자본비용**(opportunity cost of capital)이라 한다. 이것은 이 투자안에 투자함으로써 포기하는 국채투자와 같이 비슷한 다른 투자기회의 수익률이기 때문에 기회비용이다.

이 건물은 $373,832의 가치가 있지만, 이것은 당신이 $373,832만큼 더 부유해진다는 것을 의미하지는 않는다. 당신은 이미 $35만을 투자하였다. 따라서 **순현재가치**(net present value; NPV)는 $23,832이다. 순현재가치는 투자한 현금흐름의 현재가치에서 필요한 초기 투자액을 뺀 것이다.[1]

$$NPV = PV - 초기\ 투자액 \tag{8.1}$$
$$= \$373,832 - \$350,000 = \$23,832$$

달리 말하면 사무실 개발은 거기에 드는 비용보다 가치가 있다. 이것은 가치의 순증가를 가져온다. 순현재가치 기준에 따르면, 경영자는 비용보다 더 가치가 있는 모든 투자안을 채택하여 주주의 부를 증가시켜야 한다. 따라서 양(+)의 순현재가치를 갖는 모든 투자안을 선택해야 한다.

위험과 현재가치에 대한 논평

사무실 개발에 대한 논의에서 우리는 완성된 투자안의 가치를 안다고 가정하였다. 물론 실무에서는 사무용 건물의 미래가치에 대해 결코 확실하게 알 수가 없다. $40만은 최선의 예측을 나타내며 확실한 것은 아니다.

이 경우에 투자자가 이 건물에 대해 얼마를 지불할 것인가에 대한 우리의 처음 결론은 잘못되었다. 투자자들은 미국 국채에 $373,831를 투자하여 아무런 위험 없이 $40만를 얻을 수 있기 때문에 그 금액으로 당신 건물을 사려고 하지 않을 것이다. 당신은 투자자의 관심을 끌기 위해 매도 가격을 낮춰야만 한다.

여기서 우리는 다음의 기본적인 재무원칙을 인용할 수 있다. **위험한 $1은 안전한 $1보다 가치가 작다.**

대부분의 투자자는 그렇게 할 수만 있다면 수익을 희생하지 않고 위험을 피한다. 그러나 현재가치와 기회자본비용이라는 개념은 위험한 투자안에도 여전히 적용된다. 또한 수입을 비교할 만한 투자안이 제공하는 수익률로 할인하는 것도 아직은 적절하다. 그러나 우리는 다른 투자안에 대한 기대 수입과 기대수익률을 생각해야만 한다. 뿐만 아니라 다른 투자안도 마찬가지로 비슷한 위험을 가지고 있다는 사실을 명심해야 한다.

똑같이 위험한 투자안은 없다. 사무실 개발이 국채보다 위험하지만 이제 시작하는 바이오테크 회사에 투자하는 것보다는 덜 위험할 것이다. 당신은 사무실 개발이 주식시장에 투자하는 것만큼 위험하다고 생각하며, 주식시장 투자에서 12% 수익률을 예상한다고 가정하자. 그러면 12%가 적절한 기회자본비용이 될 것이다. 비슷한 위험을 갖는 증권에 투자하지 않음으로써 포기해야 하는 것이 바로 이것이다. 이제 NPV를 다시 계산할 수 있다.

$$PV = \$400,000 \times \frac{1}{1.12} = \$400,000 \times 0.8929 = \$357,143$$
$$NPV = PV - 350,000 = \$7,143$$

다른 투자자들이 $400,000의 수입 예측과 12%의 기회자본비용에 대한 추정치에 동의하고 일단 건설이 진행되면 이 자산은 $357,143의 가치가 있어야 한다. 그보다 더 높은

---

[1] 금융에 대해 전혀 모르는 사람들이 정말로 현재가치를 의미할 때 순현재가치에 대해 말하는 것을 종종 듣는다. 기억하라. 현재의 가치는 프로젝트의 가치를 측정한다. 순현재가치는 투자원가를 차감한다.

가격에 팔려고 하면 사려는 사람이 없을 것이다. 왜냐하면 이 자산은 주식시장에서 얻을 수 있는 12%보다 낮은 기대수익률을 제공하기 때문이다. 12%의 할인율을 적용하더라도 당신의 사무용 건물은 여전히 가치를 증가시킨다. 그러나 앞서 계산했던 것보다는 훨씬 적은 액수를 증가시킨다.

8.1   셀프테스트

건축비가 $355,000로 증가한다면 사무실 개발안의 NPV는 얼마인가? 기회자본비용은 12%로 가정하라. 이 개발안이 아직 투자할 만한 가치가 있는가? 이 투자안은 개발비용이 얼마일 때까지 매력적인가? 이제 기회자본비용이 20%이고 건축비가 $355,000이라고 하자. 왜 이 사무실 개발안이 더는 매력적인 투자가 아닌가?

장기투자안의 가치평가

순현재가치 기준은 어떠한 기간의 투자안에 대해서도 적용된다. 예를 들어 $16,000로 정해진 연간 임대료에 3년 동안 사무용 건물을 임대하려는 임차 희망자를 찾았다고 가정하자. 당신은 안내 로비 구역을 넓히고 다른 맞춤형 기능들을 추가해야 할 것이다. 이렇게 되면 초기 투자액이 $37만5천으로 늘어나겠지만, 3년치 임대료를 모은 후 이 건물은 $45만에 팔릴 수 있을 것으로 예측된다. 매년 예상되는 현금흐름(C)을 표시하면 아래와 같다. 이때, 최종 현금흐름은 3년차 임대소득에 건물 매각대금을 더한 금액이다.

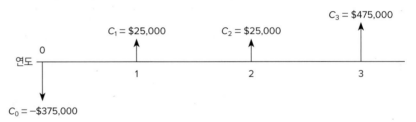

최초 투자는 음($-$)의 현금흐름으로 나타난다. 첫 번째 현금흐름인 C_0은 $-$375,000이다. 단순화를 위해 이러한 현금흐름이 확실하고 기회자본비용(r)은 7%라고 가정한다.

그림 8.1은 이 현금흐름과 현재가치의 시간선을 보여준다. 이 수정된 투자안의 현재가치를 구하기 위해 이 현금흐름을 7% 기회비용으로 할인한다.

$$PV = \frac{C_1}{1+r} + \frac{C_2}{(1+r)^2} + \frac{C_3}{(1+r)^3}$$

$$= \frac{\$25,000}{1.07} + \frac{\$25,000}{1.07^2} + \frac{\$475,000}{1.07^3} = \$432,942$$

이 수정된 투자안의 순현재가치는 NPV=$432,942$-$375,000=$57,942이다. 사무용 건물을 지어 3년 동안 임대하는 것은 첫해 말에 매각하는 것보다 부를 증가시킨다.

물론 이 투자안의 현재가치에서 초기 투자액을 빼지 않고 다음 식처럼 직접 NPV를 계산할 수 있다. 이 식에서 C_0는 사무용 건물을 짓는 데 필요한 초기 현금유출을 나타낸다. (이 예에서 C_0는 음($-$)이고 이는 현금유출을 나타낸다는 사실에 주의하라.)

$$NPV = C_0 + \frac{C_1}{1+r} + \frac{C_2}{(1+r)^2} + \frac{C_3}{(1+r)^3}$$

$$= -\$375,000 + \frac{\$25,000}{1.07} + \frac{\$25,000}{1.07^2} + \frac{\$475,000}{1.07^3} = \$57,942$$

그림 7.4 투자기간에 따른 블루스카이 주식의 가치

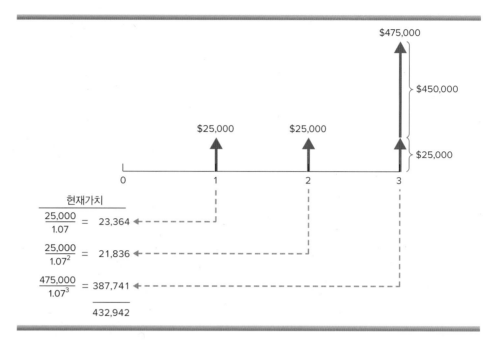

그림 8.1 사무용 건물 투자안의 현금흐름과 이들의 현재가치. 마지막 현금흐름 $475,000은 3년째 임대료 수입과 예상되는 건물 매각대금의 합이다.

이 투자안의 소유자가 정말로 더 부유해지는지를 확인해보자 당신이 $375,000를 투자하여 사무용 건물을 짓기로 하고 3년 동안 매년 $25,000를 벌어들이는 임대계약을 체결한다고 가정하자 이제 당신은 이 투자안을 다른 사람에게 팔아 현금화할 수 있다.

당신이 이 투자안에 대해 주식 1,000주를 발행한다고 가정하자 각 주식은 미래 현금흐름에 대한 1/1,000의 지분 청구권을 나타낸다. 이 현금흐름이 확실하고, 또 다른 확실한 현금흐름이 제공하는 이자율이 7%이기 때문에, 투자자는 이 주식을 다음과 같이 평가할 것이다.

$$주당 \ 가격 = \frac{\$25}{1.07} + \frac{\$25}{1.07^2} + \frac{\$475}{1.07^3} = \$432.94$$

따라서 이 투자안을 외부 투자자에게 1,000×$432.94=$432,940에 팔 수 있다. 반올림 오차를 무시하면, 이 수치는 앞에서 계산한 현재가치와 정확히 같다. 순이득(net gain)은 다음과 같고, 이는 이 투자안의 NPV이다.

$$순이득 = \$432,942 - \$375,000 = \$57,942$$

이렇게 같다는 것은 놀라운 일이 아니다. 왜냐하면 현재가치 계산은 자본시장에서 투자자에게 흘러 들어가는 미래 현금흐름의 가치를 계산하도록 고안되었기 때문이다.

원칙적으로는 각 기간의 현금흐름에 대해 기회비용이 다를 수 있다는 것에 주의하라. 이 경우 C_1을 연도 1의 현금흐름에 대한 할인율 r_1으로, C_2는 r_2로, 그리고 C_3는 r_3로 할인한다. 그러나 여기서는 자본비용이 현금흐름의 시점과 관계없이 같다고 가정한다. 이는 단지 상황을 단순화하기 위해서일 뿐이다. 그러나 우리가 고려하는 회사들은 좋은 회사들이다. 이들 기업은 매우 드문 경우를 제외하고는 적절한 할인율을 결정하고, 이를 투자안의 모든 현금흐름을 할인하는 데 사용한다.

예제   8.1 ▶   **새로운 컴퓨터시스템에 대한 가치평가**

옵솔리트 테크놀로지스(Obsolete Technologies)는 재고 물품 목록을 다루는 데 도움이 될 새로운 컴퓨터시스템의 구매를 고려하고 있다. 이 시스템은 $50,000이며, 앞으로 4년 동안 사용할 수 있고, 이를 통해 재고관리 비용은 매년 $22,000 감소할 것으로 예상한다. 기회자본비용은 10%이다. 이 시스템을 구매해야 하는가?

이 컴퓨터시스템이 매출을 창출하지 못한다는 것 때문에 구매 의사결정을 연기하지 마라. 컴퓨터를 구매하여 예상대로 비용이 절감된다면 이 회사의 현금흐름은 매년 $22,000씩 더 커질 것이다. 따라서 이 컴퓨터가 4년 동안 매년 $22,000씩 현금흐름을 증가시킬 것이라고 말할 수 있다. 현재가치를 계산하기 위해 이 현금흐름을 각각 10%로 할인할 수 있다. 그러나 현금흐름이 일정하므로 현재가치를 계산하기 위해 연금 공식을 사용하는 것이 더 좋은 방법이다.

$$PV = 현금흐름 \times 연금계수 = \$22,000 \times \left[\frac{1}{0.10} - \frac{1}{0.10(1.10)^4} \right]$$

$$= \$22,000 \times 3.1699 = \$69,738$$

순현재가치는

$$NPV = -\$50,000 + \$69,738 = \$19,738$$

이다. 이 투자안은 $19,738의 NPV를 갖는다. 이 투자안을 채택하면 이 액수만큼 기업가치를 증가시킬 것이다. ∎

NPV를 계산하는 처음 두 단계, 즉 현금흐름을 예측하고 기회자본비용을 추정하는 것은 꽤 까다롭다. 후술하는 여러 장에서 이에 대해 보다 많은 이야기를 할 것이다. 그러나 당신이 일단 자료를 모으면 현재가치와 순현재가치 계산은 단순한 작업이 된다.

스프레드시트는 이러한 계산에서 난해한 작업을 제거하는데 이상적이다. 아래의 글상자에는 NPV를 계산하는데 사용되는 방법이 나와 있다.

여러 투자안 중에서 선택하기

우리가 지금까지 살펴본 단순한 투자안들은 채택하든가 아니면 기각하는 결정이었다. 그러나 현실에서 거의 모든 결정은 여러 대안 중에서 선택하는 것이다. 이러한 경우에는 각 투자 대안의 순위를 매긴 후 가장 매력적인 것을 골라야 한다. 원칙적으로 이러한 의사결정 기준은 쉽다. – **상호배타적(mutually exclusive)인 투자안 중에서 선택해야 할 때는 각 투자안의 NPV를 계산하고, 가장 큰 NPV를 제공하는 투자안을 선택한다.**

그러나 현실적으로 프로젝트를 제대로 비교하는 것은 의외로 까다로울 수 있다. 8.5절에서 보다 어려운 사례들을 다룰 것이지만, 일단은 일반적인 기준을 간단한 예를 들어 설명한다.

예제   8.2 ▶   **두 투자안 중에서 선택하기**

사무실 네트워크 소프트웨어를 업그레이드한 이래 수년이 흘렀다. 두 시스템을 제안받았는데, 둘 다 기대 내용연수가 3년이며, 3년 후 또 업그레이드해야 한다. 한 제안은 비싸지만 첨단기술 시스템이다. $800,000의 비용이 들며 생산성 향상을 통해 기업의 현금흐름을 매년 $350,000씩 증가시킨다. 다른 제안은 좀 더 싼 대신 느린 시스템이다. $700,000의 비용이 들며 매년 $300,000씩 현금흐름을 증가시킨다. 자본비용이 7%라면 어느 것이 더 좋은 선택인가?

다음 표는 두 제안의 현금흐름과 NPV를 요약하고 있다.

시스템	현금흐름(천 달러)				7%일 때 NPV
	C_0	C_1	C_2	C_3	
빠른 것	−800	+350	+350	+350	118.5
느린 것	−700	+300	+300	+300	87.3

두 소프트웨어 시스템 모두 소요되는 비용보다 가치가 있다. 그러나 빠른 시스템이 가치를 더 많이 증가시키므로, 이 시스템이 선택되어야 한다. ∎

일련의 현금흐름의 현재가치를 계산하는 데 있어 컴퓨터 스프레드시트는 안성맞춤이다. 예를 들어, 표 8.1의 스프레드시트는 유로터널 문제를 엑셀 스프레드시트로 만들어 놓은 것이다. 셀 C3부터 C6까지는 각 연도의 현금흐름을 열 A에 제시된 시간 길이에 대해 7%로 할인한 현재가치이다. 셀 C7은 이들 각각의 현재가치를 합산한 것이다. 열 C의 결과를 계산하는 엑셀 공식을 열 D에 보여주고 있다.

엑셀은 순현재가치를 계산하는 내장함수를 가지고 있다. 공식은 =NPV(할인율, 현금흐름 목록)이다. 따라서 각 현금흐름의 현재가치를 분리하여 계산하고 합하는 대신 셀 C9에 NPV 공식을 사용할 수 있다. 이 함수의 첫 번째 항목은 십진수로 표시한 할인율로, 이 경우는 0.07이다. 그 다음은 B4:B6인데 이는 열 B (셀 B4에서 B6)에 나타난 현금흐름 목록이다.

왜 현금흐름 목록의 시작이 연도 0의 현금흐름이 있는 셀 B3부터가 아니라 연도 1의 현금흐름이 있는 B4부터인가? 왜냐하면 엑셀은 항상 1 기간 후에 첫 번째 현금흐름이 발생하고 2 기간 후에 두 번째 등으로 발생한다고 가정하기 때문이다. 위 예와 같이 실제로 첫 번째 현금흐름이 즉각 발생한다면 이를 할인해서는 안 될 뿐만 아니라 다른 현금흐름도 1 기간을 추가로 할인하지 말아야 한다. 따라서 NPV 함수에 즉각적인 현금흐름은 포함하지 않고 대신 이를 그 밖의 다른 여러 현금흐름들의 현재가치에 할인하지 않은 채 합산해야 한다. (셀 D9의 공식을 보라.)

NPV 함수를 사용할 때는 현금흐름의 시점에 주의해야 한다. 확실하지 않으면 셀 C7과 같이 각 현금흐름을 할인하여 합산하라.

C열에 사용된 공식(특히 셀 C3에서 C7)과 D열에 명시된 공식은 모두 1.07을 포함한다. PV가 다른 할인율(예: 9%)에서 어떻게 변하는지 알아보려면 어떻게 하시겠는가? 각 공식을 수동으로 변경해야 한다. 하지만, 더 쉬운 방법이 있다. 각 셀에서 1.07을 1.09로 반복적으로 교체하는 대신, 먼저 셀 B1에 적절한 할인율을 입력한 다음 C열의 각 셀에서 1.07을 (1+$B$1)로 교체하라. 이는 엑셀에 할인율이 1 더하기 셀 B1에 입력된 숫자임을 알려준다. ($B$1로 표시된 달러 표시는 스프레드시트의 공식 위치에 관계없이 항상 엑셀 수식이 해당 셀을 정확히 참조한다.) 이제 당신은 셀 B1에 입력된 하나의 숫자만 변경하면 다른 할인율로 쉽게 실험할 수 있다. 엑셀은 그 비율을 사용하여 PV와 NPV를 자동으로 다시 계산한다.

예를 들어, C4에서 사용되고 D4에 표시되는 공식은 "=C4/(1+$B$1)^A4"가 된다. NPV 공식은 "=NPV($B$1,B4:B6)+B3"가 된다. Connect에서 사용할 수 있는 스프레드시트 8.1의 "라이브" 버전은 이와 같이 설정된다.

스프레드시트 문제

1. 스프레드시트 8.1에서 할인율이 증가하는 경우 NPV는 어떻게 변하는가? NPV를 0으로 만드는 할인율은 얼마인가?
2. "=NPV($B$1,B3:B6)" 수식과 7% 할인율을 사용하여 사무용 건물 투자안의 NPV를 계산해 보라. 정확히 1/1.07 배 만큼 NPV가 감소할 것이다. 그 이유는 무엇인가?

본 장 마지막에 간단한 풀이가 제공되어 있다.

스프레드시트 8.1 사무실 정비 투자안의 현금흐름 추정과 현재가치

	A	B	C	D
1	자본비용:	0.07		
2	**연도**	**현금흐름(백만 달러)**	**PV**	**C열에 입력하는 공식(공식 앞에 =를 입력하는 것에 주의하시오.)**
3	0	−375	−375.0	=B3
4	1	25	23.4	=B4/1.07^A4
5	2	25	21.8	=B5/1.07^A5
6	3	475	387.7	=B6/1.07^A6
7		합계(NPV):	57.9	=SUM(C3:C6)
8				
9		엑셀의 NPV 함수 이용:	57.9	=NPV(.07,B4:B6)+B3

8.2 내부수익률

기업은 투자안의 순현재가치를 계산하는 대신, 종종 이 투자안의 수익률이 기회자본비용보다 높은가 아니면 낮은가를 묻는 것을 더 좋아한다. 예를 들어, 사무용 건물을 짓는 투자안으로 돌아가서 생각해보자. 당신은 1년 후 $C_1=\$400{,}000$의 현금흐름을 얻으려고 $350{,}000 투자를 계획하였다. 따라서 $400{,}000-\$350{,}000=\$50{,}000$의 투자수익을 예상한다. 이런 1기간 투자안에서 투자수익률을 계산하기는 쉽다. 단순히 투자된 $1당 연말 이익을 계산하면 된다.

$$\text{투자수익률} = \frac{\text{이익}}{\text{투자액}} = \frac{C_1 - \text{투자액}}{\text{투자액}} \times \frac{\$400,000 - \$350,000}{\$350,000}$$
$$= 0.1429, \ \text{즉} \ 14.3\%$$

미국국채에 투자하는 다른 대안은 7%의 수익률을 제공한다. 따라서 사무용 건물의 투자수익률은 기회자본비용보다 높다.[2]

이것은 투자안 채택에 대한 두 가지 결정 기준을 제시한다.

1. **NPV 기준**: 투자안별 현금흐름을 기회자본바용으로 할인할 때 양의 NPV를 갖는 모든 투자안에 투자
2. **투자수익률 기준**: 기회자본비용보다 높은 투자수익률을 주는 모든 투자안에 투자

두 기준의 "기준점"은 같다. 즉 NPV가 0인 임계점에 있는 투자안은 자본비용과 동일한 투자수익률을 제공한다.

국채 이자율이 7%가 아니라 14.3%라고 하자 사무용 건물 투자안도 14.3%의 수익률을 주기 때문에 투자수익률 기준은 이 투자안을 채택하는 것과 국채에 투자하는 것이 마찬가지라고 말해준다.

NPV 기준은 이자율이 14.3%라면 이 투자안의 NPV가 0이라고 한다.

$$\text{NPV} = C_0 + \frac{C_1}{1 + r} = -\$350,000 + \frac{\$400,000}{1.143} = 0$$

이 투자안은 당신을 더 부자로 만들거나 더 가난하게 하지 않는다. 즉, 들인 비용만큼 가치가 있을 뿐이다. 따라서 이 투자안을 채택하는 것에 대해 순현재가치 기준과 투자수익률 기준 모두 같은 결정을 하도록 한다.

투자수익률 기준에 대한 보다 상세한 검토

이 사무용 건물 투자안의 현금흐름을 7% 할인율로 할인하면 순현재가치가 $23,832라는 것을 알고 있다. 이 현금흐름을 14.3%로 할인하면 0의 NPV를 갖는다. 그림 8.2는 여러 할인율에 대해 이 투자안의 NPV를 보여준다. 이것은 때때로 이 투자안의 NPV 프로파일(profile)이라고도 한다. 그림 8.2에서 두 가지 중요한 점을 주목하라.

그림 8.2 사무용 건물 투자의 가치는 할인율이 높으면 감소한다. 투자안은 할인율이 14.3%보다 낮을 때 양의 NPV를 갖는다.

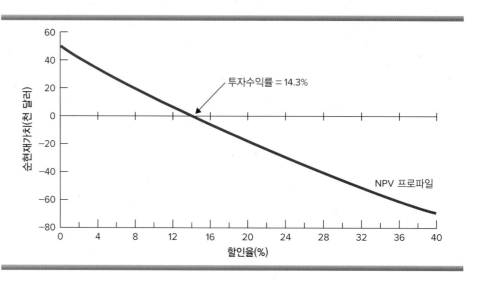

----

[2] 우리가 사무용 건물에 대한 수익이 무위험하다고 가정한 것을 기억하라. 따라서 기회자본비용은 다른 무위험 투자에 대한 수익률이다.

1. 투자안의 수익률(위 예에서는 14.3%)은 이 투자안의 NPV를 0으로 하는 할인율이다. 이것은 우리에게 유용한 정의를 할 수 있도록 한다. 즉, **투자수익률은 NPV가 0일 때 할인율이다.**
2. 기회자본비용이 투자안의 수익률보다 작으면 투자안의 NPV는 양(+)이다. 반면, 기회자본비용이 투자안의 수익률보다 크면 NPV는 음(−)이다. 따라서 이러한 선택 또는 거절의 결정에 있어서 투자수익률 기준과 순 현재가치 기준은 동등하다.

장기투자안에 대한 투자수익률 계산

1기간 후 단 하나의 현금흐름이 발생하는 투자의 수익률은 명확히 계산할 수 있다. 그러나 투자안이 여러 기간에 걸쳐 현금흐름을 산출할 때는 어떻게 수익률을 계산하는가? 위에서 소개한 정의를 다시 생각해보자. 투자안의 수익률은 NPV를 0으로 만드는 할인율이다. 우리는 이 정의를 이용하여 현금흐름이 많은 투자안의 수익률을 찾을 수 있다. **여러 현금흐름을 갖는 투자안의 NPV를 0으로 만드는 할인율을 투자안의 내부수익률(internal rate of return, IRR)이라 한다. 이것을 또한 할인 현금흐름(DCF) 수익률이라고도 한다.**

다음과 같이 사무실 정비 투자안에 대해 IRR을 계산해보자. 3년 동안 사무용 건물을 임대한다면 현금흐름은 다음과 같다.

연도 :	0	1	2	3
현금흐름	−$375,000	+$25,000	+$25,000	+$475,000

IRR은 이 현금흐름이 0의 NPV를 갖는 할인율이다. 따라서

$$NPV = -\$375,000 + \frac{\$25,000}{1 + IRR} + \frac{\$25,000}{(1 + IRR)^2} + \frac{\$475,000}{(1 + IRR)^3} = 0$$

이 식을 푸는 간단한 일반적인 방법은 없다. 시행착오 방법을 사용해야 한다. 임의로 0의 할인율을 넣어 보자. 그러면 NPV가 $150,000이다.

$$NPV = -\$375,000 + \frac{\$25,000}{1.0} + \frac{\$25,000}{(1.0)^2} + \frac{\$475,000}{(1.0)^3} = \$150,000$$

할인율이 0일 때 NPV는 0보다 크다. 따라서 IRR은 0보다 커야 한다.

다음 단계는 50% 할인율을 적용해 본다. 이 경우 NPV는 −$206,481이다.

$$NPV = -\$375,000 + \frac{\$25,000}{1.50} + \frac{\$25,000}{(1.50)^2} + \frac{\$475,000}{(1.50)^3} = -\$206,481$$

이제 NPV는 0보다 작다. 따라서 IRR은 0과 50% 사이 어디엔가 있다. 그림 8.3은 일정 범위의 할인율에 대해 순현재가치를 보여준다. 할인율이 12.56%일 때 NPV가 0이 된다는 것을 볼 수 있다. 따라서 IRR은 12.56%이다. 항상 그림 8.3과 같이 NPV 프로파일을 그려서 IRR을 찾을 수 있다. 그러나 스프레드시트나 특별히 프로그램된 재무용 계산기를 사용하는 것이 더 빠르고 정확하다. 다음의 글상자는 그 예를 보여준다.

투자수익률 기준에 따르면, 우리는 투자수익률이 기회자본비용을 초과하면 투자안을 채택해야 한다. 그림 8.3은 이것이 왜 타당한지를 제시하고 있다. NPV 프로파일은 우하향하기 때문에, 이 투자안은 기회자본비용이 투자안의 IRR인 12.56%보다 작을 때까지는 양(+)의 NPV를 갖는다. 그러다 기회자본비용이 IRR인 12.56%보다 크면 NPV는 0보다 작게 된다. 투자안의 IRR을 기회자본비용과 비교하는 것은 결과적으로 이 투자안이 양(+)의 NPV를 갖는지를 묻는 것과 같다. 이것은 1기간 사무용 건물 투자안이든지 3기간 사무용 건물 투자안이든지 간에 상관없이 동일하게 적용된다. **결론적으로 말하**

그림 8.3 내부수익률은 NPV가 0인 할인율이다.

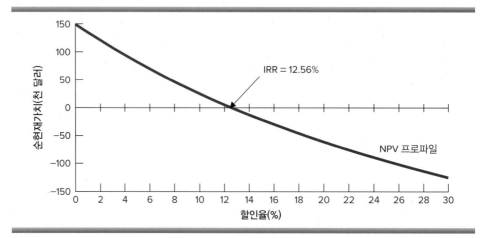

면, 할인율이 증가함에 따라 투자안의 **NPV**가 부드럽게 감소하는 한, 투자수익률 기준은 **NPV** 기준과 동일한 답을 준다.[3]

순현재가치와 내부수익률 기준이 대개 같은 답을 준다는 것은 놀라운 일이 아니다. 두 기준 모두 할인 현금흐름 방법을 사용하여 투자안을 선택한다. 두 기준 모두 주주에게 도움이 되는 투자안을 찾으려고 하며, 회사는 언제나 다음과 같은 선택권이 있다는 것을 알고 있다. 즉 어떤 투자안에 투자하거나, 만일 그 투자안이 충분히 매력적이지 않다면 돈을 주주에게 되돌려주어 자본시장에서 직접 투자하도록 할 수 있다.

8.2   셀프테스트

연도 3의 현금흐름을 $420,000라고 하자. 그림 8.3을 다시 그려 보라. IRR은 어떻게 변하는가?

주의할 점

어떤 사람은 투자안의 내부수익률과 기회자본비용을 혼동한다. 투자안의 **IRR**은 투자안의 수익성을 측정한다는 것을 기억하라. 이것은 투자안 자체의 현금흐름에만 의존한다는 의미에서 내부수익률이다. 기회자본비용은 투자안을 채택할 것인가를 결정하는 기준이다. 이것은 자본시장에서 위험 수준이 같은 투자안이 제공하는 수익률과 같다.

내부수익률 기준의 단점

많은 기업에서 순현재가치 기준 대신 내부수익률 기준을 사용한다. 이것은 유감스러운 일이다. 적절하게 사용하면 두 기준 모두 같은 결론에 도달하지만, 조심하지 않으면 내부수익률 기준은 함정에 빠질 수 있는 몇 가지 단점을 가지고 있다. 특히 경쟁 제안 두 개 (또는 그 이상) 중 하나를 선택하는 데 적합하지 않다. 여기 세 가지 예가 있다.

단점 1. 상호배타적인 투자안. 우리는 기업들이 어떤 투자안을 채택하거나 아니면 기각해야 하는 상황에는 거의 직면하지 않는다는 것을 보아왔다. 보통, 기업들은 상호배타적인 많은 대안들 중에서 선택할 필요가 있다. 여러 경쟁 투자안 중에서 선택할 수 있는 선택권이 주어지면 주주의 부를 가장 많이 증가시키는 것을 채택해야 하는데, 이것이 NPV가 가장 높은 투자안이다.

---

3) 6장에서는 채권에 대한 만기까지의 수익률을 계산하는 방법을 보여 주었다. 채권의 만기까지의 수익률은 단순히 다른 이름으로 IRR이다.

액셀에서 내부수익률을 계산하는 것은 투자안 현금흐름을 나열하는 것만큼 쉽다. 예를 들어 사무용 건물 투자안의 IRR을 계산하기 위해서는 단순히 아래의 스프레드시트에서처럼 현금흐름을 입력하고 셀 E4와 같이 IRR을 계산하면 된다. 항상 그런 것처럼 이자율은 십진수로 나타낸다.

	A	B	C	D	E	F
1		스프레드시트를 사용하여 IRR 계산하기				
2						
3	연도	현금흐름				공식
4	0	−375,000		IRR=	0.1256	=IRR(B4:B7)
5	1	25,000				
6	2	25,000				
7	3	475,000				

하지만 수익률 규칙은 어떠한가? 내부수익률이 가장 높은 투자안을 선택하는 것만으로 충분할까? 불행히도, 아니다. 상호배타적 투자안은 IRR 기준을 적용할 때는 사용자들에게 위험한 함정이 존재한다.

8.1절의 두 가지 사무실 건물 제안을 다시 한 번 생각해 보자. 당신은 애초에 건물에 $350,000를 투자했다가 연말에 $400,000에 팔려고 했었다. 수정된 투자안은 $375,000를 투자해 연 $25,000의 고정 임대료로 3년간 사무실을 임대해 준 뒤 건물을 $450,000에 파는 것이다. 다음 표는 두 투자안의 현금흐름, IRR 및 NPV를 보여준다.

연도:	0	1	2	3	IRR	NPV at 7%
최초 투자안	−350,000	+400,000			14.29%	+$23,832
수정된 투자안	−375,000	+25,000	+25,000	+475,000	12.56%	+$57,942

두 투자안 모두 NPV가 0보다 크므로 둘 다 좋은 투자안이다. 그러나 더 큰 순현재가치를 제공하는 수정 제안이 더 좋은 선택이다. 불행하게도 이 같은 우월성에도 불구하고, 수정 제안의 수익률은 최초 제안보다 높지 않다. IRR 기준에 의하면 최초 제안이 더 높은 IRR을 갖기 때문에 최초 제안을 선택해야 한다. IRR 기준을 따르면 당신은 14.29%의 수익률을 얻는 데 만족한다. 반면, NPV 기준을 사용하면 당신은 거의 $58,000만큼 더 부자가 될 수 있다.

그림 8.4는 IRR 기준이 왜 그릇된 신호를 제공하는지를 보여준다. 이 그림은 각 투자안의 NPV를 할인율의 함수로 그린 것이다. 이 두 NPV 프로파일은 이자율 11.72%에서 교차한다. 따라서 기회자본비용이 11.72%보다 크면 빠른 현금유입을 갖는 최초 제안이

그림 8.4 최초 제안은 수정 제안보다 높은 IRR을 제공한다. 그러나 할인율이 11.72%보다 낮다면 NPV는 더 작다.

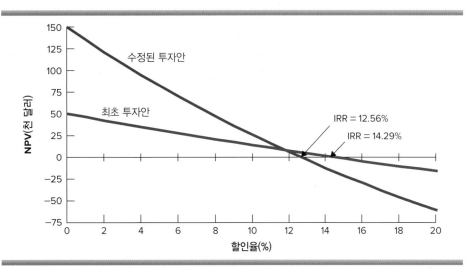

5장에서 일정한 연금과 한 차례 현금흐름의 현재가치와 미래가치에 대한 공식이 재무용 계산기에 내장되어 있음을 보았다. 그러나 사무용 건물의 예에서 알 수 있듯이 대부분의 투자안은 시간이 흐름에 따라 일정하지 않은 다기간 현금흐름을 포함한다. 다행히 많은 계산기가 일정하지 않은 현금흐름을 갖는 문제를 다룰 수 있는 기능이 내장되어 있다. 일반적으로 이 과정은 매우 간단하다. 현금흐름을 하나씩 계산기에 입력하고 투자안의 내부수익률을 구하기 위해 IRR 키를 누른다. 첫 번째 입력한 현금흐름은 즉각 발생하는 것으로 해석된다. 다음 현금흐름은 1기 말에 발생하는 것으로 해석된다. 사무용 건물을 예로 들어 보자. 투자안의 IRR을 구하기 위해 다음 일련의 키를 입력한다.*

계산기는 투자안의 내부수익률 12.56%를 보여줄 것이다.

투자안의 NPV를 계산하는 과정도 비슷하다. 투자안의 현금흐름에 할인율을 추가로 입력한 후, 단순히 NPV 키를 누르면 된다. 기회자본비용이 7%라고 가정할 때, 키를 입력하는 구체적인 순서는 아래와 같다.

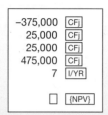

계산기는 할인율이 7%일 때 투자안의 NPV가 57,942임을 보여줘야 한다.

그런데 할인율이 IRR과 같을 때 NPV=0임을 확인할 수 있다. 투자안의 IRR인 12.56을 이자율로 입력하면 NPV가 약 0(IRR을 소수점 두 자리까지만 반올림하고 있기 때문에 정확히 0은 아니다)이라는 것을 알 수 있다.

---

* 다양한 계산기는 이러한 키 스트로크에 사소한 변화를 수반한다. 예를 들어 HP12C에서는 첫 번째 현금흐름을 CF0 키를 사용하여 입력하여 현금흐름이 1년 후가 아니라 즉시 발생함을 나타낸다. 다른 현금흐름은 CFj 키를 사용하여 입력한다. 텍사스 인스트루먼트(Texas Instruments)의 BAII Plus 계산기에서 당신은 CF 키를 눌러 다음 항목이 현금흐름으로 해석되어야 함을 나타낸다. 각 현금흐름 입력은 CFj 키 대신 아래쪽 화살표를 따른다. IRR 키를 누른 후 CPT를 누르면 된다. 자체 금융계산기가 없다면 에뮬레이터를 컴퓨터나 전화기에 내려받아 연습을 할 수 있다. Beyond the Page 아이콘을 참조하라.

더 우월한 투자안이다. 자본비용이 11.72%보다 낮다면 수정 제안이 더 좋다. 할인율에 따라 더 좋은 투자안이 달라진다. 우리가 가정한 7% 자본비용에서는 수정 제안이 더 좋은 선택이다.

이제 각 제안의 IRR을 고려해보자. IRR은 단순히 NPV가 0이 되게 하는 할인율이다. 즉, 그림 8.4에서 NPV 프로파일이 수평축을 교차하는 할인율이다. 보는 바와 같이 이 할인율은 최초 제안의 경우에는 14.29%이고 수정 제안은 12.96%이다. 그러나 그림 8.4에서 보는 것처럼 처음 제안의 IRR이 더 높다는 것이 NPV가 더 크다는 것을 의미하지는 않는다.

위 예에서 두 투자안은 동일한 지출을 갖지만, 수정 제안의 수명이 더 길다. IRR 기준을 사용할 경우, 투자자는 NPV는 더 작지만, 수익률이 높고 회수기간이 짧은 투자안을 잘못 선호하게 된다. **높은 IRR 그 자체가 목적이 아니라는 것을 기억하라. 우리는 기업가치를 증가시키는 투자안을 원한다. 장기적으로 괜찮은 투자수익률을 벌어들이는 투자안이 투자수익률은 높지만 수명이 짧은 투자안보다 종종 더 큰 NPV를 갖는다.**

8.3 셀프테스트

어떤 부유하고 우호적이며, 그러나 아마도 다소 이성적이지는 못한 은인이 당신에게 두 가지 상호배타적인 방법으로 $100만를 투자할 기회를 제시하였다. 두 투자안의 수익은 다음과 같다

a. 1년 후 $200만. 즉 100% 수익
b. 영원히 매년 $300,000

두 투자안 모두 위험하지 않으며, 무위험증권의 수익률은 7.5%이다. 당신은 어떤 투자안을 선택할 것인가? 둘 다 선택할 수는 없다. 따라서 이 선택은 상호배타적이다. 당신은 높은 수익률을 얻고 싶은가 아니면 부자가 되고 싶은가?

단점 1a. 투자금액이 다른 상호배타적 투자안 수명이 같지만 투자액이 서로 다른 투자안을 비교할 때 위와 마찬가지로 서열을 잘못 정할 수 있다. 이 경우 IRR을 사용하면, 투자자는 투자수익률은 높지만 NPV가 작은 소규모 투자안을 잘못 선호할 수 있다. 어떤 선택에 직면했을 때, 간단한 해결책은 NPV를 비교하는 것이다.

8.4   셀프테스트

셀프테스트 8.3에 나오는 다소 괴팍한 은인은 지금 당신에게 두 가지 기회 중에서 하나를 선택하라고 한다.

a. 오늘 $1,000를 투자하여 1년 후 아무 위험 없이 4배로 300% 수익률 획득
b. 보장된 50% 수익률로 1년 동안 $100만 투자

어떤 것을 선택하겠는가? 놀라운 수익률(300%)을 벌어들이기를 원하는가 아니면 부자가 되기를 원하는가? 무위험증권의 수익률은 계속해서 7%이다.

단점 2. 빌리는가 빌려주는가? IRR 기준이 작동하는 조건을 기억하라. 투자안의 NPV는 할인율이 증가함에 따라 하락해야 한다. 이제 다음 투자안을 생각해보자.

투자안	현금흐름(달러)		IRR (%)	NPV at 10%
	C_0	C_1		
A	−100	+150	+50	+$36.4
B	+100	−150	+50	−36.4

각 투자안은 50%의 IRR을 갖는다. 다시 말해 이 현금흐름을 50%로 할인하면 두 투자안은 0의 NPV를 갖는다.

이것이 두 투자안은 똑같이 매력적이라는 것을 의미하는가? 명백히 아니다. 투자안 A의 경우, 지금 $100을 지불하고 1년 후 $150을 얻는다. 이것은 어떤 은행예금보다 낫다. 그러나 투자안 B는 어떤가? 여기서 우리는 지금 $100을 받고 1년 후 $150을 지불해야 한다. 이것은 50%로 돈을 빌리는 것과 같다.

어떤 사람이 당신에게 50%가 좋은 이자율인가를 묻는다면, 당신은 상대방에게 이 이자율로 빌려주려고 하는 것인지 또는 빌리려고 하는 것인지를 몰라 대답할 수 없을 것이다. 50%에 돈을 빌려주는 것은 좋은 것이다(차입자가 국외로 도망가지 않는다면). 그러나 50%에 빌리는 것은 일반적으로 좋은 거래가 아니다(물론, 당신이 국외로 도망갈 계획이 아니라면). 당신이 돈을 빌려줄 때는 높은 수익률을 원하고 빌릴 때는 낮은 수익률을 원한다.

당신이 투자안 B에 대해 그림 8.2와 같은 그래프를 그린다면 할인율이 증가함에 따라 NPV가 올라간다는 것을 알게 된다. (해보라!) 이 경우 내부수익률 기준은 적용될 수 없다.

투자안 E는 아주 명백한 함정이다. 함정에 빠지지 않으려면 이 투자안의 NPV를 계산하라. 예를 들어, 자본비용이 10%라고 하자. 그러면 투자안 A의 NPV는 +$36.4이고 투자안 B의 NPV는 −$36.4이다. NPV 기준은 우리에게 50%로 돈을 빌리는 것 같은 투자안을 선택하지 않도록 올바르게 경고한다.

이자율이 상승함에 따라 NPV가 커질 때, 내부수익률 기준은 지금과는 거꾸로 된다. 즉, 할인율이 증가함에 따라 NPV가 커질 때, 해당 투자안은 내부수익률이 기회자본비용보다 작을 때만 채택될 수 있다.

단점 3. 다수의 내부수익률   여기 좀 더 복잡한 문제가 있다. 킹 코울 코퍼레이션(King Coal Corporation)은 노천 탄광 투자안을 고려하고 있다. 이 투자안은 $21,000만가 소요되며, 예상 현금유입은 처음 2년간 매년 $12,500만이고 3년 및 4년차에는 매년 $17,500만이다. 그러나 이 회사는 연도 5에 채굴된 땅을 의무적으로 메워야 하는데 예상 비용이 $40,000만이다. 20% 기회비용에서 이 투자안의 NPV는 $590만이다.

IRR을 구하려고 여러 할인율에서 NPV를 계산한 결과가 그림 8.5에 제시되어 있다. NPV＝0인 할인율이 두 개 있는 것을 볼 수 있다. 즉, 다음 두 식이 모두 성립한다.

$$\text{NPV} = -210 + \frac{\$125}{1.03} + \frac{125}{1.03^2} + \frac{175}{1.03^3} + \frac{175}{1.03^4} - \frac{400}{1.03^5} = 0$$

그리고

$$\text{NPV} = -210 + \frac{\$125}{1.25} + \frac{125}{1.25^2} + \frac{175}{1.25^3} + \frac{175}{1.25^4} - \frac{400}{1.25^5} = 0$$

다시 말해, 이 투자안은 3%와 25%의 IRR을 갖는다. 그 이유는 현금흐름의 부호가 두 번 바뀌었기 때문이다. 현금흐름의 부호가 바뀐 수만큼 내부수익률이 있을 수 있다.[4]

여기 제시된 석탄 탄광은 개발할 만한 가치가 있는가? IRR이 기회비용보다 크면 채택하는 단순한 IRR 기준은 이 경우에 도움이 되지 않는다. 예를 들어 그림 8.5에서 보면, 자본비용이 작을 때(3%보다 작은) 이 투자안은 음의 NPV를 갖는다. 이 투자안은 자본비용이 3%와 25%에 있을 때만 양의 NPV를 갖는다.

킹 코울의 마지막 현금흐름을 음(−)으로 만드는 해체와 청소 비용이 때로는 상당히 많이 들 수가 있다. 예를 들어, 영국의 북해 석유 플랫폼을 제거하는 궁극적인 비용은 $750억로 추산되었다. 핵발전소를 해체하는 데 $5억 이상이 들 수 있다. 이는 현금흐름이 양(+)에서 음(−)으로 가는 분명한 예이다. 이외에도 회사가 나중에 비용 지출을 계획해야 하는 다른 많은 경우를 생각할 수 있다. 선박은 주기적으로 수선을 위해 조선소에 가야하고 호텔은 전면 개조해야 하며, 기계 부품은 대체되어야 한다.

현금흐름이 한 번 이상 부호가 바뀌면 투자안은 보통 하나 이상의 IRR을 갖고 단순한 IRR 기준은 적용할 수 없게 된다. 회사는 수정된 내부수익률(modified internal rate of return, MIRR)을 계산함으로써 이 문제(즉 다수의 내부수익률 문제)를 피해갈 수 있다. 그러나 이러한 경우 IRR 규칙을 버리고 프로젝트 NPV만 계산하기가 훨씬 쉽다.

그림 8.5 킹 코울(King Coal)의 투자안은 두 개의 내부수익률을 갖는다. 할인율이 3%와 25%일 때 NPV ＝0이다.

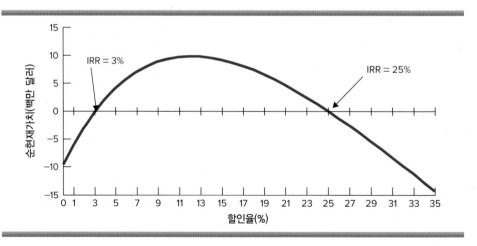

---

4) 부호가 변한 수보다 적은 수의 IRR이 있을 수도 있다. 심지어 여러분은 IRR이 없는 투자안도 만날 수 있다. 예를 들어, 연도 0에 +$1,000의 현금유입과 연도 1에 −$3,000, 그리고 연도 2에 +$2,500의 현금흐름을 갖는 투자안은 IRR이 없다. 믿지 못하겠으면 여러 할인율을 사용하여 NPV를 그려 보라. 이러한 투자안이 음(−)의 NPV를 가질 수 있겠는가?

8.3 수익성지수

수익성지수
초기 투자금액 대비 순현재가치의 비율.

수익성지수는 투자금액 $1당 투자안의 순현재가치를 측정한다.

$$수익성지수 = \frac{순현재가치}{투자금액} \qquad (8.2)$$

예를 들어, 사무실 건물을 짓겠다는 우리의 초기 제안은 $350,000의 투자와 $23,832의 NPV를 가지고 있었다. 따라서 수익성지수[5]는 0.068이다.

$$\frac{23,832}{350,000} = 0.068$$

수익성지수는 편익비용률이라는 이름으로도 알려져 있다. 그 투자안의 "이익"은 그것의 순현재가치다. "비용"은 필요한 투자다. 이 지수는 $1 비용당 실현되는 편익을 측정하는 것이다.

수익성지수가 양(+)인 프로젝트는 양(+)의 NPV를 가져야 하므로 어느 한 기준이라도 동일한 결정을 내려야 할 것 같다. 그렇다면 군이 수익성지수를 산출하는 이유가 무엇인가? 기업이 지출할 수 있는 금액에 제한이 있을 때에는 투자하는 금액 $1마다 얻을 수 있는 최대의 수익에 집중할 필요가 있기 때문이다. 자금이 부족할 때는 수익성지수가 가장 높은 사업을 선정해야 한다는 말이다.

예를 들어, 다음과 같은 투자 기회에 직면했다고 가정해 보자.

| 투자안 | 현금흐름(백만 달러) | | | NPV at 10% | 수익성지수 |
	C_0	C_1	C_2		
C	−10	+30	+5	21	21/10=2.1
D	−5	+5	+20	16	16/5=3.2
E	−5	+5	+15	12	12/5=2.4

세 가지 투자안 모두 매력적이지만, 회사가 $1,000만을 지출하는 것으로 제한된다고 가정해 보자. 그럴 경우 투자안 C나 투자안 D와 E 중 하나에 투자할 수는 있지만, 세 가지 모두에 투자할 수는 없다. 해결책은 수익성지수가 가장 높은 투자안부터 시작해 자금이 바닥날 때까지 계속하는 것이다. 이 예에서 D는 투자된 달러당 NPV를 가장 많이 제공하며 그 다음이 E이다. 이 두 투자안은 정확히 $1,000만의 예산을 다 써버린다. 이 두 투자안으로 인해 주주 재산에 $2,800만이 추가된다. C에 투자하는 대안은 $2,100만이 추가될 것이다.

자본할당

자본할당
투자할 수 있는 펀드 금액으로 설정된 한도.

경제학자들은 **자본할당**이라는 용어를 투자 가능한 자금의 부족을 지칭하기 위해 사용한다. 단순한 자본배급 사례에서 수익성지수는 어떤 사업을 받아들일지 가늠할 수 있다.[6] 그러나 다음과 같은 의문이 제기된다. 대부분의 대기업들은 단기간에 공정한 조건으로 매우 많은 돈을 조달할 수 있는데 최고경영진은 왜 때때로 부하직원들에게 자본이 한정되어 있고, 정해진 자본지출을 초과하지 않을 수도 있다고 말하는가? 여기에는 두 가지 이유가 있다.

---

5) 때로는 수익성지수를 (순현재가치가 아닌) 총 현재가치의 비율로 정의하기도 한다. 이 정의에 의하면, 아래에 계산된 모든 수익성지수는 1씩 증가한다. 예를 들어 사무실 건물의 수익성지수는 373,832/350,000=1,068일 것이다. 두 정의에 따른 프로젝트 순위는 동일하다는 점에 유의하라.

6) 불행히도, 자본이 둘 이상의 기간에 분배될 때, 또는 인력, 생산 능력 또는 다른 자원이 자본 외에 할당될 때, 그들의 수익성지수 기준으로 투자안의 순위를 매기는 것만으로 NPV 최대화 패키지를 얻는 것이 항상 가능한 것은 아니다. 지루한 시행착오를 반복하거나 선형 프로그래밍 방법을 사용할 수 있다.

연성 할당(Soft Rationing) 많은 기업에게 자본 제약은 "연성"이다. 우리는 이것을 투자자가 자본할당(capital rationing)을 하는 것이 아니라는 의미로 사용한다. 대신에 이 제약은 최고경영자가 정하는 것이다. 예를 들어, 당신이 의욕적이고 승진 동기가 강한 활동적인 젊은 관리자라고 가정해보자. 당신은 회사에서 맡은 부분을 확장하려 할 것이고, 그 결과 투자 기회를 과장하는 경향이 있을 것이다. 상위 관리자는 당신이 지닌 많은 좋은 아이디어 중 어떤 것이 정말로 가치 있는가를 판단하려 하기보다는, 당신과 다른 젊은 관리자들이 지출할 수 있는 액수에 제한을 두는 것이 좀 더 간단하다고 생각할 수 있다. 이러한 제약은 당신에게 업무의 우선순위를 정하도록 한다.

자본이 아니더라도 다른 자원이 할당될 수도 있다. 예를 들어, 매우 빠른 성장은 경영자와 조직에 상당한 압력을 줄 수 있다. 이 문제에 대한 얼마간의 임시방편적 대응은 기업이 지출할 자본을 할당하는 것이다.

경성 할당(Hard Rationing) 연성 할당은 기업에 추가 비용을 발생시키지 않는다. 투자에 제한을 두는 것이 너무 제약적이어서 정말 좋은 투자안이 채택되지 않고 포기되어야 한다면 상위경영자들은 좀 더 많은 돈을 조달하여 자본지출에 부과된 제약을 완화해야 한다. 그러나 기업이 실제로 필요한 자금을 조달할 수 없음을 의미하는 '강성 할당'이 존재한다면 어떻게 될까? 이것은 대부분의 상장 기업들에는 흔한 문제가 아닐 수도 있지만, 많은 나라에서 가장 큰 기업 중 일부는 정부에 의해 소유된다. 당신이 새로운 자본을 조달할 자유가 없는 국영 기업의 관리자라고 가정해 보자. 그 경우, 당신은 양(+)의 NPV 투자안을 포기해야 할지도 모른다. 당신은 여전히 순현재가치에 관심이 있을 수 있지만, 당신은 이제 회사의 가용자원 내에서 가장 높은 순현재가치를 주는 투자안의 패키지를 선택해야 한다. 수익성지수가 유용할 수 있는 시점이다.

수익성지수의 단점

수익성지수는 때때로 연성 또는 강성 자본할당이 없을 때에도 투자안의 서열을 정하는 데 사용된다. 이 경우 부주의하게 사용하면 더 큰 NPV를 갖는 대형 투자안보다 작은 투자안을 선호하는 결과가 될 수도 있다. 수익성지수는 $1당 가장 많은 수익, 즉 사용되는 $1당 가장 큰 NPV를 얻는 투자안을 선택하도록 고안되었다. 이는 자본에 제약이 있을 때는 올바른 목표이다. 그러나 그렇지 않을 때는 비록 더 많은 돈이 사용된다 할지라도 큰 수익을 내는 것이 작은 수익을 내는 것보다 항상 좋게 마련이다. 셀프테스트 8.5는 이를 보여주는 수치적 예이다.

> **8.5   셀프테스트**
>
> 셀프테스트 8.3과 8.4에 나오는 상호 배타적인 투자안의 수익성지수를 계산하라. 이때, 7% 할인율을 적용하라. 수익성지수는 각각의 경우에 적절한 순위를 부여하고 있는가?

8.4 회수기간 기준

양(+)의 순현재가치를 갖는 투자안은 소요되는 비용보다 더 가치가 있다. 따라서 회사가 이러한 투자안에 투자하는 것은 주주를 이롭게 한다.

오늘날 거의 모든 대기업들은 제안된 투자안에 대해 NPV를 계산하지만, 투자 의사결정을 할 때 다른 투자안 평가기준을 함께 고려하기도 한다. 적절하게 사용하면 내부 수익률과 수익성지수는 순현재가치와 동일한 결정으로 이어진다. 그러나, 투자회수기간 기준은 투자가치에 대한 매우 대략적인 안내와 다를 바 없다.

가끔 다음과 같은 대화를 들었을 것이다. "어떤 세탁기가 약 $800이다. 우리는 현재 매주 $6, 즉 1년에 약 $300를 빨래방에서 소비하고 있다. 따라서 이 세탁기는 3년 이내에 제값을 하게 된다." 당신은 방금 회수기간 기준을 들은 것이다.

회수기간
투자안의 초기 투자금액을 회수하는 데 걸리는 시간.

투자안의 **회수기간**(payback period)은 초기 투자액을 회수하기까지 걸리는 시간으로 정의된다. 위에 언급된 세탁기의 회수기간은 3년 미만이다. **회수기간 기준에 따르면, 투자안의 회수기간이 미리 정해진 채택기간(cutoff period)보다 짧으면 채택한다.** 예를 들어, 채택기간이 4년이라면 이 세탁기는 기준에 맞는 것이고, 채택기간이 2년이라면 그렇지 못한 것이다.

회수기간 기준은 대충 어림셈으로서는 적절할 수 있다. 그러나 이 기준으로는 불합리한 결정을 할 수 있다는 것을 쉽게 찾아볼 수 있다. 예를 들어, 다음과 같은 투자안 F와 G를 비교해보자. 투자안 F는 2년의 회수기간과 큰 양(+)의 NPV를 갖는다. 투자안 G도 2년의 회수기간을 갖지만, 음(−)의 NPV를 갖는다. 명백히 투자안 F가 더 우월하다. 그러나 회수기간 기준은 둘을 동등하다고 판정한다. 그 이유는 회수기간 기준이 회수기간 이후에 발생하는 어떤 현금흐름도 고려하지 못하기 때문이다. 2년 이상을 채택기간으로 하는 회수기간 기준을 사용하는 기업은, 오직 투자안 F만이 주주의 부를 증가시키더라도 투자안 F와 G 모두를 채택할 것이다.

투자안	현금흐름(달러)				수기간 (년)	NPV at 10%
	C_0	C_1	C_2	C_3		
F	−2,000	+1,000	+1,000	+10,000	2	$7,249
G	−2,000	+1,000	+1,000	0	2	−264
H	−2,000	0	+2,000	0	2	−347

회수기간과 관련된 두 번째 문제는 더 늦게 발생하는 현금흐름의 가치가 작음에도 불구하고 채택기간 이전에 도달하는 모든 현금흐름에 동일한 가중치를 준다는 것이다. 예를 들어, 투자안 H를 보자. 이것도 2년의 회수기간을 갖지만, 투자안 G보다도 낮은 NPV를 갖는다. 왜냐하면 투자안 H의 현금흐름은 회수기간 내에서도 더 늦게 발생하기 때문이다.

기업이 회수기간 기준을 사용하려면 적절한 채택기간을 먼저 결정해야 한다. 만일 투자안의 내용연수에 관계없이 같은 기준을 사용한다면, 단기투자안을 너무 많이 채택하는 반면에 장기투자안을 그만큼 많이 기각하게 될 것이다. 회수기간 기준은 회수기간 이후에 발생하는 현금흐름을 무시하기 때문에, 기업이 장기투자안을 받아들이는 결정을 왜곡할 수 있는 부정적인 영향을 끼친다.

회수기간 기준의 주요 매력은 단순함에 있다. 그러나 투자안을 평가하는 데 있어 어려운 부분은 계산하는 데 있는 것이 아니라 현금흐름을 예측하는 데 있다는 것을 기억하라. 요즈음은 스프레드시트를 이용하여 할인하는 작업을 매우 쉽게 할 수 있다. 따라서 회수기간 기준은 투자안 분석에서 쉬운 부분만을 도와줄 수 있을 뿐이다.

회수기간 기준에 대해 좋게 말할 것이 별로 없다. 그런데 왜 많은 기업이 이것을 계속 사용하고 있는가? 고위 관리자들이 회수기간 이후의 모든 현금흐름이 중요하지 않다는 것을 절대 믿지 않는데도 말이다. 아마도 상쇄되는 이익이 있기 때문에 회수기간 기준을 계속해서 사용하는(그리고 경영자들에게는 더 너그러운) 것 같다. 경영자들은 어떤 투자안이 바람직하다는 생각을 소통하는 가장 단순한 방법이 회수기간이라고 생각할 수 있다. 투자안을 결정하려면 기업의 모든 부서 사람들이 토론과 협상을 해야 하므로, 모든 사람이 이해할 수 있는 지표를 갖는 것이 중요하다. 또한 경영자들은 비록 투자안의 순현재가치가 다소 적더라도 보다 빨리 이익을 내면 자신의 승진이 좀 더 빠를 수 있다고 믿기 때문에 빠른 회수기간을 갖는 투자안을 더 좋아할 수도 있다. 이 같은 추론은 우리를 1장으로 돌아가게 한다. 1장에서 우리는 경영자의 목표와 주주의 목표를 일치시킬 필요성에 대해서 논의한 바 있다.

실무에서 회수기간은 투자액이 작거나 투자안의 장점이 너무 뚜렷해서 더 이상의 공식적인 분석이 필요하지 않을 때 일반적으로 사용된다. 예를 들어, 어떤 투자안이 10년 동안 일정한 현금흐름을 창출할 것으로 예상하는데 회수기간은 단지 2년이라면 모든 가능성을 고려해도 이 투자안은 양(+)의 NPV를 갖는다.

할인 회수기간

때때로 경영자는 할인 회수기간(discounted payback period)을 계산한다. 이것은 예상 현금흐름의 현재가치가 초기 투자액과 같거나 초과할 때까지 걸리는 기간이다. 따라서 이 지표는 투자안이 양(+)의 순현재가치를 갖는데 걸리는 시간을 측정한다. 할인 회수기간이 회사의 채택기간에 맞는다면 이 투자안은 채택되고, 그렇지 못하다면 기각된다. 할인 회수기간 기준은 음(−)의 NPV를 갖는 투자안을 절대로 채택하지 않는다는 이점이 있다. 한편 할인 회수기간 기준은 채택기간 이후 현금흐름을 여전히 고려하지 못하기 때문에 좋은 장기투자안을 기각할 위험성을 계속해서 가지고 있고 서로 경쟁하는 투자안의 순위를 잘못 매길 수도 있다.

장기 할인 회수기간을 갖는 투자안을 자동으로 기각하는 대신 많은 경영자는 이 지표를 경고의 신호로 시용한다. 경영자들은 장기 할인 회수기간을 갖는 투자안에 대해 생각도 해보지 않고 기각하지는 않는다. 대신, 투자안이 먼 미래에 현금을 창출하는 능력에 대해 과도하게 낙관적이지 않았는가를 점검한다. 그들은 장비가 정말로 수명이 그토록 오랜 기간 지속되는지 또는 경쟁자가 시장에 진입하여 투자안의 현금흐름을 감소시키지 않겠는지를 확인한다.

8.6   셀프테스트

기계 한 대가 $700이고 앞으로 20년 동안 연간 $100의 현금흐름을 창출할 것이다. 이 투자안의 회수기간은 얼마인가? 금리가 7.1%일 경우 할인 회수기간은 얼마인가? 이 투자안의 NPV는 얼마인가? 그 프로젝트를 받아들여야 하는가?

8.5   상호배타적 투자안의 여러 가지 예

우리는 거의 모든 실제 결정들이 경쟁하는 대안들 사이에서 어느 쪽이든 선택을 수반한다는 것을 보아왔다. 부동산 개발업자는 가용한 부지에 아파트 단지나 사무실 단지를 지을 수 있다. 기름이나 천연가스로 난방이 가능하다. 건축은 오늘 당장 또는 지금부터 1년 후에 시작할 수 있다. 이 모든 선택은 상호 배타적이라고 한다. 상호 배타적 투자안 중 하나를 선택할 때, 우리는 각 투자안의 NPV를 계산하고 양(+)의 NPV가 가장 높은 것을 선택해야 한다.

때로는 두 개 이상의 투자안의 NPV를 단순하게 비교하는 것으로 충분하다. 하지만 어떤 경우에는, 오늘 당신이 선택하는 것이 미래의 투자 기회에 영향을 미칠 것이다. 그러한 경우, 경쟁 투자안 중 하나를 선택하는 것은 더 까다로울 수 있다. 다음 세 가지 사항은 중요하기는 하지만 때때로 매우 어려운 의사결정을 수반하는 것들이다.

- **투자시기 결정.** 컴퓨터를 지금 사야 하는가 아니면 기다려서 다음 해에 다시 생각해야 하는가? (여기서는 오늘 투자와 미래에 가능한 투자가 경쟁하고 있다.)
- **장기 내용연수와 단기 내용연수를 갖는 장비 간의 선택.** 오늘 내용연수가 짧은 값싼 기계를 설치하여 비용을 절약해야만 하는가? (여기서는 오늘 결정이 향후 기계를 대체해야 하는 투자를 앞당길 수 있다.)
- **대체 결정.** 기존 기계를 언제 대체해야 하는가? (이 기계를 1년 더 사용하는 것이 좀 더 현대적인 장비에 대한 투자를 지연시킬 수 있다.)

이들 문제를 하나씩 살펴보자.

문제 1. 투자시기 결정

예제 8.1로 돌아가자 옵솔리트 테크놀로지스는 새로운 컴퓨터 시스템의 구매를 고려하고 있었다. 제시된 투자안은 거의 $20,000의 순현재가치를 갖는다. 따라서 비용·절감 때문에 시스템에 대한 지출이 쉽게 정당화되는 것처럼 보인다. 그러나 재무관리자는 이에 동의하지 않았다. 그녀는 컴퓨터 가격이 계속 하락하고 있으므로 내년까지 기다리면 이 시스템의 NPV가 더 커질 것이라고 주장하면서 구매 연기를 제안하였다. 불행하게도 그녀는 10년 동안 같은 주장을 하고 있어서, 이 회사는 더 효율적인 시스템을 가진 경쟁자에게 꾸준히 사업영역을 빼앗기고 있다. 그녀의 논리에 잘못된 점이 있는가?

이는 투자시기를 결정하는 문제이다. 양(+)의 NPV 투자안을 언제 시작하는 것이 최선일까? 투자시기 결정 문제는 모두가 상호배타적인 투자안 중에서 선택해야 하는 문제에 속한다. 지금 이 투자안을 진행할 수도 있고 나중에 할 수도 있다. 하지만, 둘 다 할 수는 없다.

표 8.1은 옵솔리트에 대한 기본적인 자료를 보여준다. 컴퓨터 비용이 오늘 $50,000에서 내년에 $45,000로 감소할 것으로 예상한다는 것 등을 볼 수 있다. 이 새로운 컴퓨터 시스템은 설치 시점부터 4년 동안 사용될 것으로 예상한다. 설치 시점에서 비용절감 액의 현재가치는 $70,000로 예상한다. 따라서 이 회사가 오늘 투자한다면 $70,000 − $50,000=$20,000의 NPV를 가질 수 있다. 만약 내년에 투자한다면 $70,000 − $45,000=$25,000의 NPV를 가질 것이다.

$25,000의 이득이 $20,000보다 낮지 않은가? 반드시 그렇지는 않다. 당신은 오늘 $20,000 더 부유하게 되는 것을 내년에 $25,000 더 부유하게 되는 것보다 좋아할 수도 있다. 어떤 것이 더 좋은가는 자본비용에 달려있다. 표 8.1의 마지막 열은 10% 자본비용일 때 오늘(연도 0) 시점의 순현재가치를 보여준다. 예를 들어, 이 $25,000 이득의 할인가치는 $25,000/1.10=$22,700이라는 것을 볼 수 있다. 재무관리자는 핵심을 이해하고 있으며, 이 금액은 컴퓨터 투자를 연기할 가치가 있다는 것을 보여준다. 그러나 무한히 연기해서는 안 된다. 연도 3에 컴퓨터를 구입함으로써 오늘 시점의 NPV를 극대화한다.

표 8.1 옵솔리트 테크놀로지스. 컴퓨터 구매로 얻는 이득은 증가하지만, 오늘 시점의 NPV는 연도 3에 컴퓨터를 살 때 가장 크다. (단위: 천 달러)

구매 연도	컴퓨터 비용	비용 절감액의 현재가치	구매 연도의 NPV(r=10%)	오늘 NPV	
0	$50	$70	$20	$20.0	
1	45	70	25	22.7	
2	40	70	30	24.8	
3	36	70	34	25.5	← 최적 구매일
4	33	70	37	25.3	
5	31	70	39	24.2	

여러분은 하나를 선택하면 하나를 포기해야 하는 교환관계(trade-off)에 놓여 있다는 것에 주의하라. 여러분은 $70,000의 비용절감액을 빨리 가지면 가질수록 좋다. 그러나 투자를 연기하여 이 절감액을 얻는데 비용이 덜 든다면 기다리는 것도 도움이 될 수 있다. 구매를 1년 연기한다면 컴퓨터 구매에서 얻는 이득은 $20,000에서 25% 증가한 $25,000가 된다. 자본비용이 단지 10%이기 때문에, 적어도 연도 1까지 연기하는 것이 도움이 된다. 연도 3에서 연도 4로 연기한다면 이득은 $34,000에서 단지 9% 미만의 증가인 $37,000가 된다. 이것은 자본비용보다 작아서 더 기다리는 것은 가치가 없다. 투자 시기에 대한 의사결정 기준은 오늘 시점으로 가장 높은 순현재가치를 주는 투자시기를 선택하는 것이다.

8.7 셀프테스트

불행하게도 옵솔리트 테크놀로지스의 사업은 회사가 망설이고 빈둥거림에 따라 축소되고 있다. 이 회사 CFO는 새로운 컴퓨터를 설치하는 데서 얻는 비용절감이 현재 $70,000의 현재가치에서 내년에 $66,000로, 그 다음에는 $62,000로, 이처럼 매년 $4,000씩 감소할 것이라는 것을 알고 있다. 이 새로운 정보를 가지고 표 8.1을 다시 작성하라. 옵솔리트는 새 컴퓨터를 언제 구매해야 하는가?

문제 2. 긴 내용연수와 짧은 내용연수를 갖는 두 장비 간의 선택

어떤 회사가 두 기계 I와 J 중에서 선택해야 한다고 가정하자. 두 기계는 서로 다르게 설계되어 있지만, 용량과 기능은 정확히 같다. 기계 I의 가격은 $15,000이고 내용연수는 3년이며, 운전비용은 매년 $4,000이다. 기계 J는 "경제적" 모델로서 가격이 $10,000이고 내용연수는 2년이며, 운전비용은 매년 $6,000이다.

두 기계가 생산하는 제품이 정확히 동일하기 때문에, 비용이 유일한 선택기준이다. 비용에 대한 현재가치를 계산한다고 해보자.

		비용(천 달러)				
	연도:	0	1	2	3	PV at 6%
기계 I		15	4	4	4	$25.69
기계 J		10	6	6	–	21.00

비용의 현재가치가 낮은 기계 J를 선택해야 하는가? 꼭 그렇지만은 않다. 우리가 본 것은 기계 J가 2년 동안 서비스를 기계 I의 3년 동안 서비스보다 낮은 비용으로 제공한다는 것이다. 그렇지만 J를 사용할 때 연간 비용이 I보다 낮은가?

본사의 재무관리자가 예산에서 기계 I를 사고 운영비를 지급하는 데 동의한다고 가정하자. 그리고 공장관리자에게 기계 사용에 대한 대가를 매년 부과한다. 연도 1부터 세 번 동일한 액수가 부과될 것이다. 분명히 재무관리자는 이 부과액의 현재가치가 기계 I의 비용의 현재가치 $25,690와 같도록 금액을 정해야 한다. 할인율이 6%일 때 이만큼의 현재가치를 갖는 금액은 연간 $9,610이다. 즉 기계 I를 구입하여 운영하는 비용은 3년 동안 매년 $9,610을 지불하는 비용과 동등(equivalent)하다. 따라서 이 액수를 기계 I를 운영하는 **등가 연간연금**(equivalent annual annuity)이라 한다.

등가 연간연금
기계 구입 및 운영 비용과 현재가치가 동일한 기간당 현금흐름.

		비용(천 달러)				
	연도:	0	1	2	3	PV at 6%
기계 I		15	4	4	4	$25.69
등가 연간연금			9.61	9.61	9.61	25.69

$9,610의 연간 비용이 $25,690의 현재가치를 갖는다는 것을 어떻게 알 수 있는가? 연간 비용은 3년 연금이다. 따라서 미지수인 등가 연간연금에 3년 연금계수를 곱한 후 이를 $25,690와 일치시킨다.

$$등가\ 연간연금 \times 3년\ 연금계수 = F\ 비용의\ PV = \$25,690$$

자본비용이 6%라면 3년 연금계수는 2.6730이다. 따라서

$$등가\ 연간연금 = \frac{비용의\ 현재가치}{3년\ 연금계수} \tag{8.3}$$

$$= \frac{\$25,690}{3년\ 연금계수} = \frac{\$25,690}{2.6730} = \$9,610$$

기계 J의 비용에 대해 같은 방법으로 계산하면 다음과 같다.

		비용(천 달러)		
연도:	0	1	2	PV at 6%
기계 J	10	6	6	$21.00
등가 연간연금		11.45	11.45	21.00

이제 기계 I의 등가 연간연금이 더 적기 때문에 기계 I가 더 낫다는 것을 알게 되었다 (I의 $9,610 과 J의 $11,450를 비교하라). 다시 말해, 이 재무관리자는 기계 I를 사용하면 더 적은 연간 비용이 소요된다. **이제 우리는 수명이 다른 자산을 비교하는 다음과 같은 기준을 갖게 되었다. 즉 가장 적은 등가 연간연금을 갖는 기계를 선택하라는 것이다.**

등가 연간연금을 투자지출과 운영비의 현재가치를 충당하기에 필요한 균등한 연간 비용으로 생각하라.[7] 연간 비용은 장비의 내용연수 동안 계속된다. 등가 연간연금은 현재가치를 연금계수로 나누어 계산하라.

| 예제 | **8.3 ▶** | **등가 연간연금 − 1** |

당신은 적어도 7년을 사용해야 하는 차가 필요하다. 당신은 지금 당장 $15,000에 한 대를 사거나 7년간 임대할 수 있다. 차를 산다면 7년 후에 $500의 가치가 있을 것이며, 할인율은 10%라면 당신이 지급하려는 최대 임대료는 얼마인가?

구입비의 현재가치는 다음과 같다.

$$PV = \$15,000 - \frac{\$500}{(1.10)^7} = \$14,743$$

따라서, 차를 구매하는 데 등가 연간비용은 이만큼의 현재가치를 갖는 연금이다.

$$등가\ 연간연금 \times 10\%일\ 때\ 7년\ 연금계수 = 구입비의\ PV = \$14,743$$

$$등가\ 연간연금 = \frac{\$14,743}{7년\ 연금계수} = \frac{\$14,743}{4.8684} = \$3,028$$

따라서 차를 구입해서 사용하다가 7년 후에 판매하는 경우의 등가 연간연금은 앞으로 7년 동안 매년 $3,028의 임대료를 지급하는 경우의 현재가치와 같다. 당신은 임대하기 위해 연간 $3,028까지는 기꺼이 지급하려 할 것이다. ■

---

7) 우리는 암묵적으로 물가상승률이 0이라고 가정하였다. 이것이 맞지 않는다면 연금계수를 계산하는 데 실질이자율을 사용하고 기계 I와 J의 등가 연간연금을 실질이자율로 할인하는 것이 나을 것이다.

| 예제 | 8.4 ▶ | 등가 연간연금 – 2 |

저에너지 전구는 보통 $3.50 정도 하는데, 수명은 9년이며 전기료는 연간 약 $3.19 소요된다. 우리가 아는 구식 전구는 $0.50로 더 싸다. 그러나 겨우 1년 정도만 사용할 수 있고 전기료는 약 $11.25 소요된다. 실질할인율이 5%라면 두 제품의 상대적 비용은 얼마인가?

이 문제에 답하고자 먼저 각 전구의 초기 비용을 연간 수치로 전환하고 연간 에너지 비용을 더한다.[8] 다음 표로 계산을 시작한다.

	저에너지 전구	구식 전구
1. 초기 비용 ($)	3.50	0.50
2. 추정 수명(년)	9	1
3. 할인율 5%일 때의 연금계수	7.1078	0.9524
4. 등가 연간연금 ($)=(1)/(3)	0.49	0.52
5. 연간 전기료 ($)	3.19	11.25
6. 연간 총비용($)=(4)+(5)	3.68	11.77
가정: 에너지 비용은 매년 말에 발생한다.		

저에너지 전구가 연간 $11.77−$3.68=$8.09 만큼의 비용절감효과가 있는 것으로 보인다. ■

문제 3. 구형 기계 대체 시기

앞서 기계 I와 J를 비교할 때 각 기계의 수명이 이미 정해진 것으로 가정하였다. 하지만 실무적으로 장비가 대체되는 시점은 물리적으로 사용할 수 없는 시점이 아니라 경제적인 이유를 반영한다. 따라서 기계가 망가질 때까지 기다리기보다는 우리가 대체할 시기를 결정한다. 예를 들어, 우리는 보통 차가 마침 고장 났을 때가 아니라 대체 차량보다 유지하기가 더 비싸고 귀찮을 때 교체한다.

여기 대체 문제에 관한 일반적인 예가 하나 있다. 당신은 완전히 망가질 때까지 2년 더 사용할 수 있는 구형 기계를 사용하고 있으며, 이 운영비로 매년 $12,000가 소요된다. 당신은 이것을 지금 신형으로 대체할 수 있는데, 신형 기계는 $25,000가 들지만, 훨씬 더 효율적이다(운영비가 연간 $8,000). 그리고 5년간 사용할 수 있을 것이다. 지금 대체해야 하는가 아니면 1년 더 기다려야 하는가? 기회자본비용은 6%이다.

우리는 신형 기계의 순현재가치와 이것의 등가 연간연금을 다음 표와 같이 계산할 수 있다.

	비용(천 달러)						
연도:	0	1	2	3	4	5	PV at 6%
신형 기계	25	8	8	8	8	8	$58.70
등가 연간연금		13.93	13.93	13.93	13.93	13.93	58.70

신형 기계의 현금흐름은 연간 $13,930의 연금과 동등하다. 이제 원래의 예를 "변형하여 운영하는데 연간 $12,000가 드는 구형 기계를 연간 $13,930가 드는 신형으로 언제 대체하는 것이 좋은가?"라고 물을 수 있다. 문제를 이런 식으로 바꾸어 생각해보면 그 해답은 명백하다. 구형 기계가 1년에 단지 $12,000의 비용이 드는데 이것을 왜 연간 $1,930씩 더 들어가는 신형으로 대체해야 하는가?

---

8) 모든 환경 관련 비용은 계산에서 무시한다.

8.8 셀프테스트

기계 K와 L은 상호배타적이며 투자비와 운영비가 아래와 같이 소요된다. 기계 K는 2년 동안만 사용할 수 있다는 것에 주의하라.

연도:	0	1	2	3
K	$10,000	$1,100	$1,200	–
L	12,000	1,100	1,200	$1,300

a. 10%의 할인율을 이용하여 각 투자의 등가 연간연금을 산출하라. 어떤 기계가 더 좋은가?
b. 이제 기존 기계가 있다고 가정해 보자. 이 기계는 단지 1년 동안만 더 사용할 수 있다. 그렇지만 수리하는 데 $2,500가 들고 운영하는데 $1,800가 들어간다. 지금 K나 L 중 하나로 바꿀 가치가 있는가?

8.6 투자결정 기준에 대한 개관

우리는 지금까지 몇 가지 투자결정 기준을 다루었는데, 각각은 그 나름의 의미를 가지고 있다. 아직 정리되지 않아 혼란스럽다면, 이러한 투자결정 기준을 개관하고 요약한 표 8.2를 보아라.

명백히 NPV가 최선의 기준이다. 이 기준은 투자안이 기업가치를 증가시키는지, 얼마만큼 증가시키는지를 알고자 고안되었다. 이것은 상호배타적 투자안들의 서열을 정하고 선택할 때 일관되게 사용할 수 있는 유일한 기준이다. NPV 규정을 적용할 때 주의할 필요가 있는 경우는 회사가 자본할당을 해야 할 때이다. 이 경우 양(+)의 NPV를 갖는 모든 투자안을 채택할 만큼 충분한 돈이 없을 수 있으므로, 기업은 투자된 $1당 순현재가치인 수익성지수에 의해 투자안의 서열을 정해야 한다.

사실 실무에 있는 관리자들에게 할인된 현금흐름 분석은 투자안 평가에 있어 압도적으로 중요한 도구이다. 표 8.3는 CFO에 대한 대규모 설문조사 결과이다. 투자안을 평가할 때 기업의 75%가 항상 또는 거의 항상 NPV나 IRR을 사용한다는 데 주목하라. 좀 더 규모가 크고 복잡한 기업에서 이러한 기준을 주로 사용하는 경향이 강하다. 그러나

표 8.2 투자결정 기준의 비교

투자결정 기준	정의	투자결정 기준 내용	설명
순현재가치(NPV)	현금유입의 현재가치에서 현금유출의 현재가치를 차감한 수치	NPV가 0보다 크면 투자안을 채택, 상호배타적 투자안에 대해 가장 큰 (양의) NPV를 갖는 투자안을 선택	투자안 평가기준 중 "최선의 기준"임. 기업가치 극대화와 항상 일치하는 유일한 기준임. 상호배타적 투자안 중에서 선택할 때 적절한 기준임. 양의 NPV를 갖는 모든 투자안을 채택할 수 없는 자본할당의 경우에 적용할 수 없다는 것이 유일한 단점임
내부수익률(IRR)	투자안의 NPV가 0이 되도록 하는 할인율	IRR이 기회자본비용보다 크면 투자안을 채택	투자안 간의 상호작용이 없을 때는 NPV와 동일한 선택 결과를 제공. 다음과 같은 단점이 존재함. ① 상호배타적 투자안의 서열을 정할 수 없음. ② 더 높은 IRR을 갖는 투자안이 더 작은 NPV를 가질 수 있음. ③ 여러 개의 IRR이 있거나 우상향하는 NPV 프로파일의 경우에 단순한 IRR 기준은 사용될 수 없음
회수기간	투자안 현금흐름의 합이 초기 투자액과 같아질 때까지 걸리는 시간	기업이 미리 정해 놓은 어떤 기간보다 회수기간이 짧으면 투자안을 채택	빠르고 단순한 어림셈으로, 다음 몇 가지 중요한 단점이 있음. ① 받아들일 수 있는 회수기간을 넘어선 현금흐름을 무시함. ② 할인을 하지 않음. ③ 수명이 긴 투자안을 부적절하게 기각하는 경향이 있음
수익성지수	초기 투자에 대한 순현재가치의 비율	수익성지수가 0보다 크면 투자안을 채택, 자본할당의 경우 수익성지수가 가장 큰 투자안을 채택	투자안 간의 상호작용이 없을 때는 NPV와 동일한 선택 결과를 제공. 자본할당이 있을 때 투자안의 서열을 정하는 데 유용. 그러나 상호작용이 있을 때는 잘못된 결과를 제공할 수 있음. 상호배타적인 투자안의 서열을 정할 수 없음

표 8.3 실무에서 사용되는 자본예산 기법

투자안 평가 기준	항상 또는 거의 항상 이 기준을 사용하는 기업의 백분율	0-4 스케일에서 평균 스코어 (0=전혀 사용하지 않음; 4=항상 사용)		
		모든 기업	소기업	대기업
IRR	76	3.1	2.9	3.4
NPV	75	3.1	2.8	3.4
회수기간	57	2.5	2.7	2.3
수익성지수	12	0.8	0.9	0.8

출처: *Journal of Financial Economics*, vol. 60 Issue2-3. J. R. Graham C. R. Harvey. "The Theory and Practice of Corporate Finance: Evidence from the Field," from *Journal of Financial Economics*, Vol. 60, Issue 2-3, May 2001, pp. 187~243.
© 2001 Elsevier Science.의 허락을 얻어 인용함.

할인된 현금흐름 기준이 지닌 명백한 장점에도 불구하고 다른 투자결정 기준들도 실무에서는 사용된다. 예를 들어, 기업의 절반 이상이 항상 또는 거의 항상 투자안의 회수기간을 계산한다. 수익성지수는 기업의 약 12%가 일상적으로 계산한다.

열등하다고 생각할 수 있는 이러한 투자결정 기준이 이렇게 널리 사용된다는 것을 어떻게 설명할 수 있을까? 이러한 기준들은 투자행위가 이론이 아닌 현실이라는 것을 어느 정도 확인해준다. 8.4절에서 본 것처럼 관리자들은 명백한 단점이 있어도 투자안의 수익성을 단순한 방법으로 생각하기를 원한다. 예를 들어, 투자자들이 일상적으로 P/E 비율이 높은 주식에 대해 이야기하는 것과 같은 방식으로, 관리자들은 회수기간이 빠른 투자안에 대해 이야기한다. 그러나 그들이 회수기간을 이야기한다는 것이 회수기간 기준으로 투자를 결정한다는 것을 의미하지는 않는다. 회수기간 같은 지름길은 매우 간단한 가부 결정(go-or-no-go)에 효과가 있을 수 있지만, 투자안을 비교하는 데 사용될 때는 위험하다.

요약 SUMMARY

신투자안의 순현재가치는 무엇이고 어떻게 계산하는가?
(학습목표 8-1)

투자안의 **순현재가치(NPV)**는 그 투자안의 가치와 비용의 차이를 측정한다. 따라서 NPV는 투자안이 주주의 부를 증가시키는 금액이다. 회사는 양(+)의 NPV를 갖는 (모든) 투자안만을 채택함으로써 주주의 부를 극대화한다.

투자안의 내부수익률은 어떻게 계산하는가? 그리고 내부수익률 기준을 사용할 때 무엇을 주의해야 하는가? (학습목표 8-2)

많은 기업은 어떤 투자안이 양(+)의 NPV를 제공하는지보다는 주주가 자본시장에 투자하여 벌어들일 것으로 기대하는 수익률보다 높은 수익률을 제공하는지에 더 관심이 있다. 이러한 수익률은 일반적으로 0의 NPV를 제공하는 할인율로 정의되며, **내부수익률** 또는 **IRR**이라 한다. IRR이 **기회자본비용**보다 크면 투자안은 매력적이다.

내부수익률 기준은 몇 가지 단점이 있다. (1) 상호배타적 투자안 중에서 선택해야 할 때, (2) 현금흐름의 부호가 두 번 이상 변할 때, (3) 초기 현금흐름이 양일 때, IRR을 사용하는 것에 주의해야 한다.

수익성지수를 어떻게 산정하는가? 그리고 자금이 한정되어 있는데 프로젝트 중 하나를 선택해야 할 때 이 수익성지수를 어떻게 활용할 수 있을까?
(학습목표 8-3)

자본이 부족하면 기업은 달러당 순현재가치가 가장 높은 프로젝트를 선택할 필요가 있다. 이 지표가 **수익성지수**로 알려져 있다.

왜 회수기간 기준을 사용하는 것
이 항상 주주가 더 부유하게 되는
것을 보장하지는 않는가?

(학습목표 8-4)

순현재가치 기준과 내부수익률 기준은 둘 다 화폐의 시간가치를 적절히 반영한다. 그러
나 기업은 투자안을 평가하기 위해 때로는 어림셈을 사용하기도 한다. 이 중 하나가 회수
기간 기준인데 이것은 정해진 기간 내에 투자액을 회수하면 해당 투자안을 채택하는 것
이다. 회수기간 기준은 회수기간 이후에 발생하는 어떤 현금흐름도 고려하지 않는다. 그
리고 회수기간 내의 현금흐름을 할인하지도 않는다.

순현재가치 기준이 경쟁적인 투
자안을 포함하는 다음 세가지 일
반적인 문제를 분석하는 데 어떻
게 사용될 수 있는가? – 투자지
출을 언제로 연기할 것인가? 수
명이 다른 투자안 중에서 어떻게
선택할 것인가? 그리고 장비를
언제 대체할 것인가?

(학습목표 8-5)

때때로 투자안은 오늘 투자하면 양(+)의 NPV를 갖지만, 투자가 연기되면 더 큰 NPV를
가질 수도 있다. 이러한 대안들의 오늘 기준 NPV를 비교하여 선택한다.
　다른 수명을 갖는 투자안 중에 선택해야 한다면 그들의 등가 연간연금을 비교하여 같
은 입장에서 비교해야 한다. 구형 기계를 신형으로 대체하는 문제는, 구형 기계를 운영하
는 데 드는 연간 비용과 신형 기계의 등가 연간비용을 비교해야 한다.

식 목록 LISTING OF EQUATIONS

8.1　$NPV = PV - 초기\ 투자액$

8.2　$수익성지수 = \dfrac{순현재가치}{투자금액}$

8.3　$등가\ 연간연금 = \dfrac{비용의\ 현채가치}{3년\ 연금계수}$

연습문제 QUESTIONS AND PROBLEMS

문제 1~9는 다음 현금흐름을 갖는 두 투자안을 참고하라.

연도	투자안 A	투자안 B
0	−$200	−$200
1	80	100
2	80	100
3	80	100
4	80	

1. **IRR/NPV.**　기회자본비용이 11%라면 이 투자안 중 어떤 것이 채택할 가치가 있는가? (학습목표 8-1)

2. **상호배타적 투자안.**　이 중 하나만 선택할 수 있다면 어떤 것을 선택하겠는가? 할인율은 역시 11%이다. (학습목표 8-1)

3. **IRR/NPV.**　기회자본비용이 16%라면 어떤 투자안을 선택하겠는가? (학습목표 8-1)

4. **IRR.**　투자안 A와 B의 내부수익률은 얼마인가? (학습목표 8-2)

5. **투자안 평가기준.** 문제 2, 3, 4번에 대한 여러분의 답을 놓고 볼 때, 더 높은 IRR을 갖는 투자안이 더 좋은 투자안이라고 믿을 이유가 있는가? (학습목표 8-2)

6. **수익성지수.** 기회자본비용이 11%라면 각 투자안의 수익성지수는 얼마인가? (학습목표 8-3)

7. **수익성지수.** 수익성지수가 가장 높은 프로젝트가 NPV가 가장 높은 프로젝트인가? (학습목표 8-3)

8. **회수기간.** 각 투자안의 회수기간은 얼마인가? (학습목표 8-4)

9. **투자안 평가기준.** 회수기간이 가장 짧은 프로젝트가 NPV가 가장 높은 프로젝트인가? (학습목표 8-4)

10. **NPV와 IRR.** $3,000의 설치비용이 드는 투자안이 앞으로 6년 동안 매년 $800의 현금흐름을 제공한다고 하자. (학습목표 8-1, 8-2)

    a. 할인율이 10%라면 이 투자안의 NPV는 얼마인가?

    b. 이 투자안을 기각하려면 할인율이 얼마 이상이 되어야 하는가?

11. **NPV.** 제안되어 올라온 핵발전소는 건설비로 $22억가 소요되며 15년 동안 매년 $3억의 현금흐름을 창출할 것으로 예상한다. 이 기간(연도 15) 이후 이 발전소를 폐쇄하는데 $9억가 들 것으로 예상한다. (학습목표 8-1, 8-2)

    a. 할인율이 5%라면 투자안의 NPV는 얼마인가?

    b. 할인율이 18%라면 투자안의 NPV는 얼마인가?

12. **NPV/IRR.** 새로운 컴퓨터 시스템은 $20,000의 초기 지출이 있어야 한다. 그러나 앞으로 8년 동안 매년 $4,000의 현금흐름을 증가시킨다. (학습목표 8-1)

    a. 요구수익률이 9%라면 이 시스템은 설치할 가치가 있는가?

    b. 요구수익률이 14%라면 어떤가?

    c. 이 투자안을 기각하려면 할인율이 얼마 이상 되어야 하는가?

13. **NPV/IRR.** 고려 중인 프로젝트의 현금흐름은 다음과 같다: (학습목표 8-1, 8-2)

C_0	C_1	C_2
−$6,750	+$4,500	+$18,000

    a. 할인율 0%, 50%, 100%에 대하여 프로젝트의 NPV를 구하시오.

    b. 이 프로젝트의 IRR은 얼마인가?

14. **NPV와 IRR.** 여기 두 상호배타적인 투자안에 대한 현금흐름이 있다. (학습목표 8-1, 8-2)

투자안	C_0	C_1	C_2	C_3
A	−$20,000	+$8,000	+$8,000	+$8,000
B	−20,000	0	0	+$25,000

    a. 당신은 이자율이 얼마일 때 투자안 A를 B보다 좋아하는가? (힌트: 각 투자안의 NPV 프로파일을 그려보라.)

    b. 각 투자안의 IRR은 얼마인가?

15. **NPV/IRR.** Growth Enterprises는 이 회사의 최근 투자안이 $80,000의 설치비가 들고 영원히 성장하는 현금흐름을 제공한다고 믿고 있다. 올해 말 현금흐름은 $5,000가 되고 미래 현금흐름은 연간 5%씩 영원히 증가할 것으로 예상한다. (학습목표 8-1, 8-2)

    a. 이 투자안의 할인율이 10%라면 NPV는 얼마인가?

    b. 이 투자안의 IRR은 얼마인가?

16. IRR/NPV. 내부수익률 13.1%를 갖는 다음 투자안을 생각해보자. (학습목표 8-2)

연도	현금흐름
0	+$100
1	−60
2	−60

a. 할인율이 12%라면 이 투자안을 채택해야 하는가?

b. 이 투자안의 NPV는 얼마인가?

17. 다수의 IRR. Strip Mining Inc.는 $500만의 초기 비용으로 새로운 광산을 개발할 수 있다. 이 광산은 첫해에 $3,000만의 현금흐름을 제공한다. 두 번째 해에는 $2,800만를 들여서 이 땅을 복구해야 한다. (학습목표 8-2)

a. 이 투자안의 IRR은 얼마인가?

b. 할인율이 10%라면 이 광산을 개발해야 하는가?

c. 20%라면 어떤가?

d. 350%라면 어떤가?

e. 400%라면 어떤가?

18. IRR. Marielle Machinery Works는 검토 중인 프로젝트에 대해 다음과 같은 현금흐름을 예측한다. 이 회사는 IRR을 사용하여 프로젝트를 승인하거나 거부한다. (학습목표 8-2)

C_0	C_1	C_2	C_3
−$10,000	0	+$7,500	+$8,500

a. 이 프로젝트의 IRR은 얼마인가?

b. 요구수익률이 12%이면 이 프로젝트는 채택되어야 하는가?

19. IRR. 할인율이 10%일 때 다음 투자안 A와 B를 생각해보자. (학습목표 8-2)

투자안	현금흐름(달러)			NPV at 10%
	C_0	C_1	C_2	
A	−30,000	21,000	21,000	+$6,446
B	−50,000	33,000	33,000	+7,273

a. 투자안 A와 B의 IRR을 구하시오.

b. IRR 기준에 따르면 어떤 투자안이 선호되는가?

c. 어떤 투자안이 진정으로 선호되는가?

20. IRR. 다음 현금흐름을 생성하는 프로젝트에 참여할 수 있는 기회가 있다. IRR은 13.6%이다. 자본의 기회비용이 12%라면 이 제안을 수락하겠는가? (프로젝트의 NPV는 얼마인가?) (학습목표 8-2)

C_0	C_1	C_2
+$5,000	+$4,000	−$11,000

21. 복수의 IRR. 다음 현금흐름을 보자. (학습목표 8-2)

C_0	C_1	C_2	C_3	C_4
−$22	+$20	+$20	+$20	−$40

a. 다음 중 이 투자안의 IRR 두 개를 고르시오: 2.5%. 7.2%, 14.3%. 33.7%, 40.0%

b. 할인율이 5%라면 이 투자안의 NPV는 얼마인가?

c. 할인율이 20%라면 이 투자안의 NPV는 얼마인가?

d. 할인율이 40%라면 이 투자안의 NPV는 얼마인가?

22. **수익성지수.** $10,000의 비용이 들고 연도 1과 2에 $3,000, 연도 3과 4에 $5,000의 현금흐름을 제공하는 투자안의 수익성지수는 얼마인가? 할인율은 9%이다. (학습목표 8-3)

23. **수익성지수.** 다음 투자안을 보자. (학습목표 8-3)

투자안	C_0	C_1	C_2
A	−$2,100	+$2,000	+$1,200
B	−2,100	+1,440	+1,728

a. 22%의 기회자본비용을 가정하고 A와 B에 대한 수익성지수를 계산하라.

b. 수익성지수를 사용하는 경우 어떤 투자안을 채택해야 하는가?

24. **자본할당.** 당신은 $800만의 투자 예산을 가진 관리자이다. 당신은 다음 투자안에 투자할 수 있다. 투자와 현금흐름 수치는 단위가 백만 달러이다. (학습목표 8-3)

투자안	할인율(%)	투자액	연간 현금흐름	투자안 수명(년)
A	10	3	1	5
B	12	4	1	8
C	8	5	2	4
D	8	3	1.5	3
E	12	3	1	6

a. 관리자는 어떤 투자안을 채택해야 하는가?

b. 자본할당이 없다면 어떤 투자안을 채택하는가?

25. **수익성지수와 NPV.** 다음 두 투자안을 보자. (학습목표 8-3)

투자안	C_0	C_1	C_2	C_3
A	−$36	+$20	+$20	+$20
B	−50	+25	+25	+25

a. 할인율이 10%라면 어떤 투자안이 더 큰 NPV를 갖는가?

b. 어떤 투자안이 더 높은 수익성지수를 갖는가?

c. 투자안에 지출할 자금을 제약 없이 조달할 수 있는 기업에게는 어떤 투자안이 가장 매력적인가?

d. 조달할 수 있는 자금에 제약이 있는 기업에게는 어떤 투자안이 가장 매력적인가?

26. **투자안 평가기준.** 당신의 사무실을 $10,000로 단열 처리한다면 난방비로 매년 $1,000를 절약할 수 있다. 이러한 비용절감은 영원히 계속될 것이다. (학습목표 8-1, 8-2, 8-4)

a. 자본비용이 8%일 때 투자안의 NPV는 얼마인가?

b. 자본비용이 10%일 때 투자안의 NPV는 얼마인가?

c. 투자안의 IRR은 얼마인가?

d. 투자안의 회수기간은 얼마인가?

27. **회수기간.** $2,500의 설치비용이 드는 투자안이 앞으로 6년 동안 $600의 연간 현금흐름을 제공한다. (학습목표 8-4)

a. 이 회사는 5년 미만의 회수기간을 갖는 투자안을 채택한다. 이 투자안의 회수기간은 얼마인가?

b. 이 투자안은 채택되겠는가?

    c. 할인율이 2%라면 이 투자안은 채택해야 하는가? (NPV는 얼마인가?)

    d. 할인율이 12%라면 이 투자안은 채택해야 하는가?

    e. 할인율이 변함에 따라 이 회사의 결정이 달라지는가?

28. 회수기간과 NPV. 한 투자안의 수명이 10년이고 회수기간이 10년이다. 이 투자안의 NPV는 양 (+)의 값을 가지겠는가 아니면 음(−)의 값을 가지겠는가? (학습목표 8-4)

29. 회수기간과 NPV. 다음은 세 투자안의 예상 현금흐름이다. (학습목표 8-4)

투자안	연도 :	0	1	2	3	4
				현금흐름(달러)		
A		−5,000	+1,000	+1,000	+3,000	0
B		−1,000	0	+1,000	+2,000	+3,000
C		−5,000	+1,000	+1,000	+3,000	+5,000

    a. 다음 각 투자안의 회수기간은 얼마인가?

    b. 2년을 기준으로 회수기간 기준을 사용한다면 어떤 투자안을 채택하겠는가?

    c. 3년을 기준으로 사용한다면 어떤 투자안을 채택하겠는가?

    d. 기회자본비용이 10%라면 어떤 투자안이 양(+)의 NPV를 갖는가?

    e. "회수기간 기준은 채택기간 이후에 발생하는 현금흐름에 너무 많은 가중치를 준다."는 설명은 참인가 거짓인가?

30. 투자결정 기준. 당신의 소형 공장에 새 용광로를 설치할 경우 연 $27,000의 설치비용과 연 $1,500의 유지비용이 소요될 것으로 예상한다. 그러나 이것은 현재의 구형 용광로보다 훨씬 연료 가 절약되어 난방유를 연간 2,400 갤런 절약할 수 있다. 올해 난방유는 갤런당 $3이다. 갤런당 가 격은 앞으로 3년 동안 매년 $0.50씩 상승하고 그 뒤 예상 가능한 미래에는 안정적일 것으로 기대 된다. 이 용광로는 20년간 유지되며 그 시점에서 대체되어야 하고 잔존가치는 없다. 할인율은 8% 이다. (학습목표 8-1, 8-2, 8-4, 8-5)

    a. 이 용광로 투자의 NPV는 얼마인가?

    b. IRR은 얼마인가?

    c. 회수기간은 얼마인가?

    d. 이 용광로의 등가 연간비용은 얼마인가?

    e. 이 용광로로 인한 등가 연간비용 절감액은 얼마인가?

    f. 등가 연간비용과 절감액의 차이의 PV를 (a)의 답과 비교하라.

31. 상호배타적 투자안. 여기 두 상호배타적인 투자안의 현금흐름 예측치가 있다. (학습목표 8-5)

연도	투자안 A	투자안 B
	현금흐름(달러)	
0	−100	−100
1	30	49
2	50	49
3	70	49

    a. 기회자본비용이 2%라면 어떤 투자안을 채택하겠는가?

    b. 기회자본비용이 12%라면 어떤 투자안을 채택하겠는가?

32. 등가 연간연금. 정밀 선반은 한 대에 $10,000의 비용이 들며, 운영하고 유지하는 데 매년 $20,000가 든다. 할인율이 10%이고 이 선반이 5년간 사용될 수 있다면 등가 연간비용은 얼마인 가? (학습목표 8-5)

33. **등가 연간연금.** 어떤 회사는 트럭 한 대를 4년 동안 연간 $30,000 비용으로 임대할 수 있다. 이 회사는 대신 트럭을 $80,000에 살 수도 있는데 이때 연간 유지비용이 $10,000가 든다. 이 트럭은 4년도 말에 $20,000에 팔 수 있다. (학습목표 8-5)

    a. 할인율이 10%라면 트럭을 매입하는 경우의 등가 연간비용은 얼마인가?

    b. 임대하는 것과 매입하는 것 중에 어느 것이 더 좋은 선택인가?

34. **등가 연간비용.** Econo-Cool 냉방기는 구매하는데 $300가 들고 전기료는 매년 $150이며 5년간 사용할 수 있다. Luxury Air 모델은 구매하는데 $500가 들고 전기료는 매년 $100이며 8년간 사용할 수 있다. 할인율은 21%이다. (학습목표 8-5)

    a. Econo-Cool 모델의 등가 연간비용은 얼마인가?

    b. Luxury Air 모델의 등가 연간비용은 얼마인가?

    c. 어떤 모델의 비용이 효율적인가?

    d. 당신은 이제 예상 가능한 미래의 물가상승률이 매년 10%라는 것을 기억하고 있다고 하자. (a)와 (b)를 다시 하라.

35. **투자시기 결정.** 당신은 오늘 $400에 광학 스캐너를 구매할 수 있다. 이 스캐너는 기대 수명이 10년이며, 연간 $60에 해당하는 편리함을 제공한다. 스캐너의 가격은 매년 20%씩 하락할 것으로 예상한다. 할인율이 10%라고 가정하자. (학습목표 8-5)

    a. 당신은 스캐너를 오늘 사겠는가 아니면 기다리겠는가?

    b. 최선의 구매시점은 언제인가?

36. **대체 결정.** 당신은 기계가 못 쓰게 되는 3년 후까지 매년 $5,000의 현금유입을 예상하는 구형 기계를 사용하고 있다. 이것을 지금 $20,000가 들지만 좀 더 효율적이며 4년 동안 매년 $10,000의 현금흐름을 제공하는 신형으로 대체할 수 있다. 지금 기계를 대체해야 하는가? 할인율은 15%이다. (학습목표 8-5)

37. **투자시기 결정.** 임산 경영에 대한 매우 고전적인 문제는 벌목을 언제 하는 것이 경제적으로 가장 유리한가를 결정하는 것이다. 나무가 어릴 때는 매우 빨리 자라지만, 나이가 들면서는 성장 속도가 저하된다. 벌목하는 데 있어 NPV를 극대화하는 방법은 성장률이 할인율과 같을 때이다. 그 이유는 무엇인가? (학습목표 8-5)

38. **대체 결정.** 지게차를 앞으로 2년 더 사용할 수 있다. 이것을 유지하는 데 매년 $5,000가 든다. 10년간 사용할 수 있고 매년 유지비용이 단 $2,000인 새 지게차를 $20,000에 살 수 있다. (학습목표 8-5)

    a. 할인율이 연간 4%라면 이 지게차를 대체해야 하는가?

    b. 할인율이 연간 12%라면 어떻게 될까?

셀프테스트 해답 SOLUTIONS TO SELF-TEST QUESTIONS

8.1   건축비가 $355,000라 하더라도 NPV는 아직 0보다 크다.

$$\text{NPV} = \text{PV} - \$355,000 = \$357,143 - \$355,000 = \$2,143$$

그러므로 이 투자안은 아직 투자할 가치가 있다. 이 투자안은 건축비가 미래 현금흐름의 현재가치보다 작은 한, 즉 건축비가 $357,143보다 작은 한 투자할 수 있다. 그러나 기회자본비용이 20%라면 판매가격인 $400,000의 현재가치는 더 낮아지고 NPV는 0보다 작게 된다.

$$PV = \$400,000 \times \frac{1}{1.20} = \$333,333$$

$$NPV = PV - \$355,000 = -\$21,667$$

기회자본비용이 더 높을 때는 미래 현금흐름의 현재가치는 전과 같이 크지 않다. 기회자본비용이 더 높을 때 이 투자안이 투자되기 위해서는 더 높은 수익률을 제공해야 한다.

8.2   IRR은 이제 약 8.3%이다. 왜냐하면

$$NPV = -\$375,000 + \frac{\$25,000}{1.083} + g = \frac{\$25,000}{(1.083)^2} + \frac{\$420,000}{(1.083)^3} = 0$$

8.3   당신은 부자가 되기를 원한다. 장기투자안의 NPV가 훨씬 크다.

$$단기: NPV = -\$1 + \frac{\$2}{1.07} = +\$869,000$$

$$장기: NPV = -\$1 + \frac{\$0.3}{0.07} = +\$3,000,000$$

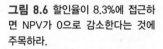

그림 **8.6** 할인율이 8.3%에 접근하면 NPV가 0으로 감소한다는 것에 주목하라.

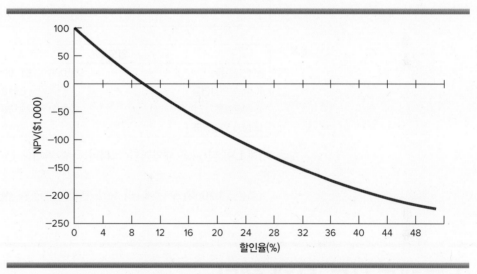

8.4   당신은 부자가 되기를 원한다. 두 번째 대안은 모든 합리적인 할인율에서 더 큰 가치를 제공한다. 예를 들어, 다른 무위험 투자안이 7%를 제공한다고 하자. 그러면

$$NPV = -\$1,000 + \frac{\$4,000}{1.07} = +\$2,738$$

$$NPV = -\$1,000,000 + \frac{\$1,500,000}{1.07} = +\$401,869$$

8.5   수익성지수는 첫 번째 쌍에 대해서는 서열을 올바로 정한다 .그러나 두 번째 쌍에 대해서는 서열을 올바로 정하지 못한다.

투자안	PV	투자액	NPV	수익성지수(NPV/투자액)
단기	$1,869,159	$1,000,000	$ 869,159	0.869
장기	4,285,714	1,000,000	3,285,714	3.286
소형	3,738	1,000	2,738	2.738
대형	1,401,869	1,000,000	401,869	0.402

8.6　회수기간은 $700/$100=7년이다. 할인회수기간은 10년이다. (매년 $100씩 지급하는 연금의 현재가치가 $700가 되기 위해서는 몇 년 동안 연금이 지급되어야 하는지 알아야 한다. 재무계산기를 사용하여, PV=(−)700, PMT=100, i=701%, FV=0을 입력하고 n을 구하면 n=10을 얻을 것이다.) NPV는 다음과 같이 계산한다. 할인율이 701%일 때 20년 동안 $700 연금의 현재가치는 다음과 같다.

$$연금의 \ PV = \$1,051$$
$$NPV = -\$700 + \$1,051 = +\$351$$

이 투자안은 채택되어야 한다.

8.7　지금 새 컴퓨터를 구매하라.

구매 연도	컴퓨터 비용	비용 절감의 현재가치	구매 연도의 NPV	오늘 NPV
0	$50	$70	$20	$20
1	45	66	21	19.1
2	40	62	22	18.2
3	36	58	22	16.5
4	33	54	21	14.3
5	31	50	19	11.8

8.8

	연도 :	0	1	2	3	비용의 PV
K 현금흐름		$10,000	$1,100	$1,200		$11,992
K 등가 연간연금			6,910	6,910		11,992
L 현금흐름		12,000	1,100	1,200	$1,300	14,968
L 등가 연간연금			6,019	6,019	6,019	14,968

기계 L이 더 나은 대안이다. 그러나 구형 기계를 1년 더 사용하는 것이 아직 더 낫다.

이것은 $4,300가 드는데 I의 등가 연간비용은 $6,019로 더 크다.

스프레드시트 문제 해답 SOLUTIONS TO SPREADSHEET QUESTIONS

1.　할인율 0.1256 또는 12.56%에서 NPV는 0이다. 이것이 프로젝트의 IRR이다.

2.　정답은 54.2이다. 57.9의 정확한 NPV는 7% 더 높다. 엑셀의 함수는 초기 현금흐름을 마치 1년 말에 발생한 것처럼 취급하고, 각각의 연속 현금흐름을 1년 더 할인해 준다.

미니 케이스

	연도 :	현금흐름의 단위(백만 달러)				
		0	1~7	8	9	10
Munster						
투자액		−8.0				
매출액			50.0	0	0	0
원가			47.5	0	0	0
순현금흐름		−8.0	2.5	0	0	0
할인율 15%에서 NPV		$2.40백만				
IRR		24.5%				
회수기간		3.2년				
Skilboro						
투자액		−12.5				
매출액			50.0	50.0	50.0	50.0
원가			47.0	47.0	47.0	47.0
순현금흐름		−12.5	3.0	3.0	3.0	3.0
할인율 15%에서 NPV		$2.56백만				
IRR		20.2%				
회수기간		4.2년				

Flowton Products는 수많은 화학공정에서 사용되는 스테인리스 스틸 침투기(infiltrator)의 수요가 안정적인 것을 즐기고 있다. 이 침투기 부문의 수입은 매년 $5,000만이고 생산비는 $4,750만이다. 그러나 생산공정에서 사용되는 고정밀 Munster 도장 기계(stamping machine, stamper) 10대는 그 내용연수가 끝나가고 있다. 한 가지 방법은 단순히 기존 기계를 새로운 Munster로 대체하는 것이다. 이 기계는 대당 $80만가 들며 운영비는 증가하지 않는다. 다른 대안은 10개의 중앙통제 방식의 Skilboro 도장 기계를 구매하는 것이다. Skilboro는 대당 $125만가 들고 Munster와 비교하여 운영과 유지비로 매년 $50만를 절감할 수 있다. 게다가 Skilboro는 튼튼하게 만들어져서 10년 동안 사용할 수 있는데, 이에 비해 Munster의 추정 수명은 7년이다.

침투기 부문의 애널리스트는 위와 같은 요약표를 만들었다. 이 표는 기계의 내용연수 동안 이 사업에서 예상되는 총현금흐름을 보여준다. 자본투자를 평가하는 Flowton의 표준적인 절차는 순현재가치와 내부수익률, 그리고 회수기간을 계산하는 것이며, 이들 측정치도 표에 제시되어 있다.

여느 때처럼 Emily Balsam은 Flowton 본사에 일찍 도착하였다. 그녀는 Flowton에 몸담게 된 것을 절대로 후회하지 않았다. 거울 유리창에서부터 안뜰의 종 모양 샘에 이르기까지 모든 것이 이 회사가 매우 세련된 회사라는 것을 보여주었다. Balsam 여사는 행복하게 한숨을 쉬고 미결 서류함 위의 봉투를 열었다. 이것은 침투기 부문에서 온 도장 기계 대체안의 분석 보고서였다. 현금흐름 요약표와 CFO로부터 온 쪽지가 서류에 끼워져 있었는데, 이 쪽지에는 다음과 같이 씌어 있었다. "Emily, 20쪽에 달하는 아주 자세한 서류를 쭉 검토해봤지만, 난 아직 이 기계 중 어떤 것을 사야 할지 모르겠어요. 순현재가치 계산에 의하면 Skilboro가 최선이라고 말하는 것 같지만 IRR과 회수기간은 그 반대입니다. 당신이 한 번 보고 우리가 무엇을 해야 하고 왜 그래야 하는지를 말씀해주겠어요? 계산이 올바르게 되어 있는지도 확인해주면 좋겠습니다."

여러분은 CFO에게 보낼 메모를 작성해서 Balsam 여사를 도울 수 있겠는가? 여러분은 타당한 근거를 제시해야 하고 요약표에 있는 측정치들의 일부 또는 모두가 부적절한 이유를 설명해야 한다.

9

할인 현금흐름 분석을 이용한 투자결정

학습목표

9-1 투자안의 현금흐름에 대해 정확하게 알 수 있다.

9-2 표준 재무제표로부터 투자안의 현금흐름을 계산할 수 있다.

9-3 세금과 투자안에 미치는 감가상각의 영향을 이해할 수 있다.

9-4 운전자본의 변동이 투자안의 현금흐름에 미치는 영향을 이해할 수 있다.

마그네슘 광산 작업장. 마그네슘 광산 작업장. 그러나 순현재가치는 어떻게 찾을 수 있을까? ©Andrey Rudakov/Bloomberg/Getty Images

도요타의 경영자가 새로운 모델을 도입하려고 할 때 당면하는 문제들을 생각해보자. 새로운 공장과 설비에 얼마를 투자해야 하는가? 새 차를 판매하고 광고하는 데 얼마가 들 것인가? 언제 생산이 시작될 수 있겠는가? 예상되는 생산비용은 얼마인가? 원자재와 완성차 재고에 얼마가 필요한가? 매년 몇 대를 얼마에 판매할 수 있는가? 자동차 딜러에게 어느 정도 신용을 주어야 하는가? 이 모델은 얼마동안 생산될 수 있는가? 생산이 종결된 시점에서 이 공장과 설비를 다른 용도로 사용할 수 있는가? 이러한 모든 문제가 투자안 현금흐름의 크기와 시기에 영향을 미친다. 우리는 본 장에서, 재무관리자가 순현재가치 분석에 사용할 현금흐름의 추정치를 어떻게 준비할 것인가에 초점을 맞추어, 자본예산 결정분석을 계속해 나갈 것이다.

8장에서는 순현재가치 방법을 사용하여 간단한 자본예산 결정을 수행하였는데, 이때 절차를 4단계로 구분하여 분석하였다.

1단계 투자안의 현금흐름을 추정

2단계 기회자본비용, 즉 주주들이 자본시장에서 돈을 투자하여 얻을 것으로 기대할 수 있는 투자수익률을 추정

3단계 기회자본비용을 사용하여 미래 현금흐름을 할인. 투자안의 현재가치(PV)는 할인된 미래 현금흐름의 합과 같다.

4단계 순현재가치(NPV)는 이 투자안이 소요된 비용보다 더 가치가 있는지를 측정하는 것임. NPV를 계산하기 위해 미래 수입의 현재 가치에서 필요한 투자액을 빼야 한다.

NPV= PV−필요한 투자액

투자안이 양(+)의 NPV를 가지면 투자를 진행해야 한다. 이제 실제 투자문제에 있어서 순현재가치 방법을 어떻게 적용할 것인가를 생각해야 한다. 첫 단계는 무엇을 할인할 것인가를 결정하는 것이다. 우리는 원론적으로는 답을 알고 있다. 즉, 현금흐름을 할인하는 것이다. 이 때문에 자본예산은 자주 할인 현금흐름(discounted cash-flow), 즉 DCF 분석이라고 불린다. 그러나 현금흐름에 대한 유용한 추정치가 은쟁반에 담겨서 자동으로 제시되지는 않는다. 때로 재무관리자는 제품 설계와 생산, 마케팅 등의 전문가가 제공한 원자료를 가지고 예상해야 하고 이 정보를 확인하고 조합해야 한다. 게다가 대부분의 재무 추정치는 "현금흐름은 발생 당시 반드시 인식되어야 할 필요는 없다"라는 회계원칙에 따라 준비되었다. 따라서 이들 추정치 또한 수정되어야 한다.

본 장에서 우리는 어떤 현금흐름을 할인해야 하는지 먼저 살펴본다. 그런 다음 표준 회계정보를 사용하여 현금흐름이 어떻게 도출될 수 있는지, 현금흐름과 회계이익이 일반적으로 왜 다른지를 보여 주는 사례를 제시한다. 예를 통해 감가상각과 세금 간의 관계, 운전자본 투자를 추적하는 것의 중요성 등과 같은 다양한 문제를 어떻게 다룰지를 파악한다.

9.1 이익이 아니라 현금흐름을 할인하라

우리는 지금까지 주로 할인하는 방법과 투자안을 평가하는 여러 가지 방법에 관심이 있었다. 무엇을 할인해야 하는가에 대한 문제는 거의 이야기하지 않았다. 가장 중요한 점은 순현재가치를 계산할 때 회계적 이익이 아니라 현금흐름을 할인해야 한다는 것이다

3장에서 현금흐름과 회계적 이익 간의 차이를 강조하였다. 다시 한 번 강조하는데, 손익계산서는 기업이 성과를 얼마나 잘 냈는지를 보여 주기 위해서이지, 현금흐름을 추적하기 위해 작성되는 것이 아니다.

어떤 회사가 대형 자본 투자안에 많은 돈을 지출한다면, 비록 많은 현금이 회사 밖으로 나간다고 할지라도 그해 기업 성과가 나쁘다고 하지는 않는다. 회계사는 그해 이익을 계산할 때 자본적 지출(capital expenditure)을 차감하지 않고 몇 년에 걸쳐 상각한다.

이 같은 방법은 매해 이익을 계산하는 데는 괜찮지만, 순현재가치를 계산할 때는 문제가 될 수 있다. 예를 들어, 당신이 투자안 하나를 분석하고 있다고 해보자. 이 투자안은 $2,000가 소요되고 첫해에 $1,500, 둘째 해에 $500의 현금흐름을 창출할 것으로 예상된다. 당신은 기회자본비용이 10%라고 생각하여 현금흐름의 순현재가치를 다음과 같이 계산한다.

$$PV = \frac{\$1,500}{1.10} + \frac{\$500}{(1.10)^2} = \$1,776.86$$

이 투자안은 음(−)의 NPV를 가지므로, 소용되는 비용보다 가치가 없다.

$$NPV = \$1,776.86 - \$2,000 = \$223.14$$

이 투자안은 오늘 $2,000가 들지만, 회계사들은 이 지출을 즉각적인 비용으로 간주하지 않는다. 그들은 이 $2,000를 2년에 걸쳐 상각하고 회계적 이익을 계산한다.[1]

	연도 1	연도 2
현금흐름	+$1,500	+$ 500
감가상각비 차감	− 1,000	− 1,000
회계적 이익	+ 500	− 500

따라서 회계사는 연도 1에 $500의 이익을 예상하고 연도 2에 $500의 회계 손실을 예상한다.

이처럼 예상된 이익과 손실이 주어지고 이를 단순히 할인한다고 해보자. 그러면 이제 NPV는 0보다 큰 것처럼 보인다.

$$외관상\ NPV = \frac{\$500}{1.10} + \frac{-\$500}{(1.10)^2} = \$41.32$$

물론 우리는 이것이 말이 안 된다는 것을 알고 있다. 이 안은 다음과 같이 분명히 손실을 내는 투자안이다. 오늘 돈을 지출하고($2,000 현금유출) 단순히 그 돈을 회수한다(연도 1에 $1,500과 연도 2에 $500). 자본시장에 투자해서 10% 이익을 얻을 수 있음에도 이 투자안은 단지 0의 이익을 얻고 있다.

이 예의 메시지는 다음과 같다. **NPV를 계산할 때 투자지출은, 그것이 감가상각으로 나타나는 나중이 아니라, 발생할 때 즉각 인식하라. 투자안은 주주에게 배분되든지 기업에 재투자되든지 간에, 그것이 발생시키는 현금 때문에 재무적으로 매력적이다. 따라서 자본예산의 초점은 이익이 아니라 현금흐름에 맞추어야 한다.**

---

1) 보고 목적을 위해 기업들은 일반적으로 우리가 여기서 가정하는 것처럼 투자안의 수명 동안 감가상각을 균등하게 분산시킨다. 이 수치는 세무상 허용되는 감가상각액과 다를 수 있다. 우리는 이 문제에 대해 장 뒷부분에서 더 자세히 논한다.

현금흐름과 회계적 이익의 차이에 대한 다른 예를 3장에서 보았다. 회계사는 이익을, 회사와 고객이 대금을 지급할 때가 아니라, 그것을 벌어들일 때 보려고 한다. 예를 들어, 손익계산서는 대금이 몇 달 동안 수금되지 않는다고 하더라도 매출이 이루어진 때 이를 인식한다. 이러한 관행도 또한 현금흐름과 회계적 이익의 차이를 만든다. 매출은 즉시 이익을 창출하지만, 현금흐름은 나중에 발생한다.

예제	**9.1 ▶**	**외상판매**

당신 회사의 가장 우수한 컴퓨터 판매원은 연간 보너스를 계산하는 시점인 12월 15일에 바로 맞춰서 $500,000 판매 하나를 마감하였다. 그는 어떻게 이렇게 했을까? 한 가지 방법은 고객에게 180일의 지급유예를 제공하는 것이었다. 현금이 6월까지 수금되지 않는다고 할지라도 손익계산서에서는 매출을 12월에 인식할 것이다.

회계사는 12월에 외상매출금 계정에 $500,000를 추가하고 6월에 돈이 들어올 때 이를 외상매출금 계정에서 차감하여 시기적인 차이를 해결한다. (외상매출금 총액은 고객에게서 들어올 모든 현금의 합이다.)

당신은 외상매출금의 증가를 투자로 생각할 수 있다. 즉, 이것은 결과적으로 고객에게 180일 대출을 해주는 것과 같다. 따라서 현금유출이다. 이 투자는 고객이 지급할 때 회수된다. 따라서 애널리스트들은 다음과 같이 현금흐름을 계산하는 것이 때때로 편리하다는 것을 알고 있다.

12월		6월	
매출액	$500,000	매출액	0
외상매출금 투자 차감	−500,000	외상매출금 회수 가산	+$500,000
현금흐름	0	현금흐름	$500,000

이 방법은 6월에 정확히 $500,000의 현금이 회수되는 것을 보여준다. ■

회계자료를 실제 현금흐름으로 환산하는 것이 항상 쉬운 것은 아니다. 현금흐름이 얼마인지 잘 모르겠으면, 그냥 간단하게, 들어온 돈을 더하고 나간 돈을 빼라.

9.1	셀프테스트

동네 슈퍼마켓 체인은 가게마다 튜짓(tewgit) 기계를 설치해야 하는지를 결정 중이다. 기계를 설치하는데 대당 $250,000가 소요되며, 대당 예상되는 이익은 다음과 같다.

연도 :	1	2	3	4	5
매출액	$250,000	$300,000	$300,000	$250,000	$250,000
영업 비용	200,000	200,000	200,000	200,000	200,000
감가상각비	50,000	50,000	50,000	50,000	50,000
회계적 이익	0	50,000	50,000	0	0

연도 4와 5에 기계가 이익을 내지 못하는데도 왜 계속 사용해야 하는가? 이 기계에 투자하면 현금흐름은 얼마인가? 세금은 무시하고 튜짓 기계는 5년의 내용연수 말에 완전히 상각되고 잔존가치는 없다고 가정하라.

증분 현금흐름 할인

투자안의 현재가치는 그 투자안이 추가로 발생시키는 현금흐름에 달렸다. 당신은 이 투자안을 채택할 때 기업의 현금흐름을 예측해야 한다. 또 이 투자안을 채택하지 않을 때 현금흐름을 예측해야 한다. 그런 다음에 그 차이를 구하면 투자안에 의해 발생하는 추가(즉, 증분) 현금흐름(incremental cash flow)을 얻게 된다.

증분 현금흐름 = 투자할 때 현금흐름 − 투자하지 않을 때 현금흐름

<table>
<tr><td>예제</td><td>9.2 ▶</td><td>**신제품 출시**</td></tr>
</table>

애플이 아이폰 11을 개발하기로 결정한 것을 고려해보라. 만약 성공한다면 아이폰 11은 수십억 달러의 이익을 창출할 수 있을 것이다.

그러나 이러한 이익이 모두 증분 현금흐름일까? 분명히 그렇지 않다. 위에서 제시한 이른바 "투자할 때"와 "투자하지 않을 때"의 비교 원칙에 따르면, 아이폰 11에 투자하지 않을 때 발생하는 현금흐름도 고려해야 한다. 애플이 아이폰 11을 출시한다면 아이폰 10에 대한 수요는 감소할 것이다. 따라서 증분 현금흐름은 다음과 같다.

$$\left[\begin{array}{c}\text{아이폰 11에 투자할 때 현금흐름}\\ \text{(아이폰 10에서 얻는 낮은 현금흐름 포함)}\end{array}\right] - \left[\begin{array}{c}\text{아이폰 11에 투자하지 않을 때 현금흐름}\\ \text{(아이폰 10에서 얻는 높은 현금흐름 포함)}\end{array}\right]$$ ■

자본예산에 있어서 어려운 부분은 제시된 투자안의 모든 증분 흐름을 추적해야 한다는 것이다. 이때 참고해야 할 몇 가지 주의사항이 있다.

모든 간접효과를 포함하라   새로운 스마트폰을 출시하는 결정은 일반적인 간접효과(indirect effect)를 보여주고 있다. 새로운 제품은 종종 기존 제품의 매출에 나쁜 영향을 미친다. 물론 회사는 기존 생산라인이 경쟁으로 위협을 받고 있다고 믿기 때문에 어찌 되었든 새로운 제품을 자주 출시한다. 애플이 신제품을 출시하지 않더라도, 삼성 등 경쟁사들은 분명히 그들의 안드로이드 전화기를 개선할 것이므로 애플의 기존 제품 매출이 지금 수준을 유지할 것이라는 보장이 없다. 조만간 매출은 하락할 것이다.

때때로 새로운 투자안은 회사의 기존 사업에 도움이 될 수도 있다. 당신이 일리노이 주 피오리아에서 시카고 오헤어 공항으로 새로운 단거리 항로를 개설할 것을 고려하는 한 항공사의 재무관리자라고 하자. 이 투자안 자체만을 고려한다면 이 새 항로는 음(−)의 NPV를 가질 수 있다. 그러나 새로운 항로가 오헤어 공항에서 출발하는 기존 교통 수요에 추가적인 수요를 발생시킬 수 있다면, 이는 매우 가치 있는 투자가 될 수 있다. **증분 현금흐름을 추정하려면, 이 투자안을 채택할 때의 모든 간접효과를 추적해야만 한다.**

모든 간접효과를 인식하면 어떤 자본투자안은 매우 긴 수명을 갖는다. 새로운 제트 엔진을 도입하는 것을 생각해보자. 엔진 제조업자는 도입 초기에 이를 판매할 수 있도록 종종 매력적인 가격을 제시한다. 왜냐하면, 일단 엔진이 설치되면 15년 동안은 대체 부품 판매가 거의 확실하기 때문이다. 또한 항공사들이 그들의 항공기 엔진 종류를 줄이는 것을 좋아하기 때문에, 엔진 제조업자가 오늘 제트 엔진을 판매할 수 있다면 이는 내일의 매출도 또한 증가시키는 것이다. 나중에 판매되는 제트 엔진도 이후 대체 부품에 대한 수요를 추가로 발생시킬 것이다. 따라서 신형 엔진의 첫 판매에서 오는 일련의 증분 효과는 20년 이상 지속될 수 있다.

매몰원가는 잊어라   매몰원가(sunk cost)는 엎질러진 물과 같다. 그것은 이미 지나간 것이고 돌이킬 수 없는 지출이다. **매몰원가는 당신이 투자안을 채택하든 않든 같다. 따라서 그것은 투자안의 NPV에 영향을 주지 않는다.**

제임스 웹 우주 망원경을 예로 들어보자. 원래 $16억의 가격으로 2011년에 출시될 예정이었다. 그러나 이 프로젝트는 점차적으로 비용이 많이 들고 예정보다 훨씬 늦어졌다. 최근의 추정에 따르면, 비용은 $88억, 출시는 2019년이라고 한다. 의회가 이 프로그램을 취소할 것인지에 대해 논의했을 때, 이 프로젝트의 지지자들은 이미 큰 비용이 지출된 프로젝트를 포기하는 것은 어리석은 것이라고 주장했다. 다른 이들은 비용이 많이 든 것으로 판명된 프로젝트를 계속하는 것은 훨씬 더 어리석은 일이라고 반박했다. 두 그룹 모두 매몰비용의 오류를 범하고 있다. NASA가 이미 사용한 돈은 회수할 수 없는 것이었고, 따라서 프로젝트 종료 결정과는 무관했다.

기회비용
어떤 행동의 결과로 포기한 이익 또는 현금흐름.

기회비용을 포함하라 현금거래가 없다 할지라도 자원이 공짜인 경우는 거의 없다. 예를 들어, 새로운 투자안이 현재 $100,000에 팔릴 수 있는 부지를 사용한다고 하자 이 땅은 꽤 비싸기 때문에, 이를 사용하면 매각해서 이익을 얻을 기회를 놓치게 된다. 물론 여기에 실제로 지출되는 비용은 없다. 그렇지만 **기회비용**, 즉 부지를 다른 곳에 사용하여 얻을 수 있었던 가치는 존재한다.

이 사례는 우리에게 "투자할 때"와 "투자하지 않을 때"를 비교해야 하며, "투자 이전"과 "투자 이후"로 투자안을 판단하면 안 된다고 경고한다. "투자 이전"과 "투자 이후"를 비교하는 경영자는 이 회사가 투자 이전이나 이후에도 이 부지를 소유하고 있기 때문에 이 땅에 어떠한 가치도 할당하려 하지 않는다.

이전	투자안 채택	이후	현금흐름, 투자 이전 대 투자 이후
회사가 설비 소유	⟶	회사가 여전히 설비 소유	0

적절한 비교는 다음과 같이 "투자할 때"와 "투자하지 않을 때"이다.

이전	투자안 채택	이후	투자안을 채택할 때 현금흐름
회사가 설비 소유	⟶	회사가 여전히 설비 소유	0

이전	투자안 채택	이후	투자안을 기각할 때 현금흐름
회사가 설비 소유	⟶	회사가 $100,000에 매도	0

투자할 때와 투자하지 않을 때의 현금흐름을 비교하면 투자안을 채택함으로써 $100,000가 포기됨을 알 수 있다. 이 부지를 구입한 역사적 원가는 의사결정에 관련이 없다. 즉 이 비용은 매몰원가이다. **기회비용은 지금 이 땅을 매각하여 얻을 수 있는 현금이다. 이 투자안을 채택한다면 이 금액을 잃게 된다.**

자원이 자유롭게 거래될 수 있으면 기회비용은 단순히 그 자원의 시장가격이다.[2] 그러나 때로는 기회비용을 추정하기가 상당히 어렵다. 일부 참을성 없는 고객들이 기다리는 새로운 운영체제를 만드는 소프트웨어 팀을 빼내서 컴퓨터 누보(Computer Nouveau)를 개발하는 투자안을 추진한다고 가정해보자. 고객을 이같이 화나게 하는 비용을 정확히 계산하기는 불가능할지도 모르지만, 여러분은 소프트웨어 팀을 컴퓨터 누보로 이동시키는 기회비용에 대해 한번쯤은 더 생각해봐야 할 것이다.

순운전자본
유동자산-유동부채. 종종 '운전자본'이라 불린다.

운전자본에 대한 투자를 확인하라 순운전자본(net working capital, 자주 단순히 운전자본이라고 한다.)은 회사의 단기자산과 단기부채의 차이다. 주요 단기자산은 현금과 외상매출금(고객이 지급하지 않은 대금), 그리고 원자재와 완성품 재고자산 등이다. 그리고 주요 단기부채는 외상매입금(당신이 지급하지 않은 대금)과 단기차입금, 미지급비용(최근에 발생했지만, 아직 지급하지 않은 임금이나 세금과 같은 항목에 대한 채무) 등이다.

대부분의 투자안은 운전자본에 대한 추가 투자를 수반한다. 예를 들어, 생산을 시작하려면 원자재 재고에 투자해야 한다. 또한 완성품을 판매할 때 고객이 외상으로 거래할 수 있는데, 이는 외상매출금을 증가시킬 것이다. (예제 9.1에서 설명한 컴퓨터 판매를 기억하라. 이 거래는 $500,000를 외상매출금에 6개월 동안 투자해야 하는 것이었다.) 이듬해 사업이 확장됨에 따라 많은 양의 원자재가 필요할 수 있고 더 많은 외상매출금이 발생할 수도 있다. **운전자본에 대한 투자는 공장과 장비에 대한 투자처럼 현금유출을 발생시킨다.**

---

2) 회사가 생각하는 부지의 가치가 시장가격보다 작다면 회사는 그것을 매각할 것이다. 반면, 어떤 투자안에서 부지를 사용하는 것의 기회비용은 동일 부지를 시장에서 구입하는 비용을 초과할 수 없다.

운전자본은 투자안의 현금흐름을 예측할 때 가장 헷갈리게 하는 요인 중 하나이다.[3] 가장 일반적인 실수는 다음과 같다.

1. **운전자본에 대해 완전히 잊어버림.** 이 함정에 빠지지 않기를 바란다.
2. **투자안의 수명 동안 운전자본이 변할 수 있다는 것을 잊어버림.** 매년 $100,000의 상품을 판매하는데 고객은 평균 6개월 늦게 지급한다고 생각해보자. 그러면 외상매출금 $50,000가 발생한다. 이제 가격을 10% 올리면 매출은 $110,000로 증가한다. 고객이 계속해서 6개월 늦게 지급한다면 외상매출금은 $55,000로 증가하고 운전자본에 추가로 $5,000를 투자해야 한다.
3. **운전자본은 투자안이 끝날 때 회수된다는 것을 잊어버림.** 투자안이 끝날 때, 재고자산은 소진되고 외상매출금은 (희망 사항이지만) 수금되어, 운전자본에 대한 투자를 회수할 수 있다. 이것은 현금유입을 발생시킨다.

투자안 종결 시 발생하는 현금흐름을 기억하라   투자안이 끝날 때는 거의 언제나 추가적인 현금흐름이 발생한다. 예를 들어, 당신은 투자안에 쓰였던 공장, 장비 또는 부동산의 일부를 팔 수 있을 것이다. 또한, 방금 언급했듯이, 완성품의 재고를 매각하고 외상매출금 계좌에 대해 회수를 할 때 운전자본에 대한 당신의 투자 중 일부를 회수할 수 있다.

때때로 프로젝트를 중단하는 데 비용이 들 수도 있다. 예를 들어, 원자력 발전소의 폐로 비용은 수억 달러가 소요될 수 있다. 마찬가지로 광산이 소진되면 주변 환경도 재활치료가 필요할 수 있다. 광산 회사 FCX는 뉴멕시코 광산의 향후 폐쇄와 매립 비용을 충당하기 위해 $4억 5,100만을 배정했다. 중요한 점은 이러한 증분 현금흐름을 간과하지 말라는 것이다.

할당된 간접비용에 주의하라   자료를 모아야 하는 회계사의 목적과 애널리스트의 목적이 항상 같을 수 없다는 것은 이미 언급하였다. 임대료와 난방비, 또는 전기요금과 같은 간접비 할당이 이에 해당한다. 간접비는 특정 투자안에 관련되어 있지 않지만 지급되어야만 한다. 따라서 회계사가 투자안에 비용을 할당할 때 일반적으로 간접비가 할당된다. 그러나 증분 현금흐름 원칙에 따르면, 투자안을 평가할 때 투자안에서 발생하는 증분 비용만을 포함해야 한다.

어떤 투자안이 간접비를 추가로 발생시킬 수도 있고 발생시키지 않을 수도 있다. 우리는 회계사가 할당한 간접비가 투자안을 채택함으로써 발생하는 증분 현금흐름을 나타낸다고 가정하는 것에 대해 주의해야 한다.

9.2   **셀프테스트**

한 회사가 새로운 제조공장에 대한 투자를 고려하고 있다. 이 공장 터는 이미 회사가 소유하고 있다. 그러나 기존 건물은 폐기되어야 한다. 다음 중 어떤 것을 증분 현금으로 간주하여야 하는가?

a. 공장 터의 시장가치
b. 기존 건물의 시장가치
c. 폐기 비용과 공장 터 청소비
d. 작년에 투자된 새로운 접근로 공사비용
e. 경영자의 시간이 새로운 제조공장 투자에 사용되었기 때문에, 그렇지 않았다면 전념할 수 있었던 다른 투자안으로부터 창출되지 못한 현금흐름
f. 새 공장의 미래 감가상각
g. 새 공장의 감가상각으로 인한 회사의 세금 감소
h. 원재료 재고에 대한 초기 투자
i. 새 공장의 엔지니어링 설계에 이미 지출된 비용

명목 현금흐름은 명목 자본비용으로 할인하라

이자율은 보통 명목가치로 표시된다. 6% 이자를 주는 은행예금에 $100를 투자한다면, 은행은 연말에 $106를 지급할 것을 약속한다. 이는 $106로 얼마만큼 살 수 있을지를 약속하는 것은 아니다. 은행예금에 대한 실질이자율은 물가상승에 달려 있다. 물가상승률이 2%라면 $106로는 오늘 $100로 살 수 있는 것보다 연말에 4% 더 많은 상품을 살 수 있다. 따라서 명목이자율은 6%이지만 실질이자율은 약 4%인 것이다.[4]

할인율이 명목이라면 현금흐름도 판매가격과 임금, 자재비 등에서 추세를 고려하면 서 명목가치로 일관성 있게 평가해야 한다. 이것은 모든 현금흐름 성분에 적용되는 단순히 하나의 물가상승률을 적용하는 것보다 많은 것을 필요로 한다. 왜냐하면 어떤 비용이나 가격은 물가상승률보다 빠르게 상승하거나 늦게 상승하기 때문이다. 예를 들어, 당신이 납품업자와 5년 고정가격 계약을 맺었다고 하자. 이 기간에 물가상승이 얼마가 되던 당신 비용 중 이 부분은 명목가치로 볼 때 고정되어 있다.

물론, 일반적이지는 않지만, 실질이자율로 실질 현금흐름을 할인하는 것이 잘못된 것은 아니다. 5장에서 실질할인율로 할인된 실질 현금흐름이 명목이자율로 할인된 명목 현금흐름과 정확히 같은 현재가치를 제공한다는 것을 살펴보았다.

일관성을 유지해야 한다는 것은 너무 명백한 것으로 보이지만, 애널리스트들은 때때로 미래 현금흐름을 예측할 때 물가상승의 효과를 고려하는 것을 잊어버리곤 한다. 결과적으로 실질 현금흐름을 명목할인율로 할인하게 되는 것이다. 이것은 전체적으로 투자안의 가치를 저평가할 수 있다.

명목과 실질 수치를 혼합하거나 대응시켜서는 안 된다는 것을 강조해야겠다. 실질 현금흐름은 실질할인율로 할인해야 하고 명목 현금흐름은 명목할인율로 할인해야 한다. 실질 현금흐름을 명목할인율로 할인하는 것은 큰 잘못이다.

예제 9.3 ▶ 현금흐름과 물가상승

시티 컨설팅 서비스(City Consuting Services)는 새로운 사무용 건물로 이사할 것을 고려하고 있다. 1년 임대료는 $8,000이고 즉시 지급된다. 이 비용은 앞으로 연간 3%의 물가상승률로 증가할 것이다. 이 회사는 그 건물에 4년 동안 입주할 것으로 예상한다. 할인율이 10%라면 임대료의 현재가치는 얼마인가?

현재가치는 명목 현금흐름을 10% 할인율로 할인하여 다음과 같이 구할 수 있다.

연도	현금흐름	10% 할인율에서의 현재가치
0	8,000	8,000
1	8,000×1.03 = 8,240	8,240/1.10 = 7,491
2	8,000×1.03² = 8,487	8,487/(1.10)² = 7,014
3	8,000×1.03³ = 8,742	8,742/(1.10)³ = 6,568
		$29,073

대신, 실질할인율 $1.10/1.03-1=0.06796=6.796\%$[5]로 계산할 수도 있다. 이 현금흐름의 현재가치는 실질 현금흐름을 실질할인율로 할인하여 다음과 같이 계산한다.

---

3) 운전자본이 왜 현금흐름에 영향을 미치는지 잘 이해되지 않으면 3장으로 돌아가서 운전자본에 대한 요약 설명과 간단한 예 두 가지를 복습하라.

4) 5장에서

$$실질이자율 = 명목이자율 - 물가상승률$$

이라는 것을 기억하라. 정확한 식은 다음과 같다.

$$1+실질이자율 = \frac{1+명목이자율}{1+물가상승률} = \frac{1.06}{1.02} = 1.0392$$

따라서 실질이자율은 0.0392, 또는 3.92%이다.

5) 반올림으로 인해 발생하는 혼동을 피하고자 실질할인율은 소수점 세 자리까지 한정한다. 이러한 정밀도는 실무에서 거의 필요하지는 않다.

연도	실질현금흐름	6.796% 할인율에서의 현재가치	
0	8,000		8,000
1	8,000	8,000/1.696 =	7,491
2	8,000	$8,007/(1.696)^2 =$	7,014
3	8,000	$8,002/(1.696)^3 =$	6,568
			$29,073

임대료가 물가상승률로 증가하기 때문에 실질 현금흐름이 일정하다는 것에 주목하라. 각 현금흐름의 현재가치는 할인하는 방법에 관계없이 동일하다. 현재가치의 합도 물론 동일하다. ■

9.3 셀프테스트

내스티 인더스트리(Nasty Industries)는 시대에 뒤떨어진 공장을 폐쇄하고 모든 종업원을 해고하려고 한다. 내스티의 CEO는 회사가 종업원의 건강보험을 4년 동안 의무적으로 계속 지급해야만 한다는 것을 알고 매우 화가 나 있다. 다음 해 종업원당 비용은 연간 $2,400가 될 것이다. 물가상승률은 4%이고 건강비용은 물가상승률보다 3% 포인트 빠르게 증가해왔다. 이 의무의 현재가치는 얼마인가? (명목)할인율은 10%이고 이 회사는 세금을 내지 않는다.

투자결정과 자본조달 결정을 분리하라

투자안의 자금 일부를 부채로 조달한다고 하자. 부채로 조달한 돈과 이 부채에 대한 이자와 원금 지급을 어떻게 취급해야 하는가? 필요한 투자액에서 부채 조달액을 빼거나 부채에 대한 이자와 원금 지급을 현금유출로 인식해서는 안 된다. 실제 자본조달 방식과 관계없이, 투자안은 모두 자기자본으로 조달된 것으로 보아야 한다. 즉, 투자에 필요한 모든 현금유출은 주주에게서 조달된 것으로, 따라서 모든 현금유입은 주주에게 귀속되는 것으로 취급해야 한다.[6]

이러한 방법은 자금조달 방식에 따른 현금흐름이 아니라 투자안의 현금흐름에만 분석의 초점을 맞출 수 있도록 해준다. 이 방법을 통해 자본조달 결정과 투자결정 분석을 분리하여 수행할 수 있다. 먼저, 투자안을 전액 자기자본으로 조달했다고 가정하고 양(+)의 순 현재가치를 갖는지를 확인한다. 그리고 나서 투자안이 채택할 만하다면 최선의 자본조 달 전략을 분리하여 분석할 수 있다. 자본조달 결정은 이 책 뒤에서 살펴볼 것이다.

9.2 법인세

프로젝트를 평가할 때 세후 현금흐름을 할인해야 한다. 때때로 당신은 세전 현금흐름을 예측하여 더 높은 "세전" 할인율로 할인하는 회사들을 만나게 된다. 이것은 효과가 없다. 정확한 NPV로 이어지는 할인율에 대한 단순한 조정이란 없다.

법인세율은 국가마다 상당히 다르다. 법인세율은 시간이 지남에 따라, 때로는 극적으로 변하기도 한다. 미국에서는 감세 및 일자리법(Tax Cuts and Jobs Act)이 2018년부터 법인세율을 35%에서 21%로 인하하였다.

그 법은 또한 감가상각 규정을 크게 변경하였다. 감가상각은 과세소득과 그에 따라 정부에 납부해야 할 세금을 감소시키는 비용으로 취급되기 때문에 이러한 감가상각은 중요하다. 법인세율 21%로 감가상각 $1당 과세소득이 $1씩 줄어들어 세금이 $0.21 줄어

---

6) 이는 프로젝트와 관련된 운전자본을 계산할 때 단기 채무나 현금 보유를 0으로 가정해야 함을 의미한다.

감가상각 절세효과
감가상각으로 인한 세금 감면.

든다. 이러한 감세를 **감가상각 절세효과**(depreciation tax shield)라고 한다.

2018년 이전에는 과세소득을 계산할 때 미국 법인이 자산 원가의 50%에 해당하는 이른바 보너스 감가상각을 즉시 공제할 수 있도록 했다. 이 보너스 감가상각에서 다루지 않는 투자의 일부분은 가속 감가상각의 한 형태인 수정 가속원가회수시스템(Modified Accelerated Cost Recovery System, MACRS)를 사용하여 다음 해에 걸쳐 감가상각 되었다. "가속화"는 감가상각이 자산 수명 초기에 더 높지만, 자산이 노후화됨에 따라 더 낮다는 것을 의미한다. 이와는 대조적으로 정액 감가상각은 모든 해에 동일하다. 그러나 새로운 세법은 기업들이 투자액의 100%를 즉시 탕감하기에 충분한 보너스 감가상각을 할 수 있도록 허용하고 있다. 100% 감가상각으로 공장과 장비에 대한 투자를 즉시 비용으로 처리할 수 있다.[7]

그러나 보너스 감가상각은 일시적 조항이다. 2023년부터 단계적으로 폐지할 예정이다. 2027년이 되면 그것은 사라질 것이다. 100% 보너스 감가상각이 적용되지 않는 투자에는 어떤 감가상각 일정이 적용되는지 지켜봐야 할 것이다. 아마도 옛날 방식의 MACRS가 대기하고 있는 MACRS가 될 것이다. MACRS와 다른 형태의 가속 감가상각에 대해서는 장 후반부에서 논의할 것이다.

2017년까지 기업들은 연구개발(R&D) 비용의 대부분을 즉각적인 비용으로 상각할 수 있었다. 2022년부터 대부분의 연구개발 투자는 5년간 감가상각해야 한다. 많은 사람들은 이러한 변화에 어리둥절했다. 지금 공장과 장비에 대한 투자가 당장 (적어도 2022년까지) 지출할 수 있는 요건을 갖추었다면, 왜 그동안 지출로 처리되던 연구개발에 대한 투자가 이제는 대차대조표에 올려져 감가상각되어야 하는가?

2017년 세제 개편으로 법인세에 다른 중요한 변화가 생겼지만, 이 부분은 책 후반부에 나오는 장에 맡기기로 했다.

9.3　사례 - 블루퍼 인더스트리

블루퍼 인더스트리(Blooper Industries)의 새로 선임된 재무담당자로서, 고급 마그누시움 광석[8]의 소량 채굴 제안서를 분석하려고 한다. 계산은 스프레드시트 9.1에 나와 있다. 스프레드시트의 패널을 살펴보면, 첫 번째 패널은 현금흐름 예측을 구성하고 NPV를 계산하는 데 필요한 기본 정보를 보여준다.

법인세율은 국가마다 상당히 다르다. 법인세율은 시간이 지남에 따라, 때로는 극적으로 변하기도 한다. 미국에서는 감세 및 일자리법이 2018년부터 법인세율을 35%에서 21%로 인하하였다.

블루퍼의 현금흐름 추정

당신의 첫 번째 임무는 광산에서 나오는 현금흐름을 예측하는 것이다. 이러한 현금흐름은 다음과 같은 세 가지 요소로 구성되었다고 생각할 수 있다.

$$전체\ 현금흐름 = 자본투자의\ 현금흐름 + 영업현금흐름$$
$$+ 운전자본\ 투자의\ 현금흐름 \tag{9.1}$$

첫 번째 요소: 자본투자　프로젝트를 시작하면서 회사는 일반적으로 공장, 장비, 연구, 창업 비용 등에 선행 투자를 한다. 이 지출은 음(−)의 현금흐름이다. 현금이 사라지기 때문

---

[7] 부동산 투자는 보너스 감가상각이나 감가상각 가속화를 받을 자격이 없다. 15년 이상의 기간에 걸쳐 감가상각한다.

[8] 독자들이 마그누시움이 진짜 물질인지 문의해 왔다. 사실은 다음과 같다. 텔레비전의 초창기에 혼란한 말솜씨의 아나운서가 버라이어티 쇼를 끝내면서 다음과 같이 한 말에서 만들어졌다. "이 프로그램은 알레미늄(aleemium)과 마그누시움(magnoosium), 그리고 의지(stool)의 자랑스러운 생산자인 블루퍼 Industries에 의해 제공되었습니다." 회사 이름은 잊었지만, 이 실수는 실제로 일어났다.

스프레드시트 9.1 블루퍼의 마그누시움 광산에 대한 재무 예측 (단위: 천 달러)

	A	B	C	D	E	F	G	H
1	A. 입력값							
2	초기 투자액 ($000)	15,000						
3	잔존가치 ($000)	2,000						
4	초기 매출액 ($000)	15,000						
5	초기 비용 ($000)	10,000						
6	물가상승률 (%)	5.0%						
7	할인율 (%)	12.0%						
8	외상매출금 (매출액의 %)	16.7%						
9	재고자산(비용의 %)	15.0%						
10	법인세율 (%)	21.0%						
11								
12	연도:	0	1	2	3	4	5	6
13	B. 고정자산							
14	고정자산 투자액	15,000						
15	고정자산 매각							1,580
16	고정자산 투자의 현금흐름	−15,000						1,580
17								
18	C. 영업현금흐름							
19	매출액		15,000	15,750	16,538	17,364	18,233	
20	비용		10,000	10,500	11,025	11,576	12,155	
21	감가상각비	0	3,000	3,000	3,000	3,000	3,000	
22	세전 이익	0	2,000	2,250	2,513	2,788	3,078	
23	법인세	0	420	473	528	586	646	
24	세후 이익	0	1,580	1,778	1,985	2,203	2,431	
25	영업현금흐름	0	4,580	4,778	4,985	5,203	5,431	
26								
27	D. 운전자본							
28	운전자본	1,500	4,075	4,279	4,493	4,717	3,039	0
29	운전자본의 변동	1,500	2,575	204	214	225	−1,679	−3,039
30	운전자본 투자의 현금흐름	−1,500	−2,575	−204	−214	−225	1,679	3,039
31								
32	E. 투자안 평가							
33	총현금흐름	−16,500	2,005	4,574	4,771	4,978	7,110	4,619
34	할인계수	1.000	0.893	0.797	0.712	0.636	0.567	0.507
35	현금흐름의 PV	−16,500	1,790	3,646	3,396	3,164	4,034	2,340
36	순현재가치	1,870						

에 음(−)의 현금흐름이다.

프로젝트가 끝나면 회사는 공장과 장비를 팔거나 사업상 다른 곳에 재배치할 수 있다. 이 잔존가치(발전소와 장비를 판매한 경우 세금을 차감한 금액)는 양(+)의 현금흐름이다. 그러나 상당한 폐쇄비용이 발생할 경우 최종 현금흐름이 음수가 될 수도 있다.

스프레드시트 9.1의 패널 B는 블루퍼의 광산에서 초기 자본 투자와 궁극적인 투자금 회수를 상세히 기술하고 있다. 이 프로젝트에는 B14번 셀과 같이 초기 $1,500만의 투자가 필요하다. 5년이 지나면 광석 매장량이 소진되고, 그 시점에 채굴장비를 $200만(셀 B3)에 팔 수 있다. 이 전망은 이미 인플레이션이 매각 가격에 미칠 수 있는 영향을 반영하고 있다.

당신이 그 장비를 팔 때 국세청은 그 판매에 세금을 내야 하는지를 확인할 것이다. 이 장비의 판매가격($200만)과 장부가격의 차이에 대해서는 세금이 부과될 것이다. 블루퍼가 장비를 완전히 감가상각했다면 6년차 판매 때의 장부가치는 0이 되고, 판매대금 $200만 전액에 대해 세금이 부과된다. 따라서 6년 후에 이 장비를 판매하면 블루퍼는 0.21×$200만=$42만의 추가 세금 고지서를 받게 될 것이다. 따라서 6차년도 매각으로 인한 순현금흐름은 다음과 같다.

$$\text{잔존가치} - \text{매각이익에 대한 세금} = \$2,000,000 - \$420,000 = \$1,580,000$$

이 값은 셀 H15에 기록되어 있다. 블루퍼는 이 프로젝트가 끝날 때 어떤 재활용 비용도 들지 않으리라고 예상한다. 만약 그랬다면, 이 비용들은 잔존가치에서 차감해야 한다.

16행은 고정 자산에 대한 투자와 판매로 인한 현금흐름을 요약한다. 각 셀의 입력값은 자산 판매로 인한 세후 수익(15행)에서 고정 자산에 대한 투자(14행)를 뺀 것과 같다.

두 번째 요소: 영업현금흐름 영업현금흐름은 새로운 프로젝트에 의해 창출되는 매출의 순증가와 생산원가 및 세금으로 구성된다.

$$\text{영업현금흐름} = \text{매출액(수익증가)} - \text{생산원가} - \text{세금} \tag{9.2}$$

상당수의 투자는 추가적인 수익을 창출하지 않는다. 대부분은 단순히 회사의 기존 운영 비용을 줄이기 위해 고안된 것이다. 예를 들어, 새로운 컴퓨터는 인건비를 줄일 수도 있고, 새로운 난방 시스템이 대체되는 기존의 시스템보다 더 효율적일 수도 있다. 식 9.2에서 알 수 있듯이, 비용 절감은 기업의 영업현금흐름을 증가시킨다. 세후 비용 절감은 현금흐름을 증가시킨다.

영업현금흐름을 계산하는 가장 직접적인 방법은 방정식 9.2이다. 실제 현금흐름을 나타내는 손익계산서 항목만 사용하므로 '현금유입－현금유출' 접근법으로 볼 수 있다. 그러나 다른 두 가지 방법 또한 종종 유용하다. 하나는 조정된 회계이익이다. 여기서 우리는 세후 회계이익에서 시작하여 비현금 "회계비용"을, 특히 감가상각액에 대한 공제액을 더한다. 즉 영업현금흐름은 다음과 같이 얻어진다.

$$\text{영업현금흐름} = \text{세후 회계이익} + \text{감가상각비} \tag{9.3}$$

마지막 세 번째 방법은 감가상각비의 법인세 절감효과, 즉 감가상각으로 인한 세금 감면에 초점을 맞추고 있다. 감세액은 세율과 감가상각비의 산물이다.

$$\text{감가상각비의 법인세 절감효과} = \text{법인세율} \times \text{감가상각비}$$

이는 영업현금흐름을 순이익부터 시작하여 감가상각하지 않는 것으로 가정하고 나서 실제로 청구한 감가상각액을 기준으로 법인세 절감효과를 추가함으로써 계산할 수 있음을 시사한다.

$$\text{영업현금흐름} = (\text{매출액} - \text{현금성 비용}) \times (1 - \text{법인세율}) + (\text{법인세율} \times \text{감가상각비}) \tag{9.4}$$

블루퍼 프로젝트의 영업현금흐름을 계산해보자. 스프레드시트 9.1의 패널 C는 마그누시움 광산 영업현금흐름을 설정한다. 이 회사는 1년에 75만 파운드의 마그누시움을 1년에 파운드당 $20의 가격에 생산하고 판매할 수 있을 것으로 기대하고 있다. 즉 초기 수익은 75만×$20=$1,500만이다. 하지만 인플레이션이 1년에 약 5%로 지속되고 있다는 사실을 주의해야 한다. 만약 마그누시움 가격이 인플레이션과 보조를 맞추면 2년차 전망치를 5% 올려야 한다. 3년차 수익은 5% 정도 더 증가해야 한다. 스프레드시트 9.1의 19행은 인플레이션에 따라 수익이 증가하는 것을 보여준다.

스프레드시트의 판매 전망은 5년 후가 되면 중단된다. 만약 5년 후에 광석 매장량이 바닥난다면 이렇게 처리하는 것이 적합하지만, 블루퍼가 6년차에 매출을 올릴 거라면, 당신은 그것들을 당신의 예측에 포함시켜야 한다. 10년 이상 수익을 자신 있게 예상할 때도 프로젝트 수명을 가령 5년으로 가정하는 재무관리자들을 가끔 만난 적이 있다. 그 이유를 물었을 때, 그들은 5년 이상 예측하는 것은 너무 위험하다고 설명한다. 우리는 공감하지만, 당신은 최선을 다해야만 한다. 프로젝트의 수명을 임의로 줄여서는 안 된다.

채굴 및 정제 비용은 1년차(셀 C20)에 $1만이다. 이 비용(20행)도 물가상승률에 따라 연 5%씩 늘어난다.

우리는 일단 그 회사가 5년 동안 채굴 장비에 대해 정액 감가상각을 적용한다고 가정한다. 즉 초기 $1,500만 투자액의 5분의 1을 이익에서 차감한다는 의미다. 따라서 21행은 연간 감가상각 공제가 $300만임을 보여준다.

22행에 표시된 세전 이익은 (수익−비용−감가상각)과 같다. 세금(23행)은 세전 이익의 21%이다. 예를 들어, 1년차의 세금은 다음과 같다.

$$\text{세금} = 0.21 \times 2{,}000 = 420 \text{ 또는 } \$420{,}000$$

세후 이익(24행)은 세전 이익에서 세금을 뺀 값이다.

패널 C의 마지막 줄에는 영업현금흐름이 표시된다. 스프레드시트는 현금흐름을 세후 이익과 감가상각을 합한 금액으로 계산한다. 따라서 25행은 24행과 21행의 합이다. 따라서 1차 연도의 영업현금흐름(단위: $1,000)은 1,580+3,000=4,580이다. 하지만 우리는 다른 두 가지 접근법을 사용하는 것이 나을 것이다.

예를 들어, '현금유입−현금유출' 접근법을 사용하면 동일한 영업현금흐름을 얻는다.

$$\text{매출액} - \text{생산원가} - \text{법인세} = \$15{,}000 - \$10{,}000 - \$420 = \$4{,}580$$

감가상각의 법인세 절감효과 접근법을 통해서도 동일한 값을 얻는다.

$$(\text{매출액} - \text{현금성 비용}) \times (1 - \text{법인세율}) + (\text{법인세율} \times \text{감가상각비})$$
$$= (15{,}000 - 10{,}000) \times (1 - 0.21) + 0.21 \times 3{,}000 = \$4{,}580$$

영업현금흐름을 계산할 때, 우리는 프로젝트가 부분적으로 부채에 의해 자금을 조달받을 수 있다는 가능성을 무시했다는 사실에 주의하라. 이전의 규정에 따라, 우리는 원래 투자에서 부채 수익금을 공제하지 않았고 현금흐름에서 이자 지급액을 공제하지 않았다. 표준관행은 그 프로젝트가 자기자본으로 모든 자금을 조달하는 것처럼 현금흐름을 예측한다. 자금조달 결정에서 발생하는 모든 추가 가치는 별도로 고려된다.

9.4 셀프테스트

어떤 프로젝트에 $50만이 든다. 감가상각 회계처리에 앞서 4년간 연간 $20만의 과세소득(즉 수익에서 비용을 뺀 것)을 창출할 것으로 예상된다. 그 회사의 세율은 21%, 자본비용은 15%이다.

a. 투자를 감가상각할 수 없는 경우 세후 현금흐름과 프로젝트 NPV는 무엇인가?

b. 투자가 4년에 걸쳐 정액법으로 감가상각되는 경우 세후 현금흐름과 NPV는 무엇인가? 영업현금흐름을 계산하는 세 가지 방법이 모두 동일한 답을 제공하는지 확인하라.

c. 회사가 즉시 투자금액을 100% 감가상각할 수 있다면 NPV는 무엇인가? 보너스 감가상각의 법인세 절감효과가 0시점에 즉각적으로 발생한다고 가정하라.

d. 회사가 정액법 감가상각을 사용할 경우 감가상각의 법인세 절감효과의 현재 가치는 얼마인가? 100% 보너스 감가상각을 사용하고 세금 절감 효과가 즉각적으로 나타난다면 어떻게 되는가?

세 번째 요소: 운전자본 우리는 앞 장에서 기업이 원자재나 완제품의 재고를 쌓으면 회사의 현금이 줄어든다는 것을 지적했는데, 현금 감소는 기업의 재고 투자를 반영한다. 이와 유사하게, 고객이 청구서를 더디게 지불할 때 현금은 감소한다. 이 경우 기업은 매출채권에 투자하는 것과 같다. 설비투자와 마찬가지로 운전자본에 대한 투자는 현금유출을 나타낸다. 한편, 프로젝트 말기에 재고가 매각되고 매출채권이 회수되는 경우, 이러한 자산을 현금으로 전환함에 따라 기업의 운전자본에 대한 투자가 감소한다.

일반적으로 **운전자본의 증가는 투자이므로 현금유출을 의미하며, 운전자본의 감소는 현금유입을 의미한다. 현금흐름은 운전자본의 수준이 아닌 운전자본의 변화로 측정된다.**

스프레드시트 9.1의 패널 D는 채굴 프로젝트에 필요한 운전자본에 대한 투자를 보여준다. 28행은 운전자본의 수준을 보여준다. 프로젝트 초기 단계에 운전자본은 증가하지만 프로젝트 수명이 다해 감에 따라 운전자본에 대한 투자액은 회복되고 수준은 감소한다.

29행은 연도별 운전자본의 변화를 보여준다. 1~4년 사이에는 양(+)의 변화가 있다는 점에 유의하라. 이 기간에 프로젝트는 운전자본에 대한 추가 투자가 필요하다. 5년차부터, 그 변화는 음(−)의 방향이다. 운전자본이 회수됨에 따라 투자회수가 있다. 운전자본에 대한 투자(30행)와 관련된 현금흐름은 운전자본의 변동과 반대 방향인 것이다. 공장이나 장비에 대한 투자처럼 운전자본에 대한 투자는 현금유출을 낳고, 투자회수는 현금유입을 가져온다.

블루퍼 광산의 NPV 계산

식 9.1에서 각 기간의 프로젝트의 총 현금흐름은 단순히 현금흐름의 세 가지 요소를 합한 것이다.

전체 현금흐름 = 자본투자의 현금흐름 + 영업현금흐름 + 운전자본 투자의 현금흐름

스프레드시트의 33행은 블루퍼의 마그누시움 광산에서의 총 예상 현금흐름을 보여준다.

투자자들이 마그누시움 프로젝트와 동일한 리스크를 가지는 자본시장 투자로부터 12%의 수익을 기대한다고 가정해보자. 이는 블루퍼가 이 프로젝트에 투자하겠다고 제안하는 주주들의 자금에 대한 기회비용이다. 따라서 NPV를 계산하려면 프로젝트의 현금흐름을 12%로 할인해야 한다.

34행과 35행에 제시된 계산에 따르면 연도 t에서 현금흐름의 현재가치를 계산하려면 현금흐름을 $(1+r)^t$로 나누거나 할인율 $1/(1+r)^t$로 곱할 수 있다는 점을 기억하라. 34행은 매년 할인요소를 제시하고 35행은 현금흐름(33행)에 할인요소를 곱해 각 현금흐름의 현재가치를 계산한다. 모든 현금흐름을 할인하여 합산하면, 마그누시움 프로젝트는 $1,870,000(셀 B36)의 양(+)의 순현재가치를 제공하는 것으로 보인다.

이제 자주 혼동을 일으키는 다음과 같은 작은 사항 하나를 살펴보자. 첫해 현금흐름의 현재가치를 계산하기 위해 $(1+r)=1.12$로 나눈다. 엄밀히 말하면 이것은 모든 판매와 비용이 정확히 365일 0시 0분 후에 발생했을 때만 타당하다. 물론 한 해의 매출이 모두 12월 31일 자정 무렵에 이루어지는 것은 아니다. 그러나 자본예산을 결정할 때에 기업들은 보통 모든 현금흐름이 1년 간격으로 발생하는 것처럼 가정하는데, 그들은 "단순함"이라는 한 가지 이유로 이와 같이 가장한다. 때로는 매출전망이 지능적인 추측에 지나지 않을 때도 있는데, 한 해 동안 매출이 어떻게 분산될 가능성이 있는지 문의하는 것은 무의미할 수 있다.[9]

---

9) 재무관리자들은 때때로 현금흐름이 역년(calendar year)의 중간, 즉 6월 말에 발생한다고 가정한다. 연도 중간으로 가정하는 관행은 현금흐름이 연중 고르게 분배된다고 가정하는 것과 거의 같다. 이것은 일부 산업에는 나쁜 추정이다. 예를 들어 소매업에서 현금흐름의 대부분은 크리스마스 연휴가 다가오는 연말에 발생한다.

블루퍼 투자안에 대한 추가적으로 고려할 부분

블루퍼와 마그누시움 투자안에 관해 마무리하기 전에 몇 가지 추가적인 세부사항을 다루어 보자.

운전자본 추정 스프레드시트 9.1은 블루퍼가 자사 마그누시움 광산이 연도 1에 $15,000, 연도 2에 $15,750의 수익을 낼 것으로 예상함을 보여준다. 그러나 블루퍼는 1, 2년차에는 실제로 이 금액을 받지 못할 것이다. 왜냐하면 고객 중 일부는 이를 즉각 지급하지 않기 때문이다. 블루퍼 애널리스트들은 평균적으로 고객이 2개월 지연으로 결제하기 때문에 매년 매출액의 2/12가 다음 해까지 결제되지 않을 것으로 내다봤다. 이 지급되지 않은 청구서는 매출채권으로 나타난다. 예를 들어, 연도 1에 블루퍼는 (2/12)×15,000=$2,500의 매출채권을 갖게 될 것이다.[10]

이제 광산의 비용을 생각해 보자. 비용은 연도 1에 $10,000, 연도 2에 $10,500로 예측된다. 그러나 블루퍼는 매출전에 마그누시움을 생산해야 하기 때문에 이 비용 중 일부는 더 일찍 발생할 것이다. 매년 블루퍼 광산은 마그누시움 광석을 채굴하지만 이 광석의 일부는 이듬해까지 팔리지 않는다. 광석은 재고에 넣지만 회계사는 재고가 판매될 때까지 생산비를 차감하지 않는다. 블루퍼는 매년 지출되는 비용의 15%가 전년도에 발생한 재고 투자에 해당한다고 추정한다. 따라서 재고자산에 대한 투자는 연도 0에는 0.15×10,000=$1,500, 연도 1에는 0.15×10,500=$1,575로 예측된다.[11]

이제 블루퍼가 운전자본에 대해 어떻게 예측(스프레드시트의 28번째 행)하고 운전자본에 대한 투자와 회수에 대해 어떻게 예측(29번째 행)하는지 다음과 같이 확인할 수 있다.

	0	1	2	3	4	5	6
1. 매출채권 (2/12×매출액)	$ 0	$2,500	$2,625	$2,756	$2,894	$3,039	0
2. 재고자산 (0.15×다음해 비용)	1,500	1,575	1,654	1,736	1,823	0	0
3. 운전자본 (1+2)	1,500	4,075	4,279	4,493	4,717	3,039	0
4. 운전자본으로 부터의 현금흐름	−1,500	−2,575	−204	−214	−225	+1,679	+3,039

주: 열의 합은 반올림 오차로 맞지 않을 수 있음

마그누시움 매출이 증가함에 따라 1~4년 사이에 운전자본이 축적된다는 점에 주목하라. 연도 5는 매출 마지막 해여서 블루퍼는 그해 재고가 0으로 소진되고, 연도 6에는 연도 5에 수금되지 않은 대금을 회수할 예정이어서 그 해에는 매출채권도 0으로 줄어든다. 이러한 운전자본의 감소는 현금흐름을 증가시킨다. 예를 들어, 연도 6에는 $3,039의 남은 청구액이 수금됨에 따라 현금흐름이 증가한다(스프레드시트의 30행 참조).

블루퍼 투자안의 스프레드시트를 작성하는 것은 다음 글상자에서 좀 더 설명하고 있다. 스프레드시트가 작성되면 운전자본에 대한 가정을 쉽게 바꿔볼 수 있다. 예를 들어, 셀 B8과 B9의 값을 바꿔 매출채권과 재고산의 총액을 조정할 수 있다.

가속감가상각과 1년차 비용처리 우리는 앞에서 감가상각비는 현금흐름을 동반하지 않는 비용항목이며 세전이익을 감소시키기 때문에 중요함을 지적하였다. 블루퍼의 경우에

연간 절세 효과 = 감가상각비 × 법인세율 = 3,000 × 0.21 = 630 또는 $630,000

이러한 절세 효과(향후 5년간 매년 $630,000)의 현재가치는 12% 할인율을 적용했을 때

---

10) 블루퍼의 고객이 늦게 지불하더라도 블루퍼는 편의상 모든 청구서를 즉시 지불한다고 가정한다. 만약 그렇지 않다면, 이 미지급금은 매출채무로 기록되고 운전자본은 매출채무만큼 줄어들 것이다.

11) 재고자산이 단지 직접 생산원가(즉, 판매되는 상품의 원가)의 15%라고 가정하는 것이 고정비용을 포함하는 전체 비용의 15%가 아니라고 보는 것이 더 타당할 수 있다. 그러나 스프레드시트를 복잡하게 만들지 않기 위해 우리는 이러한 구분은 무시하겠다.

$2,271,000이다.

스프레드시트 9.1에서 우리는 블루퍼가 정액법 감가상각을 사용할 것이라고 가정했고, 따라서 매년 초기 투자액의 일정 비율을 상각한다. 이는 전 세계적으로 가장 흔한 감가상각 방법이지만 미국을 비롯한 일부 국가는 기업의 투자 감가상각을 더욱 빠르게 허용하고 있다.

이중체감법
가속감가상각의 한 방법.

가속감가상각에는 몇 가지 다른 방법이 있다. 예를 들어, 기업들은 **이중체감법**(double-declining-balance method) 사용이 허용될 수 있다. 이 방법에 따라 블루퍼는 매년 투자자산의 나머지 장부금액 중 1/5이 아니라 2×1/5인 40%를 공제할 수 있게 된다. 따라서 연도 1에는 0.4×1,500만=$600만을 감가상각하고 장비의 장부가치는 $1,500만−$600만=$900만으로 줄어들 것이다. 연도 2에 블루퍼는 0.4×$900만=$360만을 감가상각하고, 장비의 장부가치는 $900만−$360만=$540만으로 더 줄어들 것이다. 연도3에 감가상각액은 0.4×$540만=$2,160,000가 될 것이며, 따라서 자산의 장부금액은 $324만로 감소할 것이다. 연도 4가 되면 사업의 세수기간(tax life)이 2년밖에 남지 않았기 때문에, 정액법 감가상각을 적용했다면 남은 장부금액의 절반을 남은 2년마다 각각 감가상각할 수 있을 것이다. 이는 이중체감법에서 허용되는 40% 감가상각액보다 크므로 이 시점(연도 4)에서 정액법 감가상각으로 전환해 향후 2년간 $324만의 잔액을 탕감하면 감가상각이 더 크다. 이를 허용하면 매년 블루퍼의 감가상각충당금은 다음과 같다.

	연도				
	1	**2**	**3**	**4**	**5**
연초 장부가치(백만 달러)	15	9	5.4	3.24	1.62
감가상각비(백만 달러)	0.4×15=6	0.4×9=3.6	0.4×5.4=2.16	3.24/2=1.62	1.62
연말 장부가치(백만 달러)	15−6=9	9−3.6=5.4	5.4−2.16=3.24	3.24−1.62=1.62	1.62−1.62=0

가속감가상각은 프로젝트 존속 기간 동안 감가상각 총액에 영향을 미치지 않는다. 하지만 블루퍼는 감가상각 공제를 더 일찍 받을 수 있다. 이로써 감가상각 법인세 절감효과의 현재가치는 $246만으로, 블루퍼가 정액법 감가상각만 적용했을 때보다 $189,000가 더 늘어난다. 블루퍼가 이중체감법을 사용할 수 있다면 프로젝트 순현재가치는 $189,000만큼 상승할 것이다.

1986년부터 2017년까지 미국 기업들은 이중체감법을 약간 변형한 MACRS라고 불리는 감가상각법을 사용했다.[12] 그러나 2017년 감세 및 일자리법은 기업들이 투자지출의 100%를 설치된 해에 상각할 수 있는 충분한 보너스 감가상각을 제공했다. 스프레드시트 9.2는 $1,500만의 투자금 전액을 즉시 감가상각할 수 있다고 가정해 블루퍼 광산의 NPV를 재계산한다. 스프레드시트 9.1과 9.2의 유일한 차이점은 패널 C와 E에서 발생한다. 21행(감가상각)이 바뀌고, 이는 세전이익, 납부세금, 세후이익, 영업현금흐름에 영향을 미친다. 이러한 새로운 현금흐름은 프로젝트 순현재가치를 찾기 위해 33행까지 내려가고 할인된다.

우리는 처음에 마그누시움 프로젝트가 5년 동안 정액법으로 감가상각된다고 가정했다. 이러한 가정아래서 NPV는 $187만(스프레드시트 9.1)이 되었다. 그리고 우리는 블루퍼가 이중체감법을 사용할 수 있다면 NPV는 $205만 9천으로 $18만 9천만큼이 증가할 것이다. 마지막으로, 스프레드시트 9.2는 2017년 세제 개편으로 허용된 즉시 비용처리가 NPV를 $2,749,000로 더욱 증가시킬 것임을 보여준다.

---

12) The only difference between the two depreciation schemes is that MACRS assumes that investments are made half-way through the year, and therefore companies can claim only half the initial depreciation in year 1.

스프레드시트 9.2 100% 보너스 감가상각을 적용할 때 블루퍼의 마그누시움 광산의 재무적 전망   (단위: 천 달러)

	A	B	C	D	E	F	G	H
1	A. 입력변수							
2	초기 투자금액($000)	15,000						
3	잔존가치($000)	2,000						
4	초기 매출액($000)	15,000						
5	초기 비용($000)	10,000						
6	물가상승률(%)	5.0%						
7	할인율(%)	12.0%						
8	매출채권 비율(%매출액의)	16.7%						
9	재고자산 비율(%다음 해 원가의)	15.0%						
10	법인세율(%)	21.0%						
11								
12	연도 :	0	1	2	3	4	5	6
13	B. 고정자산							
14	고정자산에 대한 투자	15,000						
15	고정자산 매각							1,580
16	고정자산 투자로부터의 현금흐름	−15,000						1,580
17								
18	C. 영업현금흐름							
19	매출액		15,000	15,750	16,538	17,364	18,233	
20	매출원가		10,000	10,500	11,025	11,576	12,155	
21	감가상각비	15,000	0	0	0	0	0	
22	법인세 차감전 이익	−15,000	5,000	5,250	5,513	5,788	6,078	
23	법인세	−3,150	1,050	1,103	1,158	1,216	1,276	
24	당기순이익	−11,850	3,950	4,148	4,355	4,573	4,801	
25	영업현금흐름	3,150	3,950	4,148	4,355	4,573	4,801	
26								
27	D. 운전자본							
28	운전자본	1,500	4,075	4,279	4,493	4,717	3,039	0
29	운전자본의 변화	1,500	2,575	204	214	225	−1,679	−3,039
30	운전자본 투자로부터의 현금흐름	−1,500	−2,575	−204	−214	−225	1,679	3,039
31								
32	E. 투자안 평가							
33	전체 현금흐름	−13,350	1,375	3,944	4,141	4,348	6,480	4,619
34	할인계수	1.000	0.893	0.797	0.712	0.636	0.567	0.507
35	현금흐름의 현재가치	−13,350	1,228	3,144	2,947	2,763	3,677	2,340
36	순현재가치(NPV)	2,749						

미국의 모든 대기업들은 주주들을 위한 장부와 국세청을 위한 장부를 따로 작성하고 있다. 주주 장부에 대해서는 정액법 감가상각을, 세무장부에 대해서는 가속감가상각을 사용하는 것이 일반적이다. 세무장부만이 자본예산에 관련된다. 왜냐하면 세무장부를 통해 내야 할 세금을 결정하고 따라서 현금흐름에 직접적인 영향을 미치기 때문이다.

세금손실(Tax Losses) 스프레드시트 9.2를 다시 확인해 보자. 100% 즉시 감가상각으로 변경하여 연도 0에 $1,500만의 회계손실이 발생하였다. 따라서 블루퍼는 감가상각법을 변경하기 전과 비교하여 그 해 $1,500만의 수익을 적게 낼 것이며, 따라서 감가상각법을 변경하기 전과 비교하여 0.21×1,500만=$315만의 세금을 덜 낼 것이다. 이러한 절세금액은 스프레드시트 연도 0에 −$315만의 마이너스 세금 납부액으로 나타난다. 블루퍼가 마그누시움 광산에서의 초기 손실을 상쇄하기 위해 다른 곳에서 충분한 이익을 낸다면 그 프로젝트를 회사에 대한 음(−)의 세금부담을 초래하는 것으로 간주해도 괜찮다. 그러나 만일 그 마그누시움 광산이 독립된 벤처기업이라면, 혹은 그 프로젝트가 그 해의 회계손실로 블루퍼를 몰아넣는다면 어떨까? 국세청은 보고된 손실의 21%에 대한 수표를 기업에 보내지 않기 때문에 회계상 손실로 인해 그 해에 납부해야 할 세금이 줄어들지 않는다. 대신에, 그 회사는 손실을 무한정 이월할 수 있으며, 이를 사용하여 미래 연도의 80%까지 상쇄할 수 있다.

예를 들어, 블루퍼의 광산이 독립된 사업이라고 가정해보자. 연도 0에는 세금을 내지 않지만, 연도 0에는 세금을 줄이기 위해 $1,500만의 손실을 이월할 수 있다. 따라서 연도 1에는 연소득의 80%를 상쇄하는 데 손실을 사용할 수 있으므로, $500만의 이익에 대한 세금을 납부하는 대신 $(1−0.80)×5=$100만의 이익에 대해서만 세금을 납부하게 된다. 그렇게 되면 $1,500만의 세금손실(tax losses) 이월금 중 $400만을 소비하게 되고, 블루퍼는 나중에 세금을 줄이기 위해 $1,100만의 이월금을 갖게 된다.

9.5 셀프테스트

안드로니쿠스 주식회사(Andronicus Inc.)는 어떤 투자 제안에 대해 다음과 같이 복잡한 정보를 가지고 있다.

a. 연도 1~3 동안의 연간 매출액 = $20,000
b. 연도 0 초기투자 = $40,000
c. 재고자산 수준 = $10,000 (연도 1), $10,500 (연도 2), $5,000 (연도 3)
d. 생산원가 = 연간 $7,000 (연도 1~3)
e. 잔존가치 = $12,000 (연도 4)
f. 감가상각 = 100% 즉시 보너스 감가상각
g. 법인세율 = 21%
h. 구매자는 6개월 후에 대금을 지급함

스프레드시트 9.2와 같이 일련의 현금흐름 예측값을 작성하시오. 자본비용이 8%라면 프로젝트의 NPV는 얼마인가? 프로젝트가 손실을 발생시킨다면, 그 손실은 같은 해에 회사가 다른 프로젝트에 대해 지불해야 할 세금을 상쇄하는 데 사용될 수 있다고 가정하자.

투자안 분석을 복습해 보자. 여러분은 본 장 초반에 블루퍼의 제안된 광산 프로젝트에 대한 분석에 착수했다. 프로젝트의 자산 및 수익에 대한 간략한 설명으로 시작하였다. 일련의 현금흐름 예측을 개발하기 위해 이 정보를 사용하였고 프로젝트의 NPV를 계산하였다.

그러면 이제 다 끝났다는 뜻인가? 양(+)의 NPV는 다음 단계로 넘어가야 한다는 것을 암시하지만, 당신은 거의 확실히 몇몇 대안들을 분석하기를 원할 것이다. 예를 들어, 광석이 제거될 때 광산에 대한 다른 접근 방법이나 암석을 지탱하는 다른 방법을 탐색해 보는 것이 좋다. 당신은 광석을 운반하고 정제하는 다른 방법을 보고 싶을 것이다.

당신은 또한 몇 가지 "만약(what-if)" 질문을 하고 싶을 것이다. 기술적 문제로 인해 시동이 지연되면 어떻게 하시겠습니까? 인건비를 과소평가했다면? 관리자들은 그러한 불쾌한 놀라움이 NPV에 미치는 영향을 더 잘 이해하기 위해 다양한 기법을 사용한다. 만약 그들이 이 프로젝트에 무엇이 잘못될 수 있는지 안다면, 그들은 오늘날 이러한 불확실성을 줄일 수 있는 더 많은 정보를 수집할 수 있을 것이다. 우리는 10장에서 몇 가지 "what-if" 기법을 사용하는 연습을 할 것이다.

스프레드시트 분석은 제안된 자본투자를 할인 현금흐름으로 분석하는 데 가장 적합하다. 블루퍼 투자안의 예에서 사용된 엑셀 스프레드시트의 공식은 아래에 나와 있다. (스프레드시트의 E열과 F열은 보이지 않는다.)

스프레드시트의 대부분 항목은 구체적인 숫자가 아니라 공식이라는 데 주목하라. 패널 A에 상대적으로 적은 수의 숫자가 입력되면 스프레드시트는 보다 많은 수의 공식을 사용하여 대부분의 작업을 수행한다.

연도별 매출액과 비용은 이전 해의 값에 (1+물가상승률)을 곱한 것과 같다. 스프레드시트를 좀 더 읽기 쉽게 만들려고 우리는 B6(물가상승률) 및 B7(할인율)과 같이 몇 개의 셀에 이름을 정의해두었다. 이러한 이름은 엑셀에서 "이름 정의" 명령을 사용(이름 붙이고 싶은 셀에서 마우스의 오른쪽 클릭)하여 붙일 수 있고 이후 특정 셀을 나타내는 데 사용할 수 있다.

	A	B	C	D	G	H
1	A. 입력변수		Spreadsheet Name			
2	초기 투자금액	15,000	Investment			
3	잔존가치	2,000	Salvage			
4	초기 매출액	15,000	Initial_rev			
5	초기 비용	10,000	Initial_exp			
6	물가상승률	0.05	Inflation			
7	할인율	0.12	Disc_rate			
8	매출채권 비율	=2/12	A_R			
9	재고자산 비율	0.15	Inv_pct			
10	법인세율(%)	0.21	Tax_rate			
11						
12	연도:	0	1	2	5	6
13	B. 고정자산					
14	고정자산에 대한 투자	=Investment				
15	고정자산 매각					=Salvage*(1-Tax_rate)
16	고정자산 투자로부터의 현금흐름	= -B14+B15	= -C14+C15	= -D14+D15	= -G14+G15	= -H14+H15
17						
18	C. 영업현금흐름					
19	매출액		=Initial_rev	=C19*(1+Inflation)	=F19*(1+Inflation)	
20	비용		=Initial_exp	=C20*(1+Inflation)	=F20*(1+Inflation)	
21	감가상각비		=Investment/5	=Investment/5	=Investment/5	
22	세전 이익		=C19-C20-C21	=D19-D20-D21	=G19-G20-G21	
23	법인세		=C22*Tax_rate	=D22*Tax_rate	=G22*Tax_rate	
24	세후 이익		=C22-C23	=D22-D23	=G22-G23	
25	영업현금흐름		=C21+C24	=D21+D24	=G21+G24	
26						
27	D. 운전자본					
28	운전자본	=Inv_pct*C20+A_R*B19	=Inv_pct*D20+A_R*C19	=Inv_pct*E20+A_R*D19	=Inv_pct*H20+A_R*G19	=Inv_pct*I20+A_R*H19
29	운전자본의 변화	=B28	=C28-B28	=D28-C28	=G28-F28	=H28-G28
30	운전자본 투자로부터의 현금흐름	= -B29	= -C29	= -D29	= -G29	= -H29
31						
32	E. 투자안 평가					
33	전체 현금흐름	=B16+B30+B25	=C16+C30+C25	=D16+D30+D25	=G16+G30+G25	=H16+H30+H25
34	할인계수	=1/(1+Disc_rate)^B12	=1/(1+Disc_rate)^C12	=1/(1+Disc_rate)^D12	=1/(1+Disc_rate)^G12	=1/(1+Disc_rate)^H12
35	현금흐름의 현재가치	=B33*B34	=C33*C34	=D33*D34	=G33*G34	=H33*H34
36	순현재가치	=SUM(B35:H35)				

행 28은 운전자본의 액수를 나타낸다. 이것은 매출채권과 재고자산의 합이다. 재고자산이 생산량과 같이 증가하는 경향이 있어서 상품이 판매되는 다음 해 비용에 0.15를 곱한 액수로 재고자산을 설정하였다. 이와 비슷하게, 매출채권도 매출액과 함께 증가한다. 그래서 우리는 매출채권이 해당 연도 매출액에 2/12를 곱한 것(다른 말로 하면, 블루퍼 고객이 평균적으로 제품구매 후 2개월 뒤에 지급)이라고 가정한다. 행 28의 각 항목은 이 두 값을 합한 것이다.

우리는 12% 할인율을 사용하여 행 34에 할인계수를 계산한다. 행 35에서 각 현금흐름의 현재가치를 계산하고 각 현금흐름의 현재가치를 셀 B36에 더해 투자안의 NPV를 구한다.

일단 스프레드시트가 작성되고 작동이 되면 "what-if" 분석을 하기는 쉽다. 여기 직접 해볼 수 있는 몇 개의 질문이 있다.

스프레드시트 문제

1. 이 회사가 재고를 더 효율적으로 관리함으로써 운전자본을 절약할 수 있다고 가정하자. 재고를 내년 판매 원가의 15%에서 10%로 줄인다면 프로젝트 NPV에 어떤 영향을 미칠까? (정액법 감가상각 가정)
2. 물가상승률이 5%에서 0으로 떨어지고 할인율이 12%에서 7%로 떨어지면 NPV는 어떻게 되는가? 실제 할인율이 거의 변동이 없는 상황에서 프로젝트 NPV가 증가하는 이유는 무엇인가? [일관되게 하려면 제로 인플레 환경에서 명목상의 잔존가치가 더 낮을 것이라고 가정해야 한다. (세전)잔존가치를 $1,492,000로 설정하면 실질가치는 변함없이 유지된다. 정액법 감가상각과 재고자산은 판매원가의 15%에 해당한다고 가정한다.]

간략한 해답은 본 장 끝에 제시되어 있다.

갑작스러운 일이 일어났을 때, 당신은 대응할 수 있는 융통성을 가질 필요가 있다. 예를 들어, 만약 마그누시움 가격이 바닥으로 떨어지면, 당신은 운영을 중단하거나 광산을 영구적으로 폐쇄하는 것을 원할 수 있다. 미래에 변화하는 환경에 더 잘 적응하도록 회사의 자리를 잡기 위해 돈을 미리 쓰는 것은 가치 있는 일이다.

다음 장에서 살펴보겠지만, 블루퍼 프로젝트 NPV 계산은 투자 결정을 내리는 첫 번째 단계였을 뿐이다.

요약 SUMMARY

제안된 새로운 투자안의 현금흐름은 어떻게 계산해야 하는가?
(학습목표 9-1)

투자안의 현금흐름을 추정할 때 기억해야 할 확인 목록은 다음과 같다.

- 이익이 아니라 현금흐름을 할인하라.
- 투자안의 증분 현금흐름, 즉 투자를 했을 때 현금흐름과 투자를 하지 않았을 때 현금흐름의 차이를 평가하라.
- 이 회사 다른 제품의 판매에 대한 영향과 같은, 투자안의 모든 간접효과를 포함하라.
- 매몰원가는 잊어버려라.
- 이 투자에 이용하지 않았으면 매각할 수 있는 설비의 가치와 같은 기회비용을 포함하라.
- 난방과 조명 등에 배분된 간접비에 주의하라. 왜냐하면, 이러한 비용에 대한 투자안의 증분 효과를 반영하지 못할 수도 있기 때문이다.
- 운전자본에 대한 투자를 기억하라. 매출이 증가함에 따라 기업은 운전자본에 추가로 투자할 필요가 있다. 투자안이 종료될 때 이 투자는 회수될 것이다.
- 물가상승을 일관성 있게 취급하라. 현금흐름을 (미래 물가상승 효과를 포함하여) 명목가치로 추정하면 명목할인율을 사용하라. 실질 현금흐름은 실질할인율로 할인하라.
- 부채 이자와 부채를 상환하는 비용은 포함하지 마라. NPV를 계산할 때 투자안은 완전히 주주에 의해 자금이 조달되는 것으로, 그리고 주주가 모든 현금흐름을 지급받는 것으로 가정한다. 이로써 자본조달결정과 투자결정이 분리된다.

표준 재무제표에서 투자안의 현금흐름을 어떻게 계산하는가?
(학습목표 9-2)

투자안의 현금흐름은 이익과 같지 않다. 운전자본의 변동뿐만 아니라 감가상각과 같은 비현금비용도 고려해야 한다.

감가상각이 회사의 세금에 어떠한 영향을 주며, 이 건은 투자안의 가치에 어떠한 영향을 주는가?

(학습목표 9-3)

감가상각은 현금흐름이 아니다. 그러나 감가상각은 과세소득을 감소시키기 때문에 세금을 감소시킨다. 이러한 감세를 **감가상각세 방패(depreciation tax shield)**라고 한다. 많은 나라들은 기업들이 매년 동일한 감가상각금액을 공제할 것을 요구한다. 다른 나라에서는 기업들이 초기에는 투자액의 더 많은 부분을 탕감할 수 있도록 한다. 미국은 2018년부터 기업들이 투자금 전액을 즉시 탕감할 수 있도록 해 감가상각 가속화의 극치를 채택하고 있다.

운전자본의 변동이 투자안 현금흐름에 어떠한 영향을 주는가?

(학습목표 9-4)

외상매출금 및 재고자산과 같은 **순운전자본**의 증가는 투자이고 따라서 현금을 사용한다. 즉, 이것은 투자기간 동안에 투자안의 순현금흐름을 감소시킨다. 운전자본이 줄어들 때 현금은 방출되므로 현금흐름은 증가한다.

식 목록 LISTING OF EQUATIONS

9.1   전체 현금흐름 = 자본투자의 현금흐름 + 영업현금흐름
 + 운전자본 투자의 현금흐름

9.2   영업현금흐름 = 매출액 − 생산원가 − 세금

9.3   영업현금흐름 = 세후 회계이익 + 감가상각비

9.4   영업현금흐름 = (매출액 − 현금성 비용) × (1 − 법인세율)
 + (법인세율 × 감가상각비)

연습문제 QUESTIONS AND PROBLEMS

1. **현금흐름.**   Quick Computing은 현재 칩당 $20의 가격으로 매년 1,000만 개의 컴퓨터 메모리칩을 판매하고 있다. 이 회사는 새로운 칩을 도입하려고 하는데 이것은 개당 $25의 더 높은 가격으로 매년 1,200만 개의 판매가 예상된다. 그러나 새로운 칩을 도입하는 것은 구형 칩에 대한 수요를 매년 300만 개로 감소시킬 것이다. 오래된 구형 칩은 생산하는 데 칩 당 $6가 들며 새로운 칩은 개당 $8가 든다. 새로운 칩에 대한 투자의 현재가치를 평가하기 위해 어떤 현금흐름이 사용되어야 하는가? (학습목표 9-1)

2. **증분 현금흐름.**   한 회사가 수집품 중에서 값나가는 그림을 미술 박물관에 기증한다. 이 기증과 관련된 증분 현금흐름은 다음 중 어떤 것인가? (학습목표 9-1)

   a. 회사가 그림에 지급한 금액
   b. 그림의 현재 시장가치
   c. 이익으로부터 회사가 자선 기증품으로 신고한 차감액
   d. 회사가 신고한 세금공제액에 따른 세금 감소액

3. **현금흐름.**   Conference Services Inc.는 매년 $400만에 대형 사무용 건물을 임대해왔다. 이 건물은 회사가 필요한 것보다 커서, 8층 건물 중 2개 층은 거의 비어 있다. 관리자는 그의 투자안 중 하나를 확장하고 싶어 한다. 그러나 이를 위해서는 비어 있는 층 중 하나를 사용해야 한다. 확장안의 순현재가치를 계산할 때, 상위관리자는 이 투자안에 $400만의 건물 임대료 중 8분의 1(즉, $50만)을 할당한다. (학습목표 9-1)

a. 이것이 NPV를 계산하는 목적에 적절한 방법인가?

b. 이 투자안에 의해 사용된 사무실 공간의 비용을 평가하는 더 좋은 방법이 있는가?

4. **현금흐름.**   신규 프로젝트로 인해, 다음 해에 $7,400만의 매출과 $4,200만의 원가, 그리고 $1,000만의 감가상각비가 발생할 것이다. 이 회사의 세율은 30%이다. 9.3절에서 설명한 세 가지 방법을 사용하여 내년의 현금흐름을 계산하시오. (학습목표 9-2)

a. 방법 1: '현금유입−현금유출' 접근법

b. 방법 2: 조정된 회계이익

c. 방법 3: 감가상각비의 법인세 절감효과

d. 할인율이 12%이면 감가상각비의 법인세 절감효과의 현재가치는 얼마인가?

5. **현금흐름.**   Tubby Toys는 고무 오리의 신규 생산라인이 $700만의 매출과 $400만의 영업비, 그리고 $100만의 감가상각비를 발생시킬 것으로 추정한다. 세율이 25%라면 이 회사의 영업현금흐름은 얼마인가? (학습목표 9-2)

6. **현금흐름.**   참 또는 거짓? (학습목표 9-2)

a. 프로젝트의 감가상각비 절세효과는 실제 미래 물가상승률에 따라 달라진다.

b. 프로젝트의 현금흐름은 자금조달을 위해 수행되는 대출에 대해 지불되는 이자를 고려해야 한다.

c. 가속 감가상각은 단기 현금흐름을 감소시키므로 프로젝트 NPV가 감소한다.

7. **현금흐름 계산하기.**   자전거 수리점 주인은 1년에 $160,000의 매출액을 예상한다. 변동비는 $50,000이고, 수리점의 임대료는 연간 $30,000이다. 수리 도구에 대한 감가상각비는 $10,000이다. (학습목표 9-2)

a. 이러한 추정치에 따라 이 가게의 손익계산서를 작성하라. 세율은 20%이다.

b. 본 장에 제시된 세 가지 방법을 모두 사용하여 수리점의 영업현금흐름을 계산하라. 세 가지 접근법 모두 현금흐름의 동일한 가치를 창출해야 한다.

   i. 방법 1: '현금유입−현금유출' 접근법

   ii. 방법 2: 조정된 회계이익

   iii. 방법 3: 감가상각비의 법인세 절감효과

8. **현금흐름 추정.**   법인세율은 40%이고 할인율은 10%이다. BMM Corp.는 새 기계에 $1,000만를 투자했는데, 10년 동안 정액법 감가상각을 사용하여 장부가치를 0으로 낮출 계획이다. 그 회사는 새로운 세법이 기계장치를 즉시 완전히 감가상각하도록 허용하자 매우 기뻐했다. 투자안의 NPV는 어떻게 변하는가? (학습목표 9-2)

9. **현금흐름.**   Reliable Electric은 기존 제품군의 대부분을 대체할 새로운 유형의 산업용 전기 모터를 제조하기 위한 제안을 고려하고 있다. 신기술 개발로 인해 Reliable은 경쟁사들에 2년 앞서게 된다. 프로젝트 제안서는 표 9.1에 요약되어 있다. 표의 주석(note)을 읽고 각각의 경우 주석이 의미가 있는지 없는지 설명하시오. (학습목표 9-2)

주석:

a. 자본투자: 새 기계에는 $800만, 창고 확장에는 $240만. 현재 공간이 절반 정도밖에 필요하지 않지만 전체 확장 비용이 프로젝트에 청구되었다. 새 기계가 기존 공장 건물에 들어설 예정이어서 토지와 건축비는 부과되지 않았다.

b. 연구개발: 2018년에 $182만이 지출되었다. 이 수치는 지출 시점부터 현재까지 10%의 인플레이션에 대해 조정되었다. 따라서, 1.82×1.1=$200만이다.

c. 운전자본: 재고에 대한 초기 투자

표 **9.1** 현금흐름 추정 및 Reliable Electirc 투자안의 NPV(단위: 천 달러) (9번 문제를 보시오.)

	2019	2020	2021	2022~2029
1. 투자액	−10,400			
2. 연구개발비	−2,000			
3. 운전자본	−4,000			
4. 매출액		8,000	16,000	40,000
5. 영업비용		−4,000	−8,000	−20,000
6. 간접비		−800	−1,600	−4,000
7. 감가상각비		−1,040	−1,040	−1,040
8. 이자비용		−2,160	−2,160	−2,160
9. 이익	−2,000	0	3,200	12,800
10. 세금	0	0	420	4,480
11. 순현금흐름	−16,400	0	2,780	8,320
12. NPV = +13,932				

   d. 매출: 이 수치는 2020년에 2,000대의 모터, 2021년에 4,000대의 모터, 그리고 2022년부터 2029년까지 매년 10,000대의 모터 판매를 가정한다. 초기 단가 $4,000는 실질가치 기준으로 유지될 것으로 예상된다.

   e. 영업비용: 여기에는 모든 직접 및 간접 비용이 포함된다. 간접비용(열, 빛, 전력, 부가혜택 등)은 직접 인건비의 200%로 가정한다. 단위당 영업비용은 실질가치 $2,000로 일정하게 유지될 것으로 예상된다.

   f. 간접비: 매출의 10%에 해당하는 마케팅 및 관리 비용

   g. 감가상각: 10년 정액상각

   h. 이자비용: 자본 지출 및 운전자본에 대해 현재 15%의 차입금리로 청구된다.

   i. 이익: 매출에서 연구개발비, 영업비용, 간접비, 감가상각비 및 이자비용의 합계를 차감한 값

   j. 세금: 이익의 35%, 그러나 2019년에는 이익이 음(−)이 된다. 이 손실은 이월되어 2021년에 과세소득에서 공제된다.

   k. 순현금흐름: 이익에서 세금을 뺀 값과 동일하다고 가정한다.

   l. 순현재가치: 15% 할인율에서 순현금흐름의 NPV

10. 영업현금흐름. Laurel's Lawn Care, Ltd.는 매년 $120,000의 수입을 창출할 수 있는 새로운 잔디 깎는 기계 생산라인을 갖고 있다. 직접 생산비는 $40,000이고, 잔디 깎기 공장을 유지하는 고정비용은 매년 $15,000이다. 공장은 원래 $100만가 들었고, 정액법으로 25년 동안 세금목적으로 감가상각하고 있다. 회사의 세율이 25%라면 투자안의 영업현금흐름은 얼마이겠는가? (학습목표 9-2)

11. 등가 연간비용. Gluon Inc.는 새로운 고압 글루볼(glueball)의 구매를 고려하고 있다. 회사는 $12만에 글루볼을 구입할 수 있고 완전히 감가상각된 오래된 저압 글루볼을 $2만에 팔 수 있다. 새 장비는 10년 사용 수명을 가지고 있고 연간 $28,000의 세전비용(expenses before tax)을 절약할 것이다. 자본의 기회비용은 12%이고 회사의 세율은 21%이다. Gluon이 투자액의 100%를 즉시 감가상각할 수 있는 경우 구매로 인한 등가 연간 절감액은 얼마인가? (학습목표 9-2)

12. 현금흐름과 NPV. Johnny's Lunches는 에너지가 효율적인 새 그릴(grill) 구매를 고려하고 있다. 이 그릴은 $40,000가 들며 3년 MACRS 방법에 따라 감가상각된다. 이것은 3년 후 고철로 $10,000에 팔릴 것이다. 이 그릴은 수입에는 영향을 주지 않지만, 에너지 비용 $20,000를 절약하게 해준다. 세율은 35%이다. (학습목표 9-2)

   a. 연도 1부터 3까지 영업현금흐름은 얼마인가?

b. 연도 1부터 3까지 총현금흐름은 얼마인가?

c. 할인율이 12%라면, 이 그릴을 구매해야 하는가?

13. 투자안 평가하기.   PC Shopping Network는 모뎀을 업그레이드 하려고 한다. 이 회사는 2년 전에 업그레이드 했는데 예상 수명은 5년이었고 세금 목적으로 $1,500만의 예상 잔존가치를 갖는 장비에 $1억 1,500만를 사용하였다. 이 회사는 정액법을 사용한다. 구형 장비는 오늘 $8,000만에 팔릴 수 있다. 새로운 모뎀은 오늘 $1억 5,000만에 설치될 수 있다. 이것은 수명이 3년이고, 정액법을 사용하며, 잔존가치는 없을 것이다. 새로운 모뎀을 사용함으로써, 회사는 매년 매출액을 $2,500만 증가시키고 영업 비용을 매년 $1,000만 줄일 수 있을 것이다. 3년째 말에 새 장비는 가치가 없을 것이다. 법인세율은 30%이고, 투자안의 할인율은 10%로 가정한다. (학습목표 9-2)

a. 구형 장비가 대체된다면, 시점 0의 순현금흐름은 얼마인가?

b. 연도 1과 2, 3의 증분 현금흐름은 얼마인가?

c. 교체 투자안의 NPV는 얼마인가?

d. 교체 투자안의 IRR는 얼마인가?

14. 투자안 평가하기.   새로운 패션 상품에 의해 발생하는 매출이 아래 표와 같이 예상된다.

연도	매출액
1	$40,000
2	30,000
3	20,000
4	10,000
그후	0

비용은 매출액의 40%로 예상되며, 매해 필요한 운전자본은 다음해 매출액의 20%로 예상된다. 이 제품은 공장과 설비에 $45,000를 즉각 투자해야 한다. (학습목표 9-2)

a. 이 제품의 초기 투자 비용은 얼마인가? 운전자본을 기억하라.

b. 공장과 설비의 잔존가치가 0이며 4년 동안 정액법으로 상각된다. 이 회사의 세율이 40%라면 매년 투자안의 현금흐름은 얼마인가?

c. 기회자본비용이 12%라면 투자안의 NPV는 얼마인가?

d. 투자안의 IRR은 얼마인가?

15. 투자안 평가하기.   Kinky Copies는 대용량 복사기를 구매하려 한다. 이 기계는 $10만가 들고 즉시 100% 상각된다. Kinky는 이 기계가 실제로는 5년 후에 $3만에 팔릴 수 있다고 예상한다. 이 기계의 사용으로 매년 $2만의 노무비가 절감되기는 하지만, 종이 공급을 위해 운전자본이 $1만 증가한다. 이 회사의 세율은 21%이고 할인율은 8%이다. 이 프로젝트의 NPV는 얼마인가? (학습목표 9-2)

16. 투자안 평가하기.   블루퍼 Industries는 마그네슘 정화시스템을 대체해야만 한다. Quick & Dirty Systems는 $1,000만로 상대적으로 저렴한 정화시스템을 판매하는데, 이 시스템은 5년간 사용할 수 있다. 반면, Do-it-Right는 $1,200만에 좀 더 튼튼하지만 비싼 시스템을 판매하는데, 이것은 8년간 사용할 수 있다. 두 시스템은 운영비로 $100만가 필요하다. 둘 다 내용연수 후에 잔존가치가 0이며 정액법으로 상각된다. 또한 둘 다 수명이 끝날 때 실제 잔존가치도 없다. 이 회사의 세율은 30%이고 할인은 12%이다. (힌트: 앞 장의 등가 연간연금의 논의를 확인하라.) (학습목표 9-2)

a. 저가의 시스템에 투자하는 경우의 등가 연간비용은 얼마인가?

b. 고가의 시스템에 투자하는 경우의 등가 연간비용은 얼마인가?

c. 블루퍼는 어떤 시스템을 설치해야 하는가?

17. 투자안 평가하기. Ilana Industnes Inc.는 최신형 선반이 있어야 한다. 이 회사는 $100만에 최신형 고속 선반을 살 수 있다. 이 선반은 운영하는데 $35,000가 들며, $125,000의 노무비가 절감된다. 그리고 10년 동안 사용할 수 있다. 세금 목적으로 이 선반은 100% 즉시 상각된다. 10년 후 선반의 실제 시장가치는 $100,000가 될 것이다. 할인율은 8%이며, 회사의 세율은 21%이다. 최신형 선반을 구입하는 것의 NPV는 얼마인가? (학습목표 9-2)

18. 투자안 평가하기. Better Mousetraps는 새로운 덫을 개발하였다. 이 회사는 장비에 $600만를 초기 투자함으로써 생산에 돌입할 수 있다. 이 장비는 잔존가치가 0으로 6년에 걸쳐 정액법으로 상각되기는 하지만, 실제로 6년 후 $50만에 판매될 수 있다. 회사는 매일 운전자본이 다음해 예상 매출의 10% 수준으로 유지되어야 한다고 믿고 있다. 또한 회사는 덫 한 개당 $1.50의 생산비가 들 것으로 추정하며, 개당 $4에 판매될 수 있다고 예상한다. 예상 매출은 다음 표에 제시되어 있다. 이 투자안은 5년 후 종료되며 이 덫은 기술적으로 진부화된다. 회사의 세율은 40%이고 투자안에 대한 요구수익률은 12%이다. (학습목표 9-2, 9-3)

연도 :	0	1	2	3	4	5	6	그후
판매량(백만 개)	0	0.5	0.6	1.0	1.0	0.6	0.2	0

a. 투자안의 NPV는 얼마인가?

b. 회사가 투자액을 잔존수명이 2년 남았을 때 정액법으로 전환하는 이중체감법(double-declining-balance method)으로 감가상각하면 NPV는 얼마나 증가하는가?

19. 투자안 평가하기. United Pigbpen은 고단백 돼지 사료를 제조하는 제안을 고려하고 있다. 이 프로젝트는 현재 인근 회사에 임대되어 있는 기존 창고를 사용해야 할 것이다. 내년 창고 임대료는 $10만이며, 그 이후 임대료는 연간 4%의 인플레이션에 따라 증가할 것으로 예상된다. 이 제안은 창고를 사용하는 것 외에도 $120만의 설비 투자를 계획하고 있다. 이것은 10년에 걸쳐 정액법으로 세금 목적으로 감가상각될 수 있다. 그러나 Pigpen은 8년 말에 이 프로젝트를 종료하고 이 공장과 장비를 $40만에 재판매할 것으로 예상하고 있다. 마지막으로, 이 프로젝트는 즉시 $35만의 운전자본을 투자해야 한다. 그 후, 1년에서 7년 사이에 운전자본은 매출의 10%가 될 것으로 예측된다. 이 프로젝트가 종료되는 8년차에 운전자본은 0으로 축소될 것이다. 돼지 사료 1년차 매출은 $420만가 될 것으로 예상되며, 그 이후 매출은 물가상승률보다 약간 빠른 연 5% 성장할 것으로 예측된다. 제조 비용은 매출의 90%가 될 것으로 예상되며 이익은 25%의 세금이 부과된다. 자본 비용은 12%이다. Pigpen의 프로젝트 NPV는 무엇인가? (학습목표 9-2, 9-3)

20. 현금흐름. 우리는 기업이 투자안의 NPV를 평가할 때 현금흐름에만 주의를 기울여야 한다고 강조해왔다. 감가상각비는 비현금비용이다. 그런데 투자안의 NPV를 평가할 때 정액법 또는 가속감가상각 중 어떤 것을 가정하는지가 왜 중요한가? (학습목표 9-3)

21. 잔존가치. Quick Computing은 (문제 1번에서) 3년 전에 이전 세대의 컴퓨터 칩 제조 장비를 설치하였다. 이 구형 장비 중 일부는 회사가 신제품 생산으로 옮겨감에 따라 불필요해질 것이다. 오래된 장비는 원래 $4,000만의 원가가 들었는데, 세금 목적으로 5년의 예상 수명 동안 정액법으로 감가상각 되어 왔다. 그러나 지금 이것을 $1,800만에 팔 수 있다. 이 회사의 세율은 30%이다. 장비 판매로부터 예상되는 세후 현금흐름은 얼마인가? (학습목표 9-3)

22. 잔존가치. 당신의 회사는 $1,000만에 어떤 기계를 구입하였고 100% 즉시 감가상각할 수 있다. 이 투자안은 5년 후에 종료되고 투자안이 종료될 때 장비는 $450만에 매각될 수 있다. 회사의 세율이 21%라면 장비 판매에 따른 세후 현금흐름은 얼마인가? (학습목표 9-3)

23. 감가상각과 투자안의 가치. Bottoms Up Diaper Service는 신형 산업용 세탁기 구매를 고려하고 있다. 이 회사는 신형 세탁기를 $6,000에 구매할 수 있고, 구형 세탁기를 $2,000에 매각할 수

있다. 신형 세탁기는 6년 동안 사용할 수 있으며 매년 $1,500의 비용을 절약할 수 있다. 기회 자본 비용은 16%이고 회사의 세율은 21%이다. (학습목표 9-3)

a. 이 회사가 0의 잔존가치를 가정하고 6년의 내용연수 기간에 정액법으로 감가상각한다면, 연도 0부터 6까지 투자안의 현금흐름은 얼마인가? 실제로 신형 세탁기는 6년 후에 0의 잔존가치를 가질 것이며, 구형 세탁기는 완전히 감가상각 되었다.

b. 투자안의 NPV는 얼마인가?

c. 회사가 100% 즉시 감가상각을 한다면 NPV는 얼마인가?

24. **감가상각과 투자안의 가치.** Ideal China의 회계사인 T. Potts 씨는 어떤 문제에 직면해 있다. 그 회사는 방금 $40만에 새 가마(kiln)를 주문했다. 이 중 $5만은 공급업체에서 설치하는 비용이다. Potts 씨는 국세청(IRS)이 회사가 이 비용을 세금 공제 경상비용으로 처리하도록 허용할 것인지 아니면 자본 투자로 처리할 것인지 알지 못한다. 후자의 경우, 그 회사는 5년 동안 $5만를 정액법으로 감가상각할 수 있다. 세율은 30%이고 자본의 기회비용은 5%이다. (학습목표 9-3)

a. 설치비를 별도의 경상비용으로 처리할 경우 가마 매입비용의 현재 가치는 얼마인가?

b. 설비 비용을 자본 투자로 처리할 경우 가마 매입비용의 현재 가치는 얼마인가?

25. **영업현금흐름.** Talia's Tutus는 $40,000에 새 재봉틀을 샀다. 이 재봉틀은 정액법으로 전환하는 이중체감법(double-declining-balance method)으로 감가상각한다. (학습목표 9-3)

a. 매년 감가상각비를 구하라.

b. 재봉틀이 3년 후 $22,000에 팔린다면, 이 판매의 세후 수입은 얼마인가? 회사의 세율은 30%이다

26. **현금흐름.** Canyon Tours의 지난해 운전자본 구성이 다음과 같았다. (학습목표 9-4)

	연초	연말
외상매출금	$24,000	$23,000
재고자산	12,000	12,500
외상매입금	14,500	16,500

a. 지난해 순운전자본의 변화는 얼마였는가?

b. 매출이 $36,000이고 비용이 $24,000라면 지난해의 현금흐름은 얼마인가? 세금은 무시하라.

27. **현금흐름과 운전자본.** 어떤 주택 도색 회사는 수입이 $16,000이고 비용은 $9,000이며 감가상각비는 없다. 회사는 다음과 같은 운전자본의 변화를 보고하였다.

	연초	연말
외상매출금	$1,200	$4,500
외상매입금	700	300

이 기간에 회사의 순현금흐름을 계산하라. (학습목표 9-4)

28. **현금흐름과 운전자본.** 한 회사는 작년에 $1,200,000의 세후 이익을 달성하였다. 감가상각비는 $400,000였고, 총현금흐름은 $1,200,000였다. 이해 동안 순운전자본은 어떻게 되었는가? (학습목표 9-4)

29. **현금흐름과 운전자본.** 한 소형 투자안의 유일한 자본투자는 재고자산에 대한 투자이다. 이해 이익은 $10,000이고 재고자산은 $4,000에서 $5,000로 증가하였다. 이 투자안의 현금흐름은 얼마였는가? (학습목표 9-4)

30. **현금흐름과 운전자본.** 어떤 회사의 2018년과 2019년 말 재무상태표에 다음 자료가 포함되어 있

다. 2019년에 순운전자본 투자는 어떻게 되었는가? 모든 항목의 단위는 백만 달러이다. (학습목표 9-4)

	2018.12.31	2019.12.31
외상매출금	32	36
재고자산	25	30
외상매입금	12	26

31. 투자안 평가하기.   블루퍼의 고객이 외상을 (2개월이 아니라) 평균 3개월 늦게 지급하고, 블루퍼의 재고자산은 다음해 비용의 15%가 아니라 20%라고 가정하자. (학습목표 9-4)

   a. 투자안 NPV는 본 장의 예보다 큰가, 아니면 작은가?

   b. 연도별 블루퍼의 운전자본을 계산하라.

   c. 투자안 NPV의 변화는 얼마인가(BIooper 투자안의 스프레드시트를 사용하라)?

32. 투자안 평가하기.   저스트-인-타임 재고자산시스템을 채택하는데 따른 효율성 증가로 어떤 기업은 영구적으로 $250,000의 재고자산을 줄일 수 있다. 기업이 이 시스템을 설치하는 데 지급하려고 하는 최대 금액은 얼마인가? (학습목표 9-4)

33. 운전자본 관리.   문제 18의 Better Mousetraps로 돌아가자. 이 회사가 더 나은 재고관리 방법을 사용하여 운전자본 요구액을 절반으로 줄일 수 있다고 하자. 이것이 투자안의 NPV를 얼마만큼 증가시킬 것인가? (학습목표 9-4)

34. 투자안 평가하기.   아래 표는 Golden Gelt Giftware의 예상매출을 나타낸다. 단위당 가격은 $40이다. 이 생활용품의 단위당 원가는 $250이다.

연도	판매량
1	22,000
2	30,000
3	14,000
4	5,000
그후	0

순운전자본은 다음해 매출의 20%에 달할 것이라고 예상한다. 예를 들어, 이 가게는 초기 (연도 0)에 0.20×22,000×$40=$176,000의 운전자본을 투자해야 한다. 이 회사가 사업을 시작하는 데 필요한 공장과 장비는 $200,000의 추가 투자가 필요하다. 이 투자는 3년 동안 정액법으로 감가상각된다. 4년 후 이 장비는 경제적으로, 그리고 장부상으로 가치가 0이다. 이 회사의 세율은 30%이다. (학습목표 9-4)

   a. 투자안의 순현재가치는 얼마인가? 할인율은 20%이다.

   b. 만약 회사가 100% 즉시 감가상각법을 적용한다면 NPV는 얼마나 증가하는가?

웹 연습문제 WEB EXERCISES

1.   finance.yahoo.com에서 포드(F)와 마이크로소프트(MSFT)의 재무제표를 확인하라. 각 회사의 자본 지출과 판매는 얼마였나? 지난 3년간 두 회사의 매출 대비 자본지출 비율은 어떻게 되었나? 총자산 대비 매출액과 순자본 지출은 얼마였는가? 이 두 대기업의 비율 차이를 설명할 수 있는 것은 무엇일까? 회사는 각 3년 동안 운전자본에 대하여 투자하였는가 아니면 투자를 회수하였는가?

셀프테스트 해답 SOLUTIONS TO SELF-TEST QUESTIONS

9.1   이익이 아니라, 현금흐름을 할인해야 한다는 것을 기억하라. 튜짓(tewgit) 기계는 대당 $25만가 소요된다. 이 지출을 인식하고 회계적 감가상각은 잊어라. 대당 현금흐름은 다음과 같다.

연도:	0	1	2	3	4	5
투자액(유출)	−250,000					
매출액		250,000	300,000	300,000	250,000	250,000
영업비용		−200,000	−200,000	−200,000	−200,000	−200,000
현금흐름	−250,000	+50,000	+100,000	+100,000	+50,000	+50,000

각 기계는 연도 4와 5에 $50,000의 현금흐름을 발생시킬 것으로 예상한다. 따라서 5년 동안 계속 사용하는 것이 타당하다.

9.2   a. 공장 터는 임대나 다른 용도로 사용될 수 있으므로 이 기회비용을 고려해야 한다. 따라서 이것은 증분 현금유출로 간주하여야 한다

b. 건물은 판매되거나 다른 용도로 사용될 수 있을 것이다. 이들 가치는 기회비용이므로, 증분 현금유출로 간주하여야 한다.

c. 폐기 비용은 증분 현금유출이다.

d. 접근로 공사비용은 매몰원가이지, 증분 비용이 아니다.

e. 다른 투자안에서 손실된 현금흐름(비록 쉽게 예측할 수는 없지만)은 증분 현금유출이다.

f. 감가상각은 현금비용이 아니며, 세금에 영향을 주지 않으면(세금은 본 장의 후반부에서 논의된다.) 포함되어서는 안 된다.

g. 감가상각으로 인한 세금 감소액은 현금흐름의 증가 항목이다.

h. 재고자산에 대한 초기 투자금액은 현금유출 항목이다.

i. 디자인 비용은 매몰원가이지, 증분 현금흐름이 아니다.

9.3   실제 건강비용은 매년 약 7%씩 증가할 것이다.

연도:	1	2	3	4
종업원당 비용	$2,400	$2,568	$2,748	$2,940

10% 할인율에서 이 4개 연도 현금흐름의 현재가치는 $8,377이다.

9.4   a. 현금흐름=$200,000×(1−0.21)=$158,000

NPV=−$500,000+$158,000×할인율 15%에서의 4년 연금현가=−$48,913

b. 연간 감가상각비=$500,000/4=$125,000, 세전 이익=$75,000, 세금=0.21×$75,000=$15,750, 당기순이익=$75,000−$15,750=$59,250

영업현금흐름:

i. '현금유입−현금유출' 접근법 : $200,000−$15,750=$184,250

ii. 당기순이익+감가상각 접근법 : $59,250+$125,000=$184,250

iii. 감가상각비의 법인세 절감효과 접근법: $200,000×0.79+0.21×$125,000=$184,250

NPV는 $26,030이다.

c. 시점 0에서의 즉시 감가상각의 절세효과는 $0.21 \times \$500{,}000 = \$105{,}000$이다. NPV는 (a)에서 얻은 값보다 이만큼 증가할 것이다. 따라서 NPV = $-\$48{,}913 + \$105{,}000 = \$56{,}087$

d. 정액법을 적용하는 경우 매년 감가상각의 절세효과는 $0.21 \times \$125{,}000 = \$26{,}250$이다. 이 절세효과의 현재가치(PV) = $\$26{,}250$의 4년 연금현가 = $\$74{,}913$이다. 100% 즉시 감가상각을 적용하면 절세효과의 현재가치(PV) = $\$105{,}000$이다.

9.5

연도 :	0	1	2	3	4	5
고정자산						
고정자산에 투자한 금액	40,000					
세후 잔존가치					9,480	
고정자산에 투자한 현금흐름	−40,000				9,480	
영업현금흐름						
매출액		20,000	20,000	20,000		
비용		7,000	7,000	7,000		
감가상각비	40,000					
세전 이익	−40,000	13,000	13,000	13,000		
세금	−8,400	2,730	2,730	2,730		
세후 이익	−31,600	10,270	10,270	10,270		
영업현금흐름	8,400	10,270	10,270	10,270		
운전자본						
재고자산		10,000	10,500	5,000	0	0
매출채권(0.5×전년도 매출액+0.5 ×당해연도 매출액)		10,000	20,000	20,000	10,000	0
운전자본		20,000	30,500	25,000	10,000	0
운전자본의 변화		20,000	10,500	−5,500	−15,000	−10,000
운전자본에 투자한 현금흐름		−20,000	−10,500	5,500	15,000	10,000
E. 투자안 평가						
전체 프로젝트 현금흐름	−31,600	−9,730	−230	15,770	24,480	10,000
할인율 8%에서의 할인계수	1.000	0.926	0.857	0.794	0.735	0.681
현금흐름의 현재가치	−31,600	−9,009	−197	12,519	17,994	6,806
NPV	−3,488					

스프레드시트 풀이 해답 SOLUTIONS TO SPREADSHEET QUESTIONS

9.1 NPV = $\$2{,}107$

9.2 NPV = $\$3{,}436$
물가상승률이 낮아지면 감가상각비와 감가상각 절세효과의 실질가치가 커지기 때문에 NPV가 커진다.

미니 케이스

Sheetbend & Halyard, Inc.의 CFO인 Jack Tar는 회사의 비밀봉투를 열었다. 이것은 미 해군에 더플 텐트용 천을 공급하는 계약을 따기 위한 경쟁 입찰가 초안을 담고 있었다. 봉투 겉면에는 Sheetbend의 CEO가 Tar 씨에게 입찰에 응하기 전에 호가를 재검토하라는 요청 메모가 붙어 있었다.

호가와 부속서류는 Sheetbend의 판매부서에서 준비하였다. 이것에 의하면 Sheetbend는 5년 동안 매년 10만 야드의 더플 텐트용 천을 공급해야 했다. 제안된 판매가격은 야드당 $30로 고정되어 있었다.

Tar 씨는 대개 판매에 관여하지는 않았다. 그러나 이 호가는 적어도 두 가지 점에서 일반적이지 않았다. 첫째, 해군이 수락한다면 이것은 Sheetbend가 정해진 가격으로 장기계약을 해야 한다는 것을 의미하였다. 둘째, 더플 텐트용 천을 생산하려고 기계를 사는 데 $150만의 투자가 필요하고 메인 주 Pleasantboro에 있는 Sheetbend 공장을 재가동할 필요가 있었다.

Tar 씨는 일을 착수하기 시작하여 주말까지 다음과 같은 사실과 가정을 수집하였다.

- Pleasantboro의 공장은 1900년대 초기에 건설되었고, 지금은 운영하지 않고 있다. 이 공장은 Sheetbend의 장부상, 땅의 구매가격 $10,000를 제외하고, 완전히 상각되었다.
- 현재 이 땅은 바닷가에 위치한 매우 가치 있는 자산이 되었으므로, Tar 씨는 이 땅과 유휴 공장이 즉각 또는 가까운 장래에 $600,000에 판매될 수 있다고 생각하였다.
- 공장을 재가동하는 데에는 $500,000의 비용이 소요

된다. 이 투자는 세금 목적으로 10년 정액법에 따라 상각될 것이다.

- 새 기계의 구매 비용에 $1,000,000가 소요된다. 이 투자는 5년 정액법에 따라 상각될 수 있다.
- 재가동되는 공장과 새 기계는 오랫동안 사용될 것이다. 그러나 더플 텐트용 천의 군납 외 시장은 협소하다. 그리고 일단 해군과 계약이 종료되면 추가 주문이 있을지도 명확하지 않다. 이 기계는 맞춤형 기계이며 단지 더플 텐트용 천에만 사용될 수 있다. 5년 후 중고가치는 거의 0이다.
- 표 9.2는 판매부서가 작성한 해군과의 계약에서 예상되는 수익을 나타내고 있다. Tar 씨는 이를 검토하고 나서, 이 가정이 합리적이라고 판단하였다.
- 그러나 예상 손익계산서는 운전자본에 대해 언급하지 않았다. Tar 씨는 운전자본이 매출액의 10% 정도 될 것으로 생각하였다.

이러한 정보에다 Sheetbend의 호가가 해군에 의해 받아들여진다고 가정하고 Tar 씨는 더플 텐트용 천 투자안의 NPV를 계산하기 위해 스프레드시트를 작성하였다.

그가 스프레드시트 작업을 마치자마자 Sheetbend의 CEO에게서 온 다른 비밀봉투가 도착하였다. 이 봉투에는 메인 주 부동산 개발업자가 Sheetbend의 Pleasantboro 땅과 공장을 현금 $150만에 확실히 구매하려 한다는 제안이 담겨 있었다.

Tar 씨는 야드당 $30의 제안된 가격으로 해군에 호가를 제출하라고 권해야 하는가? 투자안에 대한 할인율은 12%이다.

표 9.2 미 해군 더플 텐트용 천 투자안의 예상 손익계산서(야드당 가격을 제외한 달러 수치는 천 달러임)

연도:	1	2	3	4	5
1. 판매된 야드	100.00	100.00	100.00	100.00	100.00
2. 야드당 가격	30.00	30.00	30.00	30.00	30.00
3. 매출액(1×2)	3,000.00	3,000.00	3,000.00	3,000.00	3,000.00
4. 매출원가	2,100.00	2,184.00	2,271.36	2,362.21	2,456.70
5. 영업현금흐름(3−4)	900.00	816.00	728.64	637.79	543.30
6. 감가상각비	250.00	250.00	250.00	250.00	250.00
7. 이익(5−6)	650.00	566.00	478.64	387.79	293.30
8. 세금(세율 30%)	195.00	169.80	143.59	116.34	87.99
9. 순이익(7−8)	$455.00	$396.20	$335.05	$271.45	$205.31

주: 1. 판매된 야드와 야드당 가격은 계약에 의해 정해진다.
　　2. 매출원가는 매년 $300,000의 고정비와 야드당 변동비 $18를 포함한다. 원가는 연 4%의 물가상승률로 증가할 것으로 예상한다.
　　3. 감가상각: 기계에 대한 $100만 투자는 5년간 정액법으로 상각된다(연간 $200,000). Pleasantboro 공장을 재가동하는 데 소요되는 $500,000의 비용은 10년간 정액법으로 상각된다(연간 $50,000).

10 투자안 분석

학습목표

10-1 기업이 장점을 활용하기 위해 투자 프로세스를 구성하는 방법을 이해할 수 있다.

10-2 투자안을 평가하기 위해 편중되지 않은 입력변수 획득의 문제점을 이해할 수 있다.

10-3 민감도, 시나리오 및 손익분기점 분석을 사용하여 예측오차가 투자안의 수익성에 미치는 영향을 알 수 있다.

10-4 운영 레버리지가 높은 투자안에서 매출액의 과대평가가 더 심각한 이유를 설명할 수 있다.

10-5 자본예산에서 경영상의 유연성이 중요한 이유를 인식할 수 있다.

자본을 투자할 때, 훌륭한 관리자는 가능한 최대의 유연성을 확보하려 노력한다. ©Cultura/REX/Shutterstock

지난 장에서는 재무관리자가 블루퍼의 새로운 광산 투자안의 NPV 를 계산한 간단하지만 상당히 현실적인 예를 살펴보았다. 그러나 투 자안 평가는 관리자가 일련의 현금흐름 예측을 취하여 순현재가치를 짜내는 기계적인 연습일 뿐이라고 생각하면 안 된다. (명확하게) 매력 적인 제안이 제시되면 현명한 재무관리자들은 다음과 같은 일련의 질문을 던진다.

1. **그 투자안은 회사의 경쟁력에 의존하고 있는가?** 긍정적인 NPV 는 그 회사가 특별한 이점을 가지고 있을 때만 믿을 수 있다. 경 쟁사보다 더 빠르고 저렴하게 생산 능력을 확장할 수 있는 좋은 위치에 당신의 회사가 있을 수 있다. 아니면 경쟁사들이 따라올 수 없는 독점 기술이나 브랜드명을 가지고 있을지도 모른다. 당 신의 투자가 그러한 장점을 활용하도록 할 필요가 있다.

2. **현금흐름 예측은 유리한 결과와 불리한 결과에 적절한 가중치를 부여하고 있는가?** NPV를 계산하는 데 사용되는 예측은 편향되 지 않아야 한다. 평균적으로 정확할 것이라는 뜻이다. 그러나 투 자안 제안자들은 지나치게 장밋빛 그림을 제시해야 할 다양한 이유가 있을 수 있다. 회사는 자신이 얻는 예측이 정직하고 일관 되도록 일련의 절차를 수립할 필요가 있다.

3. **그 투자안에 문제가 될 수 있는 것은 무엇인가?** 관리자들은 무엇 이 이 프로젝트를 긴장시키고 무엇이 잘못될 수 있는지를 이해하

기 위해 현금흐름 예측의 뒷면을 살펴볼 필요가 있다. 그들은 분 석에서 주요 가정을 확인하려고 노력한다. 이것은 많은 "만약 (what-if)"이라고 질문하는 것을 포함한다. 만약 시장 점유율이 예상보다 높거나 낮은 것으로 판명되면 어떻게 하시겠습니까? 만약 에너지 비용이 급격히 증가한다면? 만약 …한다면? 그러한 질문에 대답하는 데 도움이 되는 다양한 기술들이 개발되었다. 민감도 분석, 시나리오 분석, 손익분기점 분석 등이 그것이다. 관 리자가 미래의 위험 지점을 식별할 수 있는 경우, 사전에 더 많은 분석을 수행하거나 투자안을 수정함으로써 비용이 많이 드는 실 수를 피할 수 있을 것이다.

4. **이 투자안에는 예기치 않은 사건에 회사가 대응할 수 있는 유연성 이 내장되어 있는가?** 자본예산에 관한 책들은 때로 매니저가 일 단 투자 결정을 내리면 가만히 앉아서 현금흐름이 발생하는 것 을 지켜보는 것 외에는 할 일이 없다는 인상을 준다. 그러나 현금 흐름이 예상대로 진행되는 경우는 드물어서 기업은 끊임없이 영 업활동을 수정할 필요가 있다. 현금흐름이 예상보다 좋으면 사업 이 확대될 수도 있다. 만약 현금흐름이 예상보다 나쁘다면, 투자 안은 축소되거나 아예 버려질 수 있다. 투자안은 이러한 유연성 을 제공하도록 설계되어야 한다.

5. **제안서는 프로젝트에서 가능한 변형을 고려하는가?** 예를 들어,

더 큰 투자안을 진행하는 것이 좋을까, 아니면 더 작은 투자안을 진행하는 것이 좋을까? North Dakota 남부에 계획된 투자보다 북부 South Dakota에 공장이 건설된다면 투자안의 NPV가 더 높을 것인가? 내구성이 뛰어나면서도 고가의 장비에 투자하는

사례가 있는가? 기존 장비를 1년 더 가동해야 하는가?

우리는 기업들이 상호 배타적인 투자안을 어떻게 비교하는지를 8장의 마지막 질문들에서 간략하게 살펴보았다. 이제 기업들이 남은 문제들에 어떻게 대처하는지를 살펴봐야 할 때다.

10.1 기업은 경쟁력을 확보하기 위해 투자 프로세스를 어떻게 구성하는가?

자본예산

잠재적인 투자안과 정확한 현금 유동성 예측은 하늘에서 그냥 떨어지지 않는다. 유망한 투자기회를 파악해야 하며, 기업의 전략적 목표에 부합해야 한다. 따라서 본사는 일반적으로 1년에 한 번 각 부서에 자신이 하고 싶은 투자 리스트를 제공해 달라고 요청한다. 이것들은 제안된 **자본예산(capital budget)**으로 모인다. 소규모 투자는 예산에서 별도로 항목화하지 않을 것이다. 예를 들어, 그것들은 "기계 교체"의 광범위한 범주로 분류될 수 있다. 회사의 미래에 상당한 영향을 미칠 더 큰 투자가 더 큰 관심을 받을 것이다. 그런 다음 예산은 기획 및 재무 분석 전문 경영진과 직원에 의해 검토되고 정리된다. 통상 고위 경영진과 각 부서 경영진의 교섭이 있고, 새로운 분야로의 주요 지출이나 벤처에 대한 특별 분석도 있을 수 있다.

일단 예산이 승인되면, 그것은 일반적으로 차년도 계획의 기초가 된다. 그러나 사업을 예산에 포함한다고 해서 그것을 추진할 수 있는 허가를 주는 것은 아니다. 각 투자가 최종 승인을 받기 전에 투자안의 세부 사항, 현금흐름 예측 및 현재가치 계산에 대한 보다 상세한 분석이 뒷받침될 필요가 있다.

예산에 포함된 많은 투자 제안들은 조직의 바닥에서부터 올라온다. 그러나 아이디어는 더 높은 곳에서 나올 수도 있다. 예를 들어, 공장 A와 B의 관리자들이 공장을 폐쇄하고 새로운 공장 C에서 생산을 통합함으로써 얻을 수 있는 잠재적인 이익을 살펴보는 것을 기대하기는 어렵다. 우리는 지역본부의 관리자들이 새로운 공장 C를 제안하기를 기대한다. 마찬가지로 지역본부 1과 2는 자체적인 데이터 처리 작업을 회사 본부의 중앙컴퓨터로 인해 쉽게 포기하지 않을 것이다. 그러한 제안은 고위 경영진한테서 나올 것이다.

자본예산을 편성하는 것은 고위 경영진에게 기업의 투자가 기업 전략과 일치하도록 보장하는 좋은 기회를 제공한다. 기업 전략은 경쟁 우위의 원천을 찾아 활용하는 것을 목표로 한다. 그것은 회사의 기존 강점들(단순히 보유하기 좋은 장점들이 아니라)에 초점을 맞추고, 이러한 역량이 가장 큰 가치를 부가할 수 있는 시장을 파악한다.

경쟁 우위는 여러 가지 방법으로 발생할 수 있다. 그것은 회사가 고객과 오랜 시간 동안 쌓아온 관계, 직원들의 기술과 경험, 브랜드 이름과 명성, 혁신 능력, 또는 단순히 당신이 특별히 가치 있는 건물이나 토지를 소유할 수 있을 만큼 운이 좋다는 사실에서 비롯될 수 있다. 기업의 경쟁력에 대한 명확한 생각을 가진 경영자들이 양(+)의 NPV를 가지고 있는 중요한 투자와 그렇지 않은 투자를 분리하는 자리에 배치되어야 한다.

경쟁 우위를 분석하는 것은 또한 NPV가 부정확하게 음(-)으로 보이는 프로젝트를 찾아내는 데 도움이 될 수 있다. 만약 당신이 성장하는 시장에서 수익성 있는 상품의 최저가 생산자라면, 당신은 아마도 시장과 함께 확장하기 위해 투자해야 할 것이다. 만약 당신의 계산이 그러한 확장에 대해 음(-)의 NPV를 보인다면, 그것은 당신이 실수했을

가능성이 있다.

투자전략은 또한 기업 경쟁자들의 가능한 반응을 이해하는 것을 포함한다. 만약 당신의 회사가 많은 이익을 얻고 있다면, 다른 회사들은 당신의 성공에 끼어들려고 할 것이다. 그러므로 당신은 초과 이익이 무한정 늘어날 것으로 예측하는 투자에 대해 의심해야 한다.

문제점과 몇 가지 해결책

자본투자 기회를 평가하는 전 과정을 혼자서 담당하기는 상당히 어렵다. 대부분의 기업에서 자본예산은 협동작업이며, 이로 인해 몇 가지 어려운 점이 발생한다.

예측의 일관성 유지 일관되지 않은 예측이 종종 투자 제안에 끼어들곤 한다. 예를 들어, 가구 부서의 관리자가 주택건설 경기에 대해 공격적(낙관적)이지만, 가전사업부의 관리자는 소극적(비관적)이라고 가정하자. 이러한 모순은 가구사업부가 제안한 사업이 가전사업부보다 더 매력적으로 보이게 한다.

일관성을 확보하기 위해 많은 기업이 주택건설 경기나 원자재 가격 등 회사 영업에 중요한 특정 품목의 전망뿐만 아니라 물가상승률, 국민소득 증가율 등 경제지표 전망치를 설정해 자본예산 편성을 시작한다. 그런 다음 이러한 예측을 모든 투자안 분석의 근거로 사용할 수 있다.

이해충돌 제거 1장에서 우리는 매니저들이 일을 잘하고 싶어하지만, 그들 자신의 미래에 대해서도 걱정한다고 지적했다. 경영자의 이해관계가 주주들의 이해와 충돌하면 결과적으로 부실투자 결정이 될 가능성이 높다.

우리는 또한 1장에서 고위 경영자의 경우, 높은 수익률을 제공하는 사업에 투자한 경영진을 보상하는 보상제도에 의해 이러한 갈등이 부분적으로 완화되고, 경영진의 행동을 감독하는 좋은 기업 지배구조의 시스템에 의해 부분적으로 완화된다는 것을 논의하였다. 그러나 상급 관리자들은 또한 하급 직원들도 단순히 자신들의 이익을 챙기는 것이 아니라는 것을 확실히 할 필요가 있다. 예를 들어 신규 공장장들은 당연히 당장 좋은 실적을 보여주고 싶어한다. 그래서 그들은 NPV가 희생되더라도 빠른 상환 프로젝트를 제안할 수도 있다. 안타깝게도 많은 기업은 그러한 행동을 장려하는 방법으로 경영자들의 성과를 측정하고 보상을 제공한다. 만약 회사가 항상 빠른 결과를 요구한다면, 공장 경영자들은 NPV에만 집중할 것 같지 않다.

10.2 예측 편향 줄이기

투자안의 현금흐름은 가능한 모든 결과에 적절한 가중치를 부여하는 편견 없는 예측이어야 한다. 때로는 현금흐름이 예상보다 더 높게 나타나기도 하고, 때로는 더 낮아지기도 하겠지만, 많은 프로젝트에서 평균적으로 오류가 상쇄되어야 한다. 프로젝트 Z가 $100만으로 예측되는 현금흐름 하나만 생성할 것으로 예상한다고 가정하자. 그러나 이제 당신은 그 프로젝트에 필요한 기술을 개발하는 데 있어서 회사의 엔지니어들이 예정보다 늦었다는 것을 알게 되었다. 엔지니어들은 기술 개발에 문제없을 것이라고 확신하고 있지만, 그렇지 않을 가능성도 작게나마 있다는 것을 인정한다. 당신은 여전히 가장 가능성이 높은 결과를 $100만으로 보고 있지만, 당신은 또한 프로젝트 Z가 내년에 현금흐름을 전혀 창출하지 못할 가능성을 볼 수 있다. Z와 같은 프로젝트에서 $100만의 현금흐름을 예측한다면, 당신은 평균 현금흐름을 과대평가하게 될 것이다. 왜냐하면 당신은 이따금씩 0을 기록할 것이기 때문이다. 이러한 0은 기대현금흐름의 추정치에 따라 평균화되어야 한다. 예를 들어 기술적 불확실성으로 인해 현금흐름이 제로화될 가능성이 10%에 이른다면 편향되지 않은 예상은 $90만으로 떨어질 것이다.

$$\text{예상 현금흐름} = \text{편향되지 않은 추정}$$
$$= 0.10 \times \$0 + 0.90 \times \$1,000,000 = \$900,000$$

투자안이 채택되도록 하는데 열심인 사람은 투자안의 현금흐름을 예측할 때 긍정적으로 바라볼 가능성이 높기 때문에 편견 없는 예측을 얻는 문제는 복잡하다. 이러한 지나친 낙관주의는 재무예측의 일반적인 특징이다. 예를 들어, 대규모 공공 지출 제안에 대해 생각해 보자. 새로운 미사일이나 댐, 또는 고속도로가 원래 예상한 것보다 실제로는 비용이 덜 들었다는 이야기를 들어본 적이 있는가?

지나친 낙관주의가 완전히 나쁜 것은 아니다. 심리학자들은 낙관주의와 자신감이 노력, 헌신, 끈기를 증가시킬 가능성이 높다고 강조한다. 문제는 각 프로젝트의 실제 전망을 상위 관리자들이 판단하기 어렵다는 점이다.

때때로 고위 경영진들은 실제로 어떤 투자안의 지지자들로 하여금 과장하도록 장려하는 것처럼 보인다. 예를 들어 중간관리자들이 가장 수익성이 높은 사업보다는 가장 큰 사업부를 갖는 데 성공이 좌우된다고 믿는다면 순현재가치가 가장 높다고 생각하지 않는 대규모 확장사업을 제안할 것이다. 아니면 부서들이 한정된 자원을 위해 경쟁해야 한다면, 그들은 그 자원에 대해 서로 더 비싸게 값을 부르려고 할 것이다. 이것은 최고 경영진의 잘못이다. 하급 경영자들이 확정 가치에 대한 기여도에 근거하여 보상을 받지 못한다면, 그들이 다른 곳에 노력을 집중하는 것은 그리 놀라운 일이 아니다.

또 다른 문제들은 선호하는 투자안의 승인을 얻으려고 지지자들이 열심히 노력하는데서 발생한다. 투자안이 조직에서 회람되면서 어떤 동맹이 형성된다. 따라서, 한 사업부가 자신의 사업부 내 공장들의 제안을 검토하면, 즉시 그 사업부의 공장들은 다른 사업부에 대항하여 경쟁하기 위해 연합하게 된다. 그 결과 본부는 매년 수많은 투자제안을 받게 되는데, 이들은 모두 연합세력에 의해 제시되고 설득하기 위해 고안된 세일즈 서류이다. 이 예측들은 NPV가 양(+)이라는 것을 확신시키기 위해 손을 본 것들이다. 이러한 편향된 정보의 문제에 대한 상위 관리자들의 한 가지 대응은 개별 공장이나 사업부에 엄격한 지출 제한을 부과하는 것이다. 이러한 상황은 하위 부서가 투자안 중에서 선택하도록 하게 만든다. 그 회사는 결국 자본을 얻을 수 없어서가 아니라 분권화된 결정의 한 가지 방편으로써 자본할당(capital rationing)을 사용한다.[1]

때때로 상위 관리자들은 자본 지출의 최소요구수익률(hurdle rate)을 증가시킴으로써 편견을 상쇄하려고 한다. 실제 자본비용이 10%라고 가정해 본다면, CEO는 10%를 얻지 못하는 프로젝트의 상당 부분에 불만족할 것이다. 따라서, 그녀는 투자안 지지자들에게 15% 할인율을 사용하도록 지시한다. 다시 말해, 그녀는 예측 편향을 상쇄하기 위해 5% 오차 범위를 추가했다. 그러나 이러한 방법은 효과가 없다. 결코 효과가 없다. 브레일리, 마이어스, 마커스의 제2법칙이 그 이유를 설명한다. 제2법칙은 다음과 같이 명시되어 있다. "기업 최소요구수익률에서 긍정적인 NPV를 약속하는 프로젝트의 비율은 최소요구수익률과 독립적이다."[2]

10.3 "What-if" 질문

"What-if" 질문은 다양한 상황에서 투자안에 어떤 일이 일어날지를 질문한다. 예를 들어, 경제가 침체기에 접어들면 어떻게 될까? 경쟁자가 시장에 진출하면 어떻게 되는가?

---

1) 8장에서 자본할당에 대해 논의한 바 있다.
2) 제1법칙이 따로 있는 것은 아니다. 우리 생각에 제2법칙이 좀 더 있어 보일 뿐이다.

만약 비용이 예상보다 더 많이 든다면?

여러분은 왜 귀찮게 이러한 질문을 하느냐고 의문을 가질지도 모른다. 예를 들어, 이 투자안은 이미 양(+) 또는 음(−)의 충격 가능성을 고려한 최선의 이용 가능한 예측에 근거하여 양(+)의 NPV를 갖는 것으로 나타났다고 가정하자. 미래 있을 수 있는 충격에 관계없이 이 투자안을 수행하지 않겠는가? 나중에 결과가 희망하는 대로 나타나지 않는다면, 참 안된 일이다. 그러나 당신이 모두 예측할 수는 없다.

사실 What-if 분석은 자본예산에서 매우 중요하다. 먼저 현금흐름 추정치는 단지 추정치일 뿐이라는 것을 기억하라. 추정치를 개선하는 데 추가로 자원을 투입하면 종종 추정치를 개선할 기회를 얻는다. 예를 들어, 제품 수요 추정치의 정확도를 개선하려면 추가적인 시장조사를 할 수도 있다. 또는 원가에 대한 불확실성에 관심이 있다면 새로운 생산공정의 실현 가능성을 평가하기 위해 추가로 공학적 연구를 고려할 수도 있다. 그러나 추정을 언제 더 정확하게 다듬어야 하는지 또는 어디에 노력을 투입하는 것이 최선인지 어떻게 알 수 있는가? What-if 분석은 투자안을 시작하기 전에 다듬을 가치가 있는 입력값을 확인하는 데 도움이 될 수 있다. 이들 입력값은 투자안의 NPV를 변하게 할 수 있는 가장 잠재력 있는 변수이다.

여기에 더해, 관리자는 단순히 투자안을 착수하고 그냥 내버려 두고 현금이 제 발로 굴러들어오게 하지는 않는다. 항상 예상치 못한 일을 조정하고 개선해야 할 일이 있다. What-if 분석은 관리자에게 가장 조정이 필요한 곳과 우발 상황에 대한 계획이 필요한 곳을 알려준다. 따라서 본 절에서는 중요한 What-if 질문을 검토할 때 관리자가 사용하는 표준적인 수단 중 일부를 살펴본다.

민감도 분석

불확실성은 앞으로 일어날 일보다 더 많은 일들이 일어날 수 있다는 것을 의미한다. 따라서 관리자는 현금흐름 예측을 받을 때마다 이 외에 무엇이 일어날 수 있는가와 그것의 의미를 파악하려고 노력한다. 이것을 **민감도 분석**(sensitivity analysis)이라 한다.

다시 블루퍼 인더스트리의 재무관리자의 입장이 되어 생각해 보자. 마지막 장에서 우리는 마그누시움 광산을 개발하기 위한 블루퍼의 제안을 평가했다. 제안서에는 이 광산으로부터의 현금흐름에 대한 상세한 예측과 NPV의 계산이 포함되어 있었다. 우리는 블루퍼가 과세소득을 계산하기 위해 정액 감가상각을 공제했다고 가정하는 것으로 시작했다. 우리는 여기서 이 가정을 고수하겠지만 2018~2022년 사이에 미국 기업들은 일반적으로 자본 지출의 100%를 즉시 감가상각할 수 있다는 것을 기억하라. 스프레드시트 10.1은 비용을 **변동 비용**과 **고정 비용**으로 나눈 것을 제외하고 스프레드시트 9.1의 분석을 재현한다. 고정 비용은 생산이 기대치를 초과하거나 그 이하일 때 변하지 않는 비용이다.[3] 예를 들어 블루퍼의 기계 대여비, 환경비, 관리비 등이 확정될 수 있다. 이와는 대조적으로, 노동력, 폭발물, 드릴 비트, 그리고 연료에 대한 지출은 채굴된 광석의 양에 따라 증가할 가능성이 있다. 변동원가는 수익의 40%와 같을 것으로 가정한다(셀 B5 참조).

광산은 양(+)의 NPV를 가지는 것으로 보이지만 예측에는 불확실성이 불가피하다. 현금흐름은 예상보다 좋거나 나쁜 것으로 판명될 수 있다. 따라서, 여러분이 투자안을 진행하는 것에 동의하기 전에, 여러분은 예측의 이면을 탐구하고 프로젝트의 성공 여부를 결정할 주요 변수를 식별하고자 한다.

스프레드시트 10.1은 성패를 좌우할 중요한 요소들로 구성되는 것처럼 보이지만, 잊어

민감도 분석
매출, 원가 등의 변동에 따른 투자안의 수익성에 미치는 영향 분석.

변동 비용
매출 변동에 따라 변하는 비용.

고정 비용
매출 변동에 영향을 받지 않는 비용.

---

3) 이것은 매년 고정비 수준이 같다는 것을 의미하지는 않는다. 사실, 우리는 그것들이 인플레이션과 함께 매년 상승할 것으로 예상된다고 가정한다.

스프레드시트 10.1 블루퍼 마그누시움 광산에 대한 재무적 추정(단위:$1,000). 이 표는 비용이 변동 비용과 고정 비용으로 구분된다는 점을 제외하고 스프레드시트 9.1의 분석을 반복한다.

	A	B	C	D	E	F	G	H
1	**A. 입력값**							
2	초기 투자금액 ($1,000)	15,000						
3	잔존가치 ($1,000)	2,000						
4	초기 매출액 ($1,000)	15,000						
5	변동 비용 (매출액의 일정 %)	40.0%						
6	초기 고정 비용 ($1,000)	4,000						
7	물가상승률 (%)	5.0%						
8	할인율 (%)	12.0%						
9	매출채권 (매출액의 일정 %)	16.7%						
10	재고자산 (내년 비용의 일정 %)	15.0%						
11	법인세율 (%)	21.0%						
12								
13	연도 :	0	1	2	3	4	5	6
14	**B. 고정자산**							
15	고정자산에 대한 투자	15,000						
16	고정자산 판매							1,580
17	고정자산 투자로 부터의 현금흐름	−15,000						1,580
18								
19	**C. 영업현금흐름**							
20	수익		15,000	15,750	16,538	17,364	18,233	
21	변동 비용		6,000	6,300	6,615	6,946	7,293	
22	고정 비용		4,000	4,200	4,410	4,631	4,862	
23	감가상각		3,000	3,000	3,000	3,000	3,000	
24	세전 이익		2,000	2,250	2,513	2,788	3,078	
25	법인세		420	473	528	586	646	
26	세후 이익		1,580	1,778	1,985	2,203	2,431	
27	영업현금흐름		4,580	4,778	4,985	5,203	5,431	
28								
29	**D. 운전자본**							
30	운전자본	1,500	4,075	4,279	4,493	4,717	3,039	0
31	운전자본 변화	1,500	2,575	204	214	225	−1,679	−,039
32	운전자본 투자로 부터의 현금흐름	−1,500	−2,575	−204	−214	−225	1,679	3,039
33								
34	**E. 투자안 평가**							
35	전체 현금흐름	−16,500	2,005	4,574	4,771	4,978	7,110	4,619
36	할인계수	1.000	0.893	0.797	0.712	0.636	0.567	0.507
37	현금흐름의 현재가치	−16,500	1,790	3,646	3,396	3,164	4,034	2,340
38	순현재가치(NPV)	1,870						

표 10.1 블루퍼 마그누시움 광산에 대한 민감도 분석 (단위: 천 달러)

변수	가능한 시나리오		NPV (천 달러)		
	비관적	낙관적	비관적	예상치	낙관적
투자금액	$20,250	$11,400	−$2,585	+$1,870	+$4,925
1년차 매출액	$10,050	$19,950	−6,886	+1,870	+10,626
변동 비용(매출액의 일정 %)	55%	25%	−5,293	+1,870	+9,033
1년차 고정 비용	$5,600	$3,000	−3,224	+1,870	+5,054
운전자본(예상액과의 차이%)	+100	−50	+106	+1,870	+2,752

버렸을 수도 있는 것들에 주의하라. 아마도 계획 허가를 받는 데 지연이 있을 수도 있고, 아니면 비용이 많이 드는 재조경(re-landscaping) 작업을 해야 할 수도 있다. 가장 큰 위험은 종종 알려지지 않은 미지수(unknown unknowns), 즉 과학자들이 "unk-unks"라고 하는 것에 있다.

Unk-unks를 발견하지 못한 경우(추후 발견될 것임에는 의심의 여지가 없음), 수익, 비용 등에 대한 잘못된 예측을 한 경우 NPV가 어떤 영향을 받을 수 있는지 살펴본다. 이렇게 하려면 먼저 기본 변수에 대해 낙관적이고 비관적인 추정치를 얻어야 한다. 이것들은 표 10.1의 왼쪽 열에 설명되어 있다. 예를 들어 최악의 경우 매년 수익이 기대에 33% 감소하여 1,500만×(1−0.33)=$1,050,000으로 감소할 수 있음을 알 수 있다. 좋은 소식은 수익이 33% 만큼 기대치를 넘어설 수 있다는 것이다.

이제 각 변수에 대한 낙관적이고 비관적인 예측 하에서 NPV에 어떤 일이 일어나는지 살펴보자. 표 10.1의 오른쪽은 변수가 낙관적이고 비관적인 가치로 한 번에 하나씩 설정될 경우 프로젝트의 순현재가치를 보여준다. 예를 들어, 매년 수익이 예상치보다 33% 낮게 나타나고 스프레드시트 10.1에서 다른 모든 예측이 변하지 않는다면, NPV는 −$6,886,000[4]로 이 투자안은 실패하게 될 것이다. 당신의 투자안은 결코 확실한 것이 아닌 것 같다. 주요 불확실성은 수익과 변동 비용인 것으로 보인다. 이와는 대조적으로, 운전자본 요건을 대폭적으로 증가하더라도 프로젝트 NPV에 심각한 영향을 미치지는 않을 것이다.

트렌디한 컨설턴트들은 때때로 그림 10.1과 같은 토네이도 다이어그램에 의한 민감도 분석 결과를 제시한다. 파란색 막대는 각 변수를 비관적 값으로 설정할 때 NPV가 예상 값에 얼마나 못 미치는지를 보여준다. 빨간색 막대는 각 변수가 낙관적인 값으로 설정되었을 때 NPV가 예상값을 얼마나 초과하는지 보여준다.

그림 10.1 예측 변화가 NPV에 미치는 영향을 보여주는 블루퍼 투자안의 토네이도 다이어그램

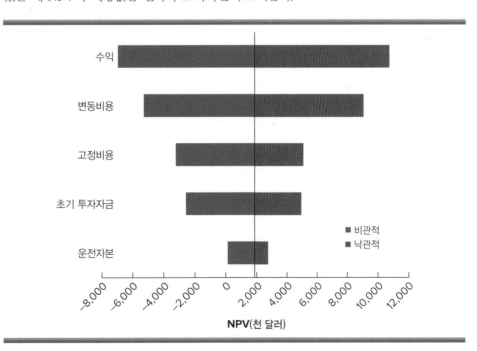

---

4) 수익을 변경할 때 변동 비용을 수익의 40%로 다시 계산했다는 점에 유의하라.

10.1 셀프테스트

스프레드시트 10.1과 같이 현금흐름을 재계산하되, 매년 수익이 예상 수준의 80%라고 가정하라. NPV가 $-3,436,000이 될 것임을 확인하라. (Hint: 낮은 수익은 변동 비용을 낮추고 운전자본에 대한 투자도 감소할 것을 잊지 마시오.)

정보의 가치 당신은 수익이 제대로 추정되지 않아 투자안이 기각될 수 있음을 알고 있기 때문에, 이 불확실성의 일부를 없앨 수 있는지를 알고 싶을 것이다. 당신은 분명히 수익에 대한 불확실성의 이유를 이해하기를 원할 것이다. 예를 들어 매장량 규모에 대한 의심에서 비롯됐다면 추가 시추공이 가치가 있을 수 있다. 만약 그것이 마그누시움 가격에 대한 불확실성을 반영한다면, 일부 더 많은 경제 분석이 보증될 수도 있고, 당신은 구매자가 마그누시움을 사기 위해 고정 가격 계약을 체결할 준비가 되어 있는지 조사할 수도 있다.

반면에, 운전자본의 요구사항에 대한 추가 정보를 수집하는 것은 가치가 작다. 이 변수에 대한 비관적인 가정 아래에서도 이 프로젝트는 약간의 수익성이 있으므로, 이 변수를 잘못 추정하였다 하더라도 문제가 되지는 않을 것이다.

민감도 분석의 한계 민감도 분석은 알려지지 않은 변수들로 현금흐름을 나타내고 이러한 변수들을 잘못 추정한 결과를 계산한다. 이를 통해 관리자는 관련 요인을 확인할 수 있고 추가 정보가 가장 유용한 곳이 어딘지를 알 수 있으며, 헷갈리거나 부적절한 예측치를 찾을 수 있다.

물론 민감도 분석에서 어떤 변수를 고려해야 하는지를 알려주는 법칙은 없다. 예를 들어, 블루퍼는 추출한 광석의 양과 판매 가격을 따로 살펴보는 것이 타당했을 것이다. 또는 법인세율의 변경이 우려되는 경우, 이러한 변경이 프로젝트의 NPV에 미치는 영향을 살펴보기를 원할 수 있다.

민감도 분석의 한 가지 단점은 다소 모호한 결과를 준다는 점이다. 예를 들어, "낙관적" 또는 "비관적"이 정확히 무엇을 의미하는가? 한 사람이 다른 사람과는 다른 방식으로 그 용어를 해석하고 있을지도 모른다. 지금부터 10년 후 수많은 투자안이 시행되고 나서 뒤돌아보면 한 부서의 비관적 예측이 자주 다른 부서 예측의 두 배를 초과할지도 모른다. 그러나 뒤돌아보는 것은 지금 투자결정을 할 때는 도움이 되지 않는다.

민감도 분석의 또 다른 문제는 기저 변수가 상호 연관될 가능성이 높다는 것이다. 예를 들어 지질학적 문제로 갱도 개방이 지연될 경우 초기 비용이 예상보다 많이 들 가능성이 크고, 초기 수익은 예상보다 낮을 것으로 보인다.

이러한 연관성 때문에 한 번에 하나씩 해야 하는 민감도 분석을 너무 밀어붙일 수는 없다. 표 10.1의 정보에서 투자안 총현금흐름에 대한 기댓값과 낙관적인 그리고 비관적인 값을 얻는 것은 불가능하다. 그러나 민감도 분석은 여전히 어떤 변수를 가장 면밀히 관찰해야 하는지를 알 수 있게 해준다.

시나리오 분석

시나리오 분석
다양한 조합의 가정을 적용한 투자안 분석.

변수가 상호 연관되어 있을 때, 관리자들은 종종 그들의 프로젝트가 다른 시나리오에서 어떻게 진행되는지를 보는 것이 도움이 된다고 생각한다. **시나리오 분석**을 통해 그들은 다르지만 일관된 변수 조합을 살펴볼 수 있다. 일반적으로 분석자들은 절대적인 낙관치나 비관치를 제공하기보다는 특정 시나리오에 따른 수익이나 원가에 대한 추정치를 제공하는 것을 선호한다. 예를 들어, 일반적인 경제 확장으로 인해 마그누시움 시장 가격이

상승할 수 있지만, 동시에 직원들의 임금이 상승하고, 따라서 변동 가능한 생산 비용이 증가하게 된다. 수익과 변동 비용이 연계되면 각각에 대한 민감도 분석을 따로 하는 것은 말이 안 된다. 대신 특정 경제 예측과 상호 일관되는 두 변수의 변경 효과를 보고자 할 것이다.

입력 변수들 사이의 다른 연관성은 해당 기업에만 특별히 적용될 수 있다. 홍수를 막기 위해 회사가 값비싼 제방을 건설해야 할지도 모른다고 걱정한다고 가정하자. 이 경우 규제 승인이 필요하며 건설 지연 및 추가 비용이 수반된다. 광산의 생산은 1년 이상의 기간 동안 시작되지 않을 것이다. 반면에, 홍수 보호의 개선은 극도의 강우로 인한 미래의 생산 손실의 가능성을 제한할 것이다. 이 경우, 초기에 홍수 방지 조치를 하는 것이 프로젝트를 실패하게 할지를 확인하기 위해 NPV 계산을 다시 실행할 가치가 있을 수 있다.

> ## 10.2 셀프테스트
>
> 민감도 분석과 시나리오 분석의 기본적인 차이는 무엇인가?

10.4 손익분기점 분석

투자안의 민감도 분석을 하거나 다른 시나리오를 살펴보는 것은 매출이나 원가를 잘못 추정했다면 그것이 얼마나 심각한 것인지를 묻는 것이다. 때로 관리자는 이 질문을 다르게 표현하는 것을 좋아하여, 추정치가 얼마나 벗어나면 이 투자안이 손실을 보기 시작하는가를 묻곤 한다. 이 분석을 **손익분기점 분석**(break-even analysis)이라 한다.

손익분기점 분석
투자안의 손익을 0으로 만들어주는 매출액 수준에 대한 분석.

많은 투자안에서 흥망을 쥐고 있는 변수는 판매량이다. 따라서 관리자들은 매출의 손익분기점에 가장 주목한다. 그러나 다른 변수들을 보기도 하는데, 예를 들어 투자안이 적자가 되려면 비용은 얼마가 되어야 하는가 등이다. 그리고 나서, 손익분기점을 계산해 본 경영진은 "정말 비용을 확신할 수는 없지만 손익분기점에 못 미칠 것이라고 확신할 수 있다. 우리가 그 프로젝트를 승인할 수 있을 것 같다."고 말할 것이다.

이제 보게 되겠지만, "손실을 본다는 것"은 한 가지 이상의 방법으로 정의될 수 있다. 손익분기 조건은 대부분 회계적 이익으로 정의된다. 그러나 더 적절하게는 순현재가치로 정의되어야 한다. 우리는 이하에서 회계적 손익분기점에서 시작하여, 이것이 잘못된 방향으로 나갈 수도 있음을 보이고, 대안으로서 NPV 손익분기점이 어떻게 사용될 수 있는지를 제시한다.

회계적 손익분기점 분석

회계적 손익분기점은 이익이 0이 되는, 다시 말해 총매출액이 총비용과 같아지는, 매출액이다. 지금까지 본 바와 같이 어떤 비용은 판매량과 관계없이 일정하지만, 다른 비용은 판매량에 따라 변한다.

블루퍼의 광산 프로젝트를 처음 분석할 때 초기 수익과 비용에 대한 다음과 같은 추정치를 얻었다.

매출액	$15,000,000
변동비	6,000,000
고정비	4,000,000
감가상각	3,000,000

표 10.2 손익계산서, 손익분기 판매량

항목	천 달러	
매출액	$11,667	
변동비	4,667	(매출액의 40%)
고정비	4,000	
감가상각비	3,000	
세전 이익	0	
법인세	0	
세후 이익	$ 0	

손실을 피하려면 수익이 얼마나 커야 하는가? 수입이 0이면 손익계산서상의 고정 비용과 감가상각이 총 $700만에 이를 것이다. 따라서, $700만에 대한 세금이 부과되기 전에 회계상 손실이 발생할 것이다. 이제 변동 비용이 수익의 40%라는 것을 주목하라. 그래서 $1의 추가 수익은 비용을 단지 $0.4만 증가시키고 따라서 $0.6만큼의 손실을 줄인다. 따라서 고정 비용과 감가상각을 충당하기 위해서는 연간 700만/0.6=$11,667,000의 수익이 필요하다. 표 10.2는 이 수준의 수익에서 회사가 정확히 손익분기점에 이를 것임을 확인시켜 준다. 좀 더 일반적으로는

$$손익분기점 \ 매출액 = \frac{고정비와 \ 감가상각 \ 합}{\$1 \ 추가 \ 매출에서 \ 얻는 \ 추가 \ 이익} \qquad (10.1)$$

표 10.2는 매출액이 $11,667,000에 불과한 손익계산서를 보여준다.

그림 10.2는 손익분기점이 어떻게 결정되는지를 보여준다. 파란색 45도 선은 투자안의 매출액을 보여준다. 오렌지 비용 라인은 비용이 매출액에 따라 어떻게 달라지는지를 보여준다. 매출액이 $11,667,000일 때에 두 선은 교차하고 비용과 매출액은 같아진다. 매출이 더 적어지면, 매출액이 비용보다 작아 투자안은 적자가 된다. 매출이 더 많아지면, 매출액이 비용을 초과하여 투자안은 흑자로 전환된다.

그러나 다음 질문을 고려해야 한다. 회계적으로 손익이 같은 투자안을 받아들일 만한 투자안인가? 당신이 확실한 답을 말하기 어렵다면 여기 좀 더 쉬운 질문이 있다. 5년 후 0의 총투자수익률을 주는 주식에 투자하면 당신은 행복할 것인가? 그렇지 않을 것이다.

그림 10.2 회계적 손익분기점 분석

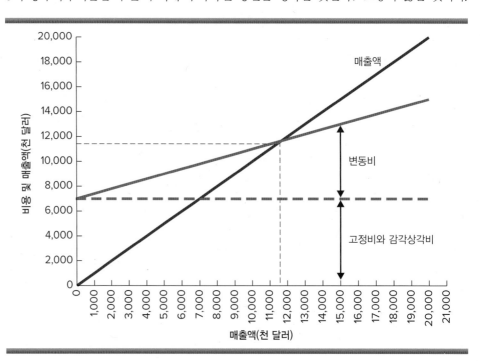

이런 주식은 손익이 같을지 모르지만, 수익률이 0이라는 것은 화폐의 시간가치나 부담한 위험을 보상하지는 못한다.

회계적 관점에서 단순히 손익이 같은 투자안은 투자한 돈을 되돌려주기는 하지만, 투자안에 묶여 있던 기회자본비용을 충당해주지는 않는다. 회계적으로 손익이 같은 투자안은 분명히 음(−)의 **NPV**를 가질 것이다.

NPV 손익분기점 분석

회계적 손익분기점 측정치를 계산한 관리자는 이 값보다 많이 벌어들이는 모든 투자안이 주주에게 도움이 된다고 생각하기 쉽다. 그러나 회계적 기준으로 손익이 같은 투자안은 실제로는 손실을 낸 것이다. 즉, 사용된 자본의 비용을 충당하지 못하는 것이다.[5] 이러한 투자안을 채택하는 관리자는 주주를 이롭게 하지 못한다. 따라서 회계적으로 이익이 나려면 매출액이 얼마가 되어야 하는지를 묻는 대신, NPV가 음(−)에서 양(+)으로 바뀌는 데에 분석의 초점을 맞추는 것이 더 유용하다. 이것을 **NPV 손익분기점**이라고 한다.

수익은 일정하지 않지만 시간이 지날수록 증가할 것으로 예상되기 때문에, 매년 얼마만큼의 매출 부족이 이 프로젝트의 NPV가 음(−)이 되는지를 묻는 것이 가장 타당하다. NPV 손익분기점을 찾으려면 초기 수익이 $15,000,000일 때 NPV가 $1,870,000임을 보여 준 스프레드시트 10.1을 되돌아보는 것으로 시작하라. 이제 초기 연도의 매출액 1% 감소가 미치는 영향을 계산한다. 블루퍼 스프레드시트로 돌아가서 초기 매출액을 1% 줄여 $14,850,000으로 줄이고 프로젝트 NPV의 변화를 계산하라(시간 경과에 따른 매출액이 물가상승률에 의해 초기 수준보다 증가할 것으로 가정되기 때문에 초기 매출액의 변경에 따라 미래 매출액도 변경된다). 당신은 NPV가 $226,000 감소한다는 것

> **NPV 손익분기점**
> 자본비용을 포함한 모든 비용을 충당하는 데 필요한 매출액의 최소 수준.

그림 10.3 NPV 손익분기점 분석

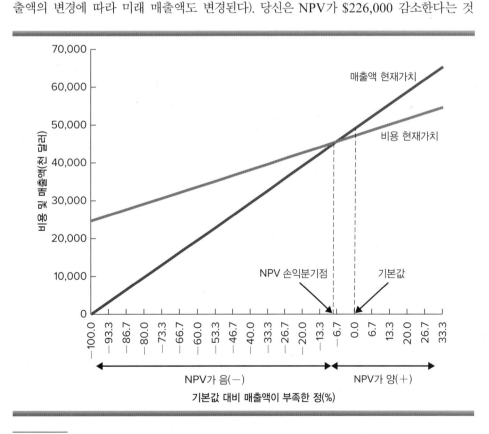

----

[5] 4장에서 경제 부가가치(EVA)에 대한 우리의 논의를 되돌아보라. 현재가치 기준으로 손익분기점인 사업은 회계이익은 긍정적이지만 경제적 부가가치는 0이다. 즉 자본비용을 포함한 모든 비용을 부담할 뿐이다.

을 발견해야 한다. 요약하면, 기본 수준에서의 NPV는 $1,870,000인데, 초기 매출액이 1% 감소할 때마다 $266,000씩 감소한다. 따라서 매출액의 감소율은 NPV가 기본 수준 값에서 0으로 떨어지기 전까지 1.87/0.266 또는 7%에 이를 수 있다.

그림 10.3은 블루퍼 광산에서의 매출액과 비용의 현재가치가 초기 매출액에 따라 어떻게 달라지는지를 보여준다. 매출액의 현재가치는 초기 매출액에 정비례하여 상승하지만, 비용의 일부가 고정되어 있기 때문에 원가의 현재가치는 느린 속도로 상승한다. 이두 선은 매년 매출액이 예측치보다 약 7% 낮을 때 교차한다. 이것이 이 투자안의 NPV 손익분기점이다. 투자안이 0만큼의 이익을 얻는 시점보다 유의하게 높다는 점에 유의하라.

10.3 ▪ 셀프테스트

자본 투자가 $12,000,000에 불과할 경우 회계 손익분기 매출액 수준은 얼마가 될 것인가? (변동비가 수익의 40%라고 계속 가정해 보라.)

예제 10.1 ▶ 손익분기점 분석

회계적 기준으로 손익이 같은 투자안은 실제로는 손실을 낸 것이라고 하였다. 즉, 이 투자안은 투자액의 기회비용만큼 손실을 내고 있다. 여기 극적인 예가 있다. 롭히드 항공(Lophead Aviation)은 트라이노바(Trinova) 라고 이름을 붙인 새로운 여객기에 대한 투자를 고려하고 있다. 롭히드의 재무담당자는 다음과 같이 추정치를 모았다.

1. 트라이노바를 개발하는 비용은 $9억으로 예상되고 이 투자액은 6년간 정액으로 상각할 수 있다.
2. 비행기는 앞으로 6년 동안 일정한 비율로 생산될 것으로 예상한다.
3. 트라이노바의 평균 가격은 $1,550만으로 예상된다.
4. 고정비는 매년 $1억 7,500만으로 예상된다.
5. 변동비는 대당 $850만으로 예상된다.
6. 법인세율은 50%이다
7. 자본비용은 10%이다.

롭히드의 재무관리자는 트라이노바 계획의 수익성을 예상하기 위해 위 정보를 사용 하였다. 이는 표 10.3의 행 1에서 7까지 제시되어 있다. (잠시 행 8은 무시하라.)

롭히드는 손익이 같아지려면 비행기를 몇 대 판매해야 하는가? 이에 대한 답은 여기서 "손익분기"가 무엇을 의미하는지에 달려있다. 회계적 관점에서 이 투자안은 순이익(표의 행 7)이 0일 때 손익분기점이다. 이 경우,

$$(3.5 \times \text{판매된 비행기 수}) - 162.5 = 0$$
$$\text{판매된 비행기 수} = 162.5/3.5 = 46.4$$

따라서 롭히드가 이익을 내려면 매년 46대, 즉 6년간 총 280대를 판매해야 한다. 대당 $1,550만의 가격에서 롭히드는 회계적으로 46.4×1,550만=$7억 1,900만의 연간 매출액에서 손익분기에 이를 것이다.

표 10.3 트라이노바 비행기 생산의 수익성 예측(단위: 백만 달러)

	연도 0	연도 1~6
투자 금액	$900	
1. 매출액		$15.5 × 판매된 비행기 수
2. 변동비		8.5 × 판매된 비행기 수
3. 고정비		175
4. 감가상각비		900/6 = 150
5. 세전 이익 (1 − 2 − 3 − 4)		(7 × 판매된 비행기 수) − 325
6. 법인세 (세율 50%)		(3.5 × 판매된 비행기 수) − 162.5
7. 순이익 (5 − 6)		(3.5 × 판매된 비행기 수) − 162.5
8. 순현금흐름(4 + 7)	−$900	(3.5 × 판매된 비행기 수) − 12.5

손익분기 매출액을 계산하는 공식을 사용해도 답은 같아야 한다. 각 비행기의 변동비는 $850만이고 이것은 판매가 $1,550만의 54.8%라는 데 주의하라. 따라서 매출액 $1당 $1−$0.548=$0.452씩 세전 이익을 증가시킨다. 이제 회계적 손익분기 점에 대해 다음 식을 사용한다.

$$손익분기\ 매출액 = \frac{감가상각비와\ 고정비\ 합계}{매출액\ \$1당\ 추가이익} = \frac{\$325,000,000}{0.452} = \$719,000,000$$

롭히드가 매년 약 46대를 판매한다면 초기 투자액은 회수하지만, 이 투자안에 묶인 돈에 대해 어떤 수익도 얻지 못할 것이다. 자본에 대해 0의 수익을 얻는 회사는 주주가 행복하지 못할 것이라고 쉽게 예상할 수 있다. 주주는 회사가 적어도 투자된 자본의 비용을 벌어들일 수 있을 때만 만족할 것이다. 진정한 손익분기점은 투자안이 0의 NPV를 얻을 때만 발생한다.

NPV 기준으로 손익이 같아지려면 몇 대를 판매해야 하는가? 트라이노바 개발에 $9억이 소요되었다. 자본비용이 10%라면 6년 연금계수는 4.3553이다. 표 10.3의 마지막 행은 연도 1~6의 순현금흐름(단위는 백만 달러)이 (3.5 × 판매된 비행기 수−12.5)와 같다는 것을 보여준다. 이제 롭히드가 NPV 관점에서 손익이 같기 위해서는 몇 대를 판매해야 하는지를 알 수 있다.

$$4.3553 × (3.5 × 판매된\ 비행기\ 수−12.5) = 900$$
$$15.2436 × 판매된\ 비행기\ 수−54.44 = 900$$
$$판매된\ 비행기\ 수 = 954.44/15.2436 = 62.6$$

따라서 롭히드는 매년 46.4대 (총 약 280대)를 팔아야 회계적 이익 관점에서 손익이 같아지지만, 투자안에 투자된 자본의 기회비용을 회수하고 NPV 관점에서 손익이 같아지려면 매년 62.6대(총 약 375대)를 판매해야 한다. ■

위의 예제는 상상 속에나 나오는 것으로 보일 수도 있다. 그러나 이것은 어느 정도는 현실에 근거를 두고 있다. 1971년 록히드(Lockheed)는 L−1011 트라이스타(TriStar) 비행기를 개발하는 중요한 프로그램을 진행하고 있었다. 이 프로그램은 록히드를 거의 도산의 위기로 내몰았고 또한 롤스로이스(트라이스타 엔진의 공급자)를 도산하게 하였다. 록히드는 의회에 자료를 제출하면서 트라이스타 프로그램이 상업적으로 매력적이며, 궁극적으로는 판매가 손익분기점인 약 200대를 넘어설 것이라고 주장하였다. 그러나 손익분기점을 계산하는 과정에서 록히드는 이 투자안에 소요된 막대한 자본의 기회비용을 무시하는 것 같았다. 아마도 록히드는 NPV가 0이 되려면 약 500대의 비행기를 판매해야만 했을지도 모른다.[6]

<table>
<tr><td>**10.4**</td><td>**셀프테스트**</td></tr>
</table>

민감도 분석과 손익분기점 분석의 기본적 차이는 무엇인가?

영업 레버리지

투자안의 손익분기점은 매출액에 따라 변동하지 않는 고정비와 한 단위 추가 판매에 따른 이익에 달려있다. 관리자는 자주 이들 변수 간의 교환관계에 직면하게 된다. 예를 들어 블루퍼는 자신이 고용하는 시간제 노동자의 수를 늘릴 수 있을 것이다. 이 경우 블루퍼는 고정비를 산출물과 연계된 변동비로 대체한다. 생산량이 떨어지면 회사 비용의 더 큰 비율이 하락하기 때문에 손익분기점이 줄어든다.

물론 고정비 비중이 높다는 것이 나쁘기만 한 것은 아니다. 비용이 대부분 고정된 기업의 경우, 수요가 작을 때는 성과가 매우 시원치 않다. 그러나 호황기에는 큰돈을 벌 수 있다. 예를 들어보자.

시간제 근로자 사용이 증가하면 블루퍼의 고정 비용이 $400만에서 $200만으로 감소

---

6) U. E. Reinhardt는 트라이스타 프로그램의 진정한 손익분기점을 추정하였다. "Break-Even Analysis for Lockheed's TriStar: An Application of Financial Theory," *Journal of Finance* 28 (September 1973), pp. 821-838.

표 10.4 높은 영업 레버리지를 갖는 광산은 불황기에 상대적으로 성과가 나쁘지만, 호황기에는 성과가 좋다.(단위: $1,000)

	높은 고정비			높은 변동비		
	불황	정상	호황	불황	정상	호황
매출액	11,250	15,000	20,000	11,250	15,000	20,000
−변동비	4,500	6,000	8,000	6,000	8,000	10,667
−고정비	4,000	4,000	4,000	2,000	2,000	2,000
−감가상각비	3,000	3,000	3,000	3,000	3,000	3,000
=세전 이익	−250	2,000	5,000	250	2,000	4,333

하지만 변동비는 매출액의 40%에서 53%로 증가한다고 가정하자. 표 10.4는 예측된 매출액 수준에서 두 정책이 동등하게 작용한다는 것을 보여주지만, 만약 생산량이 예측에 미치지 못한다면, 비용은 수익과 함께 떨어지기 때문에 임시 노동에 의존하는 광산은 더 잘 된다. 높은 수준의 생산량에서는 그 반대가 사실이며 고정비율이 높은 광산이 유리하다.

영업 레버리지
회사의 영업비용 중에서 영업고정비가 차지하는 비율.

영업 레버리지도
매출액 1% 변동에 따른 이익 변화율.

고정 비용이 높은 사업은 매출의 작은 변동이 이익의 큰 변동으로 귀결되기 때문에 **영업 레버리지**가 높다고 한다. 한 회사의 영업 레버리지를 매출액의 1% 변동에 따라 이익이 얼마만큼 변하는지로 측정할 수 있다. 이 척도를 **영업 레버리지도**(degree of operating leverage)라고 하며, 흔히 DOL이라고 한다.

$$\text{DOL} = \frac{\text{이익의 백분율 변동}}{\text{매출액의 백분율 변동}} \tag{10.2}$$

예를 들어 표 10.4는 광산이 높은 생산량으로 이동함에 따라 매출액이 $1,500만에서 $2,000만으로 33% 증가했음을 보여준다. 고정 비용이 높은 정책의 경우 이익은 $200만에서 $500만으로 150% 상승한다. 따라서

$$\text{DOL} = \frac{150}{33} = 4.5$$

이다. 즉, 매출액의 백분율 변동이 이익에 미치는 백분율 영향은 4배 이상 확대된다.

이제 광산이 고정 비용은 낮지만 변동 비용은 높은 정책을 채택할 경우의 영업 레버리지도를 살펴보자. 광산이 평상시보다 생산량을 높이면서 이익이 $200만에서 $433만으로 117% 증가했다. 그러므로

$$\text{DOL} = \frac{117}{33} = 3.5$$

이다. 일부 비용이 고정되어 있기 때문에, 매출액의 변동은 여전히 이익에서 큰 백분율 변동을 야기하지만, 영업 레버리지도는 더 낮아진다.

사실, 영업 레버리지도는 다음과 같이 (감가상각비를 포함한) 고정비에 좌우됨을 보일 수 있다.[7]

$$\text{DOL} = 1 + \frac{\text{고정비}}{\text{이익}} \tag{10.3}$$

---

7) DOL에 관한 이 식은 다음과 같이 유도할 수 있다. 매출액이 1% 증가하면 변동비 또한 1% 증가한다. 그리고 이익은 0.01×(매출액−변동비)=0.01×(이익+고정비) 만큼 증가한다. 이제 DOL의 정의를 생각해보자.

$$\text{DOL} = \frac{\text{이익의 백분율 변동}}{\text{매출액의 백분율 변동}} = \frac{\text{이익의 변동}/\text{이익}}{0.01} = 100 \times \frac{\text{이익의 변동}}{\text{이익}}$$

$$= 100 \times \frac{0.01 \times (\text{이익}+\text{고정비})}{\text{이익}} = 1 + \frac{\text{고정비}}{\text{이익}}$$

영업 레버리지

블루퍼는 고정비가 많이 들어가는 정책을 채택한다고 가정하자. 그러면 감가상각비를 포함한 고정비는 4+3=\$700만이다. 정상적인 매출수준에서 이 광산은 \$200만의 이익을 창출하기 때문에 DOL은

$$DOL = 1 + \frac{\text{고정비}}{\text{이익}} = 1 + \frac{7}{2} = 4.5$$

이다. 이 값은 매출액과 이익의 실제 백분율 변동을 비교하여 얻은 값과 같다. 이 공식을 사용하여 바로 위에서 확인한 바와 같이 고정비가 적게 들어가는 정책을 채택한 경우에는 DOL이 3.5에 불과하다는 것을 직접 확인하라. ■

광산업체들은 일반적으로 고정 비용이 높다. 철강 생산업체와 제지회사들도 마찬가지다. 반면 식당 등 서비스업은 고정 비용이 낮은 곳이 많다. 사업이 부진할 때는 재료비나 노무비 지출을 줄일 수 있다.

영업 레버리지가 투자안의 위험에 영향을 미친다는 데 주목하라. 영업 레버리지도가 클수록 매출액 변동에 대한 이익의 민감도가 커진다. 투자안의 위험은 영업 레버리지도에 따라 변동한다. 비용의 많은 부분이 고정비라면 매출액 하락의 이익에 대한 영향은 확대되어 나타난다.

위험에 대해서는 이어지는 세 개의 장에서 자세히 논의할 것이다.

10.5 셀프테스트

마그누시움 매출액과 변동비가 정상적인 시나리오일 때의 값보다 10% 증가한다고 하자. 표 10.4의 두 정책에 대해 정상적인 수준으로부터 세전 이익의 백분율 변동을 계산하라. 여러분의 답을 DOL 공식에 의해 예상된 값과 비교하라.

10.5 실물옵션과 유연성의 가치

투자안을 평가하기 위해 할인 현금흐름(DCF)을 사용할 때 여러분은 은연중에 이 회사가 자산을 수동적으로 보유할 것이라고 가정한다. 그러나 수동적으로 관리하라고 매니저들을 고용한 것은 아니다. 그들은 새로운 투자안에 투자하고 나서, 단순히 뒤로 물러나 앉아 앞으로 어떻게 전개될지 보고만 있지는 않다. 일이 잘되면 투자안을 확대할 수 있다. 그러나 일이 잘 안되면 투자안을 축소하거나 포기할 수도 있다. 이러한 방식으로 쉽게 수정할 수 있는 투자안은 그렇지 못한 투자안보다 가치가 있다. 전망이 더 불확실하면 할수록, 이러한 유연성은 더욱 가치가 있게 된다.

그것은 명백하게 들리지만, 민감도 분석은 프로젝트를 수정할 기회를 인식하고 있지 않음을 주목하라. 예를 들어 마그누시움 가격이 폭락하면 블루퍼는 광산을 버리거나 일시적으로 문을 닫을 수도 있다. 만약 그렇다면, 최악의 결과가 우리의 민감도 분석이 제시한 것만큼 파괴적이지는 않을 것이다.

투자안을 수정하는 옵션을 **실물옵션**이라고 한다. 관리자들이 이러한 기회를 설명하기 위해 항상 이 용어를 사용하지 않을 수 있다. 예를 들어, 수정하기 쉬운 투자안의 "무형의 이점"을 언급할 수 있다. 그러나 그들이 주요 투자 제안을 검토할 때, 이러한 무형의 선택옵션이 종종 그들의 결정의 열쇠가 된다.

실물옵션
자본을 투자하는 어떤 프로젝트에 투자, 수정, 연기 또는 처분할 수 있는 옵션.

그림 10.4 다이어트-위스키 투자
안의 의사결정수

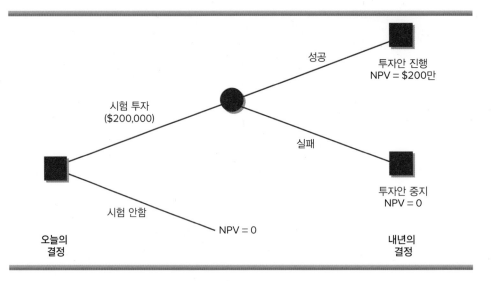

확장옵션(The Option to Expand)

맥코프(MacCaugh)의 과학자들이 다이어트 위스키를 개발하였다. 회사는 사전에 시험생산과 시험판매를 할 예정이다. 이러한 사전 단계에 1년이 걸리고 $20만이 든다. 경영자는 시험생산과 시험판매가 성공적일 가능성이 단지 50:50이라고 감을 잡고 있다. 만약 성공적이라면 맥코프는 $200만이 소요되는 생산 공장을 건설할 것인데, 이를 통해 (영구연금 형태로) 세후 $48만의 연간 기대 현금흐름을 창출할 수 있다. 12%의 기회자본비용이 주어졌을 때 투자안의 **NPV는 −200만+48만/0.12=$200만이 될 것이다.** 만일 시험이 성공적이지 않다면 맥코프는 이 투자안을 계속하지 않고 시험생산 비용은 사라져 버릴 것이다.

맥코프가 시험 프로그램에 지출하는 것이 사실상 가치 있는 관리상의 옵션을 매입하는 것임을 주목하라. 이 회사는 전면적인 생산에 돌입해야 할 의무는 없지만, 시험 결과에 따라 그렇게 할 옵션(선택권)을 갖는다. 투자안을 채택해야 할지에 대해 의문이 든다면, 시험 운영에 비용을 지출하는 것이 훨씬 큰 비용이 드는 실수를 피하는 데 도움이 될 수 있다. 따라서 이 지출이 제안되었을 때, 맥코프의 경영자는 단순히 수영의 기본원칙을 따르고 있었던 것이다. 즉, 물의 온도 그리고 깊이를 안다면 뛰어들어라. 모른다면 먼저 발가락을 담가보라.

의사결정수
순차적 의사 결정 및 가능한 결과를
나타낸 도표.

미래 의사결정을 포함하는 이와 같은 투자안을 고려할 때는 그림 10.4와 같이 **의사결정수**(decision tree)를 그려보는 것이 자주 도움이 된다. 이 문제를 맥코프와 운명과의 게임으로 생각할 수 있다. 네모는 이 회사가 하는 행동이나 의사결정을 나타낸다. 동그라미는 운명이 보여주는 결과를 나타낸다. 맥코프는 왼쪽 네모에서 게임을 시작한다, 이 회사가 시험을 하기로 하면 운명은 마법에 걸린 주사위를 던질 것이고 시험 결과를 결정할 것이다. 결과가 알려지면 맥코프는 두 번째 결정을 하게 된다. 이 투자안을 접어야 할 것인지 아니면 $200만을 투자하여 전면적인 생산을 시작할 것인가?

두 번째 단계의 결정은 명백하다. 즉, 이 시험 결과로 NPV가 0보다 크다고 나타나면 투자하고 0보다 작다고 나타나면 멈추어라. 따라서 이제 맥코프는 시험 프로그램에 투자해야 하는가를 결정하는 단계로 되돌아갈 수 있다. 이 첫 번째 단계의 결정은 다음과 같은 단순한 문제로 귀착된다. 맥코프는 1년 후 $200만의 NPV를 갖는 투자안의 50% 기회를 얻으려고 지금 $20만을 투자해야 하는가? 모든 합리적인 할인율에서 이 시험 프로그램은 0보다 큰 NPV를 갖는다.

이제 미래에 확장할 수 있는 옵션이 있기 때문에 가치가 더 커진 다른 많은 투자안을 대한항공은 2015년 보잉 737 맥스 여객기 30대를 사들일 뜻을 밝혔다. 대한항공의 사업이 계속 확장되고 새 항공기가 효율적이고 신뢰할 수 있다면 그 회사는 더 많은 항공기를 원할 것이다. 그러나 더 많은 항공기가 필요할지는 확신할 수 없었다. 이에 대한항공은 2015년에 추가 주문을 확실하게 내기보다는 20대의 737기를 추가로 구매할 수 있는 옵션을 얻음으로써 보잉 생산라인에 자리를 확보하였다. 이러한 옵션은 대한항공에게 확장을 요구하지는 않지만 확장할 수 있는 유연성을 제공하였다.

생각할 수 있다. 예를 들면,

- 공장을 설계할 때, 향후 두 번째 생산설비에 대한 비용을 줄이려고 땅이나 바닥 공간을 추가로 확보하는 것이 타당할 수 있다.
- 4차선 고속도로를 건설할 때, 나중에 교통량이 예상보다 많아지면 6차선으로 전환할 수 있도록 6차선에 맞는 다리를 건설하는 것이 도움이 될 수도 있다.
- 항공사는 새로운 비행기를 구매할 수 있는 옵션을 얻을 수 있다. (위의 글상자는 대한항공이 보잉 737에 대한 옵션을 어떻게 구매했는지 설명하고 있다.)

이상의 각 경우는 미래 어떤 시점에서 실물자산에 투자할 수 있는 선택권을 가지려고 오늘 돈을 지급하고 있다. 이러한 옵션은 재무상태표에 나열한 자산에는 나타나지 않는다. 그러나 투자자들은 그들의 존재를 매우 잘 알고 있고, 중요한 실물옵션을 가진 기업들을 가치 있게 여긴다. 우리는 옵션의 가치평가를 23장에서 살펴볼 것이다.

두 번째 실물옵션: 포기옵션(The Option to Abandon)

확장할 수 있는 옵션이 가치를 갖는다면 포기할 수 있는 결정은 어떠한가? 투자안은 자산의 수명이 다할 때까지 계속되지는 않는다. 투자안을 종료시키는 결정은 자연(nature)이 아니라 대개 경영자가 내린다. 이제 투자안에 더 이상 수익성이 없다면, 회사는 손실을 줄이고 투자안을 포기하는 옵션을 행사할 것이다.

어떤 자산은 다른 자산보다 포기하기 쉽다. 유형자산은 보통 무형자산보다 팔기 쉽다. 활발하게 거래되는 중고시장이 있으면 도움이 되는데, 현실에서는 표준화된 품목에 대해서만 존재한다. 부동산과 비행기, 트럭 그리고 어떤 기계 도구들은 상대적으로 쉽게 팔 수 있다. 반면에, 소프트웨어 회사의 연구개발 프로그램에 의해 획득된 지식은 특화된 무형자산이다. 이는 아마도 의미 있는 처분가치를 갖지 못할 것이다. (오래된 매트리스와 같은 자산은 음(−)의 폐기 가치를 갖는다. 왜냐하면 이를 처치하는 데 돈을 지급해야 하기 때문이다. 핵발전시설을 해체하거나 노천광산의 땅을 복구하는 데도 비용이 든다.)

예제 **10.3** ▶ **포기옵션**

윗전 컴퍼니(Widgeon Company)는 신제품인 선박 외부장착용 방켈(Wankel) 엔진 모터를 생산하는 두 기술 중 하나를 선택해야 한다고 하자.

1. 기술 A는 적은 비용으로 방켈 엔진에 요구되는 복잡한 모양을 생산하기 위해 맞춤형으로 디자인된 기계를 사용한다. 그러나 방켈 엔진이 팔리지 않으면 이 장비는 쓸모가 없다.
2. 기술 B는 표준 기계장치를 사용한다. 노무비가 훨씬 많이 들지만 엔진이 팔리지 않아도 이 장비는 쉽게 판매할 수 있다.

신제품의 NPV 분석에서 보면 기술 A가 더 좋아 보인다. 왜냐하면 이것은 계획된 생산량을 더 적은 비용으로 생산할 수 있도록 설계되었기 때문이다. 그러나 이 신제품이 시장에서 성공할지 또는 실패할지를 확신하지 못한다면 유연성을 제공하는 기술 B에 이점이 있다. ■

10.6 셀프테스트

윗전 컴퍼니가 선택할 수 있는 대안들이 신제품 수요에 따라 어떻게 달라지는지를 보여주는 의사결정수를 그려라. 좀 더 비용이 많이 드는 기술 B를 선택하는 것이 타당할 수 있다는 것을 보여주는 어떤 가능한 숫자를 적어보아라.

세 번째 실물옵션: 투자시기옵션(The Timing Option)

당신이 크게 성공하거나 실패할 수 있는 투자안을 가지고 있다고 하자. 이 투자안의 성공 가능성은 실패 가능성을 앞지르며, 또 오늘 채택된다면 양(+)의 NPV를 갖는다. 그러나 이 투자안은 "지금 아니면 결코 할 수 없는" 것이 아니다. 그렇다면 즉시 투자해야 하는가 아니면 기다려야 하는가? 이것은 말하기 어렵다. 이 투자안이 성공으로 나타난다면 기다린다는 것은 손실을 의미하거나 초기 현금흐름을 연기하는 것을 의미한다. 그러나 이것이 실패로 나타날 것 같다면 기다려서 수요를 좀 더 자세히 예측하는 것이 도움이 될 것이다.

오늘 투자할 수 있는 옵션(선택권)이 있는 어떤 투자안을 생각해보자. 이 옵션을 즉시 실행할 필요는 없다. 대신 어떤 가치 있는 정보를 얻을 가능성과 연기함으로써 잃게 되는 현금흐름의 가치를 비교할 필요가 있다. 예를 들어, 새로운 유전을 개발할 것을 고려하고 있다고 하자. 현재 유가에서 이 투자는 양(+)의 작은 NPV를 갖는다. 그러나 유가가 매우 변동적이어서 종종 2년 사이에 절반이 되거나 두 배가 될 수도 있다. 약간의 원유 가격 하락으로도 이 투자안이 적자가 될 수 있다면 투자하기 전에 좀 더 기다리는 것이 좋을 것이다.

다음은 왜 회사가 때때로 수익성이 분명한 투자안을 기각해야 하는지를 보여준다. 예를 들어, 당신이 사장에게, $100만을 지출하고 $1,000의 순현재가치를 갖는 투자안을 제출한다고 하자. 당신은 그에게 이 투자안을 매우 세심하게 분석했다고 설명하지만, 그는 회사가 왜 투자해야 하는지를 전혀 이해하는 것 같지 않다. 사장은 양(+)의 NPV 투자안을 기각하는 비합리적인 사람인가?

이러한 한계(marginal) 투자안에 직면했을 때는 종종 기다리는 것이 상책이다. 1년 후 이 투자안의 전망에 대해 훨씬 더 나은 정보를 가질 수도 있으며, 그것이 실제로 성공할 것인지 또는 실패할 것인지도 명백해질 수 있다. 위의 예에서 당신은 확신하고 진행할 수도 있지만, 실패할 것 같기도 한다면 기다리는 것이 나쁜 실수를 피하는 데 도움이 될 것이다.[8]

네 번째 실물옵션: 유연 생산 설비(Flexible Production Facilities)

양(sheep)은 유연 생산 설비가 아니다. 양은 대충 정해진 비율로 양고기와 양모를 생산한다. 양고기 가격이 갑자기 상승하고 양모 가격이 하락한다 해도 양 떼를 가진 농부가 이것에 대해 할 수 있는 것은 거의 없다. 많은 제조업체는 수요가 변함에 따라 산출물 구성을 변동시킬 수 있는 내장된 유연성을 갖는다는 점에서 이와 다르다. 양을 이야기했기 때문에 최근 생산 유연성이 특별히 중요해진 경우로서 니트웨어 산업을 이야기해 보자. 패션의 변화로 니트웨어 산업에서 수요 행태를 예측하는 것이 무척이나 어렵게 되었다.

---

8) 이러한 결론이 "기업은 모든 양(+)의 NPV를 갖는 투자안을 채택해야만 한다."는 우리의 앞선 격언에(8장을 보라) 어긋나는 것인가? 그렇지 않다. 투자시기 문제는 상호배타적 제안 중에서 선택하는 것이라는데 주의하라. 이 투자안을 오늘 시행하거나 또는 내년에 시행하거나 하는 것이지, 둘 다 하는 것은 아니다. 이럴 때 올바른 선택은 가장 큰 NPV를 갖는 투자안을 선택하는 것이다. 오늘 투자안의 NPV는 비록 0보다 크다 할지라도 투자를 연기하고 나중에 투자할 수 있는 옵션을 유용하게 유지하는 것보다 작을 수도 있다.

이에, 기업은 컴퓨터로 제어되는 편직물 기계에 투자를 증가시켜왔는데, 이러한 투자는 수요가 변함에 따라 생산 제품의 조합을 변화시킬 수 있는 옵션을 제공해준다.

기업들은 또한 단일 원료 공급원에 의존하는 것을 피하려고 한다. 예를 들어 첨단 기술 기업들이 희토류 금속(레이저, 태양광 패널, 스마트폰 등 응용분야의 핵심성분)의 공급에 거의 전적으로 중국에 의존하고 있다는 사실을 알게 되자 새로운 재활용 방법을 개발하고 새로운 공급처를 찾기 시작했다. 이러한 전략은 그들에게 변화하는 시장 상황에 대응하여 더 저렴한 공급원으로 전환할 수 있는 선택권을 주었다.

10.7 셀프테스트

새로운 제품이나 생산설비에 투자하는 것은 자주 확장옵션을 포함한다. 투자결정에서 볼 수 있는 다른 형태의 주요 옵션에는 무엇이 있는가?

요약 SUMMARY

기업들은 투자안이 회사의 경쟁적 이점을 활용하도록 어떻게 보장하고 있는가? (학습목표 10-1)

투자안 평가는 재무관리자가 일련의 현금흐름 예측치를 취하여 순현재가치를 조작하는 기계적인 연습이 되어서는 안 된다. 관리자들은 투자안이 회사의 전략적 목표에 부합하는지 확인할 필요가 있다. 이를 통해, 우리는 기업의 전략적 투자가 경쟁력의 장점을 활용해야 한다는 것을 의미한다. 따라서 대부분의 기업은 계획된 투자안을 포함하는 연간 **자본예산**을 편성할 것이다. 자본예산 구성 과정은 투자가 기업전략에 부합하고 일관성 있는 패키지를 형성하는 데 도움이 된다.

기업들은 좋은 투자 결정을 위해 필요한 편견 없는 예측을 어떻게 하면 얻을 수 있을까?

(학습목표 10-2)

NPV는 그들이 근거한 예측이 편향되지 않은 경우에만 신뢰할 수 있다. 즉, 예측은 현금흐름이 가장 가능성이 높은 결과를 초과하거나 미달할 가능성을 고려할 필요가 있다. 그것은 당신이 특정 투자 제안에 대해 냉담할 수 있을 때에도 충분히 어렵다. 그러나 경영진은 프로젝트 스폰서들이 자체적인 축을 가지고 있거나 그들의 제안에 지나치게 열성적일 때 예측이 편향될 가능성이 더 높다는 것을 인식할 필요가 있다.

투자안의 수익성에 대한 예측 오류의 영향을 보기 위해, 민감도와 시나리오, 그리고 손익분기점 분석을 어떻게 사용해야 하는가?

(학습목표 10-3)

우수한 관리자는 NPV 계산의 배후에 있는 예측들이 불완전하다는 것을 알고 있다. 따라서 그들은 빈약한 예측의 결과를 살펴보고, 이것이 어떤 더 많은 후속작업을 할 가치가 있는지를 점검한다. 그들은 이러한 What-if 질문에 대답하기 위해 다음과 같은 중요한 도구를 사용한다.

- **민감도 분석,** 이것은 한 번에 변수 하나가 변한다.
- **시나리오 분석,** 이것은 관리자가 여러 대안적인 시나리오에서 투자안을 살펴본다.
- **손익분기점 분석,** 여기서 초점은 투자안이 손실을 보이려면 매출이 얼마로 떨어져야 하는가이다. "손실을 본다."라는 문구는 주로 회계적 손실로 정의된다. 그러나 이것은 "기회자본비용을 충당하기에 실패하는"으로, 다시 말해 음(−)의 NPV로 정의되는 것이 타당하다.

왜 높은 영업 레버리지를 갖는 투자안에서 매출액의 과대 추정이 더 심각한가? (학습목표 10-4)

영업 레버리지는 비용이 고정되는 정도를 말한다. 투자안의 손익분기점은 매출이 감소함에 따라서 비용이 어느 정도 줄어들 수 있는가에 영향을 받는다. 투자안이 주로 고정비를 갖는다면 이것은 높은 영업 레버리지를 갖는다고 한다. 높은 영업 레버리지는 이익이 매출액 변화에 좀 더 민감하다는 것을 의미한다.

왜 자본예산에서 경영상의 유연성이 중요한가? (학습목표 10-5)　어떤 투자안은 회사에, 일이 잘못됐을 때 포기할 수 있는 옵션을, 또는 성공했을 때 확장할 수 있는 옵션을 주기 때문에 추가적인 가치를 갖는다. 이러한 옵션을 **실물옵션(real option)**이라 한다. 다른 실물옵션으로는 투자를 지연시킬 수 있는 것, 또는 유연 생산 설비를 선택하는 것 등이 있다. 선택할 수 있는 대안을 보여주는 데 **의사결정수(decision tree)**가 어떻게 사용될 수 있는가를 살펴보았다.

식 목록 LISTING OF EQUATIONS

$$10.1 \quad 손익분기점\ 매출액 = \frac{고정비와\ 감가상각\ 합}{\$1\ 추가\ 매출에서\ 얻는\ 추가\ 이익}$$

$$10.2 \quad DOL = \frac{이익의\ 백분율\ 변동}{매출액의\ 백분율\ 변동}$$

$$10.3 \quad DOL = 1 + \frac{고정비}{이익}$$

연습문제 QUESTIONS AND PROBLEMS

1. **용어.** 아래의 각 용어를 민감도 분석, 시나리오 분석, 손익분기 분석, 영업 레버리지, 의사결정수, 실물옵션 중 하나와 연결하시오. (학습목표 10-1～10-5)
   a. 여러 입력 변수를 새 값이지만 일관된 값으로 변경하여 프로젝트 NPV의 재계산
   b. 미래 날짜에 프로젝트를 수정할 수 있는 기회
   c. 판매, 비용 및 기타 주요 변수에 대해 서로 다른 가정을 했을 때 프로젝트 NPV가 어떻게 변화하는지 분석
   d. 고정 비용이 매출 부족의 이익에 미치는 영향을 확대하는 정도
   e. 해당 사건에 대응하여 취할 수 있는 미래 사건 및 결정을 표시하기 위한 그래픽 기법
   f. 프로젝트 수익성 또는 NPV가 0인 미래 판매 수준 결정

2. **자본예산.** 참 또는 거짓? (학습목표 10-1, 10-2)
   a. 자본 예산의 승인으로 관리자는 예산에 포함된 어떠한 프로젝트도 진행할 수 있다.
   b. 프로젝트 허가(project authorization)는 대부분 "상향적"으로 개발된다. 전략적 계획(strategic planning)은 "하향식" 프로세스이다.
   c. 프로젝트 스폰서들은 지나치게 낙관적일 것이다.
   d. 현금흐름 예측의 과도한 낙관(over-optimism) 문제는 항상 더 높은 할인율을 설정하여 해결할 수 있습니다.

3. **투자안 분석.** 참 또는 거짓? (학습목표 10-3)
   a. 민감도 분석을 사용하여 프로젝트의 성공에 가장 중요한 변수를 식별할 수 있다.
   b. 민감도 분석은 총 프로젝트 현금흐름에 대해 기대값과 낙관 및 비관적인 값을 얻기 위해

사용된다.

c. NPV에 대한 추정치가 기대 현금흐름에만 근거하는 것이 아니라, 현금흐름의 비관적이고 낙관적인 추정치에서 계산된 NPV의 평균을 내는 것이 더 이치에 맞다.

d. 높은 비율의 비용이 고정되면 리스크가 감소한다.

e. 프로젝트의 손익분기점 판매 수준은 손익분기점이 회계 수입보다 NPV 측면에서 정의될 때 더 높다.

4. **고정비와 변동비.** 불황인 해에 Deutsche Burgers는 \$350만의 총 비용으로 200만 개의 햄버거를 생산할 것이다. 호황인 해에는 \$450만의 총 비용으로 400만 개의 햄버거를 생산할 수 있다. (학습목표 10-3)

a. 햄버거 생산의 고정비는 얼마인가?

b. 햄버거 생산의 변동비는 얼마인가?

c. 회사가 햄버거를 100만 개씩 생산할 때 개당 평균비용은 얼마인가?

d. 회사가 햄버거를 200만 개씩 생산할 때 개당 평균비용은 얼마인가?

e. 더 많은 햄버거를 생산할 때 평균비용이 감소하는 이유는 무엇인가?

5. **민감도분석.** 한 투자안이 현재 \$1,000만의 매출과 매출액의 50%에 해당하는 변동비, 그리고 \$200만의 고정비를 발생하고 있다. 이 회사의 세율은 21%이다. 다음 변화가 세후 이익과 현금흐름에 어떤 영향을 끼치는가? (학습목표 10-3)

a. 매출액이 \$1,000만에서 \$1,100만로 증가한다.

b. 변동비가 매출액의 65%로 증가한다.

6. **민감도분석.** 블루퍼의 애널리스트가 마그누시움 광산에 대한 예측을 다음과 같이 수정하였다. (10.3절을 참조하시오.)

	범위	
	비관적	낙관적
초기 투자액	+50%	−25%
매출액	−15%	+20%
변동 비용(매출액의 %)	+10%	−10%
고정 비용	+50%	−30%
운전자본(예상가치의 %)	+50%	−50%

수정된 자료를 사용하여 민감도 분석을 시행하여 아래의 빈 칸(a~o)을 채우시오. (학습목표 10-3)

	투자안 NPV		
	비관적	기대값	낙관적
초기 투자액	a.	b.	c.
매출액	d.	e.	f.
변동 비용(매출액의 %)	g.	h.	i.
고정 비용	j.	k.	l.
운전자본(예상가치의 %)	m.	n.	o.

7. **민감도분석.** Rustic Welt는 낡은 웰트 제조 기계를 좀 더 현대적인 장비로 교체할 것을 제안하고 있다. 새 장비는 \$900만의 비용이 든다. (기존 장비는 회수 가치가 없다.) 새 기계의 매력은 제조 원가를 현재의 웰트당 \$8에서 \$4로 낮출 것으로 기대된다는 점이다. 그러나 다음 표에서 알 수 있듯이, 새로운 기계의 미래 판매와 성능 모두에 약간의 불확실성이 있다.

	비관적	기대값	낙관적
매출액(백만 웰트)	0.4	0.5	0.7
제조원가(웰트당 달러)	6	4	3
새 기계의 수명(년)	7	10	13

12%의 할인율을 가정하여 교체 결정에 대한 민감도 분석을 실시하시오. Rustic은 세금을 내지 않는다. 다음 빈 칸을 채우시오. (학습목표 10-3)

	NPV of Replacement Decision		
	비관적	기대값	낙관적
매출액(백만 웰트)	a.	b.	c.
제조원가(웰트당 달러)	d.	e.	f.
새 기계의 수명(년)	g.	h.	i.

8. 민감도 분석.   Emperor's Clothes Fashions는 보이지 않는(투명한) 화장품을 생산하기 위한 새로운 공장에 $500만을 투자할 수 있다. 이 공장은 5년의 수명이 예상되며 예상 매출량은 연간 화장품 600만 개이다. 고정비는 매년 $200만이고 변동비는 개당 $1이다. 이 제품은 개당 $2의 가격이 책정될 것이다. 이 공장은 잔존가치가 0으로 5년 동안 정액법으로 상각할 것이다. 기회자본비용은 10%이고 세율은 40%이다. (학습목표 10-3)

a. 이 기본 가정에서 투자안의 NPV는 얼마인가?

b. 변동비가 개당 $1.20라면 NPV는 얼마인가?

c. 고정비가 매년 $150만로 나타난다면 NPV는 얼마인가?

d. 개당 가격이 얼마일 때 투자안의 NPV는 0이 되는가?

9. 시나리오 분석.   어떤 투자안의 가장 가능성 있는 결과가 다음과 같이 추정된다.

단위당 가격: $50

변동비: $30

고정비: $300,000

예상 매출량: 매년 3만 단위

그러나 당신은 이 추정치에 일부 오류가 있다는 것을 알고 있다. 각 변수가 처음 추정치보다 10% 높거나 10% 낮게 나타난다고 가정하자. 이 투자안은 10년 동안 지속할 것이고, $100만의 초기 투자가 필요하며, 수명기간 동안 잔존가치 0으로 정액법으로 상각할 것이다. 이 회사의 세율은 21%이며 요구수익률은 12%이다. (학습목표 10-3)

a. 최선의 시나리오, 즉 모든 변수가 최선의 값을 가진다고 가정할 때 투자안의 NPV는 얼마인가?

b. 최악의 시나리오에서 NPV는 얼마인가?

10. 손익분기점 분석.   고려하고 있는 투자안에 대해 다음 추정치가 준비되었다.

고정비: $20,000

감가상각비: $10,000

가격: $2

회계적 손익분기점: 60,000단위

단위당 변동비는 얼마인가? (학습목표 10-3)

11. 손익분기점 분석.   Dime a Dozen Diamonds는 탄소를 이용하여 합성 다이아몬드를 만든다. 다이아몬드는 개당 $100에 판매될 수 있다. 표준 다이아몬드에 대해 원재료비는 $40이다. 공장을 유지하고 관리하는데 매년 고정비는 $200,000 소요된다. 기계는 $1,000,000가 들고 잔존가치 0

으로 10년 동안 정액법으로 감가상각한다. (학습목표 10-3)

a. 판매된 다이아몬드 개수 기준으로 회계적 손익분기 매출은 얼마인가?

b. 세율이 21%이고 10년의 투자안 수명과 12% 할인율을 가정할 때 경제적 손익분기 매출은 얼마인가?

12. 손익분기점 분석. $1,000만가 소요되고 7년간 감가상각 되는 투자안을 평가하고 있다. 당신은 투자안의 수명기간 동안 법인세가 증가할 것인지에 관심이 있다. (학습목표 10-3)

a. 이러한 증가가 회계적 손익분기점에 영향을 주겠는가?

b. 경제적 손익분기점에는 영향을 주겠는가?

13. 손익분기점 분석. 현금흐름 손익분기점을 현금흐름이 0이되는 매출(액)로 정의하자. (학습목표 10-3)

a. 현금흐름 손익분기 매출액은 이익이 0인 (회계적) 손익분기점보다 높겠는가, 낮겠는가?

b. 미래의 모든 년도에 현금흐름 손익분기점 수준에서 프로젝트가 운영될 때, 이 프로젝트의 NPV는 0보다 크겠는가, 작겠는가?

14. 경제적 손익분기점. Modern Artifacts는 개당 $80에 팔리는 기념품을 생산할 수 있다. 감가상각비를 뺀 고정비는 매년 $1,000이고 변동비는 개당 $60이다. 이 투자안은 $3,000의 초기 투자가 필요하고 5년 동안 지속할 것으로 예상한다. 초기 투자액은 잔존가치가 0일 때까지 5년 동안 정액법으로 상각하며 할인율은 10%이다. (학습목표 10-3)

a. 이 회사가 세금을 내지 않는다면 회계적 손익분기 매출액은 얼마인가?

b. 이 회사가 세금을 내지 않는다면 경제적 손익분기 매출액은 얼마인가?

c. 이 회사의 세율이 10%라면 회계적 손익분기 매출액은 얼마인가?

d. 이 회사의 세율이 10%라면 경제적 손익분기 매출액은 얼마인가?

15. 경제적 손익분기점. 한 재무분석가가 6년 동안 정액법을 사용하는 투자안에 대해 회계적, 그리고 경제적 손익분기 매출액을 계산하였다. 이 투자안 관리자는 회사가 초기에 정액법 보다 더 많은 부분을 감가상각할 수 있다면 이들 추정치가 어떻게 변화할지를 알고 싶어 한다. 회사의 세율은 21%이다. (학습목표 10-3)

a. 투자 첫해에 회계적 손익분기 매출액은 증가하는가 아니면 감소하는가?

b. 투자 첫해에 경제적 손익분기 매출액은 증가하는가 아니면 감소하는가?

c. 당신이 이 분석가에게 충고한다면, (a) 또는 (b)에 대한 답이 중요한가? 특히 가속 감가상각법으로 전환하는 것이 투자안을 더 매력적으로 만든다고 말하겠는가?

16. 경제적 손익분기점. 블루퍼의 광산 프로젝트를 다시 생각해 보자. 처음에 $100만를 추가로 투자하면 변동 비용을 매출의 35%로 줄일 수 있다고 가정하자. (학습목표 10-3)

a. 기본 사례 가정(스프레드시트 10.1)을 사용하여 이 교체 계획의 NPV를 찾으시오.

b. 만약 회사가 새로운 투자를 한다면 회계상의 이익은 어느 수준에서 변하지 않을 것인가? 장비가 원래의 예와 같은 정액법 감가상각 처리를 받는다고 가정하자. (힌트: 고정 및 변동 비용에 대한 프로젝트의 점증적 영향에 초점을 맞춘다.)

c. 경제적 손익분기점은 얼마인가?

17. 손익분기점 분석과 NPV. 문제 16의 블루퍼 프로젝트가 회계 손익분기점에서 운영되는 경우 NPV는 양수(+)인가, 음수(-)인가? (학습목표 10-3)

18. 영업 레버리지. 당신의 한우 농장이 정상적인 경제 상황에서는 $400만의 매출에 $100만의 이익을 발생하고, 영업 레버리지도는 8이라고 주장한다. (학습목표 10-4)

a. 매출액이 $350만로 나타나면 이익은 얼마인가?

b. 매출액이 $450만면 이익은 얼마인가?

19. 영업 레버리지. (학습목표 10-4)

a. 매출액이 $7,000라면 Modern Artifacts(문제 14)의 영업 레버리지도는 얼마인가?

b. 매출액이 $12,000라면 영업 레버리지도는 얼마인가?

c. 두 매출액 수준에서 영업 레버리지는 왜 다른가?

20. 영업 레버리지. 수익성 있는 기업에 대해 영업 레버리지도의 가능한 최저값은 얼마인가? Modern Artifacts(문제 14)의 고정비가 0이고 감가상각비가 0이라면 DOL=1이며 매출액과 이익은 직접 비례한다. 따라서 매출액의 1% 변동이 이익의 1% 변동을 가져온다는 것을 수치 예를 들어 보여라. (학습목표 10-4)

21. 영업 레버리지. 어떤 투자안은 매년 $1,000의 고정비가 들며, 매년 $500의 감가상각비와 $6,000의 매출액을 갖는다. 변동비는 매출액의 3분의 2이다. (학습목표 10-4)

a. 매출액이 10% 증가하면 세전 이익은 얼마나 증가하는가?

b. 투자안의 영업 레버리지도는 얼마인가?

22. 투자안 옵션. 10.5절에서는 4가지 유형의 실물옵션에 대해 설명하고 있다. 다음 각 경우에 대해 어떤 유형의 옵션이 포함되는지 명시하시오: (학습목표 10-5)

a. Deutsche Metall은 주요한 공장 확장을 연기한다. 이 확장은 할인된 현금흐름 기준으로 양(+)의 NPV를 가지고 있지만, 진행하기 전에 경영진은 제품 수요가 어떻게 증가하는지 확인하려고 한다.

b. Western Telecom은 유럽 시장을 위해 특별히 설계된 디지털 전환 장비의 생산을 약속한다. 이 프로젝트는 음(-) NPV를 가지고 있지만, 급성장하고 잠재적으로 매우 수익성이 높은 시장에서 강력한 시장 지위의 필요성에 의해 전략적 근거에서 정당화된다.

c. Western Telecom은 새로운 스위치를 위한 완전 통합되고 자동화된 생산 라인을 거부한다. 표준 장비보다 저렴한 장비에 의존한다. 할인된 현금흐름 계산에 따르면 자동화 생산라인이 전반적으로 더 효율적이다.

d. Mount Fuji Airways는 화물기에서 승객용으로 빠르게 전환될 수 있는 특수 장비를 갖춘 점보 제트기를 구입한다.

23. 투자안 옵션. 전망이 밝은 유전의 석유 매장량에 대한 당신의 중간적인 예상은 1,000만 배럴이다. 그러나 사실 매장량이 1,500만 배럴일 가능성이 50%이고, 500만 배럴일 가능성이 50%이다. 실제 매장량이 1,500만 배럴이면 시추에서 얻는 현금흐름의 현재가치는 $800만이 된다. 매장량이 500만 배럴이라면 현재가치는 단지 $200만이 될 것이다. 시추하는데 $300만이 든다. $10만가 드는 지진 실험으로 지하의 매장량을 확인할 수 있다고 가정하자. 실험할 가치가 있는가? 답을 정당화하기 위해 의사결정수를 사용하라. (학습목표 10-5)

24. 투자안 옵션. 어떤 은 광산은 온스 당 $32의 변동비로 은 1만 온스를 생산할 수 있다. 이 광산을 운영하는 고정비는 매년 $40,0000이다. 기간 중 절반은 은이 온스당 $48에 판매될 수 있고 나머지 기간에는 온스당 단지 $24에 판매될 수 있다. 세금은 무시한다. (학습목표 10-5)

a. 광산이 상시 운영되고 은은 항상 채굴된 해에 판매된다면, 광산에서 얻게 되는 평균 현금흐름은 얼마인가?

b. 이제 은 가격이 낮은 해에는 추가적인 비용 없이 광산 문을 닫을 수 있다고 가정하자. 이 광산의 평균 현금흐름은 어떻게 되는가?

25. 투자안 옵션. 건설하는데 $1억가 드는 한 자동차 공장이 신차를 생산할 수 있다. 이 신차는 성공적이면 $1억 4,000만의 현재가치를, 그렇지 않으면 겨우 $5,000만의 현재가치를 갖는 현금흐름을

제공한다. 당신은 성공 확률은 겨우 50% 정도라고 믿고 있다. 이 공장이 지어진 직후에야, 신차가 성공적일지 아닐지를 알 수 있다. (학습목표 10-5)

a. 공장을 짓겠는가?

b. 신차가 성공적이지 않으면 공장을 다른 자동차 업체에 $9,500만에 팔 수 있다고 하자. 이제 공장을 짓겠는가?

c. 의사결정수를 이용하여 (b)에서 포기옵션을 나타내라.

26. **생산 옵션.** 생산을 확장하거나 축소할 수 있는 옵션이 미래 영업 환경에 대한 예상이 가장 불확실할 때 가장 가치 있는 이유를 설명하라. (학습목표 10-5)

27. **의사결정수.** 10.5절의 Finance in Practice 박스는 대한항공이 737기를 추가로 구입할 수 있는 선택권을 설명하고 있다. 항공사가 직면한 미래의 선택을 보여주는 의사결정수를 그리시오. (학습목표 10-5)

28. **투자안 분석.** New Energy는 새로운 바이오 연료 공장을 평가하고 있다. 이 공장을 건설하는데 $40억가 들고 매년 4천만 배럴의 합성 연료를 생산할 수 있다. 이 제품은 일반적인 석유를 대체할 수 있고 같은 가격에 팔릴 것이다. 석유의 현재 시장가격은 배럴당 $100를 중심으로 변동하고 있으나, 미래 가격은 상당히 불확실하다. 생산과정에 투입되는 유기물 원료의 변동비는 배럴당 $82로 추정되고 안정적일 것으로 예상한다. 추가로 시설의 연간 유지비는 생산 수준에 관계없이 $1억이다. 공장은 내용연수가 15년이고 즉각적으로 100% 감가상각이 가능하다. 처리 비용을 뺀 잔존가치는 무시할 만하다. 제품의 수요는 예측하기 어렵다. 고객의 수용도에 따라 판매량은 연간 2천5백만에서 3천5백만 배럴이 될 것이다. 할인율은 12%이고 회사의 세율은 21%이다. (학습목표 10-3, 10-4, 10-5)

a. 다음 석유 가격과 판매량의 조합에 대해 투자안 NPV를 구하라. 어떤 불확실성이 투자안의 성공에 가장 중요한가?

연간판매량	유가		
	$80/배럴	$100/배럴	$120/배럴
2천 5백만 배럴	(i)	(ii)	(iii)
3천만 배럴	(iv)	(v)	(vi)
3천 5백만 배럴	(vii)	(viii)	(ix)

b. 유가가 $100일 때 NPV 손익분기가 되려면, 공장의 내용연수 동안 연간 판매량이 얼마가 되어야 하는가? (당신이 엑셀의 고급 기능인 목표값 찾기(Goal Seek)명령에 익숙하지 않으면 이 문제를 시행착오법으로 풀어야 한다.)

c. 유가가 $100일 때 매년 회계적 손익분기점은 얼마인가? 이것이 왜 해마다 변하는가? 손익분기점의 이러한 점이 타당하게 보이는가?

d. (a)의 각 시나리오가 발생할 확률이 같다면 이 시설의 기대 NPV는 얼마인가?

e. (d)의 답에도 불구하고 왜 이 공장을 지을 가치가 있는가? (힌트: 회사가 저유가 시나리오에서 손실을 피하기 위해 취할 수 있는 실물옵션은 무엇인가?)

웹 연습문제 WEB EXERCISES

1.   컴퓨터 한 대를 생산하는 데 드는 Hewlett-Packard의 증분 비용을 짐작할 수 있는가? 아마 지갑이나 지갑에 그 정도의 돈은 있을 것이다! 이는 회사에 상당한 운

영 레버리지를 제공한다. HP(ticker 기호 HPQ)의 영업 레버리지도를 추정해 보자. finance.yahoo.com에서 연간 손익계산서를 찾으시오. 판매, 일반, 행정, R&D 및 감가상각 비용은 고정되어 있으며 매출원가(Yahoo!는 cost of revenue라고 표시함)는 가변적이라고 가정하자. 지난 해 HP의 운영 레버리지도(연간)를 추정하시오.

연도 :	0	1	2	3	4	5	6
B. 고정자산							
투자금액	15,000						
고정자산 매각금액							1,580
고정자산에 투자된 현금흐름	−15,000						1,580
C. 영업현금흐름							
매출액		12,000	12,600	13,230	13,892	14,586	
변동비		4,800	5,040	5,292	5,557	5,834	
고정비감가상각비		4,000	4,200	4,410	4,631	4,862	
세전 이익		3,000	3,000	3,000	3,000	3,000	
세금		200	360	528	704	890	
법인세 차감후 이익		42	76	111	148	187	
영업현금흐름		158	284	417	556	703	
		3,158	3,284	3,417	3,556	3,703	
D. 운전자본							
운전자본	1,320	3,386	3,555	3,733	3,920	2,431	0
운전자본의 변화	1,320	2,066	169	178	187	−1,489	−2,431
운전자본에 투자된 현금흐름	−1,320	−2,066	−169	−178	−187	1,489	2,431
E. 투자안 평가							
전체 투자안 현금흐름	−16,320	1,092	3,115	3,239	3,370	5,192	4,011
할인요소	1.000	0.893	0.797	0.712	0.636	0.567	0.507
현금흐름의 현재가치	−16,320	975	2,483	2,306	2,142	2,946	2,032
NPV	−3,436						

셀프테스트 해답 SOLUTIONS TO SELF-TEST QUESTIONS

10.1 블루퍼 광산의 수정된 평가는 다음과 같다.

10.2 두 방법 모두 입력값에 대한 가정에 의해 NPV가 어떻게 변하는지를 계산한다. 민감도 분석은 입력값을 한 번에 하나씩 변경시킨다. 반면, 시나리오 분석은 한 번에 여러 변수를 변경시키는데, 이 변경은 투자안을 전체로서 파악하면서 일관된 시나리오를 가지고 이루어져야 한다.

10.3 일반적인 시나리오에서는 손익분기점이 $1,000만의 매출에서 발생한다. 현재 초기 투자가 $1,200만에 불과하다면 연간 감가상각 비용은 $1,200만/5=$2,400,000로 떨어지며, 이는 $60만 감소이다. 매출 $1당 이익에 $0.6씩 기여하기 때문에 매출액은 회계이익이 마이너스로 돌아서기 전에 $60만/0.6=$100만 감소할 수 있다.

따라서 회계적 손익분기점은 $10,666,667의 매출에서 발생할 것이다. 확인해
보자.

매출액	$10,666,667
변동비	4,266,667
고정비	4,000,000
감가상각비	2,400,000
세전 이익	0

10.4   손익분기점 분석은 NPV=0인 판매량 또는 매출액을 구한다. 민감도 분석은 이것
과 다른 입력변수를 낙관적 및 비관적인 값으로 변화시켜 NPV를 다시 계산한다.

10.5   매출액이 정상 수준일 때와 10% 증가할 때에 표 10.4를 다시 계산하면 다음과 같
다. (단위: 천 달러)

	고정비가 많은 경우		변동비가 많은 경우	
	정상	호황	정상	호황
매출액	15,000	16,500	15,000	16,500
−변동비	6,000	6,600	8,000	8,800
−고정비	4,000	4,000	2,000	2,000
−감가상각비	3,000	3,000	3,000	3,000
=세전 이익	2,000	2,900	2,000	2,700

고정비가 많이 들어가는 정책을 채택할 때 이익은 $2,000,000에서 $2,900,000로
45% 증가한다. 변동비가 많이 들어가는 정책을 채택할 때 이익은 35% 증가한다.
두 경우 모두 이익의 백분율 증가는 매출액의 백분율 증가에 DOL을 곱한 것과
같다. 이것은 DOL이 매출액 변동에 대한 이익의 민감도를 측정한다는 것을 보여
준다.

10.6   그림 10.5를 보라. 기술 A는 수요가 클 때 더 큰 NPV를 제공한다. 반면, 기술 B는
수요가 예상보다 작을 때 더 많은 잔존가치를 갖는 이점이 있다.

10.7   포기옵션, 유연 생산 설비에 따른 옵션, 투자시기옵션

그림 10.5 .Wlgeon Company의
의사결정수 예시

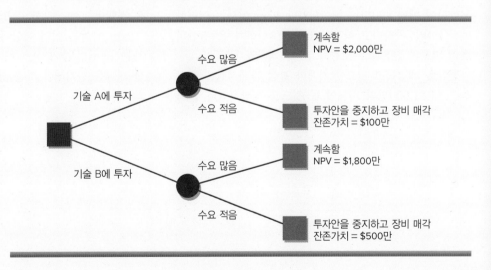

미니 케이스

Peru Resources의 CEO인 Maxine Peru는 그녀 앞에 놓인 테이블 위의 맛 좋은 꼬치구이 요리와 꼬르똥 샤를 마뉴 94년산 포도주를 거의 알아차리지 못했다. 그녀는 임원 전용 식당에 들어서자마자 그녀에게 전해진 공학 보고서에 몰두했다.

이 보고서는 Zircon산의 North Ridge에 위치한 새로운 광산에 대한 제안을 설명하고 있었다. Peru 여사의 회사가 보유한 그곳의 땅에서 뛰어난 지르코늄 광맥이 발견되었다. 시험 채굴을 해보니 7년 동안 매년 뛰어난 지르코늄 340톤을 생산할 수 있는 충분한 매장량을 갖고 있었다.

아마도 이 광맥은 수화 지르콘 보석 원석을 포함하고 있을 것이다. 이러한 지르콘의 양과 질을 예측하기는 매우 어렵다. 왜냐하면 이것들은 "포켓(pocket)"으로 나타나는 경향이 있기 때문이다. 이러한 새 광산은 하나, 둘, 또는 아주 많은 포켓에 걸쳐 나타날지도 모른다. 광산 기술자는 매년 £150가 발견될 수 있을 것으로 예상하였다. 품질이 좋은 수화 지르콘 보석 원석의 현재 가격은 파운드당 $3,300였다. Peru Resources는 $400만의 현금을 포함하여 총 $4,500만의 자산을 보유한 가족소유 회사였다. 새 광산에 필요한 자금을 투입하는 것은 중요한 투자였다. 다행히 Peru Resources는 보수적으로 자본을 조달하였다. 그리고 Peru 여사는 회사가 약 8%의 이자율로 $900만까지 차입할 수 있다고 믿었다.

이 광산의 운영비는 고정비 $40만와 변동비 $50만를 포함하여 매년 $90만로 예상되었다. Peru 여사는 이러한 예상 L이 정확하다고 생각하였다. 중요한 의문은 광산의 초기 비용과 좋은 지르코늄의 판매가격이었다.

광산을 개장하고 필요한 기계와 광석 파쇄시설을 설치하는 데 $1,000만의 비용이 들 것으로 예상하였다. 그러나 비용이 10% 또는 15% 초과하는 것은 광산업에서는 흔히 있는 일이었다. 덧붙여 새로운 환경 규제가 입법화된다면 비용은 $150만만큼 증가할 수 있다.

이 광산에 대해 좀 더 값싼 설계가 있다. 이것은 비용을 $170만 만큼 감소시키고 초과 비용에 대한 불확실성의 많은 부분을 제거한다. 불행히도 이 설계는 훨씬 많은 고정 운영비가 있어야 한다. 고정비는 예상된 생산수준에서 매년 $85만로 증가할 것이다.

좋은 지르코늄의 현재 가격은 톤당 $10,000였다 그러나 미래 가격에 대해 전혀 일치된 의견이 없었다. 어떤 전문가는 톤당 $14,000까지 급속한 가격 상승을 예상하였다. 다른 한편에서는 톤당 $7,500로 가격이 하락할 것이라고 말하는 비관적인 사람도 있었다. Peru 여사는 어느 쪽도 확신할 수 없었다. 그녀가 할 수 있는 최선은 가격이 매년 약 3.5% 물가상승에 따라 상승할 것으로 추측하는 것이었다. (광산 운영비도 물가상승에 따라 증가할 것이다.)

Peru 여사는 광산업에 폭넓은 경험이 있었다. 그리고 그녀는 비슷한 투자안에서 투자자들이 보통 적어도 14%의 예상 명목수익률을 원한다는 것을 알고 있었다.

당신은 이 투자안을 평가하는 데 Peru 여사를 지원해주도록 요청을 받았다. 기본 상황에서 NPV 분석을 하고 민감도, 시나리오 또는 적절한 손익분기점 분석을 하라. Peru Resources가 30% 세금을 지급한다고 가정하자. 또한 단순화를 위해 세금 목적상 광산 투자액은 7년에 걸쳐 정액법으로 상각할 수 있다고 가정하자.

Peru 여사는 어떤 예상이나 시나리오를 가장 염려해야 하는가? 어떤 추가 정보가 가장 도움이 될 것인가? 새 광산 개발을 연기해야 하는 경우가 있는가?

11

위험, 수익률, 기회자본비용의 개요

학습목표

11-1 "평균적 위험"을 갖는 투자안의 기회자본비용을 추정할 수 있다.

11-2 개별 보통주와 주식 포트폴리오의 수익률과 표준편차를 계산할 수 있다.

11-3 분산투자가 위험을 감소시키는 이유를 알 수 있다.

11-4 분산투자로 제거할 수 있는 고유위험과 제거할 수 없는 시장위험을 구별할 수 있다.

위험자산에 투자하는 것은 도박과 같지 않다. 여러분은 본 장을 읽고 나서 주식시장에서 위험에 대한 보상을 이해하고 도박과의 차이를 설명할 수 있어야 한다.
©All kind of people/Shutterstock

앞선 장들에서 우리는 투자안의 위험에 관한 문제를 고려하지 않았다. 이제 이 문제를 직접적으로 다뤄보고자 한다. "기회자본비용은 투자안의 위험에 달려 있다."와 같은 애매모호한 말에 더는 만족할 수 없다. 우리는 위험을 측정하는 방법을 알아야 하고, 위험이 어떻게 자본비용에 영향을 미치는지 이해해야 한다. 이것이 다음 두 장의 주제가 된다.

투자안의 자본비용이 무엇을 의미하는지를 생각해보자. 이는 주주가 위험 수준이 동일한 다른 증권에 투자할 때 얻을 수 있다고 기대하는 수익률이다. 따라서 자본비용을 추정하는 한 가지 방법은 투자안과 위험 수준이 같은 증권을 찾아 이 증권의 기대수익률을 추정하는 것이다.

우리는 여러 투자로부터 과거에 얻은 수익률을 살펴봄으로써, 특히 안전한 증권보다는 위험이 큰 증권에 투자하여 얻은 초과수익률을 집중해서 살펴보는 것으로, 분석을 시작한다. 그 다음 포트폴리오의 표준편차를 계산하여 위험을 측정하는 방법을 공부하고, 주식시장에 투자하는 것이 얼마나 위험한가를 알아보기 위해 다시 한 번 과거 역사를 살펴본다.

마지막으로 분산투자의 개념을 살펴본다. 대부분의 투자자는 모든 달걀을 한 바구니에 담지 않는다. 즉, 분산투자를 한다. 따라서 투자자들은 개별 증권의 위험을 분리하여 고려하지 않는다. 대신 그들은 분산된 포트폴리오의 위험에 개별 증권이 얼마나 공헌하는가를 고려한다. 따라서 우리는 분산투자로 제거할 수 있는 위험과 제거할 수 없는 위험을 구별할 필요가 있다.

11.1 수익률: 복습

투자자가 주식이나 채권을 살 때 수익은 다음 두 가지 형태로 나타난다. (1) 배당 또는 이자, (2) 자본이득 또는 자본손실. 예를 들어, 여러분이 2017년에 뛰어난 경영성과를 올린 회사 중 하나인 보잉(Boeing)사의 주식을 2017년 초에 매입했다고 가정해보자. 매입 당시 주가는 주당 \$150.71였다. 연말까지 이 투자의 가치가 \$293.46로 증가하여, 자본이득이 \$293.46−\$150.71=\$142.75 발생하였다. 추가로 보잉사는 2017년에 주당 \$5.68의 배당을 지급하였다.

이 투자의 수익률(percentage return)은 다음과 같다.

$$\text{수익률} = \frac{\text{자본이득}+\text{배당}}{\text{기초 주가}} = \frac{\$142.75+\$5.68}{\$150.71} = 0.985, \text{ 또는 } 98.5\% \qquad (11.1)$$

이 수익률을 배당수익률(dividend yield)과 자본이득률(percentage capital gain)의 합으로 나타낼 수 있다. 배당수익률은 배당을 연초 주가의 백분율로 나타낸 것이다.

$$\text{배당수익률} = \frac{\text{배당}}{\text{기초 주가}} = \frac{\$5.68}{\$150.71} = 0.038, \text{ 또는 } 3.8\%$$

마찬가지로 자본이득률은 다음과 같다.

$$\text{자본이득률} = \frac{\text{자본이득}}{\text{기초 주가}} = \frac{\$142.75}{\$150.71} = 0.947, \text{ 또는 } 94.7\%$$

따라서, 총수익률은 3.8%+94.7%=98.5%이다.

5장에서 명목수익률(이자율)과 실질수익률(이자율)을 구별했던 것을 떠올려보자. 명목수익률은 당신이 오늘 투자하면 연말에 얼마의 돈을 더 얻게 되는가를 측정한다. 따라서 지금까지 보잉사의 주식에 대해 계산한 수익률은 명목수익률이다. 실질수익률은 연말에 그 돈으로 얼마만큼을 더 살(buy) 수 있게 되는가를 나타낸다. 명목수익률을 실질수익률로 환산하기 위해서 다음 관계식을 이용한다.

$$1+\text{실질수익률} = \frac{1+\text{명목수익률}}{1+\text{물가상승률}}$$

2017년에 물가상승률은 2.1%였다. 따라서 보잉사 주식의 실질수익률은 다음과 같이 계산한다.

$$1+\text{실질수익률} = \frac{1.985}{1.021} = 1.944$$

실질수익률은 0.944, 즉 94.4%이다. 2017년의 물가상승률이 높지 않았기 때문에 실질수익률은 명목수익률보다 조금 낮은 수준을 기록하였다.

11.1 셀프테스트

연간 \$80의 이자를 지급하는 15년 만기 채권을 \$1,020에 매입했다고 하자. 1년 후 이자율이 하락하였고 채권가격은 \$1,050로 상승하였다. 명목수익률과 실질수익률은 각각 얼마인가? 단, 물가상승률은 4%로 가정하라.

11.2 자본시장 100년사

주식에 투자할 때 수익률이 얼마가 될지 알 수 없다. 그러나 증권 수익률의 역사를 살펴보면, 투자자들이 다양한 증권에 투자할 때 부담하게 되는 위험과 그에 따른 합리적인 수준의 기대수익률을 짐작해 볼 수 있다. 따라서 투자자들이 과거에 경험한 위험과 수익률을 살펴보도록 하자.

시장지수

투자자들은 수많은 증권 중에서 선택할 수 있다. 예를 들어, 현재 약 2,800종목의 보통주가 뉴욕증권거래소에서 거래되고 있으며, 추가로 3,300종목의 보통주가 나스닥(NAS-DAQ) 주식시장에서 거래되고 있다.

시장지수(market index)
시장 전체의 투자성과에 대한 측정치.

다우존스 산업평균 주가지수
30개 대기업 주식을 한 주씩 보유하는 포트폴리오 성과. 다우지수라고도 한다.

재무분석가는 모든 주식을 추적할 수는 없기 때문에 여러 범주의 증권 수익률을 요약하는 **시장지수**(market index)에 의존한다. 미국에서 가장 잘 알려진 시장지수는 보통 다우지수라고 하는 **다우존스 산업평균 주가지수**(Dow Jones Industrial Average)이다. 다우지수는 30개 대기업 주식을 한 주씩 보유하는 포트폴리오의 성과를 나타낸다. 예를 들어, 다우지수가 어느 날 24,000으로 시작하여 24,240으로 240포인트 올랐다고 하자. 30개 회사의 주식을 한 주씩 소유한 투자자들은 240/24,000=0.01, 즉 1%의 자본이득을 얻는다.[1]

다우존스 산업평균 주가지수는 1896년에 처음으로 산출되었다. 이제 많은 사람들이 이것에 익숙해져서, 6시 뉴스에서 이와 관련된 소식을 듣길 기대한다. 그러나 다우지수를 주식시장의 성과를 측정하는 가장 좋은 측정치라고 말하기는 어렵다. 첫째, 단지 30개 대형주만으로는 주식시장 전체의 성과를 대표하지 못한다. 둘째, 투자자들은 대개 각각의 회사 주식을 똑같은 수로 보유하지 않는다. 예를 들어, 2018년에 화이자(Pfizer)의 주식은 59억 주가 있었고, 보잉(Boeing)은 약 5.9억 주가 있었다. 따라서 투자자는 평균적으로 두 기업의 주식을 같은 수로 보유하지 않았다. 대신, 그들은 보잉보다 화이자의 주식을 10배 이상 보유하였다. 따라서 두 기업 주식을 같은 수로 편입한 포트폴리오의 성과를 측정하는 지수를 살펴보는 것은 타당하지 않다.

스탠다드앤푸어스 종합주가지수
500개의 대기업 주식으로 구성된 포트폴리오의 투자성과에 대한 지수. S&P 500이라고도 한다.

스탠다드앤푸어스 종합주가지수(Standard & Poor's Composite Index)는 S&P 500으로 더 잘 알려져 있는데, 500개 주요 기업의 주식을 포함하기 때문에 다우지수보다 더 포괄적이라고 할 수 있다. 또한 이 지수는 투자자에게 발행된 주식 수에 비례하여 각 회사 주식을 보유하는 포트폴리오의 성과를 측정한다. 예를 들어, S&P 포트폴리오는 보잉보다 화이자 주식을 10배 많이 보유하고 있을 것이다. 따라서 S&P 500은 이 500개 기업에 투자할 때의 평균적인 성과를 보여준다.

공개된 기업 중 극히 일부만이 S&P 500에 포함된다. 하지만 이들은 미국에서 규모가 가장 큰 기업에 해당하며, 주식시장 가치의 약 80%를 차지한다. 따라서 전문 투자자들에게 성공이란 보통 "S&P지수보다 더 나은 수익률을 달성하는 것"을 의미한다.

월셔(Wilshire) 5000과 같이 주식시장 지수 중 일부는 매우 많은 수의 주식을 포함하며, 어떤 지수는 소기업 주식과 같은 특정 그룹의 주식에 초점을 맞추기도 한다. 또, 일본 도쿄의 니케이(Nikkei) 지수와 영국 런던의 파이낸셜타임스(Financial Times : FT) 지수(FTSE) 같은 다른 나라의 주식시장 지수도 있다. 심지어 MSCI(Morgan Stanley Capital International)는 세계 주식시장 지수를 계산한다. 파이낸셜타임스와 스탠다드앤푸어스도 공동으로 자체적인 세계 지수를 발표하고 있다.

---

1) 대부분의 주식시장 지수는 포트폴리오의 시장가치를 나타낸다. 이 포트폴리오의 총수익률을 계산하려면 지급된 배당을 모두 더해야 한다.

역사적 기록

주식과 채권시장 지수의 역사적인 수익률을 살펴보면, 다양한 투자수단에 대한 전형적인 성과를 짐작해 볼 수 있다. 딤슨, 마쉬, 스톤튼(Elroy Dimson, Paul Marsh, and Mike Staunton)은 1900년 이래 세 종류의 증권 포트폴리오에 대한 투자 성과 측정치를 수집하였다.

1. 미국 정부가 매주 발행한 3개월 융자 포트폴리오. 이 융자를 재정증권(Treasury bill) 이라고 한다.
2. 미국 정부가 발행한 약 10년 만기의 장기국채(Treasury bond) 포트폴리오
3. 분산된 보통주(common stock) 포트폴리오

이들 포트폴리오는 위험 수준이 같지 않다. 그 중에서 재정증권(Treasury bill)은 여러분이 할 수 있는 가장 안전한 투자이다. 재정증권은 미국 정부가 발행하기 때문에 이 증권이 상환되리라고 확신할 수 있다. 이 증권의 만기가 짧다는 것은 가격이 상대적으로 안정적이라는 것을 의미한다. 사실 3개월 동안 돈을 빌려주려고 하는 투자자는, 3개월 만기 재정증권을 매입함으로써 확실한 지급금(payoff)을 확보할 수 있다. 물론 투자자는 이 돈으로 물품을 얼마만큼 살 수 있을지는 확신할 수 없다. 왜냐하면 아직 물가상승에 대한 불확실성이 약간 남아있기 때문이다.

장기국채도 만기에 확실히 상환된다. 그러나 이 채권의 가격은 이자율이 변동함에 따라 달라질 수 있다. 이자율이 하락하면, 장기채권의 가치는 상승한다. 반면, 이자율이 상승하면 장기채권의 가치는 하락한다.

보통주는 세 종류의 증권 중에서 가장 위험하다. 보통주에 투자할 때 투자한 원금을 모두 회수할 것이라는 보장은 없다. 주식회사의 부분적인 소유자로서 주주는, 채권과 다른 부채가 모두 상환되고 남는 것을 지급받는다.

그림 11.1은 모든 배당과 이자 수입이 각 포트폴리오에 재투자되었다고 가정했을 때, 세 증권 그룹의 성과를 보여준다. 포트폴리오의 성과가 우리의 직관적인 위험 순위에 잘 들어맞는다는 것을 볼 수 있다. 보통주는 가장 위험한 투자이지만 이득 또한 가장 크다. 만약 1900년 초에 보통주 포트폴리오에 $1를 투자했다면, 2018년 초에 $47,661로 증가

그림 11.1 1900년 초에 $1 투자가 2018년 초에 얼마로 증가하였는가? (지수 값은 로그 스케일로 그려짐)

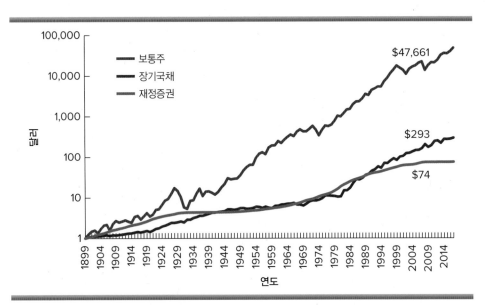

출처: P. R. Marsh, and M. Staunton, *Triumph of the Optimists*: *101 Years of Global Investment Returns* (Princeton, NJ: Princeton University Press, 2002), with updates kindly provided by *Triumph's* authors.

표 11.1 1900~2017년간 미국 재정증권과 장기국채, 그리고 보통주의 평균 수익률(단위는 연간 %)

포트폴리오	연평균 수익률	평균 위험프리미엄
재정증권	3.8%	
장기국채	5.3	1.5%
보통주	11.5	7.7

출처: E. Dimson, P. R. Marsh, and M. Staunton, *Triumph of the Optimists: 101 Years of Global Investment Returns* (Princeton, NJ: Princeton University Press, 2002), with updates kindly provided by *Triumph's* authors.

했을 것이다. 반면, 재정증권에 $1를 투자했다면 단지 $74로 증가하는 데 그쳤을 것이다.

표 11.1은 이들 포트폴리오 각각의 연평균 수익률을 보여준다. 이들 수익률은 우리가 앞서 계산한 보잉(Boeing)의 수익률과 비교해볼 만하다. 다시 말해, 이들 수익률은 (1) 배당 또는 이자, (2) 자본 이득 또는 손실을 포함하고 있다.

가장 안전한 투자인 재정증권은 연평균 3.8%의 가장 낮은 수익률을 제공한다. 장기국채는 재정증권보다 약간 더 높은 수익률을 제공한다. 이 차이를 **만기 프리미엄**(maturity premium)이라 한다. 보통주는 그 자체가 하나의 범주를 구성한다. 보통주의 위험을 부담했던 투자자는 재정증권 수익률보다 연평균 7.7%의 초과 수익을 벌어들였다. 보통주를 소유하는 데 따른 위험을 부담하는 대가를 **시장위험프리미엄**(market risk premium)이라고 한다.

만기 프리미엄
단기채권에 비해 장기채권에 투자함으로써 얻을 수 있는 초과수익률.

시장위험프리미엄
위험에 대한 보상으로써, 무위험수익률에 대한 초과수익률.

보통주 수익률 = 재정증권의 이자율 + 시장위험프리미엄

역사적인 기록을 보면 투자자가 위험 자산을 보유할 경우 위험프리미엄을 받았다는 것을 알 수 있다. 고위험 자산에 대한 평균 수익률은 저위험 자산의 수익률보다 높다.

여러분은 평균 수익률을 측정하는데 왜 이렇게 오랜 기간을 되돌아보아야 하는지가 궁금할 것이다. 그 이유는 보통주의 연간 수익률 변동이 너무 심해 단기간에 걸친 평균은 의미가 없기 때문이다. 어떤 해에는 보통주 투자에 좋지 않은 충격이 와서 기대했던 것보다 상당히 낮은 수익률을 얻기도 한다. 다른 해에는 예상치 못한 좋은 충격이 와서 기대했던 것보다 높은 수익률을 얻을 수도 있다. 이같이 수익이 좋거나 나쁜 해를 모두 평균하여 투자자들이 정당하게 기대할 수 있는 수익률을 구해야 한다.

그림 11.2 보통주 수익률, 1900~2017

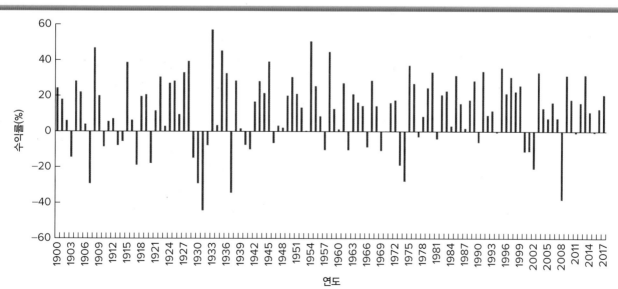

출처: E. Dimson, P. R. Marsh, and M. Staunton, *Triumph of the Optimists: 101 Years of Global Investment Returns* (Princeton, NJ: Princeton University Press, 2002), with updates kindly provided by *Triumph's* authors.

보통주는 가장 높은 평균 수익률을 제공하지만, 가장 위험한 투자이기도 하다. 그림 11.2는 1900년 이후 보통주에 대한 118개 연도의 연간 수익률을 보여준다. 보통주의 연간 수익률 변동은 상당히 크다. 투자자가 50% 이상 수익률을 얻었던 해가 두 번(1933년, 1954년)이었다. 그러나 그림 11.2는 주식시장에 투자하여 손해를 볼 수도 있다는 것을 보여준다. 가장 극적인 경우는 1929~1932년의 주식시장 붕괴였다. 쿨리지(Coolidge) 대통령이 "현재 주가가 싸다."라고 낙관적으로 언급한 직후, 주가는 급격히 더 낮아졌다. 1932년 7월까지 다우존스 산업평균 주가지수는 계속 떨어져서 89%나 하락하였다.

주식시장이 위험한 곳이라는 것을 알려고 그렇게 먼 시점까지 되돌아볼 필요는 없다. 2000년 3월 주식시장이 절정일 때 주식을 산 투자자는, 그 뒤 2년 반 동안 주가가 내려가는 것만을 보아야 했다. 2002년 10월까지 S&P 500은 49% 하락하였지만, 기술주 중심의 나스닥 시장은 78%나 하락하였다. 그러나 이것이 롤러코스터 장세의 마지막이 아니었다. 주식시장이 빠르게 회복된 후, 금융위기로 인해 2007년 10월부터 2009년 3월 사이에 주가는 다시 57%나 하락하였다.

또한 주가보다 그 폭은 훨씬 작지만, 채권가격도 변동한다. 국채 포트폴리오 투자자에게 최악의 해는 2009년이었다. 그 해 이들의 수익률은 −14.9%였다.

11.2 **셀프테스트**

여기 서로 다른 네 기간의 보통주와 재정증권 평균 수익률이 제시되어 있다.

	1900~1928	1929~1957	1958~1987	1988~2017
보통주	12.0%	9.8%	11.8%	12.5%
재정증권	4.9	1.0	6.0	3.1

이들 각 기간에서 주식의 위험프리미엄은 얼마였는가?

역사적인 증거를 이용하여 현재 시점의 자본비용 추정

기업이 기대현금흐름을 기회자본비용으로 할인하여 새로운 투자안의 현재가치를 계산하는 방법을 공부했던 8장을 다시 생각해보자. 기회자본비용은 기업의 지분보유자가 위험 수준이 비슷한 대안에 투자하지 않고, 지금 선택한 투자안에 투자함으로써 포기하는 수익률이다.

투자안이 확실하다면(위험이 없다면), 자본비용을 측정하는 것은 쉬운 일이다. 왜냐하면 주주는 미국 재정증권에 투자하면 확실한 수익을 얻을 수 있기 때문에, 기업은 최소한 재정증권 이자율을 벌어들일 수 있을 때만 이러한 무위험(즉 확실한) 투자안에 투자해야 한다. 그러나 투자안이 위험하다면(대부분의 투자안이 위험하다), 회사는 적어도 주주가 위험 수준이 비슷한 다른 증권에 투자할 때 얻을 것으로 기대하는 수익률을 벌어야 한다. 이것의 정확한 수치를 말하기는 쉽지 않지만, 지난 역사를 살펴보면 투자자가 위험한 보통주에 투자하여 벌어들일 것으로 기대하는 평균 수익률에 대한 아이디어를 얻을 수 있다.

여러분이 미국 주식시장의 보통주로 구성된 잘 분산된 포트폴리오와 위험 수준이 동일하다고 알고 있는(어떻게 아는지에 대해서는 나중에 다시 이야기하자) 투자안이 있다고 가정하자. 이 경우 투자안이 시장포트폴리오(market portfolio)와 같은 정도의 위험을 갖는다고 한다.

주주들은 이 투자안에 투자하는 대신 직접 시장포트폴리오에 투자할 수도 있다. 따라서 이 투자안의 기회자본비용은 주주들이 시장포트폴리오에서 얻을 것으로 기대하는 수익률이다. 이는 주주들이 이 투자안에 돈을 투자함으로써 포기하는 수익률이다.

투자안의 자본비용을 추정하는 문제는 시장포트폴리오의 현 시점에서 기대수익률을 추정하는 문제로 귀결된다. 기대시장수익률을 추정하는 한 가지 방법은 미래가 과거와 같을 것이며, 현 시점의 투자자는 표 11.1에 나온 평균 수익률을 얻을 것으로 기대한다고 가정하는 것이다. 이 경우 현 시점의 기대시장수익률은 과거 시장수익률의 평균인 11.5%라고 판단할 것이다.

불행히도 이것은 옳은 방법이 아니다. 투자자가 보통주에 투자할 때 매년 같은 수익률을 요구하지는 않을 것이다. 우리는 안전한 재정증권의 이자율이 시간에 따라 변한다는 것을 알고 있다. 1981년에 재정증권은 최고치인 14% 수익률을 제공했는데, 이는 표 11.1에 나온 재정증권의 평균 수익률보다 거의 10% 포인트가 높은 것이다.

1981년 보통주의 기대수익률을 추정해야 했다면 어떻게 했을까? 11.5%라고 했을까? 이것은 타당하지 않다. 재정증권에서 14%의 안전한 수익률을 얻을 수 있는데, 어느 누가 11.5%의 기대수익률을 얻으려고 위험한 주식시장에 투자하겠는가?

이보다 더 나은 방법은 재정증권의 현재 이자율에 표 11.1의 평균 위험프리미엄인 7.7%를 더해서 사용하는 것이다. 1981년 재정증권의 수익률이 14%일 때 이는 다음과 같다.

기대시장수익률(1981) = 재정증권의 이자율(1981) + 정상적인 위험프리미엄
= 14 + 7.7 = 21.7%

우변의 첫 번째 항은 1981년에 화폐의 시간가치를 나타낸다. 두 번째 항은 위험에 대한 보상을 나타낸다. 투자에 대한 기대수익률은, 투자자가 감수하는 기다림(화폐의 시간가치)과 걱정거리(특정 자산의 위험) 두 가지 모두에 대한 보상이다.

자, 오늘은 어떠한가? 이 책을 쓰는 2018년 초에 재정증권은 겨우 1.7%의 수익률만을 제공한다. 이는 보통주 투자자가 9.4%의 수익률을 얻고자 한다는 것을 의미한다.[2]

기대시장수익률(1981) = 재정증권의 이자율(2018) + 정상적인 위험프리미엄
= 1.7 + 7.7 = 9.4%

이 계산은 시장포트폴리오에 대해 정상적이고 안정적인 위험프리미엄이 존재하여, 기대 미래 위험프리미엄이 과거 위험프리미엄의 평균으로 측정될 수 있다는 것을 가정하고 있다. 그러나 100년 이상의 자료로도 시장 위험프리미엄을 정확히 측정할 수 없다. 또한, 오늘날 투자자가 위험에 대해 1900년대 초기 투자자들과 같은 보상을 요구할지도 확신할 수 없다. 이 모든 것 때문에 위험프리미엄이 실제로 정확히 얼마인지에 대해서는 논란의 여지가 많다.

많은 재무관리자와 경제학자들은 과거 장기 수익률이 이용 가능한 최선의 측정치라고 믿는다. 그 외 다른 사람들은 투자자들이 보통주를 보유하는 데 그렇게 큰 위험프리미엄을 요구하지는 않는다고 직관적으로 생각한다. 예를 들어, 최근 실시한 재무경제학자와 CFO들에 대한 설문조사들에서 공통적으로 역사적인 평균치보다 1~2% 정도 낮은 위험프리미엄이 제시되었다.[3]

---

2) 실제로는 약간 더 복잡하다. 예를 들어, 2018년에는 단기이자율이 상대적으로 낮아서 장기 프로젝트에서 요구하는 수익률을 측정하는 데 다소 적합하지 않았다. 다음 장에서 이 문제에 대해 자세히 다뤄보기로 한다.

3) 예를 들어, 2017년 12월에 미국 CFO들을 대상으로 실시한 설문조사에서는 3개월 만기 재정증권에 대해 평균 5.7%의 위험프리미엄을 예상한 반면, 같은 시기에 학자, 애널리스트, 펀드매니저를 대상으로 실시한 조사에서는 장기채권에 대한 값이긴 하지만 평균 5.4%의 시장위험프리미엄을 예상하였다. 이 수치들은 각각 다음을 참조하였다. Duke/CFO Magazine, Global Business Outlook Survey (Fourth Quarter 2017, http://www.cfosurvey.org/), P. Fernandez, V. Pershin, and I. Fernández Acín, "Market Risk Premium and Risk-Free Rate Used for 59 Countries in 2018: A Survey," (April 4, 2018, https://ssrn.com/abstract=3155709)

그림 11.3 1900~2017년의 20개 국가의 위험프리미엄. 보통주 수익률은 재정증권의 수익률보다 평균 약 7.4% 높았다.

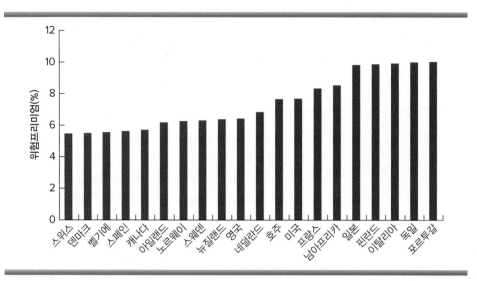

주: The data for Germany omit the hyperinflation years 1922 and 1923.
출처: Authors' calculations using data from E. Dimson, P. R. Marsh, and M. Staunton, *Triumph of the Optimists: 101 Years of Global Investment Returns* (Princeton, NJ: Princeton University Press, 2002), with updates kindly provided by *Triumph's* authors.

　　우리는 다른 나라의 경험을 살펴봄으로써 이 질문에 대해 더 깊은 통찰력을 얻을 수 있다. 그림 11.3은 미국의 위험프리미엄이 중간 정도 수준이라는 것을 보여준다. 스위스의 보통주는 이 그룹에서 가장 낮다. 스위스의 평균 위험프리미엄은 겨우 5.5%이다. 최고는 포르투갈로 프리미엄이 10.0%이다. 나라마다 프리미엄이 다른 이유 중의 하나는, 이것이 위험의 차이를 반영하기 때문일 것이다. 그러나 투자자들이 얼마를 기대했는지를 정확히 추정한다는 것이 얼마나 어려운가를 기억하자. 모든 나라에서 기대 위험프리미엄이 같다고 결론을 내려도 아마 크게 틀리지는 않을 것이다.

11.3 위험 측정

　　이제 우리는 몇 가지 벤치마크를 갖게 되었다. 안전한 투자안의 기회자본비용은 안전한 재정증권이 제공하는 수익률과 같아야 한다는 것을 알게 되었다. 또한 "평균적인 위험"을 갖는 투자안의 기회자본비용은 시장포트폴리오의 기대수익률과 같아야 한다는 것도 알게 되었다. 그러나 이 두 가지 간단한 경우를 제외한 다른 투자안의 자본비용을 추정하는 방법은 아직 알지 못한다. 투자 위험에 대해 더 깊이 이해해야 이것을 추정할 수 있다.
　　수류탄의 평균 신관 시간은 5초이지만, 이 평균 수치는 잠재적으로 관련된 많은 정보를 감추고 있다.[4] 이와 비슷하게, 여러분이 증권에 투자한다면, 투자수익률이 평균과 얼마나 다를 수 있는가를 측정하는 것이 필요하다.
　　투자수익률의 분포를 나타내는 방법 중 한 가지는, 그림 11.4와 같이 히스토그램(histogram)을 사용하는 것이다. 히스토그램의 막대는 1900~2017년 사이에 투자수익률이 특정 범위에 들어가는 연도 수를 나타낸다. 먼저 보통주의 성과를 보자. 보통주의 위험은 수익률의 범위가 넓게 퍼진 것으로 나타난다. 예를 들어, 어떤 해는 수익률이 +50%와 +60% 사이에 있지만, 어떤 해는 40%에서 50%의 손실이 발생하는 것을 볼 수 있다.
　　장기국채와 재정증권의 히스토그램은 비정상적으로 낮거나 높은 수익률의 발생빈도가 훨씬 적다는 것을 보여준다. 이러한 증권의 투자자는 보통주에 투자한 투자자보다 훨씬 더 투자 결과를 확신할 수 있다.

---

4) 여러분이 수류탄을 던지는 병사라면, 신관 시간이 평균에서 얼마나 변동하는지를 측정하는 것이 필요하다. 여러분은 안심해도 된다. 왜냐하면 신관 시간의 변동은 매우 작기 때문이다.

그림 11.4 주요 자산 범주의 역사적인 수익률(1900~2017년)

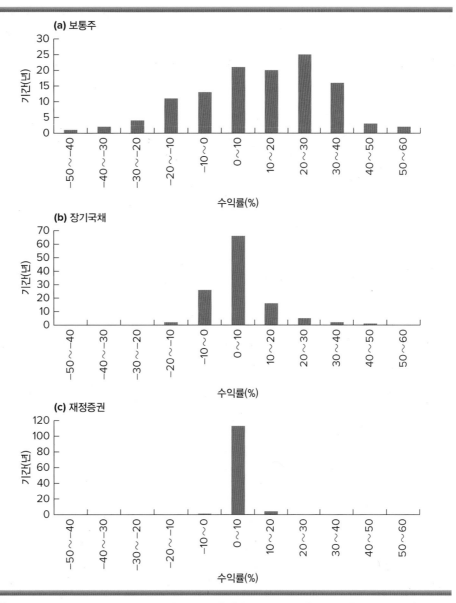

출처: Authors' calculations using data from E. Dimson, P. R. Marsh, and M. Staunton, *Triumph of the Optimists*: *101 Years of Global Investment Returns* (Princeton, NJ: Princeton University Press, 2002), with updates kindly provided by *Triumph's* authors.

분산과 표준편차

투자 위험의 크기는 산출 가능한 결과들이 흩어져 있는 정도(dispersion or spread)에 따라 결정된다. 예를 들어, 과거 성과의 분포를 나타낸 그림 11.4는 재정증권이나 채권의 수익률보다 보통주 수익률의 불확실성이 훨씬 크다는 것을 보여준다. 때때로 그림 11.4와 같은 그래프는 (과거) 분산도에 대해 알아야 할 모든 것을 말해주기도 한다. 그러나 일반적으로 그림으로는 충분하지 않다. 재무관리자에게는 위험의 크기를 정확히 알 수 있는 수리적인 측정치가 필요하다. 그 표준 측정치는 **분산**(variance)과 **표준편차**(standard deviation)이다.

여기 분산과 표준편차가 어떻게 계산되는지를 보여주는 매우 간단한 예가 있다. 여러분이 다음과 같은 게임을 할 기회를 얻었다고 가정하자. $100를 투자하는 것으로 시작한다. 그 뒤 동전 두 개를 던진다. 앞면이 하나 나타날 때마다 처음 투자한 금액의 20%

분산
평균과의 차이를 제곱하여 평균한 값. 변동성의 측정치.

표준편차
분산의 제곱근. 변동성의 측정치.

표 11.2 동전 던지기 게임. 분산과 표준편차를 계산하기

(1) 수익률(%)	(2) 기대수익률로부터의 편차(%)	(3) 편차의 제곱
+40	+30	900
+10	0	0
+10	0	0
−20	−30	900

주: 1. 분산 = 편차제곱의 평균 = 1,800/4 = 450
　　2. 표준편차 = 분산의 제곱근 = $\sqrt{450}$ = 21.2, 약 21%

씩 수익이 증가한다. 뒷면이 나타날 때에는 처음 투자한 금액의 10%씩 수익이 감소한다. 일어날 가능성이 동일한 네 가지 경우에 대한 결과는 다음과 같다.

- **앞면+앞면**: 20+20 = 40%를 얻는다.
- **앞면+뒷면**: 20−10 = 10%를 얻는다.
- **뒷면+앞면**: −10+20 = 10%를 얻는다.
- **뒷면+뒷면**: −10−10 = −20%를 얻는다.

수익률이 40%일 가능성이 1/4, 즉 0.25이고, 10%일 가능성이 2/4, 즉 0.5이며, −20%일 가능성이 1/4, 즉 0.25이다. 따라서 이 게임의 기대수익률은 이 가능한 결과들의 가중평균이다.

$$기대수익률 = 발생가능한 결과들의 확률 가중평균$$
$$= (0.25 \times 40) + (0.5 \times 10) + (0.25 \times -20) = +10\%$$

이 게임을 매우 여러 번 수행한다면, 평균 수익률은 10%가 될 것이다.

표 11.2는 이 게임 수익률의 분산과 표준편차를 계산하는 방법을 보여준다. 열 1은 일어날 가능성이 동일한 네 가지 결과를 보여준다. 열 2에서는 가능한 결과와 기대 결과의 차이를 계산한다. 가장 좋을 때 수익률이 기댓값보다 30% 크고, 가장 나쁠 때 수익률이 기댓값보다 30% 작다는 것을 알 수 있다.

열 2의 편차는 기대수익률과 실현된 수익률의 차이를 보여준다. 그러나 여러분이 기대수익률과 실제 수익률의 차이를 알고 싶다고, 열 2의 편차를 단순히 평균하는 것은 옳지 않다. 평균은 양의 편차와 음의 편차가 서로 상쇄되어 항상 0이 되기 때문이다. 이러한 문제를 피하고자, 편차를 평균하기 전에 제곱한다. 편차제곱은 열 3에 나와 있다. 분산은 편차제곱의 평균이며, 자연스럽게 분산도의 측정치가 된다.

$$분산 = 평균으로부터 편차를 제곱한 값의 평균 = \frac{1,800}{4} = 450 \qquad \textbf{(11.2)}$$

기대수익률에서 편차를 제곱할 때 측정 단위가 백분율(%)에서 백분율 제곱($\%^2$)으로 변하였다. 마지막 단계는 분산의 제곱근을 취하여 백분율로 돌아오는 것이다. 이것이 표준편차이다.

$$표준편차 = 분산의 제곱근 = \sqrt{450} = 21\% \qquad \textbf{(11.3)}$$

표준편차는 단순히 분산의 제곱근이므로, 이것도 또한 위험의 적절한 측정치이다. 게임의 결과가 확실하다면, 즉 모든 결과가 기대치와 동일하다면, 기대 결과로부터 편차가 없으므로 표준편차는 0이 된다. 우리는 미래에 무엇이 일어날지 모르기 때문에 실제 표준편차는 0보다 크다.

이제 두 번째 게임을 생각해보자. 동전의 앞면이 35% 이득을 의미하고 뒷면은 25% 손실을 나타낸다는 것을 제외하고는, 첫 번째 게임과 같은 방식이다. 일어날 가능성이 동일한 네 가지 경우에 대한 결과는 다음과 같다.

- **앞면+앞면**: 70%를 얻는다.
- **앞면+뒷면**: 10%를 얻는다.
- **뒷면+앞면**: 10%를 얻는다.
- **뒷면+뒷면**: 50%를 잃는다.

이 게임에서 기대수익률은 10%로 첫 번째 게임과 동일하다. 그러나 더 위험하다. 예를 들어, 첫 번째 게임에서 가능한 최악의 결과는 20% 손실로, 기대 결과보다 30% 더 나빴다. 두 번째 게임에서는 제일 안 좋은 결과가 50% 손실로, 기대 결과보다 60% 더 나쁘다. 결과의 편차가 커진 것은 표준편차에 나타나며, 표준편차는 첫 번째 게임의 21%에 비해 두 배인 42%이다. 이 측정치에 의하면, 두 번째 게임이 첫 번째보다 두 배 더 위험하다.

분산을 계산할 때 주의 사항

표 11.2의 분산을 계산할 때 우리는 발생 가능한 네 가지 결과를 각각 구별하여 기록하였다. 그러나 두 경우는 결과가 동일하다. 즉, 게임에서 0% 수익률일 가능성이 50%이고, 30% 수익률일 가능성이 25%, −30% 수익률일 가능성이 25%이다. 이는 각 편차제곱에 확률로 가중하고 그 결과를 합하여 분산을 계산할 수도 있음을 의미한다.

$$\text{분산} = \text{각 편차제곱에 확률로 가중한 것들의 합}$$
$$= 0.25 \times 30^2 + 0.5 \times 0 + 0.25 \times (-30)^2 = 450$$

11.3 셀프테스트

두 번째 동전 던지기 게임의 분산과 표준편차를 계산하라.

주식 수익률의 변동성 측정

주식시장에 투자하여 얻을 수 있는 가능한 결과의 편차를 추정할 때, 대부분의 재무분석가는 과거 수익률의 편차가 장래 일어날 것의 타당한 지표라 가정하고 시작한다. 따라서 그들은 과거 수익률의 표준편차를 계산한다. 예로써, 표 11.3에 있는 주식시장의 수익률 자료를 제공받았다고 가정하자. 2012년부터 2017년까지 6년 동안 평균 수익률은 15.2%였다. 이것은 6년 동안 수익률의 합을 6으로 나눈 것(91.3/6=15.2%)이다.

표 11.3 주식시장 수익률의 평균 수익률과 표준편차, 2012∼2017

연도	수익률(%)	기대수익률로부터의 편차(%)	편차의 제곱
2012	16.0%	0.8	0.64
2013	31.7%	16.5	272.25
2014	10.9%	−4.3	18.49
2015	−1.6%	−16.8	282.24
2016	13.0%	−2.2	4.84
2017	21.3%	6.1	37.21
Total	91.3		615.67
수익률의 평균=91.3/6=15.2%			
분산=편차 제곱의 평균=615.67/6=102.61			
표준편차=분산의 제곱근=10.13%			

출처: Authors' calculations using data from E. Dimson, P. R. Marsh, and M. Staunton, *Triumph of the Optimists: 101 Years of Global Investment Returns* (Princeton, NJ: Princeton University Press, 2002), with updates kindly provided by *Triumph*'s authors.

표 11.4 수익률의 표준편차, 1900~
2017

포트폴리오	표준편차(%)
재정증권	2.9
장기국채	9.0
보통주	19.7

출처: Authors' calculations using data from E. Dimson, P. R. Marsh, and M. Staunton, *Triumph of the Optimists: 101 Years of Global Investment Returns* (Princeton, NJ: Princeton University Press, 2002), with updates kindly provided by *Triumph*'s authors.

표 11.3의 열 2는 매년 수익률과 평균 수익률의 차이를 보여준다. 예를 들어, 2013년에 보통주의 수익률인 31.7%는 6년 평균보다 16.5%(31.7−15.2=16.5%) 높다. 열 3에서는 평균으로부터의 편차를 제곱한다. 분산은 이 편차제곱의 평균이다.[5]

$$분산 = 평균으로부터\ 편차를\ 제곱한\ 값의\ 평균 = \frac{615.67}{6} = 102.61$$

표준편차는 분산의 제곱근이기 때문에 다음과 같다.

$$표준편차 = 분산의\ 제곱근 = \sqrt{102.61} = 10.13\%$$

과거 6개의 결과만으로 증권의 위험을 측정하기는 어렵다. 표 11.4는 1900~2017년 기간에 대해 세 종류의 증권 포트폴리오의 연간 표준편차를 보여준다. 예상한 바와 같이, 재정증권은 변동이 가장 작은 증권이고 보통주는 변동이 가장 큰 증권이었다. 장기국채는 중간 정도였다.

물론 시장 변동성이 수년 동안 같다고 믿을 이유는 없다. 사실 많은 사람이 최근 몇 년간 주식시장이 ○○정당(여기에 여러분이 싫어하는 정당의 이름을 채워라)에 의한 무책임한 투기 탓에 변동성이 커졌다고 믿는다. 그림 11.5는 1900년에서 2017년까지 미국 주식시장의 연도별 변동성을 보여주고 있다.[6] 1929년 증시대폭락에서 얼마나 변동성이 상승했는지를 보라. 또한 우리는 과거 몇 십년간 2002년 닷컴 버블의 붕괴, 2009년 금융위기 등 일반적이지 않은 높은 변동성을 경험하기도 했다. 그러나 최근 주가는 다소 안정적인 모습을 보이고 있다. 이는 시장 변동성이 오르고 내릴 수는 있어도, 장기적인 상승추세는 없다는 것을 의미한다고 해석할 수 있다.

그림 11.5 다우존스 산업평균 주가
지수의 주별 변화를 연율화한 표준
편차, 1900~2017

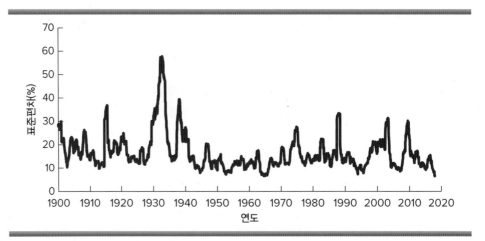

출처: www.djaverages.com.

5) 기술적 주: 관찰된 수익률 표본에서 분산을 계산할 때, 편차제곱을 합하고 보통 관찰치의 수인 N이 아니라 N−1로 나눈다. 이것은 추정치를 자유도의 상실에 대해 조정하는 것이다. 우리는 분산의 해석을 편차제곱의 평균이라고 강조하기 위해 이 세세한 점을 무시할 것이다. 관찰치가 많을 때는 손실된 자유도에 따른 수정은 무시할 만하다. 예를 들어, 100년간 자료에서 99 또는 100으로 나누는가의 차이는 추정된 분산에 겨우 1%만 (즉 1.01의 계수로) 영향을 줄 뿐이다.

6) 우리는 주별 분산에 52를 곱해 연간 분산으로 변환하였다. 다시 말해, 연간 분산은 주별 분산의 52배이다. 증권을 오래 보유할수록 부담해야 하는 위험은 커진다.

11.4 위험과 분산투자

분산투자

개별 증권뿐만 아니라 증권 포트폴리오에 대해서도 똑같이 변동성 측정치를 계산할 수 있다. 물론 100년 동안 특정 기업의 변동성 크기는 시장포트폴리오의 변동성 크기보다 흥미가 덜하다. 왜냐하면 오늘날 100년 전과 동일한 영업 위험을 갖는 회사는 드물기 때문이다.

표 11.5는 일부 잘 알려진 보통주의 최근 5년 동안 추정된 표준편차를 보여준다.[7]

이 기간에 시장포트폴리오의 표준편차는 장기 평균보다 상당히 낮은 9.4%에 불과하였다. 그러나 개별 증권 각각의 수익률 표준편차는 9.4%보다 훨씬 컸다.

이는 다음과 같은 중요한 의문을 낳는다. "시장포트폴리오는 개별 주식으로 구성되었는데, 왜 이것의 변동성은 이를 구성하는 종목의 평균 변동성과 같지 않은가?" **분산투자**(diversification)가 변동성을 줄인다는 것이 바로 그 답이다.

우산을 파는 것은 위험한 사업이다. 비가 올 때는 큰 돈벌이가 될 수 있지만, 혹서기에는 무일푼이 될 수도 있다. 아이스크림을 파는 것도 안전하지는 않다. 혹서기에는 잘 될 수 있지만, 비가 올 때는 잘 안 될 수도 있다. 그러나 우산 가게와 아이스크림 가게 모두 투자한다고 가정해보자. 여러분은 두 사업에 분산하여 투자함으로써 계속해서 비가 올 때도 해가 날 때도 평균 수준의 이익을 낼 수 있다.

서로 다른 주식의 가격이 정확히 함께 움직이지 않기 때문에 포트폴리오 분산투자라는 것이 작동한다. 통계학자들이 '서로 다른 주가의 변화가 완전한 상관관계를 이루지는 않는다.'는 말을 하는 것도 같은 맥락이다. 분산투자는 수익률이 우산과 아이스크림 사업처럼 음(−)의 상관관계를 가질 때 가장 잘 작동한다. 한 사업이 잘될 때 다른 사업은 잘되지 않는

분산투자
여러 자산에 투자하는 포트폴리오를 구성함으로써 위험을 감소시키는 전략.

표 11.5 보통주의 표준편차 예시, 2013년 1월~2017년 12월

약어	기업	표준편차
X	U.S. Steel	72.4
MRO	Marathon Oil	43.7
NEM	Newmont Mining	41.9
AMZN	Amazon	26.3
BA	Boeing	21.6
INTC	Intel	20.5
CPB	Campbell Soup	19.5
PCG	Pacific Gas & Electric	19.4
GOOG	Alphabet	19.3
F	Ford	18.7
GE	GE	18.6
DIS	Disney	18.2
UNP	Union Pacific	18.1
IBM	IBM	17.4
WMT	Walmart	16.4
SBUX	Starbucks	15.8
PFE	Pfizer	15.2
XOM	ExxonMobil	13.9
MCD	McDonald's	13.0
KO	Coca-Cola	12.5
S&P 500		9.4

7) 앞에서 5개 연간 관찰치는 변동성의 안정적인 추정치가 되기에는 불충분하다는 점을 지적하였다. 따라서 이 추정치는 60개월 수익률로 계산하였다. 그 뒤 월간 분산에 12를 곱하였다.

다. 불행히도 현실에서 음의 상관관계를 갖는 주식은 매우 드물다.

자산 위험과 포트폴리오 위험

여러 형태의 자산에 대한 역사적 수익률은 위험과 수익률의 상반관계(trade‑off)에 대해 이해할 만한 증거를 제공하며, 각 자산의 수익률 변동성이 위험의 유용한 측정치라는 것을 시사한다. 그러나 수익률 변동성은 포트폴리오의 일부분으로 보유하는 개별 자산의 위험 측정치로는 적절하지 못하다. 다음 예를 통해 그 이유를 알아보자.

경제상황에 대해 호황, 정상적 성장, 불황의 세 결과(즉 시나리오)가 동일하게 발생할 수 있다고 가정하자. 자동차 주식에 대한 투자는 불황일 때 −8%, 정상일 때 5%, 호황일 때 18% 수익률을 제공한다고 하자. 자동차 기업은 경기순행적(cyclical)이다. 경제가 좋으면 이들도 좋다. 반대로 금광 기업은 종종 경기역행적(countercyclical)이라고 한다. 이는 다른 기업들의 성과가 나쁠 때 이들 기업의 성과는 좋다는 것을 의미한다. 금광 기업의 주식이 불황에 20%, 정상일 때 3%, 호황일 때 −20% 수익률을 제공한다고 하자. 이러한 가정은 표 11.6에 정리되어 있다.

금광 주식이 더 변동성이 큰 투자안으로 보인다. 호황과 불황일 때 수익률 차이가 40%(호황일 때 −20%와 불황일 때 20%)로, 자동차의 26% 차이보다 변동폭이 크다. 실제로 두 자산 수익률의 분산이나 표준편차를 계산해보면, 변동성이 더 크다는 것을 확인할 수 있다. 계산 결과는 표 11.7에 제시되어 있다.

세 가지 시나리오 모두 일어날 가능성이 같기 때문에, 각 주식의 기대수익률은 단순히 가능한 세 가지 결과를 평균한 값이다.[8] 자동차 주식의 기대수익률은 5%이고 금광 주식은 1%이다. 분산은 기대수익률로부터 편차제곱의 평균이고, 표준편차는 분산의 제곱근이다.

표 11.6 두 주식의 수익률 가정

시나리오	확률	수익률(%) 자동차 주식	수익률(%) 금광 주식
불황	1/3	−8	+20
정상	1/3	+5	+3
호황	1/3	+18	−20

표 11.7 두 주식의 기대수익률과 변동성

시나리오	자동차 주식 수익률(%)	자동차 주식 기대수익률로부터의 편차(%)	자동차 주식 편차제곱	금광 주식 수익률(%)	금광 주식 기대수익률로부터의 편차(%)	금광 주식 편차제곱
불황	−8	−13	169	+20	+19	361
정상	+5	0	0	+3	+2	4
호황	+18	+13	169	−20	−21	441
기대수익률	$\frac{1}{3}(-8+5+18)=5\%$			$\frac{1}{3}(+20+3-20)=1\%$		
분산*	$\frac{1}{3}(169+0+169)=112.7$			$\frac{1}{3}(361+4+441)=268.7$		
표준편차(=√변화)	$\sqrt{112.7}=10.6\%$			$\sqrt{268.7}=16.4\%$		

*분산=기댓값으로부터의 편차를 제곱한 것의 합

---

[8] 확률이 같지 않다면, 각 결과를 확률로 기중하여 기대수익률과 분산을 계산해야 한다.

11.4   셀프테스트

호황과 불황의 확률이 0.30이고 정상일 확률이 0.40이라고 하자. 이 두 투자(자동차와 금광)의 수익률 분산은 더 커지겠는가, 작아지겠는가? 왜 그런가? 자동차 주식의 표준편차를 계산하여 확인하시오. (어떻게 하는지를 잘 모르면 11.3절의 "분산을 계산할 때 주의사항"을 다시 보시오.)

금광 주식은 자동차 주식보다 기대수익률은 작고 변동성은 더 크다. 두 가지 점에서 모두 열등하다. 그러면 금광 주식을 투자 포트폴리오에 포함하려고 하겠는가? 그 답은 확실히 "그렇다."이다.

그 이유를 알기 위해 여러분이 금을 좋지 않은 투자 자산이라고 믿고 있어서 자동차 주식으로만 전체 포트폴리오를 구성한다고 가정하자. 기대수익률은 5%이고 표준편차는 10.6%이다. 이 포트폴리오를 자동차에 75%와 금광에 25%를 투자하여 부분적으로 분산투자한 것과 비교할 것이다. 예를 들어 $10,000 포트폴리오라면 $7,500를 자동차에, $2,500를 금광에 투자한다.

첫째, 각 시나리오에서 이 포트폴리오의 수익률을 계산해야 한다. 포트폴리오 수익률은 개별 자산의 수익률에 각 자산에 투자한 비율을 가중하여 평균한 것이다. 두 자산으로 구성된 포트폴리오의 경우,

$$\text{포트폴리오 수익률} = (\text{첫 번째 자산의 투자비율} \times \text{첫 번째 자산의 수익률}) \quad \textbf{(11.4)}$$
$$+ (\text{두 번째 자산의 투자비율} \times \text{두 번째 자산의 수익률})$$

예를 들어, 자동차는 0.75의 가중치를 갖고 불황일 때 수익률이 −8%이며, 금광은 0.25의 가중치와 불황일 때 수익률이 20%이다. 따라서 불황일 때 포트폴리오 수익률은 다음 가중평균이 된다.[9]

$$\text{불황일 때 포트폴리오 수익률} = [0.75 \times (-8\%)] + (0.25 \times 20\%) = -1\%$$

표 11.8은 표 11.6을 자동차 주식과 금광 주식에 분산투자한 포트폴리오를 포함시켜 확장한 것이다. 기대수익률과 변동성 측정치는 표 아래에 요약하였다. 놀라운 결과는 다음과 같다. 여러분이 자동차 주식에서 좀 더 변동적인 금광 주식으로 자금을 이동시키면 포트폴리오 변동성은 실제로 감소한다. 사실 자동차 주식에 금광 주식을 합한 포트폴리오의 변동성은 각 주식을 따로 투자할 때의 변동성보다 상당히 작다. 이것이 분산투자의 이점이다.

두 극단적인 시나리오, 즉 호황과 불황일 때 이들 자산의 수익률에 초점을 맞춰 보면,

표 11.8 두 주식과 포트폴리오 (75% 자동차 주식+25% 금광 주식)의 수익률 가정

| 시나리오 | 확률 | 수익률(%) | | 포트폴리오 수익률(%)* |
		자동차 주식	금광 주식	
불황	1/3	−8	+20	−1.0
정상	1/3	+5	+3	+4.5
호황	1/3	+18	−20	+8.5
기대수익률		5	1	4
분산		112.7	268.7	15.2
표준편차		10.6	16.4	3.9

*포트폴리오 수익률=(0.75 × 자동차 주식 수익률)+(0.25 × 금광 주식 수익률).

9) 이를 확인해 보자. 당신이 자동차 주식에 $7,500를, 금광 주식에 $2,500를 투자한다고 하자. 불황이 오면 자동차 주식의 수익률은 −8%가 되고, 자동차 주식 투자의 가치는 $6,900로 8% 하락한다. 금광 주식의 수익률은 20%로, 금광 주식 투자의 가치는 $3,000로 20% 증가한다. 포트폴리오의 총가치는 $10,000의 원금에서 $6,900+$3,000=$9,900로 하락하여 수익률이 −1%가 된다. 이것은 가중평균공식으로 구한 수익률과 같다.

표 11.9 자동차 주식과 금광 주식을 섞어서 구성한 포트폴리오의 위험과 수익률

	포트폴리오 비중		포트폴리오 수익률(%)			기대수익률	표준편차
	금광	자동차	불황	정상	호황		
A	0.0	1.0	−8.0	5.0	18.0	5.0	10.6
B	0.2	0.8	−2.4	4.6	10.4	4.2	5.2
C	0.4	0.6	3.2	4.2	2.8	3.4	0.6
D	0.6	0.4	8.8	3.8	−4.8	2.6	5.6
E	0.8	0.2	14.4	3.4	−12.4	1.8	11.0
F	1.0	0.0	20.0	3.0	−20.0	1.0	16.4

이를 좀 더 분명히 이해할 수 있다. 호황인 경우, 자동차의 성과가 가장 좋을 때 금광의 성과가 나빠 전체 포트폴리오의 성과는 감소한다. 그러나 불황인 경우, 자동차 주식이 어려울 때 금광은 상당한 양(+)의 수익을 제공하여 전체 포트폴리오의 성과는 상승한다. 금광 주식은 자동차 주식의 상황이 최상일 때 수익률을 감소시키지만 최악일 때 수익률을 보완하여, 자동차 주식 성과의 변동을 상쇄한다. 두 주식 수익률이 갖는 역(inverse)의 관계는, 자동차 주식에 전액을 투자한 포트폴리오에 금광 주식을 추가하면 수익률이 안정된다는 것을 의미한다.

금광 주식은 전액 자동차 주식에 투자한 포트폴리오로 투자를 시작한 투자자에게는 사실상 음(−)의 위험을 갖는 자산이다. 포트폴리오에 이 주식을 추가하면 수익률의 변동성이 감소한다. 금광 주식 자체의 수익률 변동성은 매우 크지만, 증분 위험(incremental risk, 즉 금광 주식을 포트폴리오에 추가할 때 포트폴리오 전체 위험의 변화)은 음(−)이다.

표 11.9와 같이 두 주식의 투자비중을 달리함으로써 가상의 여러 포트폴리오를 생각해볼 수 있다. 포트폴리오 A는 자동차 주식에 모두 투자한 것이고, 포트폴리오 B는 20%를 금광 주식으로 옮긴 것이다. 이런 식으로 금광 주식에 모두 투자한 포트폴리오 F까지 만들 수 있다. 표 11.9는 각 시나리오별 포트폴리오의 수익률을 보여준다. 마지막 두 열은 기대수익률과 표준편차를 나타낸다. 포트폴리오 A의 표준편차는 자동차 주식과 동일한 10.6%라는 것을 기억하자. 여기서 포트폴리오 B처럼 20%를 변동성이 큰 금광 주식으로 분산하면, 표준편차는 감소한다. 지금까지 이야기한 분산투자의 장점이 발생한 것이다.

어떻게 하면 위험을 더 감소시킬 수 있을까? 금광 주식에 40%를 투자한 포트폴리오 C의 표준편차는 더 낮아지는 것을 볼 수 있다. 그러나 여기가 우리가 할 수 있는 최선의 상태이다. 이 상태를 넘어서면(즉, 금광 주식에 대한 투자비중을 더 늘리면), 표준편차는 다시 증가하기 시작한다. 포트폴리오 D의 표준편차는 5.6%, 포트폴리오 E의 표준편차는 11%이다. 이 포트폴리오들은 이미 금광 주식에 대한 투자비중이 높은 상태였기 때문에, 금광 주식에 대한 투자비중을 늘리면 위험이 증가하게 된다. 따라서 금광 주식에 대한 증분 위험은 여러분이 처음에 어느 지점에서 투자하기 시작했는지에 따라 다르게 나타난다. 포트폴리오 A와 B는 자동차 주식에 대한 투자비중이 높으므로 금광 주식을 포함함으로써 변동성을 낮출 수 있다. 반면, 포트폴리오 D와 E는 금광 주식에 대한 투자비중이 높으므로 금광 주식을 더 포함시키면 변동성이 증가한다.

그림 11.6은 6가지 포트폴리오의 기대수익률−표준편차 관계를 나타낸다. 자동차 주식과 금광 주식에 모두 투자한 극단적인 두 포트폴리오 A와 F가 끝 점을 형성한다. 포트폴리오 A~F에 해당하는 점들을 이으면, 가능한 기대수익률과 포트폴리오 위험의 조합을 관찰할 수 있다. 이 선을 **투자기회프런티어**(investment opportunity frontier)라고 부른다. 이 선은 분산투자의 장점을 잘 나타낸다. 우리가 살펴본 예제에서는 포트폴리오 C처럼 위험을 거의 0에 가깝게 줄일 수 있다. 이러한 분산투자의 강력한 장점은 자동차 주식과 금광 주식의 강한 역의 관계를 통해 구현될 수 있다. 만약 이러한 역의 관계가 강하지 않

투자기회프런티어
다양한 포트폴리오 구성비에 대한 기대수익률과 표준편차 조합을 선으로 나타낸 것.

그림 11.6 자동차 주식과 금광 주식으로 구성된 투자기회프론티어. 곡선 위의 각 점은 구성할 수 있는 기대수익률과 표준편차의 조합이다. A∼F까지 여섯 개의 점은 표 11.9에 표시된 포트폴리오를 나타낸다.

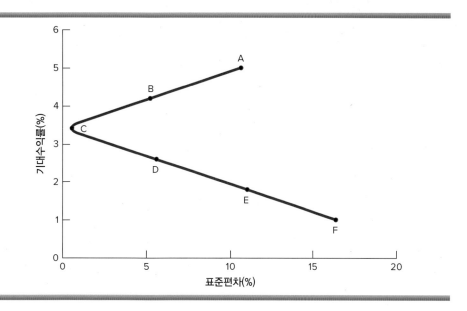

으면, 투자기회프런티어는 모양은 유사하더라도 세로축(y축)에 가깝게 다가가진 못할 것이다.

일반적으로 주식의 증분 위험은 이 주식의 수익률이 포트폴리오의 다른 자산 수익률과 같은 방향으로 움직이는지 반대 방향으로 움직이는지에 달려있다. 증분 위험은 한 주식의 변동성의 크기에만 의존하지 않는다. 수익률이 포트폴리오를 구성하는 다른 자산의 수익률과 함께 움직이지 않는다면, 이 주식은 포트폴리오 수익률의 변동성을 감소시킨다.

두 주식이 얼마나 함께 움직이는지에 대한 정도는 수익률의 상관계수(correlation)로 측정할 수 있다. 만약 표 11.7에서 자동차 주식과 금광 주식이 정확히 같은 방식으로 움직인다면 상관계수는 1.0이고, 전혀 관계없이 움직인다면 상관계수는 0이 된다. 그러나 실제로는 반대 방향으로 움직였으니 상관계수는 음(−)의 값을 갖는다. 수익률이 완벽하게 반대 방향으로 움직이면, 상관계수는 가장 작은 값인 −1.0이다. 우리 예제에서는 자동차 주식과 금광 주식의 상관계수가 극단 값에 가까운 −0.996이었다. 그러나 불행하게도 대부분의 주식이 경제상황에 공통적으로 영향을 받기 때문에, 실제로는 음(−)의 상관계수를 관찰하기 어렵다.

표 11.10은 2017년까지 5년 동안 월별 주식 수익률을 대상으로 주요 산업들의 상관계

표 11.10 일부 주요 산업 간의 상관 관계

	식품	제약	건설	기계	자동차	금	석유	유틸리티	통신	소매	은행
식품	1.00	0.43	0.40	0.24	0.30	0.12	0.29	0.56	0.60	0.59	0.21
제약		1.00	0.52	0.44	0.61	0.04	0.31	0.25	0.54	0.64	0.55
건설			1.00	0.74	0.76	−0.13	0.50	0.21	0.48	0.61	0.65
기계				1.00	0.77	0.23	0.74	0.15	0.52	0.48	0.63
자동차					1.00	0.09	0.54	0.10	0.50	0.58	0.71
금						1.00	0.31	0.16	0.12	−0.03	−0.23
석유							1.00	0.16	0.55	0.33	0.52
유틸리티								1.00	0.32	0.24	−0.12
통신									1.00	0.59	0.45
소매										1.00	0.53
은행											1.00

출처: Authors' calculations using monthly value-weighted industry index returns for the 5-year period ending February 2018, downloaded from the Fama-French data library: http://mba.tuck.dartmouth.edu/pages/faculty/ken.french/Data_Library/det_10_ind_port.html.

엑셀과 기타 대부분의 스프레드시트 프로그램은 표준편차와 상관계수를 계산하는 내장 함수를 제공한다. 2017년 6개월치 스탠다드앤푸어스 500 지수(S&P 500)와 포드(Ford)의 수익률이 다음 스프레드시트의 열 B와 열 C에 입력되어 있다. (겨우 6개월 자료에 근거한 추정치는 실무에서 신뢰하기 매우 어렵다. 간단하게 계산과정을 설명하기 위함이다. 대부분의 추정치는 60개월 월간 자료나 52주 주간 자료 등을 사용한다.)

이제 아래 내용에 주의하여 스프레드시트를 살펴보자.

1. 열 B와 열 C. 이들은 S&P 500과 포드의 월간 수익률을 보여준다. 때때로 사람들은 실수로 수익률 대신 주가를 입력하고 터무니없는 결과를 얻기도 한다.
2. 행 10. 주석 5는 관측치 표본으로부터 표준편차를 추정함에 있어서 자유도(degree of freedom)에 대한 보정을 해야 한다고 지적한다. 이를 위해 우리는 엑셀함수 중 STDEVP 대신 STDEV를 사용한다. 몇몇 엑셀 버전에서는 STDEV.S(자유도 보정함)와 ST-DEV.P(자유도 보정하지 않음)을 사용한다.
3. 행 11. 월간 표준편차에 12의 제곱근을 곱함으로써 연간 표준편차로 변환할 수 있다. 연간 분산은 월간 분산의 12배이기 때문에, 연간 표준편차는 월간 표준편차의 배이다.
4. 행 12. 상관계수를 구하는 함수인 CORREL에는 두 자산의 전체 수익률을 입력해야 한다.

스프레드시트 문제

1. 10월에 포드의 수익률이 3.76%가 아니라 −7.0%였다고 가정해보자. 포드의 표준편차가 스프레드시트에서 얻은 값보다 커지겠는가, 작아지겠는가? 당신의 직관이 맞는지 새로운 값을 넣어서 연간 표준편차를 다시 추정해보시오.
2. 10월에 포드의 수익률이 3.76%가 아니라 −7.0%였다고 다시 가정해보자. 포드와 S&P 500의 상관계수가 스프레드시트에서 얻은 값보다 커지겠는가, 작아지겠는가? 당신의 직관이 맞는지 새로운 값을 넣어서 상관계수를 다시 추정해보시오.

	A	B	C	D
1		수익률(%)		열 C에서
2	월	S&P 500	Ford	사용된 공식
3	Jul−17	1.93	1.61	
4	Aug−17	0.05	−1.69	
5	Sep−17	1.93	8.52	
6	Oct−17	2.22	3.76	
7	Nov−17	2.81	2.04	
8	Dec−17	0.98	−0.24	
9				
10	Mean return	1.66	2.33	=AVERAGE(C3:C8)
11	Standard deviation (monthly)	0.90	3.26	=STDEVP(C3:C8)
12	Standard deviation (annualized)	3.11	11.29	=C11*SQRT(12)
13	Correlation		0.58	=CORREL(C3:C8, B3:B8)

수를 계산한 것이다. 대상 산업들 간의 모든 상관계수를 볼 수 있다. 물론 모든 산업은 자기 자신과 완벽한 상관관계를 이루기 때문에, 표 11.10의 대각선 값들은 정확히 1이다.

예상했던 것처럼 대부분의 상관계수는 양(+)의 값을 갖고, 경기변동에 민감한 산업들끼리의 상관계수가 크게 나타남을 알 수 있다. 가장 큰 값은 기계 산업과 자동차 산업의 상관계수인 0.77이다. 이런 산업들과 금광처럼 경기변동에 상대적으로 둔감한 산업 사이의 상관계수는 매우 낮다. 금광과 자동차의 실제 상관계수는 0.09로 매우 낮은데, 우리 예제에서는 아직 음수를 기록하지는 않았다.

위의 사례와 같이, Excel에서는 표준편차뿐만 아니라 상관계수를 계산하는 함수를 제공하고 있기 때문에 쉽게 수치를 산출할 수 있다.

이상의 내용은 다음과 같이 요약할 수 있다.

1. 투자자들은 그들이 보유하고 있는 자산 포트폴리오의 기대수익률과 위험에 관심이 있다. 포트폴리오의 전체 위험은 수익률의 변동성, 즉 분산이나 표준편차로 측정할 수 있다.
2. 개별 증권 수익률의 표준편차는 이 증권을 단독으로 보유할 때의 위험을 측정한다. 그

그림 11.7 PG&E와 포드 주식에 동일한 비중으로 투자한 포트폴리오의 수익률은 각 주식에 개별적으로 투자한 것보다 변동성이 작게 나타난다.

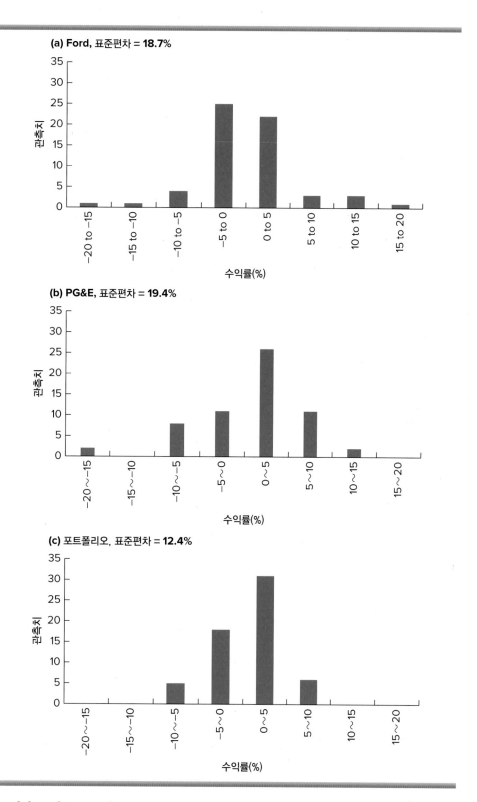

러나 증권 포트폴리오를 보유하는 투자자는 각 증권이 전체 포트폴리오의 위험에 어떤 영향을 주는가에만 관심이 있다. 포트폴리오 위험에 한 증권이 공헌하는 정도는, 이 증권의 수익률이 투자자가 보유하는 다른 증권과 어떻게 변하는가에 달려있다. 따라서 단독으로 보유할 때 위험한 증권이라도, 그 수익률이 포트폴리오의 다른 자산과 정확히 같은 방식으로 움직이지 않는다면 포트폴리오의 변동성을 줄이는 데 이바지할 수 있다.

3. 우리는 과거 수익률 자료를 수집하고 분산이나 표준편차를 계산함으로써 어떤 포트 폴리오가 얼마나 위험한지 계산할 수 있다. 분산투자를 통해 포트폴리오 위험을 줄이 는 것은, 포트폴리오를 구성하는 주식 간의 상관계수에 달려있다. 예를 들어, 하나의 산업군에 속하는 주식들로만 포트폴리오를 구성하면 상관계수가 크기 때문에 분산투 자의 장점을 크게 누리기 어렵다. 반면, 다른 산업에 속한 주식들에 분산투자한 포트 폴리오는 상관계수가 낮기 때문에 상대적으로 분산투자의 이득을 크게 누릴 수 있다.

| 예제 | **11.1 ▶** | **분산투자** |

앞선 자동차 주식과 금광 주식의 포트폴리오는 가상의 예이다. 그러나 Ford와 PG&E라는 두 실제 회사에 적용해 보아도 동일한 결론을 얻을 수 있다. 그림 11.7의 패널 a와 b는 2017년 12월까지 5년 동안 두 주식 월별 수익률 의 분포를 보여주고 있는데, 두 주식의 수익률은 정확하게 동일한 패턴으로 움직이질 않았다. 종종 한 주식의 주가 하락은 다른 주식의 주가 상승에 의해 상쇄되곤 하였다. 패널 c는 두 주식에 동일한 비중으로 투자한 포트폴리오를 구성했을 때, 수익률의 변동성을 줄일 수 있다는 것을 보여준다. 포트폴리오의 표준편차는 두 개별 주식의 평균적인 표준편차보다 약 1/3 정도 작은 것을 알 수 있다. ■

| **11.5** | **셀프테스트** |

어떤 투자자가 현재 금광 주식에 전액을 투자하였다. 다음 중 어떤 행동이 포트폴리오의 위험을 더 많이 줄이 겠는가? 은광 주식에 분산투자 혹은 자동차 주식에 분산투자? 이유는 무엇인가?

시장위험 대 고유위험

우리의 예시는, 약간의 분산투자만으로도 변동성을 상당히 줄일 수 있다는 것을 보여준 다. 임의로 선택한 1개 주식으로 구성된 포트폴리오와 2개 주식으로 구성된 포트폴리오, 5개 주식으로 구성된 포트폴리오 등의 표준편차를 계산하여 비교해보자. 그림 11.8을 보면, 분산투자로 수익률의 변동성을 절반 가까이 줄일 수 있음을 알 수 있다. 그러나 이 같은 혜택의 대부분은 상대적으로 적은 수의 주식에 분산투자함으로써 얻을 수 있다. 즉, 주식 수가 20 또는 30을 초과하면 개선 효과가 미미하다.

그림 11.8 뉴욕증권거래소 상장 주 식으로 구성된 포트폴리오의 위험 (표준편차). 표본은 2007～2017년 기간에서 무작위로 추출한다. 분산 투자가 처음에는 위험을 급속히 감 소시키지만, 나중에는 천천히 감소 시킨다.

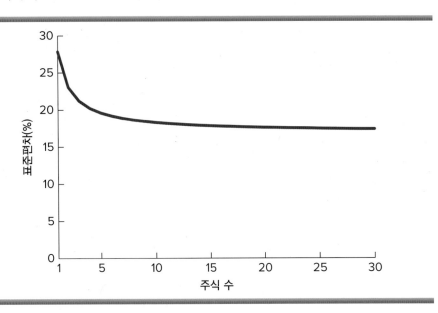

그림 11.9 분산투자는 고유위험을 제거한다. 그러나 분산투자가 제거할 수 없는 위험도 일부 있다. 이것이 시장위험이다.

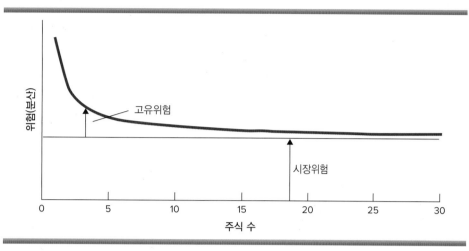

주: Risk here is measured by the variance. The total variance of a portfolio is the sum of the variance due to the market and the specific variance.

그림 11.8은 아무리 많은 증권을 보유해도 위험을 완전히 없앨 수는 없음을 보여준다. 아무리 분산투자를 잘 하더라도, 여러분의 포트폴리오를 포함하여 시장 전체가 폭락할 위험은 여전히 남아 있다.

분산투자로 없앨 수 있는 위험을 **고유위험**(specific risk)이라고 한다. 아무리 분산투자를 하여도 피할 수 없는 위험을 일반적으로 **시장위험**(market risk) 또는 체계적 위험(systematic risk)이라고 한다. 고유위험은 개별 회사를 둘러싼 많은 위험이 그 회사와 그 회사의 직접적인 경쟁자에 의해 발생되기 때문에 나타난다. 시장위험은 보통 모든 산업에 공통적으로 위협이 되는 경제적인 위험에서 발생한다. 따라서 시장위험은 왜 주식들이 함께 움직이는 경향이 있는지를 설명할 수 있으며, 잘 분산된 포트폴리오라도 시장의 변동성에 노출되어 있음을 말해준다.

그림 11.9는 위험을 두 부분, 즉 고유위험과 시장위험으로 나누고 있다. 주식을 하나만 보유한다면 고유위험이 매우 중요하다. 그러나 30종목 이상의 주식으로 구성된 포트폴리오를 보유한다면, 분산투자가 제거할 수 있는 위험의 대부분을 제거할 것이다. **따라서 적절하게 잘 분산된 포트폴리오에서는 시장위험만 중요하게 다룬다.**

고유위험

해당 기업에만 영향을 미치는 위험 요인. 분산가능 위험 또는 비체계적 위험이라고도 한다.

시장위험

주식시장 전체에 영향을 미치는 거시경제적 위험 요인. 분산불가능 위험 또는 체계적 위험이라고도 한다.

11.5 위험에 대한 몇 가지 교훈

어떤 위험이 분산투자를 통해 제거할 수 있는지 구별할 수 있는가? 시장위험은 어디에서 오는가? 위험에 대해 분명하게 생각하도록 도와주는 세 가지 교훈이 있다.

교훈 1: 어떤 위험은 크고 위험하게 보이지만, 실제로는 분산가능하다

관리자는 위험을 "바로 가까이서 개인적으로" 맞닥뜨린다. 그들은 특정 투자에 대해 의사결정을 해야 한다. 투자의 실패는 승진이나 보너스 또는 안정적인 일자리를 앗아갈 수도 있다. 그러나 동일한 투자가, 한발 물러서서 다른 자산 또는 증권과 결합하여 분산된 포트폴리오를 구성할 수 있는 투자자에게는 위험하게 생각되지 않을 수도 있다.

예제 **11.2** ▶　　　**유전 시추공**

당신은 MPS Oil의 서반구 탐사 부서장으로 방금 승진하였다. 멀리 떨어진 코스타구아나에서 당신의 탐사 팀장은 코스타구아나 정글의 고온다습한 지역에 시추공을 뚫으려고 $2,000만을 추가로 요청하였다. 팀장은 거기에 $5억 이상의 가치가 있는 "대형" 유전이 있다고 생각한다. 그러나 이를 찾을 확률은 기껏해야 1/10이다. 어제 MPS의

CEO는 코스타구아나 탐색에 이미 $1억가 "소비"되었다고 신랄하게 지적하였다.

이것은 위험한 투자인가? 아마도 당신에게는 그렇다. 당신은 석유가 발견되면 영웅이 되고 그렇지 않으면 희생양이 될 것이다. 그러나 MPS는 세계적으로 수백 개의 유정을 시추한다. 회사 전체적으로 보면 평균 성공률이 중요하다. 지질학적 위험(석유가 있는가, 없는가?)은 서로 상쇄된다. 전 세계를 무대로 시추하는 프로그램의 위험은, 어떤 시추공 하나의 명확한 위험보다 훨씬 작다.

MPS 주식을 매입한 투자자 측면에서도 생각해보자. 투자자들은 다른 석유회사뿐만 아니라 철강이나 컴퓨터, 의류, 시멘트, 조식용 시리얼을 생산하는 회사도 보유할 수 있다. 그들은 당연히 그리고 현실적으로, 당신이 석유 시추공을 뚫는 데 성공하거나 실패하는 것이 그들 포트폴리오에 있는 다른 회사들이 하는 수많은 독립적인 사업의 성패와 상쇄될 것이라고 가정한다.

따라서 당신이 코스타구아나에서 대면하는 위험은 그들이 MPS에 투자할 때 요구하는 수익률에 영향을 주지 않는다. 분산투자한 MPS 주식 투자자는 당신이 대형 유전을 발견하면 좋겠지만, 실패하고 일자리를 잃더라도 아마 그 사실조차 알지 못할 것이다. 어떤 경우든, 그들은 코스타구아나의 지질학적 위험에 대해 염려하는 대가로 더 높은 평균 수익률을 요구하지 않을 것이다. ■

예제 **11.3** ▶   **화재보험**

당신은 이웃집에 대해 마치 보험회사처럼 $100,000의 화재 보험증서를 발행하겠는가? 이웃집은 보험료로 당신에게 일 년에 $100를 지급하려 한다. 경험에 의하면, 화재가 발생하여 손해를 볼 확률은 1/1,000보다 훨씬 낮다. 그러나 이웃집이 화재로 손실을 보면 당신은 보험금을 지급해야 할 것이다.

화재 확률이 매우 낮다 하더라도 우리 중 거의 아무도 이웃집을 보장할 정도로 돈이 많지는 않다. 보험 계약은 하나하나를 생각하면 위험한 사업으로 보인다. 그러나 대형 보험회사는 수백만 건의 계약을 하고 있어서 평균적인 손실에만 관심이 있다. 이것은 매우 정확히 예측할 수 있다. ■

11.6   셀프테스트

밤늦은 Intel 실험실을 상상해보자. 한 과학자가 다른 사람에게 이렇게 말한다.

"당신이 옳아, 왓슨. 이 실험이 올해 남은 예산 전부를 소비할 거야. 만약 이 실험이 실패하면 우리는 앞으로 무엇을 해야 할지 모르게 될 것 같아. 하지만 이트리움(yttrium) – 마그누슘(magnoosium) 합금이 초전도체가 되면, 이 특허는 수백만 달러의 가치를 갖게 될 거다."

이것이 Intel에게 좋은 투자인가, 나쁜 투자인가? 말할 수 없다. 그러나 최종 투자자의 관점에서 이것은 위험한 투자가 아니다. 그 이유를 설명하라.

교훈 2: 시장위험은 거시위험이다

분산된 포트폴리오는 개별 주식의 고유위험에 노출되지는 않지만, 증권시장 전체와 경제 전반에 영향을 주는 불확실한 사건에는 노출되어 있다는 것을 알았다. 이는 거시경제적 또는 "거시적" 요인으로서, 이자율과 산업생산, 물가상승, 환율, 에너지 가격의 변화 등이 여기에 포함된다. 이들 요인은 대부분 기업의 이익과 주가에 영향을 미친다. 일반적으로 관련된 거시위험이 우호적일 때, 주가는 상승하고 투자자는 좋은 성과를 얻는다. 같은 변수들이 반대 방향으로 움직이면 투자자는 고통을 받는다.

경기순환과 다른 거시 변수들에 노출된 정도를 생각함으로써 종종 상대적인 시장위험을 평가할 수 있다. 다음 산업은 상당한 거시위험과 시장위험을 갖는다.

- **항공산업**: 불황이 오면 업무 관련 출장이 감소하고 개인은 휴가를 연기하는 경향이 있기 때문에, 항공산업은 경기변동에 큰 영향을 받는다. 반면, 경기가 좋아지고 개인의 수입이 증가하면 항공사의 수익은 실제로 증가하는 경향이 있다.
- **기계장치 제조업**: 이 사업은 특히 경기변동에 노출되어 있다. 유휴 설비를 가진 제조회사는 확장을 위해 새로운 기계장치를 거의 구입하지 않는다. 불황에는 유휴 설비가

매우 많을 수 있기 때문에, 기계장치 제조업의 수익은 줄어들 수 있다.

한편, 거시위험에 평균보다 더 적게 노출된 두 개의 산업이 있다.

- **식품회사**: 시리얼, 밀가루, 강아지 사료와 같이 기복이 있는 식품을 판매하는 회사에 대한 상품 수요는, 좋을 때나 나쁠 때나 상대적으로 안정적이다.
- **전력회사**: 전력에 대한 산업 수요는 경기변동에 따라 달라진다. 그러나 항공 운송이나 기계장치에 대한 수요에 비해서는 훨씬 작게 변동한다. 또한 많은 전력회사의 이익은 규제를 받는다. 규제는 이익이 증가할 잠재력을 삭감하기도 하고, 수요가 낮을 때는 가격을 올릴 기회를 제공하기도 한다.

분산된 포트폴리오를 보유하는 투자자는 주로 거시경제적 위험에 관심이 있다는 것을 기억하자. 그들은 특정 회사나 개별 투자안에 고유한 미시경제적 위험을 염려하지 않는다. 미시위험은 분산된 포트폴리오를 통해 제거된다. 회사의 경영자는 거시위험과 미시위험을 모두 염려해야 할지 모르지만, 분산된 포트폴리오에 투자한 투자자와 자본비용에는 거시위험만이 영향을 준다.

> ### 11.7 셀프테스트
>
> 다음 중 어느 조합(pair)이 거시위험에 더 많이 노출되어 있는가?
>
> a. 고급스러운 맨해튼 레스토랑과 안정된 버거퀸 프랜차이즈
> b. 직접 물건을 만들어 사용하는 사람(DIY)에게 소규모 페인트 및 하드웨어 가게를 통해 페인트를 파는 회사와, 포드, GM, 크라이슬러에게 대량으로 페인트를 판매하는 회사

교훈 3: 위험은 측정할 수 있다

델타 항공(Delta Airlines)은 켈로그(Kellogg) 또는 제네럴 밀즈(General Mills)와 같은 식품회사보다 거시위험에 더 많이 노출되어 있다. 이는 알기 쉬운 예이다. 그러나 IBM 주식이 엑슨모빌(ExxonMobil)보다 더 위험한 투자인가? 이는 쉽게 추론할 수 있는 질문이 아니다. 그러나 우리는 IBM과 엑슨모빌의 위험을 그들 주가가 얼마나 변동하는가를 봄으로써 측정할 수 있다.

우리는 이미 이것을 어떻게 하는지에 대해 살펴봤다. 분산투자한 투자자는 시장위험에만 관심이 있다는 것을 기억하자. 주식시장의 움직임은 모든 관련된 거시경제적 불확실성의 순효과를 합산하여 반영한다. 거래되는 모든 주식으로 구성된 시장포트폴리오가 특정한 달에 상승한다면 우리는 거시경제적 뉴스의 효과가 긍정적이라고 한다. 시장의 성과는 기업의 고유한 사건에 의해 거의 영향을 받지 않는다는 점을 기억하자. 이것은 시장에서 수천 개의 주식 간에 서로 상쇄된다.

IBM 또는 엑슨모빌과 같은 개별 주식의 위험을 어떻게 측정하는가? 우리는 주식을 분리하여 보지 않는다. 왜냐하면 한 회사에만 투자할 때 보이는 위험은 대개 분산을 통해 제거가 가능하기 때문이다. 대신 주식시장 전체의 변동에 대한 개별 주식의 민감도를 측정한다. 우리는 다음 장에서 이것을 어떻게 측정하는지 살펴볼 것이다.

요약 SUMMARY

"평균적인 위험"을 갖는 투자안에 대한 기회자본비용을 어떻게 추정하는가? (학습목표 11-1)

지난 세기 동안 보통주의 **스탠다드앤푸어스 종합지수 수익률**은 안전한 재정증권 수익률보다 연평균 7.7% 높았다. 이것은 투자자들이 주식에 투자할 때 부담하는 위험에 대해 받는 **위험프리미엄**이다. 장기채권은 재정증권보다 더 높은 수익률을 제공하지만, 주식보다는 수익률이 낮다.

과거 위험프리미엄이 미래에 대한 길잡이라면, 현 시점의 기대시장수익률은 현 시점의 재정증권 이자율에 기대 위험프리미엄 7.7%를 더하여 추정할 수 있다. 이것은 평균적인 위험 투자안, 즉 시장지수와 동일한 위험을 갖는 투자안의 기회자본비용이 될 것이다.

개별 보통주 또는 주식 포트폴리오 수익률의 표준편차는 어떻게 계산하는가? (학습목표 11-2)

투자안의 결과들이 얼마나 넓게 퍼져있는지는, 보통 발생 가능한 결과의 **분산** 또는 **표준편차**로 측정한다. 분산은 평균으로부터의 편차를 제곱한 것의 평균이다. 표준편차는 분산의 제곱근이다. 보통주로 구성된 시장포트폴리오의 수익률 표준편차는 평균 연간 약 20%였다.

분산투자는 왜 위험을 감소시키는가? (학습목표 11-3)

수익률의 표준편차는 일반적으로 시장보다는 개별 주식이 더 크다. 왜냐하면 개별 주식들은 정확히 일치해서 움직이지 않기 때문에, 그들이 가진 위험의 상당 부분이 분산되어 없어질 수 있다. 많은 투자안으로 포트폴리오를 구성함으로써 전체 포트폴리오의 위험을 줄인다. 분산투자를 통해 제거할 수 있는 위험을 **고유위험**이라 한다.

분산하여 제거할 수 있는 고유위험과 그렇지 않은 시장위험은 어떤 차이가 있는가?
(학습목표 11-4)

잘 분산된 포트폴리오를 보유하더라도 모든 위험을 제거하지는 못한다. 아직 대부분의 주식과 전체 주식시장에 영향을 미치는 거시경제적 변화에 노출되어 있다. 이러한 거시위험이 모여 **시장위험**, 즉 시장 전체가 침체에 빠질 위험을 만들어낸다.

모든 주식이 동일한 수준으로 위험하지는 않다. "고위험 주식"은 무엇을 의미하는가? 단독으로 보유할 때 위험한 주식을 의미하는 것이 아니라, 분산된 포트폴리오의 위험에 평균 이상의 공헌을 하는 주식을 의미한다. 다른 말로 하면 투자자는 분산하여 없앨 수 있는 위험에 대해 크게 염려할 필요가 없다. 분산되지 않는 위험을 염려해야 한다. 이것은 거시경제적 상황에 대한 주식의 민감도에 달려있다.

식 목록 LISTING OF EQUATIONS

11.1 수익률 $= \dfrac{\text{자본이득} + \text{배당}}{\text{기초 주가}}$

11.2 분산 = 평균으로부터 편차를 제곱한 값의 평균

11.3 표준편차 = 분산의 제곱근

11.4 포트폴리오 수익률 = (첫 번째 자산의 투자비율 × 첫 번째 자산의 수익률)
                    + (두 번째 자산의 투자비율 × 두 번째 자산의 수익률)

연습문제 QUESTIONS AND PROBLEMS

1. **주식시장 역사.** 표 11.1와 표 11.4의 자료를 이용하여 아래 질문에 답하시오. (학습목표 11-1)

   a. 1900~2007년 사이의 미국 대형 보통주 평균 수익률은 얼마였는가?

   b. 대형 주식의 평균 위험프리미엄은 얼마였는가?

   c. 시장포트폴리오 수익률의 표준편차는 얼마였는가?

2. **만기 프리미엄.** 1977~1981년 기간에 장기국채 투자는 음(−)의 평균 수익률을 제공하였다. 이것을 어떻게 해석해야 하는가? 1977년에 채권 투자자는 음(−)의 만기 프리미엄을 얻을 것이라고 기대했겠는가? 이 5년 만기 채권 수익률은 정상적인 미래 만기 프리미엄에 대해 무엇을 알려주는가? (학습목표 11-1)

3. **위험프리미엄.** 투자자가 갑자기 아주 보수적으로 되었고 투자 위험을 부담하는 것을 꺼린다면 기회자본비용은 어떻게 되는가? (학습목표 11-1)

4. **위험프리미엄.** 내년에 주식시장 수익률이 −20%가 된다면, "정상적인" 위험프리미엄에 대한 추정치는 어떻게 되는가? 이것이 타당한가? (학습목표 11-1)

5. **위험프리미엄과 할인율.** 최고 헤지펀드 매니저 Sally Buffit은 S&P 500과 동일한 시장위험을 갖는 주식이 연말에 $50의 가격으로 거래될 것이라고 믿고 있다. 이 주식은 연말에 $2의 배당을 지급할 것이다. 그녀는 오늘 이 주식에 얼마를 지불하려 하겠는가? 무위험 재정증권의 현재 이자율은 2%로 가정하자. 합리적인 수준의 할인율을 찾기 위해서 표 11.1을 사용하시오. (학습목표 11-1)

6. **위험프리미엄.** 2003년에서 2007년까지 주식시장과 재정증권 수익률(%)이 다음과 같다.

   (학습목표 11-1)

연도	시장수익률(%)	재정증권 수익률(%)
2013	31.7%	0.02%
2014	10.9	0.02
2015	−1.6	0.02
2016	13.0	0.20
2017	21.3	0.80

   a. 매년 보통주의 위험프리미엄은 얼마인가?

   b. 평균 위험프리미엄은 얼마인가?

   c. 위험프리미엄의 표준편차는 얼마인가?

7. **수익률.** 한 주식이 현재 주당 $40에 거래되고 있다. 연말에 이 주식은 주당 $2의 배당을 지급하고 $44에 거래된다. (학습목표 11-2)

   a. 이 주식의 총수익률은 얼마인가?

   b. 배당수익률과 자본이득률은 얼마인가?

   c. 배당이 지급된 이후 연말 주가가 $36라고 가정하자. 이런 경우에 배당수익률과 자본이득률은 얼마인가?

8. **실질 대 명목 수익률.** 당신은 주당 $40에 100주를 매입하였다. 이 주식은 연말에 주당 $2의 배당을 지급한다. (학습목표 11-2)

   a. 연말 주가가 1) $38, 2) $40, 3) $42일 때, 투자수익률은 얼마인가?

   b. 물가상승률이 4%라면, (물가상승을 조정한) 실질수익률은 얼마인가?

9. **실질 대 명목 수익률.** Costaguana 주식시장은 95% 수익률을 제공하였다. 그 해 동안 Costaguana의 물가상승률은 80%였다. 이와는 대조적으로, Ruritania에서는 주식시장 수익률은 단지 12%였지만 물가상승률도 2%에 불과하였다. 어느 나라 주식시장이 더 높은 실질수익률을 제공했는가? (학습목표 11-2)

10. **실질 대 명목 수익률.** 1900년 이후 미국에서 물가상승률은 평균 약 3%였다. 재정증권과 국채, 보통주의 평균 실질수익률은 얼마였는가? 표 11.1의 자료를 이용하시오. (학습목표 11-2)

11. **시장 지수.** 다음 표는 2013~2018년 Costaguana의 Sulaco 증권거래소의 연도별 주가를 보여준다. 하나는 다우지수와 같은 가중치를 사용하고, 다른 하나는 S&P 500의 가중치를 사용하여 두 주식시장 지수를 만드시오. (학습목표 11-2)

Sulaco 증권거래소에서 거래되는 주식들의 연도별 가격을 Costaguana 화폐로 나타냄 (2013년 초에 5개의 주식만 거래되었다.)					
	San Tome Mining (184백만*)	Sulaco Markets (42백만*)	National Central Railway (64백만*)	Minerva Shipping (38백만*)	Azuera Inc. (16백만*)
2013	55.10	80.00	21.45	82.50	135.00
2014	58.15	144.62	24.04	115.52	151.22
2015	58.45	135.93	26.53	138.90	166.99
2016	52.43	74.61	23.53	121.02	149.42
2017	52.50	75.01	32.46	174.62	177.27
2018	54.82	67.22	34.48	164.48	165.52

* 발행주식 수

12. **시장 지수.** 2009년 2월에 다우지수는 약 8,000 수준이었다. 2018년 중반에는 약 24,500이었다. 이 지수가 2018년에 하루 40포인트 이상 상하로 움직일 가능성이 2009년보다 클 것 같은가 작을 것 같은가? 이것은 시장이 2009년보다 2018년에 더 위험하다는 것을 의미하는가? (학습목표 11-2)

13. **시나리오 분석.** 다음 시나리오 분석을 생각해보자. (학습목표 11-2)

시나리오	확률	수익률	
		주식	채권
불황	0.20	−5%	+14%
정상	0.60	+15	+8
호황	0.20	+25	+4

a. 국채가 호황일 때보다 불황일 때 더 큰 수익률을 줄 것이라고 가정하는 것이 타당한가?

b. 각 투자의 기대수익률과 표준편차를 계산하시오.

c. 당신은 어떤 투자를 더 선호하는가?

14. **위험과 기대수익률.** 어떤 주식이 −18% 또는 +26%의 수익률을 준다. 두 가능성이 같을 때, 기대수익률과 표준편차를 계산하시오. (학습목표 11-2)

15. **시나리오 분석과 포트폴리오 위험.** 레스토랑 체인인 Leaning Tower of Pita, Inc.의 보통주는 경제 상황에 따라 내년에 투자자에게 다음과 같은 성과를 제공할 것이다. (학습목표 11-2, 11-3)

	배당	주가
호황	$8	$240
정상	4	90
불황	0	0

   a. 이 회사는 불황이 오면 사업을 접을 것이다. Leaning Tower of Pita 주주에게 가는 수익률의 기대수익률과 표준편차를 계산하라. 단순화를 위해 세 경제 상태는 발생 가능성이 같다고 가정하라. 이 주식은 현재 $80에 거래되고 있다.

   b. 누가 Leaning Tower of Pita의 주식을 위험을 줄이는 투자라고 보겠는가? 카지노 소유자 또는 성공한 파산전문 변호사? 설명해보시오.

16. 시나리오 분석. Escapist Films의 보통주는 주당 $25에 거래되고 있는데, 내년에 다음과 같은 성과를 제공할 것으로 기대된다. (학습목표 11-3)

	배당	주가
호황	$0	$18
정상	1	26
불황	3	34

   a. Escapist의 기대수익률과 표준편차를 계산하시오. 세 시나리오는 일어날 가능성이 같다.

   b. 이제 Escapist와 Leaning Tower of Pita(연습문제 14번에서)에 절반씩 투자한 포트폴리오의 기대수익률과 표준편차를 계산하시오. 포트폴리오의 표준편차는 개별 주식의 표준편차보다 작음을 보이시오. 그렇게 되는 이유를 설명하시오.

17. 평균 수익률과 표준편차. 최근 5년 동안, 뮤추얼펀드 매니저인 Diana Sauros는 아래 표와 같이 Mesozoic 펀드의 수익률을 달성했다. (a) 펀드와 지수의 평균 수익률을 각각 계산하시오. (b) 표준편차를 각각 계산하시오. Sauros는 이러한 측정치의 관점에서, 시장 지수 대비 우수한 성과를 거두었는가? (학습목표 11-3)

	1	2	3	4	5
펀드	−1.2	+24.8	+40.7	+11.1	+0.3
시장지수	−0.9	+16.0	+31.7	+10.9	−0.7

18. 포트폴리오 분석. 13번 시나리오 분석 문제에서 제시된 자료를 사용하여, 주식에 60%, 채권에 40%의 가중치를 갖는 포트폴리오를 고려해보자. (학습목표 11-3)

   a. 각 시나리오에서 포트폴리오의 수익률은 얼마인가?

   b. 이 포트폴리오의 기대수익률과 표준편차는 얼마인가?

   c. 당신은 포트폴리오, 또는 주식이나 채권에만 투자하는 것 중 어느 것을 선호하는가? 분산투자를 통해 얻을 수 있는 이점에 대해 설명하시오.

19. 분산투자. 여기 두 주식의 수익률이 있다. (학습목표 11-3)

	Digital Cheese	Executive Fruit
1월	+15	+7
2월	−3	+1
3월	+5	+4
4월	+7	+13
5월	−4	+2
6월	+3	+5
7월	−2	−3
8월	−8	−2

   a. 각 주식의 분산과 표준편차를 계산하시오. 어떤 주식이 가장 위험한가?

   b. 매월 두 주식에 동일한 금액을 투자한 포트폴리오의 월별 수익률을 계산하시오.

c. 이 포트폴리오의 분산은 두 개별 주식 분산의 평균보다 높은가, 아니면 낮은가?

20. **분산투자.**   두 주식으로 포트폴리오를 구성할 때 다음 중 어떤 상황에서 위험이 가장 많이 감소하겠는가? (학습목표 11-3)

   a. 주식 수익률이 같이 변한다.

   b. 주식 수익률이 독립적이다.

   c. 주식 수익률이 반대로 변한다.

21. **분산투자.**   Connect에 로그인해서 11장의 자료에 접근할 수 있는지 문의해보시오. 엑손모빌(ExxonMobil, XOM), 쉐브론(Chevon, CVX), 월마트(Walmart)의 5년간 월간 수익률을 담은 스프레드시트를 찾을 수 있을 것이다. (학습목표 11-3)

   a. 각 기업의 평균 수익률과 표준편차는 얼마인가?

   b. 각 기업 쌍(pair)의 수익률 상관계수는 얼마인가? 엑셀의 **CORREL** 함수를 사용하시오. 이 함수는 두 시계열의 상관계수를 계산한다. 어떤 쌍의 상관계수가 가장 큰가? 이것이 놀라운가?

   c. 이제 엑손모빌과 월마트의 동일가중 포트폴리오(즉, 각 주식에 같은 액수를 투자한 포트폴리오)를 보유한다고 생각해보자. 매월 포트폴리오 수익률을 계산하고 포트폴리오의 월간 수익률 표준편차를 계산하시오. 이 포트폴리오의 표준편차가 두 주식의 평균 표준편차보다 큰가, 작은가?

   d. 쉐브론과 엑손모빌의 포트폴리오에 대해 (c)를 반복하라.

   e. (c)와 (d)의 답을 비교하시오. 어떤 기업 쌍이 분산투자로 더 큰 혜택을 제공하는가? 답을 (a)에서 구한 상관계수와 연관시켜 설명해보시오.

22. **시장위험.**   아래 각 쌍(pair)의 기업 중 어느 것이 더 큰 시장위험을 가질 것으로 예상하는가?

   (학습목표 11-3)

   a. General Steel과 General Food Supplies

   b. Club Med와 General Cinemas

23. **고유위험과 시장위험.**   Sassafras Oil은 Côte d'Huile 주변의 유전탐사에 남은 자금 모두를 걸고 있다. 5천만 배럴의 매장량을 갖는 유전을 발견할 가능성은 10%이다. 유전을 발견한다면, 이 회사는 매장량을 즉시 Big Oil에 아래의 경제 상황에 따른 가격으로 매각할 것이다. 따라서 가능한 성과는 다음과 같다.

	매장량의 배럴당 가치	매장량의 가치(5천만 배럴)	빈 유정의 가치
호황	$4	$200,000,000	0
정상	5	250,000,000	0
불황	6	300,000,000	0

연습문제 15번에서 설명한 Leaning Tower of Pita 주식과 비교하여, Sassafras Oil은 주식시장에서 분산투자한 투자자에게 위험한 투자안인가? 설명하시오. (학습목표 11-4)

24. **포트폴리오 위험.**   참 혹은 거짓으로 판정하시오.

   a. 투자자들은 위험이 작기 때문에 분산된 포트폴리오를 선호한다.

   b. 두 주식이 완벽한 상관관계를 갖고 있으면, 분산투자를 통해 위험을 줄일 수 없다.

   c. 아주 많은 수의 주식에 분산투자한 포트폴리오는 위험을 완벽하게 제거할 수 있다.

   d. 분산투자는 수익률간의 상관관계가 없을 때 효과를 얻을 수 있다.

   e. 분산된 포트폴리오의 위험 수준은 개별 주식의 고유위험에 달려 있다.

   f. 얼마나 많이 분산투자했는지와 관계없이 피할 수 없는 위험을 시장위험이라고 부른다.

   g. 잘 분산된 포트폴리오에 대해서는, 오직 시장위험만이 중요하다.

셀프테스트 해답 SOLUTIONS TO SELF-TEST QUESTIONS

11.1 연말에 채권 가격은 $1,050이다. 따라서 채권의 자본이득은 $1,050−$1,020=$30이다. 수익은 채권으로부터 수입의 합인 $80에 자본이득 $30를 더한 $110이다. 수익률은

$$\frac{수입+자본이득}{연초가격} = \frac{80+30}{1,020} = 0.108, \text{ 또는 } 10.8\%$$

실질수익률은

$$\frac{1+명목수익률}{1+물가상승률} - 1 = \frac{1.108}{1.04} - 1 = 0.065, \text{ 또는 } 6.5\%$$

11.2 주식의 위험프리미엄은 재정증권을 초과하는 평균 수익률이다. 이것은 기간 1에서 7.1%, 기간 2에서 8.8%, 기간 3에서 5.8%, 기간 4에서 9.4%였다.

11.3

수익률(%)	편차(%)	편차제곱
+70	+60	3,600
+10	0	0
+10	0	0
−50	−60	3,600

분산=편차제곱의 평균=7,200/4=1,800
표준편차=분산의 제곱근=$\sqrt{1800}$=42.4, 약 42%

11.4 왜냐하면 이제 좀 더 극단적인 결과의 가능성이 더 낮으므로, 표준편차는 감소한다. 자동차 주식의 기대수익률은 이제

$$[0.3 \times (-8\%)] + (0.4 \times 5\%) + (0.3 \times 18\%) = 5\%$$

분산은

$$[0.3 \times (-8-5)^2] + [0.4 \times (5-5)^2] + [0.3 \times (18-5)^2] = 101.4$$

표준편차는 $\sqrt{101.4}$=10.07%이다. 이것은 각 시나리오가 발생할 가능성이 같다고 가정할 때보다 값이 작다.

11.5 금광 주식의 수익률은 자동차 회사보다 은광 회사와 더 많이 상관되어(correlated) 있다. 그 결과, 자동차 회사는 더 큰 분산투자 혜택을 제공한다. 성과가 함께 좋거나 나빠서 수익률이 크게 상관되어 있을 때는 분산투자의 효과가 낮아진다. 포트폴리오 일부를 그러한 기업에서 다른 기업으로 옮겨도 전체 위험에는 거의 영향을 주지 않는다.

11.6 이 투자안의 성공은 실험 결과에 달려 있다. 성공은 경제 전체의 성과에는 의존하지 않는다. 실험은 분산가능한 위험을 만들기 때문이다. 많은 주식으로 구성된 포트폴리오는 그러한 많은 고유위험에 "베팅하는 것"을 포함한다. 일부 베팅은 성공하고, 일부는 그렇지 않다. 이러한 위험의 결과는 경제 상태와 같은 공통된 요인에 의존하지 않기 때문에, 이 위험은 잘 분산된 포트폴리오에서 상쇄될 것이다.

11.7 a. 불황에는 값비싼 식사를 줄이기 때문에, 고급 레스토랑은 경제 상황에 좀 더 민감할 것이다. 버거퀸에서 하는 식사는 상대적으로 저렴하기 때문에 불황에 강할 것이다.

b. 자동차 회사에 페인트를 파는 회사는 경제 상황에 좀 더 민감할 것이다. 왜냐하면, 경기 하락기에는 소비자가 차를 더 오래 사용하므로 자동차 판매는 극적으로 감소하기 때문이다. 이와는 대조적으로, 불황기에는 대부분 사람이 "스스로 만들어 사용한다." 이것은 소형 가게를 통한 페인트 판매가 좀 더 안정적이고 경제 상황에 덜 민감하게 만든다.

스프레드시트 문제 해답 SOLUTIONS TO SPREADSHEET QUESTIONS

1. 10월의 포드 수익률이 −7.0%였다고 가정한다면, 더 높은 표준편차를 보게 될 것이다. 왜냐하면, 이 수치는 보다 극단적이기 때문이다. −7.0%를 적용하면, 연율화된 표준편차는 11.29%에서 16.10%로 증가할 것이다.

2. 당신은 더 낮은 상관계수를 보게 될 것이다. 시장이 상대적으로 좋은 성과를 거두었을 때, 포드는 낮은 수익률을 거두었기 때문이다. 상관계수는 0.58에서 0.16으로 낮아진다.

12

위험, 수익률, 자본예산

학습목표

12-1 증권의 시장위험, 즉 베타(beta)를 측정하고 해석할 수 있다.

12-2 증권의 시장위험과 투자자의 요구수익률 간의 관계를 알 수 있다.

12-3 투자안 자본비용을 계산할 수 있다.

만약 큰 보상을 원한다면, 보통 큰 위험을 감수해야만 한다. ©Paramount Pictures/Entertainment Pictures/Alamy

11장에서 우리는 위험이란 주제를 이해하기 시작하였다. 우리는 고유위험과 시장위험의 구분을 강조하였다. 고유위험은 개별 기업이나 그 기업의 직접적인 경쟁자에게만 영향을 주는 사건에서 발생한다. 이는 분산투자를 통하여 제거할 수 있다. 그러나 아무리 분산투자를 하여도, 시장위험을 발생시키는 거시경제 사건은 피할 수가 없다. 이것이 바로 투자자들이 고유위험에 대한 보상으로 높은 수익을 요구하지 않고, 시장위험을 부담하는 데는 높은 수익을 요구하는 이유이다.

증권이나 투자안에 대한 시장위험은 어떻게 측정할 수 있는가? 시장위험은 보통 시장의 변동에 대한 해당 투자수익률의 민감도(베타, β)로 측정한다. 또한 투자자가 요구하는 위험프리미엄이 이 민감도에 비례해야 한다는 것을 알게 될 것이다. 이러한 위험과 수익의 관계는 투자자가 보통주에 투자할 때 기대하는 수익률을 추정하는 하나의 유용한 방법이다.

마지막으로 회사 증권의 위험과 개별 투자안의 위험을 구별할 것이다. 또한 투자안의 위험이 회사가 진행 중인 기존 사업의 위험과 다를 때 경영자가 무엇을 해야 하는지도 살펴볼 것이다.

12.1 시장위험의 측정

시장포트폴리오
경제 내의 모든 자산으로 구성된 포트폴리오. 실제로 주식시장지수는 시장 전체를 대표하는 지수로 사용된다.

이자율과 정부 지출, 유가, 환율 및 기타 거시경제 변수의 변화는 거의 모든 회사와 거의 모든 주식의 수익률에 영향을 준다. 따라서 모든 증권으로 구성된 **시장포트폴리오**(market portfolio)의 수익률을 추적하여 "거시적인" 뉴스의 충격을 평가할 수 있다. 특정한 날에 증권시장이 올라가면 거시경제 변화에 대한 순 영향은 긍정적임이 확실하다. 우리는 시장의 성과가 단지 거시적인 사건만을 반영한다는 것을 알고 있다. 왜냐하면 기업에 고유한 사건, 즉 고유위험은 수많은 회사와 증권의 성과를 종합해 볼 때 평균적으로 상쇄되어 없어지기 때문이다.

원칙적으로 시장포트폴리오는 전 세계 경제의 모든 자산, 주식뿐만 아니라 채권, 외국 증권, 부동산 등을 포함해야 한다. 그러나 실무에서 재무분석가들은 스탠다드앤푸어스 종합주가지수(S&P 500)와 같은 주식시장 지수를 임시로 사용한다.[1]

본 장에서 우리가 할 일은 개별 보통주의 위험을 정의하고 측정하는 것이다. 위험은 거시경제적 사건에 노출된 정도에 달려 있기 때문에, 시장포트폴리오 수익률 변동에 대한 해당 주식 수익률의 민감도로 측정할 수 있다. 이 민감도를 주식의 **베타**(beta)라고 한다. 베타는 그리스 문자 β로 쓰기도 한다.

베타
시장포트폴리오 수익률에 대한 해당 주식 수익률의 민감도.

베타의 측정

이전 장에서 몇몇 개별 증권의 변동성을 살펴보았다. US스틸(U.S. Steel)의 표준편차가 가장 컸고, 코카콜라(Coca-Cola)는 가장 낮았다. US스틸을 보유한다면 코카콜라를 보유할 때에 비해 수익률이 여섯 배나 변동할 것이다. 그러나 현명한 투자자는 달걀을 모두 한 바구니에 담지 않는다. 그들은 분산투자를 하여 위험을 줄인다. 분산투자된 포트폴리오를 보유한 투자자는 각 주식이 전체 포트폴리오의 위험에 미치는 영향에만 관심이 있을 것이다.

분산투자는 개별 주식의 고유위험을 제거할 수 있다. 그러나 시장 전체가 하락할 위험은 줄일 수 없다.

어떤 주식은 시장 변동에 대해 다른 주식보다 영향을 덜 받는다. 투자 관리자는 "방어적인" 주식과 "공격적인" 주식에 대해 이야기한다. 방어적인 주식은 시장 변동에 대해 그다지 민감하지 않다. 따라서 작은 베타를 갖는다. 반대로 공격적인 주식은 시장의 모든 움직임을 확대해서 따라가므로 큰 베타를 갖는다. 시장이 상승하면 공격적인 주식이 좋다. 반면, 시장이 하락하면 방어적인 주식이 좋다. (돈을 은행에 예치하는 것이 훨씬 더 좋다.)

공격적인 주식은 큰 베타, 즉 1보다 큰 베타를 갖는데, 이는 해당 주식수익률이 전반적인 시장수익률의 변화에 일대일보다 더 크게 반응하는 경향이 있음을 의미한다. 방어적인 주식의 베타는 1보다 작다. 이 주식수익률은 시장수익률과 일대일보다 더 작게 변동한다. 모든 주식의 평균 베타는 정확히 1.0이다.

이제 베타를 어떻게 측정하는지 공부해보자.

예제 12.1 ▶   가자미식품의 베타를 측정하기

가자미식품의 과거 거래 기록을 이용하여 6개월 수익률을 구한다고 하자. 이때 시장포트폴리오 수익률은 양(+)으로 또는 음(−)으로 1%였다.

---
1) 11.2절에서 가장 대중적인 주식시장 지수를 살펴보았다.

월	시장수익률(%)	가자미식품 수익률(%)	
1	+1	+0.8	
2	+1	+1.8	평균=0.8%
3	+1	−0.2	
4	−1	−1.8	
5	−1	+0.2	평균=−0.8
6	−1	−0.8	

그림 12.1 이 그림은 예제 12.1의 표에 나온 자료를 그린 것이다. 각 점은 시장 전체가 1% 상승하거나 하락할 때 가자미식품 주식의 성과를 나타낸다. 평균적으로 가자미식품은 시장과 같은 방향으로 움직인다. 그러나 같은 정도는 아니다. 따라서 가자미식품의 베타는 1.0보다 작다. 그림에서 점들의 맞춤선 기울기로 베타를 측정할 수 있다. 이 경우는 0.8이다.

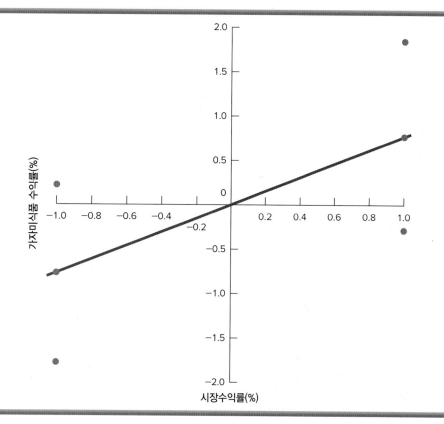

이들 관찰치를 그린 그림 12.1을 보자. 시장이 1%만큼 상승하거나 하락할 때, 가자미식품의 평균적인 성과를 직선으로 표시하였다. 이 직선의 기울기가 가자미식품의 베타이다. 베타가 0.8이라는 것을 바로 알 수 있다. 왜냐하면 시장이 1%만큼 상승하거나 하락할 때 가자미식품 주식은 평균적으로 0.8%를 얻거나 잃었기 때문이다. 시장수익률의 2%포인트 차이(−1에서 +1로)는 가자미식품 주주에게 평균적으로 1.6% 포인트의 차이(−0.8에서 +0.8로)를 발생시킨다는 점을 주목하자. 이 비율(1.6/2=0.8)이 베타이다.

4개월 후 가자미식품의 수익률은 그림 12.1의 직선 위나 아래에 있을 것이다. 직선에서 거리는 가자미식품에는 영향을 주지만 시장 전체에는 영향을 주지 않는 뉴스나 사건에 대한 가자미식품 주식 수익률의 반응을 나타낸다. 예를 들면, 2월에 가자미식품 주식의 투자자들은 좋은 거시경제 뉴스(시장이 1% 상승)와 가자미식품에 고유한 몇몇 우호적인 뉴스로 이익을 보았다. 이러한 시장 상승으로 가자미식품 주식은 0.8%(베타 0.8에 1% 시장수익률을 곱한 것) 상승하였다. 또한 이 기업에 우호적인 고유한 뉴스 덕분에 가지미식품 주식은 추가로 1% 더 상승하여, 2월 수익률은 총 1.8%가 되었다. ■

이 예가 보여주듯이 보통주 수익률은 시장수익률과 기업의 베타로 설명되는 부분, 그리고 기업에 고유한 뉴스로부터 발생하는 부분으로 나눌 수 있다. 첫 번째 부분의 변동은 시장위험을 반영하고 두 번째 부분의 변동은 고유위험을 반영한다.

물론 분산투자로 고유위험을 제거할 수 있다. 이것이 달걀을 한 바구니에 담지 않는 현명한 투자자가 가자미식품의 평균 이하(즉 0.8)인 베타를 보고 이 주식을 "방어적"이라고 하는 이유이다.

엑셀과 기타 대부분의 스프레드시트 프로그램은 주식 베타를 계산하는 내장 함수를 제공한다. 2017년 6개월치 스탠다드앤푸어스 500 지수(S&P 500)와 포드(Ford)의 수익률이 다음 스프레드시트의 열 B와 열 C에 입력되어 있다. (겨우 6개월 자료에 근거한 추정치는 실무에서 신뢰하기 매우 어렵다. 대부분의 표준편차와 베타 추정치는 5년간 월간 자료 같은 것을 사용한다.)

이 예제는 앞 장에서 포드의 변동성을 추정하기 위해 살펴본 데이터와 동일한 것을 사용한다. 여기서는 총위험보다는 시장위험(베타)에 더 집중하여 논의해보자.

1. **행 12.** 베타를 계산하기 위해 SLOPE 함수를 이용하라. 주식 수익률의 셀 주소(C3 : C8)를 먼저 입력하고, 그 뒤 시장수익률의 셀 주소(B3 : B8)를 입력하는 것이 중요하다. 포드의 베타값이 2.11로 산출된 것은, 지난 6개월 동안 시장에 비해 추가로 1%의 수익률을 더 거두었다는 것을 나타낸다.

2. **행 13.** 상관계수의 값(coefficient)이 0.58로 산출된 것은, 포드 주식이 시장을 완벽하게 따라가고 있지는 못하다는 것을 의미한다. 완벽하게 따라간다면 계수값이 1.0이 되고, 상관없다면 계수값은

0이 될 것이다. 만약 포드 주식이 시장과 반대로 움직이는 경향이 있다면, 상관계수의 계수값은 음수가 될 것이다. 하지만, 주식 간에 음(−)의 상관관계를 갖는 경우는 드물다.

스프레드시트 문제

1. 2017년 10월 포드의 수익률이 +5%이고 2017년 8월 수익률이 −3%였다고 하자. 포드의 베타가 스프레드시트에서 얻어진 값보다 클 것이라 예상하는가, 아니면 작을 것이라 예상하는가? 새로운 자료를 사용하여 베타를 다시 추정하고 당신의 생각이 맞는지를 확인해보시오.

2. 포드의 월간 수익률이 다음 스프레드시트에 나온 값보다 1% 더 크다고 하자. 포드의 베타는 스프레드시트에서 얻어진 값과 다르겠는가? 새로운 자료를 사용하여 베타를 다시 추정하고 당신의 생각이 맞는지를 확인해보시오.

3. 스프레드시트에 1개월치 자료를 추가하는데, 포드는 1.6% 하락하고 시장은 4% 상승했다고 하자. 포드의 베타가 스프레드시트에서 얻어진 값과 다른가? 새로운 자료를 사용하여 베타를 다시 추정하고 당신의 생각이 맞는지를 확인하시오.

	A	B	C	D
1		수익률(%)		열 C에서
2	월	S&P 500	Ford	사용된 공식
3	Jul−17	1.93	1.61	
4	Aug−17	0.05	−1.69	
5	Sep−17	1.93	8.52	
6	Oct−17	2.22	3.76	
7	Nov−17	2.81	2.04	
8	Dec−17	0.98	−0.24	
9	Mean return	1.66	2.33	=AVERAGE(C3 : C8)
10	Standard deviation (monthly)	0.90	3.26	=STDEV.P(C3 : C8)
11	Standard deviation, annualized	3.10	11.29	=C10*SQRT(12)
12	Beta		2.11	=SLOPE(C3 : C8,B3 : B8)
13	Correlation		0.58	=CORREL(B3 : B8,C3 : C8)

12.1 셀프테스트

앤초비퀸(Anchovy Queen) 레스토랑 주식의 6개월 수익률은 다음과 같다.

월	시장수익률(%)	앤초비퀸 수익률(%)
1	+1	+2.0
2	+1	+0
3	+1	+1.0
4	−1	−1.0
5	−1	+0
6	−1	−2.0

그림 12.1과 같은 그림을 그리고 추정된 직선의 기울기를 확인하라. 앤초비퀸의 베타는 얼마인가?

실제 삶은 지금까지의 예시와 같이 숫자로 나타나지는 않는다. 그러나 실제 기업의 베타를 측정하는 절차는 숫자로 정확히 나타난다.

1. 주식과 시장의 수익률(보통 월간 혹은 주간 수익률)을 관찰하시오.
2. 그림 12.1과 같이 관찰치를 그리시오.
3. 서로 다른 시장수익률에 대해 주식의 평균 수익률을 보여주는 맞춤선(fitted line)을 그리시오.

베타는 맞춤선의 기울기이다.

베타를 구하려면 많은 일을 해야 할 것처럼 들리지만, 실제로는 컴퓨터가 알아서 다 해준다. 그림 12.2는 베타를 계산할 때 엑셀의 SLOPE 함수 사용법을 보여준다. 두 가지 실제 예를 살펴보도록 하자.

포드와 PG&E의 베타

그림 12.2a의 각 점은 여러 시점(월)에서 포드 주식과 시장지수의 수익률을 보여준다. 예를 들어, 위쪽에 화살표로 표시된 점은 2017년 9월에 포드 주가가 8.5% 올랐고 시장지수는 1.9% 올랐다는 것을 보여준다. 포드는 자주 지수가 상승할 때 시장보다 성과가 좋았고, 지수가 하락할 때 시장보다 성과가 나빴음을 알 수 있다. 따라서 포드는 상대적으로 공격적인 고베타(high beta) 주식이다.

그림에서 점들을 지나는 가장 잘 맞는 맞춤선(추세선)을 그렸다.[2] 이 선의 기울기는 1.26이다. 시장이 추가로 1% 상승하면, 포드 주가는 추가로 평균 1.26% 상승한다. 시장이 추가로 1% 하락하면, 포드 주가는 추가로 평균 1.26% 하락한다. 따라서 포드의 베타는 1.26이다.[3]

물론 포드 주식의 수익률은 시장수익률과 완전하게 연관되어 있지는 않다. 예를 들어, 위쪽에 화살표로 표시된 점은 2017년 9월에 포드 주가가 시장지수를 통해 예상한 것보다 훨씬 높다는 것을 보여준다. 포드 주식의 수익률이 시장지수와의 일반적인 관계를 나타내는 추세선 위쪽에 있기 때문이다. 이 베타선(beta line)으로부터의 수직거리는, 해당월에 포드 주식 수익률과 연관된 고유위험의 영향을 보여준다. 또 다른 예로, 2013년 12월에는 시장지수가 상승했음에도 불구하고 포드 주식의 수익률은 하락했음을 확인할 수 있다. 해당 월은 포드의 고유위험에 의해 수익률이 감소할 수도 있음을 보여준다.

따라서, 그림 12.2a의 추세선 기울기는 베타와 시장위험에 노출된 정도를 측정하는 반면, 고유위험은 추세선 주위에 점들이 흩어져 있는 것으로 나타난다. 점들이 넓게 퍼져있을수록 고유위험의 크기는 큰 것을 의미한다.

그림 12.2b는 규제 업종에 속하는 전력회사인 PG&E의 월별 수익률을 비슷하게 나타낸 것이다. 포드와 다르게, PG&E는 방어적인 저베타(low beta) 주식이다. 이 주식은 시장의 움직임에 크게 민감하지 않다. 대게 시장이 상승할 때 천천히 뒤따라가는데, 시장이 하락할 때에는 주가가 덜 하락한다. 맞춤선(추세선)의 기울기는 지수가 추가로 1% 변화하면 PG&E 주가는 평균적으로 0.15만큼 변한다는 것을 보여준다. 즉, PG&E의 베타는 0.15이다.

베타의 추정치는 finance.yahoo.com 등에서 쉽게 찾을 수 있지만, 표 12.1을 보는 것도 흥미롭다. 이 표는 몇몇 잘 알려진 주식의 베타를 보여준다. 뉴몬트 광업은 베타가 가

---

2) 가장 잘 맞는 추세선을 보통 회귀선(regression line)이라고 한다. 이 선의 기울기는 일반 최소자승(ordinary least squares) 회귀식을 사용하여 계산할 수 있다. 종속변수는 주식(Ford)의 수익률이다. 독립변수는 시장지수의 수익률이며 여기서 지수는 S&P 500이다.

3) 여기서 추정한 포드의 베타값은 스프레드시트 솔루션과 다르다. 거기서 이야기했듯이, 6개월 자료로는 추정치의 신뢰도가 높지 않다.

그림 12.2 (a) 이 그림의 각 점은 2013년 1월에서 2017년 12월까지 포드 보통주와 시장 전체의 월간 수익률을 보여준다. 포드의 베타는 이 점들의 맞춤선(추세선) 기울기이다. 포드는 시장 전체보다 큰 1.26의 베타를 갖는다.
(b) PG&E와 시장 전체의 60개월 수익률의 그림에서 맞춤선의 기울기는 (a)의 포드 베타보다 훨씬 작다. PG&E는 0.15로 상대적으로 작은 베타를 갖는다.

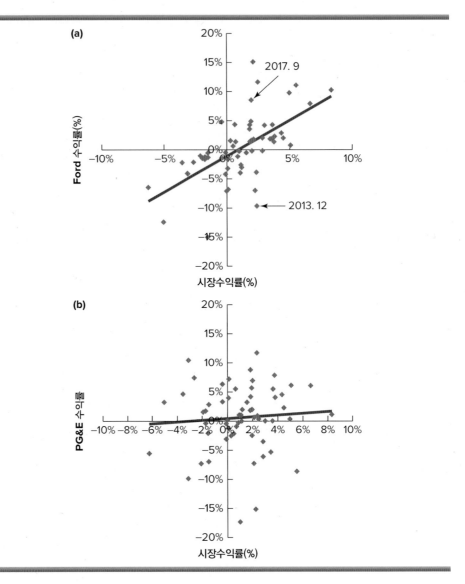

장 낮다. 이 회사의 주식 수익률은 평균적인 주식보다 시장 움직임에 대해 단지 0.10배만큼만 반응하였다. US스틸은 다른 극단에 있다. 이 회사의 주식 수익률은 평균적인 주식보다 시장 움직임에 대해 3.01배나 민감하였다.

총위험과 시장위험

US스틸은 표 12.1의 베타 목록에서 가장 위에 있다. 또한 이 기업은 주식에 대한 총변동성을 보여준 표 11.5에서도 가장 위에 있다. 그러나 총위험은 시장위험과 같지 않다. 변동성이 큰 주식 중 일부는 평균 이하의 베타를 가지며, 그 반대의 경우도 있다.

　예를 들어, 뉴몬트 광업(Newmont Mining)을 보자. 뉴몬트는 세계에서 가장 큰 금생산업자이다. 이 회사는 자신이 직면한 여러 위험으로서, "금과 다른 금속의 가격 변동성, 비용 증가, 채광 계획 시의 가정과 다르게 나타난 광물 등급 또는 회수율, 영업하는 국가의 정치적 및 영업적 위험과 정부 규제 및 재판 결과" 등을 들고 있다.

　이들 위험은 상당한데, 이는 뉴몬트 주식 수익률의 표준편차가 큰 것으로도 알 수 있다. (표 11.5 참조) 그러나 이들은 거시위험이 아닌, 고유위험에 해당한다. 미국 경제가 활황일지라도, 금 가격은 급락할 수도 있으며 오지의 광산은 정치적 불안정에 영향을 받을

표 12.1 일부 보통주의 베타. 2013
년 1월~2017년 12월

약어	기업	표준편차
X	U.S. Steel	3.01
MRO	Marathon Oil	2.39
AMZN	Amazon	1.47
DIS	Disney	1.39
F	Ford	1.26
BA	Boeing	1.24
INTC	Intel	1.07
GE	GE	1.06
PFE	Pfizer	1.02
IBM	IBM	0.94
GOOG	Alphabet	0.94
UNP	Union Pacific	0.90
XOM	ExxonMobil	0.82
SBUX	Starbucks	0.75
KO	Coca-Cola	0.70
MCD	McDonald's	0.68
CPB	Campbell Soup	0.40
WMT	Walmart	0.37
PCG	Pacific Gas & Electric	0.15
NEM	Newmont Mining	0.10

주: 베타는 5년치 월간 수익률에서 계산하였다.

수도 있다. 따라서 뉴몬트 주식이 평균 이상의 변동성을 갖는다 하더라도 베타는 상대적
으로 낮다고 할 수 있다.

물론 고유위험은 분산가능하기 때문에, 잘 분산된 포트폴리오를 가진 투자자의 성과
와는 상관이 없다. 그러나 뉴몬트의 CEO나 재무관리자는 고유위험을 정확하게 파악하
여, 언제나 다음 수익률 값은 베타선 위에 있길 원할 것이다. 뉴몬트의 재무적 성과를 분
석하는 투자자들은 총수익률에 포함된 고유위험의 상당 부분이 결국 분산되어 없어지더
라도 총수익률을 비슷하게 바라볼 것이다.

12.2 베타로부터 무엇을 배울 수 있는가?

우리는 베타로부터 많은 것을 배울 수 있다. 첫째, 어떤 주식이 공격적인지 방어적인지
알 수 없을 때 베타값이 1.0보다 큰지 작은지를 확인해볼 수 있다. 둘째, 포트폴리오의
베타를 예측해볼 수 있다.

포트폴리오 베타

포트폴리오 베타는 이 포트폴리오에 포함된 각 증권의 베타를 해당 증권에 투자한 비율
로 가중 평균한 것이다. 예를 들어, 두 주식으로 구성된 포트폴리오는 다음과 같은 베타
를 가질 것이다.

포트폴리오 베타＝(첫 번째 주식의 포트폴리오 비중×첫 번째 주식의 베타)   **(12.1)**
＋(두 번째 주식의 포트폴리오 비중×두 번째 주식의 베타)

따라서, 포드와 PG&E에 50:50으로 투자한 포트폴리오는 (0.5×1.26)＋(0.5×0.15)
＝0.705의 베타를 가질 것이다.

표 12.1에 있는 20개의 주식에 동일한 비중으로 투자한 포트폴리오를 구성했다고 가

정해보자. 포트폴리오의 베타는 표에 있는 베타값들을 단순히 평균함으로써 예측할 수 있다. 만약 주식 간의 투자비중을 달리한다면, 가중평균을 적용하면 된다.

12.2   셀프테스트

Rosa Rugonis는 $1,000,000의 유산을 받아, 다음과 같이 투자하기로 결정하였다. 포드, 스타벅스, 유니온퍼시픽(Union Pacific), IBM에 각각 $200,000씩, 뉴몬트 광업, 월마트에 각각 $100,000씩. Rosa는 물론 분산투자를 하지 않고 있다. 그녀의 포트폴리오 베타는 얼마인가? 각 주식의 베타는 표 12.1의 값을 이용하시오.

예제 12.2 ▶   뮤추얼펀드는 얼마나 위험한가?

분산된 포트폴리오를 보유하기 위해 꼭 부자일 필요는 없다. 미국에서 판매되는 8,000개 이상의 뮤추얼펀드 중 하나의 지분을 사면 된다.

투자자가 펀드의 지분을 사고 해당 펀드는 그 돈을 사용하여 증권 포트폴리오를 매입한다. 포트폴리오 수익은 펀드 보유자에게 지분에 비례하여 되돌려 준다. 따라서 펀드는 아주 소규모 투자자에게도 적은 비용으로 분산투자와 전문적인 관리를 제공하는 투자 협동조합(investment co-op)과 같다.

그림 12.3의 패널a는 알파벳(Alphabet, 구글의 모회사) 주식과 뱅가드(Vanguard) Growth and Income(G&I) 펀드의 베타를 계산한 것이다. 그림 12.1과 마찬가지로, 각 점은 특정 월의 시장지수(S&P 500)와 알파벳이나 뮤추얼펀드의 수익률을 나타낸다. 주황색 점은 알파벳을, 검은색 점은 뮤추얼펀드를 의미한다. 해당 기간 동안 알파벳 주식과 뱅가드 펀드는 베타값이 1.0보다 조금 낮은 0.9로, 시장 변동에 대해 평균적인 수준의 민감도를 보여주고 있다. 따라서 만약 알파벳과 G&I 펀드가 고유위험을 갖지 않는다면, 그들의 수익률은 시장포트폴리오와 유사한 수준으로 나타날 것이다. 그러나 실제로는 알파벳과 G&I 펀드가 고유위험을 갖고 있으므로, 시장포트폴리오보다는 변동성이 크게 나타난다.

알파벳은 고유위험이 크기 때문에, 수익률 분포가 넓게 퍼져있다. 그 결과로, 알파벳의 총위험은 시장의 총위험보다 커지게 된다. 표 11.5로 돌아가 보면, S&P 500의 표준편차는 9.4%인 반면 알파벳의 표준편차는 19.3%였다. 뱅가드 G&I 펀드는 800개 이상의 주식을 보유함으로써 잘 분산되어 있기 때문에, 점들이 맞춤선 주위에 근접해 있다. 뱅가드 G&I 펀드의 총위험은 11.4%로, 시장의 총위험보다 크게 높진 않지만 알파벳보다는 상당히 작음을 알 수 있다. 이것이 분산투자의 장점이다.

그림 12.3 (a) 알파벳(구글의 모회사)과 뱅가드 G&I 펀드의 베타. 둘은 모두 0.9정도의 베타를 갖고 있으나, 검은색으로 나타낸 펀드의 수익률이 맞춤선에 근접한 것으로 보아 고유위험이 훨씬 작다는 것을 알 수 있다.

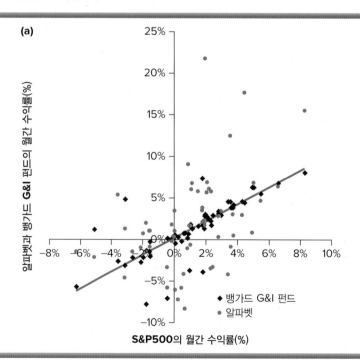

그림 12.3 (b) 뱅가드 500 인덱스 펀드의 베타. 이 포트폴리오는 시장의 성과를 추적하도록 고안된 완전히 분산투자된 지수펀드이다. 이 펀드의 베타는 1.0이고 고유위험이 없다는 것을 기억하자. 이 펀드의 수익률은 거의 정확히, 펀드 수익률을 S&P 500 포트폴리오 수익률에 연관시키는 맞춤선 위에 있다.

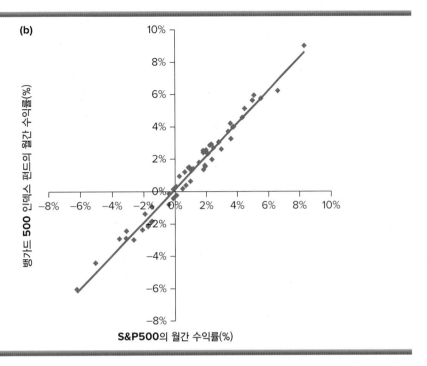

G&I 펀드는 어떻게 베타를 0.9까지 낮출 수 있었을까? 베타의 평균이 0.9인 주식들로 포트폴리오를 구성하면 된다. 포트폴리오 베타는 편입한 주식들의 베타를 가중평균한 값임을 기억하자. 가중치는 각 주식에 투자한 비중을 말한다. 만약 G&I 펀드가 개인연금펀드와 같이 수익률을 직접 볼 수 있는 뮤추얼펀드가 아니라면, 구성 종목의 베타를 가중평균해야 한다.

그림 12.3의 패널 b는 뱅가드 500 인덱스 뮤추얼펀드에 대해 같은 종류의 그림을 보여준다. 이 펀드는 베타가 1.0이며, 아주 작은 고유위험을 갖고 있어서 맞춤선에 거의 정확히 맞다. 왜냐하면 지수펀드(index fund)는 가능한 한 시장을 정확히 추적하도록 설계되었기 때문이다. 이 펀드의 관리자는 좋은 주식을 선택하려고 시도하지 않고 가장 적은 비용으로 완전한 분산투자를 하려고 노력한다. 이 펀드의 투자자는 시장 전체를 매입하는 것과 같으며, 고유위험에 대해 전혀 걱정할 필요가 없다. ■

그런데 뮤추얼펀드나 연금펀드의 베타를 아는 것은, 어떤 펀드매니저가 "시장보다 수익률이 좋았다"고 자랑할 때 적절한 질문을 하는 데 도움을 준다. 예를 들어, 2018년 1월에 2017년 수익률로서 S&P 500보다 3% 높은 수익률인 25%를 거둔 펀드매니저를 만났다고 가정해보자. 펀드매니저의 종목선택능력을 축하해야 하는가? 그것은 펀드의 베타에 달려있다. 만약 펀드가 고베타 종목에 특화되어 평균 베타가 1.5라고 해보자. 그렇다면 크게 인상적인 결과는 아니라고 할 수 있다. 시장위험만으로도 뮤추얼펀드 수익률에 1.5×22%=33%를 기여하였기 때문이다. 따라서 펀드매니저가 거둔 25%의 수익률은 사실은 실망스러운 것이다. 뮤추얼펀드의 투자자들은 더 높은 베타를 가진 인덱스 펀드를 보유하는 것이 더 좋았을 것이다.

물론, 단 1년의 성과로 펀드매니저의 능력을 판단할 수는 없다. 단지 2017년과 같은 활황 장세에서는 고베타 포트폴리오의 성과가 S&P보다 높게 나타나는 것은 아주 쉬운 일이라는 것을 지적할 뿐이다.

포트폴리오 베타는 분산된 포트폴리오의 위험을 결정한다

분산된 포트폴리오의 총위험(표준편차)을 예측하기 위해서도 베타를 이용할 수 있다. 그림 11.9는 편입하는 주식의 종목 수를 늘림으로써 포트폴리오가 더욱 분산되고 변동성이 감소하는 것을 보여준다. 분산투자의 이점은 처음에는 크게 나타나지만, 고유위험이 분산되어 사라짐에 따라 작아지는 것을 알 수 있다. 완전히 분산되면, 시장위험만 남

그림 12.4 완전히 분산된 포트폴리오의 위험은 포트폴리오 베타에 따라 달라진다. 이 예에서는, 포트폴리오 베타가 0.5, 바닥에 근접했을 때의 포트폴리오 표준편차는 10%, 시장 표준편차의 절반은 20%이다.

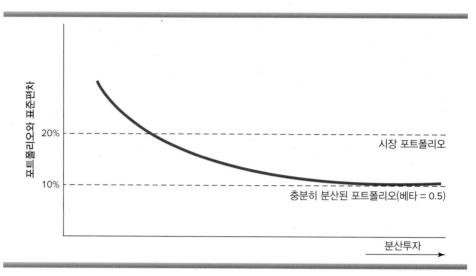

는다.

그런데 얼마나 시장위험이 남는 것일까? 그것은 포트폴리오의 베타에 달려 있다. 맥도널드(McDonald's)나 캠벨(Campbell Soup)과 같이 베타가 0.5 정도인 주식들을 편입한 포트폴리오를 구성해보자. 포트폴리오 베타는 0.5가 될 것이다. 대부분의 개별 주식고유위험은 분산되어 없어질 것이다. 시장위험은 남는데, 이 포트폴리오는 시장보다 절반 정도만 변동하게 된다. 만약 시장의 표준편차가 20%라면, 베타가 0.5인 분산된 포트폴리오의 표준편차는 0.5×20=10%가 된다. 이 결과는 그림 12.4에 나타나 있다. 다른 한편으로는, 디즈니(Disney), 포드, 보잉과 같이 베타가 1.3 정도인 주식들을 편입한 포트폴리오를 구성해보자. 이 경우, 포트폴리오의 표준편차는 1.3×20=26%가 될 것이다.[4]

물론, 모든 주식을 대상으로 계산한 평균 베타는 1.0이 되어야 한다. 모든 주식을 포함하는 완전히 분산된 포트폴리오는 시장과 동일한 1.0의 베타를 가질 것이고 표준편차도 시장과 동일할 것이다.

현명한 분산 투자자는 개별 주식 자체의 변동성을 판단하는 것이 아니라 포트폴리오 위험에 미치는 영향을 판단한다. 지금부터 주식 베타가 어떻게 포트폴리오 베타에 기여하는지를 보게 될 것이다. 다음 절에서는 위험과 수익률 모델이 어떻게 산출되는지, 기회자본비용은 어떻게 추정하는지를 살펴보자.

12.3 셀프테스트

1.2의 평균 베타를 갖는 10개의 주식으로 포트폴리오를 구성했다고 가정하자. 시장 표준편차가 연간 20%라면, 이 포트폴리오 수익률의 표준편차는 얼마인가? 24%인가? 아니면 그보다 높거나 낮은가? 이유는 무엇인가?

12.3 위험과 수익률

11장에서 몇몇 투자에 대한 과거 수익률을 살펴보았다. 가장 위험이 작은 투자는 미국 재정증권이었다. 재정증권의 수익률은 정해져 있기 때문에 시장에서 일어나는 것에 영향

---

4) 베타가 매우 크거나 작은 주식들로 분산된 포트폴리오를 구성하는 것은 어려울 수 있다. 예를 들어, US스틸과 같은 고베타 주식으로 구성된 포트폴리오는 경기변동에 민감한 산업에 편중될 수 있기 때문에 시장위험과 더불어 분산되지 않은 산업 위험에 노출될 수 있다.

그림 12.5 (a) 먼저 베타에 대해 기대수익률을 그리는 것으로 시작한다. 첫 번째 기준점은 재정증권(베타=0)과 시장포트폴리오(베타=1.0)이다. 재정증권 수익률은 3%, 시장수익률은 10%로 가정한다. 시장 위험프리미엄은 10−3=7%이다. (b) 재정증권과 시장포트폴리오는 베타가 0.50이며 기대수익률은 6.5%(점 X)이다. 시장포트폴리오에 20%를, 재정증권에 80%를 투자한 포트폴리오는 베타=0.2이며 4.4%의 기대수익률(점 Y)을 갖는다. 재정증권과 시장포트폴리오를 조합한 모든 포트폴리오의 기대수익률은 직선 위에 있다. 위험프리미엄은 포트폴리오 베타에 비례한다.

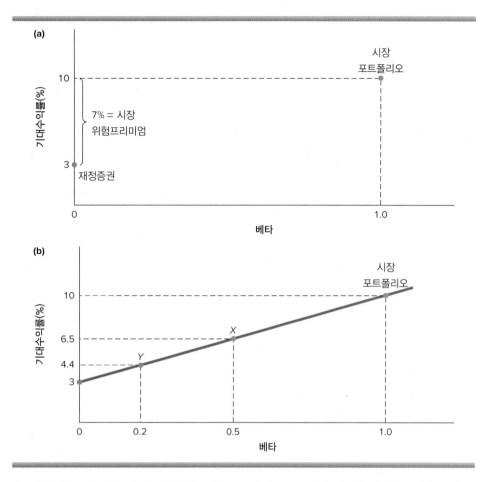

시장 위험프리미엄
시장 포트폴리오의 위험프리미엄. 시장수익률과 무위험 재정증권 수익률의 차이.

을 받지 않는다. 따라서 재정증권의 베타는 0이다. 11장에서 살펴본 가장 위험한 투자는 보통주로 구성된 시장포트폴리오였다. 이것은 평균 시장위험을 갖는다. 즉, 이것의 베타는 1.0이다.

현명한 투자자는 재미로 위험을 추구하지 않는다. 그들은 실제 돈을 걸고 게임을 하고 있으므로, 재정증권보다 시장포트폴리오에서 더 높은 수익률을 요구한다. 시장포트폴리오 수익률과 재정증권 이자율 간의 차이를 **시장 위험프리미엄**(market risk premium)이라고 한다. 지난 100년 동안 평균 시장 위험프리미엄은 연간 7.7%였다. 물론 지난 1세기가 전형적인 기간이었는가에 대해서는 다양한 주장이 있다. 그러나 여기서 우리는 정상 위험프리미엄이 7% 정도라고 가정한다. 즉, 7%는 투자자가 재정증권이 아니라 주식시장에 투자할 때 타당하게 기대할 수 있는 추가 수익률이다.

재정증권과 시장포트폴리오의 위험과 기대수익률을 그림 12.5a에 나타내었다. 재정증권은 베타가 0이고 무위험이자율만큼의 수익률을 갖는다는 것을 알 수 있다. 우리는 이 수익률을 3%로 가정한다. 시장포트폴리오는 베타가 1.0이며, 기대 위험프리미엄이 7%이기 때문에 3+7=10%의 기대수익률을 갖는다.

이제 이 두 기준점이 있을 때, 재정증권과 시장포트폴리오에 절반씩 투자한 포트폴리오에서 투자자는 얼마의 기대수익률을 요구해야 하는가? 물론 그 둘의 중간이다. 이에, 그림 12.5b에서 재정증권 수익률과 시장기대수익률을 연결하는 직선을 그렸다. 이 포트폴리오(X로 표시)는 0.5의 베타와 6.5%의 기대수익률을 갖는다. 이것은 3%의 재정증권 수익률을 초과하여 3.5%의 위험프리미엄을 포함한다.

이 수익률을 다음과 같이 계산할 수 있다. 기대 r_m과 재정증권 이자율(=무위험이자율) r_f의 차이로 시작하라. 이것이 기대 시장 위험프리미엄이다.

$$\text{시장 위험프리미엄} = r_m - r_f = 10\% - 3\% = 7\%$$

베타는 시장포트폴리오에 상대적인 위험을 측정한다. 따라서 기대위험프리미엄은 베타 곱하기 시장 위험프리미엄과 같다.

$$\text{위험프리미엄} = r - r_f = \beta(r_m - r_f)$$

0.5의 베타와 7% 시장 위험프리미엄에서

$$\text{위험프리미엄} = \beta(r_m - r_f) = 0.5 \times 7\% = 3.5\%$$

총기대수익률은 무위험이자율과 위험프리미엄의 합이다.

$$\text{기대수익률} = \text{무위험이자율} + \text{위험프리미엄} \qquad (12.2)$$
$$r = r_f + \beta(r_m - r_f)$$
$$= 3\% + 3.5\% = 6.5\%$$

이 공식에서 기대수익률을 한 번에 계산할 수도 있다.

$$\text{기대수익률} = r = r_f + \beta(r_m - r_f)$$
$$= 3\% + (0.5 \times 7\%) = 6.5\%$$

이 기본적인 관계는 재정증권과 시장포트폴리오로 구성된 포트폴리오뿐만 아니라 모든 자산에 대해서도 성립해야 한다. 이 결론을 **자본자산가격결정모형**(capital asset pricing model), 즉 CAPM이라고 한다. CAPM은 다음과 같은 단순한 의미를 내포하고 있다. 투자자가 요구하는 기대수익률은 다음 두 가지에 달려있다. (1) 화폐의 시간가치에 대한 보상(무위험이자율 r_f)과 (2) 베타와 시장 위험프리미엄에 의한 위험프리미엄.

$\beta = 1.0$인 자산의 기대수익률은 시장포트폴리오의 수익률이라는 것에 주의하자. 무위험이자율이 3%이고 시장 위험프리미엄이 7%일 때,

$$r = r_f + \beta(r_m - r_f)$$
$$= 3\% + (1 \times 7\%) = 10\%$$

자본자산가격결정모형
모든 증권의 기대위험프리미엄은 시장 위험프리미엄에 베타를 곱한 것이라고 하는, 위험과 수익률의 관계에 대한 이론.

12.4   셀프테스트

$\beta = 1.5$인 주식의 위험프리미엄과 기대수익률은 얼마인가? 재정증권 수익률이 3%이고 시장 위험프리미엄은 7%라고 가정하라.

CAPM의 타당성

CAPM은 주식시장이 시장위험에만 관심이 있는, 잘 분산투자한 투자자(그림 11.9나 그림 12.4의 포트폴리오 위험 곡선에서 맨 아래 부분에 있는)에 의해 지배된다고 가정한다. 이것은 대형 기관이 거래를 지배하고, 심지어 개미(개인투자자)들도 매우 적은 비용으로 분산투자를 할 수 있는 주식시장에서 타당하다. 다음 예제는 CAPM이 왜 타당한지를 보여준다.

예제   **12.3** ▶   **$100만을 어떻게 투자할 것인가?**

익명의 기부자에게서 아무런 조건 없이 $100만 수표를 받는 꿈을 꾼 적이 있는가? 이 돈을 어떻게 투자할 것인가에 대해 상상해보자.

다음 괜찮은 두 후보가 있다. 절대적으로 안전한 수익률을 제공하는 재정증권과 시장포트폴리오(아마도 지수펀드를 통하여). 시장포트폴리오는 평균적으로 더 나은 수익률을 제공하지만, 수익률은 상당히 변동한다. (그림 11.4를

다시 보자.) 따라서 투자정책은 여러분의 위험 수용도(risk tolerance)에 달려있다.

위험을 싫어하는 사람이라면, 투자금의 일부만을 시장포트폴리오에 투자하고 나머지는 재정증권을 구입함으로써 정부에 빌려줄 것이다. 투자금의 20%를 시장포트폴리오에 투자하고, 나머지 80%는 미국 재정증권에 투자한다고 가정해보자. 그러면 포트폴리오의 베타는, 시장포트폴리오 베타($\beta_{시장}$=1.0)와 재정증권($\beta_{재정증권}$=0)의 조합이 될 것이다.

$$\text{포트폴리오의 베타}=(\text{시장포트폴리오의 비중}\times\text{시장베타})+(\text{재정증권의 비중}\times\text{재정증권})$$
$$\beta=(0.2\times\beta_{시장}) \qquad\qquad +(0.8\times\beta_{재정증권})$$
$$=(0.2\times1.0) \qquad\qquad +(0.8\times0)=0.20$$

시장포트폴리오에 투자한 펀드의 비율은 기대수익률에도 영향을 준다. 시장포트폴리오에 $100만 전부를 투자한다면 시장 위험프리미엄 전체를 얻는다. 그러나 시장포트폴리오에 돈의 20%만을 투자한다면, 포트폴리오의 베타는 0.2가 되고 단지 20%의 시장 위험프리미엄을 얻는다.

$$\text{포트폴리오의 기대위험프리미엄}=(\text{시장포트폴리오의 비중}\times\text{시장 위험프리미엄})$$
$$+(\text{재정증권의 비중}\times\text{재정증권의 위험프리미엄})$$
$$=(0.2\times\text{기대 시장 위험프리미엄})+(0.8\times0)$$
$$=0.2\times\text{기대 시장 위험프리미엄}$$
$$=0.2\times7=1.4\%$$

포트폴리오의 위험프리미엄은 시장 위험프리미엄에 베타를 곱한 것이다.

포트폴리오의 기대수익률은 무위험이자율 더하기 기대위험프리미엄과 같다.

$$\text{포트폴리오 기대수익률}=r_{포트폴리오}=3+1.4=4.4\%$$

따라서 이런 수동적인 포트폴리오의 기대수익률은, 동일한 위험(베타)을 갖는 다른 자산이나 투자에 합리적인 수준의 기준점을 제공한다. 그림 12.5b에서는 이 포트폴리오의 베타와 기대수익률을 문자 Y로 나타내고 있다. ■

12.5 셀프테스트

베타가 0.25인 포트폴리오를 어떻게 만드는가? 이 전략의 기대수익률은 얼마인가? 재정증권 수익률이 3%이고 시장 위험프리미엄은 7%라고 가정하라.

증권시장선(SML)

증권시장선
기대수익률과 베타의 관계를 나타낸 선.

[예제 12.3]은 다음과 같은 일반적인 요점을 예시하고 있다. 시장포트폴리오에 돈의 일부를 투자하고 나머지를 빌려줌으로써(또는 빌림으로써),[5] 위험과 기대수익률에 대한 모든 조합을 그림 12.6의 상승하는 직선을 따라 얻을 수 있다. 이 선을 일반적으로 **증권시장선**(security market line)이라고 한다.

증권시장선은 기대수익률이 베타에 따라 어떻게 달라지는가를 보여준다. 자본자산 가격결정모형에 의하면, 모든 증권과 모든 포트폴리오의 기대수익률은 이 직선 위에 놓이게 된다.

$$\text{투자의 위험프리미엄 = 베타} \times \text{기대 시장 위험프리미엄}$$

그림 12.5b로 돌아가 보자. 이 그림은 재정증권 수익률이 3%이고 시장 위험프리미엄이 7%일 때, β=0.5인 개별 보통주는 6.5%의 기대수익률을 제공해야 한다는 것을 보여준다. 이제 왜 그렇게 되어야 하는가를 볼 수 있다. 이 주식이 더 낮은 수익률을 제공한

---

5) 증권시장선은 β=1.0일 때의 선을 넘어서 위쪽으로 더 확장한다는 점을 주목하라. 가령 β=2.0인 포트폴리오는 어떻게 만들 수 있을까? 이는 쉬운 일이다. 그러나 이 포트폴리오는 위험하다. $100만를 차입하고 여기에 투자금 $100만를 더해서 시장포트폴리오에 투자한다고 하자. 이는 $200만 투자와 $100만 부채가 된다. 이제 이 포트폴리오는 2.0의 베타를 갖는다.

$$\text{포트폴리오 베타}=(\text{시장포트폴리오의 비중}\times\text{시장베타})+(\text{차입의 비중}\times\text{차입의 베타})$$
$$\beta=(2\times\beta_{시장})+(-1\times\beta_{차입})$$
$$=(2\times1.0)+(-1\times0)=2$$

차입에 대한 비율은 돈을 빌려준 것이 아니라 빌렸기 때문에 음(−)이다. 어찌 됐건 은행이나 주식 중개인에게서 빌리는 것은 $200만 주식 포트폴리오를 융자에 대한 담보로 제공하는 한 어렵거나 지나치게 비싸지 않다. 이처럼 차입하여 투자하는 전략의 위험프리미엄과 기대수익률을 계산할 수 있는가?

그림 12.6 증권시장선은 자금을 시장에서 여러 비율로 투자할 때 기대수익률과 위험의 관계를 설명한다. 또한 이것은 다른 투자에 대한 기준이 되기도 한다. 투자자들은 다른 증권이 이와 똑같이 좋은 전망을 제공할 때만 보유하려고 할 것이다. 따라서 모든 투자의 시장 위험프리미엄은 증권시장선에 의해 결정된다.

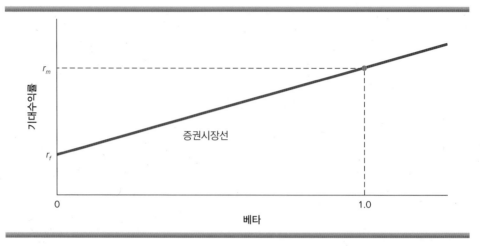

다면 아무도 이 주식을 사려고 하지 않을 것이다. 왜냐하면 사람들은 재정증권과 시장포트폴리오에 50:50으로 투자하여 6.5%를 얻을 수 있기 때문이다. 아무도 이 주식을 보유하려고 하지 않으면 가격은 내려가야 한다. 더 낮은 가격은 투자자에게 더 좋은 매물, 즉 더 높은 수익률을 의미한다. 이 주식의 기대수익률이 6.5%까지 올라가도록 가격은 내려간다. 이 가격과 기대수익률에서 CAPM이 성립한다.

반면, 이 주식이 6.5% 이상의 수익률을 제공하면 분산투자한 투자자는 이 주식을 더 많이 사려고 할 것이다. 이는 가격이 올라가도록 하고, 기대수익률은 CAPM이 예측하는 수준까지 내려가도록 한다.

이러한 추론은 베타가 어떻든지 간에 모든 주식에 성립한다. 투자자들은 시장지수와 재정증권으로 구성할 수 있는 동일 베타 포트폴리오를 통해 얻을 수 있는 기대수익률과 동일한 기대수익률을 개별 증권에 요구할 것이다. 이것이 CAPM이 타당한 이유이며 투자의 기대위험프리미엄이 베타에 비례해야 하는 이유이다.

12.6 셀프테스트

재정증권에 $400,000, 시장포트폴리오에 $600,000를 투자한다고 가정하자. 재정증권 수익률이 3%이고 시장포트폴리오의 기대수익률이 10%라면, 포트폴리오의 수익률은 얼마인가? 이 포트폴리오 수익률이 베타가 0.6인 개별 주식의 기대수익률에 대해 갖는 의미는 무엇인가?

CAPM을 이용한 기대수익률 추정

우리는 CAPM을 이용하여 개별 주식과 다른 증권들에게 투자자가 요구하는 기대수익률을 계산할 수 있다. 그러려면 무위험이자율, 기대 시장 위험프리미엄, 베타 이렇게 세 가지 숫자가 필요하다. 재정증권의 수익률이 3%, 기대 시장 위험프리미엄이 7%라고 가정해보자. 베타값은 표 12.1에서 가져오기로 한다. 표 12.2는 이들 수치를 이용하여 계산한 각 주식의 기대수익률 추정치를 베타와 함께 제시하고 있다. 일례로 맥도널드(McDonald's)를 생각해보자.

$$맥도널드의 기대수익률 = 무위험이자율 + (베타 \times 시장 위험프리미엄)$$
$$r = 3\% + (0.68 \times 7\%) = 7.8\%$$

표본 기업 중 US스틸의 베타가 가장 크고, 24%라는 가장 높은 기대수익률을 요구하고 있다. 반면에 뉴몬트 광업은 가장 낮은 베타와 기대수익률을 보인다.

　표 12.2에서의 계산은 아주 쉬우나, CAPM을 이용하는 것이 단순히 기계적인 산출과 정이라고 가정하지 마라. 첫째, 베타는 추정치일 뿐 정확한 측정치가 아니다. 맥도널드의 베타인 0.68은 최선의 통계적 측정치에 불과하므로, 실제 베타는 조금 높거나 낮을 수 있다. 만약 0.7로 반올림하고 싶다면, 그것도 괜찮다. 둘째, 아주 높거나 낮은 베타는 미래에는 다시 나타나지 않을 수도 있다. 예를 들어, 2007~2009년 금융위기에서 자동차 회사들이 어려움을 겪었기 때문에 포드의 베타도 2.0보다 크게 나타났다. 그러나 지금은 수익성을 회복하여 다시 제자리로 낮아졌다. 셋째, 미래의 기대 시장 위험프리미엄을 명확하게 정의하기가 어렵다. 넷째, CAPM은 실무에서 널리 사용되지만, 주식시장에서 위험과 수익률에 관해 완벽하게 설명하지는 못한다.

CAPM은 얼마나 잘 맞는가?

자본자산가격결정모형의 기본적인 아이디어는, 투자자가 기다리는 것과 염려하는 것 둘 다에 대해 보상을 기대한다는 것이다. 염려가 클수록 기대수익률은 커진다. 무위험 재정 증권에 투자한다면 이자율에 해당하는 만큼 받을 것이다. 이것은 기다림에 대한 보상이다. 위험한 주식에 투자한다면 추가 수익, 즉 염려에 따른 위험프리미엄을 기대할 수 있다. 위험이 크면, 투자자들은 주식에 많은 돈을 지불하려고 하지 않을 것이다. 그러면 주가는 적정한 기대위험프리미엄을 제공하는 기대수익률이 될 때까지 하락할 것이다. 자본자산 가격결정모형은 이 위험프리미엄이 주식의 베타 곱하기 시장 위험프리미엄과 같다고 한다.

　CAPM은 실제로 얼마나 잘 맞는가? 0.5의 베타를 갖는 주식의 수익률이 평균적으로 시장포트폴리오 수익률과 재정증권 이자율의 한가운데 위치하겠는가? 불행히도 증거는 모순되게 나타난다. 투자자들이 저베타 주식과 고베타 주식에서 실제로 벌어들인 수익률을 되돌아보자.

표 12.2 기대수익률

기업	베타	기대수익률(%)
U.S. Steel	3.01	24.1
Marathon Oil	2.39	19.8
Amazon	1.47	13.3
Disney	1.39	12.7
Ford	1.26	11.8
Boeing	1.24	11.7
Intel	1.07	10.5
GE	1.06	10.5
Pfizer	1.02	10.1
IBM	0.94	9.6
Alphabet	0.94	9.6
Union Pacific	0.90	9.3
ExxonMobil	0.82	8.8
Starbucks	0.75	8.2
Coca-Cola	0.70	7.9
McDonald's	0.68	7.8
Campbell Soup	0.40	5.8
Walmart	0.37	5.6
Pacific Gas & Electric	0.15	4.1
Newmont Mining	0.10	3.7

주: 기대수익률 $= r = r_f + \beta(r_m - r_f) = 3\% + \beta \times 7\%$

그림 12.7 자본자산가격결정모형은 모든 투자의 기대위험프리미엄은 증권시장선 상에 있어야 한다고 한다. 그림의 점들은 다양한 베타를 갖는 포트폴리오의 실제 평균 위험프리미엄을 나타낸다. 고베타 포트폴리오들은 CAPM이 예상하는 바와 같이 더 높은 수익률을 제공하였다. 그러나 고베타 포트폴리오들은 증권시장선 아래 위치하고, 저베타 포트폴리오는 증권시장선 위에 있다. 10개 포트폴리오 수익률의 맞춤선은 증권시장선보다 "더 평평하다".

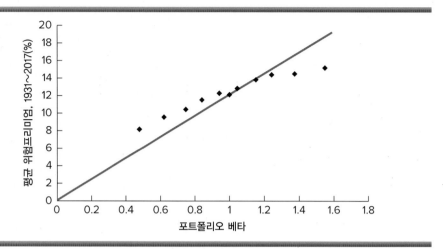

출처: This is an update of calculations that originally appeared in F. Black, "Beta and Return," *Journal of Portfolio Management* 20 (Fall 1993), pp. 8–18. We are grateful to Adam Kolasinski for recalculating and extending the plots.

1931년 10명의 투자자가 월스트리트의 바에 모여 자녀를 위한 투자신탁 기금을 설립하기로 했다고 하자. 각 투자자는 서로 다른 전략을 따르기로 하였다. 투자자 1은 뉴욕증권거래소 주식 중 추정 베타가 가장 작은 10%를 사는 것을 선택하였다. 투자자 2는 다음으로 베타가 작은 주식 10%를 선택하였다. 이렇게 하여 투자자 10은 베타가 가장 큰 주식을 사는 것을 선택하였다. 또한 그들은 매해 말에 모든 NYSE 주식의 베타를 재추정하여 포트폴리오를 조정하기로 하였다. 그리고 서로 축복하며 헤어졌다.

시간이 지나 10명의 투자자는 모두 세상을 떠났다. 그들 자녀는 2018년에 같은 바에서 만나 포트폴리오의 성과를 비교하기로 하였다. 그림 12.7은 결과를 보여준다. 투자자 1의 포트폴리오는 베타가 단지 0.48로, 시장보다 훨씬 덜 위험했다. 그러나 무위험이자율보다 8.2% 높았지만 가장 낮은 수익률을 기록하였다. 그 반대편에는 투자자 10의 포트폴리오가 위치하고 있는데, 투자자 1의 포트폴리오 베타보다 약 3배나 큰 1.55였다. 그러나 투자자 10은 무위험이자율을 연평균 15.2% 초과한 가장 높은 수익률을 보상받았다. 따라서 이 87년 기간에 수익률은 실제로 베타와 함께 증가하였다.

그림 12.7에서 보는 바와 같이, 이 87년 기간에 시장포트폴리오는 무위험이자율[6]보다 12.1% 높은 평균 수익률을 제공하였고 (물론) 베타는 1.0이었다. CAPM은 위험프리미엄이 베타에 비례하여 증가한다고 예측한다. 따라서 각 포트폴리오의 수익률은 그림 12.7에서 우상향하는 증권시장선 상에 놓여야 한다. 시장포트폴리오가 12.1%의 위험프리미엄을 제공하기 때문에, 투자자 1의 포트폴리오는 베타가 0.48이므로 약 5.8%의 위험프리미엄을 제공해야 하고, 투자자 10의 포트폴리오는 베타가 1.55이므로 18.8%가 넘는 위험프리미엄을 제공해야 한다. 고베타 주식이 저베타 주식보다 더 성과가 좋지만, 그 차이는 CAPM이 예상하는 것만큼 크지 않다는 것을 볼 수 있다.

그림 12.7은 CAPM을 넓은 의미에서 지지하지만, 수익률을 베타와 연관시키는 직선이 너무 평평했다는 것을 보여준다. 특히 근래에는 CAPM이 더 잘 맞지 않았다. 예를 들어, 10명의 친구가 1931년이 아니라 1966년에 현금을 투자했더라면 그들 포트폴리오의 수익률과 베타 간에는 관계가 거의 없었을 것이다.[7] 이것이 지난 51년 동안 위험과 수익률의 관계에 근본적인 변화가 있었다는 것을 의미하는가? 아니면 고베타 주식이 이 기간

---

6) 그림 12.7에서 "시장포트폴리오"에 포함된 주식은 동등하게 가중되었다(equally weighted). 소기업 주식은 대기업보다 평균적으로 더 많은 수익률을 제공해왔기 때문에 동등 가중 지수의 위험프리미엄은 가치 가중(value weighted) 지수보다 더 크다. 이것이 그림 12.7의 시장 위험프리미엄 12.1%와 표 11.1에 보고된 프리미엄 7.6%가 서로 차이가 나는 이유이다.

7) 나중 기간의 경우, 처음 투자자 7명의 수익률은 베타와 함께 증가하였다. 그러나 베타가 가장 큰 포트폴리오는 성과가 좋지 않았다.

그림 12.8 주황색 선은 1926년부터 2017년까지 소기업과 대기업 주식 수익률의 누적 차이를 보여준다. 파란색 선은 높은 장부 대 시장 가치(book-to-market-value) 주식과 낮은 장부 대 시장 가치 주식 수익률의 누적 차이를 보여준다.

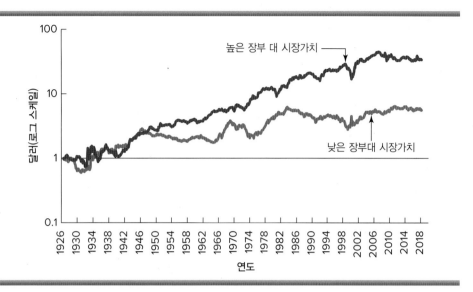

출처: mba.tuck.dartmouth.edu/pages/faculty/ken.french/data_library.html.

에 투자자가 기대하는 것보다 우연히 성과가 나빴던 것인가? 이에 대해 확실히 말하기는 매우 어렵다.

CAPM이 너무 단순하여 시장에서 일어나는 모든 것을 설명할 수는 없다는 데 대해서는 의심할 여지가 없다. 예를 들어, 그림 12.8을 보자. 주황색 선은 소기업과 대기업 주식 수익률의 누적 차이를 나타낸다. 이 선은 가장 규모가 작은 기업의 주식을 사고 가장 규모가 큰 기업의 주식을 팔았을 때 투자자의 부가 어떻게 변해왔는지를 보여준다. 소기업 주식(small-cap stock)이 항상 좋았던 것만은 아님을 볼 수 있지만, 꽤 긴 기간에는 소기업 주식이 상당히 높은 수익률을 제공하였다. 1926년 말 이래 두 그룹 주식 수익률 간의 연평균 차이는 3.2%였다. 이제 그림 12.8의 파란색 선을 보자. 이 선은 가치주와 성장주 수익률의 누적 차이를 보여준다. 가치주(value stock)는 장부가치 대 시장가치 비율이 높은 주식으로 정의된다. 성장주(growth stock)는 장부가 대 시장가 비율(book-to-market ratio)이 낮은 주식으로 정의된다. 가치주는 성장주보다 장기 수익률이 더 높았다. 1926년 이래 가치주와 성장주 수익률의 연평균 차이는 4.9%였다.

소기업 주식과 가치주의 성과가 우월한 것은 CAPM과 잘 맞지 않는다. CAPM은 베타만이 기대수익률을 다르게 하는 유일한 이유라고 예상한다. 만일 투자자들이 수익률은 기업 규모나 장부가 대 시장가 비율에 달려있다고 기대한다면, 단순한 형태의 자본자산가격결정모형이 진실의 전부를 나타낼 수는 없다.

자본자산가격결정모형의 지지자는 이 모형이 기대수익률에 대한 것이지만 우리는 단지 실현 수익률만을 관찰할 수 있다고 강조한다. 실현 수익률은 기대를 반영하지만, 또한 많은 "잡음(noise)"을 포함한다. 잡음이란 평균적으로 투자자들이 기대했던 수익률을 받아왔는가를 구별하기 어렵게 만드는 충격들이 꾸준히 공급되었음을 의미한다. 따라서 우리가 과거에 소기업 주식과 가치주가 우월한 성과를 제공했다는 것을 관찰할 때, 이것이 단순히 우연한 일치인지 아니면 투자자들이 이들 주식을 보유하는 데 더 높은 수익률을 요구했는지 확신할 수 없다.

이러한 논쟁으로 경제신문에 "베타는 죽었는가?"와 같은 머리기사가 나오게 되었다. 베타가 죽었다고 선언된 것이 처음은 아니다. 그러나 CAPM은 요구수익률을 측정하는 모형의 선두주자로 남아있다. 강한 이론은 한 번의 사망선고만으로는 부족하다.

CAPM이 위험과 수익률에 관한 유일한 모형은 아니다. 이 모형의 형제·자매뿐 아니라 육촌도 있다. 그러나 CAPM은 자산가격 결정에 필요한 다음 두 가지 근본적인 아이디어를 아주 단순한 방식으로 포착하고 있다. 첫째, 투자자가 위험을 부담할 때 초과 수익을 요구한다는 데 대해 거의 모든 사람이 동의한다. 둘째, 투자자는 주로 분산투자를 통해 제거할 수 없는 시장위험에 관심이 있는 것으로 보인다. 이것이 많은 재무관리자가 자본비용을 추정하는 데 자본자산가격결정모형을 경험의 법칙으로서 신뢰하는 이유이다.[8]

12.4 CAPM과 기회자본비용

제안된 투자안의 가치평가를 위한 할인율은, 그 회사의 주주들이 투자를 통해 얻고자 하는 기대수익률인 기회자본비용이 되어야 한다. 그러나 CAPM은 기대수익률이 위험, 즉 베타에 달려있다고 이야기한다. 제안된 투자안의 기회자본비용은 투자안의 위험에 따라 달라져야 한다. 따라서 **투자안 자본비용**은 위험이 주어졌을 때 받아들일 수 있는 최소한의 기대수익률이 된다.

투자안 자본비용
투자안의 위험 수준이 주어졌을 때에 수용 가능한 최소한의 기대수익률.

예제 12.4 ▶   투자안의 기회자본비용 추정하기

코카콜라가 창고를 확장하기 위해 $1,000만가 소요되는 투자안을 고려하고 있다고 가정하자. 투자안의 현금흐름은 예측해놨고 내부수익률(IRR)는 6%라고 계산하였다. 표 12.2에서 재정증권 수익률은 3%이고 기대 시장 위험프리미엄은 7%라고 가정하였다. 코카콜라는 이 투자를 진행해야 하겠는가?

이 질문에 대답하기 위해서는 기회자본비용 r이 필요하다. 기회자본비용은 만약 $1,000만가 코카콜라의 주주들에게 자유롭게 투자할 수 있도록 주어진다면 달성할 수 있는 기대수익률로 정의된다. CAPM은 투자안의 베타에 따라 투자자들이 요구하는 기대수익률이라고 말한다.

투자안의 현금흐름이 확실하다고 가정해보자. 그러면, 베타는 0이고 투자안의 자본비용은

$$r = r_f + \beta(r_m - r_f) = 3\% + (0 \times 7\%) = 3\%$$

기회자본비용이 3%일 때 이 투자안이 6%의 수익률을 제공한다면, 코카콜라는 투자를 확실히 진행해야 한다.[9]

그런데 표 12.2에서 코카콜라의 7.9% 수익률은 어떤가? 만약 우리가 투자안이 무위험이라고 확신한다면 상관없다. 하지만 코카콜라의 주식은 베타가 0.70으로 위험을 갖고 있기 때문에 무위험이자율보다는 높은 기대수익률을 제공한다. 코카콜라의 주주들은 그들이 스스로 무위험자산에 투자하면 3%밖에 수익을 거둘 수 없기 때문에 코카콜라가 6%를 얻을 수 있는 투자안에 대신 투자해주길 모두 원할 것이다.

확실한 투자안이란 재무관리 교과서 외에서는 거의 발생하지 않는다. 따라서 투자안이 시장포트폴리오와 동일한 위험을 가질 경우 자본비용에 대해 생각해보자. 이 경우 베타는 1.0이고 자본비용은 시장포트폴리오의 기대수익률이다.

$$r = r_f + \beta(r_m - r_f) = 3\% + (1.0 \times 7\%) = 10\%$$

이제 투자안의 베타는 1.0이고, 더 이상 실행할 가치가 없다. 주주들은 스스로 동일한 위험 수준을 갖는 시장포트폴리오에 투자하여 10%의 수익률을 거둘 수 있기 때문에, 6%의 기대수익률을 갖는 투자안에는 반대할 것이다.

베타가 1.0이 되면 투자안은 더 이상 매력적이지 않다. 그림 12.9에서 보는 것처럼, 투자안의 기대수익률이 증권시장선의 아래에 놓여있기 때문이다. 즉, 투자안은 투자자들이 동일한 위험 수준에서 요구하는 것보다 낮은 기대수익률을 제공하기 때문이다. 따라서 투자안은 음(-)의 순현재가치(NPV)를 갖는다. ■

만약 **CAPM**이 성립하면, 증권시장선은 기회자본비용을 정의하게 된다. 만약 투자안의 기회자본비용이 증권시장선 위에 그려지면, 그 투자안은 투자자가 동일한 베타에서 스스로 얻을 수 있는 것보다 높은 기대수익률을 제공하는 것이다.

---

8) J. R. Graham and C. R. Harvey, "The Theory and Practice of Corporate Finance: Evidence from the Field", Journal of Financial Economics 60 (2001), pp. 187–243. 조사된 많은 관리자들이 자본비용을 추정하기 위해 하나 이상의 방법을 사용하고 있다고 보고되었다. 73%는 CAPM을, 39%는 과거 평균 주식 수익률을, 34%는 추가적인 위험요인을 포함한 개량된 CAPM을 사용하고 있다고 답하였다.

9) 제8장에서 자본비용보다 낮은 내부수익률을 제공하는 투자안을 선택해야 하는 일부 특별한 경우를 설명하였다. 여기서는 투자안이 "정상적"이며, 낮은 IRR보다 높은 IRR의 투자안을 선택해야 한다고 가정한다.

그림 12.9 이 투자안의 기대수익률은 주식시장에서 동일한 시장위험(베타)을 갖는 주식에 투자함으로써 벌어들일 수 있는 기대수익률보다 더 낮다. 따라서 투자안의 기대수익률은 증권시장선의 아래에 있으며, 이 투자안은 기각해야 한다.

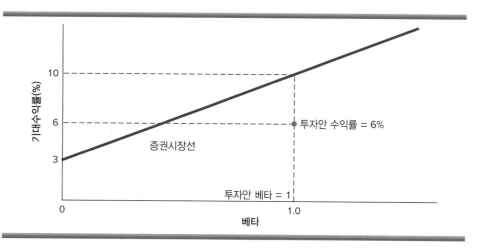

회사의 자본비용

투자안 자본비용은 자본이 투입되는 사용처에 달려 있다. 따라서 이것은 기업의 위험이 아니라 투자안의 위험에 달려 있다. 기업이 위험이 작은 투자안에 투자한다면 이 현금흐름을 그에 따른 낮은 자본비용으로 할인해야 한다. 반면, 위험이 큰 투자안에 투자한다면 이 현금흐름은 높은 자본비용으로 할인해야 한다.

이것이 원칙이다. 하지만 현실에서는 만약 큰 회사가 수천 가지의 투자안에 대해 모두 다른 할인율을 설정한다면 큰 혼란에 빠질 것이다. 따라서 대부분의 회사는 투자안들의 평균적인 위험을 고려하여 **회사의 자본비용**을 추정한다. 많은 회사들은 평균 위험 수준에 근접한 모든 자본 투자안에 대해 회사 자본비용을 사용한다. 아니면 회사 자본비용을 기준점으로 일단 설정하고 특정 투자안의 위험에 따라 이 요구수익률을 올리거나 내려서 조정한다.

회사의 자본비용
회사 전체 차원에서 투자에 대한 기회 자본비용. 이 비용은 기업이 채택한 투자안들의 평균적인 위험 수준을 고려한 할인율.

어떤 회사들은 다른 유형의 투자안들을 위해 두 개 이상의 할인율을 설정하기도 한다. 예를 들어, 전력회사는 규제 업종이면서 상업적인 특성을 지니고 있다. 규제 업종이면 정해진 것보다 높은 수익률은 거둘 수 없기 때문에 낮은 위험을 지니고 있다. 그들의 수익은 상한도 있으나 하한도 있다. 그들은 대부분의 비용을 고객에게 전가하는데 만약 수익이 악화되면 가격인상을 청원할 수 있기 때문이다. (표 12.2에서 가장 낮은 베타를 갖고 있는 PG&E도 거의 규제 업종 사업을 하고 있다.) 반면에 상업적인 전기 생산 사업은 규제를 받지 않고 시장가격 변화에 따라 판매할 수 있다. 예측하지 못한 수요나 생산비용에 따라 많은 돈을 벌기도 하도, 잃기도 한다. 따라서 규제 산업과 상업적인 특성을 모두 가진 회사들은, 보통 두 개의 자본비용을 각각 설정한다.

많은 미국 회사들은 그들의 회사 자본비용을 계산하기 위해 CAPM을 사용한다. 그러나 표 12.2와 같은 기대수익률은 단지 첫 번째 단계에 불과하다. 이것은 자기자본비용, 즉 보통주에 관한 기대수익률이기 때문이다. 대부분의 회사는 자본조달과 더불어 부채도 사용하고 있다. 그들은 부채와 자기자본에 대한 자본비용을 가중평균함으로써 회사 전체의 자본비용을 계산한다. 다음 장에서 자세히 설명할 것이다.

12.7 셀프테스트

월마트는 아마존과 경쟁하기 위해 인터넷 자회사 설립을 계획 중이다. 그런데 낮은 베타를 가진 월마트가 인터넷 소매시장에서 공격적으로 경쟁할 수 있을지, 주주들이 5.6%의 낮은 기대수익률에 만족할 수 있을지에 대해 논쟁이 벌어지고 있다. 이러한 논쟁이 맞는 것인가?

투자안 위험의 결정요인

회사 자본비용은 기존 사업과 위험 수준이 동일한 투자안에 대해서는 올바른 할인율이
지만, 이 회사의 평균보다 더 안전하거나 위험한 투자안에 대해서는 적절하지 않다. 투자
안이 비정상적으로 위험한지를 어떻게 알 수 있는가? 투자안의 위험을 추정하는 것을 정
확한 과학이라 말할 수는 없지만, 다음 두 가지는 명심해야 한다.

첫째, 10장에서 우리는 영업 레버리지가 투자안의 위험을 증가시키는 것을 공부하였
다. 비용 중 많은 부분이 고정되었을 때 매출액의 변화는 이익에 큰 영향을 줄 수 있다.
따라서 고정비가 많은 투자안은 더 큰 베타를 갖는 경향이 있다.

둘째, 많은 사람은 본능적으로 위험을 이익의 변동과 연관시킨다. 그러나 이 변동중 많
은 부분이 분산가능한 위험을 반영한다. 혼자서 금을 탐색하는 사람들은 극도로 불확실
한 미래 이익을 고대하지만, 그들이 정말 부자가 되는지는 경제 전체의 성과에 달려있을
것 같지 않다. 이러한 투자는 (뉴몬트 광업처럼) 큰 표준편차를 갖지만, 베타는 작다.

**중요한 것은 기업의 이익과 모든 기업의 전체 이익의 관련된 정도이다. 매출액과 이익이 경
제 상태에 크게 의존하는, 경기순행적인 기업은 큰 베타와 높은 자본비용을 갖는 경향이 있
다. 반대로 음식과 맥주, 화장품과 같은 생필품을 생산하는 기업은 경제 상태에 영향을 덜
받는다. 이들은 베타가 작고 자본비용이 낮다.**

할인율에 가공요소를 추가하지 마라

어떤 투자를 하게 되면, 나타날 포트폴리오 수익률의 범위가 넓어지기 때문에 투자자에
게 위험이 발생한다. 분산투자를 한 투자자에게 위험은 주로 시장위험이다. 그러나 일반
적인 뜻으로 위험은 단순히 "나쁜 결과"를 의미한다. 사람들은 투자안의 "위험"을 잘못될
수 있는 것으로 생각한다. 예를 들어 보자.

- 석유를 탐사하는 지질학자는 시추공에서 석유가 나오지 않을 위험을 염려한다.
- 제약업자는 머리가 나게 하는 신약이 FDA의 승인을 받지 못할 위험을 염려한다.
- 정치적으로 불안정한 지역의 호텔 소유자는 몰수당할 정치적 위험을 염려한다.

때때로 관리자들은 이 같은 경우의 염려를 고려하기 위해 할인율에 가공요소(fudge
factor)를 더한다.

이러한 조정은 우리를 편치 않게 한다. 첫째, 위에서 인용한 나쁜 결과들은 투자자들이
요구하는 기대수익률에 영향을 주지 않는 분산가능한 위험을 반영하는 것으로 보인다.
둘째, 할인율을 조정할 필요성은 대개 관리자가 현금흐름 예측에서 나쁜 결과에 적절한
가중치를 부여하지 못할 때 생긴다. 예를 들어, 관리자가 석유 탐사에서 빈 시추공과 같
은 나쁜 결과의 가능성에 대해 염려한다면 더 높은 할인율을 사용하여 투자안의 가치를
감소시킬 수 있다. 그러나 이것은 옳은 방법이 아니다. 대신 빈 시추공의 가능성은 이 유
정에서 도출되는 기대 현금흐름을 계산할 때 포함해야 한다. 빈 시추공의 가능성이 50%
이고 $2,000만 가치가 있는 석유를 생산할 유정일 가능성이 50%라고 하자. 그러면 기대
현금흐름은 $2,000만이 아니라 $(0.5 \times 0) + (0.5 \times 2천만) = \$1,000만$이다. 이 $1,000만의
기대 현금흐름을 기회자본비용으로 할인해야 한다. 가공 할인율을 사용하여 $2,000만
을 할인하는 것은 타당하지 않다.

기대 현금흐름의 예측은 좋든지 나쁘든지 간에 모든 가능한 결과를 이미 다 반영해야 한
다. 현금흐름의 예측이 적절하다면 할인율은 단지 투자안의 시장위험만을 반영해야 한다. 현
금흐름 예측의 오류나 편의를 상쇄하기 위해 가공요소를 사용해서는 안 된다.

요약 SUMMARY

증권의 시장위험, 즉 베타를 어떻게 측정하고 해석하는가?
(학습목표 12-1)

분산투자된 포트폴리오의 위험에 대한 어떤 증권의 공헌도는 이 증권의 시장위험에 달려있다. 그러나 모든 증권이 시장 변동에 의해 똑같이 영향을 받지는 않는다. 시장 변동에 대한 주식의 민감도를 **베타**라고 한다. 1.0보다 큰 베타를 갖는 주식은 시장 변동에 특히 민감하다. 1.0보다 작은 베타를 갖는 주식은 시장 변동에 그렇게 민감하지 않다. 모든 증권의 평균 베타는 1.0이다.

증권의 시장위험과 투자자들이 이 증권에 요구하는 수익률 간에는 어떤 관계가 있는가?
(학습목표 12-2)

투자자들이 위험을 부담할 때 요구하는 추가 수익률을 위험프리미엄이라고 한다. **시장 위험프리미엄**, 즉 **시장포트폴리오**의 위험프리미엄은 1900년에서 2007년 사이에 평균 7.6%였다. **자본자산가격결정모형**에 따르면, 어떤 투자에 대한 기대위험프리미엄은 베타와 시장 위험프리미엄에 비례해야 한다. 또한 어떤 투자에 대한 기대수익률은 무위험이자율에 위험프리미엄을 더한 것과 같다. 따라서 CAPM은 다음 식으로 나타낸다.

$$r = r_f + \beta(r_m - r_f)$$

증권시장선은 CAPM 식을 그림으로 나타낸 것이다. 증권시장선은 투자자들이 요구하는 기대수익률을 이 증권의 베타에 연관시킨다.

투자안의 기회자본비용은 무엇이 결정하는가? (학습목표 12-3)

기회자본비용은 투자자들이 위험 수준이 동일한 증권에 투자하지 않고 해당 투자안에 투자함으로써 포기하는 수익률이다. 재무관리자는 기회자본비용을 추정하기 위해 자본자산가격결정모형을 이용한다. 회사 자본비용은 투자자가 이 회사에 요구하는 기대수익률이다. 이것은 회사의 자산과 영업의 평균 위험에 달려있다.

기회자본비용은 자본이 투입되는 사용처에 의해 결정된다. 따라서 요구수익률은 회사의 기존 사업이 갖는 위험이 아니라 투자안이 지닌 위험에 달려있다. 투자안의 자본비용은 투자안의 위험이 주어질 때 이 투자안을 채택할 수 있는 최소 기대수익률이다.

현금흐름의 예측은 좋든 나쁘든 모든 가능한 결과를 미리 다 고려해야 한다. 잠재적으로 나쁜 결과는 그것이 베타에 영향을 주는 정도만 할인율에 반영되어야 한다.

식 목록 LISTING OF EQUATIONS

12.1 포트폴리오 베타 = (첫 번째 주식의 포트폴리오 비중 × 첫 번째 주식의 베타)
　　　　　　　　　　+ (두 번째 주식의 포트폴리오 비중 × 두 번째 주식의 베타)

12.2 기대수익률 = 무위험이자율 + 위험프리미엄
$$r = r_f + \beta(r_m - r_f)$$

연습문제 QUESTIONS AND PROBLEMS

1. 분산가능한 위험. 시장위험과 분산가능한(고유) 위험을 배운 입장에서 볼 때, 보험회사가 개인에게 생명보험을 판매하는 데는 아무 문제가 없지만, 해안가 주민에게 해일 피해에 대한 보험을 판매하는 것은 꺼리는 이유를 설명하시오. 보험회사는 왜 단순히 해안가 주민에게 허리케인과 다른 폭풍으로

말미암은 손해의 보험통계적인 가능성만을 반영하는 보험료를 부과하지 않는가? (학습목표 12-1)

2. **고유위험과 시장위험.** 그림 12.10은 2014년에서 2018년까지 Snake Oil 뮤추얼펀드의 월간 수익률을 그린 것이다. 이 펀드는 잘 분산되었는가? (학습목표 12-1)

그림 12.10 Snake Oil 뮤추얼펀드와 스탠다드앤푸어스 종합주가지수의 월간 수익률

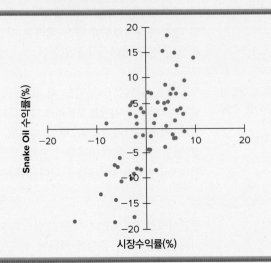

3. **베타 사용하기.** 0.8의 베타를 갖는 주식은 12%의 기대수익률을 갖는다. 올해 시장수익률이 기대했던 것보다 5%p 낮게 나타난다면, 이 주식의 수익률에 대한 최선의 추정치는 얼마인가? (학습목표 12-1)

4. **고유위험과 시장위험.** 그림 12.11은 주식시장 지수와 세 주식 월간 수익률의 관계를 도표로 나타낸 것이다. (그림 12.12와 유사함) 각 주식의 베타와 표준편차는 해당 그림의 옆에 표시되어 있다. (학습목표 12-1)

   a. 분산투자한 투자자에게 어떤 주식이 가장 안전한가?

   b. 이 주식 중 하나에 모든 자금을 투자한, 즉 분산투자하지 않은 투자자에게 가장 안전한 주식은 무엇인가?

   c. 각 주식에 동일 액수를 투자한 포트폴리오를 생각해보자. 이 포트폴리오의 베타는 얼마인가?

   d. 인텔과 똑같은 베타를 갖는 주식으로 구성된 잘 분산된 포트폴리오를 생각해보자. 이 포트폴리오 수익률의 베타와 표준편차는 얼마인가? 시장포트폴리오 수익률의 표준편차는 20%이다.

   e. 각 주식의 기대수익률은 얼마인가? 8%의 시장 위험프리미엄을 가정하여 자본자산가격결정모형(CAPM)을 사용하시오. 무위험 이자율은 4%이다.

5. **베타.** Connect에 로그인해서 12장의 자료를 보시오. Hershey (HSY), U.S. Steel (X), S&P 500의 5년간 월간 수익률을 저장하고 있는 스프레드시트를 발견할 수 있을 것이다. (학습목표 12-1)

   a. 각 기업의 베타를 계산하시오. 두 월별 수익률 시계열의 산포도에 회귀선을 그려주는 엑셀의 SLOPE 함수를 사용하시오.

   b. 각 베타의 상대적인 크기가 두 기업의 영업위험 측면에서 타당한지 설명하시오.

그림 **12.11** 2017년 12월까지 5년 동안, (a) Marathon Oil, (b) Intel, (c) Walmart와 시장포트폴리오의 월간 수익률을 보여준다.

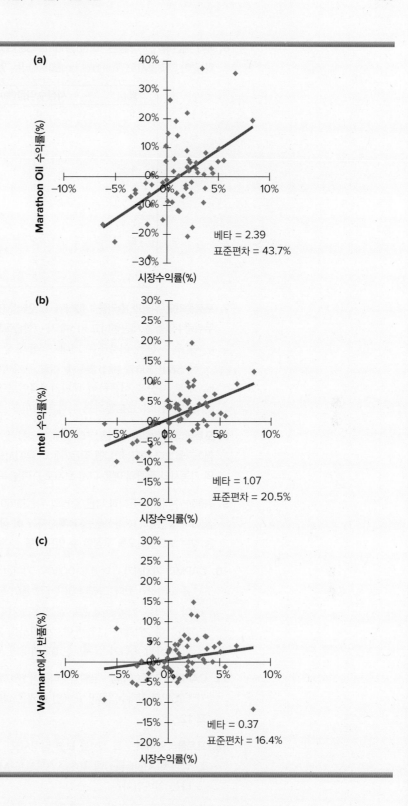

(a)

Marathon Oil 수익률(%)

시장수익률(%)

베타 = 2.39
표준편차 = 43.7%

(b)

Intel 수익률(%)

시장수익률(%)

베타 = 1.07
표준편차 = 20.5%

(c)

Walmart에서 반품(%)

시장수익률(%)

베타 = 0.37
표준편차 = 16.4%

6. 베타 계산하기. 다음은 Tumblehome Canoe Company의 10개월간 월간 수익률이다. 그림 12.1 과 같이 그려보시오. Tumblehome의 베타는 얼마인가? (학습목표 12-1)

월	시장수익률(%)	수익률(%)
1	0	+1
2	0	−1
3	−1	−2.5
4	−1	−0.5
5	+1	+2
6	+1	+1
7	+2	+4
8	+2	+2
9	−2	−2
10	−2	−4

7. 포트폴리오 위험과 수익률. 베타가 1.0인 S&P 500은 기대수익률이 10%이고 재정증권은 4%의 무위험수익률을 제공한다고 가정하자. (학습목표 12-1)

a. 이 두 자산을 이용하여 기대수익률이 8%인 포트폴리오를 어떻게 구성할 수 있는가? 특히, S&P 500과 재정증권에 대한 투자비중은 어떻게 되겠는가?

b. 이 두 자산을 이용하여 베타가 0.4인 포트폴리오를 어떻게 구성할 수 있는가?

c. (a)와 (b)의 포트폴리오 위험프리미엄이 그들의 베타에 비례한다는 것을 보이시오.

8. 포트폴리오 위험과 수익률. CAPM에 의하면, 0보다 작은 베타를 갖는 증권의 기대수익률은 무위험이자율보다 큰가, 아니면 작은가? 왜 투자자들이 그러한 증권에 투자하려고 하는가? (힌트: 11장의 자동차와 금광의 예를 다시 보시오.) (학습목표 12-1)

9. 위험과 수익률. 주식과 다른 증권의 위험프리미엄이 시장위험만이 아니라 총위험(즉 수익률의 변동성)에서 발생했다고 가정해보자. 투자자가 이 상황을 이용하여 어떻게 높은 기대수익률과 작은 위험을 갖는 포트폴리오를 구성할 수 있는지를 설명하시오. (학습목표 12-2)

10. CAPM과 가치평가. 매년 $10,000의 기대현금흐름을 영원히 창출할 수 있다고 믿는 기업의 매수를 고려하고 있다. 그러나 이 현금흐름이 불확실하다는 것을 알고 있다. (학습목표 12-2)

a. 이 회사의 베타를 0.4로 믿는다고 가정하자. 무위험수익률이 4%이고 시장포트폴리오의 기대수익률이 11%라면, 이 회사의 가치는 얼마인가?

b. 이 회사의 베타가 실제로는 0.6이라면, 이 회사의 가치를 얼마나 과대평가한 것인가?

11. CAPM과 기대수익률. 무위험수익률이 6%이고 시장포트폴리오의 기대수익률이 13%라면, 베타가 1.25이고 기대수익률이 16%인 증권은 과대평가되었는가, 아니면 과소평가되었는가? (학습목표 12-2)

12. 포트폴리오 베타. 표 12.1을 보고 답하시오. (학습목표 12-2)

a. 알파벳(Alphabet)에 40%, 맥도널드(McDonald's)에 60%를 투자한 포트폴리오의 베타는 얼마인가?

b. 당신이 두 주식의 전망에 대해 특별히 우수한 정보를 갖고 있지 않다면 이 포트폴리오에 투자하겠는가? 동일한 기대수익률을 갖지만 위험은 더 작은 대안(alternative) 포트폴리오를 구성해보시오.

c. 알파벳에 40%, 포드에 60%를 투자한 포트폴리오에 대해 (a), (b)를 반복해보시오.

13. CAPM과 기대수익률. 재정증권의 수익률을 표 12.2에서는 3%라고 가정했는데, 이제 6%라고 가정해보자. 표 12.2의 베타값들을 이용하여 아래 물음에 답하시오.

a. 이러한 변화는 시장포트폴리오의 수익률 추정치를 어떻게 변화시키는가?

b. (a)의 답변을 활용하여, 표 12.2에 있는 주식들의 기대수익률을 다시 계산하시오.

c. 시장의 기대수익률이 여전히 10%라고 가정해보면, 각 주식의 기대수익률은 어떻게 되겠는가?

d. (c)에서의 답변과 표 12.2를 비교해보시오. 어떤 주식이 가장 높은 기대수익률을 갖는가? 어떤 주식이 가장 낮은 기대수익률을 갖는가? 만약 무위험수익률 변화에 따른 시장수익률 예측치 조정을 무시한다면, 당신의 기대수익률 예측치에는 오차가 발생(biased)하겠는가?

e. 이자율을 3%가 아니라 6%를 적용한다면, 월마트는 더 높은 기대수익률을 제공하는가, 아니면 더 낮은 기대수익률을 제공하는가?

14. **기대수익률.** 경제에 대한 다음 두 가지 시나리오와 각 시나리오상의 시장포트폴리오, 공격적인 주식 A, 방어적인 주식 D의 기대수익률을 고려해보자. (학습목표 12-2)

시나리오	수익률		
	시장	공격적인 주식 A	방어적인 주식 D
불황	−8%	−10%	−6%
호황	32	38	24

a. 각 주식의 베타를 구하시오. 왜 주식 D가 방어적인가?

b. 각 시나리오가 발생할 가능성이 같을 경우, 시장포트폴리오와 각 주식의 기대수익률을 구하시오.

c. 재정증권 수익률이 4%일 경우, CAPM에 의하면 두 주식의 공정한 기대수익률은 얼마인가?

d. (a)에서 (c)까지의 답에 의하면, 어떤 주식이 더 좋은 매입 대상인가?

15. **CAPM과 가치평가.** 베타가 0.75인 주식 한 주가 지금 $50에 팔리고 있다. 투자자들은 연말에 $2의 배당을 지급할 것이라 예상한다. 재정증권 수익률은 4%이고 시장 위험프리미엄은 7%이다. 이 주식이 오늘 공정하게 가격이 결정됐다고 생각된다면, 투자자가 예상하는 연말 주가는 얼마인가? (학습목표 12-2)

16. **CAPM과 기대수익률.** 베타가 0.75인 주식 한 주가 지금 $50에 팔리고 있다. 투자자들은 연말에 $2의 배당을 지급할 것이라 예상한다. 재정증권 수익률은 4%이고 시장 위험프리미엄은 7%이다. (학습목표 12-2)

a. 투자자들이 연말에 이 주식을 $52에 매도할 수 있다고 믿는다고 가정해보자. 이 주식은 지금 매수하기에 좋은가 아니면 나쁜가?

b. 이 주식의 가격이 얼마에 도달했을 때, 오늘의 공정한 균형(equilibrium) 가격이라고 인정할 수 있겠는가?

17. **CAPM과 기대수익률.** 아래 표에는 몇몇 기업의 베타가 제시되어 있다. CAPM을 이용하여 각 주식의 기대수익률을 계산하시오. 무위험이자율은 4%, 시장포트폴리오의 위험프리미엄은 7%를 사용하시오. (학습목표 12-2)

기업	베타
Caterpillar	1.74
Apple	1.38
Johnson & Johnson	0.57
Consolidated Edison	0.29

18. 포트폴리오 위험과 수익률. 베타가 1.0인 S&P 500의 기대수익률이 13%이고 재정증권이 4%의 무위험수익률을 제공한다고 하자. (학습목표 12-2)

a. 이 두 자산으로 구성되었으며, S&P 500에 투자한 비율이 (i) 0, (ii) 0.25, (iii) 0.5, (iv) 0.75, (v) 1.0인 포트폴리오의 베타와 기대수익률은 얼마겠는가?

b. (a)의 답에 의하면, 위험과 수익률의 상반관계(trade-off)는 어떠한가? 즉, 기대수익률은 베타와 어떻게 변하는가?

c. (b)의 답은 증권시장선(security market line)과 어떤 관계가 있는가?

19. 위험과 수익률. 참 혹은 거짓으로 판정하시오. 이유를 설명하거나, 필요하면 수정하시오. (학습목표 12-2)

a. 투자자들은 좀 더 변동적인 수익률을 갖는 주식에 더 높은 기대수익률을 요구한다.

b. 자본자산가격결정모형은 베타가 0인 증권은 기대수익률이 0이라고 예상한다.

c. 재정증권에 $10,000와 시장포트폴리오에 $20,000를 투자한 투자자는 베타가 2.0인 포트폴리오를 갖는 것과 같다.

d. 투자자는 수익률이 거시경제 변화에 많이 노출된 주식에 대해 더 높은 기대수익률을 요구한다.

e. 투자자는 주식시장 변동에 매우 민감한 수익률을 갖는 주식에 대해 더 높은 기대수익률을 요구한다.

f. CAPM은 음(−)의 베타를 가진 투자안을 찾는다면 그 기대수익률은 이자율보다 낮을 수 있음을 의미한다.

g. 어떤 주식이 증권시장선 아래 있다면, 그 주식은 과소평가된 것이다.

20. CAPM과 기대수익률. 주식 A는 베타가 0.50이고 투자자는 이 주식의 수익률을 5%로 기대한다. 주식 B는 베타가 1.50이고 투자자는 13% 수익률을 기대한다. CAPM을 이용하여 시장 위험프리미엄과 시장포트폴리오의 기대수익률을 구하시오. (학습목표 12-2)

21. 레버리지와 포트폴리오 위험. 본 장의 각주 5는 차입하여 투자하는 전략(borrow-and-invest strategy)을 생각해보도록 한다. 이 전략은 당신의 돈 $100만와 추가로 $100만를 차입하여 총 $200만를 시장 지수 펀드에 투자하는 것이다. 무위험이자율이 4%이고 시장 지수 펀드의 기대수익률이 12%라면, 차입−투자 전략의 위험프리미엄과 기대수익률은 얼마인가? 왜 이 전략의 위험은 $100만를 단순히 시장 지수 펀드에 투자할 때의 두 배인가? (학습목표 12-2)

22. CAPM과 기대수익률. 시장포트폴리오의 기대수익률이 13%이고 재정증권 수익률이 6%라면, 투자자가 10%의 수익률을 기대하는 주식의 베타는 얼마여야 하는가? (학습목표 12-2)

23. 위험과 수익률. 참 혹은 거짓으로 판정하시오. 이유를 설명하거나, 필요하면 수정하시오. (학습목표 12-2)

a. 베타가 2.0인 투자의 기대수익률은 시장포트폴리오 기대수익률의 두 배이다.

b. 분산된 포트폴리오 위험에 대한 어떤 주식의 공헌도는 이 주식의 시장위험에 달려 있다.

c. 어떤 주식의 기대수익률이 증권시장선 아래 있다면, 그것은 과소평가된 것이다.

d. 베타가 2.0인 잘 분산된 포트폴리오는 시장포트폴리오에 비해 변동성이 두 배이다.

e. 베타가 2.0인 분산되지 않은 포트폴리오는 시장포트폴리오에 비해 변동성이 두 배보다 작다.

24. CAPM과 기대수익률. 뮤추얼펀드 관리자는 올해 11%의 수익률을 벌어들일 것으로 기대하고 있다. 이 포트폴리오의 베타는 0.80이다. (학습목표 12-2)

a. 무위험자산의 수익률은 4%이고 시장포트폴리오의 수익률은 14%로 기대한다면, 당신이 이 뮤추얼펀드에 투자하기 전에 요구하는 기대수익률은 얼마인가?

b. 이 뮤추얼펀드는 매력적인 투자안인가?

25. 요구수익률. 24번 문제의 뮤추얼펀드 관리자를 다시 생각해보자. 이 관리자의 포트폴리오와 위험은 동일하지만 더 큰 기대수익률을 갖는 포트폴리오를 구성하기 위해, 주가지수 뮤추얼펀드와 재정증권의 무위험 포지션(또는 단기금융시장 뮤추얼펀드)을 어떻게 이용하는지를 설명하시오. 이 포트폴리오의 수익률은 얼마인가? (학습목표 12-2)

26. 요구수익률. 25번 문제 답의 관점에서 볼 때, 투자자들이 이 펀드가 매력적인 투자기회라고 생각하려면, 왜 뮤추얼펀드가 증권시장선이 예상하는 것을 초과하여 기대수익률을 제공할 수 있어야만 하는지 설명하시오. (학습목표 12-2)

27. CAPM. 재정증권의 수익률은 4%, 시장포트폴리오의 기대수익률은 12%이다. 자본자산가격결정모형(CAPM)에 따르면, (학습목표 12-2)

a. 시장포트폴리오의 위험프리미엄은 얼마인가?

b. 베타가 1.5인 투자안의 요구수익률은 얼마인가?

c. 베타가 0.8인 투자안이 9.8%의 기대수익률을 제공한다면, 양(+)의 NPV를 갖는 것인가?

d. 주식 X에 대해 11.2%의 수익률을 기대한다면, 주식 X의 베타는 얼마인가?

28. CAPM. We Do Bankruptcies는 재무적 곤경에 처해 있는 기업에 조언을 제공하는 데 특화된 법률회사이다. 다른 기업들이 어려움을 겪는 불황 시기에, 이 회사는 오히려 번창한다. 결과적으로 이 회사의 베타는 음(−)으로, −0.20이다. (학습목표 12-2)

a. 재정증권 이자율이 5%이고 시장포트폴리오의 기대수익률이 15%이다. CAPM에 의하면, 이 법률회사 주식의 기대수익률은 얼마인가?

b. 당신이 재산의 90%를 시장포트폴리오에 투자하고 나머지를 이 법률회사 주식에 투자한다고 가정하자. 이 포트폴리오의 베타는 얼마인가?

29. CAPM과 기준율(hurdle rate). 고려하는 투자안이 14%의 내부수익률과 0.6의 베타를 갖는다. 무위험수익률은 4%이며 시장포트폴리오의 기대수익률은 14%이다. (학습목표 12-3)

a. 이 투자안의 요구수익률은 얼마인가?

b. 이 투자안을 채택해야 하는가?

c. 베타가 1.6이라면, 이 투자안의 요구수익률은 얼마인가?

d. 이 경우, 투자안을 채택해야 하는가?

30. CAPM과 자본비용. 재정증권 수익률이 4%이고 시장 위험프리미엄이 7%라고 가정하자. (학습목표 12-3)

a. 베타가 0.75와 1.75인 신규 벤처 투자안의 자본비용은 얼마인가?

b. 다음 자본투자 중 어떤 것이 양의 NPV를 갖는가?

투자안	베타	내부수익률(IRR, %)
P	1.0	14
Q	0	6
R	2.0	18
S	0.4	7
T	1.6	20

31. CAPM과 가치평가. 당신은 현재 사업 확장을 고려하는 기업의 컨설턴트이다. 이 투자안의 예상

현금흐름(단위: 백만 달러)은 다음과 같다.

연도	현금흐름
0	−100
1~10	+15

이 회사 주식의 행태에 근거하여, 당신은 회사의 베타를 1.4로 믿고 있다. 무위험 투자의 수익률이 4%이고 시장포트폴리오의 기대수익률이 12%라고 하자. 이 투자안의 순현재가치는 얼마인가? (학습목표 12-3)

32. **CAPM과 자본비용.** 31번 문제의 투자안을 다시 생각해보자. (학습목표 12-3)

   a. 투자안의 IRR은 얼마인가?

   b. 투자안의 자본비용은 얼마인가?

   c. IRR을 이용한 채택·기각 결정이 NPV를 이용한 결정과 일치하는가?

33. **CAPM과 가치평가.** 연평균 $50,000의 수익을 영원히 창출하는 부동산의 구입을 고려하고 있다. 이것의 시장위험이 시장포트폴리오의 위험과 같다고 믿는다면, 이 부동산에 얼마를 지불하겠는가? 재정증권 수익률은 5%이고 기대시장수익률은 12.5%이다. (학습목표 12-3)

34. **투자안의 자본비용.** 존슨앤존슨(Johnson & Johnson)이 트랙터를 생산하는 새로운 투자안을 고려하고 있다고 가정해보자. 이 사업의 요구수익률은 얼마인가? 17번 문제의 정보를 사용하여, 존슨앤존슨 주식의 기대수익률이 왜 적절한 요구수익률이 아닌지 설명해보시오.

셀프테스트 해답 SOLUTIONS TO SELF-TEST QUESTIONS

12.1   그림 12.12를 보시오. 엔초비 퀸의 베타는 1.0이다.

12.2   베타=0.816. 이것은 표 12.1의 베타값들을 가중평균한 것이다. 가중치는, 포드,

그림 12.12 각 점은 시장이 1% 상승하거나 하락할 때, 앤초비 퀸의 성과를 보여준다. 평균적으로 앤초비 퀸 주식은 시장을 따르며, 이것은 베타가 1.0임을 의미한다.

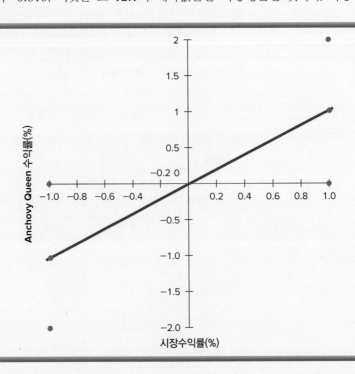

스타벅스, 유니온 퍼시픽, IBM에 각각 20%, 뉴몬트광업, 월마트에 각각 10%이다.

12.3 24% 이상이다. 10개의 주식에 분산투자한 것은 모든 고유위험을 제거하기에는 충분치 않다.

12.4 위험프리미엄 $= \beta(r_m - r_f) = 1.5 \times 7 = 10.5\%$

기대수익률 $= r = r_f + \beta(r_m - r_f) = 3 + (1.5 \times 7) = 13.5\%$

12.5 재정증권 수익률이 3%, 시장 위험프리미엄이 7%일 때, 시장포트폴리오의 기대수익률은 10%이다. 당신의 돈 25%를 시장포트폴리오에 투자하고, 나머지는 재정증권에 투자하시오. 이 포트폴리오의 베타는 0.25이고 기대수익률은 다음과 같다.

$$r_{\text{포트폴리오}} = (0.75 \times 3) + (0.25 \times 10) = 4.75\%$$

또한 기대수익률은 다음과 같이 계산할 수도 있다.

$$r_f + \beta(r_m - r_f) = 3 + (0.25 \times 7) = 4.75\%$$

12.6 $r_{\text{포트폴리오}} = (0.4 \times 3) + (0.6 \times 10) = 7.2\%$. 이 포트폴리오의 베타는 0.6이다. 왜냐하면 투자액의 60%인 $600,000가 시장포트폴리오에 투자되었기 때문이다. 베타가 0.6인 주식이 7.2%의 수익률을 제공하지 않으면 투자자는 이 주식을 사지 않으며, 더 많이 준다면 사려고 몰려들 것이다. 이 주식 가격은 기대수익률이 7.2%가 될 때까지 조정될 것이다.

12.7 이 주장은 맞지 않다. 인터넷 마케팅 투자안의 베타는 월마트의 베타가 아닌 아마존(Amazon)의 베타와 유사하기 때문이다. 월마트의 낮은 기회자본비용을 사용하면 이 투자안은 고평가된다.

스프레드시트 문제 해답 SOLUTIONS TO SPREADSHEET QUESTIONS

1 우리는 베타가 스프레드시트에서 얻어진 값보다 커질 것으로 예상한다. 8월(시장수익률이 자신의 평균치보다 낮을 때)에 포드의 수익률은 원래 가정했던 것보다 나쁘고, 10월(시장이 상승할 때) 수익률은 원래 가정했던 것보다 좋다. 두 경우 모두 포드의 수익률은 시장에 대해 크게 반응한다. 실제로 베타는 2.11에서 2.68로 증가한다.

2 포드의 베타는 정확히 원래 값과 같다. 매달 가정한 수익률을 상수만큼 증가시켜도 시장 지수 수익률의 변동에 대한 포드의 전형적인 반응(responsiveness)은 변하지 않는다.

3 추가 월별 자료에서 시장이 4% 상승하는데 포드가 1.6% 하락한다면, 베타는 작아질 것으로 기대한다. 이달에 포드 주식이 시장 지수와 반대 방향으로 움직였다. 따라서 이 관찰치를 추가하면, 시장 움직임에 대한 포드의 전형적인 반응의 추정치를 감소시킨다. 사실 베타는 0.23으로 작아진다. 같은 이유로, 상관계수도 0.58에서 0.08로 감소한다.

13 가중평균자본비용과 기업 가치평가

학습목표

13-1 가중평균자본비용을 계산할 수 있다.

13-2 가중평균자본비용이 새로운 투자안의 적절한 할인율이 되는 경우와 안 되는 경우를 이해할 수 있다.

13-3 기업 자본구조를 측정할 수 있다.

13-4 기업이 발행한 증권의 기대수익률을 추정할 수 있다.

13-5 미래 현금흐름 예측이 주어졌을 때에 가중평균자본비용을 이용하여 사업을 평가할 수 있다.

지오써멀(Geothermal Corporation)은 지구 내부에 있는 지열 에너지로부터 전기를 생산하기 위해 설립되었다. 지오써멀은 어떻게 자본비용을 결정해야 하는가? ©www.jodymillerphoto.com/Moment/GettyImages

앞 장에서 자본자산가격결정모형을 사용하여 보통주의 기대수익률을 추정하는 방법을 배웠다. 회사가 전액 보통주로 자금을 조달했다면, 주주는 회사의 모든 자산을 소유하며 모든 현금흐름을 받을 권리가 있다. 이 경우 보통주 투자자가 요구하는 기대수익률은 회사의 자본비용과 같다.

그러나 대부분의 기업은 보통주, 채권, 우선주를 포함한 여러 종류의 증권으로 자본을 조달한다. 이러한 환경에서 회사 자본비용은 더 이상 보통주의 기대수익률과 같지 않다. 이것은 회사가 발행한 모든 증권의 기대수익률에 달려 있다.

이것은 또한 세금에도 영향을 미치는데, 그 이유는 기업이 지급하는 이자는 세금공제 혜택을 받는 비용이기 때문이다. 따라서 회사의 자본비용은 보통 세후 부채에 대한 이자비용과 '자기자본비용', 즉 보통주 기대수익률의 가중평균으로 계산된다. 가중치는 이 회사 자본구조에서 부채와 자기자본의 비율이다. 관리자는 이 회사의 가중평균자본비용(weighted average cost of capital), 즉 WACC를 참조한다.

경영자는 가중평균자본비용을 사용하여 평균적인 위험을 갖는 투자안을 평가한다. "평균적인 위험"은 투자안의 위험이 회사의 기존 자산 및 영업의 위험과 비슷하다는 것을 의미한다. 이 장은 가중평균자본비용이 실제로 어떻게 계산되는가를 설명한다.

WACC를 계산하는 관리자는 공식이란 수렁에 빠질 수 있다. 여러분은 WACC를 어떻게 계산하는가뿐만 아니라, 이것이 왜 적용될 수 있는가를 이해해야 한다. "왜?"로 시작하자. 젊은 재무관리자가 투자안 할인율의 근본 원리를 생각해내려고 애쓰는 것에 귀를 기울여보자.

417

13.1 지오써멀(Geothermal)의 자본비용

최근에 동부의 유명한 비즈니스 스쿨을 졸업한 조 앤 콕스(Jo Ann Cox)는 블랙커피를 세 번째 따르고 나서, 그녀가 투자안의 기준율(hurdle rate)에 대해 과거에 공부했던 것을 다시 기억하려고 애썼다. 왜 재무관리 시간에 좀 더 주의를 기울이지 않았던가? 왜 재무관리 기말시험을 통과하자마자 재무관리 교과서를 팔아버렸던가?

지오써멀(Geothermal)의 CEO이며 그녀의 상사인 코스타스 써모폴리스(Costas Thermopolis)는 지오써멀의 생산을 확대하는 제안을 재무적으로 평가하라고 그녀에게 지시하였다. 그녀는 월요일 아침 9시 정각에 보고할 예정이었다. 써모폴리스는 재무관리가 아니라 지구물리학을 전공하였기 때문에, 그녀가 수리적인 분석뿐만 아니라 그 내용도 같이 설명해 줄 것으로 기대하였다.

써모폴리스는 1996년에 네바다 주 지하 깊은 곳에 있는 지열 에너지를 이용하여 전기를 생산하는 지오써멀을 설립하였다. 지오써멀은 이 산업을 선도하는 기업이었고, 미국 정부로부터 좋은 조건으로 넓은 지역에서 영구적인 생산 권리를 얻었다. 2007~2008년 오일쇼크는 전 세계적으로 에너지 가격을 상승시켰고, 지오써멀은 엄청나게 수익성 있는 기업이 되었다. 이 회사는 현재 장부 자산(book assets)에 대해 연 25%의 수익률을 내고 있다.

2018년에는 에너지 가격이 높지 않고, 생산 권리도 더 이상 싸지 않다. 제안된 확장안은 $3,000만의 비용이 소요되고, 연간 $450만의 영구적인 세후 현금흐름을 발생시킨다고 가정한다. 예상 수익률은 450/3,000=0.15, 즉 15%로 기존 자산의 수익성보다 훨씬 낮다. 그러나 새 투자안이 현재 사업보다 더 위험하지는 않을 것이다.

조 앤은 25%가 물론 더 좋지만 15%도 그렇게 나쁜 수익률이 아니라는 것을 알았다. 15%는 여전히 지오써멀의 자본비용보다 높을 수 있다. 즉, 외부 투자자들이 이 투자안에 투자할 때 요구할 기대수익률을 초과할 수 있다. 자본비용이 15% 기대수익률보다 작다면 확장은 좋은 사업이고, 지오써멀과 주주에게 양(+)의 가치를 발생시킬 것이다.

조 앤은 전액 보통주로 자본이 조달된 기업의 자본비용을 계산하는 방법을 기억하였다. 그녀는 그 요지를 간단히 요약하였다.

"나는 우물과 펌프, 발전기 등과 같은 지오써멀의 실물자산에 대해 투자자들이 요구하는 기대수익률을 얻어야 한다.[1]

이 수익률은 자산의 위험에 따라 결정된다. 그러나 이 자산은 주식시장에서 거래되지 않는다. 따라서 나는 그것들이 얼마나 위험한지를 관찰할 수 없다. 단지 지오써멀 보통주의 위험을 관찰할 수 있다."

"지오써멀이 부채가 아니라 주식만을 발행한다면 주식을 소유하는 것은 자산을 소유하는 것을 의미한다. 주식 투자자가 요구하는 기대수익률이 곧 자산의 자본비용이 되어야 한다." 그녀는 다음 항등식을 메모하였다.

사업 가치 = 주식 가치

사업 위험 = 주식 위험

사업의 수익률 = 주식의 수익률

사업에 대한 투자자의 요구수익률 = 주식에 대한 투자자의 요구수익률

만약 부채가 없다면, 이것은 지오써멀의 확장 계획에 대한 적절한 할인율이 될 것이다.

그렇지만 지오써멀은 상당한 액수를 빌렸다. 이 회사 주주는 지오써멀 자산에 대해 독점적인 소유권을 갖고 있지 않다. 따라서 확장 투자안은 부채로 일부 자본을 조달하는

---

1) 투자자는 회사의 증권이 같은 정도로 위험한 다른 증권과 같은 기대수익률을 줄 때만 이 증권에 투자한다. 증권들이 적절하게 가격이 매겨지면 투자자가 투자에서 기대할 수 있는 수익률이 그들의 요구수익률이다.

자본구조
부채와 자기자본 조달의 조합.

것을 정당화해야 한다. 조 앤은 지오써멀의 **자본구조**(capital structure), 즉 부채와 자기자본 조달의 조합을 보고 자기자본 투자자뿐만 아니라 부채 투자자가 요구하는 기대수익률을 반영해야 한다는 것을 알았다.

지오써멀은 2,265만 주를 발행하였으며, 지금 주당 $20에 거래된다. 따라서 주주는 지오써멀의 자기자본을 $20×2,265=$45,300만으로 평가하였다. 추가로 이 회사는 시장가치가 $19,400만인 채권을 발행하였다. 따라서 회사 부채와 자기자본의 시장가치는 19,400+45,300=$64,700만이다. 부채는 총자산의 19,400/64,700=0.3, 즉 30%이다.

조 앤은 "투자자에게 지오써멀의 가치는 부채나 자기자본보다 더 크다."라고 생각하였다. "그러나 부채와 자기자본을 더하여 지오써멀 사업의 전체 가치를 구할 수 있어야만 한다." 그녀는 약식 재무상태표를 작성하였다.

자산		부채와 자기자본		
자산의 시장가치=지오써멀의 기존 사업의 가치	$647	부채의 시장가치	$194	(30%)
		자기자본의 시장가치	453	(70%)
총가치	$647	총가치	$647	(100%)

"바로 이거야!" 조 앤은 소리쳤다. "부채뿐만 아니라 자기자본을 포함하여 지오써멀이 발행한 모든 증권을 사면 나는 전체 사업을 갖는 것이다. 이것은 다음을 의미한다." 그녀는 다시 메모하기 시작하였다.

사업 가치 = 회사의 모든 부채와 자기자본 증권 포트폴리오의 가치

사업 위험 = 포트폴리오 위험

사업의 수익률 = 포트폴리오의 수익률

사업에 대한 투자자의 요구
수익률(회사 자본비용) = 포트폴리오에 대한 투자자의 요구수익률

"내가 해야 할 것은, 단지 이 회사의 모든 증권으로 구성된 포트폴리오의 기대수익률을 계산하는 것이다. 이것은 쉽다. 부채의 수익률은 8%이고, 머리는 좋으나 세상물정 모르는 은행가인 프레드(Fred)가 자기자본 투자자는 14%를 원한다고 한다. 그가 옳다고 가정하자. 이 포트폴리오는 30% 부채와 70% 자기자본을 포함한다. 따라서 ……"

포트폴리오 수익률 = (0.3 × 8%) + (0.7 × 14%) = 12.2%

이제 모든 것이 생각났다. 회사의 자본비용은 부채와 자기자본 수익률의 가중평균이다. 가중치는 두 증권의 상대적인 시장가치에 달려 있다.

"그러나 한 가지가 더 있다. 이자는 세금이 공제된다. 지오써멀이 이자 $1를 지급하면 과세대상 이익은 $1 감소하고 회사의 세금고지서는 21센트 줄어든다(21% 법인세율을 가정하여). 순 비용은 단지 79센트이다. 따라서 세후 부채비용은 8%가 아니라 0.79×8=6.3%이다."

"이제 마침내 가중평균자본비용을 계산할 수 있다."

WACC = (0.3 × 6.3%) + (0.7 × 14%) = 11.7%

"이 확장은 좋은 사업으로 보인다. 확장안의 예상 수익률 15%는 가중평균자본비용 11.7%보다 높다. 난 이제 좀 쉬어야겠다."

13.2 가중평균자본비용

조 앤의 결론은 중요하다. 지금까지는 할인율의 선택이 결정적일 수 있다는 것이 분명하다. 특히 많은 자본지출이 필요하고 수명이 긴 투자안일수록 더 그렇다.

회사 자본비용

회사 전체 차원에서 투자에 대한 기회자본비용. 이 비용은 기업이 채택한 투자안들의 평균적인 위험 수준을 고려한 할인율.

다시 **회사 자본비용**은 무엇이고 이것이 어디에 사용되는지를 생각하자. 회사 자본비용은 기존 자산의 기회자본비용으로 정의한다. 우리는 이것을 기존 자산과 같은 위험을 갖는 새로운 자산의 가치를 평가할 때 사용한다. 회사 자본비용은 기업이 평균적인 위험을 갖는 투자안에 투자하여 확장할 때 받아들일 수 있는 최소한의 수익률이다.

앞서 1장의 마지막 절에서 기회자본비용을 소개하였다. "기회비용"은 기업이 현금을 주주에게 되돌려 주지 않고 투자할 때, 주주가 금융시장에 투자할 기회를 잃게 된다는 것을 상기시킨다. 기업이 주주의 이익을 위해 행동한다면 기업은 투자자들이 스스로 달성할 수 있는 것보다 더 높은 수익률을 제공하는 투자안을 발견할 수 있을 때만 이 돈을 투자할 것이다. 따라서 금융시장에서 투자할 때의 기대수익률이 기업 투자의 자본비용을 결정한다.

회사 자본비용은 기업 전체로서 기회자본비용이다. 12장에서 회사 자본비용을 설명하였다. 그러나 회사가 여러 종류의 부채와 자기자본을 조달하였을 때 이것을 어떻게 측정하며, 이자 지급액에 세금 공제가 있을 때 어떻게 조정할 것인가는 설명하지 않았다. 가중평균자본비용 공식은 이러한 복잡함을 다룬다.

가중평균으로 회사 자본비용 계산하기

단지 보통주만이 발행되었을 때는 회사 자본비용을 계산하기가 반드시 쉽지는 않지만 상대적으로 간단하다. 예를 들어 재무관리자가 베타를 추정하고 자본자산가격결정모형(CAPM)을 이용하여 주주의 요구수익률을 계산할 수 있었다. 이는 투자자가 회사의 기존 자산과 영업에 대해 요구하는 기대수익률이며, 또한 회사의 시장위험을 변동시키지 않는 새로운 투자에 대해 요구하는 기대수익률이다.

그러나 대부분 회사는 자기자본뿐만 아니라 부채도 조달한다. 회사 자본비용은 부채와 자기자본 투자자가 요구하는 수익률의 가중평균이다. 가중평균은 투자자가 회사의 모든 기발행된 증권의 포트폴리오에 대해 요구하는 기대수익률이다.

지오써멀에 대한 조 앤 콕스의 계산을 검토해보자. 복잡함을 피하고자, 다음 두세 쪽에서는 세금을 무시한다. 지오써멀의 총시장가치는 V로 나타내는데 조달된 부채 D와 자기자본 E의 가치를 합한 것이다. 따라서 기업 가치는 $V=D+E=\$19,400$만$+\$45,300$만$=\$64,700$만이다. 부채는 이 가치의 30%에 해당하고 자기자본은 나머지 70%에 해당한다. 모든 주식과 부채를 보유한다면 지오써멀에 대한 투자는 $V=\$64,700$만이다. 부채와 자기자본을 동시에 소유한 사람은 이 회사 자산 모두를 소유한다. 따라서 V는 또한 이들 자산의 가치이며, 지오써멀의 기존 사업 가치이다.

지오써멀의 자기자본 투자자가 14%의 수익률을 요구한다고 가정하자. 부채 소유자와 주식 소유자를 포함한 모든 투자자가 공정한 수익률을 벌려면 새로운 투자안은 얼마의 수익률을 제공해야 하는가? 부채 소유자는 $r_{부채}=8\%$의 수익률을 요구한다. 따라서 매해 이 회사는 $r_{부채} \times D=0.08 \times \$19,400$만$=\$1,552$만의 이자를 지급해야 한다. 주주는 좀 더 위험한 증권에 투자했기 때문에 453백만의 투자에 대해 $r_{자기자본}=14\%$의 기대수익률을 요구한다. 따라서 주주를 만족시키려면 회사는 $r_{자기자본} \times E=0.14 \times \$45,300$만$=\$6,342$만의 추가 이익이 필요하다. 채권자와 주주 모두를 만족하게 하려면 지오써멀은 $\$1,552$만$+\$6,342$만$=\$7,894$만을 벌어야 한다. 이것은 $r_{자산}=78.94/647=0.122$, 즉 12.2%의 수익률을 버는 것과 동등하다.

그림 13.1 지오써멀의 채권자는 이 회사 자본구조의 30%를 차지한다. 그러나 그들은 이익의 더 적은 부분을 갖는다. 왜냐하면, 그들의 8% 수익률은 이 회사에 의해 보장되기 때문이다. 지오써멀 주주는 위험을 더 많이 부담하고 평균적으로 더 많은 수익률을 받는다. 물론 모든 부채와 자기자본을 매입하면 모든 이익을 갖는다.

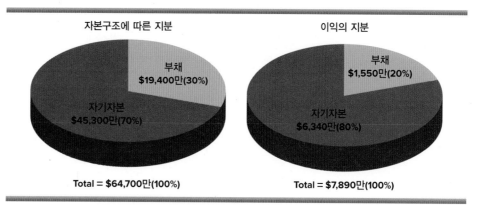

그림 13.1은 우리 계산의 논리를 보여준다. 이 그림은 부채와 자기자본 투자자를 만족하게 하는 데 필요한 이익 액수를 보여준다. 부채 소유자는 지오써멀 자본구조의 30%에 해당하지만, 기대 이익의 30%보다 적게 받는다는 것에 주목하자. 한편, 그들은 위험을 30%보다 작게 부담한다. 왜냐하면, 그들은 회사의 이익을 먼저 배분받고 회사가 어려움을 겪을 때 회사 자산에 대해 우선 청구권을 갖기 때문이다. 주주는 더 많은 위험을 부담하므로 지오써멀 이익의 70% 이상을 기대한다.

그러나 지오써멀의 모든 부채와 자기자본을 매입한다면 이 회사의 자산을 완전히 소유한다. 당신은 모든 이익을 받고 모든 위험을 부담한다. 이 포트폴리오에 대해 요구하는 기대수익률은 이 사업의 독점적인 소유권으로부터 요구하는 수익률과 같다. 따라서 세금을 무시할 때, 이 수익률 12.2%는 회사 자본비용이며, 이 사업과 같은 위험을 갖는 확장안에 대한 요구수익률이다.

최저 요구수익률은 (아직 세금을 무시할 때) 다음과 같다.

회사 자본비용 = 부채와 자기자본 수익률의 가중평균

기본이 되는 수학적 계산은 단순하다. 채권자는 ($r_{부채} \times D$)의 이익이 필요하다. 그리고 주주는 ($r_{자기자본} \times E$)의 기대 이익이 필요하다. 필요한 총이익은 ($r_{부채} \times D$) + ($r_{자기자본} \times E$)이다. 이들을 합한 기존 투자액은 V이다. 따라서 자산에 필요한 수익률을 계산하기 위해 단순히 이익을 투자액으로 나눈다.

$$r_{자산} = \frac{총이익}{투자가치} = \frac{(D \times r_{부채}) + (E \times r_{자기자본})}{V}$$

$$= \left(\frac{D}{V} \times r_{부채} \right) = \left(\frac{E}{V} \times r_{자기자본} \right)$$

지오써멀의 경우

$$r_{자산} = (0.30 \times 8\%) + (0.70 \times 14\%) = 12.2\%$$

이 수치는 회사 자산에 투자한 투자자가 요구하는 기대수익률이다.

13.1 셀프테스트

지오써멀의 경쟁사인 핫락(Hot Rocks Corp.)은 $5,000만 달러의 시장가치를 갖는 장기채권을 발행하였다. 기대수익률은 9%였다. 이 회사는 발행주식이 4백만 주 있으며 주당 $10에 거래된다. 이 가격에서 주식은 17%의 기대수익률을 제공한다. 핫락의 자산과 영업에서 가중평균자본비용은 얼마인가? 핫락은 세금을 내지 않는다고 가정하시오.

장부가치 가중치가 아니라 시장가치 가중치를 사용하라.

회사 자본비용은 투자자가 회사의 자산과 영업에 대해 요구하는 기대수익률이다. 자본비용은 투자자들이 회사의 발행 증권에 대해 실제로 지불하려고 하는 것, 즉 증권의 시장가치에 근거해야 한다.

시장가치는 보통 회사의 장부에 회계사가 기록한 값과 다르다. 지오써멀 자기자본의 장부가치는 과거에 주주에게서 조달한 돈이나 회사가 그들 대신 재투자한 돈을 반영한다. 투자자가 지오써멀의 우월성을 인식한다면 자기자본의 시장가치는 장부가치보다 훨씬 클 것이며, 장부가치가 아니라 시장가치로 측정할 때 부채비율이 더 낮을 것이다.

재무관리자는 여러 가지 목적으로 장부상의 부채 대 자기자본 비율을 사용한다. 그리고 때때로 회사 자본비용의 가중치를 계산할 때 조심하지 않고 장부상 비율을 쓴다. 이것은 잘못이다. 왜냐하면, 회사 자본비용은 투자자들이 회사에 요구하는 것을 측정하며, 이것은 그들이 회사의 증권을 어떻게 평가하는가에 달렸기 때문이다. 이 가치는 회계적인 과거가 아니라 미래 이익과 현금흐름에 따라 결정된다. 장부가치는 다른 많은 목적에는 유용하지만, 단순히 역사적 누적 순지출을 측정한다. 장부가치는 일반적으로 시장가치를 정확히 측정하지 않는다.

13.2 셀프테스트

아래에 듀안 S. 버그(Duane S. Burg) 조합의 장부상 재무상태표가 주어져 있다. 단위는 백만이다.

자산		부채와 자기자본	
자산(장부가치)	$75	부채	$25
		자기자본	50
	$75		$75

불행히도 이 회사는 어려운 시기에 빠졌다. 주식 6백만 주는 주당 겨우 $4에 거래되고 있다. 이 회사 부채 증권의 시장가치는 액면가(장부가치)보다 20% 낮다. 대규모 누적 손실 때문에 이 회사는 장래의 세금을 내지 못한다.

이제 주주가 20% 기대수익률을 요구한다고 가정하자. 채권 수익률은 현재 14%이다. 가중평균자본비용은 얼마인가?

세금과 가중평균자본비용

이 장에서 지금까지의 예시는 세금을 무시하였다. 투자안의 NPV를 계산할 때 투자안이 전액 자기자본으로 조달되었다고 가정하고 세후 현금흐름을 할인해야 한다. 이것은 정확히 9장에서 블루퍼(Blooper)의 마그누슘(magnoosium) 광산 투자안을 평가할 때 사용한 방법이다. 때때로 세전 현금흐름을 예측하고 더 높은 할인율을 사용하여 이를 보상하려고 하는 회사들을 만날 수도 있다. 이것은 잘못되었다. 세전 현금흐름을 할인하도록 단순히 할인율을 조정하는 방법은 없다.

세금은 대부분 기업이 자기자본과 부채로 조달되었기 때문에 중요하다. 부채의 이자 지급액은 세전 이익에서 공제된다. 따라서 회사의 비용은 이 세금절약액만큼 줄어든다.

지오써멀 부채의 이자율은 $r_{부채}=8\%$이다. 그러나 법인세율이 $T_c=0.21$로 정부가 이자비용의 21%를 부담한다. 정부는 이 회사에게 이만큼의 돈을 주지는 않지만, 회사가 지급하는 법인세를 이자비용의 21%만큼 줄여준다.

따라서 지오써멀의 세후 부채비용은 8% 세전 비용의 100−21=79%이다.

$$세후부채비용 = (1 - 세율) \times 세전비용$$
$$= (1 - T_c) \times r_{부채}$$
$$= (1 - 0.21) \times 8\% = 6.3\%$$

이제 이자 지급액과 관련된 절세효과를 반영하여 우리가 계산한 지오써멀의 자본비용을 조정할 수 있다.

$$세후 회사 자본비용 = (0.3 \times 6.3\%) + (0.7 \times 14\%) = 11.7\%$$

이제 가중평균자본비용, 즉 WACC로 돌아가자. 일반식은 다음과 같다.

$$\text{WACC} = \left[\frac{D}{V} \times (1 - T_c)r_{부채} \right] = \left(\frac{E}{V} \times r_{자기자본} \right) \tag{13.1}$$

13.3 셀프테스트

크리스 크로스 산업(Criss Cross industries)은 $1,000만의 이자 및 세금 전 이익(EBIT)을 갖는다. 이자 지급액은 $200만이고 법인세율은 21%이다. 부채 이자가 이 회사가 부담하는 세금을 줄여주는 것을 보여주는 간단한 손익계산서를 작성하시오. 이 회사가 전액 자기자본으로 조달되었다면 회사가 내야 할 세금은 얼마인가?

예제   **13.1 ▶**   ## 포드(Ford)의 가중평균자본비용

12장에서 포드 보통주의 기대수익률을 추정하는 데 자본자산가격결정모형을 어떻게 사용하는가를 보았다. 이제 이 회사의 2018년 가중평균자본비용을 구하는 데 이 추정치를 사용하자.

1단계: 시장가치를 이용하여 자본구조의 가중치를 계산한다. 포드가 발행한 증권의 시장가치는 $V = D + E = 12,670 + 47,585 = \$60,255$백만이다. 총가치에 대한 비율은 부채가 $D/V = 12,670/60,255 = 0.21$이고 자기자본은 $E/V = 47,585/60,255 = 0.79$이다.

2단계: 각 증권의 요구수익률을 결정한다. 12장에서 포드 주주는 11.8% 수익률을 요구한다고 추정하였다. 포드 부채의 평균 수익률은 약 4.4%였다.

3단계: 부채의 세후 수익률과 자기자본 수익률의 가중평균을 계산한다.[2] 가중평균자본비용은 다음과 같다.

$$\text{WACC} = \left[\frac{D}{V} \times (1 - T_c)r_{부채} \right] + \left(\frac{E}{V} \times r_{자기자본} \right)$$
$$= [0.21 \times (1 - 0.21) \times 4.4\%] + (0.79 \times 11.8\%) = 10.1\% \ \blacksquare$$

13.4 셀프테스트

회사들이 21% 법인세를 낸다고 가정하고, 핫락(스스로 풀어보기 13.1)과 버그 조합(스스로 풀어보기 13.2)의 WACC를 계산하라.

세 가지 (또는 그 이상) 자본조달 원천이 있다면 어떻게 되는가?

기업이 두 종류의 증권, 즉 부채와 자기자본만 가지고 있다고 가정하여 자본비용에 대한 논의를 단순화하였다. 기업이 다른 종류의 증권을 발행하여도 WACC를 계산하는 일반적인 방법은 변하지 않는다. 단순히 각 증권 종류의 세후 수익률 가중평균을 계산한다.

---

2) 한 회사의 자기자본(equality)은 엄격하게는 보통주와 우선주를 둘 다 포함하지만, 재무관리자는 통상 보통주를 말할 때 "자기자본"을 사용한다. 우리는 $r_{자기자본}$을 구체적으로 보통주의 기대수익률을 나타내는 데 계속 사용한다.

예를 들어, 회사가 우선주를 갖고 있다고 하자. 우선주는 보통주와 고정수입 증권의 특성을 모두 조금씩 갖고 있다. 채권과 같이 우선주는 보통 정해진 일정한 배당흐름을 주기로 약속한다. 그러나 채권과 달리 우선주에는 만기가 없다. 약속한 배당은 회사가 사업을 하는 동안에는 영구연금이 된다. 게다가 배당을 지급할 현금이 부족해도 파산하지 않는다. 대신 지급하지 않은 배당은 단순히 누적된다. 보통주 소유자는 누적된 우선주 배당이 지급될 때까지 배당을 받지 못한다. 마지막으로 이자 지급액과 달리 우선주 배당은 세금이 공제되는 비용이 아니다.

기업이 보통주와 채권뿐만 아니라 우선주도 발행하였을 때 WACC는 어떻게 계산하는가? 우선주의 가치를 P로 나타내면 WACC의 식 13.1을 다음과 같이 간단하게 일반화할 수 있다.

$$\text{WACC} = \left[\frac{D}{V} \times (1 - T_c)r_{\text{부채}} \right] + \left(\frac{P}{V} \times r_{\text{우선주}} \right) + \left(\frac{E}{V} \times r_{\text{자기자본}} \right) \tag{13.1a}$$

지오써멀 확장안의 NPV

이제 조 앤 콕스와 지오써멀의 확장 제안으로 다시 돌아가자. 우리는 그녀와 당신이 가중평균자본비용을 어떻게 사용하는가를 확실히 알기를 원한다.

확장 제안은 $3,000만의 비용이 소요되고 연간 $450만의 현금흐름을 영원히 발생시켜야 한다는 것을 기억하자. 간단한 현금흐름표는 다음과 같을 것이다.[3]

매출액	$1,000만
− 운영비	−430
= 세전 영업 흐름비율	570
− 세금 21%	−120
세후 현금흐름	$450만

이 현금흐름은 부채를 사용할 때 세금혜택을 포함하지 않는다는 점을 주의하자. 지오써멀의 경영자와 엔지니어는 이 투자안이 전액 자기자본으로 조달된 것처럼 매출액과 비용, 세금을 예측한다. 그러나 실제 부채 조달에 의해 생기는 지급이자 절세효과는 무시되지 않는다. 그들은 가중평균자본비용에서 세후 부채비용을 사용하여 고려한다.

투자안의 순현재가치는 이 현금흐름(이는 영구연금이다.)을 지오써멀의 11.7% 가중평균자본비용으로 할인하여 계산한다.

$$\text{NPV} = -3,000 + \frac{450}{0.117} = +\$846만$$

따라서 확장안은 지오써멀 소유자의 부를 $846만 증가시킨다.

우리의 논리 확인하기

어떤 투자안이 지오써멀 사업과 같은 위험을 갖고 같은 방법으로 자본을 조달하였다고 가정하면, 11.7% 이상의 수익률을 주는 모든 투자안은 양(+)의 NPV를 갖는다. 정확히 11.7%를 주는 투자안은 손익이 같다. 이것은 채권자와 주주 모두를 만족시키기에 충분한 현금을 발생시킬 것이다.

이를 확인해보자. 제안된 확장안이 0의 NPV를 발생시키는 매출을 일으킨다고 가정해보자. 이는 단지 $874만의 매출과 $444만의 세전 영업현금흐름, $351만의 세후 현금흐름을 발생시킨다.[4]

---

3) 이 예에서는 비현금이지만 세금이 공제되는 비용인 감가상각을 무시한다. (이 투자안이 정말로 영구적이라면 왜 상각하는가?)
4) 매출액이 감소하더라도 광산운영비용은 $430만로 남겨두기로 가정한다.

매출액	$874만
− 운영비	−430
= 세전 영업 흐름비율	444
− 세금 21%	−93
세후 현금흐름	$351만

$3,000만을 투자할 때, 이 영구연금의 내부수익률은 정확히 11.7%이다.

$$수익률 = \frac{351}{3,000} = 0.117, \text{ 또는 } 11.7\%$$

NPV는 정확히 0이다.

$$NPV = -3,000 + \frac{351}{0.117} = 0$$

지오써멀의 가중평균자본비용을 계산할 때, 이 회사의 부채비율이 30%라는 것을 알았다. 지오써멀의 분석가가 새로운 투자안을 평가하기 위해 가중평균자본비용을 사용할 때, $3,000만 추가 투자는 투자의 30%인 $900만의 추가 부채 조달을 지지한다고 가정하고 있다. 남은 $2,100만은 이익을 재투자하거나 주식을 추가로 발행하여 주주가 제공한다.

다음 표는 투자안이 여전히 0의 NPV를 갖는다고 가정할 때 이 현금흐름이 채권자와 주주 사이에 어떻게 배분되는가를 보여 준다. $444만의 세전 영업현금흐름으로 시작한다.

이자 및 세금 전 현금흐름	$444만
− 지급이자(0.08×$900만)	−72
= 세전 현금흐름	372
− 세금 21%	−78
세후 현금흐름	$294만

투자안의 이자 및 세금 전 현금흐름은 $444만으로 예상된다. 이 금액에서 지오써멀은 $900만의 8% 이자 $72만을 지급해야 한다. 이는 $372만의 세전 현금흐름을 남긴다. 회사는 이 금액에 대해 세금을 내야 한다. 세금은 0.21×372=$78만이다. 주주에게는 $294만이 남으며 이는 그들의 $2,100만 투자에 대해 요구하는 14% 수익률을 제공한다. (294/2,100=0.14, 즉 14%임에 주목하라.) 따라서 모든 것이 확인되었다.

기대 현금흐름을 가중평균자본비용으로 할인할 때 투자안의 NPV가 0이라면, 이 투자안의 현금흐름은 채권자와 주주에게 정확히 그들이 요구하는 수익률만을 제공한다.

13.3 가중평균자본비용 해석하기

WACC를 사용할 수 있을 때와 없을 때

가중평균자본비용은 지오써멀이 자사의 모든 증권 소유자에게 적절한 기대수익률을 제공하기 위해, 평균적인 위험을 갖는 투자에서 얻을 것으로 기대하는 수익률이다. 엄격히 말해서 가중평균자본비용은 이 기업의 기존 사업과 판박이인 투자안에만 적절한 할인율이다. 그러나 이것은 자주 회사 전반적으로 기준 할인율로 사용된다. 이 기준은 보통 이상으로 위험한 투자안에 대해서는 상향 조정되고 보통 이상으로 안전한 투자안에 대해서는 하향 조정된다.

좋은 음악적 비유가 있다. 우리 대부분은 절대음감이 부족하여 음정에 맞춰 노래하기 전에 중간 도(C)와 같은 잘 정의된 기준점이 필요하다. 정확히 노래할 수 있는 사람은 상대 음감을 올바르게 잡을 수 있다. 사업가들은 적어도 그들이 익숙한 산업 내에서는 상대적인 위험에 대해 좋은 직관력을 갖지만, 절대적인 위험이나 요구수익률에 대해서는 그렇지 않다. 따라서 그들은 어떤 기업이나 산업의 자본비용을 기준점으로 사용한다. 이것이 회사의 모든 투자안에 대한 올바른 기준율(hurdle rate)이 될 수는 없지만, 더 위험하거나 덜 위험한 모험사업에 대해 조정하여 사용할 수 있다.

몇 가지 일반적인 잘못

가중평균 공식의 한 가지 위험은 사람들이 논리적인 오류를 범하도록 만드는 경향이 있다는 것이다. 조 앤 콕스의 지오써멀 자본비용 추정치를 다시 생각해보자.

$$\text{WACC} = \left[\frac{D}{V} \times (1 - T_c) r_{\text{부채}} \right] + \left(\frac{E}{V} \times r_{\text{자기자본}} \right)$$
$$= [0.3 \times (1 - 0.21)8\%] + (0.7 \times 14\%) = 11.7\%$$

조 앤 콕스의 보고서를 읽고 코스타스 써모폴리스는 다음과 같이 대답했다. "아하! 내게 한 가지 아이디어가 있어. 지오써멀은 좋은 신용등급을 가지고 있다. 이 회사는 쉽게 부채비율을 50%로 올릴 수 있다. 이자율이 8%이고 자기자본의 요구수익률이 14%라면 가중평균자본비용은 다음과 같다.

$$\text{WACC} = [0.50 \times (1 - 0.21)8\%] + (0.50 \times 14\%) = 10.2\%$$

10.2% 할인율에서 더 많은 투자를 정당화시킬 수 있다."

이러한 논리는 당신을 곤란에 처하게 한다. 첫째, 지오써멀이 차입을 증가시키면 채권자는 거의 확실히 부채에 대해 더 높은 이자율을 요구할 것이다. 둘째, 차입이 증가하면 보통주의 위험도 또한 증가하여 주주 또한 더 높은 수익률을 요구할 것이다.

실제로 부채로 자본을 조달하는 데는 두 가지 비용이 있다. 부채의 명시적 비용은 채권자가 요구하는 이자율이다. 그러나 차입이 자기자본의 요구수익률을 증가시키기 때문에 묵시적 비용도 있다. 코스타스 써모폴리스가 지오써멀이 더 많이 차입하여 가중평균자본비용을 10.2%로 낮출 수 있다는 결론을 내리는 것은, 단지 부채의 명시적 비용만 인식하고 묵시적 비용은 인식하지 않는 것이다.

13.5 셀프테스트

코스타스 써모폴리스는 지오써멀이 확장 계획에 필요한 자본을 8% 이자율로 전액 차입하려고 한다는 점을 지적하였다. 그는 이것이 투자안의 현금흐름을 할인할 적절한 할인율이라고 주장한다. 맞는가?

자본구조의 변화가 기대수익률에 어떤 영향을 주는가?

자본구조의 변화가 기대수익률에 어떤 영향을 주는가를 법인세율 T_c가 0인 가장 간단한 경우에 초점을 맞춰 예를 들 것이다. 우리는 앞서 회사 자본비용이 12.2%라는 것을 확인하였다.

만약, 지오써멀이 추가로 $1억를 빌리고 이 현금을 사용하여 $1억 어치의 보통주를 재매입하여 소각한다면 어떻게 될까 생각해보자. 법인세가 없다면, 자본구조의 변화는 이 회사의 증권 보유자에게 지급하는 총현금흐름에는 영향을 주지 않으며 현금흐름의 위험에도 영향을 주지 않는다. 따라서 자본을 조달하기 전에 투자자가 부채와 자기자본 전체에 대해 12.2%를 요구할 것이다. 따라서 가중평균자본비용은 자본구조의 변화에 영향을 받지 않는다.

부채에 대한 요구수익률은 자기자본에 대한 요구수익률보다 낮기 때문에, 당신은 추가적인 부채 조달로 가중평균자본비용을 낮출 수 있다고 기대할지 모른다. 하지만 개별 증권에 대한 수익률이 변하기 때문에 그렇지 않다. 기업이 더 많은 부채를 갖게 된다면 부채는 더 위험해지고 자기자본 또한 위험해져서 주주들이 요구하는 수익률은 높아지게 된다. 우리는 16장에서 이 점을 다시 살펴볼 것이다.

법인세율이 0이 아니라면 어떻게 되는가?

법인세가 없을 때 가중평균자본비용은 자본구조의 변화에 영향을 받지 않는다는 것을 보았다. 불행히도 세금이 있다면 그림이 복잡해진다.[5] 잠시 다음을 상기하자.

- 가중평균자본비용은 평균적인 위험을 갖는 자본투자안의 올바른 할인율이다.
- 가중평균자본비용은 회사의 모든 증권 소유자를 만족시키려면 벌어야 하는 세후 수익률이다.
- 부채비율을 증가시키면, 부채와 자기자본 모두가 더 위험해진다. 채권자와 주주는 이 증가한 위험을 보상하는 더 높은 수익률을 요구한다.

13.4 실전 문제: 자본구조 측정하기

가중평균자본비용을 계산하는 식을 설명하였다. 이제 실제 문제에 이 공식을 적용해보자. 조 앤 콕스에게 잠시 휴식을 주고, 빅 오일(Big Oil)의 가중평균자본비용을 추정해달라고 요청했다고 가정해보자. 첫 단계는 빅 오일의 자본구조를 아는 것이다. 그러나 어디서 이 자료를 얻는가?

재무관리자는 보통 회사의 재무상태표로 시작한다. 이것은 부채와 자기자본의 장부가치를 보여준다. 그러나 가중평균자본비용 공식은 이들의 시장가치를 필요로 한다. 장부가치에서 시장가치로 가려면 약간의 작업과 판단력이 필요하다.

표 13.1은 빅 오일이 발행한 부채와 자기자본을 보여준다. 이 회사는 은행에서 $2억을 빌리고 추가로 $2억의 장기채권을 발행하였다. 채권은 액면이자율이 8%이고 12년째 말에 만기가 된다. 마지막으로 1억 주의 보통주가 있으며 액면가는 주당 $1이다. 또한 재무상태표는 빅 오일이 과거에 $3억의 이익을 내부유보하였다는 것을 보여준다. 재무상태표에 나타난 자기자본의 총장부가치는 $1억+$3억=$4억이다.

표 13.1의 오른쪽(대변)에 장기부채를 포함하고 있음에 주목하자. 유동부채는 유동자산에서 제외되어 순운전자본으로 표시되어있다. 보통 장기부채와 자본으로 구성된 가중

표 13.1 빅 오일의 장부가치 재무상태표 (단위: 백만 달러)

자산		장기부채 및 자본		
순운전자본 (=유동 자산−유동 부채)	$120	은행대출	$200	25.0%
유형자산(PP&E)	620	장기채권(12년 만기 8% 액면이자율)	200	25.0
기타 장기 자산	60	보통주(액면가 $1에 1억 주)	100	12.5
		유보이익	300	37.5
	$800	총계	$800	100.0%

---

5) 이자 지급액의 세금 공제가 부채와 자기자본 투자자의 총위험을 변화시키지 않는 한 우리 공식과 예는 잘못된 것이 없다. 그러나 이자를 공제하는 것에서 생기는 절세효과가 안전한 현금흐름으로 취급된다면 이 공식은 좀 더 복잡해진다. 자본구조에 따라 WACC가 어떻게 변하는가를 보여주는 세금 조정 공식을 알고 싶다면, R. A. Brealey, S. C. Myers, and F. Allen, *Principles of Corporate Finance*, 13th ed. (New York: McGraw-Hill, Education, 2019)의 19장을 참조하라.

평균자본비용을 계산하기 위해 재무상태표를 이런 식으로 만들어 보았다.[6] 따라서 재무상태표의 오른쪽에는 장기자금조달원만 나타나 있다.

표 13.1에 있는 수치는 빅 오일의 연간 재무상태표에서 가져온 것이며 따라서 장부가치이다. 때때로 장부가치와 시장가치의 차이는 무시할 만하다. 예를 들어 빅 오일이 은행에서 빌린 $2억를 보자. 은행 융자의 이자율은 일반 이자율 수준에 달려 있다. 따라서 이자율이 오르면 빅 오일의 대출 가치를 유지하기 위하여 이 대출에 부과된 이자율도 오른다. 빅 오일이 이 대출을 상환할 것이 확실하다면 이 대출의 가치는 $2억에 가깝다. 보통 대부분 재무관리자는 은행 부채의 장부가치를 이 부채의 시장가치에 대한 타당한 근삿값으로 수용한다.

빅 오일의 장기부채는 어떠한가? 이 채권은 처음 발행된 이래 장기 이자율이 9%로 상승하였다.[7] 각 채권의 오늘 가치를 다음과 같이 계산할 수 있다.[8] 이 채권은 $0.08 \times 200 = \$1,600$만의 이자를 12번 지급하며, 12년 만기에는 액면가를 지급한다. 따라서 채권자에게 마지막 지급액은 $216만이 된다. 이 채권의 모든 현금흐름을 9%의 현재 이자율로 할인한다.

$$PV = \frac{16}{1.09} + \frac{16}{(1.09)^2} + \frac{16}{(1.09)^3} + \cdots\cdots + \frac{216}{(1.09)^{12}} = \$185.7$$

따라서 이 채권은 액면가의 93%인 $18,570만의 가치가 있다.

빅 오일의 장기부채는 시장가치 대신 장부가치를 사용한다면 가중평균자본비용의 계산에서 약간 차이는 나겠지만 심각하게 틀리지는 않는다.

정말로 큰 오류는 자기자본의 시장가치 대신 장부가치를 사용할 때 발생할 것이다. 빅 오일 자기자본의 장부가치 $4억은 이 회사가 과거에 주주에게서 조달하거나 내부유보하여 주주를 대신하여 재투자한 총 현금 액수를 나타낸다. 그러나 빅 오일은 비용보다 더 가치 있는 투자안을 발견할 수 있었거나 물가상승 때문에 자산 가치가 증가하였을 것이다. 투자자는 이 회사가 좋은 미래 투자기회를 갖고 있다고 생각할 수도 있다. 이러한 모든 것이 투자자들이 빅 오일의 보통주에 지급하려는 액수를 결정한다.

빅 오일의 주가는 $12이다. 따라서 주식의 총 시장가치는 다음과 같다.

주식 수 × 주가 = 1억 × $12 = $12억

표 13.2는 빅 오일의 시장가치 재무상태표를 보여준다. 부채는 회사 가치의 24.3%($D/V=0.243$)에 해당하고, 자기자본은 75.7%($E/V=0.757$)에 해당한다. 이것이 가중평균자본비용을 계산할 때 사용하는 비율이다. 표 13.1의 재무상태표에 나타난 장부가치만을

표 13.2 빅 오일의 시장가치 재무상태표 (단위: 백만 달러)

자산		부채 및 자본		
순운전자본 (=유동 자산-유동 부채)	$ 120.0	은행대출	$ 200.0	12.6%
비유동자산의 가치(유형자산과 무형자산 등)	1,465.7	장기채권 (시장 가치=액면가 93%)	185.7	11.7
		총부채	385.7	24.3
		보통주(주당 $12에 1억 주)	1,200.0	75.7
총계	$1,585.7	총계	$1,585.7	100.0%

6) 때때로 기업들은 단기부채의 만기를 연장하는 방식으로 장기투자에 필요한 자금을 조달하기도 한다. 이런 경우, 단기부채가 재무상태표의 오른쪽(대변)에 영원히 남아있을 수 있으며 자본비용이 WACC에 포함될 수도 있다. 빅 오일의 은행 대출은 장기 자금조달의 일부라고 가정하자.

7) 빅 오일의 채권이 거래된다면 간단하게 그 가격을 참조할 수 있다. 그러나 많은 채권이 정식으로 거래되지 않는다. 이 경우 비슷한 채권이 제공하는 이자율을 사용하여 채권 가치를 계산함으로써 가격을 추정해야 한다.

8) 이자는 연간 지급한다고 가정한다. 미국에서 대부분 채권은 이자를 연간 두 번 지급한다.

본다면 부채와 자기자본이 각각 회사 가치의 50%에 해당한다고 잘못된 결론을 내릴 것이다.

13.6 셀프테스트

다음은 이그제큐티브 프루트(Executive Fruit)의 장부가치 재무상태표에 나타난 자본구조이다.

부채	$410만	45.0%
우선주	2.2	24.2
보통주	2.8	30.8
총계	$910만	100.0%

이그제큐티브 프루트의 WACC를 계산하는 데 위와 같이 주어진 백분율 가중치를 사용해서는 안 되는 이유를 설명하라.

13.5 실전 문제: 기대수익률 계산하기

빅 오일의 가중평균자본비용을 계산하려면, 투자자들이 각 증권에 대해 요구하는 수익률이 필요하다.

채권의 기대수익률

빅 오일의 채권이 9%의 만기수익률을 제공한다는 것을 안다. 회사가 도산하지 않는 한, 이것은 빅 오일 채권을 보유할 때 채권자가 벌 것으로 기대할 수 있는 수익률이다. 이 회사가 부채를 상환할 수 없을 가능성이 있다면 9% 만기수익률은 가장 우호적인 결과를 나타내며, 기대수익률은 9%보다 낮아진다.

대부분 건전한 대기업은 파산 확률이 매우 낮아, 재무관리자는 채권의 약속된 만기수익률을 기대수익률의 측정치로 간주할 수 있다. 그러나 빨리 한몫을 잡으려는 회사들(Fly-by-Night Corp.)의 채권에 대한 수익률은 투자자가 받을 것으로 기대할 수 있는 수익률이라는 것에 주의하자.

보통주의 기대수익률

자본자산가격결정모형에 의한 추정치　앞 장에서 보통주의 기대수익률을 추정하는 데 자본자산가격결정모형을 어떻게 사용하는가를 보았다. 자본자산가격결정모형은 투자자가 베타가 큰 주식에 대해서는 높은 수익률을 요구한다는 것을 말해준다. 공식은 다음과 같다.

　　주식의 기대수익률 = 무위험이자율 + (주식의 베타 × 기대시장 위험프리미엄)

재무관리자와 경제학자는 무위험이자율을 재정증권의 수익률로 측정한다. 기대 시장 위험프리미엄을 측정하려면 보통 과거 자본시장의 역사를 본다. 이는 투자자들이 재정증권이 아니라 보통주에 투자하였을 때 연간 7%를 추가로 받았다는 것을 보여준다.[9] 그러나 현명한 재무관리자는 이 증거를 상당히 조심스럽게 사용한다. 왜냐하면, 과거 투자자

---

[9] 재정증권 이자율은 관습적인 무위험이자율이다. 그러나 WACC에서 자기자본비용을 계산하는데 단기재정증권의 이자율을 사용하는 것은 맞지 않다. WACC는 미래에 여러 해 동안 도래할 현금흐름을 할인한다. 단기 수익률로 먼 미래의 현금흐름을 할인하는 합리적이지 않은데, 특히 통화정책이 단기 수익률을 0 근처로 내리게 했을 때 더욱 그러하다. 따라서 재무관리자는 WACC를 계산할 때 장기재정증권의 이자율을 사용하여 자기자본비용을 추정하는 것이 일반적이다. 이런 경우, 시장 위험프리미엄은 주식 수익률과 장기재정증권의 차이로 정의되어야 한다. 표 11.1에 나타난 장기재정증권의 평균적인 수익률은 단기재정증권의 평균적인 수익률에 비해 1.5% 높다. 재무관리자가 자기자본비용을 추정함에 있어서 장기재정증권의 수익률을 사용한다고 가정해보자. 그가 과거 추이를 신뢰한다면, 시장 위험프리미엄은 단기재정증권을 이용한 경우보다 1.5% 낮게 설정할 것이다.

들이 그들이 기대했던 것보다 더 많이 또는 더 적게 받았다고, 또는 요즘 투자자들이 부모 세대보다 위험에 대해 더 많은 또는 더 적은 보상을 요구한다고 누가 감히 이야기하겠는가?

빅 오일 보통주 베타가 0.85로 추정되고, 무위험이자율(r_f)은 6%이며, 기대 시장 위험 프리미엄($r_m - r_f$)은 7%라고 가정하자. 그러면 CAPM은 빅 오일의 자기자본비용을 다음과 같이 계산한다.

$$자기자본비용 = r_{자기자본} = r_f + \beta(r_m - r_f)$$
$$= 6\% + 0.85(7\%) = 12\%$$

배당할인모형에 의한 추정치   보통주의 기대수익률 추정치가 주어질 때마다 항상 이것이 타당한가를 확인하는 방법을 찾아라. CAPM에 의한 추정치를 확인하는 한 가지 방법은 배당할인모형(DDM)을 이용하는 것이다. 7장에서 투자자들이 보통주에 기대하는 수익률을 추정하는 데 정률성장 DDM 공식을 사용하는 방법을 보았다. 이 공식을 기억하자. 배당이 일정한 성장률 g로 무한히 성장한다고 예상되면 주식 가격은 다음과 같다.

$$P_0 = \frac{DIV_1}{r_{자기자본} - g}$$

여기서 P_0는 현재 주가이고, DIV_1은 그해 말 예상 배당이며 $r_{자기자본}$은 주식의 기대수익률이다. $r_{자기자본}$의 추정치를 구하도록 이 공식을 변형한다.

$$r_{자기자본} = \frac{DIV_1}{P_0} \times g \tag{13.2}$$

다른 말로 하면 자기자본의 기대수익률은 배당수익률(DIV_1/P_0)에 배당의 영구 기대성장률(g)을 더한 것과 같다.

이 정률성장 배당할인모형은 공익기업(public utilities)의 보통주 기대수익률을 추정하는 데 널리 사용된다. 공익기업 주식은 매우 안정적인 성장 형태를 보이고, 따라서 정률성장 공식에 안성맞춤이다. **현재 매우 높은 성장률을 갖는 기업에 정률성장 공식을 적용하려고 하면 어려움에 빠질 수 있다는 점을 기억하자. 그러한 성장은 무한히 지속할 수 없다.** 이러한 환경에서 이 공식을 사용하는 것은 기대수익률을 과대추정하게 한다.

오류 정도를 알아라   자기자본비용 추정치가 정확할 것이라고 기대하지 마라. 실무에서 자본자산가격결정모형이 기대수익률을 완전히 설명하는가, 또는 배당할인모형의 가정이 정확히 성립하는가는 알 수 없다. 공식이 맞는다고 하더라도 필요한 입력값은 잡음과 오류가 있을 수 있다. 따라서 자기자본비용을 2%에서 3% 포인트 오차범위 내에서 자신 있게 추정할 수 있는 재무분석가는 매우 잘하는 것이다. 이러한 시도에서 자본비용이, 말하자면 "약 15%" 또는 "14%와 16% 사이 어디에" 있다고 결론을 내리는 것은 괜찮다.[10]

때때로 산업이나 비교 가능한 기업 그룹의 자기자본비용이나 WACC를 추정하여 정확도를 개선할 수 있다. 이것은 한 기업만을 추정할 때 생기는 "잡음"을 줄인다. 예를 들어 빅 오일과 비슷한 투자와 영업을 하는 세 기업을 확인할 수 있다고 하자. 이 세 회사의 평균 WACC는 빅 오일 하나의 WACC 추정치를 확인해주는 가치 있는 값이다.

또는 빅 오일이 석유정제업에 투자를 고려하고 있다고 하자. 이 모험사업에 대해 빅 오일의 기존 WACC는 아마 옳지 않을 것이다. 정제 사업의 위험을 반영하는 할인율이 필

---

10) 이 장에서는 반올림에 따른 혼동을 피하려고 소수점 두세 자리까지 계산한다.

요하다. 따라서 석유 정제 회사의 표본에 대해 WACC를 추정할 수 있다. 너무 적은 수의 "순수"정제 회사밖에 없다면 — 대부분 석유회사는 정제뿐만 아니라 생산과 판매에도 투자한다. — 대형 석유회사 표본의 산업 WACC를 벤치마크로 사용할 수 있다.

13.7 셀프테스트

당신은 빅 오일과 유사한 사업이나 자본구조를 가진 석유회사들을 찾았다. 그들 보통주의 평균 추정 베타는 1.1이다. CAPM이 성립한다는 가정 하에서, 이 산업 평균 베타를 활용하여 빅 오일 보통주의 기대수익률을 다시 계산하시오. 또한 가중평균자본비용도 다시 계산해보시오.

우선주의 기대수익률

정해진 연간 배당을 지급하는 우선주는 영구연금 공식으로 평가할 수 있다.

$$우선주 \ 주가 = \frac{배당}{r_{우선주}}$$

여기서 $r_{우선주}$는 우선주에 대한 적절한 할인율이다. 따라서 이 평가 공식을 변형하여 우선주의 요구수익률을 추정할 수 있다.

$$r_{우선주} = \frac{배당}{우선주 \ 주가} \tag{13.3}$$

예를 들어 우선주 한 주가 \$20에 거래되고 주당 \$2의 배당을 지급한다면 우선주의 기대수익률은 $r_{우선주}=$ \$2/\$20=10%이며 이것은 단순히 배당수익률이다.

모두 합산하기

빅 오일의 자본구조를 알고 각 증권의 기대수익률을 추정하였으면, 가중평균자본비용을 계산하는 데는 단순한 계산만 하면 된다. 표 13.3은 필요한 자료를 요약한 것이다. 이제 해야 할 일은 표 13.3의 자료를 가중평균자본비용 공식에 대입하는 것뿐이다.

$$\text{WACC} = \left[\frac{D}{V} \times (1 - T_c)r_{부채} \right] + \left(\frac{E}{V} \times r_{자기자본} \right)$$
$$= [0.243 \times (1 - 0.21)9\%] + (0.757 \times 12\%) = 10.8\%$$

빅 오일이 기존 사업과 같은 위험을 갖는 투자안을 평가해야 한다고 가정하자. 또한 이 투자안이 24.3%의 부채비율을 감당한다면 가중평균자본비용 10.8%는 이 현금흐름의 적절한 할인율이다.

표 13.3 빅 오일의 가중평균자본비용을 계산하는데 필요한 자료
(단위: 백만 달러)

증권 종류	자본구조		요구수익률
부채	$D=$ \$ 385.7	$D/V=0.243$	$r_{부채}=0.09$, or 9%
보통주	$E=$ \$1,200.0	$E/V=0.757$	$r_{자기자본}=0.12$, or 12%
총계	$V=$ \$1,585.7		

주: 법인세율$=T_c=0.21$. 빅 오일의 은행 대출 이자율은 발행한 채권의 이자율과 동일하다고 가정하였다.

표 13.4 일부 기업의 가중평균자본비용 계산하기

회사	베타	자기자본의 기대수익률 (%)	부채의 이자율(%)	자기자본 비율 (E/V)	부채 비율 (D/V)	WACC (%)
U.S. Steel	3.01	24.1	5.9	0.68	0.32	17.87
Amazon	1.47	13.3	3.9	0.96	0.04	12.91
Disney	1.39	12.7	3.3	0.89	0.11	11.62
Boeing	1.24	11.7	3.3	0.96	0.04	11.33
Intel	1.07	10.5	3.2	0.88	0.12	9.52
Alphabet (Google)	0.91	9.3	3.0	1.00	0.00	9.34
Pfizer	1.02	10.1	3.2	0.84	0.16	8.91
Union Pacific	0.90	9.3	3.2	0.86	0.14	8.32
ExxonMobil	0.82	8.8	2.9	0.92	0.08	8.25
IBM	0.94	9.6	3.2	0.77	0.23	7.94
Starbucks	0.75	8.2	3.5	0.94	0.06	7.91
Coca-Cola	0.70	7.9	3.1	0.85	0.15	7.07
General Electric	1.06	10.5	3.5	0.55	0.45	6.99
McDonald's	0.68	7.8	3.9	0.82	0.18	6.94
Walmart	0.37	5.6	3.0	0.88	0.12	5.18
Newmont Mining	0.10	3.7	4.0	0.83	0.17	3.63

주: 1. 자기자본의 기대수익률은 표 12.2에서 가져왔다.
2. 부채의 이자율은 비슷한 동급의 채권 수익률에서 계산하였다.
3. D는 이 회사 부채의 장부가치이며, E는 자기자본의 시장가치이다.
4. WACC $= (D/V) \times (1 - 0.21) \times r_{부채} + (E/V \times r_{자기자본})$

실제 기업의 WACC

빅 오일은 완전히 가상의 기업이다. 따라서 여러분은 표 13.4에 관심이 있을 것이다. 이 표는 실제 표본 기업의 가중평균자본비용의 추정치들을 보여준다. 한 회사의 자본비용 추정치는 참된 자본비용과 다를 수 있다는 것을 기억하자. 항상 비슷한 기업 그룹의 자본비용과 추정치를 비교하여 확인해야 한다.

13.6 기업 전체를 평가하기

기업들은 종종 전체 사업을 사고판다. 이번 장에서 새로운 투자안의 가치를 평가하는 데 사용한 방법들을 회사 전체에 적용해도 되는가?

확실히 그렇다! 회사의 부채비율이 상당히 일정하게 유지될 것으로 예상되는 한, 이 회사를 하나의 큰 투자안으로 간주할 수 있고 회사의 현금흐름을 가중평균자본비용으로 할인할 수 있다.[11] 그 결과는 회사의 부채와 자기자본을 합한 가치이다. 자기자본의 가치를 알고 싶다면 회사의 총가치에서 부채의 가치를 차감한다는 것을 기억해야 한다.

당신이 이스태블리시먼트 인더스트리(Establishment Industry)의 해체 부문을 사는 데 흥미가 있다고 하자. 문제는 이것이 얼마나 가치가 있는가를 계산하는 것이다. 표 13.5는 다음 6년 동안의 예측을 보여준다. [행 8]은 영업으로부터의 기대현금흐름을 보여준다. 이것은 세후 기대 이익에 감가상각을 더한 것이다. 감가상각은 현금 유출이 아니라는 것을 기억하자. 따라서 영업 현금흐름을 계산할 때 이를 다시 더해야 한다. 표의 [행 9]는 고정자산과 순운전자본의 예상 투자액을 보여준다.

영업현금흐름에서 투자지출을 뺀 것이 사업의 성장에 필요한 모든 투자액을 지급하고

---

11) 7장에서 자기자본으로만 자금을 조달한 사업을 어떻게 평가하는지 보았다. 여기서는 일부를 부채로 조달한 사업을 어떻게 다루어야 하는지 논의를 확장한다.

표 13.5 해체 부문의 영업현금흐름과 투자액의 예측(단위: 천 달러). 급속한 확장은 처음에 잉여현금흐름이 음(−)이라는 것을 의미한다. 왜냐하면, 투자가 영업현금흐름을 앞지르기 때문이다. 잉여현금흐름은 성장이 둔화하면서 양(+)으로 전환된다.

	연도					
	1	2	3	4	5	6
1. 매출액	$1,400.0	$1,680.0	$2,016.0	$2,318.4	$2,666.2	$2,932.8
2. 원가	1,190.0	1,428.0	1,713.6	1,970.6	2,266.2	2,492.9
3. 이자 및 세금, 감가상각 전 이익 (EBITDA)*=1−2	210.0	252.0	302.4	347.8	399.9	439.9
4. 감가상각	100.8	121.0	145.2	166.9	160.0	140.8
5. 세전 이익=3−4	109.2	131.0	157.2	180.8	240.0	299.1
6. 세금(21%)	22.9	27.5	33.0	38.0	50.4	62.8
7. 세후 이익=5−6	86.3	103.5	124.2	142.9	189.6	236.3
8. 영업현금흐름=4+7	187.1	224.5	269.4	309.8	349.5	377.1
9. 고정자산과 순운전자본	180.0	289.0	346.8	348.4	102.0	−19.2
10. 잉여현금흐름=8−9	7.1	−64.5	−77.4	−38.6	247.5	396.3

*EBITDA = 이자비용, 세금, 감가상각비 등을 빼기 전 순이익

잉여현금흐름
새로운 투자안이나 운전자본에 대한 투자액을 모두 지급하고 난 후, 투자자에게 지급할 수 있는 현금흐름.

서 투자자에게 지급될 수 있는 현금 액수이다. 이것은 해체 부문의 **잉여현금흐름**(free cash flow, FCF) 표의 [행 10]이다. 잉여현금흐름은 처음 몇 년은 음(−)이라는 것에 주목하자. 기업이 수익성이 없어서가 아니라 급속히 성장하기 때문에 현금이 부족하다.

표 13.5의 현금흐름 예측은 부채 이자를 공제하지 않았다. 그러나 우리는 해체 부문 사업의 인수로 부채를 추가로 조달할 수 있다는 것을 알고 있다. 우리는 잉여현금흐름을, 이 회사의 자본구조와 이자 지급액의 세금 공제를 모두 반영한 가중평균자본비용으로 할인하여 이 사실을 확인한다.

해체 부문 영업의 타당한 자본구조는 60% 자기자본과 40% 부채라고 가정하자.[12] 자기자본의 요구수익률이 12%이고, 5% 이자율로 차입할 수 있을 것으로 추정한다. 따라서 가중평균자본비용은 다음과 같다.

$$\text{WACC} = \left[\frac{D}{V} \times (1 - T_c)r_{부채} \right] + \left(\frac{E}{V} \times r_{자기자본} \right)$$
$$= [0.4 \times (1 - 0.21)5\%] + (0.6 \times 12\%) = 8.78\%$$

해체 부문의 가치 계산하기

해체 부문 영업의 가치는 평가기간 말까지 잉여현금흐름(FCF)의 할인가치에, 평가기간 말에 사업의 예상 가치를 현재가치로 할인한 값을 더한 것과 같다. 즉,

$$\text{PV} = \underbrace{\frac{\text{FCF}_1}{1 + \text{WACC}} + \frac{\text{FCF}_2}{(1 + \text{WACC})^2} + \cdots + \frac{\text{FCF}_H}{(1 + \text{WACC})^H}}_{\text{PV(잉여 현금흐름)}} + \underbrace{\frac{\text{PV}_H}{(1 + \text{WACC})^H}}_{+ \text{ PV(평가기간 말 가치)}}$$

PV_H는 기간 $H+1$, $H+2$, 등의 잉여현금흐름의 가치를 나타낸다. 6년도의 시작부터 해체 부문 영업은 5%의 장기 성장 추세로 낮아지므로, 5년도를 평가기간 말로 사용할 수 있다.

7장에서 평가기간 말 가치를 추정하기 위한 몇 가지 공식 또는 어림셈법을 보았다. 여기서는 정률성장 공식을 사용해 보자.

---

12) 이것은 이 사업 현재가치의 40%를 부채로 조달하는 것이 타당하다는 것을 의미한다. 우리는 WACC를 계산하는 데 시장가치 가중치를 사용한다는 것을 기억하라. 장부가치 비율로는 부채가 40%보다 높거나 낮을 수 있다.

$$\text{평가기간 말 가치} = \frac{\text{6년도의 잉여 현금흐름}}{r-g} = \frac{396.3}{0.0878-0.05} = \$10,484천$$

이제 해체 부문 영업의 오늘 가치를 계산하는 데 필요한 것을 모두 알았다. 첫 5년의 잉여현금흐름의 현재가치와 평가기간 말 가치의 현재가치를 더한다.

$$\begin{aligned}\text{PV(사업)} &= \text{PV(연도 1~5의 잉여현금흐름)} + \text{PV(평가기간 말 가치)}\\ &= \frac{7.1}{1.0878} + \frac{-64.5}{(1.0878)^2} + \frac{-77.4}{(1.0878)^3} + \frac{-38.6}{(1.0878)^4} + \frac{247.5}{(1.0878)^5} + \frac{10,484}{(1.0878)^5}\\ &= \$6,910,000\end{aligned}$$

한 회사를 평가하기 위해 가중평균자본비용을 사용할 때, 우리는 "이 회사의 부채와 자기자본을 합한 가치는 얼마인가?"라고 묻는다. 자기자본을 평가할 필요가 있을 때는, 모든 부채의 가치를 차감해야 한다. 해체 부문 사업은 총가치, 약 $6,910,000의 40%인 $2,764,000를 부채로 조달하였다고 가정하자. 그러면 이 사업의 자기자본은 단지 $6,910,000−$2,764,000=$4,146,000의 가치가 있다.

13.8 셀프테스트

관리자는 자주 평가기간 말 가치의 추정값을 확인하기 위해 어림셈을 사용한다. 전형적인 성숙산업인 해체 부문 사업의 부채와 자기자본을 합한 가치가 이 회사의 EBITDA(EBITDA는 표 13.5의 [행 3]으로 정의된다.)의 15배라는 것을 알았다고 하자. 사업이 EBITDA의 비슷한 배율로 연도 5에 팔린다면 이 영업의 현재가치 추정치는 어떻게 변하겠는가?

요약 SUMMARY

가중평균자본비용은 어떻게 계산하는가? (학습목표 13-1)

WACC 공식을 한 번 더 보자.

$$\text{WACC} = \left[\frac{D}{V} \times (1-T_c)r_{부채} \right] + \left(\frac{E}{V} \times r_{자기자본} \right)$$

WACC는 기업이 발행한 부채와 자기자본 증권으로 구성된 포트폴리오의 기대수익률이다. 각 증권의 요구수익률은 기업의 (장부가치가 아니라) 총시장가치에 대한 비율로 가중된다. 지급이자는 법인세를 줄이므로 부채의 요구수익률은 $r_{부채} \times (1-T_c)$와 같이 세후 기준으로 측정된다.

왜 기업은 가중평균자본비용을 계산하는가? (학습목표 13-2)

기업은 평균 위험을 갖는 투자안에 대한 표준 할인율이 필요하다. "평균 위험"의 투자안은 회사의 기존 영업과 같은 위험을 갖고, 같은 양의 부채를 갖는 투자안이다.

평균이 아닌 투자안은 어떻게 하는가? (학습목표 13-2)

가중평균자본비용이 여전히 기준으로 사용될 수 있다. 이 기준은 보통 이상으로 위험한 투자안에 대해 상향 조정하고 보통 이상으로 안전한 투자안에 대해서는 하향 조정한다.

자본구조가 변하면 어떻게 되는가? (학습목표 13-2)

부채와 자기자본의 수익률이 변한다. 예를 들어, 부채비율을 증가시키면 부채와 자기자본 투자자가 부담하는 위험을 모두 증가시켜 더 높은 수익률을 요구하도록 한다. 그러나 이것이 반드시 WACC가 증가한다는 것을 의미하지는 않는다. 왜냐하면, 자기자본비용보다 작은 부채비용에 더 많은 가중치가 주어지기 때문이다. 사실, 세금을 무시하면, 전체

자본비용은 부채와 자기자본 비율이 변해도 일정하다. 이것은 16장에서 더 논의하도록 한다.

자본구조는 어떻게 측정하는가?
(학습목표 13-3)

자본구조는 총시장가치에서 각 자본조달 원천이 차지하는 비율이다. 보통 회사의 자본구조가 단지 두 범주의 증권, 즉 부채와 자기자본만을 포함한다고 가정하고 WACC공식을 나타낸다. 우선주 등의 다른 범주가 있다면 공식은 이를 포함하도록 확장된다. 다른 말로 하면 우선주 주주가 요구하는 수익률 $r_{우선주}$을 추정하고, 시장가치 중 우선주가 차지하는 비율인 P/V를 구하고, $r_{우선주} \times P/V$를 공식에 추가한다. 물론 WACC 공식에서 가중치는 더하면 항상 1이다. 이 경우 $D/V + P/V + E/V = 1$이다.

부채와 자기자본 비용은 어떻게 계산하는가? (학습목표 13-4)

부채비용($r_{부채}$)은 채권자가 요구하는 시장이자율이다. 다른 말로 하면, 회사가 투자안에 자본을 조달하기 위해 발행하는 새로운 부채에 지급할 이자율이다. 우선주비용($r_{우선주}$)은 우선주 배당을 우선주의 시장가격으로 나눈 것이다.

어려운 부분은 회사 주식의 기대수익률인 자기자본비용($r_{자기자본}$)을 추정하는 것이다. 재무관리자는 기대수익률을 추정하기 위하여 자본자산가격결정모형을 사용한다. 그러나 성숙하고 일정하게 성장하는 기업에는 정률성장 배당할인모형을 사용하는 것이 타당할 수 있다. 기대수익률 추정치는 비슷한 위험을 갖는 여러 기업에 대해 구한 것이 한 기업의 주식에서 구한 것보다 더 신뢰할 수 있다. 따라서 경영자들은 산업의 WACC도 참조한다.

WACC가 전체 사업의 가치를 평가하는 데 사용될 수 있는가?
(학습목표 13-5)

한 사업을 아주 큰 투자안으로 생각해보자. 사업의 영업현금흐름(세후 이익 더하기 감가상각)을 예측하고, 공장과 장비 및 순운전자본에 대한 미래 투자액을 차감하라. 그 결과 얻어지는 잉여현금흐름을 가중평균자본비용으로 현재시점까지 할인한다. 물론 한 회사의 현금흐름은 더 먼 미래까지 연장될 수 있다. 따라서 재무관리자는 보통 어떤 평가기간까지만 자세한 현금흐름을 예측하고 사업의 평가기간 말 잔존가치를 추정한다.

식 목록 LISTING OF EQUATIONS

13.1 $\quad \text{WACC} = \left[\dfrac{D}{V} \times (1 - T_c) r_{부채} \right] = \left(\dfrac{E}{V} \times r_{자기자본} \right)$

13.1a $\quad \text{WACC} = \left[\dfrac{D}{V} \times (1 - T_c) r_{부채} \right] + \left(\dfrac{P}{V} \times r_{우선주} \right) + \left(\dfrac{E}{V} \times r_{자기자본} \right)$

13.2 $\quad r_{자기자본} = \dfrac{\text{DIV}_1}{P_0} \times g$

13.3 $\quad r_{우선주} = \dfrac{배당}{우선주\ 주가}$

연습문제 QUESTIONS AND PROBLEMS

1. **자본구조의 변화.**   13.5절에서 Big Oil의 WACC를 계산한 것을 다시 보자. (학습목표 13-1)

   a. Big Oil의 세금이 면제된다고 가정하자. WACC는 어떻게 변하는가?

   b. 이제 세율이 0까지 낮아진 이후에 Big Oil이 많은 주식을 발행하고 이 자금으로 부채를 모두 상환한다고 해보자. 주식 발행 이후 자기자본비용은 어떻게 변하겠는가?

2. **WACC.**   여기 Stokenchurch Inc.에 대한 정보가 있다.

   보통주의 베타=1.2

   재정증권 수익률=4%

   시장 위험프리미엄=7.5%

   장기부채의 만기수익률(YTM)=6%

   자기자본의 장부가치=$440 백만(mil.)

   자기자본의 시장가치=$880 백만(mil.)

   장기부채 발행액=$880 백만(mil.)

   법인세율=21%

   이 회사의 WACC는 얼마인가? (학습목표 13-1)

3. **WACC.**   Reactive Power Generation은 다음과 같은 자본구조로 되어 있다. 이 회사의 법인세율은 21%이다. WACC는 얼마인가? (학습목표 13-1)

증권	시장가치	요구수익률
부채	$20백만	6%
우선주	10백만	8
보통주	50백만	12

4. **WACC.**   Buildwell Conservation & Construction Inc. (BCCI)의 보통주 베타는 0.90이다. 재정증권 수익률은 4%이고 시장 위험프리미엄은 8%로 추정된다. BCCI의 자본구조는 5% 이자율을 지급하는 부채 30%와 자기자본 70%로 구성된다. Buildwell은 21% 세금을 낸다. (학습목표 13-1)

   a. BCCI의 자기자본비용은 얼마인가?

   b. WACC는 얼마인가?

   c. 만약 BCCI가 내부수익률(IRR)이 14%인 투자안을 찾았다면, 투자해야 하는가?

5. **WACC 계산하기.**   WTC 자기자본의 총 장부가치는 $1,000만이고, 주당 장부가치는 $20이다. 이 주식의 시장가-장부가 비율(market-to-book ratio)은 1.50이고, 자기자본비용은 15%이다. 이 회사의 채권은 $500만의 액면가를 갖고, 액면가의 110%에 거래된다. 이 채권의 만기수익률(yield to maturity)은 9%이고, 이 회사의 세율은 21%이다. 이 회사의 WACC를 계산하시오. (학습목표 13-1)

6. **WACC.**   Nodebt Inc.는 전액 자기자본으로 조달된 회사이다. 이 회사 자기자본의 베타는 0.80이다. 재정증권 수익률은 4%이고 시장 위험프리미엄은 10%로 기대된다. (학습목표 13-1)

   a. Nodebt의 자산 베타는 얼마인가?

   b. Nodebt의 WACC는 얼마인가?

7. **WACC.**   아래의 University Products Inc. 장부가치 재무상태표를 검토하시오. 우선주는 현재 주당 $15에 거래되고 주당 $2의 배당을 지급한다. 보통주는 주당 $20에 거래되고 베타는 0.80이다. 발행된 보통주 주식은 1백만 주이다. 시장 위험프리미엄은 10%, 무위험수익률은 6%, 회사의 세율은 21%이다. (학습목표 13-1)

장부가치 재무상태표(단위: 백만 달러)			
자산		**부채와 순가치**	
현금 및 단기 증권	$ 1	채권, 8% 액면이자율, 연간 이자지급 (만기 10년, 현재 만기수익률=9%)	$10
외상매출금	3	우선주(주당 액면가 $20)	2
		보통주(액면가 $0.10)	0.1
재고자산	7	추가 주주 납입 자본금	9.9
공장과 장비	21	유보이익	10
계	$32	계	$32

   a. 시장가치 기준 부채−가치 비율(debt-to-value ratio)은 얼마인가?

   b. 이 회사의 WACC는 얼마인가?

8. 자본구조의 변화. 13.5절을 다시 보시오. Big Oil은 세금이 면제된다고 가정하자. Big Oil이 표 13.3의 자본조달 조합에서 시작하여, 은행에서 추가로 $2억를 빌린다. 그 뒤 회사는 자산과 영업을 변화시키지 않고 $2억의 특별 배당을 지급한다. (학습목표 13-1)

   a. 세금을 내지 않는다고 가정하면, Big Oil의 WACC는 어떻게 변하는가?

   b. 자기자본비용은 어떻게 되는가?

9. WACC. 참 혹은 거짓으로 판정하시오. (학습목표 13-2)

   a. 만약 어떤 회사가 모든 투자안을 평가하는 데 회사의 자본비용을 적용한다면, 고위험 투자안을 과대평가하게 될 것이다.

   b. 몇몇 투자안들의 고위험이 다른 투자안들의 저위험에 의해 상쇄되는 한, 모든 투자안에 대해 회사의 자본비용을 적용하는 것은 가능한 일이다.

   c. 회사는 부채와 함께 자금을 조달함으로써 투자안의 할인율을 낮출 수 있다.

10. 회사와 투자안의 할인율. Geothermal의 WACC는 11.4%이다. Executive Fruit의 WACC는 12.3%이다. 이제 Executive Fruit는 지열 발전에 투자를 고려하고 있다. (학습목표 13-2)

   a. 이 회사는 투자안의 현금흐름을 12.3%로 할인해야 하는가?

   b. 이 투자안에 대한 더 좋은 할인율은 무엇인가?

11. 투자안의 할인율. Okefenokee Condos의 총시장가치는 $600만이고 부채의 총가치는 $400만이다. 경리담당자는 주식의 베타가 현재 1.20이고 시장의 기대위험프리미엄이 10%라고 추정한다. 재정증권 수익률은 4%이고, 투자자들은 Okefenokee의 부채는 실제로 위험이 없다고 믿는다. (학습목표 13-2)

   a. Okefenokee 주식의 요구수익률은 얼마인가?

   b. 세율이 21%라고 가정하고, WACC를 추정하라.

   c. 회사의 현재 사업을 확장할 때 할인율을 추정하라.

   d. 회사가 장미색 유리 제조업으로 사업다각화를 원한다고 가정하자. 부채가 없을 때 광학 제조업의 베타는 1.4이다. 새로운 사업의 요구수익률은 얼마인가? (이 위험한 투자안은 회사가 부채를 추가로 발행하지 못하도록 한다고 가정해야 한다.)

12. WACC 해석. Dawn Chemical의 한 분석가는 이 회사의 부채비용이 자기자본비용보다 상당히 낮다는 것에 주목한다. 그는 회사가 차입할 수 없으면 투자안들에 자금을 조달하기 위해 좀 더 비싼 자기자본을 사용해야 하기 때문에, 차입을 증가시킬 능력을 유지하는 것이 중요하다고 주장한다. 이는 상대적으로 낮은 타인자본비용으로 평가된다면 매력적일 일부 투자안들을 기각하게 할 수도 있을 것이다. 이 논리를 평가하시오. (학습목표 13-2)

13. WACC와 세금. "회사의 세율이 높을수록, 세후 타인자본비용이 더 낮다. 그러므로 세율이 올라

갈수록 WACC는 하락한다. 따라서 세율이 높아질수록 할인율이 낮아져 회사는 더 가치가 있다." 이 주장이 틀린 이유를 설명하시오. (학습목표 13-2)

14. **투자안 할인율.** University Foods의 부채−가치 비율(debt-to-value ratio)은 40%이고, 부채는 6%의 수익률을 제공한다. 자기자본비용은 12%이고, 회사의 세율은 40%이다. 이 회사는 가정용 컴퓨터 시스템이라는 새로운 사업기회에 대해 평가 중이다. 이 투자안의 내부수익률(IRR)은 13.4%로 추정된다. 개인용 컴퓨터 산업군에 속하는 기업들의 평균적인 WACC는 14% 수준이다. (학습목표 13-2)

    a. University의 WACC는 얼마인가?

    b. 제안된 투자안에 대해 이 회사의 WACC로 현금흐름을 할인한다면, University는 올바른 의사결정을 할 수 있겠는가?

    c. 새로운 투자안을 진행해야 하는가?

15. **자본구조.** 2018년 현재 Caterpillar Inc.는 595백만 주의 주식을 발행한 상태이다. 주당 장부가치는 $23.00이고, 주당 시장가치는 $154.80이다. 이 회사의 재무상태표는 액면가와 유사한 값으로 판매되는 248억 달러의 장기부채를 보여준다. (학습목표 13-3)

    a. Caterpillar의 장부가 부채−가치 비율(book debt-to-value ratio)은 얼마인가?

    b. Caterpillar의 시장가 부채−가치 비율(market debt-to-value ratio)은 얼마인가?

    c. 이 둘 중에서 회사의 자본비용을 계산하는 데 어떤 값을 사용해야 하는가?

16. **자본구조.** 아래는 Epicure Pizza의 재무상태표를 단순화하여 표현한 것이다. (단위: 백만 달러) 이 회사의 주식은 현재 $12에 거래된다. (학습목표 13-3)

자산		부채 및 자기자본	
유동자산	$ 80	유동부채	$ 60
고정자산	125	장기부채	65
		자기자본	80
계	$205	계	$205

주: 발행주식은 1천 6백만 주이다.

    a. 당신은 Epicure의 WACC를 산출하고 싶다. 이 회사의 부채비율(debt ratio)에 대한 적절한 수치는 얼마인가?

    b. 이자율이 많이 하락하여 Epicure가 부채를 발행할 수 있었기 때문에, 이제 당신은 이 회사의 WACC를 산출할 수 있다. 부채비율에 대한 측정치를 올리거나 내릴 필요가 있는가?

17. **자본구조.** Binomial Tree Farm은 $500만의 은행대출과, 액면가의 95%로 판매되는 장부가치 $600만의 10년 만기 채권으로 자금을 조달하고 있다. Binomial의 연차보고서에는, 이 회사의 보통주가 $6.67로 표시되어 있다. Wichita 증권거래소에서는 이 회사의 보통주가 주당 $18에 50만 주가 거래되고 있다. Binomial이 WACC를 계산하는 데 사용한 부채비율은 얼마여야 하는가? (학습목표 13-3)

18. **부채비용.** Olympic Sports는 두 가지 채권을 발행하였다. 하나는 액면이자율이 9%, 액면가가 $2,000만, 만기가 10년, 만기수익률이 10%이다. 이자는 연간 지급한다. 다른 채권은 만기가 15년이고 이자는 연간 지급하며 액면이자율이 10%이다. 이 채권의 액면가는 $2,500만이고 액면가의 94%에 거래된다. 이 회사의 세율은 21%이다. (학습목표 13-4)

    a. Olympic의 세전 부채비용은 얼마인가?

    b. Olympic의 세후 부채비용은 얼마인가?

19. 자기자본비용. Bunkhouse Electronics는 전자오락 시스템을 만드는, 최근에 설립된 회사이다. 이 회사의 이익과 배당은 30% 비율로 성장하며 현재 배당수익률은 2%이다. 이 회사의 베타는 1.20이며 시장 위험프리미엄은 8%이고 무위험 수익률은 4%이다. (학습목표 13-4)

    a. CAPM을 이용하여 이 회사의 자기자본비용을 추정하시오.

    b. 이제 정률성장모형(constant growth model)을 이용하여 이 회사 자기자본비용을 추정하시오.

    c. 어느 추정치가 더 타당한가?

20. 타인자본비용. Micro Spinoffs Inc.는 1년 전에 액면이자율이 8%이고 이자를 연간 지급하는 20년 만기 채권을 액면가에 발행하였다. 오늘날 이 채권은 $1,050에 거래된다. 이 회사의 세율이 21%라면, 세후 부채비용은 얼마인가? (학습목표 13-4)

21. 우선주의 자본비용. Pangbourne Whitchurch는 우선주도 갖고 있다. 이 주식은 주당 $4의 배당을 지급하며 주당 $40에 거래된다. 이 회사의 세율이 21%라면, 우선주의 자본비용은 얼마인가? (학습목표 13-4)

22. 자기자본비용. Reliable Electric은 규제를 받는 유틸리티 기업이며, 연간 5%의 배당으로 안정된 성장을 무한히 할 것으로 기대된다. 이 회사의 마지막 배당이 주당 $5였다. 이 배당이 지급된 직후 주식은 주당 $60에 거래되었다. 이 회사의 자기자본비용은 얼마인가? (학습목표 13-4)

23. 회사 자본비용. 아래 표는 Golden Fleece Financial에 대한 정보이다. 이 회사의 자본비용을 계산하시오. 단, 세금은 무시한다.(학습목표 13-4)

장기부채 발행액	$300,000
부채에 대한 현재 만기수익률	8%
보통주 수	10,000
주당 가격	$50
주당 장부가치	$25
주식에 대한 기대수익률	15%

24. 기업 가치평가. Icarus Airlines는 기업을 공개하려 한다. 당신이 자기자본 가치를 평가하는 임무를 맡았다. 경영자는 부채를 회사 현재가치의 30%로 유지할 계획이다. 당신은 이 자본구조에서 채권자는 6%의 수익률을 요구하고 주주는 11%를 요구할 것이라고 믿는다. 회사는 다음해 영업현금흐름(감가상각비 더하기 세후이익, 세율 21%)이 $6,800만이고 투자지출은 $3,000만이라고 예상한다. 그리고 영업현금흐름과 투자지출은 연간 4%씩 영원히 성장할 것으로 예상한다. (학습목표 13-5)

    a. Icarus의 총가치는 얼마인가?

    b. 이 회사 자기자본의 가치는 얼마인가?

25. 기업 가치평가. 당신은 Laputa Aviation의 가치를 추정해야 한다. Laputa의 이익과 새 공장과 운전자본에 대한 미래 투자액의 예상치(백만 달러)는 다음과 같다.

	연도			
	1	2	3	4
EBITDA(이자, 세금, 감가상각 및 상각 전 소득)	$80	$100	$115	$120
감가상각	20	30	35	40
세전이익	60	70	80	80
세금 40%	24	28	32	32
투자	12	15	18	20

연도 5 이후, EBITDA, 감가상각, 투자액은 연도 4 수준에서 변하지 않을 것으로 기대된다. Laputa는 자기자본 50%, 부채 50%로 자금을 조달하였다. 자기자본비용은 15%, 부채에 대한 수익률은 7%, 이 회사의 세율은 40%이다.

a. 이 회사의 총가치를 추정하라.

b. Laputa 자기자본의 가치는 얼마인가?

셀프테스트 해답 SOLUTIONS TO SELF-TEST QUESTIONS

13.1   Hot Rock의 보통주 4백만 주는 $4,000만의 가치가 있다. 회사의 시장가치 재무상태표는 다음과 같다.

자산		부채와 자기자본		
자산	$90	부채	$50	(56%)
		자기자본	40	(44%)
총가치	$90	총가치	$90	

$$WACC = (0.56 \times 9\%) + (0.44 \times 17\%) = 12.5\%$$

우리는 부채의 세전 수익률을 사용한다. 왜냐하면, 이 회사는 세금을 내지 않기 때문이다.

13.2   Burg의 6백만 주는 이제 단지 600만×$4=$2,400만의 가치가 있다. 부채는 장부가치의 80%인 $2,000만에 거래된다. 시장가치 재무상태표는 다음과 같다.

자산		부채와 자기자본		
자산	$44	부채	$20	(45%)
		자기자본	24	(55%)
총가치	$44	총가치	$44	

$$WACC = (0.45 \times 14\%) + (0.55 \times 20\%) = 17.3\%$$

이 문제는 세금을 무시한다는 점에 주의하시오.

13.3   Criss-Cross Industries와 같은 EBIT를 갖지만 자본구조에 부채가 없는 기업의 손익계산서를 비교하시오. (단위: 백만 달러)

	Criss-Cross	부채가 없는 회사
EBIT	$10.0	$10.0
이자비용	2.0	0.0
과세대상 이익	8.0	10.0
세금	1.7	2.1
순이익	6.3	7.9
채권자와 주주에게 가는 총이익	8.3	7.9

Criss-Cross는 부채가 없는 상대방보다 세금을 $0.4백만 적게 낸다. 따라서 채권자와 주주에게 가는 총이익은 $0.4백만 더 크다.

13.4   Hot Rock의 경우,

$$WACC = [0.56 \times 9 \times (1 - 0.21)] + (0.44 \times 17) = 11.5\%$$

Burg Associates의 경우,

$$WACC = [0.45 \times 14 \times (1-0.21)] + (0.55 \times 20) = 16.0\%$$

13.5 코스타스(Costas)는 틀렸다. 이 투자안은 기존 사업을 확장하는 것이기 때문에, 단지 부채에 대해서가 아니라 회사 전체의 가중평균자본비용을 할인율로 사용하는 것이 적절하다. 코스타스는 암묵적 타인자본비용을 무시하고 있다. 즉, 이 회사가 확장을 위해 부채를 사용하면 레버리지(leverage)는 높아질 것이고 자기자본은 더 위험해질 것이다. 그러면 주주들은 더 높은 기대수익률을 요구할 것이다.

13.6 WACC는 회사의 부채와 자기자본 투자자가 요구하는 기대수익률을 (여기에 이자 지급액의 세금 공제분을 반영하는 세금 조정액을 더한 것을) 측정한다. 따라서 이 계산은 투자자가 실제로 회사의 부채와 자기자본 증권에 얼마를 지급하는가에 근거해야 한다. 다른 말로 하면 시장가치를 기준으로 해야 한다.

13.7 CAPM에서,

$$r_{자기자본} = r_f + \beta_{자기자본}(r_m - r_f)$$
$$= 6\% + 1.10(7.0) = 13.7\%$$
$$WACC = 0.3(1-0.21)8\% + 0.7(13.7\%) = 11.49\%$$

13.8 연결기 사업의 추정된 평가기간 말 가치는 15×연도 5의 EBITDA=15×399.9=$5,998.5천이다. PV(평가기간 말 가치)는 $5,998.5/(1.0878)5=$3,938.2천이다. 연도 1에서 5까지 잉여현금흐름의 PV에 더하면, 사업의 현재가치가 $3,965.0천이 된다.

미니 케이스

Bernice Mountaindog은 Sea Shore salt에 다시 오게 되어 기뻤다. 이 회사는 종업원들에 대한 대우가 좋았다. 그녀가 1년 전에 재무학 학위를 마치고자 휴직을 요청했을 때 최고경영자는 즉각 동의하였다. 그녀가 우등 학위를 받고 돌아왔을 때 행정 보조(그녀는 회장인 Joe-Bob Brinepool의 비서였다.)에서 재무분석가로 승진하였다.

Bernice는 회사의 전망이 좋다고 생각하였다. 확실히 식탁용 소금은 성숙한 사업이었다. Sea Shore Salt는 덜 알려진 경쟁자들을 제치고 안정적으로 성장하였다. 그러나 회사의 상표 이름은 대부분 고객이 이를 빠르게 발음하는데 어려움이 있음에도 불구하고 중요한 이점이었다.

Bernice는 2018년 1월 2일 업무를 시작하였다. 처음 2주는 무난하였다. 그 뒤 Binepool 씨는 자본비용 메모(그림 13.2를 보라.)에서 그녀에게 Sea Shore salt의 가중평균자본비용을 다른 경영자에게 설명하도록 하였다. 이 메모는 Bernice를 놀라게 하였다. 그래서 그녀는 다음날 확실히 예상되는 질문에 대비하느라 늦게까지 준비하였다.

Bernice는 처음에 Sea Shore salt의 가장 최근 재무상태표를 검토하였다. 이는 표 13.6에 요약하였다. 그 뒤에 다음 요점을 적어나갔다.

- 회사의 은행은 현재 시장이자율로 이자를 부과하였다. 장기부채는 방금 발행되었다. 장부가치와 시장가치가 많이 다를 수 없었다.

- 그러나 우선주는 35년 전에 발행되었다. 이때는 이자율이 상당히 낮았다. 우선주는 주당 $100의 장부가치로 발행되었으나, 이제 단지 주당 $70에 거래되고 있다.

- 보통주는 주당 $40에 거래되었다. 다음해 주당 이익은 약 $4일 것이고 주당 배당은 아마 $2일 것이다. (1천만 주의 보통주가 발행되었다.) Sea Shore salt는 전통적으로 이익의 50%를 배당으로 지급하고 나머지를 내부 유보하였다.

- 이익과 배당은 회사의 유지 가능한 성장률인 매년 6%

그림 13.2 Brinepool의 자본비용 메모

Sea Shore Salt Company
Spring Vacation Beach, Florida

비밀 메모

일자: 2018년 1월 15일
수신: S.S.S. 경영자
발신: Joe-Bob Brinepool 회장
제목: 자본비용

이 메모는 우리 회사의 자본투자 결정의 기준율(hurdle rate)에 관한 장기 전략을 서술하고 명확히 한다. 이 사항에 대해 최근 많은 질문과 일부 혼동이 있었다.

Sea Shore Salt는 할인 현금흐름으로 대체와 확장 투자를 평가한다. 할인율, 즉 기준율은 회사의 세후 가중평균자본비용이다.

가중평균자본비용은 단순히 우리 회사 투자자가 기대하는 수익률을 조합한 것이다. 투자자들에는 은행과 채권자, 우선주 주주, 보통주 주주들이 있다. 물론 여러분 중 많은 수가 현재 우리 회사 주주이거나 조만간 주주가 될 것이다.

다음 표는 Sea Shore Salt의 자본조달 구성을 요약한 것이다.

	금액(백만)	총액에 대한 백분율	수익률
은행 융자	$120	20.0%	8%
발행 채권	80	13.3	7.75
우선주	100	16.7	6
보통주	300	50.0	16
	$600	100.0%	

은행융자와 발행채권의 수익률은 물론 우리가 지급하는 이자율이다. 그러나 이자는 세금이 공제되므로 세후 이자율은 위에 나온 것보다 작다. 예를 들어 세율이 21%일 때 은행에서 조달한 돈의 세후 비용은 8(1−0.21)=6.3%이다.
우선주 수익률은 6%이다. Sea Shore Salt는 우선주 $100에 $6의 배당을 지급한다.
자기자본의 목표 수익률은 여러 해 동안 16%였다. 나는 새 투자자 중 일부가 안전하고 성숙한 소금 사업에는 이 목표가 너무 높다고 생각한다는 것을 안다. 그러나 우리는 모두 우월한 수익성을 바랄 것이다.
이 배경이 이해되면 Sea Shore Salt의 가중평균자본비용(WACC)을 계산하는 것은 간단하다.

$$\text{WACC} = 8(1 − 0.21)(0.20) + 7.75(1 − 0.21)(0.133) + 6(0.167) + 16(0.50) = 11.1\%$$

따라서 회사의 공식적인 기준율은 11.1%이다.
이 계산에 대해 의문이 있으면 새로운 재무분석가 Ms. Bernice Mountaindog에게 질문하라. Bernice가 재무학 학위를 끝내기 위해 1년간 자리를 비웠다가 Sea Shore Salt로 다시 돌아와서 기쁘다.

표 13.6 Sea Shore Salt의 재무상태표 (2017년 재무상태표에서 발췌) (단위: 백만 달러)

자산		부채와 순가치	
운전자본	$200	은행융자	$120
유형자산	360	장기부채	80
다른 자산	40	우선주	100
		보통주, 유보이익 포함	300
Total	$600	Total	$600

주: 1. 2017년 말에 Sea Shore Salt의 발행주식은 10백만 주이다.
   2. 이 회사는 또한 주당 $100의 장부가치를 가진 1백만 주의 우선주를 발행하였다. 이 주식은 주당 $6의 연간 배당을 받는다.

와 7% 사이에서 안정적으로 성장해왔다.

$$\text{유지가능한 성장률} = \text{자기자본 이익률} \times \text{내부 유보율}$$
$$= 4/30 \times 0.5 = 0.067, \text{ 또는 } 6.7\%$$

Sea Shore salt의 베타는 평균 약 0.5이다. Bernice는 이것이 일정하고 안정적으로 성장하는 사업에 타당하다고 생각하였다. 그녀는 자본자산가격결정모형(CAPM)을 이용하여 재빨리 자기자본비용을 계산하였다. 약 7%의 현재 이자율과 7%의 시장 위험프리미엄에서

$$\text{CAPM}_{\text{자기자본비용}} = r_E = r_f + \beta(r_m - r_f)$$
$$= 7\% + 0.5(7\%) = 10.5\%$$

자기자본비용은 Brinepool 씨의 메모에서 판정한 16%보다 크게 작았다. Bernice는 걱정이 되어 그녀의 요점을 검토하였다. Brinepool 씨의 자본비용이 잘못되었다면 어떻게 될까? CAPM의 계산을 확인할 수 있는 자기자본비용을 추정하는 다른 방법이 있는가? 그녀의 계산에 다른 오류가 있을 수 있는가?

Bernice는 그날 밤에 자신의 분석을 완성하기로 하였다. 필요하다면 Brinepool 씨가 다음날 아침 사무실에 도착할 때 그와 이야기해볼 것이다. 그녀의 일은 올바른 숫자를 찾는 것만이 아니었다. Brinepool 씨에게 이것을 어떻게 설명할 것인가도 생각해야 했다.

14 기업 자금조달의 개요

학습목표

14-1 경영자들이 발행하는 증권의 가격이 공정하게 결정된다고 가정해야 하는 이유를 이해할 수 있다.

14-2 미국 기업의 성장을 위한 자본조달 방법의 변화를 알 수 있다.

14-3 기업 재무제표에서 자기자본 계정의 의미를 설명할 수 있다.

14-4 이사회 이사의 선출을 위한 투표과정과 기타 사항들을 알 수 있다.

14-5 기업이 발행하는 주요 증권의 종류를 알 수 있다.

이것은 기업이 필요한 자금을 조달하는 곳이 아니다. 이제 여러 자금 조달 원천에 대해 학습해보자. © Nick Moore/Alamy

지금까지 우리는 기업의 자본지출 결정에 초점을 맞추어왔다. 이제는 재무상태표의 반대편으로 관심을 돌려 회사가 자본지출에 필요한 자금을 어떻게 조달하는지를 살펴본다. 좀 느슨하게 말하자면, 우리는 지금까지 돈을 어떻게 쓰는가를 배워왔지만, 지금부터는 돈을 어떻게 조달하는가를 공부하려고 한다. 다음 몇 장에서는 회사가 어떤 투자안들을 채택할 것인가는 이미 결정했다고 가정한다. 그래서 이들 투자안을 수행하는 데 필요한 자본을 어떻게 조달하느냐에 초점을 맞춘다.

곧 알게 되지만 어떤 의미에서는 자금조달결정이 투자결정보다 더 복잡하다. 자금조달결정에서는 회사가 발행할 수 있는 광범위한 증권의 종류에 대해 알아야 한다. 그러나 또 다른 측면에서는 자금조달결정이 투자결정보다 쉽다. 예를 들어, 자금조달결정은 투자결정만큼 최종적인 성격을 갖지 않는다. 포드가 채권을 발행했어도 이를 번복하기는 상대적으로 쉽다. 그러나 포드가 자동차 공장이 필요 없어질 때 이를 해체해서 팔기는 훨씬 더 어렵다.

뒤의 장들에서는 기업이 얼마나 빌려야 하는가와 주주들에게 어떻게 배당을 지급해야 하는가 등 자금조달결정의 고전적인 문제들을 살펴볼 것이다. 이 장에서는 장기자본 조달의 형태를 개관하는 것으로 앞으로의 논의를 준비한다.

기본적인 개념을 설명하면서 자금조달에 관한 논의를 시작한다. 자금조달결정보다는 투자결정을 통해 주주의 부를 증대시키기가 더 쉽다. 앞으로 설명하겠지만, 투자자들 사이의 경쟁이 잘못 평가된 증권을 찾기가 어렵게 만들기 때문이다.

다음으로, 자금조달의 주된 원천과 기업이 이를 어떻게 활용하는가를 소개한다. 이들 자금조달 원천은 자기자본과 부채로 분류하는 것이 일반적이다. 그러나 자금조달 원천을 단순히 부채와 자기자본으로 분류하게 되면 오늘날 기업이 사용하는 엄청나게 많은 자금조달 수단을 놓치게 된다.

14.1 자금조달결정으로 가치 창출하기

잘된 투자결정은 주주의 부(wealth)를 증가시킨다. 현명한 자금조달결정도 마찬가지다. 예를 들어, 시장이자율이 4%일 때 회사가 3% 이자율로 돈을 빌릴 수 있다면, 이는 주주들에게 큰 이익을 가져다주는 것이다.

안타깝게도 이는 말처럼 그렇게 쉬운 일이 아니다. 문제는 금융시장에서의 경쟁이 대부분의 제품시장보다 더 치열하다는 것이다. 제품시장에서는 회사가 양(+)의 NPV 투자를 가능하게 해 주는 경쟁우위를 찾기가 상대적으로 쉽다. 예를 들어, 같은 지역에 동종사업에 전문화하고 있는 경쟁기업이 몇 안 될 수도 있다. 또는 특허나 기술, 그리고 고객의 인지도와 충성도 등을 최대한 활용할 수도 있다. 이 모든 것이 이익을 창출하고 양(+)의 NPV 투자를 할 수 있는 우월한 기회를 제공한다.

그러나 금융시장에는 보호받는 틈새시장(niche)이 거의 없다. 신종 증권을 특허로 등록할 수는 없다. 그뿐만 아니라 이들 시장에서는 언제나 빠르게 움직이는 경쟁에 직면하게 된다. 여기에는 뉴욕, 런던, 도쿄의 금융시장에서 자금을 조달하려는 주 정부나 지방정부, 연방정부, 금융기관, 외국회사 등은 말할 것도 없고 자금을 조달하려는 모든 다른 기업이 포함된다. 자금을 제공하려는 투자자들은 많고, 그들은 똑똑하다. 거의 확실히 이 사람들도 회사가 할 수 있는 만큼은 증권 가치를 잘 평가할 수 있을 것이다.

물론 차입할 때 회사는 시장이자율보다 낮은 이자를 지급하려고 한다. 그러나 대출계약이 당신 회사 주주에게 좋은 조건이라면 이는 반대로 대출기관에는 나쁜 조건이라는 뜻이다. 그렇다면 투자자들을 현혹해서 지속적으로 증권가격을 정상보다 높게 받을 가능성은 얼마나 될까? 아주 작을 것이다. 일반적으로 회사는 자사 증권이 진정한 가치를 반영하는 공정한 가격으로 발행된다고 가정해야 한다.

그렇다면 진정한 가치(true value)란 무엇인가? 이는 손에 잘 잡히지 않는 개념일 수 있다. 진정한 가치란 궁극적인 미래 가치를 의미하는 것은 아니다. – 투자자들이 점쟁이일 것으로 기대해서는 안 된다. 진정한 가치는 현 시점에서 이용 가능한 모든 정보를 반영하는 가격이라는 뜻이다. 7장에서 효율적 자본시장(efficient capital markets) 개념을 소개하고 투자자들이 지속적으로 우월한 성과를 올리기가 얼마나 어려운가를 논의할 때 이미 설명했다. 효율적 자본시장에서는 투자자에게 정보가 주어졌을 때 모든 증권은 이 정보를 반영하여 공정하게 가격이 매겨진다. 이 경우에는 시장가격으로 발행되는 증권은 절대로 양(+)의 NPV로 거래될 수 없다.

이는 현명한 자본조달 전략으로 돈을 벌거나, 바보 같은 전략으로 손해를 볼 가능성이 작다는 뜻이다. 금융시장에서는 돈 벌기, 즉 값싼 자본조달 기회를 찾기가 어렵다. 왜냐하면 자금을 제공하는 투자자도 공정한 조건을 요구할 것이기 때문이다. 동시에 손해를 보는 일도 흔하지 않다. 투자자들 간의 경쟁으로 어떤 한 사람이 공정한 조건 이상의 요구를 하는 일이 어렵기 때문이다.

뒤에 오는 장들을 공부할 때 다음 말을 반드시 기억하자. 월스트리트에는 공짜 점심은 없다. 그래서 어떤 증권을 발행할 것인가를 결정해야 하는 재무관리자에게 쉬운 답은 없다.

14.2 기업 자금조달의 형태

내부에서 창출된 자금
기업으로 재투자되는 현금. 감가상각비와 순이익 중 배당으로 지급되지 않은 부분의 합.

기업은 두 가지 광범위한 자금 원천을 가지고 있다. 이익을 사내에 유보하여 재투자하거나 주식이나 부채를 발행하여 외부로부터 자금을 조달하는 방법이다. 예를 들어, 그림 14.1은 1990년부터 2017년까지 페덱스(FedEx)가 어떻게 투자자금을 조달하였는지 보여주고 있다. 녹색 선은 **내부에서 창출된 자금**(감가상각비와 순이익 중 배당으로 지급되

그림 14.1 페덱스(FedEx)의 자금
조달 원천

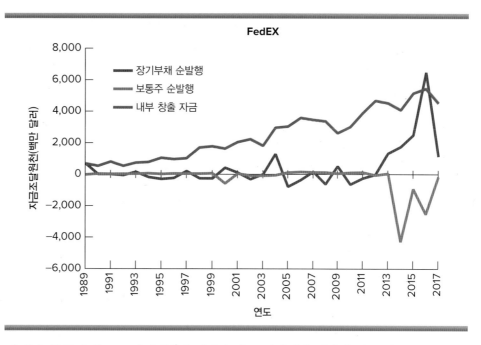

자금부족
내부에서 창출된 자금과 회사가 필요
로 하는 자금 사이의 차이.

지 않은 부분의 합으로 정의함)[1]이 기여한 바를 나타낸다. 빨간색 선은 신주의 발행, 파
란색 선은 장기부채 판매로 인한 자금조달을 보여준다.

자금조달에 있어서 가장 큰 원천은 이익을 재투자하는 것이다. 이는 한 두 차례 감소
하는 모습을 보이기도 했으나, 꾸준히 증가하고 있다. 이렇게 내부에서 창출된 자금과 회
사가 필요로 하는 자금 사이의 차이를 **자금부족**(financial deficit)이라고 한다. 페덱스의
내부자금은 규모가 큰 인수(acquisition)가 있었던 2004년과 2016년을 제외하고는 충분
하였다. 자금부족을 메우기 위해, 기업은 자금을 빌리거나 신주를 발행해야 한다. 그러나
페덱스는 새로운 주식을 팔아서 유의미한 자금을 조달한 적이 없다. 보통 페덱스는 예전
에 발행한 주식을 재매입하는 데 현금을 사용하였다. 그림 14.1에는 이러한 주식 재매입
이 음(−)의 값으로 나타나 있다. 특히 2014년과 2017년에 큰 값으로 표시되어 있음을
알 수 있다.

페덱스는 때때로 상당한 규모로 장기부채를 발행하였다. 이러한 발행은, 많은 경우, 이
익잉여금만으로는 감당할 수 없는 큰 규모의 투자를 위해 필요하였다. 예를 들어, 2016
년 페덱스는 TNT 익스프레스(TNT Express)를 $48억에 인수하였다. 이 때 선순위 무
담보 채권을 발행하여 자금을 조달하였다. 이 채권은 그림 14.1에서 뾰족한 파란색 선으
로 나타나 있다. 그런데 TNT 익스프레스를 인수하는 데 사용된 자금은, 2016년에 발행
한 부채뿐만이 아니었다. 2013년과 2017년 사이에 페덱스는 큰 규모의 부채를 발행하였
는데, 조달된 자금은 추가적인 새로운 투자에 사용되지 않았다. 대신 자사주 매입에 사
용되었다. 따라서 페덱스는 때때로 투자 프로그램을 위해 부채를 발행하지만, 자사주 매
입이나 레버리지(leverage) 확대를 위해 발행하기도 한다.

그림 14.2는 이러한 자금조달결정이 페덱스의 부채비율에 미치는 순효과(net effect)를
보여주고 있다. 여기서는 부채비율을 자기자본의 장부가치와 시장가치를 이용하여, 두 가
지 방식으로 측정한다. 왜냐하면, 페덱스 주식 가치는 주주가 기여한 것보다 높기 때문
에, 시장가치 부채비율은 언제나 장부가치 부채비율보다 낮게 나타난다. 비록 신주를 거
의 발행하지 않는다고 하더라도, 시간이 지날수록 꾸준하게 내부 자금이 누적되면 결과

---

1) 감가상각은 현금유출이 없는 비율이다. 이것은 현금을 사용하지 않음에도 불구하고 비용으로 처리된다. 따라서 기업으로부터
창출되는 현금흐름을 파악하기 위해 순이익에 감가상각을 다시 더해준다.

그림 14.2 페덱스(FedEx)의 장기 부채와 (장기부채+자기자본)의 비율

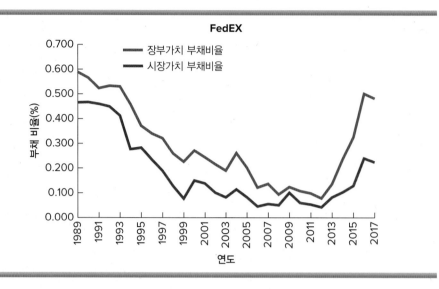

그림 14.3 미국 비금융기업의 자금 조달 원천, 1991～2017

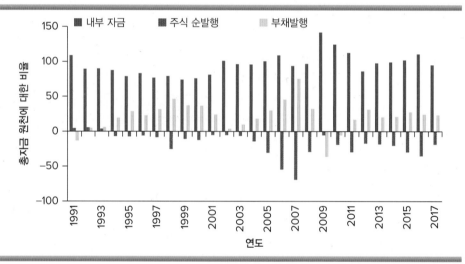

출처: Board of Governors of the Federal Reserve System, Division of Research and Statistics, "Financial Accounts of the United States," Table F.103, at www.federalreserve.gov/releases/z1/current/data.htm.

적으로 두 가지 부채비율은 내려가게 된다. 그러나 2012년부터 큰 규모의 부채발행과 자사주 매입은 레버리지가 급격하게 상승하는 결과로 나타났다. 많은 기업들은 자본구조를 바꾸기 위해 부채발행과 주식 재매입을 함께 사용한다. 그러나 페덱스와 같은 두드러진 변화는 상당히 드문 일이다.

그림 14.3은 미국 기업 전체가 투자를 위해 어떻게 자금을 조달하는지 보여주고 있다. 내부 자금이 중요하다는 점을 다시 상기하자. 27년이 넘는 기간 동안, 내부에서 창출된 자금이 기업에서 필요한 자금의 96%를 담당하였다.[2] 부족한 부분은 차입으로 메웠다. 1994년 이후 주식 발행은 음(−)의 수를 나타내는데, 이는 기업들이 자사주 매입에 자금을 사용했다는 것을 의미한다.

기업들은 너무 많은 부채를 발행하는가?

우리는 기업들이 추가적으로 보통주를 매각하는 것보다는, 평균적으로, 부채를 발행하거나 자사주를 매입한다는 것을 보았다. 이것이 부채의 비율을 높이는 결과로 나타나는가?

---

2) 기업들이 사용하는 부채의 종류는 매년 바뀐다. 예를 들어, 2009년에는 금융위기가 기업들로 하여금 은행대출을 갚고 회사채를 발행하도록 하였다. 이러한 변화는 그림 14.3에 나타나 있지 않다.

그림 14.4 비금융기업의 부채 대 자산(=부채+자본) 비율

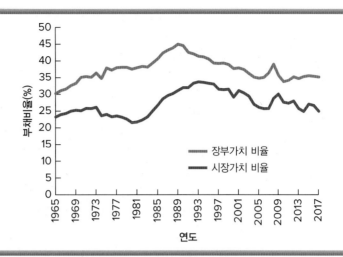

출처: Board of Governors of the Federal Reserve System, Division of Research and Statistics, "Financial Accounts of the United States," Table B.102, at www.federalreserve.gov/releases/z1/current/data.htm.

그림 14.4는 이 질문에 대한 장기적인 관점을 제공하고 있다. 만약 모든 미국의 제조기업들이 하나의 거대한 기업으로 합병된다면, 이것은 총자본에 대한 부채의 비율이 된다. 부채비율은 어떤 측정치를 사용하더라도 1990년 정도까지는 상승하다가, 그 이후 하락하는 경향을 보였다.[3]

장부가치 기준 부채비율이 높아졌을 때 걱정해야 하는가? 높은 부채비율은 심각한 경제 불황이 닥칠 때 기업들이 재무적 곤경에 빠질 가능성이 더 커지는 것을 의미한다는 것은 사실이다. 제너럴모터스(GM), 크라이슬러(Chrysler), 아메리칸항공(American Airlines) 등을 비롯하여 금융위기 이후에 파산에 직면한 많은 기업들은, 만약 부채비율이 낮았다면 위기에 더 강한 모습을 보여줬을 것이다. 그러나 위험이 작은 것이 반드시 더 좋은 것은 아니다. 최적 부채비율을 알아내는 일은 최적 제한속도를 설정하는 것과 같다. 시속 30마일에서 일어나는 사고가 시속 60마일일 때의 사고보다는 통상 덜 위험하다는 점에는 동의할 수 있다. 그렇다고 해서 모든 도로의 제한속도를 30마일로 설정할 수는 없다. 속도는 위험과 함께 이점도 갖고 있다. 16장에서 살펴보겠지만, 부채도 마찬가지다.

14.1 셀프테스트

a. 미국 기업 전체를 대상으로 봤을 때, 다음 중 어떤 자금조달 원천이 가장 중요하겠는가? 내부 자금, 새로운 대출, 주식 발행
b. 그림 14.3은 미국 기업 전체를 대상으로 봤을 때 주식 발행이 음(−)이라는 것을 보여주고 있다. 미국의 기업들은 보통주를 발행한 적이 없는가?

14.3 주식(보통주)

지금부터 보통주를 시작으로 다양한 자금조달의 원천들을 자세히 살펴볼 것이다. 페덱스(FedEx)의 사례를 통해 확인해보자. 대부분의 대기업은 한 사람의 투자자가 소유하기에는 규모가 너무 크다. 예를 들어, 페덱스를 통째로 소유하려면 약 $670억가 필요하다. 페덱스와 같은 대기업은 보통 수많은 투자자가 각자 일정 수의 보통주 주식을 소유하고 있

---

3) 기간 동안 첫 부분에서 부채비율이 상승한 것은 주식 재매입에 의해 발생한 것은 아니다. 왜냐면, 1980년대 중반에는 주식 재매입이 상대적으로 많이 발생하지 않았기 때문이다.

다. 이 투자자들을 주주(shareholder or stockholder)라고 부른다. 2017년 말 기준으로 페덱스는 267백만 주의 보통주를 가지고 있었다. 따라서 페덱스 주식 1주를 사면, 이 기업의 1/267,000,000, 즉 0.00000037%를 소유하는 것과 같다. 물론 대형 연기금은 페덱스 주식 수만 주를 보유하고 있을 수도 있다.

투자자들이 보유한 267백만 주는 페덱스가 발행한 주식의 전부는 아니다. 사실 페덱스는 총 318백만 주를 발행하였다. 그 차이인 51백만 주는 페덱스가 투자자들로부터 다시 사들인 것이다. 이렇게 재매입한 주식은 회사가 보유하고 있으며, **금고주(또는 자사주,** treasury stock)라고 한다. 투자자들이 보유하고 있는 주식은 **발행주식, 유통주식**(issued and outstanding shares)이라고 한다. 이와 달리, 금고주는 발행했지만 유통되지 않는 주식(issued but not outstanding)이다.

만약 페덱스가 추가로 자본을 조달하려면 주식을 더 발행할 수 있다. 그러나 현재의 주주들에게 동의를 구하지 않고 발행할 수 있는 주식 수에는 제한이 있다. 회사가 발행할 수 있는 최대 주식 수를 **수권주식**(authorized share capital) 수라고 한다. 페덱스는 수권주식 수가 8억 주이다. 페덱스는 이미 3.18억 주를 발행했기 때문에 주주들의 동의를 구하지 않고 추가로 발행할 수 있는 주식 수는 거의 5억 주에 가깝다.

표 14.1은 페덱스 보통주 주주들의 투자가 회계장부에 어떻게 기록되어 있는지를 보여 준다. 장부에 기록되어 있는 각 주식의 가격은 **액면가**(par value)이다. 페덱스의 경우 각 주식은 $0.10의 액면가를 가진다. 그래서 발행주식의 총액면가는 3.18억 주×$0.10= $3천 1백 8십만이다. 액면가는 경제적으로는 거의 의미가 없다.[4]

새로운 투자자들에게 발행하는 신주의 가격은 대부분 액면가보다 높다. 이 차이는 회사 장부의 계정에 **자본잉여금**(additional paid-in capital, or capital surplus)으로 기록한다. 예를 들어 페덱스가 주당 $250에 추가로 1백만 주를 발행했다면 보통주 액면가는 1백만 주×$0.10=$100,000 증가하며, 자본잉여금은 1백만 주×($250-0.10)= $249,900,000 증가한다. 이 예와 같이 주식발행으로 조달한 자금은 액면가와 자본잉여금으로 나누어 기록한다. 그러나 액면가의 선택은 애초부터 별로 중요하지 않기 때문에, 자금을 액면가와 자본잉여금으로 나누는 것 또한 별 의미가 없다.

신주를 사는 방법 외에도 주주들은 배당으로 지급할 수 있는 이익을 사내에 유보함으로써 간접적으로 자본조달에 기여한다. 표 14.1은 이와 같은 **유보이익**(retained earnings)의 누적 금액이 $237억 1천만임을 보여준다.

금고주를 매입하는 데 사용되는 금액도 재무상태표에 표시된다. 이 돈은 결국 주주에게 돌아가기 때문에, 자기자본에서 차감된다.

금고주(또는 자사주)
회사가 다시 재매입하여 보유하고 있는 주식.

발행주식
회사가 발행한 주식.

유통주식
회사가 발행하여 투자자가 보유하고 있는 주식.

수권주식
주주의 동의 없이 회사가 발행할 수 있는 최대 주식 수.

액면가
회사 장부에 표기된 증권의 가치.

자본잉여금
주식의 액면가와 발행가 사이의 차이.

유보이익
배당으로 지급하지 않은 이익.

표 14.1 2018년 2월 28일 페덱스 보통주 주주지분의 장부가치 (단위: 백만 달러)

보통주(주당 액면가 $0.10)	$ 32
자본잉여금	3,085
유보이익	23,710
금고주	(7,576)
기타	(357)
순자기자본	$18,894
주:	
수권주식	800
총발행주식	318
유통주식	267
금고주	51

---

4) 어떤 회사는 액면가가 없는 무액면 주식을 발행하기도 한다. 이 경우 주식은 임의의 값으로 장부에 기록한다.

액면가와 자본잉여금, 그리고 유보이익의 합계에서 자사주 매입을 빼고 기타 조정을 한 최종 금액을 순자기자본(net common equity)이라고 한다. 이것은 회사가 신주를 발행할 때 주주들이 회사에 직접 기여한 금액과 이익을 사내에 유보하여 간접적으로 기여한 금액의 합계이다. 페덱스의 순자기자본의 장부가치는 $188억 9천 4백만이다. 발행주식수가 267백만 주이므로 주당 장부가치는 18,894/267＝$70.76이다. 그러나 페덱스 주식의 시장가치는 주당 약 $250로 장부가치보다 월등히 높다. 투자자들은 페덱스의 자산이 처음 취득한 원가보다 훨씬 더 높다고 믿는 것이 분명하다.

14.2 셀프테스트

제네릭프로덕트(Generic Products)사는 한 번 주식을 발행했는데, 주당 $15에 100,000주를 매각하였다. 다음 빈칸을 채워라.

보통주(주당 액면가 $1)	_____
자본잉여금	_____
유보이익	_____
순자기자본	$4,500,000

기업의 소유구조

회사는 주주들이 소유한다. 일부 주식은 개인 투자자들이 직접 소유하고 있지만, 훨씬 많은 부분은 뮤추얼펀드, 연기금, 그리고 보험회사 같은 금융기관이 보유하고 있다. 예를 들어, 미국의 경우 주식 보유 현황은 그림 14.1에 요약되어 있다. 미국에서는 약 50%에 가까운 보통주를 미국 금융기관들이 보유하고 있으며, 뮤추얼펀드가 약 30%, 연기금이 12%가 넘는 지분을 가지고 있다.

주주들이 회사를 소유(own)하고 있다는 것은 무슨 뜻인가? 첫째, 대출금을 다 갚고 난 후의 나머지 이익에 대해서는 주주들이 권리를 갖는다. 일반적으로 회사는 이 이익 중 일부분만 배당으로 지급하고 나머지는 신규 투자를 위해 사내에 유보한다. 주주들은

그림 14.5 미국 기업 주식의 소유 분포, 2017년 12월

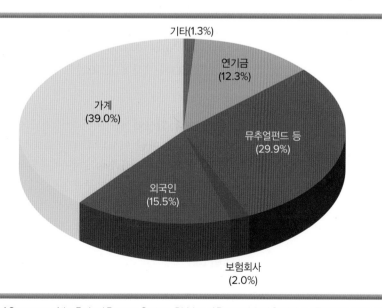

출처: Board of Governors of the Federal Reserve System, Division of Research and Statistics, "Financial Accounts of the United States," Table L.213, at www.federalreserve.gov/releases/z1/current/data.htm.

이들 투자로 회사가 더 큰 이익을 얻고, 미래에 더 많은 배당을 지급하기를 기대한다.

둘째, 주주들은 회사를 어떻게 경영할 것인지에 대해 최종적인 통제권을 갖는다. 이것은 주주가 자신들이 원하는 것이면 무엇이든 할 수 있다는 것을 의미하지는 않는다. 예를 들어, 대출을 해준 은행이 기업에게 추가적인 대출을 얼마나 더 받을 지에 대한 제한을 가할 수도 있다. 그러나 은행과의 계약이 기업의 모든 의사결정에 제한을 가할 수는 없다. 주주는 이런 채권자의 결정 이후에 잔여통제권(residual rights of control)을 가진다.

때때로 회사는 어떤 일을 추진하기 전에 주주들의 동의를 얻어야 하는 경우가 있다. 예를 들어, 회사가 수권주식 수를 늘리거나 다른 회사와 합병하려면 주주들의 동의가 필요하다. 그러나 대부분의 다른 일에 관해서는 주주들의 통제권은 이사회 이사를 선임하는 투표권으로 귀결된다.

이사회는 주주들의 의견을 대표할 의무가 있다. 이사회는 경영자를 임명하고 감독하며, 주요 자본 투자, 배당 지급, 주식 재매입, 신주 발행 등과 같은 중요한 재무의사결정 사안에 대해 표결을 한다.

공개 기업인 경우, 일반적으로 이사회는 CEO와 1~2명의 다른 최고경영진, 그리고 사외이사(outside director)를 포함한다. 사외이사는 회사가 고용한 사람이 아니다. 뉴욕 주식거래소와 나스닥주식거래소는 독립적인 사외이사들이 이사회의 주류를 이루기를 요구한다. 독립적인 이사들은 이사와 주주로서의 역할을 제외하면 회사와 어떠한 물질적인 관계도 갖지 않는다.

일반적으로 CEO는 이사회의 의장 역할을 한다. 이사회의 의장은 논의해야 할 안건을 설정할 수 있다는 점에서 추가적인 영향력이 있다고 할 수 있다. 몇몇 회사들은 결정권이 없는 의장을 임명하기도 하는데, 이를 통해 의장과 CEO의 역할을 분리하고 CEO의 영향력을 줄이고자 한다. 캐나다나 영국과 같은 몇몇 나라에서는, 이사회의 의장과 CEO의 역할은 거의 항상 분리되어 있다.

경영진에 대한 보상을 승인하는 경영자보상위원회는 독립적인 이사들로만 구성되어야 한다. 경영진 보상에 대한 내용은, 이사 임명 및 연간보고서와 함께 주주에게 송부되는 '연간 보수 공개 및 분석(compensation and discussion and analysis : CD&A)'에 설명되어 있다. 주주들은 강제력은 없지만 적어도 3년에 한 번은 CD&A에 대해 찬반 투표를 해야 한다. 흔한 일은 아니지만, 경영진과 이사들에게 경영진 보상에 대한 '반대' 투표 결과가 전달되기도 한다. 예를 들어, 자동차 부품회사인 보그워너(Borg Warner)의 주주들은 2015년에 '반대'라는 투표결과를 전달했고, 이에 회사는 경영진 보상 프로그램을 수정하면서 CEO의 보상을 $240만만큼 삭감하였다.

투표 절차

대부분의 미국 회사에서는 이사회의 전체 이사들을 매년 재투표한다. 그러나 대략 10% 정도의 대기업은 매년 이사의 1/3만 재투표하는 차등화된 이사회를 갖고 있다. 주주행동주의자(shareholder activists)들은 이렇게 시차를 두고(staggered) 이사를 교체하는 방식이, 현 경영진에 반대하는 주주들이 이사를 교체하는 것을 어렵게 한다고 불평한다. 시차를 둔 투표 방식은 경영진을 보호하고 위임장경쟁을 저지하며 경영진에 대한 보상이 회사의 성과에 따라 결정되는 정도를 줄이는 것으로 나타난다. 최근, 많은 기업들은 주주들의 요구에 따라 이사들의 차등적인 임기를 없애왔다. 이러한 조치는 주가 상승으로 이어졌다.

회사의 의사결정에서 주주의 승인이 필요할 때, 많은 안건이 단순한 과반수 찬성으로 승인된다. 그러나 몇몇 중요한 결정은 "초다수(supermajority)", 예컨대 75% 찬성을 요구하는 때도 있다. 예를 들어, 합병 승인을 위해서는 때때로 초다수 찬성이 필요하다. 이는 기업 인수를 더욱 어렵게 만들며, 따라서 현재 경영진을 보호해 준다.

주주들은 직접 투표에 참여하거나 대리인을 선정하여 투표를 위임할 수도 있다. 주주들이 요청받는 투표에는 다툼이 일어나는 일이 거의 없다. 특히 대규모 공개 기업은 더욱 그렇다. 그러나 가끔 외부자들이 회사의 현재 경영진이나 이사들과 회사 통제권을 놓고 다투게 되는 **위임장경쟁**(proxy contest)이 일어나는 경우가 생긴다. 이런 경쟁에서는 외부자들이 훨씬 불리하다. 왜냐하면 내부자들은 회사 돈으로 자신의 처지를 홍보하고 표를 모을 수 있기 때문이다. 그러나 점점 현재의 경영 방식을 바꾸려고 하는 행동주의 투자자들이 늘어나고 있다. 만약 그들이 주주들로부터 충분한 지지를 받게 된다면, 회사는 위임장경쟁 없이도 주주들의 뜻을 사전에 인지할 수 있다. 예를 들어, 행동주의 투자자 댄 로엡(Dan Loeb)이 네슬레(Nestle)의 지분 $35억을 인수했을 때, 네슬레는 그가 주장한 개선안을 대부분 수용해야 했다.

주식의 종류

일반적으로 회사는 한 종류의 보통주를 가지고 있으며, 주당 1개의 투표권을 갖는다. 그러나 투표권에서 차이가 나는 두 종류의 주식을 발행하는 회사도 있다. 예를 들어, 구글은 처음 보통주를 발행했을 때 창업자들은 회사의 통제권을 상실할까봐 주저했다. 일반에 공개된 A 주식은 주당 1개의 투표권을 갖는 반면, 창업자들이 보유한 B 주식은 10개의 투표권을 갖고 있다. 두 종류의 주식은 현금흐름에 대한 권리는 동일하지만 통제권에 대해서는 다른 특성을 갖고 있다.

일부 국가에서는 투표권이 서로 다른 두 가지 종류의 주식을 발행하는 일이 꽤 자주 있다. 지배주주가 회사의 수익성을 개선하기 위해 자신의 영향력을 행사한다면 이는 회사에 좋은 일이 될 수 있다. 그러나 여기에는 위험이 따른다는 것을 쉽게 알 수 있다. 게으르고 무능한 경영진이 다수의 투표권을 보유하고 있으면, 이를 이용하여 자신들의 자리를 보전하려고만 할 것이다. 또는 다른 회사가 지배 지분을 갖고 있다면, 이 영향력을 행사하여 유리한 거래조건을 요구할 수도 있다.

14.4 우선주

투자자들이 주식을 이야기할 때는 일반적으로 보통주를 의미한다. 그러나 회사는 가끔 **우선주**(preferred stock)를 발행하기도 하는데 우선주도 역시 자기자본의 일부분이다. 보통주와 우선주의 합계를 순 **자기자본**(net worth)이라고 한다.

대부분의 회사에서 우선주는 보통주보다 훨씬 덜 중요하다. 그러나 우선주는 합병이나 다른 특별한 상황에서 자본조달을 위한 유용한 방법이 될 수 있다.

부채와 마찬가지로 우선주는 일반적으로 투자자들에게 고정된 배당을 지급할 것을 약속하며, 아주 드물게 일어나는 예외적인 경우를 제외하고는 우선주 배당은 약속한 시기에 전액 지급된다. 그럼에도 불구하고 우선주는 법적으로 주식이다. 이는 우선주 배당의 지급은 이사회의 재량이라는 뜻이다. 단 한 가지 의무조항은 우선주 배당을 지급하기 전에는 보통주 배당을 지급하지 못한다는 것이다[5]. 회사가 부도가 나면 우선주 주주들은 청구권에서 채권자들보다는 후순위이지만 보통주 주주들보다는 우선순위가 앞선다.

우선주에 완전한 투표권을 주는 경우는 드물다. 이는 새로운 주주들에게 기업 통제권을 나누어 주지 않고 새로 자금을 조달하려는 기업에는 유리한 조건이다. 그러나 우선주 주주들의 지위에 영향을 줄 수 있는 일이 생기면 우선주 주주들도 이에 대해 투표권을

왼쪽 여백:

위임장경쟁
외부인이 인수 시도를 위해 회사의 경영진과 주주들의 투표권을 두고 경쟁하는 것. 위임장대결이라고도 한다.

우선주
배당에 대해 보통주보다 우선권을 갖는 주식.

자기자본
보통주와 우선주의 장부가치 합.

---

5) 오늘날 이 의무조항은 보통 누적적이다. 다시 말하면 보통주 주주들이 한 푼이라도 배당을 받으려면 회사가 과거에 밀린 우선주 배당을 모두 지급해야 한다.

가진다. 그리고 대부분의 우선주는 우선주 배당이 지급되지 않을 때는 우선주 주주들도 투표권을 얻는다.

회사는 과세소득을 산출할 때 우선주 배당을 차감하지 못한다. 보통주 배당과 마찬가지로 우선주 배당도 세후 소득에서 지급해야 한다. 대부분의 일반 기업들에게 이는 우선주를 발행하는 데 심각한 장애물이다. 그러나 규제를 받는 공익회사들은 규제기관과 요율 협상을 할 때 세금 문제를 고려해 주도록 요청하기 때문에 결과적으로는 세금 불이익을 고객에게 떠넘기게 된다. 우선주는 또한 은행들에게 특히 이점이 있다. 은행이 충분한 자기자본을 보유하고 있는가를 계산할 때 보통주와 함께 우선주도 자기자본에 포함하기 때문이다.

우선주는 한 가지 세금 이점이 있다. 만약 회사가 다른 회사의 주식을 사면 배당금 중 50%만 과세 소득으로 간주한다. 이 규정은 보통주와 우선주 모두에 적용된다. 그러나 이는 우선주의 경우 매우 중요하다. 왜냐하면 우선주의 경우에는 수익에서 자본이득 보다는 배당이 차지하는 부분이 지배적이기 때문이다.

회사가 투자할 여유 자금을 보유하고 있다고 하자. 채권을 산다면 이자수입은 회사의 법인세율 21%로 과세된다. 만약 우선주를 매입하면 채권과 거의 유사한 자산을 보유하고 있으면서(우선주 배당은 "이자"로 간주할 수 있다.) 실효 세율은 21%의 50%, 즉 $0.50 \times 0.21 = 0.105$, 다시 말해 10.5%에 불과하다. 대부분의 우선주를 기업들이 보유하는 것은 전혀 놀라운 일이 아니다.

만약 회사의 여유 현금을 우선주에 투자한다면 주식을 팔 때 주가가 폭락해 있지는 않은가 확인해야 한다. 흔히 볼 수 있는, 정해진 배당을 지급하는 우선주의 한 가지 문제는 우선주 가치가 이자율의 변동에 따라 오르고 내린다는 점이다. 이 문제를 해결해 주는 것이 **변동배당 우선주**(floating-rate preferred)이다. 변동배당 우선주를 보유하고 있다면 이자율의 변화는 배당금의 변동으로 상쇄되기 때문에 투자 가치가 보호된다.

한국에서는 종래 보통주보다 배당률 1%를 더 지급하는 우선주가 많이 발행되었는데 이는 실질적으로 의결권 없는 보통주와 거의 비슷하다. 한편, 1977년부터 발행해오기 시작한 신형 우선주는 고정된 배당률을 보장한다. 따라서 이런 종류의 우선주를 일반적으로 채권형 우선주라고 하며, 종목 이름 뒤에 B를 붙여(예컨대, 현대차2우B 등) 구별한다. 신형 우선주 중에는 일정 기간 후 보통주로 전환할 수 있는 옵션이 붙어있는 것도 있다.

변동배당 우선주
배당률이 현재의 시장금리 수준과 연계되어 있는 우선주.

14.3 셀프테스트

세율이 21%인 회사가 10% 수익률의 채권과 9% 수익률의 우선주 중 하나를 살 수 있다. 세후 수익률이 높은 투자는 어느 쪽인가?

14.5 기업 부채

회사가 자금을 차입할 때는, 정기적으로 이자를 지급하고 만기가 되면 원금(즉, 처음 차입한 금액)을 상환한다는 약속을 한다. 그러나 이런 채무는 유한책임이다. 이는 약속이 반드시 지켜지지 않을 수도 있다는 의미이다. 회사가 어려움에 처하면 회사는 자산을 채권자에게 넘겨주고 부채를 부도처리(default)할 권리를 갖는다. 기업 자산의 가치가 부채금액보다 적을 때 회사는 부도처리를 선택할 것이다.

실제로는 회사가 파산했을 때 자산의 양도가 그리 간단하지는 않다. 예를 들어, 리먼브라더스(Lehman Brothers)가 파산을 신청했을 때, 파산법원은 채권자들로부터 6만 5천

그림 14.6 미국과 외국인 회사가 미국에서 발행한 채권의 소유 분포, 2017년 12월

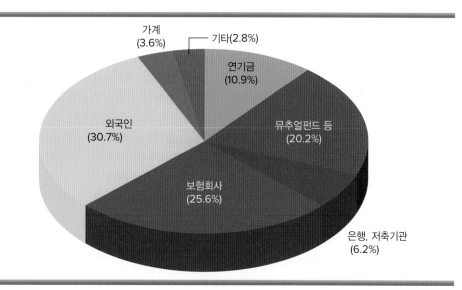

가계 (3.6%)
기타(2.8%)
연기금 (10.9%)
외국인 (30.7%)
뮤추얼펀드 등 (20.2%)
보험회사 (25.6%)
은행, 저축기관 (6.2%)

출처: Board of Governors of the Federal Reserve System, Division of Research and Statistics, "Financial Accounts of the United States – Z1," Table L.213, at https://www.federalreserve.gov/releases/z1/current/default.htm.

건의 청구(claim)에 직면했다. 리먼브라더스의 파산에 따른 비용은 $20억이 넘었다.

채권자들은 회사의 소유자가 아니므로 통상적으로 투표권을 갖지 못한다. 기업의 이자 지급금은 비용으로 인정되어 과세 소득에서 공제된다. 그래서 이자는 세전(before-tax) 소득에서 지급된다. 반면에 보통주와 우선주에 대한 배당은 세후(after-tax) 소득으로부터 지급된다. 그러므로 정부는 실질적으로 부채 사용에 대해서는 세금 보조금을 제공하는 셈이다. 자기자본에 대해서는 이런 혜택을 제공하지 않는다. 16장에서 부채와 세금에 대해 자세히 다룰 것이다.

그림 14.6은 회사채에 대해 개인 투자자가 갖는 지분이 매우 작음을 보여준다. 보험회사, 연기금, 뮤추얼펀드가 50% 넘는 지분을 보유하고 있다. 외국인 투자자 역시 큰 부분을 차지하고 있다.

부채는 다양한 형태를 가진다

재무관리자는 부채 증권을 선택할 때 당황스러운 상황에 직면하게 된다. 회사가 발행하는 증권은 많은 질문에 대한 재무관리자의 대답을 반영해야 한다.

장기부채
만기가 1년 이상인 부채.

회사는 단기로 부채를 조달해야 하는가, 아니면 장기로 조달해야 하는가? 장기부채(funded debt)는 발행일로부터 1년 이상 상환기간이 남아있는 부채를 말한다. 1년 안에 만기가 돌아오는 채무는 단기채무라고 하며 재무상태표에 유동부채로 표시된다. 일반적으로 1년을 기준으로 단기와 장기채무를 구분하지만 364일 만기의 채무를 단기, 366일 만기 채무를 장기로 분류하는 것은 다분히 인위적인 측면이 있다.

회사채의 만기는 매우 다양하여 거의 모든 만기의 채권이 있다. 예를 들어, 영국의 웰컴 트러스트(Wellcome Trust)는 2018년에 100년 동안 만기가 돌아오지 않는 채권을 발행했다. 일부 영국 은행들은 영구채권, 즉 영원히 만기가 되지 않는 채권을 발행한 경우도 있다. 또 다른 극단적인 예는 말 그대로 하루 동안만 빌리는 일도 있다.

만약 당신의 회사가 휴가 시즌에 앞서 재고물량을 단기적으로 늘리기 위해 자금조달이 필요하다면, 은행의 단기대출을 받는 것이 합리적이다. 그러나 정유공장을 확장하기 위해 투자금이 필요하다면, 이 설비는 15~20년은 사용할 것이기 때문에 장기부채로 조달하는 것이 적절하다.

어떤 대출은 천천히 정기적으로 채무를 상환하고, 다른 경우에는 만기 시에 한 번에

감채기금
만기 전에 부채 상환을 위해 적립하는 기금.

수의상환채권
채권을 발행한 회사가 만기 전에 특정 가격(상환가격)으로 조기 상환하는 것이 가능한 채권.

우대금리
은행이 신용도가 높은 고객들에게 부여하는 벤치마크 이자율.

대출금을 갚기도 한다. 시장에서 공개적으로 거래되는 채권은, **감채기금**(sinking fund)을 통해 상환된다.

　종종 채무자는 대출금을 조기에 상환할 수 있는 옵션을 갖기도 한다. 이 경우를 수의상환(callable)이라고 부르고, 이런 채권을 **수의상환채권**(callable bond)이라고 한다. 채무자는 투자자로부터 정해진 상환가격(call price)으로 채권을 사들이게 된다.

　부채는 고정금리로 조달해야 하는가, 변동금리로 조달해야 하는가? 장기부채의 지급이자, 즉 액면이자(coupon)는 발행 당시 고정된다. 액면이자율 10%인 $1,000짜리 채권이 발행되면, 회사는 시장이자율이 어떻게 변동하는지와 관계없이 매년 $100의 이자를 계속 지급한다. 대부분의 은행 대출과 일부 채권들은 변동금리(floating interest rate)가 적용된다. 예를 들어, 대출 조건을 "우대금리에 1% 포인트 가산"으로 정할 수 있다. **우대금리**(prime rate)란 은행이 신용도가 높은 고객들에게 부여하는 벤치마크 이자율이다. (신용도가 최상급인 대기업은 우대금리 이하로 대출받기도 한다.) 우대금리는 일반 시중 이자율의 변동에 따라 위아래로 조정한다. 우대금리가 변할 때는 변동금리 대출의 이자율도 따라서 변한다.

　변동금리 대출이 꼭 우대금리에 연동되어 있는 것만은 아니다. 변동금리는 국제 은행들이 다른 은행에 대출해 줄 때 적용하는 이자율에 연동된 경우도 있다. 이자율은 런던 은행간 대출금리(London Interbank Offered Rate, 즉 LIBOR)라고 한다.

> **14.4   셀프테스트**
>
> 10년 만기 변동금리 채권의 가격은 10년 만기 고정금리 채권의 가격보다 이자율 변동에 더욱 민감한가?

채권자에게 어떤 약속을 해야 하는가? 채권자는 그들의 투자금이 안전하다는 것을 확신하길 원한다. 그래서 그들은 자신들의 부채가 다른 부채보다 우선순위에 있길 요구한다. 만약 파산이 일어나면, 우선순위가 높은 선순위 부채는 먼저 상환되고, 우선순위가 낮은 후순위 채권자들은 그 다음에 상환을 받는다. (물론 채권자는 우선주나 보통주를 가진 주주보다 우선순위가 높다.)

　회사도 특정 채권자를 보호하기 위해 특별히 몇몇 자산을 챙겨두기도 한다. 이런 부채는 담보되어(secured) 있다고 하며, 이런 자산을 담보(collateral)라고 한다. 따라서 소매업자는 재고자산이나 매출채권을 은행 대출의 담보로 설정할 수 있다. 만약 소매업자가 파산하면, 은행은 그 담보를 확보하여 부채를 청산하는 데 사용한다.

　일반적으로 채무 기업은 채권자에게 불합리한 위험을 부담하지 않겠다고 약속하기도 한다. 예를 들어, 적절하게 부채를 조달한 회사는 최대로 부채를 조달한 회사보다 어려움에 빠질 가능성이 낮다. 따라서 채무 기업은 발행할 수 있는 추가적인 부채의 양을 제한하는 데 동의해야 할지도 모른다. 채권자는 만약 문제가 발생하면 다른 채권자가 자신들보다 먼저 압력을 가할 수 있는 상황도 고려한다. 따라서 채무 기업은 기존 채권자들보다 변제순위가 앞서는 새로운 부채를 발행하거나 다른 채권자를 위해 자산을 설정해 놓지 않겠다는 데 동의해야 할 수도 있다.

국가와 통화　오늘날 자본시장에는 국경이 없으며, 많은 기업이 실제로 해외에서 차입한다. 예를 들어, 미국 기업이 스위스에 새로 공장을 짓는 데 필요한 자금을 스위스 은행으로부터 스위스 프랑으로 빌릴 수 있고, 또는 네덜란드에서 채권을 발행하여 그 나라의 영업을 확장할 수도 있다. 또한 많은 외국기업이 미국에서 달러로 돈을 빌리고 이 돈으로 전 세계 영업에 필요한 자금을 조달한다.

국내 자본시장 외에 런던에 중심을 둔 국제 자본시장도 있다. 전 세계의 은행들이 런던에 지점을 두고 있다. 여기에는 Citicorp, UBS, 도이체방크, 중국은행, 미쓰비시 UFJ, HSBC, BNP 파리바 등 초대형 은행들이 포함된다. 이들이 런던에 지점을 두는 한 가지 이유는, 세계의 주요 통화 예금을 확보하려는 것이다. 예를 들어, 아랍의 부족장이 미국에 석유를 팔아 달러를 받았다고 하자. 이 돈을 미국에 예치하는 것보다는 런던에 있는 은행에 달러 계정을 개설하여 예치할 수도 있다. 미국 이외 지역의 은행에 예치된 달러를 **유로달러**(eurodollar)라고 한다. 이와 마찬가지로 일본 바깥에 예치된 엔화는 유로엔(euroyen)이다.

미국의 은행이 자기 은행에 예치된 달러를 대출해 주는 것과 마찬가지로, 달러 예금을 보유하고 있는 런던의 은행 지점은 이 달러를 기업에 빌려 줄 수 있다. 그러므로 기업은 미국 은행으로부터 달러를 차입할 수도 있고, 런던에 있는 은행으로부터 차입할 수도 있다.[6]

기업이 장기채권을 발행하려고 할 때 이를 미국에서 발행할 수도 있지만 대안으로 여러 나라 투자자들에게 채권을 팔 수도 있다. 이런 국제 채권은 일반적으로 외국 은행들의 런던 지점을 통해 매각되기 때문에 전통적으로 **유로채권**(eurobond)이라고 부른다. 유로채권은 달러나 엔 또는 다른 어떤 통화 표시로도 발행될 수 있다. 한 가지 혼란스러운 것은 유럽연합의 단일 통화를 유로(euro)라고 부르게 되어서 유로채권(국제적으로 매각되는 채권)과 유로 표시 채권을 혼동하기 쉽다는 것이다.

공모와 사모 발행 공모되는 채권은 원하는 사람이라면 누구나 살 수 있다. 공모채권은 일단 발행되면 증권시장을 통해 자유롭게 거래된다. **사모**(private placement)에서는 채권이 소수의 은행이나 보험회사 또는 다른 투자기관에 직접 매각된다. 미국에서는 사모로 발행되는 채권은 개인에게 재매각할 수 없고 자격이 있는 다른 기관투자자에게만 되팔 수 있다. 사모채권도 이런 투자자들 사이에 점차 활발히 거래되고 있다.

다음 장에서 공모와 사모의 차이를 좀 더 자세히 살펴본다.

다른 이름의 부채 부채(debt)라는 말은 아주 단순하게 들릴지 모른다. 그러나 기업은 장부에는 다르게 기재되어 있지만 실제로는 수상쩍을 정도로 부채와 유사한 많은 약속을 한다. 이런 위장된 부채 중에는 쉽게 찾아낼 수 있는 것도 있다. 예를 들면, 매입채무(account payable)는 단순히 이미 구입한 상품에 대한 지급의무이므로 단기부채나 마찬가지이다.

그렇게 분명하게 나타나지 않는 채무도 있다. 예를 들어 회사가 돈을 빌려서 새 설비를 구입하는 대신 장기로 임차하거나 **리스**(lease)한다. 이 경우 회사는 설비 소유자에게 매 기간 일정 금액의 리스료를 지급하기로 약속한다. 이는 대출금의 원리금을 상환해야 하는 의무와 똑같다. 만약 리스료를 지불하지 않으면 어떻게 될까? 임대인은 빌려준 설비를 회수해 가는데 이는 마치 회사가 임대인으로부터 돈을 차입하고 설비를 대출금에 대한 담보로 제공한 경우와 똑같다.

은퇴 이후 건강급여나 연금도 기업에게는 큰 부채에 해당한다. 예를 들어, 2018년 초에 포드는 연금 지급을 위해 $60억의 결손이 있다고 추정했다. 이것은 결국 회사가 지불해야 할 부채에 해당한다.

장기 리스계약이나 연금 지급 등은 별로 비밀스러운 일이 아니다. 이들 계약은 재무상태표에 채무로 분명하게 기록되어 있다. 그러나 때때로 회사들은 차입을 얼마나 하는지

유로달러
미국 이외 지역의 은행에 예치된 달러.

사모
공모 절차 없이 제한된 소수의 투자자에게 판매되는 증권.

리스
장기로 임차하는 것.

---

[6] 미국 중앙은행은 은행이 이자를 지급하지 않는 지불준비금을 예치하도록 요구하기 때문에 실질적으로는 미국에 예치한 달러 예금에는 세금이 부과되는 셈이다. 해외의 달러 예금은 이런 세금이 없기 때문에 해외 은행들은 차입자에게 약간 낮은 이자를 부과할 수 있다.

표 14.2 애플이 발행한 채권

설명	채권의 발행 조건
1. 액면이자율 3.45%는 매년 2월 9일과 8월 9일에 지급된다. 따라서 6개월마다 $(0.0345/2) \times \$1,000 = \$17.25$의 이자를 지급한다.	발행: Apple Inc. 3.45%
2. 투자자는 2045년에 액면가 $1,000을 지급받는다.	만기: 2045.2.9.
3. 무디스의 채권등급은 Aa, 즉 2번째로 높은 등급이다.	등급: Aa
4. 채권자의 이익을 보호하기 위해 수탁기관을 지명한다.	수탁기관: Bank of New York Mellon Trust Company
5. 채권은 등록채권이다. 등록기관이 채권자에 대한 기록을 관리한다.	등록: 등록 상태에서 발행. 장부기입 형태
6. 회사는 만기 이전에 상환할 의무가 없다.	감채기금: 없음
7. 회사는 채권을 회수할 옵션을 갖는다. 상환가격은 $1,000보다 크거나 유사한 재정 증권의 가치에 따라 결정한다.	수의상환: 전체 혹은 언제든 일부
8. 채권은 선순위이다. 순위는 애플의 모든 무담보 선순위 채권과 동일하다.	선순위
9. 채권에는 담보가 설정되지 않았다. 즉, 부도가 났을 때 채권자를 보호할 수 있는 자산을 따로 설정하지 않는다. 그러나 만약 애플이 다른 채권자를 보호하기 위해 자산을 설정한다면 이 채권도 그 자산들에 의해 동일하게 담보된다. 저당금지조항 (negative pledge clause)이라고 한다.	담보: 무담보
10. 채권은 액면가의 99.11%의 가격으로 $20억만큼 발행되었다.	발행: 99.11%로 $20억
11. 사무간사회사는 인수회사가 발행하는 것을 관리하고 판매되는 증권에 대해 장부를 유지한다.	사무간사회사: 골드만삭스, 도이체방크 증권

투자자들이 알지 못하게 하려고 무척 애를 쓴다. 예를 들어, 엔론(Enron)은 특수목적법인(special purpose entities : SPE)을 설립하는 방법으로 $6억 5,800만을 차입했는데 자회사가 주식과 부채로 현금을 조달하여 이를 모회사의 부채를 갚는 데 썼다. 이렇게 조달된 부채는 엔론의 재무상태표 어디에도 기록되지 않았다.

예제   14.1 ▶   애플(Apple)사의 채권 발행 조건

2015년 2월, 애플은 $65억의 부채를 발행했다. 그 중 일부는 30년 만기로 발행되었다. 이제 실무에서 사용하는 용어에 익숙해졌으므로, 애플의 채권 발행 조건을 요약한 표 14.2를 보고 싶을 수도 있다. 설명을 위해 일부 주석을 추가하였다. ■

부채시장의 혁신

우리는 지금까지 국내 채권과 유로채권, 고정금리 대출과 변동금리 대출, 담보 채권과 무담보 채권 등 많은 논의를 하였다. 이로써 우리가 필요로 하는 모든 선택을 다 제공하리라 생각할 수 있다. 아직까지 채권 발행자들은 특정한 투자 고객을 만족시킬 수 있는 새로운 형태의 채권을 고안해내고 있다. 그들의 창의력을 보여주기 위해, 두 가지 혁신적인 채권을 소개한다.

자산유동화 채권   기업들은 돈을 직접 빌리는 대신 여러 대출들을 묶어 판매함으로써 현금흐름을 발생시키기도 한다. 이런 채권을 자산유동화증권(asset-backed securities)이라고 한다. 예를 들어, 자동차 대출, 학자금 대출, 신용카드 매출채권을 묶어 자산유동화증권으로 시장에서 판매할 수 있다. 하지만 이 분야에서 아직까지 가장 대표적인 적용사례는 모기지대출(mortgage lending)이다.

모기지대출 회사가 주택이나 상업용 부동산 구매자들을 위해 많은 대출을 실행했다고 가정해보자. 그러나 그 회사는 대출이 갚아질 때까지 기다리길 원치 않았다. 모기지대출에 의한 주택저당채권지분이전증권(mortgage pass-through certificate)을 판매함으로써 지금 당장 현금을 회수하길 원했다. 이 증권을 갖고 있는 사람은 모아진 모기지대출로부터 발생하는 지급금에 대해 지분을 산 것과 같다. 예를 들어, 이자율이 하락하여 모기지대출이 조기에 상환되면, 이 증권을 가진 사람도 조기에 투자금을 회수할 수 있다. 그런데 이런 경우는 채권자에게는 좋지 않은 상황이다. 왜냐하면 이자율이 낮아 그들이 원치 않는 시기에 투자금을 회수하기 때문이다.

때때로 기업들은 한 종류의 지분이전증권 대신에, 부채담보부증권(collateralized debt obligation : CDO)으로 불리는 여러 다른 종류의 증권을 발행하기도 한다. 예를 들어, 모기지대출에 대한 지급금이 상환되면 선순위 투자자에게 먼저 지급되고, 그 후에 후순위 투자자에게 지급되기 시작한다.

2007년까지 새로 발행된 CDO의 절반 이상이 서브프라임(subprime) 모기지와 연루되었다. 모기지대출은 함께 묶여 있었기 때문에, CDO의 선순위 투자자들은 특정 모기지의 파산 위험에 대해 보호받고 있다고 믿었다. 그러나 주택시장에서 광범위한 파산을 주도하는 경기 급락의 위험에는 선순위 트랜치(tranche)도 노출되어 있었다.

경제적인 재앙은, 베어스턴스(Bear Stearns)가 CDO에 투자한 두 개의 헤지펀드가 모기지대출의 파산비율이 상승하면 가치가 거의 사라졌다고 자백한 2007년 여름에 일어났다. 베어스턴스는 연방준비은행에서 구제해줬지만, 이 사건은 CDO 시장의 신용경색(credit crunch)과 붕괴를 유발하였다. 2008년에 새로운 CDO 발행은 거의 90% 가까이 감소하였다.

사망채권 생명보험회사의 경영자들은 전 세계적인 전염병과 같이 사망률이 급증하는 재앙에 대해 고민한다. 2015년에 프랑스의 보험회사인 악사(Axa)는 이러한 위험으로부터 벗어나기 위해 €285백만의 사망채권(mortality bonds)을 발행하였다. 악사의 흔치 않은 채권 발행은 솔깃한 수익률을 제안하였지만 만약 미국, 프랑스, 일본에서 사망률이 정해진 기준을 초과하면 투자자들의 자금이 악사가 생명보험을 지급하는 것을 돕는 데 사용된다. 즉, 투자자들은 사람들이 예정대로 사망하는 것에 베팅한 것이다.

증권을 설계하는 것은 엄청난 잠재적 다양성이 존재한다. 투자자들에게 그 증권의 매력을 설득할 수만 있다면, 유로 표시로 수의상환, 후순위, 변동금리 채권을 발행할 수도 있다. 기존 증권의 특징을 결합하는 대신, 전혀 새로운 증권을 새로 만들어 낼 수도 있다. 구리 광산을 운영하는 회사가 세계 구리 가격에 따라 변동배당을 지급하는 우선주를 발행하는 예도 상상해 볼 수 있다. 우리는 아직 그런 증권을 들어본 적이 없다. 그러나 누가 알겠는가? 조만간 그런 증권이 투자자들 사이에 상당한 관심을 불러일으킬지도 모를 일이다.

다양성은 본질적으로 좋은 것이다. 사람들은 취향, 부의 수준, 소득세율 등이 모두 다르다. 그런 사람들에게 선택할 기회를 주는 것이 어떤가? 물론 문제는 새로운 증권을 설계하고 판매하는 데 비용이 든다는 것이다. 그러나 투자자들의 마음에 드는 새로운 증권을 생각해 낼 수 있다면 특별히 유리한 조건으로 그런 증권을 발행할 수 있고, 따라서 회사의 가치를 높일 수 있을 것이다.

14.6 전환증권

회사는 때때로 만기 이전에 채권을 상환할 수 있는 옵션을 가진다. 때로는 투자자들이 옵션을 가질 수도 있다. 또 다른 경우가 **워런트**(warrant)인데 이것은 그저 하나의 옵션일 뿐이다. 회사는 종종 워런트와 채권을 하나의 묶음으로 발행한다.

워런트
회사로부터 정해진 시점 전에 약정한 가격으로 주식을 매입할 수 있는 권리.

예제 **14.2** ▶   **워런트**

맥카우 빌(Macaw Bill)이 워런트(warrants)를 감미제(sweetener)로 첨가하여 채권을 발행하려고 한다. 각 워런트는 앞으로 5년간 $50의 가격으로 맥카우 주식 1주를 살 수 있는 권리를 준다. 맥카우 주식의 성과가 좋으면 이 옵션은 매우 값진 권리가 될 것이다. 예를 들어 5년 후 주가가 $80으로 올라가면 투자자는 회사에 $50를 지불하고 $80 가치가 있는 주식과 교환할 수 있다. 물론 워런트 투자에는 상당한 모험도 따른다. 만약 주가가 $50 이상으로 올라가지 않으면 워런트는 아무런 가치 없이 권리가 만료된다. ■

전환사채
정해진 날짜 이전에 회사로부터 정해진 가격으로 주식을 살 수 있는 권리.

　　전환사채(convertible bond)는 채권을 미리 정해진 수의 보통 주식으로 전환할 수 있는 옵션을 준다. 전환사채 보유자는 회사의 주가가 많이 올라가서 큰 이익을 남기고 채권을 주식으로 전환할 수 있기를 바란다. 그러나 만약 주가가 내려가도 전환할 의무는 없다. 채권자는 그래도 가만히 있으면 된다. 투자자들은 채권으로 계속 보유하거나 주식으로 전환할 수 있는 옵션을 가치 있는 것으로 생각하며, 따라서 전환사채는 같은 조건의 보통 사채보다 더 높은 가격으로 발행된다.
　　전환사채는 사실 채권과 워런트의 묶음과 같다. 그러나 한 가지 중요한 차이가 있다. 전환사채는 소유자가 주식으로 전환하는 옵션을 행사할 때 현금을 지급하는 것이 아니라 단순히 채권과 주식을 교환한다.
　　회사는 전환우선주를 발행하기도 한다. 이 경우 투자자는 정해진 배당을 지급하는 우선주를 받는데 이를 회사의 보통주로 전환할 수 있는 옵션도 함께 가진다.
　　23장에서 재무관리자가 만나게 되는 다양한 옵션에 대해 자세히 살펴볼 것이다.

요약 SUMMARY

왜 기업은 자사가 발행하는 증권이 공정하게 가격이 매겨진다고 가정해야 하는가?
(학습목표 14-1)

경영자는 최소한의 자본비용으로 자금을 조달하길 원한다. 그러나 투자자들 간의 치열한 경쟁 때문에 값싼 자본조달을 할 수 있는 경영자의 능력은 제한된다. 이런 경쟁의 결과로 투자자들이 이용 가능한 정보가 주어진 상태에서 증권은 공정하게 가격이 매겨질 가능성이 크다. 이런 시장을 효율적이라고 한다.

기업 자본조달의 최근 경향은 어떤가? (학습목표 14-2)

내부적으로 창출된 현금이 회사 자금의 주된 원천이다. 최근 순자기자본조달은 음수였다. 즉, 기업은 신주 발행보다는 자사주 매입을 더 많이 했다. 동시에 회사들은 대규모로 채권을 발행했다. 그러나 이 기간에 높은 수준의 내부조달 자금 때문에 자사주 매입에도 불구하고 자기자본의 장부가치는 증가하였다. 그 결과 장기부채 대 자기자본의 장부가치 비율은 상당히 안정적이었다.

기업 재무제표에서 주주의 자기자본 계정은 어떤 정보를 포함하고 있는가? (학습목표 14-3)

주주의 자기자본 계정은 자기자본의 장부가치를 자본금, 자본잉여금, 유보이익, 그리고 금고주 등으로 구분한다. 자기자본을 앞의 세 가지로 구분하는 것은 별로 중요하지 않다. 이들 계정은 또한 총발행주식과 자사주로 재매입한 주식의 수를 보여준다.

이사회의 구성원은 누구인가, 그리고 어떻게 선출되는가?
(학습목표 14-4)

CEO는 거의 언제나 책임자에 해당하는데, 종종 소수의 최고경영진이 참여하기도 한다. 그러나 미국의 공개기업에서는 이사회의 주류가 독립적인 사외이사로 구성된다. 경영진의 보상을 결정하는 보상위원회의 구성원 역시 모두 독립적인 이사다.
　　몇몇 기업들은 매년 전체 이사의 1/3만 재투표를 하는 차등화된 이사회를 갖고 있다. 그러나 많은 기업들이 이사들의 차등적인 임기를 없애고 있기 때문에, 매년 모든 이사들에 대해 재투표를 실시한다.

기업이 자본조달을 위해 발행하는 증권에는 어떤 종류가 있는가? (학습목표 14-5)

기업은 주식, 우선주, 채권 등과 같은 여러 종류의 증권을 발행할 수 있다. 보통주 주주들은 회사의 소유자이다. 이는 다른 투자자들에게 정당한 보상을 하고 남은 이익을 모두 주주들이 차지한다는 뜻이다. 또한 주주들은 회사의 운영에 최종적인 권한을 가진다. 미국에서는 주주들이 광범위하게 분산되어 있기 때문에 경영자가 대부분의 의사결정을 한다. 경영자는 좋은 성과를 올리도록 금전상 인센티브가 주어지며, 경영자의 행동은 주주들에 의해 감시된다.

우선주(prefered stock)는 고정된 배당을 주지만 재량에 따라 배당을 지급하지 않을 수 있다. 그러나 이 경우에는 보통주에 대한 배당은 지급할 수 없다.

회사가 채권을 발행할 때는 일련의 이자를 지급하고 원금을 상환하기로 약속한다. 그러나 채무는 유한하다. 주주들은 채무를 이행하지 않고 회사 자산을 채무자들에게 넘겨줄 옵션을 가지고 있다. 보통주와 우선주에 대한 배당과는 달리 이자는 비용으로 인정되기 때문에 세전 이익에서 지급된다. 부채에는 다음과 같이 여러 가지 형태가 있다.

- 고정금리 채권과 변동금리 채권
- 장기부채와 단기부채
- 수의상환 채권과 감채기금 채권
- 국내 채권과 유로채권
- 공모채권과 사모

자본조달의 네 번째 원천은 옵션과 유사 옵션이다. 가장 간단한 형태의 옵션은 **워런트**(warrant)이다. 워런트는 일정한 기간 내에 정해진 가격으로 주식을 살 수 있는 권리이다. **전환사채**는 주식으로 전환할 수 있는 권리가 붙어 있는 채권이다. 그러므로 전환사채는 보통 채권과 워런트의 묶음과 비슷하다.

연습문제 QUESTIONS AND PROBLEMS

1. 자금조달 의사결정. 참 혹은 거짓으로 판정하시오. (학습목표 14-1)
    a. 우수한 재무관리자는 좋은 자금조달 의사결정이 좋은 투자 의사결정만큼 회사의 가치를 창출한다는 것을 알고 있다.
    b. 투자자들간의 경쟁은 일반적으로 회사가 그들의 증권을 원래 가치보다 높게 판매할 수 있다는 것을 의미한다.

2. 자금조달 원천. 참 혹은 거짓으로 판정하시오. (학습목표 14-2)
    a. 미국 비금융기업의 순주식발행(net stock issue)은 대부분의 해에 작지만 양(+)의 값을 갖는다.
    b. 미국 기업들의 자본투자는 대부분 유보이익(retained earning)과 감가상각비 재투자(reinvested depreciation)로 조달한다.
    c. 대체로 미국의 부채비율은 과거 20년간 상승해왔다.

3. 자금조달 원천. 다음 용어 중 적당한 것을 골라 빈칸을 채우시오. 부채발행, 높은, 회사 내부에서 조달된 현금, 낮은, 오른, 자금 부족, 내린, 부정적인, 대략 일정하게 머물러 있는. (단, 어떤 용어는 한 번 이상 사용될 수 있다.). (학습목표 14-2)
    대부분의 회사에서 가장 주요한 현금의 원천은 단연코 _____(a)_____ 이다. 이렇게 조달할 수 있는 현금과 회사가 필요한 현금 사이의 차이는 _____(b)_____ (이)라고 불린다. 평균적으로,

주식 발행은 ____(c)____ 것으로 인식되어 왔다. 달리 말하면, 회사는 ____(d)____ 과(와) 유보이익으로 조달된 현금으로 자사주를 매입해 왔다. 부채비율은 시장가치나 장부가 치를 사용하여 측정할 수 있다. 일반적으로, 장부가 부채비율은 시장가 부채비율보다 ____(e)____. 1990년 이전 약 30년 동안 두 부채비율이 평균적으로 ____(f)____ 하였으 나, 그 이후에는 ____(g)____ 되었다.

4. 자기자본 계정. 아래 용어들을 올바른 설명과 연결하시오. (학습목표 14-4)

a. 자본잉여금 •   • A. 회사의 장부에 기록된 주식의 주당 가격

b. 발행주식 •   • B. 투자자가 보유

c. 유보이익 •   • C. 누적된 재투자 이익의 양(amount)

d. 금고주(또는 자사주) •   • D. 액면가와 발행가의 차이로 인해 발생된 현금의 양(amount)

e. 수권주식 •   • E. 주주 동의 없이 최대로 발행할 수 있는 주식의 수

f. 액면가 •   • F. 회사에서 재매입하였으나 바로 되팔 수 없는 주식

5. 자기자본 계정. Alfred Cake Company의 수권주식 수는 100,000주이다. 회사 장부에는 자기자본이 아래와 같이 나타나 있다.

보통주(액면가 $1)	$ 60,000
자본잉여금	10,000
유보이익	30,000
자기자본	$100,000
금고주(2,000주)	5,000
순자기자본	$ 95,000

a. 총발행주식 수는 얼마인가?

b. 발행주식 수는 얼마인가?

c. 주주의 동의 없이 추가로 발행할 수 있는 주식 수는 얼마인가?

6. 자기자본 계정. Common Products는 처음으로 주식을 발행하였다. 이 회사는 공개시장에서 20 만 주를 매각하여 $200만을 조달하였다. 이 주식은 회사의 발행주식 전부이다. 주식의 액면가는 주 당 $2이다. 아래의 표를 완성하시오. (학습목표 14-3)

자본금(액면가)	(a)
자본잉여금	(b)
유보이익	(c)
순자기자본	$2,500,000

7. 자기자본 계정. (학습목표 14-3)

a. 표 14.1을 다시 작성해보자. FedEx가 주당 $250에 2백만 주를 발행한다고 가정하자. 어떤 숫자가 달라지는가?

b. FedEx가 주당 $150로 2백만 주를 재매입한다면, 표 14.1은 어떻게 달라지는가?

8. 우선주. 참 혹은 거짓으로 판정하시오. (학습목표 14-5)

a. 회사의 자기자본은 보통주와 우선주를 모두 포함한다.

b. 보통주와 우선주의 합을 순자산(net worth)이라고 부른다.

c. 이름에서 알 수 있듯이, 우선주는 자금조달 원천으로서 보통주보다 중요하다.

d. 회사는 다른 회사로부터 받는 보통주 혹은 우선주 배당의 50%에 대해서만 세금을 낸다.

e. 세제상의 이점 때문에, 회사는 우선주의 상당한 부분을 보유한다.

9. **우선주.**　재무적으로 건전한 회사의 우선주는 때때로 그 회사의 채권보다 낮은 수익률로 발행된다. 재무건전성이 약한 회사는 우선주의 수익률이 더 높다. 이 현상을 설명하는 요소는 무엇인가? (학습목표 14-5)

10. **회사 부채.**　Haricot Corp.과 Pinto Corp.은 모두 $1억의 이익을 기록하였다. Haricot은 자기자본으로만 자금을 조달한 반면, Pinto는 8% 이자율로 $1억 5천만의 부채를 발행하였다. 만약 회사의 세율이 21%라면, (학습목표 14-5)

   a. 각 회사는 얼마의 세금을 내야 하는가?
   b. 각 회사는 투자자(채권자 + 주주)에게 총 얼마를 지불해야 하는가?

11. **회사채.**　14.5절의 애플(Apple) 채권 발행 예제를 보고 답하시오. (학습목표 14-5)

   a. 회사는 콜옵션을 보유하고 있는가?
   b. 각 애플 채권은 연간 얼마의 이자를 지급하는가?
   c. 애플은 이 채권 발행보다 우선순위의 담보부부채를 발행할 수 있는가?
   d. 이 채권은 한 번에 상환하는가, 아니면 분할하여 상환하는가?
   e. 이 채권은 장기부채인가, 아니면 단기부채인가?

12. **회사채.**　다른 조건이 동일하다고 가정할 때, 아래 조건들은 어떤 회사가 발행할 수 있는 채권의 만기수익률(yield to maturity)을 증가시키는가, 아니면 감소시키는가? (학습목표 14-5)

   a. 채권자가 만기 전에 상환할 수 있는 옵션을 가진다.
   b. 채권이 주식으로 전환될 수 있다.
   c. 채권은 사모로 발행된다.

13. **전환사채.**　Van Gogh Furniture는 1주당 10주의 자사 주식으로 전환될 수 있는 10년 만기 무이표채를 발행하였다. 전환권이 없는 유사한 채권의 수익률은 8%이다. Van Gogh 주식은 주당 $50에 거래된다. 만약 당신에게 이 채권을 주식으로 전환할 지에 대해 지금 단 한 번의 기회가 주어진다면, 어떻게 할 것인가? (학습목표 14-5)

14. **회사채.**　다음 용어 중 적당한 것을 골라 빈칸을 채우시오. 감채기금, 공모, 기간대출, 단기, 리스, 변동금리, 사모, 선순위, 수의상환, 우대금리, 워런트, 유로달러 금리, 유로채권, 일반 사채, 장기, 전환, 후순위. (학습목표 14-5)

   a. 1년 이상의 만기를 가진 부채를 _____부채라고 한다.
   b. 여러 국가에서 동시에 발행되는 채권을 전통적으로 _____라고 한다.
   c. 회사가 지급불능 상태가 되었을 때 대출기관의 채권 우선순위가 일반 대출자들보다 늦은 채권을 _____채권이라 한다.
   d. 많은 경우 기업은 _____에 정기적으로 적립했다가 이 돈으로 채권을 재매입해야 한다.
   e. 대부분의 채권은 발행회사에게 미리 정해진 가격으로 재매입, 즉 _____할 권리를 준다.
   f. 은행이 신용등급이 높은 우대 고객에게 제공하는 벤치마크 이자율을 _____(이)라고 한다.
   g. 은행 대출의 이자율은 종종 단기 이자율에 연동되어 있다. 이런 대출은 일반적으로 _____(이)라고 한다.
   h. 소수의 투자자 그룹을 상대로 증권을 발행할 때 이를 _____(이)라고 한다. 이런 증권은 개인 투자자에게 재매각 할 수 없다.

i. _____의 경우에는 채권이 개인 투자자들 사이에 자유롭게 거래될 수 있다.

j. 장기 임대계약은 _____(이)라고 한다.

k. _____ 채권은 발행회사의 주식과 교환할 수 있다.

l. _____는 그 소유자에게 발행회사의 주식을 미리 정해진 가격에 살 수 있는 권리를 준다.

셀프테스트 해답 SOLUTIONS TO SELF-TEST QUESTIONS

14.1 a. 내부 자금이 가장 중요하고, 그 다음은 새로운 대출이다. 마지막으로 선호되는 원천이 주식 발행이다.

b. 주식 재매입이 발행을 초과했다는 것을 의미한다.

14.2 보통주의 자본금은 $1 \times 100,000$주$=$100,000$이어야 한다. 자본잉여금은 $($15-$1)$ $\times 100,000=$1,400,000$이다. 장부가치가 $4,500,000$이므로 유보이익은 $3,000,000$이다.

보통주(주당 액면가 $1)	$ 100,000
자본잉여금	1,400,000
유보이익	3,000,000
순자기자본	$4,500,000

14.3 이 회사가 얻는 채권의 세후 수익률은 $10\%-(0.21 \times 10\%)=7.9\%$이다. 우선주의 세후 수익률은 $9\%-[0.21 \times (0.50 \times 9\%)]=8.1\%$이다. 우선주가 낮은 세전 수익률에도 불구하고 더 높은 세후 수익률을 준다.

14.4 변동금리 부채의 지급이자는 현재 시장 상황에 맞춰 주기적으로 조정되기 때문에, 채권자는 시장수익률의 변화에 손실을 덜 본다. 이 채권이 지급하는 이자율은 오랫동안 고정되지 않는다. 따라서 변동금리부채의 가격은 시장이자율 변동에 덜 민감하다.

15 벤처캐피탈 조달과 증권 발행

학습목표

15-1 벤처캐피탈 작동 원리를 이해할 수 있다.

15-2 기업의 신규 주식공모 절차와 그 비용을 이해할 수 있다.

15-3 기업의 추가 증권공모 절차를 알 수 있다.

15-4 기업의 사모 증권 발행 절차를 설명할 수 있다.

페이스북(Facebook)의 나스닥(NASDAQ) 상장일 ©*Bloomberg/Getty Images*

1976년 대학 중퇴자인 스티브 잡스(Steve Jobs)와 스티브 워즈니악(Steve Wozniak)은 자신들이 가진 가장 비싼 자산인 밴과 두 개의 계산기를 팔아서 마련한 현금으로 차고에서 컴퓨터를 만들기 시작했다. 1980년 애플(Apple) 컴퓨터는 주당 $22에 기업공개를 했고 주가는 $36로 뛰었다. 그때 애플의 두 창업자가 보유한 주식의 가치는 $414백만에 달했다.

1996년 스탠퍼드 대학 컴퓨터학과 학생들인 래리 페이지(Larry Page)와 서지 브린(Sergey Brin)은 웹서치 엔진을 공동개발하기로 했다. 이들은 자신들의 아이디어를 상용화하기 위해 부유한 투자자들로부터 거의 $100만을 조달하는 데 성공했다. 나중에는 신생 회사에 대한 투자를 전문으로 하는 벤처캐피탈 회사로부터 추가로 자금을 조달했다. 그 회사는 지금은 구글(Google)이라는 이름으로 알려져 있으며, 2004년 주당 $85에 기업공개를 했는데 그 당시 회사의 가치는 $230억에 달했다.

2004년 하버드 대학 2학년생이었던 마크 저커버그(Mark Zuckerberg)가 페이스북(Facebook) 웹사이트를 개설했다. 처음에는 하버드 대학 학생들로 제한되어 있었으나, 2년 후 모두에게 공개되었다. 2012년 페이스북이 기업공개를 했을 때, 주식의 가치는 $1,040억에 달했고, 2018년 초에는 $5,000억에 이르렀다.

이런 이야기를 들으면 신생 회사의 가장 중요한 자산은 좋은 아이디어인 것으로 생각된다. 그러나 이것만으로 되는 것은 아니다. 계획 단계의 아이디어를 견본으로 만들고 또 이를 대규모로 생산하는 데는 엄청난 자본이 필요하다.

이 장은 다음과 같이 진행하려고 한다. 먼저 벤처캐피탈 회사가 어떻게 기업이 성장하여 "기업공개"를 하기 전에 미숙한 초기 단계를 잘 넘어가도록 도와주는지 설명할 것이다. 그리고 어떻게 신규 주식 공모(IPO)가 이루어지는지를 설명한다.

회사의 신규 주식 공모가 그 회사의 최종 자본 조달인 경우는 거의 없다. 14장에서 본 바와 같이, 내부적으로 조달된 자금으로 회사의 자금 수요를 감당하기는 충분하지 않다. 자리를 잡은 회사는 더 많은 자기자본과 부채의 발행으로 자금부족을 메운다. 이 장의 나머지 부분에서 이를 살펴본다. 당신은 일반적인 자금 조달, 증권 발행, 사모 증권 발행의 장단점과 비용에 대해 공부하게 될 것이다.

15.1 벤처캐피탈

당신은 지금 막 큰 결심을 하고 두 명의 친구들과 함께 각국의 가장 유명한 음식들을 조합한 패스트푸드 레스토랑을 운영하는 회사를 설립하였다. 패스트푸드 레스토랑을 시작하는 일은 많은 비용이 든다. 그동안 저축해 두었던 돈과 한도까지 빌린 은행 대출금 등으로 $100,000를 조달하였다. 이 돈으로 신설 회사 주식 1백만 주를 사들였다. 이 첫 단계 투자에서 회사의 자산은 $100,000와 새로운 제품에 대한 아이디어뿐이다.

이 $100,000는 사업을 시작하기에 충분한 돈이다. 그러나 아이디어가 본격적으로 현실화되면 새 레스토랑을 여는 데 더 많은 돈이 필요할 것이다. 새로 시작하는 회사들은 대부분 경영자나 가족과 친구들이 직접 제공한 자금으로 성장을 계속한다. 몇몇은 은행 대출과 이익 재투자를 활용하여 번창한다. 그러나 새로 시작하는 회사가 위험이 크고 복잡한 기술을 사용하며, 상당한 자본이 있어야 한다면 기꺼이 미지의 회사에 투자하여 이익을 나누어 가지려는 투자자를 찾아야 한다. 새로 시작하는 회사에 투자한 자본을 **벤처캐피탈**(venture capital)이라고 하며, 이런 자금은 벤처캐피탈 회사, 부유한 개인투자자, 연기금 등과 같은 투자기관, 새로운 기술이나 상품을 찾는 성숙단계의 기업 등에 의해 제공된다. 만약 당신의 기업이 고위험 하이테크(high tech) 스타트업이라면, 전문 벤처캐피탈(VC) 회사가 가장 적절한 자금원이 될 것이다.

벤처캐피탈
새로 시작하는 회사에 투자한 자본.

대부분의 사업가는 자기 회사에 대해 꽤 그럴 듯한 자랑을 늘어놓을 수 있다. 그러나 벤처캐피탈리스트(venture capitalist)를 설득하여 신생 회사에 투자하도록 하는 일은 풋내기 작가가 소설을 출판하는 일만큼이나 어렵다. 첫 번째 단계는 사업계획을 준비하는 것이다. 사업계획에서는 회사의 제품, 잠재적 시장, 생산 방법, 그리고 시간, 자금, 종업원, 공장과 설비 등 성공을 위해 필요한 회사의 자원을 설명한다. 돈을 투자할 준비가 되어 있다는 점을 행동으로 보여줄 수 있다면 훨씬 더 도움이 된다. 창업자 자신이 모든 저축을 회사에 투자한다면, 벤처캐피탈리스트에게 회사에 대한 경영자의 확신을 전달하는 신호(signal)가 되는 셈이다.

새로운 사업의 성공 여부는 경영자들이 회사에 쏟아붓는 시간과 노력에 크게 영향을 받는다는 사실을 벤처캐피탈 회사는 잘 안다. 그러므로 벤처캐피탈 회사는 경영자가 열심이 일하려는 강한 유인을 가질 수 있도록 계획을 짜려고 노력한다. 예를 들어, 경영자가 별로 많지 않은 급여를 받는 것에 동의한다면(대신에 투자한 회사 주식의 가치를 높여서 보상받으려 한다면), 벤처캐피탈 회사는 경영자가 열심히 일하려는 의지가 강하다는 사실을 알 수 있다. 그러나 경영자가 빈틈없는 고용계약과 높은 급여를 요구한다면, 아마 벤처캐피탈을 끌어들이는 것이 어려울 것이다.

회사가 필요로 하는 자금을 한꺼번에 다 제공하도록 벤처캐피탈리스트를 설득하기는 어렵다. 벤처캐피털 회사는 다음 주요 단계(milestone)까지 가는 데 필요한 자금만 제공하려고 할 것이다. 그것은 벤처캐피탈리스트에게 경과를 평가하여 다음 단계까지 투자할 가치가 있는지 판단할 기회를 준다.

당신의 레스토랑 체인의 첫 번째 주요 단계가 첫 두 직영점에서 수익성이 확보되는지를 증명하는 것이라고 가정해보자. 당신은 여기까지 가기 위해 추가로 $50만의 예산을 세웠다. 그리고 당신은 자신에게 호의적인 VC가 주당 $0.5에 당신 회사의 신주 1백만 주를 산다고 확신하고 있다. 이것은 VC에게 1/2의 지분을 제공하게 될 것이다. VC가 1백만 주, 당신과 당신의 친구들이 1백만 주를 소유하게 된다. 왜냐하면 벤처캐피털 회사는 $500,000를 지불하고 회사에 대한 청구권의 절반을 소유하게 되기 때문에, 회사의 가치를 $100만으로 보는 것이다. 이 첫 단계(First-stage) 자본조달 이후 회사의 재무상태표는 다음과 같다.

첫 단계 시장가치 재무상태표(단위 : 백만 달러)			
자산		**부채와 자기자본**	
신주 발행으로 인한 현금	$0.5	벤처캐피탈 회사에서 조달한 자기자본	$0.5
기타 자산	0.5	원래 자기자본	0.5
가치	$1.0	가치	$1.0

15.1 셀프테스트

벤처캐피털 회사는 왜 자금의 일부만 미리 내놓으려고 하는가? 이런 조치가 경영자가 회사에 쏟아 붓는 노력의 정도에 영향을 미치는가? 경영자가 기꺼이 궁극적으로 필요한 자금의 일부만 받아들이겠다는 것이 사업의 성공에 대한 좋은 신호가 되는가?

2년 후 회사가 성장하여 더 많은 자본을 투입해야 할 단계에 이르렀다고 하자. 2단계 (second-stage) 자본조달은 주당 $1.0로 100만 주를 추가로 발행하는 것일 수 있다. 이들 주식 중 일부는 원래 투자자들뿐만 아니라 다른 벤처캐피털 회사들도 사게 된다. 신규 자본조달 이후 회사의 재무상태표는 다음과 같다.

2단계 시장가치 재무상태표(단위 : 백만 달러)			
자산		**부채와 자기자본**	
신주 발행으로 인한 현금	$1	두 번째 단계에서 조달한 자기자본	$1
기타 자산	2	첫 단계의 자기자본	1
		원래 자기자본	1
가치	$3	가치	$3

당신과 친구들이 소유한 초기의 주식 1백만 주는 이제 $100만로 가치가 올라간 데 주목하자. 갑자기 돈 찍는 기계(money machine)라도 만든 것인가? 그런 것이 아니라 사실은 사업이 성공하여 새로운 투자자들이 기꺼이 주당 $1에 당신 회사의 주식을 사려고 했기 때문이다. 처음 시작했을 때는 사업이 성공할 것이라는 확신이 없었다. 사업이 성공적이지 못하다면 벤처캐피털 회사가 신규자금 제공을 거부했을 수도 있다.

아직 투자금을 회수할 상황은 아니지만 실제로 이득이 발생했다. 두 번째 단계 투자자들은 회사 지분 1/3에 대해 $100만을 지급했다. (지금까지 300만 주가 발행되었고, 두 번째 단계 투자자들이 100만 주를 보유하고 있다.) 그러므로 최소한 이들 공정한 관찰자들은 - 대규모 투자로 자신들의 의견을 뒷받침하고자 하는 - 회사가 적어도 $300만 가치가 있다고 생각한 것이다. 따라서 회사 지분의 1/3은 $100만 가치가 있다.

벤처캐피탈 회사

일부 신생 회사들은 엔젤투자자(angel investors)로 알려진 부유한 개인들이 제공하는 지분 투자로 성장한다. 다른 많은 회사는 전문 벤처캐피털 회사로부터 자금을 조달하는데, 이 회사들은 다양한 투자자들로부터 자금을 모아 새로 시작하는 회사를 찾아 투자하고 이들 회사가 성장하려는 노력에 같이 참여한다. 그 외에도 일부 기술회사들(technology firms)은 신생 혁신 회사에 자본을 공급함으로써 기업벤처회사(corporate venture) 역할을 하기도 한다.

대부분의 벤처캐피탈 펀드는 10년 기한으로 유한합자회사 형태로 조직된다. 연기금 펀드와 기타 투자자들이 유한책임사원(limited partner)이 된다. 무한책임사원(general partner)인 관리 회사는 투자를 관리하는 책임을 지며, 그 대가로 고정된 수수료와 함께 앙트레프레너(entrepreneurs)의 스타트업 자금조달을 위한 새로운 방법이 등장하였다. 그것은 인터넷을 통해 일반 대중들로부터 직접 자금을 조달하는 것으로, "크라우드펀딩"으로 알려져 있다.

HUDWAY는 2004년에 두 사촌지간에 의해 설립되어, 많은 IT 상품을 출시하였다. 이 기업은 2015년까지 추가적인 자본을 조달하여, 스마트폰을 전방표시장치(Head-Up Display, HUD)로 볼 수 있는 범용 자동차 용품을 개발하려고 한다. 지금까지 100개의 실험용 제품을 생산하였고 대량 생산의 가능성을 확신하게 되었다. 그래서 크라우드펀딩 플랫폼인 킥스타터(Kickstarter)에 HUD에 대한 계획을 공개하였다. 사업계획은 대중들의 인기를 끌었고, 일부 개인 투자자들은 $50만의 새로운 자본을 공급하기로 약속하였다. 대부분의 투자금은 단 $1이었고, 많게는 $350까지도 있었다.

크라우드펀딩은 앙트레프레너가 새로운 기업을 위해 수백만 달러를 조달하는 방법으로도 이용할 수도 있으나, 보통은 일반 대중들을 대상으로 수천 달러를 조달하는 방법으로 이용된다. 전통적인 벤처캐피탈 프로젝트와 달리 크라우드펀딩은 하이테크 사업은 비중이 작고 대부분 예술 활동이나 영화 제작에 이용된다. 크라우드펀딩을 받은 많은 프로젝트들처럼, HUDWAY 투자자들은 지분을 받지는 못하였다. 대신 초기 제품 샘플을 받았다. 그러나 2016년 오바마 대통령이 미니-기업공개(mini-IPO)를 통해 $5천만까지 조달할 수 있는 잡스법(JOBS Act.)에 서명하였다. 따라서, 크라우드펀딩 웹사이트들은 처음으로 제품 샘플을 받는 대신 투자자들에게 지분에 참여할 수 있는 기회를 제공할 수 있게 되었다. 지분형 크라우드펀딩은 원칙적으로 아주 적은 수의 스타트업에서만 사용되었다. 두말할 필요 없이 이러한 투자는 심약한 투자자들을 위한 것이 아니었기 때문에, 미국 증권거래위원회(SEC)는 투자자들을 보호하기 위해 미니-기업공개(mini-IPO)에 대한 규제를 마련하게 되었다.

이익에 대한 지분을 받는다. 이들 벤처캐피탈 합자회사들은 비슷한 회사들끼리 함께 뭉쳐서 곤경에 처한 회사에 자금을 제공하거나 회사를 통째로 사들여서 비공개 회사로 만들어 버린다. 이런 행위를 일반적으로 사모 투자(private equity investing)라고 한다.

벤처캐피탈 회사들은 수동적인 투자자가 아니다. 이들은 일반적으로 회사의 이사회에 참여하여 고위 경영자를 선발하고 지속적으로 자문한다. 이런 자문은 사업 초기 단계에서 회사에 매우 유익할 수 있으며, 회사 제품을 시장에 빠르게 출시하는 데 많은 도움이 된다.

벤처캐피탈이 첫 단계 투자한 회사 10곳 중 고작 2~3곳 정도만 성공적으로 생존하여 자립하며, 크게 성장하는 것은 한 곳 정도에 불과하다. 이런 통계로 볼 때 벤처캐피탈 투자의 성공 법칙은 두 가지로 요약된다. 첫째, 불확실성을 두려워하지 마라. 즉, 낮은 성공 확률을 받아들여야 한다. 그러나 수익성 있는 시장에서 대규모 공개기업이 될 가능성(chance)이 없다면 그런 회사에는 투자하지 마라. 성공했을 때 큰 보상이 따르지 않는다면 큰 위험을 부담할 아무런 이유가 없다. 둘째, 손실을 줄여라. 경영진을 교체하는 등으로도 문제를 해결할 수 없다면 성공하기 어려운 회사에 아까운 돈을 계속 쏟아부을 이유는 없다. 다음과 같은 벤처캐피탈 업계의 속담이 있다. VC에게 성공의 비결은 성공하는 기업을 찾는 것이 아니라, 너무 많은 돈을 쓰기 전에 가능성이 없는 기업을 제거하는 것이다.

벤처캐피탈 회사는 많은 실패를 거두었지만, 인텔, 애플, 마이크로소프트, 구글(알파벳)과 같은 매력적인 성장 기업에도 초기에 자금을 제공하였다.

벤처캐피탈 투자는 성공적이라고 할 수 있는가? 그림 15.1은 775개 벤처캐피탈 펀드가 설립된 해에 따른 투자수익률을 보여준다. 전체적으로, 펀드의 평균 수익률은 동등한 주식시장에서의 투자보다 15%나 높은 17%였다. 그러나 펀드가 설립된 해에 따라 수익률이 다르게 나타나는 점에 주목해야 한다. 1998년 이전에 설립된 펀드의 수익률은 매우 높은 반면, 그 이후 설립된 펀드들은 대부분 손실을 기록하였다.[1]

1) R. S. Harris, T. Jenkinson, and S. N. Kaplan, "Private Equity Performance: What Do We Know?", *Journal of Finance* 69 (October 2014), pp. 1851-1882.를 참조하시오.

그림 15.1 설립된 해에 따른 775개 벤처캐피탈 펀드의 투자수익률 (IRR)

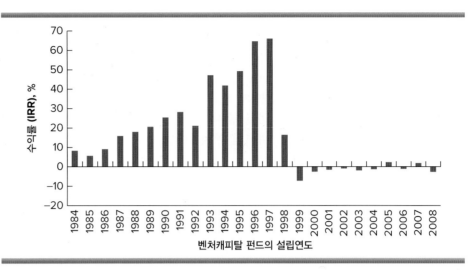

출처: R. S. Harris, T. Jenkinson, and S. N. Kaplan, "Private Equity Performance: What Do We Know?," *Journal of Finance* 69 (2014), pp. 1851–1882.

15.2 기업공개(IPO)

성공적인 스타트업(start-ups)이 계속 성장하면 어느 단계에 가서는 소수의 개인이나 벤처캐피탈리스트가 제공할 수 있는 이상의 자본이 필요할 때가 온다. 이 시점에서, 하나의 해결책은 대기업에 자신의 기업을 파는 것이다. 그러나 많은 기업가는 기업관료주의에 쉽게 적응하지 못하므로, 자신이 주인으로 남아 있기를 더 선호한다. 이 경우 회사는 일반 투자자에게 주식을 매각하여 자금을 조달하는 방식을 선택하게 된다. 회사가 처음으로 주식을 투자자들에게 공개 매각할 때 기업을 공개한다고 말한다. **이와 같은 첫 번째 주식 공개 매각을 기업공개(initial public offering : IPO)라고 한다.**

기업공개
처음으로 주식을 공개 매각하는 것.

 회사가 필요로 하는 추가 자금을 마련하기 위해 새로 주식을 발행하는 것을 신규발행(primary offering)이라고 하며, 회사 창업자와 벤처캐피탈리스트가 이익을 실현하기 위해 보유 주식 일부를 팔 때는 구주매출(secondary offering)이 된다. 구주매출은 초기 투자자들이 새로운 투자자들에게 주식을 파는 것이다. 따라서 구주매출로 조달된 자금은 회사에 흘러들어가지 않는다. IPO는 일반적으로 신규 발행과 구주매출의 혼합으로 이루어진다. 즉, 회사는 신규 자금을 조달함과 동시에 기존의 회사 주식 중 일부를 일반 투자자에게 매각한다. 예를 들어, 2017년에 Roku의 IPO는 $2억 3천만 이상의 자금을 조달하였다. 해당 회사는 신주 9백만 주를 공개하였는데, 대부분 근로자와 창업자가 보유하고 있던 기존 주식 6천 7백만 주도 함께 판매되었다.

 대규모의 구주매출은 종종 정부가 공기업 주식을 매각할 때 일어난다. 예를 들어, 미국 재무부는 제네럴모터스(GM)의 보통주와 우선주를 매각함으로써 $200억을 조달하였다.

 회사는 새로 자본을 조달하거나 기존 주주들이 보유한 주식을 매각하기 위해 IPO를 한다. 그러나 IPO를 하는 데는 여러 가지 다른 이점이 있다. 예를 들면, 주식의 시장가격은 회사 실적을 쉽게 평가할 수 있는 잣대를 제공해 주고, 경영진에게 스톡옵션으로 보상해 주는 계획을 가능하게 한다.

 회사 주식이 시장에서 공개적으로 거래되면 많은 이점이 있는 것은 사실이지만 그렇다고 모든 기업이 다 기업공개를 선택할 것이라고 생각해서는 안 된다. 많은 국가에서 기업들이 개인 소유 상태로 경영되는 경우는 흔한 일이다. 미국에서조차 많은 회사가 상장하지 않고 사기업으로 남아있다. 이런 회사 중에는 코치(Koch industry), 벡텔(Bechtel),

카길(Cargill), 마스(Mars.) 등의 대기업도 포함된다. 또한 미국에서 기업공개가 한쪽 방향으로만 이루어진다고 생각해서는 안 된다. 공개기업이 거꾸로 사적기업으로 돌아가는 일도 있다. 한 가지 극단적인 예로 식품 서비스 회사인 아라마크(Aramark)를 들 수 있다. 이 회사는 1936년에 설립된 사적기업인데 1960년 처음으로 기업을 공개했다. 1984년에 경영자 차입 매수로 이 회사는 다시 사적 소유 기업이 되었고, 2001년에 두 번째로 기업공개를 할 때까지 사적기업으로 남아 있었다. 그러나 이런 상태는 오래가지 않았다. 기업공개 5년 후 아라마크는 차입매수의 표적이 되어 다시 사적기업으로 바뀌었다. 2013년 12월에 아라마크는 세 번째로 기업공개를 하였다.

경영자들은 종종 공개기업을 운영하는 데 따르는 관료적 형식주의(Red tape)와 증가하는 이익을 보고하라는 주주들의 압박에 짜증을 내기도 한다. 이런 불평은 사베인스-옥슬리법(Sarbanes-Oxley) 제정 이후 더욱 높아졌다. 이 법은 원래 엔론과 월드컴의 몰락을 가져 온 기업 스캔들의 재발을 막으려는 것이었다. 그러나 현실적으로는 소규모 공개기업의 공시 부담을 증가시키는 결과가 되고 말았으며, 많은 회사가 사적기업으로 되돌아갔다. 이에 대한 대응으로, 미국 의회는 2016년에 소규모 기업에 대한 규제를 완화하는 잡스법(Jumpstart Our Business Startups : JOBS Act.)을 통과시켰다.

신규 공모 준비

일단 회사가 주식을 공개하기로 결정하면 제일 먼저 해결해야 하는 과제는 **인수회사(underwriter**, 인수 기관이라고도 함)를 선정하는 일이다. **인수회사는 새로운 주식 발행의 금융 중매인 역할을 한다. 통상적으로 인수회사는 세 가지 역할을 한꺼번에 맡는다. 첫 번째로, 인수회사는 공개 절차와 자본조달에 관해 조언을 해주고, 그 다음으로 회사로부터 발행 주식을 사들이고, 마지막으로 인수한 주식을 일반투자들에게 매각한다.** 소규모의 IPO에서는 한 개의 인수회사만 있어도 되지만 대규모 주식발행에는 일반적으로 신주를 매입하여 재판매하는 인수단(syndicate of underwriters)이 필요해진다.

전액 인수(firm commitment)라고 하는 전형적인 인수계약에서는 인수회사가 발행 회사로부터 주식을 사들이고 이를 시장에 다시 판다. 인수회사는 **스프레드**(spread)의 형태로 보상을 받는다. 즉, 인수회사는 주식을 인수할 때 지불한 가격보다 약간 높은 가격으로 다시 팔 수 있도록 허용된다. 그러나 인수회사는 합의한 가격에도 주식을 못 파는 위험을 받아들여야 한다. 이렇게 되면 시장에서 받을 수 있는 최대의 가격으로 팔아야 하지만, 팔지 못한 주식은 인수회사가 모두 떠안아야 한다. 더 위험한 경우에는 인수회사가 전액 인수 방식으로 계약하지 않고 모집 주선(best effort) 방식으로 주식 발행을 하게 된다. 이 경우에는 인수회사가 최선을 다해 주식을 팔지만 발행물량 전체를 소화시켜 준다는 약속은 하지 않는다.

어떤 주식이라도 일반 투자자에게 발행하기 전 감독기관에 등록하여야 한다. 미국 증권거래위원회(Securities and Exchange Commission; SEC)에 등록하며, 한국에서는 금융위원회가 이 업무를 담당한다. 여기에는 자세하고 때로는 거추장스러운 유가증권 발행신고서(registration statement)의 작성도 포함된다. 유가증권 발행신고서는 제안된 자본조달 내용과 회사의 연혁, 기존 사업, 미래 계획 등에 관한 정보가 수록된다. 감독기관은 투자의 적정성을 평가하지는 않지만 유가증권 신고서가 정확하고 완전한가를 검토한다. 회사는 또한 투자자를 보호하려는 목적으로 제정된 "주 증권법(blue-sky laws)"을 준수하여야 한다.[2]

---

2) 정책당국은 때때로 투자자 보호를 위해 주 증권법 이상의 엄격한 조건을 요구하기도 한다. Apple Computer가 처음 주식을 공개했을 때 메사추세츠 주 정부는 이 주식발행은 위험이 너무 크다고 생각하여 개인 투자자들이 주식을 사지 못하도록 금지하였다. 주 정부는 주식이 발행되어 주가가 오르고 나서야 이 조치를 해제하였다. 그러나 메사추세츠 주민들은 이런 "보호" 조치를 별로 탐탁하게 여기지 않았다.

예비 투자설명서
발행하는 증권에 대한 정보를 제공하
는 정식 요약서.

유가증권 발행신고서의 첫 부분은 **예비 투자설명서**(prospectus)의 형태로 투자자들에게 배포된다. 투자설명서의 한 가지 기능은 회사에 대한 투자의 위험성을 경고하는 것이다. 만약 어떤 투자자들이 투자설명서를 주의 깊게 꼼꼼히 읽어 본다면 새로 발행되는 주식을 아마 한 주도 사지 못할 것이라고 농담하기도 한다.

또한 발행회사와 인수회사는 신주의 발행 가격을 정해야 한다. 주식 가치가 얼마나 되는가를 알기 위해서는 7장에서 설명한 것과 같은 할인현금흐름법(DCF)을 사용할 수도 있고, 경쟁회사 주식의 주가수익비율(price-earning ratio)을 참조할 수도 있다.

발행가격을 정하기 전에 인수회사는 통상 순회설명회(roadshow)를 개최하는데, 이를 통해 인수회사와 회사 경영진에게 잠재적인 투자자들과 대화할 기회가 제공된다. 이들 투자자는 주식 발행에 대한 의견을 제시하고, 공정한 가격은 얼마이며, 얼마만큼의 주식을 매입하려는지 하는 의사를 전달한다. 인수회사는 이를 통해 수요예측(book building)을 한다. 투자자들은 자신이 한 말에 구속당하지는 않지만, 인수회사와 좋은 관계를 유지하려면, 자신이 한 약속을 어기지 않도록 조심해야 한다는 것을 잘 안다.

기업의 경영자들은 자사 주식에 대해 가능한 한 높은 값을 받고 싶을 것이다. 그러나 인수회사는 좀 더 신중하다. 왜냐하면 투자자들의 수요를 과대평가하여 다 매각하지 못하는 주식은 모두 떠안아야 하기 때문이다. 그 결과 인수회사는 통상 신규 공모 주식을 낮은 가격으로 평가하려고 한다. 인수회사는 투자자들이 주식을 사도록 끌어들이고 마케팅 비용을 낮추기 위해 **저가발행**(underpricing)이 필요하다고 주장한다. **저가발행은 현재 소유자들에게는 비용이다. 이는 새로운 투자자들이 회사 주식을 좀 더 유리한 가격으로 사게 되기 때문이다.**

저가발행
주식의 가치보다 낮은 가격으로 발행
하는 것.

때때로 신규 공모 주식은 엄청나게 저가로 발행한다. 예를 들어, 이베이(eBay) IPO의 투자설명서가 처음으로 발간되었을 때, 인수회사는 이베이가 주당 $14~16에 350만 주를 매각할 수 있다고 말했다. 그러나 이베이의 웹 기반 경매시스템의 인기가 너무 높아서 인수회사는 발행가격을 $18로 높였다. 그럼에도 불구하고 다음 날 아침 증권회사 창구에는 이베이 주식을 사려는 사람들로 홍수를 이루었다. 그날 450만 주가 거래되었고, 주가는 $47.375로 마감되었다.

이베이의 경험이 일상적인 것은 아니지만, 주식 발행 후 며칠 동안 주가가 발행가격 보다 상당히 높은 가격으로 거래되는 것은 흔히 있는 일이다. 예를 들어, 미국에서 1960년과 2017년 사이의 13,000건 이상의 신주 발행을 분석한 한 연구에서는, 첫 거래일 주가가 평균 16.8% 상승했음을 발견하였다.[3] 이와 같은 즉각적인 가격 상승은 투자자들이 자신이 지불한 가격보다 훨씬 더 높은 가격을 지불할 준비가 되어 있었음을 의미한다.

예제	**15.1 ▶**	**IPO의 저가발행**

IPO가 구주매출이고 회사 창업자들이 보유주식 일부를 투자자들에게 판다고 하자. 주식을 실제 가치보다 낮은 가격으로 팔면 설립자들은 분명히 기회손실을 입는다.

그러나 만약 IPO가 신규 자본조달을 위한 신규 발행이라면 어떤가? 창업자들은 신주가 시장가치보다 낮은 가격으로 발행된다고 신경을 쓰는가? 아래 예는 설립자들이 정말로 이런 문제에 신경을 쓴다는 사실을 잘 나타내 준다.

코스모스닷컴(Cosmos.com)은 2백만 주의 발행주식을 갖고 있다. 이제 주당 $50에 추가로 1백만 주를 발행하려고 한다. 거래 첫날 주가는 $80로 뛰어올랐으며, 회사가 $5천만에 발행했던 주식은 이제 $8천만의 가치가 있다. 회사의 시가 총액은 3백만 주 × $80 = $2억 4천만이다.

설립자 보유 주식의 가치는 회사의 총 시장 가치에서 일반 투자자에게 판 주식의 가치를 뺀 값이다. 즉, $240백만 - $80백만 = $160백만. 창업자들이 큰 돈을 벌게 된 것에 기뻐할 것은 당연하다. 그러나 만약 회사가 신주를 더 높은 가격으로 발행했다면 같은 $5천만를 조달하는 데 더 적은 수의 주식 발행으로도 충분했을 것이고 창업자들은 더 많은 회사 지분을 유지할 수 있을 것이다. 예를 들어 $5천만을 제공한 외부 투자자들이 정확하게 $5천만 가치의

---

3) 이 수치는 Jay Ritter의 웹페이지에서 제공받음 발행. site.warrington.ufl.edu/ritter/ipo-data/.

주식만 받았다고 해 보자. 이 경우 창업자들의 보유 주식 가치는 $240백만-$50백만=$190백만이다.

신주를 진정한 가치보다 낮은 가격으로 발행한 효과는 창업자들이 신주를 매입하는 투자자에게 $3천만의 가치를 이전시킨 것과 같다. ■

저가발행이 반드시 누구라도 IPO 주식을 사기만 하면 금방 부자가 될 수 있다는 뜻은 아니다. 만약 IPO 주식이 저가발행되었다면 모든 사람이 이 주식을 사려고 할 것이며 인수회사가 투자자들이 원하는 만큼의 물량을 충분히 확보하지 못할 것이다. 그러므로 투자자는 이처럼 인기 있는 주식은 아주 조금밖에 사지 못한다. 만약 주식이 지나치게 높은 가격으로 발행되면 다른 투자자들은 이런 주식을 원치 않을 가능성이 크고 인수회사는 누구에게라도 이를 팔기만 해도 좋을 것이다. 이런 현상을 승자의 저주(winner's curse)[4]라고 한다. 이는 저평가된 주식을 확실히 찾아내지 못하는 한, 싼 주식은 조금만 받고 비싼 주식은 많이 받을 가능성이 크다는 것을 의미한다. 정보가 없는 투자자는 항상 불리하기 때문에 신주가 상당한 정도로 저가발행될 때만 이 게임에 참여하게 된다.

예제 15.2 ▶   저가발행과 승자의 저주

투자자가 저가발행된 IPO에서 바로 10%의 수익을 얻고 고가발행된 IPO에서 5% 손해를 본다고 한다. 그러나 높은 수요 때문에 저가발행주식은 청약한 주식 수의 절반만 배정받을 수 있다. 저가발행주식과 고가발행주식을 각각 $1,000씩 청약한다고 하자. 고가발행된 주식은 $1,000 전부 배정받을 것이고, 저가발행주식은 단지 $500만 배정 받는다. 따라서 투자로부터의 순 이익은 (0.1 × $500)−(0.05 × $1000)=0이다. 평균적으로는 IPO가 저가발행 되었음에도 불구하고(10% 저가발행 대 5% 고가발행) 투자자의 순이익은 0이다. 이는 바로 승자의 저주 때문이다. 주식이 고가발행될 때 더 많은 주식을 "배정받게(win)" 된다. ■

15.2   셀프테스트

예제 15.2에서 저가발행된 주식을 정확히 집어낼 수 있는 투자자의 수익률은 얼마인가? 이런 투자자는 어떤 사람인가?

발행 비용
신주를 발행하는 데 소요되는 비용.

신주를 발행하는 데 드는 비용을 **발행 비용**(flotation cost)이라고 한다. 발행 비용에는 저가발행만 있는 것이 아니다. 실제로 우리가 발행 비용을 이야기할 때는 직접비용(direct cost)만 생각한다. 예를 들어, 유가증권신고서와 투자설명서의 작성에는 경영진과 법무팀, 회계사, 그리고 인수회사와 자문단 등이 모두 관련된다. 또한 인수회사에 주는 스프레드도 있다. (인수회사는 자신이 인수한 가격보다 높은 가격으로 주식을 팔아 보상을 받는다는 점을 기억하자.) 금액이 $2,000만에서 $8,000만 사이인 주식 발행의 스프레드는 대부분 7%이다.

그림 15.2의 첫 번째 막대는 IPO의 발행 비용을 나타내고 있는데, 이는 기업공개에 따르는 직접비용이다. 아주 작은 IPO를 제외하면, 인수 스프레드와 관리비용이 총 발행 금액의 약 7%에 이르는 것이 보통이다. 대규모 IPO는 이런 직접비용이 총 금액의 5% 정도이다.

---

4) 경매에서 가장 높은 가격을 제시하는 사람은 경매 물품에 가장 높은 가치를 부여한다. 그러므로 경매에서 승리하는 사람은 그 물건에 대해 지나치게 낙관적인 평가를 했을 가능성이 크다. 즉, 경매에서 승리한다는 것은 너무 많은 대가를 지불했음을 의미한다. 이것이 승자의 저주이다. IPO의 경우 더 많은 주식을 배정받을 수 있었다는 것은 곧 그 주식이 과대평가되어 있다는 신호일 수 있다.

그림 15.2 발행금에 대한 총직접비용의 비율, 2004~2008년. 기업공개(IPO), 유상증자(SEO), 전환사채, 보통 사채의 총직접비용은 인수 스프레드와 기타 직접비용으로 구성되어 있다.

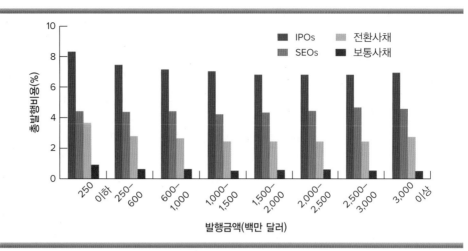

출처: We are grateful to Nickolay Gantchev for undertaking these calculations, which update tables in I. Lee, S. Lochhead, J. Ritter, and Q. Zhao, "The Costs of Raising Capital," *Journal of Financial* Research 19 (Spring 1996), pp. 59–74. Used with permission.

예제 **15.3** ▶ **IPO의 비용**

미국에서 가장 큰 규모의 IPO는 2008년에 신용카드 회사인 비자(Visa)가 $197억의 주식을 판매한 것이었다. 45개의 인수회사로 구성된 인수단은 비자 주식 446.6백만 주를 주당 $42.768에 인수하여 투자자들에게 주당 $44로 매각하였다. 그러므로 인수회사의 스프레드는 $44−$42.768=$1.232이다. 회사는 또한 총 $45.5백만의 법률 수수료와 기타 비용을 지급하였다.[5] 따라서 비자 주식 발행의 직접비용은 다음과 같다.

직접 비용	
인수 스프레드	(446.6백만 × $1.232)=$550.2백만
기타 비용	45.5
총직접비용	$595.7백만

주식 발행으로 조달한 총 금액은 446.6백만 × $44 = $19,650백만이고, 이 중 3%를 직접비용으로 지불하였다. (즉, 595.7/19,650=0.030)

이들 직접비용에 더해서 저가발행 비용도 있다. 첫 거래일에 비자의 주가는 $56.50으로 상승했기 때문에, 투자자들이 비자 주식의 가치를 446.6백만 × $56.50=$25,233백만으로 평가했다고 할 수 있다. 다시 말해서, 비자는 시장가치보다 $25,233백만−$19,650백만=$5,583백만만큼 낮은 가격으로 주식을 판매한 것이다. 이것이 저가발행 비용이다.

관리자들은 주식 발행의 직접비용에만 집중하기도 한다. 그러나 여기에 저가발행 비용을 더하면, 비자의 주식 발행 총 비용은 시장가치 대비 ($595.7+$5,583)/$25,233=0.24, 즉 24%이다. ■

15.3 **셀프테스트**

어떤 인수회사가 비자 주식을 주당 $45에 인수하여 투자자들에게 $47에 매각했다고 하자. 다른 발행 조건이 변하지 않았다면(또한 투자자들이 여전히 주식 가치를 주당 $56.50로 평가한다면) 직접비용과 저가발행 비용은 각각 얼마인가? 주식의 시장가치에 대한 총 비용의 비율을 얼마인가?

---

5) 이들 수치가 모든 관리비용을 다 포함하지는 않는다. 예를 들어, 신주발행에 경영자가 투입한 시간은 포함되어 있지 않다.

기타 신주 발행 절차

미국에서 대부분의 IPO는 수요예측(book building) 방식으로 이루어진다. 다시 말하면 인수회사가 잠재적 주문에 대한 수요를 예측하고, 이를 바탕으로 발행 회사로부터 할인 가격에 주식을 인수하여 투자자들에게 매각한다. 이 방식에서는 잠재적인 매입자가 얼마의 주식을 살 준비가 되어 있는가를 제시하기 때문에 어떤 면에서는 경매와 비슷하다. 그러나 이런 의사표시가 구속력을 갖는 것은 아니고 단지 발행주식의 가격을 정하기 위한 지침으로 사용한다. 수요예측 방식의 장점은 인수회사가 발행주식의 가격을 결정하는 데 많은 도움을 준 투자자에게 신주를 우선 배정하여 저가발행의 형태로 보상을 받도록 우대할 수 있게 해 준다는 것이다. 그러나 비평가들은 이 방식이 인수회사에게 주식 배정 결정권을 주게 되는 위험이 따른다고 지적한다.

주식을 발행하는 또 다른 방법은 공개 경매를 이용하는 것이다. 이 경우 초대받은 투자자들은 사고 싶은 가격과 수량을 적은 주문을 낸다. 그러면 가장 높은 가격을 써낸 투자자에게 증권이 판매된다. 미국에서는 보통주를 경매로 발행하는 것은 매우 드물다. 그러나 2004년 구글은 경매로 $17억의 신규 주식공모를 발행하여 세상을 놀라게 하였다.

인수회사

인수회사는 세 가지 역할을 수행한다고 설명했다. 즉, 인수회사는 증권발행에 대해 자문을 하고, 발행회사로부터 신주를 인수하여 투자자에게 재매각한다. 인수회사는 단지 신규 주식공모 때만 회사를 도와 일하는 것이 아니라 회사가 주식발행으로 현금을 조달하길 원할 때는 언제라도 다시 불려온다.

성공적인 인수는 상당한 경험과 자본조달 능력을 요구한다. 대규모 주식 발행이 실패로 돌아가면, 인수회사는 수 억 달러의 손실을 볼 수도 있다. 그러므로 미국에서는 신주의 인수, 증권 딜링(dealing), 그리고 인수합병 등에 전문화되어 있는 몇몇 주요 투자은행들이 인수업계를 지배하고 있다. 그들은 JP Morgan Chase, Morgan Stanley, Goldman Sachs, Citi, Bank of America, Merrill Lynch 등을 포함한다. 또한 Deutsche Bank, Credit Suisse, Barclays 등 외국 은행들도 국제적인 인수업무에 적극적으로 참여하고 있다.

증권 인수 업무가 항상 즐거운 일은 아니다. 2008년 4월 영국 은행 HBOS는 주주들에게 보유 주식 5주당 £2.75의 가격으로 2주를 제공하였다.[6] 인수회사는 8주 후에 주주들이 원하지 않는 새로운 주식이 있다면 모두 매입하기로 약속하였다. 당시에 HBOS의 주가는 £5 근처에 있었기 때문에, 인수회사는 신주를 인수할 일은 없다고 확신하게 되었다. 불행하게도, 그들은 그 해에 금융시장에 이상기류가 없을 것이라고 생각하였다. 은행의 주주들이 제공하는 자금이 대부분 채권자와 예금자를 구제하는 데 가는 것을 우려하였다. 8주 후에 HBOS 주가는 발행가격보다 낮아지게 되었고, 결국 £360억의 가치가 있는 원치 않던 932백만 주가 남게 되는 망신을 당했다.

회사는 한 번 IPO를 하고 말지만, 인수회사는 계속 같은 일을 해야 한다. 그래서 현명한 인수회사는 신주 인수가 자신의 명성이 걸려 있는 일로 생각하며, 모든 사실 관계가 투자자들에게 공정하게 제공되지 않으면 그 주식을 취급하려 하지 않는다. 따라서 신주 발행이 잘못되어 주가가 폭락하면, 인수회사는 고객들 사이에 평판이 아주 나빠지게 된다. 예를 들어 1999년 12월 소프트웨어 회사 VA 리눅스(VA Linux)는 주당 $30의 가격으로 기업을 공개했다. 그 다음 날 거래가 시작되었을 때 주가는 $299로 치솟았다. 그러나 곧이어 주가가 가라앉기 시작하더니 2년도 못 가서 $2 밑으로 떨어졌다. 몹시 화가

---

6) 이는 주주배정으로 알려져 있다. 여기서 간략하게 주주배정에 대해 설명한다.

난 리눅스 주주들은 인수회사가 신주를 과대 포장했다면서 인수회사를 고소하였다. 고통을 당한 것은 리눅스 주주들만이 아니었다. 곧이어 이들 인수회사가 닷컴 버블 시기에 인수한 많은 신주를 고의로 고가발행 했다는 증거가 속속 드러나면서 투자은행들도 대형 스캔들에 휘말리게 되었다. 더욱 당황스러운 일은 일부 유명 인수회사들이 "스피닝(spinning)"에 연루된 것으로 드러난 사실이다. 스피닝이란 인기 있는 신주를 주요 우대 고객회사의 경영자들에게 우선 배정하여 막대한 이익을 얻도록 해주는 관행을 말한다. 그래서 인수회사의 신주에 대한 보증은 이제 더 이상 옛날처럼 그렇게 값어치가 있어 보이지 않는다.

15.3 공개기업의 일반 공모

신규 공모 후 성공적인 회사는 성장을 계속할 것이며, 때때로 새로 주식이나 채권을 발행하여 자금을 조달할 필요가 생긴다. 이미 주식이 공개적으로 거래되고 있는 회사가 추가로 주식을 발행하는 것을 **유상증자**(seasoned offering)라고 한다. 어떤 증권발행이라도 공식적으로 회사 이사회의 승인을 얻어야 한다. 만약 주식발행이 수권자본을 초과하면 주주들의 승인을 받아야 한다.

> **유상증자**
> 이미 주식이 공개적으로 거래되고 있는 회사가 추가로 주식을 발행하는 것.

> **주주배정**
> 현재의 주주들에게만 발행된 주식을 제공하는 것.

공개기업은 일반 공모(general cash offer) 방식이나 기존 주주에게 한정하여 **주주배정**(rights issue) 방식으로 증권을 발행할 수 있다. 후자는 회사가 주주들에게 "매력적인" 가격에 주식을 더 많이 살 수 있는 기회, 즉 신주인수권(right)을 제공한다. 예를 들어, 현재 주가가 $100라면 회사가 주당 $50에 보유 주식 1주당 신주를 1주씩 더 살 수 있도록 해준다. 신주 발행 이전에 주주가 $100 가치가 있는 주식 1주와 현금 $50를 보유하고 있다고 하자. 만약 투자자가 회사의 제안을 받아들이면 현금 $50는 회사 계정으로 이체된다. 이제 투자자는 2주를 보유하게 되는데 이는 본래의 자산 $100와 회사가 조달한 $50 현금에 대한 청구권이다. 그러므로 2주는 총 $150의 가치가 있고 주당 가치는 $75가 된다.

예제 **15.4** ▶ **주주배정 유상증자**

우리는 이미 HBOS를 통해 인수회사와 관련된 주주배정의 한 사례를 살펴보았다. 다른 이슈에 대해서도 좀 더 자세히 알아보자.

2017년 도이체방크(Deutsche Bank)는 부채비율을 낮추기 위해 €80억가 필요하였다. 그래서 주주들에게 보유 주식 2주당 1주를 살 수 있는 권리를 제공하였다. 신주의 가격은 주당 €11.65로, 공시 전 시장가격인 €18.00보다 약 35% 저렴한 것이었다.

신주 발행 이전에 도이체방크는 13.79억 주의 발행주식을 가지고 있었고, 주당 가격은 €18.00이었다. 그러므로 투자자들은 이 은행의 가치를 13.79억 주 × €18=€248.2억으로 평가하고 있었다. 신주 발행으로 주식 수는 (1/2) × 13.79억=6.88억 주 늘어나며, 6.88억 주 × €11.65=€80.2억을 조달하게 된다. 따라서, 신주 발행으로 인해 총 주식 수는 13.79억+6.88억=20.67억 주가 되고, 총 기업가치는 248.2억+80.2억=€328.4억이 되었다. 주당가치는 328.4/20.67=€15.88로 낮아졌다.

신주 발행 전에 당신이 도이체방크 주식 2주와 €11.65의 현금을 보유하고 있었다고 가정해보자. 당신의 총 부(wealth)는 €47.65이다. 당신이 주주배정을 받아들여 보유하고 있는 현금으로 신주를 매입하면, 당신의 부는 3 × €15.88=€47.65가 된다. ∎

일부 국가에서 주주배정 유상증자가 가장 일반적이거나 심지어 주식 발행의 유일한 방법인 경우도 있다. 그러나 미국에서는 주주배정 유상증자가 이제는 거의 없고, 대부분 일반 공모의 형태로 발행된다.

일반 공모와 일괄등록제도

일반 공모
모든 투자자에게 증권을 공모하는 방식.

회사가 채권이나 주식을 **일반 공모**(general cash offer) 할 때는 처음 기업을 공개할 때와 비슷한 절차들을 다시 밟게 된다. 이는 회사가 먼저 감독기관에 발행주식을 등록하고, 투자설명서(prospectus)를 작성한다는 뜻이다.[7] 발행가격을 정하기 전에 인수회사는 통상적으로 잠재적 투자자와 접촉하여 증권에 대한 수요를 예측한다. 그런 다음 발행회사는 인수회사에게 신주를 매각하고 인수회사는 이를 다시 일반 투자자에게 공개 매각한다.

회사는 새로 증권을 발행할 때마다 일일이 증권발행신고서를 작성할 필요가 없다. 회사는 향후 3년 동안의 자본조달계획에 대해서는 하나의 유가증권 발행신고서만 제출해도 된다. 실제의 증권발행은 회사가 자금이 필요하거나 만족스러운 가격으로 증권을 발행할 수 있다고 생각하면 아무 때라도 간단한 문서작업만으로 이루어질 수 있다. 이를 **일괄등록제도**(shelf registration)라고 부른다. 이는 증권발행 신고서를 "선반 위에 올려놓았다가" 필요한 때마다 내려서 사용한다는 의미에서 붙여진 이름이다.

일괄등록제도
동일 회사가 한 건의 발행신고서를 통해 여러 건의 증권을 발행할 수 있도록 한 제도.

일괄등록방식을 어떻게 활용할 수 있을지 생각해보자. 내년쯤에 회사가 최대 $2억의 새로운 장기부채가 필요할 것이라고 가정하자. 회사는 $2억의 채권발행을 위해 유가증권 발행신고서를 제출한다. 그러면 회사는 $2억의 채권발행에 대한 사전승인을 얻게 되지만 회사가 당장 채권을 발행해야 할 의무는 없다. 뿐만 아니라 어떤 특정 인수회사와 반드시 같이 일해야 하는 것도 아니다. 증권발행신고서에 담당 인수회사를 명시하기도 하지만 나중에 다른 인수회사로 대체할 수도 있다.

이제 회사는 편한 마음으로 필요한 만큼의 채권을 조금씩 나누어 발행할 수 있다. 예를 들어, JP모건(JPMorgan)사가 7.3%의 수익률로 회사채 $1,000만 어치를 사겠다는 보험회사를 찾았다고 하자. 만약 이 조건이 괜찮다고 생각되면 약간의 서류상 절차를 거치기만 하면 계약이 성사된다. 이제 JP모건은 이 채권을 인수한 가격보다 다소 높은 가격에 보험회사에 되팔게 된다.

또 다른 방법이 있다. 이자율이 "일시적으로 낮아진" 좋은 기회를 찾았다고 하자. 발행할 채권 $1억에 대한 입찰 제안을 받는다. 어떤 입찰 제안은 단독으로 움직이는 대형 투자은행들이 접수한 것일 수도 있고, 다른 입찰 제안은 특정 목적을 가지고 임시로 조직된 신디케이트로부터 들어온 것일 수도 있다. 그러나 여기서 입찰 제안이 누구로부터 들어오는지는 중요한 문제가 아니다. 가격조건이 맞으면 그 중에서 가장 좋은 조건의 입찰제안을 받아들이기만 하면 된다.

따라서 일괄등록제도는 다음과 같은 이점을 갖는다.

1. 지나치게 많은 비용을 지불하지 않고 증권을 조금씩 나누어 발행할 수 있다.
2. 증권발행에 소요되는 시간을 단축할 수 있다.
3. 유리한 "시장상황(market conditions)"에 맞추어 증권을 발행할 수 있다. (물론 유리한 시장상황을 확실하게 알아낼 수 있는 재무관리자라면 직업을 바꾸어 스스로 주식이나 채권 거래자가 되는 편이 더 많은 돈을 벌 수 있을 것이다.)
4. 발행회사는 인수회사 간의 경쟁을 이끌어 낼 수 있다.

일괄등록제도가 허용되는 기업이라 할지라도 모든 회사가 공모를 할 때마다 실제로 이 제도를 채택하는 것은 아니다. 때때로 회사들은 전통적 경로를 통해 대규모의 발행을 한꺼번에 시행함으로써 더 좋은 조건의 계약을 따낼 수 있다고 믿는다. 특히, 발행된 증권이 흔치 않은 내용을 포함하고 있거나, 회사가 투자 은행으로부터 조언이나 발행 승인을

---

7) 회사가 국제 시장에서 주식이나 채권을 발행할 때도 비슷한 절차를 밟는다. 그러나 이들 증권을 미국에서 일반 투자자에게 매각하지 않는 이상 SEC에 등록할 필요는 없다.

받을 필요가 있다고 느낄 때는 이처럼 전통적인 방법을 택한다. 그 결과, 일괄등록제도는 일반적인 회사채 발행과 비교하면 보통주 발행에서는 그다지 자주 사용되지 않는다.

일반 공모의 비용

회사가 일반 공모로 주식을 발행할 때는 상당한 관리비용이 발생한다. 또한 인수회사에게는 투자자들로부터 받을 것으로 예상하는 가격 이하로 주식을 넘겨주는 것으로 보상해야 한다. 그림 15.2를 다시 보자. 이 그림은 미국에서 이루어진 여러 형태의 증권발행에 따르는 평균적인 인수 스프레드와 관리비용을 보여준다.

또한 발행비용은 주식이 채권보다 높다는 것을 잘 보여준다. 이는 주식의 경우가 관리비용이 더 많이 들 뿐만 아니라 인수에 따르는 위험이 더 크기 때문이다. 인수회사는 주식을 인수하여 재매각하는 데 따르는 더 높은 위험을 부담하는 대가로 추가적인 보상을 요구한다.

주식발행에 대한 시장의 반응

주식발행은 일반적으로 상당한 양의 신주를 시장에 쏟아 붓기 때문에 일시적으로 주가를 떨어뜨린다고 믿는다. 주식발행이 대규모로 이루어지면 이러한 가격 압력이 너무나 높아서 자본 조달 자체를 불가능하게 만들 수도 있다.

이와 같은 가격 압력은 신주 발행이 일시적으로 그 주식의 진정한 가치 이하로 주가를 떨어뜨린다는 것을 의미한다. 그러나 이런 믿음은 시장 효율성의 개념과 잘 맞지 않는다. 만약 단순히 공급의 증가로 주가가 내려간다면 그 주식은 다른 비슷한 주식보다 높은 수익률을 제공할 것이며, 따라서 오히려 투자자들을 끌어들일 것이다.

보통주의 유상증자를 연구한 경제학자 대부분은 신주 발행 발표는 주가를 떨어뜨리는 결과를 가져온다는 사실을 발견하였다. 미국에서 이루어지는 일반 기업의 주식발행은 약 3%의 주가 하락을 가져온다.[8] 이런 사실이 그리 대단하게 들리지 않을지도 모르지만 이러한 시장가치의 하락폭은 주식발행으로 조달하는 신규자금의 커다란 부분에 해당한다. 주식의 시가총액이 $50억인 어느 회사가 $5억의 신주를 발행한다고 발표하여 주가가 3% 떨어졌다고 하자. 주가 하락으로 인한 손실은 시가 총액의 3%인 0.03×50억, 즉 $1억 5천만이다. 이는 새로 조달하는 자금의 30%에 해당한다. (0.3×50억=$1억 $5천만)

도대체 어찌 된 일인가? 단순히 추가 공급에 대한 전망이 주가 하락의 원인인가? 물론 그럴 수도 있지만 다른 설명도 가능하다.

경영자가 (경영자는 외부인들보다 회사에 대한 더 많은 정보를 가지고 있다.) 회사 주가가 너무 저평가되어 있다고 생각한다고 가정하자. 이처럼 낮은 가격으로 주식을 발행한다면 기존 주주들의 희생으로 새로운 주주들이 득을 보게 된다. 이런 상황이라면 경영자는 신주를 발행하기보다는 차라리 새로운 투자를 포기할지도 모른다.

반대로 경영자가 자사 주식이 과대평가되어 있다고 생각한다면 상황은 정반대가 된다. 회사가 주식을 높은 가격에 발행하면 새로운 주주들의 희생으로 기존 주주들이 득을 보게 된다. 경영자는 새로 조달하는 현금을 은행에 그냥 넣어 두는 한이 있더라도 아마 주식을 발행하려고 할 것이다.

당연히 투자자들은 바보가 아니다. 투자자들은 경영자가 주식이 과대평가되었다고 생각할 때 주식을 발행할 가능성이 높고 이에 따라 주가를 낮추는 것이다. 그러므로 주식

8) 예를 들어, 다음의 논문들을 참조하라. P. Asquith and D. W. Mullins, "Equity Issues and Offering Dilution," Journal of Financial Economics 15 (January–February 1986), pp. 61-90; R. W. Masulis and A. N. Korwar, "Seasoned Equity Offerings: An Empirical Investigation," Journal of Financial Economics 15 (January–February 1986), pp. 91-118; and W. H. Mikkelson and M. M. Partch, "Valuation Effects of Security Offerings and the Issuance Process," Journal of Financial Economics 15 (January–February 1986), pp. 31-60.

발행 발표가 나면 거기에 맞추어 주가를 내려 버린다. 새로 주식을 발행할 때 주가가 하락하는 경향은 공급의 증가와는 아무런 관계가 없을 수 있다는 것이다. 신주 발행은 단지 정보를 더 많이 가진 경영자가 자사 주식이 과대평가되었다고 믿는다는 신호라는 것이다.[9]

15.4   사모(私募)

사모
공모 절차 없이 제한된 소수의 투자자에게 판매되는 증권.

회사가 공모를 할 때는 발행 증권을 감독기관에 등록해야 한다. 증권을 사모로 발행하면 비용이 많이 드는 이런 절차를 피할 수 있다. **사모**(private placement)에 대한 확실한 정의는 없지만 감독기관은 사모로 발행하는 증권은 대체로 전문지식을 갖춘 투자자에게만 매각하도록 요청한다.

사모의 한 가지 불리한 점은 투자자들이 증권을 쉽게 재매각할 수 없다는 것이다. 그러나 이것은 많은 자금을 회사채에 장기간 투자하는 생명보험회사와 같은 기관투자자에게는 그렇게 중요하지 않다. 1990년에 미국의 SEC는 미등록 증권에 투자할 수 있는 자격을 완화하였다. 114a의 제정으로 대형 금융기관 간에 미등록 증권을 거래할 수 있게 되었다.

예상하는 바와 같이 공모보다는 사모가 비용이 덜 든다. 대규모 증권발행에서는 이런 비용이 그렇게 중요하지 않을 수 있지만, 소규모로 증권을 발행하는 회사에는 이는 커다란 장점이 된다.

사모의 또 다른 이점은 특별한 문제나 기회를 가진 회사의 경우에는 맞춤형 부채 계약을 맺을 수 있다는 것이다. 만약 나중에 부채 계약의 조건을 바꾸어야 한다면 투자자의 수가 한정된 사모가 훨씬 쉽다.

그러므로 회사채 시장의 특별한 틈새시장, 즉 중소기업 대출시장에서 사모가 많은 것은 그리 놀라운 일이 아니다. 이들 중소기업은 공모를 하려면 비용이 많이 들고, 까다로운 조사를 받아야 하며, 특화되고 유연성 있는 대출조건이 요구되는 그런 회사들이다.

그렇다고 안정되고 전통적인 대기업이 사모로 증권발행을 하지 않는다는 뜻은 아니다. 때로는 엄청난 규모의 자금이 사모로 조달된다. 예를 들어, 2017년 제과회사인 마스(Mars)는 사모 방식으로 $25억를 차입하였다. 그러나 등록비용을 피하고 대출기관과 직접적인 관계를 설정할 수 있다는 사모의 장점은 일반적으로 소기업에 더욱 중요하다.

물론 이런 이점은 공짜로 얻어지는 게 아니다. 사모의 대출기관은 그들이 당면하는 위험과 연구조사 및 협상의 비용에 대한 보상을 요구한다. 또한 이들 기관은 쉽게 재매각할 수 없는 자산을 보유하는 데 대한 보상도 받아야 한다. 이 모든 요소가 회사가 지불하는 이자율에 포함된다. 사모와 공모의 이자율 차이를 일반화하기는 어렵지만, 전형적인 수익률 차이는 0.5% 정도이다.

---

9) 이 설명은 다음 논문에 제시되었다. S. C. Myers and N. S. Majluf, "Corporate Financing and Investment Decisions When Firms Have Information That Investors Do Not Have," Journal of Financial Economics 13(1984), pp. 187-221.

요약 SUMMARY

벤처캐피털 회사는 어떻게 성공적인 거래를 설계하는가?
(학습목표 15-1)

신생 회사는 공모로 주식을 발행할 수 있는 시점까지 회사를 끌고 갈 수 있는 **벤처캐피털**을 조달한다. 벤처캐피털 회사는 이해상충을 피할 수 있도록 자본조달 계획을 짜려고 노력한다. 기업가와 벤처캐피털 투자자 모두 회사에 대해 상당한 지분을 가진다면, 이들은 같은 방향으로 나아갈 가능성이 커진다. 기업가가 기꺼이 회사 지분을 보유한다는 것은 회사의 미래에 관한 경영진의 확신을 전달하는 신호(signal)가 된다. 또한 대부분의 벤처캐피탈은 단계별로 제공되는데 이는 기업의 고삐를 단단히 죄고, 각 단계마다 회사가 추가적인 자금을 받을 수 있는 상태라는 것을 입증하도록 하려는 것이다.

회사는 어떻게 기업공개(IPO)를 하며, 그 비용은 얼마나 되는가? (학습목표 15-2)

신규 주식공모(initial public offering)는 처음으로 투자자에게 일반 공모로 주식을 발행하는 것이다. 주식의 매각은 통상 발행회사로부터 주식을 인수하여 투자자에게 재매각하는 인수회사가 관리한다. **인수회사**(underwriter)는 회사와 그 전망에 대해 설명하는 **투자설명서**(prospectus) 작성을 도와준다. IPO의 비용은 법률비용이나 관리비용 등과 같은 직접비용뿐만 아니라, 인수 스프레드(underwriting spread)까지 모두 포함된다. 인수 스프레드는 인수회사가 주식을 인수할 때 발행회사에 지불하는 가격과 투자자들이 인수회사에 지불하는 주식가격 간의 차이이다. 또 다른 묵시적 비용은 신주의 **저가발행**(underpricing)이다. 즉, 신주는 전형적으로 그 진정한 가치보다 낮은 가격으로 투자자에게 매각된다. 이 할인은 거래 첫날 비정상적으로 높은 신주의 평균 수익률에 잘 나타난다.

기존 회사가 일반 공모로 증권을 발행할 때 발생하는 주요 이슈는 무엇인가? (학습목표 15-3)

증권발행에는 규모의 경제가 있다. $1억 규모의 증권발행 한 번이 $5,000만 규모의 발행 두 번보다 비용이 적게 든다. 따라서 회사는 증권발행을 "묶어서" 한다. 이는 회사들이 대규모 증권발행이 정당화될 때까지는 단기 금융에 의존하는 뜻이다. 또는 회사가 현 시점에서 필요한 자금보다 더 많이 증권을 발행한다는 의미일 수도 있다.

유상증자(seasoned offering)는 주가를 떨어뜨릴 수 있다. 가격 하락의 폭은 경우에 따라 다르다. 그러나 일반 기업의 보통주 발행에서는 기존 주식의 가치 하락이 신규로 조달되는 자금의 상당 부분에 이를 수도 있다. 이러한 가격 압력에 대한 한 가지 설명은 주식을 발행하는 회사의 의중을 시장이 부정적으로 받아들인다는 것이다.

일괄등록(shelf registration)은 우량기업들의 채권발행에 유리한 방법이다. 일괄등록은 새로 증권을 발행하는 데 따르는 시간을 절약해 주고, 유연성을 높여 주며, 인수 비용을 줄여줄 수 있다. 이는 투자은행을 바꿔 가면서 증권발행을 하려는 대기업의 부채발행에 가장 적합하다. 그러나 통상 위험이 높은 증권의 발행이나 투자은행과의 긴밀한 관계가 요구되는 소기업에 의한 증권발행에는 적합하지 않다.

회사는 어떻게 사모 발행을 하는가? (학습목표 15-4)

사모는 소수의 대형 기관투자자들에게 증권을 발행하는 형태이다. 이는 등록비용을 피하고, 발행회사의 특별한 목적에 맞도록 하거나, 부채인 경우 채권자와 보다 직접적인 관계를 맺을 수 있도록 해준다. 그러나 투자자는 쉽게 재매각할 수 없다는 사실 때문에 이를 보상받기를 원한다. 사모 발행은 위험이 크고 규모가 작거나 일반적이지 않은 기업에 잘 맞는다. 그러나 이런 이점은 최우량 기업에는 그렇게 가치 있는 것은 아니다.

연습문제 QUESTIONS AND PROBLEMS

1. 벤처캐피탈. 당신의 레스토랑 체인 사업을 생각해보자. 당신이 처음 우호적인 벤처캐피탈에 접근했을 때, 그는 당신 회사의 주식을 주당 $40이라고 평가했다고 가정해보자. (학습목표 15-1)

  a. 추가로 $50만를 조달하려면, 당신은 몇 주나 매각해야 하는가?

  b. 벤처캐피탈 투자 이후에 당신은 회사 지분을 얼마나 갖게 되는 것인가?

2. 벤처캐피탈. Ethelbert.com은 두 창업자가 소유하고 있는 신생 소프트웨어 회사이다. 이 회사는 현재 확장 계획을 위해 $40만를 조달해야 하는 상황이다. 어떤 벤처캐피탈리스트가 회사 지분

40%를 요구하며 자금을 제공하려고 준비하고 있다. 투자가 진행되면, 벤처캐피탈은 1만 주를 보유하고 두 창업자는 총 1만 5천 주를 보유하게 된다. (학습목표 15-1)

a. 이 회사의 총 가치는 얼마로 평가된 것인가?

b. 벤처캐피탈리스트는 이 회사 주식의 가치를 얼마로 평가한 것인가?

3. 벤처캐피탈. 참 혹은 거짓으로 판단하시오. (학습목표 15-1)

a. 벤처캐피탈 회사는 일반적으로 경영자들이 안정적인 급여를 보장받으면 더 열심히 일한다는 것을 알고 있다.

b. 벤처캐피탈 회사는 보통 단계적으로 자금을 선지급한다.

c. 벤처캐피탈 회사는 일반적으로 소극적인 투자자이다. 그들은 투자한 회사들이 현재의 영업을 무리 없이 잘 수행하길 원한다.

d. 일부 신생 기업들은 엔젤투자자라고 불리는 부유한 개인들로부터 제공되는 자본(equity) 투자를 받아 성장하기도 한다.

4. 벤처캐피탈. 다음 용어 중 적당한 것을 골라 빈칸을 채우시오. 유한책임사원, 벤처캐피탈, 개인, 인수회사, 무한책임사원, 사모, 기업벤처, 동업, 엔젤투자자. (단, 모든 용어가 반드시 사용되는 것은 아니다.) (학습목표 15-1)

신생 기업의 자기자본은 _____(a)_____ (으)로 알려져 있는데, 다음과 같은 특별한 회사들로부터 제공 받는다. _____(b)_____ (이)라고 부르는 부유한 개인들, _____(c)_____ 역할을 하는 규모가 큰 기술기업, _____(d)_____ (으)로 조직된 벤처캐피탈 펀드들. 자금을 관리하는 회사는 _____(e)_____, 연금 펀드나 기타 투자자들은 _____(f)_____ 이다. 벤처캐피탈 파트너십은 종종 기업 전체를 매입하거나 그들을 _____(f)_____ 하는 유사한 파트너십과 묶기도 한다. 이런 회사들을 일반적으로 _____(f)_____ 회사라고 한다.

5. 벤처캐피탈 (학습목표 15-1)

a. "신호(signal)는 잠재적으로 비용이 들 때만 신뢰할 수 있다." 왜 창업자가 회사의 자기자본에 투자하려고 하는 것이 신뢰할 수 있는 신호인지 설명하시오. 필요한 자금의 일부만 벤처캐피탈로부터 받으려고 하는 의지도 신뢰할 수 있는 신호가 될 수 있는가?

b. "경영진에 대해 여가를 증진시키거나 전용기를 제공하는 등의 형태로 보상할 때, 주주들이 부담하는 비용이 발생한다." 벤처캐피탈은 어떻게 이러한 사안에 대해 문제제기를 하는지 설명하시오.

6. 벤처캐피탈. Pickwick Electronics는 새로 설립된 하이테크 회사로서 보통주 1백만 주로 자금을 조달하였으며, 주식은 전부 George Pickwick 소유하고 있다. 회사는 1단계 투자를 위해 $100만를 조달해야 한다. 모든 일이 잘 진행되면 5년 후에는 2단계로 $100만이 더 필요할 것이다. First Cookham Venture Partners가 두 가지 가능한 자금제공 계획을 고려하고 있다.

- 현재의 주식 가치 $1로 2백만 주를 모두 매입한다.
- 현재의 평가 가치로 1백만 주를 매입하고, 5년 후 그 당시의 평가 가치로 $100만를 더 투자한다.

Pickwick의 미래 전망은 불확실하다. 그러나 회사가 2단계 자금을 확보할 수만 있다면 2단계 투자를 끝낸 후 회사의 가치는 $200만, 아니면 $1,200만이 될 것이다. (회사가 2단계 자금 조달에 실패하면 전혀 가치가 없어진다.) Pickwick씨와 First Cookham의 가능한 수익 구조를 보이고, 두 가지 계획 중 왜 한 계획이 더 나은가를 설명하시오. 이자율은 0이라고 가정한다. (학습목표 15-1)

7. 주식발행. 참 혹은 거짓으로 판단하시오. (학습목표 15-1, 15-2, 15-3)

a. 벤처캐피탈리스트는 일반적으로 첫 단계에서 개발비용 모두를 충당할 수 있을 만큼 충분한 자금을 제공한다. 두 번째 단계에서의 자금조달은 기업공개를 통한 주식 발행으로

제공받는다.

   b. IPO에서의 저가발행은 기존 투자자들이 자신의 보유 지분 중 일부를 매도할 때만 문제 가 된다.

   c. 일반적으로 회사가 신주를 발행하겠다고 알리면 주가는 하락한다. 이는 발행 결정에 대 해 공시된 정보에 기인한다.

8. IPO 비용. Moonscape사는 이제 막 IPO를 끝냈다. 회사는 주당 $8에 3백만 주를 발행했다. 인수 스프레드는 주당 $0.5이었다. 회사는 법률비용과 관리비용, 그리고 기타 비용 등 총 $100,000의 비 용을 지출했다. (학습목표 15-2)

   a. 발행비용(flotation cost)은 조달된 자금의 몇 %에 해당하는가?

   b. 비슷한 규모의 전형적인 IPO에 비해 Moonscape사의 발행비용은 높은가, 낮은가? (그 림 15.2 참조)

9. IPO 비용. Microsoft가 기업공개를 했을 때 회사는 2백만 주의 신주를 발행했다(신규발행). 또 한 기존 주주들은 0.8백만 주를 매각하고(구주 매출), 21.1백만 주를 계속 보유하였다. 신주는 주당 $21에 일반 투자자들에게 매각하고 인수회사는 주당 $1.31의 인수 스프레드를 받았다. 거래 첫날 시장가격은 $35로 올라갔다. (학습목표 15-2)

   a. 직접비용을 지불하기 전에 회사가 받은 총 금액은 얼마인가?

   b. 직접비용을 지불하기 전에 기존 주주들은 얼마나 받았는가?

   c. 인수회사에 신주를 주당 $30로 팔았다면, 같은 금액의 자금을 조달하기 위해 회사는 몇 주를 발행해야 했는가?

   d. 기존 주주들은 형편이 얼마나 나아졌는가?

10. IPO 비용. IPO 저가발행에 대해 들어본 적이 있어서, 내 브로커에게 살 수만 있으면 모든 IPO 주식을 1,000주씩 사도록 주문했다. (학습목표 15-2)

IPO	나에게 할당된 주식	주당 가격	초기 반품
A	500	$10	7%
B	200	20	12
C	1,000	8	−2
D	0	12	23

   a. 이 IPO 표본의 평균 저가발행 금액은 얼마인가?

   b. 내가 청약한 4개 IPO에서 매입한 주식 "포트폴리오"의 평균 초기 수익률은 얼마인가? 평균 초기 수익률을 계산할 때, 각 주식에 투자한 금액으로 가중해야 한다는 점에 주 의하시오.

   c. "당신은 승자의 저주(winners' curse)에 맞닥뜨리게 되었다." 맞는가, 틀린가?

11. IPO 비용. Match Group은 2018년 11월에 기업공개를 하였다. 이 회사는 주당 $12에 33,333,333주를 매각하였다. 인수 스프레드는 주당 $0.66였고, 직접비용은 주당 $0.21이었 다. (학습목표 15-2)

   a. 저가발행 비용은 몇 %인가?

   b. 모든 비용을 제하고, 회사는 얼마를 조달한 것인가?

   c. 거래 첫 날, 주가는 $14.74에 마감되었다. 저가발행에 따른 비용을 계산하시오.

12. 저가발행. 영국의 IPO 시장에서 몇몇 투자자들이 주식을 매입하려고 한다. Bean 씨는 이러한 주식들이 평균적으로 9% 정도 저가발행되는 것을 확인하였고, 몇 년간 정해진 비율만큼만 청약 해야 한다는 정책을 따라왔다. 그는 이 정책이 이익으로 이어지지 않는다는 것을 발견하고 낙담하 였다. 그에게 왜 이렇게 되는지를 설명하시오. (학습목표 15-2)

13. 저가발행. Fishwick Enterprises는 20만 주를 발행하였는데, 그 중 절반은 Jennifer Fishwick 이, 나머지 절반은 그녀의 사촌이 소유하고 있다. 두 사람은 IPO를 통해 10만 주를 매각하기로 결정하였다. 이 중 절반은 회사가 발행하고, 나머지 절반은 Jennifer Fishwick이 보유하고 있는 주식들로부터 마련한다. 발행가격은 $50인데 첫 거래일 종가는 $80이라고 가정해보자. 그리고 투자자들은 이 주식들을 $80에 매입할 준비를 한다고 가정한다. (학습목표 15-2)

  a. 발행 이후, Jennifer가 소유하는 지분은 몇 %인가?

  b. 첫 거래일 종료 후, 그녀가 보유하고 있는 지분의 가치는 얼마인가?

  c. 발행 가격이 $80이라고 가정해보자. 회사는 IPO를 통해 동일한 금액을 조달하려면 몇 주를 매각해야 하는가?

  d. 이 경우, Jennifer의 부(wealth)는 얼마인가? (현금+보유 지분의 가치)

  e. Jennifer의 저가발행 비용은 얼마인가?

14. 유상증자. Gravenstein Chemicals는 주식발행을 통해 $500만를 조달하길 원한다. 직접 비용은 조달하는 금액의 1%, 인수회사는 4%의 스프레드를 요구할 것으로 예상된다. 만약 발행 공시로 Gravenstein의 주가가 $82에서 $80으로 하락한다면, 회사가 $500만를 조달하기 위해 발행해야 하는 최소한의 주식 수는 얼마인가? (학습목표 15-3)

15. 주주배정 유상증자. Associate Breweries사는 새로운 맥주를 시판하려고 있다. 이 사업에 필요한 자금을 조달하기 위해 청약 가격 $10로 주주배정 유상증자를 하려고 한다. 보유 주식 2주당 신주 1주를 청약할 수 있다. 회사의 현재 발행주식 수는 10만 주이고 주가는 $40이다. 신규 자금의 투자는 정당한 수익률을 얻을 것으로 가정하고, 다음을 계산하라. (학습목표 15-3)

  a. 신주의 수

  b. 신규 투자 금액

  c. 유상증자 후 회사의 총 가치

  d. 유상증자 후 총 주식 수

  e. 유상증자 후 주가

16. 발행 수단. 다음 용어들은 다음 사건들과 관련되어 있다. 서로 맞는 것끼리 연결하시오. (학습목표 15-3)

  a. 사모   • A. 인수회사가 발행회사로부터 고정된 가격에 증권을 매입하기로 약속한다.

  b. 전액인수   • B. 회사가 기존 주주에게 주식을 발행하겠다고 제안한다.

  c. 주주배정 유상증자   • C. 공개모집 절차 없이 증권을 소수의 제한된 투자자들에게 매각한다.

17. 발행 수단. 다른 조건이 동일할 때, 다음 중 인수 및 관리비용이 상대적으로 낮은 것은 어느 것인가? (학습목표 15-3)

  a. 대규모 발행 / 소규모 발행

  b. 채권 발행 / 보통주 발행

  c. 채권의 소규모 사모 / 채권의 소규모 일반 공모

18. 주주배정 유상증자. Pandora Box Company Inc.가 청약 가격을 주당 $5로 주주배정 유상증자를 실시한다. 보유 주식 5주당 신주 1주를 청약할 수 있다. 유상증자 이전에 발행한 주식 수는 1천만 주이고, 주당 가격은 $6였다. (학습목표 15-3)

  a. 새로 조달된 자금은 얼마인가?

  b. 주주배정 유상증자 후 예상되는 주가는 얼마인가?

  c. 주주들이 신주 인수에 참여하지 않으려고 하기 전에, 회사의 총 가치가 몇 %나 하락할

필요가 있는가?

 d. 당신은 처음에 이 회사의 주식 100주와 은행 예금 $100를 갖고 있었다고 가정해보자. 당신이 신주를 인수한다면, 발행 이후 당신의 부(wealth)는 얼마가 되겠는가?

 e. 이 회사가 $5가 아니라 $4로 신주를 발행하기로 결정했다고 가정해보자. 동일한 자금을 조달하려면 신주 몇 주를 발행해야 하는가?

 f. 새로운 조건 하에서 유상증자 이후에 기대 주가는 얼마가 되겠는가?

 g. 새로운 조건 하에서 당신이 신주를 인수하기로 하였다면, 발행이 완료된 이후 당신의 총 부(wealth)는 얼마가 되겠는가?

 h. 어떤 조건이 당신에게 더 유리한가? 첫 번째 혹은 두 번째? 둘 다 아닌가?

19. 발행 수단. 다음 용어들을 적절한 정의(definition)와 연결하시오. (학습목표 15-3)

 a. 일괄등록 • • A. 회사가 새로운 자금을 조달하기 위해 주식을 매각하는 것

 b. 유상증자 • • B. 발행가격과 인수회사가 지불하는 가격의 차이

 c. 신규 발행 • • C. 증권 발행을 관리하는 주(State)의 규칙

 d. 구주매출 • • D. 발행된 증권을 가능한 많이 매각하려고 하는 인수회사의 동의

 e. 모집 주선 • • E. 기존 주주들의 증권 매각

 f. 인수 스프레드 • • F. 공개된 기업의 추가적인 주식 매각

 g. 주 증권법 • • G. 동일한 신고서로 동일한 증권을 여러 차례 발행하는 것
  (blue-sky laws)

 h. 유가증권 발행신고서 • • H. 신규 발행과 관련된 세부사항을 미국 증권거래위원회(SEC)에 제출하는 문서
  (registration statement)

20. 발행 수단. Young Corporation의 주가는 현재 $300이다. 현재의 발행주식 수는 1백만 주이다. 회사는 주당 $30의 가격으로 3백만 주를 발행한다고 발표했다. (학습목표 15-3)

 a. 인수 스프레드가 6%라면, 필요한 $300만를 조달하기 위해서는 (기타 관리비용을 고려하기 전에) 회사가 몇 주를 발행해야 하는가?

 b. 기타 관리비용이 $6만라면, 총 직접 비용은 얼마인가?

 c. 만약 유상증자 계획에 대한 발표로 주가가 3% 하락한다면, 이로 인한 비용은 금액으로 얼마나 되는가?

21. 발행 수단. 시장조사 회사인 Fax Facts의 시장가치는 $6억이다. 이 회사가 1억 주의 신주를 발행하고, 그 결과로 주가가 2% 하락했다. 기존 주주들에게 이 가격 하락의 비용은 총 조달 금액에 비해 얼마나 되는가? (학습목표 15-3)

22. 발행 수단. Frank Enstein은 10만 주의 주식을 공개된 경매시장에 매각하길 제안한 비상장 의료장비 회사의 CEO이다. 입찰가격은 아래 표와 같다고 가정하자. 이 회사가 매각할 수 있는 최고(maximum)의 입찰가격은 얼마인가?

주식 수	가격
20,000	$80
10,000	78
15,000	73
25,000	70
10,000	69
8,000	67
14,000	66
15,000	65
30,000	61

23. 인수. 다음 용어들은 각각 다음의 사건과 관련되어 있다. 서로 알맞은 것끼리 연결하시오. (학습목표 15-3)

a. 모집주선 •

b. 수요예측 •

c. 일괄등록 •

• A. 투자자는 인수회사에게 신규 발행에서 얼마나 많은 주식을 매입할 의사가 있는지 나타낸다. 이 정보는 발행가격을 설정하는 데 사용된다.

• B. 인수회사는 발행 과정에서 매각을 위해 노력하겠다는 책임만 수용한다.

• C. 동일한 신고서로 동일한 증권의 여러 트렌치 (trench)를 매각할 수 있다. (트렌치는 대규모 발행의 일부분을 묶은 것이다.)

24. 발행 수단. 각 발행 수단 뒤에 두 가지의 발행 형태가 적혀 있다. 해당 발행 수단을 적용하기에 더 적합한 것을 하나 고르시오. (학습목표 15-4)

a. 주주배정발행 (IPO / 유상증자)

b. 사모 (기존 주식의 발행 / 일반 기업의 채권발행)

c. 일괄등록 (IPO / 일반 대기업의 채권발행)

25. 발행 수단. (학습목표 15-4)

a. 사모는 이미 공개된 일반 기업의 주식 발행이나 채권발행 중 어느 경우에 많이 사용되는가?

b. 주주배정 유상증자는 신규 주식공모 또는 그 후의 주식 발행 중 어느 경우에 많이 사용되는가?

c. 일괄등록은 이미 공개된 일반 기업의 주식 발행이나 채권발행 중 어느 경우에 많이 사용되는가?

26. 사모. 당신은 공모 발행과 사모 중 하나를 선택해야 한다. 두 경우 모두, 10년 만기에 액면가 $1,000만의 부채이다.

- **공모 발행**: 채권의 이자율은 8.5%이고, 액면가로 발행한다. 인수 스프레드는 1.5%이고, 기타 비용은 $8만이다.

- **사모 발행**: 사모 발행의 이자율은 9%이지만, 총 발행 비용은 $3만에 불과하다.

a. 비용을 제하고 난 후, 회사가 받은 조달 자금의 차이는 얼마인가?

b. 다른 조건이 같다면, 어느 쪽이 더 나은가?

셀프테스트 해답 SOLUTIONS TO SELF-TEST QUESTIONS

15.1 회사가 2단계 자본 조달을 확보할 수 없다면 성공 확률은 매우 낮다. 만약 기업가가 자신의 투자로부터 어떤 보상을 받으려면 추가적인 자본조달을 위해 더 많은 노력을 해야 한다. 필요한 신규 자본의 일부만 받아들임으로써 경영진은 자신의 위험을 높이고, 벤처캐피탈리스트의 위험은 낮추어 준다. 만약 경영진이 투자가 성공적으로 1단계를 지날 것이라는 확신이 없다면 이런 결정은 대가가 크고 바보 같은 것이다. 경영자에 의한 믿을 만한 신호란 정말로 확신을 한 경영자만이 보낼 수 있는 그런 신호이다. (말이란 값싼 것이다. 단지 당신이 확신한다고 이야기하는 것만으로는 믿을만한 신호를 줄 수 없다.)

15.2 만약 투자자가 저가발행주식과 고가발행주식을 구별할 수 있다면 저평가된 주식만 청약할 것이다. 이 경우 투자자는 10% 수익을 제공하는 주식만 매입할 것이다. 그러나 이를 구별하는 일은 상당한 직관과 조사연구를 필요로 한다. 정보가 많은 IPO 참여자의 수익률은, 정보를 얻으려고 투입한 자원에 대한 보상으로 볼 수 있다.

15.3

인수 스프레드=446.6백만×$2	$ 893.2백만
기타 비용	45.5
총직접비용	$ 938.7백만
저가발행 비용=446.6백만×($56.50−$47)	4,242.7
총비용	$ 5,181.4백만
발행주식의 시장가치=446.6×$56.50	$25,232.9백만

시장가치에 대한 비용의 비율=$5,181.4/25,232.9=0.205=20.5%

미니 케이스

새로 시작하는 회사(start-up)를 지원하는 것으로 명성을 얻은 Georgina Sloberg의 도움을 받아, 2015년에 두 사람의 위스콘신대학 졸업생들이 Mutt.com을 설립하였다. Mutt.com의 이용자 중심 시스템은 더 이상 키우기를 원치 않는 애완동물의 원매자를 찾아주는 것이었다. 3년 안에 $3,400만의 매출을 창출했으며, 상당한 손실을 보고 있었음에도 불구하고 투자자들은 이 회사를 가장 전망 있는 전자상거래 회사로 생각하였다. 그래서 회사가 기업공개를 준비하고 있다는 소식은 상당한 관심을 끌었다.

회사의 주식 150만 주는 모두 두 사람의 창업자와 Sloberg 여사가 보유하고 있었다. 신규공모는 세 사람의 기존 주주가 보유 주식 500,000주를 매각하고, 동시에 확장에 필요한 자금을 조달하기 위해 750,000주를 추가로 발행할 계획이었다.

회사는 신규공모에는 법률 수수료, 회계 감사, 인쇄 비용과 기타 비용 등 모두 $130만의 비용이 발생할 것으로 추정하였다. 이 비용은 세 사람의 주주들과 회사가 공동으로 부담하기로 했다. 또한 회사는 주당 $1.25의 인수 스프레드를 지불하기로 합의하였다. (이 비용도 공동 부담한다.)

순회설명회를 통해 이 신규공모가 투자자들로부터 높은 관심을 끌고 있다는 사실이 확인되었고, 주당 $24에 발행주식 전량이 매각될 수 있을 것으로 투자자들은 전망하고 있었다. 그러나 인수회사는 발행 가격에 지나치게 욕심을 내서는 안 된다고 주의를 환기시켰다. 투자자들의 의향이라는 것은 확실한 주문과는 다르기 때문이다. 인수회사는 또한 불만이 가득한 주주 집단이 생기는 것보다는 성공적인 주식 발행이 더욱 중요하다고 주장하면서 발행가격을 $18로 제안했다.

그날 저녁 Mutt.com의 재무관리자는 이 문제를 한 번 따져 보기로 했다. 먼저, 주당 $18로 신주를 발행한다고 가정했을 때 회사와 주주들에게 돌아가는 금액이 얼마인가를 계산해 보았다. 다음으로 IPO의 여러 가지 비용을 살펴보고, 이 비용이 유사한 전형적인 IPO와 비교하여 어느 정도인가를 판단하였다. 자연스럽게 저가발행 문제가 대두되었다. 재무관리자가 이 문제를 제기했을 때, 인수기관은 거래 첫 날 IPO의 수익률을 발행비용으로 보는 견해는 받아들이지 않았다. 인수단의 한 구성원은 다음과 같이 질문하였다. "인수회사들은 높은 수익률과 높은 주가를 원합니다. Mutt.com은 주가가 낮기를 바랍니까?

그렇게 되면 발행의 비용이 적어집니까?" Mutt.com의 재무관리자는 이에 동의하지 않았지만 반박할 좋은 논리를 개발해야겠다고 생각했다. 재무관리자는 저가발행이 단지 기존 주주들이 보유 주식 일부를 매각하기 때문에 생기는 현상인가 궁금했다. 주주들이 주식을 매각하지 않는다면 발행가격은 전혀 문제가 되지 않을지도 모르는 일이다.

16

부채정책

학습목표

16-1 완전한 자본시장에서는 자본구조가 기업가치에 영향을 주지 않는다는 것을 설명할 수 있다.

16-2 이자비용의 법인세 절감효과를 계산할 수 있으며, 왜 미국의 법인세 과세체계가 부채를 통한 자본조달을 장려하는지 설명할 수 있다.

16-3 재무적 곤경 비용과 자본구조의 절충이론을 설명할 수 있다.

16-4 재무적 여유자금을 보유하고 있을 때의 이득과 비용을 설명할 수 있다.

16-5 기업이 특정 재무구조를 채택해야 하는 이유를 이해한다.

River Cruises사는 자본구조를 재검토하고 있다. 부채를 더 사용한다면 주식의 기대수익률을 상승시킬 수 있지만 기업가치도 상승할까?
©*meunierd/Shutterstock*

한 기업의 기본적인 재무적자원은 그 기업의 자산과 영업으로부터 창출되는 연속적인 현금흐름이다. 기업이 보통주로만 모든 자본을 조달했다면 이 현금흐름들은 모두 주주들에게 귀속될 것이다. 부채와 자기자본으로 자본을 조달했다면 이 현금흐름은 두 개의 줄기로 나뉘게 된다. 하나는 채권자에게 가는 비교적 안전한 줄기이고, 다른 하나는 주주에게 가는 위험한 줄기이다.

기업이 발행한 이러한 증권들의 배합을 기업의 자본구조라고 한다. 표 16.1을 보자. 여러분은 어떤 산업에서는 다른 산업에 비해서 기업들이 과도하게 차입하는 것을 볼 수 있다. 제약산업, 전자산업, 그리고 비즈니스서비스 산업에 속한 기업들은 전적으로 자기자본을 통한 자본조달에 의존한다. 반면에 통신회사, 항공회사, 그리고 수도, 전기, 에너지 등의 유틸리티 기업들은 자본조달의 많은 부분을 부채에 의존한다.

자본구조는 불변이 아니다. 기업들은 자본구조를 변경할 수 있다. 어떤 경우에는 하루아침에 바꾸기도 한다. 주주들은 경영자들이 기업가치를 극대화하는 증권들의 배합을 선택하길 원한다. 그러나 최적의 자본구조는 존재할까? 우리는 어떠한 조합도 다른 어떠한 조합보다 더 나을 것이 없을 가능성도 있다는 것을 염두에 두어야 한다. 어쩌면 진짜 중요한 결정은 회사의 자산에 대한 결정이고, 자본구조에 대한 결정은 단지 사소한, 해야 하긴 하지만 크게 걱정할 필요 없는 결정일 수도 있다.

이 장의 첫 부분에서 우리는 자본구조가 전혀 문제가 되지 않는 예를 살펴볼 것이다. 그리고 여러분이 극복해야 하는 몇몇 빠지기 쉬운 재무적 오류를 지적할 것이다. 그 후, 우리는 자본구조가 문제가 되게 만드는 요소들인 세금, 파산, 그리고 여러분이 내린 재무적 의사결정이 투자자에게 보내는 신호들에 대해서 다룰 것이다. 그리고 난 뒤 우리는, 기업의 재무구조를 결정해야 하는 재무관리자가 염두에 두어야 할 사항들을 정리할 것이다.

이 장의 부록에는 기업이 부채를 상환하지 못하고 파산절차에 들어갔을 때 어떤 일이 일어나는지에 대한 짧은 토론이 수록되어 있다.

표 16.1 2017년도 총자본 부채비율의 중위수

산업	부채비율
제약(Pharmaceuticals)	0.00
반도체와 전자(Chips & electronics)	0.13
비즈니스 서비스(Business services)	0.16
컴퓨터(Computers)	0.17
의류(Clothing)	0.20
전기장비(Electrical equipment)	0.24
기계장치(Machinery)	0.28
소매(Retailing)	0.30
제철(Steel)	0.31
식품(Food)	0.33
정유(Oil)	0.36
자동차(Autos)	0.37
건설(Construction)	0.38
호텔과 식당(Hotels & restaurants)	0.42
화학(Chemicals)	0.43
수도, 전기, 에너지 등(Utilities)	0.47
항공(Airlines)	0.53
통신(Telecoms)	0.54

주: 총자본 부채비율 $= D/(D + E)$, D는 장기부채의 장부가액, E는 자기자본의 장부가액
출처: Compustat

16.1 법인세가 존재하지 않는 경우 차입이 기업가치에 미치는 영향

> 야구경기가 끝난 후 피자 배달원이 Yogi Berra에게 피자를 배달하면서 물었다. "Yogi씨, 평소처럼 4조각으로 잘라 드릴까요?" Yogi는 "아니오. 8조각으로 잘라 주세요. 오늘밤은 배가 많이 고프군요."라고 대답했다.

여러분이 왜 더 많은 조각으로 피자를 자른다고 해도 Yogi의 식욕을 채워주지 못하는지를 이해한다면, 기업의 **자본구조**에 대한 선택이 왜 근본적인 기업가치를 증가시키지 않는지를 쉽게 이해할 수 있을 것이다.

자본구조
장기부채와 자기자본을 이용한 자본조달의 혼합 정도.

모두 현재시장가치로 작성된 다음의 간단한 재무상태표를 보도록 하자.

자산	부채와 자기자본
기업의 실물자산과 영업으로부터의 현금흐름의 가치	부채의 시장가치
	자기자본의 시장가치
기업의 가치	기업의 가치

재무상태표의 좌변의 합과 우변의 합은 언제나 같다. 그러므로 만약 기업의 부채증권과 자기자본증권의 시장가치를 모두 합한다면 기업의 실물자산과 영업으로부터의 미래현금흐름의 가치를 계산할 수 있다.

사실 이런 현금흐름의 가치가 기업의 가치를 결정하며, 고로 기업이 유통중인 부채증권과 자기자본증권의 총가치를 결정한다. 만일 기업이 자본구조를 변경한다면, 즉 부채를 더 많이 사용하고 자기자본을 더 적게 사용한다고 해도 기업의 전체 가치는 변하지 않아야 한다.

재무상태표의 좌변을 피자 한 판의 전체 크기라고 생각하자. 우변은 그 피자가 어떻게

조각나 있는지를 결정한다. 기업은 자신의 현금흐름을 원하는 만큼 많은 조각으로 자를 수 있지만 각 조각의 가치를 모두 더한다면 언제나 조각나기 전 전체 현금흐름의 가치와 같게 된다. (물론 조각내는 과정에서 어떠한 현금흐름의 손실도 없어야 한다. 만일 피자 칼이 거칠어서 피자가 묻어나온다면, 우리는 "피자의 가치는 나뉜 조각 수와는 상관없다"라고 이야기할 수 없다.)

이 기본 아이디어(피자의 가치는 나뉜 조각 수와는 상관없다는)는 다양하게 응용된다. Yogi Berra는 농담에 응용해서 웃음을 자아냈다. Franco Modigliani와 Merton Miller는 이 아이디어를 기업재무에 응용해서 노벨상을 탔다. 언제나 "MM"이라고 인용되는 Modigliani와 Miller는 1958년에, 기업의 가치는 현금흐름이 어떻게 나뉘는지와는 상관없이 결정된다는 것을 보여 주었다. 좀 더 정확하게 말하자면, MM은 다음의 명제를 증명하였다. **세금이 존재하지 않고, 자본시장이 완벽하게 기능한다면, 기업의 시장가치는 자본구조와 상관없다. 즉, 재무관리자는 자본조달을 위한 증권 조합의 변경을 통해서 기업 가치를 증가시킬 수 없다.**

물론 MM의 이 명제는 몇몇의 중요한 단순화 가정에 기반을 두고 있다. 예를 들면, 자본시장이 "완벽하게 기능"해야 한다. 이는 투자자들이 어떤 제약없이 증권을 거래할 수 있어야 하며, 기업과 같은 조건으로 차입과 대여를 받을 수 있어야 한다는 것이다. 또한 자본시장이 효율적이어서 투자자들에게 주어진 이용 가능한 정보들이 모두 반영되어 공정하게 증권가격이 결정되어야 한다는 의미이다. (우리는 7장에서 시장 효율성에 대해 알아보았다.) 또한, MM의 명제는 경제에 왜곡을 가져오는 어떠한 세금도 없을 것을 가정하고 있으며, 재무적 곤경하에서 기업이 과도하게 차입과 대여를 할 경우 맞닥뜨리게 될 비용을 무시하고 있다.

이러한 가정들이 사실과 다르거나 다른 실무적으로 복잡한 상황을 맞게 되면 기업의 재무구조에 대한 의사결정은 중요해진다. 그러나 자본구조에 대한 공부를 시작하는 가장 좋은 방법은 MM의 논증을 살펴보고 이해하는 것이다. 최대한 상황을 간단하게 만들기 위해서 한동안 우리는 세금을 무시할 것이다.

MM의 논증—단순화된 예

River Cruises사의 대표인 Cleo는 재무관리자인 Antony와 함께 회사의 자본구조를 살펴보고 있다. 표 16.2는 현재의 자본구조를 보여준다. River Cruises사는 부채가 없고, 모든 영업이익은 주주에게 배당으로 지급된다. 주당 기대이익과 배당액은 $1.25이지만 이는 결코 확실하지 않다. 이보다 다소 작을 수도, 클 수도 있다. 예를 들어, 경기가 불황이면 이익이 $0.75로 떨어질 수도 있고, 경기가 호황이면 $1.75로 증가할 수도 있는 것이다.

River Cruises사 주식의 주당 가격은 $10이다. 이 회사는 이익과 배당이 영구연금의

표 16.2 River Cruises는 자기자본으로만 자본을 조달한 회사이다. 매년 $125,000의 영업이익을 예상하고 있지만 확실한 것은 아니다. 이 표는 발생할 수 있는 영업이익의 수준에 따른 주주의 수익률을 보여준다. 세금은 없다고 가정한다.

자료			
주식수	100,000		
주당가격	$10		
자기자본의 시장가치	$100만		
			경제 상황
		불황	**보통**	**호황**
영업이익		$75,000	$125,000	$175,000
주당순이익		$0.75	$1.25	$1.75
자기자본수익률		7.5%	12.5%	17.5%
			예상 결과	

형태로 발생할 것으로 예상한다. 어떠한 성장도 예상되지 않고, 고로 주주들의 기대수익율도 배당수익률과 같다. 즉, 배당수익률＝주당기대배당금/주당가격($1.25/$10.00＝0.125 또는 12.5%)이다.

Cleo는 회사가 부채와 자기자본의 비율을 동등하게 가져갈 때 주주들에게 더 이득이 된다고 결론지었다. 그래서 Cleo는 $500,000의 부채를 이자율 10%에 발행하여 조달하고 이를 자사주 50,000주를 매입하는 데 사용할 것을 제안한다. 이런 것을 **자본구조변경**이라고 한다. 여기서 부채로 조달한 $500,000는 기업 내에 머무르지 않는다는 것을 기억하자. 이 자금은 50,000주의 자사주를 매입하고 소각하기 위해서 곧바로 주주에게 나간다. 그러므로 회사의 자산과 투자정책은 전혀 영향을 받지 않는다. 단지 자본조달 수단의 혼합정도만 변경된다.

새롭게 변경된 이 자본구조에 대해서 MM은 어떤 의견을 갖고 있을까? 이러한 자본구조의 변경이 이루어졌다고 가정하자. 영업이익은 변함없이 그대로이다. 그렇다면 "파이"의 가치는 $100만으로 고정된다. 신규 부채의 가치가 $500,000이므로 남아 있는 보통주의 가치는 $500,000이 되어야 한다. 즉, 50,000주의 주당 가격은 $10가 되어야 한다. 부채와 자기자본의 총합은 여전히 $100만이다.

기업의 가치는 변함이 없기 때문에 보통주 주주들에겐 손해도 이익도 없다. River Cruises사 주식은 여전이 주당 $10에 거래된다. River Cruises사 자기자본의 전체 가치는 $1백만에서 $500,000로 하락하였지만 주주들은 $500,000의 현금을 지급받았다.

Antony는 이 모든 것을 지적하며 말한다. "Cleo, 신경쓰지 마세요. 자본구조는 상관없습니다."

자본구조변경
실물자산의 변동없이 자본구조만을 변경시키는 절차.

16.1   셀프테스트

River Cruises사가 ($500,000이 아니라) $350,000의 부채를 신규로 발행하고 이 자금을 보통주를 매입하여 소각하는데 사용하였다고 하자. 이 자본구조변경은 주당 가격에 어떤 영향을 미치는가? 발행유통주식수는 몇 주가 되는가?

차입이 주당순이익에 미치는 영향

Cleo 사장은 납득이 되질 않았다. 그녀는 $500,000의 차입이 어떻게 주당순이익을 증가시키는지 보여주기 위하여 표 16.3과 그림 16.1을 준비하였다. 표 16.2와 표 16.3을 비교

표 16.3 River Cruises사는 $500,000의 부채를 이자율 10%에 조달하여 자사의 보통주 50,000주를 매입하는 것을 고려 중이다. 이 표는 다른 경제상황 하에서 영업이익이 변할 때의 주주수익률을 보여 준다. "보통" 상황과 "호황" 상황에서 표 16.2에서보다 더 높은 주주수익률을 보여 준다.

자료			
주식수	50,000		
	$10		
주당가격	$500,000		
부채의 시장가치	$500,000		
자본구조변경 결과			
		경제 상황	
	불황	보통	호황
영업이익	$75,000	$125,000	$175,000
이자비용	$50,000	$ 50,000	$ 50,000
당기순이익	$25,000	$ 75,000	$125,000
주당순이익	$0.50	$1.50	$2.50
자기자본수익률	5%	15%	25%
		예상 결과	

그림 16.1 부채의 차입은 영업이익이 $100,000 이상일 때는 River Cruises사의 주당순이익(EPS)을 증가시키지만 $100,000 이하일 때는 주당순이익을 감소시킨다. 기대 주당순이익은 $1.25에서 $1.50으로 상승한다.

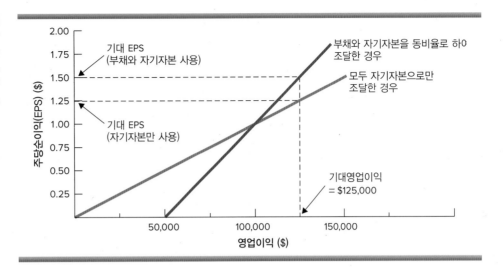

해 보면 자본구조 변경 후에 "보통" 상황에서의 주당순이익이 $1.25에서 $1.50으로 증가하는 것을 보여준다. 표 16.3은 "호황" 상황에서 더 높은 주당순이익($2.50 vs. $1.75)과 "불황" 상황에서 더 낮은 주당순이익($0.50 vs.$0.75)을 보여준다.

그림 16.1의 오렌지색 선은 현재 자기자본만으로 조달한 경우에 영업이익의 여러 수준에 따라 주당순이익이 어떻게 변화하는지를 보여준다. 그러므로 이 선은 표 16.2의 자료를 그래프로 그린 것이다. 파란 선은 회사가 부채와 자기자본을 동비율로 자본을 조달한 경우에 영업이익의 여러 수준에 따라 주당순이익의 변화를 보여준다. 즉, 표 16.3의 자료를 그래프로 그린 것이다.

Cleo 사장은 다음과 같은 이유를 든다. "부채의 사용은 주주 몫의 수익률을 증가시키거나 감소시키는 것이 확실하다. 불황의 경우 주주의 수익률은 부채를 사용할 때 줄어들지만 그 이외의 경우에는 증가한다. 불황으로 접어들 수도 있지만 현재 상황으로는 확률이 낮다. 부채를 발행함으로서 주주에게 이득을 줄 수 있을지 모른다."

재무관리자로서 Antony는 다음과 같이 답한다. "부채의 차입을 통해 불황이 오지 않는 한 주당순이익을 증가시킬 수 있다는 것에는 동의합니다만, 우리가 주주를 위해서 그들이 할 수 없는 무언가를 하고 있는 것은 아닙니다. River Cruises가 부채를 차입하지 않는다고 가정해 봅시다. 그러면 투자자는 은행에 가서 $10를 차입하고 $20를 River Cruises사의 주식 2주에 투자할 수 있습니다. 이 투자자가 투자한 자신의 돈은 $10뿐입니다. 표 16.4는 이 투자자가 이 $10 투자로부터 얻는 이득이 River Cruises사의 영업이익의 여러 수준에 따라 어떻게 변화하는지를 보여줍니다. 이 이득의 변화가 정확하게 자본구조를 변경한 후의 회사 주식 1주에 투자했을 때의 변화와 일치한다는 것을 알 수 있습니다.(표 16.3과 표 16.4의 마지막 두 줄을 비교해 보십시오.) 주주가 직접 차입을

표 16.4 개인투자자는 자신이 직접 차입함으로써 River Cruises사의 차입을 그대로 복제할 수 있다. 이 예에서 우리는 River cruises사가 자본구조를 변경하지 않았다고 가정한다. 그러나 이 투자자는 자신의 자금 $10를 투입하고, $10를 추가로 차입하여 2주를 각 $10에 매입할 수 있다. 결과적으로 이 투자자는 표 16.3에서와 같은 수익률을 구현하게 된다.

	경제 상황		
	불황	보통	호황
2주에 대한 순이익	$1.50	$2.50	$3.50
(−) 10% 이자비용	$1.00	$1.00	$1.00
투자에 대한 순이익	$0.50	$1.50	$2.50
$10 투자에 대한 수익률	5%	15%	25%
			예상 결과

표 16.5 개인 투자자는 River Cruises사의 차입효과를 무효화 시킬 수 있다. 여기서 투자자는 1주를 $10에 구입하고 추가로 $10를 대여한다. 이 표의 수익률과 표 16.2의 원래 수익률을 비교해 보라.

	경제 상황		
	불황	보통	호황
주당순이익	$0.50	$1.50	$2.50
(+) 10% 이자수익	$1.00	$1.00	$1.00
투자 순수익	$1.50	$2.50	$3.50
$20 투자에 대한 수익률	7.5%	12.5%	17.5%
	기대수익률		

하든지 River Cruises사가 주주를 대신해서 차입하든지 간에 아무런 차이가 없습니다. 그러므로 River Cruises사가 차입을 하는 것은 주주들이 하지 못했을 것을 할 수 있게 해주는 것이 아닙니다. 고로 기업가치를 증가시키지 못합니다."

"우리는 같은 논점을 반대의 경우에도 적용하여 자본구조변경 후에 투자자들이 손해를 보지 않는다는 것도 보일 수 있습니다. 자본구조변경 전에 회사의 주식 2주를 소유하고 있는 투자자를 상상해 보십시오. River Cruises사가 부채를 차입한다면 주주의 수익률이 이전보다 낮아질 수 있는 가능성이 있습니다. 만약 그러한 가능성을 이 투자자가 원치 않는다면, 이 투자자는 자본구조를 변경한 회사의 주식 1주를 매입하고 동시에 추가적으로 이 회사의 부채에 $10를 투자할 수 있습니다. 표 16.5는 이 투자를 통한 이득이 영업 이익 수준에 따라 어떻게 변하는지를 보여 줍니다. 보시는 바와 같이 회사가 자본구조를 변경하기 이전에 투자자들이 얻을 수 있었던 이득과 일치함을 알 수 있습니다. (표 16.2와 16.5의 마지막 두 줄을 비교해 보시기 바랍니다.) 투자금의 반을 대여함으로써(River Cruises사가 발행한 부채 증권에 투자함으로써) 이 투자자는 부채 차입의 효과를 정확하게 상쇄시킬 수 있습니다. 그러므로 River Cruises사가 차입을 한다고 해도 투자자가 이전에 하고자 했던 것을 못하게 할 수 없습니다."

이 예는 MM의 원래 논점을 다시 재현한다.[1] 개인들이 스스로 자신의 계정에서 기업과 같은 조건으로 차입과 대여가 가능한 한 그들은 자신들을 대신해 차입을 한 회사에 대해 더 높은 가격을 지불할 이유가 없다. 자본구조변경 후의 기업가치는 자본구조변경 전의 가치와 같아야만 한다. **다시 말해서, 기업의 가치는 자본구조의 영향을 받지 않아야 한다.**

이 결론은 **MM의 제1명제**라고 널리 알려져 있다. 또한 이상적인 상황에서는 기업의 부채 정책이 주주와는 상관없다는 것을 보여주므로 MM의 **부채무관**(debt-irrelevance)이라고도 불린다.

MM의 제1명제(부채무관)
이상적인 조건하에서 기업의 가치는 자본구조에 영향을 받지 않는다.

16.2   셀프테스트

River Cruises사가 $750,000의 부채를 발행하여 이 자금으로 자사주를 매입하였다고 가정하자.

a. 영업이익 $50,000의 변화는 주당순이익에 어떤 영향을 미치는가?

b. 표 16.5에서 보여준 다양한 투자전략을 통해서 보수적인 투자자가 어떻게 River Cruises사의 자본구조 변경의 효과를 무효화할 수 있는지를 보여라. 힌트: 이 투자자는 River Cruises사 주식에 투자한 $1당 $3를 대여해야 한다.

부채의 차입이 위험과 수익률에 미치는 영향

표 16.2는 MM의 부채무관 명제를 River Cruises사에 적용한 내용을 요약하고 있다. 위쪽의 파이들은 기업가치를 나타내고 아래의 파이들은 기대 혹은 "보통"의 영업이익을 나

---

1) MM명제에 대한 더 일반적인 – 또한 기술적인 – 증명들이 존재한다. 우리는 여기서 이에 대해 다루지는 않을 것이다.

그림 16.2 River Cruises사의 "파이 조각 자르기", 좌측의 파이들은 이 회사가 부채를 사용하지 않는다고 가정한다. 우측의 파이들은 전량 자기자본으로 조달자본구조 변경 후 제안된 자본구조변경을 반영한 것이다. 자본구조변경을 통해서 기업가치(위쪽 파이)는 50:50으로 나뉜다. 주주들은 기대(혹은 "보통" 상태의) 영업이익(아래쪽 파이)의 50% 이상을 차지하지만 재무위험을 부담하기 때문이다. 재무구조변경은 총 기업가치나 영업이익에 영향을 미치지 않는다는 것을 기억하자.

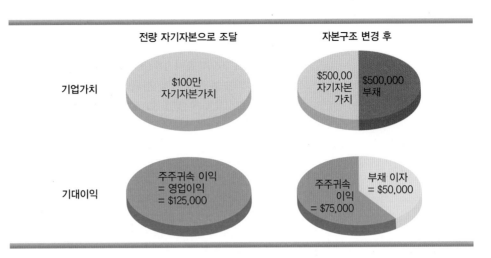

이낸다. 영업이익의 위험이 변하지 않기 때문에 자본구조변경은 파이의 크기에는 영향을 주지 않는다. 그러므로 이 기업이 $500,000를 부채로 조달하고 이를 자사주 매입과 소각에 사용한다면 남아 있는 주식의 총 가치는 $500,000이어야 하고 부채와 자기자본 가치의 총합은 $100만으로 유지되어야 한다.

표 16.2와 16.3을 다시 살펴보자. 자본구조변경은 경제상황에 상관없이 영업이익에 영향을 미치지 않는다. 그러므로 부채를 통한 자본조달은 기업의 **영업위험** 혹은 **사업위험**에 영향을 미치지 않는다. 그러나 유통보통주식수의 감소로 인해 영업이익의 변화가 주당순이익에 미치는 영향이 커진다. 영업이익이 $125,000에서 $75,000으로 하락했다고 가정하자. 자기자본으로만 자본조달한 경우에는 100,000주가 있으므로 주당순이익은 $0.50만큼 하락한다. 50%를 부채로 조달한 경우에는 유통보통주식수가 50,000주이므로 같은 영업이익의 하락이 주당순이익을 $1만큼 하락시킨다.

이제 여러분은 부채를 통한 자본조달이 왜 **재무레버리지**라고 알려져 있고 부채를 발행한 회사를 레버리지를 도입한 회사라고 하는지를 알 수 있다. 부채는 주식수익률의 불확실성을 증대시킨다. 기업이 자기자본으로만 자본을 조달한다면 영업이익 $50,000의 감소는 주식수익률을 5%포인트 감소시킨다. 부채를 사용하는 경우에는 같은 $50,000의 영업이익 감소가 주식수익률을 10%포인트 감소시킨다. (표 16.2와 16.3을 비교해 보자.) 다시 말하면, 레버리지의 영향은 River Cruises사 주식수익률의 변화범위를 배로 증가시키는 것이다. 부채의 차입이 River Cruises사 주식수익률의 상방 하방 범위를 배로 증가시킨다면 베타에는 어떠한 영향이 있을까? 베타도 배로 증가한다. 예를 들어 100% 자기자본인 경우에 베타가 0.33(1/3)이라면, 50% 부채, 50% 자기자본인 경우에는 0.67(2/3)로 증가한다는 것이다.

부채의 조달은 영업위험에는 영향이 없지만 재무위험은 증가시킨다. 반쪽의 자기자본만으로 같은 크기의 영업위험을 감내해야 하므로 주당위험은 두 배가 될 수밖에 없다.[2]

이제 MM의 제1명제가 River Cruisest사의 주식수익률에 대해 의미하는 바를 생각해 보자. 제안된 부채 발행 전의 기대주당순이익과 기대주당배당액은 $1.25이다. 주식에 투자하는 것은 위험이 높기 때문에 주주들은 12.5%의 수익률을 요구한다. 즉, 부채에 대한 이자율보다 2.5%를 추가로 요구하는 것이다. 그러므로 주당 가격은 (영구연금의 가격은 기대배당금을 요구수익률로 나눈 것이므로) $1.25/.125=$10이다. 좋은 소식은 부채를 발행한 이후 기대주당순이익과 기대주당배당금이 $1.50으로 상승한다는 것이다. 나쁜

영업위험(사업위험)
기업의 영업이익에 내재된 위험.

재무레버리지
부채를 통한 자본조달. 레버리지는 영업이익의 변화가 주주의 수익률에 미치는 영향을 증폭시킨다.

재무위험
부채의 사용으로 인해 주주들이 부담하는 위험.

---

2) 10장의 4절에서 우리는 고정비용이 기업이익의 변동성을 증가시킨다는 것을 배웠다. 이 고정비용은 영업레버리지를 만들어낸다. 이 현상이 부채에서도 똑같이 발생하는 것이다. 부채의 이자비용은 고정비용이기 때문에 부채는 이자비용을 차감한 후의 순이익의 변동성을 증가시키는 것이다. 이 고정이자비용이 재무레버리지를 만들어 내는 것이다.

소식은 주식의 위험이 이제 두 배가 된다는 것이다. 그러므로 주주들은 이제 부채보다 수익률이 2.5% 높은 것에 만족하지 않고 부채 이자율보다 5% 수익률을 추가로 요구하게 된다. 즉 요구수익률이 10+5=15%로 상승하게 되는 것이다. 배당금 증가로 인한 이익을 요구수익률의 상승으로 정확히 상쇄시키게 된다. 그러므로 부채발행 후의 주식가격은 발행 전과 정확하게 같은 $1.50/.15=$10가 된다.

	현 자본구조: 100% 자기자본	신 자본구조: 50% 부채, 50% 자기자본
기대주당순이익	$1.25	$1.50
주당 가격	$10	$10
기대 자기자본 수익률	12.5%	15.0%

그러므로 레버리지의 증가는 주주들의 기대수익률을 증가시키지만 동시에 위험도 증가시킨다. 이 두 효과는 서로 상쇄되어 주주의 가치는 변함없이 유지된다.

16.2 부채와 자기자본 비용

River Cruises 사의 자본비용은 얼마인가? 모두 자기자본으로 조달했을 때는 답하기 쉬울 것이다. 주주들은 주당 $10를 지불하고 $1.25의 주당순이익을 기대한다. 영구연금의 형태로 주당순이익이 지급된다면 기대수익률은 $1.25/10=0.125, 또는 12.5%이다. 이것이 자기자본비용, r_{equity}이고, 또 기업자산의 기대수익률 r_{assets}이자 자본비용이다.

자본구조변경은 영업이익이나 기업가치를 바꾸지 않기 때문에 자본비용도 바꾸지 않는다. 이 자본구조변경이 이루어졌다고 해보자. 그리고 동시에 당신은 운이 좋게도 억만장자가 되어 River Cruises사의 모든 부채와 자기자본을 사들였다고 가정하자. 당신이 이 투자에서 기대하는 수익률은 얼마인가? 이에 대한 답은 12.5%이다. 왜냐하면 모든 부채와 자기자본을 갖게 된다면 당신은 그 회사의 자산 전체를 소유하게 되는 것이며 모든 영업이익을 수령하게 될 것이기 때문이다.

당신은 정말로 12.5%의 수익률을 올리게 된다. 표 16.3을 보면 기대주당순이익은 $1.50이고 주식가격은 $10에서 변함없음을 알 수 있다. 그러므로 자기자본에서의 기대수익률은 $1.50/$10=0.15, 또는 15%($r_{equity}=0.15$)이다. 부채의 수익률은 10%($r_{debt}=0.10$)이므로 당신의 전체적인 수익률은 다음과 같이 12.5%이다.

$$(0.5 \times 0.10) + (0.5 \times 0.15) = 0.125 = r_{assets}$$

여기에는 명확한 원칙이 있다. 부채비용(r_{debt})과 자기자본비용(r_{equity})의 적절한 평균은 회사 자산에 대한 기회비용(r_{assets})이 된다. 이에 대한 공식은 아래와 같다.

$$r_{assets} = (r_{debt} \times D/V) + (r_{equity} \times E/V)$$

D와 E는 유통중인 부채와 자기자본의 금액이고, V는 기업전체의 가치, 즉 D와 E의 합이다. D, E, 그리고 V는 장부가치가 아니라 시장가치임을 기억하자.

이 공식은 13장에서 제시된 가중평균자본비용(WACC)과 일치하지 않는데, 그 이유는 우리가 현재 세금을 무시하고 있기 때문이다.[3] 세금을 반영하면 WACC와 일치하게 될 것이다. 우선 자기자본비용에 관한 MM의 부채무관 명제를 살펴보자.

MM의 제1명제에 의하면 기업의 자본구조 선택은 기업의 영업이익이나 자산가치에 영향을 미치지 않는다. 그러므로 이 부채와 자기자본의 조합에 대한 기대수익률(r_{assets})은 영향을 받지 않는다.

---

3) 13장 1절과 2절 참고

그러나 우리는 방금 레버리지의 증가가 자기자본의 위험을 높이고 주주들의 수익률에 대한 요구를 증가시키는 것을 보았다.

레버리지에 따라서 자기자본의 기대수익률이 변동하는지를 보기 위해서 우리는 위의 공식을 다음과 같이 회사의 자본비용에 관하여 간단하게 재배열할 수 있다.

$$r_{equity} = r_{assets} + \frac{D}{E}(r_{equity} - r_{debt}) \qquad (16.1)$$

이를 말로 풀어 쓰면 아래와 같다.

$$\binom{\text{자기자본의}}{\text{기대수익률}} = \binom{\text{자산의}}{\text{기대수익률}} + \left[\binom{\text{부채}}{\text{자기자본 비율}} \times \left(\binom{\text{자산의}}{\text{기대수익률}} - \binom{\text{부채의}}{\text{기대수익률}} \right) \right]$$

MM의 제2명제
자기자본의 요구수익률은 기업의 부채–자기자본 비율이 증가함에 따라 같이 증가한다.

이것이 **MM의 제2명제**이다. 이에 의하면 레버리지를 사용하는 기업의 보통주에 대한 기대수익률은 시장가치로 표시된 부채–자기자본 비율(D/E)에 비례하여 증가한다. 기업이 부채를 전혀 사용하지 않는 경우는 자기자본의 기대수익률과 자산의 기대수익률이 같다. ($r_{equity} = r_{assets}$)

예제   16.1 ▶   River Cruises사의 자기자본비용

차입 결정을 내리기 전에 River Cruises사를 위해 MM의 제2명제를 확인해 볼 수 있다.

$$r_{equity} = r_{assets} = \frac{\text{기대영업이익}}{\text{모든 증권의 시장가치}}$$
$$= \frac{125,000}{1,000,000} = 0.125, \text{ 또는 } 12.5\%$$

이 기업이 차입계획을 시행한다면 자산의 기대수익률(r_{assets})은 여전히 12.5%이므로 자기자본의 기대수익률은 아래와 같다.

$$r_{equity} = r_{assets} = \frac{D}{E}(r_{assets} - r_{debt})$$
$$= 0.125 + \frac{500,000}{500,000}(0.125 - 0.10)$$
$$= 0.15, \text{ 또는 } 15\% \ \blacksquare$$

우리는 13장에서 부채의 발행은 명시적 비용과 암묵적 비용을 수반한다고 배웠다. 명시적 비용은 기업의 부채에 부과되는 이자율이다. **그러나 부채는 재무적 위험을 증가시키기 때문에 주주로 하여금 더 높은 수익률을 요구하게 만든다. 이 암묵적 비용을 이해한다면 부채가 결코 자기자본보다 싸지 않다는 것을 알게 된다.** 투자자들이 자산에 대해 요구하는 수익률은 기업의 차입결정에 영향을 받지 않는다. "부채는 자기자본보다 싸다."고 비전문가가 이야기할 때마다 반드시 이 점을 기억해야 한다.

16.3   셀프테스트

기업이 부채를 발행할 때, 그 회사의 자기자본에 대한 기대수익률(r_{equity})은 변하지만 자본비용(r_{assets})은 변하지 않고 고정되어 있는 이유는 무엇인가? 왜 그 반대는 아닌가?

MM의 제2명제의 함의는 그림 16.3에 있는 바와 같다. 기업이 얼마나 많은 금액을 차입하는지와는 상관없이 부채와 자기자본을 합한 전체에 대한 기대수익률(r_{assets})은 변하지 않는다. 그러나 분리된 각각에 대한 기대수익률은 변한다. 어떻게 이것이 가능할까?

그림 16.3 고정된 부채의 이자율을 가정한 MM의 제2명제. River Cruises 자기자본의 기대수익률은 부채−자기자본 비율에 비례하여 증가한다. 부채와 자기자본의 가중평균수익률은 일정하게 유지되고 이는 자산의 기대수익률과 같다.

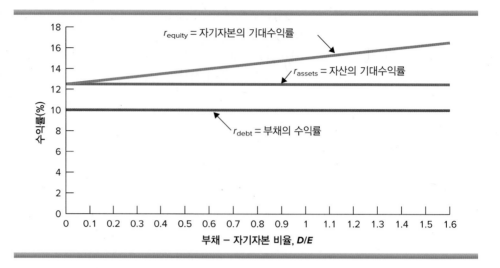

그림 16.4 위험부채를 가정한 MM의 제2명제. 부채−자기자본 비율이 증가할수록 채권자는 채무불이행위험에 대한 보상으로 더 높은 수익률을 요구한다. 부채가 위험하면 채권자가 위험의 일부분을 감수하기 때문에 자기자본의 기대수익률은 더 천천히 증가하게 된다. 부채와 자기자본의 복합적인 기대수익률(r_{assets})은 일정하게 유지된다.

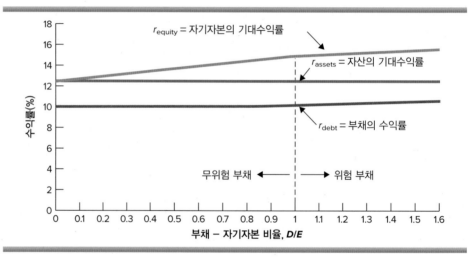

부채와 자기자본이 전체에서 차치하는 비율이 변하기 때문이다. 부채를 더 많이 사용한다는 것은 자기자본의 비용이 증가한다는 것을 의미하지만 동시에 자기자본의 금액이 줄어든다는 것을 의미한다.

그림 16.3에서 우리는 기업이 차입하는 금액에 관계없이 부채의 이자율이 일정한 것으로 표시하였다. 이는 완전히 현실적이라고 보기는 어렵다. 대부분의 크고 보수적인 회사들은 그들이 부담하는 이자비용에 영향을 미치지 않으면서 부채금액을 다소 조정할 수는 있다. 그러나 부채가 높은 수준에 이르게 되면 채권자들은 채권의 회수를 걱정하게 되어 더 높은 이자를 요구하게 된다. 그림 16.4는 그림 16.3을 수정하여 이러한 고려를 반영하였다. 기업이 더 많이 차입하게 되면 채무불이행위험이 증가하고 기업은 더 높은 이자를 지불해야 한다. 제2명제는 계속해서 부채와 자기자본을 합한 전체에 대한 기대수익률이 변하지 않을 것이라고 예측한다. 그러나 r_{equity} 선의 기울기는 D/E가 증가함에 따라 감소한다. 왜일까? 근본적으로 위험 부채를 보유하고 있는 투자자가 기업의 영업위험을 분담하기 시작하기 때문이다. 기업이 차입을 더 할수록 영업위험은 주주에서 채권자에게로 넘어가게 된다.

재무레버리지에는 어떠한 마법도 없다

MM의 명제들은 간단한 경고로 귀결된다. 재무레버리지에는 어떠한 마법도 없다. 이 경고를 무시하는 재무관리자는 심각한 실무적 실수를 저지를 수 있다. 여기 저지르기 쉬운 오류의 두 가지 예가 있다.

부채는 저렴한 자본조달 수단이 아니다.   당신의 분노조절제 사업은 해외 제작자와의 경쟁으로 압력을 받고 있다. 컨설턴트 Claxon Drywall은 당신이 공장과 장치들을 현대화하고 생산 비용을 절감하기 위해서 계획하고 있는 자본투자를 두 배로 늘려야 한다고 주장한다. 당신은 이 확대된 투자안의 수익률은 9%밖에 안 되고 회사의 일반적인 11%의 자본비용으로 추정 현금흐름을 할인하여 계산하면 순현재가치(NPV)가 음이 됨을 지적하였다.

Drywall은 겸손하게 대답한다. "은행은 기꺼이 당신에게 5%의 이자율로 대출해줄 것입니다. 그리고 5% 할인율을 적용한 순현재가치(NPV)는 확실하게 양입니다. 그리고 어떠한 재무적 위험도 없습니다. ─ 영업현금흐름은 은행부채를 감당하기에 충분합니다. 주주들이 이를 걱정하거나 더 높은 수익률을 요구할 이유는 없습니다. 전체적인 자본비용은 하락할 것이니까요."

당신은 곧바로 Drywall의 실수를 알아차리게 된다. 첫째, 그는 기업의 신용에 의해 결정되는 부채의 비용과 투자안의 위험에 의해 결정되는 자본의 기회비용과 혼동하고 있다. 둘째, 그는 순진하게도 '비싼' 자기자본을 '싼' 부채로 대체함으로써 전체적인 자본비용을 줄일 수 있다고 생각하고 있다. (Drywall이 부채의 절세효과를 염두에 두고 있는 것은 아니다. 이에 대해서는 곧 다룰 것이다.) 셋째, Drywall은 재무적 위험을 기업이 부채를 감당하지 못할 위험으로 오해하고 있다. 이것은 잘못된 것이다. 자기자본을 부채로 대체하는 것은 재무적 위험을 발생시킨다. 심지어는 채무불이행위험이 전혀 없는 경우에도 말이다.

River Cruises사와 관련된 계산에서 우리는 채무불이행위험에 대해서 거론한 적이 없다는 것을 기억하자. 이 회사의 영업이익은 경제상황이 안 좋은 상황에서도 이자비용을 상회한다. 그럼에도 불구하고 자금을 차입하는 것은 재무적 위험을 발생시킨다. 왜냐하면 회사의 영업위험을 더 작은 규모의 자기자본 투자자에게 집중시키기 때문이다. 예를 들어, River Cruises사의 당기순이익의 변동성은 두 배가 되었고 베타는 0.33에서 0.67로 증가하였다.

숨어 있는 부채를 주의하라.   한 법률회사가 급격하게 성장하고 있어 새로운 오피스 공간으로 이사를 해야 한다. 사업은 잘 되고 있고, 한 빌딩 전체를 $1,000만에 사는 것을 심각하게 고려하고 있다. 이 빌딩은 일등급의 사무실공간을 제공하고, 대부분의 회사 주요 고객에게 편리하며, 미래에 있을 확장을 위한 예비공간도 제공한다.

Claxon Drywall이 다시 나타나서는 이 빌딩을 사지 말고 장기 리스계약을 맺도록 조언한다. "리스로 자본을 조달한다면 $1,000만을 아낄 수 있습니다. 자기자본을 추가로 증가시킬 필요가 없습니다."라고 Drywall은 설명한다.

시니어 법률 파트너가 이 리스 계약 조건에 대해 문의하자 Drywall은 "리스회사가 100% 자본을 제공할 것입니다. 회사는 고정금액 $950,000를 매년 20년간 리스회사에 지급하면 됩니다. 첫 지급은 계약하자 마자 곧바로 이루어져야 하고요."라고 설명한다. 시니어 파트너는 "첫 지급액 $950,000는 선금(down payment)으로 보이는군요."라며 꼼꼼하게 살폈다.

"좋은 지적입니다."라며 Drywall은 우호적으로 말을 이어갔다. "그러나 여전히 $9,050,000을 아낄 수 있습니다. 이 돈을 다른 곳에 투자하여 수익률을 올릴 수 있습니다. 예를 들어 런던과 브뤼셀에 지점 사무소를 낼 계획인 걸로 알고 있습니다. 이 $900만을 새 사무소 셋업 비용으로 사용할 수 있습니다. 새 사무소에서 창출되는 현금흐름은 리스료를 충당하고 남을 것입니다."

여기서 곧바로 위험을 감지할 수 있다. 첫 번째 리스료 지급 후 사실상 $9,505,000의 부채를 부담하게 되는 것이다. (리스료는 차입금과 마찬가지로 법적인 지급의무이다.) 이 것을 신중한 차입이라고 할 수 있을까? 이 법률회사가 사업이 부진하게 되고 일단의 파트 너들이 떠나게 되더라도 이 리스료를 감당할 수 있을까?

20회의 $950,000 지급은 리스회사에게 8%의 수익률을 가져다주는 것으로 계산된 다.[4] 이것이 바로 이 리스계약의 실효 부채비용이다.[5] Drywall이 지점 사무소를 열어서 리스비용을 감당할 수 있다고 이야기했을 때, 이는 지점 사무소에 대한 투자의 수익률이 8% 이상이면 지점 사무소를 개점할 가치가 있다고 말한 것이다.

Drywall은 여기서 또 한번 부채비용(여기서는 8%)을 지점 사무소 투자안의 위험에 의해 결정되는 자본의 기회비용과 혼동하고 있다.

MM이라면 이 시니어 파트너에게 어떻게 조언할까? 먼저, MM은 지점 사무소 투자안 에서 추정되는 현금흐름을 자본의 기회비용으로 할인했을 때 양의 순현재가치가 있는지 물었을 것이다. 만일 이 기업이 충분히 리스 지출을 감당할 수 있고 8%가 사실상의 차 입에 대한 공정한 시장이자율이라면 리스를 통해서 $9,050,000을 차입하는 것을 MM 은 반대하지 않을 것이다.

하지만 MM은 추가적인 차입이 회사의 전체적인 자본비용을 감소시키지는 않을 것이 라고 경고할 것이다. 그리고 8%가 새 지점 사무소에서 창출되는 현금흐름에 대한 맞는 할인율이 아니라고 주장할 것이다. 8%의 할인율은 암묵적으로 재무레버리지에는 마법 이 있다고 가정하는 것이다. 하지만 마법은 없다.

그리고 MM은 부채와 세금에 대해 생각해 보자고 제안할 것이다.

16.3 부채, 세금, 그리고 가중평균자본비용

MM의 명제들은 부채정책은 중요하지 않다고 제안한다. 그러나 재무관리자는 부채정책 에 대해 여러 가지 이유로 걱정하고 고민한다. 이제 왜 그런지를 알아보자.

만일 부채정책이 정말로 완전하게 아무 상관이 없다면, 기업들 그리고 산업들의 실제 부채비율은 무작위로 분포되어 있을 것이다. 하지만 거의 모든 항공회사, 유틸리티 기업 들, 그리고 통신 회사들은 자본조달의 많은 비중을 부채에 의존하고 있다. 그리고 제철, 알루미늄, 화학, 그리고 광업같이 자본집약적인 산업에 종사하는 기업들도 마찬가지이다. 다른 한편으로는 바이오테크나 소프트웨어 회사의 경우 주로 자기자본으로 자본조달을 하지 않은 회사를 찾기 힘들다. 매력적인 성장기업들은 급격한 확장과 종종 요구되는 대 규모 자본조달에도 불구하고 많은 부채를 좀처럼 사용하지 않는다.

이러한 패턴에 대한 설명은 이제껏 우리가 논의하지 않고 남겨두었던 내용에서 찾아볼 수 있다. 이제 이러한 내용들을 논의해 보도록 하자. 세금에 대해 먼저 시작해 보자.

River Cruises사의 부채와 세금

부채를 사용한 자본조달은 한 가지 중요한 이점이 있다. 회사가 지급하는 이자비용은 법 인세 과세소득 계산 시 차감되는 비용이라는 것이다. 반면 주주에게 지급되는 배당은 법 인세 과세소득에서 차감되지 않는다.

부채의 세금상 이점을 알아보기 위해 다시 River Cruises사를 살펴보자. 표 16.6의 원

---

4) 20년짜리 $950,000 선불연금의 8% 할인율에서의 현재가치는 $10,073,000이고 이는 해당 빌딩을 구매하는 비용과 거의 일치한다. 할인율 8%의 19번의 연말 지급의 현재가치는 $9,123,000이고 선급금 $950,000을 합쳐서 $10,073,0000이 되는 것이다. 그러므로 리스회사는 8%보다 조금 더 많은 수익을 올리게 되는 것이다.

5) 리스의 경우 여기서 암시하고 있는 것보다 더 복잡할 수 있다. 예를 들어 리스 계약은 건물의 소유권을 이전시킬 것이고 이 법률회사는 감가상각비에 대한 절세효과를 잃게 될 것이다.

표 16.6 부채가 없다면 River Cruises는 $12.5만의 이익을 (21%의 법인세 부담 후) 기대한다. 그러나 $50만의 부채가 있다면 부채와 자기자본 투자자들이 벌어들이는 총액은 $13.55만으로 증가하게 된다. $1.05만의 이익증가는 이자비용이 세전이익에서 차감되기 때문이다. 이 이자비용의 절세효과는 법인세를 $1.05만만큼 줄인 것이다.

	무부채	부채 $500,000
기대영업이익	$158,228	$158,228
부채에 대한 10% 이자비용	0	50,000
세전 이익	158,228	108,228
법인세(세율 21%)	33,228	22,728
세후 이익	125,000	85,500
채권자와 주주에게 귀속되는 이익 총합 = 세후 이익+이자비용	125,000	135,500

쪽 열은 회사가 부채를 사용하지 않는 경우를 가정한다. 이제 세전기대이익이 $158,228이라고 가정하자. 그러면 세율이 21%이라고 할 때, 세후기대이익은 $125,000이다. 우측 열은 10%의 이자율로 $500,000을 차입했을 때를 가정한 경우이다.

회사가 부채를 사용했을 때 채권자와 주주에게 배분될 수 있는 이익이 $10,500 더 많다는 것을 주목하자. 그 이유는 이자비용이 세전 이익 계산에서 차감되는 비용이기 때문이다. 그러므로 매 $1의 이자비용이 세금을 $0.21 절약해 주는 것이다. 그러므로 전체 절세금액은 단순하게 이자비용에 0.21을 곱하여 계산할 수 있다. River Cruises사의 케이스에서 **이자비용의 절세효과**(Interest tax shield)는 매년 0.21×$50,000=$10,500이다. 달리 말하면, 채권자와 주주가 나누어 가질 수 있는 세후이익의 "파이"가 부채를 사용하지 않는 경우와 비교해서 $10,500만큼 증가한다는 것이다. 채권자는 정해진 이자율 이상을 가져가지 못하기 때문에 이자비용의 절세효과의 이익은 모두 주주들의 몫이 된다.

이자비용의 절세효과
이자비용을 과세소득에서 차감함으로써 얻는 법인세 절약액.

이자비용의 절세효과는 가치 있는 자산이다. 이 가치가 얼마나 될 수 있는지 알아보자. River Cruises사가 현재 유통중인 채권을 만기가 도래하면 다시 새로 채권을 발행하여 계속해서 부채를 이월시키려고 계획하고 있다고 하자. 그러므로 River Cruises사는 매년 $10,500의 절세효과를 영원히 영위할 수 있을 것으로 기대하고 있다.

만약 이 부채가 정말로 고정되고 영원하다면 그리고 River Cruises사가 이자비용을 충분히 감당할 만큼 충분한 세전이익을 벌어들일 수 있다고 확신한다면, 이 이자비용의 절세효과는 안전한 영구연금이다. 이 절세효과의 위험이 이를 창출해 주는 이자비용과 같다고 가정하면 우리는 채권자들이 요구하는 이자율인 10%를 할인율로 사용할 수 있다. 그러므로 절세효과의 현재가치는 아래와 같다.

$$\text{PV(interest tax shield)} = \frac{\$10,500}{0.10} = \$105,000$$

이 간단한 계산은 통상적으로 사용하는 방법이다. 추정된 이자비용의 절세효과를 부채의 비용으로 나누는 것이다. 마치 이자비용의 절세효과가 영구연금이고 부채와 같은 정도의 위험을 가지고 있는 것처럼 말이다.[6]

불행히도 이 법칙은 거의 항상 이자비용의 절세효과의 가치를 과장한다. 첫째로, 기업은 차입을 영원히 하지 않을 수도 있다. 둘째로, 미래에 이익이 아닌 손실을 내서 법인세를 내지 않을 수도 있다. 만일 이런 일이 일어난다면 절세효과를 창출할 수 있는 세금이 없을 것이다. 셋째로, 위의 공식은 부채의 금액이 기업의 성과와 관계없이 일정하게 고정되어 있다고 가정하고 있다. 그러나 기업은 부채비율을 일정하게 유지하기 위해서 자본구조를 지속적으로 재조정할 것이라고 가정하는 것이 보다 현실적일 것이다. 기업이 번성해서 가치가 상승한다면 좀더 차입을 할 수 있을 것이다. 만일 기업이 어려움을 겪고 가치가 하락한다면 점차적으로 부채를 상환하여 부담이 되지 않는 수준으로 낮출 것이다. 자

---

6) 이 경우의 PV는 세율에 유통중인 부채의 금액을 곱한 것과 같다. 세율을 T_C라고 하면, 이자비용의 절세효과는 $T_C \times r_{debt} \times D$이다. 절세효과는 영구연금이기 때문에 $T_C \times r_{debt} \times D$를 r_{debt}로 나누어야 한다. 그러므로 PV(이자비용의 절세효과)=$T_C \times D$이다.

본구조 재조정이 이루어지게 된다면 미래의 부채와 이자비용의 절세효과가 더 이상 고정된 금액이 아니라는 것을 의미한다. 기업의 성과에 따라 이자비용의 절세효과의 금액이 변하게 된다면 부채의 비용보다 더 높은 이자율로 할인해야 한다.

River Cruises사가 부채금액을 미래의 기간마다 재조정하여 부채비율을 일정하게 유지한다고 가정해보자. 이런 경우에는 부채의 수준과 이자비용의 절세효과의 가치는 River Cruieses의 시장가치에 따라 변동하게 될 것이고, 이 기업의 시장가치와 같은 정도의 위험을 갖고 있을 것이다. 그렇다면 여기서 좀 더 보수적인 계산법을 제안할 수 있다. 절세효과가 이 기업의 자산과 같은 정도의 위험을 갖고 있기 때문에 영업이익을 할인할 때 사용하는 이자율로 할인을 해야 한다. River Cruises사의 예에서는 12.5%이다.[7]

$$PV(\text{interest tax shield}) = \frac{\$10,500}{0.125} = \$84,000$$

이렇게 더 보수적으로 계산하더라도 이자비용의 절세효과는 이 기업과 그 주주들에게 상당한 가치를 더해 줄 수 있다는 것을 보여준다.

16.4 셀프테스트

River Cruises사가 $300,000을 차입했다고 가정하자. 위의 계산법을 사용해서 이자비용의 절세효과의 현재가치를 계산하고 아래의 물음에 답하라.

a. 차입금의 금액이 일정하고 영원히 변하지 않는다면 이자비용의 절세효과의 현재가치는 얼마인가?
b. River Cruises사가 영구적으로 차입을 하긴 하지만 그 금액을 미래의 기간마다 재조정하여 총자산 부채비율을 일정하게 유지한다면 이자비용의 절세효과의 현재가치는 얼마인가?
c. b의 계산결과도 여전히 너무 큰 금액일 것이다. 이유를 설명하라.

이자비용의 절세효과는 주주지분의 가치를 어떻게 증가시키는가

MM의 제1명제는 "피자의 가치는 피자를 어떻게 자르느냐와는 상관이 없습니다."라고 말하는 것과 같다. 여기서 피자는 기업의 자산이고, 조각들은 부채와 자기자본의 청구권이다. 이 피자의 크기가 일정하다면, 부채의 $1 증가는 자기자본의 $1 감소를 의미한다.

그러나 사실 한 조각이 더 있다. 정부가 갖고 있는 청구권이 그것이다. MM은 여전히 피자의 가치(여기서는 세전의 회사가치)는 어떻게 조각 내느냐와는 상관이 없다고 이야기할 것이다. 그러나 정부 몫의 조각의 크기를 줄인다면 다른 조각의 크기를 늘릴 수 있다. 그 방법 중 하나가 부채를 차입하는 것이다. 기업이 납부해야 할 세금 금액을 줄일 것이고 투자자들에게 돌아갈 현금금액을 늘릴 수 있다. 투자자 몫의 가치는 세금을 절약한 금액의 현재가치만큼 증가할 것이다.

세금이 존재하지 않는 세계에선 MM의 제1명제는 기업의 가치는 자본구조의 영향을 받지 않는다고 이야기한다. 그러나 MM은 법인세를 인식하고 제1명제를 수정한다.

부채기업의 가치 = 무부채기업의 가치 + 이자비용 절세효과의 현재가치

이 공식은 그림 16.5에 그려져 있다. 부채의 차입은 기업가치와 주주의 부를 증가시킨다는 것을 나타낸다.

---

7) 연절세효과는 $T_C \times r_{debt} \times D$이다. 하지만 $T_C \times r_{debt} \times D$를 r_{asset}로 나누어야 한다. 그러므로 PV(이자비용의 절세효과)=$T_C \times D \times (r_{debt}/r_{asset})$이다.

그림 16.5 굵은 파란색 선은 이자비용의 절세효과가 기업의 시장가치에 미치는 영향을 보여준다. 추가적인 부채의 차입은 법인세액을 감소시키고 투자자의 몫으로 돌아가는 현금흐름을 증가시킨다. 그러므로 기업의 시장가치는 증가한다.

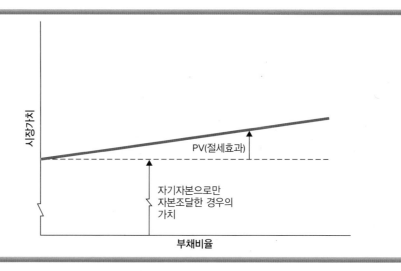

법인세와 가중평균자본비용

우리는 법인세가 존재할 때 부채는 기업에게 가치있는 절세효과를 가져다준다는 것을 보였다. 기업들이 특정한 부채차입 정책과 관련하여 명시적으로 절세효과의 현가를 계산하진 않는다. 그러나 절세효과는 잊혀지는 것이 아니다. 자본투자의 가치를 평가하는데 쓰이는 할인율에 반영되어 있기 때문이다.

부채의 이자비용은 과세소득에서 차감되기 때문에 정부가 실질적으로 이자비용의 21%를 부담하는 셈이다. 그러므로 기업은 투자자들을 만족시키기 위해서 부채에 대한 세후 이자율과 주주들의 요구수익률을 벌어야만 한다. 13장에서 공부한 것과 같이 부채의 절세효과를 인지한다면 가중평균자본비용(WACC)은 다음과 같아진다.

$$\text{WACC} = (1 - T_C) \times r_{\text{debt}} \times \left(\frac{D}{D+E} \right) + r_{\text{equity}} \times \left(\frac{E}{D+E} \right)$$

부채의 절세효과를 반영했을 때, 가중평균자본비용은 세후 이자비용인 (1−법인세율)×r_{debt}의 영향을 받는다는 것을 기억하자.

예제 **16.2 ▶**   **가중평균자본비용과 부채정책**

River Cruises사가 법인세를 부담한다면, 우리는 가중평균자본비용 공식을 사용하여 레버리지가 River Cruises사의 자본비용에 미치는 영향을 알아볼 수 있다. 기업이 부채를 전혀 사용하지 않는다면 가중평균자본비용과 주주의 요구수익률은 서로 일치한다. River Cruises사의 경우 모두 자기자본으로만 자본조달했을 경우의 가중평균자본비용은 12.5%이고 기업가치는 $100만이고 이는 이 장의 앞부분에서 들었던 법인세가 없는 경우의 예와 같다. 이제 River Cruises사가 부채 $500,000를 사용한다는 가정하에 가중평균자본비용을 구해보자. 더 보수적인 통상적 계산방식[8]으로 이자비용 절세효과의 현재가치를 구해보면(각주 7번 참조), 기업가치 $V=D+E$는 0.21×$500,000×(0.10/0.125)=$84,000만큼 증가하여 $1,084,000가 된다. 자기자본 가치 E는 $1,084,000−$500,000=$584,000이 된다.

표 16.6의 우측열은 이자비용과 법인세비용을 차감한 후 주주에게 귀속되는 소득이 $85,500임을 보여주고, 주주의 기대수익률은 85,500/584,000=14.64%($r_{\text{equity}}=0.1464$)가 된다. 이자율은 10%($r_{\text{debt}}=0.10$)이고 법인세율은 21%($T_C=0.21$)이다. 이 정보가 있으면 법인세가 River Cruises사의 가중평균자본비용에 어떻게 영향을 주는가를 볼 수 있다.

---

8) 더 보수적인 통상적인 계산법이라는 것은 기업이 현재의 부채비율을 유지하도록 미래의 부채 수준을 결정한다고 가정하는 것이다. 이 통상적 방법은 가중평균자본비용 계산에 적합한 방법이다. 왜냐하면 가중평균자본비용을 할인율로 사용하여 장기 내용연수의 자산을 평가할 때 부채비용이 일정하다는 가정을 하고 있기 때문이다. WACC 계산공식에 기반을 두고 있는 가정에 대한 구체적인 분석이 궁금하다면, R. A. Brealey와 S. C. Myers, F. Allen의 저서 *Principles of Corporate Finance* 13판(2019, New York: McGraw-Hill Education)의 19장을 참조하길 바란다.

그림 16.6 법인세가 존재하는 경우 레버리지 증가로 인한 River Cruises사의 자본비용의 변화. 세후 부채비용은 (1−0.21)10%=7.9%로 일정하다고 가정한다. 차입이 증가하면 자기자본비용은 증가하지만 가중평균자본비용(WACC)은 하락한다.

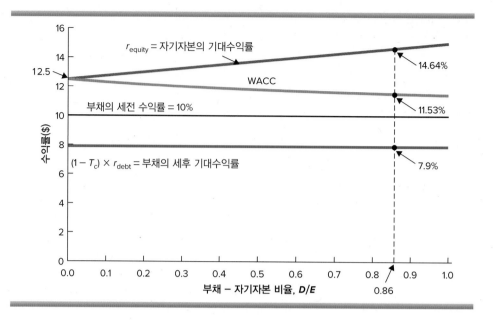

$$\text{WACC} = \frac{D}{V} \times (1-T_C)r_{debt} + \frac{E}{V} \times r_{equity} \tag{16.2}$$

$$= \left(\frac{500,000}{1,084,000}\right) \times (1-0.21) \times 0.10 + \left(\frac{584,000}{1,084,000}\right) \times 0.1464 = 0.1153, \text{ 또는 } 11.5\%$$

그러므로 이자비용의 절세효과는 River Cruises사의 총가치(V=D+E)를 $84,000만큼 증가시켰고 가중평균자본비용을 12.5%에서 11.5%로 낮췄다.

　그림 16.6은 그림 16.3에서 이자비용의 절세효과의 영향을 반영한 것이다. 기업이 부채를 더 차입하면 자기자본비용은 그림 16.3에서의 15%만큼은 아니지만 14.64%만큼 상승한다.[9] 그러나 세후 부채비용은 단지 7.9%이다. 부채 수준이 $500,000일 때 자기자본의 가치는 $584,000이다. 그리고 자기자본부채비율은 D/E=500,000/580,000=0.86이다. 그림 16.6은 이 부채 수준에서 가중평균자본비용(WACC)가 11.53%임을 보여준다. ■

법인세가 자본구조에 미치는 영향

부채의 차입이 법인세절감효과를 가져다준다면 최적의 부채정책은 당황스럽게도 극단적이다. 모든 기업들은 최대한도로 차입을 해야 한다. 이렇게 함으로써 기업의 가치를 최대화하고 가중평균자본비용을 최소화하게 된다.

　MM은 이 결과에 그렇게 집착하지는 않았다. 그 누구도 극단적인 부채비율에서 그러한 이득을 기대하지는 않을 것이다. 예를 들어 한 기업이 차입을 과도하게 많이 한다면 그 기업의 모든 영업이익은 이자를 지급하는데 소모되고 말 것이다. 그렇다면 납부해야 할 법인세 비용은 없을 것이고 추가적인 부채에 대한 법인세절감효과는 없을 것이다. 그런 기업들은 더 이상 차입할 이유가 없다.

　또한 차입에는 세무상 불이익이 있을 수도 있다. 왜냐하면 채권자들은 수취하는 이자소득에 대해서 개인소득세를 납부해야 하기 때문이다. 채권 이자수익에 대한 최고세율은 37%이다. 또한 배당금과 자본이득에 대한 최고세율은 현재 23.8%이다.[10] 자본이득은

---

9) 법인세가 없는 경우의 15%에서 14.64%로 떨어지는 이유는 이자비용의 절세효과가 기업가치를 증가시키고 부채비율(D/E)을 법인세가 없는 경우의 500,000/500,000=1에서 500,000/584,000=0.86으로 감소시키기 때문이다. 그런데 MM의 제2명제는 법인세가 있는 경우에도 부채비율이 유지되는 한 그대로 적용된다. 이 예에서의 자기자본비용은 아래와 같다.

$$r_{equity} = r_{assets} + (D/E) \times (r_{assets} - r_{debt}) = 0.125 + 0.86 \times (0.125 - 0.10) = 0.1464 \text{ 또는 } 14.64\%$$

10) 투자 소득에 대한 세율은 투자자의 총소득이 높을수록 높다. 최고 세율을 명목상으로는 20%이지만, (상당한 지분의 주식을 소유하고 있는) 고소득자는 추가적인 3.8%를 투자이익에 대해 "부가적으로" 납부해야 한다.

매각을 통해 실현되기 이전에는 과세되지 않는다는 점에서 추가적인 이득이 있다. (이러한 과세의 지연은 납부할 세금의 현재가치를 줄여준다.)

위에 열거한 이유들은 부채로 인한 절세효과가 더 이상 증가하지 않고 심지어 줄어드는 시점이 도래할 수 있다는 것을 시사한다. 그러나 이러한 이유들도 왜 수익성이 좋아서 높은 법인세를 부담해야 하는 회사들이 부채를 적게 사용하거나 전혀 사용하지 않는지를 설명하지 못한다. 법인세 말고도 고려해야 하는 요소들이 확실히 존재하는 것이다. 그 중 한 요소가 재무적 곤경의 가능성이다.

16.4 재무적 곤경 비용

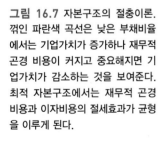
재무적 곤경 비용
파산이나 파산직전의 왜곡된 경영의사결정으로 인해 발생하는 비용.

재무적 곤경은 채권자에게 한 약속들이 지켜지지 않거나 지켜지지 않을 가능성이 높을 때 발생한다. 때때로 재무적 곤경은 파산으로 이어지지만, 때로는 단지 얇은 얼음 위로 스케이트를 타는 것을 의미하기도 한다.

곧 살펴볼 바와 같이 재무적 곤경은 비용을 수반한다. 투자자들은 부채를 사용하는 기업이 재무적 어려움을 겪을 수도 있다는 것으로 알고 있고, **재무적 곤경 비용**에 대해서 우려를 한다. 이 우려는 부채기업의 증권의 현재시장가치에 반영이 되어 있다. 심지어 대부분의 블루칩 기업들도 그들이 사용하고 있는 부채를 투자자들이 어떻게 바라볼지에 대해 많은 신경을 쓰고 있다. 그들은 채무시장에 대한 즉각적인 접근을 유지하고 대출자들이 재무적 취약의 첫 징후에서 요구하기 쉬운 높은 부채비용을 피하길 원한다. 그러므로 그들은 좋은 신용등급을 유지하길 원한다. 따라서 한 CFO가 "우리는 부채의 신용등급을 싱글A(A) 등급으로 유지하길 원하다"거나 "우리는 강한 트리플B(BBB) 등급을 원한다."고 이야기하는 것을 종종 들을 수 있다. 그러나 높은 신용등급의 기업도 때때로 재무적 곤경에 처하기도 한다. 예를 들면 1980년대에 트리플A(AAA) 신용등급을 받던 Eastman Kodak도 21세기에 들어서 재무적 곤경에 처했고 2012년에 파산신청을 하게 되었다.

기업이 지금은 곤경에 처해 있지 않더라도 투자자들은 미래 곤경의 잠재력을 현재의 가치측정에 산입한다. 그러므로 기업의 총가치는 아래와 같다.

총시장가치 = 무부채일 때의 가치 + 절세효과의 현재가치
− 재무적 곤경 비용의 현재가치

재무적 곤경 비용의 현재가치는 곤경의 확률과 곤경이 닥쳤을 때 발생하는 비용의 크기에 달려 있다.

그림 16.7은 부채의 절세효과와 재무적 곤경 비용의 교환관계가 최적 자본구조를 결

그림 16.7 자본구조의 절충이론. 꺾인 파란색 곡선은 낮은 부채비율에서는 기업가치가 증가하나 재무적 곤경 비용이 커지고 중요해지면 기업가치가 감소하는 것을 보여준다. 최적 자본구조에서는 재무적 곤경 비용과 이자비용의 절세효과가 균형을 이루게 된다.

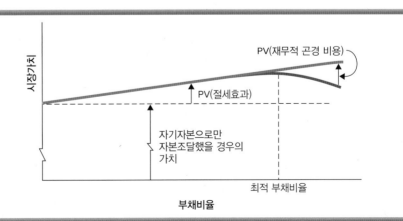

정하는 것을 보여준다. River Cruises사와 같이 현재 부채를 전혀 사용하고 있지 않지만 더 높은 수준의 부채를 사용하는 자본구조로 자산과 영업은 그대로 유지하면서 변경하려는 기업을 생각해 보자. 보통의 부채수준에서는 재무적 곤경의 확률은 매우 낮기 때문에 부채로 인한 절세효과의 이득이 훨씬 크다. 그러나 어느 수준에 이르게 되면 추가적인 차입으로 인해 재무적 곤경의 확률이 급격하게 증가하게 되고, 재무적 곤경의 잠재적 비용이 기업가치의 상당한 부분을 차지하기 시작한다. 이론적인 최적점은 추가적인 부채사용으로 인한 절세효과의 현재가치가 재무적 곤경 비용의 현재가치 증가분을 정확히 상쇄할 때 도달된다.

이를 최적 자본구조의 **절충이론**이라고 한다. 이 이론에 의하면 경영자는 추가적인 이자비용의 절세효과의 가치가 추가적인 재무적 곤경 비용을 정확히 상쇄시키는 점까지 부채수준을 증가시키려고 할 것이다.

이제 재무적 곤경에 대해 좀 더 자세히 알아보도록 하자.

절충이론
부채수준은 이자비용의 절세효과와 재무적 곤경 비용의 균형을 맞추어 결정된다.

파산비용

원칙적으로 파산은 기업의 가치가 하락하여 부채에 대한 의무를 이행하지 못하게 될 때 채권자들이 기업의 의사결정권을 가져갈 수 있도록 하는 법적인 메커니즘이다. 회사가 부채를 갚지 못하면 채권자들에게 넘어가게 되어 채권자들이 새로운 소유주가 되고 기존의 주주에게는 아무것도 남지 않는다. 이런 경우 파산은 기업가치를 감소시킨 원인이 아니라 결과이다.

실무적으로 법원과 변호사와 관련된 어떤 것이든 당연히 비용이 발생한다. 파산절차 진행과 관련된 수수료는 기업 자산의 남아 있는 가치에서 지불하게 된다. 채권자들은 변호사와 법정 비용을 지불하고 남은 것을 차지하게 된다. 파산의 가능성이 있다면 기업의 현 시장가치는 이 잠재적 비용만큼 줄어들게 된다.

레버리지의 증가가 재무적 곤경 비용에 미치는 영향을 알아보는 것은 어렵지 않다. 기업이 더 많은 빚을 질수록 채무를 불이행하게 될 가능성이 높아지고 관련된 기대비용들도 더 커지게 된다. 이로 인해 기업의 현 시장가치는 줄어들게 된다.

채권자들은 이 비용들을 예견해 보고 채무불이행이 발생한다면 파산비용이 기업의 가치로부터 지불된다는 것을 알게 된다. 이렇기에 채권자들은 이 비용에 대한 보상으로 더 높은 이자율을 요구하게 되는 것이다. 이로 인해 주주에게 돌아갈 수 있는 몫은 줄어들게 되고 미래에 기대되는 채무불이행 비용의 현재가치만큼 현재의 주식가격도 하락하게 된다.

> ### 16.5   셀프테스트
>
> 투자자들이 예상하길 한 기업이 채권에 대한 채무를 불이행한다면 $200만의 법적 비용이 발생한다고 하자. 이 기업이 파산한다면 이 기업의 채권가치에는 어떤 영향이 있는가? 오늘 채권을 보유하고 있는 채권자가 요구할 이자율은 채무불이행 확률에 어떤 영향을 받는가? 채무불이행 확률은 이 기업 보통주의 오늘 가치에 어떤 영향을 미치는가?

이 장의 부록에 파산절차에 대한 요약이 되어 있다. 여기서 우리는 미국 연방파산법의 11장(Chapter 11)에만 초점을 맞출 것이다. 11장은 주로 재무적 곤경으로부터 회생할 수 있도록 도움이 필요한 대기업들이 밟게 되는 절차이다. 11장의 목적은 부도를 낸 기업이 재무적 건전성을 회복하여 다시 영업을 영위할 수 있도록 하는 것이다. 이를 위해서는 누가 무엇을 받게 될지에 대한 구조조정 계획을 승인받아야 한다. 이 계획을 통해 각 순위의 채권자들은 기존의 청구권대신 새 증권이나 새 증권과 현금의 조합을 받게 된다.

어려운 점은 채권자들을 만족시킬 수 있고 기업을 어려움에 처하게 한 사업상의 문제를 해결할 수 있는 새로운 자본구조를 디자인하는 것이다. 때때로 이 모두를 만족시키는 방법을 찾고 환자를 다시 건강하게 만드는 것이 가능하다. 그러나 종종 지연이 일어나 비용을 발생시키고 법적인 문제들이 복잡하게 얽히거나 사업은 계속해서 성과가 나빠진다.

파산비용은 빠르게 증가할 수 있다. 실패한 거대 에너지 기업 Enron은 파산이 진행되는 기간 동안 법적비용, 회계적 비용, 그리고 다른 전문 서비스에 대한 수수료로 거의 $8억에 달하는 금액을 지불하였다. Lehman Brothers의 자산에 대한 65,000개의 청구권을 구분정리하는 비용도 $20억이 넘었다.

물론 이러한 예들은 대기업들이 파산했을 때 몇 십억 달러 규모의 자금에 접근이 가능한 최대규모의 극단적인 예이다. 그러나 이러한 숫자가 위압적으로 보일지 모르지만 파산비용은 평균적으로 파산직전년도 기업가치의 약 3%이다.[11] 이 비율은 큰 규모의 기업보다 작은 규모의 기업에서 더 높은 경향이 있다. 파산에는 중요한 규모의 경제가 있는 것으로 보인다.

이제까지 우리는 단지 파산의 직접비용(즉 법적비용과 관리비용)에 대해서 논의했다. 간접비용은 파산절차를 거치고 있는 동안에 회사 경영의 어려움을 반영한다. Eastern Airlines가 1989년 파산에 들어갔을 때 극심한 재무적 문제를 겪고 있었지만 항공기나 터미널 설비 같은 여전히 가치 있고 이익을 창출하는 판매가 가능한 자산을 보유하고 있었다. 이런 자산들은 $37억의 부채를 모두 상환하고 남을 정도로 충분하였다. 그러나 파산법원에서는 Eastern을 계속 운영하도록 결정하였고, 불행하게도 Eastern의 손실은 계속해서 누적되었다. 파산법원의 "보호" 아래에서 거의 2년을 보낸 뒤, 판사는 보호기간을 종료하였고 자산들은 모두 매각되었다. 채권자들은 $9억보다 적은 금액을 받게 되었다. 성공적이지 못했던 소생절차는 Eastern의 채권자에게 $28억의 손해를 가져왔다.

우리는 얼마나 많은 이런 간접비용들이 파산비용에 더해질지 알지 못한다. 우리는 이러한 간접비용이 매우 큰 금액일 것이라고 생각한다. 특히 파산절차가 장기화될 경우는 더더욱 그렇다. 아마도 가장 좋은 증거는 채권자들이 회사를 파산시키기를 꺼린다는 것일 것이다. 원칙적으로 최대한 빨리 괴로움을 끝내고 자산을 몰수하는 것이 더 나을 것이다. 그러나 채권자들은 종종 어려운 기간 동안 회사를 회생시킬 희망으로 채무불이행을 눈감아 준다. 채권자들은 파산비용을 피하기 위해 이런 행동을 하는 부분이 있다. 재무격언에 의하면 "$1,000를 빌리면 은행원이 생기지만, $1,000만을 빌리면 파트너를 얻게 된다."

파산비용은 자산의 유형에 따라 다르다.

당신이 운영하고 있는 회사의 유일한 자산이 최대한의 모기지대출을 받은 시내에 있는 큰 호텔이라고 하자. 불황이 닥쳤고, 공실률이 증가하고, 모기지 상환을 하지 못하였다. 채권자가 호텔을 몰수하고 새로운 소유자 및 운영자에게 매각하였다. 주식의 가치는 벽지로 사용해도 될 정도로 가치가 떨어졌다.

파산의 비용은 얼마인가? Heartbreak Hotel의 경우 아마도 매우 작을 것이다. 물론 이호텔의 가치는 당신이 희망했던 것보다는 훨씬 낮을 것이지만 그것은 고객이 부족해서이지 파산 때문은 아니다. 파산은 호텔 그 자체에 해를 입히지는 않는다. 파산의 직접비용은 법적비용이나 부동산 중개료, 그리고 채권자들이 일을 처리하는 데 사용하는 시간에 국한된다.

Heartbreak Hotel의 이야기를 Fledgling Electronics에 다시 적용해 보자. 모든 것은

---

11) L. A. Weiss, "Bankruptcy Resolution: Direct Costs and Violation of Priority of Claims," *Journal of Financial Economics* 27 (October 1990), pp. 285-314.을 보라.

동일하지만 기저 자산은 다르다. Fledgling은 하이테크기업이고 그 가치의 대부분은 회사의 연구팀이 수익성이 좋은 아이디어를 생산해낼 것이라는 투자자들의 믿음을 반영한다. Fledgling은 "인재 비즈니스"이다. 즉, 가장 중요한 자산은 매일 밤 엘리베이터를 타고 주차장으로 내려간다.

만일 Fledgling이 문제에 봉착한다면, 주주들은 그 수익성 좋은 아이디어에 돈을 투자하기를 꺼리게 될 것이다. 채권자에게 지불되게 될 돈을 주주들이 왜 투자하겠는가? 투자실패는 Fledgling에게 있어선 Heratbreak Hotel에 있어선 보다 훨씬 더 심각한 문제이다.

Fledgling이 최종적으로 채무를 불이행한다면, 채권자들은 자산을 매각하여 현금화하는 것이 매우 어려울 것이다. 사실, 문제가 발생해 버리면 많은 자산들이 사라져서 다시 돌아오지 않을 것이다.

양질의 상업부동산 같은 자산들은 파산을 상처없이 무사통과할 수 있지만, 다른 유형의 자산들은 상당부분 가치를 상실할 것이다. 기업의 지속적인 번영에 기반하는 무형자산의 경우 이러한 손실이 가장 클 것이다. 이것이 회사가치가 연구개발의 지속적인 성공에 달려 있는 바이오테크 산업에서 부채비율이 낮은 이유일 것이다. 또한 주된 자산이 숙련된 노동인이 많은 서비스회사들의 낮은 부채비율도 설명해 준다. 이 예시들의 교훈은 이것이다. **차입이 문제를 일으킬 가능성이 높은지에 대해서만 생각하지 마라. 문제가 생기면 잃어버릴지도 모르는 가치에 대해서도 생각하라.**

파산이 없는 재무적 곤경

어려움을 겪는 모든 회사들이 파산을 하는 것은 아니다. 부채에 대한 이자비용을 지불할 만큼의 충분한 현금을 긁어모을 수만 있다면 수년간 파산을 유보할 수 있을 것이다. 궁극적으로 회복해서 채무를 모두 변제하고 파산에서 탈출할 수 있을 것이다.

파산에서 가까스로 탈출한다고 해서 재무적 곤경 비용을 회피할 수 있는 것은 아니다. 회사가 어려움에 처했을 때 공급자들은 물품대금을 못 받을까 걱정하고 잠재 고객들은 회사가 보증을 지킬 수 없다고 걱정할 것이며[12] 직원들은 다른 회사의 인터뷰를 보기 시작한다. 회사의 채권자들과 주주들 모두 회사가 회복되기를 원하지만, 그들의 이익이 충돌하는 경우도 있다. 재무적 곤경이 있을 때 회사의 증권을 소유한 사람들은 일반적으로는 연합하지만 특정 사안에 대해서는 말다툼으로 위협받는 여러 정당들 같다. 이러한 갈등이 사업을 운영하는 데 방해가 되면 재무적 곤경 비용이 많이 든다. 주주들은 회사의 전반적인 시장가치를 극대화한다는 통상적인 목적을 포기하고 대신에 더 좁은 사리사욕을 추구하고자 한다. 그들은 채권자들을 희생시켜 도박을 하고 싶어한다. 이 도박게임은 재무적 곤경 비용을 증가시킨다.

Double-R Nutting이라는 파산의 벼랑 끝에 몰린 한 기업을 상정해 보자. 부채도 많

---

12) Chrysler의 파산을 막기 위한 시도로 미국 정부는 크라이슬러의 차량에 대한 보증을 지원함으로써 그 회사의 고객들을 안심시키려 했다.

고 손실도 크다. Double-R의 자산은 거의 가치가 없으며, 만약 부채가 오늘까지 지불되지 않는다면 Double-R은 파산하게 된다. 채권자들은 아마도 몇 푼만 받게 될 것이고 주주들에게는 아무것도 남지 않을 것이다.

하지만 부채의 상환일이 아직 도래하지 않았다고 가정해 보자. 그 유예기간 때문에 Double-R의 주식은 여전히 가치가 있다. 기업을 구제할 운명의 일격이 있을 수도 있고, 남은 것으로 부채를 상환할 수도 있다. 그러나 그 가능성이 희박하다. 기업가치가 급격히 오르지 않는 한 그 주식은 무용지물이 될 것이다. 하지만 주인인 주주들은 비밀무기가 있다. 그들은 투자와 운영 전략을 통제한다.

첫 번째 도박게임   은행의 돈으로 도박하기. Double-R이 무모한 도박을 할 기회가 있다고 가정하자. 이 도박이 성공하지 않더라도 주주들은 더 나빠지지 않을 것이다. 어차피 그 회사는 파산할 것이다. 그러나 이 도박이 성공한다면 빚을 갚기에 충분한 자산이 될 것이고 잉여금은 주주들의 주머니로 들어갈 것이다. 경영진이 왜 이 기회를 잡으려고 하는지 알 수 있다. 도박을 하면서 그들은 본질적으로 채권자들의 돈을 걸고 있지만 Double-R이 대박을 터뜨리면 주식 소유자들이 이 도박의 과실 대부분을 가져가게 된다.

이것은 본질적으로 Federal Express가 1974년에 여전히 어려움을 겪고 있는 동안 직면했던 상황이다. 당좌예금 계좌에는 $5,000밖에 남아 있지 않았지만 해당 주의 제트 연료 지불에는 $24,000가 필요했다. 프레드 스미스는 말 그대로 도박에 대한 인센티브를 갖게 되었다. 그는 회사의 나머지 $5,000을 가지고 라스베이거스로 가는 비행기에 탑승했고 그곳에서 $27,000를 땄다. 이 일을 하기 위해 어떻게 용기를 냈느냐는 질문에 그는 "그게 무슨 차이가 있죠? 연료회사 자금이 없었으면 어차피 비행기를 띄울 수 없었을 겁니다."[13] 이러한 왜곡된 인센티브가 위험에 미치는 영향은 대개 이렇게 노골적이지는 않지만 결과는 이만큼 노골적일 수 있다.

위험전가
채무불이행에 직면한 기업은 더 위험한 투자안을 선택하고자 하는 유혹을 받는다.

이러한 종류의 **위험전가**(risk-shifting) 전략은 채권 보유자와 회사 전체에는 큰 비용이다. 왜 그들은 재무적 곤경과 연관되어 있는가? 왜냐하면 채무불이행 가능성이 높을 때 이런 전략을 따르려는 유혹이 가장 강하기 때문이다. 건강한 회사는 Double-R의 형편없는 도박에 절대 투자하지 않을 것이다. 왜냐하면 채권자들의 돈이 아닌 자신의 돈으로 도박을 해야 하기 때문이다. 건강한 기업의 채권자들은 이런 종류의 게임에 취약하지 않을 것이다.

두 번째 게임   자신의 돈을 걸지 마라. 우리는 얼마 전에 주주들이 좁은 사리사욕을 가지고 어떻게 위험하고 수익성이 없는 프로젝트를 떠맡을 수 있는지 보았다. 이것들은 커미션의 오류들이다. 이해의 상충이 어떻게 누락의 오류로 이어질 수 있는지 알아보자.

Double-R이 양의 NPV를 갖는 비교적 안전한 프로젝트를 수행한다고 가정하자. 불행히도 그 프로젝트는 상당한 투자를 필요로 한다. Double-R은 이를 위해 주주로부터의 여분의 현금을 조달받아야 한다. 비록 이 프로젝트가 양의 NPV를 가지고 있지만, 그 수익은 회사를 파산으로부터 구하기에 충분하지 않을 수도 있다. 그렇다면 새로운 프로젝트로부터 오는 모든 이익은 회사의 빚을 갚는 데 쓰이게 되고 주주들은 그들이 투자한 현금에 대해 아무런 수익도 얻을 수 없을 것이다. 사업을 추진하는 것이 회사에는 이익이지만, 주주에게는 이익이 되지 않기 때문에 이 투자안은 그냥 포기하게 된다. 이 문제의 최근 사례는 금융위기를 거치면서 실패의 위험을 받고 있는 많은 은행들의 주주들이 구제금융을 받기 꺼린다는 사실을 발견한 것이다. 주주들은 **부채오버행**(debt overhang)에 직면했다. 그들이 제공한 모든 현금은 현존하는 채권자와 정부를 곤경에서 벗어나게

부채오버행(과잉부채)
채무불이행에 직면한 기업은 채권자들이 채권자에게 이익을 빼앗길 것이기에 양의 NPV 투자안을 포기할 수도 있다.

---

13) R. Frock, *Changing How the World Does Business, FedEx's Incredible Journey to Success: The Inside Story* (San Francisco: Berrett-Koehler Publishers, 2006).

하는데 사용될 것이다.

　위의 예는 일반적인 포인트를 설명해 준다. 프로젝트 혜택이 채권자들과 공유되어야 하기 때문에 회사의 주주들에 대한 투자 기회의 가치는 감소한다. 따라서 비록 그것이 양의 NPV 기회를 포기한다는 것을 의미하더라도 새로운 자본을 출자하는 것은 주주들의 이익에 부합하지 않을 수 있다.

　이 두 게임은 주주들과 채권자들 사이의 잠재적인 이해 상충을 보여준다. 이론적으로 부채를 사용하는 모든 기업에 영향을 미치는 이해의 상충은 기업들이 파산을 눈앞에 두고 있을 때 훨씬 더 심각해진다. **채무불이행 가능성이 높으면 경영자와 주주들이 지나치게 위험한 사업을 시도하려는 유혹에 빠질 수밖에 없다. 동시에, 주주들은 회사가 안전하고 긍정적인 NPV 기회를 가지고 있더라도 더 많은 자본을 출자하기를 거부할 수 있다. 주주들은 새 돈을 넣으니 차라리 회사에서 돈을 꺼낼 것이다.**

　회사는 만약 은행들이 자신들의 비용으로 도박게임을 할 것을 걱정한다면 더 높은 이자율을 요구할 것이라는 것을 알고 있다. 그래서 대출자들에게 자신의 의도가 거짓이 아님을 알리기 위해, 그 회사는 일반적으로 **대출 계약**에 동의할 것이다. 예를 들어, 미래에 차입을 제한하고 과도한 배당금을 지급하지 않겠다고 약속할 수도 있다. 물론 아무리 미세한 계약이라도 회사가 할 수 있는 모든 게임을 다 커버할 수는 없다. 예를 들어, 어떤 계약도 기업이 모든 양의 NPV 투자를 채택하고 음의 NPV 투자를 기각하도록 보장할 수 없다.

　우리는 관리자와 주주들이 제한하지 않는 한 항상 유혹에 굴복한다는 인상을 남기려는 것은 아니다. 대개는 페어플레이 의식뿐만 아니라 실용주의적 차원에서도 자발적으로 자제한다. 채권자를 희생하여 오늘 하루 벌이를 하는 회사나 개인은 다시 돈을 빌려야 할 때가 되면 냉정하게 거절될 것이다. 공격적인 게임 플레이는 극도의 재정적 어려움에 처한 회사들에 의해서만 행해진다. 기업들은 곤경에 처해 위험한 게임을 해야 하는 유혹에 노출되고 싶지 않기 때문에 신중하게 차입을 제한한다.

대출 계약
기업이 대출을 보호하기 위해 특정 조건을 이행하도록 요구하는 기업과 대여자 간의 합의.

16.7　셀프테스트

채권자가 미래에 가능한 위험전가와 부채과잉 문제를 예측한다고 가정하자.

a. 오늘 채권자들은 어떻게 반응하겠는가?
b. 채권자들의 이런 우려가 있다면 회사는 오늘 어떻게 반응해야 하는가? 부채비율을 낮추어야 한다는 주장이 있는가?

　우리는 이제 최적 자본구조의 절충이론(Trade-off theory)의 구성 요소들에 대한 공부를 마쳤다. 다음 절에서 우리는 이 이론을 요약하고 이 이론과 경쟁하고 있는 '순위이론(pecking order)'을 간략하게 다룰 것이다.

16.5　자본조달 선택에 대한 설명

절충이론

재무관리자들은 종종 회사의 자본구조 결정을 이자의 절세효과와 재무적 곤경 비용 사이의 교환으로 생각한다. 물론 이자의 절세효과가 얼마나 가치가 있는지, 어떤 종류의 재무적 곤경이 가장 위협적인지에 대해서는 논란이 있지만, 이러한 의견 불일치는 하나의 주제에 대한 변주일 뿐이다. 따라서 그림 16.7은 부채와 자기자본의 절충을 보여준다.

이론은 목표 부채비율이 기업마다 다를 것이라고 예측한다. 안전하고 유형적인 자산과 많은 과세소득을 가진 기업들은 높은 목표비율을 가져야 한다. 위험하고 무형의 자산을 가진 수익성이 없는 기업들은 주로 자기자본으로 자본조달을 해야 한다.

대체로 자본구조의 절충이론은 듣기 편한 이야기를 들려준다. 극단적인 예측을 하지도 않고 적당해 보이는 부채비율에 대한 근거를 제시해 준다. 그러나 사실은 무엇일까? 자본구조의 절충이론은 기업이 실제 어떻게 행동하는지 설명할 수 있을까?

대답은 네와 아니오 모두 있다. 찬성 측면에서, 절충이론은 표 16.1에서 우리가 접하게 된 자본구조의 많은 산업적 차이를 성공적으로 설명한다. 예를 들어 자산이 위험하고 대부분 무형인 첨단 성장 기업은 보통 부채를 비교적 적게 사용한다. 공공시설이나 호텔은 그들의 자산이 유형적이고 상대적으로 안전하기 때문에 많은 돈을 차입할 수 있다.

다른 한편에는 절충이론이 설명할 수 없는 것들이 있다. 그것은 왜 가장 성공한 기업들 중 몇몇이 거의 부채를 사용하지 않고 번창하는지 설명할 수 없다. Microsoft가 좋은 예다. Microsoft는 부채가 조금 있지만 보통주 가치의 극히 일부분이다. 게다가 현금과 단기투자보유액이 부채보다 많다. 예를 들어 2018년 3월 Microsoft의 장기부채는 약 \$750억, 현금과 유가증권 보유액은 약 \$1,320억, 보통주의 시가총액은 약 \$7,460억 이었다.

물론, Microsoft의 가장 가치 있는 자산은 무형이고, 무형자산과 보수적인 자본구조는 함께 가야 한다. 하지만 법인세로 많은 돈을 지불해야한다. Microsoft는 재무적 곤경에 대한 우려 없이 차입을 늘려 수백만 달러의 세금을 절약할 수 있을 텐데 말이다.

Microsoft는 실생활의 자본구조에 대한 이상한 사실을 보여준다. 가장 수익성이 높은 기업은 일반적으로 가장 적은 돈을 빌린다. 여기서 절충이론은 정확히 그 반대의 경우를 예측하기 때문에 실패한다. 절충이론에서 고수익은 더 많은 부채차입 능력과 더 많은 세전이익을 의미하고, 따라서 더 높은 부채비율을 초래해야 한다.

16.8 셀프테스트

자본구조의 절충이론에 기반하여 예측되는 부채비율 순으로 다음 산업들의 순서를 매겨 보라. (a) 인터넷 소프트웨어산업, (b) 자동차 제조산업, (c) 정부 규제를 받는 전력산업

순위이론

수익성 있는 기업들이 왜 부채를 덜 사용하는지 설명할 수 있는 대안 이론이 있다. 이 이론은 정보의 비대칭성에 기초한다. 경영자들은 회사의 수익성과 전망에 대해 외부 투자자보다 더 많이 알고 있다. 따라서 투자자들은 회사가 새로운 증권을 발행할 때 그 진정한 가치를 평가하지 못할 수도 있다. 이들은 특히 신주 가격이 가치보다 비싸게 책정되었을 것을 우려해 새로 발행된 보통주를 사는 것을 꺼릴 수 있다.

그러한 우려는 왜 유상증자 발표가 주가를 떨어뜨릴 수 있는지를 설명할 수 있다.[14] 만약 경영자들이 외부 투자자보다 더 많이 안다면, 그들은 회사의 주식 가격이 고평가되어 있을 때, 즉 경영자들이 미래에 대해 비교적 비관적일 때 주식 발행을 시도할 것이다. 반면 낙관적인 경영자들은 자사의 주식을 저가로 보고 발행하지 않기로 결정할 것이다. 투자자들이 왜 유상증자 발표를 '비관적 경영자'의 신호로 해석하고 그에 따라 주가를 끌어내리는지 알 수 있다. 여러분은 왜 낙관적인 재무관리자들(대부분의 경영자들은 낙관적이다!)이 보통주 유상증자를 상대적으로 더 비싼 자금 조달원으로 보고 있는지 알 수

---

14) 우리는 15장에서 이 "공표 효과"를 설명했다.

있다.

기업이 내부 자금, 즉 이익잉여금을 재투자하여 자금을 조달할 수 있다면 이러한 모든 문제는 피할 수 있다. 그러나 외부자본조달이 필요할 때 저항이 가장 적은 것은 자기자본이 아니라 부채다. 부채를 발행하는 것은 주가에 미미한 영향을 미치는 것으로 보인다. 부채는 잘못 평가될 여지가 적기 때문에 부채의 발행은 투자자들에게 덜 걱정스러운 신호다.

이러한 관찰의 결과 자본구조의 **순위이론**이 제시되었다. 이 이론은 다음과 같다.

순위이론
기업들은 내부자금이 부족하면 자기자본보다 부채를 발행하는 것을 선호한다.

1. 기업은 내부자금을 선호한다. 이익잉여금을 재투자한다고 해서 주가를 낮출 수 있는 불리한 신호를 보내지는 않는다.
2. 외부자금이 필요할 경우 기업은 부채를 먼저 발행하고 마지막 수단으로만 자기자본을 발행한다. 이러한 순서는 부채발행이 투자자들에 의해 나쁜 징조로 해석될 가능성이 주식발행보다 적기 때문에 발생한다.

이 이야기에서, 내부와 외부 두 종류의 자기자본이 존재하기 때문에 명확한 부채와 자기자본의 목표 조합은 없다. 첫째는 순서 맨 위에 있고, 둘째는 순서 맨 아래에 있다. 이 순서는 왜 가장 수익성이 높은 회사들이 일반적으로 더 적은 부채를 사용하는지를 설명해준다. 그것은 그들이 낮은 목표 부채비율을 가지고 있기 때문이 아니라 그들이 외부자금을 필요로 하지 않기 때문이다. 수익성이 낮은 기업들은 자본 투자 프로그램을 위한 충분한 내부 자금이 없고 부채가 외부 금융의 서열에서 우선이기 때문에 부채를 발행한다.

순서이론은 세금과 재무적 곤경이 자본구조 선택에 중요한 요인이 될 수 있다는 것을 부정하지 않는다. 그러나 이 이론은 경영자들이 외부자금보다 내부자금을 선호하고, 보통주의 새로운 발행에 비해 부채 조달을 더 선호하는 것이 이러한 요소들보다 더 중요하다고 말한다.

대부분의 미국 기업에서 대부분의 신규투자는 내부자금으로 조달되고, 대부분의 외부자금은 부채로 조달한다. 이러한 전체적인 자금조달 패턴은 순서이론과 일치한다. 그러나 이 순서는 성숙한 기업들에서 가장 잘 작용하는 것으로 보인다. 빠르게 성장하는 첨단기술 기업들은 종종 투자 자금을 조달하기 위해 일련의 보통주 발행에 의존한다. 물론, 당신은 이 순서가 매우 가치 있는 성장 기회를 가진 회사들에게 적용될 것이라고 기대하지는 않을 것이다. 그러한 회사들은 주식을 발행할 충분한 이유가 있다. 그들은 믿을 만한 발행자들이다. 성장 기업의 주식발행은 성숙한 기업의 주식발행과 같은 비관적인 신호를 보내지 않는다.

재무적 여분의 두 얼굴

다른 것이 같다면, 밑바닥보다는 순서의 가장 위에 있는 것이 좋다. 순서를 따라 내려와서 외부자기자본이 필요한 기업들은 과도한 부채를 안고 살거나, 경영자들이 생각하는 공정한 가격으로 주식을 발행할 수 없기 때문에 과도한 부채를 안고 살거나 좋은 투자기회를 놓칠 수도 있다.

재무관리자들은 부채정책을 생각할 때 어떤 요소들이 가장 먼저 떠오르는지 물으면 흔히 부채의 세무적 이점과 기업의 신용등급 유지의 중요성을 언급한다. 그러나 그들은 회사가 새로운 프로젝트를 추진할 때 자금에 접근할 수 있도록 재무적 유연성을 유지할 필요성에 더 무게를 둔다.[15] 다시 말해서, 그들은 **재무적 여분**에 높은 가치를 둔다. 재무적 여분이 있다는 것은 현금, 시장성 유가증권을 보유하거나 부채 시장이나 은행 자금에

재무적 여분
현금 또는 부채조달에 언제든지 접근할 수 있는 조치.

---

15) J. R. Graham and C. R. Harvey, "The Theory and Practice of Corporate Finance: Evidence from the Field," *Journal of Financial Economics* 61 (2001), pp. 187-243.

즉시 접근할 수 있다는 것을 의미한다. 즉시 접근할 수 있도록 한다는 것은 잠재적 채권자들이 이 회사의 부채를 안전한 투자처로 보아야 하기 때문에 기본적으로 보수적인 자본조달을 해야 한다.

장기적으로 볼 때, 기업의 가치는 자본의 조달보다는 자본 투자와 운영 결정에 더 많이 의존한다. 따라서, 당신은 회사가 충분한 재무적 여분이 있는지 확인하여 좋은 투자에 신속하게 자금을 조달할 수 있기를 원한다. 재무적 여분은 양의 NPV의 성장기회가 많은 기업들에게 가장 중요하다. 성장 기업들이 보통 보수적인 자본 구조를 열망하는 또 다른 이유다.

그러나 재무적 여분에는 어두운 면도 있다. 재무적 여분이 너무 많으면 경영자들이 쉽게 유용하거나, 그들의 특전을 확대하거나, 주주들에게 배분해야 할 현금으로 경영자 자신의 제국을 건설하도록 장려할 수 있다. Michael Jensen은 이 잉여현금흐름 문제를 강조해 왔는데, 이는 충분한 잉여현금흐름(불필요한 재무적 여분)을 가진 경영자들이 성숙된 사업이나 잘못된 인수합병(M&A)에 지나치게 많은 현금을 투입하려는 경향이다. Jensen은 "문제는 관리자들이 자본비용 이하의 투자안에 현금을 투자하거나 조직의 비효율성에 낭비하기보다는 그것을 회사 외부로 배출하도록 동기를 부여하는 방법"이라고 말한다.[16]

그게 문제라면 부채가 해결책일 수 있다. 예정된 이자 및 원금의 지급은 기업의 계약상 의무다. 부채 때문에 그 회사는 현금을 회사 밖으로 지불해야 한다. 아마도 최고의 부채 수준은 부채에 대한 지급이 끝난 후에, 모든 양의 NPV 프로젝트들에 투자하고 한 푼도 남기지 않는 정도의 충분한 현금을 남기는 수준일 것이다.

우리는 이 정도의 미세 조정은 권하지 않지만, 그 생각은 타당하고 중요하다. 일부 기업의 경우, 재무적 곤경의 위협이 관리자의 인센티브에 좋은 영향을 미칠 수 있다. 결국 스케이트 선수를 집중하게 할 수 있다면 얇은 얼음 위에서 스케이트를 타는 것도 유용할 수 있다. 마찬가지로, 레버리지가 높은 기업의 경영자들은 더 열심히 일하고, 더 효율적으로 운영을 하고, 돈을 쓰기 전에 더 신중히 생각할 가능성이 높다.

최적 자본구조에 대한 이론은 존재하는가?

없다. 수천 개 기업의 자본구조 선택에 영향을 주는 모든 요소를 담아낼 수 있는 이론은 없다. 그 대신 특정 기업의 자산, 영업, 환경에 따라 다소 도움이 되는 몇 가지 이론이 있다.

즉 안심해도 된다는 말이다. 최적의 부채비율에 대한 마법의 공식을 찾는데 시간을 낭비하지 말자. 재무상태표 왼쪽, 즉 회사의 영업, 자산 및 성장 기회로부터 대부분의 가치가 발생한다는 것을 기억하자. 자본조달은 덜 중요하다. 물론 자본조달을 망치면 기업가치가 급격히 하락할 수 있지만, 여러분이 자본조달을 망치지는 않을 것이다.

실무에서 자본조달 선택은 이 장에서 논의된 요인들의 상대적 중요도에 따라 결정된다. 경우에 따라서는 감세가 1차적인 목표가 될 것이다. 따라서 높은 부채비율은 도심 오피스 빌딩과 같은 개발된 상업용 부동산에서 발견되는 경우가 많다. 사무실 공간을 신용할 수 있는 세입자에게 임대한다면 이것들은 안전하고 현금을 창출하는 자산이 될 수 있다. 파산 비용이 적으니, 레버리지를 높이고 세금을 아끼는 것이 타당하다.

소규모 성장기업의 경우 이자의 절세효과는 재무적 여분을 보전하는 것보다 덜 중요하다. 수익성 있는 성장기회는 투자가 필요한 시기에 반드시 현금을 투입할 수 있어야 가치가 있다. 그런 기업들에게는 재무적 곤경 비용이 높기 때문에 성장기업들이 자기자본으

---

16) M. C. Jensen, "Agency Costs of Free Cash Flow, Corporate Finance and Takeovers," *American Economic Review* 76 (May 1986), pp. 323-329.

로 자본조달을 하려고 하는 것은 놀랄 일이 아니다.

성장기업이 대출을 덜 받는 데는 또 다른 이유가 있다. 그들의 성장기회는 실물자산에 투자할 수 있는 실물옵션, 즉 실물자산에 투자할 수 있는 옵션이다. 초기 단계의 생명공학 회사를 보자. 이 회사의 주요 자산은 연구 프로그램과 몇몇 유망한 화합물이다. 그러나 만약 이 연구가 초기의 기대에 부합한다면, 결과물인 약품을 개발하고 판매하기 위해 훨씬 더 많은 돈을 투자해야 할 것이다. 회사가 그 돈의 일부만 미리 내놓고 있다는 사실이 레버리지를 창출한다. 재무상태표상의 부채 규모를 줄임으로써 성장옵션의 재무위험을 상쇄하는 것이 타당하다.

성장옵션은 성숙한 기업에게 덜 중요하다. 그러한 회사들은 더 많이 차입할 수 있고 보통 더 많이 차입한다. 그들은 종종 자본조달 순서를 따르게 된다. 이 회사들은 이익잉여금으로 투자자금을 조달하는 것을 선호한다. 그들은 투자가 이익잉여금을 초과할 때 더 많은 부채를 발행하고, 이익이 투자액을 초과할 때 부채를 상환한다. 조만간 기업의 영업은 성장기회가 증발할 정도로 고령화된다. 이 경우, 기업은 투자를 제약하고 투자자에게 현금 지급을 강요하기 위해 많은 양의 부채를 발행하여 자기자본을 퇴역시킬 수 있다. 이러한 사례들은 모든 경우를 철저히 보여주는 것은 아니지만, 사려 깊은 CEO가 어떻게 재무전략을 세울 수 있는지에 대한 약간의 맛을 보여준다.

요약 SUMMARY

자본구조결정의 목표는 무엇인가? 재무관리자가 하려고 하는 것은 무엇인가? 언제 자본구조는 중요하지 않는가 (학습목표 16-1)

목표는 기업이 발행한 모든 증권의 전체 시장가치를 극대화하는 것이다. 재무관리자가 기업의 모든 실물자산을 하나로 묶어서 증권들의 한 묶음으로 투자자에게 판매한다고 생각해 보자. 어떤 재무관리자는 가능한 한 단순한 묶음(예를 들어 모두 자기자본으로만 조달이 된)을 선택할 것이다. 어떤 재무관리자는 수십가지 형태의 부채와 자기자본 증권을 발행할 수도 있다. 재무관리자는 기업의 시장가치를 극대화하는 특정한 조합을 찾아야만 한다. 기업가치가 증가한다면 보통주 주주들은 이득을 볼 것이다.

그러나 자본구조가 꼭 기업가치에 영향을 주는 것은 아니다. Modigliani와 Miller (MM)의 유명한 부채무관 명제에 의하면 기업가치는 자본구조변경을 통해서 증가할 수는 없다. 그러므로 부채와 자기자본 조달의 비율은 중요하지 않다. 재무레버리지는 주주의 기대수익률을 증가시키지만 주주의 위험도 비례적으로 증가시킨다. MM은 증가된 수익률이 증가된 위험으로 정확히 상쇄되고 주주들은 이득도 손해도 보지 않는다는 것을 보여줬다.

물론 MM의 주장은 단순화된 가정에 기반하고 있다. 예를 들어, 효율적이고 제대로 기능하는 자본시장을 가정하고 세금과 재무적 곤경 비용은 무시하고 있다. 그러나 이러한 가정들이 현실적으로 맞지 않더라도 MM의 명제는 중요하다. 이 명제는 재무관리자들이 때때로 빠지게 되는 논리적 함정을 지적해 준다. 특히 부채 명시적 비용(이자율)이 자기자본 비용보다 낮기 때문에 부채는 "저렴한 자본조달" 방식이라는 생각 말이다. 부채는 묵시적 비용이 존재한다. 왜냐하면 차입이 늘어나게 되면 재무적 위험을 증가시키게 되고 자기자본 비용을 증가시키기 때문이다. 두 비용을 모두 고려하게 되면 부채는 자기자본보다 싸지 않다. MM은 법인세가 존재하지 않는다면 기업의 가중평균자본비용은 부채로 조달한 금액이 얼마인지에는 영향을 받지 않는다는 것을 보여준다.

법인세는 MM의 부채무관 명제를 어떻게 바꾸는가? (학습목표 16-2)

부채에 대한 이자비용은 과세소득에서 차감이 된다. 그러므로 차입은 이자비용의 절세효과를 창출한다. 미래의 이자비용 절세효과의 현재가치는 크고, 유통중인 부채의 가치 중 큰 부분을 차지할 수 있다. 물론 이자비용의 절세효과는 이익을 내고 법인세를 납부하는 기업에게만 가치가 있다.

이자비용의 절세효과가 가치 있다면, 왜 세금을 납부하는 모든 회사들이 최대한으로 차입하지 않을까? (학습목표 16-3)

기업이 차입을 더 할수록 재무적 곤경을 겪을 확률이 올라간다. 재무적 곤경 비용은 다음과 같이 열거할 수 있다.

- 직접적인 파산비용, 주로 법적비용과 행정비용이다.
- 간접적인 파산비용, 파산절차가 진행되면 겪게 되는 회사 경영의 어려움을 반영한다.
- 채무불이행과 파산의 두려움으로 인해 왜곡되게 되는 재무적 의사결정들, 채권자와 주주간의 이해상충관계로 인한 잘못된 투자의사결정들을 포함한다. 이 이해상충관계는 잠재적으로 위험전가(risk-shifting) 문제와 부채오버행(debt-overhang) 문제를 야기한다.

이자비용의 절세효과와 재무적 곤경 비용을 조합한 최적자본구조의 절충이론이 있다. 절충이론에 의하면 재무관리자는 추가적인 이자비용의 절세효과 가치와 추가적인 재무적 곤경이 비용을 정확히 상쇄하는 점까지 부채의 사용을 증가시켜야 한다.

이 절충이론은 안전한 유형자산과 과세소득이 많은 회사들의 경우 높은 부채수준에서 운영되어야 한다고 한다. 수익성이 낮은 기업들, 위험하고 무형의 자산이 많은 기업들은 차입을 적게 해야 한다.

순위이론은 무엇인가?
(학습목표 16-4)

순위이론은 기업이 내부자본조달(즉 유보되어 재투자된 이익)을 외부자본조달보다 선호한다고 한다. 외부자본조달이 필요한 경우 기업은 유상증자보다는 부채발행을 선호한다. 순위이론은 기업이 사용하고 있는 부채의 양은 외부자본조달의 필요에 달려 있다고 이야기한다. 이 이론은 또한 재무관리자들은 적어도 어느 정도의 재무적 여분, 즉 즉시 사용할 수 있는 현금이나 추가 차입 여력을 비축해야 한다고 제안한다.

다른 한편으론, 너무 많은 재무적 여분은 경영자를 해이하게 만든다. 부채 수준(그리고 재무적 곤경의 위협)이 높으면 경영자가 더 열심히 일하고 보수적으로 현금을 사용하며 음의 NPV 투자를 피하도록 하는 강한 유인을 제공할 수 있다.

최적의 자본구조를 찾는 법칙이 존재하는가? (학습목표 16-5)

아쉽게도 자본구조 결정에 대한 간단한 답변은 존재하지 않는다. 부채는 어떤 경우엔 자기자본보다 좋을 수도 있고 어떤 경우엔 나쁠 수도 있다. 그러나 적어도 재무관리자가 신경 써야 하는 4개의 측면이 있다.

- **세금.** 이자비용의 절세효과가 얼만큼 가치 있는가? 이 기업이 부채의 만기까지 계속해서 세금을 지속적으로 납부할 가능성이 높은가? 안전하고 지속적으로 수익성이 좋은 기업들은 대부분 세금을 납부하는 상황에 머무를 것이다.
- **위험.** 재무적 곤경은 기업이 살아 남더라도 비용이 크다. 다른 모든 것이 같다면, 재무적 곤경은 높은 영업위험을 갖는 기업들에게 찾아올 가능성이 높다. 위험한 기업들이 전형적으로 부채를 적게 사용하는 이유이다.
- **자산의 형태.** 곤경이 발생하지 않는다면 비용은 대게 무형자산으로 기업가치가 이루어진 기업들에게 가장 크다. 전반적으로 이러한 기업들은 안전하고, 유형자산을 보유한 기업들에 비해 차입을 적게 한다.
- **재무적 여분.** 얼마면 충분할까? 더 많은 재무적 여분은 미래의 투자기회에 대한 자본조달을 쉽게 만들지만 경영자의 인센티브를 약화시킨다. 부채가 많아서 여분이 적으면 기업이 미래에 투자기회의 자본조달을 위해 주식을 발행해야 하는 확률을 증가시킨다.

식 목록 LISTING OF EQUATIONS

16.1 $r_{\text{equity}} = r_{\text{assets}} + \dfrac{D}{E}(r_{\text{equity}} - r_{\text{debt}})$

16.2 $\text{WACC} = \dfrac{D}{V} \times (1 - T_c)r_{\text{debt}} + \dfrac{E}{V} \times r_{\text{equity}}$

연습문제 QUESTIONS AND PROBLEMS

1. 부채의 무관련성. 참인가? 거짓인가? MM의 부채무관 명제:

a. 기업 가치는 자본구조의 영향을 받지 않는다.

b. 부채가 증가함에 따라 자기 자본에 흡수된 추가적인 재무적 위험을 상쇄하기에 충분할 만큼 기업의 가치는 증가한다.

c. 재무적 곤경 비용이 커질 때 부채와 함께 자기자본비용은 증가한다.

d. 만약 기업이 세금을 내지 않는다면, 가중평균자본비용은 부채비율에 영향을 받지 않는다.

2. 부채의 무관련성. River Cruises(16.1절 참고)는 주식 10,000주를 보유하고 있다. 이제 $250,000의 채권을 발행하고 25,000주를 추가로 매입할 것이다. 만약 현재 1,000주를 보유하고 있는 투자자가 $250,000의 채권발행의 결정에 만족하지 않는다고 가정하자. 다음의 투자 포트폴리오 수정 중 어떠한 경우가 회사의 차입 효과를 상쇄할 수 있는 것인가? (학습목표 16-1)

a. 자신의 계좌로 $2,500을 빌리고, 그 현금으로 River Cruise의 주식을 추가 매입한다.

b. River Cruise의 주식을 팔아서 $2,500을 현금화하고 회사의 부채를 사들이는 데 사용한다.

c. River Cruise의 주식을 그대로 보유한 채 회사 채권발행을 위해 $2,500을 빌린다.

3. 부채와 이익. River Cruises(16.1절 참고)는 자기자본을 통해서만 자본조달이 이루어졌다. 현재 이자율 10%의 부채 $250,000로 25,000주를 추가로 매입할 것이다. 만약 회사가 세금을 내지 않고 부채로 자금을 조달하는 것이 회사 가치 변화에 영향을 주지 않는다고 가정하자. 자본조달 이후 영업이익에 따라 달라지는 주당순이익과 자기자본수익률의 변화에 대해 보여주기 위해 아래 표 16.3의 (a) ~ (j) 값을 계산하여라. (학습목표 16-1)

현재 자료			
주식수	100,000		
주당가격	$10		
자기자본의 시장가치	$100만		
결과			
		경제 상황	
	불황	**보통**	**호황**
영업이익	$75,000	$125,000	$175,000
이자	(a)	(a)	(a)
자본잉여금	(b)	(c)	(d)
주당순이익	(e)	(f)	(g)
자기자본수익률	(h)	(i)	(j)

↑
기대 결과값

4. 부채와 P/E 비율. River Cruises(16.1절 참고)는 주식 10만 주를 보유하고 있다. 현재 이자율 10%의 부채 $250,000로 25,000주를 추가로 매입할 것이다. 영업이익은 $125,000으로 예상된다. (학습목표 16-1)

    a. $250,000을 빌리기 전 River Cruises의 예상 수익 대비 가격의 비율은 얼마인가?

    b. 빌린 후 비율은 얼마인가? 차이가 있는 이유는 무엇인가?

5. 부채의 무관련성. 회사 A와 B는 자본구조만 다르다. A사는 타인자본 30%, 자기자본 70%이며 B사는 타인자본 10%, 자기자본 90%의 구조를 갖고 있다. 두 회사 모두 부채 위험이 없다. (학습목표 16-1)

    a. Rosencrantz는 A사 보통주의 1%를 소유하고 있다. Rosencrantz가 동일한 현금흐름을 창출하기 위해서는 B사에 어떠한 방식으로 투자를 해야 하는가?

    b. Guildenstern은 B사 보통주의 2%를 소유하고 있다. Guildenstern이 동일한 현금흐름을 창출하기 위해서는 A사에 어떠한 방식으로 투자를 해야 하는가?

6. 부채의 무관련성. 다음 중 옳지 않은 주장은 무엇인가? (학습목표 16-1)

    a. 회사가 더 많은 돈을 빌리고 부채가 위험해짐에 따라, 주식 보유자와 채권 보유자 모두 더 높은 수익률을 요구한다. 따라서 더 나은 상황을 만들기 위해 부채비율을 줄임으로써 자기자본비용과 타인자본 비용 모두 줄일 수 있다.

    b. 적당히 돈을 빌리는 것은 재정적 어려움 또는 파산에까지 큰 영향을 미치지 않는다. 결론적으로 적당히 돈을 빌리는 것은 주주들에게 요구받는 기대수익률을 증가시키지 않을 것이다.

    c. 만약 이자율 8%에 타인자본 100%로 자본조달을 한다면 내부수익률 10%의 자본 투자 기회는 매우 매력적이다.

    d. 타인자본 비율이 커질수록 지불해야 하는 이자율은 높아질 것이기 때문에 회사는 보수적인 부채 수준에서 운영되어야 한다.

7. 부채의 무관련성. Digital Fruit은 보통주를 발행하는 것 만으로 자금을 조달하며 한 주당 시장가격이 $10에 달하는 주식 $2,500만 주를 보유하고 있다. 부채를 통해 $160백만에 달하는 자금을 조달하여 보통주 매입을 할 계획이다. 세금은 없다. (학습목표 16-1)

    a. 발표 이후 보통주의 예상 시장가격은 얼마인가?

    b. 부채를 통해 $160백만에 달하는 자금을 조달한다면 얼마나 많은 주식을 회사에서 매입할 수 있는가?

    c. 자본구조의 변화 후 회사의 시장가치(자기자본 + 타인자본)는 얼마인가?

    d. 자본구조의 변화 후 부채비율은 어떻게 되는가?

8. 레버리지와 이익. Reliable Gearing은 자기자본을 통해서만 자본조달이 이루어졌다. 주당 $100에 팔리고 있는 10,000주에 해당하는 주식이 거래되고 있다. 이 회사는 자본구조의 변화를 고려하고 있다. 타인자본 조달 의존도가 낮은 계획은 $200,000에 해당하는 금액을 타인자본을 통해 조달받고 회사에서 발행한 주식을 다시 매입하는 것이다. 타인자본 조달 의존도가 높은 계획은 자사주 매입을 위해 $400,000에 해당하는 금액을 타인자본을 통해 조달받는 것이다. 부채에 대한 이자율은 10%이다. 세금은 없다. (학습목표 16-1)

    a. 만약 $200,000에 해당하는 금액을 타인자본을 통해 조달받는다면 부채비율은 어떻게 되는가?

    b. 이자 및 세전 이익(EBIT)이 $110,000이라면 $200,000에 해당하는 금액을 빌리는 경우 주당순이익(EPS)은 어떻게 되는가?

    c. 만약 $400,000에 해당하는 금액을 빌리는 경우 주당순이익(EPS)은 어떻게 되는가?

9. **레버리지와 자본비용.** Northern Sludge의 보통주와 부채의 가치는 각각 $7,000만과 $3,000만이 된다. 투자자들이 요구하는 수익률은 보통주에 대해 16%, 부채에 대해 8%이다. 만약 Northern Sludge가 추가적으로 $1,000만에 해당하는 보통주를 발행하고 이를 통해 조달 받은 돈으로 부채를 상환한다면 주식의 예상 수익률은 얼마인가? 자본 구조의 변화가 Northern Sludge의 부채 이자율에는 어떠한 영향을 미치지 않으며 세금은 없다고 가정하자. (학습목표 16-1)

10. **레버리지와 자본비용.** "재무레버리지를 늘리면 타인자본비용과 자기자본비용 모두 증가한다. 따라서 전체 자본비용은 그대로 유지될 수 없다." 이 문제는 위의 말이 옳지 않을 수 있다는 것을 보여주기 위해 만들어진 문제이다. Buggins Inc.는 자기자본과 타인자본 모두 시장가치로는 $100만로 동일하게 자본조달을 하고 있다. 타인자본 비용은 5%, 자기자본비용은 10%이다. 회사에서는 $500,000에 달하는 부채를 발행하여 자사주매입을 하려고 한다. 이로 인해 타인자본비용을 6%, 자기자본비용을 12%까지 올랐다. 회사는 세금을 내지 않는다고 가정한다. (학습목표 16-1)
    a. 회사의 부채는 얼마인가?
    b. 회사의 자기자본은 얼마나 되는가?
    c. 전체 자본비용은 어떻게 되는가?

11. **레버리지와 자본비용.** Astromet은 자기자본을 통해서만 자본조달이 이루어졌고 보통주의 베타는 1.0이다. 세금은 없다. 회사에서 발행한 주식은 10배로 가격을 책정하며 기대수익률은 10%이다. 회사는 발행한 보통주 절반을 환매하고 동일한 가치의 부채로 자본조달 받는 것을 결정하였다. 만약 5%의 무위험 채권을 발행하기로 가정하고 다음을 계산하라. (학습목표 16-1)
    a. 자본조달 방식을 수정한 후 보통주의 베타 값
    b. 자본조달 방식 수정 전 보통주의 요구수익률과 위험프리미엄
    c. 자본조달 방식 수정 후 보통주의 요구수익률과 위험프리미엄
    d. 자본조달 방식 수정 후 (보통주와 부채를 포함한) 회사의 요구수익률
    만약 EBIT가 그대로일 경우:
    f. 자본조달 방식 수정 후 주당순이익 증가율은 얼마인가?
    g. 자본조달 방식 수정 후 주가비율은 얼마인가? (힌트: 주가가 어떻게 변화되었는가?)

12. **레버리지와 자본비용.** Hubbad's Pet Foods는 보통주 80%, 채권 20%의 발행을 통해 자본조달을 받았다. 보통주의 기대수익률은 12%이며, 채권의 이자율은 6%이다. 채권의 채무불이행 위험이 없고 세금이 존재하지 않는다고 가정한다. 만약 Hubbard사가 더 많은 채권을 발행하여 주식을 환매한다고 하자. 이로 인한 새로운 자본 구조가 보통주 60%, 채권 40%로 바뀐다. 만약 채권의 채무불이행 위험이 없다고 가정하면 다음 사항은 어떻게 되는가? (학습목표 16-1)
    a. 보통주의 기대수익률
    b. 보통주와 채권 결합 기대수익률

13. **레버리지와 자본비용.** "MM은 채권을 더 많이 발행할 경우 이자율이 더 높아진다는 사실을 무시한다." 이 의견이 타당한 것인지 아닌지 설명하시오. (학습목표 16-1)

14. **레버리지와 자본비용.** 한 회사의 현재 부채비율은 1/2이다. 사실상 위험이 없는 부채의 이자율은 6%이다. 주식의 기대수익률은 12%이다. 만약 회사가 부채비율을 1/3로 줄인다면 주식의 기대수익률은 어떻게 되는가? 회사는 세금을 내지 않아도 된다는 것을 가정한다. (학습목표 16-1)

15. **레버리지와 자본비용.** Archimedes Levers는 부채와 주식을 혼합하여 자본조달을 하고 있다. 세금은 없다. 자본비용에 대한 정보는 다음과 같다.

$$r_E = (a) \qquad r_D = 12\% \qquad r_A = (b)$$
$$\beta_E = 1.5 \qquad \beta_D = (c) \qquad \beta_A = (d)$$
$$r_f = 10\% \qquad r_m = 18\% \qquad D/V = 0.5$$

빈칸 (a)∼(d)를 채우시오.

16. 세금절감. River Cruises (16.1절 참고)는 100,000주의 자기자본을 통해서만 자본조달이 이루어졌다. 이제 이자율 10%의 부채 $250,000를 발행하고 이를 통해 25,000주의 자사주 매입을 할 것이다. 법인세율이 21%라고 가정하고, 이자 차감 전 수익이 있다면 채권자와 주주의 세후소득을 합한 금액의 증가분을 계산하라. (학습목표 16-2)

a. $75,000.

b. $100,000.

c. $175,000.

17. 세금절감. Establishment Industries는 이자율 7.6%로 $8억을 빌렸다. Establishment사는 실효세율 21%로 세금을 납부할 예정이다. 만약 다음과 같은 경우 이자 절세효과로 인한 현재 가치는 얼마인가? (학습목표 16-2)

a. 지금의 부채 수준이 앞으로도 계속 유지될 것으로 예상하는가?

b. 5년 말쯤 부채를 갚아야 하는 것으로 예상하는가?

c. $8,000만을 빌리고 r_{assets}=10%일 때 부채비율은 그대로 유지될 것으로 예상하는가?

18. 세금절감. 세금절감률이란 무엇인가? 세후소득 주주들을 위해 어떻게 하면 "파이"의 크기를 키울 수 있는지 설명하라. (힌트: 어떻게 재무레버리지가 부채와 주식 투자자들의 총 현금흐름에 영향을 주는지 간단히 수치화되어 있는 예시를 작성하라.) (학습목표 16-2)

19. 레버리지와 자본비용. Dusit는 수익 8%의 채권 30%로 자본조달을 하였다. 투자자들이 Dusit사의 주식에 요구하는 수익률은 15%이다. (학습목표 16-2)

a. 법인세율이 21%인 경우 회사의 가중평균자본비용은 얼마인가?

b. 만약 법인세가 면제된다면 회사의 자본비용은 얼마가 될 것인가?

20. 세금과 자본비용. 다음은 Icknield사의 시장가치 재무상태표이다. (단위: 백만 달러)

순운전자본	$ 550	부채	$ 800
고정자산	2,150	자기자본	1,900
기업가치	$2,700		$2,700

채권수익은 7%이며 자기자본비용은 14$이다. 세율은 21%이다. 투자자들은 이 정도의 부채 수준이 계속될 것으로 예상하고 있다. (학습목표 16-2)

a. Icknield의 WACC는?

b. 만약 Icknield가 모든 부채를 상환한다면 시장가치 재무상태표는 어떻게 변화할 것인가?

21. 세금과 자본비용. 다음은 United Frypan Company의 장부 및 시장가치 재무상태표이다. (단위: 백만 달러)

장부가치 재무상태표			
순운전자본	$ 20	부채	$ 40
고정자산	80	자기자본	60
	$100		$100

시장가치 재무상태표			
순운전자본	$ 20	부채	$ 40
고정자산	140	자기자본	120
	$160		$160

세금을 제외하고 MM 이론을 따른다고 가정하자. 성장도 없고, $40의 부채는 계속 지속될 것으

로 예상한다. 법인세율은 21%로 가정한다. (학습목표 16-2)

    a. 회사의 가치 중 부채로 발생된 세금 절감에 의한 비중이 얼마를 차지하는가?

    b. 만약 부채=8%, 주식=15%일 경우 United Frypan의 세후 WACC는 어떻게 되는가?

    c. 의회가 세금 목적의 이자 공제가 안되는 법을 통과시킨다고 가정하자. 회사의 가치는 얼마이며 다른 것들은 그대로 인가? 부채이자율을 8%로 가정하자.

22. 세금. MM의 제1명제는 세금이 없을 때, 회사가 주주들을 대신하여 빌리는 것과 그들이 직접 빌리는 것 간에는 아무런 차이가 없다고 본다. 다만 법인세가 존재한다면, 이는 옳지 않다. 세금이 존재할 경우 주주들이 빌리는 것보다 회사가 빌리는 것이 더 낫다는 것을 보여주는 간단한 예를 만들라. (학습목표 16-2)

23. 세금. MM의 제1명제는 법인세가 있다고 가정하였을 때 회사 부채에 대한 세금 혜택이 없다는 것을 말한다. 부채에 대한 세금 혜택이 있다면 거액의 현금을 보유 및 대출하는 데에 세금에 의한 불이익도 있다. 이유를 설명하시오. (학습목표 16-2)

24. 세금절감과 WACC. River Cruises사의 경영진은 최적의 자본 구조의 절충이론은 추가적인 이자 세금 절감의 가치가 잠재적 재정난에 따른 추가 비용을 초과하는 한 경영자들이 부채를 늘릴 것임을 시사하고 있음을 이해한다. 이 절충이론은 그림 16.7의 혹 모양 곡선을 만들며, 최적의 부채 수준에서 기업의 가치가 극대화된다는 것을 보여준다. 부채 수준을 나타내는 WACC의 곡선은 어떻게 생겼는가? (학습목표 16-2)

    a. 세금이 없다는 것을 먼저 가정하라. River Cruises사가 요구받은 수익률은 12.5%이며 부채수익률은 10%라고 가정하자. 부채비율을 0에서 2.5 사이에서 0.1씩 증가할 때마다 부채자산비율에 대한 부채, WACC, 주식을 계산하라. WACC는 D/E 비율에 따라 달라지는가? 그림 16.3과 비교하여라.

    b. 법인세율이 21%라고 가정하자. (a)를 반복해라. D/E가 증가함에 따라 WACC는 어떻게 되는가?

    c. 최적의 자본구조는 무엇인 것처럼 보이는가?

    d. (b)를 참고하였을 때 최적의 자본 구조에 영향을 미치지만 누락되어 있는 사안이 무엇인가?

25. 재무적 곤경. 참인가 거짓인가? (학습목표 16-3)

    a. 채무불이행 발생 가능성이 높다면 경영자와 주주들은 지나치게 위험한 프로젝트를 떠맡으려고 할 것이다.

    b. 채무불이행의 가능성이 높다면, 주식보유자들은 기업이 안전하고 NPV가 0보다 큰 투자 기회가 있더라도 자기자본으로 투자하는 것을 거부할 것이다.

    c. 기업이 차입할 때, 예상되는 파산 비용은 대출자들로부터 나오는 것이며 주가에는 아무런 영향을 미치지 않는다.

26. 재무적 곤경 비용. 파산 직전인 회사를 운영하면 어떤 단점이 있는지 사례를 언급하라. (학습목표 16-3)

27. 재무적 곤경 비용. Salad Oil Storage Company(SOS)는 설비의 상당 부분을 장기부채로 조달했다. 채무불이행의 위험성이 상당히 높지만, 회사는 아직 위기에 처하지 않았다. (학습목표 16-3)

    a. SOS 주주들이 주식 발행으로 자금을 조달하여 NPV가 0보다 큰 프로젝트에 투자하였을 때 왜 손해를 볼 수 있는지 설명하시오.

    b. SOS 주주들이 매우 위험하고 NPV가 0보다 작은 프로젝트에 투자하였을 때 왜 이득을 볼 수 있는지 설명하시오.

28. 재무적 곤경 비용. 다음 중 재무적 곤경 비용이 가장 높을 것으로 예상되는 회사는 어디인가? 간단히 설명하시오. (학습목표 16-3)

a. 새로운 제품을 생산하는데 있어 숙련된 프로그래머에게 의존하는 컴퓨터 소프트웨어 회사

b. 현대 유조선의 함대를 운영하는 선박 회사

29. 재무적 곤경 비용. Double-R Nutting Company 사례를 다시 생각해보자. Double-R의 채권의 액면가가 $50이라고 가정하자. 현재 시장가치 재무상태표는 다음과 같다.

Assets		부채와 자기자본	
순운전자본	$20	부채	$25
고정자산	10	보통주	5
자산 총계	$30	부채와 자기자본 총계	$30

다음의 방식 중 누가 이익 또는 손해를 볼 것인가? (학습목표 16-3)

a. Double-R은 현금 배당금으로 $10을 지불한다.

b. Double-R은 운영을 중단하고 고정 자산을 $6에 판매하며 순운전자본을 $20로 현금화한다. 그리고 $26로 단기국채에 투자한다.

c. Double-R은 NPV=$0이며 초기 투자 자금이 $10인 투자 기회를 보고 증권, 변제순위 등이 현존하는 채권가가 동일한 채권을 추가로 발행하여 자금을 조달한다.

d. Double-R은 (c) 부분에서의 투자 기회를 위해 더 많은 보통주를 발행함으로써 자금을 조달한다.

30. 절충이론. Smoke and Mirrors의 현재 EBIT는 $25,000이며, 자기자본을 통해서만 자본조달이 이루어졌다. EBIT는 지금 수준을 그대로 유지할 것으로 예상된다. 이 회사의 법인세는 과세 소득의 21%에 달한다. 회사 프로젝트의 할인율은 10%이다. (학습목표 16-3).

a. 이 회사의 시장가치는 얼마인가?

b. 이제 회사가 자본금을 회수하기 위해 매년 6%의 이자를 지불하고 $50,000의 부채를 발행한다고 가정하자. 그 부채의 기한은 영구적일 것으로 예상된다. 회사의 총 가치(부채+자본)는 어떻게 되는가?

c. 다음과 같은 가정 하에 (b) 부분에 대해 다시 계산하여라. 부채 발행으로 회사의 파산 확률이 높아졌다. 이 회사가 3년 후 파산할 가능성이 30%이다. 만약 회사가 파산한다면, $20만의 파산 비용이 발생할 것이다. 할인율은 10%이다.

d. 회사가 이러한 새로운 가정하에서 부채를 발행해야 하는가?

31. 조달순서이론. 최적의 자본구조의 조달순서이론은 무엇인가? 만약 이 이론이 맞다면, 어떤 종류의 회사가 높은 부채 수준에서 운영될 것이라 보는가? (학습목표 16-4)

32. 조달순서이론. Alpha Corp.와 Beta Corp.는 둘 다 터보 인화기를 생산하는 회사이다. 두 회사의 자산과 운영 성장률은 동일한 수준으로 증가하고 있으며, 연간 자본 지출은 거의 같다. 하지만 Alpha Corp.가 더 효율적인 생산업체이며 지속적으로 더 많은 이익을 내고 있다. 조달순서이론에 따라, 어떤 회사의 부채비율이 더 높아야 하는가? (학습목표 16-4)

33. 조달순서이론. 기업의 기존 주주들이 새로운 투자자들에게 지나치게 높은 가격으로 주식을 팔고 그 현금으로 NPV가 0인 프로젝트에 투자하는 경우 이득을 볼 수 있다는 것을 보여주는 간단한 예를 제시하여라. (학습목표 16-4)

a. 이 상황에서 손해를 보는 것은 누구인가?

b. 만약 경영자들이 주가가 과대평가 되었을 때 주식을 발행했을 가능성이 높다는 것을 투자자가 알았다면, 이러한 사항이 공론화 되었을 때 주가는 어떻게 될 것인가?

34. 조달순서이론. 기업에서 보통주 발행을 발표하면 일반적으로 주가는 하락한다. 기업이 채무 발행을 발표할 때 주가변동은 거의 없다. 그 이유는 무엇인가? (학습목표 16-4)

35. 재무적 여분. 참인가? 거짓인가? (학습목표 16-4)

a. 재정적 여력은 은행에 현금을 보유하고 있거나 채무 시장에 즉시 거래를 할 수 있는 경우를 의미한다.

b 재정적 여력은 투자기회가 거의 없는 회사들에게 가장 중요하다.

c. 과도한 재정적 여력을 보유한 경영자들은 투자에 대한 의사결정을 할 때 그리 좋지 않은 투자 결정을 하는 경우가 있다.

36. 자본구조이론. 다음의 용어를 사용하여 빈칸을 채우시오.

안전유형자산, 적게, 조달순서이론, 자본, 절감된 과세소득, 이자절세효과, 재정위기, 절충이론, 더 많이, 위험자산. (참고: 일부 용어는 사용되지 않는다.) (학습목표 16-5)

관리자들은 ____(a)____ 의 값이 ____(b)____ 의 추가 비용에 의해 정확히 상쇄되는 지점까지 부채 수준을 높이려고 할 것이다. 이를 자본 구조의 ____(c)____ 라고 한다. 이 이론은 ____(d)____ 와 충분히 많은 ____(e)____ 를 갖고 있는 기업들이 ____(f)____ 를 빌려야 한다고 예측한다.

37. 최적자본구조. 다음 페이지의 Sealed Air의 구조 조정에 대해 읽어보시오. (학습목표 16-5)

a. 구조 조정 전에 Sealed Air의 재정적 여력의 가치는 무엇인가?

b. 구조 조정을 성공적으로 한 이후 최적의 자본구조에 대해 무엇이라 언급할 것인가?

c. 모든 회사가 Sealed Air가 그랬던 것처럼 구조 조정을 하는 것을 추천하겠는가?

웹 연습 WEB EXERCISES

1.   finance.yahoo.com에 로그인하고 Pfizer(PFE)와 Coca-Cola(KO)의 key statistics 링크를 클릭하자. 두 회사에 대해서 부채비율[부채/(부채+자기자본)]을 계산하라. 이번에는 자기자본의 시장가치를 이용해서 부채비율을 계산하라. 부채의 시장가치는 부채의 장부가치를 대용하자. 기업가치에서 부채가 차지하는 비중이 장부가치에서 부채가치로 바꾸었을 때 어떻게 변하는가?

2.   finance.yahoo.com에서 PepsiCo(PEP)와 IBM(IBM)의 프로필을 찾아 Financial 아래에서 각 기업의 연차재무상태표와 손익계산서를 살펴보자. 각 기업의 장기부채가 창출한 이자비용의 절세효과의 현재가치를 계산하라. 이제 각 기업이 $30억의 장기부채를 주가로 발행해서 조달한 자금을 자사주 매입에 사용한다고 하자. 이자비용의 절세효과는 어떻게 변하는가? 각각의 경우에 부채는 고정이고 영원히 만기가 연장된다고 가정하라. 법인세율은 21%이다.

셀프테스트 해답 SOLUTIONS TO SELF-TEST QUESTIONS

16.1 주당 가격은 그대로 $10이고 River Cruises는 $35만을 가지고 자사주 35,000주를 매입할 수 있고 이후 유통주식수는 65,000주가 된다. 자기자본의 가치는 $65

만이 될 것이다. 전체적인 기업의 가치는 그대로 $100만으로 유지된다. 주주의 부는 변하지 않는다. 처음엔 $100만 가치의 주식을 갖고 있었고, 자본구조 변경 후 현금 $35만과 $65만의 주식을 갖고 있게 된다.

16.2 a.

자료			
주식수	25,000		
주당 가격	$10		
자기자본의 시장가치	$250,000		
부채의 시장가치	$750,000		
		경제 상황	
	불황	**보통**	**호황**
영업비용($)	75,000	125,000	175,000
이자비용($)	75,000	75,000	75,000
당기순이익($)	0	50,000	100,000
주당순이익($)	0	2.00	4.00
주식 수익률	0%	20%	40%

영업이익이 $5만 변할 때마다 주주의 수익률이 20%이 변동한다. 부채가 $50만일 때 주주의 수익률의 변동이 두 배가 된다.

b. 주주는 River Cruises 주식에 투자된 $1마다 $3을 대출해 주어야(빌려 줘야) 한다. 예를 들어 $10의 주식을 매입하면 $30을 빌려 줘야 한다. 이로 인한 이익은 다음과 같다.

	경제 상황		
	불황	**보통**	**호황**
주당순이익($)	0	2.00	4.00
10% 이자수익 추가($)	3.00	3.00	3.00
순이익($)	3.00	5.00	7.00
$40 투자에 대한 수익률	7.5%	12.5%	17.5%

16.3 영업위험은 자본구조의 영향을 받지 않는다. 자본조달의 조합이 변할 때, 유통되고 있는 주식이 고정된 영업위험을 모두 흡수해야 한다. 자기자본이 적을수록 주당 더 많은 위험을 흡수해야 한다. 그러므로 자본구조가 변할 때 r_{assets}은 변하지 않고 고정되어 있어 r_{equity}은 조정된다.

16.4 이자비용의 절세효과는 $0.21 \times 0.10 \times 300,000 = \$6,300$/연

a. 이 영구연금을 부채의 비용으로 할인하면, $PV = 6,300/0.10 = \$63,000$

b. 이 경우 절세효과는 영업이익과 위험이 비슷하다. 12.5%로 할인을 하면
$PV = 6,300/0.125 = \$50,400$

c. 미래에 언제까지 이자비용의 절세효과를 모두 활용할 수 있도록 언제나 충분한 세전이익을 창출할 수 있다고 확신할 수는 없다.

16.5 파산하게 되면 채권자들은 $200만 적게 받을 것이다. 그렇기 때문에 채권으로부터의 기대현금흐름이 줄어들게 되고 채권의 현재가치는 낮아지게 된다. 그러므로 채권의 가격은 더 낮게 책정되게 되고 더 높은 이자를 제공해야 한다. 현재 이 기업은 높은 이자를 지급하고 있다. 이자는 주주들의 소득에서 나오게 되므로 보통주의 가치도 하락하게 된다.

16.6 생물공학(biotech) 회사. 이 회사의 자산은 모두 무형자산이다. 파산의 위협이 있

고 최고의 과학자가 다른 기업이 제안한 일자리를 수락한다면 이 생물공학 회사의 채권자와 주주에게 남은 가치는 그리 많지 않을 것이다. 다른 한편으로, 파산은 성업 중인 50개의 유전과 얌전히 매장되어 있는 원유의 가치에는 거의 영향을 미치지 않을 것이다.

16.7　a. 돈을 빌려주는 사람은 더 높은 이자율을 요구할 것이고 아마도 추가적인 약관과 다른 제약조건들을 요구할 것이다.

　　　　b. 미래의 투자의사결정과 영업의사결정이 왜곡될 가능성은 기업의 현재가치를 감소시킨다. 감소된 가치가 재무적 곤경 비용의 하나이고 더 보수적인 부채정책을 채택하게 되는 이유가 된다.

16.8　전력회사는 가장 안정된 현금흐름을 갖고 있다. 또한 파산의 영향을 거의 받지 않을 유형자산에 상당히 의존하고 있다. 전력회사가 가장 높은 부채비율을 갖고 있을 것이다. 소프트웨어 기업은 유형자산에 가장 적게 의존하고 있고 계속해서 사업을 영유할 때만 가치가 있는 자산에 의존하고 있다. 그리고 아마도 가장 예측하기 힘든 현금흐름을 보유하고 있다. 소프트웨어 회사가 가장 낮은 부채비율을 갖고 있을 것이다.

미니 케이스

2020년 3월, Londonderry Air (LA)의 경영진은 다섯 개의 단거리수송용 비행기는 총 $2,500만에 구매하는 제안에 대해 의논하기 위해 모였다. 이 투자안에 대해서 회사는 전반적으로 열정을 갖고 있었고, 이 새 비행기는 향후 20년간 연간 $400만의 현금을 창출할 것으로 기대되었다.

　이 회의의 초점은 어떻게 구매에 필요한 자금을 조달할 것인지였다. LA는 $2,000만의 현금과 시장성 증권(표 참고)을 보유하고 있었지만 CFO(최고재무책임자)인 Ed Johnson은 통상적인 현금지출과 우발사태에 대비하기 위해서 적어도 $1,000만이 필요하다는 것을 지적하였다. 이것은 $1,500만 정도의 현금이 부족하다는 의미였고, 보통주를 발행하거나 부채를 차입할 필요가 있다는 것이었다. Mr. Johnson은 이것이 균형 잡힌 의견이라는 것을 인정하면서 주식의 발행을 권고하였다. 그는 항공사업은 이익이 변동성이 크고, 회사는 과도한 차입으로 인한 위험을 피하기 위해 신중해야 한다고 이야기하였다. 그는 시장가치로 장기부채비율이 약 59%이고 추가적인 부채 발행은 이 비율을 62%로 증가시킬 것이라고 추산하였다.

　Mr. Johnson이 주식발행에 대해 갖고 있는 유일한 걱정은 투자자들이 이 주식발행을 경영진이 주가가 과대평가되어 있다고 믿기 때문에 실행하는 것이라고 해석하여 잘못된 결론에 도달하는 것이었다. 이 경우 주식발행 발표는 투자자들의 잘못된 매도를 불러 일으킬 수도 있을 것이다. 그래서 그는 회사가 신중하게 주식을 발행하는 이유에 대해서 충분히 설명할 필요가 있다는 것을 강조하였다. 또한 그는 LA가 동시에 배당금 지급액을 증가시킨다면 새 주식발행에 대한 수요를 증가시킬 것이라고 제안하였다. 이는 회사의 미래에 대한 경영진의 확신을 견고하게 보여주는 지표가 될 것이다.

　주장은 LA의 대표이사의 심경을 건드렸다. "Ed, 이 일에 당신이 전문가라는 걸 알지만 당신이 이야기한 모든 것이 상식에 맞지 않아요. 작년에 우리 주식가격이 5분의 1이나 떨어졌는데 왜 주식을 추가로 발행해야 하나요? 우리 주식은 현재 6.5%의 배당수익률을 제공하고 있고, 자기자본은 사용하기 비싼 자본입니다. 배당을 증가시키는 것은 자기자본을 더 비싸게 만들 뿐입니다. 더군다나 주주들에게 현금을 요청하면서 동시에 현금을 지급하는 이유를 이해할 수가 없습니다. 우리가 배당금을 올리면 우리는 더 많은 주식을 발행해야 할 것입니다. 단순히 주주의 주머니에서 돈을 가져와 주주에게 더 많은 배당금을 지급할 뿐입니다. 그리고 당신은 희석의 문제를 간과하고 있습니다. 현재 우리의 자기자본의 주당 장부가치는 $12입니다. 지금 주당 $10에 신주를 발행하면 우리의 기존 주주에게 공정하지 못합니다."

　"대안을 살펴봅시다. 우리는 현재 6%에 차입할 수 있습

Londonderry Air의 요약재무제표, 2019
(장부가치기준, 단위: 백만 달러)

재무상태표			
은행 부채	$ 50	현금	$ 20
기타 유동부채	20	기타 유동자산	20
10% 채권, 만기 2034*	100	고정자산	250
자기자본†	120		
부채 총계	$290	자산 총계	$290

손익계산서	
매출총이익	$57.5
감가상각	20.0
이자비용	7.5
세전이익	30.0
법인세	10.5
당기순이익	19.5
배당금	6.5

*LA의 부채에 대한 만기수익률은 현재 6%
†LA의 유통보통주식수는 1,000만 주이고 주당 가격은 $10이다. LA의 주식 베타는 1.25로 추정되었다. 시장위험프리미엄은 8%이고 재무부단기채권의 이이자율은 3%이다.

니다. 우리는 이자비용에 대해 세금 혜택을 받을 수 있죠.

세율 21%를 고려할 때 세후 차입비용은 (1−0.21)x6%=4.74%입니다. 자기자본 비용보다 낮죠. 우리는 이 새 비행기로부터 15%의 이익률을 기대하고 있습니다. 우리가 4.74%에 자본을 조달해서 15%에 투자할 수 있다면 제 장부에선 매우 훌륭한 거래입니다."

"재무와 관련된 사람들은 언제나 위험에 대해 이야기하지만, 우리가 파산하지 않는 한, 차입하는 것은 어떠한 위험도 증가시키지 않습니다."

"Ed, 이 건에 대해서 내 관점을 강요하고 싶진 않습니다. 결국 당신이 전문가니까요. 이사회에 최종 권고안을 다음 달까지만 제출하면 됩니다. 그동안 경영대 졸업생 한 명에게 이 거래에 필요한 자본을 어떻게 조달할지와 이 비행기들을 이용하여 얼마만큼의 수익률을 올려야 할지에 대한 종합적인 문제들을 살펴보도록 하시죠."

2019년도부터 최근까지 공표된 재무자료를 이용해서 Mr. Johnson의 주식발행과 배당금 지급안뿐만 아니라 LA 대표이사의 반박을 평가해 보자. 누가 맞는 것인가? 이 새 비행기들에 대한 요구수익률은 얼마인가?

부록
파산절차

부채를 발행하는 회사들은 항상 부채가 만기가 되면 채권자들에게 돈을 지불하지 못할 위험을 안고 있다. 이 시점에서 회사는 파산할 수도 있다. 우리는 파산절차에 대한 간략한 개요로 이 장을 마치고자 한다.

빚을 갚지 못하는 기업은 종종 채권자들과 비공식적인 합의를 하려고 할 것이다. 이를 **워크아웃**이라고 한다. 워크아웃은 몇 가지 형태가 있을 수 있다. 예를 들어, 회사는 채권자들과 연장, 즉 지불을 연기하는 합의를 협상할 수 있다. 혹은 부채의 경감을 대가로 채권자에게 일부 상환을 하는 구성(composition)을 협상할 수도 있다.

협상 타결의 장점은 공식적 파산의 비용과 지연을 피할 수 있다는 점이다. 다만, 기업이 크고 자본구조가 복잡할수록 협상 타결 가능성은 낮아진다.

만약 회사가 합의에 도달하지 못한다면, **파산** 신청을 하는 것 외에 다른 대안이 없을지도 모른다.[17] 연방파산제도 하에서 회사는 절차를 선택할 여지를 갖는다. 약 3분의 2의 경우에, 기업은 1978년 파산개혁법(1978 Bankruptcy Reform Act) 제7장에 따른 파산신청을 하거나 또는 해야만 할 것이다. 이 경우 회사의 자산은 **청산**(즉, 매각)되고 그로 인한 수익금은 채권자에게 지급된다.

담보부 채권자들이 대출에 약정된 담보에 대해서 우선권을 가진다. 그 다음에 무담보 채권자가 다음 순위로 배정된다. 첫 번째는 변호사 비용이나 파산신청 후 발생하는 직원 보상금 같은 파산 후 발생하는 비용에 대한 청구권이다. 만약 이러한 사후 청구가 우선권을 받지 못한다면, 파산절차에 있는 어떤 기업도 계속 운영될 수 없을 것이다. 다음은 파산신청 직전 기간에 벌어들인 임금과 직원 복리후생에 대한 청구권이다. 세금은 중소기업청(Small Business Administration)이나 연금급여보증공사(Pension Benefit Guarantee Corporation) 등 일부 정부기관에 대한 부채와 함께 그 다음이다. 마지막으로, 무담보 거래처 부채와 같은 일반적인 무담보 청구권이다.

청산의 대안은 **구조조정**인데, 회사는 존속시키고 일반적으로 구조조정된 회사의 새로운 증권으로 채권자들에게 보상하는 방식이다. 이러한 구조조정은 일반적으로 주주들이 선호하는 것이다. 상황이 더 악화돼도 더 잃을 것은 거의 없고, 회사가 회복되면 모든 것 얻을 수 있기 때문이다. 거의 모든 대기업들은 청산보다는 구조조정을 선택한다.

구조조정을 시도하는 기업들은 파산개혁법 제11장에 따른 피난처를 찾는다. 제11장은 기업의 존속과 운영을 유지하고 구조조정 계획이 수립되는 동안 자산의 가치를 보호하기 위해 설계되었다. 이 기간 동안 회사를 상대로 한 다른 소송은 중지되고, 회사는 기존 경영진이나 법원이 지정한 수탁 관리자에 의해 운영된다.

구조조정 계획 수립에 대한 책임은 채무자에게 있을 수 있다. 법정 관리자가 선임되지 않을 경우, 회사는 120일 이내에 채권자에게 계획을 제시해야 한다. 이 기한을 지키지 않거나 법정 관리자가 선임된 경우, 수탁 법정관리자 또는 채권자 위원회 누구나 계획서를 제출할 수 있다.

구조조정안은 기본적으로 누가 무엇을 갖는가에 대한 진술이다. 각 등급의 채권자들은 새로운 증권을 대가로 그들의 청구권을 포기한다. (가끔 채권자는 현금을 받기도 한다.) 문제는 (1) 채권자를 만족시키고 (2) 애초에 기업을 곤경에 빠뜨린 사업 문제를 해결할 수 있도록 하는 새로운 자본구조를 설계하는 것이다. 때때로 바로크 양식처럼 복잡

워크아웃(workout)
재정적으로 어려움을 겪고 있는 회사와 채권자들 간의 파산을 피하기 위해 취해야 할 조치를 확립하는 합의.

파산
부채를 상환하지 못하는 회사의 구조조정 또는 청산.

청산
파산 기업의 자산 매각.

구조조정
파산 기업이 지속적으로 영업을 영위할 수 있도록 재무적 청구권을 재구조화하는 것.

---

17) 때때로 채권자들은 합의에 도달한 이후에도 파산을 신청할 수 있도록 허용할 것이다. 이를 사전에 합의된 파산(prepackaged bankruptcy)이라고 한다. 법원은 이 사전 합의된 워크아웃 계획은 단순하게 기계적으로 승인한다.

한 계획만이 이 두 가지 요건을 충족시킬 수 있다.

구조조정안을 채권단이 수용해 법원에서 확정하면 효력이 발생한다. 승인은 각 등급의 채권자 다수의 찬성이 필요하다. 일단 계획이 받아들여지면, 법원은 각 등급의 채권자가 이를 승인하고, 회사 자산을 청산·분배하는 경우보다 계획에 따랐을 때 채권자가 더 이득이라고 판단되면 보통 승인한다. 법원은 특정 조건 하에서 1개 이상 등급의 채권자가 반대표를 던지더라도 계획을 확정할 수 있다. 이것을 벼락치기(cram-down)라고 부른다.

다른 등급의 채권자들의 이해관계가 항상 일치하는 것은 아니다. 예를 들어, 후순위 채권자들은 선순위 채권자들로부터 양보를 얻어내는 방법으로 절차를 늦추겠다고 위협할 수 있다. 선순위 채권단은 절차를 신속히 진행하고 합의를 도출하기 위해 달러당 100센트 미만을 가져가고 후순위 채권자들에게 무언가를 줄 수도 있다.

제11장에 따른 절차는 종종 성공적이며 환자는 건강한 모습으로 다시 나타난다. 그러나 경우에 따라서는 치료가 불가능하고 자산이 청산되는 경우도 있습니다. 때때로, 회사는 제11장에서 벗어 났다가 얼마 안가 다시 재난에 휩쓸려 파산하기도 한다. 예를 들어, TWA는 1993년 말에 파산에서 벗어났다가 2년도 채 되지 않아 다시 돌아온 뒤 2001년에 세 번째로 돌아와 '제33장'이라는 우스갯소리를 만들어 냈다. TWA는 비슷한 경험을 한 많은 동료들이 있다. 최근 몇 년 동안 약 80%의 대기업이 파산절차에서 벗어나 제2의 인생을 가졌지만, 구조조정된 대기업의 3분의 1 정도가 5년 안에 다시 실패를 했다.[18] Planet Hollywood, Grand Union, Memorex, Continental Airlines, Havard Industries 가 대표적인 "연쇄 실패"의 예이다.

청산과 구조조정의 선택

여기 파산 결정에 대한 이상적인 관점이 있다. 채권자에게 지급될 대금의 기일이 도래할 때마다 경영진은 회사의 가치를 점검한다. 만약 기업이 약속한 지급액보다 더 가치가 있다면, 기업은 대금을 지불할 것이다(필요하다면 주식 발행으로 현금을 조달한다). 만약 그렇지 않다면, 자기자본은 가치가 없을 것이고, 이 회사는 채무를 이행하지 않고 파산을 신청한다. 법원의 판단에 따라 파산한 기업의 자산을 다른 곳에서 더 잘 활용할 수 있다면, 기업은 청산되고 수익금은 채권의 상환에 사용된다. 그렇지 않으면, 채권자들은 단지 새로운 주인이 되고 회사는 계속 운영된다.

실제로, 일이 이렇게 간단한 경우는 드물다. 예를 들어, 우리는 자기자본이 양의 가치를 가지고 있을 때에도 기업들이 종종 파산을 신청하는 것을 보아왔다. 더욱이, 파산법원은 자산이 다른 곳에서 더 효율적으로 사용될 수 있는 경우에도 회사의 생명을 계속 유지하도록 결정할 수 있다. 여기에는 몇 가지 이유가 있다.

첫째, 구조조정된 기업이 법적으로 새로운 기업임에도 불구하고, 구 기업에 속하는 모든 감세 이월금을 받을 권리가 있다. 회사가 구조조정 되지 않고 청산되는 경우엔, 감세 이월금이 모두 사라진다. 따라서 다른 기업이 이 회사의 자산을 더 잘 사용할 수 있더라도 이 회사의 영업을 계속할 동기가 부여된다.

둘째, 기업의 자산이 매각되면 채권자에게 지급할 수 있는 금액을 쉽게 결정할 수 있다. 하지만 회사가 구조조정에 들어가게 되면 최대한 현금을 보전할 필요가 있다. 따라서 청구인은 일반적으로 현금과 유가증권의 혼합으로 지급받게 된다. 이 경우 채권자들이 그들의 청구권을 모두 지급받았는지 판단하기 어렵게 된다. 예를 들어, 각 채권 보유자는 현금 300달러와 최초 2년간은 이자 지급이 없고, 그 이후에는 낮은 이자율을 지급하는

---

18) "The Firms That Can't Stop Failing," *The Economist*, September 7, 2002.

새 채권 $700를 혼합해서 제공받을 수 있다. 살아남기 위해 고군분투하는 회사가 발행한 이런 종류의 채권은 큰 가치가 없을 수도 있지만, 파산법원은 보통 새로운 채권의 액면가를 살펴서 채권 보유자들이 전액 지불된 것으로 간주할 수도 있다.

구조조정에서 푸대접을 받을 가능성이 높다는 것을 알고 있는 선순위 채권단은 회사를 청산하도록 압박할 가능성이 높다. 주주와 후순위 채권단은 구조조정을 선호한다. 그들은 법원이 이 채권 순위를 너무 엄격하게 해석하지 않고 약간의 부스러기라도 받기를 바란다.

셋째, 주주와 후순위 채권단이 채권 순위의 최하위이긴 하지만 비장의 무기를 가지고 있다. 시간은 그들의 편이다. 대기업의 파산은 계획이 법원에 제출되고 각 등급 채권자의 동의를 얻기까지 종종 몇 년이 걸린다. 후순위 청구인들은 지연전술을 사용하면서 운이 바뀌어서 투자금을 건질 수 있는 기회가 오는 것에 승부를 거는 것이다. 반면 선순위 채권단은 시간이 자신들에게 불리하게 작용하고 있다는 것을 알고 있기 때문에 더 적은 보상을 받고 계획을 수용할 준비가 되어 있을 수 있다. 또한 장기간에 걸친 파산 소송은 비용이 많이 든다. (극단적인 경우이지만, Enron과 Lehman 파산사건은 각각 8억 달러와 20억 달러 이상의 소송비용이 발생했다.) 선순위 청구인들은 그들의 돈이 변호사들의 호주머니로 빠져나가는 것을 보게 될 수 있고 따라서, 빨리 해결하기로 결정할 수도 있다.

넷째, 구조조정안이 작성되는 동안, 회사는 신용으로 물건을 사고 돈을 빌릴 수 있다. 파산신청 후 채권자(postpetition creditors: 이미 파산절차를 밟고 있는 기업에 신용을 확장하는 사람)가 구채권자보다 우선권을 갖고 있으며, 기존 채권자에게 이미 저당 잡힌 자산으로도 부채가 확보될 수 있다. 이러한 이유로 파산신청 전 채권자는 자산에 대한 청구권이 새로운 부채에 의해 희석되기 전에 빨리 결정하도록 하는 유인을 부여한다.

마지막으로, 수익성이 있는 회사들은 "부담스러운" 소송으로부터 스스로를 보호하기 위해 제11장을 통한 파산을 신청할 수 있다. 예를 들어, 1982년 Manville Corporation은 석면 상해 혐의를 받고 있는 16,000건의 손해배상 소송으로 위협을 받았다. Manville은 제11장에 따라 파산 신청을 했고, 파산 판사는 회사가 구조조정 될 때까지 손해배상 소송을 보류하는데 동의했다. 이 구조조정은 6년이나 걸렸다. 물론 입법자들은 이러한 조치가 파산법의 원래 취지에 반하는 것이라고 우려하고 있다.

미국의 파산제도는 종종 채무자 친화적인 것으로 묘사된다. 일부 다른 국가에서는, 파산제도가 대출자들에게 가능한 한 많은 현금을 회수하도록 설계되어 있다. 제11장을 비판하는 사람들은 구제할 가치가 없는 사업들을 구제하는 비용에 대해 불평하는 반면, 다른 한편에선 파산법이 잠재적으로 건강한 사업들의 파산을 야기시키고 있다는 사실에 대해 한탄한다.

부록 질문

1. **파산.** 참인가 거짓인가?

    a. 회사가 파산하면 주주들은 일반적으로 구조조정보다는 청산을 선호한다.

    b. 구조조정 계획은 각 등급의 채권자의 승인을 받기 위해 제출되어야 한다.

    c. 미국 국세청(Internal Revenue Service)은 회사가 파산할 경우 회사 자산에 대해 첫번째로 우선순위를 갖는다.

    d. 구조조정에서 채권자들은 현금과 증권을 혼합하여 받을 수도 있다.

    e. 회사가 청산되면 감세 이월금이 보통 가장 가치 있는 자산 중 하나이다.

2. **파산.** 회사가 파산을 신청한 경우에도 자기자본의 가치가 때때로 양일 수 있는 이유를 설명하라.

17

배당정책

학습목표

17-1 배당과 자사주매입이 어떻게 이루어지는지 설명할 수 있다.

17-2 투자자들에게 배당금 증가와 자사주매입이 왜 좋은 뉴스이고 배당금 감소가 왜 안 좋은 뉴스인지 설명할 수 있다.

17-3 완전하고 효율적인 자본시장에서는 왜 배당정책이 주주가치에 영향을 주지 않는지 설명할 수 있다.

17-4 시장의 불완전성, 특히 배당금과 자본이득에 대한 상이한 세율이 배당정책에 어떻게 영향을 주는지 설명할 수 있다.

17-5 기업의 생애주기에서 배당정책이 어떻게 변화하는지 이해할 수 있다.

2017년에 Apple(애플)은 $127억의 배당금을 지급했고 추가로 $323억을 자사주매입에 사용했다. 애플 같은 기업들은 주주에게 지출하는 결정을 어떻게 내리는가? ©achinthamb/Shutterstock

주주는 새로 발행된 주식을 살 때, 그리고 회사가 주주를 대신하여 수익을 재투자할 때 그 회사에 투자를 하는 것이다. 주주들은 보통 이 투자에 대한 즉각적인 현금 회수를 요구하지 않는다. 설립한지 오래 되었지만 한 번도 현금배당을 한 적이 없는 회사들도 있다. 그러나 대부분의 기업들은 주주들에게 현금을 지급한다. 그들은 배당금을 지불하거나 이전에 발행된 주식을 되사기 위해 현금을 사용한다.[1]

기업은 주어진 해에 얼마를 주주에게 지급해야 하는가? 이 지급은 배당금 또는 자사주매입으로 제공되어야 하는가? 이 두 가지 질문에 대답하는 것이 회사의 지급정책이다.

우리는 배당금이 어떻게 지급되는지, 그리고 회사들이 그들의 주식을 어떻게 재매입하는지에 대한 토론으로 이 장을 시작한다. 우리는 배당금 증가가 대개 투자자들에게 좋은 소식을 전달하는 이유와 왜 배당금 삭감이 나쁜 소식을 전달하는지 설명한다. 그런 다음 우리는 왜 지급정책이 완벽하고 효율적인 자본시장이 있는 이상적인 세계에선 주주 부에 영향을 미치지 말아야 하는지 설명한다.

이러한 토론과 설명들은 한 지급정책이 다른 지급정책보다 선호될 수 있는 현실 세계의 복잡성으로 우리를 이끌 것이다. 자사주매입에 유리한 세금구조는 아마도 이 목록의 맨 위에 있을 것이다.

우리는 총 현금 지급액과 그것이 회사의 라이프사이클에 걸쳐 어떻게 변화할 것인지에 대한 논의로 이 장을 마칠 것이다. 젊고 성장하는 기업들은 거의 지급하지 않는다. 그들은 투자자들로부터 현금을 조달하고 이를 돌려주진 않는다. 성숙한 기업들은 나이가 들면서 점점 더 많은 돈을 주주에게 지급하고 투자 기회는 줄어든다. 투자자들은 고령화 기업들의 후한 배당금 지급을 환영하는데, 배당금으로 지급되지 않으면 그 잉여현금흐름(free cash flow)을 관리자들이 자신의 제국건설과 순현재가치가 음인 프로젝트에 낭비할 것이라고 우려하기 때문이다.

---

1) 주주들은 기업이 인수되는 경우에도 투자금을 돌려받기도 한다.

17.1 주식회사가 주주에게 현금을 지급하는 방법

기업은 두 가지 방법으로 주주들에게 현금을 지급한다. 현금배당을 하거나 유통중인 자사주식을 다시 매입할 수도 있다. 그림 17.1은 1985년 이후 미국의 연간 자사주매입과 배당금을 보여준다. 자사주매입은 1980년대 중반 이전에는 드물었지만 그 이후에는 훨씬 더 흔해졌다. 2007년과 2017년 사이에 애플, 마이크로소프트, IBM은 각각 $1,000억 이상의 자사주식을 재매입하였다.

대부분의 성숙하고 수익성 있는 회사들은 현금배당을 한다. 이와는 대조적으로, 성장회사들은 일반적으로 적은 배당금을 지급하거나 아예 지급하지 않는다. 배당금을 지급하지 않는 기업에는 아마존, 페이스북, 이베이, 알파벳 같은 누구나 아는 유명한 기업들이 포함되어 있다. 무배당 그룹에는 배당금을 지급했지만 재정적 어려움으로 현금을 절약하기 위해 배당금을 삭감해야 했던 기업들도 포함되어 있다. 수십 년간 정기적으로 배당금을 지급하다가 2006년 0으로 줄인 포드 자동차가 대표적인 예이다.

다음은 2011년부터 2017년까지의 미국기업들의 배당금지급과 자사주매입에 대한 표이다.

		배당금 지급	
		예	아니오
자사주매입	예	23%	21%
	아니오	14%	42%

여러분은 기업들이 배당금과 자사주매입 사이에서 선택할 의무가 없다는 것을 알 수 있다. 평균적으로 어느 해든지 간에 기업의 23%는 배당금을 지급하고 자사주를 매입했다. 배당금은 지급했지만 자사주를 매입하지 않은 비율은 14%였다. 자사주는 매입하였지만 배당금은 지급하지 않은 비율은 21%였다. 그러나 기업의 42%는 배당금을 지불하지도 자사주를 매입하지도 않았다.

그림 17.1 미국의 배당과 자사주매입. 1985∼2017(백만 달러)

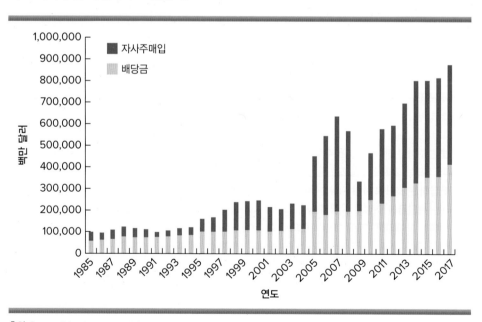

출처: Compustat, www.compustat.com.

그림 17.2 Coca-Cola의 분기 배당금과 관련된 주요일자

2018년 4월 25일	2018년 6월 14일	2018년 6월 15일	2018년 7월 2일
Coca-Cola사는 주당 $0.39의 정기 분기배당금을 선언함	배당금에 대한 권리없이 거래되기 시작하는 첫날	이 날에 주주명부에 기록된 사람들에게 배당금이 지급됨	주주들에게 배당금 수표가 지급됨
공표일	배당락일	배당기준일	배당지급일

배당금의 지급절차

현금배당
기업이 주주에게 현금을 지급하는 것.

2018년 4월, 코카콜라 이사회는 주당 $0.39의 분기 **현금배당**을 승인하기로 결정했다. 코카콜라(Coca-Cob.)의 주주들 중 일부는 이를 반겼을 수도 있지만, 다른 이들은 배당금을 회사에 재투자하는 것을 선호했다. 이러한 투자자들을 돕기 위해 코카콜라는 자동 배당금 재투자 계획(DRIP)을 제공했다. 만약 주주가 이 계획에 속해 있다면, 이 주주의 배당금은 자동으로 추가 주식을 사는 데 사용된다.[2]

코카콜라 배당금은 누가 받을까? 이것은 뻔한 질문으로 보일지 모르지만, 주식 거래는 끊임없이 이루어지고, 누가 주식을 소유하고 있는지에 대한 회사의 기록은 결코 완전히 최신 것이 아니다. 그래서 기업들은 각 배당금을 받을 자격이 있는 특정한 날의 주주 명부를 명시한다. 코카콜라는 6월 15일(배당기준일)에 장부에 기재된 모든 주주에게 7월 2일(배당지급일)에 배당금 수표를 발송하겠다고 공시하였다.

배당락
배당이 없음. 배당락일 이후에 주식을 매수한 주주는 가장 최근에 선언한 배당금을 받지 못한다.

배당기준일 1영업일 전인 6월 14일, 코카콜라 주식은 **배당락** 가격으로 거래되기 시작했다. 이 날과 이 날 이후 주식을 매입한 투자자들은 그들의 매입이 배당기준일까지 주주명부에 등록되지 않고 배당금을 받을 자격이 없게 된다. 다른 모든 조건이 동일하다면, 배당금을 놓치고 주식은 가치가 떨어진다. 그래서 어떤 주식이 "배당락"이 되면, 그 주식은 배당금 액수만큼 가격이 떨어진다.

그림 17.2는 배당과 관련된 주요 날짜의 순서를 보여준다. 이 순서는 기업이 배당금을 지불할 때마다 동일하다. (물론 실제 날짜는 다르다.)

17.1 셀프테스트

Mick Milekin은 6월 2일 화요일에 Junk Bombs Inc.의 주식 100주를 사들인다. 이 회사는 6월 3일 수요일에 주주명부에 기록되어 있는 주주들에게 주당 $1의 배당금을 6월 30일에 지급한다고 발표했다. 만약 배당락일이 6월 1일이라면 Mick이 배당금을 받을 자격이 있는가? 수표는 언제 우편으로 발송되겠는가?

배당의 한계

한 비양심적인 이사회가 회사의 모든 자산을 매각하고 그 돈을 배당금으로 분배하기로 결정했다고 가정하자. 이렇게 되면 회사의 부채를 갚을 어떤 재원도 남지 않을 것이다.

주(state)의 법은 회사의 채권자들을 과도한 배당금 지급으로부터 보호하도록 돕고 있다. 예를 들어, 대부분의 주에서는 회사를 파산시키는 배당금 지급을 금지하고 있다. 또한 법정 자본금을 잠식하는 배당금 지급도 금지되어 있다. 일반적으로 법정 자본은 유통주식의 액면가로 정의된다.

은행이나 다른 대출기관들은 배당에 대한 제약을 요구할 수 있는데, 특히 대출기업의 신용도를 우려한다면 더욱 그러하다. 우리는 포드가 2006년에 배당금을 없앴다고 언급

---

2) 자동 배당 투자 계획의 신주는 종종 시장가격에서 약 5% 할인된 가격으로 발행된다. 이 회사는 정기 주식 발행의 인수 비용을 절약하기 때문에 이 감미료를 제공한다. 때때로 전체 배당금의 10% 이상이 이러한 계획에 따라 재투자된다.

했다. 포드는 수십억 달러의 손실을 입었고 복구 계획의 자금을 마련하기 위해 많은 돈을 차입해야 했다. 이 대출 약정은 배당을 금지시켰다. 따라서, 포드는 재무상태가 좋아진 2012년에야 다시 배당금 지급을 시작할 수 있었다.

주식배당과 주식분할

코카콜라의 배당금은 현금배당이었지만, 회사들은 때때로 **주식배당**을 선언하기도 한다. 예를 들어, 회사는 10%의 주식배당을 선언할 수 있다. 이 경우에 회사는 각 주주에게 주주가 소유한 10주당 1주의 추가 주식을 보낼 것이다.

주식배당은 **주식분할**과 매우 비슷하다. 두 경우 모두 주주에게 보유 주식 1개당 고정수의 신규 주식이 주어진다. 예를 들어, 일대일 주식분할에서 각 투자자는 이미 보유하고 있는 각 주식에 대해 하나의 추가 주식을 받게 된다. 그 투자자는 결과적으로 한 주식이 아니라 두 주식을 보유하게 된다. 그러므로 2대 1 주식분할은 100% 주식배당금과 같다. 두 가지 모두 유통주식 수가 두 배가 되지만, 회사의 자산, 이익 또는 총 가치에 영향을 미치지는 않는다.[3]

그러나 주식분할 발표가 회사의 사업에 영향을 미치지 않는다는 것을 투자자들이 알고 있음에도 불구하고 주식의 시장가격 상승을 초래하는 경우가 많다. 아마도 저가주식을 투자자들이 특히 선호하거나 주식분할 결정을 경영진이 미래에 대해 확신하고 있다는 신호로 받아들이는 것일 수 있다.[4]

예제 17.1 ▶   주식배당과 주식분할

Amoeba Products는 현재 주당 $15에 팔리고 있는 주식 200만 주를 발행했다. 따라서, 투자자들은 아메바의 시장가치를 $3,000만로 평가한다. 이 회사는 현재 50%의 주식배당을 선언하였다. 이는 각 주주들이 현재 보유 중인 2주당 1주씩의 새로운 주식을 받게 된다는 것을 의미한다. 그래서 아메바 주식의 총수는 200만 주에서 300만 주로 증가할 것이다. 이 회사의 자산은 이 종이 거래에 의해 변경되지 않고 여전히 $3,000만의 가치를 가지고 있다. 따라서 주식배당 후 각 주식의 가치는 $30/3=$10이다.

만약 Amoeba가 3대2의 비율로 주식분할을 한다면, 효과는 동일할 것이다.[5] 이 경우 2주가 3주로 쪼개진다(아메바의 좌우명은 "분할해서 정복"이다). 따라서 각 주주는 동일한 가치총액으로 50%의 지분을 더 보유하게 된다. 다른 모든 것이 일정하다면 주가는 3분의 1만큼 하락해야 한다. ■

때때로 주가가 매우 낮은 회사들은 주당 가격을 올리기 위해 주식병합(reverse splits)을 사용한다. 예를 들어, 시티그룹(Citigroup)은 2011년에 10 대 1 주식병합을 발표했다. 시티그룹은 2007~2009년의 금융위기에서 살아남았으나, 그 주식은 위기 이전 수준인 주당 $50에서 $4을 약간 상회하는 수준으로 떨어졌다. 이 주식병합은 각 주주에게 구주 10주당 1주의 새로운 주식을 주었다. 갑자기 시티그룹 주식이 $40 이상의 가격에 거래되었다. 물론 외환위기 이전 주식을 매입한 주주들은 이 주식병합에서 포기한 주식 10주가 $500의 가치가 있었다는 사실을 기억했다.

---

3) 이례적으로 주가가 높으면 100주 안팎의 주식을 사는 데 익숙한 일부 개인 투자자들의 거래가 어려워질 수 있다. 그래서 주당 $240에 팔리는 주식을 가진 기업은 6 대 1 분할을 사용하여 가격을 $40 정도의 더 편리한 "거래 범위"로 끌어내릴 수 있다. 개인투자자들은 때로 낮은 가격의 주식을 선호할 수도 있고 기업들은 그들의 주식을 나눠서 이러한 수요 변화에 반응하는 것처럼 보인다. M. Baker, R. Greenwood, and J. Wurgler, "Catering through Nominal Share Prices," *Journal of Finance* 64 (December 2009), pp. 2559-2590. 참조

4) E. F. Fama, L. Fisher, M. Jensen, and R. Roll, "The Adjustment of Stock Prices to New Information," *International Economic Review* 10 (February 1969), pp. 1-21.를 참조할 것. 주식분할을 한 회사들이 평균 이상의 수익전망을 가지고 있다는 증거를 위해서는 P. Asquith, P. Healy, and K. Palepu, "Earnings and Stock Splits," Accounting Review 64 (July 1989), pp. 387-403.를 참조할 것

5) 주식배당과 주식분할의 구별은 기술적인 것이다. 주식배당은 재무상태표의 이익잉여금에서 자본금과 자본잉여금으로 이전하는 것으로 표시된다. 주식분할은 각 주식의 액면가가 비례적으로 감소하는 것으로 나타난다. 둘 다 자기자본의 총장부가치에 영향을 미치지 않는다.

자사주매입

회사가 주주들에게 현금을 돌려주는 또 다른 방법은 자사주식의 일부를 매입하는 것이다. 예를 들어, 2018년 4월 1분기 배당금을 발표하기 전날, 코카콜라는 그 해까지 **자사주매입**에 $9억 2700만을 썼다고 발표했다. 그 회사는 이 재취득된 주식을 보관했다가 나중에 돈이 필요하면 다시 팔 수 있다. 그 주식은 스톡옵션을 행사하는 경영자들에게도 발행될 수 있다.

자사주매입을 구현하는 4가지 주요 방법은 다음과 같다.

1. **공개시장 매입.** 회사는 다른 투자자들과 마찬가지로 유통시장에서 주식을 살 계획이라고 발표한다. 가장 흔한 방법이다. 특정일에 기업이 자사주를 매입할 수 있도록 허용하는 것을 제한하는 규정이 있기 때문에 자사주매입은 수개월 또는 수년에 걸쳐 분산된다.
2. **주식공개매수(Tender offer).** 회사는 정해진 가격으로 정해진 수의 주식을 되사겠다고 공시한다. 주주들이 그 제안을 받아들이면 거래는 완료된다.
3. **경매.** 회사는 매입할 준비가 되어 있는 가격 범위를 공시한다. 주주들은 각 가격에 팔 수 있는 주식의 수를 선언하는 제안서를 제출하고, 회사는 원하는 수의 주식을 살 수 있는 최저 가격을 계산한다.
4. **직접 협상.** 회사는 대주주로부터의 블록 주식 매입을 협상할 수 있다. 가장 악명 높은 예는 적대적 인수합병 시도에서 인수대상회사가 인수회사를 매수해 버리는 그린메일 거래이다. "그린메일"은 인수회사가 인수대상회사를 그냥 내버려둘 만큼 충분히 후한 가격으로 해당 주식을 재매입한다는 것을 의미한다.

17.2 배당금과 자사주매입의 정보효과

2004년 한 설문조사는 고위 임원들에게 회사의 배당정책에 대해 물었다. 그림 17.3은 경영진의 반응을 요약한 것이다. 세 가지 특징이 두드러진다.

1. 경영자들은 되돌려야 할지도 모르는 배당금 변경을 꺼리고, 필요하다면 새로운 자금을 조달하여 배당금 지급액을 유지할 수도 있다.

그림 17.3 재무임원들을 대상으로 한 설문조사에서 회사는 배당을 줄이는 것을 꺼리며 배당금 지급금액의 변화를 완만하게 유지하기 위해 노력한다는 것을 알 수 있다.

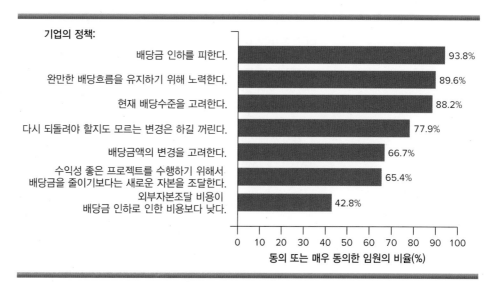

출처: A. Brav, J. R. Graham, C. R. Harvey, and R. Michaely, "Payout Policy in the 21st Century," *Journal of Financial Economics* 77 (September 2005), pp. 483–527.

2. 매니저들은 배당금을 "원만히" 줄이고 싶어한다. 배당금은 장기적이고 지속가능한 수익의 성장에 따르는 경향이 있다. 일시적인 수익 변동은 배당금 지급에 거의 영향을 미치지 않는다.

3. 경영자들은 배당의 절대적인 수준보다 배당 변화에 더 집중한다. 따라서, 작년 배당금이 $1이었다면 $2 배당을 하는 것은 중요한 재무적 결정이지만, 작년 배당금이 $2이었다면 큰 문제는 아니다.

이 답변들을 통해 배당금 인상 발표가 투자자들에게 희소식이 되는 이유를 알 수 있다. 투자자들은 경영자들이 배당금 삭감을 꺼리기 때문에, 배당금지급 금액이 유지될 수 있다는 확신이 없다면, 배당금을 늘리지 않을 것이라는 것을 알고 있다. 따라서, 배당금 증가 선언에는 새로운 **정보내용**이 포함되어 있으며, 이는 회사의 미래에 대한 관리자들의 확신을 나타내는 신호이다.

따라서 배당금 인상 발표가 주가를 소폭 상승시키고 배당금 인하가 주가하락을 초래한다는 사실을 발견하는 것은 놀라운 일이 아니다. 예를 들어, Healy와 Palepu는 회사의 첫 번째 배당금 발표가 평균 4%의 즉각적인 주가 상승을 유발한다는 것을 알아냈다.[6] Amihud와 Li는 1990년대 동안 (이미 정기적인 배당금을 지급하고 있는 회사의) 배당금 인상 발표가 평균 약 0.5%의 즉각적인 주가 상승을 초래했다는 것을 발견했다. 배당금 인하는 약 2%의 가격 하락을 초래했다.[7] 투자자들은 회사의 배당 수준에 대해서는 흥분하지 않는다. 그들은 미래에 대한 경영진의 확신의 지표로 생각되는 배당금의 변화에 신경을 쓴다.

노련한 재무관리자들은 배당의 정보내용을 이해하고 투자자들에게 잘못된 신호를 보내는 방식으로 배당을 변경하지 않도록 주의를 기울인다. 그러나 일부 배당금 변경사항에는 정보효과가 없다. 예를 들어, 모든 배당금 삭감이 나쁜 소식은 아니다. 만약 투자자들이 배당금 삭감에 타당한 이유가 있다고 확신한다면, 주가는 손상되지 않은 채 나타날 수 있다. 또한, 다음 예에서 알 수 있듯이, 정보가 이미 공개되어 있고 투자자들은 배당금 삭감이 다가오고 있다는 것을 깨닫고 있을 때, 배당 삭감은 나쁜 소식을 전달하지 않는다.

배당금의 정보내용
배당금의 증가는 미래 현금흐름과 수익에 대한 경영자들의 확신을 전달한다. 배당금 삭감은 확신의 부족을 전달하므로 나쁜 소식이다.

예제 17.2 ▶   BP의 배당 보류

BP는 2010년 6월 16일 짧아도 연말까지 배당을 중단할 계획이라고 발표했다. 이 배당 보류로 약 $78억의 현금이 확보되었으며, 이는 걸프만 석유 유출 사고 이후 BP가 설립하기로 합의한 보상 기금에 사용될 예정이다. 그러나 이 배당금 삭감 발표는 BP의 주가를 거의 움직이지 않았다. 이 삭감은 널리 예상된 것이었기 때문에 새로운 정보는 아니었다. 이미 일어났고 BP의 주가를 이미 떨어뜨렸던 사고에 대한 대응이었다. 그렇기 때문에 이 배당금 삭감은 BP에 대한 새로운 나쁜 소식의 신호로 해석되지 않았다. ■

자사주매입에도 정보효과가 있다. 자사주매입은 경영자들의 회사 미래에 대한 낙관의 신호일 수 있고 회사의 주식이 투자자들에 의해 저평가되어 있다는 그들의 견해를 나타낼 수 있다. 또한 투자자들이 이 현금이 자사주매입에 사용되지 않으면 수익이 나지 않는 투자에 낭비될 것이라 우려한다면 자사주매입에 박수를 보낼 것이다. (물론, 투자자들은 그들이 가장 좋아하는 성장 회사가 갑자기 자사주매입 프로그램을 발표한다면 덜 흥

---

6) P. Healy and K. Palepu, "Earnings Information Conveyed by Dividend Initiations and Omissions," *Journal of Financial Economics* 21 (1988), pp. 149-175.

7) Y. Amihud and K. Li, "The Declining Information Content of Dividend Announcements and the Effect of Institutional Holdings," *Journal of Financial and Quantitative Analysis* 41 (2006), pp. 637-660. Amihud와 Li는 또한 1960년대와 1970년대에 배당 발표의 정보 효과가 훨씬 더 컸다는 것을 발견했다.

분할 것이다. 왜냐하면 이 회사의 경영자들이 자사주매입 말고 현금을 사용하는 더 나은 방법을 생각할 수 없다는 이야기이기 때문이다.) 그러나 자사주매입 프로그램의 발표는 수년 후에도 자사주매입을 계속하겠다는 약속은 아니다. 그래서 계획된 자사주매입에 대한 뉴스는 배당금 증가 발표보다 덜 긍정적이다.

코카콜라와 같은 많은 성숙한 대기업들은 정기적으로 현금배당을 하고 매년 주식을 다시 사들인다. 그들에게 자사주매입은 일상적인 것으로, 전체적인 지급 전략의 한 부분이며, 정기적으로 자사주매입 프로그램을 발표하면 정보가 더 적게 전달된다.

17.3 배당금이냐 자사주매입이냐? 지급방식에 대한 논쟁

지급액의 변화는 회사에 대한 경영진의 신뢰에 대한 정보를 제공하므로 주가에 영향을 미칠 수 있다는 것은 분명해 보인다. 그러나 이러한 주가 변화는 결국 다른 경로를 통해 정보가 유출되면서 어찌되었든 일어날 것이다. 지급정책이 회사 보통주의 기본가치를 바꿀 수 있을까? 아니면 단지 그 가치에 대한 신호일까?

지급결정은 종종 다른 재무 또는 투자 결정과 연관되어 있기 때문에 이 문제는 해결하기 어려운 질문이 될 수 있다. 일부 기업들은 경영진이 회사의 미래에 대해 낙관적이고 확장을 위해 수익을 유보하기를 원하기 때문에 낮은 배당금을 지불한다. 이 경우, 지급결정은 기업의 자본예산 결정의 부산물이다. 또 다른 기업들은 주로 차입을 통해 자본지출을 위한 자본을 조달할 수도 있다. 이것은 주주들에게 지급될 수 있는 현금을 확보하게 해준다. 이 경우, 지급결정은 차입결정의 부산물이다.

우리는 지급정책을 재무관리의 다른 문제들로부터 분리하기를 원한다. 정확한 질문은 다음과 같을 것이다. 회사의 주어진 자본예산 및 차입결정 하에서 배당금 변경이 가져오는 영향은 무엇입니까?

경제학의 한 가지 좋은 특징은 그것이 단지 두 가지뿐만 아니라 세 가지 상반된 관점을 수용할 수 있다는 것이다. 그리고 그것은 지급정책에 대한 관점에 있어서도 그렇다. 한편으론 높은 배당금이 가치를 증가시킨다고 믿는 그룹이 있다. 또 한편으론, 높은 배당금은 높은 세금을 가져오고 따라서 기업 가치를 떨어뜨린다고 믿는 그룹이 있다. 그리고 그 중간에는 지급정책이 아무런 차이를 만들지 않는다고 믿는 중도파 정당이 있다. 중도파부터 시작하자.

완벽한 자본시장에서는 부채정책이 중요하지 않다는 것을 증명한 Franco Modigliani와 Merton Miller (MM)는 완벽한 금융 시장에서는 배당금 결정도 중요하지 않다는 것을 증명하면서 중도당을 설립했다.[8] MM은 배당금 정책이 현실에선 정보효과뿐만 아니라 세금과 시장의 불완전성 때문에 중요할 수 있다는 것은 인정한다. 그러나 지급정책이 언제 그리고 왜 중요하지 않은지를 이해하는 것은 우리가 언제 그것이 중요할지 이해하는 데 도움이 될 것이다

먼저 MM의 주장을 설명하는 간단한 예로 시작하자.

배당금이냐 자사주매입이냐? 예시

당신이 수익성이 있고 성숙한 회사인 Heward Pocket의 CFO라고 가정해 보자. 성장이 둔화되고 있고, 여러분은 주주들에게 잉여현금흐름을 분배할 계획이다. 이 분배를 배당금 계획으로 하든지 자사주매입 계획으로 하든지 간에 상관이 있을까? 이 선택이 기업의 근본적인 시장 가치에 영향을 미칠까?

---

8) M. H. Miller and F. Modigliani, "Dividend Policy, Growth and the Valuation of Shares," *Journal of Business* 34 (October 1961), pp. 411-433.

표 17.1 Hewlard Pocket의 시장 가치 재무상태표는 배당금과 자사주 매입의 효과를 보여준다.

자산			부채와 자기자본		
A. 지급 전 재무상태					
현금	$	150,000	부채	$	0
기타 자산		950,000	자기자본		1,100,000
기업가치		$1,100,000	기업가치		$1,100,000
유통보통주식수=100,000					
주당가격=$1,100,000/100,000=$11					
B. 주당 $1의 현금배당 후					
현금	$	50,000	부채	$	0
기타 자산		950,000	자기자본		1,000,000
기업가치		$1,000,000	기업가치		$1,000,000
유통보통주식수=100,000					
주당가격=$1,000,000/100,000=$10					
C. $100,000의 자사주매입 후					
현금	$	50,000	부채	$	0
기타 자산		950,000	자기자본		1,000,000
기업가치		$1,000,000	기업가치		$1,000,000
유통보통주식수=90,909					
주당가격=$1,000,000/90,909=$11					

표 17.1의 패널 A는 Heward Pocket의 자산과 자기자본의 시장가치를 보여준다. 이 회사의 가치는 $110만이다. 유통보통주식수는 10만 주이고 주당 가격은 $11이다. 이것은 배당락일 직전의 가격이다.

패널 B는 Pocket이 주당 $1, 총 $10만의 배당금을 지불한 후에 어떤 일이 일어나는지 보여준다. 현금 계정은 $5만로 떨어지고, 회사의 시장 가치는 $110만에서 $100만로 떨어진다. 10만 주가 있기 때문에 주당 가격은 $11에서 $10로 떨어진다.

주주는 현금배당이 주가 하락분을 정확히 보상해주기 때문에 배당금으로 인한 득실은 없다. 배당 전에 $11,000 상당의 주식을 1,000주 보유하고 있다고 가정해보자. 배당금을 지급받은 후에도 여전히 $11,000이 남아 있다는 걸 알 수 있다. 주식 $10,000과 현금 $1,000을 갖고 있게 되는 것이다.

패널 C는 Pocket이 배당금을 지불하지 않고 대신 자사주를 매입하여 $10만을 지급하면 어떻게 되는지 보여준다. 이 회사는 자사주 9,091주를 주당 $11에 매입하여 유통보통주식수는 10만−9,091=90,909주가 남게 된다. (주당 가격은 $11 그대로 유지될 것이다. 기업가치는 $100만이고 주당 가격=$100,000/90,909=$11이 된다.)

또, 당신이 자사주매입 전에 1,000주($11,000 상당)를 소유하고 있다고 가정해 보자. 주식을 Pocket에 되팔면 현금 $11,000을 받는다. 만약 당신이 팔지 않는다면, 당신의 주식은 여전히 $11,000의 가치가 있을 것이다. 당신이 주식을 팔든 말든 상관없다. 당신의 재산은 똑같이 유지된다. 당신은 자사주매입의 경우에도 현금배당금을 받은 경우와 같은 부를 향유할 것이다.

따라서 위의 예는 현금배당금과 자사주매입 사이의 선택은 주주 부에 영향을 주지 않는다는 것을 증명함으로써 MM의 주장을 확인시켜 준다. (물론 세금과 여타 다른 현실적 복잡성에 대해서는 당연히 곧 다룰 것이다.)

당신은 자사주매입이 주가를 상승시킨다는 주장을 들을 수 있다. 위의 예에서 알 수 있듯이, 이 주장은 그다지 옳지 않다. 기업이 현금을 자사주매입에 사용하는 경우에는 배당금으로 사용할 때 배당락일에 발생하는 주가 하락은 없다. (표 17.1의 패널 B와 C를 비교해 보라. 자사주매입 시 주당 가격은 $10의 배당락 가격으로 떨어지지 않고 $11

로 유지된다.) 자사주매입은 유통주식수도 같이 줄여 총이익은 변하지 않지만 향후의 주당순이익은 늘어나게 된다.

17.2 셀프테스트

만약 배당금액이 주당 $1.5로 바뀌고 자사주매입금액은 $150,000로 바뀐다면 표 17.1은 어떻게 변하겠는가?

자사주매입과 배당할인모형

여기에 종종 혼란을 일으키는 문제가 있다. 우리는 7장에서 주식의 가치가 미래 배당금의 할인된 가치와 같다고 말했다. 회사가 배당금 대신 자사주매입을 통해 현금을 분배하면 배당금할인모델이 계속 작동할까? 정답은 '그렇다'이다. 하지만 주당 배당금을 예측하기 위해서는 신중해야 한다.

표 17.1의 패널 B부터 다시 시작하자. Heward Pocket은 방금 주당 $1의 배당금을 지급했고, 현재 10만 주의 주식이 주당 $10에 팔리고 있다. 두 가지 가정을 추가하자. 첫째, 회사가 연간 $10만의 수익을 창출하고 주주들에게 모든 수익을 지급할 것으로 기대된다고 가정하자. 유보율이 0일 때 예상성장률 g도 0이다. 패널 B의 주가는 배당락가격이기 때문에 다음 지급액 $10만(주당 $1)은 다음 기에 지급될 것이다. 둘째, 자기자본비용은 $r=0.10(10\%)$이라고 가정하자. 우리는 7장에서 배운 고정성장배당할인모형을 적용할 수 있다.

$$P_0 = \frac{\text{DIV}_1}{r - g} = \frac{\$1}{0.10 - 0} = \$10$$

이제 Pocket이 이익의 50%는 현금배당금으로, 나머지 50%는 자사주매입을 통해 지급하기로 발표한다고 하자. 이는 내년 예상 배당금이 $\text{DIV}_1 = \$0.50$에 불과하다는 것을 의미한다. 반면, 자사주매입은 유통주식수를 줄여 2년 이후에는 주당 이익과 배당금이 증가할 것이다. $0.50의 배당금 감소는 주당 이익과 배당금의 5% 성장으로 정확히 상쇄되는 것으로 나타난다.

어떻게 이렇게 되는지 보자. Pocket은 1년차에 자사주매입에 $5만(이익의 50%)을 사용할 것이다. 이 $5만을 가지고 배당락가격 $10.50(배당 $11에서 $0.50을 뺀 것)의 주식을 $5만/$10.50=4,762주를 매입할 수 있다. 따라서 유통주식수는 10만 주에서 95,238주로 감소할 것이다. 따라서, 2차 연도의 기대주당이익은 주당 $1에서 $100,000/$95,238=$1.05로 증가한다. 성장률은 5%이다. 2년차의 주당 배당금은 $0.525로 5% 증가할 것이다. 그리고 이 예를 3년 이후로 확대해 보면, 이익의 50%를 자사주매입에 사용하는 것이 이익과 주당배당금을 매년 5%씩 지속적으로 증가시킨다는 것을 알게 될 것이다.

계속해 보자. 현금배당을 감소시킨 효과는 자사주매입에 따른 주당 이익과 배당금의 증가로 인해 정확히 상쇄된다. 다시 배당할인모형을 사용하여, 이번에는 더 낮은 배당금인 $0.50과 5%의 성장률을 대입하여 주가가 주당 $10로 변동이 없다는 것을 보여준다.

$$P_0 = \frac{\text{DIV}_1}{r - g} = \frac{\$1}{0.10 - 0.05} = \$10$$

이 결과는 다음과 같은 일반적인 요점을 보여준다. 배당할인모형은 주당 이익과 배당금 예측에 주의한다면 자사주매입에도 적용 가능하다. 그러나 자사주매입 프로그램은 종종 변동이 크고 불규칙하기 때문에 이러한 예측은 실제로 어려울 수 있다. 자사주매입을 자주할 가능성이 높은 기업의 가치를 평가한다면 변동되는 주식 수와 주당 배당금을 추적하는 것이 성가실 수 있다. 이러한 경우 다른 접근 방식을 사용하는 것을 고려해야 한다. 다음의 두 가지 단계를 고려하자.

1단계. 잉여현금흐름(free cash flow)을 예측하고 할인하여 시가총액(유통주식의 모든 가치)을 계산한다. 잉여현금흐름은 배당금 또는 자사주매입(신주발행수를 차감한 순액)으로 현재 주주와 미래의 주주 모두에게 지급될 금액이다.

2단계. 시가총액을 현재의 유통발행주식수로 나누어 주당 가격을 계산한다. 그렇게 하면 배당금과 자사주매입 간에 지급액이 어떻게 분할되는지에 대해 걱정할 필요가 없다.

우리가 사용한 예에서 당기에 배당금을 지급하고 자사주매입을 하고 나면 연 $100,000의 총 잉여현금흐름과 $10만/0.10=$100만의 시가총액을 예상할 수 있다. 주당 가격은 $100만/100,000주=$10이다. (이 예제를 표 17.1의 패널 C에서 시작했으면 주식 수는 $100만/90,909주=$11가 되고, 시가총액은 여전히 $100만이다.)

배당과 주식발행

Hewlard Pocket 사례는 회사가 배당금을 덜 지급하고 저축한 현금을 자사주매입에 사용한다면 주주들은 더 좋지도 더 나쁘지도 않다는 것을 보여주었다. 그러나 기업들이 주주들에게 더 많은 배당금을 지급함으로써 기업가치를 높일 수 있을지도 모른다. 확인해 보자.

Pocket이 보유하고 있는 현금이 잉여자금이 아니라고 가정하자. 이 회사는 새로운 팬 펌프를 구입하기 위해 $10만을 적립해 놓았다. 하지만, Pocket의 사장은 주식의 가치가 할인된 배당금의 흐름과 같다고 배웠다. 그래서 그는 회사가 $10만을 추가 배당금으로 지급함으로써 주식의 가치를 높일 수 있다고 주장한다. 사장의 마음은 진심이지만, 불행하게도, 그의 생각은 잘못되었다. 그 이유를 이해하기 위해, 회사의 주어진 자본예산과 차입결정 하에서 사장이 제안하고 있는 배당정책 변경의 효과를 생각해 보자.

만약 Pocket이 절실히 필요로 하는 팬 펌프를 구입한다면, 배당금으로 지급될 여분의 현금을 따로 마련해야 한다. 차입계획이 이미 확정되어 변경할 수 없다면 이 현금은 $10만어치의 신주를 발행해서 마련해야 한다. Pocket이 추가 배당금 $10만을 지급하고 신주를 발행해서 현금을 마련한 뒤에도 회사 가치는 변함이 없다. 그러나 새로운 주주들은 $10만을 투자하고 있기 때문에 $10만 상당의 지분을 요구할 것이다. 회사의 총가치가 같기 때문에 기존 주주들의 회사 지분 가치는 이 $10만만큼 떨어진다. 기존 주주들은 현재 $10만의 현금을 추가로 보유하고 있지만, 새로 발행된 주식을 사는 투자자들에게는 $10만의 지분을 내주었다. 따라서, 기존 주주들이 받은 추가 배당금은 그들이 보유하고 있는 주식가치하락으로 인한 손실을 상쇄시킨다. 즉, Pocket은 단순히 현금을 재활용하는 것이다. 현재 투자자에게 추가 현금(배당금)을 지급하지만 동시에 (주식발행으로) 동일한 금액을 환수한다. 이를 통해 투자자들의 부를 증가시킬 수 있다고 제안하는 것은 요리사에게 냉장고 문을 열어 두어 부엌을 식히라고 충고하는 것과 같다.

추가 배당금을 지급받아 자본손실을 상계하는 것이 기존주주들에게 어떤 차이를 만들 수 있을까? 이것이 그들이 현금을 손에 넣을 수 있는 유일한 방법이라면 그럴지도 모른다. 그러나 효율적인 자본시장이 있는 한 주주들은 주식을 팔아서 현금을 조달할 수 있다. 따라서 Pocket의 기존 주주들은 경영진이 더 높은 배당금을 지급하도록 설득하거나 주식의 일부를 매각함으로써 "현금화"할 수 있다. 두 경우 모두 기존 주주로부터 새

17.3 셀프테스트

Altria그룹은 후한 현금배당을 한다. Altria의 투자자가 정규 수입이 필요하지 않다고 가정해 보자. 이 투자자는 어떤 선택지를 가지고 있을까? 거래비용이 없다면, Altria의 지급정책에 신경 쓸 이유가 있을까? 주식 매입 시에 중개수수료가 붙는다면 어떤가? 만약 Altria가 투자자에게 5% 할인된 가격으로 주식을 살 수 있는 배당금 재투자 계획을 제공한다면 어떨까?

17.5 배당금이 기업가치를 감소시킬 수도 있는 이유

저배당의 신조는 간단하다. 기업들은 지급정책을 전환함으로써 배당을 자본이득으로 전환할 수 있다. 만약 배당소득에 자본이득보다 더 무거운 세금이 부과된다면, 저배당 세금을 내야 하는 투자자들에게 환영을 받을 것이다. 회사들은 그들이 할 수 있는 한 가장 낮은 현금배당금을 지불해야 한다. 남은 현금은 자사주를 매입하는 데 사용되어야 한다.

표 17.2는 이를 설명한다. 배당소득세율은 40%지만 자본이득에 대한 세율은 20%라고 가정하자. A사와 B사의 주식의 위험도는 똑같고, 투자자들이 각 주식에 대해 10%의 세후 기대수익률을 요구한다. 투자자들은 A사의 주가가 내년 주당 $112.50이 될 것으로 예상하고 있다. B사의 주가는 $102.50에 그칠 것으로 예상되지만 $10의 배당금도 예상되기 때문에 세전으로 봤을 때 총 $112.50로 같은 금액을 쥐게 된다.

두 주식의 세전수익은 동일하다. 그러나 동일한 세후수익률을 제공하기 위해, B는 A보다 낮은 가격, 즉 $100이 아닌 $97.78에 팔아야 한다. 그 이유는 명백하다. 투자자들은 A주식의 수익률이 세율이 낮은 자본이득 형태로 나오기 때문에 A주식에 대해 더 많은 돈을 지불할 용의가 있다. B의 세전수익률이 더 높음에도 불구하고 세후로는 둘 다 같은 10% 기대수익률을 제공하고 있다.

B사의 경영진이 $10의 배당금을 없애고 이 현금을 자사주매입에 사용한다고 가정하자. 앞에서 자사주매입이 현금배당과 같다는 것을 봤지만, 이제는 세무당국의 취급이 다르다는 점을 인식해야 한다. 주식을 회사에 되파는 주주들은 매각을 통해 실현된 자본이득에만 세금을 낸다. 배당금 대신 자사주를 매입함으로써, B의 새로운 지급정책은 주주들이 내야 하는 세금을 줄일 것이고 이로 인해 주가는 상승할 것이다.

표 17.2 Effects 배당소득에 대해서 자본이득보다 높은 세율이 적용되는 경우 배당정책 변화의 효과. 고배당 주식(B기업)은 같은 세후수익률을 제공하기 위해서 더 낮은 가격에 판매되어야 한다.

	A기업	B기업
내년 주식가격	$112.50	$102.50
배당금	$0	$10.00
세전 총이익	$112.50	$112.50
오늘 주식가격	$100	$97.78
자본이득	$12.50	$4.72
세전수익률(%)	$\frac{12.5}{100}=0.125=12.5\%$	$\frac{14.72}{97.78}=0.1505=15.05\%$
배당소득에 대한 세금(40%)	$0	$0.40\times\$10=\$4.00$
자본이득에 대한 세금(20%)	$0.20\times\$12.50=\$2.50$	$0.20\times\$4.72=\$0.94$
세후 총이익(배당금+자본이득−세금)	$(0+12.50)-2.50=\$10.00$	$(10+4.72)-(4.00+0.94)=\$9.78$
세후수익률(%)	$\frac{10}{100}=0.10=10\%$	$\frac{9.78}{97.78}=0.10=10\%$

> ## 17.4 셀프테스트
>
> 표 17.2를 다시 보자. 양도소득에 대한 세금이 없어지면 주식 B의 가격과 세전수익률은 어떻게 되겠는가?

현 세법 하에서의 배당소득과 자본이득에 대한 과세

만약 배당소득에 자본이득보다 더 무거운 세금이 부과된다면, 회사가 현금배당을 지급할 이유가 있을까? 현금을 주주들에게 나눠주려면 자사주매입이 가장 좋은 방법이 아닐까?

미국에서 저배당 사례가 제일 많았던 시기는 1986년 이전이다. 당시 배당소득에 대한 최고 세율은 50%였으며 실현된 자본이득에는 20%가 과세되었다. 그러나, 현재 최고 세율은 배당소득과 자본이득 모두에 대해 23.8%이다.[9]

하지만 세법은 여전히 자본이득을 장려하는 면이 한 가지 있다. 배당소득에 대한 세금은 즉시 납부해야 하지만, 자본이득에 대한 세금은 주식을 팔고 자본이득이 실현될 때까지 미룰 수 있는 것이다. 주주는 주식을 매도할 때와 자본이득세를 납부할 시기를 선택할 수 있다.[10] 더 오래 기다릴수록 자본이득세 부채의 현재가치는 낮아진다.[11] 따라서 실효자본이득세율은 법정세율보다 작을 수 있다.

모든 세금이 면제되는 연금펀드, 기금, 그리고 일부 다른 금융기관에선 배당소득과 자본이득의 차이는 덜 중요하기 때문에 배당소득보다 자본이득을 선호하거나 혹은 그 반대일 이유는 없다. 오직 기업만이 배당금을 선호하는 세금상의 이유를 가지고 있다. 기업 주주는 받은 배당금의 50%만 법인소득세를 낸다.[12] 따라서 대기업이 받은 배당금의 실효세율은 21%(법인세의 한계세율)의 50%(즉 10.5%)이다. 그러나 자본이득에 대해서는 전액에 대해 21%의 세금을 내야 한다.

이러한 세법상의 규정이 지급정책에 미치는 영향은 매우 간단하다. 자본이득은 많은 투자자들에게 유리하지만, 30, 40년 전에 비해 그 정도가 많이 약해졌다. 결과적으로, 오늘날에는 하나의 지급형태가 다른 형태의 지급보다 더 유리하다고 주장하기가 쉽지 않다.

세금과 지급 – 요약

세금이 중요할 수 있지만, 그것이 지급정책과 관련된 내용의 전부가 될 수는 없다. 미국의 배당소득세율이 지금보다 훨씬 높았던 1960~1970년대에는 많은 기업들이 후한 배당금을 지급했다. 배당금에서 자사주매입으로의 전환은 배당소득과 자본이득에 대한 세율이 과거 수준보다 현저히 낮았던 2000년대에 가속화되었다. 그럼에도 불구하고 세금 혜택이 자사주매입이 크게 증가한 한 가지 이유라고 해도 과언이 아닌 것으로 보인다.

그러나 자본시장은 다양한 지급정책을 펼칠 수 있는 여지가 분명히 있다. 소규모의 성장기업들은 모든 이익을 재투자하고 아무런 지급도 하지 않는다. 일부는 완전히 자사주매입만을 통해 때때로 혹은 정기적으로 지급한다. 일부는 배당금과 자사주매입을 모두 사용하여 지급한다. 현금배당만 이용해서 지급하는 기업은 거의 없다.

---

9) 투자소득에 대한 최고세율은 명목상 20%이지만, 고소득 투자자(부부의 경우 소득 $25만 이상)는 순투자소득에 대해 3.8%의 추가 세율이 적용된다.

10) 만약 이 주식을 상속인에게 상속한다면, 자본이득에 대한 과세를 피할 수 있다.

11) 할인율이 6%이고 자본이득에 대해 세율 15%를 적용 받는 한 투자자가 $100의 자본이득이 있다고 가정하자. 오늘 주식을 팔면 자본이득세는 $15이 된다. 판매를 1년 연기할 경우, 이 $100 이익에 대한 세금은 여전히 $15이지만, 1년 동안 판매를 연기함으로써 세금의 현재가치는 $100/1.06 = $14.15로 떨어진다. 실효세율이 14.15%로 하락한다. 매각이 장기화될수록 실효세율은 더 낮아진다.

12) 기업이 보유하고 있는 지분이 20% 이상이면 배당금 중 과세되는 비율은 35%로 줄어들고, 80% 이상 보유하면 전액 면세가 된다.

17.6 지급정책과 기업의 생애주기

MM은 지급정책이 주주가치에 영향을 미치지 않는다고 말했다. 주주가치는 성장기회 활용을 포함한 투자정책과 (앞 장에서 봤듯이) 어느 정도는 부채정책에 의해 영향을 받는다. MM의 분석에서 지급은 다른 재무 의사결정의 잔존 부산물이다. 회사는 투자와 자금조달에 대한 의사결정을 하고 남은 현금 모두를 분배해야 한다. 만약 지급이 잔존 잉여물이라면, 지급결정은 회사의 생애주기에 걸쳐 진화해야 한다.

젊은 성장 기업들은 수익성이 높은 투자 기회를 많이 가지고 있다. 이 기간 동안 모든 영업현금흐름을 유보하고 재투자하는 것이 효율적이다. 만약 회사가 차입을 하거나 주식을 더 발행해서 현금을 다시 마련해야 한다면 투자자들에게 현금을 지급할 이유가 있을까? 현금을 유보하면 유가증권 발행 비용을 피할 수 있고 주주의 세금도 최소화할 수 있다. 좋은 투자기회를 가지고 있고, 경영자에 대한 보상도 주가에 연결되어 있기 때문에 투자자들은 과잉투자로 인한 낭비를 걱정하지 않는다.

기업이 성숙함에 따라, 양의 NPV 프로젝트는 현금흐름에 비해서 희소해진다. 회사는 현금이 쌓이기 시작한다. 이제 투자자들은 과잉투자나 과도한 특전 같이 잉여현금흐름이 가져올 수 있는 문제에 대해 걱정하기 시작한다. 투자자들은 경영진이 현금 지급을 시작하도록 압력을 가하게 된다. 조만간 경영자들은 이에 응하게 되고, 그렇지 않으면 주가가 정체된다. 이러한 지급은 자사주매입의 형태일 수도 있지만, 정기적인 현금배당을 시작하는 것이 회사가 재무적인 규율을 갖추는 데 있어 보다 강력하고 안심할 수 있는 신호이다. 재무적 규율을 갖추는데 회사가 몰두한다는 사실은 배당소득에 부과되는 세금으로 인한 비용을 상쇄하고도 남는 가치를 가져온다. (중도당은 특히 배당소득과 자본이득에 대한 미국의 개인소득세율이 낮았던 최근 몇 년 동안은 현금배당으로 인한 세금 비용이 그리 크지 않을 수 있다고 주장한다.)

회사는 나이가 들어감에 따라 점점 더 많은 지급을 요구받는다. 지급은 더 높은 배당금이나 더 많은 자사주매입으로 나타날 수 있다. 때때로 인수합병의 결과로 지급이 이루어지기도 한다. 기존 주주의 지분을 모두 매수한 새 소유주가 자산을 매각하고 영업 구조조정을 통해 현금을 창출한다. 21장에서 인수에 대해서 논의할 것이다.

회사의 생애주기가 항상 예측 가능한 것은 아니다. 회사가 언제 성숙하고 주주들에게 현금을 돌려줄 준비가 되었는지는 항상 분명하지 않다. 다음 세 가지 질문은 재무관리자가 이것을 결정하는 데 도움이 될 수 있을 것이다.

1. 모든 양의 NPV 프로젝트에 투자를 한 후에도 양의 잉여현금흐름을 창출하고 있으며 이것이 지속될 가능성이 높은가?
2. 회사의 부채비율은 건전한가?
3. 회사의 현금 보유량은 예기치 못한 문제 발생시 충분한 완충장치이고, 예기치 못한 투자기회를 지원하기에 충분한가?

세 가지 질문에 대한 답이 모두 '그렇다'이면, 잉여현금흐름은 잉여분이고, 이를 주주들에게 지급해야 한다.

2012년 3월, 애플은 세 가지 질문에 모두 그렇다고 대답했다. 그렇다, 연간 $300억씩 현금을 계속 축적하고 있었고, 말할 것도 없이 빚은 없었으며, 상상할 수 있는 어떤 투자나 인수합병도 애플의 초과 현금흐름을 소진할 수 없었다.

애플이 현금배당만 시작한 것이 아니라는 점을 주목하자. 배당금과 자사주매입의 조합을 발표했다. 이 두 가지를 모두 사용하는 지급전략은 이제 성숙한 대기업을 위한 표준이다. 애플이 자사주매입에 나선 것도 주식이 저평가되어 있는 것이 아니라 현금이 남아돌

았기 때문이다. 따라서, 이익이 높고 더 많은 잉여현금이 있을 때에 자사주매입이 증가하는 것은 놀랄 일이 아니다.

요약 SUMMARY

배당은 어떻게 지급되며 회사는 얼마를 지급할지 어떻게 결정하는가? (학습목표 17-1)

배당은 여러 가지 형태로 지급된다. 가장 흔한 것은 정규 현금배당이지만, 때때로 기업들은 주식배당을 하기도 한다. 회사가 원하는 대로 마음대로 배당을 할 수 있는 건 아니다. 예를 들어, 자금을 차입하는 조건으로 배당에 대한 제한을 받아들였을 수도 있다.

회사의 수익에 변화가 있을 때마다 배당금이 오르락내리락하는 것은 아니다. 대신 경영자들은 배당금의 변화를 완만하게 하는 것을 목표로 하고 있으며, 이익이 증가함에 따라 점진적으로 배당을 늘리려고 한다.

현금을 주주들에게 분배하기 위해서 자사주매입이 어떻게 사용되는가? (학습목표 17-1)

기업들은 자사주매입을 통해서 현금을 분배하기도 하지만 자사주매입이 반드시 배당금을 대체하는 것은 아니다. 배당금을 지급하는 성숙한 기업들도 자사주매입을 한다. 반면에 수천 개의 미국 기업들은 전혀 배당을 하지 않기도 한다. 그들은 현금을 주주들에게 지급할 때 자사주매입만 이용한다.

배당금 증가와 자사주매입은 왜 일반적으로 투자자에게 좋은 소식인가? 왜 배당금 축소는 나쁜 소식인가? (학습목표 17-2)

경영자들은 회사가 지급을 충당하기에 충분한 이익을 창출할 것이라고 확신하지 않는 한 배당금을 늘리지 않는다. 따라서, 배당금 인상 발표는 투자자들에게 경영자들의 자신감을 전달한다. 배당금 축소는 자신감의 부족을 나타낸다. 경영자들은 회사가 어려움에 처하지 않는 한 일반적으로 배당금 축소를 하지 않는다. 배당금의 이런 정보효과가 주가가 배당금 변화에 반응하는 주요 원인이다.

자사주매입 또한 대개는 좋은 소식이다. 예를 들어, 자사주매입 프로그램 발표는 현재 가격에서 회사의 주식이 "매수하기 좋은 가격"이라는 경영자들의 견해를 드러낼 수 있다.

배당금 및 자사주매입을 통해 현금을 주주들에게 지급하면 이 현금을 가지고 경영자들이 자신의 제국을 건설하고 음의 NPV 프로젝트에 현금을 낭비할 수 있다고 우려하는 투자자들을 안심시킬 수도 있다.

왜 이상적인 세계에서는 지급정책이 기업가치에 영향을 미치지 않는가? (학습목표 17-3)

만약 우리가 회사의 투자정책과 자본구조를 일정하게 유지한다면, 지급정책은 현금배당금과 보통주의 발행이나 자사주매입 사이의 교환(trade-off)이다. 이상적으로 단순하고 완벽한 세상에서 이 지급정책 선택은 시장가치에 영향을 미치지 않는다. 현금배당이 증가하면 발행주식수가 증가하거나 자사주매입 주식수가 줄어들 것이다. 주주들의 지갑에서 늘어난 현금은 더 낮은 주가로 정확히 상쇄될 것이다. 이것이 MM의 배당무관련성 명제이다.

배당소득과 자본이득에 대한 세법상 차이가 지급정체에 어떤 영향을 미칠까? (학습목표 17-4)

미국에서는 현재 개인투자자들이 배당소득에 대해 최고 23.8%의 세금을 납부하고 있다. 자본이득에 대한 최고세율도 23.8%이지만 투자자는 실제로 주식을 매각할 때까지 자본이득에 대해 세금을 내지 않는다. 판매하기까지 더 오래 기다릴수록 납부할 세금의 현재가치는 낮아진다. 따라서, 자본이득은 투자자들에게 세금 혜택을 준다. 배당소득에 대한 최고 세율이 50%, 자본이득에 대한 최고 세율이 20%에 불과했던 1970년대와 1980년대 초반에는 이점이 훨씬 컸다.

배당소득에 자본이득보다 과중한 세금이 부과되면 투자자들은 고배당주를 기피하게 된다. 기업들은 고배당을 하는 자사주매입으로 전환해야 한다.

지급정책은 기업의 생애주기에 걸쳐 어떻게 진화하는가?
(학습목표 17-5)

빠르게 성장하는 젊은 기업들은 보통 투자자들로부터 현금을 조달하지 분배하지는 않는다. 그러한 회사들은 때때로 자사주매입을 할 수도 있지만 배당금은 거의 지급하지 않는다. 양의 잉여현금흐름을 창출하는 성숙한 기업들은 종종 배당금뿐만 아니라 자사주매입으로 정기적인 지급을 한다. 정규 배당금을 유지하는 것은 잉여현금흐름 문제, 즉 과잉투자와 비효율적인 영업에 대해 우려하는 투자자들을 안심시킬 수 있다.

연습문제 QUESTIONS AND PROBLEMS

1. **기업이 배당금을 지급하는 방식.** Cash Cow International은 주당 $0.075의 정기 분기 배당금을 지급했다. (학습목표 17-1)
   a. 다음 각 날짜를 올바른 용어와 일치시켜라.

i. 5월 7일	A. 배당기준일
ii. 6월 6일	B. 배당지급일
iii. 6월 7일	C. 배당락일
iv. 6월 8일	D. 배당권을 가진 마지막일
v. 7월 2일	E. 공표일

   b. 이 날짜들 중에서 주가가 배당금 액수만큼 떨어질 것 같은 날은 언제인가?
   c. 1월 초의 주가는 $27이었다. 예상 배당수익률은 얼마였나?
   d. 주당 연간 수익은 약 $1.90로 예측되었다. 지급 비율은 얼마인가?

2. **기업이 배당금을 지급하는 방식.** 참인가 거짓인가? (학습목표 17-1)
   a. 법정자본금 유지가 어렵거나 부실할 경우 기업은 배당을 지급할 수 없다.
   b. 자본 이득에 대한 유효 세율은 명시된 세율보다 작을 수 있다.
   c. 경영자와 투자자들은 배당 수준보다 배당 변화에 더 관심을 갖는다.
   d. 미래 주가는 기업이 현금 배당보다는 자사주매입으로 현금을 분배할 때 더 높을 것이다.
   e. 주식배당금은 투자자들이 소유한 주식의 수를 증가시키고, 그 결과 주주들의 부를 증가시킨다.
   f. 주식의 수를 늘림으로써 주식배당금은 회사에 대한 각 주주의 수익률이 감소하게 하고 따라서 부를 감소시킨다.

3. **기업의 배당금 지급 방식.** Nocash Corp.의 주식 1,000주를 소유하고 있고 회사가 25%의 주식배당을 하려고 한다고 가정하자. 그 주식은 현재 주당 $100에 팔리고 있다. (학습목표 17-1)
   a. 주식을 배당한 후에 보유하는 주식의 수는 얼마인가?
   b. 주식배당 후, 당신의 주식의 총 가치는 얼마가 되는가?
   c. 주식을 배당하지 않고 회사가 5 대 4로 분할할 경우 보유 주식수는 얼마나 되는가?

4. **자사주매입.** 참인가 거짓인가? (학습목표 17-1)
   a. 기업은 금고에 재매입된 주식을 보관했다가 나중에 재발행할 수 있다.
   b. 주식을 재매입하는 가장 흔한 방법은 경매를 통해서이다.
   c. 투자자들에게 현금을 분배하는 대부분의 회사들은 배당금을 지급하거나 자사주매입을 한다. 두 가지 방법으로 현금을 지급하는 회사를 찾는 일은 매우 드물다.

5. **기업의 배당금 지급 방식.** Payout Corp.의 주식은 내일 배당락이 일어날 것이다. 배당금은 주당 $50이 될 것이며, 유통주식수는 2만 주이다. 지급과 관련된 시장가치 재무상태표는 다음 표에 나와 있다. (학습목표 17-1)

자산		부채와 자기자본	
현금	$100,000	자기자본	$1,000,000
고정자산	900,000		

 a. 오늘 Payout Corp. 주식의 판매 가격은 얼마인가?

 b. 내일은 얼마에 팔릴까? 세금은 무시하라.

 c. 배당금을 지급하는 대신에 Payout Corp.이 시장가치 $10,000의 자사주를 매입할 것이라고 발표한다고 가정하자. 자사주매입 제안이 발표되면 주가는 어떻게 되는가?

 d. 발표 직후 자사주를 매입한다고 가정하자. 자사주매입 후 주가는 어떻게 되는가?

6. 자사주매입. 문제 5의 Payout Corp.은 정기적으로 주당 $50의 분기 배당금을 유통되고 있는 20,000주에 대해 지급하고 있다. 이제 Payout이 배당금을 지급하는 대신 $10,000 상당의 자사주를 매입할 계획을 발표한다고 가정해 보자. (학습목표 17-1)

 a. 자사주매입은 현재 100주를 보유하고 있고, 그 중 1주를 환매하는 투자자에게 어떤 영향을 미치겠는가?

 b. 자사주매입의 효과를 문제 5에서 계산한 현금배당 효과와 비교하라. 세금은 무시하라.

7. 기업의 배당금 지급방식. 다음은 일반적인 기업 배당 정책에 대한 몇 가지 "사실"이다. 어느 것이 참이고 어느 것이 거짓인가? (학습목표 17-1)

 a. 대부분의 회사들은 매년 배당금이나 자사주매입 형태로 현금을 지급한다.

 b. 기업은 자본 지출에 필요한 금액을 보고 남은 현금이 있으면 분배하는 방식으로 매년 배당금을 결정한다.

 c. 주가는 일반적으로 배당금 지급일에 하락한다.

 d. 경영자들은 종종 예상외로 1~2년 동안 수익이 높을 때 일시적으로 배당금을 높인다.

 e. 상당한 금액의 자사주매입을 하는 회사들은 보통 현금배당을 상쇄하여 그 자금을 조달한다.

 f. 10%의 주식배당을 선언한 회사는 각 주주에게 현재 자신이 소유하고 있는 10개의 주식에 대해 1개의 추가 주식을 부여한다.

8. 정보 컨텐츠. 다음 신문 헤드라인 중 주가에 가장 긍정적인 영향을 미치는 것은? (학습목표 17-2)

 a. "Growler Corporation은 정기 배당금 $1 인상을 발표한다."

 b. "Growler Corporation은 $1의 특별 일회성 배당금을 발표한다."

 c. "Growler Corporation은 뜻하지 않게 소송에서 승소하여 Growler 주식 1주당 $1에 해당하는 현금을 회수한다. Growler는 자사주매입을 하는데 이 현금을 사용할 계획이다."

9. 배당금에 대한 정보 컨텐츠. 투자자들에게 왜 배당금 증가가 일반적으로 희소식이고 배당금 삭감은 나쁜 소식인지 간단히 설명하라. (학습목표 17-2)

10. 지급정책. Milquetoast 씨는 Facebook의 전망에 열광하고 있다. 그는 주식에 $100,000를 투자하고 싶어하지만 Facebook이 배당금을 지급한 적이 없기 때문에 투자하는 것을 망설이고 있다. 그는 연간 $5,000의 생활비를 벌어야 한다. Milquetoast 씨는 어떻게 해야 할까? (학습목표 17-3)

11. 지급정책. Surf & Turf Hotels은 현금배당은 하지 않지만 어느 정도 안정된 사업을 하는 회사이다. 내년 수익은 $5,600만으로 예상된다. 유통발행 주식수는 1,000만 주이다. 이 회사는 전통적으로 이익의 50%를 자사주매입에 사용하고 나머지 이익은 재투자했다. 재투자를 통해 연평균 5%의 꾸준한 성장률을 보이고 있다. 자본비용은 12%라고 가정하자. (학습목표 17-3)

 a. 7장의 고정성장 DCF 모델을 사용하여 Surf & Turf Hotels의 현재 주가를 계산하라.

(힌트: 먼저 발행된 주식의 전체 가치를 계산하라.)

b. 현재 Surf & Turf Hotels의 CFO는 자사주매입에서 정규 현금배당으로 전환한다고 발표한다. 내년 배당금은 주당 $2.80가 될 것이다. CFO는 회사가 이익의 50%를 계속 지급하고 50%를 재투자할 것이라고 투자자들을 안심시킨다. 그러나 향후 모든 지급은 배당금으로 할 것이다. Surf & Turf Hotels의 주가는 어떻게 될 것으로 예상하는가? 세금은 무시하라.

12. **지급정책.** Consolidated Pasta는 현재 발행된 1백만 주에 대해 주당 $10의 영구연금의 형태로 배당금을 지급할 것으로 예상된다. 주주들은 Consolidated사 주식에 10%의 수익률을 요구한다. (학습목표 17-3)

a. Consolidated사의 주식 가격은 얼마인가?

b. 자기자본의 총 시장가치는 얼마인가?

현재 Consolidated사는 투자나 차입 계획을 변경하지 않고 내년 배당금을 주당 $20로 늘리기로 결정했다. 그 후, 이 회사는 연간 $1,000만을 분배하는 정책으로 되돌아갈 것이다.

c. 추가 배당금을 지급하기 위해 회사가 얼마나 많은 자기자본을 새로 조달해야 하는가?

d. 회사가 발행해야 할 새로운 주식에 매년 지급될 배당금의 총 현재가치는 얼마인가?

e. 기존 주주로부터 새로운 주주에 이전되는 가치는 얼마인가?

f. 이 수치는 기존 주주가 받게 될 추가 배당금보다 더 많거나 적은가 아니면 같은가?

13. **지급정책.** 다음 두 가지 언급에 대해 평가하라. (학습목표 17-3)

a. "MM은 투자자들이 $1의 배당금과 $1의 자본이득에 대해 똑같이 만족한다고 말한다. 이건 말도 안되는 것이다. 배당이 안정적이고 자본이득이 위험하다는 것은 누구나 알고 있다. 무조건 배당을 받겠다."

b. "안전한 회사들은 더 많은 배당을 지급하는 경향이 있다. 따라서 기업은 배당성향을 높임으로써 자사주의 리스크를 줄일 수 있다."

14. **지급정책.** 당신은 Patriot Corporation의 주식 2,000주를 소유하고 있는데, 배당금이 주당 $0.75에서 $1.50로 두 배가 될 것 같다. 추가 배당소득은 필요 없지만 주식을 팔 생각은 없다. 배당금 증가에 대한 변화를 상쇄하기 위해 어떻게 하겠는가? (학습목표 17-3)

15. **지급정책.** 첫 번째 Hewlard Pocket의 재무상태표로 돌아가라. Pocket사는 미래의 투자를 위해 $50,000의 현금을 보유할 필요가 있다. 그럼에도 불구하고, 이 회사는 주당 $2의 현금배당을 지급하고 신주 발행을 통해 이 현금을 확보하기로 결정한다. 배당금 지급 및 신주 발행 후 다음의 질문에 답하라. (학습목표 17-3)

a. 주당 가격은 얼마인가?

b. 회사의 총 가치는 얼마인가?

c. 새로운 투자자들에 의해 보유되는 주식의 총 가치는 얼마가 될 것인가?

d. 배당금 지급을 포함하여 기존 투자자들의 부는 얼마가 되는가?

16. **지급정책.** 첫 번째 Hewlard Pocket의 재무상태표로 돌아가라. 이제 Pocket사가 소송에서 이겨서 현금 $100,000을 받는다고 가정하자. 그 자본의 시장가치가 현금이 들어온 만큼 상승하고, Pocket사는 주당 $1이 아닌 주당 $2의 일회성 지급을 하기로 결정했다. (학습목표 17-3)

a. 현금 배당금으로 지급될 경우 Pocket사의 주가는 어떻게 되는가?

b. 자사주매입으로 지급되는 경우 Pocket사의 주가는 얼마인가?

17. **지급정책.** House of Haddock은 5,000주를 보유하고 있으며 주가는 $100이다. 내년에는 주당 $20의 배당금을 지급할 예정이고, 이후 연간 5%씩 영원히 배당금 규모가 커질 것으로 전망된다. George Mullet 사장은 다음과 같이 깜짝 발표를 한다: 그는 회사가 앞으로 현금의 절반을 배당금

형태로 분배하고 나머지는 자사주매입에 사용할 것이라고 발표한다. (학습목표 17-3)

a. 발표 전에 회사의 총 가치는 얼마가 되어야 하는가?

b. 발표 후 총 가치는 얼마가 되어야 하는가?

c. 자기자본에 대한 기대 수익률은 얼마가 되어야 하는가?

d. 새로운 배당금의 성장율은 어느 정도인가? (주당 배당금의 흐름을 할인하여 주식가치의 추정치를 확인하라.)

18. **지급정책.** 17.3절 MM의 배당무관련성에 대한 증명에선 모든 새로운 주식은 공정가격으로 매각된다고 가정한다고 언급하였다. 문제 15에서 Heward Pocket이 주당 $2의 더 높은 배당금을 지급하고 신주를 발행하여 현금을 대체하는 경우를 생각해 보자. 신주를 공개 발행하여 주당 $8에 판매한다고 가정해 보자. 이 금액은 $2의 배당금이 지급된 후 시장가격보다 낮은 금액이다. 기존 주주들이 입은 손실은 얼마인가? 배당정책은 여전히 무관한가? 왜 그렇고 왜 그렇지 않은가? (학습목표 17-3)

19. **지급정책.** "많은 기업들이 주당순이익을 늘리기 위해 자사주매입을 이용한다. 예를 들어, 한 회사가 다음과 같은 상황에 있다고 가정해 보자.

당기순이익	$10백만
자사주매입 전 유통주식수	1백만
주당순이익	$10
주가순이익(P/E)비율	20
주식 가격	$200

"이 회사는 현재 주당 $200에 자사주 200,000주를 매입하고 있다. 주식수는 800,000주로 감소하고 주당순이익은 $12.50로 증가한다. 주가-순이익비율(P/E)이 20을 유지한다고 가정하면 주가가 $250까지 올라야 한다." 이에 대해 논하라. (학습목표 17-3)

20. **지급정책.** Little Oil은 시가 총액 $2,000만에 달하는 1백만 주를 발행하였다. 이 회사는 내년에 $100만의 배당금을 지급할 것으로 예상되며, 이후 지급 금액은 연간 5%씩 영구적으로 증가할 것으로 예상된다. 따라서 예상 배당금은 2차 연도엔 $105만, 3차 연도엔 $110만2,500이다. 다만 배당의 흐름에 따라 주가가 좌우된다는 이야기를 들었기 때문에 내년 배당금을 $200만로 늘리고 즉시 주식을 발행하여 추가 현금을 조달할 것이라고 발표한다. 이후 매년 지급되는 총액은 앞서 예측한 대로, 즉 2년차에 $105만, 그 이후 연도에는 5%씩 증가하게 된다. (학습목표 17-3)

a. 1년차에 신주발행가는 얼마인가?

b. 얼마나 많은 주식을 발행해야 하는가?

c. 신주에 대한 예상 배당금은 얼마가 될 것이며, 이에 따라 첫 연도 이후 기존 주주들에게 얼마가 지급될 것인가?

d. 현재 주주에 대한 현금흐름의 현재가치를 다시 계산하라.

21. **지급정책.** Hors d'Age Cheseworks는 10년 넘게 매년 주당 $4의 정기 현금 배당금을 지급하고 있다. 그 회사는 이익 전부를 배당금으로 지급하고 있으며, 성장이 기대되진 않는다. 주당 $80의 유통발행주식 100,000주가 있다. 이 회사는 차기 연도의 배당금을 지급할 충분한 현금을 가지고 있다. 1차 연도부터 Hors d'Age가 현금 배당을 0으로 줄이고 대신 자사주매입을 하겠다고 발표한다고 가정하자. (학습목표 17-3)

a. 즉각적인 주가 반응은 어떻게 되는가? 세금을 무시하고, 자사주매입이 영업수익성이나 사업위험에 대한 정보를 전달하지 않는다고 가정한다.

b. Hors d'Age는 주식을 몇 주나 구입하는가?

c. 1, 2, 3년 동안 과거와 현재의 정책 모두를 위한 미래 주가를 계획하라.

22. **지급정책.** Big Industries는 다음과 같은 시장가치 재무상태표를 가지고 있다. 이 회사의 주식은 현재 주당 $20에 팔리고 있으며, 유통발행 주식수는 1,000주이다. 이 회사는 주당 $1의 배당금을 지급하거나 $1,000어치의 자사주를 매입할 것이다. 세금은 무시하라. (학습목표 17-3)

자산		부채와 자기자본	
현금	$ 2,000	부채	$10,000
고정자산	28,000	자기자본	20,000

   a. 회사가 배당금을 지급하면 그 다음 주가는 얼마가 될 것인가?

   b. 만약 회사가 자사주매입을 한다면, 그 다음 주가는 얼마가 될 것인가?

   c. 만약 회사의 총 수입이 연간 $2,000라면, 회사가 배당금을 지급하는 경우 주당순이익은 얼마인가.

   d. 회사가 자사주매입을 할 경우 주당순이익은 얼마인가.

   e. 회사가 배당금을 지급하는 경우, 주가-순이익비율(P/E)을 구하라.

   f. 회사가 주식을 재매입할 경우 주가-순이익비율(P/E)을 구하라.

   g. "배당은 좋은 것"을 신봉하는 사람들로 인하여 때때로 배당성향이 높은 주식들이 평균적인 주가-순이익비율(P/E) 배수를 초과하여 팔리는 경향이 있다. 배당금을 지급하면 Big Industries의 P/E 비율이 더 높은가?

   h. (a)~(f)에 대한 답변을 통해, P/E의 차이가 "배당은 좋은 것" 사례를 뒷받침한다고 생각하는가?

23. **지급정책과 세금.** 현금 배당금을 후하게 지급하지 않는 것은 세금과 관련된 어떠한 이유 때문인가? (학습목표 17-4)

24. **지급정책과 세금.** 세 가지 주식에 대한 예상 세전수익률은 다음과 같이 배당금과 자본이득으로 나뉜다. (학습목표 17-4)

주식	기대 배당금	기대 자본이득
A	$ 0	$10
B	5	5
C	10	0

   a. 각 주식의 가격이 $100일 경우, (i)세금을 내지 않는 연기금, (ii) 21%의 세금을 내는 법인, (iii) 배당금에 15%, 자본이득에 10%의 유효세율을 가진 개인에 대한 각 주식의 예상순이익은 얼마인가?

   b. 투자자가 배당금에 대해 50%, 자본이득에 대해 20%의 세금을 부담한다고 가정하자. 만약 주식이 세후 8%의 수익률을 내도록 가격이 매겨진다면 A, B, C는 각각 얼마에 팔릴까? 예상 배당금은 영구연금의 형태라고 가정하자.

25. **지급정책과 세금.** 다음의 각 미국 투자자에 대해, 투자자가 (i) 회사의 지급액을 배당금 형태로 선호하거나, (ii) 자사주매입 형태로 선호하거나, (iii) 어떠한 형태이든 상관없거나 하는 세금상의 이유가 있는지 설명하라. (학습목표 17-4)

   a. 연기금

   b. 최고 소득세 계층의 개인투자자

   c. 회사

   d. 자선기금이나 대학의 기금

26. **지급정책과 세금.** Good Values Inc.는 자기자본으로 자금을 조달 받은 회사이다. 현재 이 회사의 시가총액은 $10만이며, 발행 주식수는 2,000주이다. 세금은 무시하라. (학습목표 17-4)

   a. 이 회사는 주당 $5의 배당금을 지급하기로 했다. 이 주식은 내일 배당락이 발생할 것

이다. 오늘 이 주식은 얼마에 팔리겠는가?

b. 내일 이 주식은 얼마에 팔리겠는가?

c. 이제 모든 배당소득에 대한 세율은 30%이고 자본이득에 대한 세율은 0이라고 가정하자. 배당금 과세를 감안하면 주식은 얼마에 팔릴 것인가? 이제 Good Values가 배당금을 지급하는 대신 $10,000 상당의 자사주를 매입할 계획이라고 가정하자.

d. 자사주매입 전 주식가격은 어떻게 되는가?

e. 자사주매입 후에는 가격이 어떻게 되는가?

f. 세금의 존재로 인해 배당이나 자사주매입이 유리하게 되는 경향이 있는가?

27. **지급정책과 세금.** 투자자들은 주식 투자에 대해 10%의 세후수익률을 요구한다. 배당세율은 30%이고 자본이득은 과세를 면한다고 가정하자. 한 회사가 1년 후 주당 $2을 배당금으로 지급하고, 그 후 $20의 가격으로 매각할 것으로 예상된다. (학습목표 17-4)

a. 주식의 현재 가격을 구하라.

b. 1년 보유기간 동안 예상되는 세전수익률을 구하라.

c. 이제 배당금이 주당 $3라고 가정하자. 세후 예상 수익률이 여전히 10%인데 투자자들은 1년 안에 주가가 $20에 팔릴 것으로 여전히 예상한다면, 지금 주식은 어떤 가격에 팔려야 하는가?

d. 세전수익률은 얼마인가?

e. (b)에 대한 답변보다 작은가 큰가?

28. **지급정책과 세금.** Prowler Corporation은 운영비나 자본투자 지출을 변경하지 않고 부채비율을 높이기 원한다. 분명히 Prowler사는 차입을 늘려야 한다. 하지만 어떻게 하면 자기자본을 감소시켜야 할까? 어떤 방식을 추천하겠는가? (학습목표 17-4)

29. **수명 주기와 지급정책.** MM은 이상적인 상황에서 기업가치는 지급정책의 영향을 받지 않는다는 것을 보여준다. 그러나 우리는 더 성숙한 회사들이 젊은 회사들보다 정기적으로 더 높은 배당금을 지급하는 것을 목격한다. 이것이 순전히 우연인가, 아니면 이러한 패턴을 설명할 수 있는 MM의 가정을 무력화하는 현실적인 문제가 있는 것인가? (학습목표 17-5)

30. **생애 주기와 지급정책.** 17.2절에서 우리는 기업의 배당정책에 대한 조사 결과를 보고한다. 이 설문조사에 기록된 경향으로 인해 보다 성숙된 기업들이 어떻게 체계적으로 더 높은 배당성향을 보일 수 있을까? (학습목표 17-5)

31. **생애주기와 지급정책.** 성숙한 기업과 젊은 기업 중 어느 기업이 배당금보다 자사주매입을 더 많이 활용할 것으로 예상하는가? 왜 이러한 지급방식 중 어떤 방식이 젊은 기업에 더 적합할까? (학습목표 17-5)

웹 연습 WEB EXERCISES

1.   The Wall Street Journal 온라인(online.wsj.com)의 시장자료 센터에 로그인을 하자. (Markets탭 아래에서 Market Data를 찾자.) 그리고 U.S. Stocks와 Dividends를 클릭하여 배당선언 리스트를 찾자. 각 이벤트의 의미는 무엇인가? 각 이벤트 사이의 전형적인 시간간격은 무엇인가?

셀프테스트 해답 SOLUTIONS TO SELF-TEST QUESTIONS

17.1 배당락일은 6월 1일이다. 그러므로 Mick은 배당락이 된 주식을 매입하고 배당을 받지 못할 것이다. 배당금은 6월 30일에 지급될 것이다.

17.2

자산			부채와 자기자본		
현금배당 이후					
현금	$	0	부채	$	0
기타 자산		950,000	자기자본		950,000
기업가치		$950,000	기업가치		$950,000
유통주식수=100,000					
주당 가격=$950,000/100,000=$9.50					
자사주매입 이후					
현금	$	0	부채	$	0
기타 자산		950,000	자기자본		950,000
기업가치		$950,000	기업가치		$950,000
유통주식수=86,364					
주당 가격=$950,000/86,364=$11					

배당금이 지급되면 주식가격은 배당금액만큼 하락한다. 회사가 배당금을 지급하는 대신 자사주매입을 한다면 주식 가격은 $11 그대로 변하지 않는다. 하지만 유통보통주식수는 줄어들게 되기 때문에 기업가치는 배당금을 지급한 경우만큼 줄어들게 된다.

17.3 무배당 정책을 선호하는 투자자는 받은 배당금을 재투자할 수 있다. 이렇게 함으로써 주식의 가치는 변하지 않는다. 배당락일에 하락한 가격만큼 재투자를 통해 주식을 구매하여 상쇄되기 때문이다. 그러나 주식을 추가로 구매할 때 증권중계수수료를 내야 한다면, 지급받은 배당금의 일부를 브로커에게 줘야 하기 때문에 이 투자자는 고배당정책으로 인해 손해를 볼 것이다. 다른 한편으로, 기업이 배당금재투자계획(DRIP)을 5%의 할인율로 시행한다면 이 투자자는 고배당정책으로 인해 이익을 보게 될 것이다. DRIP는 음의 거래비용 같은 것이다. 이 투자자는 DRIP프로그램에 참여함으로써 자신이 보유한 주식의 가치를 배당의 5%만큼 증가시킬 수 있다. 물론 이 이득은 DRIP에 참여하지 않은 주주들이 감수하는 손해에서 온다.

17.4 주식의 가격은 세후 현금흐름을 요구수익률(세후)로 할인한 것과 같다.

$$P = \frac{102.50 + 10 \times (1 - 0.4)}{1.10} = 98.64$$

주식의 세후수익은 종전에 자본이득에 대한 세금을 납부하기 위해 사용했던 금액만큼 증가한다는 것을 주목하라. 20×4.72=$9.44. 이 절세금액의 현재 가치는 $.944/1.10=$0.86이다. 따라서 가격은 $97.78+$8.66=$98.64로 오른다. 세전수익률은 (102.50-98.64+10)/98.64=0.1405 또는 14.05%로 하락하지만 세후수익률은 10%로 변하지 않는다.

미니 케이스

Penn Schumann의 CEO인 George Liu는 습관의 동물이었다. 매달 그는 회사의 CFO(최고재무책임자)인 Jennifer Rodriguez와 Pierre's에서 만나 점심을 함께 하며 비공식적으로 대화를 나누었다. George는 제일 좋아하는 메뉴인 'escalope de foie gras chaude'를 다 먹고 나서야 논의를 시작했다. 마지막 모임이었던 3월 모임에서 그는 샤토 오브리옹 백포도주가 담긴 잔을 신중히 돌리다가 갑자기 물었다.

"우리의 지급정책을 어떻게 해야 한다고 생각하나요?"

Penn Schumann은 크고 성공적인 제약회사였다. 모두의 부러움을 사는 고수익의 약이 여러 종 있었으며 그 중 대부분이 5년 이상 특허법에 의해 보호되어 있었다. 최근 4년간 순이익은 급격하게 증가했으나 이러한 성장률이 계속될지는 알기 어려웠다. 2019년에는 단지 35%이긴 했지만 이 회사는 전통적으로 순이익의 약 40%를 배당금으로 지급해 왔다. Penn은 연 $40억씩이나 R&D에 사용하고 있지만 강한 영업현금흐름과 보수적인 배당정책은 많은 현금이 쌓이도록 만들었다. Penn의 최근 재무상태표, 손익계산서, 현금흐름표는 표 17.3, 17.4, 17.5에 요약되어 있다.

Mr. Liu가 설명했듯이 문제는 Penn의 배당정책이 다른 경쟁자들보다 배당정책에서 더 보수적이었다. 그는 말했다.

"주가는 배당에 좌우됩니다. 배당금을 올리면 주가도 올라갈 것입니다. 이건 그런 게임입니다." Ms. Rodrigez는 진정한 문제는 얼마나 많은 현금을 회사가 보유할 필요가 있는지를 아는 것이라고 제안했다. 현재의 현금보유량은 회사가 당장 필요로 하는 것보다 많았다. 다른 한편으로 회사의 연구원들은 간질환 치료에 적용할 수 있는 상당수의 화합물을 분석하고 있었다. 이 연구가 시장성

있는 제품으로 연결된다면 Penn은 상당한 금액의 투자가 필요할 것이었다. 추가적으로 이 회사는 생명공학 분야에서 기업을 인수할 가능성이 있었고 이를 위한 현금도 필요할 수 있는 상황이었다. Ms. Rodriguez는 "제가 걱정하는 것은 투자자들이 이것에 대해 우리를 신뢰하지 않고 음의 NPV 프로젝트나 안락한 생활에 현금을 낭비할 거라고 생각하게 되는 것입니다. 저는 지금 우리가 더 많은 배당금을 지급하는 것에 몰두해야 한다고 생각치 않습니다. 하지만 아마도 자사주매입에 현금을 사용할 수 있다고 생각합니다."라고 말했다.

"나는 어떤 부분에서 사람들이 우리가 안락한 삶을 위해 현금을 낭비할 거라고 생각하게 된다는 것인지 모르겠습니다." 그는 와인을 한 모금 더 마시며 Ms. Rodriguez에게 대답했다. "하지만 자사주를 매입하는 아이디어는 좋군요. 우리가 미래에 대해서 매우 확신을 갖고 있기 때문에 우리 자신의 주식을 사는 것이 우리가 할 수 있는 최고의 투자라고 믿는다는 것을 주주들에게 말해줄 수 있겠군요. 그는 냅킨에 짧게 끄적였다. "자사주 5,000만 주를 주당 $105에 매입한다고 해봅시다. 유통되는 주식수는 4억8,800만 주로 줄어들겠죠. 작년 당기순이익이 거의 $48억이었으니까 주당순이익은 $9.84로 증가하겠군요. 주가–순이익비율(P/E) 배수가 그대로 11.8로 유지되면 주가는 $116로 상승하겠네요. 10% 이상 상승하는 거네요." Mr. Liu은 만면에 웃음을 지었다.

"훌륭해요. 여기 내 homard à la nage가 나왔군요. 후식 먹을 때 이 건에 대해 다시 이야기하죠."

Jennifer Rodriguez와 George Liu의 주장을 평가하라. 이 회사가 너무 많은 현금을 보유하고 있다고 생각하는가? 그렇다면 어떻게 주주들에게 지급하는 것이 가장 좋다고 생각하는가?

표 17.3　Penn Schumann Inc. 재무상태표(단위: 백만 달러)

	2019	2018
현금과 단기투자자산	$ 7,061	$ 5,551
매출채권	2,590	2,214
재고자산	1,942	2,435
총유동자산	$11,593	$10,200
고정자산	$21,088	$19,025
(감가상각누계액)	5,780	4,852
순고정자산	$15,308	$14,173
총자산	$26,901	$24,373
매입채무	$ 6,827	$ 6,215
단기채무	1,557	2,620
총 유동부채	$ 8,384	$ 8,835
장기부채	3,349	3,484
자기자본	15,168	12,054
총 부채와 자기자본	$26,901	$24,373
비고 :		
유통보통주식수(단위: 백만)	538	516
주당 시장가치(달러)	105	88

표 17.4　Penn Schumann Inc. 손익계산서(단위: 백만)

	2019	2018
수익	$16,378	$13,378
비용	8,402	7,800
감가상각비	928	850
영업이익(EBIT)	$ 7,048	$ 4,728
이자비용	323	353
법인세	1,933	1,160
당기순이익	$ 4,792	$ 3,215
배당금	$ 1,678	$ 1,350
주당순이익(달러)	8.91	6.23
주당 배당금(달러)	3.12	2.62

표 17.5　Penn Schumann Inc. 현금흐름표(단위: 백만)

	2019
당기순이익	$ 4,792
감가상각비	928
매출채권의 감소(증가)	(376)
재고자산의 감소(증가)	493
매입채무의 증가(감소)	612
영업활동으로부터의 현금흐름 합계	$ 6,449
자본지출	(2,063)
단기부채의 증가(감소)	(1,063)
장기부채의 증가(감소)	(135)
배당금 지급	(1,678)
재무활동으로부터의 현금흐름	$(2,876)
현금의 순증가액	$ 1,510

18 장기재무계획

학습목표

18-1 재무계획의 내용과 활용법을 기술할 수 있다.

18-2 간단한 재무계획 모형을 구현할 수 있다.

18-3 기업의 성장이 외부자본조달의 필요성에 끼치는 효과를 측정할 수 있다.

재무계획담당자는 미래를 어림짐작하는 것이 아니라 철저히 준비한다. ⓒnikkytok/Shutterstock

낙타는 위원회에서 디자인한 말처럼 생겼다라는 속담이 있다. 이는 여러 사람이 모여서 간단한 일을 놓고 논의하면 엉뚱한 결과를 낳을 수 있다는 말이다. 만약 한 회사가 모든 결정을 단편적으로 내린다면, 그것은 엉뚱한 결과로 끝날 수 있다. 명석한 재무관리자들이 향후 투자 및 재무결정의 전반적인 효과를 고려하는 이유다.

1장에서 재무관리자의 업무에 대해 논의했던 내용을 다시 생각해 보자. 관리자는 회사가 어떤 투자를 해야 하는지, 그 투자에 투입할 현금은 어떻게 조달할지를 고려해야 한다. 지금쯤 당신은 주주가치를 높이는 투자 결정을 내리는 방법과 회사가 발행할 수 있는 다양한 증권에 대해 상당 부분 알고 있을 것이다. 그러나 자본조달해야 할 새로운 투자안이 있기 때문에, 이런 결정들은 독립적으로 내려질 수 없다. 전체적인 맥락에서 결정할 수 있도록 해야 한다. 그래서 재무계획이 필요한 것이다. 재무계획을 통해 관리자는 여러 재무전략 선택지들의 영향을 숙고하게 되며, 기업의 목표와 일치하지 않는 사항들을 제거할 수 있게 된다.

또한 재무계획은 관리자들이 뜻밖의 일들을 피할 수 있게 해주고, 피할 수 없는 뜻밖의 일들에 대해서 어떻게 대응해야 하는지에 대해 숙고할 수 있도록 도와준다. 10장에서 우리는 훌륭한 재무관리자들은 무엇이 프로젝트를 성공적으로 진행될 수 있도록 하고, 무엇이 잘못될 수 있는지를 이해하려고 집중한다고 강조했다. 투자 및 재무 의사결정도 마찬가지로 전체적인 맥락에서 이루어져야 한다.

마지막으로, 재무계획은 관리자에게 동기를 부여하고 성과 측정을 위한 표준을 제공하기 위한 목표를 수립하는 데 도움이 된다.

우리는 재무계획이 무엇을 포함하는지 요약하는 것으로 이 장을 시작하고, 전형적인 재무계획의 내용을 설명할 것이다. 그리고 계획 과정에서 재무모형 활용에 대해 논의할 것이다. 마지막으로, 기업의 성장과 새로운 자본조달의 필요성의 관계를 조사할 것이다.

18.1 재무계획이란 무엇인가?

기업은 단기 및 장기계획을 모두 세워야 한다. 단기계획은 향후 12개월을 넘는 경우가 거의 없다. 회사가 청구서를 지불하기에 충분한 현금을 가지도록, 단기의 차입과 대출이 가장 유리한 상태로 설정되도록 하는 것을 목표로 한다. 단기계획에 대해서는 다음 장에서 살펴볼 것이다.

계획시야
재무계획의 대상기간.

　여기서는 일반적으로 **계획시야**(planning horizon)가 5년 이상인 장기계획을 다룬다. 일부 기업은 10년 이상을 내다보기도 한다. 예를 들어, 전력회사가 주요 발전소를 설계, 승인, 건설, 시험하는 데 적어도 10년이 걸릴 수 있다.

　장기적인 계획은 큰 그림에 초점을 맞춘다. 예를 들어, 사업부별로 향후 투자계획을 살피고 세부사항에 얽매이는 것을 피한다. 물론, 일부 개별 프로젝트는 충분히 커서 상당한 개별 영향을 미칠 수 있다. 거대 통신업체인 버라이즌(Verizon)이 수십억 달러를 들여 광섬유 기반 광대역 기술을 주택 고객시장에 구축하기로 결정했을 때, 이 프로젝트가 장기계획의 일부로 명시적으로 분석되었을 것이 틀림없다. 그러나 일반적으로 장기계획에서는 프로젝트별로 작업하진 않는다. 대신 고정 및 단기 자산의 평균 수준을 연간 매출과 연관시키는 주먹구구식 어림규칙에 만족한다.

　장기재무계획은 기업의 목표 달성에 필요한 투자와 이를 위한 자본조달에 대해 고민한다. 하지만 다른 중요한 문제들을 다루지 않고서는 이런 사항들에 대해 생각할 수 없다. 예를 들어, 당신이 배당정책의 선택지를 고려한다고 하자. 배당을 수도꼭지처럼 켜고 끌 수는 없겠지만, 주주들에게 더 많이 지급할수록 외부자금조달이 더 많이 필요하게 될 것이다. 기업에 적합한 부채비율이 무엇인지도 생각해볼 필요가 있다. 보수적인 자본구조는 신주발행에 대한 의존도가 더 높다는 것을 의미할 수 있다. 재무계획은 이러한 선택들에 대해 생각할 수 있도록 도와준다. 마지막으로, 재무계획은 일관된 목표를 설정함으로써 기업이 목표를 얼마나 잘 달성했는지 살펴보는 것을 더 용이하게 만든다.

왜 재무계획을 세우는가?

기업은 정교한 재무계획을 세우기 위해서 상당한 에너지와 시간, 자원을 사용한다. 이런 투자를 통해서 기업은 무엇을 얻을까?

우발상황에 대한 계획　계획은 단지 예측만 하는 것이 아니다. 예측은 가장 가능성이 높은 결과에 초점을 맞추지만, 재무계획자는 가능성이 높은 사건뿐만 아니라 가능성이 낮은 사건에 대해서도 걱정할 필요가 있다. 만약 여러분이 무엇이 잘못될 수 있는지 미리 생각한다면, 위험 신호를 무시할 가능성이 적고, 문제에 더 빨리 대응할 수 있다.

　기업들은 개별 프로젝트와 회사 전체에 대해 "만약에"라는 질문을 던지는 여러 가지 방법을 개발해 왔다. 예를 들어, 10장에서 보았듯이 관리자들은 종종 다른 시나리오에서 그들이 내릴 결정의 결과를 살펴본다. 한 시나리오는 높은 금리가 세계 경제성장둔화와 상품 가격하락에 기여한다고 예상할 수 있다. 두 번째 시나리오는 국내경기 호조, 높은 인플레이션, 통화 약세를 포함할 수 있다.

　아이디어는 뜻밖에 발생할 수 있는 사건에 대한 대응을 공식화하는 것이다. 예를 들어 첫 해의 매출이 예측치보다 10% 낮으면 어떻게 하겠는가? 좋은 재무계획은 사건이 전개될 때 당신이 적응하도록 도와야 한다.

옵션에 대한 고려　재무계획자들은 회사가 완전히 새로운 영역으로 이전함으로써 기존의 장점을 활용할 수 있는 기회가 있는지 살펴볼 필요가 있다. 종종 "전략적"인 이유로 새로운 시장에 진입할 것을 권고할 수 있다. 즉, 즉각적인 투자가 양의 순현재가치를 갖기 때문이 아니라, 새로운 시장에서 회사를 설립하고 잠재적으로 가치 있는 후속 투자에 대한 옵션을 창출하기 때문이다.

예를 들어, 버라이즌의 값비싼 광섬유 투자계획은 가장 일반적인 현재 사용 측면에선 결코 수익성이 없을 것이다. 그러나 이 새로운 기술은 버라이즌에게 일련의 홈 엔터테인먼트 서비스의 신속 제공과 같은 미래에 매우 가치 있는 서비스를 제공할 수 있는 옵션을 제공한다. 이런 막대한 투자에 대한 명분은 이 잠재적 성장 옵션에 있다.

일관성의 확보   재무계획은 회사의 성장 계획과 자본조달 사이의 연관성을 도출한다. 예를 들어, 25%의 성장률 전망치는 필요한 자본지출을 위해 기업이 증권을 발행해야 하는 반면, 5%의 성장률은 기업이 재투자된 이익만을 사용하여 자본지출에 필요한 자금을 조달할 수 있다.

재무계획은 회사의 목표가 서로 일관되도록 보장하는 데 도움이 되어야 한다. 예를 들어 최고경영자는 10%의 순이익률, 20%의 매출성장을 목표로 한다고 말할 수 있지만, 재무계획자들은 높은 매출성장률이 순이익률을 줄일 수 있는 가격인하를 필요로 할지 생각해 볼 필요가 있다.

더욱이 회계 비율로 제시된 목표는 비즈니스 의사결정에 대한 의미로 다시 해석하지 않는 한 이용할 수가 없다. 예를 들어, 더 높은 순이익률은 더 높은 가격 또는 더 낮은 비용 혹은 새로운 고수익 상품으로의 이동으로 인해 발생할 수 있다. 그렇다면 관리자는 왜 이러한 방식으로 목표를 정의할까? 부분적으로, 이런 목표들은 실제 관심을 전달하기 위한 암호일 수 있다. 예를 들어, 순이익률을 목표로 세우는 것은 매출성장을 추구하는 데 있어서 원가는 통제하지 않겠다고 말하는 한 방법이 될 수 있다.

이 방법의 위험성은 모든 사람이 암호를 잊어버릴 수 있고 회계적 목표가 그 자체로 궁극적인 목표로 보일 수 있다는 것이다. 하급 관리자들이 보상을 받는 목표에 초점을 맞추는 것은 놀라운 일이 아니다. 예컨대, 폭스바겐(Volkswagen) 경영진이 6.5%의 이익률을 목표로 잡자 일부 VW그룹은 고가의 고수익차량을 개발해 홍보하였다. 이익률은 낮지만 판매량이 더 많은 저렴한 모델을 마케팅하는 데에는 관심이 적었다. 이것이 명백해지자 곧 폭스바겐은 순이익률 목표를 탈피하고 대신 투자 수익률에 초점을 맞추겠다고 발표했다. 이를 통해 관리자들이 투자자본 1달러당 가장 많은 이익을 얻을 수 있도록 권장할 것으로 기대했다.

18.2 재무계획모형

재무계획자는 다른 대안 전략의 결과를 탐색하는 데 도움을 주기 위해 재무계획모형들을 사용하는 경우가 많다. 이런 재무계획모형의 범위는 이 장의 뒷부분에 제시될 단순한 모형에서 수백 개의 방정식을 통합하는 모형까지 다양하다.

재무계획모형은 추정재무제표를 보다 쉽고 저비용으로 작성함으로써 재무계획 과정을 도와준다. 이 모델은 계획 수립의 중요한 부분을 자동화하는 것이다. 이런 자동화를 통해서 시간을 절약하고 노동력 소모를 줄일 수 있다.

재무계획모형의 구성요소

대기업의 완성된 재무계획은 상당한 양의 문서이다. 중간 규모 기업의 계획은 동일한 요소를 가지지만 세부사항의 양은 적다. 소규모 기업들에게는 재무계획이 전적으로 재무관리자 머릿속에 있을 수 있다. 그러나 재무계획의 기본 요소는 규모에 관계없이 모든 기업이 비슷할 것이다.

재무계획은 입력과 계획모형, 그리고 출력의 세 가지 요소로 이루어진다. 이러한 구성요소 간의 관계는 그림 18.1에 나타나 있다. 차례대로 살펴보자.

그림 18.1 재무계획의 구성요소

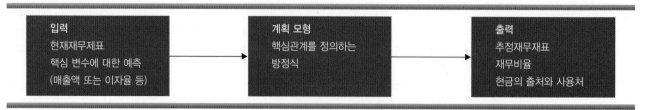

입력 현재재무제표 핵심 변수에 대한 예측 (매출액 또는 이자율 등)	계획 모형 핵심관계를 정의하는 방정식	출력 추정재무제표 재무비율 현금의 출처와 사용처

입력   재무계획에 대한 입력변수는 회사의 현재재무제표와 추정재무제표에 대한 예측으로 구성된다. 필요한 노동력, 재고수준 같은 다른 변수들이 매출과 연계돼 있기 때문에 예상 매출 성장률이 주된 예측치이다. 이러한 예측은 부분적으로만 재무관리자의 책임이다. 분명히, 마케팅 부서는 매출을 예측하는 데 중요한 역할을 할 것이다. 게다가 매출액은 전체 경제 상황에 따라 달라지기 때문에 대기업들은 거시경제와 산업에 대한 예측을 전문적으로 하는 기업들에게 도움을 구할 것이다.

계획모형   재무계획모형은 이익, 신규 투자 및 자본조달에 대한 관리자의 예측이 시사하는 바를 계산한다. 모형은 출력변수를 예측치와 관련짓는 방정식으로 구성되어 있다. 예를 들어, 이 방정식은 매출의 변화가 원가, 운전자본, 고정자산 및 요구되는 자본조달에 어떤 영향을 미칠 수 있는지 보여줄 수 있다. 이 재무모형은 다음을 특정할 수 있다. 총매출액이 $1 증가할 때마다 제조원가가 80센트씩 증가할 수 있으며, 매출채권은 매출액의 고정비율이며, 매출액이 10% 증가할 때마다 고정자산을 8%씩 증가시켜야 한다.

출력   재무모형의 출력물은 손익계산서, 재무상태표, 현금의 원천과 지출을 기술하는 명세표 같은 추정 재무제표들로 구성된다. 이러한 명세들을 **추정재무제표**(pro formas)라고 하는데, 계획에 내장된 입력변수와 가정을 바탕으로 한 추정이라는 것을 의미한다. 일반적으로 재무모형의 출력물에는 4장에서 논의한 재무비율도 많이 포함되어 있다. 이러한 비율은 기업이 계획 대상기간 말에 재정적으로 건전하고 건강할지 여부를 나타낸다.

> **추정재무제표**
> 예상 혹은 예측된 재무제표.

18.3 다이나믹 매트리스의 장기 재무계획모형

계획모형을 어떻게 구성할 수 있는지 알아보기 위해 다이나믹 매트리스(Dynamic Mattress)의 재무관리자를 만나 회사의 장기적인 계획을 작성하기 위해 간단한 스프레드시트 프로그램을 어떻게 사용하는지 살펴보자. 출발점은 다이나믹의 최신 재무제표이다. 표 18.1은 2018년 손익계산서와 연말 재무상태표를 보여준다. (참고로 개별 유동자산과 유동부채를 서로 차감하여 운전자본 하나로 나타냈다.)

회사의 현상황을 파악했으니, 이제 회사가 향하고 있는 방향에 집중해 보자. 다이나믹의 분석을 통해 향후 몇 년 동안 회사의 연간 매출 성장률이 20%에 이를 것이라고 가정하자. 회사가 성장함에 따라 운전자본과 물리적 자본재에 대한 추가 투자가 요구될 것이다. 회사는 현실적으로 재투자된 이익을 사용하여 이러한 성장에 필요한 자금을 조달할 수 있을까? 아니면 부채나 주식 발행을 통해 추가 자본을 조달할 계획을 세워야 할까? 스프레드시트 프로그램은 이러한 질문에 대한 답을 찾기에 적격이다. 자세히 살펴보자.

다이나믹의 재무관리자는 매출 성장률을 예측하는 것으로 시작한다. 이어 매출 증가에 따라 자산이나 매출원가 등 다른 주요 변수가 어떻게 증가할지 고려한다. 관리자는 이 변수들이 매출과 정비례할 것이라고 추정한다. 매출과 다른 주요 변수 간의 안정적인 관계를 가정한 이런 예측 모형은 **매출액 백분율 모형**이라고 알려져 있다.

자금의 원천과 지출의 금액이 같다는 기본적인 관계는 다이나믹의 자금의 원천이 자

> **매출액 백분율 모형**
> 매출액 예측치가 운전 변수이고 대부분의 다른 변수는 매출액과 비례하는 계획 모형.

표 18.1 다이나믹 매트리스의 재무
제표(단위: 백만 달러). 단수 차이가
있을 수 있다.

손익계산서		2018
1. 매출		$2,200.0
2. 매출원가		2,024.0
3. 감가상각비		23.5
4. 영업이익(1 − 2 − 3)		$ 152.5
5. 이자비용		6.0
6. 세전이익(4 − 5)		$ 146.5
7. 법인세비용(50% of 6)		73.3
8. 당기순이익(6 − 7)		$ 73.3
9. 배당금		46.8
10. 유보이익(8 − 9)		$ 26.5
11. 영업현금흐름(3 + 8)		$ 96.8
재무상태표(연말)	**2017**	**2018**
자산		
12. 순운전자본	$192.0	$ 242.0
13. 고정자산	268.5	275.0
14. 총순자산(12 + 13)	$460.5	$ 517.0
부채와 자기자본		
15. 장기부채	$ 60.0	$ 90.0
16. 자기자본	400.5	427.0
17. 부채와 자본 총계(15 + 16)	$460.5	$ 517.0

금 사용을 충당하기에 충분해야 한다는 것을 알려준다. 만약 회사의 영업활동이 자금의
사용에 충분한 현금을 제공하지 못한다면 회사는 부채나 자기자본을 발행하여 외부로부
터 추가적인 자금을 마련해야 한다. 다이나믹의 필요외부자금은 투자 및 배당 지급에 필
요한 자금과 영업활동을 통해 조달할 자금 간의 차이다.

필요외부자금 = 운전자본에 대한 투자 + 고정자산에 대한 투자 + 배당금
− 영업활동으로부터의 현금흐름

그러므로 다이나믹이 외부로부터 조달해야 할 자금이 얼마인지 알고 부채비율의 의미
를 알기 위한 3단계가 존재한다.

1단계   회사의 영업활동에서 창출되는 현금흐름을 예측하자. 이러한 예측은 추정된 20%
매출증가에 기반한다. 표 18.2의 손익계산서 첫 번째 열은 최근 연도인 2018년의 다이나
믹에 대한 수치를 나타내며, 표 18.1에서 가져온 값이다. 다음 열에는 2019년 예측 값이
나와 있다. 오른쪽 열은 이 값들의 출처에 대한 설명을 제공한다. 이 값들의 대부분은 사
실상 회사의 매출 예상치의 단순한 고정비율이라는 것을 알 수 있다. 이러한 변수 간의
예측 관계는 표 아래에 요약되어 있다. 이러한 관계는 2019년 및 그 이후의 연도 예측에
적용된다. (그러나 반드시 2018년 또는 그 이전 연도에는 해당되지 않는다.)

매출이 20% 증가하면 이 회사는 $8,870만의 순이익을 올릴 것으로 예상된다. 영업현
금흐름은 당기순이익에 손익계산서상 비용으로 처리되지만 현금유출은 아닌 $2,480만의
감가상각충당금을 합한 금액이다. (9장의 식 9.3에서 영업현금흐름 계산의 한 방식으로
서 세후당기순이익에 감가상각비를 더하는 방식을 배운 것을 기억하자.) 다이나믹의
2019년 예상 영업현금흐름(17열)은 88.7+24.8=$1억 1,350만이다.

2단계   회사가 배당금으로 지급하고자 하는 자금뿐만 아니라 운전자본과 고정자산에
대한 투자를 모두 지원하는데 필요한 자금을 계획하자. 이러한 지출의 합계를 통해 자금
의 총 사용량을 파악할 수 있다. 자본의 총 사용이 영업활동으로 창출되는 현금흐름을

표 18.2 외부자본을 부채로 조달했다는 가정하에 작성한 다이나믹 매트리스의 추정 재무제표(단위: 백만 달러, 단수오차 있을 수 있음)

손익계산서	2018	2019	비고
1. 매출	$2,200.0	$2,640.0	추정성장률 20%
2. 매출원가	2,024.0	2,428.8	매출의 92%
3. 감가상각비	23.5	24.8	직전년도 기말 순고정자산의 9%
4. 영업이익	$ 152.5	$ 186.5	(1) – (2) – (3)
5. 이자비용	6.0	9.0	직전년도 기말 부채의 10%
6. 세전이익	$ 146.5	$ 177.5	(4) – (5)
7. 법인세비용(세율 50%)	73.3	88.7	(6)의 50%
8. 당기순이익	$ 73.3	$ 88.7	(6) – (7)
9. 배당금	46.8	53.2	(8)의 60%
10. 유보이익	$ 26.5	$ 35.5	(8)의 40%
재무상태표(연말)	**2018**	**2019**	
자산			
11. 순운전자본	$ 242.0	$ 290.4	(1)의 11%
12. 순고정자산	275.0	330.0	(1)의 12.5%
13. 순자산 총계	$ 517.0	$ 620.4	(11) + (12)
부채와 자기자본			
14. 장기부채[a]	$ 90.0	$ 157.9	2019년도 외부조달로 인한 증가
15. 자기자본[b]	427.0	462.5	2019년도 유보이익으로 인한 증가
16. 부채와 자기자본 총계	$ 517.0	$ 620.4	(14) + (15)
자금의 원천과 지출			
17. 영업현금흐름	$ 96.8	$ 113.5	(3) + (8)
18. 운전자본의 증가	50.0	48.4	(11)의 변화
19. 고정자산투자(자본지출)	30.0	79.8	(3) + (12)의 변화
20. 배당금	46.8	53.2	(9)
21. 현금 지출 총계	126.8	181.4	(18) + (19) + (20)
22. 필요외부자본	30.1	67.9	(21) – (17)
재무비율			
23. 부채비율	0.17	0.25	(14)/(16)
24. 이자보상비율	25.4	20.7	(4)/(5)

[a]장기부채, 차변과 대변을 맞추기 위한 아이템, 필요외부자본만큼 증가
[b]자기자본은 직전년도 금액에 유보이익을 더한 값임
참고: 표 18.2의 매개변수들의 값
매출액 성장률 = 0.20, 법인세율 = 0.50, 기초(직전년도 말)부채가액에 부과되는 이자율 = 0.10, 순운전자본/매출 = 0.11, 고정자산/매출 = 0.125, 매출원가/매출 = 0.92, 배당성향 = 0.60, 감가상각비/기초순고정자산 = 0.09

초과할 경우, 다이나믹은 추가적인 장기 자본을 조달해야 한다.

표 18.2의 두 번째 열은 다이나믹이 더 높은 수준의 매출을 지원하기 위해 2019년에 운전자본을 $4,840만 증가시켜야 한다는 것을 보여준다. 또한 순고정자산(즉 고정자산에서 감가상각누계액을 차감)을 $5,500만 증가시켜야 한다. 그러나 2019년에 감가상각으로 인해 고정자산의 장부금액이 $2,480만 감소하기 때문에 순고정자산이 $5,500만이 증가하면 실제로는 총 $5,500만+$2,480만=$7,980만의 투자가 필요할 것이다. 일반적으로 '총투자=총고정자산 증가분=순고정자산 증가분+감가상각'이다. 마지막으로, 회사는 60%의 배당성향으로 2019년에 $5,320만의 배당금을 지급할 것으로 예상하고 있다.

$$현금의\ 총사용금액 = 고정자산에\ 대한\ 투자(자본지출)$$
$$+ 순운전자본에\ 대한\ 투자 + 배당금$$
$$= (순고정자산의\ 증가액 + 감가상각)$$
$$+ 순운전자본의\ 증가액 + 배당금$$
$$= (55 + 24.8) + 48.4 + 53.2 = \$1억1,814만$$

따라서, 우리는 2019년에 다이나믹의 필요외부자본 금액을 자금의 원천과 지출 간의 차이로 추정할 수 있다. 1억8,140만−1억1,350만=$6,790만. 표 18.2의 하단의 자금의 원천과 지출 패널에 이러한 계산이 요약되어 있다.

3단계 마지막으로, 추가되는 자산과 새로운 수준의 부채와 자기자본이 반영된 재무상태표를 작성하자. 이 단계에선 회사가 어떻게 $6,790만을 조달할 것인지 결정할 것을 요구한다. 부채를 발행해야 할까? 자기자본? 둘을 조합해야 할까? CFO는 다이나믹이 신규 부채를 발행해 외부자금을 모두 조달할 경우 부채비율이 어떻게 달라지는지 확인해 달라고 요청했다. 따라서 표 18.2에서 부채는 **균형항목**(balancing item) 또는 플러그 역할을 한다. 균형항목은 기업의 총 자금 원천(외부 조달자본 포함)이 지출과 동일하도록 조정되는 변수이다. 장기부채는 2018년 말부터 2019년 말까지 $6,790만 증가하는데, 이는 정확히 필요외부자본의 금액이다. 이와는 대조적으로 자기자본은 2018년에 회사에 재투자된 이익인 $3,550만 증가하는 데 그쳤다. 따라서 총 순자산에 대한 부채 비율은 0.17에서 0.25로 증가한다.

이것이 최선의 정책일까? 이 모델은 이 문제에 대해선 침묵한다. 재무계획모형이 보장하는 것은 성장, 자본조달 및 재무 상태에 대한 가정이 상호 일관성이 있다는 것뿐이고 어떤 계획이 가장 좋은 지는 알려주지 못한다. 다이나믹의 재무관리자는 계획에 예정된 레버리지 증가 및 성장 자금조달의 부채 의존성을 불편해할 수 있다. 관리자는 이에 대한 우려를 CFO에게 제기하고 싶을 것이다.

스프레드시트 18.1은 다이나믹이 부채를 균형품목으로 계속 사용하고 20%의 성장률을 유지할 수 있다고 가정하여 예상치를 더 긴 기간으로 확장한 것이다. 기업이 성장함에 따라 고정자산과 운전자본에 대한 투자가 더욱 늘어나야 할 것이다. 부채에 계속 의존한다면 레버리지는 빠르게 늘어날 것이다. 2022년까지 부채비율은 17%에서 43%로, 이자보상배율은 25.4에서 9.5로 낮아질 것이다. 이자비용의 지불은 창출하는 이익으로 여전히 쉽게 충당될 것이며, 대부분의 재무관리자들은 이 정도 금액의 부채는 충분히 감당할 수 있을 것이다. 그러나 회사는 장기간 이런 추세로 차입을 계속할 수는 없고, 부채비율도 거래 은행과 채권자들이 정해 놓은 한도에 이미 가깝게 근접해 있을 것이다.

분명한 대안은 다이나믹이 부채와 자기자본을 혼합하여 이용하는 것이지만, 재무관리자는 다른 가능성도 시도하고 싶을 것이다. 한 가지 방법은 빠르게 성장하는 이 기간 동안 배당지급을 보류하는 것일 수 있다. 또 다른 방법은 회사가 운전자본을 줄일 수 있는지 조사하는 것일 수도 있다. 예를 들어, 재고를 줄이거나 매출채권을 더 빨리 회수할 수도 있다. 이 모형은 이러한 대안들을 쉽게 검토할 수 있게 해준다.

우리의 재무계획은 계획된 성장을 유지하고 자기자본을 발행하지 않을 때 차입해야 할 부채 금액을 계산했다. 그러므로 부채의 차입을 균형항목으로 사용한 것이었다. 그러나 이 회사는 다른 항목을 균형항목으로 이용하고 싶어할 수 있다. 예를 들어, 부채비율을 고정적으로 유지하기로 선택할 수 있다. 이 경우에 균형항목은 필요외부자본(부채와 자기자본의 합)의 총액일 것이고, 부채와 자기자본으로 나누어질 수 있다.

균형항목
재무계획의 일관성을 유지하기 위해 사용하는 변수. 플러그(plug)라고도 부른다.

스프레드시트 18.1 다이나믹 매트리스의 장기계획모형

	A	B	C	D	E	F	G	H	I	J	K
1											
2	**2019년 이후 연도의 입력변수**			**손익계산서**	2017	2018	2019	2020	2021	2022	**G열에 입력된 함수**
3	성장률(%)	20%		수익		2200.0	2,640.0	3,168.0	3,801.6	4,561.9	F3×(1+$B$3)
4	법인세율(%)	50%		매출원가		2024.0	2,428.8	2,914.6	3,497.5	4,197.0	G3×$B$8
5	부채에 대한 이자율(%)	10%		감가상각		23.5	24.8	29.7	35.6	42.8	F17×$B$10
6	순운전자본/매출	0.110		영업이익(EBIT)		152.5	186.5	223.7	268.5	322.2	G3-G4-G5
7	고정자산/매출	0.125		이자비용		6.0	9.0	15.8	24.0	34.0	$B$5×F21
8	매출원가/매출	0.920		세전수입		146.5	177.5	207.9	244.4	288.1	G6-G7
9	배당성향	0.600		50% 세금		73.3	88.7	104.0	122.2	144.1	$B$4×G8
10	감가상각/고정자산	0.090		순이익		73.3	88.7	104.0	122.2	144.1	G8-G9
11				배당금		46.8	53.2	62.4	73.3	86.4	G10×$B$9
12				재투자된 수입		26.5	35.5	41.6	48.9	57.6	G10-G11
13											
14				**재무상태표(기말)**	2017	2018	2019	2020	2021	2022	**G열에 입력된 함수**
15				자산							
16				순운전자본	192.0	242.0	290.4	348.5	418.2	501.8	$B$6×G3
17				순고정자산	268.5	275.0	330.0	396.0	475.2	570.2	$B$7×G3
18				총 순자산	460.5	517.0	620.4	744.5	893.4	1,072.1	G16+G17
19											
20				**부채와 자기자본**							
21				장기부채[a]	60.0	90.0	157.9	240.4	340.4	461.5	F21+G32
22				자기자본[b]	400.5	427.0	462.5	504.1	553.0	610.6	F22+G12
23				총 부채와 자기자본	460.5	517.0	620.4	744.5	893.4	1,072.1	G21+G22
24											
25				**자금의 원천과 지출**							
26				영업현금흐름(NI+Dep)		96.8	113.5	133.7	157.9	186.8	G5+G10
27				운전자본의 증가		50.0	48.4	58.1	69.7	83.6	G16-F16
28				고정자산에 대한 투자		30.0	79.8	95.7	114.8	137.8	G17-F17+G5
29				배당금		46.8	53.2	62.4	73.3	86.4	G11
30				총 현금지출		126.8	181.4	216.2	257.9	307.9	SUM(G27:G29)
31											
32				필요외부자금		30.1	67.9	82.5	100.0	121.0	G30-G26
33											
34				**재무비율**							
35				부채비율		0.17	0.25	0.32	0.38	0.43	G21/G23
36				이자보상배율		25.4	20.7	14.2	11.2	9.5	G6/G7

[a]장기부채, 균형항목이다. 필요외부자금만큼 증가함
[b]자기자본 가액은 직전년도의 가액과 유보된 이익의 합

표 18.3 다이나믹 매트리스의
2019년도 필요외부자본, 성장률이
높을수록 더 많은 외부자본이 필요
하다.

성장률 (%)	필요외부자본(백만 달러)
0	−28.5
5.9	0
10	19.7
20	67.9
30	116.1

예제 **18.1 ▶** **성장률이 변하면 어떤 일이 일어나는가?**

스프레드시트 18.1을 사용하여 매출성장이 필요외부자본에 미치는 영향을 살펴볼 수 있다. 스프레드시트에서 가정된 성장률을 변경하여 필요외부자본에 미치는 영향을 확인할 수 있다. 예를 들어, 우리는 표 18.2에서 성장률이 20%일 때 2019년에 필요외부자본이 $6,790만이라는 것을 보았다. 위 모형에서는 순자산이 매출에 비례하기 때문에 매출 성장률이 더 높다고 가정하면 자산도 더 빠른 속도로 늘어난다. 이러한 추가 자산 구입에 필요한 추가 자본은 필요외부자본이 더 커진다는 것을 의미한다.

표 18.3은 성장률 변화에 필요외부자본이 어떻게 반응하는지를 보여준다. 5.9%의 성장률에서 필요외부자본은 0이다. 더 높은 성장률에서는 외부자본을 필요로 한다. 낮은 성장률에선, 유보된 이익이 추가되는 자산보다 많기 때문에 내부로부터 잉여가 발생한다. 이는 마이너스 필요외부자본으로 나타난다. 이 장의 후반부에서 우리는 내부 성장의 한계에 대해 보다 체계적으로 탐구할 것이다. ■

18.1 셀프테스트

다이나믹 매트리스가 20%의 성장률에 매진하여 당기순이익의 60%를 배당금으로 지급한다고 가정하자. 그러나 다이나믹 매트리스는 이제 2018년과 같은 부채와 자본비율을 유지하기를 원한다. 2019년에는 얼마나 많은 주식과 부채를 발행해야 하는가?

모형 디자인의 함정

우리가 개발한 다이나믹 매트리스 모형은 실제로 적용하기에는 너무 단순하다. 여러분은 이미 여러가지 개선 방법들을 – 예를 들어, 유통되고 있는 주식을 추적하고, 주당순이익과 주당배당금을 보고하는 등 – 생각해 두었을 것이다. 혹은 현재 운전자본에 묻혀 있는 단기대출과 차입의 기회를 구분하길 원할지도 모른다.

매출액 백분율법은 회사의 거의 모든 변수가 예측된 매출 수준에 비례한다고 가정하고 있다. 하지만 실제로는 매출과 비례하지 않는 변수가 많을 것이다. 예를 들어, 운전자본의 중요한 구성요소인 재고자산과 현금잔고 같은 경우 일반적으로 매출보다 덜 빠르게 증가한다. 또한 매출 증가에 따라 공장, 장비 등의 고정자산은 보통 작은 금액단위로 추가되지 않는다. 다이나믹 매트리스 공장은 최고가동률 미만으로 가동되고 있어 용량 추가 없이 생산량을 초기에 늘릴 수도 있다. 그러나 결국 매출이 계속 증가하면 공장과 장비에 대한 대규모 신규 투자가 필요할 수 있다.

예제 **18.2 ▶** **필요외부자금과 초과 생산능력**

Carter Tools가 투자된 $5,000만의 고정자산을 가지고 $6,000만의 매출을 올리고 있다고 가정하자. 이 회사의 현재 공장 가동률은 80%이다. 매출의 50% 증가가 예측된다고 가정할 때, 고정자산에 대한 투자는 얼마가 필요한가?

회사가 고정자산의 생산능력 100%를 모두 소진할 때까지는 고정자산에 대한 신규 투자 없이 매출을 증가시킬 수 있다. 따라서 현재 고정자산 수준을 감안할 때 회사가 전체 용량에 도달하기 전에 매출은 $6,000만 × 100/80=$7,500만까지 증가할 수 있다. 따라서 전체 생산능력을 모두 사용할 때, 매출 대비 자산 비율은

$5,000만/$7,500만=2/3이 될 것이다.

　예상 매출의 50% 증가는 $6,000만 × 1.5=$9,000만의 판매 수준을 의미할 것이다. 이 수준의 판매를 지원하기 위해서는 최소 $9,000만 × 2/3=$6,000만의 고정자산이 필요하다. 이는 고정자산에 $1,000만을 추가로 투자해야 함을 의미한다. ■

　새 공장에 대한 투자가 크게 증가한다는 사실을 감안하여 모형을 수정할 수 있다. 그러나 너무 많은 복잡성을 도입하는 것은 주의해야 한다. 모형을 더 크고 세밀하게 만들고 싶은 유혹은 항상 있다. 일상적인 용도로 사용하기엔 너무 완전한 모델이 나올 수 있다. 세부사항에 너무 매료되면 주식 발행이나 지급정책과 같은 중요한 결정에서 주의를 분산시키게 된다.

18.2	**셀프테스트**

현재의 자산과 매출 수준에서 예제 18.2의 Carter Tools는 생산능력의 75%만을 사용하고 있다.

a. 고정자산에 추가투자 없이 얼마까지 매출을 확대할 수 있는가?
b. 매출을 50% 확대한다면 고정자산에 투자해야 하는 금액은 얼마인가?

계획안의 선택

우리는 재무계획모형이 관리자가 중요한 재무 변수들에 대하여 일관된 예측을 할 수 있도록 도움을 준다고 하였다. 예를 들어 다이나믹 매트리스의 가치를 평가하려면 미래의 잉여현금흐름에 대해 추정을 해야 하는데, 이는 우리의 재무계획모형에서 쉽게 도출된다.[1] 그러나 계획모형은 계획이 최적인지 여부를 알려주진 않는다. 어떤 대안이 검토할 가치가 있는지조차 알려주지 않는다. 예를 들어, 다이나믹 매트리스가 매출과 주당순이익의 급속한 성장을 계획하고 있는 것을 확인했다고 하자. 이것이 주주들에게 꼭 좋은 소식일까? 그렇지만은 않다. 다이나믹 매트리스가 투자해야 하는 자본의 기회 비용에 따라 다르다. 신규 투자가 자본비용보다 더 높은 수익을 벌어 주면 NPV는 양이 되고 주주의 부는 증가할 것이다. 투자수익이 자본비용보다 적으면 회사는 꾸준한 이익의 성장을 기대하겠지만 주주들의 부는 더 낮아질 수밖에 없다.

　다이나믹 매트리스가 조달해야 할 자본은 이익의 60%를 배당금으로 지급하기로 한 결정에 달려 있다. 하지만 재무계획모형은 이런 배당금 지급이 타당한지 혹은 회사가 발행해야 할 자기자본과 부채의 혼합비율은 얼마인지를 우리에게 말해주지 않는다. 결국 경영진이 결정을 내려야 한다. 여러분에게 선택 방법을 정확히 알려주고 싶지만, 그건 불가능하다. 재무계획 및 의사 결정 과정에서 발생하는 모든 복잡성을 포괄하는 모형은 없다.

　앞서 우리는 재무계획이 단순히 가장 가능성이 높은 결과에 대처하는 방법을 탐구하는 것만이 아니라고 언급했다. 재무계획은 회사가 가능성이 낮거나 예상치 못한 상황에도 대비가 되어 있도록 해야 할 필요가 있다. 예를 들어, 다이나믹의 관리자는 순이익률이 압박을 받고 영업활동으로부터 현금이 더 적게 창출될 경우 회사가 필요로 하는 자본금액은 어떻게 변화할 것인지 검토하기를 당연히 원할 것이다. 계획모형은 이러한 경우들의 결과를 쉽게 검토할 수 있도록 해준다.

---

[1] 해체공사부문의 현금흐름을 계산했던 표 13.5를 다시 보자. 재무계획모형은 이러한 수치들을 도출하기 위한 자연스러운 도구가 될 것이다.

18.3 셀프테스트

다음 질문 중 답을 찾는 데 재무계획이 도움을 줄 수 있는 질문은 어떤 것인가?

a. 자산이 성장할 것이라고 가정하는 것은 회사가 계획하고 있는 부채와 자기자본의 발행 그리고 배당정책과 일관성을 갖고 있는가?
b. 매출채권의 금액은 매출액에 정비례하여 증가할 것인가?
c. 숙고를 통해 결정된 부채와 자기자본의 비율은 회사의 가치를 극대화할 것인가?

18.4 외부자본조달과 성장

우리가 다이나믹 매트리스를 위해 개발한 것과 같은 재무모형들은 관리자들이 성장 계획의 재무적 결과를 추적하는 데 도움을 줄 수 있다. 그러나 전면적인 재무모형의 복잡성은 오히려 기본적인 사안들을 모호하게 만들 수 있는 위험이 있다. 따라서 경영자들은 기업의 성장 목표와 필요외부자본 사이의 관계를 도출하기 위해 몇 가지 간단한 경험규칙을 사용한다.

다이나믹 매트리스의 2018년 매출은 $22억이고 기말 총 순자산(순고정자산+순운전자본)은 $5억1,700만이었다는 것을 상기해 보자. 즉 $1의 매출을 창출하는데 $0.235의 순자산이 필요했다. 회사 측은 2019년 매출이 $4억4,000만 늘어날 것으로 전망하고 있다. 따라서 매출 대비 순자산 비율이 일정하게 유지된다면 2019년 순자산은 아래만큼 더 늘어날 필요가 있다.

$$\text{순자산의 증가분} = \frac{\text{순자산}}{\text{매출}} \times \text{매출액 증가분}$$

$$= 0.235 \times 440 = \$1억340만$$

이 순자산 증가의 일부는 2019년에 $3,550만로 예측되는 유보이익으로 조달될 수 있다(표 18.2 참조). 따라서 필요외부자본의 금액은 다음과 같다.[2]

$$\text{필요외부자본} = \text{순자산 증가분} - \text{유보이익} = \frac{\text{순자산}}{\text{매출}} \times \text{매출액 증가분} - \text{유보이익}$$

$$= 0.235 \times 440 - 35.5 = \$6,790만$$

때로는 이 계산식을 성장률 개념으로 작성하면 유용하다. 만약 순자산이 매출의 일정 비율이라면, 매출액이 높을수록 20%의 추가적인 순자산이 필요하다. 그러므로

$$\text{순자산 증가분} = \text{성장률} \times \text{기초 순자산} = 0.20 \times 517.0 = \$1억340만$$

그러므로

$$\text{필요외부자본} = \text{성장률} \times \text{기초 순자산} - \text{유보이익} \tag{18.1}$$

$$= 0.20 \times 517.0 - 35.5 = \$6,790만$$

---

2) 이 필요외부자본 공식은 우리가 이전에 취했던 접근법과는 달라 보일 것이다. 하지만 이 둘은 사실 완전히 일치한다. 우리는 이전에 필요외부자본이 고정자산과 운전자본에 대한 총 투자와 영업활동의 현금흐름과의 차이라고 말했다.

필요외부자본=Δ순운전자본+고정자산 투자+배당금−영업활동으로부터의 현금흐름
=ΔNWC+(순고정자산의 증가분+감가상각)+배당금−(당기순이익 + 감가상각)

감가상각과 관련된 두 조건은 상계되고 순운전자본의 변동분과 순고정자산의 변동분의 합은 총자산의 변동분과 같다. 그러므로

필요외부자본=총 순자산 증가분+배당금−당기순이익
=총 순자산 증가분−유보이익

그림 18.2 다이나믹 매트리스의 외부자본과 성장률

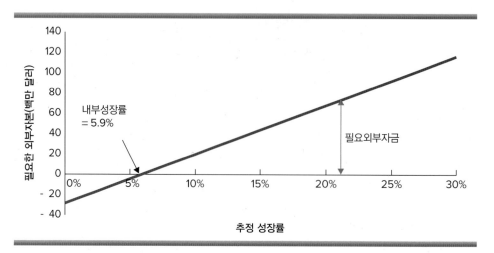

이 간단한 방정식은 필요외부자본의 규모가 회사의 추정 성장률에 달려 있다는 것을 강조한다. 다이나믹의 순자산이 매출의 일정 비율로 유지된다면, 이 회사는 추가 매출 20%를 지원하기 위해 $6,790만을 조달해야 한다. 기업이 빠르게 성장할수록 더 많은 투자를 해야 하고 따라서 더 많은 신규 자본을 조달해야 한다.

그림 18.2의 선은 성장률에 따라 필요외부자본이 어떻게 증가하는지 보여준다. 낮은 성장률에서 회사는 확장에 필요한 것보다 더 많은 자금을 창출한다. 이런 점에서 추가로 요구되는 필요외부자금은 음수이다. 회사는 이 잉여이익을 부채의 일부를 상환하거나 자사주를 매입하는 데 사용할 수 있다. 사실 성장률이 0일 때를 나타내는 그림 18.2의 수직축 절편은 잉여이익금 증가분의 마이너스 금액이다. 성장이 제로일 때는 확장을 위한 자금이 필요 없기 때문에 추가되는 것은 잉여금뿐이다.

표 18.3은 매우 낮은 추정 성장률에선 유보이익이 투자에 필요한 자금으로 쓰기에 충분하고도 남는다. 따라서 필요외부자본은 음수이다. 그러나 성장률이 높아짐에 따라 고정자산과 운전자본에 필요한 추가 비용을 지불하기 위해 더 많은 자금이 필요하다. 외부자금을 조달하지 않고도 기업이 달성할 수 있는 최대 성장률을 **내부성장률**이라고 한다. 성장률이 '내부'인 것은 외부자원에 의존하지 않고 달성될 수 있기 때문이다. 필요외부자본을 0으로 설정하면 식 18.1을 내부성장률에 관해 다음과 같이 풀 수 있다.

내부성장률
외부자금없이 성장할 수 있는 최대 성장률.

$$내부성장률 = \frac{유보이익}{순자산}$$

따라서 추가적인 외부자본 원천이 없는 회사의 성장률은 순자산 대비 재투자 이익(유보이익)의 비율과 같을 것이다. 자산 대비 재투자이익의 양이 많은 기업은 더 많은 자본을 조달할 필요 없이 더 높은 성장률을 낼 수 있다.

우리는 다음과 같이 내부성장률 식의 분자와 분모에 당기순이익과 자기자본을 다음과 같이 곱함으로써 내부성장률을 결정하는 요소에 대해 더 많은 통찰을 얻을 수 있다.

$$내부성장률 = \frac{유보이익}{당기순이익} \times \frac{당기순이익}{자기자본} \times \frac{자기자본}{순자산} \qquad (18.2)$$
$$= 유보율 \times 자기자본 순이익률 \times 자기자본/순자산$$

기업은 (1) 더 높은 비율의 이익을 유보하고, (2) 높은 자기자본 순이익률(ROE)을 갖고 있으며, (3) 낮은 자산대비 부채비율을 갖고 있다면 외부자본조달 없이 높은 성장률을 성취할 수 있다.

| 예제 | **18.3 ▶** | **다이나믹 매트리스의 내부성장률** |

다이나믹 매트리스는 40%의 유보율을 채택하고 있다. 2019년 초(2018년 말) 자기자본 가액은 $4억2,700만, 순자산 가액은 $5억1,700만이다. 다이나믹의 자기자본 순이익률[3]은 ROE=17.9%이며 순자산대비 자기자본비율은 427/517=0.826이다. 신규로 자본조달을 하지 않는다면, 성장률의 최대치는 다음과 같다.

$$내부성장률 = 유보율 \times ROE \times \frac{자기자본}{순자산}$$
$$= 0.4 \times 0.179 \times 0.826 = 0.059\ 또는\ 5.9\%$$

　　표 18.3을 보면, 이 성장률에서 외부자본은 사실상 0이라는 것을 알 수 있다. 이 성장률은 다이나믹이 전망한 20% 성장률보다 훨씬 낮으며, 외부자본조달이 필요하다는 것을 설명해준다. ■

　　외부자본을 전혀 조달하지 않고 지원할 수 있는 최대 성장률에 집중하는 대신, 추가적으로 지분을 발행하지만 문제없이 지속할 수 있는 성장률에도 기업들이 관심을 가질 수 있다. 물론 회사가 충분한 부채를 발행할 수 있다면, 사실상 모든 성장률에 자금을 댈 수 있다. 기업은 이미 최적의 자본구조에 도달해서 안정화되어 있기 때문에 유보이익으로 자기자본이 증가되어도 이 자본구조를 유지하려고 할 것이라고 보는 것이 이치에 맞을 것이다. 회사는 부채비율을 일정하게 유지할 만큼만 부채를 발행한다. 유지가능성장률은 기업이 재무 레버리지를 늘리지 않고 유지할 수 있는 가장 높은 성장률이다. 유지가능성장률은 유보율과 자기자본 순이익률에만 의존하는 것으로 나타난다.[4]

$$유지가능성장률 = 유보율 \times 자기자본\ 순이익률 \tag{18.3}$$

　　여러분은 7장에서 기업가치평가를 위해 배당할인모형을 사용할 때, 이 공식을 보았던 것을 기억할 것이다.

| 예제 | **18.4 ▶** | **유지가능성장률** |

Dynamic Pillows Inc.는 현재 순자산 대비 자기자본비율이 0.8이고 ROE는 18%이다. 이 회사는 현재 수익의 3분의 1을 재투자하고 있다. 더구나 이 회사는 레버리지를 바꾸지 않고 그대로 유지할 계획이어서 유보이익 80센트당 20센트의 부채를 추가로 발행할 예정이다. 이러한 정책 하에서 가능한 최대 성장률은 다음과 같다.

$$유지가능성장률 = 유보율 \times ROE$$
$$= 1/3 \times 0.18 = 0.06\ 또는\ 6\%$$

만약 이 회사가 이익의 더 많은 부분을 유보할 의향이 있다면, 레버리지를 늘리지 않고도 더 많은 부채를 발행할

---

3) 사실 내부성장률을 찾기 위해 ROE를 계산하는 것은 좀 까다로울 수 있다. 다이나믹은 성장률 20%, ROE = 88.7/427 = 20.8%로 전망하고 있지만, 성장세가 더디면 매출과 당기순이익, ROE는 모두 낮아질 것이다. ROE가 성장률에 좌우될 수 있다는 말이다. 즉 성장률과 ROE에 관해 동시에 방정식을 풀어야 한다는 뜻이다. 다이나믹 매트리스의 경우 내부성장률은 5.9%이고 이 성장률에서 ROE는 17.9%이다. 확인을 위해 다이나믹 매트리스 스프레드시트에 5.9%의 성장률을 입력하면 2019년 순이익은 $7,630만, 2019년 초(2018년 말)의 자기자본은 $4억2,700만으로 76.3/427 = 0.179의 ROE를 의미한다. 당기순이익을 연말이나 연평균 자기자본으로 나누어 ROE를 계산하는 것이 일반적이지만, 이러한 두 가지 관례 모두 적용하기 힘들다는 것에 유의해야 한다. 내부성장률을 찾기 위해서는 ROE를 주식 수익률과 유사한 것으로 볼 필요가 있다. 즉, 연초의 자기자본 1달러당 1년 동안 벌어들인 돈으로 볼 필요가 있다.

4) 증명은 다음과 같다.
$$필요\ 자기자본\ 발행액 = 성장률 \times 순자산 - 유보이익 - 신규\ 부채\ 차입액$$
우리는 요구되는 신규 자기자본 발행액을 0으로 놓고 성장률에 관해 이 식을 풀어서 유지가능성장률을 구할 수 있다.
$$유지가능성장률 = \frac{(유보이익 + 신규\ 부채\ 차입액)}{순자산} = \frac{(유보이익 + 신규\ 부채\ 차입액)}{(부채 + 자기자본)}$$
그러나 부채와 자기자본 모두 동률로 성장하기 때문에 신규 부채 차입액은 유보이익과 자기자본부채비율(D/E)의 곱과 같다. 그러므로 우리는 유지가능성장률을 다음과 같이 쓸 수 있다.
$$유지가능성장률 = \frac{유보이익 \times (1 + D/E)}{(부채 + 자기자본)} = \frac{유보이익 \times (1 + D/E)}{자기자본 \times (1 + D/E)}$$
$$유지가능성장률 = \frac{유보이익}{당기순이익} = \frac{당기순이익}{자기자본} = 유보율 \times ROE$$

수 있다. 더 큰 유보이익과 추가적인 부채 발행 둘 다 회사가 더 빨리 성장할 수 있도록 할 것이다. 셀프테스트 18.4 [(b) 참조]에서 기업이 유보율을 높이면 유지가능성장률이 더 높아지는 것을 확인할 수 있다. ■

18.4 셀프테스트

Dynamic Pillow가 배당성향을 25%로 낮췄다고 가정하자. 다음의 (a)와 (b) 가정 아래 이 기업의 성장률을 계산하라. (a) 어떠한 신규 부채나 자기자본도 발행하지 않는다. (b) 자기자본부채비율을 0.25로 유지한다고 가정한다.

요약 SUMMARY

재무계획은 무엇이고, 용도는 무엇인가? (학습목표 18-1)

대부분의 기업은 재무계획을 진지하게 생각하고 상당한 자원을 투입한다. 이러한 계획 과정의 가시적 산출물은 추정재무상태표, 추정손익계산서, 추정 자금출처 및 사용처 명세 등의 방법으로 회사의 재무전략을 설명하고 향후 결과를 예측하는 재무계획이다. 이 계획은 재무목표를 설정하고 후속 성과를 평가하기 위한 벤치마크가 된다. 일반적으로, 이 계획에는 해당 전략의 선택 이유와 계획상의 재정적 목표를 달성할 방법도 기술된다.

계획이 제대로 이루어지면, 재무관리자는 회사의 발전을 저해할 수 있는 상황들을 미리 생각하고, 불행한 일이 발생했을 때 반격에 나설 수 있도록 전략을 고안하게 된다. 예측은 가장 가능성이 높은 결과만을 다루기 때문에 계획은 예측 이상의 의미를 갖는다. 계획자들은 가능성이 낮더라도 발생할 수 있는 상황들 모두에 대해서 생각해야 한다.

장기적인 계획 또는 전략적 계획에서 계획시야는 보통 5년 이상이다. 이러한 종류의 계획은 총체적 의사결정을 다룬다. 예를 들어, 계획자는 사업부가 막대한 자본 투자와 빠른 성장을 추구해야 하는지 아닌지에 대해 고민할 것이다. 그러나 사업부가 기계장치 A와 B 중 무엇을 선택할지에 대해서는 고민하지 않을 것이다. 실제로 기획자들은 세부사항에 대한 유혹에 끊임없이 경계해야 하는데, 여기에 굴복하는 것은 투자전략, 부채정책, 목표배당성향 선택 등 중대한 사안을 경시하는 것이기 때문이다.

재무계획은 최종 결과이다. 이 계획을 세우는 과정은 그 자체로 가치가 있다. 재무계획을 세우면서 재무관리자는 회사의 모든 투자와 재무의사결정의 종합적인 효과를 고려할 수밖에 없게 된다. 이러한 의사결정들은 서로 상호 작용하므로 독립적으로 수행되어서는 안 되기 때문에 재무계획을 수립하는 것이 중요하다.

재무계획모형은 어떻게 수립되는가? (학습목표 18-2)

최적의 재무전략으로 바로 이어지는 이론이나 모형은 없다. 결과적으로, 재무계획은 시행착오에 의해 진행된다. 하나의 전략이 최종적으로 선택되기 전에 미래에 대한 광범위한 가정 하에서 다양한 전략이 기획될 수 있다. 이 시행착오 프로세스 동안 발생할 수 있는 수십 개의 개별 추정들로 인해 많은 양의 산술 및 문서 작업이 발생한다. 기업들은 미래에 대한 특정 전략과 가정의 재무적 영향을 예측하기 위해 기업계획모형을 개발하는 것으로 이 문제에 대응했다. 매우 간단한 시작점 중 하나로 많은 주요 변수가 매출에 정비례한다고 가정하는 매출액 백분율법일 수 있다. 계획모형은 효율적이고 널리 사용된다. 하지만 계획모형에는 재무관리적인 내용은 많지 않다는 것을 기억하자. 이들 모형들의 주된 목적은 회계보고서를 작성하는 것이다. 계획모형들은 최상의 재무 전략을 검색하지 않고 모형 사용자가 지정한 전략의 결과만 추적한다.

성장이 필요외부자본에 미치는 영향은 무엇인가?	성장률이 높아지면 고정자산과 운전자본 투자에 대한 필요성이 커진다. 내부성장률은 기업이 재투자된 이익(유보이익)에 전적으로 의존해 달성할 수 있는 최대 성장률이다. 즉, 외부자본을 필요로 하지 않고서 성장할 수 있는 최대 성장률인 것이다. 유지가능성장률 은 기업이 레버리지 비율을 변경하거나 신규로 자기자본을 발행하지 않고서 성장할 수 있는 비율이다.
(학습목표 18-3)	

식 목록 LISTING OF EQUATIONS

18.1　필요외부자본 = 성장률 × 기초 순자산 − 유보이익

18.2　내부성장률 = 유보율 × 자기자본 순이익률 × $\dfrac{\text{자기자본}}{\text{순자산}}$

18.3　유지가능성장률 = 유보율 × 자기자본 순이익률

연습문제 QUESTIONS AND PROBLEMS

1. **재무계획.**　참인가 거짓인가? (학습목표 18-1)
   a. 재무계획은 위험을 최소화하도록 노력해야 한다.
   b. 재무계획의 주된 목적은 미래현금흐름과 수익에 대해 잘 예측하는 것이다.
   c. 자본 조달과 투자 결정은 상호 작용하고 독립적으로 결정되면 안 되기 때문에 재무계획 이 필요하다.
   d. 기업의 계획은 3년을 초과하지 않는다.
   e. 개별 자본 투자 프로젝트는 매우 크지 않은 한 재무계획에서 고려되지 않는다.
   f. 재무계획은 정확하고 일관된 예측이 필요하다.
   g. 재무계획 모형은 가능한 한 세부사항을 많이 포함해야 한다.

2. **재무모형.**　재무모형을 사용하는 것의 위험과 단점은 무엇인가? 논의하여라. (학습목표 18-1)

3. **재무계획의 사용.**　기업재무계획은 종종 후속 실적을 판단하는 기준으로 사용된다. 이러한 비교에 서 배울 수 있는 것은 무엇인가? 어떤 문제가 발생할 수 있으며, 이러한 문제에 어떻게 대처할 수 있 는가? (학습목표 18-1)

4. **재무목표.**　매니저들은 때때로 매출이나 주당 수익에 대한 목표 성장률을 언급한다. 이 두 가지 중 어느 것이 기업의 목표로서 타당하다고 생각하는가? 그렇지 않다면 왜 관리자들이 이것들에 집중 한다고 생각하는가? (학습목표 18-1)

5. **매출액 백분율 모형.**　매출액 백분율법은 일반적으로 비용, 고정자산 및 운전자본 모두 매출과 동일 한 비율로 증가한다고 가정한다. 당신은 언제 이러한 가정이 타당하지 않다고 생각하는가? 단기 또 는 장기계획을 위해 매출액 백분율 모형을 사용하는 것이 더 나은가? (학습목표 18-2)

6. **변수 간의 관계.**　Comebaq Computers는 새로운 종류의 개인용 컴퓨터의 가격을 인하함으로써 시장 점유율을 높이려는 목표를 가지고 있다. 비용과 자산이 매출의 비율로 증가하거나 감소할 가능 성이 있는지 설명하라. (학습목표 18-2)

7. **항목의 균형.** 재무계획모형을 사용할 때 항목의 균형을 맞출 수 있는 방법은 무엇인가? 어떤 것이 일반적으로 다른 것보다 더 나은지 논의하라. (학습목표 18-2)

8. **재무계획모형.** 다음 표는 Drake's Bowling Alleys의 2019년 소득계산서와 연말 재무상태표를 요약한 것이다. Drake사의 재무관리자는 2020년에 매출과 비용이 10% 증가할 것으로 예측한다. 평균 자산 대비 매출 비중은 0.40에 머물 것으로 전망된다. 이자는 연초 부채의 5%로 예상된다. (학습목표 18-2)

손익계산서, 2019(단위 : 천 달러)		
매출	$1,000	(평균 자산의 40%)[a]
비용	750	(매출의 75%)
이자비용	25	(기초부채가액의 5%)[b]
세전이익	$ 225	
법인세	90	(세전이익의 40%)
당기순이익	$ 135	

재무상태표, 2019연말(단위 : 천 달러)			
자산	$2,600	부채	$ 500
		자기자본	2,100
총합	$2,600		$2,600

[a]2018년도 말의 자산가액은 $2,400,000.
[b]2018년도 말의 부채가액은 $500,000.

a. 2020년 말 자산 수준은 어느 정도인가?

b. 만약 회사가 순이익의 50%를 배당금으로 지급한다면, Drake사는 2020년에 자본시장에서 얼마나 많은 현금을 조달해야 하는가?

c. 만약 Drake사가 주식을 발행하는 것을 원하지 않는다면, 2020년 말 부채비율은 얼마나 될 것인가?

9. **재무계획모형.** 이 장의 the Beyond the Page는 다이나믹 매트리스의 장기계획에 대한 스프레드시트를 포함한다. 만약 배당금 지급률이 40%로 삭감된다면 재무계획은 어떻게 바뀔까? 2021년 새로운 재무계획을 만들 수정된 모형을 사용하라. 스프레드시트 18.1에 제공된 재무제표가 어떻게 변경되는지 보이라. 외부자금 조달은 어떻게 해야 하는가? (학습목표 18-2)

10. **매출액 백분율법.** 다음은 Planner's Peanuts의 요약재무제표이다. (학습목표 18-2)

손익계산서, 2019	
매출	$2,000
비용	1,500
당기순이익	$ 500

연말 재무상태표					
	2018	2019		2018	2019
자산	$2,500	$3,000	부채	$ 833	$1,000
			자기자본	1,667	2,000
총합	$2,500	$3,000	총합	$2,500	$3,000

a. 2020년에 매출이 20% 증가하고 판매계획모형(소득 및 재무상태표상의 모든 항목도 20% 증가)을 엄격하게 사용할 경우 균형 조정 항목은 무엇이어야 하는가?

b. 이 균형항목의 값은 얼마인가?

11. **재무계획모형.** 다음 표는 Dynastatics Corporation의 재무제표를 포함하고 있다. 성장세는 보이지 않지만, 현재는 향후 3년간 순고정자산(즉, 감가상각의 순자산)을 연간 $20만씩 확대해 나갈 계

획이며, 총자산 대비 매출액 비율은 1.50에 머물 것으로 전망하고 있다. 연간 감가상각액은 연초 순고정자산의 10%이다. 고정비용은 $56,000, 변동비용은 수익의 80%에 머물 것으로 예상된다. 순이익의 3분의 2를 배당금으로 지급하고, 장부상 부채비율도 전체 자본의 25%를 유지하는 것이 회사 방침이다. (학습목표 18-2)

손익계산서, 2019(단위 : 천 달러)		
매출		$1,800
고정비용		56
변동비용(매출의 80%)		1,440
감가상각비		80
이자비용(기초부채가액의 8%)		24
세전이익		200
법인세비용(40%)		80
당기순이익		$ 120
배당금	$80	
이익잉여금 증가액	$40	

연말 재무상태표(단위 : 천 달러)	
	2019
자산	
순운전자본	$ 400
고정자산	800
자산 총계	$1,200
부채와 자기자본	
부채	$ 300
자기자본	900
부채와 자기자본 총계	$1,200

a. 2020년부터 2022년까지의 소득계산서 및 재무상태표를 작성해라. 순운전자본은 고정 자산의 50%와 동일하다고 가정한다.

b. 이제 균형항목은 부채이며 자기자본은 발행되지 않는다고 가정하자. 2020년부터 2022 년까지 견적 재무상태표를 준비해라.

c. 2022년에 예상되는 부채비율은 얼마인가?

12. 매출액 백분율법 사용. Eagle Sports Supply 다음과 같은 재무제표를 가지고 있다. Eagle사의 자산이 매출에 비례한다고 가정한다. (학습목표 18-2)

손익계산서, 2019	
매출	$950
비용	250
이자비용	50
법인세비용	150
당기순이익	$500

연말 재무상태표					
	2018	2019		2018	2019
자산	$2,700	$3,000	부채	$ 900	$1,000
			자기자본	1,800	2,000
총계	$2,700	$3,000	총계	$2,700	$3,000

a. 2020년에 배당성향 비율을 70%로 유지하고 15%의 성장률을 계획한다면 Eagle사의

필수 외부자본 조달 금액을 계산하라.

b. 만약 Eagle사가 신주 발행을 하지 않기로 결정한다면, 어떤 변수가 균형항목이 되어야 하는가?

c. 이 균형항목의 값은 얼마인가?

d. 대신 회사가 장기부채를 $1,100로 늘릴 계획이며 신주 발행을 원하지 않는다고 가정하자. 이제 균형조정항목은 무엇인가?

e. 이 새로운 균형조정항목의 값은 무엇인가?

13. **판매비율 사용.** Growth Industries의 2019년 재무제표는 아래와 같다. 매출과 비용은 적어도 향후 4년간 매년 20%씩 증가할 것으로 예상된다. 현재 자산과 미지급금 모두 매출에 비례하여 증가할 것으로 예상된다. 이 회사는 현재 풀가동 중이어서 매출에 비례하여 고정자산을 늘릴 계획이다. 이자비용은 연초 장기채무의 10%와 같을 것이다. 이 회사는 배당성향 비율 0.40를 유지할 것이다. 스프레드시트 18.1의 것과 비슷한 Growth Industries의 스프레드시트 모형을 만들어라. (학습목표 18-2)

손익계산서, 2019	
매출	$200,000
비용	150,000
영업이익	$ 50,000
이자비용	10,000
세전이익	$ 40,000
법인세비용(21%)	8,400
당기순이익	$ 31,600
배당금	$12,640
이익잉여금 증가분	$18,960

연말 재무상태표, 2019				
자산			**부채**	
유동자산			유동부채	
현금	$ 3,000		매입채무	$ 10,000
매출채권	8,000		유동부채 계	$ 10,000
재고자산	29,000		장기부채	100,000
유동자산 계	$ 40,000		자기자본	
순고정자산	160,000		보통주자본금과 자본잉여금	15,000
			이익잉여금	75,000
자산 총계	$200,000		부채와 자기자본 총계	$200,000

a. 2023년에 그 회사는 얼마나 많은 외부자본을 필요로 하는가?

b. 2023년 말 회사의 부채비율은 어떻게 될 것인가?

14. **사용량과 외부 금융.** 이제 Growth Industries의 고정자산(이전 문제에서)이 사용량의 75%에서만 작동한다고 가정한다. 향후 1년간 필요한 외부 금융은 어느 정도인가? (학습목표 18-2)

15. **사용량과 외부 금융.** 문제 13의 Growth Industries가 사용량의 75%로만 운영된다면, 외부자금을 조달하기 전에 매출이 얼마나 올릴 수 있는가? 고정자산이 일단 사용량 수준으로 운영되면, 그 이후에는 매출과 직접 비례하여 증가해야 한다고 가정한다. (학습목표 18-2)

16. **실현 가능한 성장률.** (학습목표 18-3)

a. 배당금 지급비율이 70%로 고정되고 자산 대 자기자본비율이 2/3로 고정될 경우 Eagle Sports(문제 12 참고)의 내부성장률은 얼마인가?

b. 유지가능성장률은 얼마인가?

17. **성장률.** Loreto Inc.의 재무비율은 다음과 같다. 자산전환=1.40, 순이익률(즉, 순이익/매출)=5%, 지급비율=25%, 자본/자산=0.60 (학습목표 18-3).

a. Loreto사의 유지가능성장률은 얼마인가?

b. 내부성장률은 얼마인가?

18. **필요 외부자금 조달.** 문제 10에서 Planner's Peanuts 배당금 지급비율이 50%로 고정되어 있는 경우 2020년 성장률이 (a) 15%, (b) 20%, (c) 25%에 대해 필요 외부자금 조달 총액을 계산하라. (학습목표 18-3)

19. **실현 가능한 성장률.** 지급비율이 50%인 경우 Planner's Peanuts(문제 10 참고)의 최대 가능한 증가율은 얼마인가? 그리고 (학습목표 18-3)

a. 외부 부채나 주식은 발행되지 않는가?

b. 또는, 회사는 고정 부채비율을 유지하지만 자기자본은 발행하지 않는가?

20. **유지가능성장.** Plank's Plants는 작년에 $5만의 매출에서 $2,000의 순이익을 올렸다. 이 회사는 $500의 배당금을 지불했다. 총 자산은 $10만이었고, 그 중 $4만은 부채로 조달되었다. (학습목표 18-3)

a. 회사의 유지가능성장률은 얼마인가?

b. 만약 이 회사가 유지가능성장률로 성장한다면, 내년에 얼마나 많은 부채가 발행될 것인가?

c. 만약 이 회사가 내년에 어떠한 부채도 발행하지 않는다면 가능한 최대 성장률은 얼마가 될 것인가?

21. **유지가능성장.** 한 기업이 최적의 자본구조를 100% 자기자본으로 조달 받는 것으로 결정했다. 최적의 배당정책은 배당률 40%로 보고 있다. 자산 회전율은 매출/자산=0.80이고, 이익률은 10%이며, 기업의 목표 성장률은 5%이다. (학습목표 18-3)

a. 회사의 목표 성장률이 다른 목표와 일치하는가?

b. 그렇지 않다면, 목표를 달성하기 위해 자산 회전율이 어떻게 되어야 하는가?

c. 대신 이윤은 얼마나 높아야 하는가?

22. **내부 성장.** Go-Go Industrie는 매년 30%씩 성장하고 있다. 전부 자기자본으로 조달 받았고 총 자산은 $100만이다. 자본수익률은 25%이다. 이 회사의 회수율은 40%이다. (학습목표 18-3).

a. 내부성장률은 얼마나 되는가?

b. 올해 외부 금융에 대한 회사의 요구는 어떻게 되는가?

c. 만약 지급 비율을 0으로 줄이면 이 회사는 내부성장률을 증가시킬 것인가?

d. 이러한 움직임은 외부 금융의 필요성을 얼마나 감소시킬 것인가?

23. **유지가능성장..** 기업의 이익률은 10%이며, 자산 회전율은 0.60이다. 부채가 없고, 주당 순이익이 $10이며, 주당 $4의 배당금을 지불한다. 유지가능성장률은 얼마나 되는가? (학습목표 18-3)

24. **내부 성장.** 모두 자기자본을 통해 자금 조달을 한 회사가 적어도 연 10%의 성장률을 계획하고 있다. 주식 수익률은 18%이다. 추가 신주 발행에 의존하지 않고 회사가 유지할 수 있는 최대 가능한 배당금 지급률은 얼마인가? (학습목표 18-3)

25. **내부 성장.** 앞의 질문의 회사가 부채비율이 1/3이라고 가정한다. 외부 금융에 의존하지 않고 유지할 수 있는 최대 배당금 지급비율은 얼마인가? (학습목표 18-3)

26. **내부 성장.** 한 회사의 자산 회전율은 2.00이다. 이 회사의 투자 회수율은 50%이며, 전부 주식 발

행으로 자금을 조달 받았다. 오직 내부적으로 유치한 펀드를 통해 10% 성장할 수 있도록 자금을 조달하려면 수익률은 얼마가 되어야 하는가? (학습목표 18-3)

27. **내부 성장.** 이전 문제에서 기업의 이익률이 6%일 경우 외부 금융에 의존하지 않고 8%로 성장할 수 있는 최대 지급 비율은 얼마인가? (학습목표 18-3)

28. **내부 성장.** 문제 26의 회사의 이익률이 6%인 경우, 외부 금융 없이 지속 가능한 최대 성장률은 얼마인가? (학습목표 18-3)

29. **내부 성장.** 많은 기업의 경우 현금 및 재고 수요가 매출과 비례하지 않게 증가할 수 있다. 우리가 이 사실을 인식했을 때, 회사의 내부성장률은 다음 공식에 의해 예측된 수준보다 더 높은가 아니면 낮은가? (학습목표 18-3)

$$내부성장률 = \frac{유보이익}{순자산}$$

웹 연습문제 WEB EXERCISES

1. finance.yahoo.com에 로그인해서 최근 연차 자료를 이용하여 Wendy's International(WEN)과 McDonald(MCD)의 내부성장률과 유지가능성장률을 비교해 보라. (내부성장률은 재무상태표상의 이익잉여금 총액이 아니라 당기의 유보이익을 이용해서 계산된다는 것을 기억하자.) Yahoo!는 각 기업에 대해 애널리스트들이 예측하는 순이익의 성장률도 제공한다. 각 기업의 과거 성과가 이 예측치들을 지원하는가?

2. finance.yahoo.com으로 가자. American Electric Power(AEP)의 연차 재무상태표와 손익계산서를 찾아라. 이 회사가 내년에 4%의 매출액 성장을 계획하고 있다고 가정하자. 자산과 비용이 (감가상각비는 제외) 매출액과 비례하는 매출액백분율법을 사용하여 AEP의 내년 필요외부자금을 계산하라. 배당성향은 현재와 같이 유지되고 내년의 평균 법인세비용도 가장 최근의 연도와 같다고 가정하자.

셀프테스트 해답 SOLUTIONS TO SELF-TEST QUESTIONS

18.1 외부자본조달의 총 금액은 배당금 지급액이 변하지 않기 때문에 변하지 않는다. 2019년 총자산 $6,790만의 증가는 부채와 자기자본을 섞어서 조달될 것이다. 2018년에 자기자본은 자본의 427/517=0.826을 차지한다. 그러므로 이 기업은 자기자본을 0.826×$67.9=$56.1백만만큼 증가시켜야 하고 부채는 0.1746×$67.9=$11.8백만 만큼 증가시켜야 한다. 유보이익이 자기자본을 이미 $35.5백만 만큼 증가시켰기 때문에 이 기업은 추가적으로 자기자본을 $26.6백만, 부채를 $11.8백만을 발행하게 될 것이다.

18.2 a. 이 회사는 현재 수준의 고정자산이 갖고 있는 생산능력의 75%만을 사용하고 있다. 매출은 생산능력을 100%까지 사용할 때까지 증가할 수 있다. 그러므로 매출은 $606×(100/75)=$8,000만이 된다.

b. 매출이 50% 증가하여 $9,000만이 되면 새로운 고정자산이 추가적으로 필요할 것이다. 생산능력을 100% 가동할 때의 자산대비 매출액 비율은 [(a)로 부터] $50/$80=5/8이다. 그러므로 $9,000만의 매출을 지원하기 위해서 이 회사는 적어도 $9,000만×5/8=$5,625만의 고정자산이 필요하다. 이를 통해 $625만의 추가적인 고정자산 투자가 필요함을 알 수 있다.

18.3 a. 이 문제는 계획모형을 통해 답할 수 있다. 자산 증가에 대한 주어진 가정 하에서 계획모형은 외부자본조달이 필요하다는 것을 보여줄 것이고 이 값은 이 기업의 그런 자본조달 계획과 비교해 볼 수 있을 것이다.

b. 이러한 관계는 모형 내에 가정되어 있고 포함되어 있을 수 있다. 하지만 이 모형은 이런 가정들이 맞는 가정인지를 결정하는 것을 도와주지 않는다.

c. 재무모형은 최적의 자본구조를 조명하는 모형이 아니다. 재무모형은 단지 숙고한 자본조달 결정이 자산의 증가와 일관적인지만을 알려 준다.

18.4 a. 자기자본대 자산비율은 0.8이다. 배당성향이 25%로 낮아진다면 외부자본조달이 없는 것을 가정할 때의 최대 성장률은 0.75×18%×0.8=10.8%이다.

b. 자기자본부채비율이 0.25인 것은 자기자본대 총자산비율이 0.8임을 의미한다. 예를 들어 부채가 1이고 자기자본이 4이면 자기자본/총자산=4/(1+4)−0.80이다. 이 기업이 자기자본대 총자산 비율이 변하지 않도록 충분한 부채를 발행할 수 있다면 유지가능성장률은 유보율×자기자본순수익률=0.75×18%=13.5%가 된다.

미니 케이스

Tech Tune-Ups의 창업자이자 CEO인 Garnett Jackson은 즐겨먹는 땅콩버터와 젤리 샌드위치를 다 먹었을 때 현재 그의 회사가 직면하고 있는 딜레마에 대해 고민하면서 창문 밖을 응시하였다. Tech Tune-Ups는 고객들에게 인터넷을 통한 온라인 기술지원 및 원격 유지보수, 고객 컴퓨터의 백업, 바이러스 방지와 복구 등을 포함한 광범위한 컴퓨터 서비스를 제공하는 스타트업 기업이다. 이 기업은 설립된 이래 2년간 매우 성공적이었다. 공정한 가격과 양질의 서비스에 대한 평판이 퍼져 나가고 있고 Mr. Jackson은 회사가 급격하게 고객 저변을 확대하기에 좋은 위치에 있다고 믿고 있다. 그러나 그는 이 급속한 성장을 뒷받침할 만큼 제대로 자본조달이 되고 있는지 확신하지 못한다.

Tech Tune-Ups의 주된 자본투자는 회사의 강력한 컴퓨터이고 주된 영업비용은 컨설턴트의 급여이다. 이 두 가지 요소는 모두 회사가 서비스를 제공하는 고객의 수와 비례하여 증가한다고 상당히 합리적으로 단순화할 수 있다.

현재 이 기업은 공개되지 않은 사기업이다. Mr. Jackson과 학부 동창인 2명의 동업자들이 자기자본으로 $25만을 투자하였고 이 대부분이 부모님과 다른 가족에게 조달한 것이다. 이 기업은 $40만까지 8%의 이자율에 차입할 수 있는 신용한도 계약을 맺고 있다. 여태껏 회사는 이 신용의 $20만을 사용하고 있다. 차입이 신용한도에 다다르면 자기자본을 조달할 필요가 생기고 아마도 벤처캐피탈에서 자금을 구해야 할 것이다. 회사가 급속하게 성장하고 있고 지속적으로 컴퓨터를 추가 마련해야 한다. 그리고 Mr. Jackson은 신용한도에 생각보다 더 급속하게 다다르고 있어서 걱정이다.

Mr. Jackson은 과거 재무제표를 훑어 보고 $1만의 컴퓨터 한대가 연매출 $8만을 지원할 수 있고 이 컴퓨터들을 이용하는 컨설턴트 한 명당 지급되는 급여와 혜택이 $7만로 추산하였다. 2018년의 매출액은 $120만이었고 향후 몇 년간 매년 20%씩 성장할 것으로 기대된다. 이 기업이 부담하는 법인세율은 21%이다. 고객들은 청구서 금액을 평균적으로 3개월 정도 후에 납부하며 매출채권 가액은 통상 매년 매출액의 25% 정도이다.

Mr. Jackson과 공동소유자들은 이익의 70%를 "배당금"으로 가져가는 대신 최소한의 공식적인 급여로 받는데 이것은 그들의 개인소득의 상당부분을 차지한다. 남은 이익은 회사에 재투자된다. 재투자된 이익이 새 컴퓨터를 구입하는 데 충분하지 않다면 필요한 추가 자금을 은행과의 신용한도 계약을 통해서 차입한다.

Mr. Jackson은 2020년 후까지는 Tech Tune-Ups가 벤처캐피탈로부터 자금을 제공받을 수 있다고 생각하지 않는다. 그는 회사가 현재의 신용한도 계약과 유보이익만으로 회사의 성장계획을 유지할 수 있을지를 알아보기 위해 재무계획을 세우기로 결정하였다. 유지할 수 없다면 그와 동업자들은 희망하는 성장률을 낮추는 것을 고려하거나, 은행과 협상하여 신용한도를 늘리거나, 추가적인 자본조달이 가능해질 때까지 이익에서 급여로 가져가는 비율을 줄여야 할 것이다.

Mr. Jackson은 마지막 남은 젤리 조각을 키보드에서 닦고서 다시 일을 시작하였다.

당신은 Mr. Jackson이 재무계획을 세우는 것을 도와줄 수 있는가? 그의 성장계획이 실현 가능하다고 생각하는가?

19

단기재무계획

학습목표

19-1 장기자본조달 정책이 단기자본조달 필요액에 어떻게 미치는지 설명할 수 있다.

19-2 기업 현금의 원천과 사용을 추적하고 단기 차입의 필요성을 평가할 수 있다.

19-3 기업의 현금 수요에 맞는 단기재무계획을 개발할 수 있다.

단기재무계획은 청구서를 지불할 충분한 현금을 보유하는 것을 준비하게 한다. ©Romariolen/Shutterstock

이 책의 많은 부분은 자본예산 또는 자본구조의 선택과 같은 장기재무결정에 할애한다. 이러한 의사결정은 두 가지 이유로 장기라고 한다. 첫째, 이들은 대개 수명이 긴 자산이나 부채와 관련되어 있다. 둘째, 이들은 쉽게 번복되지 않아서 기업은 수년 동안 일련의 특정한 행동을 해야만 한다.

단기재무계획은 일반적으로 단기자산과 부채와 관련되어 있고 보통 쉽게 번복된다. 예를 들어, $5,000만의 60일 은행대출을 $5,000만의 20년 만기 채권발행과 비교해 보라. 은행대출은 분명히 단기 의사결정이다. 기업은 2개월 후 이를 상환하고 처음 시작 시점으로 되돌아갈 수 있다. 상상하건대 기업은 1월에 20년 만기 채권을 발행하고 3월에 상환할 수도 있으나, 그렇게 하는 것은 대단히 불편하며 비용이 많이 들 것이다. 실제로 이 같은 채권발행이 장기 의사결정인 이유는 채권의 수명이 20년 만기 때문이기도 하지만, 이를 발행하는 의사결정을 쉽게 번복할 수 없기 때문이다.

단기재무결정에 책임이 있는 재무관리자는 먼 미래를 내다볼 필요가 없다. 60일 만기의 은행대출을 받는 결정은 단지 다음 몇 개월 동안의 현금흐름 예측을 바탕으로 수행하는 것이 적절하다. 반면에 채권발행 결정은 보통 5년, 10년, 또는 그 이상의 미래 현금수요 예측을 반영한다.

단기재무결정은 이 책의 다른 곳에서 언급한 많은 어려운 개념적 문제와는 관련이 없다. 어떤 의미에서 단기의사결정은 장기의사결정보다 쉽다고 할 수 있지만, 그것이 덜 중요하다는 것을 의미하지는 않는다. 기업이 비록 대단히 가치있는 자본 투자기회를 파악하고 있고, 정확한 최적 부채비율을 알고 있으며, 완벽한 배당정책을 채택하고 있다 할지라도 아무도 이번 해에 만기가 되는 청구서를 지불할 현금을 조달하려 하지 않는다면 실패할 수도 있다. 그러므로 단기재무계획이 필요하다.

우리는 앞 장에서 설명한 장기재무결정이 기업의 단기재무결정에 어떤 영향을 미치는지를 제시하는 것으로 본 장을 시작한다. 그 다음, 재무관리자가 매달 현금필요액 또는 잉여액을 어떻게 예측하는지, 그리고 그들이 단기재무전략을 발전시키기 위해 이러한 예측을 어떻게 이용하는지를 보여준다.

19.1 장기와 단기자본조달의 연결

모든 사업은 자본이 필요하다. 즉 기업을 운영하기 위해 공장, 기계, 재고자산, 외상매출금, 및 모든 기타 자산에 투자할 돈이 필요하다. 이러한 자산의 총비용을 기업의 누적자본필요액(cumulative capital requirement)이라 한다. 대부분의 기업에게 누적자본필요액은 그림 19.1의 물결선과 같이 불규칙적으로 성장한다. 이 선은 기업의 영업이 성장함에 따라 확실한 우상향 추세를 보인다. 또한, 매년 늦은 시점에 최고자본필요액과 함께 계절적 변동을 보인다. 실제로는 예측 불가능한 주별 및 월별 변동이 있을 수 있으나, 이것은 그림 19.1에 나타나 있지 않다.

기업의 누적자본필요액(빨간 선)은 영업에 필요한 모든 자산의 누적투자액이다. 이 그림은 시간에 따라 조달되는 장기자금조달액에 대한 세 가지 가능한 전략(A, B, C선)을 나타낸다. 단기자금조달의 필요액은 장기자금조달과 누적자본필요액의 차이이다. 장기자금조달이 누적자본필요액을 충당하지 못할 때, 기업은 이 차이를 충족시키기 위한 단기자본을 조달해야 한다. 장기자금조달이 누적자본필요액 이상을 충당할 때 기업은 대여 가능한 잉여현금을 갖게 된다. 이와 같이, 주어진 자본필요액 수준에서 충당된 장기자금조달의 금액은 이 기업이 단기 차입자인지 대여자인지를 결정한다.

A선은 가장 많은 장기자금조달액을 나타내고 이는 기업이 영구잉여현금이 있음을 의미한다. 기업은 전혀 단기자금조달을 필요로 하지 않고, 사실 언제나 투자에 필요한 초과현금을 소유하고 있다. 반면에, 장기자금조달이 C선을 따른다면, 장기자본은 언제나 누적필요액보다 적을 것이고 기업은 언제나 단기자금조달을 필요로 한다. 마지막으로, 만약 장기자금조달이 아마도 가장 일반적인 전략이라고 할 B선을 따른다면, 기업은 한 해의 일부 시기에는 단기 대여자이며 나머지 기간에는 차입자이다. 빨간 선이 B선 위에 있다면, 기업은 단기자금조달을 필요로 한다. 빨간 선이 B선 아래에 있다면, 기업은 이자를 얻을 수 있는 투자가 가능한 초과 현금을 소유하게 된다.

누적자본필요액 대비 어느 정도의 장기자본조달을 최적 수준이라 할 수 있는가? 이에 대답하기는 어렵다. 이 질문에 대한 납득할 만한 이론적 분석은 없다. 하지만 몇 가지 실무적인 관찰을 할 수는 있다.

1. **만기 매칭하기.**   장기부채가 아니라 단기부채를 선택한 가장 중요한 이유를 재무관리자에게 물어보면, 보통 자산과 부채의 만기를 "매치(match)"하기 위한 것이라고 대답

그림 19.1 기업의 누적자본필요액(빨간 선)은 영업에 필요한 모든 자산의 누적 투자이다. 이 그림은 필요액이 매년 성장함을 보여주지만, 각 연도 안에 계절적 변동이 있다. 단기자금조달필요액은 장기자금조달(A선, B선, 또는 C선)과 누적자본필요액의 차이이다. 만약 장기자금조달이 C선을 따른다면, 기업은 언제나 단기자금조달을 필요로 한다. B선에서 필요액은 계절적이다. A선에서 기업은 결코 단기자금조달이 필요하지 않고 언제나 투자 가능한 잉여현금을 소유한다.

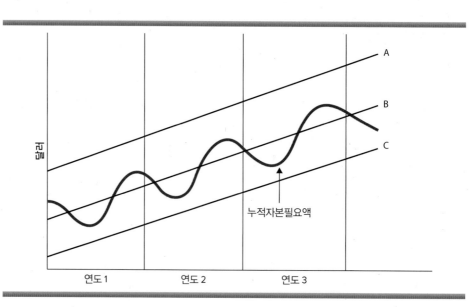

한다.[1] 즉, 공장이나 기계와 같이 수명이 긴 자산은 대체로 장기 차입과 주식으로 조달한다. 재고자산과 외상매출금 같은 단기자산은 단기부채에 의해 조달된다.

2. **영구운전자본필요액.** 대부분의 기업은 순운전자본(유동자산에서 유동부채를 뺀 것)에 영구적인 투자를 하고 있다. 이 투자는 장기자본조달원천에서 조달된다.

3. **유동성 유지.** 유동자산은 장기자산보다 쉽게 현금으로 전환할 수 있다. 따라서, 유동자산을 많이 보유한 기업은 풍부한 유동성의 혜택을 누리게 된다. 물론, 일부 유동자산은 다른 자산보다 더 유동적이다. 재고자산은 상품이 생산되어 판매되고 수금될 때만 현금으로 전환된다. 외상매출금은 이보다 더 유동적이다. 왜냐하면, 고객이 외상을 갚기만 하면 현금으로 전환되기 때문이다. 단기증권은 기업에서 현금이 필요할 때 짧은 기간에 매각할 수 있기 때문에 더욱 더 유동적이다.

일부 기업은 다른 기업보다 더 많은 유동성을 보유하려고 한다. 예를 들어, 인텔(Intel), 시스코(Cisco)와 같은 하이테크 기업은 많은 액수의 시장성 유가증권을 보유한다. 반면, 화학, 제지, 철강과 같은 전통적인 제조 기업은 훨씬 적은 유동성으로 영업을 꾸려 나간다. 왜 그런가? 한 가지 이유는 이익이 급속하게 커지는 회사는 양(+)의 NPV를 갖는 신규 투자안에 필요한 액수보다 훨씬 더 많은 현금을 창출하기 때문이다. 이는 단기증권에 투자할 수 있는 잉여현금을 발생시킨다. 물론, 산처럼 많은 현금을 보유한 기업은 사실상 배당정책의 변경을 수반할 수 있다. 우리는 17장에서 애플(Apple)이 특별배당을 지급하고 주식을 재매입하여 산처럼 많은 보유 현금을 줄이는 것을 살펴보았다.

세금전략

미국 밖에서 많은 현금과 시장성 유가증권을 보유하는 회사들이 있다. 이에 대한 좋은 이유가 있었다. 대부분 국가에는 영토 법인세가 있다. 기업들은 자신의 국가에서 벌어들인 소득에 대한 세금을 납부하지만 영토 밖에서는 그렇게 하지 않는다. 반면에 미국은 미국 기업의 세계 모든 소득에 대해 세금을 부과했었다. (미국은 2018년 영토세로 전환하였다. 아래에서 좀 더 살펴보자.) 여기서 미국 세금시스템이 어떻게 작동하는지 살펴보자. 아일랜드에 위치한 애플의 자회사가 2017년 $100,000의 이익을 벌어들였다고 가정하자. 이 자회사는 아일랜드의 법인세율인 12.5%로 $12,500을 지불하였다. 2017년 미국의 법인세율은 세계에서 가장 높은 35%였으나, 아일랜드에서 지불한 세금은 미국세금에 대한 크레딧으로 인정될 수 있다. 따라서, 애플은 아일랜드 자회사가 본국으로 이익을 보내자마자 $0.35 \times 100,000 - 12,500 = \$22,500$의 추가적인 미국세금을 지불해야 한다. 왜 초과 미국세금을 지불하는가? 왜 아일랜드에 돈을 남겨두지 않는가? 해외소득에 대한 미국세금은 오로지 소득이 본국으로 송환될 때만 부과되었다.

이는 정확하게 해외 이익을 갖는 애플과 다른 미국 회사가 하는 일이다. (막대한 누적 해외이익을 갖는 기업들은 마이크로소프트(Microsoft), 알파벳(Alphabet, Google), 시스코 시스템(Cisco Systems), 화이자(Pfizer), 애보트 랩스(Abbott Labs), 그리고 존슨 앤존슨(Johnson & Johnson)이다.) 이 기업들은 거의 항상 35%보다 낮은 수준에서 다른 국가의 세금을 납부하였지만, 본국으로 보내는 이익은 감소하였다. 해외에 남은 이익 액은 2017년 $2조가 넘는 것으로 추산되었다.

2018년부터 미국은 법인세율을 21%로 낮추는 영토 체제로 전환했다. 미국 기업은 더 이상 해외 소득에 대해 세금을 내지 않아 더 이상 세금이 낮은 해외 국가에 이익을 남길

---

[1] Graham and Harvy의 설문조사에 의하면, 관리자는 만기의 매칭을 바라는 것이 장기와 단기부채 사이의 선택을 하는 가장 유일하고 중요한 요인으로 고려한다는 것을 발견하였다. J. R. Graham and C. R. Harvey, "The Theory and Practice of Corporate Finance: Evidence from the Field," *Journal of Financial Economics* 60 (May 2001), pp. 187-243을 참조하시오.

인센티브가 없다. 하지만 2017년 말까지 해외에서 축적된 이익에 대한 일회성 송환세가 부과된다.

세율은 현금과 증권에 투자한 이익에 대해서는 15.5%이며 공장과 설비와 같은 비유동자산에 투자한 이익에 대해서는 8%이다. 세금은 2018∼2025년의 8년 동안 분할 납부가 가능하다. 따라서, 비록 2017년 이전에 수익을 본국으로 가져왔을 때보다 낮은 세율이지만, 애플과 다른 기업들은 누적된 해외수익에 대해 세금을 납부해야 할 것이다. 비록 그렇게 할 필요는 없지만, 기업은 이제 그들의 이익을 미국으로 다시 보낼 수 있다.

현금을 보유하는 이유

몇 가지 현금보유의 짧은 시간에 자금을 조달하는 데 상대적으로 높은 비용이 소요되는 소규모 회사에게 몇 가지 장점이 있다. 예를 들어, 생명공학 기업은 신약 개발에 많은 현금이 필요하다. 이러한 기업은 일반적으로 R&D 프로그램을 자금조달하고 성공적인 신약개발을 이용하여 이익을 내기 위해 상당한 현금을 보유한다.

장기자금조달의 여유가 있고 은행에 현금이 있는 회사의 재무관리자는 다음 달 청구서를 지불할 돈을 찾는 데 걱정할 필요가 없다. 그만큼 현금은 어려운 시기에 기업을 보호하고 운영에 변경을 가져올 여지를 제공하는 데 도움이 된다. 그러나 잉여현금도 단점이 있다. 시장성 유가증권을 보유하는 것은 납세 기업에게 기껏해야 NPV가 0인 투자이다.

핑크로이츠(Pinkowitz)와 윌리엄슨(Williamson)은 투자자가 기업의 현금에 부여하는 가치를 살펴보았고, 평균적으로 주주들은 $1의 현금을 $1.20의 가치로 보았다.[2] 투자자는 성장 기회가 많은 기업의 유동성에 특히 높은 가치를 부여했다. 다른 극단에서, 핑크로이츠와 윌리엄슨은 기업이 재정적 어려움에 직면할 가능성이 높을 때 기업 내 현금 $1는 주주들에게 종종 $1보다 낮은 가치를 가졌다는 것을 발견하였다. 아마도 주주들은 현금이 단지 채권자에게 돈을 지불하는 데 사용되는 것을 걱정한 듯하다.

19.2 현금의 변화 추적

BEYOND THE PAGE

다이나믹 매트리스의
단기계획

mhhe.com/brealey10e

지난 장에서 우리는 회사의 장기재무계획을 준비하는 동안 다이나믹 매트리스(Dynamic Mattress)의 CFO의 어깨 너머로 회사의 장기재무계획을 준비하는 것을 살펴보았다. 이제 우리의 임무는 어떻게 다이나믹이 단기자금조달계획을 개발하는지 살펴보는 것이다. 이 회사의 최신 손익계산서와 연말 재무상태표를 요약한 표 19.1과 19.2부터 시작한다.[3]

표 19.1 2018년 다이나믹 매트리스 컴퍼니의 손익계산서 (반올림오차, 단위: 백만 달러)

매출액	$2,200.0
영업비용	2,024.0
감가상각비	23.5
EBIT	$ 152.5
지급이자	6.0
세금전이익	$ 146.5
법인세(50%)	73.3
순이익	$ 73.3

주: 배당금 = $46.8백만, 재투자
이득 = $26.5백만

---

2) 구체적으로 그들은 평균적으로 시장자본화는 재무상태표의 각 초과현금에 대해 $1.20가 더 높다는 것을 발견하였다. L. Pinkowitz and R. Williamson, "The Market Value of Cash," *Journal of Applied Corporate Finance* 19 (2007), pp. 74-81.
3) 다이나믹이 장기 계획을 개발했을 때 모든 유동자산과 유동부채를 순운전자본의 단일 수치로 축소했다는 것에 주목하라. 그 광범위한−브러시 치료는 단기 계획에는 적합하지 않으므로 표 19.2는 순운전자본의 개별 구성 요소를 설명한다. 또한, 표 19.2에서 유동자산과 유동부채를 개별적으로 보고하기 때문에 (순운전자본만 보고하는 대신) 총자산은 표 18.1에 보고된 $51,700만이 아니라 순자산의 가치인 $65,200만이다. 그만큼 이 수치의 차이는 다이나믹의 유동부채의 가치인 $13,500만이다.

표 19.2 다이나믹 매트리스 컴퍼니의 연말 재무상태표 (반올림오차, 단위: 백만 달러)

자산	2017	2018	부채와 자기자본	2017	2018
유동자산			유동부채		
현금	$ 20.0	$ 30.4	1년 만기부채(은행대출)	$ 25.0	$ 0
시장성 유가증권	0.0	25.0	매입채무	110.0	135.0
외상매출금	124.0	150.0	총유동부채	$135.0	$135.0
재고자산	183.0	171.6	장기부채	60.0	90.0
총유동자산	$327.0	$377.0	순가치 (자기자본과 내부유보)	400.5	427.0
고정자산					
총투자	$345.0	$375.0			
감가상각비충당금	76.5	100.0			
순고정자산	$268.5	$275.0			
총자산	$595.5	$652.0	총부채와 자기자본	$595.5	$652.0

표 19.2는 2018년 다이나믹의 현금잔고가 $2,000만에서 $3,040만으로 증가했음을 보여준다. 왜 이렇게 증가하였는가? 초과현금은 다이나믹의 장기부채의 발행으로부터 발생했는가? 재투자 이익으로부터 왔는가? 재고자산을 줄여 현금이 증가하였는가? 아니면, 다이나믹의 공급업자에 의해 확대된 추가신용으로부터 왔는가? (매입채무의 증가를 주목하라.)

정답은 무엇인가? 이 모두가 정답이다. 특정한 자금 원천을 특정 사용과 연결하는 것은 거의 의미가 없다. 대신에 3장에서 살펴본 것처럼 재무분석가는 표 19.3과 같이 현금흐름표에 현금의 다양한 원천과 사용을 나열한다. 해당 표의 긍정적인 항목은 현금을 생성하는 활동에 해당되고, 부정적인 항목은 현금을 줄인 활동을 나타낸다. 따라서, 다이나믹이 다음의 원천으로부터 현금 $16,320만을 창출한 것을 보여준다.

1. 회사는 순이익 $7,330만을 벌어들였다(영업활동).
2. 회사는 감가상각비 $2,350만을 따로 설정했다. 감가상각비는 현금지출이 아님을 기억

표 19.3 2018년 다이나믹 매트리스 컴퍼니의 현금흐름표 (반올림오차, 단위: 백만 달러)

영업활동에 의해 지급된 현금 :	
순이익	$ 73.3
감가상각비	23.5
운전자본 항목 변화:	
외상매출금 감소(증가)	−26.0
재고자산의 증가(감소)	11.4
매입채무 증가(감소)	25.0
운전자본 총감소(증가)	$ 10.4
영업활동에 의한 현금흐름	$107.2
투자로부터의 현금흐름 :	
고정자산투자	−$ 30.0
재무활동에 의해 지급된 현금 :	
은행부채의 증가(감소)	−$ 25.0
장기부채의 증가(감소)	30.0
배당금	−46.8
시장성 유가증권의 매출(매입)	−25.0
보통주 발행(재매입)	0.0
재무활동에 의해 지급된 현금	−$ 66.8
현금 순증가(감소)	$ 10.4

하라. 이와 같이 감가상각비는 다이나믹의 현금흐름을 계산할 때 더해져야 한다(영업활동).

3. 회사의 재고자산 $1,140만가 줄어들었다(영업활동).

4. 회사는 매입채무를 증가시켜 사실상 공급업자로부터 추가로 $2,500만를 차입하는 효과를 보았다.

5. 회사는 장기부채 $3,000만를 발행하였다(재무활동).

다이나믹은 다음 목적으로 현금 $15,280만를 사용하였다.

1. 회사는 외상매출금을 $2,600만로 확대하였다(영업활동). 결과적으로 고객에게 이 금액을 추가로 빌려주었다.

2. 회사는 $3,000만를 투자하였다(투자활동). 이것은 표 19.2에서 총고정자산의 증가로 나타난다.

3. 회사는 배당으로 $4,680만를 지급하였다(재무활동). (주: 표 19.2의 다이나믹의 자기자본에서 $2,650만가 증가한 것은 유보이익 때문이다. 즉, $7,330만의 자기자본 이익에서 $4,680만의 배당금 감소)

4. 회사는 시장성 유가증권 $2,500만를 매입하였다(재무활동).

5. 회사는 $2,500만의 단기 은행부채를 상환하였다(재무활동).

요약하면, 현금의 총원천은 $1,040만의 총사용을 초과했다.

19.1 셀프테스트

다음은 현금과 순운전자본(유동자산 − 유동부채)에 어떤 영향을 주는가?

a. 기업은 단기 은행대출을 얻어서 이 돈을 매입채무 일부를 상환하는 데 사용한다.
b. 기업은 보유한 현금을 원자재를 사는 데 사용한다.
c. 기업은 발행주식을 재매입한다.
d. 기업은 장기채권을 팔아서 그 돈을 은행계좌에 예치한다.

19.3 현금예산

표 19.3은 2018년에 다이나믹의 현금 잔고가 증가한 이유를 보여준다. 그러나 재무관리자는 2019년 회사의 현금 수요를 예측하고 다가오는 청구서를 지불할 필요가 있다. 회사가 얼마나 많은 현금을 필요로 할지에 대한 검토에 따라 관리자는 예상되는 미래의 현금 원천과 사용을 기반으로 현금예산을 준비해야 한다.

이러한 현금예산을 준비하기 위한 세 단계가 있다.

단계 1. 현금의 원천을 예측하라. 가장 큰 현금유입은 보통 기업의 고객이 지불하는 돈으로부터 발생한다.

단계 2. 현금의 사용을 예측하라.

단계 3. 기업이 현금의 부족 또는 잉여에 직면할 것인지를 계산하라.

그 다음 회사는 이러한 재무계획을 잉여현금을 투자하거나 부족한 자금을 조달하는 전략을 수립하는 데 사용한다.

현금예산 준비하기

단계 1: 현금 원천에 대한 예측 우리는 다이나믹 매트리스의 예를 통해 현금예산의 준비를 보여줄 것이다.

다이나믹의 대부분의 현금유입은 매트리스 판매에서 발생한다. 따라서, 우리는 2019년 분기별 매출액 예측부터 시작해야 한다.[4]

분기:	1분기	2분기	3분기	4분기
매출액(백만 달러)	560	502	742	836

그러나 고객이 현금으로 지불하지 않으면, 이러한 매출은 현금으로 기록되기 전에 외상매출금으로 계상된다. 현금흐름은 외상매출금의 수금으로부터 발생한다.

대부분의 기업은 고객이 대금을 갚는 데 걸리는 평균 시간을 지속적으로 추적한다. 이로부터 분기 매출의 어느 정도가 당해 분기에 현금으로 변환될 것이고, 어느 정도가 다음 분기 외상매출금으로 이전될 것 같은지를 예측할 수 있다.

매출의 70%가 당해 분기에 수금되고 나머지 30%가 다음 분기에 수금된다고 가정하자. 표 19.4는 이러한 가정 하에 예상 수금액을 제시하고 있다. 예를 들어, 첫 분기에 당해 분기 매출에서 수금은 $56,000만의 70%인 $39,200만로 볼 수 있다. 하지만 이 기업은 또한 이전 분기 매출액의 30%, 즉 0.30×$396.7=$11,900만도 수금한다. 따라서, 총수금액은 $392+$119.0=$51,100만이다.

다이나믹은 첫 분기에 외상매출금 $15,000만로 시작하였다. 여기에 분기 매출 $56,000만가 외상매출금에 더해졌으나, 수금액 $51,100만는 차감되었다. 그러므로 표 19.4에서 보여주는 것처럼 다이나믹은 150+560−511=$19,900만의 외상매출금으로 당해 분기를 마감하였다. 일반적인 공식은 다음과 같다.

기말 외상매출금 = 기초 외상매출금 + 매출액 − 수금액

표 19.5의 처음 3행은 다이나믹 매트리스의 현금 원천과 사용에 대한 예측을 보여준다. 외상매출금의 수금이 주된 원천이나 이것만이 유일한 것은 아니다. 아마도 이 기업은 일부 토지의 처분을 계획하거나 세금의 환급 또는 보험청구권의 지급을 계획할 수도 있다. 이 모든 항목은 "기타" 원천으로 포함된다. 또한 차입하거나 주식을 발행하여 추가 자금을 조달할 수도 있으나, 우리는 이 문제를 미리 판단하지 않는다. 그러므로 당분간 다이나믹이 추가 자금을 장기자본으로 조달하지 않는다고 가정한다.

단계 2: 현금 사용 예측 많은 현금유입이 있다. 이제 현금유출에 대해 살펴보자. 현금은 원천보다 사용이 항상 더 많은 것 같다. 표 19.5의 두 번째 부분은 다이나믹이 현금을 어떻게 사용하는지를 보여준다. 단순화하기 위해 사용처를 다음과 같이 5개 범주로 압축한다.

표 19.4 2019년 외상매출금에 대해 다이나믹 매트리스의 수금을 예측하기 위해 매출액과 수금률의 예측이 필요하다. (반올림 오차, 단위: 백만 달러)

	1분기	2분기	3분기	4분기
1. 기초 외상매출액	$150.0	$199.0	$181.6	$253.6
2. 매출액	560.0	502.0	742.0	836.0
수금:				
현재 기간의 매출액의 70%	392.0	351.4	519.4	585.2
마지막 기간의 매출액의 30%	119.0[a]	168.0	150.6	222.6
3. 총수금	511.0	519.4	670.0	807.8
4. 기말 외상매출액 (1)+(2)−(3)	199.0	181.6	253.6	281.8

[a] 지난해 마지막 분기의 매출액은 $396.7백만이었다고 가정한다.

---

[4] 단순화를 위해 분기별 예측을 한다. 그러나 대부분의 기업은 분기가 아닌 월별로 예측한다. 때때로 주별이나 일별 예측을 하기도 한다.

표 19.5 2019년 다이나믹 매트릭스의 현금예산 (반올림오차, 단위: 백만 달러)

	1분기	2분기	3분기	4분기
현금의 원천:				
외상매출금의 수금	$511.0	$519.4	$670.0	$807.8
기타	0	0	77.0	0
총 원천	$511.0	$519.4	$747.0	$807.8
현금의 사용:				
매입채무의 지급	$250.0	$250.0	$267.0	$261.0
재고자산 증가	150.0	150.0	170.0	180.0
인건비와 기타 비용	136.0	136.0	136.0	136.0
자본 지출	70.0	10.0	8.0	14.5
세금, 이자지급, 배당금	46.0	46.0	46.0	46.0
총 사용	$652.0	$592.0	$627.0	$637.5
원천−사용	−$141.0	−$72.6	$120.0	$170.3
단기 차입 필요액의 계산:				
기초 현금	$ 30.4	−$110.6	−$183.2	−$ 63.2
현금잔고의 변화	−141.0	−72.6	120.0	170.3
기말 현금[a]	−$110.6	−$183.2	−$ 63.2	$107.1
최소 운용 잔고	25.0	25.0	25.0	25.0
누적 자금조달필요액[b]	135.6	208.2	88.2	−82.1

[a] 기업은 말 그대로 음(−)의 현금을 보유할 수 없다. 이 선은 기업이 청구서를 지불하기 위해 모아야 할 현금의 양을 보여준다.
[b] 음(−)의 부호는 단기자금조달이 요구되지 않는다는 것을 가리킨다. 대신 기업은 잉여현금을 보유한다.

1. **매입채무의 지급.** 다이나믹은 원자재, 부품, 전기 사용 등에 대한 청구서를 지급해야 한다. 다이나믹이 어느 정도 지급을 연기할 수 있다고 하더라도, 현금흐름 예측은 이 모든 청구서를 적시에 지급할 것으로 가정한다. 지급 지연은 때때로 미지급금을 연기한다(streching paybles)라고 표현한다. 연기하는 것이 단기자본조달의 원천이기는 하지만, 대부분의 기업에게 이는 매우 값비싼 원천이다. 왜냐하면, 연기함으로써 즉시 지불할 때 주어지는 할인을 잃게 되기 때문이다. (이에 대해서는 20장에서 더 자세히 논의할 것이다.)

2. **재고자산의 증가.** 2019년 매출액의 기대증가는 재고자산에 추가적인 투자를 요구한다.

3. **인건비, 관리비, 기타비용.** 이 범주는 다른 모든 정기적인 영업비용을 포함한다.

4. **자본지출.** 첫 분기에 다이나믹 매트릭스가 수명이 긴 자산에 상당한 액수의 현금지출을 계획하는 것에 주목하라.

5. **세금, 이자, 배당금.** 이는 현재 기발행된 장기부채의 이자지급금과 주주의 배당금을 포함한다.

단계 3: 현금잔고 계산   현금의 예상 순유입(원천−사용)은 표 19.5에 진하게 표시되어 있다. 첫 분기의 큰 음(−)의 수치를 주목하라. 이는 $14,100만의 예상유출을 의미한다. 2분기에는 더 작은 예상유출이 있고, 그해 후반기에는 상당한 액수의 현금유입이 있다.

표 19.5의 밑 부분은 현금흐름 예측이 옳다는 가정에서 다이나믹이 얼마만큼의 자금을 조달해야 하는지를 보여준다. 회사는 해당 연도에 현금 $3,040만로 시작한다. 첫 분기에 $14,100만의 현금유출이 발생하므로 적어도 $141.0−30.4=$11,060만의 자금을 추가로 조달해야 한다. 이는 2분기 초에 예상현금잔고를 정확히 0으로 만든다.

대부분의 재무관리자는 현금잔고를 0으로 계획하는 것을 절벽 가장자리에 너무 가까이 다가가는 것으로 간주할 것이다. 그들은 예상치 못한 현금유입과 유출을 흡수하기 위해 최소영업현금잔고(minimum operating cash balance)를 설정한다. 우리는 다이나믹의 최소영업현금잔고가 $2,500만라고 가정한다.

이는 이 회사가 첫 분기에 $110.6+$25=$13,560만를 조달해야 하고, 2분기에는 $7,260만를 추가로 조달해야 한다는 것을 의미한다. 이와 같이 2분기까지 누적자본조달필요액은 $20,820만이다. 다행히도 이것은 최고치에 해당된다. 왜냐하면 3분기에 $12,000만의 누적자본조달필요액이 $8,820만로 줄면서 누적 필요액이 감소하기 때문이다. 마지막 분기에는 다이나믹은 위험에서 벗어나 안심해도 좋다. 실제로 현금잔고는 $10,710만로 최소영업현금잔고 이상으로 증가되었다.

다음 단계는 예측된 필요금액을 가장 경제적인 방법으로 감당하는 단기자금조달계획을 개발하는 것이다. 다음 두 가지 일반적인 관점을 살펴본 후 그 주제로 이동한다.

1. 첫 두 분기의 많은 현금유출이 반드시 다이나믹 매트리스의 어려움을 의미하는 것은 아니다. 이는 부분적으로 첫 분기의 자본투자를 반영한다. 즉, 다이나믹은 $7,000만를 사용하지만, 이는 그만큼 또는 그 이상 가치있는 자산을 획득하는 것을 의미한다. 또한 현금유출은 그해 전반기의 낮은 매출액을 반영한다. 매출액은 후반기에 회복된다.[5] 이것이 예상할 수 있는 계절적 변동이라면, 회사는 매출이 적은 기간을 견뎌내는 데 도움이 되는 차입에 어려움이 없을 것이다.

2. 표 19.5는 미래현금흐름에 대한 최선의 추측에 불과하다. 따라서, 추정치의 불확실성에 대해 한 번 생각해 보는 것은 좋다. 예를 들어, 다이나믹의 현금필요액이 매출액의 감소나 수금지연에 의해 어떻게 영향을 받는지 조사하는 민감도 분석을 시도해 볼 수도 있다.

19.2 셀프테스트

고객이 해당 분기에 구입액의 60%만 지급하고 다음 분기에 나머지 40%를 지급한다고 가정한다면, 다이나믹 매트리스의 분기 현금수금액과 순현금유입, 그리고 요구되는 누적 단기자본조달필요액을 계산하시오.

19.4 다이나믹의 단기자금조달계획

다이나믹의 현금예산은 회사의 문제를 정의한다. 이 기업의 재무관리자는 예상 현금필요액을 충당하기 위해 단기자금조달 방법을 찾아내야 한다. 단기자금을 조달하는 데는 많은 원천이 있지만, 간단히 하기 위해 다이나믹은 단지 두 가지 선택만을 고려한다고 가정한다.

1. **은행대출.** 다이나믹이 은행과 기존 계약으로 연간 10%, 즉 분기별 2.5%의 이자율로 $10,000만까지 빌릴 수 있다고 가정한다. 회사는 이 신용한도를 초과하지 않는 범위에서 원할 때마다 빌리거나 상환할 수 있다.

2. **미지급금 연장.** 다이나믹은 또한 다른 방법으로 대금 지급을 지연하여 자본을 조달할 수 있다. 재무관리자는 다이나믹이 각 분기마다 $10,000만까지 지급을 연기할 수 있다고 믿고 있다. 이와 같이 첫 분기에 청구서를 지급하지 않음으로써 $10,000만을 아낄 수 있다. (표 19.5의 예상 현금흐름은 이 청구서가 첫 분기에 지급되는 것으로 가정하여 작성되었다는 데 주목하라.) 만약 연기된다면, 이 금액은 2분기에 지급되어야 하지만, 2분기 청구서의 $10,000까지는 3분기로 연기될 수 있다.

---

5) 아마도 사람들은 밤이 길어지는 후반기에 더 많은 매트리스를 살지도 모른다.

미지급금을 연장하는 것은 악의는 없더라도 흔히 비싼 비용이 든다.[6] 그 이유는 많은 공급업자가 신속한 지불에 대해 할인을 제공하기 때문이다. 다이나믹은 늦게 지불하면 이 할인을 받지 못하게 된다. 이 예에서 우리는 할인 손실을 연기된 금액의 5%라 가정한다. 다시 말해, 첫 분기에 $100의 지불이 연기되면, 회사는 다음 분기에 $105를 지불해야 한다. 이것은 분기에 5%의 이자율 또는 동등하게 20% 이상의 연간 이자율로 차입하는 것과 같다(더 정확히 $1.05^4-1=0.216$ 또는 21.6%).

다이나믹 매트리스의 자금조달계획

이상과 같은 두 가지 선택사항이 있을 때, 단기자금조달전략은 명백하다. 먼저 $10,000만까지 필요하다면, 비용이 낮은 은행대출을 이용하라. 여전히 은행에서 충분히 빌릴 수 없을 때만 미지급금 지급을 연기하라. 표 19.6은 최종 계획을 보여준다. 2019년 첫 번째 분기에 계획은 은행에서 이용 가능한 금액 전부를 차입해야 하고($10,000만), $1,060만의 미지급금을 연기하는 것을 요구한다(패널 B의 선 1과 선 2). 여기에 더해, 2018년 말에 보유하는 시장성 유가증권 $2,500만를 매각한다. 이와 같이, 이렇게 첫 분기에 $100+$10.6+$25=$13,560만의 현금을 조달한다(패널 B의 마지막 선을 보라).

2분기에 다이나믹은 영업을 지원하기 위해 추가로 $7,260만를 조달해야 한다. 또한 은행대출 이자 $250만를 갚아야 한다. 다이나믹은 지난 분기의 미지급금을 지급해야 한다.

표 19.6 2019년 다이나믹 매트리스의 자금조달계획 (반올림오차, 단위: 백만 달러)

	1분기	2분기	3분기	4분기
A. 현금필요액				
운영 현금필요액[a]	$135.6	$ 72.6	−$120.0	−$170.3
은행대출 이자[b]	0.0	2.5	2.5	1.9
연기된 미지급금 이자[c]	0.0	0.5	4.3	0.0
마지막 분기의 연기된 미지급금의 상환	0.0	10.6	86.7	0.0
매각 유가증권에 대한 이자감소[d]	0.0	0.5	0.5	0.5
총현금필요액	$135.6	$ 86.7	−$ 25.9	−$167.9
B. 분기 조달현금				
은행대출	$100.0	$ 0.0	$ 0.0	$ 0.0
연기된 미지급금	10.6	86.7	0.0	0.0
매각된 유가증권	25.0	0.0	0.0	0.0
총 조달현금	$135.6	$ 86.7	$ 0.0	$ 0.0
C. 상환				
은행대출	$ 0.0	$ 0.0	$ 25.9	$ 74.1
D. 현금잔고와 보유 유가증권에 추가				
	$ 0.0	$ 0.0	$ 0.0	$ 93.9
E. 은행대출				
분기초	$ 0.0	$100.0	$100.0	$ 74.1
분기말	100.0	100.0	74.1	0.0

[a] 각 분기의 운영에 필요한 현금은 표 19.5의 마지막 줄에서 요구되는 누적자금조달필요액의 변화와 같다. 음(−)의 현금 필요는 영업으로 인한 현금흐름이 양(+)의 값임을 의미한다.

[b] 은행대출 이자율은 분기당 2.5%이며, 분기 초에 존재하는 은행대출에 적용된다. 따라서, 2분기 만기 이자는 0.025 × $10,000만 = $250만이다.

[c] 연기된 미지급금의 "이자" 비용은 지연된 지불금의 5%이다. 예를 들어, 2분기에 $1,050만의 연기된 지불금의 5%는 약 $53만이다.

[d] 매도된 유가증권의 이자 손실은 분기당 2%이다. 따라서, 2분기에 다이나믹은 추가적으로 0.02 × $2,500만 = $50만의 자금을 필요로 한다.

---

[6] 사실 악의가 발생할 확률이 높다. 지불을 연기하는 기업은 신용위험을 무릅쓰는 것이다. 왜냐하면 지불 연기는 매우 비싸기 때문에, 공급업자는 고객이 다른 곳에서 합리적인 이자율로 신용을 얻을 수 없을 때만 그렇게 한다고 추론한다. 공급업자는 당연히 최후의 대여자로 행동하기 꺼린다.

대여자로부터의 암묵적인 대출에 대한 5%의 이자율에 따라, 2분기에 조달해야 하는 자금에 $1,060+$50만가 추가된다. 마지막으로, 이자를 보상하기 위해 현금을 모으고 싶다면,[7] 1분기에 매각한 유가증권에 대해 수익을 올려야 하고, 추가로 $50만를 더 필요로 한다. 따라서, 2분기에 총 $8,670만가 필요하다.

3분기에 다이나믹은 영업활동으로부터 $12,000만의 현금흐름 잉여를 창출한다. 그 잉여금의 일부인 $8,670만는 필요에 따라 2분기부터 연기된 미지급금을 상환하는 데 사용된다. 적은 비율로 미상환 대출에 발생된 이자를 지불하는 데 사용된다. 남은 현금흐름 잉여인 $2,590만(마지막 패널 A의 마지막 줄)로 은행대출금을 상환한다. 4분기에 회사는 $17,030만의 잉여자금을 가진다. 이것으로 은행대출에 대한 이자와 남은 원금을 지불하고, 현금과 시장성 유가증권에 $9,390만를 투자할 수 있다.

19.3 셀프테스트

계획에 대한 평가

표 19.6의 계획은 다이나믹의 단기자금조달 문제를 해결하는가? 아니다. 이 계획도 실현될 수 있지만, 다이나믹은 이보다 더 잘할 수 있다. 이 계획의 가장 큰 단점은 극히 비싼 자본조달 수단인 외상매입금의 지급을 연기하는 데 의존하는 것이다. 다이나믹이 대금 지급을 지연하는 것은 분기당 5%, 연간 20%보다 더 높은 실효이자율의 비용이 든다는 것을 기억하라.

이 첫 번째 계획은 단지 재무관리자가 좀 더 싼 단기 차입 원천을 찾아내도록 자극할 것이다. 또한 재무관리자는 아래와 같은 몇 가지 다른 질문도 하게 될 것이다. 예를 들면,

1. 다이나믹은 고객이 자신의 외상매입금 지급을 늦출 것(따라서 외상매출금 수금이 늦어지는 것)에 대비하여 현금이나 시장성 유가증권을 더 많이 보유할 필요가 있는가?
2. 계획에서 유동비율과 당좌비율이 만족스러운가?[8] 이러한 비율이 나빠진다면, 회사의 거래 은행은 염려하게 될 것이다.
3. 외상매입금을 연기하는 데 무형의 비용이 있는가? 대여자가 다이나믹의 신용도에 의문을 갖기 시작할 것인가?
4. 2019년 계획은 다이나믹의 2020년도 재무 상황을 좋아지게 하는가? (답은 예이다. 왜냐하면 다이나믹은 연말까지 모든 단기 차입을 상환할 것이기 때문이다.)
5. 다이나믹은 첫 분기의 주요 자본적 지출에 대해 장기 차입을 준비해야 하는가? 장기 자산이 장기 차입으로 조달되는 것이 좋다는 경험규칙에 따르면 이는 타당해 보인다. 이는 또한 단기 차입의 필요성도 크게 줄일 것이다. 이와 반대되는 주장을 따르면, 다이나믹은 단기 차입을 통해 단지 일시적으로만 자본투자를 조달하고 있을 뿐이다. 연말까지 투자액은 영업에서 오는 현금으로 지불된다. 그러므로 즉각적인 장기자본조달

---

7) 아마도 보유하고 있는 유가증권에 대한 이자는 표 19.5의 두 번째 행의 현금의 "기타" 원천 중 하나가 될 것이다. 기업이 증권을 매각하면 투자 수입을 잃게 되고, 표 19.5의 현금의 총원천은 감소할 것이다. 이것이 표 19.6에서 계산된 현금필요액에 손실된 이자를 보상하는 항목이 포함되어야 하는 이유이다. 애플 또는 구글과 같은 일부 기업은 막대한 양의 시장성 유가증권을 보유하고, 이로부터의 투자 수입은 총 현금 흐름에 중요한 기여를 할 수 있다.
8) 이러한 비율은 4장에서 논의되었다.

을 찾지 않는 초기 결정은 투자금을 유보이익으로 조달하고 싶어하는 것을 반영할 것이다.

6. 아마도 단기자금조달 문제를 좀 더 쉽게 하도록 기업의 영업과 투자 계획은 조정될 수 있다. 첫 분기의 많은 현금유출을 연기하는 더 쉬운 방법이 있는가? 예를 들어, 첫 분기의 많은 자본투자가 그 해 전반기에 새 매트리스 기계를 인도받아 설치하는데 드는 것이라고 가정하자. 8월까지 이 기계는 본격적으로 사용될 용량에 가깝게 사용될 계획이 없다. 아마도 인도 시 구매가격의 60%를 받고 기계가 설치되고 완벽하게 운영될 때 40%를 받도록 기계 제조업자를 설득할 수도 있다.

7. 다이나믹은 다른 유동자산의 수준을 줄여 현금을 풀어야 하는가? 예를 들어, 청구서를 늦게 지불하는 고객에게 어려움을 호소하여 외상매출금을 줄일 수 있다. (여기서 비용은 향후 이러한 고객이 다른 곳과 거래를 할 수도 있는 것이다.) 또는 매트리스 재고를 더 적게 할 수 있다. (여기에서 비용은 공급할 수 없는 주문이 쇄도하면 사업을 잃을 수 있다는 것이다.)

단기자금조달 계획은 시행착오를 통해 개발되어야 한다. 한 계획을 놓고 검토해 본 후 자금조달과 투자 대안을 여러 가지로 가정하고 이를 다시 시도해본다. 이러한 과정을 개선의 여지가 없을 때까지 계속한다.

시행 착오는 기업이 직면한 문제의 실제 본질을 이해하는 데 도움이 되기 때문에 중요하다. 여기에서 계획 과정과 10장의 프로젝트 분석 논의 사이에서 유용한 비유를 도출할 수 있다. 10장에서는 자본투자 프로젝트를 움직이는 것이 무엇이고 무엇이 잘못될 수 있는지 발견하기 위해 기업에서 사용하는 민감도 분석과 기타 도구를 설명하였다. 다이나믹의 재무관리자는 여기에서 동일한 종류의 임무에 직면한다. 즉, 계획을 선택하는 것뿐만 아니라 무엇이 잘못될 수 있으며 상황이 예기치 않게 변경될 경우 어떻게 될지 이해한다.

단기자금조달 계획모형에 대한 노트

일관된 단기 계획을 수립하려면 부담스러운 계산이 요구된다. 다행히도, 대부분의 산수는 컴퓨터에 위임될 수 있다. 많은 대기업이 이를 위해 단기재무계획 모형을 구축했다. 소규모 회사는 그다지 세부 사항과 복잡성에 직면하지 않으며 종종 스프레드시트 프로그램으로 작업하기가 더 쉽다. 두 경우 모두 재무관리자는 예측된 현금필요액, 잉여금, 이자율, 신용 한도 등을 세분화하고, 모형은 표 19.6에 표시된 것과 같은 계획을 만들어낸다.

컴퓨터는 또한 재무상태표, 손익계산서, 그리고 기타 재무관리자가 요구할 수 있는 보고서를 만든다. 주문제작된 모형을 원하지 않는 소규모 기업은 은행, 회계기업, 관리 컨설턴트 또는 전문 컴퓨터 소프트웨어 기업에서 제공하는 범용 모형을 대여할 수 있다.

스프레드시트 19.1은 다이나믹의 현금예산을 보여준다. 스프레드시트는 표 19.4와 19.5에 나타난 현금흐름 예측의 원천이다. F열을 보라. 어떤 항목이 단순히 수치적 가정인지 보여주고(예: 5행에 매출 가정), 또 어떤 항목이 다른 변수에 기초한 계산인지를 보여준다(예: 7행과 8행의 과거 및 현재 기간의 매출에 대한 수금). 공식은 어떻게 현금예산의 다양한 항목이 연결되는지 빠르게 보여준다.

스프레드시트 19.1 2019년 다이나믹 매트릭스의 현금예산 (단위: 백만 달러)

	A	B	C	D	E	F
1	분기 :	1	2	3	3	열 C의 공식
2						
3	**A. 외상매출금 계좌**					
4	(기초)외상매출금	150.0	199.0	181.6	253.6	B10
5	매출액	560.0	502.0	742.0	836.0	502
6	수금					
7	현재기 매출(70%)	392.0	351.4	519.4	585.2	0.7*C5
8	지난기 매출(30%)[a]	119.0	168.0	150.6	222.6	0.3*B5
9	총수금액	511.0	519.4	670.0	807.8	C7+C8
10	(기말)외상매출금	199.0	181.6	253.6	281.8	C4+C5−C9
11						
12	**B. 현금예산**					
13	현금원천					
14	외상매출금의 수금	511.0	519.4	670.0	807.8	C9
15	기타	0.0	0.0	77.0	0.0	0
16	총원천	511.0	519.4	747.0	807.8	C14+C15
17	**현금 사용**					
18	외상매입금의 지급	250.0	250.0	267.0	261.0	250
19	재고자산의 증가	150.0	150.0	170.0	180.0	150
20	인건비과 기타 비용	136.0	136.0	136.0	136.0	136
21	자본 비용	70.0	10.0	8.0	14.5	10
22	세금, 이자, 배당금	46.0	46.0	46.0	46.0	46
23	총 사용	652.0	592.0	627.0	637.5	SUM(C18:C22)
24						
25	**순현금흐름 = 원천 − 사용**	−141.0	−72.6	120.0	170.3	C16−C23
26						
27	**C. 단기자금조달필요액**					
28	기초 현금	30.4	−110.6	−183.2	−63.2	B30
29	+ 순현금유입	−141.0	−72.6	120.0	170.3	C25
30	= 기말 현금[b]	−110.6	−183.2	−63.2	107.1	C28+C29
31	최소운영잔고	25.0	25.0	25.0	25.0	B31
32	누적 자금조달필요액[c]	135.6	208.2	88.2	−82.1	C31−C30

[a]전년도 4분기 매출은 $39,670만이었다.
[b]기업은 말 그대로 음(−)의 현금을 보유할 수 없다. 이 선은 기업이 청구서를 지불하기 위해 모아야 할 현금의 양을 보여준다.
[c]음(−)의 부호는 단기자금조달이 요구되지 않는다는 것을 가리킨다. 대신 기업은 잉여현금을 소유한다.

요약 SUMMARY

장기자금조달정책이 단기자금조달필요액에 어떻게 영향을 미치는가? (학습목표 19-1)

기업의 단기재무계획 문제는 기업이 조달하는 장기자본액에 의해 결정된다. 장기부채 또는 보통주로 많은 액수를 조달하거나 이익의 많은 부분을 유보하는 기업이 영구적인 초과현금을 소유하는 것을 알 수 있다. 상대적으로 적은 장기자본을 조달하는 기업은 영구적으로 단기채무자가 된다. 대부분의 기업은 모든 고정자산과 일부 유동자산을 자기자본과 장기부채로 조달하여 황금률을 찾으려고 한다. 이러한 기업은 1년 중 일부 기간에는 잉여현금을 투자할 수 있고 나머지 기간에는 차입할 것이다.

현금의 원천과 사용이 단기 차입의 필요와 어떤 관계를 갖는가? (학습목표 19-2)

단기재무계획의 출발점은 현금의 원천과 사용을 이해하는 것이다. 기업은 외상매출금의 수금을 예측하고 다른 현금유입을 더한 후, 예상된 모든 현금유출을 차감하여 순현금필요액을 예측한다. 예상 현금잔고가 일일 영업을 충당하기에 불충분하고 비상사태에 대비해 충분하지 않다면, 기업은 추가 자금조달이 필요하다.

기업은 현금 수요를 맞추기 위한 단기자금조달 계획을 어떻게 발전시키는가? (학습목표 19-3)

최선의 단기재무계획을 작성하는 것은 어쩔 수 없이 시행착오에 의해서 진행된다. 재무관리자는 현금필요액, 이자율, 특정한 원천으로부터 자본조달의 한계 등에 대해 다양하게 가정한 후 그 결과를 모색해야 한다. 기업은 이 과정에서 보통 컴퓨터를 이용한 재무모형을 더 많이 사용한다.

연습문제 QUESTIONS AND PROBLEMS

1. **운전자본 관리.** 다이나믹 매트리스가 수행한 다음 6개의 다른 거래가 (i) 현금과 (ii) 순운전자본에 어떠한 영향을 미치는지를 보이시오. (학습목표 19-1)
   a. $200만의 추가적 현금배당을 지급
   b. 이전 매출에서 발생한 $2,500의 대금을 고객에게서 수금
   c. 이전에 1명의 공급업자에게 빚진 $5,000을 지불
   d. $100만를 장기로 빌려 재고자산에 투자
   e. $100만를 단기로 빌려 재고자산에 투자
   f. 시장성 유가증권 $500만를 매각하여 현금으로 수령

2. **현금의 원천과 사용.** 다음 항목으로부터 현금흐름표를 작성하시오. (학습목표 19-2)

순이익	$1,500
배당금	900
추가 재고자산	120
추가 외상매출금	150
감가상각비	90
매상매입금 감소	550
순발행 장기부채	300
고정자산 매출	600

3. **단기재무계획.** 다음 문장의 빈칸을 채우시오. (학습목표 19-2)
   a. 한 기업의 _____(i)_____ 이 _____(ii)_____ 을 초과할 때 기업은 잉여현금을 갖는다. 잉여현금은 일반적으로 _____(iii)_____ 에 투자된다.

b. 단기재무계획을 작성할 때에 재무관리자는 다음해의 ____(iv)____ 예산에서부터 시작한다. 이 예산은 기업 영업에 의해 생성되거나 사용된 ____(v)____ 을 보여준다. 또한, 이러한 영업을 지원하기 위해 필요한 최소 ____(vi)____ 도 보여준다. 재무관리자는 예상하지 못한 현금 필요에 대비하여 여유분으로 ____(vii)____ 에 투자하려 한다.

4. 현금의 원천과 사용. 다음 각각의 사건이 기업의 재무상태표에 어떻게 영향을 주는가? 각각의 변화가 현금의 원천인지 사용인지 설명하시오. (학습목표 19-2)

a. 자동차 제조업자가 예상된 수요 증가에 대응하여 생산량을 증가시킨다. 불행하게도 수요는 증가하지 않는다.

b. 경쟁으로 인해 기업은 고객에게 대금을 지불하는 데 더 긴 외상 기간을 제공한다.

c. 기업은 한 구획의 토지를 $10만에 판매한다. 이 토지를 5년 전에 $20만에 구입하였다.

d. 기업은 자사의 보통주를 재매입한다.

e. 기업이 분기 배당을 지급한다.

f. 기업이 $100만의 장기부채를 발행하고 이 돈을 단기 은행 부채를 상환하는 데 사용한다.

5. 현금의 원천과 사용. 현금, 순운전자본, 그리고 유동비율에 대해 다음 각 거래의 효과는 어떻게 되는가? 유동비율은 1.0 이상으로 가정하시오. (학습목표 19-2)

a. 기업이 은행으로부터 단기대출로 $1,000를 빌리고, 외상매입금 $500를 상환하였다.

b. 기업이 장기채권 $1,000를 발행하고, 즉시 외상매입금 $800를 상환하고 시장성 유가증권 $200를 구매하였다.

6. 현금의 원천과 사용. 표 19.7은 다이나믹 매트리스의 2016년 연말 재무상태표이며 표 19.8은 2017년 손익계산서를 나타낸다. 이 표(그리고 표 19.2)를 사용하여 2017년 현금흐름표를 작성하시

표 19.7 2016년 연말 다이나믹 매트리스의 재무상태표 (단위: 백만 달러)

자산		부채와 자기자본	
유동자산		**유동부채**	
현금	$ 20	은행대출	$ 20
시장성 유가증권	10	외상매입금	75
외상매출금	110		
재고자산	150		
총유동자산	$290	총유동부채	$ 95
고정자산			
총재고자산	250	장기부채	25
감가상각비 충당금	70	순가치(자기자본과 유보이익)	350
순고정자산	$180		
총자산	$470	총부채와 순가치	$470

주: 배당금 = $3,000만, 재투자이득 = $1,000만

표 19.8 2017년 다이나믹 매트리스의 손익계산서 (단위: 백만 달러)

매출액	$1,500.0
운영비용	1,408.5
	$ 91.5
감가상각비	6.5
EBIT	$ 85.0
이자지급	5.0
세전이익	$ 80.0
50% 세금	40.0
순이익	$ 40.0

주: 배당금 = $30백만, 재투자이득 = $10백만

오. 이러한 항목들을 현금의 원천과 현금의 사용으로 그룹화하시오. (학습목표 19-2)

7. **단기계획.** Paymore Products는 다음 분기에 예상 매출액의 75%에 해당하는 상품을 주문한다. 다음 다섯 분기의 예상 매출액이 다음 표와 같다면 각 분기의 주문은 얼마인가? (학습목표 19-2)

	내년 분기				그 다음해
	1	**2**	**3**	**4**	**1분기**
예상 매출액	$372	$360	$336	$384	$384

8. **지불액 예상하기.** Paymore가 1개월 지연하여 대금을 지급한다는 가정 하에 공급업자에게 지불하는 현금 액수(7번 문제로부터)를 계산하시오. 따라서, 평균적으로 구입액의 2/3는 구입한 분기에 지급되고, 1/3은 다음 분기에 지급된다. (학습목표 19-2)

9. **수금 예상하기.** 이제 Paymore의 고객(7번 문제로부터)이 2개월 지연하여 대금을 지급한다고 가정하라. Paymore의 다음 해 각 분기의 현금수금액의 예상 금액은 얼마인가? 지난 연도 마지막 분기의 매출액은 $336였다고 가정하시오. (학습목표 19-2)

10. **순현금흐름 예상하기.** Paymore의 인건비와 관리비(7번 문제로부터)가 분기당 $65이고 장기부채에 대한 이자가 분기당 $40이라고 가정하라. 표 19.5와 같은 표를 사용하여 다음 해 Paymore에 대한 순 현금유입을 계산하시오. (학습목표 19-2)

11. **단기자본조달 필요액.** 첫 분기 초에 Paymore의 현금잔고(7번 문제로부터)는 $40이고 최소 현금잔고는 $300이라고 가정하라. 표 19.5와 같은 표를 사용하여 다음 해 Paymore의 단기자본조달 필요액을 계산하시오. 이 기업은 배당을 지급하지 않는다. (학습목표 19-3)

12. **단기자본조달계획.** 이제 Paymore가 대출한도(7번 문제로부터)에서 분기당 2%의 이자율로 $100까지 빌릴 수 있다고 가정하라. 단기자본조달계획을 작성하시오. 표 19.6을 사용하시오. (학습목표 19-3)

13. **Dynamic의 단기계획.** 다음 각 사건은 19.2절과 19.3절의 하나 혹은 둘 이상의 표에 영향을 준다. 괄호 안에 열거된 표를 조정함에 의해 각 사건의 효과를 보이시오. 각 사건은 독립적으로 취급한다. (학습목표 19-2, 19-3)

   a. Dynamic은 2018년 단기 대출 $1,000만를 상환하였다. (표 19.2, 19.3)

   b. Dynamic은 2018년 추가적으로 장기부채 $4,000만를 발행하고 새 물류창고에 $2,500만를 투자했다. (표 19.2, 19.3)

   c. 2018년 Dynamic은 각 매트리스의 재료의 양을 줄였다. 고객들은 알지 못했고, 운영비용은 10% 감소하였다. 기업의 배당률은 변함이 없었다. (표 19.1, 19.2, 19.3)

   d. 2019년 3분기 시작에 Dynamic은 고객을 더욱 더 신속하게 지불하게끔 설득하는데 매우 효과적인 능력을 가진 새로운 직원들을 고용하였다. 이 결과로 90%의 매출이 즉시 지급되었으며 10%가 다음 분기에 지급되었다. (표 19.4, 19.5)

   e. 2019년 1분기 시작에 Dynamic은 분기당 $2,000만의 임금을 삭감하였다. (표 19.5)

   f. 2019년 2분기에 폐기된 물류창고에서 알 수 없는 화재가 발생하였다. Dynamic은 보험 회사로부터 $5,000만의 수표를 받았다. (표 19.5)

   g. Dynamic의 재무담당자는 $1,000만의 영업현금잔고로 근근이 버틸 수 있다고 결정하였다. (표 19.5)

14. **수금 예상하기.** 여기 2019년 처음 4개월 동안 National Bromide의 예상 매출액이 제시되어 있다(단위는 천 달러).

월:	1	2	3	4
현금 매출액	15	24	18	14
외상 매출액	100	120	90	70

평균적으로 외상매출의 50%는 현재 달에 수금되고, 30%는 다음 달에, 나머지는 그 다음 달에 수금된다. 3월과 4월의 기대 현금 수금액은 얼마인가? (학습목표 19-3)

15. 지불액 예상하기. (학습목표 19-3)

   a. 한 기업이 30일을 지연하여 대금을 갚는다면, 매입액의 어느 정도가 현재 분기에 지급될 것인가?

   b. 다음 분기에는 어느 정도가 지급되는가?

   c. 지불 지연이 60일이라면 어떻게 되는가?

16. 장기자금조달의 영향. Dynamic Mattress가 추가적인 장기부채 $500만를 발행하고 현금잔고를 늘리는데 즉시 사용했다고 가정한다. 추가적인 장기부채 $500만를 조달한 현재 단기자금조달 계획(표 19.6)을 다시 계산하시오. (학습목표 19-3).

17. 단기계획. Dynamic Mattress가 $2,500만 대신 $3,000만의 최소 현금잔고를 유지하기를 원한다고 가정하여 2019년 자본조달 계획(표 19.6)을 다시 계산하시오, 기업이 신용한도를 $10,500만까지 확대하도록 은행을 설득할 수 있다고 가정하시오. (학습목표 19-3)

18. 현금예산. 다음은 Ritewell Publishers의 예산에서 인용한 자료이다. 회사 매출액의 절반은 현금으로 거래되며, 나머지 절반은 1개월 지연하여 수금된다. 회사는 1개월 지연하여 외상매입금을 지불한다. 1월의 외상매입금은 $300이었고, 1월의 총매출액은 $180이었다. (학습목표 19-3)

	2월	3월	4월
총매출액	$200	$220	$180
현금 구매액	70	80	60
외상 구매액	40	30	40
인건비와 관리구매액	30	30	30
세금, 이자, 배당금	10	10	10
자본지출	100	0	0

다음 현금예산을 완성하시오.

	2월	3월	4월
현금 원천			
당기 매출의 수금			
외상매출금의 수금			
현금의 총원천			
현금 사용			
외상매입금의 지급			
현금 구매			
인건비와 관리비			
자본지출			
세금, 이자, 배당금			
총현금 사용			
순현금흐름			
기초 현금	100		
+ 순현금유입			

	2월	3월	4월
= 기말 현금			
+ 최소영업현금잔고	100	100	100
= 누적 단기자금조달필요액			

19. 지급예측. Dynamic Futon은 공급업자로부터 다음 구매를 예측한다. (학습목표 19-3)

	1월	2월	3월	4월	5월	6월
상품가치(백만 달러)	32	28	25	22	20	20

 a. 상품의 40%는 인도 시 현금(cash-on-delivery)으로 제공된다. 나머지는 평균 1개월 지연으로 지급된다. Dynamic Futon이 $2,200만의 외상매입금으로 한 해를 시작하면, 매월 예상되는 지급금 수준은 얼마인가?

 b. 연초 이후 회사가 1개월 후에 40%, 2개월 후에 20%를 지불하여 외상매입금을 연기한다고 가정한다. (나머지는 인도 시 현금으로 계속 지급된다.) 연체료에 대한 현금 벌금이 없다고 가정하고 매월 지급금을 다시 계산하시오.

20. Dynamic Mattress의 단기계획. 신용 한도가 $10,000만에서 $12,000만로 증가했다고 가정하여 Dynamic Mattress의 단기자금조달계획을 작성하라. 그렇지 않으면 표 19.6 작성에 사용된 가정을 유지하시오. (학습목표 19-3)

21. Dynamic Mattress의 단기계획. Dynamic Mattress는 새로운 매트리스 스터핑 기계를 구입하는 대신 임대하기로 결정한다. 결과적으로 1분기 자본지출은 $5,000만만큼 감소하지만, 회사는 분기마다 $250만의 임대료를 지불해야 한다. 리스가 4분기 이후까지 세금 납부에 영향을 미치지 않는다고 가정한다. Dynamic의 누적 자금조달필요액과 새로운 자금조달계획을 보여주는 표 19.5과 19.6과 같은 두 개의 표를 작성하시오. Dynamic의 스프레드시트를 사용하여 답을 확인하시오. (학습목표 19-3)

웹 연습 WEB EXERCISES

1. Abercrombie & Fitch (ANF)와 Kellogg (K)의 연례 보고서를 다운로드 하시오. 이 기업들은 단기자금조달 전략 측면에서 어떻게 다른가? 예를 들어, 어떤 기업이 신용한도에 더 많이 의존하는가? finance.yahoo.com에서 분기별 재무제표를 확인하시오. 어느 기업의 매출의 계절성이 더 높은가? 이것이 그들의 은행대출사용과 관련이 있는 것 같은가?

셀프테스트 해답 SOLUTIONS TO SELF-TEST QUESTIONS

19.1 a. 이 거래는 단지 다른(외상매입금 계정)에 대해 한 개의 유동부채(단기 부채)를 대체한다. 현금이나 순운전자본은 영향을 받지 않는다.

 b. 이 거래로 현금은 줄어들면서 재고자산은 증가할 것이다. 현금은 줄어들지만, 순운전자본은 영향을 받지 않는다.

 c. 기업은 주식재매입을 위해 현금을 사용할 것이다. 현금과 순운전자본 모두 줄어

들 것이다.

d. 판매 수익은 현금과 순운전자본 모두를 증가시킬 것이다.

19.2

	분기:	1분기	2분기	3분기	4분기
A. 외상매출금					
(기초)외상매출금		150.1	215.3	192.1	288.1
매출액		560.0	502.0	742.0	836.0
수금					
현재기의 매출액(60%)		336.0	301.2	445.2	501.6
지난기의 매출액(40%)		158.7	224.0	200.8	296.8
총수금		494.7	525.2	646.0	798.4
(기말)외상매출금		215.3	192.1	288.1	325.7
B. 현금예산					
현금원천					
외상매출금의 수금		494.7	525.2	646.0	798.4
기타		0.0	0.0	77.0	0.0
총원천		494.7	525.2	723.0	798.4
현금사용					
외상매입금의 지급		250.0	250.0	267.0	261.0
재고자산증가		150.0	150.0	170.0	180.0
인건비와 기타비용		136.0	136.0	136.0	136.0
자본지출		70.0	10.0	8.0	14.5
세금, 지급이자, 배당금		46.0	46.0	46.0	46.0
총사용		652.0	592.0	627.0	637.5
순현금흐름＝원천－사용		−157.3	−66.8	96.0	160.9
C. 단기자본조달 필요액					
기초 현금		30.4	−126.9	−193.7	−97.7
＋ 순현금흐름		−157.3	−66.8	96.0	160.9
＝ 기말 현금		−126.9	−193.7	−97.7	63.2
최소 운영잔고		25.0	25.0	25.0	25.0
누적자본조달 필요액		151.9	218.7	122.7	−38.2

19.3 a.

	분기:	1분기	2분기	3분기	4분기
A. 현금필요액 :					
영업에 필요한 현금		135.6	72.6	−120.0	−170.3
은행 차입금 이자		0.0	2.5	2.5	2.4
연기된 미지급금의 이자		0.0	1.5	5.4	0.0
연기된 미지급금의 마지막 분기의 상환금액		0.0	30.6	107.7	0.0
매각된 유가증권에 대한 이자손실		0.0	0.5	0.5	0.5
총현금필요액		135.6	107.7	−3.9	−167.4
B. 각 분기에 조달된 현금					
은행대출		80.0	0.0	0.0	0.0
연기된 미지급금		30.6	107.7	0.0	0.0
증권 매각		25.0	0.0	0.0	0.0
총 조달된 현금		135.6	107.7	0.0	0.0
C. 상환					
은행 차입금		0.00	0.00	3.9	96.1

분기:	1분기	2분기	3분기	4분기
D. 현금잔고 또는 보유 증권에 추가	0.00	0.00	0.00	71.3
E. 은행대출				
분기초	0.0	100.0	100.0	96.1
분기말	100.0	100.0	96.1	0.0

b. 미지급금 연기로 인한 내재적 이자율은 은행대출 이자율보다 더 높다. 만약 1분기에 회사가 단지 $8,000만를 빌릴 수 있다면, $1,060만가 아닌 $3,060만로 미지급금은 연기되어야 한다(표 19.6 참조). 더 높은 이자로 빌리는 것은 다이나믹이 더 높은 총이자지급을 발생시키고 2분기에 더 많은 조달할 현금이 필요하다는 것에 직면함을 의미한다. 이것은 차례로 은행대출을 갚을 수 있는 속도를 느리게 한다. 따라서, 4분기에 은행대출 만기이자는 더 높고, 더 높은 이자지불은 현금이나 증권에 투자 가능했던 자금의 일부를 흡수한다. 이 모형을 사용하면 1년의 과정에 대해 연쇄적 의미를 추적할 수 있다.

미니 케이스

Capstan Autos는 주요 일본차 제조업체의 미국 동부 해안 딜러상을 운영하였다. Capstan의 소유자 Sidney Capstan은 사업 성공의 많은 부분이 경쟁력 있는 가격 책정과 현금판매라는 겉치레 없는 정책 때문이라고 하였다. 이 사업은 기본적으로 단순하였다. 즉, 회사의 일은 매 분기 초에 차를 수입하고 분기 말에 제조업체에 대금을 지급하는 것이었다. 차 판매수입은 제조업체에 지급하는 것과 사업을 운영하는 비용을 충당하고도 Sidney Capstan에게 자기자본 투자에 대한 훌륭한 이익을 제공하였다. 1990년 4분기까지 매출은 분기당 250대였다. 각 차의 평균 판매가격은 약 $20,000이었기 때문에 분기당 매출액은 250 × $20,000 = $500만이었다. 수입차의 평균 원가는 $18,000이었다. 임금, 임대료, 그리고 다른 반복되는 비용 $200,000를 분기마다 지급하고, $80,000의 감가상각비를 공제한 후, 분기당 $220,000의 이자 및 세금 전 이익(EBIT)과 $140,000의 순이익이 남았다.

1991년은 미국의 차 수입업자가 행복하지 않은 해였다. 달러 가치의 하락으로 많은 수입차 딜러의 이익률이 감소하였고, 경기 후퇴로 자동차 판매도 전반적으로 줄어들었다. Capstan은 대부분의 기업보다 이 같은 어려움을 미리 예측하여, 차 판매가격을 일정하게 유지한 채 6개월 무이자 신용을 제공하는 것으로 즉각 대응하였다. 또한 임금과 다른 비용을 분기당 $150,000로 25% 삭감하였고, 모든 자본지출도 효과적으로 줄였다. 이 정책은 성공적인 것 같았다. 비록 대당 판매는 분기당 200대로 20% 감소했지만, 회사는 만족스러운 이익(표를 보라)을 내면서 계속 운영되었다.

저조한 매출이 6개월 동안 지속되었지만, 고객의 신뢰가 돌아오기 시작하여 자동차 판매는 회복되기 시작하였다. 회사의 새로운 6개월 무이자 신용정책은 충분히 인기가 좋아 Sidney Capstan은 이 정책을 유지하기로 하였다. 1991년 3분기에 판매는 225대로 회복하였고, 4분기 말에는 250대가 되었다. 그리고 다음해 첫 분기에 275대가 되었다. 1992년 2분기까지 회사는 300대 판매를 기대할 수 있는 것처럼 보였다. EBIT는 이미 이전 최고치를 초과하였고, Sidney Capstan은 어려운 시기를 이겨낸 것을 자축할 수 있었다. 18개월 동안 회사는 $50만 이상의 순이익을 벌었고, $150만를 약간 상회했던 자기자본은 약 $200만로 증가하였다.

Sidney Capstan은 최고의 최우수 판매자였지만 사업의 재무적 측면은 항상 재무관리자에게 맡겼다. 그러나 재무제표의 한 가지 사항이 Sidney Capstan을 괴롭혔다. 즉, 부채증가가 그것이었다. 1992년 4분기 말까지 부채는 $970만에 달하게 되었다. 재무관리자가 은행이 더 많은 신용을 확장하는 것을 꺼리며 현재 부채 수준에 의문을 제기한다고 말하는 순간 이 어려움은 경고로 변하였다.

Capstan 씨는 이렇게 성공적인 한 해가 어떻게 회사에 재무적 어려움을 줄 수 있는지 이해할 수 없었다. 회사는 은행과 항상 좋은 관계를 맺어왔고, 은행대출에 대한 이자율은 합리적인 수준인 연간 8%(분기당 약 2%)였다.

1992년 나머지 기간의 예상 매출액 증가를 보았을 때 은행은 회사가 부채 상환을 시작할 수 있는 많은 이익을 창출해낼 것을 알게 될 것으로 Capstan 씨는 확신하였다. 결국 Capstan 씨는 다음 세 가지 질문으로 돌아왔다. 회사는 정말로 어려움에 처해 있는가? 은행이 추가 신용을 주지 않는 결정은 올바른 것인가? 그리고 회사의 이익이 이전보다 더 높아졌는데 왜 회사의 부채는 증가했는가?

요약 손익계산서 (판매량을 제외한 모든 단위: 천 달러)						
연도:	1990	1991				1992
분기	4	1	2	3	4	1
1. 판매된 차 대수	250	200	200	225	250	275
2. 대당 가격	20	20	20	20	20	20
3. 대당 원가	18	18	18	18	18	18
4. 매출액 (1)×(2)	5,000	4,000	4,000	4,500	5,000	5,500
5. 매출원가 (1)×(3)	4,500	3,600	3,600	4,050	4,500	4,950
6. 임금과 기타비용	200	150	150	150	150	150
7. 감가상각비	80	80	80	80	80	80
8. EBIT (4)−(5)−(6)−(7)	220	170	170	220	270	320
9. 순이자	4	0	76	153	161	178
10. 세전이익 (8)−(9)	216	170	94	67	109	142
11. 세금 [0.35×(10)]*	76	60	33	23	38	50
12. 순이익 (10)−(11)	140	110	61	44	71	92

*이 시기에 미국 법인세율은 35%였다.

요약 재무상태표 (단위: 천 달러)		
	3분기 말	1분기 말
	1990	1992
현금	$ 10	$ 10
외상매출금	0	10,500
재고자산	4,500	5,400
총유동자산	$4,510	$15,910
(순)고정자산	1,760	1,280
총자산	$6,270	$17,190
은행대출	230	9,731
외상매입금	4,500	5,400
총유동부채	$4,730	$15,131
자기자본	1,540	2,059
총부채 + 자기자본	$6,270	$17,190

20

운전자본관리

학습목표

20-1 기업이 순운전자본에 투자해야 하는 이유를 알 수 있다.

20-2 기업의 신용관리 정책의 일반적인 절차를 설명할 수 있다.

20-3 외상매출의 내재적 이자율을 측정할 수 있다.

20-4 고객의 대금 지불 확률을 기업이 어떻게 평가하는지 설명할 수 있다.

20-5 고객에게 신용을 제공하는지에 대한 타당성을 이해할 수 있다.

20-6 재고자산과 현금 보유의 비용과 편익을 열거할 수 있다.

20-7 기업의 현금 지급 및 수금의 방법을 비교할 수 있다.

20-8 잉여 현금의 투자 대안을 비교하고 단기금융시장에서 이자율을 해석할 수 있다.

20-9 단기 대출의 주요 원천을 이해할 수 있다.

기업의 현금을 관리하는 것은 순운전자본의 중요한 부분이다. 큰 금고에 보관하는 것은 올바른 방법이 아니다. ⓒSpaces Images/Blend Images

이 책의 대부분은 자본예산과 자본구조 같은 장기재무결정을 다룬다. 이전 장에서는 기업이 청구서를 지불하기에 충분한 현금을 어떻게 확실히 확보할 수 있는지를 살펴보는 것으로 단기재무계획의 분석을 시작하였다. 이제 운전자본이라고 하는 단기자산과 부채를 관리하는 것을 좀 더 자세히 살펴볼 시점이다.

유동자산에는 네 가지 주요 형태가 있으며 모두 관리할 필요가 있다. 첫 번째는 외상매출금이다. 기업은 자주 상품을 외상으로 판매한다. 따라서 수금을 하는 데 몇 주 또는 몇 개월이 걸릴 수 있다. 미수금은 재무상태표에 외상매출금으로 나타난다. 우리는 회사의 신용관리자가 지불 조건을 어떻게 설정하고, 어떤 고객에게 신용을 주며 어떻게 그들이 신속하게 지불하도록 하는지를 설명할 것이다.

두 번째는 주요 단기자산인 재고자산이다. 기업이 영업을 하려면 원자재, 재공품, 완제품을 보유해야 한다. 그러나 이들 재고자산은 저장하는 데 비용이 들고 자본은 묶이게 된다. 재고자산 관리는 이러한 비용과 편익 간의 상충관계를 포함한다. 제조업 기업에서 대부분의 생산관리자는 재무관리자로부터 직접적인 지침 없이 이 판단을 하는 것 같다. 따라서, 우리는 이 주제에 대해서 다른 운전자본의 관리보다 시간을 적게 할애할 것이다.

세 번째는 회사의 현금잔고에 대한 것이다. 회사가 얼마나 많은 현금을 보유해야 하는지, 이자를 발생시키는 유가증권에 얼마를 투자해야 하는지를 결정하는 것이다. 이는 현금 지불이 효율적으로 이루어져야 한다는 것이다. 여러분은 가능한 한 빨리 수금하여 그 돈으로 이자를 받고 싶을 것이다. 우리는 기업이 돈을 효율적으로 회전시키기 위해 사용하는 몇 가지 기법을 설명한다.

다양한 운전자본의 네 번째 주요 구성요소인 단기 증권에 잉여자금을 투자하는 방법에 대한 회사의 선택에 대해 설명한다.

마지막으로 많은 기업에게 중요한 단기 부채를 구성하는 단기대출의 원천에 대해 간략히 살펴본다.

20.1 운전자본

단기(유동)자산과 부채는 집합적으로 운전자본으로 알려져 있다. 표 20.1은 모든 미국 제조기업의 유동자산과 유동부채의 구성을 보여준다. 표 20.1의 백분율은 운전자본이 하찮은 금액이 아니라는 것을 보여준다. 예를 들어, 외상매출금과 재고자산은 각각 총 장부자산의 7%를 차지한다. 유동자산의 합은 총 장부자산의 24%이다.

운전자본의 구성요소

유동자산   외상매출금(accounts receivable)은 중요한 유동자산 중 하나이다. 외상매출금은 고객이나 다른 회사가 구매 대금을 즉시 지불하지 않기 때문에 발생한다.

두 번째 중요한 유동자산의 구성요소는 원자재와 재공품(work-in-process), 완성품인 재고자산(inventory)이다. 표 20.1은 미국 기업들이 외상매출금과 거의 같은 액수를 재고자산에 투자한다는 것을 알 수 있다.

나머지 유동자산은 현금과 시장성 유가증권이다. 현금은 화폐를 포함하지만, 나머지 대부분은 은행예금 형태이다. 회사는 잉여현금을 미국정부에서 발행된 단기재정증권(tresury bills)과 같은 다양한 단기 증권에 투자한다.

이제 각기 다른 산업에서의 유동자산의 상대적 중요성을 보여주는 그림 20.1을 살펴보자. 예를 들어, 제약회사의 유동자산은 총자산의 3/4을 구성하는 반면, 철도회사의 유동자산은 총자산의 10%보다 작다. 어떤 회사에게 "유동자산"은 주로 재고자산이다. 또 다른 회사에게 유동자산은 외상매출금 또는 현금과 유가증권을 의미한다. 예를 들어, 재고자산은 의류소매의 유동자산의 대부분을 차지하고, 외상매출금은 전기가스회사에게 더욱 중요하고, 현금과 유가증권은 컴퓨터와 제약회사의 유동자산의 상당한 부분을 차지한다.

유동부채   회사의 주요 유동자산이 아직 수금하지 못한 외상으로 구성되어 있음을 보았다. 한 회사의 신용은 다른 회사의 부채임이 틀림없다. 따라서, 주요 유동부채가 외상매입금으로 구성되어 있다는 것은 놀랍지 않다. 즉, 이는 다른 기업에 지급할 채무이다. 유동부채는 또 다른 중요한 단기 차입이다.

운전자본과 현금 사이클

순운전자본
유동자산 − 유동부채. 흔히 운전자본으로 불린다.

유동자산과 유동부채의 차이를 **순운전자본**(net working capital)이라 한다. 하지만 재무관리자들은 자주 이 차이를 단순히 운전자본이라 칭한다. 보통 유동자산은 유동부채를 초과한다. 즉, 기업은 양(+)의 순운전자본을 가지고 있다. 미국제조기업은 유동자산이 유동부채보다 평균적으로 거의 30% 더 많다.

회사가 필요로 하는 운전자본은 영업 과정에 달려 있다. 디지털 수브니어(Digital Sou-

표 20.1 2017년 4분기 미국기업의 유동자산과 유동부채 (단위: 십억 달러)

유동자산			유동부채		
	$10억	자산 %		$10억	자산%
현금	389	3.6%	단기부채	263	2.4%
시장성 유가증권	210	1.9%	외상매입금	644	5.9%
외상매출금	755	7.0%	이연법인세	26	0.2%
재고자산	827	7.6%	장기부채의 당기 지급액	207	1.9%
기타 유동자산	417	3.8%	기타 유동부채	948	8.8%
총계	2,598	24.0%	총계	2,088	19.3%

출처: U.S Department of Commerce, *Quarterly Financial Report for Manufacturing, Mining, Trade, and Selected Service Industries*, https://www.census.gov/econ/qfr/mmws/current/qfr_pub.pdf.

그림 20.1 2017년 4분기 산업별 총자산의 백분율로 나타낸 유동자산

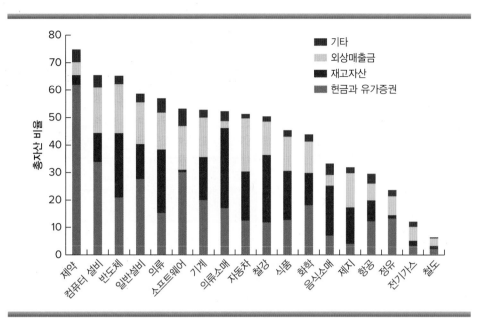

출처: U.S Department of Commerce, *Quarterly Financial Report for Manufacturing, Mining, Trade, and Selected Service Industries*, https://www.census.gov/econ/qfr/mmws/current/qfr_pub.pdf.

그림 20.2 단순한 영업 사이클

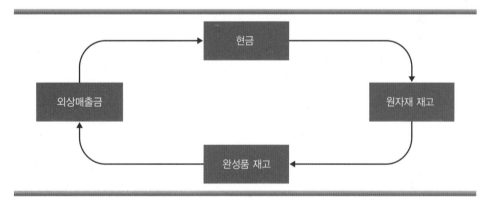

venirs)는 선물가게에서 판매되는 작은 고급 소품을 만드는 회사이다. 이 회사는 원자재를 구매하여 완성품으로 가공한 후, 이들 상품을 외상으로 판매한다. 그림 20.2는 전체 영업 사이클이다.

이 과정이 시작될 때 디지털의 재무상태표를 보면 현금(유동자산)을 볼 수 있다. 뒤로 좀 늦추면 현금이 줄어든 것을 발견할 수 있다. 현금은 원자재의 재고자산의 구입에 쓰이고, 그 뒤 완성품 재고(또한 유동자산)로 이동된다. 상품이 판매될 때, 재고자산은 외상매출금으로 바뀌고(또 다른 유동자산), 마침내 고객이 대금을 지불하면 회사는 이익을 얻고 현금을 수금한다.

이 과정의 각 단계에서, 디지털은 운전자본의 특별한 구성요소가 변할지라도 디지털은 운전자본투자를 유지한다. 그림 20.3은 운전자본 투자에 영향을 주는 생산 사이클의 매우 중요한 4개의 날짜를 묘사한다. 재고자산의 처음 투자한 날과 최종 판매일 사이의 지연기간을 재고자산기간(inventory period, 또는 4장에서 친숙한 측정치인 재고자산평균일)이라 한다.

회사가 상품을 판매하고 고객이 대금을 지급하는 사이의 지연기간을 외상매출금기간(accounts receivable period, 또 다른 익숙한 측정치인 평균수금기간)이라 한다. 고객에 의해 마지막 지급이 될 때까지 원자재 구매로부터 총소요기간은 영업 사이클이라 불린다.

그림 20.3 디지털의 영업 및 현금 사이클

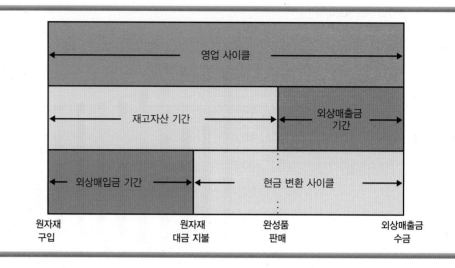

$$영업\ 사이클 = 재고기간 + 외상매출금기간$$

디지털은 전체 영업 사이클 동안 현금이 부족하지 않다. 비록 회사가 원자재를 구매하는 것으로 시작하지만 비용을 즉시 지불하지 않는다. 지불을 연기하는 시간이 길수록 회사의 현금이 부족한 시간이 짧아진다. 회사의 원자재에 구매대금 지불과 고객으로부터 수금 사이의 기간을 **현금 사이클**(cash cycle) 또는 **현금 전환 기간**(cash conversion period)이라고 한다.

현금 사이클
기업의 원자재 지급과 매출로부터의 현금 지급 사이의 기간. 또는 현금 전환 기간이라고 한다.

$$현금\ 사이클 = 영업\ 사이클 - 외상매입금\ 기간$$
$$= (재고자산\ 기간 + 외상매출금\ 기간) - 외상매입금\ 기간$$

우리는 2017년 미국 제조업의 현금 사이클을 계산할 수 있다. 다음 표에서 필요한 정보를 찾을 수 있다.

2017년 손익계산서 자료		2017년 초 재무상태표 자료	
매출	$6,552	재고자산	$786
매출원가	5,820	외상매출금	700
		외상매입금	579

주: 모든 값은 $10억이다. 매출원가는 판매 및 일반관리비를 포함한다.
출처: U.S. Department of Commerce, *Quarterly Financial Report for Manufacturing, Mining, Trade, and Selected Service Industries*, fourth quarter 2017, Tables 1.0 and 1.1.

현금 사이클을 위한 세 개의 요소가 있다.

$$재고자산\ 기간 = \frac{재고자산}{연간\ 매출원가/365} = \frac{786}{5,820/365} = 49.3일$$

$$외상매출금\ 기간 = \frac{외상매출금}{연간\ 매출액/365} = \frac{700}{6,552/365} = 39.0일$$

$$외상매입금\ 기간 = \frac{외상매입금}{연간\ 매출원가/365} = \frac{579}{5,820/365} = 36.3일$$

현금 사이클은

$$재고자산\ 기간 + 외상매출금\ 기간 - 외상매입금\ 기간$$
$$= 49.3 + 39.0 - 36.3 = 52.0일$$

따라서, 미국 기업이 재고에 돈을 쏟은 시점부터 고객에게 대금을 받는 시점까지 평균 7주 이상이 소요된다.

물론 일부 사업에서는 현금 사이클이 훨씬 더 길다. 예를 들어, 항공우주 회사는 일반적으로 많은 재고를 보유하고 긴 지급기간을 제공한다. 현금 사이클은 거의 6개월이며 순운전자본에 상당한 투자를 해야 한다. 대조적으로 미수금에 대한 투자가 낮은 많은 소매회사는 현금 사이클이 몇 주에 불과하다. 이 회사들은 흔히 음(-)의 순운전자본을 가진다.

20.1 셀프테스트

a. 고가의 보석업체 티파니(Tiffany) 또는 경쟁가격이 넓은 가구용품을 판매하는 타깃(Target)이 더 긴 현금 사이클을 가지기를 기대하는가?

b. 각 기업의 현금 사이클을 계산하기 위해 다음 자료(백만 달러)를 이용하시오. 현금 사이클의 차이에 가장 큰 영향을 미치는 요인은 무엇인가?

외상매입금	**티파니**	**타깃**
매출액	$4,002	$69,495
매출원가	1,511	48,872
재고자산	2,157	8,309
외상매출금	227	0
외상매입금	335	10,989

현금 사이클은 회사의 영업에 따라 달라진다고 말했지만, 이것이 완전히 고정되어 있다는 것을 의미하지는 않는다. 운전자본은 관리될 수 있다. 이제 운전자본의 주요 항목을 더 자세히 살펴보자. 외상매출금부터 시작하여 재고, 현금 및 시장성 유가증권으로 이동한다. 우리는 단기부채인 주요 유동부채를 살펴보면서 결론을 내린다.

20.2 외상매출금과 신용정책

외상매출금으로 유동자산에 대한 검토를 시작한다. 한 회사가 상품을 다른 회사에 팔 때 보통 즉시 수금을 기대하지는 않는다. 이 수금되지 않은 대금을 **거래신용**(trade credit)이라 하는데 이는 대부분의 외상매출금을 구성한다. 나머지 외상매출금은 최종 소비자가 아직 지불하지 않은 대금인 **소비자 신용**(consumer credit)이다. 신용관리는 다음 다섯 단계로 구성된다.

거래 신용
한 회사로부터 다른 회사로 지급되지 않은 청구서.

소비자 신용
회사에게 최종 소비자로부터 아직 지급되지 않은 청구서.

1. 상품을 팔 때 판매조건을 정해야 한다. 예를 들어, 고객이 청구서의 대금을 지급하는 데 얼마의 여유 기간을 줄 것인가? 즉시 현금으로 지급한다면 얼마만큼 할인해 줄 것인가?

2. 고객이 외상을 할 때 어떤 증거를 요구할 것인가를 결정해야 한다. 예를 들어, 서명된 영수증으로 충분한가? 아니면 공식적인 채무증서(IOU)를 받아야 하는가?

3. 어떤 고객이 대금을 지급할 것 같은지 결정해야 한다. 이를 신용분석(credit analysis)이라고 한다.

4. 신용정책을 결정해야 한다. 각 고객에게 얼마만큼의 신용을 제공할 것인가? 신용도가 낮은 잠재 고객에게 얼마만큼의 위험을 감수할 준비가 되어 있는가?

5. 마지막으로 만기에는 돈을 수금해야 한다. 외상을 늦게 지불하거나 떼어먹는 사람을 어떻게 할 것인가?

이들 주제를 차례대로 검토해 보자.

판매조건

상품을 팔 때 **판매조건**(terms of sale)을 설정해야 한다. 예를 들어, 성향이 아주 다양한 비정기 고객에게 상품을 판매한다면 인도 시 현금(cash on delivery：COD)을 요구할 수 있다. 또, 많은 운송비를 부담하거나 고객의 요구에 따라 맞춤 상품을 생산한다면 인도 전 현금(cash before delivery：CBD)을 요구하는 것이 타당할 것이다.

많은 경우 상품 인도 후에도 수금은 이루어지지 않는다. 즉, 구매자는 신용(credit)을 제공받는다. 업종마다 전형적인 신용 협정이 있는 것 같다. 이러한 협정은 어느 정도 타당성을 갖는다. 예를 들어, 고객의 재무상태가 불안정하고 계좌의 돈이 적거나 상품이 부패할 수 있거나 쉽게 재판매될 수 있다면, 판매자는 당연히 빠른 지급을 요구할 것이다.

상품을 외상으로 판매할 때 판매업자는 최종 지불기일을 정할 것이다. 최종 기일 이전에 지불하도록 독려하기 위해, 신속히 지불하면 현금할인을 제공하는 것이 보통이다. 예를 들어, 제조업자는 30일 이내에 지불을 요구하지만 10일 이내에 지불하는 고객에게 5% 할인을 제공할 수 있다. 이 조건을 5/10, 순 30이라고 한다.

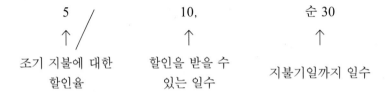

이와 유사하게 회사가 2/30, 순 60의 조건으로 상품을 판매할 때 고객은 30일 이내에 지불하면 2% 할인을 받지만, 60일 이내에는 전액을 지불해야 한다. 조건이 단순히 순 30이라면 이 고객은 송장일(invoice date) 30일 이내에 지불해야 하고 일찍 지불해도 할인은 없다.

20.2 셀프테스트

회사가 2/10, 순 20의 조건으로 상품을 판매한다고 가정하자. 5월 1일에 당신은 회사로부터 송장금액이 $20,000인 상품을 구매한다. 현금할인을 받는다면 얼마를 지불해야 하는가? 현금할인을 받을 수 있는 마지막 날짜는 언제인가? 현금할인을 받지 않는다면 언제까지 지불해야 하는가?

정기적으로 구매하는 많은 항목을 인도 때마다 분리하여 대금을 지급하는 것은 불편하다. 공통의 해결책은 한 달 동안 모든 판매액을 월말(end of month：EOM)에 발생하는 것으로 간주하는 것이다. 이와 같이 상품은 순 10 EOM의 조건으로 판매될 수 있다. 이 경우 고객에게 해당 월말에서 10일 이내에 대금을 지불해야 한다는 것이다.

회사가 신용으로 구매한다는 것은 사실상 판매업자로부터 차입하는 것이다. 이는 오늘의 현금 수요를 줄여주지만, 나중에 지불해야만 한다. 따라서, 이는 판매업자로부터 받는 암묵적인 대출이다. 물론 공짜라면 대출은 항상 받을 가치가 있다. 그러나 현금할인을 받지 못한다면 그 대출은 매우 비싼 것으로 판명될 수 있다. 예를 들어 3/10, 순 30의 조건으로 구매한 고객이 현금할인을 포기하고 30일째 지불한다고 하자. 이 고객은 매입 이후 지불을 10일에서 30일로 연기함으로써 추가로 20일간의 신용을 얻지만, 상품에 대해 약 3%를 더 지불해야 한다. 이는 1년에 74.3%의 이자율로 돈을 빌리는 것과 같다. 그 이유를 살펴보기 위해 $100의 주문을 고려해보자. 회사가 10일 이내에 지불한다면 3% 할인을 얻고 단지 $97를 지급한다. 30일 전부를 기다리면 $100를 지불한다. 추가로 20일의 신용을 갖는 것은 3/97=0.0309, 즉 3.09%만큼 지불액이 증가한다. 따라서 거래신용을 연장하는 데 부과된 내재 이자는 20일에 3.09%이다. 1년 동안 365/20=18.25의 20일 기간이 존재한다. 따라서, 이 대출에 대한 실효연간이자율은 $(1.0309)^{18.25}-1=0.743$, 즉 74.3%이다.

현금할인을 받지 않은 고객의 내재 연간 이자율을 계산하는 일반식은 다음과 같다.

$$실효연간이자율 = \left(1 + \frac{할인액}{할인가격}\right)^{365/추가신용일} - 1 \tag{20.1}$$

할인액을 할인가격으로 나눈 것은 할인을 받지 않는 고객이 지불하는 금액의 백분율 증가액이다. 위 예에서 3/10, 순 30의 조건에서 가격의 백분율 증가는 3/97 = 0.0309, 즉 3.09%이다. 이것이 기간당 내재이자율이다. 대출기간은 할인을 받지 않고 얻을 수 있는 추가 신용일수이다. 위 예에서 이것은 20일이다. 이 이자율을 연율화하기 위해 1년 중 기간 일수로 기간당 이자율을 복리 계산한다.

물론, 30일을 넘어서까지 지불을 연기하는 기업은 더 싼 대출을 얻지만, 신용도에 손상을 입는다.

예제 **20.1** ▶ **거래신용 이자율**

대금을 일찍 지불하는 데 대한 할인이 5/10, 순 60이라면 거래신용에 대한 내재적 이자율은 얼마인가?

이 경우 현금할인이 5%이고 할인을 받지 않기로 한 고객은 추가로 60−10=50일의 신용을 받는다. 따라서 실효연간이자율은 다음과 같다.

$$실효연간이자율 = \left(1 + \frac{할인액}{할인가격}\right)^{365/추가신용일} - 1$$
$$= \left(1 + \frac{5}{95}\right)^{365/50} - 1 = 0.454 \text{ 또는 } 45.4\%$$

이 경우, 할인을 받지 않은 고객은 결과적으로 45.4%의 연간 이자율로 돈을 빌리는 것이다. ■

여러분은 거래신용에 대한 실효이자율이 왜 그렇게 높은가 하는 의문을 가질 수 있다. 높은 실효이자율하에 구매자 대부분은 조기에 지불하여 할인을 받는 것을 선택할 것이다. 할인을 받지 않는 구매자는 아마도 현금이 궁할 것이다. 이러한 기업에는 높은 이자를 부과하는 것이 타당하다.

20.3 **셀프테스트**

예제 20.1에서 판매조건이 5/10, 순 50이라면 실효연간이자율은 얼마인가? 이자율이 왜 더 높아지는가?

신용계약

판매조건은 신용의 액수를 정하기는 하지만, 계약의 본질을 정하는 것은 아니다. 반복되는 판매는 거의 항상 **청산계정**(open account)으로 이루어지고 암묵적 계약만을 포함한다. 단순히 판매자의 장부에 기록하고 구매자는 영수증에 사인할 뿐이다.

때로는 물품을 인도하기 전에 구매자에게서 확실한 약속을 받고 싶어 할지도 모른다. 이 경우 일반적인 절차는 **상업어음**(commercial draft)을 받는 것이다. 이는 단순히 지급 명령(order to pay)을 나타내는 용어일 뿐이다.[1] 그 과정은 다음과 같다. 판매자는 고객에게 지급을 명령하는 어음을 준비하여 고객의 은행에 송부한다. 즉각적인 지불이 요구

청산계정
일반적인 대출계약 없이 실행된 신용 판매 계약.

---

1) 예를 들어, 수표는 어음의 한 예이다. 당신이 수표를 발행하는 것은 은행에 지급을 지시하는 것이다.

되는 어음을 일람부어음(sight draft)이라 한다. 그렇지 않으면 기한부어음(time draft)이라 한다. 이것이 일람부어음인가 기한부어음인가에 따라 고객은 은행에게 지불하도록 하거나, "인수(accepted)"란 말과 서명을 써넣어 채무를 승인한다. 일단 인수되면, 기한부어음은 앞으로 현금화가 가능한 수표(postdated check)와 같고 이는 수출인수어음(trade acceptance)이라 불린다. 이 수출인수어음은 이제 판매자에게 전달되고, 판매자는 지급 기한이 될 때까지 그것을 보유한다.

고객의 신용이 위태로우면, 판매자는 고객에게 고객의 은행이 기한부어음을 인수하도록 하라고 요구하며, 이 경우 은행은 고객의 채무를 보증한다. 이 어음을 은행인수어음(banker's acceptance)이라 한다. 은행인수어음은 무역에서 흔히 사용된다. 이는 단기 고품질 채권 시장인 단기금융시장(money market)에서 활발하게 매매된다.

신용분석

신용분석
고객이 부채를 지불할 것 같은지 결정하는 절차.

신용분석(credit analysis)은 고객이 부채를 지불할지 여부에 대한 판단을 구하는 것이다. 가장 명백한 지표는 그들이 과거에 빨리 지불했는지 여부이다. 신속한 지불은 대개 좋은 징조이지만, 적은 액수를 잘 지불하여 높은 신용한도를 정하도록 하고 나서 많은 미지급 대금을 남겨놓고 사라져버리는 고객을 주의해야 한다.

새로운 고객에 대해서는 신용평가기관(credit agency)에 확인해 볼 수 있다. 던 앤 브래드스트리트(Dun & Bradstreet)는 지금까지 신용평가기관 중 가장 큰 기관으로서 국내외 수많은 기업에 대한 신용등급을 제공하고 있다. 던 앤 브래드스트리트는 신용등급 서비스 외에도 요청에 따라 잠재 고객에 대한 포괄적인 신용보고서를 제공하고 있다.

신용평가기관은 보통 다른 기업이 당신의 고객과 가졌던 경험을 보고한다. 그러나 당신이 이들 기업과 직접 접촉하거나 개인신용조회회사(credit bureau)를 통해서도 이러한 정보를 얻을 수도 있다.

또한 당신 은행이 신용점수를 확인할 수도 있다. 은행은 고객의 은행과 접촉하여 고객의 평균 은행 잔고, 은행 신용의 접근성, 그리고 일반적인 평판에 대한 정보를 얻을 것이다.

고객의 은행에 확인하는 것 외에도 금융계의 다른 사람들이 고객의 신용에 대해 어떻게 생각하는지를 확인하는 것도 의미가 있다. 이같은 일에 큰 비용이 들 것 같은가? 고객이 공개기업이면 그렇지 않다. 왜냐하면 단지 고객 채권에 대한 무디스(Moody's)나 스탠다드 앤 푸어스(Standard & Poor's)의 등급을 보면 되기 때문이다.[2] 또한 고객 채권의 가격을 다른 기업의 채권과 비교해 볼 수 있기 때문이다. (물론, 비슷한 만기와 액면이자 등을 갖는 채권을 비교해야 한다.)

당신이 다른 사람들의 판단에 의존하고 싶지 않다면, 직접 평가할 수 있다. 이상적으로는 회사의 사업전망과 자금조달에 대해 자세히 분석해야 하지만, 이는 대개 비용이 매우 많이 든다. 따라서 신용분석가는 회사가 신용이 좋은지를 판단하기 위해 재무제표를 중심으로 경험법칙을 적용한다. 경험법칙은 재무비율에 바탕을 둔다. 4장에서 이러한 비율을 어떻게 계산하고 해석하는지를 설명하였다.

신용평점   신용위험을 분석하는 것은 탐정 일과 같다. 즉 많은 실마리를 갖게 된다. 이 중 어떤 것은 중요하고, 어떤 것은 패턴에 잘 맞고, 어떤 것은 모순된다. 전반적인 판단을 하려면 이러한 실마리를 저울질해야 한다.

신용평가 관리자는 소액의 정기 고객에 대해서는 흔히 신용의 5C라고 하는 사항을 판단함으로써 이 과정을 비공식적으로 쉽게 다룰 수 있다.

1. 고객의 특성(Character)

---

2) 6장의 6.6절에서 채권등급평가를 설명한 바 있다.

2. 고객의 지급능력(Capacity)

3. 고객의 자본(Capital)

4. 고객이 제공하는 담보(Collateral)[3]

5. 고객 사업의 상태(Condition)

회사가 고객들이나 많은 소형 거래계좌를 직접 다룰 때에 이를 간소화하는 것은 필수적이다. 이 경우 신용 신청자를 거르기 위해 평점제도를 사용하는 것이 타당하다.

여러분이 신용카드나 은행 대출을 신청한다면 직업과 주택, 재무상태에 대해 상세한 질문을 받을 것이다. 여러분이 제공한 정보는 모두 신용평점을 계산하는 데 사용된다.[4] 평점이 등급에 들지 못한 신청자는 신용이 거절되거나 좀 더 자세한 분석을 받아야 한다. 유사한 방식으로 은행과 기업의 신용평가 부서는 잠재적 상업고객의 재무건전성을 평가하기 위해 기계적인 신용평점제도를 사용한다.

당신이 고객의 신용을 확대하는 것이 타당한지를 결정하는 데 사용할 신용평점제도를 개발하는 임무를 맡았다고 가정하자. 당신은 지난 40년 동안 파산한 기업과 생존한 기업의 재무제표를 비교하는 것으로 시작할 것이다. 그림 20.4는 그 결과를 보여준다. 패널 a는 기업이 파산하기 4년 전에도 생존 기업보다 훨씬 낮은(사실 음(−)의 값) 총자산이익률(ROA)을 벌어들였다는 것을 보여준다. 패널 b에 의하면 그들은 평균적으로 높은 부채 대 자산 비율을 가지고 있었으며, 패널 c에 의하면 그들의 EBITDA(이자 및 세금, 감가상각 차감전 이익)는 총부채에 비해 상대적으로 낮았다. 이와 같이 파산한 기업은 수익이 낮고(낮은 ROA), 부채가 더 높았으며(높은 자산대비부채), 상대적으로 적은 현금을 창출하였다(낮은 부채대비 EBITDA 비율). 각각의 경우에서 모두 회사의 재무 건전성 지표들은 파산이 가까워지면서 점차 나빠졌다.

개별 비율에 초점을 맞추는 대신 한 개의 점수로 비율을 결합시키는 것은 타당하다. 은행과 컨설팅회사는 결합된 신용점수를 발전시키기 위한 다양한 통계학적 기술을 적용하였다. 예를 들어, 초기의 방법이기는 하지만 아직도 널리 사용되는 유명한 Z−스코어 모형은 에드워드 알트만(Edward Altman)에 의해 개발되었는데, 무일푼의 염소에게서 신용도가 높은 양을 분리하기 위해 다변량 판별분석을 사용한다.[5]

이러한 모든 채무불이행 통계 모형에서 사용자는 재무적 곤경이 다가오고 있음을 나타낼 수 있다고 의심되는 여러 변수를 선택한 다음, 더 나은 통계 기법을 사용하여 어떤 회사가 채무불이행 상태가 되고 파산이 될지 가장 잘 예측하는 변수 조합을 발견한다. 다른 접근방식은 기업이 부채상환을 계속하기 위해 노력하기보다는 채무불이행을 선택할 때까지 기업 자산의 시장가치가 하락할 확률을 측정하는 것이다. 자산의 현재가치와 매년 그 가치가 얼마나 변하는지 알고 있다면, 자산가치가 채무불이행에 도달할 가능성을 추정할 수 있다.[6]

신용결정

지금까지 효율적인 신용관리로 가는 처음 세 단계를 거쳤다. 정리하면, 먼저 판매조건을 정하고, 그 다음 청산계정으로 팔 것인지 아니면 고객에게 IOU(차용증서)에 서명하도록 요구할 것인지를 결정하였다. 그리고 각 고객이 지불할 확률을 추정하는 절차를 만들었

---

3) 예를 들어 고객은 담보로 채권을 제공할 수 있다. 이 고객이 지불하지 못하면 판매자가 채권을 압류할 수 있다.

4) 가장 일반적으로 사용되는 소비자 신용평점은 3개의 주요 신용조사기관인 Experian, Trans Union, 또는 Equifax 중 하나가 제공한 자료를 이용한 FICO 평점이다.

5) E. I. Altman, "Financial Ratios and the Prediction of Corporate Bankruptcy," *Journal of Finance* 23 (September 1968), pp. 589-609을 참조하라.

6) 이러한 아이디어를 발전시킨 모형은 최초의 고안자인 로버트 머튼 이후 "머튼 모형"으로 불린다. R.C. Merton, "On the Pricing of Corporate Debt: The Risk Structure of Interest Rates," *Journal of Finance* 29 (1974), pp. 449-470을 참조하라.

신용정책
고객에게 확장하기 위한 신용의 양과
본질을 결정하는 표본집합.

다. 다음 단계는 **신용정책**(credit policy)을 결정하는 것이다.

반복 주문의 가능성이 없다면, 신용결정은 상대적으로 단순하다. 그림 20.5는 선택할 수 있는 대안을 요약한다. 하나는 신용을 거절하고 판매를 포기하는 것이다. 이 경우 이

그림 20.4 파산기업과 파산하지 않은 기업의 재무비율

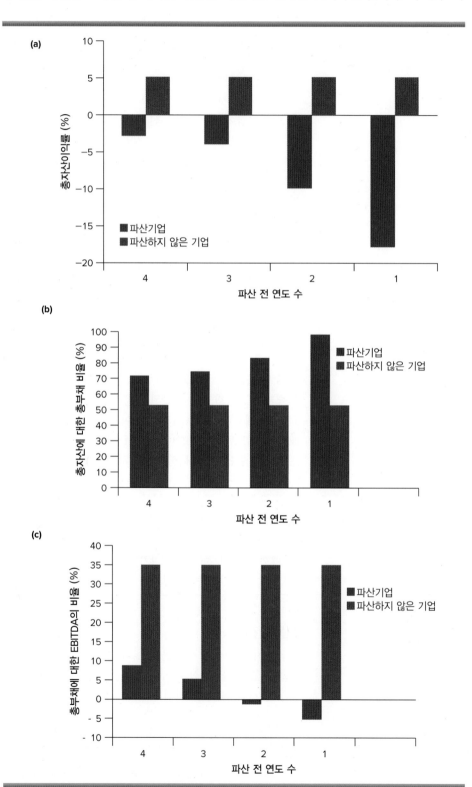

출처: W. H. Beaver, M. F. McNichols, and J.−W. Rhie, "Have Financial Statements Become Less Informative? Evidence from the Ability of Financial Ratios to Predict Bankruptcy," *Review of Accounting Studies* 10 (2005), pp. 93–122.

그림 20.5 신용을 제공하지 않으면, 이익이나 손실은 없다. 신용을 제공하면, 고객이 지불하여 REV-COST가 발생할 확률 p와 고객이 지불하지 않아 COST를 손해볼 확률 $(1-p)$가 있다.

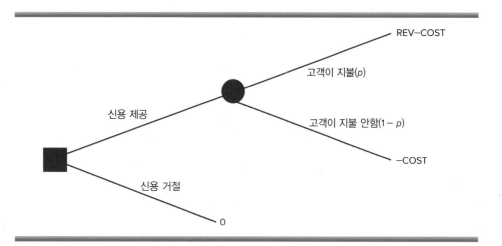

익이나 손실을 보지 않는다. 다른 대안은 신용을 제공하는 것이다. 신용을 제공하고 고객이 지불하면, 판매에서 마진(margin)만큼 이득을 얻는다. 고객이 채무불이행 상태가 되면, 인도된 상품의 원가만큼 손실을 본다. **신용을 제공하는 결정은 고객이 지불할 확률에 달려 있다. 신용을 제공하는 것의 기대이익이 거절하는 것의 이익보다 크면 신용을 제공해야 한다.**

고객이 지불할 확률을 p라 하자. 고객이 지불한다면, 당신은 추가 이익(REV)을 올리고 생산하는 데 비용이 든 상품을 인도한다. 이 경우 순이득은 REV-COST의 현재가치이다. 불행히도, 당신은 고객이 지불할 것인지를 확신할 수 없다. 왜냐하면 채무를 불이행할 확률 $(1-p)$가 있기 때문이다. 채무불이행은 아무것도 받지 못하면서 인도된 상품의 원가를 추가로 부담한다는 것을 의미한다. 따라서, 두 조치로부터의 기대이익[7]은 다음과 같다.

행동	기대이익
신용 거절:	0
신용 제공:	$p \times \text{PV(REV - COST)} - (1-p) \times \text{PV(COST)}$

신용을 제공하는 것의 기대이익이 양(+)의 값이면 신용을 제공해야 한다.

예제 **20.2 ▶** **신용결정**

캐스트 아이언 컴퍼니(Cast Iron Company)의 경우를 보자. 캐스트 아이언은 연체되지 않은 각 신용판매에서 현재가치가 $1,200인 수입을 얻고 현재가치가 $1,000인 원가를 부담한다. 따라서, 이 회사가 신용판매를 한다면 기대이익은 다음과 같다.

$$p \times \text{PV(REV - COST)} - (1-p) \times \text{PV(COST)} = p \times 200 - (1-p) \times 1,000$$

수금확률이 5/6이라면, 캐스트 아이언은 손익이 같아지는 것을 기대할 수 있다.

$$기대이익 = 5/6 \times 200 - (1 - 5/6) \times 1,000 = 0$$

이와 같이 캐스트 아이언의 정책은 수금확률이 5/6 이상이면 신용을 제공해야 한다. ∎

이 예에서 수금확률이 5/6 이상이면, 신용을 제공하는 것의 순현재가치는 0보다 크다. 일반적으로 손익분기 확률은 다음의 등식에서 신용을 제공하는 것의 순현재가치를 0으

---

7) 원가와 매출액의 현재가치를 사용한다는 것에 주목하라. 이는 때때로 발생한 원가와 창출된 매출액 사이에 상당한 시차가 있기 때문이다. 또한, 우리는 의사결정의 "기대이익"을 언급하는 관행을 따르기는 하지만, 사실 기대이익의 식은 신용을 제공하는 결정의 순현재가치임이 틀림없다. 1장에서 강조한 바와 같이 재무관리자의 임무는 회계적 이익을 극대화하는 것이 아니고, 가치를 증가시키는 것이다.

로 놓고 p에 대해 풀면 구할 수 있다.

$$p \times \text{PV(REV} - \text{COST)} - (1-p) \times \text{PV(COST)} = 0$$

이를 풀면, 손익분기 확률은 단순히 매출에 대한 원가의 현재가치 비율이다.

$$p = \frac{\text{PV(COST)}}{\text{PV(REV)}}$$

이고, 채무불이행의 손익분기 확률은 다음과 같다.

$$(1-p) = 1 - \text{PV(COST)}/\text{PV(REV)} = \text{PV(PROFIT)}/\text{PV(REV)}$$

달리 말하면, 채무불이행의 손익분기 확률은 단순히 단위당 매출액에 대한 이익마진이다. 채무불이행 확률이 이익마진보다 크다면 신용을 제공해서는 안 된다.

이것이 의미하는 바를 생각해 보라. 이익마진이 작은 기업은 위험이 큰 고객에게 신용을 제공하는 것에 대해 신중해야 한다. 반면에 이익마진이 큰 기업은 의심스러운 고객을 받을 여유가 있을 수 있다.

20.4 셀프테스트

신용판매 매출액의 현재가치가 $1,200이 아니라 $1,100이라면 손익분기 수금확률은 얼마인가? 손익분기 수금확률은 왜 증가하는가? 답을 보고 이익마진이 큰 기업과 작은 기업 중 어떤 기업이 더 신용을 제공할 것 같은지를 판단하시오.

지금까지는 주문이 반복될 가능성을 무시하였다. 그러나 오늘 신용을 주는 이유 중 하나는 좋은 정기고객을 얻고자 하는 것이다.

새로운 고객이 캐스트 아이언에게 신용을 확대해 달라고 요구했다고 하자. 당신은 이 기업에 대한 정보를 거의 얻을 수 없고, 수금확률이 0.8보다 크지 않다고 믿고 있다. 신용을 제공한다면, 이 주문에 대한 기대이익은 다음과 같은 음(−)의 값이다.

$$\text{처음 주문에 대한 기대이익} = p \times \text{PV(REV} - \text{COST)} - (1-p) \times \text{PV(COST)}$$
$$= (0.8 \times 200) - (0.2 \times 1,000) = -\$40$$

당신은 신용을 제공하지 않기로 결정한다. 주문이 반복될 가능성이 없다면, 이는 올바른 결정이다. 그러나 이제 미래를 생각해 보라. 고객이 다 지불한다면, 다음해에 재주문이 있을 것이다. 일단 지불하면, 이 고객의 위험은 작은 것으로 간주될 것이다. 이러한 이유로 모든 반복 주문은 수익성이 매우 높다.

10장을 다시 생각해 보자. 그러면 신용결정이 실물옵션에 대한 논의와 비슷한 점이 많다는 것을 인지하게 될 것이다. 지금 신용을 제공함으로써 회사는 잠재적으로 수익성 있는 반복 판매 전체에 대해 신용을 제공하는 옵션을 갖는 것이다. 이러한 옵션은 매우 가치가 있어 신용을 제공하는 쪽으로 우호적인 의사결정을 할 수 있다. 전망이 의심스럽다 하더라도 수익성 있는 꾸준한 고객으로 발전할 가능성이 있다면 초기에 약간의 신용을 제공해도 좋다.

예제 **20.3 ▶** **반복 주문이 있는 신용결정**

구체적인 예를 들고자 극단적인 경우를 생각해 보자. 만일 첫 판매에 대해 고객이 모두 지불한다면, 당신은 완전히 믿을만한 정기 고객을 확보했다고 확신할 수 있다고 가정하자. 이 경우 고객의 가치는 일회성 주문에 대한 수익성이 아니라 일련의 반복 구매로부터 얻게 되는 이익 전체이다.

예를 들어, 고객이 캐스트 아이언에서 1년에 한 번 구매한다고 하자. 할인율이 10%이고 매 주문의 이익이 연간 $200이라면, 좋은 고객과 거래함으로써 얻는 영원한 흐름의 현재가치는 $200이 아니라 $200/0.10＝$2,000 이다. 캐스트 아이언이 $2,000의 가치가 있는 좋은 고객을 확보할 확률을 p라고 하자. 고객이 채무를 불이행하여 한번 $1,000의 손실을 줄 확률은 $(1-p)$이다. 따라서, 우리가 유수한 고객을 영원히 확보하는 이익을 인지한다면, 신용제공으로부터의 기대이익은 다음과 같다.

$$기대이익＝(p \times 2,000)-(1-p) \times 1,000$$

수금확률이 0.33보다 높으면 기대이익은 0보다 크다. 따라서, 손익분기 확률은 5/6에서 1/3로 떨어진다. **처음 매출이 수익성 있는 반복 매출로 이어진다면, 회사는 최초 구매에 대해 신용을 제공하려 할 것이다.** ■

20.5 │ 셀프테스트

손익분기 확률이 할인율에 따라 어떻게 변하는가? 예제 20.3에서 할인율이 20%라면 어떻게 되는가? 여러분의 답은 어떤 직관이 있는가?

물론 현실 상황은 일반적으로 우리의 단순한 예보다 훨씬 복잡하다. 고객은 전적으로 나쁘거나 좋거나 하지 않다. 많은 사람이 일관되게 늦게 지불한다. 즉 돈을 받기는 하지만, 그것을 수금하는 데 좀 더 비용이 들어가고 몇 개월 동안 이자를 손해 보게 된다. 게다가 고객이 지불할 확률을 추정하는 것은 정확한 과학과는 동떨어져 있고, 반복 판매에는 불확실성이 존재한다. 반면에 고객이 더 많은 사업기회를 줄 수도 있으나, 그것을 확신할 수 없고 그가 당신에게서 얼마나 오랫동안 지속적으로 구매할 것인지에 대해 알 수 없다.

신용할당은 거의 모든 재무결정처럼 상당한 판단력이 있어야 한다. 다음 예는 기계적인 공식보다 훨씬 더 복잡한 문제들을 상기시켜 주려고 고안되었다. 기억해야 할 기본적 사항들은 다음과 같다.

1. **이익극대화.** 신용관리자의 업무는 불량 계좌의 수를 최소화하는 것이 아니라, 이익을 극대화하는 것이다. 즉, 상충관계(trade-off)에 직면한다. 일어날 수 있는 최선의 상황은 고객이 신속히 지불하는 것이며 최악은 채무를 이행하지 않는 것이다. 최선의 경우 회사는 추가 수입에서 추가 비용을 뺀 전액을 받는다. 최악의 경우 회사는 아무것도 받지 못하고 원가를 잃게 된다. 이 두 결과의 확률을 비교해야 한다. 이익마진이 크다면 관대한 신용정책이 타당하다. 이익마진이 작다면, 많은 악성 채무를 감당할 수 없다.

2. **위험한 계좌에 집중하기.** 모든 신용결정을 분석하는 데 똑같은 노력을 허비해서는 안 된다. 신용 요청이 작거나 명백하다면 대개 일상적으로 결정해야 한다. 신용 요청이 크거나 의심스러우면 신용평가를 자세히 하는 것이 낫다. 대부분의 신용관리자는 주문마다 신용결정을 하지 않으며, 대신 각 고객의 신용한도를 설정한다. 판매담당자는 고객이 이 한도를 초과할 때만 주문 승인을 신청한다.

3. **현재 주문 이후를 살펴보라.** 고객이 정기적이고 안정적인 구매자가 될 가능성이 있다면 때로는 상대적으로 큰 위험도 받아들일 가치가 있다. (이것이 신용카드 회사가 정해진 신용기준까지 점수를 딸 수 있는 대학생이 거의 없다 할지라도 이들을 열심히 가입시키려고 하는 이유이다.) 신규 사업에 대해서는 운영 중인 사업보다 더 많은 악성 채무를 부담할 준비가 되어 있어야 한다. 왜냐하면 이들 사업은 위험이 작은 고객들과 아직 관계를 형성하지 못했기 때문이다. 이는 우수고객 명단을 확보해가는 비용의 일부이다.

수금정책

모든 고객이 대금을 만기까지 지불하면 좋을 것이다. 그러나 그들은 그렇지 않다. 그리고 여러분도 또한 외상매입금을 때때로 "연기"하기 때문에 그들을 비난할 수 없다.

고객이 늦게 지불하면 기업은 두 가지 비용을 부담한다. 먼저, 수금하는데 더 많은 자원을 소비한다. 또한 운전자본에도 더 많이 투자해야 한다. 외상매출금은 평균수금기간(또는 평균외상매출금일수)에 비례한다는 4장의 내용을 기억하라.

$$외상매출금 = 일일 \ 매출액 \times 평균수금기간$$

고객이 외상매입금을 연기하면 기업 입장에서는 수금기간이 길어지고 외상매출금에 더 많이 투자하게 된다. 따라서 **수금정책**(collection policy)이 필요한 이유이다.

신용관리자는 각 고객의 수금 기록을 보유관리한다. 관리자는 외상매출금의 경과일 수 표를 작성하여 만기가 지난 대금을 감시한다. 외상매출금 **채무명세서**(aging schedule)는 외상매출금을 경과기일에 따라 분류한다. 이것은 대략 표 20.2와 같다. 예를 들어, 표에서 고객 A는 당기에 완전히 갚는다. 1개월이 넘는 외상이 없다. 그러나 고객 Z는 3개월 이상 지난 외상이 $15,000이 있는 것처럼 문제가 존재한다.

수금정책
외상매출금을 수금하고 감시하기 위한 절차.

채무명세서
시기별 외상매출금 계좌의 분류.

20.6 셀프테스트

1/10 순 45의 조건으로 상품을 구매한 고객이 항상 현금할인을 받지 않고 판매 후 45일째에 지불한다고 하자. 이 회사가 보통 $10,000의 상품을 1개월 동안 고르게 구매한다면 채무명세서는 어떻게 되는가?

고객이 연체할 때 정상적인 절차는 청구서(statement of account)를 먼저 보내고 시간 간격을 두고 점차 독촉하는 이메일, 편지나 전화를 한다. 이 중 아무것도 효과가 없다면 대부분의 기업은 부채를 수금기관 또는 변호사에게 넘긴다.

대기업은 기록을 보관하고 청구하는 등 규모의 경제를 가질 수 있지만, 소기업은 신용 활동을 완전히 뒷받침하지는 못한다. 그러나 그 업무의 일부를 팩터(factor)에게 넘겨 다소나마 규모의 경제를 얻을 수 있다. 팩터와 의뢰 기업은 각 고객의 신용한도에 합의하고, 의뢰 기업은 각 고객에게 팩터가 이 부채(즉 거래신용)를 구입했다는 것을 통지한다. 팩터는 이후 대금을 수금하는 책임(과 위험)을 지며, 의뢰 기업에게 송장 가치에서 1~2% 수수료를 차감한 값을 지불한다. 팩터링은 기업이 부채를 수금해야 하는 번거로움을 덜어줄 뿐만 아니라 사전에 자금을 제공함으로써 단기 자본의 귀중한 원천을 제공할 수도 있다.

팩터링은 유럽에서 상당히 보편화되어 있지만 미국에서 채무추심의 일부만 차지한다. 의류나 장난감과 같은 산업에서 가장 일반적이다. 이들은 서로 장기적인 관계가 없는 많은 소규모 생산자와 소매업체가 특징이다. 팩터는 많은 제조업체를 위해 전문적으로 수금하는 데서 오는 규모의 경제를 얻는 것 외에 개별 기업보다 훨씬 많은 거래를 볼 수 있

표 20.2 외상매출금의 채무명세서

고객성명	1개월 미만	1~2개월	2~3개월	3개월 이상	외상 총계
A	$ 10,000	$ 0	$ 0	$ 0	$ 10,000
B	8,000	3,000	0	0	11,000
·	·	·	·	·	·
·	·	·	·	·	·
·	·	·	·	·	·
Z	5,000	4,000	6,000	15,000	30,000
합계	$200,000	$40,000	$15,000	$43,000	$298,000

기 때문에 개별 고객의 신용도를 더 잘 판단할 수 있는 위치에 있다.[8]

수금부서와 판매부서 간에는 잠재적인 이해 상충이 항상 일어난다. 일반적으로 판매책임자는 수금부서가 위협적인 편지로 고객을 놀라게 하여 고객이 줄어든다고 불평한다. 한편, 수금관리자는 판매부서가 주문받는 것에만 관심이 있고 대금이 최종 수금되는지에 대해서는 관심이 없다는 것을 안타까워한다. 이러한 상충은 1장에서 소개한 대리인문제의 또 다른 예이다. **좋은 수금정책은 상충하는 목표 사이에 균형을 유지한다. 회사는 고객과 우호적인 관계를 갖고 싶어할 뿐만 아니라, 고객이 대금을 제때 지불하는 것 또한 원한다.**

판매관리자와 수금을 염려하는 재무관리자가 협조한 다음의 실제 예를 살펴보자. 주요 제약업체의 전문 화학부서는 갑자기 은행에서 거래가 끊긴 중요 고객에게 사업대출을 해 주었다. 제약회사는 고객의 은행보다 고객을 더 잘 안다고 자신했다. 결과적으로 제약회사가 옳았다. 고객은 다른 은행 대출을 얻게 되었고 제약회사에 상환하였으며, 더욱 충성스런 고객이 되었다. 이것은 재무관리가 판매를 뒷받침한 좋은 예이다.

이러한 방식으로 판매자가 사업대출을 하는 것은 흔치 않지만, 그들은 대금 지불을 늦추도록 허용할 때마다 간접적으로 돈을 빌려준다. 거래신용은 은행대출을 얻을 수 없는 가난한 고객에게 중요한 자금 원천이 될 수 있다. 그러나 이는 중요한 질문을 불러일으킨다. 즉 은행이 대출을 꺼린다면 판매업자가 거래신용을 계속 확장하는 것이 타당한가? 이것이 타당할 수 있는 두 가지 이유가 있다. 첫째, 제약회사의 경우처럼 고객의 영업에 대해 은행보다 더 많은 정보를 가질 수 있다. 둘째, 현재 거래의 이후를 살펴보고, 고객이 영업을 그만둔다면 수익성 있는 미래 매출을 잃을 수 있다는 것을 인식할 필요가 있다.[9]

20.3 재고자산관리

두 번째 중요한 유동자산은 재고자산이다. 재고자산은 원자재와 재고품, 판매와 선적을 기다리는 완제품으로 구성된다. 기업이 이러한 재고자산을 보유할 의무는 없다. 예를 들어, 기업은 원자재를 필요한 만큼 날마다 구매할 수도 있다. 그러면 적은 양을 주문하므로 더 높은 가격을 지불해야 할 것이다. 또 원자재가 적시에 배달되지 않는다면 생산이 지연될 위험이 있다. 기업은 당장 필요한 양보다 더 많이 주문하여 이러한 위험을 피할 수 있다. 유사하게 기업은 내일 판매될 것이라고 예상되는 양만을 생산하여 완성품 재고를 갖지 않을 수 있다. 그러나 이것도 위험한 전략일 수 있다. 적은 양의 완성품 재고를 보유하는 생산업자는 수요가 갑자기 많아지면 주문을 충당하지 못할 가능성이 크다. 반대로 완성품 재고가 많으면 장기적이고 더욱 경제적인 생산을 할 수가 있다.

그러나 이러한 이익에 대해 재고를 보유하는 데 따르는 비용이 있다. 이것을 재고 보유비용(carrying cost)이라 한다. 예를 들어, 재고자산에 묶인 돈은 이자를 벌지 못하며 보관비와 보험료를 지불해야 한다. 파손되거나 노후화될 위험성도 있다. 따라서, 생산관리자는 재고자산을 유지하는 편익과 비용 간의 적절한 균형을 취할 필요가 있다.

| 예제 | **20.4** ▶ | **재고자산 관리** |

여기 간단한 재고자산 문제가 있다. 애크론 와이어 프로덕트(Akron Wire Products)는 연간 255,000톤의 와이

---

8) 요점은 S. L. Mian and C. W. Smith Jr., "Accounts Receivable Management Policy: Theory and Evidence," *Journal of Finance* 47 (March 1992), pp. 169-200에 나와 있다.

9) 물론, 은행 또한 이 고객과 영업을 계속할 가능성을 인식해야 한다. 따라서 질문은 이 고객의 지속적인 번영이 판매업자에게 더 중요한가이다. 거래신용의 수요와 공급의 결정요인에 대한 몇 가지 증거는 M. A. Petersen and R. G. Rajan, "Trade Credit: Theories and Evidence," *Review of Financial Studies* 10 (July 1997), pp. 661-691을 참조하라.

어를 사용한다. 이 회사가 제조업자에게 한 번에 Q톤을 주문한다고 하자. 배달 직전에 와이어 재고는 0이 된다. 배달 직후에는 Q톤의 재고를 갖는다. 따라서, 애크론의 와이어 재고는 대략 그림 20.6의 톱니 모양을 따른다.

재고를 보유하는 데 두 가지 비용이 있다. 첫째, 저장비용과 같은 재고보유비용과 재고에 묶이는 자본의 기회비용이 있다. 이들 비용이 톤당 연간 \$55로 환산된다고 하자. 두 번째 형태의 비용은 주문비용이다. 애크론이 제조업자에게 내는 주문마다 관리와 운송비용으로 \$450의 정해진 비용이 든다.

여기에 재고자산 문제의 핵심이 있다. 에크론이 주문 크기를 증가시키면, 주문 횟수는 줄어들고 평균 재고는 늘어난다. 그림 20.7은 비록 감소하는 비율로 주문 횟수와 관련된 비용이 감소하는 것을 보여주지만, 재고자산 크기와 관련된 보유비용은 증가한다. 주문비용의 감소가 보유비용의 증가보다 클 때는 주문 크기를 키우는 것이 좋다. 최적 재고정책은 이 두 효과가 정확히 상쇄되는 것이다. 예에서 이것은 연간 약 250회 주문하고(대략 작업일마다 한번 주문을 내는 것), 매 주문의 크기 $Q=2{,}043$톤일 때 발생한다. 최적 주문 크기(우리 예에서 2,043톤)를 경제적 주문량(economic order quantity: EOQ)이라고 한다.[10] ■

그림 20.6 간단한 재고자산 규칙. 회사는 재료의 재고가 소진될 때까지 기다려서 일정한 양을 다시 주문한다.

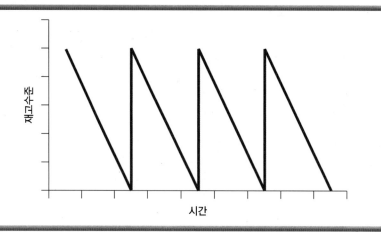

그림 20.7 재고자산의 주문 크기가 커짐에 따라 주문비용은 줄어들고 재고보유비용은 늘어난다. 주문비용의 절감액이 재고보유비용의 증가와 같을 때 총비용은 최소가 된다.

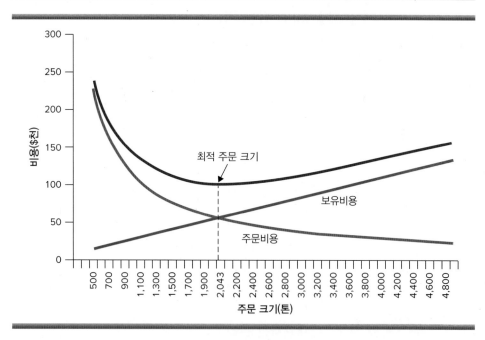

---

10) 우리의 예에서 기업이 일정한 비율로 다 사용할 때 경제적 주문량(EOQ)을 계산하는 간단한 공식이 있다. 이는

$$최적주문량 = Q = \sqrt{\frac{2 \times 판매량 \times 주문당\ 비용}{보유비용}}$$

$$위의\ 예에서\ Q = \sqrt{\frac{2 \times 255{,}000 \times 450}{55}} = 2{,}043톤$$

애크론 와이어의 경제적 주문량을 계산할 때, 우리는 몇 가지 비현실적인 가정을 하였다. 예를 들어, 대부분의 기업은 일정한 비율로 원자재 재고를 다 사용하지 않으며, 재고를 보충하기 전에 재고가 완전히 소진될 때까지 기다리지 않는다. 그러나 이 간단한 모형은 재고자산 관리의 몇 가지 중요한 특성을 보여준다.

- 최적 재고수준은 재고보유비용과 주문비용 간의 상충관계를 포함한다.
- 재고보유비용은 상품을 저장하는 비용뿐만 아니라 재고에 묶인 자본비용도 포함한다.
- 기업은 재고가 어떤 최소 수준에 도달하면 미리 정해진 양을 주문하여 보충하는 방식으로 재고자산을 관리할 수 있다.
- 재고보유비용이 높고 주문비용이 낮으면, 좀 더 자주 주문을 내고 낮은 수준의 재고를 유지하는 것이 타당하다. 주문비용이 크다면 많은 양의 주문을 원하고, 따라서 덜 빈번히 주문할 것이다.
- 재고수준은 매출액과 직접 비례하여 커지지 않는다. 매출액이 증가하면 최적 재고수준은 증가하지만, 비례하는 것보다는 작게 증가한다.

오늘날 기업은 이전보다 더 낮은 수준의 재고자산을 보유한다. 30년 전에 미국기업이 보유한 재고자산은 기업 자산의 12%에 해당하였다. 오늘날 이 수치는 이보다 적은 약 8%이다. 회사가 재고를 줄이는 한 가지 방법은 **저스트-인-타임 접근법**(just-in-time approach)을 적용하는 것이다. 저스트-인-타임 접근법은 일본의 토요타(Toyota)에 의해 시작되었다. 토요타는 그들이 필요한 만큼만 공급업자에게 주문을 내어 자동차 부품을 최소한도로 유지한다. 따라서, 공장에 부품을 전달하는 것은 하루 중 한 시간 정도의 짧은 시간 간격으로 이루어진다. 도요타는 이렇게 적은 재고자산을 가지고도 성공적으로 운영될 수 있다. 왜냐하면 이 회사는 파업과 교통체증, 또는 다른 위험이 부품의 흐름을 정지시켜 생산이 멈추지 않도록 하는 일련의 계획을 잘 실행하고 있기 때문이다. 미국의 많은 기업이 도요타의 예를 배워왔고 재고자산 투자액을 줄여왔다.

또한, 기업은 주문 생산을 함으로써 완성품 재고를 줄일 수 있다는 것을 알게 되었다. 예를 들어, 델컴퓨터(Dell Computer)는 완성품 재고를 많이 유지할 필요가 없다는 것을 알게 되었다. 고객은 어떤 성능의 PC를 원하는지 인터넷으로 주문할 수 있으며, 컴퓨터는 주문에 따라 조립되어 고객에게 배송된다.[11]

저스트-인-타임 접근법
공급업자에 의해 매우 빈번히 인도하고 원자재의 최소 재고를 요구하는 재고관리시스템.

20.4 현금관리

단기 증권은 이자를 주지만 현금은 그렇지 않다. 그런데 기업과 개인은 왜 현금과 요구불예금으로 수십억 달러를 보유하는가? 다시 말하면, 왜 모든 현금을 이자를 제공하는 증권에 투자하지 않는가? 물론 그 답은 현금이 증권보다 더 나은 유동성(liquidity)을 제공한다는 것이다. 여러분은 현금을 사용하여 물건을 살 수 있다. 뉴욕 택시 운전사에게 $20짜리 지폐를 잔돈으로 주는 것은 매우 어려운 일이지만, 그들에게 단기재정증권으로 쪼개는 것을 요청해 보라.

여러분이 여러분 부의 아주 작은 부분만을 현금으로 가지고 있을 때 약간의 현금을 추가로 가지면 매우 유용하다. 그러나 현금을 많이 가지고 있을 때는 추가 유동성의 가치는 크지 않다. 따라서 여러분은 재무관리자처럼 유동성의 한계가치와 포기하는 이자의 가치가 같아지는 수준까지 현금잔고를 보유하기를 원한다.

---

11) 저스트-인-타임과 수주생산(build-to-order)의 예는 다음 출처에서 인용한다. T. Murphy, "JIT When ASAP Isn't Good Enough," *Ward's Auto World*, May 1999, pp. 67-73; R. Schreffler, "Alive and Well," *Ward's Auto World*, May 1999, pp. 73-77; "A Long March: Mass Customization," *The Economist*, July 14, 2001, pp. 63-65.

현금과 단기증권 중에 선택할 때, 재무관리자는 생산관리자와 같은 일을 하게 된다. 결국, 현금은 사업에 필요한 또 다른 원자재이다. 많은 현금 "재고자산"을 보유하는 데는 비용과 편익이 있다. 현금이 증권에 투자된다면 이자를 벌 것이다. 그러나 이 증권을 청구서를 지불하는 데 사용할 수는 없다. 청구서를 지불할 필요가 있을 때마다 증권을 팔아야 한다면 많은 거래비용을 부담해야 할 것이다. 재무관리자는 현금의 재고를 유지하는 비용(이자 손실)을 편익(거래비용의 절감)과 비교해야 한다.

매우 큰 기업은 증권을 사고파는 거래비용이 유휴 현금잔고를 보유하는 기회비용과 비교하여 매우 작다. 이자율이 연간 3%, 즉 대략 일별 3/365=0.082%이라고 가정하자. 그러면 $100만로 벌어들이는 1일 이자는 0.000082×$1,000,000=$82이다. 거래비용이 관대한 금액인 거래당 $50라고 하더라도 $100만를 하룻밤 놀게 놔두는 것보다는 오늘 단기재정증권을 사서 내일 파는 것이 이익이 된다.

연간 약 $5,000억의 매출이 있는 월마트와 같은 기업은 일평균 현금 유입이 $500,000,000,000/365=$137,000만이다. 이러한 규모의 기업은 하루를 마칠 때 우연히 적은 액수의 현금만을 가지고 있지 않다면, 매일 하루에 한 번 증권을 사고판다.

은행은 이러한 기업들이 여유 현금을 투자하도록 돕는 여러 가지 방법을 개발해 왔다. 예를 들어, 그들은 잉여현금을 이자율이 더 높은 계좌로 자동"이체"하는 자동이체 프로그램(sweep program)을 제공한다. 그런데 이런 대기업들이 왜 이자를 주지 않는 계좌에 많은 양의 현금을 보유하는가? 두 가지 이유가 있다. 첫째, 은행이 제공하는 서비스에 대한 보상으로 이자를 주지 않는 계좌에 현금이 있을 수 있다. 둘째, 대기업은 많은 은행에 문자 그대로 수백 개의 계좌를 가지고 있을 수 있다. 모든 계좌를 매일 확인하여 계좌간에 날마다 계좌이체를 하는 것보다 일부 계좌에 유휴현금을 남겨두는 것이 종종 비용이 덜 든다.

은행계좌가 많아지는 한 가지 중요한 이유는 분산 경영이다. 자회사에 스스로 관리하는 운영의 자유를 주려면 현금을 사용하고 수금할 권리를 주어야만 한다. 그럼에도 불구하고, 좋은 현금관리는 어느 정도 집중화되어야 한다. 그룹에 속한 모든 자회사가 각자 현금을 관리한다면 전체로서 바람직한 현금재고를 유지할 수 없다. 관리자는 한 자회사가 5%로 빌리는데 다른 자회사는 여유자금을 3%에 투자하는 상황을 확실히 피하고 싶어한다. 따라서 고도로 분산된 기업에서조차 일반적으로 현금잔고와 은행 관계를 중앙 관리한다는 것은 놀라운 일이 아니다.

수표처리와 플로트

전통적으로 미국에서 대부분의 고액 청구서는 수표로 지불되었다. 그러나 수표처리 (Check Handing)는 번거롭고, 노동집약적인 작업이며 수표가 처리되는 데 며칠이 걸릴 수 있다. 예를 들어, 자동차 보험을 갱신하기 위해 $600의 수표를 발행하여 보험회사에 우편으로 보낸다고 가정하자. 하루 정도 지나고 나서 보험회사는 이 수표를 받아 은행계좌에 예치한다. 그러나 보험회사는 이 돈을 즉시 이용할 수 없다. 보험회사의 은행은 이 수표를 당신 은행에 보내 돈을 받기까지는 실제로 이 돈을 수중에 가지지 않을 것이다. 은행이 기다려야 하기 때문에, 보험회사도 기다려야 한다. 보통 하루 또는 이틀 영업일을 기다린다. 수표가 제출되고 결제될 때까지 이 $600는 당신의 은행계좌에 계속 남아있을 것이다.

우편으로 발송되고 아직 결제되지 않은 수표를 플로트(float)라고 한다. 위 예에서 플로트는 수표가 처음 보험회사에, 그 다음 보험회사의 은행으로, 그리고 최종적으로 당신의 은행으로 가는 동안 당신의 은행계좌에 $600가 계속 남아 있도록 해준다. 이것은 플로트를 놀라운 발명품처럼 보이게 하지만 불행히도 그것은 반대로도 작용한다. 어떤 사람이 당신에게 수표를 발행하면 그 돈을 쓰기 전에 수표를 예치하고 며칠을 기다려야 한다.

지난 몇 년 동안 연방법의 변화는 수금을 빠르게 하는 데 도움이 되었다. 보통 "Check 21"로 알려진 21세기를 위한 수표 청산법(Check Clearing for the 21st Century Act)은 은행이 서로 수표자체를 보내기 보다는 수표의 디지털 영상을 보내도록 허용하였다. 그 결과, 화물기와 트럭이 한 은행에서 다른 은행으로 수표 뭉치를 전달하려고 전국을 누빌 필요가 없어졌다. 대신 거의 모든 수표 청산이 이제 디지털 방식으로 이루어진다. 수표 전환(check conversion)으로 알려진 기술 혁신으로 수표 처리 비용도 절감되고 있다. 이 경우 수표를 작성하면 판매 시점에 은행계좌의 세부 정보와 지불 금액이 자동으로 캡처되고 수표는 당신에게 반환되고 은행계좌에서 돈이 즉시 인출된다.

수표를 많이 받는 기업은 가능한 한 빨리 현금을 이용할 수 있도록 하는 여러 방법을 고안해왔다. 예를 들어, 소매체인은 각 지점이 지역 은행의 수금계좌에 수금액을 예치하도록 할 수 있다. 그 뒤 잉여자금은 주기적으로 회사 주거래 은행의 **집중계좌**(concentration account)에 전자방식으로 이체된다. 집중 은행제도가 회사에 자금을 좀 더 빨리 이용할 수 있도록 하는 두 가지 이유가 있다. 첫째, 가게가 은행에 더 가까이 있기 때문에 이체 시간이 줄어든다. 둘째, 고객의 수표가 지역 은행에서 인출될 가능성이 크므로 이 수표를 결제하는 데 걸리는 시간이 줄어든다.

집중 은행제도는 흔히 **사서함제도**(lock-box system)와 함께 사용된다. 이 경우 기업은 고객에게 지급금을 지역 우편함에 보내도록 한다. 지역 은행은 사서함을 비우는 행정적인 일을 하고 이들 수표를 회사의 지역 예금계좌에 예치한다.

집중계좌
지역 은행 수금센터의 고객 예치금을 주거래 은행에 이체하는 제도.

사서함제도
고객이 우편함에 지급금을 보내고 지방은행이 수금하여 수표를 처리하는 제도.

예제 **20.5 ▶** **사서함제도**

당신이 사서함 개설을 고려하고 있다고 하자. 지역 은행은 당신에게 우편배달시간의 지도를 보여준다. 이것과 고객 위치로부터 다음 자료를 얻는다.

사서함에 수표가 들어오는 일평균 횟수	=150
수표의 평균 액수	=$1,200
일별 이자율	=0.02%
우편배달 시간의 절감	=1.2일
처리시간의 절감	=0.8일

이 자료에서 사서함은 플로트를 다음 액수만큼 감소시킨다.

일별 150건 × 건당 $1,200 × (1.2+0.8) 절감일=$360,000

이것을 일별 0.02%의 이자율로 투자하면, 매일 다음과 같은 수익을 제공한다.

0.0002 × $360,000=$72

사서함을 운영하는 은행수수료는 처리되는 수표의 수에 달려 있다. 은행이 수표당 $0.26을 부과한다고 가정하자. 이것은 매일 150 × $0.26=$39이 된다. 당신은 매일 $72-$39=$33을 얻고, 이외에도 기업이 수표를 직접 처리하지 않음으로써 절감하는 금액을 얻는다. ■

20.7 **셀프테스트**

다음 조건은 기업이 사서함 서비스에 지불하려고 하는 가격에 어떠한 영향을 주는가?

a. 평균 수금액의 크기가 증가한다.
b. (평균 수금액의 크기는 변화하지 않고) 일일 수금횟수가 증가한다.
c. 이자율이 상승한다.
d. 사서함제도로 절감되는 평균 우편시간이 증가한다.
e. 사서함제도로 절감되는 처리시간이 증가한다.

다른 지급 시스템

수표가 더 큰 구매대금을 지불하거나 다른 장소에 돈을 보내기 위한 유일한 방법은 아니다. 더 중요한 지급방법의 일부가 표 20.3에 나와 있다.

그림 20.8은 세계의 이러한 지급시스템의 사용을 비교한다. 국가마다 구매대금을 지불하는 방식에 큰 차이가 있다는 것을 볼 수 있다. 예를 들어, 그림에서 바의 바닥(오렌지) 부분을 보라. 스웨덴과 스위스에서는 수표가 거의 사용되지 않는다. 이들 국가에서는 대부분 직불카드나 신용이체로 지불이 이루어진다. 이와는 대조적으로 프랑스인과 미국인들은 수표를 발행하는 것을 좋아한다. 매년 미국에서 개인과 기업은 수표로 약 140억 건을 지불한다. 그러나 미국에서조차 수표를 쓰는 것이 전자지불로 점차적으로 대체되고 있다.

실제로 신용카드와 직불카드의 시장 점유율이 계속 증가함에 따라, 수표 사용은 전 세계적으로 계속 감소하고 있다. 또한 휴대전화 기술과 인터넷은 새로운 초기 결제시스템

표 20.3 소액대면구매는 보통 현금으로 지불되지만, 여기 대금을 지급하는 몇 가지 다른 방법이 있다.

수표(check) 수표 발행은 거래은행에 수표에 적힌 이름의 특정 회사나 개인에게 정해진 금액을 요구에 따라 지불할 것을 지시하는 것이다.
신용카드(credit card) 비자 또는 마스터 카드와 같은 신용카드는 약정된 한도까지 구매할 수 있는 신용한도를 준다. 매월 말 신용카드 회사에 이 구매액을 지불하거나 사용한 잔액에 대해 이자를 내야 한다.
충전카드(charge card, 또는 여행이나 오락 카드) 충전카드는 신용카드처럼 보일 수 있고, 신용카드처럼 이를 이용해 돈을 소비할 수 있다. 그러나 충전카드는 매월 말 모든 구매대금을 지불해야 하는 정산을 한다. 다른 말로 하면 매달 사용한 전체 잔고를 전부 지불해야만 한다.
직불카드(debit card) 직불카드는 구매대금이 은행계좌로부터 직접 지불되도록 해준다. 보통 지불은 전자거래로 즉시 이루어진다. 또한 직불카드는 현금자동화기계(ATM)에서 현금을 인출할 수도 있다.
자동이체(credit transfer) 자동이체는 판매업자에게 정기적으로 지불하도록 은행에 지속적으로 유지되도록 주문을 한다. 예를 들어, 지속적으로 유지되는 주문은 정기적인 정액 담보대출금을 지급하는 데 자주 사용된다.
자동납부(direct payment) 자동납부(자동이체)는 당신이 수금액과 날짜를 미리 통지받기만 한다면, 회사가 당신의 계좌에서 다양한 액수를 찾아가도록 은행에 지시하는 것이다. 예를 들어, 전기회사는 당신의 은행계좌에서 전기요금을 자동으로 수금할 수 있도록 자동납부를 설정하라고 요구할 수 있다.

그림 20.8 2016년 국가별 구매대금 지급방법 (비현금거래 총액의 백분율)

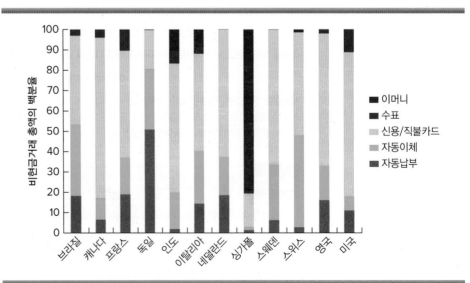

출처: Bank for International Settlements, "Statistics on Payment, Clearing, and Settlement Systems in the CPMI Countries—Figures for 2016," December 2017, www.bis.org.

의 개발을 장려하고 있다.

전자 자금이체

주목한 바와 같이, 지불은 점차 전자방식으로 이루어진다. 전자 지급의 가장 친숙한 형태는 신용카드와 직불카드지만, 돈이 전자방식으로 이동하는 또 다른 세 가지 중요한 방식이 있다. 자동납부와 자동입금, 또는 온라인 송금이다.

자동납부(direct payment) 제도(자동이체(direct debit) 시스템으로 알려져 있는)는 전기나 가스요금, 보험료, 모기지나 대출금과 같이 반복되는 지출에 이용된다. 예를 들어, 당신이 학자금 대출을 받았다면, 당신은 채권자가 당신의 은행계좌에서 매달 지급금을 직접 찾아갈 수 있도록 승인한다. 학자금 대출회사는 단순히 은행에 각 학생의 세부사항과 출금액, 날짜를 보여주는 서류를 제공하면 된다. 지급금은 전자방식으로 **자동화청산소**(Automated Clearing House)를 통해 전달된다. 당신은 정기적으로 수표를 발행하는 잡무에서 해방되고, 회사는 이 현금이 언제 들어오는지를 정확히 알고, 수 많은 수표를 처리하는 노동집약적인 과정을 피할 수 있다.

자동화청산소(ACH)
미국에서 현금이체를 위한 전자네트워크.

또한 자동화청산소는 돈이 역방향으로 흐르도록 허용한다. 자동납부 거래는 자동으로 돈을 찾아가도록 하는 반면, 자동입금(direct deposit)은 자동으로 돈이 입금되도록 한다. 임금이나 배당과 같이 수많은 지급을 하는 데 사용된다. 다시, 회사는 지시서를 은행에 보낸다. 은행은 이 회사의 계좌로부터 돈을 찾아 자동화청산소를 통해 종업원이나 주주의 은행계좌에 돈을 이체한다. 자동화청산소 거래는 최근에 급속히 증가하였다.

전자지급의 세 번째 방법은 온라인 송금(wire transfer)이다. 대부분의 기업간 대형지급은 페드와이어(Fedwire) 또는 CHIPS(Clearing House Interbank Payments System)를 통해서 전자방식으로 이루어진다. 페드와이어는 연방은행이 운영하며 거의 6,000개의 금융기관을 연방은행에 연결하고 또한 금융기관들을 서로 연결한다. 다른 전자지불시스템인 CHIPS는 은행이 소유하며 주로 해외 지불에 이용된다. 온라인 송금은 매우 많은 액수의 돈이 빠르고 안전하게 이동하도록 한다. 예를 들어, 은행 A가 $1,000만를 연방은행에 있는 자신의 계좌에서 은행 B의 계좌로 이체하기 위해 연방은행에 연결한다고 하자. 은행 A의 계좌는 즉시 $1,000만가 감소하고 은행 B의 계좌는 동시에 증가한다. 표 20.4는 페드와이어와 CHIPS를 통한 지불 횟수가 상대적으로 적을지라도, 평균 지불액은 약 $400만이며, 두 시스템을 통한 총지불액은 연간 거의 $1,100조($1,100,000,000,000,000)라는 것을 보여준다. 따라서, 이 시스템들이 수표보다 훨씬 적은 수의 거래를 담당하지만, 금액적인 측면에서는 훨씬 중요하다.

전자지불시스템은 몇 가지 장점이 있다.

- 돈이 전자방식으로 이동할 때, 기록 보관과 일상적인 거래를 자동화하기 쉽다.
- 거래의 한계비용이 매우 낮다. 예를 들어, 페드와이어를 이용한 이체는 일반적으로 약 $1의 비용이 들지만, ACH를 통한 지불은 단지 몇 센트만 든다.
- 플로트는 감소하고, 회사는 지불이 제시간에 도달하는 것을 보장할 수 있다.

표 20.4 2016년 미국 내 지불시스템의 이용

	지불횟수(백만)	지불액(조 달러)
수표	12,263	19
ACH	20,329	43
페드와이어	148	767
CHIPS	111	364

출처: Bank for International Settlements, "Statistics on Payment, Clearing, and Settlement Systems in the CPMI Countries—Figures for 2016," December 2017, www.bis.org.

국제 현금관리

국내 기업의 현금관리는 자국통화, 은행시스템, 그리고 법률구조가 다른 여러 국가에서 영업하는 대형 다국적 기업의 현금관리와 비교하면 어린애 장난에 불과하다.

이러한 기업들에게 하나의 집중화된 현금관리시스템은 목표로 삼을 수는 있지만 도달할 수는 없는 이상과 같다. 예를 들어, 당신이 유럽 전역에서 운영되는 대형 다국적 기업의 경리담당자라고 가정하자. 당신은 분리된 사업 단위가 각자 현금을 관리하도록 허용할 수 있다. 그러나 이 방법은 비용이 많이 들고 각 사업 단위가 상당한 현금을 보유하는 결과로 귀결될 것이 거의 확실하다. 해결책은 지역 시스템을 만드는 것이다. 이 경우, 회사는 국가마다 한 은행에 지역집중계좌를 개설한다. 모든 잉여현금은 매일 런던이나 다른 유럽 금융센터에 있는 중앙 다통화 계좌(central multicurrency account)에 이체된다. 이후 이 잉여현금은 시장성 유가증권에 투자되거나 현금이 부족한 자회사에 자금을 조달하는 데 사용된다.

지급은 또한 지역 센터에서 이루어질 수도 있다. 예를 들어, 유럽 여러 국가에서 임금을 지급하기 위해 회사는 주거래은행에 지급 명세를 담은 컴퓨터 파일을 보내기만 하면 된다. 그 후 은행은 비용이 가장 적게 드는 방법을 찾아서 회사의 중앙 계좌에서 각 국가에 있는 종업원들에게 현금이 올바른 날짜에 이체되도록 처리한다.

대부분의 대형 다국적 기업은 각 국가에 몇 개의 거래은행을 갖지만, 그들이 거래하는 은행이 많아질수록 현금잔고에 대한 통제력은 떨어진다. 따라서, 지역 현금관리시스템을 만들 때 세계적인 지점망이 있는 은행을 선호한다. 이러한 은행은 여러 국가에서 현금지불과 수금을 다룰 컴퓨터 시스템을 설치하는 큰 비용을 부담할 수 있기 때문이다.

20.5 유휴현금 투자: 단기금융시장

2017년 12월, 애플은 회사 총자산의 2/3에 해당하는 $2,850억의 현금 및 고정소득(fixed-income)에 투자했다. 이 금액 중 $95억가 현금으로 보관되었고, 나머지는 다음과 같이 투자되었다.

고정소득 투자	비용가치(십억 달러)
단기금융시장과 다른 뮤추얼펀드	$ 9.278
미국 국채 및 공공기관 증권	65.193
미국 외 정부 증권	8.797
요구불 예금증서 및 정기예금	6.307
기업어음	5.384
회사채	156.868
지방채	0.963
주택저당증권 및 자산유동화증권	22.778
합계	$275.568

대부분 회사는 애플처럼 엄청난 잉여현금의 사치를 누리고 있지 않지만, 애플과 마찬가지로 필요하지 않은 현금을 단기투자에 투자한다. 이러한 투자를 위한 시장은 **단기금융시장**(money market)으로 알려져 있다. 단기금융시장에는 물리적인 시장이 없다. 이는 전화 또는 웹을 통해 서로 연결된 은행과 딜러의 느슨한 모음으로 구성된다. 그러나 어마어마한 양의 증권이 단기금융시장에서 정기적으로 거래되고 있으며 경쟁이 치열하다.

대기업은 보통 스스로 단기금융증권에 직접 투자하지만, 소기업은 전문적 투자관리회사를 고용하거나 여유 현금을 단기금융시장펀드(money market fund)에 넣어두는 것이 더 편리함을 종종 발견할 수 있다. 이는 단지 저위험, 단기증권에 투자하는 뮤추얼펀드이

단기금융시장
(1년 미만의) 단기자금조달시장

다. 많은 잉여현금이 있음에도 불구하고, 애플은 단기금융시장펀드에 적은 비중을 투자하였다.

단기금융시장 투자

단지 1년 미만의 만기인 고정수입증권만을 단기금융시장에서 거래되는 것으로 간주한다. 그러나 사실 단기금융시장의 대부분 투자대상은 상대적으로 만기가 짧다. 투자자산의 만기를 단기로 한정하는 것은 현금관리자에게 두 가지 장점이 있다. 6장에서 배운 이자율 변동에 따른 가격위험이 만기에 따라 증가한다는 것을 상기하라. 그러므로 만기가 매우 짧은 증권은 이자율 위험이 거의 없다. 둘째, 단기에는 채무불이행 위험을 측정하기가 더 쉽다. 30년 이상의 수명을 갖는 채권에 비해 90일 만기 채권에 대해서는 재무건전성이 악화될 것을 염려할 필요가 없다. 이는 고품질 단기금융시장 증권은 다시 현금으로 변환될 때까지 유휴 현금을 넣어둘 안전한 "주차장"이라는 것을 의미한다.

대부분의 단기금융시장 증권은 또한 매우 시장성이 높거나 유동적(liquid)이다. 이는 적은 비용으로 쉽게 자산을 매각하여 현금화할 수 있다는 것을 의미한다. 또한 현금이 필요할 때까지 일시적인 투자수단으로 사용되는 증권의 매력적인 특성이기도 하다.

단기금융시장의 몇 가지 중요한 투자수단은 다음과 같다.

단기재정증권(treasury bills).   단기재정증권은 미국 정부에 의해 매주 발행되고 만기는 4주, 3개월, 6개월, 그리고 12개월이다. 이것은 가장 안전하고 가장 유동적인 단기금융시장의 투자수단이다.

기업어음(commercial paper).   이것은 대기업 또는 잘 알려진 기업의 보통 담보가 없는 단기부채이다. 만기는 SEC에 등록이 필요한 270일까지 다양하지만, 대부분 기업어음은 2개월 미만의 만기로 발행된다. 기업어음은 활발하게 거래되지 않기 때문에 시장성이 낮다. 따라서, 이것을 만기까지 보유할 수 없는 기업에는 적절한 투자수단이 아닐 것이다. 무디스(Moody's)와 스탠다드 앤 푸어스(Standard & Poor's), 그리고 피치(Fitch)는 발행자의 채무불이행 위험을 기준으로 기업어음의 등급을 매긴다. 다음 절에서 기업어음에 대해 더 설명할 것이다.

양도성 예금증서(certificates of deposit).   CD는 보통 $100,000보다 큰 액수의 은행 정기예금이다. 요구불예금(당좌계좌)과 달리 정기예금은 원할 때 은행에서 찾을 수 없다. 은행은 예금의 만기에만 이자와 원금을 지급한다. 하지만, (만기가 3개월 미만인) 단기 CD는 활발히 거래된다. 따라서 기업은 현금이 필요하면 이 증권을 쉽게 팔수 있다.

환매조건부채권(repurchase agreements).   리포스(Repos)라고도 알려진, 환매조건부채권은 사실상 담보가 있는 대출이다. 정부채권 딜러는 개인에게 나중에 더 높은 가격으로 재매입할 것을 약속하면서 재정증권을 판다. 가격 상승분은 내재적 이자로 작용한다. 결과적으로 투자자는 딜러에게 돈을 빌려주는 것과 같으며, 먼저 딜러에게 돈을 주고 나중에 원금을 이자와 함께 되돌려받는다. 재정증권은 대출에 대한 담보 역할을 한다. 딜러가 채무를 불이행하여 이 증권을 되살 수 없으면, 투자자는 이것을 가질 수 있다. 환매조건부채권은 보통 만기가 며칠로 초단기 투자수단이다.

단기금융시장의 투자수익률 계산하기

BEYOND THE PAGE

단기재정증권의 수익률 계산하기

mhhe.com/brealey10e

많은 단기금융시장의 투자는 순수한 할인 증권이다. 이는 그것들이 이자를 지급하지 않는다는 것을 의미한다. 수익금은 지불한 금액과 만기일에 받는 금액의 차이로 구성된다. 액면가에서 할인된 금액은 내재된 이자지급이며, 단기금융시장의 투자에 대한 이자율은 일반적으로 할인 기준으로 표시된다. 예를 들어, 3개월 재정증권이 액면가 6%에서 연간

할인된 금액으로 발행되었다고 가정한다. 이것은 3개월 재정증권의 가격이 100−(3/12)×6=98.5라고 말하는 다소 복잡한 방법으로 말할 수 있다. 따라서, 오늘 투자한 $98.5마다 3개월 말에 $100을 받게 된다. 3개월 동안의 수익은 1.5/98.5=0.0152 또는 1.52%이다. 이는 연간 수익률 6.23%에 해당된다. 채권을 구입할 때 액면가보다 적게 지불하기 때문에 수익은 항상 고시된 할인보다 높다. 투자가 6% 할인된 가격으로 판매되고 있다는 것을 읽을 때 이것이 수익이라고 생각하는 실수에 빠지기 쉽다.

예제 20.6 ▶ 단기금융시장 이자율

$100,000의 액면가와 6개월 만기를 갖는 단기재정증권이 $98,000에 팔린다. 이 증권의 할인율 기준 이자율은 4%로 고시될 것이다. 따라서, 6개월 동안 액면가로부터 실제 할인율은 2%이다. 이 반년 투자에 대한 실효연간이자율은 다음 식으로 구할 수 있다.

$$98{,}000 \times (1+r)^{1/2} = 100{,}000$$

즉 실효연간이자율은 $r=0.0412$, 또는 4.12%가 된다. ∎

단기금융시장의 투자 수익률

장기부채를 평가할 때 채무불이행 가능성을 고려하는 것이 중요하다. 30년 후에는 거의 모든 것이 변할 수 있으며, 심지어 오늘날 가장 평판이 좋은 기업조차도 나중에 어려움에 빠질 수 있다. 따라서, 회사채는 재정증권보다 높은 수익률을 제공한다.

단기부채도 위험이 없지는 않다. 금융위기 동안, 일곱 개 회사가 그들의 기업어음 지급을 중단했다. 이들 회사 중에는 $30억의 기업어음의 채무불이행이 발생한 리먼브라더스(Lehman Brothers)를 포함한다. 다행히 이러한 예는 예외적이다. 일반적으로 채무불이행 위험은 회사채보다 회사가 발행한 단기금융시장 증권에서 더 작다. 이에 대한 두 가지 이유가 있다. 첫째, 우리가 앞서 지적한 것처럼, 단기 투자수단에는 발생할 수 있는 경우의 수가 더 적다. 먼 미래는 잘 모르지만 보통 특정 기업이 적어도 다음 달에 살아남을 것인가는 확신할 수 있다. 둘째, 대부분의 경우 잘 나가는 기업만이 단기금융시장에서 차입할 수 있다. 단지 며칠만 돈을 빌려주려고 한다면, 이 대출을 평가하는 데 많은 시간을 쓸 여유가 없을 것이다. 따라서, 우량 차입자만을 고려할 것이다.

단기금융시장의 높은 투자 품질에도 불구하고, 회사채와 미국 국채수익률 사이에는 상당한 차이가 있다. 왜 그런가? 한 가지 이유는 채무불이행 위험이다. 다른 이유는 이 투자가 유동성, 또는 "화폐성(moneyness)"의 정도에 차이가 있기 때문이다. 투자자는 단기간에 쉽게 현금화할 수 있기 때문에 재정증권을 좋아한다. 신속하고 싼 비용에 현금으로 전환될 수 없는 증권은 상대적으로 높은 수익률을 제공해야 한다.

시장이 혼란한 시기에 투자자들은 쉽게 현금화할 수 있는지를 중요시한다. 이 경우에는 유동성이 낮은 증권의 수익률은 극적으로 커질 수 있다. 이는 미국 서브프라임 모기지 시장에서 전 세계 은행이 막대한 손실을 본 2007년에 발생하였다. 투자자들은 일부 은행이 보유 포지션을 청산해야 할 것을 염려하여 유동성이 낮은 증권을 꺼렸고, 이는 "안전자산선호(flight to quality)" 현상이었다. 기업어음과 재정증권의 수익률 스프레드는 연초 수준의 4배인 100베이시스 포인트(1.00%) 이상으로 증가했다.

국제 단기금융시장

국내 단기금융시장 외에도 유로달러(eurodollar) 시장으로 알려진 단기 달러를 투자할 수 있는 국제시장이 있다. 유로달러는 유럽통화연맹(European Monetary Union : EMU)의 통화인 유로와 관계가 없다. 이것은 단순히 유럽에 있는 은행에 예치된 달러이다. 예를 들어, 미국 자동차 생산자가 거대한 남아프리카 광산기업인 엔젤로 플래티늄 (Anglo Platinum, Amplat)으로부터 1,000온스의 팔라듐(palladium)을 구매한다고 가정하자. JP 모건 체이스(JP Morgan Chase)에서 찾은 $1,500만를 수표로 지급한다고 하자. 그 후 암파렛트(Amplat)는 이 수표를 런던에 있는 바클레이스 은행(Barclays Bank) 계좌에 예치한다. 결과적으로 바클레이스는 JP 모건 체이스에 있는 그의 계좌에 $150만의 신용 형태로 자산을 갖는다. 또한, 달러 예금의 형태로 이에 상쇄하는 채무를 갖는다. 이 달러 예금은 유럽에 있기 때문에 유로달러 예금이라 한다.[12]

미국 국내 단기금융시장과 유로달러 시장이 있는 것처럼, 일본 국내 단기금융시장과 런던에 유로엔 시장이 있다. 따라서, 미국 기업이 엔화를 단기 투자하고 싶다면, 이 엔화를 도쿄에 있는 은행에 예치하거나 런던에서 유로엔으로 예치할 수 있다. 유사하게, 유로 지역에도 국내 단기금융시장뿐만 아니라 런던에 유로에 대한 단기금융시장이 있다.

런던에 있는 주요 국제은행은 리보(London Interbank Offered Rate, LIBOR)로 서로 달러를 빌려준다. 유사하게 그들은 엔 리보 이자율로 서로 엔화를 빌려주고, 그들은 유로화 은행간 이자율, 즉 유리볼(Euribor)로 유로를 빌려준다. 이 이자율은 미국과 다른 국가에서 여러 형태의 단기 대출의 가격을 매기는 기준으로 사용된다. 예를 들어, 미국에 있는 기업이 달러 리보에 연동하여 이자를 지급하는 변동금리 채권을 발행할 수도 있다.

20.6 유동부채 관리: 단기 부채

이 장에서 지금까지 우리의 초점은 주요 유동자산의 관리에 있었다. 그러나 재무관리자는 또한 회사의 유동부채에 대해서도 걱정할 필요가 있다. 우리는 이제 하나의 중요한 유동부채인 단기부채를 살펴볼 것이다.

은행 대출

회전한도거래대출
회사가 정해진 한도까지 필요할 때마다 차입할 수 있는 계약.

가장 간단하고 가장 일반적인 단기 자본조달의 원천은 담보가 없는 은행대출이다. 회사는 때때로 돈이 필요해져서야 은행 대출을 신청하기도 하지만, 대부분의 경우 기업은 정해진 한도까지 은행으로부터 차입할 수 있는 **회전한도거래대출**(revolving line of credit) 계약을 맺는다. 회사는 계약이 만료될 때까지 필요할 때마다 차입하고 상환할 수 있다. 그 대가로, 사용하지 않은 금액에 대해 은행에 0.5%까지 약정수수료를 지급하기로 동의하였다.

대부분의 은행 대출은 단지 몇 개월 정도의 만기를 갖는다. 예를 들어, 한 회사가 재고자산의 계절적인 증가를 충당하기 위해 대출이 필요할 수 있다. 이 대출은 상품이 판매되면서 상환된다. 그러한 대출을 자기청산(self-liquidating)된다고 말한다. 다시 말해, 상품판매 대금이 차입금 상환을 위한 현금을 제공한다. 하지만, 은행은 또한 몇 년 동안 지속하는 장기대출(term loan)을 제공한다.

일부 은행 대출은 단일 대출자에게는 규모가 너무 크다. 이 경우 차입자는 주요 은행에 약정 수수료를 지불한 다음, 은행 신디케이트 사이에서 대출 또는 신용한도를 분할할 수 있다. 예를 들어, 2017년 JP모건(JP Morgan), 씨티그룹(Citigroup), 미즈호뱅크(Mizuho Bank), 그리고 골드만삭스(Goldman Sachs)는 스프린트 커뮤니케이션(Sprint Communications)을 위한 신디케이트 대출약정을 마련했다. 패키지는 $40억의 7년 기간 대출과 $20억의 회전신용편의(revolving credit facility)로 구성되었다.

대부분의 단기 은행 대출은 고정 이자율로 이루어지며, 종종 할인으로 고시된다. 예를

---

12) 마찬가지로 암파렛트는 미국 은행이나 일본 은행의 영국 지점에 수표를 예치할 수 있다. 이는 역시 유로달러 예금을 가진 것이다.

들어, 1년 대출의 이자율이 5% 할인으로 명시되어있는 경우, 차입자는 $100-$5=$95을 받고 연말에 $100을 지불해야 한다. 그러한 대출에 대한 수익은 5%가 아니라 5/95=0.0526 또는 5.26%이다.

20.8 셀프테스트

First National Bank of Baboquivari는 당신의 회사에 8% 할인으로 3개월 동안 $100만를 빌려주겠다고 제안했다. 이 대출의 유효 이자율은 얼마인가? (힌트: 예제 20.6을 보면 것이 도움이 될 수 있다.)

장기 은행 대출의 경우, 이자율은 보통 일반적인 이자율 수준과 연결된다. 일반적인 기준은 주요 국제 은행들이 서로 달러를 빌리는 이자율인 리보이다.[13] 따라서, 이율이 "리보보다 1%"로 설정되면 차입자는 리보가 4%일 때, 처음 3개월 동안 5%를 지불할 수 있고, 리보가 5%일 때 다음 3개월 동안 6%로 지불할 수 있다.

담보부부채 은행이 한 기업의 신용위험이 걱정된다면 이 기업에게 대출에 대한 보증 또는 담보(collateral)를 제공하도록 요구할 것이다. 때때로 담보물은 유동자산과 고정자산 모두를 포함한다. 하지만, 은행이 단기로 빌려 준다면, 담보는 보통 외상매출금, 재고자산 또는 유가증권과 같은 유동자산으로 제한된다. 예를 들어, 어떤 기업이 외상매출금을 담보로 단기차입을 하기로 했다고 하자. 고객이 대금을 지급하면 기업은 수금된 현금으로 부채를 상환할 수 있다.

은행은 보통 담보자산가치 전액을 대출하여 주지 않는다. 예를 들어, 외상매출금 $100,000를 담보로 제공하면 은행은 단지 $75,000을 빌려 준다. 이러한 안전마진(safety margin 또는 haircut이라 함)은 재고자산을 담보로 하는 대출에서 좀 더 클 것이다.

외상매출금 자금조달 외상매출금을 담보로 대출을 받을 때, 기업은 외상매출금을 은행에 양도한다. 기업이 대출을 상환하지 못하면, 은행은 회사고객에게서 외상매출금을 수금하여, 그 돈을 부채를 상환하는 데 사용한다. 하지만, 외상매출금이 최종적으로 수금되지 않더라도 기업은 여전히 이 대출에 책임이 있다. 따라서 외상매출금의 채무불이행 위험은 기업이 부담한다.

재고자산 자금조달 은행은 재고자산을 담보로 돈을 빌려주기도 하지만, 재고자산을 선택적으로 받아들인다. 은행은 회사가 채무를 불이행한다면 담보물로 인식되고 판매될 수 있다는 것을 확실히 하고 싶어 한다. 자동차와 다른 표준화된 부패하지 않는 상품은 대출하기 좋은 담보이다. 재공품과 익은 딸기는 담보물로 좋지 않다.

이러한 종류의 위험으로부터 재산을 보호하기 위해 차입자는 종종 현장보관(field warehousing)을 주장한다. 이 경우 은행이 고용한 독립적인 창고회사가 대출의 담보로 제공된 재고자산을 감독한다. 기업이 상품을 판매하고 그 매출액을 대출을 갚는 데 사용하면서 은행은 창고회사에게 재고를 해당 회사에 되돌려 줄 것을 지시한다. 이 기업이 부채를 갚지 못하면 은행은 부채를 수금하기 위해 재고를 매각한다.

하지만 위험은 회사가 제공하는 담보가 환상에 불과하고 차입자가 그 돈을 갖고 도망가는 것이다. 예를 들어, 대형 샐러드 오일 사기 사건을 보자. 51개 은행과 기업은 값어치가 많이 나가는 샐러드 오일이 담보가 된다고 믿으면서 알라이드 크루드 베지터블 오일 리파이닝 코퍼레이션(Allied Crude Vegetable Oil Refining Corporation)에 약 $20,000만를 대출해 주었다. 알라이드의 탱크에는 주로 바닷물로 채워진 잘못된 칸들을

호주 빅토리아(Victoria) 지역의 국가안전평의회(National Salety Council)는 존 프리드리히(John Friedrich)가 취임하기 전에는 활력이 없는 집단이었다. 새로운 경영진 체제에서 NSC의 직원들은 특공대처럼 훈련받고 어디서 무엇이든 할 준비가 되었다. 그들은 물에 빠진 사람을 구하고 화재를 진압했으며 실종된 조난자를 찾아내고 갱도에도 들어갔다. 장비도 호화로워서 헬리콥터 22대, 항공기 8대, 그리고 소형 잠수함 1대를 가지고 있었다. NSC는 곧이어 자신의 서비스를 국제적으로 제공하기 시작하였다.

불행히도 NSC의 준군사조직 운영에 들어가는 비용은 수백만 달러로 매출액보다 훨씬 많았다. 프리드리히는 그 차이를 $A236백만 호주달러를 차입하여 충당하였다. 어떤 한 시점에 NSC는 $A107백만 호주달러 규모의 외상매출금(고객에게 받을 돈)을 은행 대출의 담보로 제시하기도 하였다. 나중에 조사해 보니 이들 고객 대부분은 외상이 한 푼도 없었다. 다른 건에서 은행들은 값비싼 구조 장비가 든 컨테이너를 담보로 설정했다는 사실에 안심하였다. NSC 본부 주변에는 100개 이상의 컨테이너가 쌓여 있었다. 은행에서 대출의 안전성을 확인하러 왔을 때 살펴본 것은 장비가 들어 있는 단 몇 개의 컨테이너들이었다. 때로는 의심에 찬 은행원들이 특정 컨테이너를 검사하고 싶다고 하는 일도 있었다. 그럴 때면 프리드리히는 훈련을 위해 이동시켰다고 말하고, 은행원을 경비행기에 태워서 전국을 돌며 덤불 깊숙한 곳에 있는 컨테이너를 손가락으로 가리켰다. 물론 그 컨테이너는 비어 있을 터이지만 그것을 확인할 방법은 없었다.

프리드리히가 CEO가 된 지 6년 후 그의 엄청난 사기극이 알려졌다. 프리드리히는 영장 발부 며칠 전에 사라졌다. 그는 결국 잡혀서 체포되었지만 재판장으로 가기 전에 총으로 자살하였다. 조사 결과 프리드리히는 지명수배를 받던 조국 독일에서 도망쳐 나와 가명으로 활동하였음이 밝혀졌다. 프리드리히에 관한 수많은 루머가 나돌았다. 그가 CIA와 KGB의 첩자였다는 여러 가지 혐의가 제기되었으며 피지 반쿠데타의 배후였다고 주장되기도 하였다. 그러나 은행에게는 단 한 가지 견디기 어려운 진실만이 있을 뿐이었다. 그토록 안전하게 보였던 NSC에 대한 대출은 결코 상환되지 않는다는 것이다.

출처: Adapted from T. Sykes, *The Bold Riders* (St. Leonards, Australia: Allen & Unwin, 1994), chap. 7.

포함하고 있다는 것을 알아차리지 못했다. 사기가 알려지고 알라이드의 사장이 교도소로 가자, 51개 사로 구성된 채권단은 절망 속에서 $20,000만를 찾아 헤매게 되었다. 위의 글상자는 담보부 대출의 잠재적인 문제점을 보여주는 비슷한 이야기를 보여준다. 여기에서도 역시 대출은 보이는 것만큼 "안전하지" 않았다. 즉, 있을 것으로 생각하였던 담보는 존재하지 않았다.

기업어음

기업어음
기업에 의해 발행된 무담보 단기증권.

은행이 돈을 빌려줄 때 그들은 두 가지 서비스를 제공한다. 그들은 차입자와 대여자를 연결하고 차입자가 그 부채를 상환할 것 같은지를 확인한다. 은행은 이러한 서비스를 제공하는 비용을 대여자에게 지급하는 이자율보다 평균적으로 더 높은 이자율을 차입자에게 부과하여 회수한다. 이러한 서비스는 정기적으로 많은 액수의 현금을 조달할 필요가 있는 소위 잘 알려진 대기업에는 덜 필요하다. 대기업은 점차 **기업어음**(commercial paper)이라고 하는 단기부채를 은행을 통하지 않고 직접 대형투자자에게 파는 것이 더 수익성이 있다는 것을 알게 되었다.

미국에서 기업어음은 최대 만기가 270일이다. 더 긴 만기를 가지려면 미국증권거래위원회(Securities and Exchange Commission)에 등록해야 한다. 그러나 대부분의 어음은 만기가 60일 이하이다. 기업어음은 담보가 없지만, 회사는 일반적으로 은행과 특별한 여신한도계약을 맺어 어음발행을 뒷받침한다. 이것은 그들이 어음을 상환할 돈을 구할 수 있고, 따라서 채무불이행위험이 작다는 것을 보증한다.

최근 들어 기업어음 시장이 좋지 않다. 리먼브라더스가 2008년 파산했을 때 상당한 기업어음이 채무불이행 되었고, 기업어음 시장이 멈춰 버렸다. 많은 회사들이 기업어음을 발행하는 것이 불가능하다고 생각하거나 매우 높은 이자율을 지불해야 했다. 그 결과, 기업 부문에 대한 신용중단은 금융위기 이후 경기 침체의 주요 원인이었다. 하지만 심지어 위기 전에도 모든 것이 좋지 않았다. 2001년에는 대형 캘리포니아 유틸리티기업인 퍼시픽 가스 앤 일렉트릭(Pacific Gas and Electric)과 서던 캘리포니아 에디슨(Southern Califormia Edison)이 최근 10년간 비금융 기업어음의 채무를 불이행한 첫 번째 기업이 되었다.

요약 SUMMARY

기업은 왜 순운전자본에 투자해야 하는가? (학습목표 20-1)

가장 중요한 유동자산은 현금, 시장성 유가증권, 재고자산, 그리고 외상매출금이다. 가장 중요한 유동부채는 은행 대출과 외상매입금이다.

순운전자본은 기업이 생산에 필요한 원자재를 획득하는 시점과 최종적으로 고객에게서 대금을 수금하는 시점 간의 차이에서 발생한다. **현금 사이클(cash cycle)**은 회사가 원자재 대금을 지급하는 날짜와 고객에게서 수금하는 날짜 간의 시간 길이이다.

신용관리의 일반적인 단계는 무엇인가? (학습목표 20-2)

신용관리의 첫 단계는 **정상적인 판매조건(term of sale)**을 정하는 것이다. 이는 지불기간의 길이와 현금할인의 크기를 정해야 한다는 것을 의미한다. 대부분의 산업에서, 이런 조건은 매우 표준화되어 있다.

두 번째 단계는 고객과 계약의 형태를 결정하는 것이다. 대부분 국내 판매는 **청산계정(open account)**으로 이루어진다. 이 경우 고객이 당신에게 빚진 유일한 증거는 당신 장부의 기록과 고객이 서명한 영수증이다. 때때로 상품을 인도하기 전에 좀 더 공식적인 계약을 요구할 수 있다. 예를 들어, 공급업자는 고객에게 인수어음을 요구할 수 있다.

세 번째 임무는 각 고객의 신용도를 평가하는 것이다. 고객의 신용 상태를 평가했다면, 네 번째 단계는 타당성 있는 신용정책을 세우는 것이다. 마지막으로 신용정책이 수립되면 늦게 지불하는 고객을 확인하고 추적할 수금정책을 세워야 한다.

외상에 대한 내재적 이자율을 어떻게 계산하는가? (학습목표 20-3)

더 신속하게 지불하여 할인을 받기보다는 외상으로 상품을 구매하는 고객에 대한 실효이자율은 다음과 같다.

$$\left(1 + \frac{\text{할인율}}{\text{할인가격}}\right)^{365/\text{추가신용일}} - 1$$

기업은 고객이 지불할 가능성을 어떻게 평가하는가? (학습목표 20-4)

신용분석(credit analysis)은 고객이 대금을 지불할 가능성을 판단하는 과정이다. 다양한 정보 원천이 있다. 고객과 당신 자신과의 경험, 다른 채권자의 경험, 신용평가기관의 평가, 고객의 은행에 확인, 고객 증권의 시장가치, 고객의 재무제표 분석 등이 있다. 많은 양의 신용정보를 다루는 기업은 다양한 정보를 하나의 신용평점으로 결합하여 나타내는 공식적인 시스템을 사용한다.

기업은 고객에게 신용을 제공하는 것이 타당한지를 어떻게 결정해야 하는가? (학습목표 20-5)

신용정책(credit policy)은 고객에게 신용을 제공할 것인지를 결정하는 것을 말한다. 신용관리자의 임무는 악성부채의 수를 최소화하는 것이 아니라, 이익을 극대화하는 것이다. 이는 고객이 지불하여 이익이 날 확률을 고객이 채무를 불이행하여 손해를 끼칠 확률에 대해 저울질할 필요가 있다는 것을 의미한다. 기대이익을 계산할 때 너무 근시안적이 되지 않도록 하라. 경계에 있는 신용 신청자가 정기적이고 신뢰할 수 있는 고객이 될 가능성이 있다면, 종종 신청을 받아들일 가치가 있다.

신용을 제공하고 나면, 다음 문제는 **수금정책(collection policy)**을 확립하는 것이다. 여기에는 요령과 판단력이 있어야 한다. 당신은 체불 고객을 엄격하게 대하고 싶지만, 수표는 우편에서 지체될 수 있기 때문에 재촉하는 편지를 써서 우량고객을 화나게 하고 싶지는 않을 것이다. 계좌의 **채무명세서(aging schedule)**를 주의 깊게 추적하면 문제가 있는 계좌를 확인하기가 좀 더 쉬울 것이다.

재고자산 또는 현금을 보유하는
비용과 편익은 무엇인가? (학습
목표 20-6)

재고자산을 많이 갖는 장점은 주문을 여러 번 하는 것과 관련된 주문비용의 감소와 원자재가 부족할 가능성이 감소하는 것이다. 비용은 재고보유비용이다. 이것은 저장비용, 보험, 파손, 그리고 재고자산에 묶인 자본의 기회비용을 포함한다. 현금은 유동성을 제공하지만, 이자를 제공하지 않는다. 증권은 이자를 주지만, 물건을 사는 데 사용할 수 없다. 재무관리자는 유동성의 증분 또는 한계이익이 현금을 보유하는 비용, 즉 증권에서 얻을 수 있는 이자와 같은 점까지 현금을 보유하기를 원한다.

기업이 지불하고 지불받는 방법
에는 어떤 것이 있는가? (학습목
표 20-7)

수표를 보내면, 이것이 제시되고 결제되는 데 며칠이 소요된다. 이 시간 동안, 그 돈은 당신의 은행계좌에 계속 머물게 된다. 발행되었지만, 아직 결제되지 않은 수표를 플로트(float)라 한다. 불행히도 플로트는 역으로도 작용한다. 어떤 사람이 당신에게 수표를 발행할 때마다, 이 돈이 당신의 은행계좌에 도착하기까지는 시간이 걸린다. 수표를 많이 받는 회사는 수표를 예치하고 결제하는 과정을 신속하게 처리하기 위해 **사서함제도(lock-box banking)**와 **집중계좌(concentration accounts)**와 같은 방법을 쓴다.

수표 사용은 감소하고 있다. 대신 점점 많은 돈이 전자방식으로 이동한다. 예를 들어, 당신의 주택담보대출 상환금은 아마도 당신의 은행계좌에서 매달 직접 빠져나갈 것이다. 월급은 아마도 당신의 은행계좌에 직접 들어갈 것이다. 기업 간 큰 액수의 지불은 페드와이어나 CHIPS를 통해 전자방식으로 이루어진다. 이 두 시스템을 통한 지불 횟수는 매우 작지만, 그 액수는 엄청나다.

기업이 대금을 지불할 필요가 있
을 때까지 잉여자금을 어디에 투
자하는가? (학습목표 20-8)

기업은 유휴 현금을 단기금융자산 시장인 **단기금융시장(money market)**에 투자할 수 있다. 이 자산은 단기이며 저위험이고, 유동성이 높은 경향이 있으며, 현금이 필요할 때까지 단기간 자금을 투자할 이상적인 투자수단이 되게 한다. 가장 중요한 단기금융시장의 투자수단은 단기재정증권, 기업어음, 요구불예금증서(CD), 그리고 환매조건부채권이다.

단기자본조달의 주요 원천은 무
엇인가? (학습목표 20-9)

단기자본조달의 주요 원천은 은행 대출이다. 흔히 기업은 은행에서 약정된 금액까지 차입할 수 있는 **신용한도(line of credit)**에 대해 약정수수료를 지급한다. 은행대출은 기업의 외상매출금 또는 재고자산에 의해 담보될 수 있다. 잘 알려진 대기업도 투자자에게 자신의 단기부채를 발행할 수 있다. 이는 **기업어음(commercial paper)**으로 알려져 있다.

식 목록 LISTING OF EQUATIONS

$$20.1 \quad 실효연간이자율 = \left(1 + \frac{할인액}{할인가격}\right)^{365/추가신용일} - 1$$

연습문제 QUESTIONS AND PROBLEMS

1. **운전자본.** Camberwell Corp.의 주니어 분석가가 재무상태표의 항목을 뒤죽박죽으로 만들었다. 당신이 (a) Camberwell의 유동자산, (b) 유동부채, (c) 순운전자본의 가치를 계산하는데 도움을 줄 수 있는가? (학습목표 20-1)

은행 부채	$ 9.1백만
기타 유동부채	12.2
공장 및 설비자산	34.8
장기부채	12.1
외상매출금	8.7
시장성 투자	6.4
재고자산	7.9
영업권	3.8
기타 유동자산	13.0
외상매입금	8.4
현금	3.7

2. 현금 사이클. 다음 사건이 현금 사이클을 증가시키는가 또는 감소시키는가? (학습목표 20-1)

a. 높아진 자금조달 이자율 때문에 회사가 재고자산의 수준을 감소시킨다.

b. 기업이 공급업자로부터 외상매입금 지급을 연기하지 않을 수 있도록 새로운 신용한도를 확보한다.

c. 기업이 외상매출금을 팩터에게 판매한다.

d. 경기침체가 시작되어 회사 고객이 점차 외상매입금 지급을 연기한다.

3. 운전자본관리. 새로운 컴퓨터 시스템이 재고자산을 좀 더 정확히 모니터하고 미래 재고부족을 예측하는 데 매우 유용하다. 그 결과, 기업은 재고자산을 더 줄일 수 있다고 느낀다. 새로운 시스템이 (a) 운전자본과 (b) 현금 사이클을 증가시키는가 또는 감소시키는가? (학습목표 20-1)

4. 현금 사이클. 다음 표는 2017년 미국 5개 산업의 손익계산서와 재무상태표를 보여준다. 각 산업의 현금 사이클을 계산하시오. (학습목표 20-1)

손익계산서와 재무상태표 자료(단위 : 억 달러)					
	식품	제약	원유 및 석탄	컴퓨터 및 주변장치	식품소매
손익계산서 자료 :					
매출액	$665.9	$426.5	$801.0	$215.0	$473.2
매출원가	595.1	351.4	756.8	187.7	450.0
재무상태표 자료 :					
재고자산	$ 66.8	$ 55.8	$ 43.2	$ 10.3	$ 26.9
외상매출금	55.6	67.1	51.8	22.7	6.4
외상매입금	48.0	41.3	49.3	36.5	22.7

주: 매출원가는 판매 및 일반 관리비를 포함한다.
출처: U.S. Department of Commerce, *Quarterly Financial Report for Manufacturing, Mining, Trade Corporations, and Selected Service Industries*, Quarter 3, issued December 2017.

5. 현금 사이클. 다음 기업에 대해 (a) 외상매출금 기간, (b) 외상매입금 기간, (c) 재고자산 기간, (d) 현금 사이클을 계산하라. (학습목표 20-1)

손익계산서 자료 :	
매출액	$5,000
매출원가	4,200
재무상태표 자료 :	
재고자산	550
외상매출금	110
외상매입금	270

6. 현금 사이클. 다음은 현금 사이클을 증가시키는가 또는 감소시키는가? (학습목표 20-1)

a. 고객은 현금으로 거래할 때 더 큰 할인을 받는다.

b. 재고자산 회전율이 8에서 6으로 감소한다.

c. 신기술이 생산공정을 보다 효율화한다.

d. 기존 외상매입금을 줄이는 정책을 채택한다.

e. 더 많은 상품을 재고자산으로 보유하기보다는 고객의 선주문에 따라 생산하기 시작한다.

f. 상품시장의 일시적 공급과잉으로 가격이 낮은 때를 이용해 원자재를 비축한다.

7. 현금 사이클. 한 기업이 매출 증대를 위해 몇 가지 정책 변경을 고려하고 있다. 이는 재고에 보관되는 다양한 상품을 증가시킬 것이지만, 이는 재고자산을 $10,000로 증가시킬 것이다. 어느 것보다 자유로운 판매 조건을 제공하지만, 평균 외상매출금은 $65,000로 증가한다. 이러한 조치로 인해 연간 매출이 $800,000 증가할 것으로 예상되며, 매출원가는 매출의 80%로 유지된다. 자체 생산필요에 대한 기업의 구매 증가로 인해 평균 외상매입금은 $35,000로 증가한다. 이러한 변화가 회사의 현금 사이클에 어떤 영향을 미치는가? (학습목표 20-1)

8. 판매조건. 다음 목록에서 적절한 용어를 선택하여 다음 문장을 완성하라(일부 용어는 한 번 이상 사용할 수 있다). 수락, 공개, 상업적, 거래, 미국, 자신의 어음, 계좌, 은행, 은행의, 고객의. (학습목표 20-2)

대부분의 상품은 _____(a)_____으로 판매된다. 이 경우 부채의 유일한 증거는 판매자의 장부기록과 서명한 영수증이다. 다른 방법은 판매자가 고객이 지급할 것을 지시하는 _____(b)_____을 요청하는 것이다. 상품을 가지려면, 고객은 이러한 요청을 승인하고 서류에 서명해야 한다. 이 서명된 승인은 _____(c)_____로 알려져 있다. 때때로 판매자는 또한 _____(d)_____ 은행이 이 서류에 서명하기를 요구한다. 이를 _____(e)_____이라 한다.

9. 지불 지연. 구매일과 지불 만기일 사이의 기간을 기간 지연(terms lag)이라 한다. 만기일과 구매자가 실제 지급하는 날의 기간을 만기 지연(due lag)이라 하며, 구매일과 실제 지불일의 기간을 지불 지연(pay lag)이라 한다. 따라서, 지불 지연=기간 지연+만기 지연. 다음 사건이 각 지연에 어떤 영향을 미치는가? (학습목표 20-2)

a. 회사가 늦게 지불하는 고객에게 서비스 수수료를 부과한다.

b. 경기침체는 고객의 현금 부족의 원인이 된다.

c. 회사는 조건을 순 10에서 순 20으로 변경한다.

10. 판매조건. 다음 각 쌍 중에서 A기업 또는 B기업이 더 긴 신용기간을 제시할 것으로 예상하는가? (학습목표 20-2)

a. A기업은 하드웨어를 판매한다. B기업은 빵을 판매한다.

b. A기업의 고객은 10의 재고자산 회전율을 소유한다. B기업의 고객은 15의 회전율을 소유한다.

c. A기업은 주로 전기공급을 판매한다. B기업은 고급 의류를 판매한다.

11. 거래신용 이자율. X회사는 1/20, 순 60 기준으로 판매한다. Y회사가 상품 $1,000 어치를 구매한다. (학습목표 20-3)

a. Y회사가 20일에 지불한다면 대금의 얼마를 공제받을 수 있는가?

b. Y회사가 현금할인을 포기한다면 며칠을 더 외상으로 할 수 있는가?

c. Y가 20일이 아니라 만기에 지불한다면, 실효연간이자율은 얼마인가?

12. 거래신용 이자율. 한 기업이 현재 3/20, 순 40의 판매조건을 제시한다. 다음 행동이 현금할인을 포기한 고객에게 부과되는 내재이자율에 어떤 영향을 주는가? 내재이자율이 증가하는가 아니면 감소하는가? (학습목표 20-3)

    a. 조건이 4/20, 순 40으로 변경된다.

    b. 조건이 3/30, 순 40으로 변경된다.

    c. 조건이 3/20, 순 30으로 변경된다.

13. **거래신용과 외상매출금.** 한 기업이 3/15, 순 30의 조건을 제시한다. 현재 모든 고객의 2/3는 할인의 장점을 이용하며 나머지는 만기에 대금을 지불한다. (학습목표 20-3)

    a. 이 기업의 외상매출금 기간은 보통 얼마인가?

    b. 연간 매출이 $2,000만라면 외상매출금에 대한 평균 투자액은 얼마인가?

    c. 조건을 4/15, 순 30으로 변경한다면, 기업의 외상매출금 기간은 어떻게 되는가?

14. **판매조건.** Microbiotics는 현재 회사의 모든 냉동식사를 인도 시 현금 조건으로 판매하지만, 슈퍼마켓에 1개월의 무료 신용기간을 줌으로써 매출을 증가시킬 수 있다고 믿는다. 상자당 가격은 $50이고, 상자당 원가는 $40이다. (학습목표 20-3)

    a. 판매량이 매월 1,000상자에서 1,060상자로 증가한다면, 신용 제공으로부터의 기대수익은 얼마인가? 이자율은 월 1%이고, 모든 고객은 대금을 지불할 것이다.

    b. 이자율이 월 1.5%라면 어떻게 될까?

    c. 이자율이 월 1.5%지만, 회사가 기존 고객은 계속 인도 시 현금상환을 적용하고 신규 고객에게만 특별 신용을 제공한다면 어떻게 될까?

15. **신용분석.** 4장에서 재무비율을 설명하였다. 당신이 신용관리자라면, 어떤 재무비율에 가장 주의를 기울이겠는가? (학습목표 20-4)

16. **신용분석.** 예제 20.2의 자료를 사용하라. 그러나 이제 Cast Iron 고객의 10%가 늦게 지불하고, 늦게 지불하는 고객이 대금을 지급하지 않을 가능성이 30%라고 가정하자. 고객이 과거에 빨리 지불했는지 늦게 지불했는지를 판단하는데 $5가 든다면, Cast Iron은 이러한 확인을 해야 하는가? (신용을 확인하는 것의 기대 절감액과 기대수익은 얼마인가? 답은 늦게 지불하는 고객을 발견할 확률과 이러한 고객에게 신용을 주지 않는 데서 얻는 절감액 둘 다 의존할 것이다.) (학습목표 20-4)

17. **신용분석.** 16번 문제를 다시 보라. 이제 고객이 대금을 지급하지 않는다면, 최종적으로 빚진 금액의 약 절반을 수금할 수 있다고 가정하자. 부채를 부분적으로 수금할 가능성이 있다면, 신용을 확인하는 데 조금이라도 지불하려고 하겠는가? (학습목표 20-4)

18. **신용분석.** Galenic, Inc.는 여러 가지 약품의 도매상이다. Galenic은 악성 채무로 말미암은 손실을 공제하기 이전, 5%의 이익마진으로 영업한다. 오랫동안 이 기업은 몇몇 중요 비율에 바탕을 둔 신용평점제도를 사용해 왔다. 이 결과 악성 채무의 비율이 1%로 되었다.

    Galenic은 최근에 과거 8년 동안 고객의 지불 기록에 대한 자세한 통계 연구를 의뢰하였다. 상당한 실험을 하고 나서 새로운 신용평점제도의 기초가 될 수 있는 5개 변수를 확인하였다. 과거 8년 동안의 자료의 증거에 따라, Galenic은 10,000계좌마다 다음 채무불이행 비율을 경험할 것이라고 계산한다.

제안된 제도하의 신용평점	계좌 수		
	채무불이행	지불	총계
80점 이상	60	9,100	9,160
80점 미만	40	800	840
총계	100	9,900	10,000

Galenic은 (80점 미만의) 나쁜 신용평점을 받는 기업에 신용을 거절함으로써 악성 채무비율을 60/9, 160, 즉 0.7% 미만으로 줄일 것이라고 계산한다. 커 보이지는 않지만, Galenic의 신용관리자는 이것이 악성 채무비율 1/3의 감소에 해당하고 이익마진을 상당히 개선할 것으로 생각한다. (학습목표 20-4)

   a. 악성 채무를 고려할 때 Galenic의 현재 이익마진은 얼마인가?

   b. 이 기업의 채무불이행 비율의 추정이 옳다면, 새로운 신용평점제도는 이익에 어떠한 영향을 주는가?

   c. Galenic의 채무불이행 비율의 추정치가 왜 실제로 실현되지 않을 것으로 의심할 수 있는가?

   d. 제한된 새 평점제도 변수 중 하나가 "고객이 Galenic과 기존 거래가 있는지"(신규 고객은 채무불이행의 가능성이 더 높다) 여부를 가정하자. 이 제안을 받아들일 것인가? (힌트: 반복 매출을 생각하라.)

19. **신용결정/반복 판매.** Locust Software는 기업고객에게 $101의 가격으로 컴퓨터 훈련 패키지를 판매한다. (현재가치로) 생산원가는 $96이다. Locust는 순 30의 조건으로 패키지를 판매하고 총 주문의 7%가 회수 불가능하다고 추정한다. 주문은 20단위로 들어온다. 이자율은 월 1%이다. (학습목표 20-5)

   a. 이것이 일회성 주문이라면 신용을 제공해야 하는가? 신용을 제공하지 않으면 매출이 이루어지지 않을 것이다.

   b. 손익분기 수금확률은 얼마인가?

   c. 이제 고객이 이번 달 대금을 지불한다면, 고객은 매달 같은 주문을 영원히 낼 것이고 채무불이행은 없다고 가정해보자. 신용을 제공해야 하는가?

   d. 반복 판매의 손익분기 수금확률은 얼마인가?

20. **신용결정.** 예제 20.2를 다시 보라. Cast Iron의 비용이 $1,000에서 $1,050로 증가하였다. 반복 주문의 가능성이 없고 고객에게서 수금의 성공 가능성이 P = 0.95라 가정하고, 다음에 답하시오. (학습목표 20-5)

   a. 신용제공의 기대수익은 어떻게 되는가? Cast Iron은 신용을 제공해야 하는가, 제공하지 않아야 하는가?

   b. 손익분기 수금확률은 얼마인가?

21. **신용결정.** Branding Iron Company는 단위 당 $60의 도매가격으로 철을 판매한다. 생산원가는 한 단위당 $500이다. 고객이 앞으로 6개월 이내에 파산할 확률이 25%이다. 고객은 1,000단위 주문을 내고 6개월의 신용을 요청한다. 이 주문을 수락하는 경우 기대수익은 얼마인가? Branding Iron은 이 주문을 받아들여야 하는가? 할인율은 연간 8%이고, 반복 주문의 가능성이 없고, 고객이 전액 지불하거나 전혀 지불하지 않는다고 가정한다. (학습목표 20-5)

22. **신용정책.** Universal Bed Corporation의 재무관리자인 Aristotle Procrustes는 현재 6%에 달하는 악성 채무 비율을 염려한다. 그는 좀 더 엄격한 신용정책을 쓰면 매출이 5% 감소하고 악성 채무 비율은 4%로 줄어들 것이라고 믿고 있다. 매출원가가 판매가격의 80%라면, 신용정책을 변경하는 경우의 기대수익에 대한 영향은 무엇인가? Procrustes 씨는 좀 더 엄격한 정책을 채택해야 하는가? (학습목표 20-5)

23. **신용결정/반복 판매.** Surf City는 카피당 $15에 네트워크 탐색 소프트웨어를 컴퓨터 소프트웨어 도매상에게 판매하고 대금을 갚는 데 1개월의 여유를 준다. 소프트웨어 원가는 카피당 $10이다. 이 산업은 매우 새로워 안정되어 있지 않다. 그리고 신용을 받은 신규 고객이 다음 달에 파산할 확률은 25%이다. 이 기업은 거래신용의 채무불이행 위험을 줄이고자 인도 시 현금상환으로 전환할 것을 고려하고 있다. 할인율은 월 1%이다. (학습목표 20-5)

   a. 인도 시 현금상환으로 전환 시 이 기업의 기대수익의 영향은 어떠한가? 만약 전환한다면, 매출액은 40% 하락할 것이다.

   b. 신용을 받고 대금을 지불하는 고객이 다음 6개월 동안 채무불이행의 가능성이 거의

없이 반복 주문을 할 것으로 기대된다면 답이 어떻게 변하겠는가? 유사하게 현금을 지불하는 고객도 평균 6개월 동안 반복 주문을 할 것이다.

24. **신용정책.** 한 기업이 현재 현금판매만 한다. 기업은 순 30의 조건으로 거래신용을 제공하면 매달 판매량이 100단위에서 110단위로 증가할 것으로 추정한다. 단위당 가격은 $101이고, (현재가치로) 원가는 $80이다. 이자율은 월 1%이다. (학습목표 20-5)

    a. 이 기업의 신용정책의 변화에 따른 NPV는 어떻게 되는가?

    b. 모든 고객의 5%가 새로운 신용정책 하에 대금을 지급하지 못할 것이라면, (a)의 답이 변하는가?

    c. 새로운 고객 중 5%만이 대금을 갚지 못한다면 어떻게 될까? 현재 고객은 30일의 신용의 이점을 이용하지만 신용위험을 안정하게 유지한다.

25. **신용정책.** Velcro Saddles의 신용관리자인 Jim Khana는 회사의 신용정책을 재평가하고 있다. Velcro는 순 30의 조건으로 판매한다. 매출원가는 매출액의 85%이다. Velcro는 고객을 1~4등급으로 분류한다. 과거 5년 동안 네 고객 그룹에 대한 수금 경험은 다음과 같다.

등급	매출에 대한 채무불이행 비율	채무불이행하지 않는 계좌의 평균 수금기간(일)
1	0	45
2	2	42
3	10	50
4	20	85

    평균 이자율은 15%였다. Velcro의 신용정책에 대해 각 그룹의 기대수익은 어떻게 되는가? 기업이 어떤 고객에게 신용을 거절해야 하는가? 어떤 그룹인가? 이 정책을 바꾸기 전에 다른 어떤 요인을 고려해야 하는가? (학습목표 20-5)

26. **재고관리.** 참 인가 거짓인가? (학습목표 20-6)

    a. 재고수준은 판매량보다 비례적으로 상승하는 경향이 있다.

    b. 운반 비용에는 재고에 묶인 자본 비용이 포함된다.

    c. 최적의 재고 수준에는 운반 비용과 주문 비용 간의 상충관계가 포함된다.

    d. 주문 규모가 증가하면, 운반 비용과 최적 재고 수준이 감소한다.

27. **재고관리.** 다음 중 재고의 최적 수준이 증가해야 하는 것은? (학습목표 20-6)

    a. 운임이 하락한다.

    b. 이자율이 상승한다.

    c. 창고 및 상품의 보험 비용이 증가한다.

    d. 소비자 취향의 변화는 기업 제품의 노후화 비율을 증가시킨다.

28. **재고관리.** 운반 비용이 톤당 $60이고, 각 주문에 $400의 고정 요금이 포함된다는 가정 하에 그림 20.7을 다시 그리시오. (학습목표 20-6)

    a. 최적의 주문 수량은 얼마인가?

    b. (a)의 그림을 사용하여 기업은 1년에 몇 개의 주문을 해야 하는가?

    c. 기업의 평균 재고의 크기는 얼마인가?

29. **재고관리.** 2019년 Cyrus Networks는 $618백만의 매출과 $522백만의 매출원가를 기록했다. 평균 재고자산은 $50백만이었다. (학습목표 20-6)

    a. Cyrus의 평균 재고 기간은 얼마인가?

    b. Cyrus가 평균 재고 기간을 10일까지 영원히 줄일 수 있다면, 회사의 가치는 얼마나 증가하는가? 이 변경에 대한 상쇄 비용은 없다고 가정한다.

30. **현금관리.** 이자율이 연간 4%에서 8%로 상승한다고 하자. 기업의 현금잔고가 매출액에 비해서 증가하거나 감소하는가? 설명하시오. (학습목표 20-7)

31. **플로트.** 1월 25일 Coot Company는 지역 은행에 $250,000의 예금을 갖고 있다. 1월 27일 회사는 공급업자에게 $20,000과 $60,000의 수표를 발행하여 우편 발송한다. 이달 말 Coot의 재무관리자는 아침 우편으로 고객에게서 받은 $45,000의 수표를 예치하고 은행에서 월말 계좌 요약표를 받는다. 관리자는 27일자 $20,000의 지불만 결제되었다는 것을 알고 있다. 회사가 이용할 수 있는 은행 잔고는 얼마인가? (학습목표 20-7)

32. **플로트.** 이제 대부분의 은행은 인터넷을 통해 대금을 지급할 수 있도록 하고 있다. 당신은 인터넷으로 은행에 로그인하여 당신을 대신하여 지급액을 송금하라고 지시한다. 대부분의 은행은 종이 수표를 발행하는 데 수수료를 부과하지만, 인터넷 대금 지급서비스에 대해 수수료를 부과하지는 않는다. 사실 우편요금도 부과하지 않는다. 은행은 왜 이러한 서비스를 기꺼이 무료로 제공하는가? (학습목표 20-7)

33. **플로트.** General Products는 매일 평균 $20,000의 수표를 발행한다. 이 수표는 결제되는 데 평균 6일이 걸린다. 회사는 매일 평균 $22,000를 수금한다. 수표를 이용할 수 있기까지 3일이 걸린다. General Products가 2일 이내에 수금액을 이용할 수 있다면 연간 절감액은 얼마인가? 이 자율은 연간 6%이다. (학습목표 20-7)

34. **사서함.** 가구 제조업체의 재무관리자인 Anne Teak는 사서함을 운영할 것을 고려하고 있다. 그녀는 평균 $2,000 지급 크기를 가진 매일 400건의 지불이 사서함을 통해 이루어질 것으로 예상한다. 사서함을 운영하는 은행 수수료는 수표당 $.40이다. 이자율은 일별 0.015%이다. (학습목표 20-7)
    a. 사서함이 현금을 2일 빨리 이용할 수 있도록 한다면, 이 시스템의 순 일별 장점은 무엇인가?
    b. 이 시스템을 도입할 가치가 있는가?
    c. 사서함제도를 이용하는 것이 정당화되려면 각 수표를 수금하고 처리하는 시간이 최소 얼마큼 감소되어야 하는가?

35. **현금관리.** 다음 목록에서 적절한 용어를 선택하여 다음 문장을 완성하시오. 사서함 은행제도, 페드와이어, 집중 은행제도 (학습목표 20-7)
    기업은 수금을 빨리하여 현금 자원을 증가시킬 수 있다. 이렇게 하는 한 가지 방법은 수표를 지역 사무실에 지불하고 지역 사무실은 이를 다시 지역 은행에 예치하도록 하는 것이다. 이것은 _____(a)_____ 라 알려져 있다. 그 후 잉여 자금은 지역 은행에서 회사의 주 거래은행 중 하나로 이체된다. 이체는 _____(b)_____ 시스템을 통해 전자방식으로 이루어질 수 있다. 다른 방법은 지역 은행이 우체국에서 직접 수표를 수집하도록 하는 것이다. 이것을 _____(c)_____ 라 한다

36. **사서함.** Sherman's Sherbet는 현재 고객에게서 수표를 수금하고 예치하는 데 약 6일이 걸린다. 사서함제도는 이 기간을 4일로 줄일 수 있다. 매일 평균 $15,000을 수금한다. 이자율은 일별 0.02%이다. (학습목표 20-7)
    a. 사서함제도는 플로트를 얼마만큼 감소시키는가?
    b. 이 제도의 일별 이자 절감액은 얼마인가?
    c. 사서함제도가 수표당 지불이 아니라 매달 정해진 수수료로 제공된다고 하자. Sherman이 이 서비스에 대해 지불할 수 있는 월 최대 수수료는 얼마인가? (1개월 30일을 가정하라.)

37. 사서함. JAC Cosmetics의 재무관리자는 피츠버그에 사서함 개설을 고려하고 있다. 사서함을 통해 결제되는 수표는 매달 $300,000에 달할 것이다. 사서함은 회사가 현금을 3일 빠르게 이용할 수 있게 할 것이다. 은행이 결제되는 수표마다 $0.10의 수수료를 부과한다고 가정하자. 수수료 대안이 더 싸려면 평균 수표 액수는 얼마여야 하는가? 이자율은 연간 6%를 가정한다. (학습목표 20-7)

38. 수금정책. Major Manufacturing은 수금액 전부를 취급하기 위하여 현재 뉴욕에 있는 한 은행에 계좌를 가지고 있다. 이 기업은 이 서비스에 대해 $300,000의 보상예금을 유지한다. 기업은 캘리포니아 지역의 많은 고객으로부터 수금을 빠르게 하려고 West Coast National Bank에 계좌 개설을 고려하고 있다. Major는 West Coast 계좌가 캘리포니아에 있는 고객과의 영업에서 매일 $100만에 대해 수금기간을 하루 줄일 것으로 추정한다. 기업이 계좌를 개설하면 뉴욕에서 영업이 감소하기 때문에 뉴욕 은행의 보상예금을 $200,000로 줄일 수 있다. 그러나 West Coast는 $200,000의 보상예금을 요구할 것이다. 새로운 계좌의 수익성은 어떠한가? (학습목표 20-7)

39. 단기금융시장. "안전자산선호(flight to quality)"가 있을 때 기업어음 이자율과 단기재정증권 수익률 사이의 스프레드는 어떤 일이 발생하는가? 기업어음이 단기재정증권보다 유동성이 적은 것으로 간주되는 이유는 무엇인가? (학습목표 20-7)

40. 단기금융시장. 액면가 $100,000이고 만기가 3개월인 단기재정증권이 $99,000에 팔린다. (학습목표 20-8)

a. 할인 기준으로 이 증권에 고시된 이자율은 얼마인가?

b. 실효연간이자율은 얼마인가?

41. 팩토링과 할인이자율. 기업은 $1,000,000의 외상매출금을 $960,000의 미수금 수금을 위해 전문화된 팩터에게 판매한다. 평균 수금 기간은 1개월이다. 이 약정에 대한 실효연간이자율은 얼마인가? (학습목표 20-8)

42. 팩토링과 할인이자율. 한 기업이 팩터에게 외상매출금을 1.5% 할인하여 판매한다. 평균수금기간은 1개월이다. 이 팩토링 계약에 대한 실효연간이자율은 얼마인가? 평균수금기간이 1.5개월이라고 가정한다면 실효연간 내재이자율은 얼마인가? (학습목표 20-8)

43. 단기금융시장. 다음 설명에 가장 잘 맞는 금융수단의 이름을 지정하시오. (학습목표 20-9)

a. 회사가 직접 발행한 단기 무담보 대출

b. 국채 딜러가 매도한 채권을 재매입하겠다는 계약

c. 정부가 할인하여 발행한 단기 증권

d. 회사가 은행 정기예금을 소유하고 있다는 증거

44. 신용한도. 이 장에서 신용한도를 확보하는 경우 기업이 일반적으로 은행에 약정 수수료를 지불한다는 것에 주목한다. 그러나 신용한도가 먼저 제거될 때까지 일반적으로 떨어지지 않는다. (즉 기업은 신용한도로부터 어떠한 차입을 시작하지 않는다.) 왜 이러한 기업들은 현재 필요하지 않은 것에 무언가를 지불하는가? (학습목표 20-9)

45. 단기부채. 다음 목록에서 각 설명에 가장 잘 맞는 용어를 선택하시오. 헤어컷, 기업어음, 담보물, 회전 신용 한도, 자기 청산 대출, 리보, 신디케이트 대출 (학습목표 20-9)

a. 주요 국제 은행이 서로 빌리는 이자율

b. 대출에 대한 추가 담보 마진

c. 은행 그룹에서 제공된 대규모 대출

d. 회사가 합의된 한도까지 차입, 상환, 그리고 재차입할 수 있는 약정

e. 대출금을 상환할 현금을 제공하기 위한 유동자산의 매각

      f. 270일 이내에 만기되는 무담보 부채

      g. 대출 담보

웹 연습문제 WEB EXERCISES

연습문제 1~4의 경우, 회사 웹 사이트 또는 finance.google.com 또는 finance.yahoo.com과 같은 서비스에서 그 기업에 대한 재무제표를 얻는다.

1. 두 패션 의류 소매업체인 Ascena Retail Group (ASNA)과 The Buckle Inc. (BKE)의 재무제표를 보시오. 각각의 재고 수준과 회전율을 비교한다. 당신이 발견한 차이점은 무엇인가?

2. Barnes & Noble Inc. (BKS)의 최근 성과를 확인하시오. BKS는 때때로 "재고 사업"으로 특성화된다. 어떤 면에서 그런가?

3. Yum! Brands (YUM)과 카지노 및 게임 회사 Wynn Resorts (WYNN)의 외상 매출금 회전율과 미결제 일수의 계좌를 비교하고 대조하시오. 외상매출금에 대한 각 회사의 투자 수준을 설명할 수 있는 정보에 대한 사업 설명을 읽으시오.

4. finance.yahoo.com에 로그인하여 Merck (MRK)과 Consolidated Edison (ED) 의 요약된 재무상태표와 손익계산서를 찾으시오. 그들의 순운전자본과 현금 사이클을 계산하시오. 각 기업이 하루 정도의 현금 사이클을 감소할 수 있다면, 순운전자본에 대한 투자가 얼마만큼 감소할 것인가?

5. 신용관리자가 중소기업에 대한 신용조사가 필요할 때 이 회사에 대한 Dun & Bradstreet 보고서를 자주 조회한다. www.dnb.com에 로그인하면 표본 종합보고 서를 볼 수 있다. 이 보고서를 바탕으로 이 회사에 대한 신용을 연장할 준비가 되었는가? 그 이유는 또는 그렇지 않은 이유는?

6. 신용점수는 개인 대출의 신청자를 평가하는 데 널리 사용된다. 여러 웹 사이트에서 FICO 점수를 추정하는 데 사용할 수 있는 무료 계산기를 제공한다. 일부 입력을 변경하고 신용등급이 어떻게 변하는지 확인하시오. 대출금을 지불하지 못한 경우 등급이 얼마나 변경되는가?

7. Wells Fargo(www.wellsfargo.com) 또는 Bank of America(www.bankofamerica.com)와 같은 주요 은행의 웹 페이지에 로그인한다. 이러한 은행이 현금 관리를 위해 기업을 어떻게 도와줄 수 있는가? 예를 들어, 각 은행의 재무관리 서비스를 확인하시오. 그들의 제공 서비스 중 사서함 서비스와 전자 수표 처리를 찾을 수 있을 것이다.

셀프테스트 해답 SOLUTIONS TO SELF-TEST QUESTIONS

20.1 Tiffany는 더 긴 현금 사이클을 보유하고 있다고 기대한다. Tiffany는 판매하는 데 오랜 시간이 걸릴 수 있는 비싼 보석의 재고자산을 보유하고 있다. 이와 대조적으로 Target의 상품은 신속하게 판매되도록 가격이 책정된다. 실제로 다음 계산은 두

기업의 현금 사이클의 차이가 주로 매우 다른 재고기간에 의해 도출된다.

	Tiffany	Target
매출액(백만 달러)	$4,002	$69,495
매출원가(백만 달러)	$1,511	$48,872
재고자산(백만 달러)	$2,157	$ 8,309
외상매출금(백만 달러)	$227	0
외상매입금(백만 달러)	$335	$10,989
재고기간(일)	521.0	62.1
매출채권기간(일)	20.7	0.0
외상매입기간(일)	80.9	82.1
현금 사이클(일)	460.8	−20.0

20.2 현금할인을 얻으려면 10일 이내에 대금을 지급해야 한다. 즉, 5월 11일까지 지급해야 한다. 2% 할인으로 5월 11일까지 지급해야 할 액수는 $20,000 × 0.98 = $19,600이다. 현금할인을 받지 않으면 5월 21일까지는 지급할 필요가 없으나 그 날 만기 금액은 $20,000이다.

20.3 이 경우 현금할인은 5%이고, 할인을 받지 않기로 한 고객은 추가로 50−10=40일의 신용기간을 얻는다. 따라서 실효연간이자율은

$$실효연간이자율 = \left(1 + \frac{할인율}{할인가격}\right)^{365/추가신용일} - 1$$

$$= \left(1 + \frac{5}{95}\right)^{365/60} - 1 = 0.597, \text{ 또는 } 59.7\%$$

이 경우 할인을 받지 않은 고객은 결과적으로 59.7%의 연간이자율로 돈을 빌리는 것이다. 이것은 예제 20.1의 이자율보다 더 높은데 할인을 받지 않음으로써 얻는 신용기간이 더 짧기 때문이다.

20.4 원가의 현재가치는 여전히 $1,000이다. 수입의 현재가치는 이제 $1,100이다. 손익분기 확률은 다음과 같이 정의된다.

$$p \times 100 - (1-p) \times 1,000 = 0$$

이는 $p=0.909$를 의미한다. 이제 이익마진이 더 작기 때문에 손익분기 확률은 더 높아진다. 기업은 성공적인 판매에서 이전만큼 벌지 못하기 때문에 이전만큼 높은 악성부채 비율을 감당할 수가 없다. 우리는 이익마진이 큰 상품이 보다 여유 있는 신용조건을 제공할 수 있다고 결론을 내린다.

20.5 할인율이 높을수록 미래 매출액은 덜 중요하다. 반복 매출액의 현재가치가 더 낮아지기 때문에, 초기 매출에 대한 손익분기 확률이 더 높아진다. 예를 들어, 할인율이 10%였을 때 손익분기 확률이 1/3이라는 것을 보았다. 할인율이 20%일 때, 영구적인 반복 매출의 현재가치는 $200/0.20=$1,000로 하락하고, 손익분기 확률은 1/2로 증가한다.

$$1/2 \times \$1,000 - 1/2 \times \$1,000 = 0$$

20.6 이 고객은 송장 날짜 이후 45일 만에 대금을 지불한다. 상품을 매일 구매하기 때문에 어떤 시점에서도 "경과일수(ages)"가 1일에서 45일인 청구서가 있게 된다. 고객은 어떤 시점에서도 경과일수가 1개월 이하인 외상을 30일분 구매액, 즉 $10,000을 갖는다. 그리고 1개월과 45일 사이인 외상을 15일분 구매액, 즉 $5,000

을 갖는다. 채무명세서는 다음과 같을 것이다.

계좌 경과일수	액수
1개월 미만	$10,000
1~2개월	5,000

20.7 사서함제도의 장점과 회사가 사서함제도에 대해 지불해야 하는 가격은 다음과 같을 때 더 커진다.

a. (더 많은 자금에 대해 이자를 벌기 때문에) 지불액의 크기가 더 커진다.

b. (더 많은 자금에 대해 이자를 벌기 때문에) 일일 지불액이 더 커진다.

c. (플로트의 비용이 더 커지기 때문에) 이자율이 더 높아진다.

d. (더 많은 플로트를 절감하기 때문에) 절감된 우편 배달시간이 더 커진다.

e. (더 많은 플로트를 절감하기 때문에) 절감된 처리시간이 더 커진다.

20.8 3개월 할인은 8/4=2%이다. 6개월 동안 상환하는 매 $100에 대해, 선불 $100−$2=$98을 받는다. 3개월 이자율은 100/98−1=0.02041이다. 따라서, 이 대출의 실효연간이자율은 1.020414−1=0.0842 또는 8.42%이다.

미니 케이스

Micro-Encapsulators Corp.(MEC)의 신용분석가인 George Stamper는 남동부 판매 사무소로부터 긴급 이메일 요청에 응답해야 했다. 그 지역 판매관리자는 Miami Spice(MS)로부터 대당 $10,000에 캡슐 포장기 50대에 대한 주문을 매듭지을 수 있다고 보고하였다. 그녀는 MS가 1년에 캡슐 포장기 50대의 지속적인 수요가 있을 것 같아서 매우 가치 있는 고객이 될 수 있기 때문에, 이 주문을 확보하는 데 특히 열심이라고 덧붙였다. 그러나 새로운 고객에게 이 규모의 주문은 보통 본부의 허가가 있어야 했다. 따라서 MS의 신용도를 빨리 평가하여 이 판매를 승인하거나 승인하지 않을 책임이 George에게 있었다.

George는 MS가 고르지 못한 이익 기록을 가진 중견 기업이라는 것을 알았다. MS는 1980년대 급속히 성장하였으나 주된 시장에서 강력한 경쟁에 직면해 왔으며 이익은 급속히 하락하였다. George는 이것이 어느 정도 나쁜 징조인지를 확신하지 못했다. 비용을 절감하기 위해 새로운 경영자를 초빙하였고 최악은 벗어났다는 조짐이 일부 있었다. 투자자들은 이러한 평가에 동의하는 것처럼 보였다. 왜냐하면, 주가가 전년도 $4.25의 최저에서 $5.80로 상승하였기 때문이다. George는 MS의 최근 재무제표를 가지고 있었다. 이는 표 20.5에 요약되어 있다. 그는 재빨리 몇 가지 중요 재무비율을 계산하였다.

George는 또한 MS에 대해 다른 많은 확인을 수행하였다. 회사는 Moody's에 의해 B등급을 받은 적은 양의 발행채권이 있었다. MEC의 은행을 통해 조사한 바로는 MS는 총 $500만의 사용하지 않은 신용한도가 있었으며, 연말 상환 만기가 되는 $1,500만의 은행 대출을 갱신하기 위해 은행과 협의를 시작하였다. MS의 다른 공급업자에게 전화해 본 바로는 이 회사는 최근에 대금을 30일 지연하여 지급해 왔다.

George는 회사가 MS의 주문에서 낼 수 있는 이익도 고려할 필요가 있었다. 캡슐 포장기는 2/30, 순 60의 표준 조건으로 판매된다. 따라서 MS가 빨리 지급하면 MEC는 50×$9,800=$490,000의 추가 수입을 얻는다. 그러나 MS의 현금 상황을 고려했을 때 현금할인을 받지 않을 가능성이 더 크다. 그리고 60일 이후까지 지불하지 않을 가능성이 더 컸다. 이자율이 약 8%이기 때문에 지급이 늦어지면 MEC 수입의 현재가치를 감소시킨다. George는 또한 MS 주문을 맞추는 데 생산과 운송비가 있다는 것을 알았다. 이것은 $475,000, 즉 대당 $9,500이었다. 회사 이익은 21%의 세금이 매겨진다.

당신은 Miami Spice의 신용도에 대해 어떻게 생각하는가? 채무불이행의 손익분기 확률은 얼마인가? 이것은 MS가 대금은 지급하기 전에 지연하는 것에 의해 어떠한 영향을 받는가? George Stamper의 결정이 반복 주문의 가능성에 의해 어떠한 영향을 받는가?

표 20.5 Miami Spice 요약 재무제표 (단위: 백만 달러)

재무상태표	2019	2018
자산		
유동자산		
현금과 시장성 유가증권	5.0	12.2
외상매출금	16.2	15.7
재고자산	27.5	32.5
총유동자산	48.7	60.4
고정자산		
부동산, 공장 및 설비	228.5	228.1
감가상각 누계액	129.5	127.6
순고정자산	99.0	100.5
총자산	147.7	160.9
부채와 자기자본		
유동부채		
만기가 된 부채	22.8	28.0
외상매입금	19.0	16.2
총유동부채	41.8	44.2
장기부채	40.8	42.3
자기자본		
보통주*	10.0	10.0
유보이익	55.1	64.4
총자기자본	65.1	74.4
총부채와 자기자본	147.7	160.9

손익계산서	2019	2018
매출액	149.8	134.4
매출원가	131.0	124.2
기타 비용	1.7	8.7
감가상각비	8.1	8.6
이자 및 세금전이익	9.0	−7.1
지급이자	5.1	5.6
법인세	1.4	−4.4
순이익	2.5	−8.3
순이익의 배분		
유보이익의 증가	1.5	−9.3
배당	1.0	1.0

*1,000만 주, 액면가 $1

부록 A
Present Value and Future Value Tables

TABLE A.1 Future value of $1 after t years = $(1 + r)^t$

	Interest Rate per Year														
Number of Years	1%	2%	3%	4%	5%	6%	7%	8%	9%	10%	11%	12%	13%	14%	15%
1	1.0100	1.0200	1.0300	1.0400	1.0500	1.0600	1.0700	1.0800	1.0900	1.1000	1.1100	1.1200	1.1300	1.1400	1.1500
2	1.0201	1.0404	1.0609	1.0816	1.1025	1.1236	1.1449	1.1664	1.1881	1.2100	1.2321	1.2544	1.2769	1.2996	1.3225
3	1.0303	1.0612	1.0927	1.1249	1.1576	1.1910	1.2250	1.2597	1.2950	1.3310	1.3676	1.4049	1.4429	1.4815	1.5209
4	1.0406	1.0824	1.1255	1.1699	1.2155	1.2625	1.3108	1.3605	1.4116	1.4641	1.5181	1.5735	1.6305	1.6890	1.7490
5	1.0510	1.1041	1.1593	1.2167	1.2763	1.3382	1.4026	1.4693	1.5386	1.6105	1.6851	1.7623	1.8424	1.9254	2.0114
6	1.0615	1.1262	1.1941	1.2653	1.3401	1.4185	1.5007	1.5869	1.6771	1.7716	1.8704	1.9738	2.0820	2.1950	2.3131
7	1.0721	1.1487	1.2299	1.3159	1.4071	1.5036	1.6058	1.7138	1.8280	1.9487	2.0762	2.2107	2.3526	2.5023	2.6600
8	1.0829	1.1717	1.2668	1.3686	1.4775	1.5938	1.7182	1.8509	1.9926	2.1436	2.3045	2.4760	2.6584	2.8526	3.0590
9	1.0937	1.1951	1.3048	1.4233	1.5513	1.6895	1.8385	1.9990	2.1719	2.3579	2.5580	2.7731	3.0040	3.2519	3.5179
10	1.1046	1.2190	1.3439	1.4802	1.6289	1.7908	1.9672	2.1589	2.3674	2.5937	2.8394	3.1058	3.3946	3.7072	4.0456
11	1.1157	1.2434	1.3842	1.5395	1.7103	1.8983	2.1049	2.3316	2.5804	2.8531	3.1518	3.4785	3.8359	4.2262	4.6524
12	1.1268	1.2682	1.4258	1.6010	1.7959	2.0122	2.2522	2.5182	2.8127	3.1384	3.4985	3.8960	4.3345	4.8179	5.3503
13	1.1381	1.2936	1.4685	1.6651	1.8856	2.1329	2.4098	2.7196	3.0658	3.4523	3.8833	4.3635	4.8980	5.4924	6.1528
14	1.1495	1.3195	1.5126	1.7317	1.9799	2.2609	2.5785	2.9372	3.3417	3.7975	4.3104	4.8871	5.5348	6.2613	7.0757
15	1.1610	1.3459	1.5580	1.8009	2.0789	2.3966	2.7590	3.1722	3.6425	4.1772	4.7846	5.4736	6.2543	7.1379	8.1371
16	1.1726	1.3728	1.6047	1.8730	2.1829	2.5404	2.9522	3.4259	3.9703	4.5950	5.3109	6.1304	7.0673	8.1372	9.3576
17	1.1843	1.4002	1.6528	1.9479	2.2920	2.6928	3.1588	3.7000	4.3276	5.0545	5.8951	6.8660	7.9861	9.2765	10.7613
18	1.1961	1.4282	1.7024	2.0258	2.4066	2.8543	3.3799	3.9960	4.7171	5.5599	6.5436	7.6900	9.0243	10.5752	12.3755
19	1.2081	1.4568	1.7535	2.1068	2.5270	3.0256	3.6165	4.3157	5.1417	6.1159	7.2633	8.6128	10.1974	12.0557	14.2318
20	1.2202	1.4859	1.8061	2.1911	2.6533	3.2071	3.8697	4.6610	5.6044	6.7275	8.0623	9.6463	11.5231	13.7435	16.3665

	Interest Rate per Year														
Number of Years	16%	17%	18%	19%	20%	21%	22%	23%	24%	25%	26%	27%	28%	29%	30%
1	1.1600	1.1700	1.1800	1.1900	1.2000	1.2100	1.2200	1.2300	1.2400	1.2500	1.2600	1.2700	1.2800	1.2900	1.3000
2	1.3456	1.3689	1.3924	1.4161	1.4400	1.4641	1.4884	1.5129	1.5376	1.5625	1.5876	1.6129	1.6384	1.6641	1.6900
3	1.5609	1.6016	1.6430	1.6852	1.7280	1.7716	1.8158	1.8609	1.9066	1.9531	2.0004	2.0484	2.0972	2.1467	2.1970
4	1.8106	1.8739	1.9388	2.0053	2.0736	2.1436	2.2153	2.2889	2.3642	2.4414	2.5205	2.6014	2.6844	2.7692	2.8561
5	2.1003	2.1924	2.2878	2.3864	2.4883	2.5937	2.7027	2.8153	2.9316	3.0518	3.1758	3.3038	3.4360	3.5723	3.7129
6	2.4364	2.5652	2.6996	2.8398	2.9860	3.1384	3.2973	3.4628	3.6352	3.8147	4.0015	4.1959	4.3980	4.6083	4.8268
7	2.8262	3.0012	3.1855	3.3793	3.5832	3.7975	4.0227	4.2593	4.5077	4.7684	5.0419	5.3288	5.6295	5.9447	6.2749
8	3.2784	3.5115	3.7589	4.0214	4.2998	4.5950	4.9077	5.2389	5.5895	5.9605	6.3528	6.7675	7.2058	7.6686	8.1573
9	3.8030	4.1084	4.4355	4.7854	5.1598	5.5599	5.9874	6.4439	6.9310	7.4506	8.0045	8.5948	9.2234	9.8925	10.6045
10	4.4114	4.8068	5.2338	5.6947	6.1917	6.7275	7.3046	7.9259	8.5944	9.3132	10.0857	10.9153	11.8059	12.7614	13.7858
11	5.1173	5.6240	6.1759	6.7767	7.4301	8.1403	8.9117	9.7489	10.6571	11.6415	12.7080	13.8625	15.1116	16.4622	17.9216
12	5.9360	6.5801	7.2876	8.0642	8.9161	9.8497	10.8722	11.9912	13.2148	14.5519	16.0120	17.6053	19.3428	21.2362	23.2981
13	6.8858	7.6987	8.5994	9.5964	10.6993	11.9182	13.2641	14.7491	16.3863	18.1899	20.1752	22.3588	24.7588	27.3947	30.2875
14	7.9875	9.0075	10.1472	11.4198	12.8392	14.4210	16.1822	18.1414	20.3191	22.7374	25.4207	28.3957	31.6913	35.3391	39.3738
15	9.2655	10.5387	11.9737	13.5895	15.4070	17.4494	19.7423	22.3140	25.1956	28.4217	32.0301	36.0625	40.5648	45.5875	51.1859
16	10.7480	12.3303	14.1290	16.1715	18.4884	21.1138	24.0856	27.4462	31.2426	5.5271	40.3579	45.7994	51.9230	58.8079	66.5417
17	12.4677	14.4265	16.6722	19.2441	22.1861	25.5477	29.3844	33.7588	38.7408	44.4089	50.8510	58.1652	66.4614	75.8621	86.5042
18	14.4625	16.8790	19.6733	22.9005	26.6233	30.9127	35.8490	41.5233	48.0386	55.5112	64.0722	73.8698	85.0706	97.8622	112.4554
19	16.7765	19.7484	23.2144	27.2516	31.9480	37.4043	43.7358	51.0737	59.5679	69.3889	80.7310	93.8147	108.8904	126.2422	146.1920
20	19.4608	23.1056	27.3930	32.4294	38.3376	45.2593	53.3576	62.8206	73.8641	86.7362	101.7211	119.1446	139.3797	162.8524	190.0496

TABLE A.2 Discount factors: Present value of $1 to be received after t years = $1/(1 + r)^t$

Number of Years	1%	2%	3%	4%	5%	6%	7%	8%	9%	10%	11%	12%	13%	14%	15%
									Interest Rate per Year						
1	0.9901	0.9804	0.9709	0.9615	0.9524	0.9434	0.9346	0.9259	0.9174	0.9091	0.9009	0.8929	0.8850	0.8772	0.8696
2	0.9803	0.9612	0.9426	0.9246	0.9070	0.8900	0.8734	0.8573	0.8417	0.8264	0.8116	0.7972	0.7831	0.7695	0.7561
3	0.9706	0.9423	0.9151	0.8890	0.8638	0.8396	0.8163	0.7938	0.7722	0.7513	0.7312	0.7118	0.6931	0.6750	0.6575
4	0.9610	0.9238	0.8885	0.8548	0.8227	0.7921	0.7629	0.7350	0.7084	0.6830	0.6587	0.6355	0.6133	0.5921	0.5718
5	0.9515	0.9057	0.8626	0.8219	0.7835	0.7473	0.7130	0.6806	0.6499	0.6209	0.5935	0.5674	0.5428	0.5194	0.4972
6	0.9420	0.8880	0.8375	0.7903	0.7462	0.7050	0.6663	0.6302	0.5963	0.5645	0.5346	0.5066	0.4803	0.4556	0.4323
7	0.9327	0.8706	0.8131	0.7599	0.7107	0.6651	0.6227	0.5835	0.5470	0.5132	0.4817	0.4523	0.4251	0.3996	0.3759
8	0.9235	0.8535	0.7894	0.7307	0.6768	0.6274	0.5820	0.5403	0.5019	0.4665	0.4339	0.4039	0.3762	0.3506	0.3269
9	0.9143	0.8368	0.7664	0.7026	0.6446	0.5919	0.5439	0.5002	0.4604	0.4241	0.3909	0.3606	0.3329	0.3075	0.2843
10	0.9053	0.8203	0.7441	0.6756	0.6139	0.5584	0.5083	0.4632	0.4224	0.3855	0.3522	0.3220	0.2946	0.2697	0.2472
11	0.8963	0.8043	0.7224	0.6496	0.5847	0.5268	0.4751	0.4289	0.3875	0.3505	0.3173	0.2875	0.2607	0.2366	0.2149
12	0.8874	0.7885	0.7014	0.6246	0.5568	0.4970	0.4440	0.3971	0.3555	0.3186	0.2858	0.2567	0.2307	0.2076	0.1869
13	0.8787	0.7730	0.6810	0.6006	0.5303	0.4688	0.4150	0.3677	0.3262	0.2897	0.2575	0.2292	0.2042	0.1821	0.1625
14	0.8700	0.7579	0.6611	0.5775	0.5051	0.4423	0.3878	0.3405	0.2992	0.2633	0.2320	0.2046	0.1807	0.1597	0.1413
15	0.8613	0.7430	0.6419	0.5553	0.4810	0.4173	0.3624	0.3152	0.2745	0.2394	0.2090	0.1827	0.1599	0.1401	0.1229
16	0.8528	0.7284	0.6232	0.5339	0.4581	0.3936	0.3387	0.2919	0.2519	0.2176	0.1883	0.1631	0.1415	0.1229	0.1069
17	0.8444	0.7142	0.6050	0.5134	0.4363	0.3714	0.3166	0.2703	0.2311	0.1978	0.1696	0.1456	0.1252	0.1078	0.0929
18	0.8360	0.7002	0.5874	0.4936	0.4155	0.3503	0.2959	0.2502	0.2120	0.1799	0.1528	0.1300	0.1108	0.0946	0.0808
19	0.8277	0.6864	0.5703	0.4746	0.3957	0.3305	0.2765	0.2317	0.1945	0.1635	0.1377	0.1161	0.0981	0.0829	0.0703
20	0.8195	0.6730	0.5537	0.4564	0.3769	0.3118	0.2584	0.2145	0.1784	0.1486	0.1240	0.1037	0.0868	0.0728	0.0611

Number of Years	16%	17%	18%	19%	20%	21%	22%	23%	24%	25%	26%	27%	28%	29%	30%
									Interest Rate per Year						
1	0.8621	0.8547	0.8475	0.8403	0.8333	0.8264	0.8197	0.8130	0.8065	0.8000	0.7937	0.7874	0.7813	0.7752	0.7692
2	0.7432	0.7305	0.7182	0.7062	0.6944	0.6830	0.6719	0.6610	0.6504	0.6400	0.6299	0.6200	0.6104	0.6009	0.5917
3	0.6407	0.6244	0.6086	0.5934	0.5787	0.5645	0.5507	0.5374	0.5245	0.5120	0.4999	0.4882	0.4768	0.4658	0.4552
4	0.5523	0.5337	0.5158	0.4987	0.4823	0.4665	0.4514	0.4369	0.4230	0.4096	0.3968	0.3844	0.3725	0.3611	0.3501
5	0.4761	0.4561	0.4371	0.4190	0.4019	0.3855	0.3700	0.3552	0.3411	0.3277	0.3149	0.3027	0.2910	0.2799	0.2693
6	0.4104	0.3898	0.3704	0.3521	0.3349	0.3186	0.3033	0.2888	0.2751	0.2621	0.2499	0.2383	0.2274	0.2170	0.2072
7	0.3538	0.3332	0.3139	0.2959	0.2791	0.2633	0.2486	0.2348	0.2218	0.2097	0.1983	0.1877	0.1776	0.1682	0.1594
8	0.3050	0.2848	0.2660	0.2487	0.2326	0.2176	0.2038	0.1909	0.1789	0.1678	0.1574	0.1478	0.1388	0.1304	0.1226
9	0.2630	0.2434	0.2255	0.2090	0.1938	0.1799	0.1670	0.1552	0.1443	0.1342	0.1249	0.1164	0.1084	0.1011	0.0943
10	0.2267	0.2080	0.1911	0.1756	0.1615	0.1486	0.1369	0.1262	0.1164	0.1074	0.0992	0.0916	0.0847	0.0784	0.0725
11	0.1954	0.1778	0.1619	0.1476	0.1346	0.1228	0.1122	0.1026	0.0938	0.0859	0.0787	0.0721	0.0662	0.0607	0.0558
12	0.1685	0.1520	0.1372	0.1240	0.1122	0.1015	0.0920	0.0834	0.0757	0.0687	0.0625	0.0568	0.0517	0.0471	0.0429
13	0.1452	0.1299	0.1163	0.1042	0.0935	0.0839	0.0754	0.0678	0.0610	0.0550	0.0496	0.0447	0.0404	0.0365	0.0330
14	0.1252	0.1110	0.0985	0.0876	0.0779	0.0693	0.0618	0.0551	0.0492	0.0440	0.0393	0.0352	0.0316	0.0283	0.0254
15	0.1079	0.0949	0.0835	0.0736	0.0649	0.0573	0.0507	0.0448	0.0397	0.0352	0.0312	0.0277	0.0247	0.0219	0.0195
16	0.0930	0.0811	0.0708	0.0618	0.0541	0.0474	0.0415	0.0364	0.0320	0.0281	0.0248	0.0218	0.0193	0.0170	0.0150
17	0.0802	0.0693	0.0600	0.0520	0.0451	0.0391	0.0340	0.0296	0.0258	0.0225	0.0197	0.0172	0.0150	0.0132	0.0116
18	0.0691	0.0592	0.0508	0.0437	0.0376	0.0323	0.0279	0.0241	0.0208	0.0180	0.0156	0.0135	0.0118	0.0102	0.0089
19	0.0596	0.0506	0.0431	0.0367	0.0313	0.0267	0.0229	0.0196	0.0168	0.0144	0.0124	0.0107	0.0092	0.0079	0.0068
20	0.0514	0.0433	0.0365	0.0308	0.0261	0.0221	0.0187	0.0159	0.0135	0.0115	0.0098	0.0084	0.0072	0.0061	0.0053

TABLE A.3 Annuity table: Present value of $1 per year for each of t years $= 1/r - 1/[r(1 + r)^t]$

Number of Years	Interest Rate per Year														
	1%	2%	3%	4%	5%	6%	7%	8%	9%	10%	11%	12%	13%	14%	15%
1	0.9901	0.9804	0.9709	0.9615	0.9524	0.9434	0.9346	0.9259	0.9174	0.9091	0.9009	0.8929	0.8850	0.8772	0.8696
2	1.9704	1.9416	1.9135	1.8861	1.8594	1.8334	1.8080	1.7833	1.7591	1.7355	1.7125	1.6901	1.6681	1.6467	1.6257
3	2.9410	2.8839	2.8286	2.7751	2.7232	2.6730	2.6243	2.5771	2.5313	2.4869	2.4437	2.4018	2.3612	2.3216	2.2832
4	3.9020	3.8077	3.7171	3.6299	3.5460	3.4651	3.3872	3.3121	3.2397	3.1699	3.1024	3.0373	2.9745	2.9137	2.8550
5	4.8534	4.7135	4.5797	4.4518	4.3295	4.2124	4.1002	3.9927	3.8897	3.7908	3.6959	3.6048	3.5172	3.4331	3.3522
6	5.7955	5.6014	5.4172	5.2421	5.0757	4.9173	4.7665	4.6229	4.4859	4.3553	4.2305	4.1114	3.9975	3.8887	3.7845
7	6.7282	6.4720	6.2303	6.0021	5.7864	5.5824	5.3893	5.2064	5.0330	4.8684	4.7122	4.5638	4.4226	4.2883	4.1604
8	7.6517	7.3255	7.0197	6.7327	6.4632	6.2098	5.9713	5.7466	5.5348	5.3349	5.1461	4.9676	4.7988	4.6389	4.4873
9	8.5660	8.1622	7.7861	7.4353	7.1078	6.8017	6.5152	6.2469	5.9952	5.7590	5.5370	5.3282	5.1317	4.9464	4.7716
10	9.4713	8.9826	8.5302	8.1109	7.7217	7.3601	7.0236	6.7101	6.4177	6.1446	5.8892	5.6502	5.4262	5.2161	5.0188
11	10.3676	9.7868	9.2526	8.7605	8.3064	7.8869	7.4987	7.1390	6.8052	6.4951	6.2065	5.9377	5.6869	5.4527	5.2337
12	11.2551	10.5753	9.9540	9.3851	8.8633	8.3838	7.9427	7.5361	7.1607	6.8137	6.4924	6.1944	5.9176	5.6603	5.4206
13	12.1337	11.3484	10.6350	9.9856	9.3936	8.8527	8.3577	7.9038	7.4869	7.1034	6.7499	6.4235	6.1218	5.8424	5.5831
14	13.0037	12.1062	11.2961	10.5631	9.8986	9.2950	8.7455	8.2442	7.7862	7.3667	6.9819	6.6282	6.3025	6.0021	5.7245
15	13.8651	12.8493	11.9379	11.1184	10.3797	9.7122	9.1079	8.5595	8.0607	7.6061	7.1909	6.8109	6.4624	6.1422	5.8474
16	14.7179	13.5777	12.5611	11.6523	10.8378	10.1059	9.4466	8.8514	8.3126	7.8237	7.3792	6.9740	6.6039	6.2651	5.9542
17	15.5623	14.2919	13.1661	12.1657	11.2741	10.4773	9.7632	9.1216	8.5436	8.0216	7.5488	7.1196	6.7291	6.3729	6.0472
18	16.3983	14.9920	13.7535	12.6593	11.6896	10.8276	10.0591	9.3719	8.7556	8.2014	7.7016	7.2497	6.8399	6.4674	6.1280
19	17.2260	15.6785	14.3238	13.1339	12.0853	11.1581	10.3356	9.6036	8.9501	8.3649	7.8393	7.3658	6.9380	6.5504	6.1982
20	18.0456	16.3514	14.8775	13.5903	12.4622	11.4699	10.5940	9.8181	9.1285	8.5136	7.9633	7.4694	7.0248	6.6231	6.2593

Number of Years	Interest Rate per Year														
	16%	17%	18%	19%	20%	21%	22%	23%	24%	25%	26%	27%	28%	29%	30%
1	0.8621	0.8547	0.8475	0.8403	0.8333	0.8264	0.8197	0.8130	0.8065	0.8000	0.7937	0.7874	0.7813	0.7752	0.7692
2	1.6052	1.5852	1.5656	1.5465	1.5278	1.5095	1.4915	1.4740	1.4568	1.4400	1.4235	1.4074	1.3916	1.3761	1.3609
3	2.2459	2.2096	2.1743	2.1399	2.1065	2.0739	2.0422	2.0114	1.9813	1.9520	1.9234	1.8956	1.8684	1.8420	1.8161
4	2.7982	2.7432	2.6901	2.6386	2.5887	2.5404	2.4936	2.4483	2.4043	2.3616	2.3202	2.2800	2.2410	2.2031	2.1662
5	3.2743	3.1993	3.1272	3.0576	2.9906	2.9260	2.8636	2.8035	2.7454	2.6893	2.6351	2.5827	2.5320	2.4830	2.4356
6	3.6847	3.5892	3.4976	3.4098	3.3255	3.2446	3.1669	3.0923	3.0205	2.9514	2.8850	2.8210	2.7594	2.7000	2.6427
7	4.0386	3.9224	3.8115	3.7057	3.6046	3.5079	3.4155	3.3270	3.2423	3.1611	3.0833	3.0087	2.9370	2.8682	2.8021
8	4.3436	4.2072	4.0776	3.9544	3.8372	3.7256	3.6193	3.5179	3.4212	3.3289	3.2407	3.1564	3.0758	2.9986	2.9247
9	4.6065	4.4506	4.3030	4.1633	4.0310	3.9054	3.7863	3.6731	3.5655	3.4631	3.3657	3.2728	3.1842	3.0997	3.0190
10	4.8332	4.6586	4.4941	4.3389	4.1925	4.0541	3.9232	3.7993	3.6819	3.5705	3.4648	3.3644	3.2689	3.1781	3.0915
11	5.0286	4.8364	4.6560	4.4865	4.3271	4.1769	4.0354	3.9018	3.7757	3.6564	3.5435	3.4365	3.3351	3.2388	3.1473
12	5.1971	4.9884	4.7932	4.6105	4.4392	4.2784	4.1274	3.9852	3.8514	3.7251	3.6059	3.4933	3.3868	3.2859	3.1903
13	5.3423	5.1183	4.9095	4.7147	4.5327	4.3624	4.2028	4.0530	3.9124	3.7801	3.6555	3.5381	3.4272	3.3224	3.2233
14	5.4675	5.2293	5.0081	4.8023	4.6106	4.4317	4.2646	4.1082	3.9616	3.8241	3.6949	3.5733	3.4587	3.3507	3.2487
15	5.5755	5.3242	5.0916	4.8759	4.6755	4.4890	4.3152	4.1530	4.0013	3.8593	3.7261	3.6010	3.4834	3.3726	3.2682
16	5.6685	5.4053	5.1624	4.9377	4.7296	4.5364	4.3567	4.1894	4.0333	3.8874	3.7509	3.6228	3.5026	3.3896	3.2832
17	5.7487	5.4746	5.2223	4.9897	4.7746	4.5755	4.3908	4.2190	4.0591	3.9099	3.7705	3.6400	3.5177	3.4028	3.2948
18	5.8178	5.5339	5.2732	5.0333	4.8122	4.6079	4.4187	4.2431	4.0799	3.9279	3.7861	3.6536	3.5294	3.4130	3.3037
19	5.8775	5.5845	5.3162	5.0700	4.8435	4.6346	4.4415	4.2627	4.0967	3.9424	3.7985	3.6642	3.5386	3.4210	3.3105
20	5.9288	5.6278	5.3527	5.1009	4.8696	4.6567	4.4603	4.2786	4.1103	3.9539	3.8083	3.6726	3.5458	3.4271	3.3158

TABLE A.4 Annuity table: Future value of $1 per year for each of t years $= [(1 + r)^t − 1]/r$

Number of Years	1%	2%	3%	4%	5%	6%	7%	8%	9%	10%	11%	12%	13%	14%	15%
						Interest Rate per Year									
1	1.0000	1.0000	1.0000	1.0000	1.0000	1.0000	1.0000	1.0000	1.0000	1.0000	1.0000	1.0000	1.0000	1.0000	1.0000
2	2.0100	2.0200	2.0300	2.0400	2.0500	2.0600	2.0700	2.0800	2.0900	2.1000	2.1100	2.1200	2.1300	2.1400	2.1500
3	3.0301	3.0604	3.0909	3.1216	3.1525	3.1836	3.2149	3.2464	3.2781	3.3100	3.3421	3.3744	3.4069	3.4396	3.4725
4	4.0604	4.1216	4.1836	4.2465	4.3101	4.3746	4.4399	4.5061	4.5731	4.6410	4.7097	4.7793	4.8498	4.9211	4.9934
5	5.1010	5.2040	5.3091	5.4163	5.5256	5.6371	5.7507	5.8666	5.9847	6.1051	6.2278	6.3528	6.4803	6.6101	6.7424
6	6.1520	6.3081	6.4684	6.6330	6.8019	6.9753	7.1533	7.3359	7.5233	7.7156	7.9129	8.1152	8.3227	8.5355	8.7537
7	7.2135	7.4343	7.6625	7.8983	8.1420	8.3938	8.6540	8.9228	9.2004	9.4872	9.7833	10.0890	10.4047	10.7305	11.0668
8	8.2857	8.5830	8.8923	9.2142	9.5491	9.8975	10.2598	10.6366	11.0285	11.4359	11.8594	12.2997	12.7573	13.2328	13.7268
9	9.3685	9.7546	10.1591	10.5828	11.0266	11.4913	11.9780	12.4876	13.0210	13.5795	14.1640	14.7757	15.4157	16.0853	16.7858
10	10.4622	10.9497	11.4639	12.0061	12.5779	13.1808	13.8164	14.4866	15.1929	15.9374	16.7220	17.5487	18.4197	19.3373	20.3037
11	11.5668	12.1687	12.8078	13.4864	14.2068	14.9716	15.7836	16.6455	17.5603	18.5312	19.5614	20.6546	21.8143	23.0445	24.3493
12	12.6825	13.4121	14.1920	15.0258	15.9171	16.8699	17.8885	18.9771	20.1407	21.3843	22.7132	24.1331	25.6502	27.2707	29.0017
13	13.8093	14.6803	15.6178	16.6268	17.7130	18.8821	20.1406	21.4953	22.9534	24.5227	26.2116	28.0291	29.9847	32.0887	34.3519
14	14.9474	15.9739	17.0863	18.2919	19.5986	21.0151	22.5505	24.2149	26.0192	27.9750	30.0949	32.3926	34.8827	37.5811	40.5047
15	16.0969	17.2934	18.5989	20.0236	21.5786	23.2760	25.1290	27.1521	29.3609	31.7725	34.4054	37.2797	40.4175	43.8424	47.5804
16	17.2579	18.6393	20.1569	21.8245	23.6575	25.6725	27.8881	30.3243	33.0034	35.9497	39.1899	42.7533	46.6717	50.9804	55.7175
17	18.4304	20.0121	21.7616	23.6975	25.8404	28.2129	30.8402	33.7502	36.9737	40.5447	44.5008	48.8837	53.7391	59.1176	65.0751
18	19.6147	21.4123	23.4144	25.6454	28.1324	30.9057	33.9990	37.4502	41.3013	45.5992	50.3959	55.7497	61.7251	68.3941	75.8364
19	20.8109	22.8406	25.1169	27.6712	30.5390	33.7600	37.3790	41.4463	46.0185	51.1591	56.9395	63.4397	70.7494	78.9692	88.2118
20	22.0190	24.2974	26.8704	29.7781	33.0660	36.7856	40.9955	45.7620	51.1601	57.2750	64.2028	72.0524	80.9468	91.0249	102.4436

Number of Years	16%	17%	18%	19%	20%	21%	22%	23%	24%	25%	26%	27%	28%	29%	30%
						Interest Rate per Year									
1	1.0000	1.0000	1.0000	1.0000	1.0000	1.0000	1.0000	1.0000	1.0000	1.0000	1.0000	1.0000	1.0000	1.0000	1.0000
2	2.1600	2.1700	2.1800	2.1900	2.2000	2.2100	2.2200	2.2300	2.2400	2.2500	2.2600	2.2700	2.2800	2.2900	2.3000
3	3.5056	3.5389	3.5724	3.6061	3.6400	3.6741	3.7084	3.7429	3.7776	3.8125	3.8476	3.8829	3.9184	3.9541	3.9900
4	5.0665	5.1405	5.2154	5.2913	5.3680	5.4457	5.5242	5.6038	5.6842	5.7656	5.8480	5.9313	6.0156	6.1008	6.1870
5	6.8771	7.0144	7.1542	7.2966	7.4416	7.5892	7.7396	7.8926	8.0484	8.2070	8.3684	8.5327	8.6999	8.8700	9.0431
6	8.9775	9.2068	9.4420	9.6830	9.9299	10.1830	10.4423	10.7079	10.9801	11.2588	11.5442	11.8366	12.1359	12.4423	12.7560
7	11.4139	11.7720	12.1415	12.5227	12.9159	13.3214	13.7396	14.1708	14.6153	15.0735	15.5458	16.0324	16.5339	17.0506	17.5828
8	14.2401	14.7733	15.3270	15.9020	16.4991	17.1189	17.7623	18.4300	19.1229	19.8419	20.5876	21.3612	22.1634	22.9953	23.8577
9	17.5185	18.2847	19.0859	19.9234	20.7989	21.7139	22.6700	23.6690	24.7125	25.8023	26.9404	28.1287	29.3692	30.6639	32.0150
10	21.3215	22.3931	23.5213	24.7089	25.9587	27.2738	28.6574	30.1128	31.6434	33.2529	34.9449	36.7235	38.5926	40.5564	42.6195
11	25.7329	27.1999	28.7551	30.4035	32.1504	34.0013	35.9620	38.0388	40.2379	42.5661	45.0306	47.6388	50.3985	53.3178	56.4053
12	30.8502	32.8239	34.9311	37.1802	39.5805	42.1416	44.8737	47.7877	50.8950	54.2077	57.7386	61.5013	65.5100	69.7800	74.3270
13	36.7862	39.4040	42.2187	45.2445	48.4966	51.9913	55.7459	59.7788	64.1097	68.7596	73.7506	79.1066	84.8529	91.0161	97.6250
14	43.6720	47.1027	50.8180	54.8409	59.1959	63.9095	69.0100	74.5280	80.4961	86.9495	93.9258	101.4654	109.6117	118.4108	127.9125
15	51.6595	56.1101	60.9653	66.2607	72.0351	78.3305	85.1922	92.6694	100.8151	109.6868	119.3465	129.8611	141.3029	153.7500	167.2863
16	60.9250	66.6488	72.9390	79.8502	87.4421	95.7799	104.9345	114.9834	126.0108	138.1085	151.3766	165.9236	181.8677	199.3374	218.4722
17	71.6730	78.9792	87.0680	96.0218	105.9306	116.8937	129.0201	142.4295	157.2534	173.6357	191.7345	211.7230	233.7907	258.1453	285.0139
18	84.1407	93.4056	103.7403	115.2659	128.1167	142.4413	158.4045	176.1883	195.9942	218.0446	242.5855	269.8882	300.2521	334.0074	371.5180
19	98.6032	110.2846	123.4135	138.1664	154.7400	173.3540	194.2535	217.7116	244.0328	273.5558	306.6577	343.7580	385.3227	431.8696	483.9734
20	115.3797	130.0329	146.6280	165.4180	186.6880	210.7584	237.9893	268.7853	303.6006	342.9447	387.3887	437.5726	494.2131	558.1118	630.1655

찾아보기

지은이

Richard A. Brealey London Business School의 재무 교수

Stewart C. Myers MIT의 Sloan School of Management의 Gordon Y Billard 재무 석좌교수

Alan J. Marcus Boston College의 Carroll School of Management의 Mario Gabelli 재무 석좌교수

감수

김도성 서강대학교 경영대학 교수

옮긴이

권경민 홍익대학교 경영대학 부교수

백 강 한밭대학교 융합경영학과 부교수

설 윤 경북대학교 경상대학 경영학부 부교수

이진호 한남대학교 경영학과 부교수

최형석 이화여자대학교 경영대학 교수

Brealey, Myers, Marcus 기본재무관리 10판

2021년 2월 15일 초판 인쇄 2021년 2월 26일 초판 발행
등록번호 1960.10.28. 제406-2006-000035호
ISBN 978-89-363-2123-9(93320)
값 37,000원

지은이	Richard A. Brealey, Stewart C. Myers, Alan J. Marcus
옮긴이	권경민, 백강, 설윤, 이진호, 최형석
감수	김도성
펴낸이	류원식
편집팀장	모은영
디자인	신나리
본문편집	벽호미디어

펴낸곳	교문사
	10881, 경기도 파주시 문발로 116
문의	Tel. 031-955-6111
	Fax. 031-955-0955
	www.gyomoon.com
	e-mail. genie@gyomoon.com